ouvrage lacéré
manque colon. 217 à 300
505 à 592

constaté le 16/10/1992

I0127040

Feuillets arrachés entre les pages 503-514

le 4 Juillet 1921

Bouchery

mutilation des ff. contenant les colonnes 217 à 300

le 15 février 1943

R. Brun

id. colonnes 797 à 812   constaté le 2.5-1947 g

id. col. 977-1000   constaté le 11.6. 1955 AMP.

DICTIONNAIRE

DE

LA NOBLESSE.

TOME QUATRIÈME.

DICTIONNAIRE

DE LA

NOBLESSE

CONTENANT

*Les Généalogies, l'Histoire & la Chronologie
des Familles nobles de la France, l'explication de leurs Armes
et l'état des grandes Terres du Royaume, poſſédées à titre de Principautés, Duchés
Marquiſats, Comtés, Vicomtés, Baronies, &c., par création
héritages, alliances, donations, ſubſtitutions
mutations, achats ou autrement.*

On a joint à ce Dictionnaire

LE TABLEAU GENEALOGIQUE ET HISTORIQUE

DES MAISONS SOUVERAINES DE L'EUROPE

*ET UNE NOTICE DES FAMILLES ETRANGERES, LES PLUS ANCIENNES, LES
PLUS NOBLES ET LES PLUS ILLUSTRES*

PAR

DE LA CHENAYE-DESBOIS ET BADIER

TROISIÈME ÉDITION

entièrement refondue, réimprimée conformément au texte des Auteurs
& augmentée d'une TABLE GÉNÉRALE de tous les noms
de familles, de terres, de fiefs, d'alliances cités dans le cours de l'ouvrage, ainſi que d'un ARMORIAL
repréſentant les blaſons de Maiſons dont les généalogies ſont compriſes
dans cette édition.

TOME QUATRIÈME

A PARIS

Chez SCHLESINGER frères, libraires-éditeurs

Rue de Seine, 12

M DCCC LXIV

DICTIONNAIRE

DE

LA NOBLESSE.

RANCION, en Bourgo-
gne, Diocèfe de Châlons,
Terre, Seigneurie, & an-
cienne *Baronnie*, à qua-
tre lieues de Tournus, qui
a donné fon nom à une
ancienne Maifon, connue
dès l'an 1000.

WARULPHE, Sire de BRANCION, & frère de
GAUTHIER DE BRANCION, Prévôt de l'Eglife de
Mâcon en 1025, fut le quatrième aïeul de Jos-
SERAND DE BRANCION, II° du nom, qui fut tué
dans la première Croifade, où il avoit accom-
pagné le Roi St. LOUIS. Il époufa, l'an 1221,
Marguerite de Vienne, Dame de Salins. Il
eut:

1. HENRI, qui fuit;
2. Et PIERRE, Seigneur de *Vifargent*, rapporté
   après fon frère.

HENRI DE BRANCION, Sire de Brancion, eut
de *Fouque de la Préviaire*, pour fille unique :

MARGUERITE DE BRANCION, qui porta cette
Baronnie à fon mari *Bernard de Choifeul*,
Tome IV.

Chevalier, Seigneur de Traves. Elle a enfuite paffé au domaine du Roi, & a été vendue par engagement à la Maifon de *la Baume-Montrevel*, qui la poffède aujourd'hui.

PIERRE DE BRANCION, Seigneur de Vifargent,
Vorme, la Tour-du-Bois, & Saint-André,
continua la lignée, & époufa la veuve de *Renaud*, Sire de *Breffe* & de *Baugé*. Il en eut :

HUGUENIN DE BRANCION, allié à *Jeanne de
Digoine*, dont :

JACQUES DE BRANCION, qui laiffa :

HUMBERT DE BRANCION, marié à *Jeanne de
Lugny*, dont :

JEAN DE BRANCION, Seigneur de Vifargent,
marié, en 1371, à *Guillemette de Maconis*.

HUGUES DE BRANCION, leur fils, époufa *Marie*, Dame de *Foden*, & fut père d'ANTOINE DE
BRANCION, marié à *Marguerite de Montjeu*,
dont le deuxième fils, LOUIS DE BRANCION,
Seigneur de Vifargent, de Staffre, fut marié,
le 12 Mai 1482, à *Jeanne de Maillardet*,
dont :

JACQUES DE BRANCION, qui époufa, le 21
Décembre 1521, *Anne de Bouton-Chamilly*,
& eut :

A

VALENTIN DE BRANCION, qui époufa, le 1er Octobre 1551, *Ifabeau de Montconis*. Ils eurent entr'autres enfans :

LOUIS DE BRANCION, Seigneur de Vifargent, Frangi, de Bati & de Givri, qui fe maria, le 18 Octobre 1583, à *Françoife de Villers-la-Faye*, de laquelle il eut pour fils unique :

CLAUDE DE BRANCION, Seigneur de Vifargent, Bure, Géraud, &c., élu de la Nobleffe de la Vicomté d'Auxonne, marié, le 27 Février 1615, à *Anne de Montrichard*, dont il laiffa entr'autres enfans :

CLAUDE-SIMON DE BRANCION, marié, le 26 Avril 1646, à *Marie de Beaufort de Saint-Quentin*, qui eut entr'autres enfans :

HUMBERT DE BRANCION, Seigneur de Vifargent, de Bure, &c., qui a laiffé de *Madeleine de Chargere-du-Breuil* :

1. JACQUES, qui fuit ;
2. LOUIS, Chevalier de St.-Louis ;
3. Un autre LOUIS, Chevalier de Malte, & Lieutenant-Colonel du Régiment de la Marine ;
4. 5. & 6. SUSANNE, MARGUERITE, & FRANÇOISE; la première & la troifième Chanoineffes à Château-Châlons, & la feconde, Chanoineffe à Château-Saunier.

JACQUES DE BRANCION, Chevalier, Seigneur de Vifargent, Bure, Condé, & Géraud, a époufé, le 26 Mai 1733, *Jeanne-Claude-Madeleine le Compaffeur de Courtivron*, dont :

MARIE-GASPARDE-MADELEINE DE BRANCION, mariée, le 24 Juin 1749, à *Jean-Claude de Clermont-Mont-Saint-Jean*, Marquis de la Baftie en Savoie, Baron de Flaccieux-les-Terreaux & de la Balme en Bugey, Seigneur de Mecorax, Challonge & Sacconnex en Savoie.

Les armes de BRANCION-VISARGENT font : *d'azur, à trois fafces ondées d'or*.

BRANDEBOURG. Cette Maifon n'a pas moins donné de grands hommes que toutes les autres de l'Empire, & peut-être ont-ils mieux conduit leur fortune qu'aucun Prince de ce vafte Corps. Elle tire fon origine de FRÉDÉRIC, Comte de Zollern, que l'Empereur RODOLPHE, fon oncle, fit Burgrave de Nuremberg en 1273. La Marche de Brandebourg ayant paffé de l'ancienne Maifon de Saxe entre les mains de l'Empereur SIGISMOND, ce Prince y établit pour fon Lieutenant FRÉDÉRIC IV, Burgrave de Nuremberg. Il étoit fils de FRÉDÉRIC III. Dans la fuite cet Empereur lui céda tout ce Pays pour une grande fomme

d'argent, & lui conféra en même temps la dignité d'*Electeur*, qui lui fut confirmée, du confentement des Princes, dans le Concile de Conftance le 18 Avril 1417. Ce Prince vendit le Burgraviat de Nuremberg aux habitans de cette Ville, & par-là il leur rendit la liberté; ils en jouiffent depuis ce tems-là fous la protection de l'Empire, & l'on peut dire que Nuremberg eft la plus riche & la plus illuftre des Villes Impériales. FRÉDÉRIC IV, Burgrave de Nuremberg, mourut en 1440, & laiffa, d'*Elifabeth de Bavière*, 3 garçons & 6 filles, entr'autres :

1. JEAN, Ier du nom, dit l'*Alchimifte*, marié avec *Barbe de Saxe*, fille de *Rodolphe*, Electeur de *Saxe*, de laquelle n'ayant eu que 4 filles, il céda fa dignité d'Electeur en 1464, à fon frère FRÉDÉRIC ;
2. FRÉDÉRIC, Ve du nom, furnommé *Dent-de-fer*, qui époufa *Catherine de Saxe;* mais les garçons qu'il en avoit eus, étant morts en bas âge, il laiffa l'Electorat à fon frère ALBERT ;
3. Et ALBERT, qui fuit.

ALBERT, furnommé l'*Ulyffe*, l'*Achille* & le *Renard de l'Allemagne*, fut un Prince habile & vaillant, qui gagna huit batailles de neuf qu'il avoit données. Il époufa 1° *Marguerite de Bade*, fille de *Jacques*, Margrave de *Bade*; 2° *Anne de Saxe*, fille de *Frédéric*, II, Electeur de *Saxe*. Du premier lit vint :

1. JEAN, qui fuit.

Et du fecond lit :

2. Et FRÉDÉRIC, VIe du nom, auteur de la branche de *Brandebourg-Anfpach* (ancien), rapporté plus loin.

JEAN, IIe du nom, nommé le *Cicéron de l'Allemagne*, né le 2 Août 1455, mort le 9 Janvier 1499, avoit époufé *Marguerite de Saxe*, fille de *Guillaume*, Duc de *Saxe*, de laquelle il eut :

1. JOACHIM, qui fuit; .
2. Et ALBERT, IIe du nom, Archevêque de Mayence, de Magdebourg, Evêque d'Halberftadt, & enfin Cardinal, mort en 1545.

JOACHIM, Ier du nom, mort le 11 Juillet 1535, fut un Prince favant, qui fonda l'Univerfité de Francfort-fur-l'Oder, & fut très-zélé pour la Religion Catholique, tandifqu'*Elifabeth de Danemark*, fa femme, fille de *Jean*, Roi de *Danemark*, fuivoit celle de Luther. Cette différence de fentimens fut caufe qu'*Elifabeth* le quitta pour fe retirer en Saxe. Ils laifferent pour fucceffeur :

JOACHIM, IIe du nom, né le 9 Janvier 1505, qui fuivit la Religion de fa mère, & mourut le 3 Janvier 1571. Il devoit époufer RENÉE DE FRANCE, fille de LOUIS XII, Roi de France; mais il fut marié avec *Madeleine de Saxe*, fille de *Georges-le-Barbu*, Duc de *Saxe*, & laiffa pour fon fucceffeur:

JEAN-GEORGES, Ier du nom, né le 11 Septembre 1525, qui mourut le 8 Janvier 1598. Il époufa, 1° *Sophie de Lignitz*, morte en couches le 6 Février 1546, fille de *Frédéric*, IIe du nom, Duc de Lignitz & de Briège; 2° SABINE DE BRANDEBOURG; & 3° *Elifabeth d'Anhalt*, fille de *Joachim-Erneft*, Prince d'Anhalt. Il laiffa du premier lit:

1. JOACHIM-FRÉDÉRIC, qui fuit.

Et du troifième lit:

2. CHRISTIAN, auteur de la branche de *Brandebourg-Bareith*, rapportée plus loin;
3. Et JOACHIM-ERNEST, qui a fait la branche de *Brandebourg-Onoltzbach*, puis *Anfpach* (moderne), qui viendra en fon rang.

JOACHIM-FRÉDÉRIC, né le 27 Janvier 1546, mourut le 18 Juillet 1608. Il époufa ANNE-CATHERINE DE BRANDEBOURG, fille de JEAN, Margrave DE BRANDEBOURG, fon grand-oncle, & eut:

1. JEAN-SIGISMOND, qui fuit;
2. & 3. JEAN-GEORGES, IIe du nom, & CHRISTIAN-GUILLAUME, mort fans poftérité.

JEAN-SIGISMOND, Ier du nom, né le 8 Novembre 1572, introduifit, en 1614, la Religion de *Calvin* dans fes Etats, & mourut le 23 Décembre 1619. Il époufa ANNE DE BRANDEBOURG, fille d'ALBERT-FRÉDÉRIC DE BRANDEBOURG, Duc de Pruffe, & de *Marie-Eléonore de Clèves*, Juliers & Bergue. Par elle il eut des droits fur la Pruffe, Clèves & Juliers. Ils laiffèrent:

1. GEORGES-GUILLAUME, qui fuit;
2. ANNE-SOPHIE, morte en 1660, mariée à *Frédéric-Ulric*, Duc de *Brunfwick*;
3. MARIE-ELÉONORE, morte le 18 Mars 1655, mariée à *Guftave-Adolphe*, Roi de *Suède*;
4. Et CATHERINE, mariée 1° à *Bethlen-Gabor*, Prince de Tranfylvanie, mort en 1629; & 2° à *François-Charles de Saxe*, Duc de Saxe-Lawenbourg.

GEORGES-GUILLAUME, né le 3 Novembre 1595, eut beaucoup de part aux affaires d'Allemagne, & mourut à Kœnigsberg le 21 Novembre 1640. Il époufa *Elifabeth-Charlotte*, fille de *Frédéric IV*, Electeur Palatin du Rhin, & eut:

1. FRÉDÉRIC-GUILLAUME, qui fuit;

2. JEAN-SIGISMOND, IIe du nom, mort au berceau;
3. LOUISE-CHARLOTTE, née le 3 Septembre 1617, mariée, le 30 Septembre 1645, à *Jacques Kettler*, Duc de Courlande.
4. Et HEDWIGE-SOPHIE, née en 1621, morte le 25 Juin 1683, mariée, le 9 Juillet 1649, à *Guillaume*, Landgrave de *Heffe-Caffel*.

FRÉDÉRIC-GUILLAUME, Ier du nom, né le 6 Février 1620, époufa, 1° le 7 Décembre 1646, *Louife-Henriette de Naffau*, morte le 15 Juin 1667, fille de *Frédéric-Henri*, Prince d'Orange, & d'*Amélie*, Comteffe de *Solms*; 2° le 25 Juin 1668, *Dorothée de Holftein-Glucksbourg*, veuve de *Chriftian-Louis*, Duc de *Lunebourg-Zell*, & fille de *Philippe*, Duc de *Holftein-Glucksbourg*. Du premier mariage naquirent:

1. GUILLAUME-HENRI, né le 11 Mai 1648, mort le 24 Octobre 1649;
2. CHARLES, né le 6 Février 1655, mort à Strasbourg le 22 Novembre 1674;
3. Et FRÉDÉRIC, qui fuit.

Du fecond mariage font iffus:

4. PHILIPPE-GUILLAUME, né le 19 Mai 1669, auteur de la branche de *Brandebourg-Schwedt*, rapportée plus loin, mort le 19 Décembre 1711;
5. MARIE-AMÉLIE, née le 16 Novembre 1670, mariée, 1° le 8 Août 1687, avec *Charles de Mecklenbourg-Guftrow*, dont elle n'eut point d'enfans; & 2° le 25 Juin 1689, avec *Maurice-Guillaume*, Duc de *Saxe-Zeitz*;
6. ALBERT-FRÉDÉRIC, né le 14 Janvier 1672, tige de la branche de *Brandebourg-Sonnenbourg*, qui viendra en fon rang;
7. CHARLES-PHILIPPE, né le 26 Décembre 1672, mort à Turin le 25 Juin 1695;
8. ELISABETH-SOPHIE, née le 25 Mars 1674, mariée, le 29 Avril 1691, à fon coufin *Frédéric-Cafimir Kettler*, Duc de Courlande;
9. DOROTHÉE, née le 27 Mai 1675, morte fans alliance le 1er Décembre 1676;
10. Et CHRISTIAN-LOUIS, né le 24 Mai 1677.

FRÉDÉRIC, VIIIe du nom, né le 11 Juillet 1657, fuccéda en 1688 à l'Electorat de Brandebourg. Il racheta du Roi de Pologne, FRÉDÉRIC-AUGUSTE, la mouvance de la Pruffe, qui depuis 1525 relevoit de cette Couronne; & par la faveur de l'Empereur LÉOPOLD, il fut déclaré Roi de Pruffe, & fe fit couronner le 18 Janvier 1701. Il mourut à Berlin le 25 Février 1713. Il avoit été marié, 1° le 23 Août 1679, à *Elifabeth-Henriette de Heffe-Caffel*, fille de *Guillaume*, Landgrave de Heffe-Caffel; 2° le 2 Septembre 1684, à *Sophie-Charlotte*, fille d'*Erneſt-Auguſte*, Duc de *Brunſwick-Hano-vre*, Evêque d'Oſnabruck, & de *Sophie*, Prin-ceſſe Palatine; & 3º le 19 Novembre 1708, à *Louiſe de Mecklenbourg-Schwerin*. Il a laiſſé du premier lit :

1. LOUISE-DOROTHÉE-SOPHIE, Princeſſe Elec-torale de Brandebourg, morte le 19 Décem-bre 1705, qui avoit épouſé, le 31 Mai 1700, *Frédéric*, Prince de *Heſſe-Caſſel*.

Et du ſecond lit :

2. Et FRÉDÉRIC-GUILLAUME, qui ſuit.

FRÉDÉRIC-GUILLAUME Iᵉʳ, Roi de Pruſſe, né le 13 Août 1688, mourut le 31 Mai 1740. Il avoit épouſé, le 14 Novembre 1706, *Sophie-Dorothée de Brunſwick-Hanovre*, née le 16 Mars 1687, morte le 28 Juin 1757, fille de *Georges-Louis*, Electeur de Hanovre, dont :

1. FRÉDÉRIQUE-SOPHIE-WILHELMINE, née le 3 Juillet 1709, mariée, le 20 Novembre 1731, à FRÉDÉRIC-GUILLAUME, Margrave de BRAN-DEBOURG-BAREITH;
2. FRÉDÉRIQUE-GUILLAUME, qui ſuit;
3. FRÉDÉRIQUE-LOUISE, née le 28 Septembre 1714, mariée, le 30 Mai 1729, à CHARLES-FRÉDÉRIC-GUILLAUME, Margrave de BRAN-DEBOURG-ANSPACH;
4. PHILIPPINE-CHARLOTTE, née le 13 Mars 1716, mariée, le 2 Juillet 1733, à *Charles*, Duc de *Brunſwick-Wolfenbuttel;*
5. SOPHIE-DOROTHÉE-MARIE, née le 25 Janvier 1719, morte le 13 Novembre 1765, qui avoit épouſé, le 10 Novembre 1734, FRÉDÉRIC-GUILLAUME, Margrave de BRANDEBOURG-SCHWEDT;
6. LOUISE-ULRIQUE, née le 24 Juillet 1720, mariée, le 17 Juillet 1744, à *Adolphe-Fré-déric*, Duc de *Holſtein-Gottorp-Eutin*, de-venu Roi de Suède, mort le 12 Février 1771;
7. AUGUSTE-GUILLAUME, né le 9 Août 1722, Prince de Pruſſe, mort le 12 Juin 1758. Il avoit épouſé, le 6 Janvier 1742, *Louiſe-Amélie*, née le 29 Janvier 1722, fille de *Fer-dinand-Albert II*, Duc de *Brunſwick-Wol-fenbuttel*, dont :

    1. FRÉDÉRIC-GUILLAUME, rapporté plus loin;
    2. FRÉDÉRIC-HENRI-CHARLES, né le 30 Dé-cembre 1747, Chevalier de l'Aigle Noir, en 1748, mort le 26 Mai 1767, à Pot-zen, de la petite-vérole;
    3. FRÉDÉRIQUE-SOPHIE-WILHELMINE, née le 7 Août 1751, mariée, le 5 Octobre 1767, à *Guillaume V*, Prince de *Naſ-ſau-Orange* ou *Dietz;*
    4. Et GEORGES-CHARLES-EMILIE, né poſ-thume le 30 Octobre 1758;

8. ANNE-AMÉLIE, née le 9 Novembre 1723, Abbeſſe de Quedlinbourg;
9. FRÉDÉRIC-HENRI-LOUIS, né le 18 Janvier 1726, appelé *le Prince Henri*, Prevôt du Chapitre de Magdebourg, Chevalier de l'Ordre de l'Aigle Noir, marié ſans enfans le 25 Juin 1752 à *Wilhelmine*, née le 23 Février 1726, fille de *Maximilien*, Land-grave de *Heſſe-Caſſel;*
10. Et AUGUSTE-FERDINAND, né le 23 Mai 1730, appelé *le Prince Ferdinand,* Grand-Maître de l'Ordre de Saint-Jean à Sonnenbourg, marié, le 27 Septembre 1755, à *Anne-Eliſa-beth-Louiſe*, née le 22 Avril 1738, fille de FRÉDÉRIC-GUILLAUME, Margrave de BRAN-DEBOURG-SCHWEDT, dont :

    1. FRÉDÉRIQUE-ELISABETH-DOROTHÉE, née le 1ᵉʳ Novembre 1761;
    2. FRÉDÉRIC-HENRI-EMILE-CHARLES, né le 31 Octobre 1769;
    3. FRÉDÉRIQUE-DOROTHÉE-LOUISE-PHI-LIPPINE, née le 24 Mai 1770;
    4. Et FRÉDÉRIC-CHRÉTIEN-LOUIS, né le 18 Novembre 1772.

FRÉDÉRIC II (GUILLAUME), Roi de Pruſſe, né le 24 Janvier 1712, Margrave de Brande-bourg, Electeur & Archi-Chambellan de l'Empire, Duc de Clèves, de Magdebourg, Poméranie, &c., Grand-Maître des Ordres de l'Aigle Noir & du Mérite, marié, ſans en-fans le 12 Juin 1733, à *Eliſabeth-Chriſtine*, née le 8 Novembre 1715, fille de *Ferdinand Albert II*, Duc de *Brunſwick-Wolfenbuttel*.

FRÉDÉRIC-GUILLAUME II, Roi de Pruſſe, fils d'AUGUSTE-GUILLAUME, Prince de Pruſſe, na-quit le 25 Septembre 1744, & épouſa, le 14 Juillet 1765, *Eliſabeth-Chriſtine-Ulrique*, née le 8 Novembre 1746, ſéparée en 1769, & fille de *Charles*, Duc de *Brunſwick-Wolfen-buttel;* & 2º le 15 Juillet 1769, *Frédérique-Louiſe*, née le 16 Octobre 1751, fille de *Louis IX*, Landgrave de *Heſſe-Darmſtadt*. Il a eu du premier lit :

1. FRÉDÉRIQUE-CHARLOTTE-ULRIQUE-CATHE-RINE, né le 7 Mai 1767.

Et du ſecond lit :

2. FRÉDÉRIC-GUILLAUME, né le 3 Août 1770.

BRANCHE des Margraves de BRANDEBOURG-SCHWEDT.

Le Prince PHILIPPE-GUILLAUME, fils de FRÉ-DÉRIC-GUILLAUME, Electeur de BRANDEBOURG, & de *Dorothée de Holſtein-Glucksbourg*, ſa ſeconde femme, né le 19 Mai 1669, mourut le 19 Décembre 1711. Il avoit épousé, le 25 Janvier 1699, *Jeanne-Charlotte d'Anhalt-Deſſau*, dont entr'autres enfans :

1. FRÉDÉRIC-GUILLAUME, qui ſuit ;
2. HENRIETTE-MARIE, née le 2 Mars 1702, mariée, le 8 Décembre 1716, à *Frédéric-Louis*, Prince héréditaire de *Wurtemberg*, mort le 23 Novembre 1731 ;
3. Et HENRI - FRÉDÉRIC, rapporté après ſon frère aîné.

Le Prince FRÉDÉRIC - GUILLAUME, né le 27 Décembre 1700, qui réſide à Schwedt, a épouſé, le 10 Novembre 1734, *Sophie-Dorothée-Marie*, née le 25 Janvier 1719, morte le 13 Novembre 1765, fille de FRÉDÉRIC-GUILLAUME Ier, de BRANDEBOURG, Roi de Pruſſe, dont :

1. DOROTHÉE, - FRÉDÉRIC - SOPHIE, née le 18 Décembre 1736, mariée, le 29 Novembre 1753, à *Frédéric-Eugène*, Prince de *Wurtemberg ;*
2. ANNE-ELISABETH- LOUISE, née le 22 Avril 1738, mariée, le 27 Septembre 1755, à AUGUSTE-FERDINAND DE BRANDEBOURG, Prince de Pruſſe ;
3. Et PHILIPPINE-AUGUSTE-AMÉLIE, née le 10 Octobre 1745, mariée, le 10 Janvier 1773, à *Frédéric II*, Landgrave de *Heſſe-Caſſel.*

Le Prince HENRI-FRÉDÉRIC, né le 21 Août 1709, Prevôt du Chapitre d'Halberſtadt, épouſa, le 13 Mars 1739, *Léopoldine-Marie*, née le 8 Décembre 1716, fille de *Léopold*, Prince d'*Anhalt-Deſſau*, dont :

1. FRÉDÉRIQUE - CHARLOTTE - LÉOPOLDINE - LOUISE, née le 18 Août 1745, Abbeſſe d'Hervorden en 1764, qui a ſuccédé à la ſœur du Roi de Pruſſe ;
2. Et LOUISE-HENRIETTE-WILHELMINE, née le 24 Septembre 1750, mariée, le 25 Juillet 1767, à *Léopold-Frédéric-François*, Prince d'*Anhalt-Deſſau.*

BRANCHE
des Margraves de BRANDEBOURG-SONNENBOURG.

Le Prince ALBERT-FRÉDÉRIC, cinquième fils de FRÉDÉRIC-GUILLAUME Ier, Electeur de BRANDEBOURG, né le 14 Janvier 1672, laiſſa entr'autres enfans :

Le Prince CHARLES-ALBERT, né le 10 Juin 1705, Maître de l'Ordre de St.-Jean à Sonnenbourg, mort, le dernier de ſa branche, en 1762.

BRANCHE
de BRANDEBOURG-BAREITH.

CHRISTIAN, Margrave de BRANDEBOURG, troi-

ſième fils de l'Electeur JEAN-GEORGES, né le 30 Janvier 1581, reçut de ſon frère, JOACHIM-FRÉDÉRIC, une partie des biens ſitués en Franconie, qu'il avoit hérités de ſon couſin GEORGES-FRÉDÉRIC, Margrave d'ANSPACH. Ces biens ſont le Haut - Margraviat de Nuremberg, la Forthereſſe de Bareith, la Ville de Culmbach & autres places. Il mourut le 30 Mai 1655.

GEORGES-GUILLAUME, Margrave de BRANDEBOURG, un de ſes deſcendans, né le 16 Novembre 1678, Grand-Maître de l'Artillerie de l'Empire, mort à Bareith, le dernier de ſa branche, le 18 Décembre 1726, avoit épouſé, le 25 Octobre 1699, *Eliſabeth-Sophie*, fille de *Jean-Adolphe*, Duc de *Saxe-Weiſſenfels*, & laiſſa :

CHRISTINE-SOPHIE-WILHELMINE, née le 6 Janvier 1701.

BRANCHE
de BRANDEBOURG-CULMBACH.

CHRISTIAN - HENRI, Margrave de BRANDEBOURG-CULMBACH, Weverlingen, Général-Major des Armées du Roi de Pruſſe, & Colonel d'un Régiment de Cavalerie à ſon ſervice, naquit le 19 Juillet 1661. Il hérita, le 18 Décembre 1726, des biens de ſon parent GEORGES-GUILLAUME, Margrave de Brandebourg-Bareith, & mourut le 26 Mars 1708. Il avoit été marié, le 14 Août 1687, avec *Sophie-Chrétienne de Wolffſtein*, née le 24 Octobre 1667, morte au Château de Freideinbourg en Danemark, au mois d'Août 1737. Elle étoit fille d'*Albert-Frédéric*, Comte du Saint-Empire Romain & de *Wolffſtein*, Seigneur d'Obern-Sultzberg & de *Pirbaum*, mort le 6 Novembre 1693, & de *Sophie-Louiſe*, née Comteſſe de *Caſtell-Remlingen*, décédée le 19 Juillet 1717. Il a eu de ce mariage 14 enfans, dont ſept ſont morts en bas âge, & les ſept autres ſont :

1. GEORGES-FRÉDÉRIC-CHARLES, qui ſuit ;
2. ALBERT-WOLFGANG, Margrave de Culmbach, né le 8 Décembre 1689, Colonel d'un Régiment d'Infanterie, Général-Feld-Maréchal - de - Camp au ſervice de l'Empereur, & Chevalier de l'Ordre de l'Eléphant ;
3. DOROTHÉE-CHARLOTTE, née le 4 Mars 1691, morte le 2 Avril 1712, mariée, le 8 Juillet 1711, avec *Charles-Louis*, Comte de *Hohenlohe-Weickersheim ;*
4. SOPHIE-MADELEINE, née le 28 Novembre 1700, morte le 27 Mai 1770. Elle avoit épouſé, le 7 Août 1721, *Chriſtian VI*, Roi de *Danemark* & de *Norwège ;*

5. FRÉDÉRIC-ERNEST, Margrave de Culmbach, né le 15 Décembre 1703, Chevalier de l'Ordre de l'Eléphant, Gouverneur & Commandant-Général des Troupes Danoises, dans les Duchés de Holftein & de Schlefwick, Colonel d'un Régiment d'Infanterie de la Province de Jutland, mort le 22 Janvier 1762. Il avoit époufé, le 26 Décembre 1731, *Chriftine-Sophie*, née le 22 Janvier 1717, fille d'*Erneft-Ferdinand*, Duc de *Brunfwick-Wolfenbuttel-Bevern;*

6. SOPHIE-CAROLINE, née le 31 Mars 1707, mariée, le 8 Décembre 1723, avec *Georges-Albert*, Prince d'*Oft-Frife*, mort le 12 Juin 1734;

7. Et FRÉDÉRIC-CHRISTIAN, Margrave de Culmbach, né pofthume, le 17 Juillet 1708, Colonel au fervice de Danemark, & marié, le 27 Avril 1731, avec *Viɗoire-Charlotte*, née le 25 Septembre 1715, fille de *Viɗor-Amédée-Adolphe*, Prince d'*Anhalt-Schaumbourg*, dont il a eu:

CHRÉTIENNE-SOPHIE-CHARLOTTE, née le 15 Oɗobre 1733;

GEORGES-FRÉDÉRIC-CHARLES, Margrave de Brandebourg-Culmbach, né le 19 Juin 1688, s'étant rendu de Rothenbourg à Bareith, fur une invitation qui lui avoit été faite par une députation, y fut proclamé, le 22 Décembre 1726, & prit la Régence du pays. Il eft mort le 17 Mai 1735, à fa réfidence de Bareith, & avoit époufé, le 17 Avril 1709, *Dorothée*, née le 24 Novembre 1685, fille de *Frédéric-Louis*, Duc de *Holftein-Beck*. De ce mariage font iffus:

1. SOPHIE-CHRISTINE-LOUISE, née le 4 Janvier 1710, morte à Bruxelles, le 13 Juin 1739, qui avoit époufé, le 11 Avril 1731, à Francfort, *Alexandre-Ferdinand*, Prince héréditaire de *la Tour & Taxis*;

2. FRÉDÉRIC-GUILLAUME, qui fuit;

3. GUILLAUME-ERNEST, né le 25 Juillet 1712, mort au mois de Novembre 1733, fur la route d'Italie où il alloit joindre le Régiment Impérial;

4. SOPHIE-CHARLOTTE-ALBERTINE, née le 27 Juillet 1713, morte le 2 Mars 1747, qui avoit époufé, le 1er Avril 1734, *Erneft-Augufte*, Duc de *Saxe-Weimar*;

5. Et SOPHIE-WILHELMINE DE BRANDEBOURG-BAREITH, née le 8 Juillet 1714, mariée, le 25 Mai 1734, à *Charles-Edfar*, Prince d'*Oft-Frife*, né le 19 Janvier 1716.

FRÉDÉRIC-GUILLAUME, Margrave de Brandebourg, né le 10 Mai 1711, Régent de Bareith, mourut le 16 Février 1763. Il avoit époufé, 1o à Berlin, le 20 Novembre 1731, *Frédérique-Sophie-Wilhelmine*, née le 3 Juillet 1709, fille de FRÉDÉRIC-GUILLAUME Ier, DE BRANDEBOURG, Roi de Pruffe; & 2o *Sophie-Caroline-Marie*, née le 8 Oɗobre 1737, fille de *Charles*, Duc de *Brunfwick-Wolfenbuttel*. Il eut du premier lit:

ELISABETH-SOPHIE-FRÉDÉRIQUE-WILHELMINE DE BRANDEBOURG-BAREITH, née le 30 Août 1732, mariée, le 26 Septembre 1748, à *Charles-Eugène*, Duc de *Wurtemberg*.

BRANCHE
de BRANDEBOURG-ONOLTZBACH, puis ANSPACH *(moderne)*.

JOACHIM-ERNEST, fecond fils du troifième lit de l'Eleɗeur JEAN-GEORGES DE BRANDEBOURG, a eu pour fon partage le Bas-Burgraviat de Nuremberg, où fe trouve le château d'Anfpach, lieu où il naquit le 16 Juin 1583. Il fut fait Général d'une armée de Proteftans en 1610, & mourut le 25 Février 1625, laiffant:

Le Margrave ALBERT, né le 8 Septembre 1620, qui mourut le 22 Oɗobre 1667. Il eut:

Le Margrave JEAN-FRÉDÉRIC, né le 18 Oɗobre 1654, qui mourut le 2 Avril 1686, laiffant entr'autres enfans:

1. DOROTHÉE-FRÉDÉRIQUE, née le 12 Août 1676, morte le 13 Mars 1731, qui époufa, le 30 Août 1699, *Jean-Reinard*, Comte de *Hanau-Lichtenberg;*

2. GUILLELMINE-DOROTHÉE-CHARLOTTE, née le 11 Mars 1683, morte le 1er Décembre 1737, qui avoit époufé, le 2 Septembre 1705, *Georges*, Duc de *Brunfwick-Hanovre*, devenu Roi d'Angleterre, fous le nom de GEORGES II.

3. Et GUILLAUME-FRÉDÉRIC, qui fuit.

Le Margrave GUILLAUME-FRÉDÉRIC, né le 7 Janvier 1686, mort le 7 Janvier 1723, laiffa:

Le Margrave CHARLES-FRÉDÉRIC-GUILLAUME, né le 12 Mai 1712, qui mourut le 3 Août 1757. Il avoit époufé, à Berlin, le 30 Mai 1729, FRÉDÉRIQUE-LOUISE, née le 28 Septembre 1714, fille de FRÉDÉRIC-GUILLAUME Ier, DE BRANDEBOURG, Roi de Pruffe, dont:

1. N..., né le 7 Avril 1733;

2. Et CHRISTIAN-FRÉDÉRIC-CHARLES-ALEXANDRE, qui fuit.

Le Margrave CHRISTIAN-FRÉDÉRIC-CHARLES-ALEXANDRE, né le 24 Février 1736, a hérité le 16 Février 1763 de Bareith & Culmbach, après la mort, fans enfans mâles, du Margrave FRÉDÉRIC-GUILLAUME DE BRANDEBOURG-BA-

REITH, fon coufin. Il a époufé, le 22 Novembre 1754, FRÉDÉRIQUE-CAROLINE, née le 24 Juin 1735, fille de *François-Jofias*, Duc de *Saxe-Saalfeld-Cobourg.*

BRANCHE
de BRANDEBOURG-ANSPACH *(ancien).*

FRÉDÉRIC VI, fecond fils d'ALBERT DE BRANDEBOURG, furnommé *l'Achille*, né le 2 Mai 1460, eut pour fon partage les biens fitués en Franconie, le Burgraviat de Nuremberg, Anfpach, Culmbach, &c., & mourut le 4 Avril 1536.

Cette branche s'eft éteinte dans ALBERT-FRÉDÉRIC, Duc de Pruffe, né le 29 Avril 1553, mort en 1618.

Les armes: *d'argent, à une aigle éployée de gueules, dont les aîles font chargées de demi-cercles d'or.*

BRANDICOURT: *d'or, au lion de fable.*

BRANDIS: *d'or, à deux branches de laurier de finople, tournées & ployées en cœur.*

BRANDON, famille d'Angleterre dont parle Imhoff dans fes Pairs d'Angleterre. GUILLAUME BRANDON, Chevalier eut entr'autres enfans:

1. GUILLAUME, qui fuit;
2. Et THOMAS BRANDON, Chevalier de la Jarretière, mort fans poftérité.

GUILLAUME BRANDON, IIᵉ du nom, tué à la bataille de Bofworth le 22 Août 1485, au fervice de HENRI VII, Roi d'Angleterre, laiffa:

CHARLES BRANDON, créé Duc de Suffolk, en 1513, qui mourut le 24 Août 1545. Il époufa, en troifièmes noces, le 31 Mars 1515, MARIE D'ANGLETERRE, veuve de Louis XII, Roi de France, & fille de HENRI VIII, Roi d'Angleterre, mort le 23 Juin 1547. Voy. Imhoff.

BRANDON, en Normandie: *d'azur, à une aigle d'argent, accompagnée de quatre brandons d'or, flambans de gueules.*

BRANDORGE, Seigneur du Rocher, en Normandie, Généralité d'Alençon, famille maintenue dans fa Nobleffe le 23 Mars 1667.

BRANDT, dans les Pays-Bas. I. GÉRARD DE BRANDT, Seigneur de la Campe, époufa *Anne de Vargelot*, dont il eut:

II. JEAN DE BRANDT, Iᵉʳ du nom, Seigneur de la Campe, du Bardoul, &c., qui époufa, par contrat paffé à St.-Omer, le 25 Juin 1560, *Marie de le North*, fille de *Jean*, Seigneur

de Bobrel, & de *Marie le Febvre*, dont il eut:

1. GODEFROY, qui fuit;
2. Et JEAN, rapporté ci-après.

III. GODEFROY DE BRANDT, Seigneur de la Campe, du Bardoul, de Bobrel, qui tefta à St.-Omer le 10 Septembre 1614, époufa, 1° par contrat paffé à Saint-Omer le 17 Avril 1591, *Antoinette du Ploich*, fille de *Jacques*, Seigneur de la Bretagne, du Pont-à-Lacque, &c., & de *Françoife Teffon*; 2° par contrat paffé à Gravelines le 15 Octobre 1608, *Marguerite de la Diennée*, fille de *Jacques*, Seigneur de Baudricourt; & 3° par contrat paffé à Saint-Omer le 8 Juin 1617, *Marie d'Oftrel*, fille de *Pierre*, Seigneur de Frélinghem, Antringues, &c., & d'*Antoinette de Gomez.* Il n'eut point d'enfans de fa troifième femme, mais du premier lit font iffus:

1. PHILIPPE, mort Religieux Capucin fous le nom de P. *Godefroy*;
2. Et MARIE, Dame de la Campe, du Bardoul, &c., morte fans alliance: elle avoit tefté à Saint-Omer le 14 Septembre 1656, & fait un codicille le 18 Février 1658.

Et du fecond lit:

3. ANNE-MARGUERITE, née & baptifée en l'Eglife Paroiffiale de Saint-Denis à Saint-Omer le 11 Juin 1611, fut mariée, par contrat paffé en la même Ville le 9 Septembre 1643, avec *Charles de Lières* (aliàs d'*Oftrel*), Baron de Berneville, fils de *Gilles*, Vicomte de Lières, Seigneur d'Isbergue, &c., & de *Marie-Catherine de la Framerie*, dont:
   Gilles-François de Lières;
4. Et IGNACE, né & baptifé en l'Eglife paroiffiale de Saint-Denis à Saint-Omer le 19 Février 1613, mort en bas âge.

III. JEAN DE BRANDT, IIᵉ du nom, Seigneur de Courchelles, Tilques en partie, &c., fecond fils de JEAN Iᵉʳ, & de *Marie de le North*, époufa, par contrat paffé à Saint-Omer le 4 Janvier 1591, *Jeanne de Ployart*. Elle fit donation par acte paffé en la Ville d'Aire le 2 Mai 1637, à LOUIS-FRANÇOIS DE BRANDT, fon petit-fils, de la Terre de Marconne-lès-Hefdin. Ils eurent:

1. VAAST, né le 20 Mars 1592, mort en bas âge;
2. CHARLES, né le 25 Novembre 1593, mort jeune;
3. JEAN-EMMANUEL, né en Janvier 1595: il acheta la Terre & Seigneurie de Marconne-lès-Hefdin, tefta en 1635, & mourut fans poftérité;

4. MARIE, née le 29 Décembre 1597, mariée, par contrat paſſé à Saint-Omer le 11 Octobre 1617, à *Euſtache d'Auchel*, Seigneur de Piquenhem, fils de *Louis*, Seigneur d'Enquin, & d'*Anne de Renty*, ſa première femme, lors remarié à *Adrienne de Chambly*;

5. PHILIPPE, né le 23 Décembre 1600, mort en bas âge;

6. Autre CHARLES, né la veille de la Pentecôte 1602, & mort jeune;

7. Un troiſième CHARLES, né le 28 Août 1605, Seigneur de Courchelles & de Tilques en partie, qui fut tué Meſtre-de-Camp. Il avoit épouſé, par contrat du 17 Décembre 1633, *Jeanne* ou *Marie de Caſtelain*, dont il eut une fille, nommée

MARIE-JEANNE DE BRANDT, Dame de Courchelles & de Tilques, morte le 25 Mai 1705, qui épouſa, par contrat du 5 Octobre 1652, *Edouard de Fléchin*, Seigneur & Marquis de Wamin, Colonel de Cavalerie, mort le 16 Mai 1681, fils de *Nicolas*, Seigneur des mêmes lieux, & de *Marguerite de Baſſecourt*;

8. Et PHILIPPE, qui ſuit.

IV. PHILIPPE DE BRANDT, Ecuyer, Seigneur de Prompſart, Treſſenes, &c., né le 4 Février 1608 en la Paroiſſe de Wattenes, fut Mayeur de la Ville d'Aire en Artois, & mourut en 1659. Il avoit épouſé, par contrat paſſé à Sevin le 17 Novembre 1631, *Florence d'Auchel*, ſœur conſanguine d'*Euſtache d'Auchel*, marié, en 1617, à MARIE DE BRANDT, ſa ſœur, & fille de *Louis d'Auchel*, Seigneur & Marquis d'Enquin, & d'*Adrienne de Chambly*, ſa ſeconde femme. De ce mariage ſont nés:

1. LOUIS-FRANÇOIS, mort en bas âge;

2. JEAN-EMMANUEL, mort en bas âge;

3. CHARLES, Ecuyer, Seigneur de Prompſart, tué au ſervice, Capitaine, par Commiſſion du 6 Février 1666, de 50 hommes d'armes aux ordres du Duc d'Havré;

4. GODEFROY-JOSEPH, Chanoine de St.-Pierre d'Aire;

5. RENÉ-FRANÇOIS, qui ſuit;

6. GERVAIS-FRANÇOIS, Ecuyer, Seigneur de Marconne, Treſſenes, &c., marié, par contrat paſſé à Eſtruval le 19 Novembre 1681, à *Marie-Iſabelle de Salperwick*, fille de *Louis*, Ecuyer, Seigneur de Créhen, Freſnoy, Eſtruval, &c., & d'*Antoinette-Philippe de Baſſecourt*;

7. LOUIS-BALTHASAR, Abbé d'Auchy-les-Moines;

8. AUGUSTIN-IGNACE, Religieux de Saint-Waaſt d'Arras, & Prévôt du Meſnil;

9. Et JEANNE-ROBERTINE, morte ſans alliance.

V. RENÉ-FRANÇOIS DE BRANDT, Ecuyer, Seigneur de Prompſart & Picquenhem, né & baptiſé en l'Egliſe Paroiſſiale de St.-Sauveur à Arlebeque, épouſa, par contrat paſſé à Saint-Omer le 10 Mai 1692, *Marguerite-Urſule le Joſne-Contay*, fille de *Pierre-Paul*, Ecuyer, Seigneur de Verſigny, & de *Jeanne-Thérèſe d'Auchel*, dont il eut:

1. LOUIS-FRANÇOIS, qui ſuit;

2. MARIE-JEANNE, morte ſans alliance;

3. MARIE-URSULE-JOSÈPHE, Religieuſe aux Dames de la Conception à Aire;

4. Et ALEXANDRINE-ISBERGUE, mariée, par contrat paſſé à Aire le 22 Avril 1738, à *Charles-Joſeph Hubert*, Ecuyer, Seigneur de la grande Flamangrie, Mons-en-Bareüil, la Robarderie, &c., fils d'*Antoine-Joſeph*, Ecuyer, Seigneur de Taunay, & d'*Hélène-Marie-Marguerite Dragon*. Elle eut entr'autres enfans:

Charles-Antoine-Joſeph Hubert, Seigneur de Mons-en-Bareüil, marié avec *N.... Bertoult de Hautecloque*;

François-Louis-Eugène Hubert, Seigneur de Taunay;

Louis-Alexandre Hubert, Seigneur de la grande Flamangrie, Officier au Régiment de Rohan-Prince, retiré à cauſe de ſes bleſſures;

Et *Angélique-Valentine-Françoiſe Hubert*, morte ſans alliance.

VI. LOUIS-FRANÇOIS DE BRANDT, Ecuyer, Seigneur de Marconne, Picquenhem, &c., baptiſé en l'Egliſe du village d'Isbergue le 28 Août 1693, épouſa, par contrat paſſé à Aire le 10 Août 1723, *Marie-Agnès-Françoiſe de Tolomey*, fille de *Paul-Gabriel-Marie de Tolomey*, Comte Palatin, Patrice Romain, Chevalier de l'Eperon d'Or, Seigneur de la Bretagne, & de *Marie-Agnès de Jonglet-de-Moyenneville*. De ce mariage ſont nés:

1. LOUIS-FRANÇOIS, mort en bas âge;

2. ALEXANDRE-FRANÇOIS-IGNACE, qui ſuit;

3. Et MARIE-AGNÈS-ANGÉLIQUE, morte en bas âge.

VII. ALEXANDRE-FRANÇOIS-IGNACE DE BRANDT, Chevalier, né & baptiſé dans l'Egliſe Paroiſſiale de St.-Pierre d'Aire, Ecuyer, Seigneur de Marconne, Picquenhem, &c., Cornette réformé du Régiment Royal-Cravate, fut créé par le Pape, *Comte Palatin, Patrice Romain, & Chevalier de l'Eperon d'Or*, à cauſe de l'alliance de ſon père avec l'illuſtre Maiſon de *Tolomey*, originaire d'Italie; & créé par Lettres-Patentes du Roi du mois de

Mars 1758, *Comte de Brandt*; a épousé, par contrat paffé à Arras le 2 Septembre 1752, *Jeanne-Catherine Mathon*, fille de *Guislain-Guillaume Mathon*, Ecuyer, Seigneur de Coiva, & de *Marie-Catherine Foucquier*. De ce mariage font nés:

1. JEAN-ALEXANDRE-MARIE, Chevalier, né à Arras le 25 Juin 1753, & baptifé en l'Eglife Paroiffiale de St.-Géry de ladite Ville le même jour;
2. FRANÇOIS-JOSEPH-MARIE-CÉSAR, Chevalier, né à Arras le 5 Août 1754, & baptifé en la même Eglife;
3. CHARLES-IGNACE-MARIE, Chevalier, né à Arras le 30 Juillet 1755, & baptifé en la même Eglife;
4. MARIE-CATHERINE-AGNÈS, née à Arras le 22 Mai 1758, & baptifée en la même Eglife;
5. MARIE-ANGÉLIQUE-FRANÇOISE, née à Arras le 24 Février 1760, & baptifée en la même Eglife;
6. Et MARIE-CATHERINE-JOSÈPHE, née à Arras le 5 Avril 1763, & baptifée en la même Eglife le 7.

Les armes: *d'azur, à trois flammes d'argent, pofées 2 & 1.*

*BRANGE, en Bourgogne, Diocèfe de Châlons, Terre & Seigneurie érigée en *Marquifat* en faveur d'ANTOINE BARILLON, Seigneur de Morangis, Directeur des Finances, qui ne laiffa point d'enfans d'*Elifabeth d'Amoncourt*. Il eut pour fucceffeur fon neveu JEAN-PAUL BARILLON-D'AMONCOURT, Ambaffadeur en Angleterre, & Marquis de *Brange*, auquel *Elifabeth d'Amoncourt*, fa tante, donna fon bien, à la charge que lui & fes defcendans porteroient le nom & les armes d'*Amoncourt*. Voyez BARILLON.

BRANGOLO, en Bretagne: *de gueules, à une fafce de vair.*

*BRANTES dans le Comté Venaiffin, Diocèfe de Sifteron, Terre, Seigneurie & *Baronnie*, poffédée dans le XIIᵉ fiècle par la Maifon DE BAUX. Elle paffa enfuite fucceffivement dans les Maifons de *Vincens* & de *Cambis*, de la branche des Marquis de *Velleron*.

La Maifon des *Laurents* en fit l'acquifition dans le XVIIᵉ fiècle. Elle fut érigée en *Marquifat* par Bulle du Pape CLÉMENT X, du 2 Novembre ou 13 Juillet 1674, en faveur de GEORGES-DOMINIQUE DES LAURENTS. Voyez LAURENTS (DES).

En 1697, le *Marquifat* de *Brantes* fut acTome IV.

quis par PIERRE DU BLANC, Collatéral, c'eft-àdire. Infpecteur des troupes d'Avignon, Gouverneur, Seigneur de la Roque-fur-Perne. Voyez BLANC (DU).

*BRANTOME, Seigneurie qui a donné fon nom à une branche de la Maifon de *Bourdeilles*, connue dès le XIᵉ fiècle, laquelle branche s'eft éteinte, après avoir produit de grands hommes, & un Maréchal de France fous HENRI IV & LOUIS XIII. Voyez BOURDEILLES.

BRAQUE (DE), Seigneur de Châtillon-laGuichardière, en Normandie, Généralité de Rouen, famille maintenue dans fa *Nobleffe* le 22 Janvier 1669. L'Abbé le Laboureur prétend que ce ne font point des *Lettres de Nobleffe* qui furent données à ARNOUL DE BRAQUE, mais des *Lettres pour l'armer Chevalier*. Ce favant fe trompe: ce font véritablement des *Lettres de Nobleffe*, comme on le peut voir dans M. d'Hozier, qui les a copiées d'après l'original, & d'après la Roque, dans fon *Traité de la Nobleffe*, p. 67, qui rapporte que ledit ARNOUL DE BRAQUE fut *annobli au mois d'Août* 1339, avec permiffion de prendre *enfeigne de Chevalier*, par Lettres données au Bois-de-Vincennes: il étoit Seigneur de Châtillon-fur-Loing. Cet ARNOUL DE BRAQUE, poffeffeur de deux fiefs, l'un à Stain proche Paris, & l'autre à Champiguyfur-Marne, proche Charenton, fut annobli par le Roi PHILIPPE DE VALOIS en 1339, par Lettres rapportées, comme nous venons de le dire, par M. d'Hozier, dans fon *Armorial de France*. Par les fondations qu'il a faites, il paroît qu'il avoit de grands biens. Sa femme fe nommoit *Jacqueline*.

NICOLAS BRAQUE, fon troifième fils, éleva fa famille à un bien plus haut degré d'honneur, que tous fes frères. Il fut Seigneur de Châtillon-fur-Loing, de Saint-Maurice-fur-Labron, de Nogent-fur-Seine, de Croiffy & de Croquetaine en Brie, de Choify-aux-Loges dans le Gâtinois, & de beaucoup d'autres lieux. Il fut créé *Chevalier*, Maître des Requêtes, Gouverneur des Villes & Châteaux de Moret & de Montargis, Chambellan du Roi CHARLES V, & Ambaffadeur Plénipotentiaire en plufieurs occafions importantes. Il époufa 1º *Jeanne de Tremblai*; & 2º *Jeanne le Bouteiller-de-Senlis*. Il n'eut point d'enfans de cette dernière; mais il eut de la première:

B

1. & 2. Blanchet & Nicolas Braque;
3. Et Jeanne Braque, Dame de Choify, femme de *Jean de l'Hôpital*. D'elle descendent les Seigneurs de Choify, de Vitry, du Hallier, & de Sainte-Mesmes. Voyez HOPITAL.

Pierre de Braque, Seigneur de Blemur, qui vivoit en 1488, & avoit époufé *Louife des Claux*, étoit le trifaïeul de Louis de Braque, Chevalier, Seigneur du Parc, Capitaine dans le Régiment des Vaiffeaux, marié à *Antoinette de Line*, dont entr'autres enfans, Anne-Marguerite de Braque, née le 20 Janvier 1678, reçue à Saint-Cyr au mois de Mai 1687. Cette Maifon s'éteignit au XIIe degré, dans Paul-Emile de Braque, Seigneur de Luat, mort le 6 Octobre 1744, laiffant d'*Elifabeth Lorimier*:

Elisabeth de Braque, née le 31 Mai 1741, mariée, en 1761, à *François-Jofeph*, Marquis de *Choifeul-Meufe*.

Les armes: *d'azur, à une gerbe de blé d'or, liée de même.*

* BRAQUEMONT. La Terre de *Braquemont*, dont cette Maifon tire fon origine, eft fituée dans le Bailliage de Caux, proche de la Ville d'Arques. Dans le Catalogue des Seigneurs Normands qui furent avec leur Duc Robert à la conquête de Jérufalem l'an 1097, font nommés *Monfieur* Renaud de Braquemont, *Monfieur* Lyonnel de Braquemont fon fils, & *Monfieur* Bracquet de Braquemont.

I. Renaud de Braquemont, Chevalier, Capitaine de Lillebonne, fervit le Roi aux guerres de Saintonge, Guyenne & Languedoc, ès années 1337, 1348 & 1359. Il fut auffi du nombre, avec Mathieu & Guillaume de Braquemont, dit *Bracquet*, de ceux auxquels le Roi Jean pardonna pour avoir fuivi le parti du Roi de Navarre l'an 1360. Il eft enfuite compté entre les Seigneurs qui fervoient l'Etat l'an 1373, & eut:

1. Guillaume, qui fuit;
2. Robert, auteur de la troifième branche, rapportée ci-après;
3. Jean, Chevalier;
4. Lyonnel, Chevalier, qui témoigna tant d'ardeur l'an 1415 à la défenfe de Harfleur affiégé par Henri V, Roi d'Angleterre, qu'il entra dans la Ville, malgré les ennemis, & la fecourut;
5. Marguerite, Dame de Lambercourt, femme de *Philippe Tirel*, Seigneur de Poix,

fils de *Jean Tirel*, Seigneur de Poix, & de *Marguerite de Châtillon*.

II. Guillaume de Braquemont, dit *Bracquet*, Ier du nom, Chevalier, Confeiller & Chambellan du Roi & de M. le Duc d'Orléans en 1372, eut procès à l'Echiquier en 1398. Il laiffa:

1. Guillaume, qui fuit;
2. Et Richard, auteur de la branche des Seigneurs de *Traverfain*, rapportée ci-après.

III. Guillaume de Braquemont, IIe du nom, Chevalier, fut témoin avec *Jacques de Blaru* & *Guillaume de Laire*, Chevaliers, au teftament du Prince Louis, fils du Roi de France, & Duc d'Orléans. Il époufa, en 1403, *Jeanne d'Harcourt*, fille de *Philippe d'Harcourt*, Seigneur de Bonneftable, & de *Jeanne de Tilly*, dont il eut:

1. Olivier, qui fuit;
2. Richard, Seigneur de Rofey, Chevalier;
3. Et Jean, Chevalier.

IV. Olivier de Braquemont, Chevalier, fut allié avec *Jeanne de Campremy*, dont il eut pour fils:

V. Guillaume de Braquemont, IIIe du nom, Chevalier en 1453, qui fut père de:

VI. Florent de Braquemont, Chevalier, vivant en 1537.

BRANCHE
des Seigneurs de Traversain.

III. Richard de Braquemont, Chevalier, Seigneur de Traverfain en 1399, fecond fils de Guillaume, Ier du nom, dit *Bracquet*, fut père de:

IV. Robert de Braquemont, Seigneur de Traverfain, qui eut pour fils:

V. Renaud de Braquemont, dit *Bracquet*, Seigneur de Traverfain, lequel ne laiffa qu'une fille:

VI. Marie de Braquemont, qui époufa 1° *Jean de Bethencourt*, fils de *Jean*, Seigneur de *Bethencourt*, & d'*Ifabelle de Saint-Martin-le-Gaillard*; & 2° *Jean Suhart*, Chevalier, Seigneur de Montfreville.

TROISIÈME BRANCHE.

II. Robert de Braquemont, fecond fils de Renaud, Chevalier, fut Confeiller du Roi & fon Chambellan, puis Amiral de France l'an 1417: ce fut lui qui conduifit, par l'ordre du Roi, le Pape Benoit XII, au Château-Renard près d'Avignon. Il eut:

1. Guillaume, qui fuit;

2. Jean, dit *Lyonnel*, dont nous parlerons après son frère;

3. Et Aldonce, qui fut fiancée, en 1404, à *Roger de Breauté*, IIIe du nom, dit *l'aîné*, Sire dudit lieu; mais étant mort avant la consommation du mariage, elle épousa *Pierre de Gougeul*, Sire de Rouville.

III. Guillaume de Braquemont, Seigneur de Sedan, Chevalier, eut:

1. Louis, Seigneur de Sedan, mort sans hoirs;
2. Et Marie, femme, en 1440, d'*Everard de la Marck*, Comte d'Arenberg, auquel elle porta la Terre de Sedan.

III. Jean de Braquemont, dit *Lyonnel*, Chévalier, second fils de Robert, Amiral de France, épousa *Jeanne de Houdetot*, de laquelle il eut:

IV. Charles de Braquemont, dit *Lyonnel*, qui épousa *Anne des Essars*, & eut pour fils & successeur:

V. Richard de Braquemont, Chevalier, qui fut père de:

1. Charles, Seigneur de Bellentot;
2. Et François.

Le Roi d'Angleterre Henri V, étant dans son camp devant Melun l'an 1421, dépouilla de leurs biens Charles de Braquemont, Louis de Braquemont, Seigneur de Pontranges, & autres, qui tenoient le parti du Duc d'Orléans. Ce Louis de Braquemont se trouve compris dans l'état des pensions avec Guillaume de Braquemont, Chambellan du Duc d'Alençon, & Nicolas de Braquemont, Ecuyer, frère de Robert de Braquemont, Moine à St.-Denis. Dans les Echiquiers, depuis l'an 1448 jusqu'en l'an 1469, il est parlé d'Alvar de Braquemont, Chevalier; de *Léonore de Tolède*, femme de Robert de Braquemont, Chevalier; de Jean de Braquemont & de Damoiselle Roberte de Braquemont, sa femme, héritiers de Renaud de Braquemont; de Guillaume de Braquemont, Seigneur de la Pontinière, & de Renaud de Braquemont, son fils, Chambellan du Roi.

Il y a encore des familles en Normandie de ce nom de Braquemont, dont nous ne pouvons parler faute de mémoires, quoique la Roque, dans son *Histoire de la Maison d'Harcourt*, dise que cette Maison de Braquemont soit tombée dans celle d'*Ivry*. Cette grande & ancienne famille n'est pas seulement renommée en Normandie, mais encore en Italie, dans l'une & l'autre Allemagne & en Espa-

gne, où elle s'établit l'an 1386 du tems de Jean, Roi de Castille. Robert & Jean de Braquemont furent au secours de ce Prince contre Jean, Roi de Portugal.

Jean de Braquemont, qui étoit Sénéchal du Duc d'Orléans, fut marié avec *Agnès de Mendoze*, fille de *Pierre-Gonsales de Mendoze*, & d'*Aldonce d'Avila*, dont il eut pour fille Aldonce de Braquemont, mariée à *Jacques de Valence*, Maréchal de Castille, & de là sont venus les Seigneurs de *Pigneranda* en Espagne, dont étoit chef Don Gaspard de Braquemont & de Guzman, Comte de Pigneranda, Vice-Roi de Naples & Ambassadeur Plénipotentiaire pour la paix de Munster l'an 1648.

Les armes: *de sable, au chevron d'argent*.

BRAQUETI, en Provence: *d'or, au chevron de gueules, accompagné de trois têtes d'aigles arrachées de sable, 2 en chef & 1 en pointe; au chef d'azur, chargé d'un lambel de trois pendans d'argent*.

BRAS, branche sortie de la Maison de *Fabri*, en Provence, qui subsiste encore aujourd'hui à la Cadraire, Diocèse de Marseille. Voyez FABRI.

BRAS: *de gueules, au bras d'argent, tenant une épée nue, ornée de sable, de même*.

BRASDEFER, Seigneur de Maineville en Normandie, Généralité de Caen & Election d'Argentan, famille maintenue dans sa Noblesse le 20 Avril 1667, & dont étoit Charles Brasdefer, Médecin, demeurant à Rouen, qui avoit obtenu, suivant Masseville, des Lettres de Noblesse en 1611.

Les armes: *de gueules, à trois mains dextres d'argent, posées 2 & 1*. Aliàs *trois poings ou gantelets d'argent, mis en bande*.

* BRASSAC, en Quercy, Diocèse de Cahors, Terre, Seigneurie & *Baronnie* qui fut vendue vers 1195 par Guillaume, Vicomte de Calvignac, à Raymond III, Vicomte de Turenne, de la Maison duquel elle a passé dans celle de *Galard*, que son ancienneté fait mettre, à juste titre, parmi les plus illustres de Guyenne. Elle est connue dès le XIe siècle dans le Condomois, où elle a possédé jusqu'au siècle dernier la Seigneurie & les Tours, près Condom, qu'on appelle encore à présent *les Tours de Galard*, ce qui appuie l'ancienne tradition sur son origine, qu'on rapporte aux

Comtes de Condom, iſſus de ceux de Gaſcogne. Voyez GALARD-DE-BRASSAC.

BRASSAC : *d'or, à trois cornets de ſable, enguichés de gueules, & poſés 2 & 1.*

BRASSAY-JAUSSELIN, Seigneur de la Grange & Monrepos, famille noble, laquelle, ſuivant un *arbre généalogique*, remonte à PIERRE DE JAUSSELIN, marié, le 4 Février 1554, à *Marie de Brocas.* Dans leur contrat de mariage, ils font donation de la moitié de leurs biens à un enfant mâle, ce qui prouve qu'ils étoient d'une *ancienne Nobleſſe.* Ils eurent de leur mariage :

ISAAC DE JAUSSELIN, qui épouſa, par contrat du 8 Décembre 1597, *Marthe de Braſſay.* De ce mariage naquirent :

1. JEAN, qui ſuit ;
2. PIERRE, Ecuyer, Seigneur de la Grange, & enſuite du Caudere, par partage fait avec ſon frère aîné ; il ſe maria avec *Jacquette du Long*, & mourut ſans poſtérité ;
3. JEANNE, mariée à *Samuel de Roques*, Sieur de Barogue, Aide-de-Camp Général des Armées du Roi ;
4. Et MARTHE, mariée à *Marc-Antoine de Barogue*, Ecuyer, Seigneur de Laſſaubole.

JEAN DE JAUSSELIN, Sieur de Braſſay, ſe maria, par contrat du 26 Mai 1636, avec *Madeleine de la Borde,* dont :

1. PIERRE, Capitaine au Régiment Royal, mort au ſervice ;
2. PAUL, qui ſuit ;
3. Et JEAN-JACQUES, mort âgé de 19 ans.

PAUL DE BRASSAY-JAUSSELIN, Seigneur de la Grange & Monrepos, Lieutenant des Chevaux-Légers, épouſa, 1o le 27 Novembre 1678, *Marie de la Borderie ;* & 2o le 6 Février 1690, *Eſther de la Roche-Gajan.* Il eut du premier lit :

1. JEAN-PAUL, qui ſuit ;
2. MARTHE-MADELEINE, née le 10 Avril 1681, morte veuve de Meſſire *Daniel de la Coſte*, Seigneur de Barry & autres lieux.

Et du ſecond lit :

3. HENRI, Sieur de Monrepos, né le 6 Mars 1692, Capitaine au Régiment de Montconſeil ;
4. & 5. JOSEPH & JACQUES, morts ſans poſtérité ;
6. Et MARIE, veuve de *N... de Laumont*, Seigneur de Caſtille.

JEAN-PAUL DE BRASSAY-JAUSSELIN, Seigneur de la Grange & Monrepos, s'eſt allié, le 26 Septembre 1723, avec *Marie-Anne de Mellet,* dont :

1. JEAN-PAUL, qui ſuit ;

2. JOSEPH, mort âgé de 14 ans ;
3. LOUIS-ELEAZAR, Lieutenant au Régiment d'Auvergne ; & cinq filles, MARTHE, MADELEINE-MARIE, FRANÇOISE, MARGUERITE, & une autre MARIE, vivantes en 1753.

JEAN-PAUL DE BRASSAY-JAUSSELIN, IIe du nom, né le 23 Avril 1725, s'eſt marié, le 18 Septembre 1753, à *Marthe-Madeleine de Mellet*, ſa couſine, dont :

HENRI DE BRASSAY-JAUSSELIN, né le 11 Juillet 1755.

BRAUX, en Champagne. CÔME BRAUX, Seigneur de Florent, Préſident au Bureau des Finances de Champagne, épouſa *Hélène Cardonne*, fille de *Bernard*, Baron d'Anglure, qui lui porta en mariage la Baronnie d'Anglure. Il eut :

PIERRE DE BRAUX, Maître des Requêtes, en faveur duquel la *Baronnie d'Anglure* a été érigée en *Marquiſat*, par Lettres de 1657, enregiſtrées au Parlement de Paris. Il teſta le 12 Juillet 1661, & étant mort ſans enfans, il eut pour héritière ſa ſœur.

ANGÉLIQUE DE BRAUX, mariée, le 12 Avril 1646, à *Antoine de Savigny-d'Anglure*, créé *Comte d'Eſtoge* en 1656.

Les armes : *de gueules, au dragon ailé d'or.*

BRAY ou BRAYE, Seigneur du Haut-Queſnay, Coullardière, Cernon en Normandie, Généralité de Caen. Cette Maiſon tire ſon origine d'un Bailliage du Cotentin. *Orderic Vitalis*, Moine de Saint-Evroult, parle de BAUDRY DE BRAY, qui vivoit ſous le Roi GUILLAUME *le Conquérant*, & l'accompagna à la conquête du Royaume d'Angleterre l'an 1066. Il eut pour fils :

BAUDRY, Seigneur de BRAYE, IIe du nom, vivant ſous le Roi HENRI Ier l'an 1118, avec *Enguerrand de Trie*, & d'autres illuſtres Chevaliers, qui eut de grands différends avec GODEFROY, Archevêque de Rouen, ès années 1119 & 1122, fit une forte guerre à *Hugues de Neufchâtel* & à pluſieurs autres, ſelon Guillaume, Moine de Jumièges : ce qui donneroit à penſer que la Maiſon de BRAY ne ſeroit point originaire du Cotentin, mais du Bailliage de Caux où le pays de *Bray* eſt encore ſitué ; mais comme toutes les autres opinions y ſont contraires, nous aimons mieux les ſuivre. Les regiſtres de la Chambre des Comptes de Paris diſent que GUILLAUME DE BRAY, *Jean d'Annebaut & Robert d'Ouville,* en vertu

des fiefs qu'ils avoient en Normandie ès années 1210 & 1226, fervoient le Roi, Duc de
la Province. *Monfeigneur* GUILLAUME DÉ
BRAY étoit du nombre des Chevaliers qui accompagnèrent *Jean* d'*Harcourt*, Amiral de
France, en fon voyage de mer l'an 1295.
Il eft marqué dans les Arrêts de la Cour
de l'Echiquier de Normandie, comme en celui de 1336, que *Monfeigneur* GUILLAUME DE
BRAY, Chevalier, Sire de Cernon, avoit des
différends avec *Roger Baron* & autres, &, en
l'an 1356, contre l'Abbé & les Religieux de
Saint-Etienne de Caen. Ce GUILLAUME DE BRAY,
Chevalier, étoit Seigneur de Cernon, de Ba-
renton, de Rouilly, de la Chapelle-Angebout,
de Vaffy & du Pont-Efcoulant. Il laiffa :

    1. GUILLAUME DE BRAY, Seigneur de toutes ces
       Terres, mort fans enfans ;
    2. Et BLANCHE DE BRAY, héritière de fon frère,
       & femme de *Guillaume d'Harcourt*, Sei-
       gneur de la Ferté-Imbaut.

Nous voyons dans le *Mémoire* des Chevaliers qui accompagnèrent *Geoffroy d'Harcourt*, Gouverneur de Normandie au voyage
qu'il fit fur mer l'an 1308, que GUILLAUME DE
BRAY y étoit des premiers. Il eft parlé enfuite
entre les perfonnes de qualité de Normandie
qui fervirent la Couronne de France contre
les Anglois l'an 1337, de *Monfeigneur* JEAN
DE BRAY, Chevalier, de RENAUD DE BRAY, E-
cuyer Normand, ès années 1338, 1339 & 1340,
de *Monfeigneur* GUILLAUME DE BRAY, Sire
de Cernon, Chevalier-Banneret, de *Monfeigneur* JEAN DE BRAY, Chevalier-Bachelier, &
autres, qui accompagnèrent *Mathieu de Trie*
& *Robert-Bertrand*, Sire de *Briquebec*, Maréchaux de France, & les mêmes fervoient
encore ès années 1348, 1350, 1351 & 1352,
avec JEAN DE BRAY, Ecuyer, & autres. A la
montre de *Robert de Neubourg*, Seigneur de
Livarot, Capitaine de *Fouques* l'an 1347,
étoit GUYOT DE BRAY ; & en la même année
Monfeigneur ROBERT DE BRAY, Chevalier, &
quatre Ecuyers furent reçus à Chartres, avec
leur Compagnie. JEAN DE BRAY eft auffi compris en une montre ès années 1373 & 1374,
& *Monfeigneur* GUILLAUME DE BRAY, Chevalier, fut à la journée & au fiège de Coignac en
1375. *Monfeigneur* JEAN DE BRAY, Bachelier, eft nommé dans le Compte de *Barthélemy du Dracq*, & *Monfeigneur* GUILLAUME
DE BRAY fut reçu à Orléans avec fa Compagnie
l'an 1383.

La Seigneurie de *Cernon* entra dans cette
famille par l'héritière de ce nom, mariée au
Seigneur DE BRAY, qui avoit pour prédéceffeur
Olivier de Cernon, Seigneur de la Lande &
du Gripon, lequel fut confifqué par le Roi
d'Angleterre, qui fit don de la Terre du Gripon à *Raoul Teffon*, Chevalier, qui depuis
devint ennemi du Monarque Anglois ; & les
Terres de la Lande & du Gripon furent données à *Robert de Marbury*, Chevalier ; ce
qui caufa un procès à l'Echiquier de l'an 1448.
Guillaume de Cernon, fils d'*Olivier*, fe faifit
de la Terre du Gripon après la réduction de
la Ville d'Avranches, comme ancien propriétaire d'icelle.

Il y a une preuve de Nobleffe de ceux de ce
nom, qui contient que JEAN DE BRAY, vivant
l'an 1442, eut :

    1. FOUQUES, qui fuit ;
    2. JEAN DE BRAY, Chevalier ;
    3. Et RENAUD DE BRAY, Chevalier, qui laiffa :

       JEAN DE BRAY, Chevalier, qui époufa *Gra-
       nette du Four*, fille de *Gabriel du Four*,
       & de *Jeanne de Mondrainviller*. Ils
       vivoient l'an 1492, & eurent pour fille
       & héritière MAGLONE DE BRAY, qui vi-
       voit l'an 1519.

FOUQUES DE BRAY laiffa :

JACQUES qui fuit ;

Et JEAN DE BRAY, qui comparut en brigandine,
    à la montre des Nobles, faite à la Hogue
    l'an 1512 ;

JACQUES DE BRAY fit fa preuve de nobleffe
l'an 1481. Il époufa *Jeanne d'Auxais*.

Dans le Compte de *Barthélemy du Dracq*,
Tréforier des Guerres ès années 1337 & 1349,
eft auffi nommé *Monfeigneur* JEAN DE BRAY,
Chevalier. N... DE BRAY, fille du Seigneur de
Cernon, étoit femme, en 1295, de *Robert*, Sei-
gneur d'*O*. On trouve encore une BLANCHE DE
BRAY, fille de *Monfeigneur* GUILLAUME DE
BRAY, Chevalier, Sire de Cernon, mariée, en
1381, à *Guillaume d'Harcourt*, Chevalier-
Banneret ; & l'*Hiftoire de Rouen* parle d'un
Sieur DE BRAY-D'ARCY, qui étoit au fiège de
Maeftricht en 1673. C'eft ce que nous favons
de cette ancienne Nobleffe, dont les armes
étoient : *d'argent, au chef de gueules, char-
gé d'un lion paffant d'or.*

BRAY (DE), Seigneur de Fleffelle : *d'azur,
à deux flèches pofées en fautoir, les pointes en haut, & accoftées de deux demi- vols,
le tout d'argent.*

BRAYER, Seigneur de la Mothe : *d'azur, à la bande d'argent, chargée de trois tourteaux de gueules, & accoſtée de deux croiſ-ſans d'argent.*

BRAZARD, famille noble & ancienne dans la Généralité d'Alençon, Election d'Argentan, en Normandie, qui porte : *d'azur, au chef couſu, endenté de gueules.*

BRÉAL, en Bretagne : *d'argent, à trois colombes de ſable, becquées & membrées de gueules, poſées 2 & 1.*

BRÉANT, Seigneur de Longchamp & de Bertouville, en Normandie, Généralité de Rouen. La Roque, dans ſon *Traité des Bans & Arrières-Bans,* dit qu'en la montre de 1470, Châtellenie de Giſors, MICHEL BRÉANT préſenta *Henri Giſencourt,* armé de brigandine & vouge, pour ſe un vouger.

BREARD, Seigneur de la Motte, des Isles, du Manoir, Platiere, & Longuemarre, en Normandie, Généralités de Rouen & de Caen, famille maintenue dans ſa Nobleſſe le 27 Février 1669, dont les armes ſont : *écartelé, aux 1 & 4 d'azur, au beſant d'or ; aux 2 & 3 d'argent, à une moucheture de ſable.*

⸙ BREARD (DE), famille noble de Race, du Cotentin en Baſſe-Normandie. Les anciens titres de cette Maiſon ſont à la Bibliothèque du Roi, à la Tour de Londres, à la Chambre des Comptes de Rouen, & aux Chartriers de Neuville, de la Luthumière, de Courtomer, &c. Ceux qui lui reſtent la ſont remonter par filiation ſuivie à

I. NOEL DE BREARD, Sire de Neuville, qui épouſa la ſœur du Maréchal *Arnould d'Andrehen,* ſi célèbre dans l'hiſtoire de Charles Iᵉʳ, premier Dauphin, Duc de Normandie, & de Jean ſon père. Il eut pour fils :

1. JEAN, qui ſuit ;
2. Et GUILLAUME DE BREARD, Commandeur de Malte, en 1360.

II. JEAN DE BREARD, Sire de Neuville, fil-leul du Maréchal d'Andrehen, ſon compagnon d'armes & ſon héritier, fut fait Maréchal de France après la bataille de Poitiers. Il eut de ſa femme, dont le nom n'eſt pas connu :

III. JACQUES DE BREARD, qui prit, comme ſon père, le parti de Charles VII contre Henri VI, Roi d'Angleterre, dont ce dernier con-fiſqua les terres, en devenant maître de la Normandie, qu'il donna enſuite à Philippe-Guillaume, Ecuyer, natif d'Angleterre, par Lettres-Patentes du 16 Mars 1424. Il eut pour fils :

1. JEAN, qui ſuit ;
2. PIERRE, mort ſans poſtérité ;
3. Et BENOÎT DE BREARD, qui épouſa *Germaine Mallet,* remariée à *Michel Morice,* fille unique, & héritière de *Jean Mallet,* Ecuyer, Baron de la Luthumiere, Seigneur & Patron de Saint-Germain de Varreville, &c., dont un fils, nommé BENOÎT, comme lui, qui partagea, le 27 Mai 1462, les biens de ſa mère avec *Cariot Morice,* ſon frère du ſecond lit. Le Sieur de Gourmond - Laval repréſente aujourd'hui *Cariot Morice,* & jouit encore, à ſon droit, du patronage de Saint - Germain de Varreville, qu'il eut comme cadet. Une héritière de la branche de BENOÎT DE BREARD, a porté la Baronnie de la Luthumiere dans une autre Maiſon, où elle n'eſt plus.

IV. JEAN DE BREARD, IIᵉ du nom, Sire ou Seigneur de Neuville, n'eſt actuellement con-nu que par l'acte de la fondation dont on va parler, & par un acte de renſeignement du 7 Juillet 1681. Il eut de ſa femme, dont le nom eſt ignoré :

V. GUILLAUME DE BREARD, Seigneur de Neu-ville, qui fit bâtir le clocher de Foucarville, en 1478, & y acquit, par cette fondation, le droit de ſépulture gratuite pour toute ſa poſ-térité, & celui de banc dans la chapelle de deſ-ſous ce même clocher, où ſubſiſte toujours le caveau qui ſert de tombeau à toute cette fa-mille. GUILLAUME eſt dit dans l'acte, fils de JEAN, Seigneur de Neuville ; & ce même acte porte que ſa femme, dont il ne dit point le nom, pluſieurs de ſes enfans, PIERRE, ſon on-cle, & JEAN, ſon père, avoient été enterrés dans l'Egliſe de cette Paroiſſe. Il acquit les Fief & Seigneurie de Gaſcoin à Sainte-Mère-Egliſe. Il eut pour fils :

1. JEAN, qui ſuit ;
2. Et OLIVIER DE BREARD, tige du premier ra-meau, rapporté ci-après.

VI. JEAN DE BREARD, IIIᵉ du nom, Seigneur de Neuville, reçut & rendit pluſieurs aveux en 1501, & années ſuivantes, où il eſt quali-fié Seigneur de Neuville, &c., & dit fils aîné de GUILLAUME, Seigneur de Neuville & de Gaſcoin. Une héritière de cette branche porta la Terre de Neuville dans la Maiſon de *Fontaine-Cardonville,* d'où elle a paſſé dans celle de *Fontenay*, & de cette dernière dans celle de *Bricqueville*.

Premier Rameau.

VI. OLIVIER DE BREARD, fecond fils de GUILLAUME, eut la Seigneurie de Gafcoin, & des Terres en roture à Foucarville. Le Procureur-Général du Parlement de Normandie fit faifir cette Seigneurie pour les droits de franc-fief. Il fut fait une information par un Commiffaire du Grand-Confeil, nommé du Bourg: il juftifia en outre de fa nobleffe par titres. Sur cette information & fa généalogie, il fut jugé exempt des droits de franc-fief, *comme noble de père & de mère, né & procréé de noble Race & lignée, lui & fes prédéceffeurs, de toute ancienneté.* Ce jugement eft du 23 Juillet 1521. Il eut de fon mariage:

1. PIERRE, qui fuit;
2. JACQUES, auteur du fecond rameau, rapporté plus loin;
3. GUILLAUME, qui eut:
   Jacques, Sieur de la Chefnée, qui époufa *Catherine Barbou,* & en eut:
   Georges, mort Prêtre, qui fit beaucoup de fondations à Foucarville;
   Et *Jeanne,* dont on ne connoît point de poftérité;
4. ALBIN, chef du troifième rameau, qui viendra en fon rang;
5. Et MARGUERITE DE BREARD, qui fut mariée à *Jean Hue,* Ecuyer, dont defcend le Marquis de Miromefnil, Garde-des-Sceaux de France.

VII. PIERRE DE BREARD, Seigneur de Gafcoin, dont l'alliance n'eft point encore connue, eut pour fils:

VIII. OLIVIER DE BREARD, IIe du nom, qui éprouva la même conteftation que fon aïeul, fur fa nobleffe, en 1573. Il en juftifia par titres devant des Commiffaires députés par le Roi, & obtint, en 1576, Arrêt confirmatif du Jugement de 1521, rapporté ci-deffus. Il eut pour enfans:

1. GUILLAUME, qui fuit;
2. Et JEANNE DE BREARD, qui fut mariée, en 1609, à *Jacques Audrey,* Ecuyer, Sieur de Sillery, dont *le Chevalier de Fontenay,* mort fans alliance, Lieutenant-Général des Armées du Roi, & Infpecteur d'Artillerie, *l'Abbé de Fontenay,* & *le Comte de Fontenay,* morts fans poftérité; MM. *Davy, Duprael, de Brucan,* &c., exiftans.

IX. GUILLAUME DE BREARD, Seigneur de Gafcoin, époufa, le 12 Janvier 1602, *Marie de Gondren,* fille de *Noël,* Seigneur d'Aurérille, &c., & nièce du Grand-Maître de Malte de ce nom.

X. SULPICE DE BREARD, dernier Seigneur de Gafcoin de ce nom. Une héritière de cette branche a porté cette Seigneurie dans la Maifon de *Saint-Simon-Courtomer,* d'où elle a paffé dans celle de *Juigné,* par l'alliance du Baron de *Juigné,* frère de l'Archevêque de Paris actuel, avec l'héritière de cette Maifon.

Second Rameau existant.

VII. JACQUES DE BREARD, fecond fils d'OLIVIER, Ier du nom, époufa *Anne Dauphin,* fille de *Jean Dauphin,* Ecuyer, &c. De ce mariage font fortis:

1. JACQUES, qui fuit;
2. Et GEORGES DE BREARD, dont on ne connoit point de poftérité.

VIII. JACQUES DE BREARD, IIe du nom, commanda l'arrière-ban au fiège d'Avranches, en l'abfence de MM. de Montpenfier & de Saint-Simon, en 1590. Il époufa, en 1615, *Jeanne Hurel,* fille de *Jean Hurel,* Ecuyer, de laquelle il eut:

1. CHARLES, qui fuit;
2. Et MARIE DE BREARD, morte fans poftérité.

IX. CHARLES DE BREARD, époufa, 1° *Jacqueline de Petitpied;* & 2° *Catherine Darot de Vaugoubert.* Il eut du premier lit:

1. JACQUES, qui fuit;
2. CATHERINE, mariée à *Thomas de Gourmond,* Ecuyer, Sieur de Laval, dont defcendent l'Abbé de *Gourmond,* Abbé de Chors, & le Sieur de *Gourmond-de-Saint-Clair,* fon neveu, exiftans.

Du fecond lit:

3. Et MARIE DE BREARD, qui époufa *François Avice,* Ecuyer, Sieur de Petiville, dont on ne connoît point encore la poftérité.

X. JACQUES DE BREARD, IIIe du nom, qui époufa *Anne Bérot,* fille de *Jean Berot,* Ecuyer, dont entr'autres enfans:

JACQUES-BERNARDIN, qui fuit;
Et JACQUES DE BRÉARD, auteur de la branche établie à *Aunis,* qui viendra en fon rang.

XI. JACQUES-BERNARDIN DE BREARD, époufa, en 1708, *Marie-Charlotte Gauthier,* fille de *Jacques,* Ecuyer, Sieur de Launey, de la famille du Maréchal Gauthier, exiftant en 1069, fœur de deux frères morts Prêtres, Chanoines, &c., & de quatre fœurs mariées dans les Maifons de l'*Emperière,* de *Mefnilade-*

lée, d'*Auffais* & d'*Herfant des Touches*. Il a laiffé de ce mariage:

1. Pierre, qui fuit;
2. Jacques-François de Breard, qui a laiffé un fils & deux filles;

Et trois filles, mortes fans poftérité.

XII. Pierre de Breard époufa, en 1742, *Louife-Sufanne Clément*, dont il a laiffé pour enfans:

1. Pierre-Antoine-Sulpice, Prêtre, Penfionnaire du Roi, &c., produifant;
2. Jean-Thomas-Bernardin, qui a fervi 14 ans, tant dans la Gendarmerie que dans le Régiment de Rouergue, où il a fait toute la guerre de Corfe,& n'eftpoint encore marié;
3. Catherine, Religieufe à Carentan;
4. Et Marie de Breard, encore fans alliance.

Troifième & dernier rameau.

VII. Albin de Breard, quatrième fils d'Olivier, époufa *Jacqueline Leroux*, fille de *Jean Leroux*, Ecuyer, Seigneur de Foucarville, & en eut:

VIII. Michel de Breard, qui laiffa de fa femme, dont on ignore le nom:

1. François, qui fuit;
2. Et Olivier de Breard, rapporté après la poftérité de fon aîné.

IX. François de Breard, Sieur du Manoir, époufa *Madeleine de Marcadey*, dont:

X. Bon-Jacques de Breard, qui eut pour enfans:

1. Bon-François, qui fuit;
2. Et Françoise-Elisabeth de Breard, qui fut mariée à *Michel Morice*, Ecuyer, Sieur de Varreville, dont on ignore la poftérité.

XI. Bon-François de Breard, Sieur du Manoir, époufa *N...d'Ofonville*, de laquelle il eut:

Jeanne-Roberte de Breard, mariée au Sieur de *Feuardent*, Ecuyer, Seigneur d'Eculleville, dont:

Un garçon, qui avoit époufé *N..... de Mefnildot*, petite-nièce du Maréchal de Tourville, qui a laiffé un fils & deux filles en minorité;

Deux autres garçons, dont l'un eft Capitaine d'Artillerie, & l'autre Lieutenant de Vaiffeau;

Et deux filles, fans alliance.

IX. Olivier de Breard, fecond fils de Michel de Breard, marié à *Marguerite Julien*, en eut:

X. Jacques-Julien de Breard, Sieur de Longuemare, qui laiffa de fon mariage N....

de Breard, mariée au Sieur d'*Hoftingues*, dont poftérité.

Généalogie dreffée fur titres originaux, communiqués par M. l'Abbé de Breard.

AUTRE BRANCHE
de cette Maifon établie en Aunis.

XI. Jacques de Breard, fils de Jacques, IIIᵉ du nom, & d'*Anne Berot*, époufa *Anne Marcellin*, d'une Maifon du Blaifois, de ce nom. Il eut entr'autres enfans:

1. Jacques-Michel, Seigneur des *Ports de Saint-Mandé*, en Poitou, où il forme une branche, qui a pris des alliances dans les Maifons de *Beaupoil de Saint-Aulaire*, d'*Algret*, d'*Aulede*, de *Bouffard.*&c., &c.;
2. Et Nicolas-Marcellin de Breard, qui fuit.

XII. Nicolas-Marcellin de Breard, étant au fervice du Roi dans les Ports, époufa, 1° en Décembre 1738, *Jeanne-Elifabeth Boutiron*, fille de *Jean Boutiron*, Ecuyer, & de *Marie de Pichard*; & 2° en 1763, *Marie de Mathar de Gourville*. Du premier lit font iffus entr'autres enfans:

1. Jean-Nicolas, qui fuit;
2. Marie-Marcellin, dit *le Chevalier de Beauregard*, dans les Ordres facrés, après avoir fervi fucceffivement dans les Canoniers des Colonies, Régiment de Rouergue, Infanterie, & dans la Légion Corfe;
3. Marie-Françoise de Breard, mariée au Château des Portes avec *Antoine de Gigouroux de Verdon*, Ecuyer, Chevalier de l'Ordre de Saint-Louis, Capitaine de Cavalerie, & commandant les Maréchauffées dans la Province de Périgord.

Et du fecond lit font auffi nés entr'autres enfans:

4. René de Breard, dit *le Chevalier de Gourville*, né en 1754, Officier des Canoniers;

Deux frères cadets, Officiers dans la Légion de Meuron;

Deux autres, Officiers auxiliaires de la Marine;

Et une fille, non mariée.

XIII. Jean-Nicolas de Breard, Baron libre du Saint-Empire Romain, & Seigneur d'Attigneville, en Lorraine, par fon mariage, en 1767, avec *Marie-Françoife de Viard* (1)

---

(1) Petite-Nièce de *Pierre-Jofeph de Viard*, Baron libre du Saint-Empire Romain, Comte de Couzance en Barrois, & fait Maréchal au fervice de l'Empire, commandant le Corps de réferve fous le Prince Eugène, au fiège de Belgrade.

d'Attigneville, retiré dans cette Province depuis 1776, du service de la Marine, avec une pension de Sa Majesté. Il ne reste de ce mariage que MARIE-NICOLE-JOSÉPHINE DE BREARD, née libre Baronne de l'Empire, à Paris le 6 Juillet 1768.

Les armes: *d'azur, à trois molettes d'éperon d'argent*, 2 & 1.

(Extrait généalogique dressé sur titres originaux communiqués.)

* BRÉAU, dans la Brie-Françoise, Diocèse de Sens, Terre & Seigneurie érigée en Baronnie en faveur de *François de Verthamon*, Maître des Requêtes, par Lettres du mois de Décembre 1642, registrées au Parlement le 23, & à la Chambre des Comptes le 26 Mai 1644. Voyez VERTHAMON.

BRÉAUHERBERT: *d'azur, au sautoir d'or, accompagné de quatre étoiles de même.*

BREAUTÉ. Quoique cette ancienne Maison éteinte, d'origine Flamande, ait tiré son nom du Château de *Breauté*, situé près la Ville de Saint-Omer, il y a si long-tems qu'elle étoit établie en Normandie, & qu'elle y possédoit la Terre de Néville dans le Bailliage de Caux près de Saint-Valery, qu'on peut la comprendre parmi les premières Maisons de cette Province.

ROBERT Ier, Sire de BREAUTÉ, le premier dont le nom soit connu par des actes authentiques, fut un des principaux Seigneurs qui accompagnèrent GUILLAUME, dit *le Conquérant*, lorsqu'il passa en Angleterre en 1066, pour en faire la conquête. Autour de ses armes étoient ces paroles: *pars est mihi magna triumphi.*

GUILLAUME DE BREAUTÉ, un de ses arrières-petits-fils, surnommé *le Pieux*, donna en 1152, aux Religieux de l'Abbaye de Saint-Lô de Rouen, sa Terre de Breauté, & entreprit le voyage de la Terre-Sainte.

ADRIEN DE BREAUTÉ, Vice-Amiral de France, fit à ses frais un armement, rendit le commerce de la mer libre, & en chassa les Pirates. Ce service rendu à l'État, & sa charge de Vice-Amiral, étoient représentés par un alcyon dans son nid, avec ces paroles: *Æquora placat.*

Un autre ADRIEN DE BREAUTÉ, Chevalier de l'Ordre de St.-Michel, nommé à celui du St.-Esprit, Capitaine de la Grand-Nef, nommée *la Cartarine*, se jeta, par ordre du Roi, dans

Tome IV.

Therouanne, que l'Empereur assiégeoit avec 60000 hommes. Le corps de sa devise étoit un aigle traversant des foudres & des tonnerres avec ces paroles: *Nescit discrimina pectus impavidum.*

JEAN DE BREAUTÉ, Gouverneur & Grand-Bailli de Gisors, porta toujours les armes contre les Religionnaires, & son zèle pour la Religion étoit représenté par la *quinte-feuille* de Breauté, plante préservative contre la morsure des animaux venimeux, avec ces paroles: *Membris agit atra venena.*

ADRIEN DE BREAUTÉ, Gouverneur de Rouen, Mante, Vernon, Andely, Gisors, Colonel-Général de l'arrière-ban de Normandie, & de 3000 Légionnaires, Capitaine d'une Compagnie de Gendarmes des ordonnances du Roi, Conseiller de Sa Majesté en son Conseil d'État, fit la guerre, par ordre du Roi, aux Prétendus Réformés, & arrêta les courses & pillages qu'ils faisoient en Normandie. C'est ce qu'on avoit représenté par une digue, qui arrêtoit un torrent impétueux, avec ces paroles: *Comprimit ille tumentes.*

Nous allons donner la Généalogie de cette Maison, suivant un ancien mémoire qui nous est tombé dans les mains, & qui remonte sa filiation suivie à

I. ROGER, Ier du nom, Sire de BREAUTÉ, vivant l'an 1230, qui épousa *Alix de Bournonville*, dont:

II. GUILLAUME, Ier du nom, Sire de BREAUTÉ, qui vint s'établir en Normandie en épousant, l'an 1275, *Jeanne*, Dame de *Néville*, en Caux, dont il eut:

III. GUILLAUME, IIe du nom, Sire de Breauté & de Néville en 1327, favori de PHILIPPE *le Bel*, qui fut choisi par ce Prince, à cause de ses belles qualités du cœur & de l'esprit, pour l'accompagner dans la visite qu'il fit au Pape BENOÎT, qui tenoit son siège à Avignon. Il est représenté par une aurore auprès du soleil avec ces paroles: *It comes.* Il épousa *Catherine de Créquy*, fille de *Jean*, Ier du nom, Sire de Créquy & de Canaples, & de *Jeanne de Beauvais*, dont:

1. ROGER, qui suit;
2. Et LUCE DE BREAUTÉ, mariée à *Jean Masqueret*, Seigneur d'Hermanville.

IV. ROGER, IIe du nom, Sire de BREAUTÉ, Baron de Néville en 1364, est qualifié de *noble & puissant Seigneur* dans un acte passé en 1353, qualité qui ne se donnoit alors qu'aux

C

premières & plus illuftres familles du Royaume. Il commanda pour le Roi dans tout le
pays de Caux, & époufa *Jeanne de Léon*,
fille de *Jean de Léon*, Chevalier, Seigneur
de Montagu, & de *Jeanne de Varennes*,
dont :

1. ROGER, qui fuit ;
2. JEAN, appelé plus tard ROGER, rapporté
   après fon frère aîné ;
3. Et JEANNE, mariée à *Colard*, Ier du nom,
   Sire de *Villequier*, fils de *Robert*, Sire de
   Villequier, & de *Richarde Dumefnil-Va-
   rin*.

V. ROGER, IIIe du nom, Sire de BREAUTÉ,
Gouverneur de Rouen & du Pays de Caux,
fut Grand - Chambellan du Roi CHARLES VI,
lorfque la Ville de Rouen fut prife par les
Anglois, y fut retenu prifonnier jufqu'à la
mort, quelques offres que le Roi leur fit pour
le ravoir, regardant ce Seigneur comme le
plus ferme appui de fa Province, & le plus
grand ennemi qu'ils euffent. Il étoit repréfenté fous la figure d'un lion enchaîné avec
ces paroles : *Vinclis me retinet virtus.* Il fut
fiancé, en 1404, à *Aldonce de Braquemont*,
mais il mourut avant la confommation du
mariage, laiffant pour héritier fon frère,

V. ROGER, IVe du nom, Sire de BREAUTÉ,
dit *le Jeune*, Baron de Néville en 1410, qui
époufa *Marguerite d'Eftouteville*, fille de
Robert, VIe du nom, Sire d'*Eftouteville*, &
de *Marguerite de Montmorency*, dont :

1. JEAN, Baron de Néville, tué du vivant de
   fon père à la bataille de Patay, en 1429 ;
2. JEAN, qui fuit ;
3. JACQUES, Seigneur de Bellefoffe ;
4. ROGER, Seigneur de Cronnin ;
5. Et MARIE, femme de *Jean*, Sire d'*Auvrecher* & de Planes, Maréchal de Normandie.

VI. JEAN, Ier du nom, Sire de BREAUTÉ, Baron de Néville en 1461, animé contre les Anglois, qui n'avoient pas voulu rendre fon père,
leur fit connoître dans toutes les rencontres,
qu'il avoit hérité de fon courage ; il fut trois
fois prifonnier en Angleterre. L'ardeur avec
laquelle il combattit contre les ennemis de
l'Etat, lorfqu'il eut recouvré fa liberté, étoit
repréfentée par un cheval enfermé avec ces
paroles : *Ferocior exibit.* Il mourut en 1467,
laiffant de *Jeanne Defmarets*, veuve de *Jean
de Bouffey*, Seigneur de Courbefpine :

VII. JEAN, IIe du nom, Sire de BREAUTÉ,
Baron de Néville, Capitaine & Gouverneur de
la ville de Dieppe, qui époufa, en 1483, Antoinette Maunourry, fille d'*Etienne Maunourry*, dit *du Tremblay*, Seigneur du
Mont de la Vigne, & d'*Agnès de Dreux*,
dont il eut :

VIII. ADRIEN, Ier du nom, Sire de BREAUTÉ,
Baron de Néville en 1518, qui fut chef de 500
Légionnaires, & eut ordre du Roi FRANÇOIS,
Ier de conduire en Ecoffe le Roi JACQUES V,
fon gendre, & MADELEINE DE FRANCE, Reine
d'Ecoffe. Il défit la flotte Angloife qui s'op-
pofoit à fon paffage, prit deux gros vaiffeaux,
en coula quatre, & mit les autres en fuite.
Cette action fut repréfentée par un torrent
qui emportoit une digue, avec ces paroles : *Fit
via vi.* Il mourut en 1557, & avoit époufé
Jeanne de la Haye, Dame de Hotot en Auge, dont le mariage avec *François d'Harcourt*, Baron de Beuvron, avoit été caffé.
Elle étoit fille & héritière de *Jacques de la
Haye*, Seigneur de Hotot, & de *Jeanne* ou
Joffine de Moüy. Il laiffa :

1. ADRIEN, qui fuit ;
2. Et CHARLOTTE, femme de *Louis d'Orbec*,
   Seigneur de Bibofc.

IX. ADRIEN, IIe du nom, Sire de BREAUTÉ,
Baron de Néville, Seigneur de Hotot en Auge, Bailli & Gouverneur de Gifors, époufa
Sufanne de Monchy, fille de *Jean de Monchy*, Seigneur de Senarpont, & de *Claude
de Longueval*, dont :

1. PIERRE, qui fuit ;
2. Et ADRIEN, rapporté après fon frère aîné.

X. PIERRE, Ier du nom, Sire de BREAUTÉ,
né le 24 Avril 1580, donna, dès fes premières
années, des preuves éclatantes de fon courage. Ayant été au fecours de Calais & d'Ardres où, par quantité de belles actions, il fe
fit diftinguer de HENRI IV, & de toute fa
Cour, Sa Majefté, pour récompenfer le mérite
de ce jeune Seigneur, lui donna le Régiment
de Normandie. Après la paix conclue, le Roi
d'Efpagne, qui avoit éprouvé fa valeur dans
plufieurs rencontres, furtout pendant le fiège
d'Amiens, le follicita de paffer en Flandre, &
lui fit offrir tels emplois qu'il voudroit dans
fon Armée. Il répondit qu'il ne ferviroit jamais un Prince qui avoit fait la guerre à fon
Roi. C'eft ce qu'on avoit repréfenté par un
chien portant un bâton fleurdelyfé, avec ces
paroles : *Unus cuncta mihi.* Il fut lâchement
affaffiné le 5 Février 1600 devant Bréda par
l'ordre de Grosbendoncq, Gouverneur de
Bois-le-Duc, & laiffa de *Charlotte de Harlay* :

XI. ADRIEN, IIIᵉ du nom (PIERRE), Sire de BREAUTÉ, né le 8 Janvier 1599, premier E-cuyer de MARIE DE MÉDICIS, Reine de France, Chevalier des ordres du Roi. Etant allé au fiège de Bréda en Hollande, les foldats qui avoient tué fon père, l'attirèrent dans une em-bufcade, où ils l'égorgèrent, en Octobre 1624, dans un lieu qui n'étoit pas fort éloigné de Bréda. On les avoit tous deux repréfentés par deux colonnes que la foudre avoit abattues, avec ces paroles : *Pari cecidere ruiná.* Il époufa *Sufanne de Monceaux*, fille de *Gaf-pard de Monceaux*, & de *Jacqueline d'O*. Ils n'eurent pas d'enfans.

X. ADRIEN, IVᵉ du nom, Sire de BREAUTÉ, Baron de Néville & de Hotot, fecond fils d'A-DRIEN II, & de *Sufanne de Monchy*, mourut en 1658. Il avoit époufé, après avoir fuccédé à fon neveu, *Françoife de Roncherolles*, fille de *Pierre de Roncherolles*, Baron de Pont-Saint-Pierre, & de *Charlotte de Moüy*, & laiffa :

1. PIERRE, qui fuit ;
2. ALEXANDRE, rapporté après fon frère aîné ;
3. SUSANNE, mariée à *Charles*, Seigneur de *Longaunay* ;
4. Et N... de Breauté, mariée à N..., Seigneur de *Ricarville*.

XI. PIERRE, IIᵉ du nom, Marquis de BREAU-TÉ, né en 1612, Meftre-de-Camp du Régi-ment de Picardie, fut tué à la prife d'Arras en 1640. Il avoit époufé *Marie de Fiefque*, fille de *François de Fiefque*, Comte de La-vagne, & d'*Anne le Veneur*, dont :

1. JEAN-BAPTISTE-GASTON, Sire de Breauté, élevé enfant d'honneur du Roi LOUIS XIV, tué aux lignes d'Arras en 1654, âgé de 18 ans ;
2. FRANÇOIS, qui fuit ;
3. Et N... DE BREAUTÉ.

XII. FRANÇOIS, Marquis de BREAUTÉ, mou-rut en réputation d'une grande vertu le 2 Dé-cembre 1708, laiffant :

1. HENRI-FRANÇOIS-EMMANUEL, Sire de BREAU-TÉ, Colonel du Régiment de Vivarois, mort le 14 Octobre 1685, âgé de 19 ans ;
2. Et MARIE-FÉLICE DE BREAUTÉ.

XI. ALEXANDRE, Sire de BREAUTÉ, fecond fils d'ADRIEN, IVᵉ du nom, & de *Françoife de Roncherolles*, mourut en 1685, laiffant :

XII. CHARLES-CLAUDE, Sire de BREAUTÉ, Maître de la Garde-robe de M. le Duc d'Or-léans, qui mourut le 21 Juillet 1711, âgé de 46 ans. Il eut pour fils :

XIII. ALEXANDRE-CHARLES, Sire DE BREAU-TÉ. Marquis de Hotot, Maître de la Garde-robe du Duc d'Orléans, né le 20 Mai 1695, & mort le 1ᵉʳ Juillet 1716, le dernier de fon nom. (On trouve la généalogie de cette Maifon dans Moréri.)

Les armes : *d'argent, à une quinte-feuille de gueules*.

BREAUTÉ : *d'or, à deux trèfles de fino-ple, pofés l'un au-deffus de l'autre.*

BREBEUF, en Normandie, Généralité de Caen & Election de Coutances, famille alliée aux *Turgot* & aux *la Luzerne*. JEAN DE BREBEUF, Jéfuite, naquit dans le Diocèfe de Bayeux, le 24 Mars 1593. Il fut un des pre-miers Jéfuites qui paffèrent au Canada, & avoit établi fa miffion chez les *Hurons*. Il fut pris par les *Iroquois* en 1649, qui le brû-lèrent à petit feu, commençant par lui jeter de l'eau bouillante fur la tête en dérifion du baptême. Il étoit oncle de GUILLAUME BREBEUF, Poëte François, qui a laiffé plufieurs ouvra-ges, entre autres, une traduction de la *Phar-fale de Lucain* en vers. Les armes : *d'argent au Bœuf effaré de fable, pointé d'or*.

BREBISSON (DE), ancienne Nobleffe, Election de Vire, en Normandie, qui porte : *de gueules, au lion d'argent.*

BRECEY, Seigneur d'Ifigny, en Nor-mandie, Généralité de Caen. La Roque, dans fon *Traité des Bans & Arrières-Bans*, fous l'an 1272, parle de ROBERT DE BRECEY, Che-valier, qui avoit deux parties de Fiefs. Dans les Arrêts rendus par l'Echiquier de Nor-mandie dans le XVᵉ fiècle, eft nommé NICO-LAS DE BRECEY, Ecuyer, & la Demoifelle fa femme.

HENRI DE BRECEY, Marquis d'Ifigny, épou-fa *Marguerite de Beüil*, morte en 1596, fille de *Claude de Beüil*, Seigneur de Courcil-lon, & de *Catherine de Monteclerc*.

ANNE DE BRECEY-D'ISIGNY époufa vers 1600 *Pierre de la Luzerne*, Chevalier, Seigneur de Brévance, Gouverneur du Mont-Saint-Michel. Le *Chevalier* DE BRECEY fut tué au combat de Leufe en 1691 ; & la Roque, dans fon *Hiftoire de la Maifon d'Harcourt*, pag. 2006, parle de MARGUERITE DE BRECEY, fille du Seigneur d'Ifigny, mariée, vers 1554, à *Euftache de Thieuville*.

C ij

Les armes : *d'or, à la croix de fable, cantonnée de quatre merlettes de gueules.*

BREDA (DE), Seigneur de Troffy, de Guisbert, à Paris & en l'Isle de France, originaire du Brabant Hollandois : *d'argent, à une fafce de gueules, chargée d'une étoile d'or, & accompagnée en chef d'un perroquet de finople, & en pointe d'un croiffant de fable.* Voyez l'Armorial gén. de France, reg. I, part I.

* BREDAN. Les Seigneurs de ce nom font fortis d'ANTOINE DE BOURGOGNE, premier Seigneur de *Bredan*, fixième fils de CHARLES DE BOURGOGNE, premier Seigneur de Falais, de Bredan, &c., dont le petit-fils, ANTOINE DE BOURGOGNE, deuxième Seigneur de Fromont, fervit dans les Armées des Pays-Bas fous l'Archiduc ALBERT & PHILIPPE IV, roi d'Efpagne, & mourut fans poftérité.

Les armes : *écartelé, aux 1 & 4 de Bourgogne moderne ; aux 2 & 3 de Bourgogne ancien ; & fur le tout de Flandre, au filet d'argent, mis en barre, brochant fur le tout.*

BREDASNE, en Bretagne : *gironné d'argent & de gueules, de dix pièces.*

* BREDERODE, château dans la Hollande, près de Harlem, qui a donné fon nom à une branche des Comtes DE HOLLANDE, qui étoit la première Maifon du Pays lors de la révolution des Pays-Bas ; elle poffédoit en 1566 & 1567 la Seigneurie de Vienne, & tiroit fon origine de SIGEFROY DE HOLLANDE, fils d'ARNOULT, Comte de HOLLANDE.

HENRI DE BREDERODE fut un des chefs des Confédérés Proteftans des Pays-Bas ; LANCELOT DE BREDERODE, qui fut auffi un des principaux chefs des mêmes Confédérés, eut la tête tranchée après la prife de Harlem en 1576. PIERRE-CORNEILLE DE BREDERODE, célèbre Jurifconfulte, vivoit en 1580 & 1590. Cette Maifon s'eft éteinte en 1679, dans la perfonne de WOLFART, dernier Baron DE BREDERODE. Voyez Stradat, Grotius, & M. de Thou.

Les armes : *d'or, au lion de gueules* ; ou, fuivant M. Petau, en fon Armorial de Hollande, *au lambel d'azur de trois pendans.*

BRÉE : *burelé d'argent & d'azur de huit pièces, au lion de gueules, brochant fur le tout.*

BRÉE-DE-FOUILLEUX : *fafcé d'argent & d'azur de fix pièces.*

BREFFEILLAC, en Bretagne : *d'argent, au lion de gueules, couronné, armé & lampaffé d'or.*

* BREGANSON, petite isle déferte, au golfe d'Hières, érigée en *Marquifat*, par Lettres du mois de Décembre 1574, enregiftrées au Parlement d'Aix le 30 Octobre 1576, en faveur d'ANTOINE ESCALINDES - AIMAT, Baron de LA GARDE, Général des Galères, appelé *le Capitaine Paulin*, mort le 30 Mai 1578, âgé de plus de 80 ans. MACHION GASQUI, Capitaine des Galères, fut établi Capitaine dans la Fortereffe de *Breganfon*, qu'il avoit fait conftruire à fes dépens. Ses fils, JOSEPH & HONORÉ GASQUI, furent fucceffivement Gouverneurs de Breganfon. Ce dernier acquit en 1606 le domaine de cette isle, que CLAUDE & JEAN GASQUI, fes fils, ont gardé jufqu'en 1670, que *Louis de Cormis*, Seigneur de Beaurecueil, l'acquit & la laiffa à fon fils, PIERRE DE CORMIS, qui la vendit vers 1683 à *Jofeph-Paul de Richard*, Confeiller au Parlement d'Aix.

BRÉGET. N... DE BRÉGET, laiffa pour enfans :

PHILIPPE, qui fuit ;
Et SOPHIE DE BRÉGET, mariée au Marquis de *Hotman.*

PHILIPPE DE BRÉGET, Baron de l'Empire, né le 24 Août 1695, Chevalier, Commandeur & Prevôt-Maître des cérémonies des Ordres de Notre-Dame du Mont-Carmel & de Saint-Lazare, Confeiller & Doyen du Grand-Confeil, époufa, en 1729, *Françoife-Sufanne Caffini*, dont :

PHILIPPE-JOSEPH, Capitaine de Dragons dans le Régiment de Caraman ;
Et N... DE BRÉGET, mariée au Marquis de *Caftelnau du Vaucel.*

Les armes : *d'argent, à la fafce de gueules, chargée de trois rofes du champ, & accompagnée de trois mains dextres appaumées de gueules, 2 en chef & 1 en pointe.*

BRÉHAN, Maifon reconnue pour une des *plus anciennes* & des *mieux alliées* de la Province de Bretagne, *vraie race d'ancienne Nobleffe de Chevalerie*, qui dans les XIe & XIIe fiècles, tenoit rang parmi les *anciens Barons* du Pays, avant la réduction faite en 1451. Elle tient fon nom de la Terre & Seigneurie de *Bréhan-Loudeac*, laquelle eft tombée dans la Maifon de *Rohan*, qui la poffède maintenant. Suivant un vieux Cartulaire de l'Abbaye de Marmoutier, vers 1080, BRÉHAN *le Vieux* fait une donation au Prieuré de St.-Martin, de certains Fiefs à lui appartenant. Il eſt qualifié dans cet acte de BRIENTENSIUM *ſummus Dominus & eorum primogenitus.* Suivant le même acte il avoit épouſé la ſœur de *Guildinius,* fils de *Gilon.* GUILLAUME DE BRÉHAN, ſon fils, ſouſcrit à cette donation avec GAULTIER DE BRÉHAN, ſon frère. Il eſt encore mentionné dans un autre titre de Marmoutier de l'an 1100, au ſujet des Fiefs donnés à l'Evêque de Saint-Brieuc, & autres biens & dîmes donnés à Saint-Melene, dans la Paroiſſe de *Bréhan,* par ſes ancêtres, & depuis par CONON DE BRÉHAN, ſurnommé de *Moncontour,* ſon aîné.

ARNAUD DE BRÉHAN ſigne comme témoin à un titre du Mont-Saint-Michel, contenant la donation faite aux Religieux de cette Abbaye, de certaines dîmes par GUILLAUME - IRFOY DE BRÉHAN, fils d'HERVEY DE BRÉHAN, avant que d'aller à Jéruſalem.

NORMAN DE BRÉHAN ſe dit fils d'ARNAUD, & ſigne comme témoin à la fondation du Prieuré de Lamballe, faite par GEOFFROY, DUC DE BRETAGNE, en date du 24 Juillet 1121.

GUILLAUME DE BRÉHAN, fils de NORMAN, eſt préſent avec d'autres Seigneurs à la fondation du Prieuré de Jugon, faite par OLIVIER DE DINAN, Duc de Bretagne, vers 1149.

MORSAN DE BRÉHAN, qualifié *Miles,* ſe fait Moine vers 1160, & conjointement avec ſes frères, fait don de l'Egliſe de *Bréhan* à l'Abbaye de St.-Melene. Il fut Abbé de St.-Aubain-des-Bois, & l'on voit dans cette Abbaye une Bulle du Pape de 1163, à lui-même adreſſée, en cette qualité.

ALAIN DE BRÉHAN fait don en 1184 de certaines dîmes à Saint-Magloire de Lehon. Cet acte eſt ſeellé du ſceau même d'ALAIN. Il eut ETIENNE, qui ſuit, RAOUL, GEOFFROY & OLIVIER DE BRÉHAN.

ÉTIENNE DE BRÉHAN, Chevalier, vivoit en 1230. Il mourut à la croiſade de 1272.

RAOUL DE BRÉHAN, qualifié *Miles,* ſe croiſa avec JEAN, DUC DE BRETAGNE, & à ſon retour donna à l'Abbaye de Bocquetien une dîme, un pré, & quelques Fiefs. Cet acte eſt de 1275, & apprend que RAOUL DE BRÉHAN avoit pour femme *Sibylle d'Herefort.* OLIVIER DE BRÉHAN, ſon frère, ratifie cette donation.

GEOFFROY, dit ALAIN DE BRÉHAN, Cheva-

lier, fut un des témoins de l'accommodement fait entre *Alain,* Vicomte de *Rohan,* & *Hervé de Lehon,* Chevaliers; la tranſaction eſt de 1288. Il paroît par un vieux fragment de l'Obituaire de l'Egliſe de *Bréhan,* qu'ETIENNE DE BRÉHAN avoit épouſé *Alipſe de Rohan,* dont il eut:

JEAN, Sire DE BRÉHAN, Chevalier, qui vivoit en 1250. Il ſe croiſa avec JEAN Ier, dit *le Roux,* Duc de Bretagne. Il épouſa *Sibylle de Biaufort,* fille de Monſſour *Alain de Biaufort.* Il partagea ſes enfans du premier lit, ſavoir:

GUILLAUME & PIERRE, qui ſuivent;
Et JEAN DE BRÉHAN.

GUILLAUME, Seigneur de BRÉHAN, ſurnommé de *Moncontour,* aîné du premier lit, ſuivant le partage de 1309, reçoit ſes frères Juveigneurs, JEAN & PIERRE DE BRÉHAN, *en homme bouche baiſée & mains jointes, comme Gentils.* On voit par ce même acte que JEAN, ſon père, avoit tout ferme droit dans la Bretagne, excepté ce que l'Egliſe tenoit de la libéralité de ſes ancêtres. Il fut Commandant d'une Compagnie de 120 lances, & mourut à la guerre en 1360. Il avoit épouſé *Sibylle de Tournemine,* fille de *Pierre,* Sire de la Hunaudaye, dont il eut:

1. GEOFFROY Ier, l'aîné, connu par l'hommage de ſes Juveigneurs;
2. PIERRE, qui ſuit;
3. GUILLAUME, Chevalier fameux du tems du Connétable du Gueſclin;
4. Et BERTRAND, qui rend hommage à ſon aîné en 1324.

PIERRE DE BRÉHAN, Damoiſel, fils puîné de GUILLAUME, ſervit dans les guerres de CHARLES DE BLOIS, & de JEAN DE MONTFORT en 1356. Dans une procédure de 1392, il eſt qualifié PETRUS DE BRÉHAN, *Domicellus nobilis & ex nobili proſapiâ etiam Baronum éxtitit procreatus.* Il eut d'*Aliette le Voyer* pluſieurs enfans, entr'autres:

GEOFFROY DE BRÉHAN, Chevalier, Seigneur de Belle-Iſſue, *Mont-Bréhan,* employé *homme d'armes* aux montres de 1370 & 1371, &c., employé *dans la réformation de la véritable Nobleſſe* de 1423, qui mourut en 1435. Il avoit épouſé 1° *Thomine de Dinan,* morte ſans hoirs; & 2° *Thomine-Annot de Penthièvre,* dont il eut entr'autres enfans:

1. GABRIEL, qui ſuit;

2. GUILLAUME, Chevalier, Capitaine d'hommes d'armes ;

3. Et JULIEN, qui commanda la Compagnie d'ordonnance de FRANÇOIS, Duc de Bretagne, & fervit dans la guerre du bien public.

GABRIEL DE BRÉHAN, Seigneur de Belle-Iffue, Beaulieu & de la Ville de Corbin, mourut en 1452. Il avoit époufé *Thomine de la Lande*, unique héritière d'*Olivier de la Lande*, dont il eut:

1. EON ou EONNET, qui fuit ;
2. Et THIBAUT, homme d'armes des Ordonnances du Roi de France, qui fut partagé à Viage en 1482. Il eut:

    RENÉ DE BRÉHAN, qui époufa *Jeanne du Cambout*, fille d'*Alain*, Seigneur *du Cambout*.

EON ou EONNET DE BRÉHAN, Damoifel, Seigneur de Belle-Iffue, de Beaulieu, de la Ville de Corbin, du Clos, &c., eut de *Marguerite de Bois-Boëffel* neuf enfans, entr'autres:

1. GABRIEL, l'aîné, qui fut Seigneur de Belle-Iffue, &c., il étoit homme d'armes des Ordonnances, & commanda la feconde Garde. Il époufa *Marie Bérard*, fille de *Lancelot*, Seigneur de Kermartin, & de *Marie de Rohan;*
2. ROLAND, dont l'alliance eft ignorée ;
3. Et JEAN, qui fuit.

JEAN DE BRÉHAN, Chevalier, Seigneur de Belle-Iffue, &c., furnommé *le Capitaine Bonnet*, fut compagnon du Chevalier Bayard, & fe diftingua dans les guerres. Il avoit été partagé à Viage en 1499, fut dangereufement bleffé à la bataille de Ravenne, & mourut vers 1520. Il avoit époufé, 1º *Olivette Guibé*, nièce du Cardinal de ce nom; & 2º *Françoife de Kergu*, dont il eut:

1. MATHURIN, qui fuit;
2. JACQUES, qui fut partagé à Viage en 1533;
3. JEAN, tué aux guerres d'Italie ;
4. CLAUDE, Lieutenant d'une Compagnie d'hommes d'armes, bleffé à Brignoles, mort de fes bleffures en 1547;

Et trois filles, l'une defquelles, nommée ALIX DE BRÉHAN, époufa *Triftan de Rohan*, Seigneur de Polduc.

MATHURIN DE BRÉHAN, Chevalier, Seigneur de Belle-Iffue, Galinée, des Cognets, &c., né le 10 Août 1506, a fervi toute fa vie dans les guerres de Piémont & d'Italie; il fut Capitaine de 300 hommes, puis de 500, & mourut à Galinée au mois d'Octobre 1538, des bleffures qu'il avoit reçues dans une rencontre en Piémont. Il fut enterré à Saint-Poftan, où l'on voit fa tombe, fur laquelle eft l'écu de BRÉHAN. Il avoit époufé *Gilette des Cognets*, héritière de fa Maifon, fille unique de *Guyon*, Seigneur *des Cognets* & de Galinée, de laquelle il eut entr'autres enfans:

JEAN DE BRÉHAN, Chevalier, Seigneur des Cognets, de Galinée, de Belle-Iffue, de Beaulieu, de la Rivière, &c., né le 8 Août 1533, qui époufa, en 1572, *Jeanne du Pleffis*, héritière de fa Maifon, morte le 26 Juillet 1620, fille de *Pierre*, Seigneur *du Pleffis*, & de la Morinie. Il laiffa:

LOUIS DE BRÉHAN, Chevalier, Seigneur de Galinée, Belle-Iffue, des Cognets, de Beaulieu, la Forais, &c., né le 13 Avril 1574, Chevalier de l'Ordre du Roi, Gentilhomme ordinaire de fa Chambre, par Brevet de 1601, Maréchal-de-Camp, Capitaine d'une Compagnie de 200 hommes d'armes, qui époufa, le 30 Décembre 1599, *Catherine Huby-de-la-Huberdiere*, héritière de fa Maifon, fille de *Jean*, Seigneur de Kerloquet, Confeiller d'Etat de la Reine Régente, dont il eut:

JEAN DE BRÉHAN, Chevalier, Seigneur de Galinée, Belle-Iffue, &c., Châtelain du Pleffis, Baron de Mauron, Doyen du Parlement de Bretagne, Confeiller d'Etat, qui époufa, en 1630, *Françoife le Faïr*, héritière & fille unique de *Jean*, Seigneur de la Mothe-Rouffel. Il en eut:

1. MAURILLE, qui fuit;
2. CLAUDE, qui fut Page du Roi, puis Officier aux Gardes. Il époufa *Françoife Bouan*, dont:

    CLAUDE-AGATIF-HYACINTHE DE BRÉHAN, Doyen du Grand-Confeil;
3. Et JEAN-GILLES, qui fut auffi Page du Roi, enfuite Officier aux Gardes. Il fut tué au fiège de Lille, en 1667.

MAURILLE DE BRÉHAN, Chevalier, Comte de Mauron & de Plélo, Seigneur de Galinée, &c., Châtelain du Pleffis, Vicomte de Mauron, époufa, en 1654, *Louife de Quelen*, héritière de fa Maifon, fille de *Gilles*, Seigneur de Saint-Bihy-le-Pelen, &c., & de *Renée du Halgoët*, dont:

1. LOUIS, Chevalier, Comte de Mauron & de Plélo, mort fans enfans, de *Sainte du Gouray*, héritière & Marquife de la Cofte, Comteffe de Guebriant, Baronne de Sazé, Dame de *Bréhan*, fille de *Jean du Gouray*, Marquis de la Cofte, Lieutenant de Roi dans la Baffe-Bretagne, & de *Madeleine de Rofmadec;*

2. JEAN-RENÉ-FRANÇOIS-AMALRIC, qui fuit;
3. Et JEANNE, mariée à *Charles*, Marquis de *Sevigné*, Lieutenant de Roi au Pays Nantois.

JEAN-RENÉ-FRANÇOIS-AMALRIC DE BRÉHAN, Ier du nom, Chevalier, Comte de Mauron & de Plélo, Baron de Pordic & autres Terres mentionnées ci-deſſus, dont il hérita par la mort de ſon aîné, décéda en 1734. Il avoit épouſé 1° *Catherine le Fèvre-de-la-Faluere*, fille de *René le Fèvre*, Chevalier, Seigneur de la Faluere, premier Préſident de Bretagne, & 2° *Radegonde Leroy de la Boiſſière*. Du premier lit vint:

1. LOUIS-ROBERT-HIPPOLYTE, qui fuit.

Du ſecond lit ſont iſſus:

2. JEAN-RENÉ-FRANÇOIS-AMALRIC, IIe du nom, né le 22 Décembre 1730, appelé *le Comte de Mauron*, marié, en 1766, à *Flore de Milet;*
3. Et BIHI-AMALRIC, né en 1734, marié, en 1771, à *N... Bellanger.*

LOUIS-ROBERT-HIPPOLYTE DE BRÉHAN, Comte de Plélo, né le 28 Mars 1699, ci-devant Meſtre-de-Camp d'un Régiment de Dragons, & auparavant Sous-Lieutenant des Gendarmes de Flandre, & Ambaſſadeur du Roi en Danemark depuis 1729, fut tué le 27 Mai 1734, à l'attaque des retranchemens de l'armée Moſcovite, aſſiégeant Dantzick. Il commandoit la première colonne du ſecours François, deſtiné pour cette ville aſſiégée; après avoir forcé les barricardes & pénétré juſques dans les retranchemens, il y fut frappé de pluſieurs coups, ralliant ſes troupes qui plioient ſous le nombre & le grand feu des Moſcovites. Il avoit épouſé, le 21 Mai 1722, *Louiſe-Françoiſe Phélypeaux-de-la-Vrillière*, dont il a eu entr'autres enfans:

1. LOUISE-AMÉLIE DE BRÉHAN, dite *Mademoiſelle de Plélo*, née à Copenhague, en 1734, morte à l'Abbaye de Port-Royal à Paris le 26 Octobre 1743;
2. Et LOUISE-FÉLICITÉ, nommée Dame du Palais de la feue Reine en 1748, mariée, le 4 Février 1740, à *Armand-Emmanuel du Pleſſis-de-Richelieu*, Duc d'Agenois, aujourd'hui *Duc d'Aiguillon.*

Les armes: *de gueules, au léopard d'argent.* Voyez les *Mercures* de Juin 1734. p. 1448, & de Novembre 1743, p. 25 & 26, & Moréri.

BRÉHAN. MARIE-JACQUES, dit *le Marquis de Bréhan*, Brigadier le 10 Mai 1748,

Colonel de Picardie en 1749, Maréchal-de-Camp le 20 Février 1761, mourut le 13 Mai 1764. Il avoit épouſé, 1° le 10 Mars 1748, *Marie-Jeanne-Angélique Delpech*, morte le 19 Avril 1750, âgée de 26 ans, fille de *N.....* *Delpech*, Receveur-Général des Finances d'Auvergne; & 2° le 17 Novembre 1755, *N...* *Tachereau de Baudry*, fille de *Gabriel Tachereau*, Seigneur de Baudry, Conſeiller d'Etat, & de *Philippine Taboureau*. Du premier lit vint:

MADELEINE-ANGÉLIQUE-CHARLOTTE DE BRÉHAN, mariée, le 8 Mars 1769, à *Charles-René*, Comte de *Maillé.*

Les armes: *de gueules, à ſept macles d'or, poſés 3, 3 & 1.*

BREHAN: *faſcé d'argent & de ſable de huit pièces, à la bande de gueules, chargée de trois coquilles d'or.*

BREHAULT (DE), en Bretagne: *de gueules, au léopard d'argent.*

BRÉHONIC, en Guinevez, Evêché de Léon: *d'hermines, à une quinte-feuille de gueules, en abîme.*

BREIGNOU (LE), en Plouyen, Evêché de Léon: *de gueules, à la faſce d'or, accompagnée de ſix beſans de même, trois en chef rangés, & trois en pointe poſés 2 & 1.*

BREIL (DU), en Bretagne, Maiſon très-ancienne, dont la généalogie eſt imprimée dans du Pas, Hiſtorien de Bretagne; mais cette généalogie ne ſe trouve pas exacte. Par un titre trouvé dans l'Abbaye de la Vieuville, & un autre trouvé en celle de Marmoutier, on prouve qu'il y en avoit de ce nom, avant celui par qui du Pas commence, & ceux-là étoient qualifiés de *Milites*. On fait que cette qualité ne ſe donnoit pas à tout le monde. On trouve un TANNEGUY DU BREIL, Seigneur de Pontbriand, marié, le 29 Juillet 1637, à *Anne des Eſſars*, fille d'honneur de la Reine MARIE DE MEDICIS.

JOSEPH-YVES DU BREIL, Comte de Pontbriand, mort en 1710, avoit épouſé *Marie-Angélique-Sylvie Marot-de-la-Garais*, morte en 1732, à l'Hôpital de Joſſelin en Bretagne, où elle s'étoit retirée après la mort de ſon mari, pour s'adonner au ſervice des pauvres. Elle étoit ſœur de *N... Marot*, Comte de la Garais, qui s'étant livré à l'étude de la Médecine, de la Pharmacie & de la Chirurgié, tenoit chez lui un hôpital dont il prenoit foin avec la Dame fon épouse. Ils eurent:

1. LOUIS-CLAUDE, qui fuit;
2. N..., Marquis de Pontbriand, Capitaine de Dragons dans Vibraye;
3. N..., dit *le Chevalier de Pontbriand*, Gentilhomme de la Chambre du feu Roi STANISLAS, Duc de Lorraine & de Bar;
4. GUILLAUME-MARIE, Théologal & Grand-Chantre de Rennes, Abbé depuis 1735, de N.-D. de Lanvaux, Ordre de Cîteaux, Diocèfe de Vannes;
5. N..., dit l'*Abbé de Pontbriand*, connu à Paris par fon établissement pour l'instruction des Savoyards;
6. HENRI-MARIE, Docteur en Théologie le 11 Mai 1736, Vicaire-Général de l'Evêché de Saint-Malo, & nommé à l'Evêché de Québec au Canada, en 1740;

Et trois filles, Religieuses à la Vifitation de Rennes.

LOUIS-CLAUDE DU BREIL, Comte de Pontbriand, Capitaine-Général des Gardes-Côtes au département de Pontbriand, Gouverneur de l'Isle & Fort des Hébiens, mort en fon Château de Pontbriand près Saint-Malo, en Avril 1754, âgé de 57 ans, avoit épousé, 1° en 1722, *Françoife-Gabrielle d'Efpinay*, morte en 1743, fille de *Barthélemy-Gabriel*, Comte *d'Efpinay*, en Bretagne, mort en Septembre 1716, & *d'Anne d'Hautefort*; & 2° le 23 Décembre 1749, fa coufine germaine, *Rénée-Françoife-Elifabeth du Breil*, Comtesse de Pontbriand, fille de *François-Louis-Mathurin du Breil*, Seigneur de Pontbriand, & de *Marie-Anne de Saint-Gilles*, fille de *Jean-Baptifte*, Seigneur de Perronnay, & de *Jeanne*, Marquife du *Guefclin-de-la-Roberie*. Il a eu du premier lit:

ANNE-SYLVIE-CLAUDINE, mariée à Rennes le 14 Avril 1738, à *Louis-Claude-Jean-Baptifte-Benoît*, Comte de *Bruc*, fils de *Jofeph-Jean-Baptifte*, Comte de *Bruc*, Confeiller de Grand-Chambre au Parlement de Bretagne, & de *Jeanne-Thérèfe le Prêtre*.

Et du fecond lit:

CLAUDE-TOUSSAINT-LOUIS, né le 14 Octobre 1750, dit *le Comte de Pontbriand*.

Cette ancienne Noblesse, maintenue le 12 Mai 1669, a des alliances confidérables avec *Nevet*, *Lifcouet*, *la Vallière*, *Richelieu*, *la Garais*, *Marbœuf*, *Rohan*, *Rohan-Chabot*, *Quémadeuc*, *Franquetot-Coigny*, *Saint-Gilles*, *Pontcallec*, &c., & porte pour armes:

écartelé, aux 1 & 4 *d'azur, au lion d'argent, armé & lampaffé de gueules*, qui eft du Breil; aux 2 & 3 *d'azur, au pont de trois arches d'argent, maçonné de fable*, qui eft de Pontbriand.

BREIL (DU), en Bretagne: *d'argent, au lion de gueules, armé d'or*.

BREIL (DU), même Province: *d'argent, au lion d'azur, armé & lampaffé de gueules*.

BREIL (DU), même Province: *d'argent, à trois fafces ondées d'azur, au lion de fable, iffant de la première fafce, vers le chef, armé & lampaffé de gueules*.

BREIL (DU), Seigneur de Reys, en Normandie: *d'azur, au lion d'argent, armé & lampaffé de gueules*.

BREIL (LE), à Erodoiz, en Bretagne, *d'argent, à trois grêliers d'azur, enguichés de gueules, pofés 2 & 1*.

BREISACH: *d'argent, au bonnet à l'antique d'azur, fourré & rehauffé d'hermines*.

BRÉLIDY, en Tréguier: *d'argent, à trois chevrons de gueules, pofés l'un au-deffus de l'autre*.

BREMON, Seigneur d'Ars: *d'azur, à l'aigle éployée d'or, au vol abaiffé*.

BREMOND (DE): *parti d'argent & de fable, au fanglier de même, rampant fur le parti, de l'un en l'autre*.

BREMOND, en Dauphiné: *d'or, au cœur de gueules*.

BREMONT, même Province: *de gueules, au croiffant montant d'or; au chef coufu d'azur, chargé de trois rofes d'argent*.

BRENDLÉ: *d'or, à un tronc d'arbre au naturel, flambant en quatre endroits, de gueules*.

BRENNE-BOMBON. Le nom de BRENNE-BOMBON eft remarquable par fa noblesse & par fes alliances.

FRANÇOIS DE BRENNE, Chevalier, Seigneur de Bombon & de Montjay en Brie, a eu de *Félix de Poftel d'Ormoy*:

1. BASILE DE BRENNE *de Poftel*, créé *Comte de Bombon*, par Lettres du mois de Mars 1699, qui époufa *Marie-Madeleine Duret de Chevery*, dont:

EDMÉE-CHARLOTTE DE BRENNE, Comtesse de Bombon, Dame de Montjay &

d'Ormoy, & Dame du Palais de la Reine, morte le 24 Juillet 1756, âgée de 56 ans. Elle avoit épousé, le 11 Mai 1720, *Marie-Thomas-Auguste Goyon-de-Matignon-Gacé*, dit *le Marquis de Matignon*, Chevalier des Ordres du Roi depuis le 1er Janvier 1725;

2. Et François de Brenne, Chevalier, Grand-Croix de l'Ordre de St.-Jean de Jérusalem, Commandeur d'Abbeville, Procureur-Général & Receveur du commun Trésor du même Ordre au Grand-Prieuré de France, mort à Paris le 13 Septembre 1746, âgé d'environ 57 ans. Il avoit été reçu en cet Ordre en âge de minorité, & Page du Roi en sa Petite-Ecurie au mois de Février 1704, sur les preuves de sa noblesse. (*Mercure de France* du mois de Septembre 1746, pag. 197.)

Les armes: *d'argent, à un lion de sable, armé & lampassé de gueules.*

BRENOLOU, près Carhaix: *d'argent, à trois merlettes de sable, 2 & 1.*

* BRENS, en Languedoc, Diocèse d'Alby, Terre, Seigneurie & ancienne Châtellenie, qui avec celle de Saint-Félix, fut érigée en titre de *Baronnie* l'an 1353, par le Roi Jean, en faveur de Jean de Bourbon, fils de Bouchard VI, Comte de Vendôme & de Castres. Cette *Baronnie* appartenoit à ceux qui avoient succédé à Jean de Bourbon, au Comté de Castres, quand *Jacques d'Armagnac*, Comte de la Marche, de Pardiac, de Castres, Vicomte de Carlat & de Murat, Seigneur de Leuze, la donna en 1456 à *Henri de Pompignan*, Chevalier. Louise de Savoie, Régente du Royaume pendant la prison du Roi François Ier, son fils, donna le Comté de Castres & la Baronnie de Brens & de Saint-Félix, à la Marquise de Saluces & au Marquis son fils, pour en jouir pendant leur vie. Elles furent réunies à la Couronne par Arrêt du Parlement de Paris en 1510. Le 13 Janvier 1643 le Roi Louis XIV donna la *Baronnie de Brens* & de Saint-Félix, pour récompense des services rendus, à *Etienne Dalmas*, Chevalier de son Ordre, son Maître-d'Hôtel ordinaire, Conseiller d'Etat, Capitaine-Gouverneur de Chantilly & Comté de Dammartin, Ecuyer de la Princesse Douairière de Conti, mort sans alliance en 1672. Cette Baronnie fut ensuite donnée à Don *Margueret*, Marquis d'*Aguilar*, qui en jouit jusqu'à sa mort. En 1723 elle passa par échange à *Jean-Pierre de*

Tome IV.

Foucaud-d'Alzon, Conseiller & Président au Parlement de Toulouse, qui, de *Marguerite d'Aignan-d'Orbessan*, a eu, entr'autres enfans, *Bernard de Foucaud-d'Alzon*, Conseiller-Président au Parlement de Toulouse, qui la possède aujourd'hui.

BREOTTIERES (les), en Bretagne: *de gueules, à une tête de loup arrachée & lampassée d'or.*

BRÉQUIGNY: *d'or, au léopard lionné de sable, accompagné de trois roses de gueules, posées 2 & 1.*

BRESCHARD: *d'argent, à trois bandes d'azur.*

BRESLE: *d'azur, à trois gerbes de bled d'or, liées de même, & posées 2 & 1.*

BRESLE-VILLE-LA-JURIE: *d'azur, à trois glands versés d'or 2 & 1.*

BRESLAU (*Religion Catholique*). Prince *Philippe-Gottard*, Comte de *Schaffgotsch*, né le 3 Juillet 1716, Evêque de Breslau, le 2 Octobre 1747.

BRESNARD, Election de Verneuil, en Normandie, Généralité d'Alençon, Ecuyer, Sieur du Jarriez & du Gué, famille noble & ancienne, qui porte: *d'argent, fretté de gueules.*

BRESOLLE, en Poitou: *de gueules, à six besans d'or en orle.*

BRESSAC, en Dauphiné: *d'argent, au chevron de gueules, chargé de trois étoiles d'or, & accompagné en pointe d'une moucheture de sable.*

* BRESSE, Province avec titre de *Comté*, ensuite de *Marquisat*, que Henri IV, après l'échange fait avec Emmanuel de Savoie, en 1601, mit sous le Gouvernement de Bourgogne & sous le ressort du Parlement & de la Chambre des Comptes & Généralité de Dijon.

De la domination des Romains la *Bresse* passa sous celle des Rois de Bourgogne, & après avoir obéi aux François, elle se trouva comme enveloppée dans le second Royaume de Bourgogne. Les Rois de cette dernière Monarchie étant devenus Empereurs & se trouvant trop éloignés pour conserver leur autorité dans ces contrées, plusieurs Seigneurs particuliers s'en emparèrent & formèrent autant de petits Etats différens. Les principaux

D

furent les Sires de *Baugé*, *Coligny* & de *Thoire*. Voy. ces mots.

Les armes : *d'argent, à la bande d'azur, accoftée de deux lions de fable.*

✿ BRESSEY, famille noble, établie à Nancy en Lorraine, dont il eft parlé dans l'*Armorial gén. de France*, reg. Ier, part. I.

Dans un ancien catalogue des confrères de Saint-Georges, de la ville de Rougemont, il eft dit que RENARD DE BRESSEY y fut enregiftré l'an 1431, & fucceffivement PIERRE-CLAUDE, FRANÇOIS, JACQUES, HUGUENIN, autre PIERRE, CLAUDE DE BRESSEY, & JEAN DE BRESSEY, Seigneur de Frétigny, mais le premier, depuis lequel on a une filiation fuivie, eft

CLAUDE DE BRESSEY, Ecuyer, Seigneur de Mélincourt, qui époufa, par contrat du 30 Décembre 1520, paffé fous le fcel de la Cour de Faverney, dans le Comté de Bourgogne, *Catherine d'Abonne*, fille de *Jean d'Abonne*, Ecuyer, & de *Guiflaine de Menoure*, dont:

FRANÇOIS DE BRESSEY, Ecuyer, Seigneur de Cubry & de Saint-Julien, marié, le 2 Juin 1549, à *Claude Joufroy*, fille d'*Adrien*, Ecuyer, Sieur de Gouzans, & d'*Anne d'Efpontot*. Il en eut:

GABRIEL DE BRESSEY, Ecuyer, Seigneur de Cubry, qui époufa *Etiennette de Thomaffin*, laquelle, comme tutrice de fes trois enfans, fit hommage des terres de Rougemont, de Souhelans & des Moulins, le 28 Juin 1619, à *Chriftophe de Rie*, Marquis de Varambon, & Seigneur de Rougemont. De ce mariage naquirent:

1. JEAN, qui fuit;
2. FERDINAND;
3. Et FRANÇOISE DE BRESSEY.

JEAN DE BRESSEY, Ecuyer, Seigneur de Frétigny, de Borey & de Coulenat, fut employé au rang des Confrères de Saint-Georges, de la ville de Rougemont, fuivant un catalogue imprimé à Befançon, l'an 1663; il avoit époufé, le 4 Septembre 1623, *Louife de Bildftein*, fille de *Jean de Bildftein*, Baron dudit lieu, Seigneur de Magnières, Confeiller d'Etat du Duc de Lorraine, Gentilhomme de fa Chambre & Colonel de 3000 Lanfquenets pour le fervice de ce Prince, & de *Miremonde de Behereyde-Saint-Etienne*, dit *du Halt*. Leurs enfans furent:

1. CLAUDE-NICOLAS, qui fuit;
2. CHARLES-LOUIS, Religieux de l'Abbaye noble de Saint-Claude, reçu le 22 Mars 1652;

3. PIERRE-LOUIS, Chambrier de la même Abbaye;
4. Et JEAN DE BRESSEY, Seigneur de la Cofte & de Rougemont, Capitaine d'Infanterie au fervice du Roi d'Efpagne.

CLAUDE-NICOLAS DE BRESSEY, Ecuyer, Seigneur de Roville & de Frétigny, époufa, le 2 Janvier 1650, *Jeanne-Denife Poutier*, fille de *Denis Poutier*, Seigneur des deux Sones, de Mamiroles, de Cenfay & de Chalezeul, ancien Co-Gouverneur de la Cité Impériale de Befançon, & de *Jeanne Etienne*, dont:

CHARLES-ANNE-NICOLAS DE BRESSEY, Ecuyer, Seigneur de Manoncourt & de Roville, Confeiller d'Etat, & Chambellan du feu Duc de Lorraine, marié, le 2 Juin 1710, à *Jeanne-Agnès de Ragecourt*, Dame & Chanoineffe de Remiremont, fille de *Bernard-Hyacinthe de Ragecourt*, Seigneur de Brémoncourt & d'Ancerville, Chambellan du même Duc de Lorraine, Meftre-de-Camp d'un Régiment de Cavalerie pour le fervice du Roi, & d'*Antoinette de Gournay*. De ce mariage il a eu entr'autres enfans :

> MARIE-CLAUDE DE BRESSEY, Ecuyer, Seigneur de Manoncourt & de Roville, d'abord reçu le 3 Août 1722, au nombre des Gentilshommes élevés dans le Collège Mazarin, dit des *Quatre Nations*, à Paris, fur les titres qu'il produifit alors, lefquels établiffent la filiation que nous venons de donner.

Les armes: *d'azur, à deux fafces d'or, une étoile d'argent au canton gauche du chef de l'écu, & un franc-quartier d'or, chargé d'une clef de gueules, pofée en pal, l'anneau en bas.*

* BRESSIEU, Terre & Seigneurie en Dauphiné, Diocèfe de Vienne, qui eft une des quatre anciennes *Baronnies* de la Province; elle alterne avec Maubec pour la *quatrième place* aux Etats de Dauphiné. Cette Terre fut érigée en *Marquifat* par Lettres du mois d'Avril ou d'Août 1612, regiftrées au Parlement de Dauphiné le 20 Avril 1613, en faveur de LOUIS DE GROLÉE-DE-MENILLON. Ce Marquifat étoit tombé, faute d'hoirs mâles, à *Joachim-Gafpard de la Baume*, Comte de Suze, du chef de fon aïeule CATHERINE DE GROLÉE, fille de FRANÇOIS DE GROLÉE, Marquis de *Breffieu*, & de *Marguerite de Gafte de Lupé*. Ce Marquifat eft aujourd'hui poffédé par le Marquis de *Valbelle*. Voy. RYANS & VALBELLE.

BRESSOLES-BRESCHARD, en Berry: *de fable, au lion d'argent, chargé fur l'eftomac de trois billettes de gueules.*

BRESSONCOURT, famille noble établie en Lorraine, qui a pour auteur LOUIS DE BRESSONCOURT, fils naturel de *François de Choifeul*, Baron de Meufe, & de *Catherine de Sancerobe*. Il fut *légitimé & déclaré noble* par Lettres-Patentes du Duc de Lorraine en 1664. Sa poftérité a retenu le nom de BRESSONCOURT. Voy. CHOISEUL.

BRESSUIRE: *de gueules, à l'aigle d'or, & un orle de fers de lance d'argent.*

BRESTEAU: *de gueules, à trois fafces de vair.*

⚹ BRESTEL ou BRÉTEL (DE), famille originaire de Normandie, établie aujourd'hui à Beauvais, qui remonte par filiation fuivie à

I. NICOLAS DE BRETEL, Ecuyer, vivant en 1516, tems où il hérita de la Terre d'Hiermont en Ponthieu, de l'ancienne famille des Levaffeur, à quatre lieues d'Abbeville; il eut pour fils LOUIS DE BRETEL D'HIERMONT, Ecuyer, vivant en 1550, qui laiffa de fa femme dont le nom eft ignoré:

1. MATHIEU, qui fuit;
2. Et JACQUES DE BRETEL.

II. MATHIEU DE BRETEL D'HIERMONT, Ecuyer, marié, le 3 Juin 1585, avec *Blanche Duquefnel*, eut pour enfans:

1. AUDARD, qui fuit;
2. CLAUDE;
3. Et FRANÇOIS DE BRETEL.

III. AUDARD DE BRETEL D'HIERMONT, Ecuyer, époufa, le 6 Octobre 1608, *Marie le Vaffeur*, dont:

1. ANDRÉ, qui fuit;
2. Et LOUISE DE BRETEL, Dame de Dampierre.

IV. ANDRÉ DE BRETEL D'HIERMONT, Ecuyer, mort le 3 Avril 1695, avoit époufé, le 30 Juillet 1636, *Catherine de Sarens*, & laiffa:

V. CHARLES DE BRETEL D'HIERMONT, Ecuyer, marié, le 4 Juin 1674, à *Françoife Dumancel*, dont il eut:

VI. ANTOINE DE BRETEL D'HIERMONT, Ecuyer, mort le 4 Août 1723. Il avoit époufé, le 25 Novembre 1706, *Charlotte Godard*, & a laiffé:

VII. ANTOINE-MARIE DE BRETEL D'HIERMONT, Ecuyer, mort le 28 Février 1762, qui avoit époufé, le 17 Janvier 1752, *Jeanne-Julie de la Grange*, dont il eut:

VIII. ANTOINE DE BRETEL D'HIERMONT, Ecuyer, Chevalier de l'Ordre de Saint-Lazare, qui a été élevé à l'Ecole Royale Militaire, ancien Officier au Régiment de Rouffillon, Infanterie. Il a époufé, le 28 Novembre 1782, *Geneviève Garnier*.

Les armes: *d'azur, à trois befans d'or, 2 & 1.*

(Généalogie dreffée fur un Mémoire certifié par M. le Lieutenant-Général du Bailliage & Siège préfidial de Beauvais.)

BRET (le). I. CARDIN LE BRET, Seigneur de Flacourt, &c., Avocat-Général du Parlement en 1604, & Confeiller d'Etat, mourut Doyen du Confeil le 25 Janvier 1655, laiffant de *Marguerite le Pelletier*:

II. JULIEN LE BRET, Chevalier, Seigneur de Flacourt, &c., Confeiller au Parlement, qui mourut Confeiller d'Etat en 1688, laiffant de *Marie Sublet*:

III. PIERRE-CARDIN LE BRET, Ier du nom, Chevalier, Seigneur de Flacourt, Pantin, & autres lieux, qui fut Confeiller du Roi en fes Confeils en 1668, Maître des Requêtes ordinaire de fon Hôtel en 1676, Intendant de Limoges en 1681, de Dauphiné en 1683, de Lyon en 1686, Commandant pour le Roi, & Intendant de Provence & du commerce du Levant en 1687, premier Préfident du Parlement d'Aix en 1690, & Confeiller d'Etat. Il mourut le 25 Février 1710, & avoit époufé *Marie Vedeau-de-Grandmont*, fille & dernière enfant de *François Vedeau*, Chevalier, Seigneur de Grandmont, de Saint-Lubin, &c., Confeiller du Roi en fes Confeils & en fa Cour de Parlement, l'un des plus beaux génies de fon tems, mort au château de Saint-Lubin, le 1er Novembre 1658, & inhumé en l'Eglife dudit lieu, fous un tombeau relevé en marbre, qui contient fon Epitaphe, où fe lit en latin fon Eloge, & de *Marie Courtin-de-Tanqueux*. Il eut pour fils unique:

IV. PIERRE-CARDIN LE BRET, IIe du nom, Chevalier, Seigneur de Flacourt, Pantin, &c., Comte de Selles, d'abord Confeiller au Parlement de Paris, & fucceffivement Maître des Requêtes en 1696, Intendant de Paris en 1701, Commandant pour le Roi, & Intendant de Provence & du commerce du Levant en 1704, fur la démiffion de fon père, après la mort duquel il devint premier Préfident du Parlement d'Aix en 1710, & Confeiller d'Etat. Il mourut la nuit du 13 au 14 Octobre 1734,

& avoit époufé, 1° par contrat du 30 Juillet 1697, *Marie-Thérèfe de Lubert*, fille de *Louis*, Tréforier-Général de la Marine ; 2° par contrat du 12 Mai 1709, *Marguerite-Charlotte-Geneviève le Féron*, morte à Paris fans enfans, le 5 Janvier 1710, fille de *Jean-Baptifte*, Chevalier, Seigneur du Pleffis-aux-Bois, Confeiller du Roi en fes Confeils, Grand-Maître des Eaux & Forêts de Flandre, de Normandie, du Soiffonnois & de l'Isle-de-France, & Maître des Comptes, mort en 1705, & de *Geneviève Titon*, & fœur de *Jean-Baptifte-Maximilien le Féron*, Chevalier Confeiller du Roi en fes Confeils & en fa Cour de Parlement, & Maître des Requêtes, mort fans poftérité de *Marie-Anne Petit* ; & 3° *Marguerite-Henriette de la Briffe*, morte à Paris le 17 Mars 1724, fœur d'*Antoine-Arnaud*, Chevalier, Seigneur d'Amilly, Confeiller au Parlement, Maître des Requêtes en 1724, & Premier Préfident du Parlement de Bretagne, reçut le 18 Août 1734, & de *Marie-Charlotte Quentin*, Dame de Richebourg. Il eut du premier lit :

1. Un fils, mort en bas âge le 7 Août 1705.

Et du fecond lit :

2. CARDIN-PAUL, dit le *Comte de Selles*, né le 25 Juin 1718, qui acheta en Mars 1734 la feconde Cornette des Chevaux-Légers de Bretagne ; & le 11 Janvier 1742, l'Enfeigne des Gendarmes Ecoffois, qui lui donna rang de Meftre-de-Camp de Cavalerie. Il paffa en 1742 à la Sous-Lieutenance des Gendarmes Dauphins, & fut fait Brigadier de Gendarmerie le 20 Mars 1747. Il avoit acheté la Compagnie des Gendarmes Bourguignons le 24 Octobre 1744, dont il s'eft démis le 23 Août 1758 ;

3. CARDIN-FRANÇOIS-XAVIER, Chevalier, Seigneur de Flacourt, &c., né le 12 Décembre 1719, qui fut Avocat-Général du Grand-Confeil en 1741, & Intendant de Bretagne en 1752, mort d'apoplexie le 26 Mai 1765. Il avoit époufé, à Paris le 13 Décembre 1746, *Anne-Louife-Charlotte-Felice le Pelletier*, fille de *Félix-Claude*, Chevalier, Seigneur de la Houffaye, Confeiller d'Etat & Intendant des Finances, mort âgé de 55 ans & demi, le 6 Décembre 1748, & de *Charlotte-Marie d'Allemant*, Dame de Lévignen ;

4. BONNE-HENRIETTE, née le 18 Mars 1716, mariée, en Décembre 1732, & première femme de *François-Charles-Xavier de Coriolis-de-Villeneuve*, Marquis d'Efpi-

noufe, dont la Marquife de *Fortia de Piles*, en 1756, à Marfeille ;

5. MARIE-CHARLOTTE-GENEVIÈVE, née le 14 Décembre 1720 ;

6. Et MARIE-GENEVIÈVE-ROSALIE, née le 27 Décembre 1721, mariée, le 16 Août 1741, à *Jean-Baptifte-Paulin d'Aguesseau*, né le 25 juin 1702, Chevalier, Seigneur de Frefne, Comte de Compans-la-Ville & de Maligny, Confeiller d'Etat ordinaire. Voyez AGUESSEAU.

Les armes : *d'or, au fautoir de gueules, chargé d'un chevron d'argent, furchargé d'un lion de fable, armé & lampaffé de gueules, & cantonné de quatre merlettes de fable.*

BRET (LE), Sieur de Meri, Duval, de la Vallée & de la Heberdiere, Election de Vire, ancienne Nobleffe qui porte : *d'azur, au chevron d'or.*

BRET (LE): *d'azur, au chevron d'or, accompagné en chef de deux branches d'épine d'argent, & en pointe d'un lévrier paffant de même, accolé de gueules.*

* BRETAGNE, Province de France ayant titre de *Duché*, qui portoit dans les premiers tems le nom d'*Armorique*, commun à tous les pays contenus entre les embouchures de la Seine & de la Loire. Lorfque les Bretons, peuples Celtes d'origine, furent obligés de fortir de l'isle d'Albion, & de fe réfugier dans l'Armorique en 458, ils y communiquèrent leur nom à ceux qui les avoient reçus & au pays même. L'époque de l'érection de la Bretagne en *Duché* eft inconnue. Quelques auteurs la mettent en 1213. PIERRE *Mauclerc*, Prince du Sang de France de la branche de DREUX, mari de l'héritière de Bretagne en 1216, n'eft qualifié que *Comte de Bretagne*, au Jugement rendu à Melun fur l'hommage de la Champagne. On le trouve qualifié *Duc de Bretagne & Comte de Richemont*, dans un acte de 1230. JEAN, fon fils ne porta que le titre de *Comte*. Ce Duché fut érigé en *Pairie* par le roi PHILIPPE-le-Bel au mois de Septembre 1297, en faveur de JEAN, Duc de Bretagne, petit-fils de PIERRE *Mauclerc* & de fes fucceffeurs. La Bretagne fut unie au Domaine de la Couronne au mois d'Août 1532. FRANÇOIS, Dauphin de Viennois, fils aîné de FRANÇOIS Ier, porta le titre de *Duc de Bretagne*, & après fa mort, fon frère puiné, depuis Roi fous le nom de HENRI II. FRANÇOIS II,

du vivant de François Iᵉʳ son aïeul, est qualifié dans des vers *Duc des Bretons*. LOUIS DE
FRANCE, fils aîné du Duc de Bourgogne, né le
25 Juin 1704, mort le 13 avril 1705, & son frère
LOUIS, né le 8 Janvier 1707, ont porté la qualité de *Ducs de Bretagne*. Ce dernier quitta
ce titre le 18 Février 1712, pour prendre celui de Dauphin à la mort de son père, & mourut lui même le 8 Mars 1712.

Les armes de la Province de Bretagne:
d'hermines.

Les anciens Comtes de Bretagne ont commencé à ALAIN, dit *Barbetorse*, IIᵉ du nom,
Comte *de Vanne* & de Bretagne, mort en
907. Cette première branche a fini à ALIX l'an
1167, donnée en ôtage par son père au Roi
d'Angleterre Henri II. EUSON ou EUDES Iᵉʳ,
a commencé la seconde branche des Comtes
de Bretagne; il mourut le 7 janvier 1179.
Ses descendans ont fini à ALIX, Comtesse de
Bretagne, mariée, en 1213, à *Pierre de Dreux*,
surnommé *Mauclerc*; les précédens sont sortis des Comtes *de Penthièvre*, *d'Avaugour*,
&c., dont le dernier, HENRI IVᵉ du nom, Baron *d'Avaugour*, de Mayenne, &c., mort en
1331, ne laissa que des filles. En lui finit la
postérité masculine des anciens Comtes de
Bretagne.

BRANCHE des Comtes de VERTUS.

FRANÇOIS, bâtard de BRETAGNE, fils naturel
de FRANÇOIS II, Duc de BRETAGNE, & d'*An-*
toinette de Maignelers, Dame de Cholet,
veuve d'André, Seigneur de *Villequier*, &
fille de *Jean*, dit *Tristan*, Seigneur de Maignelers, & de *Marie de Joui*, fut créé Comte
de Vertus & Baron d'Avaugour, première
Baronnie de Bretagne le 24 Septembre 1480
par le Duc son père, qui l'établit le 29 Septembre 1485, son Lieutenant-Général en
Bretagne, & lui donna le gouvernement de
Saint-Malo. Il fut le cinquième ayeul de:

HENRI-FRANÇOIS DE BRETAGNE, Comte de
Vertus & de Goello, Baron d'Avaugour, Seigneur de Clisson, &c., né le 17 Juin 1685,
ancien Colonel d'un Régiment d'Infanterie,
réformé en 1714, Chevalier de Saint-Louis,
qui mourut sans postérité le 2 Septembre 1746.
Il avoit épousé, 1° le 15 Juin 1735, *Jeanne-*
Madeleine-Catherine d'Aligre, morte le 14
Avril 1738, fille d'*Etienne d'Aligre*, IIIᵉ du
nom, & de *Madeleine-Catherine de Boivin*;
& 2° le 15 Août 1745, *Marie-Madeleine-*

Elisabeth Charette de Montebert, morte le 8
Janvier 1778, mariée, 1° le 18 Août 1733, à
Louis de Sérent, Marquis de Kerfily, mort
en 1741; & 3° le 23 Octobre 1752, à *Anne-*
Léon, Baron de *Montmorency*. Elle étoit
fille de *Gilles Charette de Montebert*, Conseiller au Parlement de Bretagne, & d'*Eli-*
sabeth-Gabrielle de Montigny.

HENRI-FRANÇOIS DE BRETAGNE a eu pour
héritiers, dans les biens paternels, le Prince
de *Rohan-Soubise*, petit-fils de MARIE DE
BRETAGNE D'AVAUGOUR, femme d'*Hercule de*
Rohan, Duc de Montbazon; & dans les biens
maternels, le Marquis de la *Grange-Fouril-*
les, & sa sœur *Renée le Lièvre-de-la-Grange*,
mariée, le 16 Janvier 1748, à *Louis-Joseph*
Joly de Fleury, Procureur-Général au Parlement de Paris.

Les armes: *écartelé, aux 1 & 4 d'hermines;*
aux 2 & 3 contre-écartelé, aux 1 & 4 de Fran-
ce, au lambel d'argent, aux 2 & 3 de Milan, &
sur le tout d'argent, au chef de gueules, qui
est Avaugour.

BRETAGNE (DE), en Bretagne: *d'argent,*
à 3 croissans renversés d'azur, 2 & 1, & une
moucheture d'hermines de sable, en abîme.

◊ BRETAGNE, famille établie à Avallon,
en Bourgogne, & maintenue dans sa noblesse,
par arrêt des Commissaires du Conseil, du 9
Mai 1669.

Elle remonte sa filiation, prouvée par titres,
devant le Juge d'armes de France, à CLAUDE,
qui suit, frère de JACQUES BRETAGNE, Avocat
au Parlement, Lieutenant-Général en la Chancellerie d'Autun, mort avant 1596, sans enfans. Il avoit épousé, le 27 Août 1543, *Anne*
de Montholon, fille de *Guillaume de Mon-*
tholon, Avocat-Général au Parlement de Dijon, & de *Catherine Moisson*.

I. CLAUDE BRETAGNE, Conseiller au Parlement de Dijon, par provisions du 16 Avril
1554, épousa, le 28 Janvier 1554, *Denise*
Barjot, anciennement *Berjot*, sœur de noble
homme *Philibert Barjot*, Conseiller au Parlement de Paris, & fille de noble homme
Claude Barjot, Seigneur d'Orval & de Se-
longey, Conseiller du Roi, Maître ordinaire en
sa Chambre des Comptes à Dijon, & d'*An-*
toinette le Viste. Il en eut entr'autres enfans:

1. JULES, Seigneur de Blancey & de Trémont,
Conseiller au Parlement, & Commissaire
aux Requêtes du Palais, à Dijon;

2. CLAUDE, qui fuit;
3. ANTOINE BRETAGNE, Seigneur & Baron de Loify, fucceffivement reçu Confeiller au Parlement de Dijon le 26 Mars 1587, premier Préfident du Parlement de Metz le 9 Avril 1633; puis premier Préfident au Parlement de Dijon, pourvu le 21 Juillet 1637, & reçu le 12 Août fuivant, mort avant 1664, & enterré auprès de fes pères, dans l'Eglife de la Madeleine de Dijon. Il avoit époufé, le 27 Février 1593, *Anne de Maffol*, dont il eut entr'autres enfans:

> CLAUDE BRETAGNE, Baron de Loify, Confeiller au Parlement de Dijon, reçu le 1er Mars 1631, puis premier Préfident du Parlement de Metz le 8 Mars 1641.

4. CLAUDE, mariée à *Jacques Boffuet*, Confeiller au Parlement de Dijon;
5. Et MARTHE BRETAGNE, mariée, le 7 Mai 1600, à *Philibert Lefnel*, Préfident en la Chambre des Comptes de Bourgogne.

II. CLAUDE BRETAGNE, IIe du nom, fut reçu Confeiller au Parlement de Dijon le 13 Août 1602, Confeiller du Roi en fes Confeils d'Etat & privé, par Lettres du 3 Avril 1639, mourut le 9 Novembre 1648, & fut enterré auprès de fon frère ANTOINE. Il avoit époufé, 1° le 5 Août 1618, *Marie Filsjean*, fille de noble *Nicolas Filsjean*, Seigneur de Sainte-Colombe, Gouverneur de la Chancellerie de Dijon, & d'*Anne Morin*; & 2° le 27 Août 1628, *Hélène Maillard*, fille de *François Maillard*, Tréforier de France. Du premier lit, il eut entr'autres enfans:

1. ANTOINE, reçu Confeiller au Parlement de Dijon, le 12 Juillet 1641;
2. Et ANDRÉ, qui fuit.

III. ANDRÉ BRETAGNE, Ecuyer, Seigneur de Bruaille & de Montagny, Préfident, Tréforier de France en la Généralité de Bourgogne & Breffe, époufa, le 30 Octobre 1654, *Jofèphe Galois*, fille de *Jean-Baptifte Galois*, Ecuyer, Seigneur de Marcilly, Gentilhomme ordinaire de la Chambre du Roi, & d'*Olympe de Maffol*. Il laiffa plufieurs enfans, entr'autres pour fils aîné:

IV. ANTOINE BRETAGNE, Ecuyer, Seigneur de Bruaille & de Montagny, qui a laiffé de fon mariage:

V. JOSEPH-ANDRÉ BRETAGNE, Ecuyer, Seigneur de Ruere, qui a époufé, le 7 Novembre 1724, *Marie Breffe*, fille de *Pierre Breffe*, Confeiller du Roi, Maître particulier des Eaux & Forêts du Bailliage d'Auxois au fiège d'Avallon, & de *Didière le Court-de-Beau*. De ce mariage il a eu entr'autres enfans:

> NICOLE-ANTOINETTE-MADELEINE BRETAGNE DE RUERE, née le 22 Juillet 1725, & préfentée pour être reçue dans la Maifon de l'Enfant-Jéfus à Paris, d'après fes preuves de nobleffe.

Les armes: *d'azur, à une fafce d'or ondée, accompagnée en chef de trois grelots de même, & en pointe d'un croiffant montant d'argent.*

BRETAINE: *d'or, au chef de fable, à l'aigle à deux têtes d'or, becquée, membrée & allumée de gueules, brochante fur le tout à l'orle de befans tourteaux, paffés de l'un en l'autre.*

BRETE-HONVILLIERS: *d'azur, au chevron d'argent, accompagné de trois rofes de même, 2 en chef & 1 en pointe.*

BRETEAU: *d'azur, au chevron d'or, accompagné en chef de deux coquilles d'argent, & en pointe de deux épées de même, les poignées d'or, mifes en fautoir, les têtes en bas.*

BRETEL, Seigneur de Grémonville, Lanquetot, Saint-André, d'Auberbofc en Normandie, Généralité de Rouen, famille maintenue dans fa nobleffe le 8 Mai 1668. La Roque, dans fon *Traité des Bans & Arrière-Bans*, dit qu'en la montre de 1470, Comté de Longueville, défaillant Meffire JEHAN BRETEL, Prêtre, *Roger Breauté, Raoullin d'Argens*, leurs *Fiefs, terres & revenus furent prins & mis en la main du Roi notredit Seigneur*. On lit dans l'*Hiftoire de Malte*, qu'ANTOINE DE BRETEL, fils de FLAMENT DE BRETEL, fut reçu Chevalier de St.-Jean de Jérufalem, le 21 Juin 1464. RAOUL DE BRETEL, Ier du nom Préfident à Mortier au Parlement de Rouen en 1584, Seigneur de Grémonville, Yvecrique, Eftalleville, Lanquetot, la Chapelle, Luffy, Sainte-Beuve, &c., eut de *Marie de Saldaigne*, d'une famille originaire d'Efpagne:

1. LOUIS, qui fuit;
2. Et NICOLAS, reçu Chevalier de Malte en 1597.

II. LOUIS BRETEL, Confeiller au Grand-Confeil, & enfuite Préfident à Mortier au Parlement de Rouen, en furvivance de fon père, en 1597, appelé *le Préfident de Lanquetot*, avoit époufé, le 18 Octobre 1574, *Françoife le Roux*, fille aînée de *Claude le*

Roux, IIe du nom, Seigneur de Bourg-The-roulde & d'Ifreville, & de *Marie Potier*. De ce mariage vinrent plusieurs enfans, entr'autres :

1. RAOUL, qui suit ;
2. CLAUDE, rapporté après son frère aîné ;
3. LOUIS, Abbé d'Aulnay de St.-Victor en Caux, Doyen de la Cathédrale de Rouen, & ensuite Archevêque d'Aix ;
4. Et NICOLAS, Chevalier de Malte, tué d'un coup de mousquet en 1616 dans un combat sanglant, où il se rendit maître du grand Gallion, qui portoit une *Sultane* à la Mecque. Il commandoit une Galère de la Religion, & il n'avoit que 29 ans (disent des Mémoires écrits de la main du Président de Lanquetot).

III. RAOUL BRETEL, IIe du nom, & troisième Président à Mortier de sa famille, le 4 Avril 1622, appelé *le Président de Grémonville*, avoit épousé, le 14 Janvier 1603, *Isabeau Groulart*, fille du premier Président de ce nom, dont il eut quantité d'enfans, entr'autres :

1. NICOLAS BRETEL, Seigneur de Grémonville, Ambassadeur à Rome & à Venise, qui obtint en sa faveur l'érection de la Seigneurie de Grémonville en *Marquisat*, par Lettres du mois de Novembre 1695, enregistrées le 3 Septembre 1696. Il avoit épousé *Anne-Françoise de Loménie*, remariée au Chancelier *Boucherat*. Elle eut de son premier mari ELISABETH-MARIE BRETEL, Dame de Grémonville, qui porta ce Marquisat à son mari *Adrien de Canouville*. Leur fille *Anne-Marie-Madeleine de Canouville*, Dame de Grosménil, morte le 25 Novembre 1741, épousa 1º *Robert le Roux*, Baron d'Esneval ; & 2º le 5 Janvier 1700 *Charles-François de Montholon*, premier Président du Parlement de Rouen. Voyez ROUX-D'ES-NEVAL & MONTHOLON ;
2. FRANÇOIS, reçu Chevalier de Malte en 1631, tué devant Lérida, en 1647 ;
3. LOUIS, Seigneur de la Chapelle, père de la Présidente de *Vernoüillet*, tué à la bataille de Nortlingue en 1645, avec N... de Lanquetot, son cousin germain, servant tous deux d'Aides-de-Camp à feu M. le Prince ;
4. CHARLES, Seigneur d'Estalleville, quatrième Président à Mortier de sa famille ;
5. GEORGES, Seigneur d'Estouteville & de Savary, Lieutenant au Régiment des Gardes, tué aux lignes d'Arras en 1654 ;
6. RAOUL, Conseiller-Clerc, Doyen de la Cathédrale de Rouen ;
7. Et JACQUES BRETEL, Commandeur de Malte.

Il donna des preuves de sa valeur & de son habileté en quantité d'occasions, fut pendant plus de 10 ans Général des Vénitiens à Candie, & fut depuis envoyé Ambassadeur extraordinaire de France à la Cour de l'Empereur.

BRANCHE
des Seigneurs DE LANQUETOT.

III. CLAUDE DE BRETEL, Seigneur de Lanquetot, second fils de LOUIS DE BRETEL, & de *Françoise le Roux*, épousa *Madeleine Maignart*, fille de *Charles*, Président à Mortier au Parlement de Rouen, d'une famille ancienne & des plus puissantes de la Province. Il eut :

N... BRETEL, tué à la bataille de Nortlingue en 1645, avec son cousin LOUIS BRETEL, Seigneur de la Chapelle ;

N... BRETEL, qui épousa *Louise de Cleremartel*, sœur du Comte de *Clere*, qui fut Chevalier des Ordres du Roi, & du Marquis d'*Arcy*, aussi Chevalier des Ordres du Roi, Gouverneur du Duc de Chartres, & Ambassadeur en Savoie ;

MARIE BRETEL, qui épousa *Adrien de Monchy*, Seigneur de Nesmond, Bascler, Franqueville, &c., d'une illustre & ancienne Maison, dont étoit le Maréchal d'*Hocquincourt*, De ce mariage sont sortis Messieurs de *Monchy* d'aujourd'hui, & une Dame d'*Osonville-Vieux-Pont*, dont le mari étoit d'une famille de la première antiquité ;

Et FRANÇOISE BRETEL, mariée à *Pierre de Canouville*, Seigneur du Mesnil-au-Vicomte. Voyez CANOUVILLE.

Les armes de *Bretel-de-Lanquetot* sont : *d'or, au chevron de gueules, chargé d'une fleur-de-lys d'or en chef, & accompagné de trois molettes d'azur, & chargé d'une couleuvre d'argent contournée.*

BRETEL, en Champagne : *d'argent, à trois merlettes de gueules, 2 & 1 ; au chef d'azur, chargé d'une étoile d'or.*

BRETESCHE (DE LA). Un *Mémoire* tout récemment envoyé sur cette famille ancienne & dressé sur les titres originaux, nous apprend qu'elle est établie dans le Valois, & originaire des environs de Nantes en Bretagne. Elle descend, suivant la tradition, des anciens Seigneurs de la terre de *la Bretesche*, située dans les environs de Nantes, érigée sous ce nom en *Baronnie* par SAINT-LOUIS, en 1263, à son retour des Croisades, en considération des services rendus par BALTHASAR DE LA BRETESCHE, dans des grades supérieurs.

La filiation suivie de cette Famille ne commence qu'à

JEAN DE LA BRETESCHE, Ier du nom, établi dans le Valois, qualifié *Ecuyer*, Seigneur de Croize, Choify & Boisbezard, Exempt des Gardes-Archers de la Garde sous CHARLES VI. Il épousa à Paris, en 1445, *Guillemette de Garges*, dont vinrent:

1. JACQUES, qui suit;
2. JEAN, lequel s'établit dans les limitrophes du Poitou & de la Bretagne, dont on ignore la postérité;
3. Et HENRIETTE, mariée à *Georges Hardoin*, Ecuyer, Seigneur de Villers. Ces trois enfans partagèrent la succeffion de leur père par acte passé devant *Marillon*, Notaire à Soiffons, le 18 Mars 1535. C'est ce qui justifie ce premier degré.

II. JACQUES DE LA BRETESCHE, Ier du nom, Ecuyer, Seigneur de Croize, & de Salfongne, Terre dont il donna son dénombrement le 1er Mars 1487, fut Archer de la Garde du Roi. Il se maria, par contrat passé devant *Marillon*, Notaire à Soiffons, le 23 Septembre 1480, avec *Perotte d'Auquoy (a)*, & en eut plusieurs enfans, entr'autres deux garçons, l'aîné nommé

III. JEAN DE LA BRETESCHE, IIe du nom, Ecuyer, Seigneur de Salfongne & de Villebin, aussi Archer de la Garde du Roi, est compris dans le procès-verbal des Etats de Valois, du 13 Septembre 1539, avec les autres Nobles, lequel fut délivré au Parlement le 20 Mars 1693. Il rendit ses dénombremens pour ses terres de Salfongne & de Villeblin, en 1535 & 1536, & avoit épousé, par contrat du 23 Septembre 1527, passé devant *Monnard*, Notaire à Soiffons, *Alison Tartarin*, de laquelle naquirent:

AMÉ, qui suit;
NICOLAS & JEAN, qui partagèrent, avec leur aîné, les biens de leur père & mère, par acte passé devant le même *Monnard*, Notaire à Soiffons, le 22 Juillet 1563. Un Jugement rendu en faveur d'un JEAN DE LA BRETESCHE,

(a) La minute du contrat de mariage de JACQUES DE LA BRETESCHE (selon le *Mémoire envoyé*) a été enlevée de chez ce Notaire, en son absence, suivant sa déposition, par subtilité, d'un Officier de la ville de Laon, connu de la femme du Notaire, qui fut décreté.

petit-fils de ce JEAN II, & neveu d'AMÉ, par les Commissaires du Roi assemblés à Mondidier en Picardie, qui le maintient dans son ancienne nobleffe, le 23 Avril 1599, justifie ce trofiième degré.

IV. AMÉ DE LA BRETESCHE, Ecuyer, Seigneur de Salfongne, Sery, Sermoife, Villebrin & la Boulois, rendit plusieurs dénombremens en 1570 & 1571, entr'autres celui de Villeblin le 3 Août 1572, & épousa, par contrat passé à Braine en 1558, devant *Fontaine & Copinau*, Notaires, *Crefpine Thurette*, dont:

V. JACQUET DE LA BRETESCHE, Ecuyer, Seigneur de Salfongne, Séry, Sermoife, Villeblin & la Boulois, Archer de la Garde du Roi HENRI III, qui fut inhumé en l'Eglife paroiffiale de Braine le 20 Octobre 1598, fuivant son épitaphe où font ses armes. Il avoit épousé 1° *Roberte Poitié*, dont il n'eut point d'enfans; & 2° par contrat passé le 6 Janvier 1588 devant *Dupire*, Notaire à Soiffons, *Jeanne Dupuy-de-l'Epiné*, remariée à *Pierre de Brufelle*, Ecuyer, Seigneur de Hazau, par acte passé devant *Varlé*, Notaire à Braine, le 24 Février 1603. Les enfans de son second mariage partagèrent les biens avec ceux qu'elle eut de son premier mari, par acte passé devant *Bauvé*, Notaire à Braine, le 13 Janvier 1638. Ils eurent:

1. JACQUES, qui suit;
2. Et ALEXANDRE, rapporté après son frère aîné.

VI. JACQUES DE LA BRETESCHE, IIIe du nom, est auteur d'une branche qu'on croit ne plus subfifter. Elle a été comprise dans le *Nobiliaire de Champagne*. La dernière, qui vivoit en 1725, est morte fort vieille, Abbeffe d'Argenfol, Diocèfe de Soiffons.

VI. ALEXANDRE DE LA BRETESCHE, Ier du nom, Ecuyer, Seigneur de Villeblin, la Boulois, Lieutenant d'une Compagnie Françoise, rendit, avec son frère JACQUES, trois dénombremens en 1616 & 1617, des Terres de Salfongne, Villeblin & la Boulois. Il quitta le service pour fuccéder à la charge de son beaupère, Avocat du Roi au Grenier à Sel de Laon, & obtint, avec son frère JACQUES, une commiffion de la Chancellerie du Parlement de Paris, pour faire paffer titre nouvel aux détenteurs de leurs héritages, fitués à Salfongne & Villeblin, où il est expofé que la plus grande partie de leurs titres ont été perdus pendant leur minorité. ALEXANDRE épousa, par contrat paffé devant *Monfeigna*, Notaire à Laon, le 25 Décembre 1619, *Marguerite de Martigne*. Ils eurent:

1. PIERRE, qui fuit;
2. GEORGES, lequel s'établit en Picardie. On ignore s'il a eu des defcendans;
3. Et N... DE LA BRETESCHE, Religieux Prémontré.

Une reconnaiffance d'un furcens faite au profit d'ALEXANDRE, du 18 Janvier 1648, fuivant l'obligation au profit de JEAN II, fon bifayeul, du 23 Septembre 1538, juftifie ce VIe degré.

VII. PIERRE DE LA BRETESCHE, Ier du nom, Ecuyer, Seigneur de Villeblin, la Boulois, & du fief de Velle, fuccéda à fon père dans la charge d'Avocat du Roi au Grenier à Sel de Laon. Il époufa, par contrat paffé devant *François Robert*, Notaire de cette ville, le 1er Juillet 1651, *Anne-Marie Aubin de la Maire*. C'eft ce qui eft juftifié par un bail de la Terre de Villeblin, louée à *Joachim Sellier*, paffé devant *Huard*, Notaire à Muret, le 23 Novembre 1661, où elle eft dite veuve de PIERRE DE LA BRETESCHE, Ier du nom, par une Sentence du Bailliage de Soiffons, rendue en fa faveur, le 20 Décembre fuivant, & par un arpentage des Terres dudit Villeblin, à la diligence de ladite veuve, ayant la garde-noble, fait par *Mitelet*, Arpenteur & Notaire à Ezy, le 6 Juillet 1658. Elle eut de fon mariage plufieurs enfans, dont deux garçons, nommés

PIERRE, qui fuit;

Et ANTOINE DE LA BRETESCHE, Ecuyer, Seigneur de Villeblin & la Boulois, d'abord Capitaine, Exempt des Gardes de MONSIEUR, frère de LOUIS XIV, qui fut enfuite Préfident de l'Election de Laon & du Grenier à Sel de la même ville. Ayant été inquiété fur fa nobleffe, le 12 Mars 1692, par ladite Election & le Corps de Ville de Laon joints enfemble, par une oppofition à fa qualité d'*Ecuyer*, il fe pourvut en conféquence au Confeil d'Etat, où il obtint des Lettres de confirmation le 16 Mai même année, adreffées à la Cour des Aides de Paris, en articulant par titres valables & authentiques ces faits de Généalogie, qu'il eft iffu, en ligne directe, de noble race de JACQUES, Ier du nom, lequel étoit fils de JEAN Ier, & de *Guillemette de Garges*. Sur cette production, ladite Cour rendit un Arrêt le 16 Janvier 1698, contradictoirement avec le Procureur-Général & les parties, déclara

Tome IV.

ledit ANTOINE DE LA BRETESCHE, iffu de *noble race & ligne*, & ordonna l'entérinement defdites Lettres du Confeil d'Etat, fignifié au Procureur-Général & aux Parties le 26 Septembre 1701. Il fut maintenu une feconde fois dans fa qualité de *Gentilhomme*, par autre Jugement de l'Intendance de Soiffons, rendu auffi contradictoirement entre les Parties, en date du 9 Décembre 1699, lequel fut fignifié aux Parties le 12 des mêmes mois & an. Des gens moins paffionnés auroient cédé à la force; mais comme ils s'étoient fait une loi de perfécuter, fans aucune pudeur, les familles, ils fe font rendus Appellans de ces deux Jugemens, comme on le verra ci-après. ANTOINE DE LA BRETESCHE rendit fon dénombrement des terres de Villeblin & la Boulois le 7 Juillet 1673; fit une tranfaction, en forme de partage, avec fon frère aîné, paffée devant *Hugot*, Notaire à Laon, le 15 Février 1589; obtint un certificat, en forme de Brevet, fur parchemin, où font peintes les armes, expédié à l'*Armorial général de France*, au Regiftre cotté I, & délivré le 27 Juillet 1697, par *M. d'Hozier*, & fut inhumé dans l'Eglife Collégiale & Paroiffiale de Saint-Jean de Laon, où fe voit fon épitaphe avec fes armes. Il avoit époufé, par contrat paffé à Laon le 13 Janvier 1683, *Elifabeth Ague*, de laquelle font iffus douze enfans, tous morts fans poftérité. Le dernier avoit vendu la Terre de Villeblin en 1744.

VIII. PIERRE DE LA BRETESCHE, IIe du nom, Ecuyer, Seigneur du Fief de Velle, Commiffaire des Guerres, mourut, & fut inhumé en l'Abbaye Royale de Saint-Martin de Laon, le 15 Juillet 1689, où l'on voit fon épitaphe & fes armes. Il avoit époufé, par contrat paffé à Reims le 12 Avril 1678, *Angélique Caloux*, qui, devenue veuve & tutrice de fes enfans mineurs, rendit foi, hommage & dénombrement du Fief de Velle le 15 Septembre 1689. Ces enfans eurent pour curateur ANTOINE, leur oncle, par acte de nomination paffé devant *Crochar*, Notaire à Laon, le 12 Janvier 1691. Il eut trois enfans, dont un garçon, nommé

IX. JEAN-FRANÇOIS DE LA BRETESCHE, Ecuyer, Seigneur de Berlancourt, Boisfay, Varifcourt & du Fief de Velle, Capitaine de Cavalerie au Régiment de Langne, & Chevalier de Saint-Louis, rendit dénombrement, foi & hommage au Bureau des Finances de Soifſons, en 1735, pour ſes terres. Il avoit obtenu un Arrêt du Conſeil d'Etat, du 19 Février 1721, qui le renvoyoit au Bureau des Commiſſaires-Généraux de la Nobleſſe, dont il obtint une commiſſion en forme d'Arrêt, qui lui permit de faire aſſigner le Corps de Ville de Laon, pour reprendre l'inſtance de l'Appel de l'Arrêt de la Cour des Aides & du Jugement de maintenue de l'Intendance, des 16 Janvier 1698 & 9 Décembre 1699. Il fit encore donner, au Corps de Ville de Laon, aſſignation, le 9 Janvier 1726, lequel Corps de Ville ſe déſiſta du procès par acte de ſon aſſemblée, du 16 Février de la même année. Copie de ce déſiſtément, portant abandon de ſon appel, fut délivrée audit JEAN-FRANÇOIS DE LA BRETESCHE; mais par une aſſignation du 9 Février 1737, donnée à la Requête du Procureur du Roi de l'Election de Laon, aux Collecteurs des Tailles de Bourguignon, ils furent obligés de dire en vertu de quoi ledit Sieur DE LA BRETESCHE étoit au nombre des exempts; en conſéquence celui-ci ſe pourvut au Conſeil d'Etat, où il obtint un Arrêt le 25 Mai 1748, & des Lettres-Patentes le même jour, adreſſées à la Cour des Aides, pour rendre l'Arrêt, obtenu par ANTOINE en la même Cour, le 16 Janvier 1698 commun à JEAN-FRANÇOIS DE LA BRETESCHE, ſon neveu; mais en juſtifiant, par titres inconteſtables, qu'il étoit neveu paternel d'ANTOINE : la vérification en ayant été faite vis-à-vis ladite Cour, le Procureur-Général & les Parties, cette Cour rendit l'Arrêt du 16 Janvier 1698, commun entre ANTOINE & JEAN-FRANÇOIS, ſon neveu, par autre Arrêt du 13 Août 1752, & ordonna l'entérinement de l'Arrêt du Conſeil d'Etat, du 25 Mai 1748, & des Lettres-Patentes du même jour. JEAN-FRANÇOIS DE LA BRETESCHE mourut le 25 Mai 1753, & fut inhumé dans l'Egliſe de l'Abbaye Royale de Saint-Martin de Laon le 26. Il avoit épouſé, par contrat paſſé devant *Blanché*, Notaire à Laon, le 1er Mars 1701, *Madeleine de Martigne*, dont ſont iſſus onze enfans, quatre garçons, deux deſquels ont été tués en Italie :

ALEXANDRE,

Et JEAN-CHARLES-FRANÇOIS, qui vont être rapportés.

X. ALEXANDRE DE LA BRETESCHE, IIe du nom, Ecuyer, Seigneur de Variſcourt, Boiſſay, rendit foi, hommage & dénombrement du Fief de Velle, le 10 Août 1753, & une autre foi & hommage pour ſes Terres de Berlancourt & Boiſfay, au Bureau des Finances de Soiſſons, en Août 1760. Il fit enregiſtrer les Arrêts & Jugement de maintenue de nobleſſe en l'Election de Laon, le 20 Juin 1753, & a épouſé, par contrat paſſé devant *Maugras* Notaire à Laon, le 3 Août 1764, *Louiſe-Agathe la Mie-d'Angene*, dont ſont iſſus quatre enfans, entr'autres :

    ALEXANDRE, né & baptiſé à Bourguignon, Diocèſe de Laon, le 7 Septembre 1769;

    Et LOUIS DE LA BRETESCHE, né & baptiſé le 26 Avril 1771.

X. JEAN-CHARLES-FRANÇOIS, Ecuyer, Seigneur de Berlancourt, ci-devant Capitaine au Régiment de Guyenne, Infanterie, & Chevalier de Saint-Louis, avec penſion du Roi, fut auſſi inquiété ſur ſa nobleſſe, par des jaloux du Laonnois, qui obtinrent, au mois de Mars 1762, un Arrêt de la Chambre des Comptes de Paris, adreſſé à l'Election de Laon, qui enjoignoit auxdits Sieurs DE LA BRETESCHE de prouver l'enregiſtrement des Arrêts en ladite Chambre, faute par eux d'y ſatisfaire, d'être impoſés aux ſubſides des Paroiſſes de leur réſidence; & après de nouvelles preuves faites par ledit JEAN-CHARLES-FRANÇOIS, & ſon frère, ils furent, pour la ſixième fois, maintenus dans leurs qualités & prérogatives de nobleſſe, le 18 Janvier 1763, par Arrêt définitif de ladite chambre des Comptes, lequel Arrêt, & les Lettres en duplicata & ſurannation, furent ſignifiés à l'Election de Laon, le 25 Avril de la même année. JEAN-CHARLES-FRANÇOIS DE LA BRETESCHE a épouſé, par contrat paſſé devant *Dupuis*, Notaire à la Fère en Picardie, le 14 Février 1760, *Marie-Anne-Charlotte de la Guerre-de-Charbiſe-du-Lys*, dont il a eu trois garçons & ſept filles. Il n'en exiſte que :

    MARC-PIERRE-ANNE-MARIE-FRANÇOIS, né & baptiſé à la Fère ſur l'Oiſe, le 14 Août 1761.

On croit qu'il y a encore pluſieurs branches de cette famille, dont on ignore l'époque de la ſéparation. On ſait ſeulement qu'il y a eu pluſieurs Officiers-Généraux ſous les trois derniers règnes, tant ſur terre que ſur mer, des mêmé nom & armes que ceux dont nous venons de donner la filiation, qui remontent à BALTHASAR DE LA BRETESCHE, vivant ſous le règne de SAINT LOUIS, lequel portoit pour armes: *d'azur, à la tour d'argent, avec un casque en face, visière ouverte au-dessus de la couronne.* Ces armes étoient encore, au commencement de ce siècle, sur la grande porte du Château de la Bretesche, & ce sont les mêmes qu'on a reconnues depuis plusieurs siècles être celles de cette famille. Elles sont parlantes, & signifient en vieux langage BRE-TESCHE.

BRETESCHE (LA), à Saint-Grégoire, E-vêché de Rennes: *d'azur, à une tête de lévrier d'argent, accompagnée de trois molettes d'éperons d'or.*

* BRETEUIL, Terre dans le Beauvoisis, érigée en *Marquisat* en faveur de FRANÇOIS-VICTOR LE TONNELIER-DE-BRETEUIL, mort en 1743, Secrétaire d'Etat ayant le département de la guerre. Voyez TONNELIER. La Terre de *Breteuil* a donné son nom à une ancienne Maison qui fleurissoit sous le règne des Rois ROBERT & HENRI Ier. Les Seigneurs de ce nom prenoient le titre de *Comtes*, & cette Maison s'est éteinte au milieu du XIIIe siècle.

BRETHEUIL: *d'azur, à un épervier aux aîles étendues d'or, grilleté de même.*

BRETHON, Seigneur de Saint-Pierre-du-Moustier, en Normandie, Généralité de Rouen, famille maintenue dans sa Noblesse le 23 Janvier 1668.

BRETIGNÈRES (DE), famille originaire de Normandie. On trouve SIMON DE BRETI-GNÈRES, célèbre Avocat au Parlement de Rouen, qui plaida en 1563 devant le Roi CHARLES IX, lorsque ce Prince y fut déclaré majeur. Il eut entr'autres enfans :

1. FRANÇOIS, qui suit ;
2. Et JACQUES, auteur de la seconde branche, rapportée ci-après.

FRANÇOIS DE BRETIGNÈRES, aussi Avocat au Parlement de Rouen en 1570, eut de *Thomine de Quincestre* deux garçons. L'aîné, nommé

FRANÇOIS DE BRETIGNÈRES, aussi Avocat au Parlement de Rouen, pourvu le 6 Septembre 1613 de la charge de Procureur-Général au même Parlement, & reçu le 26 Novembre suivant, eut cette charge de la Reine-Mère, à la recommandation du Maréchal de Bassompierre, pour lequel il avoit plaidé au Parlement de Rouen. La Province de Normandie paya pour lui les 20000 livres qu'il devoit donner à la veuve de Nicolas le Jumel, son

prédécesseur. Il mourut en 1632, & avoit épousé *Louise de Pleurre*, qui testa le 9 Mai 1652, fille de *Pierre*, Maître des Comptes, & de *Denise le Prêtre*. De ce mariage naquirent :

1. PIERRE, qui suit ;
2. Et CHARLES, Capitaine de Cavalerie, marié, & dont la postérité est éteinte.

PIERRE DE BRETIGNÈRES, Sieur de la Pertuisière, Conseiller au Parlement de Paris le 6 Février 1651, mort le 19 Février 1696, âgé de 74 ans, & inhumé à St.-Sulpice, avoit épousé, le 8 Août 1654, *Marthe Petiny*, morte le 19 Septembre 1687, âgée de 53 ans, fille de *François*, & d'*Anne le Quesne*, dont :

PIERRE DE BRETIGNÈRES, IIe du nom, Sieur de la Pertuisière, Substitut du Procureur-Général du Parlement de Paris le 6 Mai 1688, Conseiller au Grand-Conseil le 2 Mars 1694, qui se démit de cette charge au mois de Mai 1719. Il avoit épousé 1o *Marie d'Alençon*, morte en couches le 23 Décembre 1691, fille d'*Antoine*, Sieur de Saucouse, Contrôleur-Général de la Maison de GASTON, Duc d'Orléans, & de *Marie de Corberon* ; 2o en Mai 1696, *Marie-Madeleine Duret*, morte le 23 Juillet 1699, âgée de 28 ans, fille d'*André*, Conseiller au Châtelet ; & 3o en Septembre 1705, *Louise-Françoise Chevalier*, fille de *François*, & de *Louise-Catherine Carchaut*. Du premier lit est née :

1. Une fille, morte jeune.

Du second :

2. PIERRE-JACQUES, qui suit ;
3. Et une fille, morte.

Du troisième sont issus :

Deux fils jumeaux, nés en 1711, morts en naissant ;

Et trois filles, mortes.

PIERRE-JACQUES DE BRETIGNÈRES, né le 28 Mai 1697, Conseiller au Parlement de Paris le 27 Février 1726, a épousé, 1o le 4 Mars 1726, *Florence-Anne le Comte*, fille de *Nicolas*, Lieutenant-Criminel au Châtelet de Paris, & d'*Anne-Julienne Lottin-de-Charny* ; & 2o en Avril 1744, *Charlotte de Sauvion*, fille de *Jean-Charles*, Président en la Cour des Aides de Paris, & de *Madeleine de la Vigne*. Il a eu du premier lit :

1. FRANÇOISE, mariée à *Alexandre-François de Murard*, Conseiller au Parlement de Paris, puis Président en la troisième Chambre des Enquêtes, mort en Août 1753, laissant trois filles.

Et du fecond lit :

2. ANNE-CHARLES-RENÉ DE BRETIGNÈRES-DE-SAINT-GERMAIN, né le 29 Juillet 1745, Confeiller au Parlement de Paris le 1er Mars 1765 ;

3. Et une fille, morte en bas âge.

SECONDE BRANCHE.

JACQUES DE BRETIGNÈRES, Sieur de la Pertuifière, fecond fils de SIMON, Tréforier de France à Rouen, vivoit en 1570. Il avoit époufé *Marguerite Dery*, remariée à *Jacob le Roux*, Sieur de Touffreville, Confeiller au Parlement de Rouen, & fille de *Pierre*, Confeiller au même Parlement. Ils eurent :

1. JACQUES, qui fuit ;
2. MADELEINE, mariée, le 16 Juin 1618, à *Jacques - Paul Anfrie - de - Chaulieu*, Gentilhomme ordinaire de la Chambre du Roi ;
3. Et CATHERINE, mariée, le 9 Janvier 1637, à *Gilles de Giverville*, Sieur de Glatigny, Confeiller en la Cour des Aides de Rouen.

JACQUES DE BRETIGNÈRES, IIe du nom, Confeiller au Grand-Confeil le 4 Janvier 1633, mort en 1671, avoit époufé 1º *Anne Boulanger*, fille d'*Euftache*, Secrétaire du Roi, & de *Claude Picot* ; & 2º *Charlotte de Gray*, morte le 27 Juillet 1698, & inhumée à Sainte-Marguerite. Du premier lit naquit :

JACQUES, qui fuit.

Et du fecond :

JACQUES-ETIENNE, Chanoine de la Sainte-Chapelle de Vincennes, à qui Euftache Thibeuf donna la Terre de Saint-Germain près Corbeil.

JACQUES DE BRETIGNÈRES, Confeiller au Grand-Confeil le 10 Septembre 1677, mourut fans alliance le 15 Juillet 1716.

Les armes : *d'or, à trois rofes de gueules ; au chef d'azur, chargé d'un foleil d'or.*

BRÉTIGNY : *d'or, au lion dragonné de gueules, couronné d'argent.*

BRÉTIGNY : *d'argent, à la fafce de gueules, accompagnée en chef au canton dextre d'une étoile de fable.*

BRETON (LE). Suivant un *Mémoire envoyé*, cette famille noble eft des plus anciennes ; cependant on n'en remonte la filiation qu'à

LOUIS LE BRETON, Ecuyer, Seigneur de Brichantel & de la Perrière, qui époufa *Catherine Dupleffis*, dont il eut :

PIERRE LE BRETON, qui époufa, par contrat

paffé le 3 Mai 1559, fous le fcel de la Châtellenie de Verets, *Jeanne de Noffay*, fille d'*Antoine de Noffay*, Seigneur de Lières, & de *Guillemette Baudet*, Dame de Terignay & de Laffay. De ce mariage naquit :

JEAN LE BRETON, Seigneur du Puy, qui époufa, par contrat paffé à Loches le 10 Novembre 1597, M.... *Mutault*, fille de *Gilbert Mutault*, Seigneur de Conternon, & de *Marguerite Dubreuil*, en préfence de JEAN LE BRETON, nommé à l'Archevêché de Bordeaux, d'ADRIEN LE BRETON, Seigneur de Chanceaux, & d'HECTOR LE BRETON, Seigneur de Gaumont, coufins paternels. Ils eurent :

GILBERT LE BRETON, Seigneur du Puy, Capitaine & Exempt des Gardes-du-Corps du Roi, Chevalier de l'Ordre de St.-Michel, Gouverneur de la Ferté-Arnault, marié, 1º le 26 Novembre 1628, à *Claude Romanette*, morte fans enfans ; 2º à *Madeleine d'Archambault*, morte fans poftérité, fœur de *Jean d'Archambault*, Grand-Bailli de Châtillon-fur-Indre ; & 3º par contrat du 15 Avril 1646, paffé devant *Claude Cordier*, Notaire à Nogent-le-Roi, à *Elifabeth Havart de Senantes*, fille de *Nicolas de Havart*, Seigneur de Senantes, & de *Madeleine de Salton*, en préfence de Jean d'Archambault, Grand-Bailli d'Epée dudit Châtillon, & de Jean-François d'Archambault, Capitaine au Régiment de Vaubecourt, & Aide-de-Camp du Roi. De ce dernier mariage il a eu :

FRANÇOIS LE BRETON, Seigneur du Puy & de Châteauroux, Major du Régiment étranger du Monroux, né le 9 Septembre 1651, marié, par contrat paffé devant *le Clerc*, Tabellion, fous le fcel de Montfort-l'Amaury à Mittainville le 14 Novembre 1696, à *Julienne-Charlotte de Saint-Pol*, veuve de *Gilles du Quefnoy*, Seigneur de Mezières. Il laiffa pour fils unique :

GABRIEL-FRANÇOIS LE BRETON DE CHATEAUROUX, qui époufa, par contrat paffé à Epernon le 25 Octobre 1730, *Jeanne-Françoife Olivier*, dont il eut :

JEANNE-JULIE LE BRETON DE CHATEAUROUX, décédée fans alliance. Sa fucceffion paternelle a paffé à Meffieurs d'*Archambault*, comme defcendans de *Nicolas Havart de Senantes*.

BRETON (LE), Seigneur de la Doineterie, ançiennement du furnom d'*Envrich*, famille maintenue dans fa Nobleffe en 1716, de laquelle étoient JEAN LE BRETON, Archevêque de

Bordeaux, mort en 1591 ; & HECTOR LE BRE-
TON, Ecuyer, Seigneur de la Doineterie & de
la Chefnaye, qui fervit pendant 48 ans les Rois
HENRI IV, & LOUIS XIII. Ce dernier Monarque, en confidération des fervices recommandables qu'il lui avoit rendus & au feu Roi,
lui permit d'ajouter à fes armes, qui étoient :
*d'azur, à une étoile d'or, accompagnée de
trois colombes d'argent, deux en chef & une
en pointe, celles du chef affrontées ; au
chef d'azur, chargé d'un lion iffant de gueules, un écu d'azur, chargé d'une fleur-de-
lys d'or, à un filet de fable pour bordure,
au lieu & place de l'étoile d'or,* qui étoit en
cœur. (Voyez l'*Armorial génér. de France,*
reg. II, part. I.)

BRETON (LE), Seigneur de la Livournerie,
la Vallette, & de la Marre en Normandie, Généralité de Caen, & Election de Coutances,
famille noble de laquelle étoit MARIE LE BRE-
TON, de la ville de Coutances, mariée, le 15
Juillet 1671, à *Gilles de Cuffi,* Seigneur de
Belleval.

Les armes : *d'argent, à trois mouchetures
d'hermines de fable, rangées en face, &
accompagnées de trois écuffons de gueules,
2 en chef & 1 en pointe.*

BRETON (LE), en Franche-Comté, famille
Noble qui demeuroit à Salins dans les XIIIᵉ
& XIVᵉ fiècles, & qui a fini à GUYETTE LE
BRETON, laquelle difpofa de fes biens au mois
de Novembre 1336, en faveur de *Roland Bau-
douin,* fon allié.

BRETON (LE), Sieur de Saint-Paul, Election de Valognes, en Normandie, Généralité de
Caen, ancienne Nobleffe, qui porte : *d'hermines, au chef de gueules.*

BRETON (LE), Sieur de Fougerai, Election de Mortain, famille annoblie en 1473,
dont les armes font : *d'argent, à deux chevrons de gueules, accompagnés de trois coquilles de même,* 2 *en chef* & 1 *en pointe.*

BRETON (LE), en Bretagne & en Touraine : *d'azur, au chevron d'argent ; au chef
coufu de gueules, chargé de trois befans
d'or.*

BRETON (LE), en Bretagne : *d'azur, à
trois bandes d'argent, chargées, chacune,
de trois coquilles de gueules.*

BRETON (LE), même Province : *d'argent,*
à la croix dentelée de fable, cantonnée de
quatre molettes d'éperons de même.

BRETON (LE), même Province : *d'argent,
à l'olivier de finople, accofté à droite d'une
croix pattée de gueules, & à gauche d'une
moucheture d'hermines de fable.*

BRETON (LE), en Tréguier : *d'argent, à
cinq fufées de fable, pofées en fafce, & accompagnées de trois ogoeffes,* 2 *en chef* & 1
en pointe.

BRETON (LE), en Bretagne : *d'azur, à un
cor-de-chaffe d'argent, enguiché de même
en fautoir.*

BRETON (LE), en Bretagne : *d'argent, au
lion léopardé de fable, chargé fur l'épaule
féneftre d'une molette d'éperon d'or.*

BRETON (LE), de Vaunoife, Election de
Bellefme, Généralité d'Alençon, en Normandie, famille noble & ancienne, qui porte : *d'argent, à trois rofes de gueules,* 2 & 1.

BRETON (LE), Seigneur de la Gueripiere,
Gautries & de Reffeantife, en Normandie,
Généralité de Caen.

BRETON (LE), Seigneur de Ciffay, le Viel,
Bellefme, la Maugerie, &c., en Normandie,
Généralité d'Alençon, famille maintenue dans
fa Nobleffe le 20 Juin 1666.

BRETONBONVILLIERS : *d'azur, au
fautoir d'argent, accompagné de quatre
rofes de même.*

BRETONNIÈRE (LA). JEAN DE LA BRETON-
NIÈRE, qui vivoit en 1263, eft le premier dont il
foit fait mention.

PIERRE DE LA BRETONNIÈRE, Chevalier, Seigneur de Warty, Grand-Maître & Réformateur des Eaux & Forêts du Royaume, fut en
grand crédit auprès du Roi FRANÇOIS Iᵉʳ, &
exerçoit encore fa charge en 1543.

JOACHIM DE LA BRETONNIÈRE, iffu de JEAN, au
IVᵉ degré, Chevalier, Seigneur de Warty,
quitta le nom de la Bretonnière, & étoit mort
en 1556.

PHILIPPE DE WARTY, fon fils, Seigneur dudit lieu, Chevalier de l'Ordre du Roi, Gentilhomme ordinaire de fa Chambre en 1581, eut
pour héritière fa fœur FRANÇOISE DE WARTY.

Les armes : *de gueules, à cinq fufées d'or,
pofées en bande.*

BRETONVILLIERS-LE-RAGOIS : *d'a-
zur, au phénix d'argent, tenant de fa patte*

dextre un rameau de laurier d'or ; au chef d'argent, chargé de trois faucilles de gueules.

Une autre famille de ce nom porte : *de gueules, à un oiseau couronné d'or.*

BRETOUILLAYE-DE-WARTHY : *de gueules, à cinq losanges d'or.*

BRETTES , en Limousin : *d'argent, à trois vaches de gueules, accolées & clarinées d'azur, passantes l'une sur l'autre.* Voyez l'*Armor. gén. de France*, reg. I, part. I, p. 95.

* BRETTEVILLE. Voyez BRIQUE-VILLE.

BRETTEVILLE, famille noble de Normandie, à 3 lieues de Caen. Etienne du Bois de Bretteville, connu sous le nom de l'*Abbé de Bretteville*, né en Octobre 1650, se fit Jésuite en 1667, & quitta cet état en 1678, pour s'appliquer avec succès à l'instruction des jeunes Ecclésiastiques , qui se destinoient au ministère de la prédication. Il mourut en 1688. On a de lui des *Essais de sermons pour le Carême & pour les dimanches de l'année.* Voyez Moréri.

BRETUEIL, en Normandie : *d'or, à trois roses de gueules, 2 & 1 ; au chef d'azur, chargé d'un soleil du champ.*

BRETUEIL, même Province : *de sable au cerf d'or.*

BRETUEIL : *d'argent, au sautoir de gueules, bordé de sable.*

BREUGNON. N..... de Breugnon, Capitaine de Vaisseau, nommé par le Roi, en Février 1767, son Ambassadeur extraordinaire auprès du Roi de Maroc, & au mois d'Août de la même année Chef d'Escadre, a épousé, par contrat signé le 22 Novembre 1767, Madame de *Saint-Sauveur.*

BREUIL DE THÉON. Voyez THÉON.

BREUIL (du), dans la Marche & en Bourbonnois, famille qui remonte sa filiation à :

I. Antoine du Breuil, Ecuyer, Seigneur du Breuil, mort ainsi que *Marie de la Motte*, sa femme, avant le 23 juin 1549. Ils eurent :

1. Pierre, qui suit ;
2. Et Philibert, Ecuyer, Seigneur de la Motte, ainsi qualifié dans une transaction qu'il fit avec son frère le 23 Juin 1549, sur le partage des biens de leurs père & mère, prit le

parti des armes à 18 ans, & servit dans l'Armée du Roi en Italie.

II. Pierre du Breuil, Ecuyer, Seigneur du Breuil, rendit le 23 Juillet 1548, à *Gabriel du Plantadis*, Ecuyer , Seigneur du Bost & Maignat, aveu des héritages que Philibert, son frère, lui avoit cédés dans la mouvance de Maignat, & mourut avant le 24 Mars 1579. Il avoit épousé, avant le 23 juin 1549, *Gabrielle de Tenelle* dont il eut :

1. Léonard, qui suit ;
2. Et Jean, auteur de la seconde branche, rapportée ci-après.

III. Léonard du Breuil, Ecuyer, Seigneur du Breuil, d'Arfeville & de Védignac, acquit la Justice haute, moyenne & basse du lieu d'Arfeville & le village de la Vergne, paroisse de St.-Sulpice, de *haut & puissant Seigneur* Messire Gabriel Foucaud , Seigneur de Saint-Germain-de-Beaupré-de-Naillac, du Repaire, &c., Vicomte de Dougnon, Chevalier de l'Ordre du Roi, Capitaine de 50 hommes d'armes de ses ordonnances, & Gouverneur pour Sa Majesté des villes & château d'Argenton , &c., par acte des 29 Septembre 1598, & 10 Novembre 1614. Il épousa, avant le 24 Mars 1579, *Jeanne du Peyroux*, dont :

1. Jacques, Ecuyer, Seigneur d'Arfeville, qui mourut avant le 30 Octobre 1623. Il épousa, par contrat du 17 Février 1620 (ou du 12 Décembre 1622, suivant un acte original du 30 Octobre 1623), *Catherine de Barbançois*, fille de *Claude*, Ecuyer, Sieur des Roches & de la Faye , Gouverneur des Châteaux, Terre & Seigneurie de Dun, & *d'Anne de Sens ;*
2. François, qui suit ;
3. Etienne, Ecuyer, Sieur & Prieur de Châtelus-le-Marcheix ;
4. Pierre, Ecuyer, Sieur & Prieur d'Ars :
5. Et Léonard, Prêtre & Prieur d'Ars .

IV. François du Breuil, Ier du nom, Ecuyer , Seigneur du Breuil, de Védignac, de la Vergne & d'Arfeville, servit en qualité de Gendarme de la Compagnie du Maréchal de Thémines le 26 Octobre 1621, & fut l'un des Chevaux-Légers de la Compagnie des Seigneurs de Saint-Georges, dans l'Armée d'Italie, suivant un certificat du Maréchal de Créquy, donné le 30 Septembre 1635. Il eut, le 18 Août 1639, une commission du Roi Louis XIII pour lever une Compagnie de 100 hommes d'armes à pied, & fut qualifié par ce Prince, le 18 Septembre 1640, *Mestre-de-*

Camp du Régiment de Saint-Georges. Il fut donataire de fa mère, par un acte du 28 Mars 1637, & vivoit encore le 16 Février 1659. Il avoit époufé, dès le 28 Mai 1631, *Jacqueline Autier de Villemontée*, qui tefta le 16 Février 1659, fille de *Louis*, Ecuyer, Seigneur de Villemontée, & d'*Anne d'Efcorailles*, Dame de la Grange, & eut pour enfans :

1. ETIENNE, qui fuit ;
2. PIERRE, Ecuyer, Sieur de la Vergne, qui fervit d'abord en qualité de Chevau-Léger dans la Compagnie du Seigneur de Beaupré, fuivant un certificat qu'il lui en donna le 25 Avril 1647, & fut Garde-du-Corps du Roi dans la Compagnie de Noailles au mois de Juillet 1668 ;
3. JEAN, Ecuyer, Sieur d'Arfeville, Lieutenant dans le Régiment de la Meilleraye, avant le 24 Mai 1652, & qualifié l'un des Chevaux-Légers de la Compagnie du Seigneur de Montaguilan, dans un certificat que lui donna, le 10 Novembre 1653, le Sieur de Saint-Victor, Capitaine & Commandant du même Régiment de la Meilleraye, fervoit en qualité de Cornette dans la Compagnie du Chevalier de Birague le 10 Janvier 1655, & fut bleffé dangereufement à la bataille des Dunes en 1658. Il avoit époufé, par contrat du 7 Octobre 1661, *Judith de la Foffe* ; mais on ignore s'il en eut des enfans ;
4. MARC, Ecuyer, Sieur de l'Efclufe, maintenu avec fes frères PIERRE & JEAN, par Arrêt du Confeil rendu contradictoirement le 10 Octobre 1670, dans leur Nobleffe qu'ils avoient juftifiée par titres, depuis 1544 ;
5. JACQUES, Ecuyer, Prieur & Curé de Saint-Etienne de Chauffenat dans la Haute-Auvergne, ainfi qualifié dans un acte original du 6 Octobre 1675 ;
6. & 7. MARGUERITE & GABRIELLE DU BREUIL Religieufes au Monaftère de Brageac, Ordre de St.-Benoit.

V. ETIENNE DU BREUIL, Ecuyer, Seigneur de Lourdoueix-Saint-Pierre & de Védignac (qu'on croit être le même qui obtint le 3 Juin 1668, du Marquis de Châteaugay, Capitaine d'une Compagnie dans le Régiment Royal-Cravate, un certificat portant *qu'il avoit fervi dans fa Compagnie en qualité de Chevau-Léger pendant 8 mois*) époufa, par contrat du 17 Mai 1654, *Marie-Sylvie de Saint-Mort* (aliàs *Saint-Maure, Sainte-Maure* & *Sainte-More*), remariée, avant le 6 Octobre 1675, à *Antoine de Villers*, Ecuyer, Sieur du Merger, Sous-Brigadier des Gardes de

PHILIPPE, Duc d'Orléans. Elle étoit fille de *François*, Ecuyer, Sieur de Lourdoueix, & de *Gilberte de N...*, & eut de fon premier mariage :

1. JOSEPH, qui fuit ;
2. FRANÇOIS, Ecuyer ;
3. GABRIELLE, mariée, par contrat du 6 Octobre 1675, à ETIENNE DU BREUIL, fon coufin Ecuyer, Sieur de Gallemeau : il y eft fait mention d'un LOUIS DU BREUIL, Ecuyer, Sieur de Nizerolles, dont on ne trouve pas la jonction avec ceux-ci, & qui femble être le même qu'un Sieur DU BREUIL DE NIZEROLLES, Ecuyer, lequel fervoit le 24 Août 1660, en qualité de Maréchal-des-Logis de la Compagnie de Chevaux-Légers du Seigneur de Saint-Victor ;
4. Et FRANÇOISE, alliée, par contrat du 25 Janvier 1693, à *Sylvain André*, Ecuyer, Sieur de Soubeyrat, fils de *Jean*, Ecuyer, Sieur des Aulnais, & de *Jeanne Meignan*.

VI. JOSEPH DU BREUIL, Ecuyer, Seigneur de Lourdoueix-Saint-Pierre, Garde-du-Corps du Roi, baptifé le 21 Décembre 1656, étoit Cornette de Cavalerie, lorfque le 30 Janvier 1692 il obtint des Lettres d'héritier bénéficiaire de fa mère. Il mourut le 21 Décembre 1727 & avoit époufé, le 15 Mai 1694, *Anne André*, fœur de *Sylvain*. Il a laiffé :

1. FRANÇOIS, qui fuit ;
2. CHARLES, Eccléfiaftique ;
3. GEORGES, Prêtre, Curé de Lourdoueix-Saint-Pierre, Diocèfe de Limoges ;
4. Et CATHERINE, née le 12 Novembre 1697, & reçue à Saint-Cyr, fur les preuves de fa Nobleffe, le 26 Avril 1707.

VII. FRANÇOIS DU BREUIL, IIe du nom, Ecuyer, Seigneur de Lourdoueix-Saint-Pierre s'eft marié, en 1733, à *Marie le Roux-de-Luffac*, morte en 1737, dont il a eu GENEVIÈVE-CHARLOTTE DU BREUIL-DE-LOURDOUEIX-SAINT-PIERRE.

SECONDE BRANCHE.

III. JEAN DU BREUIL, Ecuyer, Seigneur d'Arfeville, de Saint-Maurice & de Gallemeau, fecond fils de PIERRE, & de *Gabrielle de Ténelle*, paffa conjointement avec LÉONARD DU BREUIL, fon frère aîné, une obligation au profit de Louis de Malleret, Ecuyer, Seigneur de Flayat, le 24 Mars 1579 ; fit un emploi d'une partie des deniers qui provenoient de la dot de fa femme, le 15 Avril 1586, & tefta le 6 Juin 1631. Par fon teftament il fit une fondation dans l'Eglife de Malleret, & chargea fes héritiers d'y élever un tombeau fous lequel il voulut -être enterré auprès de Françoise du Breuil, fa fille. Il mourut avant le 21 Août 1633. Il avoit époufé *Jeanne de Beaulne*, qui tefta le 14 Novembre 1639, & laiffa:

1. Léonard, qui fuit;
2. & 3. Gabriel & Jean, Ecuyers, légataires de leur père, l'an 1631;
4. Etienne, qualifié *Prieur de Saint-Maurice* dans le Teftament de fa mère, & *Curé de Pouffanges* dans celui de Léonard du Breuil fon frère;
5. Françoise, morte avant le 6 Juin 1631, & enterrée dans l'Eglife de Malleret;
6. Gilberte, vivante le 14 Novembre 1639 avec *Léonard Bouchet* fon mari;
7. Anne, femme, avant le 14 Novembre 1639, de *François Galichier*;
8. Et Hélène, mariée, auffi avant le 14 Novembre 1639, à *Annet Bétholand*, Notaire Royal, & Greffier de la Baronnie de la Villeneuve-au-Comte.

IV. Léonard du Breuil, Ecuyer, Seigneur de Saint-Maurice, de Gallemeau & du Cros, inftitué héritier par le teftament de fon père l'an 1631, avoit fervi en qualité de l'un des Ecuyers de la Grande-Ecurie du Roi, au mois de Janvier 1654, tefta le 28 Mai 1653, & mourut avant le 1er Septembre 1669; il époufa, par contrat du 21 Août 1633, *Anne de Ségouzat*, fille d'*Annet*, Ecuyer, Sieur de l'Efclufe, & de *Jeanne du Mont*, & laiffa pour enfans:

1. Etienne, qui fuit;
2. Et Gaspard, légataire de fon père en 1653.

V. Etienne du Breuil, Ier du nom, Seigneur du Breuil, de la Vaux-du-Maine, de Védignac, d'Arfeville, de Gallemeau & de la Broffe, fut maintenu dans fon ancienne Nobleffe, tant par Arrêt du Confeil d'Etat rendu contradictoirement le 10 Octobre 1670, que par Ordonnance de M. le Vayer, Intendant de la Généralité de Moulins, du 3 Octobre 1698. On croit que c'eft lui qui (fuivant un certificat de Louis-Antoine de Madot, Sieur de Bourdicaud, Confeiller du Roi, Lieutenant-Général en la Sénéchauffée & Siège Préfidial de cette même Province, du 25 Mai 1694) fervoit dans l'arrière-ban de la Province de la Marche, fous le nom de Sieur du Breuil-Galamaud. Il fut marié, 1° par contrat du 1er Septembre 1669, à *Catherine de la Motte*, fille de *Jacques*, qualifié Chevalier, Seigneur de la Motte, de Saint-Pardoux, &c. (petit-fils

de *Jean de la Motte*, Seigneur de Saint-Pardoux, créé Chevalier de l'Ordre de Saint-Michel par le Roi Charles IX, le 21 Juin 1569), & d'*Anne de la Croix-d'Anglars*; & 2° par contrat du 6 Octobre 1675, à Gabrielle du Breuil, fa coufine, fille d'Etienne, & de *Marie-Sylvie de Saint-Mort-de-Lourdoueix*. Du premier lit il eut:

1. Marie, alliée à *N... de Bofredon*, d'une ancienne famille noble d'Auvergne.

Et du fecond:

2. Etienne, qui fuit;
3. Claude-Etienne, Seigneur du Breuil, Capitaine dans le Régiment de Ruffec, depuis Barbançon, & Chevalier de St.-Louis;
4. Joseph, Seigneur de la Broffe, Capitaine dans le même Régiment de Ruffec, marié, par contrat du 7 Avril 1737, à *Marie-Louife de Monchy*, veuve d'*Antoine de Thibeauville*, Seigneur de la Riviere, de Montiers, &c., & fille de *Georges*, Seigneur de Monchy & de Tallemas, Capitaine des Gardes de Charles de Lorraine, Duc d'Elbeuf, & de *Marie-Louife de Ghiftelles*;
5. Marie-Sylvie, mariée, par contrat du 1er Février 1704, à *Antoine de la Roche*, Ecuyer, Seigneur de Gallemeau & du Rouzet, Capitaine de Cavalerie dans le Régiment du Prince de Tarente, & Chevalier de Saint-Louis, fils de *Jofeph de la Roche*, auffi Ecuyer, Seigneur du Rouzet, & de *Gabrielle de la Blanchiffe*;
6. 7. & 8. Marie, Anne, & Gabrielle du Breuil.

VI. Etienne du Breuil, IIe du nom, né le 6 Avril 1683, Seigneur de la Broffe, de Breffoles, de la Vaux-du-Maine & de Chauviere, commença à fervir en Mars 1704, dans le Régiment de Bellefonds, Cavalerie, où il fut fait Cornette le 20 Juin 1706, puis Lieutenant le 6 Mai 1710; paffa enfuite dans le Régiment de Ruffec, Cavalerie, depuis Barbançon, eut la Lieutenance de la Compagnie de Bourfonne le 21 Juin 1719, & Commiffion de Capitaine le 18 Mars 1720, fut créé Chevalier de Saint-Louis le 25 Novembre 1732, & nommé Capitaine en pied de la Compagnie du Sieur d'Hauffonville dans le même Régiment de Ruffec le 13 Décembre 1734. Il s'eft trouvé dans ces différens emplois au fiège d'Huy dans le Pays de Liège en 1705, à la bataille de Ramillies, où il reçut deux coups de feu en 1706, & à l'affaire d'Oudenarde où il eut un cheval tué fous lui en 1708; fut détaché en 1709 à la bataille de Malplaquet, pour foutenir une attaque d'Infanterie, fe fignala à l'affaire de Denain en 1712, au paffage du Rhin en 1733, aux fièges de Kehl, de Philippsbourg, & dans toutes les autres occafions où il a été employé jufqu'à fa mort, arrivée à Strasbourg le 13 Avril 1743. Il avoit époufé, par contrat du 6 Octobre 1722, du confentement d'ETIENNE DU BREUIL fon père, *Marie-Elifabeth de Salvert*, fille de *Gilbert-Marien*, Ecuyer, Seigneur de Fouranges, & de *Charlotte Martin*, & laiffa entr'autres enfants :

1. VINCENT, qui fuit ;
2. FRANÇOIS, né le 29 Août 1728 ;
3. JOSEPH, né le 5 Juillet 1732 ;
4. Et JEANNE DU BREUIL-DE-LA-BROSSE, née le 31 Août 1729, & reçue le 4 Avril 1740 à Saint-Cyr, où elle eft morte au mois de Septembre 1743.

VII. VINCENT DU BREUIL, Ecuyer, né le 8 Janvier 1725, Seigneur de la Broffe, d'abord Moufquetaire du Roi dans la fecondé Compagnie, puis Cornette dans le Régiment de Barbançon.

Les armes : *d'azur, à une ancre d'argent pofée en pal ; au chef de gueules chargé de trois étoiles d'or.* (Voy. l'Armorial gén. de France, reg. V. part. I.)

BREUIL (DU), en Touraine : *d'argent, à la fafce vivrée de gueules, bordée de fable, accompagnée de deux jumelles auffi de gueules, bordées de fable.*

BREUIL (DU), Seigneur de Boft, en Berry : *de gueules, au chevron d'or, accompagné de trois glands avec leurs coupettes de même, 2 en chef & 1 en pointe.*

BREUIL (DU), en Bretagne : *d'argent, à la fafce d'azur, accompagnée de fix merlettes de fable, 3 en chef & 3 en pointe.*

BREUIL (DU), Seigneur de Caulombes & de Réauté, en Normandie, Généralité de Caen & Election de Valognes, ancienne Nobleffe dont les armes font *les mêmes que ci-deffus.*

BREUIL (DU), Ecuyer, Sieur de Lingeares, ancienne Nobleffe, Election de Bayeux, en Normandie, Généralité de Caen, dont les armes font : *lofangé d'argent & d'azur ; au chef de gueules, chargé de deux têtes de léopards d'or.*

BREUIL (DU), Ecuyer, Sieur de la Marguiliere, famille employée dans la recherche

Tome IV.

de 1666, Election de Mortain, Généralité d'Alençon, en Normandie, dont les armes font : *d'azur, au chevron d'or, accompagné de trois croiffans de même, 2 en chef & 1 en pointe.*

BREUILLY, ou BREUSLY, ou BRUSLY, en Normandie, Généralité de Caen & Election de Valognes. La Roque, dans fon *Hift. de la Maifon d'Harcourt*, dit qu'on trouve, vers l'an 1400, ISABEAU DE BREUILLY, femme de *Guillaume de Thieuville*. Meffire RAOUL DE BREUILLY étoit nommé comme parent de la Maifon de Briqueville en 1523. Meffire GUILLAUME DE BREUILLY, Chevalier, avoit pour femme, vers la fin du XVe fiècle, *Guillemette d'Efquay*. Gabriel du Moulin, dans fon *Hift. de Normandie*, parle de Monfieur RAOUL DE BRUSLY, Chevalier-Banneret, & de Monfieur GUILLAUME DE BRUSLY, auffi Chevalier-Banneret, qui portoient pour armes : *d'azur, au chef coufu de gueules, au lion d'or, couronné, brochant fur le tout.*

BREUL (DU), en Bugey.

I. JEAN DU BREUL, Damoifeau, vivant l'an 1300, époufa Catherine de Surron, fille de Guillaume de Surron, Damoifeau, & fœur de Jean & Girard de Surron, Damoifeaux, avec lefquels il eut différend pour le refte de la dot de leur fœur l'an 1345. De ce mariage vinrent :

1. JEAN, qui fuit ;
2. ETIENNE, Damoifeau, vivant en 1336 ;
3. PIERRE, Damoifeau, qui fit hommage avec ETIENNE DU BREUL, fon frère, l'an 1336. Il époufa *Blanche de Saint-Julien*, fille de *Hugues de Saint-Julien*, Chevalier, dont il eut :

   HENRIETTE DU BREUL, morte fans alliance ;

4. GUILLAUME, Damoifeau, mort fans enfans l'an 1391 ;
5. ANTOINE, Chevalier ;
6. Et MARGUERITE, dont l'alliance eft ignorée.

II. JEAN DU BREUL, IIe du nom, Damoifeau, fit hommage à Humbert, Sire de Thoire & de Villars l'an 1373, & laiffa :

1. FRANÇOIS, qui fuit ;
2. HUGONIN, Seigneur de Corlier, qui fit branche, rapportée ci-après ;
3. Et ANTOINE, décédé fans alliance.

III. FRANÇOIS DU BREUL, Damoifeau, fit hommage au Sire de Thoire & de Villars l'an 1399, & depuis il paffa le même hommage le 4 Novembre 1408, tant pour lui que pour

F

Hugonin du Breul, fon frère. Il époufa *Marie de Vins*, dont il eut :

1. Barthélemy, qui fuit ;
2. Guillaume, mort fans hoirs ;
3. Et Jeanne, dont on ignore l'alliance.

IV. Barthélemy du Breul, Chevalier, mourut avant fon père, laiffant plufieurs enfans, tous décédés auffi fans poftérité, favoir :

1. Pierre, Chevalier ;
2. Jean, Damoifeau ;
3. Luc, Religieux à Nantua en 1479 ;
4. & 5. Jeanne & Anne, mortes jeunes.

SECONDE BRANCHE.

III. Hugonin du Breul (a), Seigneur de Corlier, fecond fils de Jean, IIᵉ du nom, Damoifeau, tefta en 1458. Il époufa, l'an 1427, *Guygonne de Chatard*, fœur de *Humbert de Chatard*, Prieur de Gigny en Comté, & fille de *Pierre de Chatard*, Seigneur de Mirigna en Bugey, & de *Jeannette du Vernay*, à caufe de laquelle alliance les defcendans écartelèrent leurs armes de celles de *Chatard*. Il laiffa une grande poftérité :

1. Philibert, qui fuit ;
2. Etienne, Religieux à Nantua & Prieur de Saint-Alban ;
3. Pierre, Chevalier, vivant l'an 1455 avec *Guillemette de l'Isle*, fa femme, dont il laiffa :

    Henriette du Breul, femme de N...., Seigneur de *la Rochette*, en Savoie ;
    Et Anne du Breul, dont on ignore l'alliance ;

4. Autre Pierre, dit *le Jeune*, Grand-Vicaire & Infirmier en l'Eglife de Nantua, puis Grand-Prieur de Saint-Claude l'an 1476 ;
5. Philippine, femme du Seigneur de *Charno*, en Comté ;
6. 7. & 8. Béatrix, Jeanne & Françoise.

IV. Philibert du Breul, Chevalier, Seigneur de l'Isle en Bugey, époufa *Anne de la Baulme*, fille de *Guillaume de la Baulme*, Seigneur de Perès, & de *Louife de Genoft*. Il vivoit avec elle en 1480, & en eut :

1. Claude, qui fuit ;
2. Maxime, Religieux & Chambrier de Nantua ;
3. François, Religieux & Aumônier à Saint-

(a) Guichenon, dans fon *Hiftoire de Breffe & de Bugey*, donne encore pour fils à Hugonin du Breul, Jean du Breul, Religieux & Chambrier de Nantua, Prieur des Crues, en Comté.

Claude, puis Sacriftain à Nantua, & Prieur dudit Nantua l'an 1537 ;
4. Louise, Religieufe dans la Chartreufe de Salette en Dauphiné ;
5. Philiberte, Religieufe au même lieu ;
6. Jeanne, femme, 1º en 1481, de *Claude de Corveys*, Seigneur de Montarfier en Bugey ; & 2º le 19 Février 1509, d'*Antoine de Cordon*, Seigneur des Marches & Gouverneur de Nice, fils puîné d'*Antoine de Cordon*, Seigneur des Marches, & de *Meraude de Chales* ;
7. Et Antoinette, morte fille.

V. Claude du Breul, Seigneur de l'Isle, de Montarfier & Chenavel, qui tefta en 1560, & fut marié, 1º le 22 Septembre 1483, à *Louife de Rogemont*, fille de *Claude de Rogemont*, Co-Seigneur de Verneaux ; & 2º l'an 1501, à *Jeanne de Malain*, Dame de Montbarrey, fille de *Philibert de Malain*, Seigneur de Montbarrey, & de *Simonne d'Amanges*. Il laiffa du premier lit :

1. Antoinette, mariée, en 1516, à *Amé de Sacconney*, Seigneur d'Ogny, veuf de *Jacquemette du Nam*, dont *Marin de Sacconney*, & fils de *Guillaume*, Seigneur de *Sacconney*, & de *Marie d'Eftrées* ;
2. Bertrand, qui fuit ;
3. Etienne, Chevalier, mort fans alliance ;
4. Pierre, Sacriftain de Nantua en 1544, puis Prieur dudit lieu en 1548 ;
5. Marie, Religieufe en la Chartreufe de Salette ;
6. Jeanne, femme de *Humbert de Chiffé*, Ecuyer, Seigneur de Polinge en Genevois ;
7. Marguerite, Religieufe à Neuville en Breffe ;
8. Peronne, femme 1º de *Humbert de Feillens*, Seigneur de Chanay, fecond fils d'*Antoine de Feillens*, Seigneur de Vologna, & de *Claudine de Colombier* ; & 2º d'*Alexandre de la Charme*, Seigneur de Pirajoux ;
9. Et Anne, femme de *Marin de Sacconney*, fon neveu, Seigneur d'Ogny, veuf de *Girarde de Châtillon-de-Michaille*.

VI. Bertrand du Breul, Seigneur de la Baftie-fur-Cerdon, l'Isle, Efpeyffolles, le Chaftelard, Montarfier, Chenavel, &c., Confeiller & Maître-d'Hôtel de S. A. R. de Savoie, fut marié, l'an 1535, à *Louife du Chaftelard*, fille & héritière d'*André*, Seigneur du Chaftelard & d'Efpeyffolles, & de *Marguerite de la Vernée*, dont :

1. François, mort jeune ;
2. Antoine, qui fuit ;

3. MARIE, Religieufe à Neuville en Breffe,
puis Prieure de Blye en 1570 & 1585 ;
4. ADRIENNE, mariée, 1° à *Jean de Châtillon*,
Seigneur du Chaftelard en Semine, de la
Maifon de *Châtillon-de-Michaille ;* & 2° à
Jean de Montfalcon, Baron de Flaccieu,
Gouverneur de Savoie, fils puîné de *Marin
de Montfalcon*, Baron de Flaccieu, & d'*Antoinette de Clermont ;*
5. ETIENNETTE-FRANÇOISE, mariée 1° à *Aynard de Molan*, Seigneur de Villereverfure,
fils de *Jean de Molan*, Seigneur de Montberthod, & de *Louife-Alix de Gerbais*, fa
feconde femme; 2° à *Jean de Molan*, Seigneur de la Tour de Neuville, veuf d'*Aynarde de Maubec*, & fils de *Philibert de
Molan*, & de *N...... d'Efquierre ;* & 3° à
Claude de Marefte, Seigneur de Chavannes en Breffe;
6. Et PHILIBERTE (a), femme de *Philibert de
Pingon*, Baron de Cufy, Confeiller d'Etat,
& Grand-Référendaire de Savoie, fils de
Louis, Seigneur de *Pingon*, & de *Françoife de Chabeu*.

VII. ANTOINE DU BREUL fut premièrement
Prieur-Commendataire de Nantua & de St.-
Nithier de Clervaux en Montagne, puis, par
le décès de fon frère aîné, devint Seigneur de
Montbarrey, de l'Isle, & de *la Baftie-fur-
Cerdon*. Il étoit Gentilhomme ordinaire de
la Chambre de ce Prince, fon Confeiller &
premier Maître-d'Hôtel, & Commiffaire-Général des Guerres deçà les monts. Il époufa,
1° le 29 Avril 1571, *Claire Grimaldi*, fille
de *Jacques Grimaldi*, Patrice de Gènes, Comte de *San-Pietro in arenâ*, & d'*Argentine
Spinola ;* & 2° *Françoife de Seyturier*, veuve de *Jean de Montjouvent*, Seigneur du
Chanay, & fille de *Jean de Seyturier*, Baron de Cornod, & de *Françoife de Conci*.
De ce mariage il n'eut aucun enfant, mais du
premier :

1. CLAUDE, qui fuit ;
2. BERTRAND, Baron de la Baftie, rapporté
après fon frère ;
3. CLAUDINE, mariée, le 27 Juin 1602, à *François de Roffet*, Seigneur de Morfontaine,
fils de *Benigne de Roffet*, Seigneur de
Morfontaine, & de *Guillemette de Cajot-
Burnans ;*
4. EMMANUELLE, femme de *François de Gre*

___

(a) Elle fut Gouvernante des Filles de MAR
GUERITE DE FRANCE, Ducheffe de Savoie. (Moréri, édit. de 1759, tom. VIII, p. 367.)

naud, Seigneur de Montillet, fils de *Bertrand de Grenaud*, Seigneur de Montillet ;
5. Et MARIE, femme de *Balthafar*, Baron de
Gilly, en Savoie.

VIII. CLAUDE DU BREUL, Seigneur du Barmey, Chevalier des Ordres de St.-Lazare &
de St.-Maurice en Savoie, fut marié 1° à *Peronne Dormy*, fille de *N... Dormy*, Seigneur
& Baron de Vinzelles en Mâconnois, & de
N... de Seyffel ; 2° à *Marie de Bordes ;* &
3° à *Anne du Saix*, fille de *Humbert du
Saix*, Seigneur d'Arnens, & de *Claudine du
Pont*, de la Maifon de *Mians* en Savoie, dont
il n'eut point d'enfans. Du premier lit vint :

1. FRANÇOISE, Religieufe à Marcigny.

Et du fecond lit font iffus :

2. BERALD, qui fuit ;
3. ANDRÉ, Ecuyer, Capitaine dans le Régiment d'Enghien ;
4. JEAN-AIMÉ, Religieux à Nantua ;
5. CLAUDE ;
6. JEANNE, Religieufe à Marcigny ;
7. PERONNE, Religieufe Bernardine à Seyffel ;
8. Et ANGÉLIQUE, Religieufe de Sainte-Urfule à Châtillon-lès-Dombes.

IX. BERALD DU BREUL, Seigneur de Sacconney, époufa, au mois de Janvier 1650, *Emerantiane de Moyria*, fille de *Claude*, Seigneur de *Moyria*, & d'*Anne de Camus*, dont
il eut des enfans.

BRANCHE
DE LA BASTIE :

VIII. BERTRAND DU BREUL, quoique fils
puîné d'ANTOINE, Baron de la Baftie, & de
Claire Grimaldi, fa première femme, obtint de fon père néanmoins la meilleure partie de fes biens, & entr'autres les *Baronnies de la Baftie* & du *Chaftelard*. Il fut
marié, 1° le 17 Novembre 1610, à *Jeanne
d'Ugnie*, fille de *François*, Seigneur d'*Ugnie* & de la Chaux en Comté, & de *Renée de l'Aubefpin*, Dame de Varex ; & 2° à
Gabrielle d'Andelot, veuve de *Jean-Jacques
d'Urigny*, Seigneur de la Vernée, & fille de
Claude d'Andelot, Baron de Preffia, & d'*Anne de Vaudrey*. Il eut du premier lit :

1. CHARLES, décédé à Bourg, âgé de 7 à 8
ans;
2. ANNE, Religieufe en la Chartreufe de Salette en Dauphiné ;
3. LOUISE, Religieufe, puis Supérieure de
Sainte-Urfule à Bourg;
4. JEANNE-BAPTISTE, Religieufe au même lieu ;
5. Et CHARLOTTE.

F ij

Et du fecond lit vint :

6. Et autre. ANNE.

Les armes : *écartelé, aux 1 & 4 d'or, au griffon d'azur, qui eft du Breul; aux 2 & 3 fafcé d'or & de gueules de fix pièces, à l'aigle d'azur couronné d'argent, brochant fur le tout*, qui eft de Chatard.

La Terre de la Baftie-fur-Cerdon, à laquelle furent unies celles de Chenavel, l'Isle, le Barrio, Chavagna & de Langes en Bugey, fut érigée en Baronnie par Lettres d'Emmanuel-Philibert, Duc de Savoie, du 20 Décembre 1570, en faveur d'ANTOINE DU BREUL.

BREURDENT, en Normandie, Généralité d'Alençon, famille maintenue dans fa Nobleffe le 24 Mai 1667.

• BREVANT , Seigneurie en Baffe-Normandie, qui a donné le nom à une branche éteinte de la Maifon de *la Luzerne-Beuzeville*, une des plus anciennes de la Province. Voyez LUZERNE.

BREVEDENT, en Normandie. Cette famille eft divifée en deux branches principales, qui ont la même origine, avec des différences dans les armes, dont on trouvera l'explication d'après la Généalogie dreffée fur titres que nous allons donner, & qui nous a été envoyée par une perfonne de confidération & digne de foi.

On lit dans l'*Hiftoire de la Maifon d'Harcourt*, par la Roque, tom. IV, pag. 1645, que RICHARD DE BREVEDENT étoit au nombre des Ecuyers employés à la guerre en 1285.

VALERIEN DE BREVEDENT, fuivant les titres qui ont été produits par la famille, vivoit en 1289, ce qui eft prouvé par un accord fait en 1404, entre MOREL DE BREVEDENT d'une part, & *Jean du Mefnil* de l'autre, au fujet du Fief de *Painel*, ledit MOREL DE BREVEDENT le poffédant depuis VALERIEN DE BREVEDENT, à qui le Roi en avoit fait don en 1289. VALERIEN DE BREVEDENT, Seigneur de *Painel*, fut père de :

MOREL DE BREVEDENT, Ier du nom, Seigneur de Painel, qui eut :

ROBERT DE BREVEDENT, Seigneur de Painel, qui laiffa :

MOREL DE BREVEDENT, IIe du nom, qui foutenoit le procès contre *Jean du Mefnil*, en 1404, au fujet du Fief de *Painel*. Il fut père de :

JEAN DE BREVEDENT, Seigneur de Painel,

qui époufa la fœur de *Jean du Mefnil*, & céda tous fes droits fur les Fiefs qui faifoient la conteftation.

BREVET DE BREVEDENT, Ecuyer, vivoit l'an 1395, qu'il paya une rente de 24 livres à la Ducheffe d'Orléans. Il fut marié 1° à *Marguerite de Bray*, fille de *Nicolas*, morte fans enfans; & 2° à *Jeanne la Pipart* , Dame de Maneville-la-Pipart, dont :

1. RICHARD, Ecuyer, qui fut difpenfé de foi & hommage, *étant de préfent occupé dans le fait des guerres*, difent les Lettres données par le Roi le 18 Octobre 1449;

2. JEAMET, qu'on croit avoir formé la branche cadette;

3. Et JEAN.

La filiation peu fuivie jufqu'à préfent par le malheur des guerres, la perte des papiers & des titres, n'eft bien prouvée que depuis CARDIN DE BREVEDENT , qui vivoit le 2 Juillet 1450, & qui rendit cette année là la foi & hommage au Roi, pour un tiers de Fief *de haubert*, fis dans la Vicomté d'Auge. Les preuves en furent faites en 1596 devant HENRI IV, d'après les enquêtes & le témoignage des anciens du lieu *du Pin*, joignant la Paroiffe de *Brevedent*, en foi de quoi le Roi HENRI IV fit délivrer des Lettres de *confirmation de Nobleffe très-honorables* pour la famille, puifqu'il y eft dit *qu'elle defcend de la Maifon* DE BREVEDENT, *longue ancienneté, Noble, domiciliée en la Seigneurie de Brevedent, joignant ledit lieu du Pin jufqu'à environ 50 ans, que ladite Seigneurie feroit fortie par échange des mains de* JACQUES DE BREVEDENT..... *que la famille dudit* DE BREVEDENT *dès long-tems reconnue pour fes fervices, par les feus Rois nos prédéceffeurs, & dès le règne du feu Roi, d'heureufe mémoire,* PHILIPPE-AUGUSTE, *dit le Conquérant, mais par l'injure des tems, guerres Angloifes, & minorité de fes prédéceffeurs, partie de Charire, titres, & renfeignemens de fa Généalogie & extraction, feroit perdue, & partie tirée des mains de fondit père par les Seigneurs du Pin , &c.* Ceci eft copié mot pour mot des Lettres de confirmation de Nobleffe accordées par le Roi HENRI IV à Jean DE BREVEDENT-DU-BOCCAGE, l'an 1596. Il n'eft point dit dans la Requête préfentée à HENRI IV qu'elle étoit la femme de CARDIN DE BREVEDENT, mais il étoit père de : •

ROBERT DE BREVEDENT, Ecuyer, faifant pro-

feſſion des armes, qui épouſa *Lucette le Fo-
retier*, & en eut :

JEAN DE BREVEDENT, Ier du nom, Ecuyer,
marié à AGATHE DE BREVEDENT, ſa couſine,
dont :

JEAN DE BREVEDENT, IIe du nom, Sieur du
Boccage & de Saint-Nicoſ, le même qui obtint du Roi HENRI IV les Lettres de *confirmation de Nobleſſe ancienne*, citées ci-deſſus,
& qu'on a mal-à-propos priſes pour des *Lettres d'annobliſſement*, cette famille n'ayant
jamais dérogé. Le Roi fit don à ce JEAN DE
BREVEDENT de 104 livres de rente, pour le
dédommager des pertes faites par le pillage de
ſa Maiſon. Il fut père de :

JEAN DE BREVEDENT, IIIe du nom, Ecuyer,
Seigneur de Caneuvre, vivant en 1618. Il eut
pluſieurs enfans, entr'autres :

CHARLES DE BREVEDENT, Ecuyer, Sieur du
Boccage, qui épouſa *Catherine de Nollent*,
dont GABRIEL DE BREVEDENT, qui a ſervi dans
la Compagnie des Gendarmes; il épouſa *Marie du Val*, & en eut :

JEAN DE BREVEDENT, IVe du nom, Ecuyer,
Sieur du Pleſſis, Garde de Marine le 10 Septembre 1681, commandant un bâtiment avec
lequel il gardoit la côte de Normandie en
1690 & 1693, Capitaine-Général des Gardes-
Côtes de Honfleur le 21 Mai 1719. Il avoit
épouſé *Françoiſe le Doyen*, fille de *Henri le
Doyen*, Ecuyer, Sieur d'Aubeuf, & de *Marie Haguelon*, dont il a eu :

ESPRIT-JEAN-BAPTISTE DE BREVEDENT, E-
cuyer, Sieur du Boccage, & Seigneur d'A-
blon près Pont-Audemer; il a ſervi dans
les Chevaux-Légers de la Garde du Roi en
1744, & a épouſé *Marie-Anne de Manoury*,
fille de *Guillaume de Manoury*, Ecuyer, &
de *Marie-Thérèſe le Sueur*, dont :

LÉON-JEAN-BAPTISTE DE BREVEDENT, né le
29 Juillet 1746, reçu Page du Roi à la Petite-Ecurie, ſur ſes preuves de Nobleſſe en
1762.

BRANCHE CADETTE.

Cette branche compte au nombre de ſes
aïeux JEAMET & CARDIN DE BREVEDENT. Il eſt
vraiſemblable qu'elle deſcend du dernier qui
doit être le chef des deux branches, & père de :

ROBERT DE BREVEDENT, qui fut en grand
crédit auprès du Cardinal d'Annebault, &
épouſa N... *Huaut*, d'une bonne famille de
Paris, dont il laiſſa :

1. DENIS, Sieur de Vanicroq, Abbé de Spire,
   Conſeiller-Clerc au Parlement de Rouen,
   mort le 12 Juillet 1542, & inhumé dans la
   Paroiſſe de St.-Sauveur de Rouen, où eſt le
   tombeau de cette famille. Voyez l'*Hiſtoire
   de Rouen*, tom. II, p. 293;
2. JACQUES, qui ſuit;
3. MARCEAU, Religieux;
4. N...... mort écolier;
5. MARIE, femme de *Jean Guerot*;
6. Et AGATHE, femme de JEAN DE BREVEDENT,
   Ier du nom, Sieur de Caneuvre, ſon parent.

JACQUES DE BREVEDENT, Conſeiller au Parlement en 1534, Lieutenant-Général du Bailli
de Rouen en 1547, mort en 1580, avoit épouſé
Marie des Champs, dont :

1. DENIS, Abbé de la Trappe, mort le 21
   Juillet 1573;
2. RENÉ, Sieur de Vanicroq, l'un des 12 Capitaines de la ville de Rouen, lequel eſt
   rappelé dans les Lettres *de Confirmation
   d'ancienne Nobleſſe* de 1596;
3. JEAN, qui ſuit;
4. & 5. Autre JEAN, dit *le Jeune*, & LOUIS, morts
   jeunes;
6. MARIE, femme de *Vincent le Tellier*, E-
   cuyer, Sieur du Meſnil;
7. ANNE, morte le 31 Janvier 1600, femme de
   Robert Cavelier, Ecuyer, Sieur de Vilquier.
   De cette alliance deſcendoit feu M. *Potier-
   de-Novion*;
8. Et CATHERINE, femme de *Georges Langlois-
   de-Motteville*.

JEAN DE BREVEDENT, dit *l'aîné*, Ecuyer,
Lieutenant-Général du Bailli de Rouen par
la réſignation de ſon père en 1668, mort en
1690, épouſa *Marie Gontren*, fille unique
de *Clément Gontren*, Ecuyer, & laiſſa :

1. JEAN-JACQUES, qui ſuit;
2. MARC-ANTOINE, auteur du rameau de *Saint-
   Martin*, rapporté ci-après;
3. FRANÇOIS, auteur du rameau de *Sahurs*,
   qui viendra en ſon rang;
4. DIANE, femme de *François Prévôt*, Seigneur
   de *Cocherel*;
5. MADELEINE, mariée 1º à *N... du Bois*; & 2º
   au Baron de *Saint-Remy*;
6. Et MARGUERITE, femme du Sieur de *Cre-
   ny*.

JEAN-JACQUES DE BREVEDENT, Ecuyer, Sieur
des Cateliers & d'Oiſelle, épouſa *Marguerite
de Caradas*, dont il eut trois fils & deux
filles. L'aîné,

ROBERT DE BREVEDENT, Ecuyer, époufa *Sufanne de Biville*; de cette alliance vint:

LÉONOR DE BREVEDENT, Ecuyer, qui, pour s'être battu en duel, fut obligé de paffer en Lorraine, où il a époufé *Charlotte*, fille naturelle & reconnue du Duc CHARLES DE LORRAINE, dont il a eu:

BERNARDIN - AUGUSTE DE BREVEDENT, Ecuyer, vivant en 1760, fans être marié.

Rameau de SAINT-MARTIN.

MARC-ANTOINE DE BREVEDENT, Ier du nom, fecond fils de JEAN & de *Marie Gontren*, étoit Confeiller au Parlement de Rouen en 1600, & mourut en 1637. Il eut de *Jeanne le Blanc*, fille de *Pierre le Blanc*, Ecuyer:

1. MARC-ANTOINE, qui fuit;
2. CHARLES, auteur du rameau de *Giverni*, rapporté ci-après;
3. Et CATHERINE, femme de *Gilles-Eudes*, Ecuyer, Sieur de *Berengeville*.

MARC-ANTOINE DE BREVEDENT, Ecuyer, Sieur de la Houffaye, Confeiller au Parlement de Rouen en 1637, Lieutenant-Général du Bailli de Rouen en 1650, mourut en 1679. Il avoit époufé *Catherine le Roux*, fille de *Claude le Roux*, Seigneur de Bourgtheroulde & de Saint-Aubin, & de *Marie Cavelier*, dont 9 enfans, entr'autres:

1. MARC-ANTOINE, qui fuit;
2. FRANÇOISE, femme de *Samfon Vaignon*;
3. CATHERINE, femme de *Nicolas Puchot*;
4. & 5. Deux filles, Religieufes;
Et quatre garçons, morts jeunes.

MARC-ANTOINE DE BREVEDENT, IIe du nom, Ecuyer, Sieur de la Houffaye, Confeiller au Parlement de Rouen en 1668, a fuccédé à fon père dans la charge de Lieutenant-Général du Bailli de Rouen en 1679; il eft mort en 1689, & a eu de *Marie Loquet*:

1. JEAN-JACQUES, qui fuit;
2. ANNE, femme de M. de *Piennes*;
Et trois autres enfans, morts fans poftérité.

JEAN-JACQUES DE BREVEDENT, Ecuyer, Sieur de Saint-Martin & de la Houffaye, a époufé, en 1736, *N.. de Boutren*, dont ANNE DE BREVEDENT, femme de *N... le Sens*, Sieur de Morfan, veuve fans enfans depuis 1765.

Rameau de GIVERNI.

CHARLES DE BREVEDENT, Ecuyer, Sieur de Giverni, fecond fils de MARC-ANTOINE, Ier du nom, & de *Jeanne le Blanc*, Maître des Comptes à Rouen, époufa *Anne Dorat*, fille de *N... Dorat*, Ecuyer, & d'*Antoinette le Grand*, tante de Meffieurs de Saint-Conteft & de Courteilles, dont CHARLES-DENIS DE BREVEDENT, Ecuyer, marié à *Marie de la Poterie*, fille de *Louis de la Poterie*, Ecuyer, & de *Marie Andrieu*, dont il a eu cinq filles; une feule a été mariée, favoir: MARGUERITE-CATHERINE DE BREVEDENT, morte le 31 Décembre 1764, femme, en 1714, de *François de Croifmare*, Ecuyer, Capitaine dans le Régiment de Bretagne, Infanterie.

Rameau de SAHURS.

FRANÇOIS DE BREVEDENT, Ier du nom, Ecuyer, Sieur de Sahurs, troifième fils de JEAN, & de *Marie Gontren*, époufa, en 1616, *Marie Romé*, fille de *Laurent Romé*, Seigneur de Frefquifnes, & de *Marguerite de Hatty*, dont:

1. FRANÇOIS, qui fuit;
2. Et ANGÉLIQUE, femme de *N... de Pardès-Moulinos*.

FRANÇOIS DE BREVEDENT, IIe du nom, Ecuyer, Sieur de Sahurs, époufa, en 1666, *Marie Bras-de-Chol*, fille de *François*, & de *Marie Befoches*, dont:

1. HENRI, qui fuit;
2. Et N... femme de *N... du Four*.

HENRI DE BREVEDENT, Ecuyer, Sieur de Sahurs & de Berville, Confeiller au Parlement de Rouen en 1683, époufa *Anne Maignard*, fille de *Philippe*, Ecuyer, Sieur de Bernières, & de *Marie Coquerel*, dont:

1. FRANÇOIS, qui fuit;
2. MARC-ANTOINE-HENRI, reçu Chevalier de Malte en 1695, Page du Roi à la Petite-Ecurie en 1702, mort à Landau, Cornette de Cavalerie;
3. PIERRE-LOUIS, Chevalier de Malte en 1695; auffi Page du Roi à la Petite-Ecurie, Commandeur, Grand-Bailli de la Morée & de Saint-Jean de Latran en 1762, connu fous le nom du *Bailli de Sahurs*;
4. Et LOUIS-PIERRE, Chevalier de Malte en 1699, mort.

FRANÇOIS DE BREVEDENT, IIIe du nom Ecuyer, Seigneur de Sahurs, de Berville & de Bardouville, époufa *Sufanne Planterofe*. Il eut pour enfans:

1. HENRI-FRANÇOIS, qui fuit;

2. Susanne, femme de *Claude-Pierre Eſtieure-de-Geffoſſe*, Conſeiller au Parlement de Rouen en 1728, père de M. de Tremanville, Enſeigne de Gendarmerie en 1764 ;

3. Et Louise-Catherine, femme de *N... du Tot*, Comte de Varneville, Lieutenant-Général des Armées du Roi ; & Lieutenant des Gardes-du-Corps, mort ſans enfans.

Henri-François de Brevedent, Ecuyer, a épouſé *N... Mouret-du-Pont*, dont il a eu un fils, vivant en 1763.

Brevedent-*du-Boccage*, Seigneur d'Ablon près Pont-Audemer, porte : *d'azur, à la croix ancrée d'or ; au chef d'argent, chargé de trois anilles de ſable*. Et Brevedent-*de-Saint-Martin & de Sahurs*, porte : *d'argent, à trois anilles de ſable, au chef d'azur, chargé de cinq beſans d'or.*

* BREVES en Nivernois, Diocèſe d'Auxerre, Terre et Seigneurie portée en mariage par Anne de Nourry à *Jean Damas*, Seigneur de Montagu, triſaïeul de François de Damas, Seigneur de Montagu, triſaïeul de Françoise de Damas, mariée à *Denis Savary*, Seigneur du Pont, laquelle hérita des Terres de *Breves* & de Maulévrier. La Seigneurie de *Breves* unie aux fiefs & Seigneuries de *Sardy-lès-Forges* & de *Guyot de Mery*, fut érigée en *Comté* en 1625, en faveur de François Savary, Marquis de Maulévrier. Voyez MAU-LEVRIER.

Les armes de Breves-Savary : *parti, au* 1 *écartelé d'argent & de ſable ; au* 2 *de gueules, à la croix ancrée d'or, coupé d'un bandé d'or & d'azur de ſix pièces, à la bordure de gueules.*

BREVILLARDS, Seigneur de Courſon : *d'argent, à deux léopards paſſant de gueules.*

BRÉVILLE. C'eſt une famille noble de Normandie, Généralité de Caen & Election de Valognes. La Roque, dans ſon *Hiſtoire de la Maiſon d'Harcourt*, p. 805, dit qu'Henri de Bréville tenoit un fief à Bréville l'an 1389.

Les armes : *de gueules, à trois roſes d'argent, les deux premières ſur le chef qui eſt de ſable, & l'autre en pointe.*

BREZAIS, Seigneur de Boiſamies en Normandie, Généralité d'Alençon, famille maintenue dans ſa Nobleſſe le 10 Avril 1666.

BREZAL, en Bretagne : *de gueules, à ſix beſans d'or*, 3, 2 & 1.

BREZCANUEL, en Brelez, Evêché de Léon : *écartelé d'argent & de gueules.*

* BREZÉ, en Anjou, Terre & Seigneurie qui eſt entrée, au commencement du XVᵉ ſiècle, dans la Maiſon de *Maillé*, par l'alliance de *Jeanne de l'Eſtang*, Dame de Brezé, fille de *Macé de l'Eſtang*, & de *Catherine*, Dame de Brezé, avec *Payen* ou *Pean de Maillé*, Seigneur de Saint-Georges-du-Bois, fils puîné d'*Hardouin*, Vᵉ du nom, Seigneur de Maillé, & de *Jeanne de Beauçay*, lequel fut Sénéchal de Périgord & de Quercy, puis de Poitou & de Limoges, en 1341, & mourut vers 1347.

Claire-Clémence de Maillé vendit, depuis ſon mariage, la Seigneurie de Brezé à *Thomas Dreux*, Iᵉʳ du nom, Conſeiller au Parlement de Paris, en faveur duquel la Seigneurie de *Brezé* fut érigée en Marquiſat par Lettres d'Août 1685, regiſtrées en la Chambre des Comptes & au Parlement de Paris les 23 Juillet & 5 Août 1686. Voy. DREUX-DE-NANCRÉ. Elle fut mariée, le 11 Février 1641, à Louis de Bourbon, IIᵉ du nom, Prince de Condé, ſurnommé *le Grand*, & devint héritière des Duchés de Fronſac & de Caumont, & du Marquiſat de Brezé. Elle étoit fille d'*Urbain*, Marquis de Brezé, Maréchal de France, & de *Nicole du Pleſſis-Richelieu*.

L'ancienne Maiſon de Brezé éteinte a donné de Grands-Sénéchaux d'Anjou, un Maréchal de Normandie, un Grand-Veneur & un Grand-Aumônier de France, Evêque de Meaux. On trouve dans le P. Anſelme, tom. VIII, pag. 269, Geoffroy, Seigneur de Brezé en Anjou & de la Varenne, qui vivoit en 1288 & 1300 ; & Jean, Seigneur de Brezé, Chevalier, mort en 1293. Le premier par lequel il commence la filiation de cette Maiſon eſt

Jean de Brezé, Seigneur de la Varenne, qui plaidoit le 13 Février 1323 & en 1332, contre *Payen de Maillé*, & *Jeanne de Brezé*, ſa femme, Seigneur & Dame de Brezé, au ſujet de cette Terre & des biens ſitués dans le Bailliage de Tours, qui avoient appartenu à *Catherine*, fille de Jean de Brezé le *Vieil*, leur père. Il étoit mort en 1351, & eut pour deſcendant au Vᵉ degré :

PIERRE DE BREZÉ, II° du nom, Seigneur de la Varenne & de Briſſac, Comte de Maulevrier, Grand-Sénéchal d'Anjou, de Poitou & de Normandie, dont il prêta ferment, ainſi que de la Capitainerie d'Angers, ès mains de l'Evêque de cette Ville, Chancelier du Roi de Sicile le 18 Novembre 1437. Il ſuivit le Roi lorſqu'il alla au ſecours de la ville de Saint-Maixent en 1440, & fut pourvu, le 12 Mai 1441, de l'Office de Sénéchal de Poitou, en quittant la Capitainerie d'Angers. Le Roi lui donna au mois de Décembre 1444, en conſidération de ſes ſervices, les Terres de *Nogent-le-Roy*, *Anet*, *Breval* & *Montchauvet*, confiſquées ſur le Roi de Navarre. Il acquit, en 1445, celles de *Montfort*, *Aillac*, *Charlus* & autres, du Sire de Pons; ſe trouva au ſiège de la ville du Mans en 1447, ſuivit le Roi à toutes les conquêtes qu'il fit en Normandie en 1449; étoit aux entrepriſes de Conches, du Pont-de-l'Arche, de Verneuil, de Pont-Audemer, de Mantes, de Vernon & de la ville de Rouen, dont il fut Capitaine, & Gouverneur du pays de Caux après la reddition de la ville de Caen; ſe trouva à la bataille de Formigny en 1450, où il acquit beaucoup d'honneur, & fut inſtitué en 1451 Grand-Sénéchal & Réformateur du pays de Normandie. Il vendit la Terre de Broon, que ſon neveu JEAN DE BREZÉ avoit acquiſe du Duc de Bretagne, à Henri de Villeblanche; paſſa en Angleterre avec 4000 hommes d'armes au mois d'Août 1457, y prit la ville de Sandwick, & aſſiſta au retour au procès criminel du Duc d'Alençon en la ville de Vendôme. Il obtint une ſomme du Roi le 15 Janvier 1460, pour lui aider à fortifier ſa ville de Nogent; mais après la mort de CHARLES VII, le Roi LOUIS XI le fit conſtituer priſonnier au Château de Loches, & pour en ſortir il promit d'aller en Sicile ſervir le Duc d'Anjou, & conſentit au mariage de ſon fils avec la ſœur naturelle du Roi le 21 Mars 1461. Il retourna, en 1462, en Angleterre avec 2000 hommes d'armes, d'où il revint ſans aucun avantage, & fut tué le 17 Juillet 1465, à la journée de Montlhéry, laiſſant de *Jeanne Creſpin*, fille de *Guillaume*, Seigneur du Bec-Creſpin & de Mauny, & de *Jacqueline d'Auvrecher*, entr'autres enfans:

JACQUES DE BREZÉ, Comte de Maulévrier, Maréchal & Grand-Sénéchal de Normandie, Baron du Bec-Creſpin & de Mauny, Seigneur

de la Varenne, de Briſſac, de Nogent-le-Roy, d'Anet, de Breval, &c., qui mourut à Nogent-le-Roy le 14 Août 1494. Il épouſa, le 21 Mars 1461, CHARLOTTE, bâtarde de France, fille naturelle du Roi CHARLES VII & d'*Agnès Sorel*. De ce mariage vinrent ſix enfans, entr'autres:

1. LOUIS DE BREZÉ, Comte de Maulevrier, Baron du Bec-Creſpin & de Mauny, Seigneur de Nogent-le-Roy, Briſſac, Anet, Breval & Montchauvet, Chevalier, Conſeiller, Premier Chambellan du Roi, Chevalier de ſon Ordre, Grand-Sénéchal & Gouverneur de Normandie, qui fut d'abord Capitaine de la ſeconde Compagnie des 100 Gentilshommes de la Maiſon du Roi, pourvu le 17 Septembre 1510, dont il ſe démit à la fin de 1527, & Capitaine de 100 hommes d'armes des ordonnances. Il obtint du Roi LOUIS XI, en 1481, en conſidération de ce qu'il étoit ſon neveu, & à cauſe de ſon mariage projeté avec *Yolande de la Haye*, fille unique de *Louis*, Seigneur de Paſſavant, & de MARIE D'ORLÉANS, qui néanmoins n'eut point d'exécution, le don de toutes les Terres que ſon père avoit cédées au Roi pour l'amende de 100000 écus, en laquelle il avoit été condamné, & en fit hommage les 14 Mai 1484 & 26 Mai 1491; fut créé Grand-Sénéchal de Normandie le 30 Août 1490; & dans une quittance qu'il donna le 9 Novembre de la même année, il eſt qualifié *Maréchal héréditaire*, *Grand-Sénéchal & Réformateur-Général du pays & Duché de Normandie*. Il exerça la Charge de Grand-Veneur de France depuis 1er Janvier 1496, juſqu'au 31 Décembre 1497. Le Roi FRANÇOIS Ier le fit Chevalier de ſon Ordre à la cérémonie qui ſe fit à Compiègne le 29 Septembre 1527, & il mourut à Anet le 23 Juillet 1531. Il avoit été marié 1° à *Catherine de Breux*, Dame d'Eſneval, fille de *Jean*, Seigneur de Beauſſart & d'Eſneval, & de *Gilette Picard*, dont il n'eut point d'enfans; & 2° à *Diane de Poitiers*, depuis Ducheſſe de Valentinois, fille de *Jean*, Seigneur de Saint-Vallier, & de *Jeanne de Batarnay*, ſa première femme. De ce ſecond mariage il eut:

   1. FRANÇOISE DE BREZÉ, Comteſſe de Maulevrier, &c., morte en 1574, qui épouſa, le 19 Janvier 1538, *Robert de la Marck*, IVe du nom, Duc de Bouillon, Maréchal de France;

   2. Et LOUISE DE BREZÉ, Dame d'Anet, qui épouſa, le 1er Août 1547, *Claude de Lorraine*, Duc d'Aumale, fils puîné

de Guife, & d'*Antoinette de Bourbon-Vendôme* ;

2. Et GASTON, qui fuit.

JACQUES DE BREZÉ eut pour fils naturels :

1. JACQUES, *bâtard* DE BREZÉ, Capitaine du Vieux-Palais de Rouen ;

2. Et GUILLAUME, Seigneur d'Auteuil, mentionné dans un Arrêt de l'Echiquier de Normandie de 1497, auteur de la branche des Seigneurs *du Breuil*, & de *Gaignonville*, rapportée ci-après.

Ils eurent, dit le Père Anfelme, un frère nommé

ADRIEN DE BREZÉ, Curé de Manneville en 1525.

GASTON DE BREZÉ, Seigneur de Plannes, d'Auvrecher & de Plainbofc, Maréchal héréditaire de Normandie, fut fubftitué aux biens de fa Maifon par la donation qu'en fit le Roi LOUIS XI à fon frère aîné en 1481. Il eft qualifié *Chevalier, Seigneur de Fauquernon* dans une quittance qu'il donna le 11 Avril 1516. Il laiffa de *Marie de Cerifay*, Dame de Fauquernon & de la Haye-du-Puy, fille de *Chriftophe*, Seigneur des mêmes Terres, & de *Marie de Maynneville* :

1. LOUIS, Grand-Aumônier de France, Evêque de Meaux, Tréforier de la Sainte-Chapelle de Paris, Abbé de St.-Faron de Meaux & d'Igny, Seigneur de la Haye-du-Puy, de Manneville & de Fauquernon, qui fut nommé à cet Evêché à la recommandation de la Duchefse de Valentinois, veuve du Comte de Maulevrier, fon oncle, dont il prit poffeffion le 31 Mars 1554, & fut pourvu en 1556, à la même recommandation, de la charge de Grand-Aumônier de France, après la mort de l'Abbé de Pontleroy, par Lettres du 1er Juin 1556. Il l'exerça jufqu'au décès du Roi HENRI II, aux obfèques duquel il affifta en cette qualité en 1559, & enfuite au Concile de Trente. Il gouverna fon Eglife de Meaux jufqu'en 1565, que Jean du Tillet fut pourvu de cet Evêché fur fa démiffion. Il y rentra en 1570, mourut à Paris le 15 Septembre 1589, & fut enterré dans fa Cathédrale ;

2. CATHERINE, qui fut la première femme de *Nicolas de Dreux*, Vidame & Baron d'Efneval, fils de *Jacques*, Seigneur d'Efneval, & de *Madeleine de Hames*, fa première femme ;

3. Et FRANÇOISE DE BREZÉ, mariée à *Gilles le Roy*, Seigneur du Chillou, fils de *Guyon*, Seigneur dudit lieu, & d'*Ifabeau de Beauval*, fa première femme.

Tome IV.

des Seigneurs DU BREUIL & *de* GAIGNONVILLE.

GUILLAUME DE BREZÉ, Seigneur du Breuil, époufa, le 3 Juillet 1525, *Jacqueline Touftain*, fille de *Jean*, Ecuyer.

GUILLAUME DE BREZÉ, IIe du nom, fon fils, Seigneur du Breuil, ne vivoit plus en 1565. Il eft qualifié *Ecuyer* dans le traité de mariage de fon fils de l'an 1595. Il eut de *Catherine de la Maxure* :

1. JEAN, qui fuit ;

2. Et SUSANNE, mariée, par traité du 25 Octobre 1565, à *Etienne le Franc*, Seigneur de la Vieuville.

JEAN DE BREZÉ, Ecuyer, Seigneur du Breuil, eft qualifié *Ecuyer*, Seigneur du Breuil & de Gayers, dans un bail d'héritages du 1er Novembre 1579. Il époufa, par traité du 22 Mai 1595, *Madeleine de Vaudrets*, remariée à *Robert de Fouquerolles*, Ecuyer, Seigneur du Bofc, & fille de *Guillaume*, Ecuyer, Seigneur d'Harbouville, & de *N...de Beaunay*. Du premier lit vinrent :

1. ANTOINE, qui fuit ;

2. Et MARGUERITE, mariée à *Alexandre de Caftillon*, Ecuyer.

ANTOINE DE BREZÉ, Ecuyer, Seigneur de Gaignonville, fut marié, 1° par traité du 13 Novembre 1614, à *Madeleine de la Rivière*, fille aînée de *Jacques*, Ecuyer, Seigneur de Saint-Denis, & de *Madeleine Regnoult* ; & 2° par traité du 2 Avril 1642, à *Françoife Alexandre*, fille de *Jean*, Ecuyer, & de *Marguerite de Mahiel*. De fa première femme il eut :

PHILIPPE DE BREZÉ, Ecuyer, Seigneur de Gaignonville, qui demeuroit en la Paroiffe de Gerville, Election de Montivilliers, lorfqu'il produifit fes titres conjointement avec fa belle-mère, devant M. *Barrin de la Galiffonnière*, Intendant de la Généralité de Rouen, le 30 Mars 1669.

Les armes de la Maifon de Brezé font : *d'axur, à huit croifettes d'or, pofées en orle autour d'un écuffon auffi d'or, comblé d'axur, & l'axur rempli d'argent.* Les Seigneurs *du Breuil* & de *Gaignonville* brifoient ces armes *d'une barre.*

BREZONS. C'étoit une ancienne & illuftre Maifon d'Auvergne, qui eft éteinte.

AMBLARD DE BREZONS, iffu de cette ancienne Maifon, fonda, vers l'an 1000, le Monaftère

G

& l'Eglife de Saint-Flour, & lui céda & tranfporta à perpétuité le fief & la juftice qu'il avoit en la Ville de Saint-Flour. C'eft cette même Eglife qui a été érigée depuis en *Evêché* par le Pape JEAN XXII.

Un autre AMBLARD DE BREZONS, différent de celui dont on vient de parler, & ASTORG DE BREZONS fon neveu, donnèrent l'an 1173 à l'Abbaye & Monaftère de Bonneval, de l'Ordre de Cîteaux, à 4 lieues de Rodès, tous les droits feigneuriaux qu'ils avoient aux villages & territoires de Freiffanet & Combret.

ETIENNE, ARMAND, & un autre AMBLARD DE BREZONS, & *Paffador* leur mère, donnèrent à la même Abbaye 25 feptiers de bled de rente à prendre fur les appartenances du même village. Ces titres font dans les archives de l'Abbaye de Bonneval. L'on voit, dans la généalogie de la Maifon d'Eftaing, que PIERRE DE BREZONS, qui a vécu depuis 1300 jufqu'après 1376, eft qualifié de *Chevalier* & de *Haut & Puiffant Seigneur* dans fon contrat de mariage, daté du 30 Novembre 1376, avec *Marguerite d'Eftaing*, & dans le teftament de ladite Dame. Du tems de *Bernard d'Armagnac*, Connétable de France, fous le règne de CHARLES VI, un Seigneur de la Maifon DE BREZONS étoit Gouverneur de Carladez. Dans les hommages, aveux & dénombremens des vaffaux de la Haute-Auvergne, rendus en 1503 au Bailli des montagnes d'Auvergne, ou à fon Lieutenant, en conféquence d'une Commiffion du Roi LOUIS XII, Meffire BONNET DE BREZONS rendit hommage de toutes fes Terres fituées en ce pays, & donna un dénombrement de ce qu'il tenoit du Roi, de la Vicomté de Murat, de l'Evêque de Clermont, de l'Evêque de Saint-Flour & du Baron de Pierrefort. Il donna auffi la lifte de tous fes vaffaux. A ce BONNET DE BREZONS fuccéda TRISTAN DE BREZONS; à celui-ci CHARLES DE BREZONS; & à ce dernier, FRANÇOIS DE BREZONS, qui fut Capitaine pour le Roi, des Château & For021tereffe de la Ville & Vicomté de Murat. Dans les aftes de ce tems-là où il eut quelque part, il eft qualifié *haut & puiffant Seigneur Meffire* FRANÇOIS DE BREZONS. Il époufa *Marie dè Berton-Crillon*, de laquelle il n'eut point d'enfans; mais il eut tant d'eftime pour elle, que par fon teftament olographe, il l'inftitua fon héritière univerfelle. Ce teftament fut ouvert après fa mort par le Juge Préfidial d'Appeaux des Vicomtés de Carlat

& Murat, le 1er Février 1622. *Marie de Berton* étoit fille de *Claude de Berton*, & de *Catherine de Joyeufe*, veuve en premières noces d'*Ennemond de Brancas*, dont elle avoit eu *Georges*, Duc de *Brancas*. *Marie de Berton*, mourant fans enfans, donna par fon teftament reçu par *Mareli*, Notaire, tous fes biens audit *Georges de Brancas*, d'Avignon, fon frère utérin, & au Comte de *Brancas*, fon fils puîné; celui-ci mariant *Françoife de Brancas*, fa fille, avec ALPHONSE DE LORRAINE, Prince d'Harcourt, lui donna en dot les Terres & Seigneuries de Brezons, Montrial, Céfens, Valeugheol & Lefcure, qui toutes avoient appartenu à la Maifon de Brezons. Ainfi finit la Maifon de BREZONS, car les Seigneurs de *Nierebourfe*, de *la Roque-Maffebeau* & autres qui portent le nom DE BREZONS, font iffus de noble homme ANTOINE, bâtard DE BREZONS, Sieur de Nierebourfe, qui, en cette qualité, l'an 1503, donna fon aveu & dénombrement par-devant le Lieutenant du Bailli des Montagnes d'Auvergne. Les Seigneurs de *la Roque-Maffebeau* font des cadets de *Nierebourfe*. Il y en a eu deux dans le fiècle dernier qui ont utilement & glorieufement fervi le Roi dans fes Armées.

BRIAILLE: *coupé, d'argent & de gueules; le premier, chargé d'une fafce du fecond; & celui-ci de 3 trèfles d'or, pofés 2 & 1.*

BRIANÇON-VARSES, en Dauphiné: *d'azur, à la croix d'or.* Anciennement ils portoient: *d'azur, à une herfe d'or en pal.*

* BRIANÇONNOIS, pays avec un ancien titre de *Comté*, qui fait partie de la Province du Dauphiné; il a été foumis aux Dauphins Viennois, mais avec de grandes réferves. Les Dauphins fe qualifioient *Princes de Briançon* & *Comtes de Cézanne*. Après avoir appartenu aux Dauphins de Viennois, il paffa fous la domination de la FRANCE en même tems que le refte du Dauphiné. Voyez ce mot.

BRIANSIAUX-DE-MILLEVILLE, famille établie à Dunkerque, dont eft JEAN-LOUIS DE BRIANSIAUX, Ecuyer, Seigneur de Milleville, né à Dunkerque le 29 Décembre 1727, fils aîné de défunts MATHIEU BRIANSIAUX, commerçant dans la même ville, & de *Madeleine Hochart*, d'abord reçu Secrétaire du Roi, Audiencier près la Chancellerie du Parlement de Flandre en 1759, Chevalier de l'Ordre du Roi, & penfionnaire de Sa Majefté. Il a été ennobli, fans finance, & fes enfans & defcendans mâles & femelles, nés & à naître, en légitime mariage, par Lettres-Patentes données à Verfailles le 10 Mars 1765, enregiftrées au Parlement de Paris le 24 Mai, en la première Chambre de la Cour des Aides le 26 Juin & au greffe du Magiftrat de la ville de Dunkerque le 4 Janvier 1766, reg. 14, fol. 152. Ces Lettres-Patentes ont été repréfentées le 26 Octobre 1776, tranfcrites & rétablies dans les regiftres & dépôts de la Cour des Aides de Paris, en vertu des déclarations du Roi, des 11 Mars & 15 Août 1776, regiftrées les 26 Mars & 21 Août fuivant, & des Arrêts de la Cour des 29 Mars & 24 Avril 1776. Elles portent, entr'autres chofes, que c'eft en confidération de fon intelligence & du zèle qu'il a montrés dans les différentes opérations de commerce & de courfes. Pendant la paix il a entrepris plufieurs branches de commerce dans différentes parties du monde. Lors de la déclaration de la guerre dernière de 1756 à 1762, il a été un des premiers & des plus ardens à courir fur les ennemis; a fait conftruire 18 corfaires qu'il a armés plufieurs fois, un de 40 canons, un de 24, un de 14, & les autres de 10 à 6 canons, avec lefquels il fit 28 armemens contre les ennemis de l'Etat, & s'eft intéreffé dans d'autres armemens de même efpèce; fes entreprifes ont employé une quantité confidérable de matelots & d'ouvriers, ont attiré beaucoup d'étrangers à Dunkerque, & ont contribué à l'augmentation des gens de mer. Le fuccès de plufieurs de fes corfaires, en produifant un bénéfice réel à l'Etat, a caufé un tort notable au commerce des ennemis. Les dépenfes du Sieur Briansiaux-de-Milleville, & le produit des prifes de fes Corfaires, ont fait circuler un argent immenfe dans la Flandre. Voici comme Sa Majefté s'exprime dans fes lettres: *En 1759, pour aider notre fervice de fes propres fonds, & faciliter les armemens que nous faifions alors à Dunkerque, il s'eft mis à découvert de fommes confidérables, & a altéré fon crédit, &c.* Sa Majefté conftate encore les faits ci-deffus, par commiffion royale du 10 Octobre 1765, & notamment les différentes branches de commerce que le Sieur de Milleville a entrepris dans plufieurs parties du monde, & les prifes que fes corfaires ont faites pendant la guerre fur les ennemis de l'Etat.

Tant de zèle & d'ardeur pour le fervice du Roi & de la Patrie, & tant d'avances & de dépenfes faites qui ont altéré fes fonds, comme le difent les lettres de nobleffe, lui ont mérité le cordon & la croix de l'Ordre Royal de Saint-Michel, dans lequel il a été reçu au Chapitre tenu à Paris le 2 Décembre 1765, avec difpenfe de deux autres degrés de nobleffe. Il a obtenu auffi de Sa Majefté Danoife une gratification de 20000 liv. par forme d'indemnité d'un de fes vaiffeaux corfaires pris dans un des ports neutres de ce Prince, contre toutes les règles de la guerre, par les Anglois, fuivant une lettre de M. de Bernftorf, premier Miniftre de ce Monarque, datée de Copenhague, le 5 Septembre 1769. Enfin Louis XV lui accorda, le 1er Janvier 1772, une penfion de 10000 liv. fans retenue. Il a époufé, le 11 Mai 1750, *Marie-Jacqueline Looten*, née à Dunkerque le 26 Septembre 1726, fille de *Nicolas Looten*, Capitaine de navire marchand, & de *Marie-Louife Verhaghe*. De ce mariage il a eu, outre deux garçons & une fille morts:

1. Julie-Marie-Joséphine, née à Dunkerque le 9 Février 1759;
2. Et Emilie-Marie-Claire de Briansiaux de Milleville, née à Dunkerque le 8 Février 1761.

Les armes: *d'argent, à une fafce d'azur, chargée de deux diamans d'argent en lofange, furmontée d'un lion de gueules paffant; en cœur, deux ancres de fable pofées en fautoir; & la pointe de l'écu en forme de terraffe d'azur, endentée par le haut, & chargée auffi d'un diamant d'argent en lofange.* Supports: *deux lions.*

BRIANSON, en Provence: *d'or, à la fafce d'azur, accompagnée en chef de trois rofes de gueules, & en pointe d'une coquille d'azur.*

* BRIAS en Artois, Diocèfe d'Arras, Terre & Seigneurie qui a donné fon nom à une Maifon également illuftre par fon ancienneté & par fes alliances, & qui a entrée dans tous les Chapitres nobles des Pays-Bas, où elle eft admife depuis plus de 400 ans, fans interruption, jufqu'à préfent.

Henri, Seigneur de Brias, eft qualifié *Miles* (Chevalier) dans des actes des années 1199 & 1202, qu'il fit avec fa femme *Harvidis*, des donations aux Religieux de Clermareft. De

lui defcendoit JEAN DE BRIAS, Chevalier, Sei-
gneur de Brias, qui fut tué à la bataille de
Montlhéry, le 17 Juillet 1465, en combattant
pour le Duc de Bourgogne. Il étoit neveu de
N.... DE BRIAS, reçue Chanoineffe à Mau-
beuge en 1414, & avoit époufé, en 1448,
Jeanne de Créquy, Dame de Royon, au
Comté de Saint-Paul en Artois, dont il laiffa :

1. JACQUES, qui fuit ;
2. Et CHARLES, qui a fait la branche des Seigneurs de *Royon*, rapportée ci-après.

JACQUES DE BRIAS, Chevalier, Seigneur de
Brias, époufa, en troifièmes noces, vers 1510,
Jeanne du Pleffis, dont :

JACQUES DE BRIAS, IIᵉ du nom, Seigneur de
Brias, néen 1512, Gouverneur de Renty en
1549, qu'il défendit contre les François, puis
de Marienbourg en 1583, étant depuis 1558
Colonel d'un Régiment d'Infanterie Wal-
lone, marié, par contrat du 20 Mai 1536,
à *Jeanne de la Creffonnière*, morte en 1584,
dont naquit :

JACQUES DE BRIAS, IIIᵉ du nom, Seigneur
de Brias, Baron de Moriamé, premier Pair
de Liège, Gouverneur de Marienbourg, &
Colonel d'un Régiment Wallon. Il époufa,
le 17 Août 1584, *Adrienne de Nédonchel*, &
en eut entr'autres enfans :

1. CHARLES, qui fuit ;
2. Et GUISLAIN, qui fut Chevalier de l'Ordre de
   Calatrava, Commandeur de Molinos & de
   Lagunarota, Confeiller au Confeil Suprême
   de Guerre du Roi d'Efpagne, & Capitaine
   général de la Cavalerie légère de fon Armée
   contre le Portugal ; ce fut en fa faveur que
   la Terre & Seigneurie de Molengheim en
   Artois fut érigée en Marquifat par Lettres
   du Roi Catholique du 20 Juin 1645. Etant
   mort fans poftérité, ce Marquifat échut à
   ENGELBERT DE BRIAS, fon neveu, mentionné ci-après.

CHARLES DE BRIAS, Seigneur de Brias, en
faveur duquel, comme en confidération de fa
naiffance & de fes fervices militaires, la Seigneurie de Brias fut érigée en *Comté* avec
réunion de celle de Briftel, Troifvaux, Grof-
fart, Rolancour, Hernicourt, Saint-Martin,
Glife, Béthonval, Lannoy & Gauchin, par
Lettres du Roi Catholique du 30 Mai 1649. Le
Comte de Brias, qui fut auffi Gouverneur de
Marienbourg, mourut en 1655. Il époufa, par
contrat du 4 Avril 1626, *Anne-Philiberte
d'Immerfele*, morte en 1637, & laiffa entr'autres enfans :

1. JACQUES-THÉODORE, Archevêque & Duc de
   Cambray, qui mourut le 16 Novembre 1694 ;
2. Et ENGELBERT, qui fuit.

ENGELBERT, Comte DE BRIAS, Marquis de
Molengheim, Baron de Moriamé, & premier Pair de Liège, mort le 21 Juillet 1677,
fut marié, le 5 Février 1664, à *Ifabelle-Alber-
tine*, morte le 12 Novembre 1677, fille de
Charles d'Argenteau, Comte d'Effeneux &
du Saint-Empire. Ils eurent :

Quatre filles, Chanoineffes à Mons & à Maubeuge ;
Et ENGELBERT-FRÉDÉRIC, qui fuit.

ENGELBERT-FRÉDÉRIC, troifième Comte de
Brias, Marquis de Molengheim, &c., mourut
le 30 Juin 1703. Il époufa, le 14 Mai 1695,
Wilhelmine, née Comteffe de *Mérode-de-
Groesbeeck*, & du Saint-Empire. De ce ma-
riage eft né :

ENGELBERT-FRÉDÉRIC-FERDINAND, Comte de
Brias, Seigneur des Terres franches de Fu-
may & Revin, Marquis de Molengheim, Baron de Moriamé, premier Pair de Liège, marié, le 16 Juillet 1749, à *Marie-Françoife*,
Comteffe de *Hamal* & du Saint-Empire, née
en 1732.

BRANCHE
des Seigneurs DE ROYON.

CHARLES-LOUIS DE BRIAS, Seigneur de Royon,
fecond fils de JEAN & de *Jeanne de Créquy*,
époufa, le 2 Novembre 1497, *Françoife de
Humières*, fille de *Hugues*, Seigneur de Vit-
termont, Bailli de Namur, & *d'Ifabelle de
Bailleul*, dont vint :

ANTOINE DE BRIAS, Seigneur de Royon, vi-
vant en 1547, allié à *Marie de Seneghem* ou
Zinneghen, remariée à *Jean de Lalain*, dit
Penel, Seigneur de la Barre, & fille de *Ber-
nard de Seneghem*, Seigneur de Villecourt,
Bailli de Caffel, & de *Jacqueline de Palme*.
De ce mariage vint :

BERNARD DE BRIAS, Seigneur de Royon,
d'Efpréaux, &c., Gouverneur d'Hefdin, marié, le 16 Février 1555, à *Marguerite de
Peuffin*, morte en 1611, fille de *Jean*, Seigneur de Villecourt, & de *Jeanne d'Avelin*,
dont :

JEAN DE BRIAS, Seigneur de Royon, de Lincelles, &c., Capitaine d'une Compagnie de 200
Lanciers au fervice d'Efpagne, qui époufa, le
27 Mai 1587, *Anne de Dion*, fille *d'Adrien*,
Seigneur de Wandonne, & *d'Anne d'Aix*, dite
de Lens-Aubigny. Il eut :

François-Bernard DE Brias, Seigneur de Royon, d'Efpréaux, de Bourg, de Lincelles, &c., qui eut de *Françoife d'Ongnies*, fa feconde femme, fille de *François*, Seigneur de Courieres, & d'*Odille de Noyelles:*

Louis-Joseph DE Brias, Seigneur de Royon, Député général & ordinaire pour le corps de la Nobleffe des Etats d'Artois, en faveur duquel la Terre de *Royon* fut érigée en *Marquifat* par Lettres-Patentes de 1692. Il époufa *Marie-Alexandrine de Bernard*, fille de *Maximilien-François*, Seigneur d'Efquelmes, & de *Marie-Claire de Berghes*. Ils eurent:

Charles-Louis-François DE Brias, Marquis de Royon, Seigneur d'Embry, &c., vivant en 1756, ancien Député général & ordinaire pour le corps de la nobleffe des Etats d'Artois, qui époufa, en 1711, *Marie-Eugénie-Brigitte de Croy*, ci-devant Chanoineffe de Maubeuge, morte en 1759, fille de *Balthafar-Charles-Jofeph*, dit le *Marquis de Molembais*, & de *Marie Philippine-Anne de Créquy*, héritière d'Erain, dont:

   1. Ferdinand-Philippe-Bernard, dit le *Marquis de Brias*, Chevalier de Saint-Louis, ci-devant Capitaine au Régiment du Roi, Infanterie, qui époufa, en 1750, *Marie-Françoife-Robertine d'Efclaibes*, Dame d'Huft & d'Efquelmes, morte le 15 Novembre 1753, fille aînée & héritière de *Charles-Antoine-Alexandre d'Efclaibes*, Comte d'Huft, & de *Marie-Marguerite de Bernard*, héritière d'Efquelmes, dont:

      Charles-Eugène-Bernard, dit le *Comte de Brias*, né à Saint-Omer, le 6 Février 1751.

   2. Et Anne-François-Eugène, dit le *Chevalier de Brias*, Capitaine de Cavalerie au Régiment Royal-Rouffillon. (*Tabl. Gén.* part. VIII, pag. 52).

Les armes: *d'argent, à la fafce de fable, furmontée de trois cormorans de même, membrés & becqués de gueules:*

* BRICHANTEAU-DE-NANGIS. Nangis eft une petite ville en Brie, dont l'héritière époufa Fleury, fils naturel du Roi Philippe Ier. Leur fille, *Elifabeth*, Dame de *Nangis*, porta cette Terre à fon mari, *Amiel*, Seigneur de *Venify*. *Helvis*, Dame de *Nangis*, de Vienne, époufa *Pierre Britaut*, Seigneur de Nangis, Connétable du Royaume de Naples, & Grand-Pannetier de France. Sa fille, *Philippe*, devint Dame de *Nangis*, & époufa en

1260 *Bouchard de Montmorency*, Seigneur de Saint-Leu, dont la poftérité mafculine s'éteignit en 1402. *Marie de Vères*, Dame de Nangis, de Vienne, de Valjouan, fille unique de *Jean de Vères*, Seigneur de *Beauvais* & de *Nangis*, époufa, le 16 Août 1507, Louis Seigneur DE Brichanteau, aïeul d'Antoine, Seigneur DE Brichanteau, Amiral de France en 1589, reçu Chevalier du Saint-Efprit le 7 Janvier 1595, en faveur duquel *Nangis* fut érigé en *Marquifat*, par Lettres du mois de Novembre 1612. Il mourut le 9 Août 1617, & fut père de:

Nicolas DE Brichanteau, Marquis de Nangis, reçu Chevalier du Saint-Efprit le 13 Janvier 1619, dont le fils:

Louis-Faufte DE Brichanteau, Marquis de Nangis, Colonel du Régiment Royal la Marine, & Brigadier des Armées du Roi, mourut d'un coup de moufquet qu'il reçut en Allemagne le 8 Août 1690. Il avoit époufé, par difpenfe, le 14 Septembre 1676, *Marie-Henriette d'Aloigny de Rochefort*, fa coufine germaine, Dame du Comté de Gien, de la Vicomté de Meaux, de la Baronnie de Villemort & de Saint-Liébault, morte à Paris le 18 Octobre 1736, âgée de 73 ans. Il eut pour fils:

Louis-Armand DE Brichanteau, Marquis de Nangis, Chevalier d'honneur de la Reine, qui fut reçu Chevalier des Ordres du Roi le 16 Mai 1728, & élevé à la dignité de Maréchal de France en 1741. Ce Seigneur étoit mort fans poftérité le 8 Octobre 1742. Le Marquifat de Nangis eft échu par droit de fucceffion à feu *Louis de Regnier*, Marquis de Guerchy, Lieutenant-Général des Armées du Roi, Chevalier de fes Ordres, & Gouverneur d'Huningue, du chef de fon aïeule, Julie DE Brichanteau, fille de l'Amiral, mariée à *Claude de Regnier*, Baron de Guerchy. Voyez REGNIER DE GUERCHY.

La Maifon de *Brichanteau* eft noble & ancienne, & tire fon nom d'une Terre dans la Beauce, dite *Brichantel* ou *Brichanteau*.

Les armes: *d'azur, à fix befans d'argent* 3, 2, 1.

BRIÇONNEAU: *d'azur, à la croix d'or.*

BRIÇONNET, famille originaire de Tours, illuftrée par un Garde-des-Sceaux-Chancelier de France, un Cardinal, deux Archevêques de Reims & des Evêques.

I. JEAN BRIÇONNET, natif de Tours, mort le 13 Juillet 1447, eſt le premier dont le P. Anſelme faſſe mention.

II. JEAN BRIÇONNET, II° du nom, ſon fils aîné, Seigneur de Varennes, &c., enſuite Receveur-Général des Finances, eſt le premier qui fut inſtitué Maire de la Ville de Tours en 1462. Il mourut en Octobre 1493, laiſſant de *Jeanne Berthelot* :

1. GUILLAUME, qui ſuit ;
2. JEAN, Secrétaire de Louis XI, mort le 26 Août 1427 ;
3. MARTIN, Grand-Archidiacre de Reims, Chanoine de St.-Martin & de St.-Gatien de Tours, Docteur en Théologie, mort en Septembre 1502 ;
4. ROBERT, Conſeiller au Parlement en Novembre 1481, enſuite Préſident aux Enquêtes, Chanoine de St.-Agnan d'Orléans & de St.-Quentin, Abbé de St.-Waaſt d'Arras en 1488, Préſident des Comptes en 1494, pourvu de la charge de Chancelier de France le 30 Août 1485, mais dont il ne jouit pas long-tems ;
5. PIERRE, Seigneur de Praville, qui a fait la branche des Seigneurs de *Cormes*, rapportée ci-après ;
6. Et GUILLAUME BRIÇONNET, auteur de la branche des Seigneurs du *Pleſſis-Rideau*, qui viendra en ſon rang.

III. GUILLAUME BRIÇONNET fut Auditeur des Comptes à Paris en Novembre 1467, Conſeiller au Parlement en Avril 1469, & mourut en Juin 1477. Il eut de *Jeanne Brinon* :

1. JEAN, Abbé de Blanche-Couronne, Conſeiller au Parlement de Paris en 1491, Vice-Chancelier de Bretagne, &c., mort en 1538 ;
2. GUILLAUME, qui ſuit ;
3. JEAN, Tréſorier de FRÉDÉRIC D'ARAGON, Roi de Naples ;
4. MICHEL, Grand-Vicaire de Narbonne, enſuite Evêque de Nîmes, transféré en l'Egliſe de Lodève en 1560, & mort en 1574, âgé de 97 ans ;
5. REGNAUD, qui fut Argentier de FRANÇOIS Ier, & Receveur-Général de Touraine ;
6. Et PERONNELLE, mariée à *Olivier Berault*, Receveur-Général des Finances en Anjou & en Bretagne.

IV. GUILLAUME BRIÇONNET, Seigneur de Glatigny, Secrétaire du Roi, Tréſorier de la Maiſon de la Reine & des 100 Gentilshommes du Roi en 1506, Receveur-Général du Maine en 1511, mourut en 1534. Il eut de *Claude de Leveville* :

1. GUILLAUME, Chanoine de Chartres, Prieur de Chene-Galon, qui céda ſon droit d'aîneſſe ;
2. JEAN, qui ſuit ;
3. FRANÇOIS, qui a fait la branche des Seigneurs de *Leveville*, rapportée ci-après ;
4. CLAUDE, Evêque de Lodève depuis 1561 juſqu'en 1566 ;
Et ſix filles, dont deux mariées, une morte fille, & trois Religieuſes.

V. JEAN BRIÇONNET, Seigneur de Glatigny, fut Préſident à la Cour des Aides de Paris, & eut d'*Etiennette de Berulle*, trois garçons & deux filles.

VI. FRANÇOIS BRIÇONNET, l'aîné, Seigneur de Glatigny, Conſeiller en la Cour des Aides, eut de *Clémence d'Elbenne* :

1. ALEXANDRE, qui ſuit ;
2. ANDRÉ, auteur de la branche des Seigneurs de *la Chauſſée*, rapportée ci-après ;
3. THOMAS, tige de la branche des Seigneurs des *Tournelles*, qui viendra en ſon rang ;
Et ſix filles, dont deux mariées, & quatre Religieuſes.

VII. ALEXANDRE BRIÇONNET, Seigneur de Glatigny, Général des Finances, épouſa *Françoiſe Maynard*, dont trois garçons & deux filles.

VIII. CHARLES BRIÇONNET, l'aîné, Seigneur de Glatigny, Préſident au Parlement de Metz, épouſa 1° *Angélique Crépin*, morte ſans enfans ; & 2° *Madeleine Petau*, de laquelle il eut :

1. ALEXANDRE, qui ſuit ;
2. GUILLAUME, Major du Régiment du Roi, Infanterie ;
3. MARIE, morte en 1724, mariée, en 1703, à *Claude Huot*, Seigneur du Haut-Moulin ;
4. Et une autre fille, mariée à *Alexandre Gillot*, Seigneur d'Aligny.

IX. ALEXANDRE BRIÇONNET, Seigneur de Glatigny, d'abord Mouſquetaire, enſuite Sous-Lieutenant au Régiment des Gardes-Françoiſes le 15 Juin 1682, fut Sous-Aide-Major le 28 Janvier 1690, Lieutenant en Septembre 1692, & Capitaine-Commandant de la Colonelle en 1707.

BRANCHE
des Seigneurs de LA CHAUSSÉE.

VII. ANDRÉ BRIÇONNET, Seigneur du Meſnil & de la Chauffée, Auditeur des Comptes, second fils de FRANÇOIS, Seigneur de Glatigny, & de *Clémence d'Elbenne*, mourut le 10 Octobre 1652, & eut, entr'autres enfans, de *Louise Pithou*, fille d'*Antoine*, Seigneur de Saint-Leger :

VIII. FRANÇOIS-BERNARD BRIÇONNET, Lieutenant des Chasses de Saint-Germain-en-Laye & de Versailles, mort en Décembre 1688, laissant de *Françoise le Prevost*, fille & héritière de *Paul*, Seigneur d'Oysonville, & de *Marie Chahu* :

1. FRANÇOIS, qui suit ;
2. Et LOUISE-MARIE, mariée, le 11 Mars 1690, à *Jean-Baptiste Frezeau*, Marquis de la Frezelière, Lieutenant-Général de l'Artillerie.

IX. FRANÇOIS BRIÇONNET, Marquis d'Oysonville, Seigneur de la Chauffée, épousa, le 2 Septembre 1700, *Marie-Madeleine de Seve*, fille unique de *Jean*, Seigneur de Chastignonville, Capitaine au Régiment des Gardes-Françoises, & de *Marie de Bernage*, dont il eut :

1. PAUL GUY-CHARLES, Capitaine au Régiment du Roi ;
2. CLAUDE-HENRI, Officier dans le même Régiment ;
3. Et GENEVIÈVE-CLAUDE.

BRANCHE
des Seigneurs des TOURNELLES.

VII. THOMAS BRIÇONNET, Conseiller en la Cour des Aides à Paris, troisième fils de FRANÇOIS, Seigneur de Glatigny, & de *Clémence d'Elbenne*, épousa, l'an 1630, *Madeleine le Picart*, fille de *Jean*, Seigneur du Plessis, & de *Jeanne Sublet*, dont il eut :

1. JEAN, qui suit ;
2. FRANÇOIS, Lieutenant au Régiment de Piémont, reçu Enseigne aux Gardes en 1658, puis Lieutenant la même année, tué au siège de Lille l'an 1667 ;
3. JEAN-BAPTISTE, Chevalier de Malte, Trésorier de son Ordre, Commandant de Fieffe, mort à Paris le 7 Décembre 1723 ;
4. THOMAS, Seigneur de Germigny, en partie, mort le 9 Septembre 1694 ;
5. MADELEINE, morte le 23 Juin 1653, femme de *Pierre Hillerin*, Seigneur du Bois, Maître-d'Hôtel du Roi.
6. FRANÇOISE, morte le 18 Avril 1684, mariée à *René le Tellier*, Seigneur de Morsan, Conseiller en la Cour des Aides à Paris ;
7. COLOMBE, Religieuse à Fontaines ;

8. CLAIRE, Religieuse à Haute-Bruyère ;
9. Et CATHERINE, morte sans avoir été mariée.

VIII. JEAN BRIÇONNET, Seigneur des Tournelles, Conseiller en la Cour des Aides à Paris, a laissé de *Marie-Françoise Sevin*, morte le 27 Avril 1716, fille de *Guy*, Seigneur de Gaumers-la-Ville, & de *Marguerite Pichon* :

1. & 2. JEAN, & N...., Colonel d'un Régiment.

BRANCHE
des Seigneurs de LEVEVILLE & de
MILLEMONT.

V. FRANÇOIS BRIÇONNET, fils de GUILLAUME, Seigneur de Glatigny, & de *Claude de Leveville*, fut Conseiller au Parlement le 3 Décembre 1544, marié trois fois en 36 ans, & vécut avec chacune de ses trois femmes précisément 12 ans. De sa première femme, *Jeanne de Tavel*, il eut entr'autres enfans :

1. FRANÇOIS, qui suit ;
2. Et CHARLES, qui a formé la branche des Seigneurs de *Lessay*, rapportée ci-après.

De sa seconde, il n'eut point d'enfans ; de sa troisième, il eut :

3. Et MARIE, mariée, en 1581, à *Philippe le Bouteiller-de-Senlis*.

VI. FRANÇOIS BRIÇONNET, Ier du nom, Seigneur de Leveville, &c., fut reçu Conseiller au Parlement le 24 Janvier 1568, & mourut Conseiller en la Grand'Chambre en 1610, âgé de 68 ans, laissant de *Marie le Lièvre*, Dame du Chesnoy :

VII. FRANÇOIS BRIÇONNET, IIe du nom, Seigneur de Leveville, &c., Maître, puis Président en la Chambre des Comptes, mort le 1er Février 1631. Il eut d'*Anne de Landes*, Dame de Magnanville :

VIII. GUILLAUME BRIÇONNET, Seigneur de Leveville, &c., reçu Conseiller au Parlement le 19 Mai 1635, Maître des Requêtes en Décembre 1641, puis Président au Grand-Conseil, mort le 3 Février 1674. Il épousa *Marguerite Amelot*, fille de *Jacques*, Président aux Requêtes du Palais, & de *Catherine de Creil*, dont :

1. FRANÇOIS, qui suit ;
2. Et JEAN-BAPTISTE, Seigneur de Magnanville, Conseiller au Parlement, mort le 25 Décembre 1698, sans enfans.

IX. FRANÇOIS BRIÇONNET, Seigneur de Millemont, Marquis de Rozay, Comte d'Auteuil, Seigneur de Garencières, &c., Président en la troisième Chambre des Enquêtes, mourut honoraire le 14 Février 1705, âgé de 65 ans, laissant de *Geneviève Courtin*, Dame de Rozay, fille & héritière de *Nicolas*, Seigneur de Rozay, & de *Françoise du Drac* :

1. GUILLAUME, qui suit;
2. Et JACQUES-FRANÇOIS, Chanoine de Notre-Dame de Paris, puis Chevalier de Malte, mort le 28 Octobre 1737, âgé de 61 ans.

X. GUILLAUME BRIÇONNET, Marquis de Rozay, Avocat-Général au Grand-Conseil, puis Conseiller au Parlement, & Président en la troisième Chambre des Enquêtes en la place de son père, mourut le 31 Janvier 1713. Il époufa, le 17 Janvier 1697, *Charlotte Croifet*, morte le 2 Novembre 1747, fille de *Louis-Alexandre Croifet*, Président en la quatrième Chambre des Enquêtes du Parlement de Paris, dont :

1. FRANÇOIS-GUILLAUME, qui suit ;
2. Et JACQUES-ALEXANDRE, Seigneur d'Auteuil, Conseiller au Parlement, mort le 12 Mai 1740, âgé de 35 ans. Il avoit été nommé, au mois de Mars précédent, Intendant de la Généralité de Montauban, & avoit épousé, le 21 Décembre 1733, *Marie-Madeleine Thibert-des-Martrais*, remariée, le 15 Février 1742, à *Henri-Claude*, Comte d'*Harcourt*, fille unique de *Jacques-Ennemond*, Seigneur des Martrais, Secrétaire du Roi, mort le 1er Septembre 1734, & de *Marguerite-Madeleine de la Grange-Trianon*, fa première femme. Voyez HARCOURT.

XI. FRANÇOIS-GUILLAUME BRIÇONNET, Comte d'Auteuil, Marquis de Rozay, reçu Conseiller au Parlement à la seconde Chambre des Requêtes le 16 Décembre 1718, puis Président en la troisième Chambre des Enquêtes, a été marié, 1° le 11 Janvier 1723, à *Marie-Cécile Mousle-de-Champigny*, morte le 15 Mai 1728, âgée de 22 ans; & 2° le 13 Septembre 1728, à *Elifabeth Lambert-d'Herbigny*, fille de *Pierre-Charles*, Seigneur d'Herbigny, Marquis de Thibouville, Conseiller d'Etat, & de *Louife-Françoife-Armande d'Eftrades*.

BRANCHE
des Seigneurs DE LESSAY.

VI. CHARLES BRIÇONNET, Seigneur de Leffay, de Launay, de Meufnières, &c., fecond fils de FRANÇOIS, Seigneur de Leveville, & de *Jeanne de Tavel*, fut Gentilhomme fervant de FRANÇOIS DE FRANCE, Duc d'Alençon, &

eut, entr'autres enfans, d'*Ifabelle Minard* :

1. JEAN, qui fuit;
2. Et JACQUES, qui a fait la branche des Seigneurs de *Meufnières*, rapportée ci-après.

VII. JEAN BRIÇONNET, Seigneur de Leffay, époufa *Louife Pluvinel*, dont il eut :

GUILLAUME BRIÇONNET, Seigneur de Feucherolles & de Launay, mort le 30 Juin 1702. laiffant d'*Anne du Poncel*, morte le 15 Mars 1696 :

1. GABRIEL, Seigneur de Feucherolles ;
2. CHARLES, Prêtre de la Paroiffe de St.-Paul ;
3. HENRI, Chanoine Régulier de Saint-Victor à Paris ;
4. Et MARIE-ANNE, morte à Paris le 13 Juillet 1725, âgée de 75 ans, & enterrée aux Jacobins de la rue Saint-Honoré, qui époufa, par contrat du 7 Juin 1716, *Charles de Biencourt*, Seigneur de Poutrincourt.

BRANCHE
des Seigneurs DE MEUSNIÈRES.

VII. JACQUES BRIÇONNET, Seigneur de Meufnières, deuxième fils de CHARLES, Seigneur de Leffay, & d'*Ifabelle Minard*, s'eft marié trois fois. De fes deux premières femmes il a eu poftérité.

BRANCHE
des Seigneurs DE CORMES.

III. PIERRE BRIÇONNET, Ier du nom, Seigneur de Praville, de Cormes, &c., fils puîné de JEAN, Seigneur de Varennes, & de *Jeanne Berthelot*, fut qualifié *Notaire & Secrétaire du Roi*, & mourut à Orléans au mois de Février 1509, laiffant, entr'autres enfans, d'*Anne de la Croix*, fa feconde femme :

IV. PIERRE BRIÇONNET, IIe du nom, Seigneur de Cormes, Tréforier-Général du Milanois, Pannetier de la Reine, & Echanfon de la Reine de Navarre, marié à *Marie Heffelin*, dont entr'autres enfans :

1. PIERRE, qui fuit ;
2. Et FRANÇOIS, qui a fait la branche des Seigneurs de *Sermerolles*, rapportée ci-après.

V. PIERRE BRIÇONNET, IIIe du nom, Seigneur de Cormes, l'un des 100 Gentilshommes de la Maifon du Roi en 1568, Capitaine en Piémont, eut d'*Ifabelle Brachet* :

VI. PIERRE BRIÇONNET, IVe du nom, Seigneur de Cormes, Grand-Maître des Eaux & Forêts d'Orléans, marié à *Marie Moreau*, dont il eut entr'autres enfans :

VII. Pierre Briçonnet, V^e du nom, Capitaine au Régiment de Saint-Paul en 1622, puis Tréforier de France à Orléans, marié à *N.... Begon,* fille de *Jean,* Tréforier de France à Orléans, & d'*Anne de Troye,* dont il a des enfans.

BRANCHE
des *Seigneurs* DE SERMEROLLES.

IV. François Briçonnet vivoit en 1617, & étoit fecond fils de Pierre, Seigneur de Cormes, & de *Marie Heffelin.*

François Briçonnet, fon fils aîné, Seigneur de Sermerolles, Contrôleur des Guerres, Maître-d'Hôtel de la Reine Marie de Médicis, mourut au XVIIe fiècle, le dernier mâle de fa Maifon. Il avoit époufé *Marie Fayot,* fille de *Gilles,* Secrétaire du Roi, de laquelle il eut un fils nommé auffi François Briçonnet, Seigneur de Sermerolles, mort fans poftérité.

BRANCHE
des *Seigneurs* DU PLESSIS-RIDEAU.

III. Guillaume Briçonnet, le jeune, Seigneur du Pleffis-Rideau, dernier fils de Jean, Seigneur de Varennes, & de *Jeanne Berthelot,* fut fort confidéré du Roi Louis XI, qui le recommanda au Roi Charles VIII, fon fils, lequel le retint de fon Confeil, le commit à la diftribution des Finances du Dauphiné en 1484 & le fit Surintendant de celles de France. Après la mort de fa femme il embraffa l'état Eccléfiaftique, & fut Doyen de l'Eglife de Vienne, puis pourvu de l'Evêché de Saint-Malo en 1490; il contribua par fa conduite à la conquête du royaume de Naples, fut honoré du chapeau de Cardinal le 15 Février 1495, eut l'Evêché de Nîmes en 1496, fut élu Archevêque de Reims le 24 Août 1497, après la mort du Chancelier, fon frère. Il s'en démit enfuite pour l'Archevêché de Narbonne où il mourut le 14 Décembre 1514, laiffant entr'autres enfans de *Raoulette de Beaune* :

1. Jean, qui fuit;
2. Guillaume, qui fut Evêque de Lodève & Préfident des Comptes, à la place de Robert Briçonnet, fon oncle, par Lettres du 3 Août 1495, puis Abbé de St.-Germain-des-Prés à Paris en 1507, Evêque de Meaux en 1516. Il y fit bâtir l'Hôtel Epifcopal, & mourut le 24 Janvier 1534, âgé de 65 ans, dans fon Prieuré d'Aifmans, près Montereau, où il fut enterré;

3. Et Denis, Grand-Archidiacre de Reims & d'Avignon, Doyen de Tarafcon, Evêque de Toulon, puis de Lodève, & enfuite de Saint-Malo, Abbé de Cormery & d'Efpernay, Ambaffadeur à Rome auprès du Pape *Léon X.* Il mourut le 18 Décembre 1535, & fut enterré dans le chœur de l'Abbaye de Cormery.

IV. Jean Briçonnet, Chevalier, Seigneur du Pleffis-Rideau, le dernier mâle de cette branche, fut Confeiller d'Etat, Tréforier-Général de Provence & de Dauphiné, fut fait fecond Préfident des Comptes à la place de Guillaume Briçonnet, Evêque de Lodève, fon frère, le 10 Novembre 1507. Il fut Adminiftrateur de l'Hôtel-Dieu de Paris, & mourut le 24 Avril 1559. Il fit bâtir la Chapelle, nommée *des Briçonnet,* en l'Eglife de St.-Jean-Grève à Paris, & eut de *Louife Raguier,* fille de *Jean,* Seigneur de la Motte-de-Tilly, Tréforier des Guerres, deux filles mariées.

On trouve encore de cette famille Marie Briçonnet, mariée, vers 1400, à *Jean Olivier,* dont pour fille, *Jeanne Olivier,* femme de *Jacques Rapoüel,* Seigneur de Vignole.

Les armes : *d'azur, à la bande componée d'or & de gueules de cinq pièces, chargées fur le premier compon de gueules d'une étoile d'or, accompagnée d'une autre de même en chef.* (P. Anfelme, tom. VI, pag. 427.)

BRICOUET : *fafcé d'or & de gueules de huit pièces, les fafces de gueules, chargées chacune de deux fleurs-de-lys d'or; au chef d'azur, chargé de trois befans d'or.*

BRIDEL, Seigneur du Bofc, de Refez, &c., en Normandie, Généralité de Rouen, famille maintenue dans fa Nobleffe le 19 Novembre 1669.

BRIDIERS, en Berry : *d'or, à la bande de gueules.*

BRIDIES : *d'azur, à 3 étoiles d'or, pofées 2 & 1, & une lofange d'argent en cœur.*

BRIDIEU, en Limoufin, famille du furnom de *Jacmeton,* qui fubfifte en deux brânches, & dont il eft fait mention dans l'*Armorial génér. de France,* reg. I, part. I, p. 104.

Louis de Bridieu, qui défendit fous Louis XIV, la place de Guife, étoit Gouverneur, lorfque les Efpagnols en firent le blocus. Il les repouffa vivement, & pour fa belle défenfe, fut honoré du cordon bleu. (Voyez *la Defcrip*-

tion du fiège de Guife (a), dans les *Memoires* de l'Abbé de Marolles.)

CHARLES-PAUL-JACQUES-JOSEPH, Marquisde BRIDIEU, de la Province de la Marche, laiffa entr'autres enfans d'*Armande-Marie-Claude de Bergeron de la Goupilière*, de la Province de Touraine :

AIMÉE DE BRIDIEU, mariée, en 1752, à *Jacques Chauvelin*, Seigneur de Beauregard. (Voyez CHAUVELIN.)

Les armes : *d'azur, à la macle d'argent, cramponée par le bas (b), & accompagnée de trois étoiles d'or, 2 en chef & 1 en pointe.*

BRIDOT, en Champagne : *d'azur, au chevron d'or, accompagné de trois étoiles de même, 2 en chef & 1 en pointe.*

* BRIDOUZE, en Armagnac. C'étoit anciennement une des premières *Baronnies* de Béarn; elle a été retranchée & fait aujourd'hui partie du Comté de Parabère, fituée dans le Bigorre, & qui eft poffédé par une branche de la Maifon de BAUDEAN (*Tabl. gén.*, p. V, p. 274).

* BRIE, Province, avec un ancien titre de *Comté*, qui a eu des Seigneurs particuliers qui portoient le titre de *Comtes de Meaux.* HERBERT DE VERMANDOIS, Comte de Meaux ou de Brie, devint Comte de Troyes ou de Champagne en 988 & réunit ces deux Provinces. Depuis ce tems la Brie fuivit conftamment le fort de la Champagne, & ces deux Provinces furent réunies à la Couronne.

BRIE-DE-SERRANT, en Anjou. Dans un ancien Hérault d'armes de Bretagne il eft fait mention d'un NOEL DE BRIE, Comte de Nantes, du tems de HUGUES CAPET.

Une Hiftoire Sainte, écrite en latin, par GUILLAUME, Archevêque de Tyr, parle d'un ANSEAU OU ANSELME DE BRIE, favori de FOULQUES, Comte d'Anjou & Roi de Jérufalem en 1102.

On trouve un Seigneur du nom de BRIE, couché fur le rôle des Princes & Barons qui accompagnèrent GUILLAUME, Duc de Normandie, à la conquête du Royaume d'Angleterre.

REGNAULT DE BRIE, Chevalier, allié des Comtes de Boulogne, floriffoit à la Cour de ce Prince, & en étoit très-connu. Il vivoit en 1270. (*Hiftoire de Saint Louis*, par le Sire de Joinville.)

On lui donne pour femme *Alix de Vendôme.*

JEAN DE BRIE, Ier du nom, qu'on croit être fon fils, vivoit en 1303, & fut marié à *Marguerite de Goulaine.* L'*Hiftoire des Grands Officiers de la Couronne* rapporte plufieurs anecdotes curieufes touchant la Maifon de *Brie*, qui étoit en grande confidération à la Cour des Rois de France. Elle eft en effet une de ces anciennes Maifons dont on ne peut fixer l'origine; & fans affurer qu'elle defcend de HOEL ou NOEL DE BRIE, Comte de Nantes, on trouve

Un JEAN DE BRIE, IIe du nom, qui, probablement fils de JEAN DE BRIE, Ier du nom, & de *Marguerite de Goulaine*, époufa *Françoife de Serrant*, héritière de la branche aînée des Sires de Serrant en Anjou. C'eft depuis cette alliance & par la poffeffion du Château de Serrant, que la Maifon de Brie a pris le nom de *Brie-de-Serrant*, fous lequel elle eft connue aujourd'hui. De ce mariage vint :

JEAN DE BRIE, IIIe du nom, Chevalier, Seigneur de Serrant, tué à la bataille de Poitiers le 30 Septembre 1356. On voit fon tombeau dans le cloître des Jacobins de Poitiers, à côté de celui d'un Prince tué à la même bataille. Il avoit époufé *Jeanne de Dreux*, Dame de Saguinville, fille de *Robert*, IIIe du nom, iffu en ligne direéte du fang Royal de France. L'Hiftorien Duchefne, dans la *Généalogie de la Maifon de Dreux*, dit que JEAN DE BRIE-DE-SERRANT n'eut point d'enfans de *Jeanne de Dreux*, & que les biens de cette dernière retournèrent à *Pierre de Saguinville*, fon coufin; mais

ANGER DE BRIE, Chevalier, après la mort de *Jean*, IIIe du nom, comme fon proche parent & fon héritier, foit qu'il fut fon frère ou fon coufin germain, fut mis en poffeffion de la Terre de *Serrant*, que fes defcendans ont confervée jufqu'en 1598. Il époufa *Peronelle Courtet*, fille de N.... *Courtet*, dont il eut :

RAOUL DE BRIE, Chevalier, Seigneur de Serrant, qui obtint Sentence en fa faveur au Siège d'Angers le 23 Mai 1386, pour un *dépié de Fief* (c) contre *Perrin Guerif*. Il eft qualifié *Chevalier*, dans un aveu rendu en 1409, par le Duc de Bretagne à RENÉ, Duc d'Anjou & Roi de Sicile, dans lequel ce Prince dit : *Premièrement Monfieur Raoul, Cheva-*

(a) Voy. *Le Triomphe de la Ville de Guife*, par J.-B. de Verdun.

(b) Paillot, dans fa *Parfaite Science des Armoiries*, dit : *cramponée double par le haut.*
         (Note des Editeurs).

(c) Terme de Jurifprudence féodale, qui fignifie démembrement de fief.

lier, me doit foi & hommage à cause de sa Terre de Serrant. Voyez *les Regiſtres de la Chambre des Comptes d'Anjou,* vol. 239, cote 118, fol. 37. RAOUL DE BRIE épouſa *Jeanne de Coëſme,* d'une ancienne Nobleſſe de Bretagne, dont il eut :

JEAN DE BRIE, IVᵉ du nom, Chevalier, Seigneur de Serrant & de la Roche-Serrant. Il eſt qualifié, dans la grande Hiſtoire de Mézeray, de *Maître-d'Hôtel & Grand-Chambellan du Roi* CHARLES VII (mais le P. Anſelme n'en parle point), par Lettres-Patentes du 4 Novembre 1433, portant éreċtion de la Terre de *Serrant* en Châtellenie, données par GILLES, Sire de Raye, Comte de Brienne, Seigneur de Chantocé, où il eſt qualifié de *ſon bien aimé couſin & compère,* JEAN DE BRIE, *Chevalier,* &c. Par d'autres Lettres-Patentes du 24 Oċtobre 1437, données par RENÉ, Duc d'Anjou & Roi de Jéruſalem, portant confirmation des précédentes & de ladite éreċtion y contenue, ce Prince le qualifie *d'amé & féal Conſeiller & Chambellan,* &c. Par d'autres Lettres-Patentes du mois de Janvier 1437 (vieux ſtyle) portant confirmation des précédentes, données par CHARLES VII, Roi de France, ce Prince le qualifie de ſon *amé & féal Conſeiller & Maître-d'Hôtel,* &c., & finalement par d'autres Lettres-Patentes du 14 Juillet 1438, le même Monarque le qualifie encore de ſon *amé & féal Chevalier, Conſeiller-Chambellan,* &c. Depuis ce JEAN DE BRIE, la filiation que nous allons donner eſt prouvée par titres originaux communiqués, & tous les faits ci-deſſus rapportés depuis le mariage de *Françoiſe de Serrant* avec JEAN DE BRIE, IIᵉ du nom, ſont prouvés par les épitaphes, armoiries & figures en relief qu'on voit dans la Chapelle de MM. de *Brie* au chœur de l'Abbaye de St.-Georges-ſur-Loire, dont ils paſſent pour être les Fondateurs, ainſi que de celle de Pontron, dans la même Province. Voyez ce qu'en dit Ménage qui a écrit ſur cette Maiſon. Ce JEAN DE BRIE, IVᵉ du nom, mourut en 1441, & laiſſa *d'Iſabeau-de-Maillé de Brezé :*

1. GILLES, qui ſuit ;
2. ANGER, Abbé de St.-Evroult en Normandie, Doyen du Mans & nommé à l'Evêché d'Angers par LOUIS XI ;
Et pluſieurs autres enfans, morts jeunes ou ſans poſtérité.

VII. GILLES DE BRIE, Chevalier, Seigneur

dé Serrant, défendit & ſoutint le ſiège de Châtillon en Bourgogne. Il fut fait Chevalier à la bataille de Fourmigny en 1450, où il battit les Anglois commandés par le Général Talbot. Sa valeur lui fit mériter le ſurnom de *Fléau des Anglois.* Il rendit aveu de ſa Terre de *Serrant,* le 3 Août 1456, au Seigneur de Chantocé, Maréchal de France, de qui elle relevoit, & eſt qualifié de *Chevalier* dans cet aċte. Il mourut peu de tems après. Suivant deux enquêtes faites, la première au Préſidial d'Angers & la ſeconde au Parlement de Rouen aux mois de Juillet & d'Oċtobre 1499, ANGER DE BRIE, Abbé de Saint-Evroult & Doyen du Mans, & deux autres du nom de *Brie,* tous trois frères dudit GILLES DE BRIE, dépoſent qu'ils étoient auprès de lui lors de ſa mort, & qu'ils ont connoiſſance du teſtament qu'il fit en faveur de FRANÇOIS, ſon ſecond fils & leur neveu. Ce GILLES DE BRIE laiſſa de *Marie Giffart,* Dame du Pleſſis-Giffart, d'une ancienne Nobleſſe de Bretagne :

1. PONTHUS, qui ſuit ;
2. FRANÇOIS, auteur de la branche des Seigneurs de *la Sorinière,* rapportée ci-après ;
3. FÉLIX, qui ſuccéda à ANGER DE BRIE, ſon oncle, dans l'Abbaye de St.-Evroult en Normandie ;
4. MARIE, femme de *Félix de Savonnières ;*
Et pluſieurs autres enfans, morts jeunes ou ſans poſtérité.

VIII. PONTHUS DE BRIE, Chevalier, Seigneur de Serrant, fut Chambellan du Roi LOUIS XI, qui lui permit par Lettres-Patentes du 15 Décembre 1480, & entérinées au Préſidial d'Angers le 20 Juin 1482 (dans leſquelles il le qualifie de ſon *féal Conſeiller-Chambellan,* &c.), de faire fortifier le Château de Serrant. Ce Prince lui fit donation & abandon, au mois de Janvier 1481, de la Terre de la *Roche-Serrant,* ci-devant nommée la *Roche-au-Duc,* par Lettres-Patentes, dont l'original eſt au Mémorial de la Chambre des Comptes de Paris, coté B, fol. 123, pour laquelle dernière Terre, il rendit hommage au Roi les 31 des mêmes mois & an & 21 Juillet 1484. Il avoit épouſé *Anne de Mathefelon,* laquelle étant veuve donna lieu aux deux enquêtes ci-devant citées, par le procès qu'elle intenta, en qualité de tutrice, à FRANÇOIS DE BRIE, ſon beau-frère, au ſujet d'un don de 200 liv. de rente au principal de 4000 livres, que lui avoit fait GILLES DE BRIE, père de ſon mari, par son testament. De son mariage vinrent entr'autres enfans :

IX. Péan de Brie, Chevalier, Seigneur de Serrant & de la Roche-Serrant, qui termina, sous l'autorité de Félix de Brie, son oncle & son Curateur, avec François & Jean de Brie, son fils, ses oncle & cousin germain, par transaction du 29 Juillet 1524, le procès qu'avoit intenté à ces derniers *Anne de Mathefelon*, sa mère & tutrice. Il fut marié 1° à *Jeanne de Mathefelon*, sa cousine; & 2° à *Renée de Surgères*. Les enfans du premier lit furent:

1. Madelon, mort sans postérité de *Renée Auvé;*
2. Et Françoise, morte sans alliance.

Du second lit il n'eut que :

3. Et Charles, qui suit.

X. Charles de Brie, Ier du nom, Chevalier, Seigneur de la Roche-Serrant, est qualifié *Chevalier de l'Ordre du Roi*, dans l'hommage qu'il rendit de cette Terre le 15 Janvier 1582, au Duc d'Alençon, Comte d'Anjou, de qui elle relevoit. Voy. les *Registres de la Chambre des Comptes d'Anjou*, fol. 123, V° cote 872, vol. 339. Il devint Seigneur de Serrant après la mort de Madelon, son frère aîné consanguin, & fut assassiné. Il avoit épousé 1° *Thierrie du Bois-Orcan*, qui mourut sans enfans; 2° *Guillemette de Vassé*; & 3° *Marguerite de Beauvau-Tigny*. Il laissa de son second mariage :

1. Claude, Chevalier, mort sans alliance ;
2. Claudine, qui fut Demoiselle de la Reine Louise de Lorraine, & mourut aussi sans alliance à la suite de cette Princesse ;
3. Et Marquise, femme d'*Annibal de Gautier*, Seigneur d'Aussigné.

Et du troisième lit :

4. Charles, qui suit;
5. Et Marie, morte sans alliance.

Ce fut sous la minorité de ces deux derniers que la Terre de Serrant en Anjou avoit été mise en decret en 1598, & vendue à *Sardini*, Italien. Elle fut retirée par retrait lignager en 1603, par *François de Maillard*, sous le nom de *Madeleine de Maillard*, sa fille. Elle fut une seconde fois vendue par décret & adjugée en 1607 à *Hercule de Rohan-de-Montbazon*, sur lequel la vente & adjudication se fit à *Guillaume de Bautru*, Introducteur des Ambassadeurs en 1636; elle fut finalement vendue à M. *Walsh*, Anglois, frère du Pair d'Irlande, par la Duchesse d'*Estrées*, conjointement avec celle du *Plessis-Macé*. Voy. SERRANT.

XI. Charles de Brie, IIe du nom, Chevalier, Seigneur de la Roche-Serrant, eut d'abord pour Curateur, ainsi que *Marie*, sa sœur, René de Brie-de-la-Motte, leur cousin issu de germain, qui fut déchargé de cette charge par Arrêt du Parlement de Paris du 7 Mai 1598, d'après lequel il intervint Sentence au Siège d'Angers le 11 Décembre suivant, qui leur nomme pour Curateur François de Brie, Seigneur de la Chauvière, qui prêta serment en ladite qualité au même Siège le 23 Janvier 1599, avec protestation & réserve d'appeler de ladite nomination, attendu que ledit Sieur de Brie-de-la-Motte, étoit héritier présomptif desdits mineurs, avoit été mal-à-propos déchargé, sans que la Cour en fut instruite. Ce Charles eut de sa femme, dont on ignore le nom :

XII. Charles de Brie, IIIe du nom, Chevalier, Seigneur de la Roche-Serrant, Chevalier de l'Ordre du Roi, & Capitaine de 50 hommes d'armes, qui avoit épousé *Denise de Billy*. On ne sait point s'il en a eu postérité, & si cette branche subsiste aujourd'hui.

BRANCHE
des Seigneurs de la Sorinière, *issue de celle des Seigneurs* de Serrant.

VIII. François de Brie-de-Serrant, Chevalier, second fils de Gilles & de *Marie Giffart*, eut de son père un don de 200 livres de rente que la veuve de Ponthus de Brie, son frère aîné, lui disputa. Voy. les degrés VII, VIII & IX précédens. Il eut de *Marie de Pierre*, Dame de la Sorinière :

1. Jean, qui suit;
2. Et Françoise, qui fut mariée à *N.... de Sourdis-d'Escoubleau*.

IX. Jean de Brie, Ier du nom, Chevalier, Seigneur de la Sorinière & de Fesle, avoit présenté requête le 25 Février 1540 à Péan de Brie, Chevalier, Seigneur de Serrant & de la Roche-Serrant, son cousin issu de germain, pour qu'il lui fut permis de vendre certains héritages dont l'interdiction avoit été adjugée à la requête dudit Péan, d'après laquelle intervint transaction du 13 Mai 1567, qui lui adjugea sa demande. Il mourut peu de tems après. Il fut marié, 1° en 1517, à *Françoise de Mathefelon*, sa cousine; & 2° en 1540, à *Catherine Panthin*, Dame de la Hamelière

& de Landemon. Il laiſſa du premier lit:

1. RENÉ DE BRIE, Chevalier, Seigneur de Feſ-
le, de la Sorinière, qui, de *N... de Vau-
girard*, n'eut que des filles. L'aînée fut mariée à *N... d'Eſcoulant*, & mère de deux
filles, dont une a épouſé *N... du Verdier*,
& lui a apporté en dot la Terre de la Sorinière & les autres biens de ſa branche
que MM. *du Verdier* poſſèdent aujourd'hui.

Et du ſecond lit:

2. Autre RENÉ, qui ſuit;
3. JACQUES, Chevalier, mort ſans alliance;
4. N..., mariée à *N...... Lancelot*, Chevalier,
Seigneur de la Mabilière, ſuivant un partage paſſé devant *Simon*, Notaire, en 1583;
Et pluſieurs autres filles.

X. RENÉ DE BRIE, Chevalier, Seigneur de
la Chapelle & de la Motte, fut nommé Curateur des enfans de CHARLES DE BRIE, Ier du
nom, Chevalier, Seigneur de Serrant, ſon
couſin iſſu de germain, & de *Marguerite de
Beauvau-Tigny*, ſa troiſième femme, lors du
décret de la Terre de Serrant en 1598. Il s'en
fit décharger par Arrêt du Parlement de Paris du 7 Mai audit an (dont nous avons parlé
au degré XI). Il épouſa *Claire Thomas*, fille
de *N... Thomas*, Ecuyer, & de *Pauline de
Saint-Aignan*, & ſœur de *Philippe Thomas*,
Demoiſelle. Il fut nommé Tuteur & Gardien-
noble de ſes enfans, ſuivant un partage noble
fait entre lui d'une part audit nom, & ſa belle-
ſœur d'autre part, des biens de la ſucceſſion de
ladite *Pauline de Saint-Aignan*, leur mère
& aïeule. De cette alliance vinrent:

1. JEAN, qui ſuit;
2. Et JEANNE, Demoiſelle.

XI. JEAN DE BRIE, IIe du nom, Chevalier,
Seigneur de la Chapelle & de la Motte, avoit
épouſé (ſuivant un acte du 23 Décembre 1609),
Renée Cloteaus, Dame de la Voyerie & de
la Meuſe, fille de *René Cloteaus*, & de *Jacquette Vinette*, dont il eut:

XII. FRANÇOIS DE BRIE, Chevalier, Seigneur
de la Houſſaye, qui épouſa, par contrat paſſé
le 14 Août 1651 devant *Aubreau*; Notaire à
Saumur, réſidant à Greſillée, *Marie de Lux*,
Dame de Vantelet, fille de *Louis de Lux*,
Chevalier, Seigneur de Vantelet, Maître-
d'Hôtel ordinaire du Roi & Ecuyer ordinaire
de ſa Grande-Ecurie, & de *Marie Mérault*.
Il eut:

1. ANTOINE, qui ſuit;
2. N..., ſurnommé de *la Barangerie*, qui s'al-

lia à *N... de Verteuil*, dont il eut des enfans, tous morts ſans alliance;
3. FRANÇOIS, chef de la branche des Seigneurs
de *la Bernardière* & de *Fourneux*, rapportée ci-après;
4. N..., qui fut marié à *N... de Genne;*
5. N..., femme de *N... de Malineau;*
Et deux autres filles, mortes ſans alliance.

XIII. ANTOINE DE BRIE, Chevalier, Seigneur de Douces en Anjou, épouſa *Perrine
le Mercier*, dont:

1. 2. 3. Trois garçons, Chevaliers;
4. N..., Chevalier, ancien Capitaine au Régiment de la Couronne, Infanterie, & Chevalier de St.-Louis, marié, dont des enfans
en bas âge;
5. Et N..., Demoiſelle.

Les contrats de mariage & autres titres de
cette branche ont été produits à MM. de *la
Noiraye* & de *Bragelongne*, Commiſſaires
nommés par S. M. pour la recherche de la
Nobleſſe, qui ont maintenu MM. *de Brie-de-
Serrant* dans leur ancienne nobleſſe.

*BRANCHE
des Seigneurs* DE LA BERNARDIÈRE, &c.

XIII. FRANÇOIS DE BRIE-DE-SERRANT, Chevalier, Seigneur de la Bernardière, troiſième
fils de FRANÇOIS, Seigneur de la Motte & de
la Houſſaye, & de *Marie de Lux-de-Vante-
let*, a épouſé, par contrat paſſé devant *Gar-
reau*, Notaire à Montfaucon, le 11 Juin 1686,
Anne le Gay-du-Verger, Dame de la Bernardière, & en a eu entr'autres enfans:

XIV. FRANÇOIS-ANTOINE DE BRIE, Chevalier, Seigneur de la Bernardière & de Fourneux, qui s'eſt marié, par contrat paſſé le 24
Décembre 1714, devant *Roberdeau*, Notaire
à Beaufort, à *Louiſe Jammeron*, dont pluſieurs enfans, & entr'autres, l'aîné nommé

XV. JOSEPH-FRANÇOIS-ANTOINE DE BRIE, né
le 15 Janvier 1718, & baptiſé en l'Egliſe Paroiſſiale de Dampierre en Anjou, Chevalier,
Seigneur de la Bernardière & de Fourneux,
qui s'eſt marié, par contrat paſſé le 18 Janvier 1744, devant *Nourry* & *Teslot*, Notaires à Laval, Pays du Maine, à *Agathe-Renée
Mareſt*. Il en a eu pluſieurs enfans qui ſont
morts, & il ne lui reſte aujourd'hui que

XVI. CLÉMENT-ALEXANDRE DE BRIE, Chevalier, Seigneur, par ſucceſſion maternelle,
du Marquiſat d'*Erigné*, né le 29 Mai 1748,
& baptiſé en l'Egliſe Paroiſſiale de Dampierre
en Anjou, d'abord reçu Page du Roi dans ſa

Grande-Ecurie en 1762, d'après les preuves faites vis-à-vis le Juge d'armes de France: il est depuis 1765 Sous-Lieutenant au Régiment de Bourgogne, Cavalerie.

Les armes: *d'argent, à quatre fasces de sable au lion de gueules, brochant sur le tout*, ainsi qu'elles se voient dans l'Abbaye de Saint-Georges, aux Châteaux de Serrant & de la Sorinière, & autres qu'ils ont possédés. On les voyait autrefois à la Sainte-Chapelle du Palais à Paris, & dans l'Eglise de Notre-Dame au bas du côté droit du Chœur en dehors.

BRIE en Beauvoisis. Louis DE BRIE, Seigneur de Sablonnières & de Geville en Beauvoisis, Conseiller & Chambellan du Duc DE BOURBON, Gouverneur de Savonne, épousa *Jeanne de Boulainvilliers*, fille de *Perceval*, Seigneur de *Boulainvilliers*, & de *Jeanne de Gournay*, dont il eut:

1. LÉON, Seigneur de Sablonnières, Grand-Maître des Eaux & Forêts de Beauvoisis;
2. CHARLES, Chanoine & Comte de Lyon;
3. Et MARGUERITE, mariée, le 17 Février 1481, à *Guy*, Seigneur de *Châteauvieux*, fils de *Georges*, Seigneur de *Châteauvieux*, & de *Jeanne de Lugny*.

PIERRE DE BRIE, Seigneur de la Bochardière, épousa *Antoinette de Bagié*, dont:

PHILIBERTE DE BRIE, mariée, le 24 Mai 1529, à *Claude Guillod*, Seigneur des Berteaudières, fils de *Thomas Guillod*, Seigneur du même lieu.

ANTOINE DE BRIE, Seigneur de la Bochardière en 1580, épousa *Françoise Bachet*, fille de *Jean Bachet*, Seigneur de Meyseria, & de *Marie-Françoise de Chavannes*, sa première femme, dont il eut:

CHARLOTTE DE BRIE, femme de *Philibert de Cafot*, Seigneur de Burnans, fils de *Philibert de Cafot*, Seigneur de Burnans, & de *Philiberte de Chanluy*.

C'est ce que nous savons de cette famille, dont les armes sont: *d'azur, à deux haches d'armes adossées en pal d'argent.*

Les Seigneurs de *la Bochardière* portent: *d'azur, à la hallebarde d'or, en pal, les fers d'argent, au chef cousu de gueules.*

BRIE (DE), Seigneur de la Bastide, en Limousin, famille dont il est parlé dans l'*Armorial gén. de France*, reg. I, part. I, p. 97, elle fut maintenue dans sa Noblesse par Lettres du 21 Juillet 1712, & porte pour armes: *d'or,*

à trois lions de gueules, armés, lampassés & couronnés d'azur, posés 2 & 1.

BRIENÇON & SAONES. On ne peut parler avec certitude de la Maison de SAONES, qu'on voit par plusieurs preuves être puînée de celle DE BRIENÇON, & nous ne pouvons savoir l'origine de cette dernière: il est vrai que la Terre de *Saones* est située dans le Bailliage de Caux sur le chemin de Rouen à Dieppe; mais le long-tems qu'il y a que ces deux familles sont éteintes, empêche d'en avoir une connoissance entière. Voici confusément ce que nous en avons pu découvrir.

Les armes de cette maison sont: *gironné d'argent & d'azur de six pièces, chargé en abîme d'un écusson de gueules*. Dans l'*Armorial* dressé sous le Roi CHARLES V, en 1368, 1° *Monsieur* GUILLAUME DE BRIENÇON les portoit toutes pleines; 2° *Monsieur* COMPAGNON DE BRIENÇON les portoit semblables *à un bâton de gueules*; & 3° *Monsieur* COLART DE SAONES, semblables à *un écusson de gueules*. Dans l'*Enquête* faite touchant les patronages laïques l'an 1205, est nommé ROBERT DE SAONES; & dans l'*Appointement* qui se fit ensuite en 1205, entre le Clergé & les Barons de la Province est nommé, parmi les Chevaliers GUILLAUME DE SAONES, lequel est aussi mentionné dans le registre *des fiefs* sous le Roi PHILIPPE-AUGUSTE l'an 1208; ce qui fait voir que cette branche étoit déjà séparée de celle de BRIENÇON. Il eut pour fils NICOLAS, Seigneur de SAONES, vivant en 1267, qui fut père de ROBERT, Seigneur de SAONES, lequel épousa l'an 1303, *Agnès d'Estouteville*, fille de *Robert IVᵉ du nom, dit Passemer, Sire d'Estouteville* & de *Vallement*, & de *Jeanne Bertrand*, dont vint JEAN, Seigneur DE SAONES, Chevalier.

COLINET DE SAONES servoit le Roi CHARLES VI, dans ses Armées l'an 1390, & fut père d'OLIVIER DE SAONES, Chevalier en 1403; ROBERT, Sire DE SAONES, épousa *Jacqueline d'Esneval*, & eut pour fils JEAN Sire de SAONES & de Toqueville, qui épousa, *Charlotte d'Estouteville*, fille de *Jean IIᵉ du nom, Sire d'Estouteville*, & de *Marguerite d'Harcourt*, dont il eut THOMAS, Sire DE SAONES, qui épousa *Alienor de Beuves*.

Dans les Mémoires de M. Bigot-Sommenil, sont mentionnés GUILLAUME DE SAONES &

THOMAS DE SAONES, Seigneur de Beaudribofc. ROBERT, Seigneur DE SAONES, Chevalier, avoit procès en l'Echiquier l'an 1400, contre le Comte de *Tancarville*.

* BRIENNE-SUR-AUBE, petite ville en Champagne, avec titre de Comté, laquelle étoit une des fept Pairies que les Comtes Palatins de Champagne avoient dans cette Province, où les Pairs tenoient les *grands- jours*. Elle eft fituée près de Troyes, entre Bar-fur-Aube & Plancy, & a donné fon nom à l'ancienne Maifon, dont nous allons donner un extrait généalogique, d'après l'*Hiftoire des Grands Officiers de la Couronne*, tom. VI, pag. 126. & fuiv. Le premier connu du nom DE BRIENNE eft :

I. ENGELBERT, Ier du nom, Comte DE BRIEN-NE, nommé dans une Chartre de Monftier-Ra-mey, la troifième année du règne de HUGUES CAPET. On lui donne pour femme *Mainfrede*, veuve de *Fromond*, IIIe du nom, Comte de Sens & de Joigny, nommée avec fon fecond mari dans les titres de Monftier-Ramey. Elle fut mère de :

II. ENGELBERT, IIe du nom, Comte DE BRIENNE, qui vivoit encore l'an 1055, fuivant la Chronique d'Albéric. Il maria N..... Com-teffe de Joigny, fa belle-fœur, à *un vaillant Chevalier*, nommé *Etienne*, lequel fit bâtir le Château de Joinville fous le règne de HENRI Ier, & donna commencement à la Maifon de *Joigny* & de Joinville, dont nous parlerons en fon lieu. ENGELBERT eut de fon époufe, dont on ignore le nom :

III. GAUTHIER, Comte DE BRIENNE, Ier du nom, marié avec *Euftache*, Comteffe de *Bar-fur-Seine*, fille puînée de *Renaud*, Comte de *Bar-fur-Seine* & de Tonnerre. Il fit en 1608, avec fa femme, quelques donations à l'Ab-baye de Monftier-Ramey. Leurs enfans fu-rent

1. ERARD, qui fuit ;
2. MILON, tige de la branche des Comtes de *Bar-fur-Seine*, rapportée ci-après ;
3. ENGELBERT, auteur de la branche des Sei-gneurs de *Conflans*, mentionnée en fon rang ;
4. Et GUY, nommé avec fes frères dans les titres de Monftier-Ramey, ainfi que fes quatre fœurs :

MANSFREDE, PÉTRONILLE, ADELAÏS & AVANE DE BRIENNE.

IV. ERARD, Comte DE BRIENNE, Ier du nom,

fe trouva à Molefme le 2 Avril 1104, lorfque *Hugues*, Comte de Troyes, confirma les do-nations qu'il avoit faites à cette Abbaye dans le Concile tenu à Troyes, & céda à l'Abbaye de Beaulieu, par une Charte de 1112, tout ce qu'il avoit au village de Giffey, à la réferve de la juftice. Il eut *d'Alix de Roucy*, fille d'*André*, Comte de Rameru, & d'*Alix*, fa première femme :

1. GAUTHIER, qui fuit ;
2. HUBERT, qui affifta avec plufieurs Seigneurs à une affemblée tenue à Semur l'an 1113, pour pacifier le différend qui étoit entre *Gerard*, Abbé de St.-Pierre de Flavigny & fes Religieux ;
3. Et FÉLICITÉ, mariée, 1° en 1110, à *Simon*, Ier du nom, Seigneur de *Broyes* & de *Beau-fort*, avec lequel elle fonda un Monaftère à Andecies, près Baye, où ils mirent des Religieufes tirées de l'Abbaye de Juilly ; & 2° à *Geoffroy*, IIIe du nom, dit *le Vieil* & *le Gros*, Sire de Joinville, Sénéchal de Cham-pagne, fils de *Roger de Joigny*, Sire de Joinville, & d'*Aldeard de Vignory*.

V. GAUTHIER, Comte DE BRIENNE, IIe du nom, fonda l'Abbaye de Sainte-Marie de Baffe-Fontaine, à laquelle il céda la dîme du revenu du Château de Brienne, fuivant les Lettres de fondation datées du 22 Janvier 1143 ; & étant fur le point de faire le voyage de la Terre-Sainte, il donna aux Religieux du Prieuré de Rameru, du confentement de fa femme & de fes enfans, partie du *falage* de Rameru, la dîme de fes granges & le droit d'*ufage* dans fa forêt, & confirma les dona-tions faites à ces Religieux par *André*, Comte de Rameru, fon aïeul maternel. Au retour de fon voyage de la Terre-Sainte, il ratifia, en 1152, le don qui avoit été fait à l'Abbaye de Beaulieu, des Terres de Luat, de la Foffe, de Macelin & autres : il ne vivoit plus l'an 1156. GAUTHIER DE BRIENNE, IIe du nom, portoit pour armes : *d'azur, à un lion d'or, femé de billettes de même*. Il époufa *Adelaïs de Bau-dement*, nommée *Hubline*, dans une Charte de Prémontré de 1144, & eut :

1. ERARD, qui fuit ;
2. ANDRÉ, tige de la branche des Seigneurs de *Rameru*, rapportée ci-après ;
3. JEAN, Abbé de Beaulieu, qui vivoit en 1186 ;
4. & 5. MARIE ET ELVIDE, nommées la pre-mière dans une Charte de l'Abbaye de Mar-mouftier de 1147, & l'autre dans un titre de l'Abbaye de Beaulieu de 1152.

VI. ERARD, Comte DE BRIENNE, IIe du nom,

fut préfent avec *Pierre*, Abbé de Clairvaux; *Jean*, Abbé de Beaulieu; *Aubert*, Abbé de la Chapelle, & plufieurs Chevaliers, à la donation que *Simon de Broyes* fit, en 1182, à l'Abbaye de Boulancourt. Il termina un différend qu'il avoit avec l'Evêque de Troyes en 1186, & vivoit encore en 1189. Il eut d'*Agnès*, dite de *Montbéliard*, fille de *Richard*, Seigneur de Montfaucon, & d'*Agnès*, Comteffe de Montbéliard :

1. GAUTHIER, qui fuit;
2. GUILLAUME, qui étoit mort au mois de Mai 1200;
3. JEAN, Roi de Jérufalem & Empereur de Conftantinople, tige de la branche des Comtes d'*Eu* & des Vicomtes de *Beaumont*, rapportée ci-après;
4. ERMENGARDE, femme d'*Amé*, Comte de *Montbéliard*;

Et plufieurs autres filles, dont les noms font inconnus.

VII. GAUTHIER, Comte DE BRIENNE, IIIᵉ du nom, puis Roi de Sicile & Duc de la Pouille, fe croifa au voyage de la Terre-Sainte avec JEAN, fon frère, & fignala fon courage à la défenfe de la ville d'Acre, contre les Sarrafins en 1188. Pendant ce tems il fut appelé à la Couronne de Sicile, & après avoir amaffé un corps de troupes affez confidérable, il paffa en Italie & au Royaume de Naples, où il combattit vaillamment contre Diepald, Lieutenant-Général de l'Armée de l'Empereur. Il fut bleffé en affiégeant un Château dans la Pouille, & mourut de cette bleffure en 1205. Il avoit époufé, en 1201, *Marie*, nommée *Alberie*, par du Cange, Reine de Sicile & de Naples, fœur de GUILLAUME III, Roi de Sicile, fille aînée & héritière de *Tancrède-le-Bâtard*, Roi de Sicile, & de *Sybille*, dont :

1. GAUTHIER, qui fuit;
2. Et MARGUERITE, mariée à *Balian*, Iᵉʳ du nom, Seigneur de *Saiette*, fils de *Renaud*, dont elle eut des enfans.

VIII. GAUTIER, Comte DE BRIENNE, IVᵉ du nom, dit *le Grand*, né pofthume, paffa fa jeuneffe dans la Pouille, & fut dans fa minorité fous la tutelle de JEAN DE BRIENNE, fon oncle, qui tint le Comté de Brienne à titre de garde ou de bail jufqu'en 1221, qu'il le reftitua à fon neveu, priant BLANCHE DE NAVARRE, Comteffe de Champagne, & THIBAUT, fon fils, de l'en mettre en poffeffion. Il paffa enfuite dans la Terre-Sainte, où il fignala fa valeur en plufieurs occafions contre les Sarrafins, qui

l'ayant fait prifonnier, le firent cruellement mourir : Mathieu Paris place fa mort en 1251. Il eut de MARIE DE CHYPRE, fille de HUGUES Iᵉʳ, Roi de Chypre, & d'ALIX DE CHAMPAGNE, dite de *Jérufalem*, & fœur de HENRI, Roi de Chypre :

1. JEAN, mort fans enfans, avant 1270, de *Marie d'Enghien*, veuve de *Hugues de Réthel*, Seigneur de Beaufort;
2. HUGUES, qui fuit;
3. Et AMAURY, mort fans poftérité avant 1270.

IX. HUGUES, Comte DE BRIENNE & de Liches, Duc d'Athènes, accompagna à la conquête du Royaume de Naples, CHARLES DE FRANCE, Comte d'Anjou, Roi de Sicile. Il obtint de ce Prince en 1269, en titre de *Comté*, les Terres & Seigneuries de Liches, de Saint-Donat, de Tripazzo & de Tibenrano, fifes dans la Terre d'Otrante. Il fut préfent lorfque *Philippe Iᵉʳ, de Courtenay*, Empereur titulaire de Conftantinople, ratifia les conventions qui avoient été accordées entre *Baudouin*, l'Empereur fon père, & CHARLES Iᵉʳ, Roi de Sicile, pour le recouvrement de l'Empire de Conftantinople. Il ne vivoit plus en 1301, & laiffa d'*Ifabelle de la Roche*, veuve de *Geoffroy*, Seigneur de *Caritaine* & de *Thebes*, & fille de *Guillaume*, Duc d'*Athènes* & Sire de *Thebes* :

1. GAUTHIER, qui fuit;
2. Et AGNÈS, femme, avant 1306, de *Jean*, IIᵒ du nom, Comte de *Joigny*, Seigneur de Mercœur, fils de *Jean Iᵉʳ*, Comte de *Joigny*, & de *Marie de Mercœur*.

X. GAUTHIER, Vᵉ du nom, Comte DE BRIENNE & de Liches, Duc d'Athènes, fut donné pour *Pleige* des conventions du mariage de JEANNE DE VALOIS, avec GUILLAUME, Iᵉʳ du nom, Comte de Hainaut, par CHARLES DE FRANCE, Comte de Valois & d'Alençon en 1305. Il vendit cette même année avec fon époufe aux Doyen & Chapitre de l'Eglife de Troyes, 200 liv. de rente fur les renes & iffues de la Ville de Troyes & de fes foires pour la fomme de 6600 liv. petits tournois. Il paffa enfuite en fon Duché d'Athènes, où ayant conclu un traité avec les Catelans, & les ayant reçus à fa folde, il déclara la guerre à Jean de Duras, Duc de Patras, & à Thomas, fils de Nicéphore, Defpote d'Arte ou d'Arcanie fes ennemis, fur lefquels il reprit plus de 30 Châteaux qu'ils lui avoient enlevés, & les obligea enfin à faire la paix. Quelques temps après il fe brouilla avec les Catelans, & s'étant mis en devoir de les chasser par force, il perdit la bataille & la vie l'an 1312. Il avoit épousé *Jeanne de Châtillon*, morte le 16 Janvier 1354, fort âgée, & enterrée dans le chœur de l'Eglise des Jacobins de Troyes devant le grand Autel, où se voit son épitaphe gravée sur une tombe de marbre noir. Elle étoit fille aînée de *Gaucher V*, Connétable de France, & d'*Isabelle de Dreux*, sa première femme. De ce mariage naquirent :

1. GAUTHIER, qui suit;
2. Et ISABEAU, qui devint Duchesse d'Athènes, Comtesse de Brienne & Dame de Liches par la mort sans enfans de son frère ; elle vivoit encore l'an 1362, suivant un Arrêt du Parlement de Paris. Elle épousa, la nuit de la fête du 6 Janvier 1320, *Gauthier*, IVe du nom, Seigneur d'Enghien, fils de *Gauthier*, IIIe du nom, Seigneur d'Enghien, & d'*Yolande de Flandre*, dont plusieurs enfans.

XI. GAUTHIER, VIe du nom, Comte de BRIENNE & de Liches, Duc d'Athènes, Connétable de France, mourut à la bataille de Poitiers le 19 Septembre 1356, sans enfans. Il avoit épousé 1° *Marguerite de Sicile-Tarente*, fille aînée de *Philippe de Sicile*, Ier du nom, Prince de Tarente & d'Achaïe, & d'*Ithamar Ange*, sa première femme; & 2° JEANNE DE BRIENNE-EU, morte le 6 Juillet 1389, après s'être remariée, le 16 Janvier 1357, à *Louis d'Evreux*, Comte d'Estampes, & fille de *Raoul de Brienne*, Comte d'Eu, Connétable de France, & de *Jeanne de Mello*, Dame de Château-Chinon & de Lorme.

BRANCHE
des Rois de JÉRUSALEM, Comtes D'EU & DE GUINES.

VII. JEAN DE BRIENNE, Roi de Jérusalem, Empereur de Constantinople, troisième fils d'*Erard II*, Comte de BRIENNE, & d'*Agnès de Montbéliard*, eut l'administration du Comté de Brienne pendant la minorité de GAUTHIER, IVe du nom, Comte de BRIENNE, son neveu. Il s'en qualifia *Comte*, suivant l'usage du tems, & le tint jusqu'en 1221. Il fut un de ceux qui se croisèrent avec les conquérans de Constantinople; le bruit de ses armes & la renommée de sa valeur allèrent si avant, que les Barons de Jérusalem, après le décès du Roi AMAURY, députèrent en France pour lui offrir le Royaume avec *Marie de Montferrat*, ce qu'il accepta & promit d'effectuer avec l'a-

grément du Roi PHILIPPE-AUGUSTE, qui le secourut de 40,000 livres. Il fut couronné dans la Ville de Tyr le Dimanche d'après la St.-Michel 1210, où il reçut l'hommage de tous les Seigneurs du Royaume, retourna délivrer la Ville d'Acre assiégée par *Conradin*, Soudan de Damas, & l'an 1218 mit le siège devant la Ville de Damiette en Egypte, où après avoir enduré beaucoup de fatigues l'espace d'un an & demi, & quelquefois été battu, elle lui fut rendue le 5 Novembre 1219. Il ne la put conserver que huit mois. Jacques Blondel, selon le P. Anselme, dit que les Sarrasins la reprirent au mois de Septembre 1221. Etant passé en France après le décès de la Reine *Marie de Montferrat*, sa femme, à dessein d'en obtenir du secours pour la Terre-Sainte & delà en Espagne, il retourna en France où il assista au Sacre du Roi Louis VIII, le 6 Janvier 1223, reçut de ce Prince 100000 livres, outre 200000 livres qui devoient être employées pour le même sujet, & que le Roi avoit mis entre les mains du Grand-Maître des Templiers & de l'Hôpital. Il se trouva la même année au jour assigné pour les noces de sa fille YOLANDE avec l'Empereur FRÉDÉRIC II, mais aussitôt après le couronnement de cet Empereur dans Tyr, il fut contraint de lui céder tous les droits qu'il avoit sur le Royaume de Jérusalem à cause de sa fille, quoiqu'il eût été convenu qu'il en jouiroit pendant sa vie. Se voyant dépouillé de tout, il se retira auprès du Pape INNOCENT III, qui lui donna la conduite de l'armée contre l'Empereur pour conquérir la Sicile. Cette entreprise n'eut aucune suite, parce que la paix survint l'an 1229. JEAN DE BRIENNE, après le traité conclu en présence du Pape avec les Ambassadeurs de l'Empire, se prépara pour aller prendre possession de sa nouvelle dignité, fit plusieurs levées de gens de guerre, se rendit à Venise où il renouvela l'alliance qui étoit entre les François & les Vénitiens, emprunta d'eux des vaisseaux pour passer à Constantinople, partit de Venise avec ses troupes vers le mois de Septembre 1231, & étant arrivé à Constantinople sur la fin de l'Automne, il y fut reçu avec un applaudissement général de tout le monde, & couronné Empereur en l'Eglise de Sainte-Sophie par le Patriache SIMON. Il passa en Asie l'an 1233, où il prit le Château de Piga sur Vatace, & défit l'armée navale de ce général & celle d'Azen l'an 1235. Les der-

nières actions qu'il fit au siège de Constantinople & la défaite d'une armée nombreuse
d'ennemis où il se comporta avec beaucoup
de hardiesse & de conduite, le comblèrent de
gloire. Le Nécrologe de l'Eglise Paroissiale de
St.-Paul de Paris marque son décès le jour
de St.-Benoît 21 Mars, & celui du Prieuré de
Sainte-Catherine-de-la-Couture de la même
Ville le 23 Mars : Mathieu Paris dit que ce
fut l'an 1237. Il avoit épousé, 1º le 14 Septembre 1209, *Marie de Montferrat*, Reine
de Jérusalem, morte l'an 1219, fille de *Conrad*, Marquis de Montferrat, & d'*Isabeau
d'Anjou*, Reine de Jérusalem ; & 2º l'an 1222,
Bérengère de Castille, morte l'an 1237, suivant la chronique d'Albéric, elle étoit sœur de
FERDINAND III, Roi de Castille, & fille d'AL-
PHONSE IX, Roi de Léon & de Galice, & de *Bérengère de Castille*, sa seconde femme.

Du premier lit naquirent :

1. N... DE BRIENNE, morte 15 jours après sa
mère en 1219, âgée seulement de 4 ans ;
2. YOLANDE, dite d'*Acre*, Reine de Jérusalem,
morte en couches de son fils *Conrad* en
1228 ; elle avoit épousé, en 1223, l'Empereur FRÉDÉRIC II.

Et du second lit vinrent :

3. ALPHONSE, qui suit ;
4. JEAN, dit d'*Acre*, Grand-Bouteiller de France mort en 1296, marié 1º à *Marie de Coucy*, veuve d'ALEXANDRE II, Roi d'Ecosse,
& fille aînée d'*Enguerrand III*, dit *le
Grand*, Sire de Coucy, & de *Marie de
Montmirail*, sa troisième femme, dont il
n'eut point d'enfans ; & 2º en 1251, à
Jeanne de Châteaudun, Dame du Château-
du-Loir, veuve de *Jean*, Comte de *Montfort-l'Amaury*, & fille de *Geoffroy*, IVe du
nom, Vicomte de Châteaudun, Seigneur
de Montdoubleau & du Château-du-Loir,
& de *Clémence des Roches*; dont :

  BLANCHE DE BRIENNE ; Dame de la Lou-
pelande, alliée, l'an 1269, à *Guillaume*, Baron de *Fiennes* & de Tingry,
fils aîné d'*Enguerrand II*, Seigneur de
Fiennes, Baron de Tingry & de Ru-
minghem, & de *N..... de Condé*. Elle
apporta à son mari la Terre de *la Loupe-
lande* qui lui avoit été cédée, l'an
1269, par *Robert*, Comte de *Dreux*, &
Béatrix, Comtesse de *Montfort*, sa
femme, pour les droits qu'elle pouvoit
prétendre en la succession de *Jeanne
de Châteaudun*, sa mère ;

5. LOUIS, tige de la branche des Vicomtes de
Beaumont-au-Maine, rapportée ci-après ;

6. Et MARIE, qui vivoit encore l'an 1275, mariée, par traité passé à Peruse le 19 Avril
1229, à *Baudouin*, IIe du nom, Seigneur de
Courtenay, Empereur de Constantinople,
fils de *Pierre*, IIe du nom, Seigneur de
Courtenay, Comte de Nevers, d'Auxerre &
de Tonnerre, Empereur de Constantinople,
& d'*Yolande de Hainaut*, sa seconde
femme.

VIII. ALPHONSE DE BRIENNE, dit d'*Acre*,
Comte d'Eu, Chambrier de France, mourut
à Tunis le 25 Août 1270. Il avoit été amené
en France avec ses frères, lorsque *Baudouin
de Courtenay*, Empereur de Constantinople,
y vint demander du secours aux Princes Chré-
tiens. Il avoit épousé *Marie de Lesignem*,
Comtesse d'Eu, fille de *Raoul*, dit d'*Issoudun*,
IIe du nom, Comte d'Eu, & d'*Yolande de
Dreux*, sa seconde femme, dont il eut :

1. JEAN, qui suit ;
2. Et BLANCHE, Religieuse, puis Abbesse de
Maubuisson-lès-Pontoise, qui vivoit encore
l'an 1309.

IX. JEAN DE BRIENNE, Ier du nom, Comte
d'Eu, fait Chevalier par le Roi ST. LOUIS vers
1252, fit plusieurs donations à l'Abbaye de
Foucarmont, à laquelle il céda, entr'autres,
la ville de Fesques, qu'il fit acheter de ses deniers par Jean de Forges, son Clerc & Gouverneur. Il mourut à Clermont en Beauvoisis l'an 1294, & fut enterré dans le Chœur de
l'Abbaye de Foucarmont, suivant la Chronique de ce Monastère. Il avoit épousé *Béatrix
de Châtillon*, dite de *Saint-Paul*, qui se
retira au Comté de Saint-Paul après la mort
de son mari, mourut en 1304, & fut enterrée
en l'Abbaye de Cercamp. Elle étoit fille de
Guy, Comte de Saint-Paul, & de *Mahaut de
Brabant*. De ce mariage vinrent :

1. JEAN, qui suit ;
2. ISABEAU, mariée à *Jean*, IIe du nom, dit de
Flandre, Seigneur de *Dampierre* & de
Saint-Dizier, fils de *Jean*, Ier du nom, Seigneur de Dampierre, & de *Laure de Lorraine*. Du Chesne la dit fille d'ALPHONSE,
& la nomme MARGUERITE ;
3. JEANNE, alliée 1º à *Raymond*, VIIe du nom,
Vicomte de *Turenne ;* & 2º à *Renaud*, Seigneur de *Piquigny*, Vidame d'Amiens ;
4. MARGUERITE, femme de *Guy*, IIe du nom,
Vicomte de *Thouars*, Seigneur de Talmont, fils d'*Aimery*, VIIIe du nom, Vicomte de Thouars, Seigneur de la Chèze
& de Vihers, & de *Marguerite de Lesi-
gnem-la-Marche ;*

5. Et Mahaut, qualifiée nièce de feu *Blanche d'Eu*, Abbesse de Maubuisson, dans des Lettres de 1328.

X. Jean de Brienne, IIe du nom, Comte d'Eu & de Guines, reprit, au nom de sa femme, le procès intenté au Parlement par feu *Baudouin de Guines*, son beau-père, pour faire casser la vente faite au mois de Février 1282, par le Comte *Arnoul*, IIIe du nom, du Comté de Guines au Roi Philippe le Hardi, & obtint, après plusieurs poursuites, délivrance de ce Comté, par Arrêt de 1295. Il confirma toutes les donations qui avoient été faites à l'Abbaye de Foucarmont, où il fut depuis enterré, ayant été tué à la bataille de Courtray contre les Flamands l'an 1302. Il avoit épousé *Jeanne*, Comtesse de *Guines*, morte l'an 1331, & enterrée auprès de son mari dans l'Abbaye de Foucarmont; elle étoit fille aînée & héritière de *Baudouin de Guines*, Seigneur d'Ardres, Châtelain de Bourbourg, & de *Catherine de Montmorency*. De cette alliance naquirent:

1. Raoul, qui suit;
2. Et Marie, morte jeune & enterrée dans l'Abbaye de Longvilliers.

XI. Raoul de Brienne, Ier du nom, Comte d'Eu & de Guines, fut établi Lieutenant sur les frontières de Hainaut & ès parties de Languedoc en 1331 & 1338, honoré de la charge de Connétable de France en 1332, ou avant 1336, lorsqu'il passa en Italie avec Jean, Roi de Bohême. Il signa, en 1332, le traité fait entre le Roi de France & le Roi de Castille pour un secours mutuel de gens de guerre, fut envoyé en Guyenne, où il réduisit sous l'obéissance du Roi les villes de Bourg & de Blaye, mourut, le 18 Janvier 1344, d'un coup de lance au tournoi qui se fit à Paris aux noces de Philippe de France, Duc d'Orléans, & fut regretté de tous les Princes & des Grands du Royaume. Il avoit épousé *Jeanne de Mello*, Dame de Lorme & de Château-Chinon, fille aînée & héritière de *Dreux de Mello*, Seigneur de Château-Chinon & de Lorme, & de *Jeanne de Tocy*, dont il eut:

1. Raoul, qui suit;
2. Jeanne de Brienne-Eu, Dame de Château-Chinon & de Lorme en Morvant, qui laissa par son testament 1000 francs d'or à l'Abbaye de St.-Denis, confirma cette disposition par son codicille du 27 Février 1387, mourut à Sens le 6 Juillet 1389, & fut enterrée à l'Abbaye de St.-Denis dans la Cha-

pelle de *Notre-Dame la Blanche*, dite de la Reine Jeanne, comme porte son épitaphe; elle fut mariée 1º à Gauthier, VIe du nom, Comte de Brienne, Connétable de France, Duc d'Athènes, fils de Gauthier, Ve du nom, & de *Jeanne de Châtillon*; & 2º par contrat du 16 Janvier 1357, à *Louis d'Evreux*, Comte d'Estampes & de Gien, Pair de France, fils de *Charles*, Comte desdits lieux, Pair de France, & de *Marie d'Espagne*, Dame de Lunel;

3. Et Marie, morte jeune.

XII. Raoul de Brienne, IIe du nom, Comte d'Eu & de Guines, Connétable de France, fut décapité à Paris le 19 Novembre 1350. Il avoit épousé, au mois d'Octobre 1340, *Catherine de Savoie*, mariée, 1º l'an 1333, à *Azzon Visconti*, Seigneur de Milan, & 3º à Seurre en Bourgogne, au mois de Mars 1352, à *Guillaume de Flandre*, Ier du nom, Comte de Namur, fils de *Jean*, & de *Marie d'Artois*, sa seconde femme. Elle étoit fille de *Louis de Savoie*, IIe du nom, Seigneur de Vaud, de Bugey & de Valromey, & d'*Isabelle de Châlon*, Dame de Joigny. Elle n'eut point d'enfans de ses trois maris.

Raoul de Brienne, IIe du nom, eut un fils naturel nommé

Jean du Bois, Seigneur de la Maisonfort, bâtard de *Brienne*, qui fut légitimé & annobli par Lettres du Roi Charles VI, de 1395.

Cette branche portoit: *écartelé, aux 1 & 4 d'azur, au lion d'or, semé de billettes de même*, qui est Brienne; *aux 2 & 3 de* Champagne & sur le tout de Jérusalem.

BRANCHE
des Vicomtes de Beaumont-au-Maine.

VIII. Louis de Brienne, dit d'*Acre*, Vicomte de Beaumont-au-Maine, dont sa postérité prit le surnom, troisième fils de Jean de Brienne, Roi de Jérusalem, Empereur de Constantinople, & de *Bérengère de Castille*, sa seconde femme, permit aux Religieux de St.-Hippolyte de Vivoin d'aggrandir la cour de leur Monastère l'an 1253, se trouva avec ses frères à la Cour d'Alphonse X, Roi de Castille en 1255, selon Surita, augmenta la fondation de la Chartreuse du Parc-d'Orques, vers 1263, de 1200 livres de rente, & y fut enterré. Il avoit épousé, avant le mois de Février 1253, *Agnès*, Vicomtesse de *Beaumont* après ses frères, Dame de la Flèche, de Fresnay, de Sainte-Susanne, du Lude & de

Château-Gontier. Elle étoit sœur & héritière de *Richard II*, Vicomte de Beaumont, mort avant 1249, & fille de *Raoul*, IIIe du nom, Vicomte de Beaumont, & d'*Agnès*, sa seconde femme. De ce mariage vinrent :

1. JEAN, qui suit ;
2. LOUIS, Évêque de Dunelmont en Angleterre ;
3. MARGUERITE, morte le 9 Avril 1328, & enterrée en l'Abbaye de Maubuisson, suivant son épitaphe, mariée à *Bohemond*, VIIe du nom, Prince d'*Antioche*, Comte de Tripoli, fils aîné de *Bohemond VI*, Prince d'*Antioche*, & de *Sibylle d'Arménie ;*
4. MARIE, alliée à *Henri d'Avaugour*, IIIe du nom, Baron de Mayenne & de Goello, fils d'*Alain d'Avaugour*, IIe du nom, Baron de Mayenne, Vicomte de Dinan, & de *Clémence ;*
5. Et JEANNE, mariée, en 1286, à *Guy*, VIIe du nom, Sire de *Laval* & de Vitré, Comte de Caserte, veuf d'*Isabeau de Beaumont*, fille unique de *Guillaume de Beaumont*, Seigneur de Paci-sur-Marne, & fils de *Guy de Montmorency*, dit de *Laval*, VIe du nom, Seigneur de Laval, d'Aquigny, d'Hérouville & d'Attichy-sur-Aisne, & de *Philippe*, Dame de Vitré & de Châtillon.

IX. JEAN, Ier du nom, Vicomte de Beaumont, Baron de Sainte-Susanne, fut l'un des *Pleiges* que CHARLES, Comte de Valois & d'Anjou, donna à *Guillaume*, Comte de Hainaut & de Hollande, pour les conventions du mariage de JEANNE DE VALOIS, sa fille. Il eut de *Jeanne*, Dame de *la Guerche*, de Pouance & de Château-Gontier, fille de *Geoffroy*, Seigneur de la Guerche, &c., & d'*Émmé*, Dame de *Château-Gontier :*

1. ROBERT, qui suit ;
2. RICHARD, mentionné dans un titre de l'Abbaye de Marmoutier ;
3. ISABELLE, mariée à *Geoffroy*, Seigneur d'*Ancenis ;*
4. Et ANNE, femme de *Payen de Chourses*, Seigneur de Malicorne.

X. ROBERT, Vicomte de Beaumont, Baron de Sainte-Susanne, Seigneur de la Guerche, &c., mort le 28 Septembre 1327, avoit épousé, le 25 Août 1303, *Marie de Craon*, fille de *Maurice*, & de *Mahaut de Malines*, dont :

1. JEAN, qui suit ;
2. GEOFFROY, Seigneur du Lude, Chambellan du Roi, mort sans enfans de *Jeanne*, Dame de *Beauçay*, morte au mois de Mars 1402, après s'être remariée, vers le mois de Mai 1360, à *Charles d'Artois*, Comte de Longueville & de Pezenas, cinquième fils

de *Robert III*, Comte de Beaumont-le-Roger, & de *Jeanne de Valois*. Elle étoit fille de *Hugues de Beauçay ;*
3. MARIE, Abbesse de Ronceray ;
4. JEANNE, femme de *Jean d'Amboise*, Seigneur de Chaumont ;
5. Et MARGUERITE, mariée à *Bernard*, Vicomte de *Ventadour*.

XI. JEAN, IIe du nom, Vicomte de Beaumont, Baron de Sainte-Susanne, &c., Chevalier-Banneret, se trouva à Amiens en 1338, où il avoit dans sa Compagnie un Chevalier & 9 Ecuyers. Il servit aussi dans l'Ost de Bouvines l'an 1340. Suivant le compte de Jean du Cange, il épousa 1° *Isabeau d'Harcourt*, fille de *Jean*, IIIe du nom, Sire d'*Harcourt*, Vicomte de Châtellerault, & d'*Alix de Brabant*, Dame de Mezières en Brenne ; & 2° par contrat du 31 Décembre 1330, *Marguerite de Poitiers*, fille d'*Aymar*, IVe du nom, Comte de Valentinois, & de *Sibylle de Baux*. Il eut du premier lit :

1. JEANNE, Dame du Hommet ;
2. MARIE, alliée à *Guillaume Chamaillart*, Seigneur d'Antenaise, dont elle eut :
   Marie Chamaillart, Vicomtesse de Beaumont, après la mort de *Louis*, Vicomte de Beaumont, son oncle, laquelle porta cette Terre en mariage, l'an 1371, à *Pierre*, Comte d'*Alençon* & *du Perche*.

Et du second lit :

3. LOUIS, Vicomte de Beaumont, Baron de Sainte-Susanne, &c., tué à la bataille de Cocherel le 23 Mai 1364, enterré dans l'Eglise de la Chartreuse-du-Parc d'Orques au pays du Maine, sans laisser d'enfans d'ISA-BELLE DE BOURBON, remariée à *Bouchard*, VIIe du nom, Comte de *Vendôme* & de *Castres*, fille de JACQUES, Ier du nom, Comte de la Marche & de Ponthieu, & de *Jeanne de Châtillon ;*
4. GEOFFROY, Seigneur du Lude, Chevalier, Chambellan du Roi PHILIPPE DE VALOIS, mort en 1355 sans enfans de *Jeanne de Beauçay ;*
5. JEANNE, Religieuse ;
6. Et MARGUERITE, femme de *Bouchard de Vendôme*, Seigneur de Feuillet & de Segré, fils puîné de *Bouchard VI*, Comte de Vendôme & de Castres, & d'*Alix de Bretagne*.

Cette branche portoit : *d'azur, au lion d'or, semé de fleurs de lys de même*.

BRANCHE
des Seigneurs DE RAMERU.

VI. ANDRÉ DE BRIENNE, Seigneur de Rame-

ru, fecond fils de GAUTHIER II, & d'*Adelaïs
de Baudement*, confentit à la donation que fit
fon père aux Religieux du Prieuré de Rameru l'an 1147, fit le voyage de la Terre-Sainte
avec le Roi PHILIPPE-AUGUSTE, & fut tué au
fiège de la ville d'Acre en 1191, où il étoit Général des Troupes Françoifes. Il avoit époufé, en 1184, *Adelaïs*, Dame de *Venify*, remariée à *Gaucher de Joigny*, Seigneur de Château-Renard, fecond fils de Renaud III,
Comte de Joigny, & d'*Alix de Champagne*.
Elle étoit fille d'*Anfel*, Seigneur de *Venify*,
& d'*Elifabeth de Nangis*. Ses enfans du premier lit furent:

1. GAUTHIER, qui fuit;
2. ERARD, qui continua la poftérité;
3. ELISABETH, mariée, en 1211, à *Miles*, Seigneur de *Pogy*;
4. Et ALIX, femme de *Clérembaut*, Seigneur
   de *Noyers*, qui accompagna PHILIPPE-AU-
   GUSTE à la Terre-Sainte en 1190. Il étoit fils
   aîné de *Miles II*, & d'*Odeline de Chappes*.

VII. GAUTHIER DE BRIENNE, Seigneur de
Rameru, eft nommé dans plufieurs titres de
l'Abbaye de Marmoutier. Il mourut avant le
mois de Mai 1215, & fut enterré dans l'E-
glife de Saint-Etienne d'Auxerre. Il époufa
1º N...; & 2º, avant 1211, *Euftachie*, Dame
& héritière de *Courtenay*, de Montargis, de
Château-Renard en partie, de Champignel-
les, de Tanlay, de Charny & de Chantecocq,
qui vivoit encore en 1233; elle fe remaria,
en 1218, à *Guillaume Iᵉʳ*, Comte de Sancerre,
fils d'*Etienne de Champagne*, Comte de Sancerre, & de *Mathilde de Donzy*. GAUTHIER
laiffa:

VII. ERARD DE BRIENNE, Seigneur de Rameru & de Venify, Chevalier, fecond fils
d'*André* & d'*Adelaïs de Venify*, paffa dans
la Terre-Sainte, & à fon retour difputa, à
caufe de fa feconde femme, le Comté de Champagne, dont il fut débouté par le Jugement
des Pairs de France affemblés à Melun au
mois de Juillet 1216. Il eut en récompenfe
plufieurs autres Terres, & renonça à tous les
droits qu'il y prétendoit en 1221. Il fe trouva
en 1224, à l'affemblée que *Thibaut VI*, Comte
de Champagne, tint pour régler les partages
des enfans mâles des Nobles. Il fonda l'Abbaye
de la Piété-lès-Rameru en 1234, & vivoit
encore au mois de Janvier 1244, fuivant une
Charte de l'Abbaye de Molefme. Il fut marié, 1º à *Helifende*, Comteffe du Perche,

fuivant une Charte de Pontigny de 1210;
c'eft peut-être la même nommée *Helifende
de Réthel*, veuve de *Thomas*, comte du *Perche*, Seigneur de Nogent-le-Rotrou, fille de
Hugues II, Comte de Réthel, & de *Félicité de Roye*, Comteffe de Beaufort; & 2º
en 1214, *Philippe de Champagne*, feconde
fille & héritière d'*Henri*, IIᵉ du nom, dit *le
Jeune*, Comte de Champagne & de Brie, &
d'*ISABEAU*, Reine de Jérufalem.

Du premier lit vint:

1. ANDRÉ DE BRIENNE, nommé dans un titre
   de l'Abbaye de Pontigny, mort jeune.

Du fecond lit font iffus:

2. HENRI, qui fuit;
3. ERARD, Seigneur de Rameru, qui accompagna le Roi SAINT LOUIS dans fon premier
   voyage de la Terre-Sainte, où il fut tué pour
   la défenfe de la Religion, fuivant le Sire de
   Joinville;
4. MARIE, alliée 1º du vivant de fon père,
   avec *Gaucher*, IIIᵉ du nom, Seigneur de
   Nanteuil-la-Foffe, mort en 1241; & 2º
   avec *Hugues*, IIᵉ du nom, Seigneur de *Conflans*, d'Eftoges & de Congy, fils d'*Euftache
   II*, & d'*Helvide de Thorote*;
5. ISABEAU, Dame de Rameru après la mort
   d'ERARD DE BRIENNE, fon neveu, qui vivoit
   encore en 1274, femme de *Henri VI*, Comte de *Grandpré*, fils de *Henri V*, Comte,
   de *Grandpré*, & de *Marie de Garlande*.
6. MARGUERITE, qui, après la mort de fon fecond mari, fe fit Religieufe à Felines, & y
   mourut en 1275. Elle avoit été accordée en
   1234, & mariée depuis 1º à *Thierry*, Seigneur
   de *Beurés* en Flandre; & 2º à *Adenet*, Sire
   de *Nike*;
7. JEANNE, mariée, avant 1250, à *Mathieu*, IIIᵉ
   du nom, Sire de *Montmorency*, fils de
   Bouchard, Sire de Montmorency & d'E-
   couen, & d'*Ifabeau de Laval*;
8. SIBYLLE, Abbeffe de la Piété de Rameru;
9. Et ALIX, morte après 1244, fans avoir été
   mariée.

VIII. HENRI DE BRIENNE, Seigneur de Rameru & de Venify, Chevalier, accompagna
le Roi ST. LOUIS à fon premier voyage de la
Terre-Sainte en 1248, & mourut en Egypte
en 1250. Il eut de *Marguerite de Châlons*,
fille de *Jean*, Iᵉʳ du nom, Comte de Châlons, & de *Mahaut de Bourgogne*:

IX. ERARD DE BRIENNE, IIᵉ du nom, Seigneur de Rameru & de Venify, qui vendit
au mois d'Octobre 1270, 646 arpens de bois
à l'Abbaye de Pontigny, pour la fomme de
1612 liv. & vivoit encore en 1278, avec fa

femme nommée *Mahaut*, dont apparemment il n'eut point d'enfans. Cette branche portoit : *d'azur, au lion d'or, femé de billettes de même.*

BRANCHE
des Comtes DE BAR-SUR-SEINE.

IV. MILON DE BRIENNE, Ier du nom, Comte de Bar-fur-Seine à caufe de fa mère, fils puî-né de GAUTHIER, Ier Comte de Brienne, & d'*Euftache*, Comteffe *de Bar-fur-Seine*, fit plufieurs conceffions à l'Abbaye de Monftier-Ramey en 1100 & 1108, pour le repos de l'âme de fon père, & de fa mère, & donna à celle de Moleíme en 1116, du confentement de fa femme, tout ce qu'il poffédoit en Seigneuries au village de la Chapelle, avec les coutumes de Vertaut & d'Effoye, & fon Château de Juilly, qui avoit appartenu au Comte MILON, fon oncle paternel. Il eut de fa femme, nommée *Mathilde* dans la donation de 1116 :

1. GUY, qui fuit ;
2. Et RENAUD, Abbé de Cîteaux l'an 1133, & mort en 1151, fuivant la Chronique de l'Abbé Robert.

V. GUY, Ier du nom, Comte de Bar-fur-Seine, fit des donations en 1139 à l'Abbaye de St.-Michel de Tonnerre, avec fa femme & fes enfans, fut un de ceux qui fe trouvèrent au Prieuré de Juilly en 1142, lorfque Godefroy, Evèque de Langres, donna l'habit de Religieufe à Mahaut & à Helvide, filles d'André de Baudement, Seigneur de Brenne, en préfence de leur père, de Guy de Baudement, leur frère, & de St.-Bernard, Abbé de Clairvaux. Il eut de fa femme *Pétronille*, nommée *Elifabeth* dans la donation de 1139 :

1. MILON, qui fuit ;
2. MANASSÈS, rapporté après fon frère aîné ;
3. & 4. GUILLAUME & GUY, morts fans poftérité ;
5. Et HERMESSINDE, mariée, en 1159, à *Simon*, Seigneur de *Rochefort*.

VI. MILON, IIe du nom, Comte de Bar-fur-Seine, fuccéda à fon père peu après 1145, & mourut le 1er Octobre 1151. Il avoit époufé *Agnès de Baudement*, remariée, en 1152, à ROBERT DE FRANCE, Comte de Dreux, cinquième fils du Roi Louis VI, dit *le Gros*, & d'*Adélaïs de Maurienne*, & fille aînée & héritière de *Guy*, Seigneur de Brenne, & d'*Alix*. Elle eut de fon premier mari :

PÉTRONILLE, Comteffe de Bar-fur-Seine, mariée, avant 1168, à *Hugues du Puifet*, Vi-

comte de Chartres, fils de *Hugues du Puifet*, Comte de Japhe, & de *Malmide de Roucy*.

VI. MANASSÈS, Comte de Bar-fur-Seine, après fon aîné, vivoit en 1263, avec fa femme *Elifabeth*, dont il eut :

1. MILON, qui fuit ;
2. MANASSÈS, Evêque & Duc de Langres, Pair de France ;
3. THIBAUT, Seigneur de Chanlot, nommé dans des titres de 1188 & 1204, qui eut de fa femme, nommée *Marguerite* :

    LAURENCE, mariée à *Pons*, Seigneur de *Cufeau*, laquelle traita en 1210 avec *Thibaut*, Comte de Champagne, pour la part qu'elle avoit au Comté de Bar-fur-Seine, comme héritière du Comte MILON, fon oncle ;

    Et PÉTRONILLE, Dame de Chanlot, laquelle porta cette Terre à *Guy de Chappes*, fon mari, Seigneur de Juilly, père de *Péronnelle de Chappes*, Dame de Juilly & de Chanlot, mariée, en 1221, à *Guy de Joinville*, Seigneur de Sailly ;

4. Et ISABEAU, femme 1º d'*Anceau*, Seigneur de Trenel, & 2º de *Thibaut*, Ier du nom, Comte de *Bar*, fils de *Renaud*, IIe du nom, dit *le Jeune*, Comte de Bar, & d'*Agnès de Champagne*, Dame de Ligny.

VII. MILON, IIIe du nom, Comte de Bar-fur-Seine, mourut au fiège de Damiette le 15 des calendes d'Août 1219, fuivant Alberic, & eut d'*Helifende*, fa feconde femme, fille, fuivant la conjecture de du Bouchet, de Renaud IV, Comte de *Joigny* :

1. JEAN, mort jeune ;
2. Et GAUCHER, mort avant fon père au fiège de Damiette en 1219, fans enfans d'*Elifabeth de Courtenay*, fille puînée de *Pierre de Courtenay*, IIe du nom, Empereur de Conftantinople, & d'*Yolande de Hainaut*.

Les armes que portoient les Comtes de *Bar-fur-Seine*, font les mêmes que celles que portoient les Seigneurs de *Rameru*.

BRANCHE
des Seigneurs DE CONFLANS.

IV. ENGELBERT DE BRIENNE, Chevalier, troifième fils de GAUTHIER, Ier du nom, Comte de Brienne, & d'*Euftache*, Comteffe de *Bar-fur-Seine*, eut en partage la Terre & Seigneurie de *Conflans*, dans l'Election de Châlons, diftante de 4 lieues de cette Ville, & de 12 du Comté de Brienne. Il en prit le nom, qui paffa à fes defcendans, mais qui ont toujours confervé les armes de Brienne. Il vivoit l'an

1112, & fit en 1138, avec fa femme, en pré-
fence de fes fils, plufieurs dons à l'Abbaye de
Molefme pour le repos de l'âme du Comte
GAUTHIER, fon père. Il laiffa d'*Adeline :*

1. HUGUES, qui fuit;
2. Et MANASSÈS, nommé avec fon frère & fa
   mère dans le titre de 1138.

V. HUGUES, Ier du nom, Chevalier, Seigneur de Conflans en 1150, augmenta les donations faites par fon père à l'Abbaye de Molefme. Il eut de fa femme, nommée *Aga :*

1. EUSTACHE, qui fuit;
2. Et N.... DE CONFLANS, femme de *Guy du
   Plaiffié,* nommé par Villehardouin parmi les
   Seigneurs de Champagne, qui fe croifèrent
   en 1198 avec leur Comte *Thibaut.*

VI. EUSTACHE, Seigneur de Conflans, d'Eftoges & de Mareuil, Chevalier, fe trouve qualifié *coufin de Geoffroy,* V^e du nom, Sire de
Joinville, dans un acte de ce dernier de 1200,
qui fe trouve dans le Cartulaire de Champagne. Cet acte fert à prouver la defcendance
des Seigneurs de Conflans des Comtes de
Brienne, le titre de *coufin* du Sire de Joinville étant fondé fur ce que *Geoffroy* étoit
petit-fils de FÉLICITÉ DE BRIENNE, petite-fille
de GAUTHIER DE BRIENNE, bifaïeul, felon plufieurs Auteurs, d'EUSTACHE, Ier du nom, Seigneur de Conflans. Cet EUSTACHE accompa-
gna en 1201 GAUTHIER III, Comte DE BRIENNE,
à la conquête du Royaume des Deux-Siciles,
qui lui appartenoit du chef de fa femme, fille
du Roi TANCRÈDE. Il fe trouva en 1224 au
réglement que fit *Thibaut,* Comte de Champagne, avec fes Barons, pour le partage des
enfans mâles. Il avoit époufé, avant 1200,
Marie, dite Dame de Playotre, de Montmort
& d'Auger, fille de *Hugues,* Seigneur des
mêmes lieux. Elle fe qualifie *veuve d'*EUSTA-
CHE DE CONFLANS, dans le don qu'elle fit en
1226 aux Religieux de l'Abbaye de Charmoye,
Ordre de Cîteaux, dans le Diocèfe de Châlons,
de 40 fepatiers de feigle qu'elle avoit acquis à
Conflans, & de 20 fepatiers de froment & d'autant d'avoine fur la Châtellenie de Montmort.
De leur alliance vint :

VII. EUSTACHE, IIe du nom, Chevalier, Seigneur de Conflans, Maréchal de Champagne,
qui fut, en 1228, caution de la vente que *Thibaut,* Comte de Champagne, fit au Comte de
Blois de la Terre de Bohain. Il traita avec
Marie, fa mère, en 1238, des différends qu'ils
avoient enfemble en qualité de Sire de Con-

flans, & il *affranchit* au mois de Mars 1238
Robert de Befil & fes héritiers, iffus de *Marie,* fa femme, à condition qu'il feroit obligé
de le fervir en perfonne, ou de le faire fervir
par quelqu'autre pour lui durant un mois
par an; & que s'il y contrevenoit il compa-
roîtroit à la Cour de THIBAUT, Roi de Navarre,
Comte de Champagne, pour propofer fon ex-
cufe (a). Il époufa, avant 1226, *Helvide de
Thorote,* fille de *Jean,* Châtelain de Noyon,
& d'*Odette de Dampierre,* dont :

1. HUGUES, qui fuit;
2. EUSTACHE, tige de la branche des Seigneurs
   de *Mareuil,* rapportée ci-après;
3. GAUTHIER, nommé dans un Diplôme de
   l'Empereur CHARLES V;
4. Et HELVIDE, première femme de *Raoul de
   Flamenc,* V^e du nom, Seigneur de *Cany,*
   Maréchal de France, fils de RAOUL IV, Seigneur de Cany, & de *Marie.*

VIII. HUGUES, IIe du nom, Chevalier, Seigneur de Conflans, d'Eftoges & de Congis,
dont il rendit hommage en 1248 à THIBAUT
VI, Comte de Champagne, Roi de Navarre,
fut Maréchal de Champagne, & ratifia en 1249
ce que fon aïeul avoit aumôné à l'Abbaye de
Charmoye. Il époufa 1° MARIE DE BRIENNE,
veuve de *Gaucher III,* Seigneur de *Nanteuil-
la-Foffe* en la montagne de Reims, mort en
1241, & fille d'ERARD DE BRIENNE, Seigneur de
Rameru & de Venify; & 2° après 1251, *Ida,*
veuve de N..., Avoué de Thérouenne. Il eut
du premier lit :

1. HUGUES, qui fuit.

Et du fecond :

2. Un autre HUGUES, tige de la branche des
   Seigneurs de *Gizencourt,* rapportée ci-
   après;
3. EUSTACHE, Chanoine de Paris & de Reims,
   mort le 24 Décembre 1313, enterré dans le
   milieu de la Chapelle de Gondy, derrière le
   chœur de l'Eglife Notre-Dame de Paris;
4. Et ISABELLE, morte en 1305, & enterrée aux
   Dominicains de St.-Paul de Valenciennes,
   femme de *Vautier,* Seigneur de *Boufies,*
   Chevalier.

IX. HUGUES DE CONFLANS, IIIe du nom,
Seigneur d'Eftoges, Maréchal de Champagne,
fut caution, en cette qualité, pour la fomme
de 20000 livres dans le contrat de mariage

(a) Ceci eft rapporté par la Roque dans fon
Traité de la Nobleffe, chap. 40, p. 195, comme
un exemple de l'affranchiffement des *ferfs* ou
efclaves nés d'une mère libre.

d'un des fils de *Guy*, Comte de Flandre, le Vendredi 28 Mai 1227 : il vivoit encore en 1295 & avoit époufé 1° *Béatrix*, Avouée de Thérouenne ; & 2° *N...* fille de *Jean*, Vidame de Châlons, & de la fille de *Robert de Châlons*, Seigneur de Bazoches. Il eut du premier lit :

1. EUSTACHE, qui fuit ;
2. HUGUES, Seigneur de la Bouteillerie, qui vivoit en 1314, marié à *Blanche d'Efquoy*, dont :

> JACQUETTE, Dame de la Bouteillerie, mariée 1° à *Jean de Viaire* ; & 2° par contrat du 24 Janvier 1337, à *Renaud de Trie*, Seigneur de Mareuil, fils de *Philippe*, Seigneur de Fontenay, & de *Jeanne de Mareuil*.

3. N... femme de *N...* Seigneur de *Brufières* ;
4. HÉLÈNE, Abbeffe d'Origny, Ordre de St.-Benoît, Diocèfe de Laon, en 1315 ;
5. & 6. Et deux autres filles.

Et du fecond lit :

7. Et JEAN, auteur de la branche des Seigneurs de *Vezilly* & de *Vieilmaifons*, rapportée ci-après.

X. EUSTACHE DE CONFLANS, III° du nom, Chevalier, Seigneur d'Eftoges, avoué de Thérouenne, Confeiller du Roi en 1323, qualifié *Chevalier* dans une quittance qu'il donna à Paris le 12 Juillet 1357, eut de fa femme, dont on ignore le nom :

1. EUSTACHE, Seigneur d'Eftoges, avoué de Thérouenne, lequel de *N..... de Sully* eut un fils unique mort jeune ;
2. HUGUES, Seigneur de Beauvoir, mort fans poftérité ;
3. N..... femme de *Jean de Saint-Verain*, Seigneur de Bleneau ;
4. Et MARGUERITE, qui hérita de fon frère Euftache de la Seigneurie d'Eftoges & de l'avouerie de Thérouenne, qu'elle porta dans la Maifon d'*Anglure* par le mariage, qu'elle contracta en 1339, avec *Oger*, Seigneur d'*Anglure*, fils d'*Oger*, & de *Béatrix d'Effey*, fa première femme.

BRANCHE
des Seigneurs DE VEZILLY & DE VIEILMAISONS.

X. JEAN DE CONFLANS, I° du nom, fils de HUGUES, III° du nom, Seigneur d'Eftoges, & de *N..... des Vidames* de Châlons, fa feconde femme, fut, du chef de fon aïeule maternelle, Seigneur de Vieilmaifons en Brie, & dit *le Vidame*, à caufe des Vidames de Châlons de

la Maifon de *Châtillon-fur-Marne*, dont il defcendoit par les femmes, & Seigneur de Vezilly, du chef de *N..... de Bazoches*, fon aïeule maternelle. Il tranfigea au mois de Septembre 1332 avec les Abbé & Religieux d'Igny, fur les prétentions qu'ils avoient dans fa Terre de Vezilly. Il fit en fon nom, & comme ayant la garde-noble de *Péronnelle d'Unchair*, fille de fa femme & de fon premier mari, aveu & dénombrement de la Terre & Seigneurie d'Armentières au Chapitre de l'Eglife Cathédrale de Soiffons le 18 Novembre 1362. Il époufa 1° *Ifabelle de Lor*, veuve de *Renier de Choifeul*, II° du nom, Seigneur d'Aigremont ; & 2° *Peronne de Jouvengues*, veuve de *Gaucher d'Unchair*, Chevalier, Seigneur d'Armentières. Il eut du fecond lit :

XI. JEAN DE CONFLANS, II° du nom, Chevalier, Seigneur de Vieilmaifons & d'Armentières en partie, qui, fuivant une Commiffion donnée le 7 Juillet 1394 par le Bailli de Valois, rendit aveu & dénombrement de fa Seigneurie de Vieilmaifons à Jeanne d'Harcourt & à Guillaume de Torcy, Seigneur de Montmirail, le 2 Mars 1403 : il eft qualifié dans cet acte *Seigneur d'Armentières*. Il époufa *Madeleine de Hornes*, fille de *Thierry*, Seigneur de Baucignies & de Montcornet, & d'*Ifabeau de Montigny*, en Oftrevant, dont vinrent :

1. BARTHÉLEMY, qui fuit ;
2. Et ANNE, Abbeffe de Sainte-Claire de Reims en 1438.

XII. BARTHÉLEMY DE CONFLANS, Seigneur de Vieilmaifons, de Vezilly, d'Armentières, &c., Vicomte d'Oulchy ou d'Auchy-le-Châtel, vendit, conjointement avec fa femme, par contrat du 24 Septembre 1446, à Jean Jouvenel-des-Urfins, Evêque & Duc de Laon, Pair de France, depuis Archevêque de Reims, fa Terre d'Armentières-les-Oulchy-le-Châtel, au Diocèfe de Soiffons, laquelle lui étoit échue par le décès de JEAN DE CONFLANS, fon père. On apprend par un autre contrat du 28 Mars 1462 qu'il étoit encore Seigneur en partie de Poilly en Tardenois. Il eut de *Marie de Cramailles*, fille de *Baudouin*, Seigneur de Saponnay & de Saint-Remy, & d'*Aliénor de Mailly*, de la branche de *Lorfignol* :

1. JEAN, qui fuit ;
2. EMERI, Seigneur de Rofoy, Vicomte d'Oulchy, qui acquit le Fief du Petit-Mefnil en 1493, & mourut fans poftérité ;

3. Autre JEAN, Seigneur de Saint-Remy & de Vezilly, Chanoine de Soiſſons, mort le 22 Décembre 1525;

4. GUISLAINE, mariée à *Pierre de la Bricogne*, Chevalier, Seigneur de Lagery, dont elle étoit veuve en 1530;

5. Et JEANNE, Religieuſe à Andecy. Tous ces enfans, excepté cette dernière, ſont nommés dans un Jugement rendu le 19 Mai 1530, comme devant être cautions de la vente de la Terre de Cugny, faite par feu BARTHÉLEMY DE CONFLANS, leur père, à feu Jean Jouvenel des Urſins, Archevêque de Reims.

XIII. JEAN DE CONFLANS, IIIᵉ du nom, Chevalier, Seigneur de Vieilmaiſons, de Saponnay & de Vadancourt au Comté de Guiſe, étoit mort le 24 Octobre 1507. Il avoit épouſé, en 1477, *Marguerite de Bournonville*, fille d'*Antoine*, Seigneur de *Bournonville*, & de *Jeanne de Thorote*, dont il eut :

1. JEAN, qui ſuit;

2. GILLES, Seigneur de Saint-Remy, Abbé de St.-Creſpin de Soiſſons lors du mariage de ſon frère puîné en 1525 ; il eſt auſſi qualifié Abbé de St.-Nicolas-aux-Bois, & étoit mort en 1548;

3. ANTOINE, auteur de la branche des Vicomtes d'*Oulchy*, Seigneurs d'*Armentières;*

4. JEANNE, femme de *Jacques de Vaudray*, Seigneur de Saint-Phalle, avec lequel elle vivoit le 19 Mai 1530 ;

5. Autre JEANNE, veuve en 1530 de *Florimond de Villiers-Saint-Paul*, Seigneur de Dommart;

6. Et MARIE, ſous la garde-noble de ſa mère lors du partage des biens de ſon père en 1507.

XIV. JEAN DE CONFLANS, IVᵉ du nom, Chevalier, Seigneur de Vieilmaiſons & de Saponnay, vivoit le 19 Mai 1530 : il épouſa *Madeleine Lucas*, veuve en 1535, fille de *Louis*, Seigneur de Courcelles & de la Roche-Teſſon. Ses enfans furent:

1. ANTOINE, qui ſuit;

2. MARGUERITE, héritière de Vieilmaiſons après la mort de ſon frère, mariée à *Gérard de Vieilmaiſons* (ainſi ſurnommé de la Terre de ce nom, ſituée près la Ferté-Gaucher, différente de celle dont ſa femme hérita), Seigneur de Sainte-Colombe : il vivoit en 1578;

3. ANTOINETTE, morte ſans enfans. Elle avoit épouſé, par contrat du 6 Octobre 1551, *Jacques d'Anglure*, Vicomte d'Eſtoges, Chevalier de l'Ordre du Roi, Gouverneur de la Ville d'Auxerre, Capitaine de Dunkerque,

Capitaine de 50 hommes d'armes, & premier Gentilhomme du Duc d'Anjou en 1572, fils de *François d'Anglure*, Vicomte d'Eſtoges, Baron de Bourſault & de Givry, & de *Marie de Veres*, Dame de Beauvais-Nangis;

4. Et JEANNE, mariée, en 1561, à *Philippe de Chaſtellux*, Seigneur de Baſerne, de Phregibert & de Saint-Palais, fils aîné de *Philippe*, Seigneur de *Chaſtellux*, Vicomte d'Avalon, & de *Barbe de Hochberg :* elle fut ſa première femme.

On trouve EUSTACHE DE CONFLANS, Seigneur de Vieilmaiſons, Porteur d'Enſeigne de la Compagnie de 50 Lances ſous M. de Brienne, lequel donna quittance le 24 Septembre 1543 de 50 livres en 22 écus ſol, à 45 ſols la pièce, & 10 ſols de monnoie pour ſes gages du quartier d'Avril : elle eſt ſignée EUSTACHE DE CONFLANS, & ſur le ſceau en placard eſt un *lion, le champ ſemé de billettes.*

XV. ANTOINE DE CONFLANS, Seigneur de Vieilmaiſons, de Saponnay & de Vadancourt au Comté de Guiſe, &c., mourut ſans poſtérité. Il avoit épouſé, par contrat du 14 Octobre 1550, *Marie Jouvenel des Urſins*, Dame de Villiers & de Jouveignes, fille de *Louis*, Seigneur des mêmes lieux & d'Armentières, & de *Françoiſe de Wiſſocq*.

BRANCHE
des Vicomtes D'OULCHY, *Seigneurs*
D'ARMENTIÈRES.

XIV. ANTOINE DE CONFLANS, Chevalier, troiſième fils de JEAN, IIIᵉ du nom, Seigneur de Vieilmaiſons, & de *Marguerite de Bournonville*, fut Seigneur de Roſoy, de Vezilly, Saint-Remy, &c., Baron de Sommevelle, Vicomte d'Oulchy, & Lieutenant de la Vénerie de France. Il fit élever des fourches patibulaires dans la Terre de Cugny, vendue par ſon aïeul paternel à Jean Jouvenel des Urſins, Archevêque de Reims ; mais les héritiers de ce Prélat l'attaquèrent en Juſtice, & firent auſſi aſſigner les autres enfans & petits-enfans du vendeur, comme obligés de garantir la vente, & de les maintenir au droit acquis par feu leur oncle. Le Lieutenant du Bailli de Valois à Oulchy-le-Châtel termina ce différend par Jugement du 19 Mai 1530 : il mourut le 18 Avril 1546, ſuivant ſon épitaphe qui eſt au bas de la nef de Saint-Aubin à Roſoy. Il avoit épouſé, par contrat du 19 Décembre 1525, *Barbe de Rouy*, fille de *Jean*,

Seigneur de la Boissière, Colonel des Légionnaires de Picardie, & de *Louise de Villiers-Saint-Paul*, dont il eut :

1. EUSTACHE, qui suit ;
2. ANTOINE, auteur de la branche des Seigneurs de *Saint-Remy* & d'*Ennancourt*, rapportée ci-après ;
3. ROBERT, tige de la branche des Seigneurs de *Vezilly*, qui viendra en son rang ;
4. Et CATHERINE, mariée 1º à *Charles d'Aumale*, Vicomte du Mont-Notre-Dame ; & 2º à *Philippe de Ravenel*, Seigneur de Sablonnière, qui fut présent avec elle lorsque ses frères & elle partagèrent la succession de leurs père & mère le 29 Septembre 1563.

XV. EUSTACHE DE CONFLANS, Iᵉʳ du nom, Vicomte d'Oulchy, Lieutenant d'une Compagnie de 40 Lances sous M. de la Brosse, Chevalier de l'Ordre du Roi le 14 Janvier 1559 ; servit en qualité de Maréchal-Général-des-Camps & Armées de Sa Majesté à la bataille de Saint-Denis l'an 1567, & avoit défait peu de tems auparavant un Corps de *Reistres* à la retraite de Meaux ; il fut Capitaine des Gardes-du-Corps du Roi CHARLES IX en 1570. Le Maréchal de Castelnau dit dans ses Mémoires *qu'il étoit froid & sage, & l'un des plus hommes de bien de son tems* : il est qualifié *Chevalier, Seigneur & Vicomte d'Auchy-le-Châtel, Guidon de la Compagnie du Duc de Guise*, dans une quittance de ses gages, du 26 Avril jusqu'au 30 Juin, datée du 31 Juillet 1554. Il testa le 10 Juillet 1574, & mourut la même année sur le point d'être fait Maréchal de France, dont le Brevet lui alloit être expédié, & ayant eu l'honneur de garder le Roi de Navarre prisonnier cette même année à Vincennes, & de gagner ses bonnes grâces par les manières dont il en avoit usé avec lui sans manquer à son devoir. Il avoit épousé *Marie de Scepoy*, fille de *Meri*, Vice-Amiral de Bretagne, & de *Renée de Scepeaux*, dont il eut :

XVI. EUSTACHE DE CONFLANS, IIᵉ du nom, surnommé *la Grand-Barbe*, Vicomte d'Oulchy, Baron de Sommevelle, qui fut Gouverneur de Saint-Quentin, Lieutenant-Général des Armées du Roi, Député de la Noblesse du Bailliage de Vermandois aux Etats de Blois en 1588, Chevalier des Ordres du Roi le 5 Janvier 1597, Capitaine de 50 hommes d'armes des Ordonnances, Ambassadeur Extraordinaire en Flandre vers les Archiducs, & Chevalier d'honneur de la Reine MARIE DE MÉ-

DICIS. Il vendit ses Terres de Sommevelle, de Rozay-Saint-Albin, de Soupir, de Crony-sur-Ourcq, proche Tresmes, de Villeneuve près Fère, & de Villiers-Bonneuil au Bailliage de Provins, & mourut le 19 Juin 1628. Il avoit épousé *Charlotte Jouvenel-des-Ursins*, morte le 3 Janvier 1646 : c'étoit une Dame illustre par son esprit & sa piété, qui composa une *paraphrase* sur l'Epître de Saint Paul aux Hébreux. Elle étoit fille unique & héritière de *Gilles*, Seigneur d'Armentières, & d'*Anne d'Arces*. Leurs enfans furent :

1. HENRI, qui suit ;
2. MERCURE, Seigneur de Scepoy, Colonel du Régiment de Picardie, Bailli & Gouverneur de Château-Thierry, mort le 18 Avril 1651 ;
3. Et GILLES, Seigneur d'Armentières, qui défendit, à l'âge de 20 ans, la Ville de Senlis où il s'étoit jeté avec péril, & y soutint deux assauts, contre l'opinion de tous ceux qui étoient dedans & du Gouverneur même, n'ayant jamais voulu capituler ; ce qui donna le tems aux troupes du Roi HENRI IV de secourir cette place & d'y gagner une mémorable bataille qui avança fort les affaires de Sa Majesté. Peu de tems après, ce Seigneur voulut pétarder une petite place & y fut tué d'un coup de mousquet.

XVII. HENRI DE CONFLANS, Vicomte d'Oulchy, Seigneur d'Armentières, Gouverneur de Saint-Quentin, Mestre-de-Camp d'un Régiment d'Infanterie & Capitaine d'une Compagnie de Chevaux-Légers, fut nommé Chevalier des Ordres du Roi ; mais il mourut après 1628, avant d'avoir été reçu. Il avoit épousé, 1º en 1613, *Charlotte Pinart*, fille de *Claude*, Vicomte de Comblisy, Marquis de Louvois, Seigneur de Cramailles, première Baronnie de Valois & de Maillebois, Gentilhomme de la Chambre du Roi, Capitaine de 50 hommes d'armes, Gouverneur de Château-Thierry, & de *Françoise de la Marck* ; & 2º *Antoinette d'Herbin*, fille d'*Henri*, Seigneur de Gennes en Lorraine, & de *Geneviève Imbert*. Du premier lit naquirent :

1. HENRI, dit *le Marquis d'Armentières*, mort le 28 Février 1639 ;
2. EUSTACHE, qui suit ;
3. MARIE-CHARLOTTE, morte à l'âge de 14 ans, Pensionnaire à Port-Royal des Champs, le 16 Juin 1633. Le Nécrologe de cette Abbaye en parle avec éloge, pag. 244.

Et du second lit vinrent :

4. FRANÇOIS, dit *le Comte d'Oulchy*, tué à la chasse en 1677, sans avoir été marié ;

5. Et HENRIETTE, dite *Mademoiselle d'Armentières*, héritière de sa branche, qui mourut le 14 Avril 1712. Elle avoit donné avec substitution, dès le 26 Mai 1696, les Terres qu'elle possédoit à MICHEL DE CONFLANS, IIIe du nom, son cousin du IVe au Ve degré, qui se qualifia depuis *Marquis d'Armentières*.

XVIII. EUSTACHE DE CONFLANS, IIIe du nom, fut d'abord Abbé de Lonlay, & de Val-Chrétien, dont il se démit après la mort de son frère, & devint Seigneur d'Armentières & de Cramailles, Marquis de Louvois, Baron de Chambray en Normandie & de Ferrières, Seigneur-Châtelain de la Rivière de Thibouville, & mourut au mois d'Avril 1690, sans enfans d'*Anne Huë*, morte en Février 1704, fille de *Jacques*, dit de *Francine*, & d'*Antoinette Joly*.

BRANCHE
des Seigneurs de SAINT-REMY &
d'ENNANCOURT.

XV. ANTOINE DE CONFLANS, second fils d'ANTOINE, Vicomte d'Oulchy, & de *Barbe de Rouy*, Seigneur de Saint-Remy & d'Ennancourt-le-Sec dans le Vexin-François, de Servennay, de Vitry-la-Ville, de Chasmy & d'une rue dans la Ville de Braine, & Capitaine de 300 hommes de pied pour le service du Roi, étoit mort en 1572. Il avoit épousé, par contrat du 2 Avril 1559, *Françoise Boulard*, Dame d'Ennancourt, veuve de *Robert de Pertuis*, Seigneur de Rougny, remariée, en 3es noces, en 1584, à *Antoine de Chaumont*, Seigneur de Boisgarnier en Vexin. Elle étoit fille de *Jean Boulard*, Baron de Puché, Seigneur d'Ennancourt, & de *Marie d'Anisy*. Les enfans de son premier mari furent :

1. ANTOINE, qui suit ;

2. JEAN, mineur en 1578 ;

3. JACQUES, Seigneur d'Ennancourt, Capitaine dans le Régiment de Picardie, qui testa & mourut en 1594. Il fut enterré dans l'Eglise de la Paroisse St.-Marcel près Laon ;

4. SUSANNE, qui ratifia le partage fait entre son frère ANTOINE & ses sœurs en 1594. Elle épousa, 1º le 26 Janvier 1594, *Josias de Roucy*, Seigneur de Manré ; & 2º *David de Limery*, Seigneur de Bezu ;

5. MARIE, mariée, en 1598, à *Jean de Vassan*, Seigneur de Martimont ;

6. Autre MARIE, mineure en 1578, qui partagea avec ANTOINE, son frère, en 1594 ;

7. Et JUDITH, mineure en 1578.

XVI. ANTOINE DE CONFLANS, IIe du nom, Seigneur de Saint-Remy & d'Ennancourt-le-Sec, Mestre-de-Camp, Lieutenant de la Compagnie d'Ordonnance du Vicomte d'Oulchy, son cousin, partagea le 13 Décembre 1594, & fit hommage au Roi de la Seigneurie de Saint-Remy & d'Ennancourt le 25 Juillet 1596. Il épousa, 1º en 1597, *Madeleine de Ravenel*, Dame de Fouilleuse, qui testa le 8 Octobre 1602, fille d'*Olivier*, dit *Claude de Ravenel*, Seigneur de Rantigny & de Fouilleuse, & de *Françoise d'Angennes-de-Rambouillet* ; & 2º le 12 Juillet 1610, *Eléonore de Saint-Quentin*, qui testa le 12 Décembre 1616, fille de *Jean*, Seigneur de Fouronne, & de *Claude de Torcy*, Dame de Vandy. Les enfans du premier lit furent :

1. MICHEL, qui suit ;

2. EUSTACHE, tige de la branche des Seigneurs d'*Ennancourt-le-Sec*, rapportée ci-après ;

3. ANTOINE, Chevalier de Malte en 1631, & Commandeur d'Auxerre en 1652 & 1654 ;

4. JEAN, Seigneur d'Ennancourt, Capitaine d'Infanterie dans un Régiment étranger qui s'établit à Saint-Gengoul dans l'Election de Château-Thierry, & produisit ses preuves de Noblesse par-devant *Nicolas Dorieu*, Maître des Requêtes, Commissaire départi pour la recherche de la Noblesse en 1667. Il épousa, le 23 Octobre 1644, *Anne de Vieilmaisons*, fille de *René*, & de *Louise de l'Isle-Marivaux*, dont il eut :

   1. N... mort Capitaine au Régiment de Normandie ;

   2. N... mort aussi sans postérité ;

   3. & 4. JEANNE & CHARLOTTE, mortes sans alliance ;

   5. Et RENÉE-FRANÇOISE, mariée, le 5 Février 1691, à ANTOINE-EUSTACHE DE CONFLANS, son cousin germain ;

5. CHRISTOPHE, Capitaine d'Infanterie, mort sans avoir été marié ;

6. ANTOINETTE, Religieuse à Notre-Dame de Soissons ;

7. Et MADELEINE, fille d'honneur de l'Archiduchesse ISABELLE D'AUTRICHE, puis Carmélite à Gand.

XVII. MICHEL DE CONFLANS, Marquis de Saint-Remy, &c., Gentilhomme ordinaire de la Chambre du Roi, Colonel d'un Régiment de Cavalerie étrangère dans l'armée commandée par le Cardinal de la Valette en Allemagne en 1635, époufa, 1° en 1622, fa coufine, *Françoife de Ravenel*, veuve de *Frédéric*, Comte de Berghes, & fille d'*Euftache de Ravenel*, Seigneur de Rantigny, & de *Marie de Renti* ; 2° le 7 Juillet 1631, *Louife de Carvoifin*, fille de *Guy*, Seigneur de Saugeon, & d'*Antoinette d'Audenfort* ; & 3° *Geneviève Poncet*, morte en 1667, veuve de *Jean-Jacques de Sève*, Seigneur de la Foreft, Maître des Requêtes, & fille de *Charles Poncet*, Lieutenant au Bailliage du Palais, & de *Marie d'Oujat*. Il a eu de fa feconde femme :

1. MICHEL, qui fuit ;
2. JEAN-FRANÇOIS, Seigneur de Fouilleufe, Capitaine d'Infanterie en 1667, Aide-de-Camp & Capitaine de Cavalerie en 1677, tué à la bataille de Nerwinde le 29 Juillet 1693. Il avoit époufé *Claire - Louife - Thérèfe Doucet*, fille d'*Etienne*, Avocat - Général des Requêtes de l'Hôtel, & de *Louife Fontereau*, dont il a eu :

    1. GODEFROY - MAURICE, Prieur de Vaiffeaux en Vivarais, Abbé d'Aiguebelle en 1608, Grand-Vicaire de Soiffons, facré Evêque du Puy le 20 Juillet 1621, mort le 14 Mars 1625, âgé de 49 ans, dans la cinquième année de fon Epifcopat ;
    2. MICHEL-FRANÇOIS, tué étant Enfeigne des Vaiffeaux du Roi ;
    3. CATHERINE-ANGÉLIQUE, née le 21 Août 1680, morte fans avoir été mariée ;
    4. & 5. MARIE-MICHELLE & ANNE-MARIE-LOUISE, toutes les deux reçues à St.-Cyr : l'une en 1690, & l'autre en 1691 ;

3. Et ANGÉLIQUE, mariée, en 1667, à *Louis-Honoré de Carvoifin*, Seigneur de la Cour-d'Oify.

XVIII. MICHEL DE CONFLANS, IIe du nom, Marquis de Saint-Remy, &c., devenu le chef de fa Maifon au mois d'Avril 1690, mourut le 22 Janvier 1712, âgé de 79 ans. Il avoit époufé, le 10 Juillet 1667, *Marguerite d'Aguelfeau*, fille de *François*, Seigneur de Puifeux, Maître des Comptes, & de *Catherine Godet-de-Soudé*, dont :

1. MICHEL, qui fuit ;
2. PHILIPPE-ALEXANDRE, Chevalier non profès de l'Ordre de Malte, où il fut reçu de minorité en 1686, Commandeur de Pezenas & d'Abbeville, Brigadier d'Infanterie le 1er Février 1719 ; premier Gentilhomme de la Chambre de PHILIPPE, petit-fils de France, Régent du Royaume, en furvivance de LOUIS DE CONFLANS, Marquis d'Armentières, fon neveu ; & fait au mois de Jan-

vier 1723 premier Gentilhomme de la Chambre de Louis D'ORLÉANS, premier Prince du Sang, qui l'envoya à Madrid, au mois de Novembre 1724, faire des complimens de condoléance fur la mort du Roi d'Efpagne, LOUIS Ier, beau-frère de ce Prince, mourut à Paris le 12 Février 1744, âgé de 68 ans ;
3. ALEXANDRE - PHILIPPE, tige de la branche des Marquis de *Saint-Remy*, rapportée ci-après ;
4. CATHERINE, morte d'apoplexie à Paris, âgée de 66 ans le 21 Mars 1714, mariée, en 1714, à *Charles-Jofeph*, Comte de *Lannion*, dont elle fut la feconde femme ;
5. Et HENRIETTE.

XIX. MICHEL DE CONFLANS, IIIe du nom, Marquis d'Armentières, Vicomte d'Oulchy-le-Châtel, Seigneur de Brecy, du Buiffon, de la Haye, &c., premier Gentilhomme de la Chambre de PHILIPPE, petit-fils de France, mourut en fon Château du Buiffon le 5 Avril 1717. Il avoit époufé, le 11 Janvier 1709, *Diane - Gabrielle de Juffac*, nommée par Louis XIV, au mois de Juin 1715, l'une des Dames du Palais de Madame la Ducheffe de Berry, & depuis Dame de Compagnie de S. A. R. Madame la Ducheffe d'Orléans. Elle étoit fille de *Claude*, Comte de *Juffac*, premier Gentilhomme de la Chambre du Duc du Maine, Prince légitimé de France, après en avoir été Gouverneur, & de *Françoife Evrard-de-Saint-Juft*. De cette alliance font iffus :

1. PHILIPPE, né le 29 Octobre 1709, mort le 9 Octobre 1716 ;
2. LOUIS, qui fuit ;
3. EUSTACHE, né le 7 Février 1716, reçu Chevalier de Malte de minorité, mort le 14 Avril 1717 ;
4. Et MARIE - FRANÇOISE DE CONFLANS, née le 19 Mars 1713, morte en 1764, mariée, le 13 Décembre 1728, à *François-Charles de Rochechouart*, dit alors *le Comte de Faudoas*, Capitaine de Cavalerie dans le Régiment du Roi. Voyez ROCHECHOUART.

XX. LOUIS DE CONFLANS, chef des noms & armes de fa Maifon, Marquis d'Armentières en Champagne, Vicomte d'Oulchy en Valois, né le 23 Février 1711, Meftre-de-Camp du Régiment d'Anjou, Infanterie, par commiffion du 16 Septembre 1727, Brigadier des Armées à la promotion du 18 Octobre 1734, nommé après la mort de fon père, premier Gentilhomme de la Chambre du Duc d'Orléans, petit-fils de France, en furvivance du Marquis de Conflans, fon oncle ; fut bleffé

d'un coup de fufil au col à là bataille de Guaftalla en Italie le 19 Octobre 1734; a fervi en
Bavière en 1741 & 1742, & a commandé dans
Ingolftadt, puis ayant paffé en Bohême où
étoit fon Régiment, fut fait Gouverneur de
Leutmeritz, où il fut affiégé par le Prince
Lobkowitz, Général d'un des corps d'Armée
de la Reine de Hongrie, auquel il réfifta pendant quelque tems, mais il fut furpris par ce
Général, qui feignit de fe retirer, & le Marquis d'Armentières ayant fait un détachement
de fa garnifon pour aller au-devant d'un convoi, le Prince revint, fit donner l'affaut par
différens endroits, & l'obligea de fe rendre
avec 900 hommes de fa garnifon prifonnière
de guerre. Il a été fait Maréchal-de-Camp à
la promotion du mois de Février 1743, a eu
le Gouvernement de la ville d'Ath en Flandre,
en Octobre 1745, a été nommé Lieutenant-
Général le 15 Octobre 1746, après avoir rapporté au Roi la nouvelle du gain de la bataille
de Rocoux, donnée dans le pays de Liège le
11 Octobre 1746, Chevalier des Ordres du
Roi à la promotion du 2 Février 1753, Commandant dans les trois Evêchés, & Lieutenant-Général de la Haute-Guyenne le 28 Février 1762, & enfin Maréchal de France en
1768. Il a époufé, le 15 Mai 1733, *Jeanne-
Françoife de Bouteroue d'Aubigny*, née au
mois de Mai 1717, morte à Paris le 9 Mai
1746, fille unique & héritière de *Jean de
Bouteroue*, Seigneur d'Aubigny & de Chamf-
loup, Secrétaire du Roi qui avoit été auparavant Secrétaire des Commandemens d'Anne-
Marie de la Trémoïlle, Princeffe des Urfins,
pendant fa faveur en Efpagne, où il amaffa de
grands biens, & Grand-Maître des Eaux &
Forêts des Provinces de Touraine, d'Anjou
& du Maine, & de *Marie-Françoife le Moine de Rennemoulin*. Le Maréchal, Marquis
d'Armentières, a eu de fon mariage:

1. Louis-Gabriel, qui fuit;
2. Louis-Charles, né le 5 Décembre 1737,
Garde de la Marine en Mars 1753;
3. Et N... né au mois d'Avril 1740.

XXI. Louis-Gabriel de Conflans d'Armentières, né à Paris le 28 Décembre 1735,
nommé d'abord le *Vicomte d'Oulchy*, aujourd'hui le *Marquis de Conflans*, Meftre-
de-Camp, Lieutenant du Régiment d'Orléans
Cavalerie en Avril 1752, Maréchal-de-Camp
en 1770, a époufé, le 20 Mai 1755, *Marie-
Jeanne-Antoinette Portail*, née le 9 Mai

1738, dont Louise-Eglé, née le 12 Novembre 1763.

BRANCHE
des Marquis de Saint-Remy.

XIX. Alexandre-Philippe de Conflans,
Marquis de Saint-Remy en Champagne, fils
puîné de Michel de Conflans, IIe du nom,
Seigneur, Marquis de la Buiffière en Artois,
& Marquis de Saint-Remy, & de *Marguerite d'Aguesseau*, fut reçu au mois de Décembre 1717, premier Gentilhomme de la
Chambre de Philippe, petit-fils de France,
Duc d'Orléans, & mourut le 2 Décembre
1719, âgé de 42 ans, ancien Meftre-de-Camp
de Dragons. Il avoit époufé, le 9 Février 1712
Louife-Françoife de Juffac, qui a été Gouvernante de Mademoifelle de Chartres, depuis
morte Princeffe de Conti, & auparavant elle
a été une des Dames de compagnie de S. A.
R. Madame la Ducheffe d'Orléans, mère de
cette Princeffe. Elle étoit fille aînée de *Claude*,
Comte de Juffac, & de *Françoife Evrard de
Saint-Juft*. De ce mariage font iffus:

1. Eustache, qui fuit;
2. Un autre Eustache, né le 31 Mars 1719,
reçu Chevalier de Malte de minorité, mort
au mois de Novembre 1725;
3. Françoise, née le 14 Mai 1715, morte au
Couvent de la Madeleine de Trefnel à Paris au mois d'Octobre 1729;
4. Et Marguerite-Félicité, nommée, au
mois d'Octobre 1750, une des Dames de
compagnie de Mefdames de France, filles
du Roi, mariée, le 12 Juillet 1735, à *Louis-
François de Maulde*, ci-devant Capitaine
Commandant du Régiment de Turenne Cavalerie, titré *Comte de Maulde*, dont elle
eft veuve avec des enfans.

XX. Eustache de Conflans, Marquis de
Saint-Remy, dit le *Marquis de Conflans*, né
le 5 Décembre 1712, fut reçu Colonel du Régiment d'Infanterie d'Auxerrois le 15 Août
1733, & en donna fa démiffion au mois de
Février 1742. Il a paffé en Efpagne en 1743,
où il a été fait Exempt des Gardes-du-Corps
de Sa Majefté Catholique. Il a encore quitté
le fervice en 1747, & a époufé à Madrid, en
Septembre 1753, *Elifabeth Cauderon de
Quentin*, née à Douai en Flandre, une des
Camériftes ou Filles d'honneur de la feue
Reine Douairière d'Efpagne (Farnèfe), &
fœur de l'Abbé Commendataire des Poulle-
tières, au Diocèfe de Langres. Il en a eu deux
fils morts en bas âge.

BRANCHE
des Seigneurs d'Ennancourt-le-Sec.

XVII. Eustache de Conflans, Seigneur d'Ennancourt-le-Sec, second fils d'Antoine, IIe du nom, & de *Madeleine de Ravenel*, fut maintenu dans sa Noblesse le 21 Septembre 1668, par M. *de la Galissonnière*, Intendant de Rouen. Il épousa, le 20 Septembre 1637, *Catherine de Guiry*, fille d'*Hector*, Seigneur de Ronsières, & de *Rachel de Troyes*, dont:

1. Hippolyte, Capitaine de Cavalerie dans le Régiment de la Rablière en 1671 & 1674, puis Mestre-de-Camp au Régiment de la Tournelle en 1693;
2. Antoine-Eustache, qui suit;
3. & 4. Catherine & Marguerite, Religieuses à Verneuil au Perche;
5. Marie-Antoinette, Religieuse à Poissy;
6. Jeanne, femme de *Louis de Bidache*, Chevalier, Seigneur de la Boissière, l'un des Chevaux-Légers de la Garde du Roi en 1693;
7. Et Anne de Conflans.

XVIII. Antoine-Eustache de Conflans, Seigneur d'Ennancourt-le-Sec, Election de Chaumont & de Magny, Capitaine de Cavalerie au Régiment de la Tournelle, épousa, avec dispense, contrat passé le 28 Décembre 1690, & célébration le 5 Février 1691, Renée-Françoise de Conflans, sa cousine germaine, fille de *Jean*, Seigneur d'Ennancourt & de Saint-Gengoul, & d'*Anne de Vieilmaisons*, dont il eut:

1. 2. & 3. Hippolyte, Antoine-Jacques, âgé de 2 ans en 1693, & Antoine-Hector, âgé de 4 mois le 20 Décembre de la même année;
4. Et Angélique-Louise, baptisée le 25 Février 1692, reçue à Saint-Cyr en 1699.

BRANCHE
des Seigneurs de Vezilly.

XV. Robert de Conflans, Seigneur de Vezilly, troisième fils d'Antoine, Seigneur de Rosoy, & de *Barbe de Rouy*, fut Chambellan en 1578 de François de France, Duc d'Alençon, frère des Rois François II, Charles IX & Henri III, & se signala au combat d'Auneau le 14 Novembre 1587. Il épousa, par contrat du 19 Février 1564, *Charlotte de Miremont*, qui vivoit veuve en 1601, & devint Dame de Bouleuse & Vicomtesse de Germigny; elle étoit fille d'*Aimé de Miremont*, Seigneur de Gueux & de Ronay, & de *Fran-*

çoise d'Anglure, Dame de Bouleuse. De ce mariage vinrent:

1. Eustache, élevé Page du Roi Henri IV, puis Capitaine de Chevaux-Légers, tué au siège de Dourlens en 1595, étant accordé avec une fille du Comte de Maulévrier, de la Maison de *la Marck*;
2. Robert, tué au siège d'Amiens en 1597;
3. Jacob, qui suit;
4. Et Pierre, Baron de Ronay, Capitaine au Régiment du Duc de Réthelois, Infanterie, qui épousa *N... de Bossut*, fille de *Charles*, Seigneur de Longueval, & de *Jeanne de Beaudoche*, dont il eut:
   1. Marie-Thérèse, mariée, 1° en 1634, à *Philippe de Miremont*, Seigneur de Berieux; & 2° à *Henri-Auguste d'Orléans*, Marquis de Rothelin, veuf de *Marie le Bouteiller de Senlis*, fils de *Henri d'Orléans*, Ier du nom, Marquis de Rothelin, & de *Catherine-Henriette de Loménie*;
   2. Louise, femme d'*Antoine Caillouet*, Vicomte de Pommières;
   3. Marguerite, femme de *Jacques de la Haye*, Seigneur de Ploisy;
   4. Et Jacqueline, Religieuse aux Charmes.

XVI. Jacob de Conflans, Seigneur de Vezilly, de Bouleuse, &c., Gentilhomme ordinaire de la Chambre du Roi par Lettres du 3 Octobre 1618, en prêta serment le 7 du même mois, fut Capitaine au Régiment de Champagne, puis Colonel d'Infanterie, Maréchaldes-Camps & Armées de Sa Majesté, Commandant d'une Compagnie de 300 hommes pour son service au siège d'Amiens, où il eut une jambe cassée d'un coup de mousquet, & reçut d'autres blessures au siège de Montauban & ailleurs. Il ne vivoit plus en 1628. Il épousa, le 16 Octobre 1606, *Madeleine le Vesque*, Dame de Sotinges, fille de *Paris*, Seigneur de Fay-le-Sec, près Liesse, Vicomte de Bray, & de *Claude de Susanne*, dont:

1. Christophe, qui suit;
2. Jacob, auteur de la branche des Seigneurs de *Fay-le-Sec*, rapportée ci-après;
3. Henri, Capitaine d'Infanterie, mort sans avoir été marié en 1651;
4. Charles, élevé Page de la Chambre du Roi Louis XIII, puis Cornette du Régiment de Heucourt, mort en 1635, au voyage de Montbéliard;
5. Madeleine, morte sans alliance;
6. Et Marguerite, morte sans enfans, mariée 1° à *François de Rigond*, Seigneur de Bois-

govin, mort en 1657; 2° à *Jean-Louis*, Seigneur de *Clermont*; & 3° à *Nicolas Doucet*, Seigneur de Touillemont.

XVII. CHRISTOPHE DE CONFLANS, dit *le
Comte de Vezilly*, qui fuccéda aux droits de
fa mère, & Seigneur de Bouleufe, de Poilly, &c., élevé Page de la Chambre du Roi
LOUIS XIII, enfuite Gentilhomme ordinaire
de fa Chambre, Capitaine en 1635 d'une Compagnie de Chevaux-Légers de 100 Maîtres
dans l'Armée d'Allemagne commandée par le
Cardinal de la Valette, fervit avec diftinction,
produifit fes titres avec fon fils devant M.
de Caumartin, Intendant de Champagne en
1668, & mourut le 1er Septembre 1683, âgé de
73 ans. Il époufa, par contrat du 1er Octobre
1628, *Madeleine de Châtillon-fur-Marne*,
fille de *François*, Seigneur de Marigny, & de
Louife des Foffés, héritière de Cifly & de
Caftillon-fur-Oife près Saint-Quentin, & eut:

1. EUSTACHE, qui fuit;
2. MARGUERITE, Religieufe à la Congrégation
   de Reims;
3. MARIE, Religieufe à la Congrégation de
   Soiffons;
4. & 5. ANNE & FRANÇOISE, Religieufes en
   l'Abbaye d'Origny;
6. Et LOUISE-CATHERINE, morte au Château de
   Bouleufe en Champagne le 19 Juin 1733,
   dans fa 86e année. Elle époufa, après 1676,
   Emmanuel de Proify, Marquis de Morfontaine, dont elle eft reftée veuve & mère
   de *Louife de Proify*, femme d'*Emmanuel
   de Hallencourt*, Marquis de Dromenil, ci-
   devant Capitaine de Gendarmerie.

XVIII. EUSTACHE DE CONFLANS, Comte de
Vezilly, &c., fervoit dans les Moufquetaires
en 1660, lors du mariage de LOUIS XIV, qu'il
fuivit en qualité de Volontaire dans fes conquêtes de Flandre en 1667, & mourut fans
enfans. Il avoit époufé, le 16 Décembre 1663,
Marie-Madeleine de Caftille, morte le 7 Octobre 1738, âgée de plus de 96 ans, fille de
Jean, Marquis de Chenoife, Seigneur & Baron de Boucaut, de Troiffy, Vicomte de Nef-
le, & de *Diane-Louife de Bouvent*, & tante
de *Philippe-Gafpard de Caftille*, Marquis
de Chenoife, Seigneur de la Baronnie de
Troiffy, Vicomte de Nesle, Lieutenant de
Roi en Champagne, mort en 1726, ne laiffant que quatre filles.

*BRANCHE
des Seigneurs de* FAY-LE-SEC.

XVII. JACOB DE CONFLANS, Seigneur de
Fay-le-Sec, de Ronay près Reims, Vicomte
de Germigny, fecond fils de JACOB, & de
Madeleine le Vefque, fut Capitaine d'Infanterie dans le Régiment de Nettancourt, &
Cornette en 1635, dans la Compagnie de fon
frère aîné. Il époufa, par contrat du 24 Septembre 1641, *Anne-Marguerite de Carelle*,
fille de *Louis*, Gouverneur de Vaudrevanges,
Bailli d'Allemagne pour le Duc de Lorraine,
& enfuite pour le Roi, & d'*Antoinette de
Marimont*, dont:

1. HENRI-JACOB, qui fuit;
2. ROBERT-ANNE, tué au combat de Fleurus
   en 1690, étant Capitaine dans le Régiment
   de Furftenberg. Il avoit époufé *Anne-Charlotte du Bouchel*, dont il eut plufieurs enfans. L'aîné, nommé LOUIS, fut baptifé le
   25 Août 1679, dans la Chapelle du Vieux-
   Château de Saint-Germain-en-Laye, & tenu fur les Fonts par M. le Dauphin & Madame la Ducheffe d'Orléans;
3. LOUIS DE CONFLANS;
4. ANNE, fille d'honneur de *Marguerite-
   Louife d'Orléans*, Grande-Ducheffe de Tofcane;
5. Et HENRIETTE-MADELEINE, mariée à *Denis
   de la Mothe-d'Ifault*, premier Capitaine-
   Commandant d'un Bataillon de Picardie,
   fils d'*Oger de la Mothe-d'Ifault*, en Guyenne,
   & de *Marguerite de Rochechouart*.

XVIII. HENRI-JACOB DE CONFLANS, Seigneur
de Fay-le-Sec, dit *le Marquis de Conflans*,
élevé Cadet des Gardes-du-Corps du Roi, fut
enfuite Cornette de la Compagnie des Chevaux-Légers du Baron d'Ennancourt, fon
coufin, & époufa *Marie du Bouchet*, vivante
en 1729, dont il eut:

1. LOUIS, Meftre-de-Camp réformé de Cavalerie, mort fans poftérité;
2. ROBERT, mort auffi fans poftérité;
3. JACOB, marié 1° à *Elifabeth de Chanlin*,
   morte fans enfans; 2° à *Angélique de Mon-
   çaux*, vivante en 1729, dont il a eu:

   N..., Marquis de Conflans, Enfeigne de
   Vaiffeau, tué d'un coup de canon chargé à mitraille dans le combat qui fe
   donna le 25 Octobre 1747, entre la
   flotte Angloife & l'Efcadre Françoife
   commandée par M. de l'Erranduaire;
   quoiqu'il n'eut que 18 ans, il s'étoit
   déjà trouvé à fix combats, où il s'étoit
   comporté en héros;
   Et quatre filles, l'une defquelles nommée
   MARIE-CHARLOTTE, morte le 21 Novembre 1747, âgée de 25 ans, époufa
   Henri-Alexandre de Lieurray;

4. HUBERT, qui fuit;
5. Et N..., Religieufe.

XIX. HUBERT DE CONFLANS, Seigneur de Sufanne en Thierache & de Fay-le-Sec en Laonnois, Chevalier de St.-Louis & de St.-Lazare, appelé d'abord *le Chevalier de Brienne-de-Conflans*, enfuite *Comte de Conflans*, né en 1690, fait Lieutenant de Vaiffeau en 1729, étoit Capitaine de Vaiffeau & Gouverneur de la Martinique, lorfque revenant en France fur la Frégate la Renommée de 24 pièces de canon, il fut attaqué par un Vaiffeau Anglois de 60 canons: il fe défendit très-long-tems, fut bleffé dans le combat & obligé de céder à la fupériorité de l'ennemi & de fe rendre prifonnier. Il a été fait Chef d'Efcadre à la promotiou du mois de Mars 1748, enfuite Gouverneur & Vice-Roi de Saint-Domingue,& Lieutenant-Général des Armées Navales en 1752, Vice-Amiral en 1756, & Maréchal de France le 15 Mars 1758. Il a époufé, à Léogane, le 11 Mai 1750, *Marie-Rofe Foujeu*, fœur de Madame de *la Rochefoucauld-Bayers*, & fille d'*Aignan Foujeu*, Chevalier de Saint-Louis & ancien Capitaine de Milice dans l'Isle de Saint-Domingue, dont:

    ANNE-CHARLOTTE DE CONFLANS, née le 22 Juin 1751, morte à Paris le 17 Octobre 1755 & inhumée à St.-Sulpice.

Il y a encore eu de la Maifon de BRIENNE du nom de CONFLANS:

La branche des Seigneurs de *Gizencourt*, qui a pour auteur HUGUES, IVe du nom, Seigneur de Conflans & de Gizencourt, fecond fils de HUGUES II, Seigneur de Conflans, & d'*Ida*, fa feconde femme. Elle n'a formé que IV degrés & a fini à ROBINE DE CONFLANS, fille de HUGUES VII, laquelle porta la Seigneurie de Conflans en mariage à *Gauthier VI*, Châtelain de Thorote, qui par cette alliance fe qualifia de *Maréchal héréditaire de Champagne*.

La branche des Seigneurs de *Dampierre*, qui a pour auteur EUSTACHE DE CONFLANS, fils puîné d'*Hugues*, IVe du nom, Seigneur de Conflans & de Gizencourt, & d'*Hélifende de Precy*, & a fini à fon fecond fils JEAN DE CONFLANS, Seigneur de Dampierre, mort fans poftérité de *Cunégonde de Grancey*.

Et la branche des Seigneurs de *Mareuil*, qui n'a formé que IV degrés, a commencé à EUSTACHE DE CONFLANS, fils puîné d'EUSTA-

che, IIe du nom, Seigneur de Conflans, & d'*Helvide de Thorote*, & a fini à EUSTACHE DE CONFLANS, IVe du nom, Seigneur de Mareuil, &c., Maréchal de Champagne, vivant en 1353 & mort avant 1372 fans poftérité. On peut, fur ces trois dernières branches, confulter l'*Hiftoire des Grands Officiers de la Couronne*, tom. VI, p. 157 & fuiv.

Les armes de *Conflans-d'Armentières* & des autres branches qui fubfiftent font les mêmes que celles de la Maifon de Brienne, dont ils ont quitté le nom, favoir: *d'azur, femé de billettes d'or, au lion de même, brochant fur le tout*.

BRIENNE : *cinq points d'azur,équipolés à quatre d'hermines.*

BRIERE, Seigneur de Nouans : *de gueules, au chevron échiqueté d'argent & d'azur, de trois traits, accompagné en chef de deux étoiles d'or, & en pointe d'une tête de léopard de même.*

BRIERE (DE), Seigneur de l'Isle & de Breteville: *d'or, au lion de gueules, enclos dans un trécheur de fable; au chef échiqueté d'azur & d'argent, de trois traits.*

BRIET: *de gueules, au chevron d'argent, accompagné de trois rofes de même, 2 en chef & 1 en pointe; au chef auffi de même.*

BRIEUX (DES): *d'argent, à cinq ogoeffés, pofés en fautoirs.*

* BRIEY, Ville ancienne dans le Duché de Bar, qui a été poffédée en franc-aleu par les premiers Ducs de la Mofellane; enfuite elle vint comme un bien allodial à la Marquife BÉATRIX, fille de FRÉDÉRIC II. La Comteffe MATHILDE, fille de BÉATRIX, étoit Dame de Briey, & il y avoit alors dans cette place un *avoué* nommé ALBERT, frère de RICHER, Evêque de Verdun: cet avoué de la Comteffe MATHILDE avoit la propriété du Château & de la Seigneurie de *Briey*. Jufqu'alors *Briey* n'avoit eu que le titre de Châtellenie, mais ALBERT lui donna de fon chef, à ce qu'il paroît, celui de *Comté*, en fe qualifiant *Comte de Briey*. Dans la fuite les Evêques de Mètz firent l'acquifition du Comté de *Briey*, & le poffédèrent jufqu'à ce qu'il fût donné en Fief & hommage-lige à *Henri*, Comte de Bar en 1225, par JEAN D'APREMONT, Evêque de Metz, pour les hoirs mâles & femelles de *Henri*, en

augmentation de Fief, parce qu'il tenoit déjà de l'Eglife de Metz, le Fief de Thilaucourt en Barrois, & de Fribourg en Lorraine. Par fucceffion de tems les defcendans de *Henri* fe font affranchis de cet hommage.

BRIEY-DE-LANDRES, famille noble, qui tire fon nom de la Terre que nous venons de citer, au Duché de Bar, dont étoit :

Claude de Briey, Baron de Landres, né en 1610, marié, le 24 Août 1639, à *Jeanne-Claude-Chriftine de Fiquémont*, fille de *Balthafar*, Seigneur de Mars-la-Tour, & de *Charlotte d'Anglure de Bourlemont*. Il en a eu entr'autres enfans :

Léonard-Claude, Comte de Briey, Baron de Landres, né en 1654, mort le 13 Mai 1715, qui époufa, le 19 Juin 1696, *Gabrielle de Roucelẓ*, morte le 30 Août 1746, fille de *Jean-Nicolas*, d'une des quatre anciennes Maifons de Metz, & d'*Anne de Wignacourt*, dont :

1. Nicolas-Henri, qui fuit ;
2. François-Ferdinand, Capitaine au Régiment de Bourgogne, Infanterie, tué fans alliance à la guerre de Bavière, en Février 1743 ;
3. Philippe-Théodore-Alexandre, rapporté après fon frère aîné ;
4. Anne-Catherine, Doyenne du Chapitre de Bouxières ;
5. Anne-Françoise, Chanoineffe de Sainte-Marie de Metz ;
6. Jeanne-Françoise, Chanoineffe de Bouxières ;
7. Claude-Marie, née le 5 Août 1705, mariée, en 1748, à *Pierre-François-Chriftophe*, Comte de *Coucy*, dont un enfant mort jeune ;
8. Marguerite-Charlotte, Chanoineffe de Bouxières, morte en 1729 ;
9. Et Hyacinthe-Célestine, morte Doyenne de Remiremont.

Nicolas-Henri, Comte de Briey, né le 27 Mai 1697, mort le 17 Juillet 1761, époufa, le 23 Février 1740, *Marie-Madeleine de Scorailles*, Chanoineffe de Sainte-Marie de Metz, née le 29 Mai 1709, morte le 17 Janvier 1752, dont :

1. Jean-Gabriel, né le 15 Décembre 1740, Capitaine au Régiment de Champagne ;
2. Louis-Géraud-Nicolas, né le 17 Avril 1742, Lieutenant au Régiment de Virzé, pour le fervice de S. M. ;
3. Théodore-Alexandre-Fortuné, né le 29 Février 1744, Lieutenant au Régiment de Naffau, Infanterie, au fervice de France,

Tome IV.

tué d'un coup de canon au dernier fiège de Caffel, le 22 Octobre 1762 ;
4. Auguste-François, né le 18 Février 1749, Enfeigne au Régiment de Virzé ;
5. Fortuné-Marie, né le 11 Avril 1751, auffi Enfeigne au même Régiment ;

Et deux filles, mortes Chanoineffes de Remiremont.

Philippe-Théodore-Alexandre de Briey, troifième fils de Léonard-Claude de Briey, & d'*Anne de Wignacourt*, Baron de Landres & commandant un Bataillon du Régiment de Champagne, a époufé, par contrat paffé le 13 Janvier 1755, *Anne-Pauline-Dorothée du Hautoy*, veuve d'*Antoine-Henri*, Comte de *Wignacourt*, & Aide-Maréchal-des-Logis de la Cavalerie, mort des bleffures reçues le 11 Mai 1745 à la bataille de Fontenoy, & fille unique de *Louis*, Comte *du Hautoy*, Bailli d'Etain, & de *Madeleine de Herbillon*, dont il a eu :

1. Louise-Catherine, morte le 21 Mai 1763 ;
2. Et Anne-Françoise-Henriette de Briey.

§ BRIFFE (de la), ancienne nobleffe du Vicomté de Fezenfaguet en Armagnac, où font fitués la Terre & le Château de ce nom. Le premier Seigneur de la Briffe, connu par titres, eft

Arnaud-Aner de la Briffe, qualifié *Damoifeau* & Seigneur de la Briffe, dans la Charte des privilèges & coutumes accordés en Janvier 1294, aux Barons, Chevaliers & Gentilshommes du pays, par *Gafton*, Vicomte de Fezenfaguet, fils de *Geraud*, Comte d'*Armagnac*.

Aner de la Briffe, fon petit-fils, au IIe ou IIIe degré, qualifié *Chevalier*, Seigneur de la Briffe, depuis lequel on a une filiation fuivie de mâle en mâle, par titres originaux, qui nous ont été communiqués, & que nous avons vérifiés, fut fait Capitaine-Commandant du Château des Angles par le Comte d'*Armagnac*, en 1392. Il rendit hommage de la Terre de la Briffe au Vicomte de *Feẓenfaguet*, en 1401, & eut pour fils :

Amanieu de la Briffe, Ecuyer, Seigneur en partie de la Briffe, qui fut établi Capitaine-Châtelain des Angles, après fon père, par Lettres de *Bernard*, Comte d'*Armagnac*, du 10 Juin 1409. Il fut témoin, en 1427, au teftament de la Dame de Montlezun, époufe du Seigneur de Leomont, & laiffa :

Jean de la Briffe, Ecuyer, mort en 1482, qui eut pour fils :

K

François de la Briffe, Ecuyer, vivant en 1500. Il fut père de :

Jean de la Briffe, IIᵉ du nom, Ecuyer, qui testa en 1538, ayant eu pour fils :

Denis de la Briffe, Ecuyer, marié, par contrat du 28 Juillet 1539, à *Domenge de Ponsan*, dont entr'autres enfans :

Jean, qui suit ;

Et Pierre de la Briffe, auteur de la seconde branche, rapportée ci-après.

Jean de la Briffe, Ecuyer, Seigneur de Ponsan, épousa, 1° par contrat du 3 Septembre 1579, *Frise de Bordes* ; & 2° par contrat du 23 Février 1591, *Catherine de Chelles*. Du premier lit vint :

Charles, qui suit.

Du second lit est issu :

Jean-Isaac de la Briffe, rapporté après son frère aîné.

Charles de la Briffe, Ecuyer, épousa, le 17 Septembre 1613, *Jeanne de Mallac*, dont postérité.

Jean-Isaac de la Briffe, Ecuyer, Seigneur de Ponsan, fut maintenu dans sa *Noblesse d'extraction*, par Jugement de M. *Pellot*, Intendant de Guyenne du 5 Mai 1668. Il épousa, le 26 Avril 1633, *Catherine le Picard*. Sa postérité subsiste dans le Perche.

SECONDE BRANCHE.

Pierre de la Briffe, Ecuyer, fils puîné de Denis, & de *Domenge de Ponsan*, épousa, le 4 Juillet 1560, *Marguerite Perès*, dont entr'autres enfans :

Arnaud de la Briffe, Ecuyer, Seigneur de Ribeyre au Comté de Gaure, qui testa le 17 Août 1619. Il épousa 1° *Marie de Pomiers* ; & 2° par contrat du 12 Mars 1583, *Jeanne de Cornet*, & laissa du second lit, entr'autres enfans :

Jean de la Briffe, Ecuyer, Seigneur de Passy-lès-Paris, qui épousa, par contrat du 13 Février 1645, *Anne de Masparault*, fille de *Pierre*, Chevalier, Seigneur de Buis & de Grandval, & d'*Anne de Maillard*, dont entr'autres enfans :

Arnaud de la Briffe, IIᵉ du nom, Chevalier, Marquis de Ferrières, en Brie, par Erection du mois de Décembre 1692, Seigneur de Passy, Procureur-Général du Parlement de Paris, Conseiller d'Etat par Lettres du 10 Avril 1676, qui mourut à Paris le 21 Septembre 1700, âgé de 51 ans. Il épousa, 1° par con-

trat du 29 Avril 1675, *Marthe-Agnès Potier de Novion*, morte le 28 Mai 1686, fille de *Nicolas*, Seigneur de Novion ; & 2° le 28 Février 1691, *Bonne Barillon d'Amoncourt*. Du premier lit sont issus :

1. Pierre-Arnaud, qui suit ;
2. Anne-Catherine, morte le 19 Février 1701, qui épousa, le 22 Juillet 1693, *Jean-Baptiste Rouillé*, Comte de Meslay ;
3. Et Marguerite-Marie, mariée, le 22 Février 1700, à *Louis Bossuet*, Seigneur d'Azalicorne, « Maître des Requêtes, dont une fille unique, morte sans enfans. »

Du second lit vinrent :

4. Antoine-Arnaud, auteur de la branche des Seigneurs d'*Amilly*, rapportée plus loin ;
5. Agnette, née le 26 Mars 1694 ;
6. Marguerite-Henriette, morte le 17 Mars 1724, mariée à *Pierre-Cardin le Bret*, Chevalier, Comte de Selles ;
7. Et Anne-Madeleine de la Briffe, née le 9 Avril 1697.

Pierre-Arnaud de la Briffe, Chevalier, Marquis de Ferrières, Seigneur de Passy, né en Juillet 1678, Conseiller d'Etat par lettres du 6 Décembre 1728, « Maître des Requêtes, Intendant de la Province de Bourgogne, Bresse, Bugey, & pays de Gex, » mourut le 7 Avril 1740, à Dijon. Il avoit épousé, le 12 Février 1703, *Françoise-Marguerite Brunet de Rancy*, morte à Paris le 12 Mai 1747, âgée de 66 ans, fille de *Paul-Etienne*, Seigneur de Rancy, Secrétaire du Roi & Fermier-Général, & de *Geneviève Colbert*, dont :

1. Louis-Arnaud, qui suit ;
2. Gilles-Arnaud, dit *le Chevalier de la Briffe*, Capitaine au Régiment des Gardes-Françoises, tué à la bataille de Dettingen, le 27 Juin 1743 ;
3. « Henri-François, Prêtre, Docteur en Théologie de la Faculté de Paris, Abbé de N. D. d'Obasive, Ordre de Cîteaux, Diocèse de Limoges, & Vicaire-Général du Diocèse de Dijon ; »
4. Marguerite-Geneviève, mariée à *Charles de Choiseul*, Comte d'Esguilly ;
5. « Marguerite, Chanoinesse à Picpus ; »
6. Et Marie-Victoire de la Briffe, mariée, en 1732, à *Etienne Roux-Déageant*, de Pontherieu, Comte de Morges & d'Alvères, en Dauphiné, Conseiller d'honneur au Parlement de Grenoble, dont deux fils & deux filles.

Louis-Arnaud de la Briffe, Chevalier, Vicomte de Barzy en Champagne, Seigneur de Brecour, en Auge, « né le 5 Janvier 1705,

Confeiller au Parlement de Dijon, le 14 Juillet 1727, Maître des Requêtes en 1734, Préfident au Grand-Confeil le 25 Janvier 1738, nommé à l'Intendance de Caen au mois de Mai 1740, mourut à Caen en Juillet 1752, après une longue maladie. » Il avoit époufé, le 29 Juillet 1736, *Madeleine de Toynard*, fille de *Barthélemy*, Fermier-Général, & de *Marie de Saint-Pairre*, dont :

1. PIERRE-ARNAUD, qui fuit ;
2. ARNAUD - BARTHÉLEMY, rapporté après fon frère aîné ;
3. Et MARIE-SOPHIE-JOSÉPHINE DE LA BRIFFE, « née le 4 Décembre 1750, » morte en 1770, qui avoit époufé, par contrat du 27 Octobre 1768, *Louis-Alexandre-Nolafque-Félix de Balbe-Berton*, Marquis de Crillon.

PIERRE-ARNAUD DE LA BRIFFE, IIe du nom, Chevalier, Vicomte de Paffy-fur-Marne, Barzy & de Charmeil, Seigneur de Brecour, en Auge, né le 26 Janvier 1739, fucceffivement Préfident du Parlement de Paris, & du Grand-Confeil, a époufé, en Mai 1776, *Claude-Renée-Marie-Félicité de Bernage*, fille de *Jean-Louis de Bernage*, Confeiller d'Etat, dont :

LOUIS-PHILIPPE-ARNAUD, né en 1778.

ARNAUD-BARTHÉLEMY, Marquis DE LA BRIFFE, Chevalier, Baron d'Arcis-fur-Aube, né le 7 Novembre 1744, Colonel en fecond du Régiment de la Reine, Dragons, Chevalier de Saint-Louis, mort à Paris, le 28 Septembre 1776, avoit époufé, le 28 Avril 1770, *Catherine-Elifabeth de l'Averdy*, de laquelle il a laiffé :

1. PIERRE-ARNAUD DE LA BRIFFE, né en Mai 1772 ;
2. ANGÉLIQUE-MARIE-ELISABETH, née en 1773 ;
3. ANTOINETTE-MÉLANIE, née en 1774 ;
4. Et CATHERINE-ESPÉRANCE-RENÉE.

BRANCHE
des Seigneurs D'AMILLY.

ANTOINE-ARNAUD DE LA BRIFFE, Chevalier, fils D'ARNAUD, Chevalier, Marquis de Ferrières, & de *Bonne Barillon*, fa feconde femme, né le 4 Janvier 1699, Seigneur d'Amilly, Maître des Requêtes en 1724, fut premier Préfident au Parlement de Bretagne, le 18 Août 1734, & eft mort à Rennes, le 7 Juillet 1777. Il avoit époufé, le 12 Mars 1719, *Marie-Charlotte Quentin-de-Richebourg*, « Dame de Richebourg, fille de *Charles-Bonaventure*, Seigneur de Richebourg & Inten-

dant de Poitiers, & de *Catherine de Ragareu*, » dont pour enfans :

1. CHARLES-ARNAUD DE LA BRIFFE, Chevalier, Comte de Préaux, né à Paris, le 4 Juillet 1720, Lieutenant-Colonel du Régiment de Lorraine, Cavalerie, & Chevalier de Saint-Louis ;
2. ANTOINE-HENRI, qui fuit ;
3. MARIE-CHARLOTTE, mariée, le 8 Mars 1764, à *René-Jacques-Louis le Preftre*, Baron de Châteaugiron, Marquis d'Epinay, ancien Préfident à Mortier du Parlement de Bretagne ;
4. & 5. « MARGUERITE-HENRIETTE & BONNE-ADÉLAÏDE DE LA BRIFFE. »

ANTOINE-HENRI DE LA BRIFFE, Chevalier, Comte d'Amilly, né à Paris, le 24 Mai 1724, Capitaine des Frégates du Roi, mort en 1770, à Rennes, avoit époufé, le 21 Janvier 1764, *Julienne-Marie-Renée le Preftre de Châteaugiron*, de laquelle il a laiffé :

1. ARNAUD-PAUL DE LA BRIFFE, Comte d'Amilly, né à Rennes, le 6 Novembre 1765 ;
2. HENRI-BONAVENTURE-JEAN-BAPTISTE ;
3. Et CHARLOTTE-JULIE-MARIE-JEANNE DE LA BRIFFE, née le 14 Août 1769.

Les armes : *d'argent au lion rampant de gueules, à la bordure d'argent chargée de fix merlettes de fable, pofées 3 en chef, 1 à chaque flanc & l'autre en pointe.*

BRIGNAC, en Bretagne, portoit anciennement : *de gueules, au fautoir d'argent ; & depuis, écartelé, aux 1 & 4 d'argent, à un arbre d'azur, aux 2 & 3 plein d'azur.*

BRIGNAC, en Languedoc : *de gueules, au lion paffant d'or.*

BRIGNEN, au Meniby de Saint-Paul de Léon : *écartelé, aux 1 & 4 d'azur, à une croix d'argent ; aux 2 & 3 d'argent, à un arbre d'azur.* Devife : *Efpoir me conforte.*

BRIGNOL, en Provence : *d'argent, au cœur de gueules, chargé de trois étoiles d'or, & du cœur fort une croix tréflée d'azur ; il eft foutenu en pointe d'un croiffant de fable.*

BRIGUE. Les Comtes DE LA BRIGUE, d'une branche de la Maifon *de Lafcaris*, ont pour auteur PIERRE DE LASCARIS, fecond fils de GUILLAUME-PIERRE DE LASCARIS, IIe du nom, Comte de Vintimille & de Tende. Cette branche a été divifée en plufieurs autres, dont une a produit dans le dernier fiècle JEAN-PAUL DE LASCARIS, des Comtes de *Vintimille*, Grand-

Maître de Malte pendant près de 22 ans, qui mourut le 14 Août 1657. Voy. VINTIMIL-LE.

BRIGUEUL: *écartelé, plein, d'argent & d'azur.*

BRIHON, Seigneur de Houppeville en Normandie, Généralité de Rouen, famille maintenue dans fa Nobleſſe le 9 Juillet 1667.

BRILHAC. La Baronnie de *Gençay* fut érigée en *Vicomté* par Lettres du mois de Mai 1655, enregiſtrées au Parlement & en la Chambre des Comptes les 31 Juillet & 18 Août 1656, en faveur de PIERRE DE BRILHAC, Conſeiller au Parlement de Paris.

Les armes: *écartelé, aux 1 & 4 d'azur, à trois fleurs-de-lys d'argent, 2 & 1; aux 2 & 3 auſſi d'azur, au chevron d'argent, chargé de cinq roſes de gueules, & accompagné de trois molettes d'éperon d'or, 2 en chef & 1 en pointe.*

BRILLET, famille originaire de Bretagne, & établie en Anjou, qui porte: *d'argent, à trois têtes de loups de gueules, arrachées & poſées 2 & 1.*

BRILLET: *écartelé, aux 1 & 4 d'azur, à la faſce bréteſſée & contre-bréteſſée d'or; aux 2 & 3 de gueules, à trois maillets d'or, poſés 2 & 1.*

BRILLOT: *de ſable, au lion d'argent.*

BRILLOUET, en Touraine. JACQUES DE BRILLOUET, Chevalier, Seigneur de Riparfont en Touraine, épouſa, en 1590, *Guyonne Baraton*, Dame de Rivarenne, fille de *Louis*, Seigneur de Montgauger, dont il eut pour fille unique:

CHARLOTTE DE BRILLOUET, Dame de Rivarenne & Riparfont, mariée, en 1600, à *Louis de Beauvau*, Chevalier, Seigneur des Aunais, Bugny, &c., dont des enfans, d'où deſcend la branche *de Beauvau-Montgauger*. Le Duc de *Choiſeul-Praslin* poſſède Montgauger.

Les armes: *de ſable, au lion d'argent.*

BRILLY, Seigneur du Hancel, d'Ellangreville & du Bocage, en Normandie, Généralité de Rouen, famille maintenue dans fa Nobleſſe le 6 Février 1666. La Roque, dans ſon *Traité des Bans & Arrière-Bans*, dit qu'au Catalogue de 1254 à 1330, intitulé: *Armigeri Vavaſſores*, ſe trouve HENRICUS DE BRILLY, &c. En la montre de 1470, Vicomté de Montivilliers, ſe trouvent défaillans RICHARD DE BRILLY, *Robert Filleul*, &c., par quoi tous leurs fiefs, héritages & revenus *furent prins* & mis en la main du Roi notre dit Seigneur, & commandé à *Louis Painbleu*, Vicomte de Montivilliers, cueillir & faire cueillir les revenus deſdits fiefs & héritages au profit du Roi, notre dit Seigneur.

BRIME-FAY, Seigneur de Quincy: *d'argent, à la faſce de gueules, briſée au premier canton d'un écu bandé d'argent & d'azur de ſix pièces.*

BRIMEN: *d'azur, à trois ſoucis ou tourneſols d'or, poſés 2 & 1.*

BRIMEU, Maiſon noble & ancienne, honorée du Collier de l'Ordre de la Toiſon d'Or dans le premier Chapitre tenu en 1429, & de laquelle étoit le Seigneur de Humbercourt, qui fut de:

CATHERINE-ANTOINETTE DE BRIMEU, mariée à *Jean de Coupigny*, V^e du nom, Seigneur dudit lieu, d'Avion & de Salau, avec lequel elle fit acquiſition en 1435 de la Terre de *Fouquières*, & dont elle eut poſtérité. Voy. COUPIGNY.

Les armes: *d'argent, à trois aigles de gueules, becquées & membrées d'azur, poſées 2 & 1.*

*BRINON, en Nivernois, Diocèſe d'Auxerre. JEAN-CHARLES, Marquis de SAINT-NECTAIRE, Maréchal de France, ayant acquis, par ſon mariage, des terres conſidérables dans l'Isle de la Guadeloupe, en Amérique, en obtint l'éreҁtion en *Marquiſat* en fa faveur, ſous la dénomination de *Marquiſat de Brinon*, par Lettres du mois de Mars 1738, regiſtrées au Conſeil Supérieur de la Guadeloupe au mois de Janvier 1739. Ce Seigneur, qui a vendu ce Marquiſat en 1758 à *François-Guillaume Pinet*, Secrétaire du Roi, eſt iſſu d'une des premières & des plus conſidérables Maiſons d'Auvergne, qui tire ſon nom de la Terre de *Saint-Neҁaire*, par corruption *Senneterre* ou *Senneҁerre*. Voy. SAINT-NECTAIRE.

BRINON, famille qui ſubſiſte aujourd'hui dans deux branches établies à Rouen & à Moulins. Le premier dont on ait connoiſſance eſt

I. GUILLAUME BRINON, Ier du nom, Seigneur de Vilaines, qui vivoit en 1400, & eut pour fils:

II. GUILLAUME BRINON, IIᵉ du nom, qui fut Procureur au Parlement de Paris, & inhumé en l'Eglife Paroiffiale de St.-Severin de cette ville, où il avoit une Chapelle. Celui-ci fut père de :

1. GUILLAUME, qui fuit ;
2. YVES, rapporté après fon frère ;
3. Et JEAN, auteur de la branche établie à Moulins en Bourbonnois, qui viendra en fon rang.

III. GUILLAUME BRINON, IIIᵉ du nom, fut auffi Procureur au Parlement de Paris, & eut :

IV. JEAN BRINON, Iᵉʳ du nom, Confeiller du Roi en fes Confeils, & premier Préfident au Parlement de Rouen, qui laiffa de *Pernelle de Perdriel* :

V. JEAN BRINON, IIᵉ du nom, d'abord Confeiller au Parlement de Paris en 1544, pourvu depuis d'une Charge de Maître des Requêtes, dans laquelle il ne put être reçu, étant mort fans alliance en 1554.

III. YVES BRINON, fecond fils de GUILLAUME, IIᵉ du nom, fut auffi Procureur au Parlement de Paris, & laiffa de *Gillette Picard* :

IV. RENÉ BRINON, d'abord Confeiller au Parlement de Paris en 1522, puis en 1539 Préfident du Parlement de Bordeaux, qui eut pour fils :

1. PIERRE, qui fuit ;
2. Et NICOLAS, rapporté après fon frère.

V. PIERRE BRINON fut reçu Confeiller au Parlement de Rouen, & père de :

VI. LOUIS BRINON, auffi Confeiller en la même Cour, dont on ignore la poftérité.

V. NICOLAS BRINON, fecond fils de RENÉ, fut Confeiller au Parlement de Rouen, & époufa *Antoinette Ruftaut*, dont il eut :

VI. LOUIS BRINON, auffi Confeiller en la même Cour, dont il mourut Doyen, après avoir époufé *Françoife Imbert du Thil*, dont on ignore s'il a des enfans.

BRANCHE ÉTABLIE A MOULINS.

III. JEAN BRINON, troifième fils de GUILLAUME, IIᵈ du nom, né à Moulins, fut reçu Confeiller du Roi au Parlement de Paris entre 1462 & 1469, & marié 1° à *Marguerite de Boylefve* ; & 2° à N.... Du premier lit, il laiffa entr'autres enfans :

JEAN, qui fuit.

Et du fecond lit :

Plufieurs enfans.

IV. JEAN BRINON, IIᵉ du nom, Sieur de

Pontillaut & de la Buxière, Confeiller du Roi, Maître ordinaire en fa Chambre des Comptes, époufa *Jeanne Luillier*, dont il n'eut qu'une fille nommée

V. JEANNE BRINON, qui fut mariée à *Jean du Tillet*, Greffier-Civil du Parlement de Paris, auquel elle porta la Terre de la Buxière, & de laquelle eft iffue toute la famille des *du Tillet*.

C'eft ce que nous favons fur les deux branches de cette famille, établies à Rouen & à Moulins.

Les armes : *d'azur, au chevron d'or, au chef denché de même*. La feconde branche, fuivant Blanchard, a brifé fes armes *d'une étoile à fix rais d'or en pointe de l'écu*, jufqu'à ce que la première branche fût éteinte ; & celle établie à Moulins continue de les brifer *d'un croiffant d'argent, auffi en pointe de l'écu*.

* BRINVILLIERS, Seigneurie dans le Diocèfe de Paris, érigée en *Marquifat* par Lettres du mois de Mai 1760, regiftrées au Parlement & à la Chambre des Comptes de Paris les 30 Juillet & 16 Septembre fuivant, en faveur D'ANTOINE GOBELIN, qui, de *Madeleine d'Aubray* a eu :

ANTOINE GOBELIN, Comte d'Offemont, mort le 30 Juillet 1739, laiffant d'*Anne-Françoife de Saint-Maiffant* :

ANTOINE & NICOLAS-LOUIS GOBELIN, celui-ci, appelé *le Marquis d'Offemont*, a époufé, le 29 Juin 1739, N... de *Bombelles*. Voyez MOTTE (LA).

BRIOIS, famille originaire d'Abbeville, où un BRIOIS étoit à la tête de la magiftrature en 1430.

FRANÇOIS-ALBERT BRIOIS, Avocat-Général du Confeil d'Artois, charge qu'il exerça pendant 30 ans, puis Confeiller honoraire de ce même Confeil, époufa *Marie-Catherine Lallart*, riche héritière d'Arras, dont :

FRANÇOIS-JOSEPH BRIOIS, Chevalier, qui fuccéda à fon père, en 1747, dans la charge d'Avocat-Général du Confeil d'Artois. Il a été reçu premier Préfident & chef du Confeil d'Artois le 22 Décembre 1752, & a époufé, le 9 Juillet 1754, la fille de N... *Palyat*, Gentilhomme de Picardie, & de N... *Lallart*.

Il y a des branches de cette Maifon en Artois, qui portent le nom & les armes de BRIOIS, qui font : *de gueules, à trois gerbes de blé d'or, à la bordure d'or, chargée de* huit befans de gueules. (*Tablettes de The-mis*, part. II, pag. 149.)

BRIOIS (DE), en Artois. C'eft une ancienne famille de la Province d'Artois, connue dans le XIV° fiècle, & différente de celle du pre-mier Préfident du Confeil Souverain d'Artois, auffi de la même Province. Elle a donné quelques Chevaliers du Temple, dont un étoit oncle de:

VAAST, I° du nom, Chevalier, Seigneur de BRIOIS, à Hébuterne, qui vivoit en 1346, & époufa *Jeanne du Fay*, fille de *Jean*, Chevalier, dont il eut:

PIERRE DE BRIOIS, Chevalier, qui paroît dans les Titres de 1376 & 1393, & époufa *Marie de Mallepart*, qui fut mère de:

JEAN, qui fuit;

Et GILLES DE BRIOIS, Ecuyer, lequel vivoit en 1438, qui époufa *Marie de Rély*, fille de *Nicolas*, Chevalier, & de *Guye de Wignacourt*.

JEAN DE BRIOIS, Chevalier, furnommé *le Bon*, Seigneur d'Hailly & de Bertrangle, in-humé en la Chapelle DE BRIOIS, eut de *Marie Baudouin*, fille de *Nicaife*, Ecuyer, Seigneur de Ramillies, & de *Jeanne de Piffeleu*:

1. VAAST, qui fuit;

2. Et JEANNE, femme de *Baudouin de Rély*, Ecuyer, Seigneur de Framecourt, dont en-tr'autres enfans:

Jean de Rély, décédé en 1497 Evêque d'Angers, & Confeiller d'Etat du Roi CHARLES VIII.

I. VAAST DE BRIOIS, II° du nom, Ecuyer, Seigneur de Bertrangle, fut fait Chevalier de l'Ordre du Roi au Sacre de LOUIS XI, le 15 Août 1461, honneur qu'il n'accorda qu'aux Gentilshommes qui avoient été élevés avec lui; & fe diftingua à la bataille de Guinegafte (vil-lage près Thérouenne), en 1479, où il de-meura prifonnier. Il avoit époufé *Marie Cornet*, dont il eut:

1. JEAN, qui fuit;

2. Et VAAST, qui fut Prêtre, Chanoine & Doyen de St.-Martin de Tours, & Chape-lain du Roi CHARLES VIII, dont il eft en-core qualifié Ambaffadeur. Il eft mort à Tours le I° Juillet 1505.

II. JEAN DE BRIOIS, II° du nom, Ecuyer, Seigneur de Bertrangle, fut Ecuyer d'Ecurie du Roi CHARLES VIII, par Lettres du 15 Fé-vrier 1491, & mourut le 3 Mai 1534. Il époufa *Marie de Baillencourt*, dite *Courcol*, fille

de *Jacques*, Ecuyer, & fœur de *Jean*, Echan-fon de la Reine BLANCHE, dont il eut:

III. PIERRE DE BRIOIS, II° du nom, Ecuyer, Seigneur de Bertrangle, qui mourut âgé de 36 ans, laiffant de fa femme, dont le nom eft ignoré:

IV. JEAN DE BRIOIS, III° du nom, Ecuyer, Seigneur de le Bargue, &c., né en 1530, mort le 24 Mars 1609, qui époufa, en 1562, *Jeanne du Mont-Saint-Eloy*, fille de *Charles*, Seigneur de Sailly, Poix & autres lieux, & d'*Antoinette de Bertoult*, dont il eut:

1. PIERRE, III° du nom, Ecuyer, mort fans poftérité de *Jacqueline de Genevières*, fille d'*Antoine*, Seigneur de Courchelettes;

2. HUGUES, auteur de la branche des Seigneurs d'*Angres*, rapportée ci-après;

3. MAXIMILIEN, auteur de la branche des Sei-gneurs d'*Hulluch*, qui viendra en fon rang;

4. Et MARIE-MARGUERITE, qui époufa *Guil-laume de Boucherat*, Chevalier de l'Ordre du Roi, Gentilhomme de fa Chambre, &c., & en eut:

Françoife de Boucherat, mariée à *Ni-colas Falart*, Marquis de Saint-Etien-ne, Capitaine d'une Compagnie de Che-vaux-Légers & Commandant le Régi-ment d'Urfé;

Et *Marguerite de Boucherat*, alliée avec *Jean*, Comte de *Mailly*, Général de l'armée de Pologne dans le Grand-Du-ché de Lithuanie.

BRANCHE
des Seigneurs d'ANGRES.

V. HUGUES DE BRIOIS, Ecuyer, Seigneur de Poix, né en 1569, mourut avant fon père, le 22 Juillet 1597, & avoit époufé, en 1596, *Ifabeau du Val*, fille aînée de *Nicolas*, E-cuyer, Seigneur de Natoi, dont:

VI. JEAN DE BRIOIS, IV° du nom, Ecuyer, Seigneur de Poix, né en 1597, mort en 1647, qui époufa, en Mars 1625, *Jeanne de Bel-valet*, fille de *Floris*, Ecuyer, & eut:

VII. CHARLES DE BRIOIS, I° du nom, E-cuyer, Seigneur de Poix, né en Janvier 1644, mort le 15 Septembre 1681, qui fut Officier au Régiment Royal, Infanterie, & époufa, le 25 Octobre 1670, *Anne-Dominique de Wi-debien*, fille de *Philippe*, Chevalier, Seigneur d'Ignacourt, dont:

VIII. CHARLES DE BRIOIS, II° du nom, E-cuyer, Seigneur de Poix, qui fut Officier au Régiment de Famechon, Infanterie, en 1692,

& mourut en 1753. Il épousa, le 2 Mai 1695, *Anne-Catherine de Baudequin,* fille de *Charles,* Ecuyer, Seigneur d'Allincourt, avec laquelle il acheta la Terre & Seigneurie d'Angres. Il en eut :

1. CHARLES-JOSEPH, qui fuit;
2. PHILIPPE - IGNACE DE BRIOIS, mort à Perpignan en 1734, Chevalier de l'Ordre Militaire de St.-Louis, & Capitaine au Régiment de Bourbon, Infanterie ;
3. Et ANNE-DOMINIQUE, mariée 1° à *Henri d'Efpalungue,* Chevalier de l'Ordre Militaire de St.-Louis; & 2° à *Bertault de Bertoult,* Chevalier du même Ordre, & Seigneur de Saint-Waaft ;

IX. CHARLES DE BRIOIS, III° du nom, (JOSEPH), Ecuyer, Seigneur d'Angres, né en 1697, Officier au Régiment de Bourbon, Infanterie en 1720, a épousé, le 22 Février 1728, *Marie-Lamoraldine-Thérèfe le Ricque,* fille de *Pierre-Ignace,* Ecuyer, Seigneur du Surgeon, dont il eut :

1. PIERRE-DOMINIQUE, qui fuit;
2. CHARLES-GUISLAIN, dit *le Chevalier d'Angres,* non marié;
3. FRANÇOIS-JOSEPH-PROCOPE, Ecuyer, mort en 1752 à Barcelone, Enfeigne aux Gardes-Wallones;
4. Et MARIE-HENRIETTE, mariée à *Louis-Lamoral-Benoît le Ricque,* Ecuyer, Seigneur de Marquais, fils de *Philippe-Louis,* Ecuyer, Seigneur des Prés, membre du Corps de la Nobleffe des Etats d'Artois.

X. PIERRE-DOMINIQUE DE BRIOIS, Chevalier, Seigneur de la Mairie, Officier, puis Capitaine au Régiment d'Eu, Infanterie, l'un des Députés nommés à la Nobleffe d'Artois en 1768, a épousé, en 1753, *Marguerite-Françoife-Jofèphe le Vaffeur,* fille de *Philippe-Robert,* Ecuyer, Seigneur de Bambecque, & de *Marguerite-Ifabelle de Croëzes,* dont :

1. CLAIRE-CHARLOTTE-JOSÈPHE;
2. AGNÈS-IGNACE-JOSÈPHE ;
3. PIERRE-LOUIS-ROBERT, Elève du Collège Royal de la Flèche ;
4. Et JEAN-BAPTISTE-FRANÇOIS-XAVIER.

BRANCHE
des Seigneurs d'HULLUCH.

V. MAXIMILIEN DE BRIOIS, Ecuyer, Seigneur de la Pugnanderie & de Sailly, né en 1571, troifième fils de JEAN, II° du nom, & de *Jeanne du Mont-Saint-Eloy,* épousa, le 23 Novembre 1598, *Jeanne de Hapiot,* dont il eut :

1. MAXIMILIEN-PHILIPPE, qui fuit ;

2. Et ADRIENNE, mariée à *Jean-Baptifte de Bourgogne,* Chevalier, Seigneur d'Herbamez, du Tilly, &c., né en 1613, & mort en 1638, Capitaine d'une Compagnie de 200 hommes pour le fervice de Sa Majefté Catholique. Il étoit fils puîné de *Philippe,* Seigneur des mêmes lieux dans la Châtellenie de Lille, par fon mariage, avec *Ifabelle Delecandele,* dont des enfans. Voy. BOURGOGNE.

VI. MAXIMILIEN - PHILIPPE DE BRIOIS, Ecuyer, né le 10 Septembre 1610, fut *créé Chevalier, lui & fa poftérité,* par LOUIS XIV, en 1671, tefta le 4 Janvier 1673, & laiffa de fon mariage :

1. ROBERT-MAXIMILIEN, Chevalier, mort fans alliance;
2. CHARLES, qui fuit;
3. Et MARIE-CHARLOTTE, mariée à *Jacques de la Rivière,* & bifayeule maternelle de *N.... de Rodoan,* Baron de Fontaine-l'Evêque, marié, en 1755, à *Marie-Charlotte de Rouvroi,* Chanoineffe d'Andenne, & fœur cadette de la Princeffe de *Gavre-Ayfeaux.*

VII. CHARLES DE BRIOIS, Chevalier, Seigneur de Carnin, Sailly & autres lieux, tefta le 9 Février 1728, & mourut le 6 Octobre 1731. Il avoit épousé, le 6 Octobre 1686, *Marie-Madeleine le Merchier,* Dame d'Hulluch, & la dernière du nom, dont :

1. ROBERT-HYACINTHE-JOSEPH, qui fuit;
2. ANTOINE-JOSEPH, Chevalier, Chanoine & Doyen de la Collégiale de St.-Pierre de Lille ;
3. CHARLES-MAXIMILIEN-JOSEPH, né le 28 Mai 1692, marié, au mois de Janvier 1738, à *Marie-Madeleine de la Rivière,* fille de *Robert,* Seigneur de Dours, de Violaine, &c., dont il a pour fils unique:

    MARIE-CONSTANT-JOSEPH DE BRIOIS, Chevalier, Seigneur de Carnin, né le 8 Octobre 1739, marié, le 12 Juillet 1767, à *Pauline - Marie - Thérèfe-Jofèphe de Grufon,* Dame de Maincourt, Peuvrel, la Monverdrie, Favrel, de Douval, &c., la dernière de fa famille, & fille unique de *Louis-Jofeph de Grufon,* Ecuyer, Chevalier de Saint-Louis, Capitaine au Régiment de Beauvilliers;

4. PIERRE- FRANÇOIS, Chevalier, Seigneur du Coulombier, de la Croix, &c.;
5. PHILIPPE -CHARLES- BERNARD, nommé en 1749, Abbé de St.-Vaaft d'Arras, Député à la Cour de la part du Clergé d'Artois en 1752, 1756, 1760, & 1771;
6. MARIE-ELISABETH-CLAIRE, Dame de Sailly;

7. MARIE-FRANÇOISE-FLORENCE-JOSÈPHE, mariée, le 11 Décembre 1722, à *Charles-François-Joseph de Coupigny*, Chevalier, Seigneur de le Bargue, Louverval, &c.;

8. MARIE-CATHERINE, Religieuse à Marquette, morte en Mai 1771;

9. Et ANNE-RENÉE, Dame du Brulle.

VIII. ROBERT-HYACINTHE-JOSEPH DE BRIOIS, Chevalier, Seigneur d'Hulluch, né le 15 Août 1688, Député à la Cour de la part de la Noblesse d'Artois, en 1748, mourut le 30 Décembre 1758. Il avoit épousé, le 9 Décembre 1722, *Marie-Gabrielle de Coupigny*, fille de *Jean-François*, Chevalier, Seigneur de le Bargue, &c., & de *Marguerite de Haynin*, de laquelle il a laissé:

1. ANTOINE-DOMINIQUE-HYACINTHE, Chevalier, Seigneur d'Hulluch, & autres lieux, qui avoit épousé, le 18 Avril 1759, *Valentine-Charlotte de Carieul*, fille d'*Adrien-Philippe*, Chevalier, Seigneur de Fiefs, de Beauquesne, de Beaurins, &c., & de *Marie-Anne-Josèphe-Valentine de Hautecloque*, Dame de Quatrevaux;

2. HENRI-FRANÇOIS-GABRIEL, dit *le Chevalier d'Hulluch*, né le 22 Mars 1739, veuf avec deux garçons de *Marie-Béatrix de Gourdin de Drinkam*;

3. RENÉE-AMÉLIE-CAROLINE, Religieuse à l'Hôpital de Notre-Dame de Tournay, aujourd'hui Supérieure de cette Maison;

4. MARIE-GABRIELLE-FLORENCE, Religieuse à Marquette;

5. Et ANTOINETTE-VALENTINE, Religieuse à Estrun.

Voy. sur cette famille, la Morlière, Carpentier, & la septième partie des *Tablettes Généalogiques*.

Les armes: *de gueules, à trois gerbes de bled d'or, posées 2 & 1; & une bordure de même, chargée de huit tourteaux de gueules.*

BRIOIS: *d'or, à la bande de sable.*

* BRIOLLAY ou BRIOLLEY en Anjou, Diocèse d'Angers, *Baronnie* qui relève de l'Evêque d'Angers. Le Baron de cette Terre est un des quatre Vassaux qui sont obligés de porter l'Evêque le jour qu'il fait son entrée publique dans la Ville d'Angers.

BRION DE COMBRONDE en Auvergne. JEAN BRION, Marquis de Combronde en Auvergne, Baron de Salvert, Conseiller au Parlement de Paris, mort le 1er Août 1684, avoit épousé *Anne-Marie de la Barde*, morte le 28 Février 1700, fille de *Jean de la Barde*, Marquis de Marolles, Seigneur de Molteaux, Ambassadeur extraordinaire pour le Roi vers les Cantons Suisses & Grisons. Leurs enfans furent:

1. JEAN-ANTOINE DE BRION-DE-LA-BARDE, Conseiller au Parlement de Paris, mort le 15 Décembre 1708;

2. Et NOEL-FRANÇOIS DE BRION, Marquis de Combronde & de Marolles en Gâtinois, Baron de Salvert, &c., Chevalier, Commandeur des Ordres de Notre-Dame du Mont-Carmel & de St.-Lazare de Jérusalem, dans lesquels il avoit été reçu le 10 Novembre 1713. Il avoit été Chanoine de l'Eglise Métropolitaine de Paris & Prieur de la Dorade; mais étant resté fils unique, il quitta l'état ecclésiastique & se maria. Il mourut subitement le 22 Décembre 1736, âgé de plus de 60 ans. Il épousa, le 22 Août 1714, *Marie-Agnès de Pomereu*, fille de *Jean-Baptiste de Pomereu*, Seigneur des Riceys, Maître des Requêtes ordinaire de l'Hôtel du Roi, & ci-devant Intendant d'Alençon, & de *Marie-Michelle Bernard*. Il a laissé deux fils qui sont au service.

BRION, autre famille, qui, selon le *Mercure de France* du mois de Janvier 1743, p. 179, est originaire de la Ville de Langres, & connue sous le nom de BRION depuis plus de 250 ans. MARC-CYRUS DE BRION, Seigneur de Hautefontaine & de Verberie en Picardie, Mestre-de-Camp de Cavalerie, ci-devant Enseigne de la Compagnie des Gendarmes Dauphins, a laissé de *Renée-Madeleine le Bel-de-Valgenheuse*, morte le 29 Juin 1738:

EUGÉNIE-RENÉE DE BRION, fille unique, morte à Paris sans postérité le 12 Janvier 1743. Elle avoit épousé, le 14 Mars 1735, *Pierre*, Comte de *Grammont*, du Comté de Bourgogne, Mestre-de-Camp du Régiment de son nom, dont elle fut la première femme.

Les armes: *vairé d'or & de gueules, parti de gueules plein.*

* BRIONNE, Bourg avec titre de *Comté*, en Normandie, Diocèse de Rouen. GUY, Comte DE BRIONNE, neveu de ROBERT, 1er du nom, Duc de Normandie, disputa la possession de cette Province au Duc GUILLAUME II, mais ayant été battu en 1042, il abandonna ses prétentions & se retira. La Terre de *Brionne* est maintenant possédée par la Maison DE LORRAINE, de la branche établie en France. Voy. LORRAINE.

BRIONNE: *de gueules, à deux faſces d'or, accompagnées de trois befans de même,* 2 *en chef &* 1 *en pointe.*

* BRIONNOIS, petit pays de Bourgogne, qui a eu des Seigneurs particuliers, d'où il a paſſé dans la Maiſon de *Luſy,* des Seigneurs de *Bourbon-Lancy,* & enſuite dans celle de *Château-Villard;* & enfin il a été réuni au Duché de Bourgogne, dont il fait partie.

BRIORD, ancienne Maiſon de Breſſe, dont étoit GABRIEL DE BRIORD, qui obtint ſous ſon nom l'érection & la réunion des Terres & Seigneuries de *Saint-Martin, la Salle* & *le Parc,* à celle de Senozan, en *Comté,* par Lettres-Patentes de Septembre 1690, regiſtrées le 23 Avril 1694. Les armes: *d'or, à la bande de ſable.*

BRIOT, dans le Barrois. JEAN BRIOT, premier annobli, fils unique de MICHEL BRIOT, reprit la Nobleſſe maternelle, conformément à la coutume de cette Province, par Lettres-Patentes entérinées en la Chambre des Comptes de Bar en 1717. Le père & le fils ſont inhumés dans le chœur de l'Egliſe des Cordeliers de la ville de Ligny. JEAN, Ecuyer, n'a laiſſé entr'autres enfans que NICOLAS, qui ſuit, & qui ait eu poſtérité mâle.

NICOLAS BRIOT, Ecuyer, Maître & Auditeur en la Chambre des Comptes de Bar en 1714, mourut en 1729. Il avoit épouſé, en 1721, *Louiſe-Gabrielle le Paige,* d'une famille Noble du pays, morte en 1726. Ils ſont inhumés dans la même Egliſe. De leur mariage ſont iſſus:

1. NICOLAS-ANTOINE BRIOT, Capitaine d'Infanterie, Chevalier de St.-Louis, qui eſt retiré du ſervice & n'eſt point marié;
2. Et JEAN-FRANÇOIS, qui ſuit.

JEAN-FRANÇOIS BRIOT DE MONREMY, né le 24 Mars 1725, Officier des Chevaux-Légers de la Garde du Roi, avec commiſſion de Capitaine de Cavalerie, Chevalier de St.-Louis, Seigneur de Courcelles & de Neuville en Verdunois, & Gouverneur de Ligny, s'eſt marié à Paris, par contrat du 3 Octobre 1769, à Noble *Henriette-Simonne Bachoy,* fille d'un Conſeiller de la Cour des Monnoies, & ſœur de M. le Lieutenant-Criminel, dont:

1. ANTOINE, né le 28 Septembre 1770;
2. HENRIETTE, née le 28 Juillet 1772;
3. Et LOUISE BRIOT, née le 5 Avril 1776.

« Les armes: *d'hermine, au chef d'or,*
Tome IV.

chargé *d'une aigle à deux têtes naiſſantes & déployées de ſable, allumé & lampaſſé de gueules:* Cimier: *l'aigle de l'écu,* & ſont telles qu'elles ont été accordées à *Gérard Mangeot,* par RENÉ D'ANJOU, Roi de Sicile, à Aix en Provence. Cette famille en deſcend, & en a repris la nobleſſe, comme il a été dit ci-devant.

Elle ſe trouve dans l'*Armorial Général de Lorraine,* p. 89; mais on a écrit par erreur, BRIET, au lieu de BRIOT.

Il y a pluſieurs familles nobles de ce nom, & la Baronnie de *Briot* eſt en Picardie. »

BRIOT: *chapé, renverſé* ou *vêtu d'argent & de ſable.*

* BRIOUDE, Ville en Auvergne, Diocèſe de Saint-Flour, où il y a un Chapitre Noble de Chanoines, qui ſont obligés de faire preuve de Nobleſſe de quatre races. Ils ſont Seigneurs de la Ville, & en cette qualité la Juſtice leur appartient. Pour le ſpirituel ils ne relèvent que du Pape.

* BRIOUZE, en Normandie, Subdélégation de Falaiſe, *Baronnie* très-ancienne, qui eſt ſortie des mains du Roi, & a paſſé il y a très-long-tems dans la Maiſon d'*Orglandes,* dont le chef porte le nom de *Comte de Briouze.* Voy. ORGLANDES.

* BRIQUEBEC, Bourg, Terre & Seigneurie, avec une forêt qui portoit ſon nom, ſituée dans le Bas-Cotentin près de la Ville de Valogne, & laquelle a toujours été poſſédée par l'ancienne & illuſtre Maiſon de *Bertrand,* ou des *Bertrands,* éteinte il y a pluſieurs ſiècles, & laquelle eſt aujourd'hui dans la Maiſon de *Goyon de Matignon.* Voy. GOYON. Les armes de l'ancienne Maiſon de *Briquebec* étoient: *d'or, au lion de ſinople, armé, lampaſſé & couronné d'argent.*

BRIQUEMARPIED-DE-GRIMAUT: *de gueules, à trois faſces d'or, à la bande d'hermines brochante ſur le tout.*

BRIQUEMAULT, en Champagne: mêmes armes que la précédente.

BRIQUET (DE), Seigneur de la Chaume: *d'azur, à la bande d'or, chargée de trois molettes d'éperons de ſable, accoſtée en chef d'un croiſſant d'argent, & en pointe d'un bouc paſſant d'or.*

* BRIQUEVILLE, ancienne & illuſtre

L

Maifon de Normandie, Généralité de Caen, qui n'eft pas moins diftinguée par fes alliances que par les emplois dont ont été honorés par nos Rois plufieurs de ceux de cette Maifon pour leurs actions éclatantes. Elle tire fon nom de la Terre de *Briqueville*, fituée dans le pays que l'on nomme *le Beſſin*, qui a des extenfions de Fief dans les Terres de *Coulombieres, Berneſy, la Folie, Sarunet, Maiſtry, Saint-Marcou & Saint-Sauveur*, & a été poſſédée de tems immémorial par la Maifon DE BRIQUEVILLE jufqu'en 1763, qu'elle a été vendue par Meffire LOUIS DE BRIQUEVILLE, Chevalier, à M. le Marquis DE BRIQUEVILLE DE LA LUZERNE, Seigneur d'Ifigny. Nous allons en donner la Généalogie, d'après l'examen des titres originaux qui nous ont été communiqués.

I. Le plus ancien de cette Maifon qui nous foit connu, & dont la mémoire eft parvenue jufqu'à nous, eft un Sire DE BRIQUEVILLE, que GUILLAUME, Duc DE NORMANDIE, lorfqu'il entreprit, en 1066, la conquête d'Angleterre, nomma avec plufieurs autres Seigneurs de cette Province pour aider la Ducheffe *Mathilde* dans le Gouvernement de fes Etats pendant fon abfence, maintenir les Normands en leur devoir, & aller au-devant des entreprifes de fes voifins. C'eft ce qui paroît par un ancien manufcrit tiré de l'Abbaye de la Sainte-Trinité de Caen, appelée l'Abbaye aux Dames. On ignore l'alliance de ce Sire de BRIQUEVILLE, mais on croit qu'il eut pour fils :

II. GUILLAUME DE BRIQUEVILLE, qualifié *Monfieur*, Sire de Lanne, Chevalier-Banneret Normand, lequel fut du nombre des Seigneurs qui accompagnèrent ROBERT *Courte-Heufe*, Duc de Normandie, & *Godefroy de Bouillon*, à la conquête de la Terre-Sainte en 1096, & à la prife de Jérufalem, comme il paroît par un regiftre qui fe trouve à la Cathédrale de Bayeux. Il époufa *Jeanne Scitel*, Dame de Leffay, de la même famille de *Haſtain Scitel*, qui donna le premier établiffement aux Normands en Italie, & qui avoit été leur chef dans la Pouille. De ce mariage naquirent :

ALMERED, qui fuit ;

Et THOMAS, qui aumôna à l'Abbaye de Leffay l'Eglife de Lanne, avec les dîmes qui en dépendoient & autres, dont il eft fait mention dans le *Neuſtria Pia*.

III. ALMERED DE BRIQUEVILLE, Sire de Bri-

queville & de Lanne, eft cité pour fes bienfaits dans les Chartes de l'Abbaye de Leffay. Il époufa *Amicie de Montfort*, parente du célèbre *Simon*, Comte de *Montfort*. Il en eut :

OSBEON, qui fuit ;

Et GEOFFROY DE BRIQUEVILLE, dont la femme n'eft point connue, mais qui en eut une fille, mariée à *Guillaume de Côtentin-Tourville*, Chevalier.

IV. OSBEON DE BRIQUEVILLE, Chevalier, Sire de Briqueville & de Lanne, vivant en 1148, eft ainfi nommé dans une Charte de l'Abbaye de Leffay de 1190. Il époufa *Rohais de Caligny*, Dame dudit lieu, dont :

V. GUILLAUME DE BRIQUEVILLE, IIᵉ du nom, Sire de Briqueville & de Lanne, qui eft regardé comme un des principaux bienfaiteurs de l'Abbaye de la Luzerne en 1189. Outre les Terres qu'il poffédoit, il fut encore Seigneur de Caligny & de la Hériffonnière. Il époufa *Mathilde de Courcy*, & en eut :

VI. ROBERT, Iᵉʳ du nom, Sire DE BRIQUEVILLE, qui donna au Chapitre de Coutances la moitié du patronage de Saint-Cyrille en 1221, comme il fe voit au Iᵉʳ vol. du Cartulaire dudit Chapitre, pag. 24; & fit plufieurs dons à l'Abbaye de Leffay, ce qui eft auffi prouvé par les Chartes de cette Abbaye. Il époufa *Mahaud de Paifnel*, d'une des premières Maifons de Normandie, ainfi qu'il eft rapporté dans le Catalogue de ceux qui tenoient des Fiefs du tems du Roi PHILIPPE-AUGUSTE. De ce mariage vint :

VII. THOMAS DE BRIQUEVILLE, qu'on fait encore par tradition être fils de ROBERT, Iᵉʳ du nom, & de *Mahaud de Paifnel*. Il époufa *Adeline Bertrand-de-Briquebec*, dont :

1. GUILLAUME, qui fuit ;

2. NICOLAS, mentionné dans des titres de 1240 ;

3. Et RENAUD DE BRIQUEVILLE, auffi cité dans les mêmes titres.

VIII. GUILLAUME, IIIᵉ du nom, Sire DE BRIQUEVILLE, la Blouette, Briqueville en Beffin, Lanne, Latelle, &c., époufa *Agnès de la Fertière*. Il eut :

1. ROBERT, qui fuit ;

2. & 3. THOMAS & JEANNE, cités dans un acte latin en parchemin, lequel acte prouve que la Terre de Briqueville en Beffin eft très-ancienne dans cette Maifon.

IX. ROBERT, IIᵉ du nom, Sire DE BRIQUEVILLE, la Blouette, Briqueville en Beffin, Lanne, &c., donna, fuivant une Charte de l'Abbaye de Leffay, à ce Monaftère, trois quartiers de froment, mesure de Vesly, à prendre sur son moulin de Pissot, & se maria à *Alix Bacon*, fille du Sire de Molley-Bacon. Leurs enfans furent :

1. ROBERT, qui suit ;
2. THOMAS, vivant en 1265, mort avant son père, qui donna en 1266, pour le salut de l'âme de son fils & de la sienne, trois quartiers de froment de rente, mesure de Vesly, à prendre sur le moulin de Pissot ;
3. Et JEANNE, citée avec son frère THOMAS, dans un acte en parchemin daté du mois de Mai 1264.

X. ROBERT, IIIe du nom, Sire DE BRIQUEVILLE, la Blouette, Briqueville en Bessin, Lanne, &c., prouvé fils de ROBERT II, par la tradition & l'histoire de cette Maison, & d'*Alix Bacon*, vendit au Chapitre de Coutances 36 quartiers de froment, mesure de Tessy, comme il paroît par les Cartulaires dudit Chapitre, & épousa *Jeanne de Tesson*, fille du Sire de la Roque-Tesson, de laquelle il eut :

XI. JEAN DE BRIQUEVILLE, Chevalier, Seigneur de Briqueville, la Blouette, Briqueville en Bessin, Lanne, Gerville, Latelle, Caligny, &c., qui mourut le 8 Mars 1330. Il avoit épousé *N... de Cailletot*, d'une ancienne Maison de Normandie, ce qui est prouvé par son tombeau dans la Paroisse de Briqueville, placé vis-à-vis l'Autel de Notre-Dame, vers le midi, où il est figuré en *homme armé, ayant une Epée, & à ses pieds un lévrier :* l'on y voit les armes de BRIQUEVILLE, qui sont : *d'argent, à six feuilles de chêne ;* & celles de CAILLETOT : *d'or, au lion rampant de gueules.* C'est ce qui résulte d'une attestation du Dimanche 24 Novembre 1565, faite par les Sieurs Curé, Prêtres & habitans de Briqueville, devant les Notaires en la Seigneurie d'Isigny, Vicomté de Bayeux, ladite attestation en parchemin, duement signée. De son mariage il eut :

1. GUILLAUME, qui suit ;
2. & 3. COLIN & THOMAS, servant le Roi en 1340, & morts sans alliance.

XII. GUILLAUME DE BRIQUEVILLE, IVe du nom, Chevalier, Seigneur de Briqueville en Bessin, Briqueville, la Blouette, Lanne, &c., épousa *Jeanne de Meulent*, fille de *Raoul*, Comte de *Meulent*, descendu de *Robert de Meulent*, & d'*Elisabeth de Vermandois*, petite-fille du Roi HENRI Ier. Ils eurent :

1. GUILLAUME, Chevalier, Seigneur de Lanne, &c., qui n'eut point d'enfans de *Jeanne*, Dame de *Meaultis*, fille de *Jean de Meaul-*

tis, Chevalier. On voit leurs tombeaux dans l'Eglise de Lessay ;
2. JEAN, Chevalier, Seigneur de Briqueville, la Blouette, qui n'a point fait de lignée, son fils étant mort en bas âge ;
3. ROGER, qui suit ;
4. THOMAS, auteur de la branche des Seigneurs de *Briqueville*, en Bessin, rapportée plus loin ;
5. NICOLAS, auteur de la branche des Seigneurs de *la Haye*, qui viendra en son rang ;
6. N... mariée à *Jean d'Escajeul*, Chevalier, Seigneur de la Rammée ;
7. LUCE, mariée à *Jean des Montiers*, Chevalier, Seigneur d'Aisy, Saint-Germain & Saint-Gabriel ;
8. JEANNE, mariée à *Vigor de Clinchamp*, Seigneur de Maiserette ;
9. Et ISABEAU DE BRIQUEVILLE, mariée à *Philippe de la Haye*, Seigneur de la Haye-Hue.

XIII. ROGER, Sire de Briqueville & de Lanne, fut Seigneur de Lanne & de plusieurs autres Terres. Il ne se trouve pas employé dans la Généalogie produite par RICHARD DE BRIQUEVILLE en 1523, parce que, selon toutes les apparences, celui-ci ne s'occupa que de sa branche, comptant bien que ceux de la branche de ROGER ne seroient pas oubliés dans ses recherches. Au reste cette omission de ROGER DE BRIQUEVILLE se trouve corrigée par la Roque en son *Histoire de la Maison d'Harcourt*, tom. I, pag. 112, lequel avoit vu les titres des différentes branches du nom de Briqueville. ROGER recueillit la succession de GUILLAUME, son frère aîné. La qualité de *Chevalier* qui lui est donnée dans les actes étoit alors une récompense de sa valeur. Il se distingua dans les guerres de son tems, suivant le compte de Jean le Flamant, Trésorier des Armées en 1387 & 1388 ; il assista encore en 1392, avec un autre Chevalier & 6 Ecuyers de sa Compagnie, à la montre faite dans le pays du Maine par Jean le Meingre, dit *Boucicault*, Maréchal de France sous le Roi CHARLES VI. Il mourut en 1404, & fut inhumé dans l'Abbaye de Blanche-Lande, laissant ses enfans sous la tutelle de sa femme, *Jeanne Campion*, Baronne de la Haye-du-Puy ; elle étoit veuve de *Jean*, Sire de *Coulombières* & de Sainte-Croix-de-Grantonne, qui lui avoit donné, en la prédécédant, ces deux grandes Terres qu'elle laissa au fils de son second mari. Ils eurent :

1. ROGER, qui suit ;

2. Et GUILLEMETTE, que quelques Mémoires nomment JEANNE, femme de *Bertrand de la Rivière*, Seigneur de Brucourt, du Parc, fils de *François*, Seigneur de *la Rivière*, & de *Perrette*, Dame de *Cliquebœuf*.

XIV. ROGER, IIe du nom, Sire DE BRIQUEVILLE, de Lanne, de la Haye-du-Puy & de Sainte-Croix-de-Grantonne en 1448, avec lequel *Bertrand de la Rivière*, son beau-frère & sa femme, eurent, dit la Roque, différend à cause du Fief *du Mesle*, qu'il avoit vendu, épousa *Huguette de la Haye*, & eut :

1. GUILLAUME, qui suit;
2. Et EUSTACHE DE BRIQUEVILLE, Chevalier, mort sans hoirs.

XV. GUILLAUME, V^e du nom, Sire DE BRIQUEVILLE, de Lanne, de Coulombières & de Sainte-Croix-de-Grantonne, fut sous la tutelle de Guillaume le Normant, Seigneur de Beaumont; & quand il fut en âge, il épousa *Guillemette Pelerin*, Dame d'Amainville, dont :

1. GUILLAUME, qui suit;
2. Et JACQUELINE, femme d'*Artus de Vierville*, Baron de Creüilli.

XVI. GUILLAUME, VIe du nom, Sire DE BRIQUEVILLE, de Lanne, d'Amainville, de Sainte-Croix-de-Grantonne, de Coulombières, de la Haye-du-Puy, d'Orgueil, &c., épousa par contrat de l'an 1494, *Jeanne Havart*, Dame d'Auffebosc, &c., fille & héritière en partie de *Georges*, Vicomte de Dreux, Seigneur d'Auffebosc, de la Rosière, &c., Sénéchal du Perche, & l'un des deux Maîtres des Requêtes de l'Hôtel du Roi, & d'*Antoinette d'Estouteville*. La Maison DE BRIQUEVILLE a eu l'honneur d'être alliée à celle de BOURBON-CONDÉ par ce mariage; car *Antoinette d'Estouteville* étoit sœur utérine de *Jean de Roye*, dont la postérité s'est depuis éteinte par *Éléonore de Roye*, alliée à LOUIS DE BOURBON, Prince de Condé. De ce mariage vinrent :

1. FRANÇOIS, qui suit;
2. Et JEAN, tige de la branche des Barons, Marquis de *Coulombières*, rapportée ci-après.

XVII. FRANÇOIS, Ier du nom, Sire DE BRIQUEVILLE, de Lanne, d'Auffebosc, &c., épousa *Florence de Clere*, fille de *Georges*, Baron de Clere, & d'*Anne de Brezé*, sa première femme. Il en eut :

1. FRANÇOIS, selon Moréri, ou GEORGES (suivant un *manuscrit*), qui suit;

2. GUY, suivant le même Moréri, ou JEAN, suivant le *Mémoire* cité, marié à *Jeanne de Recusson*, & auteur de la branche des Seigneurs de *Sainte-Croix-Grantonne*, qui s'est éteinte dans son fils, qui n'eut, de *Jeanne du Quesnel-Coupigny*, qu'une fille unique, mariée à *Gilles Vipart*, Seigneur de Cilli, Gouverneur de Montreau-faut-Yonne, dont elle eut un fils, père d'une fille unique, qui porta dans la Maison de *Madaillan*, pour ses deniers dotaux, les Terres de Sainte-Croix-Grantonne, de Montcanifi, &c. Cette dernière Terre venoit de *Jeanne de Recusson*;

3. Et MARIE, d'abord Abbesse de N. D. de Lisieux, qui, s'étant fait relever de ses vœux, épousa 1º *Charles d'Harcourt-Beuvron*, Baron de la Motte, Chevalier de l'Ordre du Roi, Gentilhomme ordinaire de sa Chambre, fils de *François*, & de *Françoise de Gallion*; & 2º en 1608, *Pierre de Harville* Seigneur de la Grange, Capitaine & Bailli de Montfort, fils de *Fiacre*, Seigneur de Palaiseau, & de *Renée de Rouville*.

XVIII. FRANÇOIS, IIe du nom, ou GEORGES, Sire DE BRIQUEVILLE, de Lanne, d'Auffebosc, &c., eut de *Marie de Cheninelles* :

XIX. ISAAC, Sire DE BRIQUEVILLE, de Lanne & d'Auffebosc, dernier mâle de la branche aînée de la Maison de Briqueville, qui laissa de *Françoise du Quesnel-Coupigny* :

XX. FRANÇOISE, Dame de BRIQUEVILLE, de Lanne & d'Auffebosc, mariée à *Fabien de Biran*, Seigneur de Castel-Jaloux en Gascogne, dont est sorti *Fabien de Biran*, IIe du nom, Seigneur d'Auffebosc.

BRANCHE
des Barons, Marquis DE COULOMBIÈRES.

XVII. JEAN DE BRIQUEVILLE, Ier du nom de sa branche, Chevalier, Seigneur de Coulombières, &c., second fils de GUILLAUME VI, & de *Jeanne Havart*, épousa, le 15 Janvier 1530 ou 1534, *Françoise de Blosset*, fille de *Jean de Blosset*, Seigneur de Torcy, & d'*Anne de Cugnac-de-Dampierre (a)*. Il en eut :

(a) Cette *Françoise de Blosset* devint, après la mort de son mari, mère de FRANÇOIS D'ORLÉANS, Marquis de Rothelin: elle étoit sœur cadette de *Claude de Blosset*, la plus belle personne de la Cour de FRANÇOIS Ier, qui fut mariée à *Louis de Montberon*, Baron de Fontaines-Chalandré, Gouverneur de Bayonne, père d'*Anne de Montberon*, femme de *Louis de Gourdon-de-Genouillac*, Comte de Veillac, Gouverneur de Bordeaux, Seigneur célèbre dans le XVIe siècle.

1. François, qui fuit;
2. Catherine, mariée, en 1557, à *Jean Bonnenfant*, Seigneur de Launay, fils de *François*, & de *Barbe de la Bruyère;*
3. Et Anne, femme de *Nicolas Allemani.*

XVIII. François de Briqueville, Baron de Coulombières & d'Amainville, l'un des plus grands Capitaines de son tems, fit ses premières campagnes dans les armées de François Ier & d'Henri II, commanda une Compagnie de 100 Lances dans celles de François II, & des corps séparés dans celles de Charles IX. Il se signala surtout dans les guerres des Religionnaires, où il fit prisonnier", dit l'Abbé le Laboureur, Michel de Castelnau, Seigneur de Mauvisière, qui commandoit pour le Roi en Normandie. Il se mit courageusement sur la brèche de Saint-Lo, & y mourut l'épée à la main en 1574. Il perdit sa portion dans la riche succession du Baron de Torcy, Chevalier des Ordres, son oncle maternel, pour s'être laissé entraîner dans la faction Huguenote. (Voyez l'*Histoire des guerres civiles de France*). Il avoit épousé *Gabrielle de la Luzerne*, fille & héritière de Jean, Seigneur de *la Luzerne*, & de *Gironde Thezart*, qui se remaria avec *Jean Thezart*, Baron de Tournebu. De ce mariage vinrent:

1. Paul, qui fuit;
2. Gabriel, auteur de la branche des Marquis de *la Luzerne*, rapportée ci-après;
3. Marie, femme de *Robert du Bosc*, Marquis de Radepont;
4. Elisabeth, femme de *Julien d'Escajeul*, Seigneur de la Rammée;
5. Gabrielle, mariée 1° à *Jacques de Cordouan*, Seigneur de Grestain; 2° à *Gabriel de Courseulles*, Seigneur de Saint-Remy;
6. Et Jacqueline, femme de *Guillaume Suhart*, Seigneur de la Courcillière.

XIX. Paul de Briqueville, Ier du nom, Baron de Coulombières, &c., apprit le métier de la guerre sous son père, & se fit, comme lui, une haute réputation dans le parti Calviniste, qu'il quitta cependant pour prendre celui d'Henri III, son légitime Souverain. Il fut un des quatre principaux Seigneurs Normands, qui menèrent en 1589, chacun un Régiment d'Infanterie qu'ils avoient mis sur pied à Falaise, place que le Duc de Montpensier assiégeoit alors, pour la faire rentrer dans l'obéissance du Roi. Il se trouva en 1592, au siège de Caudebec avec 300 chevaux que le Comte de Montgommery (fils du malheureux

de Montgommery, pris à Domfront par Jacques de Matignon, depuis Maréchal de France, qui mourut sur un échafaud) & lui y avoient conduit pour le service de l'Etat: il ne signala pas moins son zèle au siège de Honfleur, où il combattit en 1594, avec Gabriel de Briqueville-la-Luzerne, son frère, à la tête des Régimens de Coulombières & de la Luzerne. Il avoit épousé, en 1574, *Jeanne* ou *Claude de Monchy*, fille de *Jean*, Seigneur de Sénarpont, Lieutenant-Général au Gouvernement de Picardie, & de *Claude de Longueval-Haraucourt*. De ce mariage vinrent:

1. Paul, IIe du nom, Marquis de Coulombières, mort en 1615, sans enfans de *Jeanne de la Luzerne-Beuzeville;*
2. Gédéon, mort jeune;
3. Et Gabriel, qui fuit.

XX. Gabriel de Briqueville, Ier du nom, Seigneur de Bernai, Marquis de Coulombières après la mort de son aîné, épousa 1° *Anne d'Anet;* 2° *Hélène* ou *Jeanne Moreau* ou *Marec*, fille de *René*, Seigneur de Montbarot, Lieutenant de Roi au Gouvernement de Bretagne, Gouverneur de Rennes, & d'*Esther du Bois-de-Bolac*. Il n'eut qu'un fils de sa première femme, & de la seconde:

1. & 2. Gilles & Gabriel, IIe du nom, morts sans postérité;
3. César, mort sans alliance;
4. Cyrus-Antoine, qui fuit;
5. Esther, femme de *Louis Cornet*, Seigneur de Bussi;
6. Marguerite, femme de *François de Saint-Ouen*, Seigneur de Fresnai;
7. Et Hélène, mariée 1° à *Tanneguy de Saint-Ouen*, Seigneur de Magny; & 2° à *N..... de Madaillan*, Comte de Montataire.

XXI. Cyrus-Antoine de Briqueville, Marquis de Coulombières, &c., succéda à ses trois frères, & mourut à Paris le 30 Novembre 1706, laissant de *Henriette de Malortie*, pour fille unique, Anne-Henriette de Briqueville, héritière de sa branche.

Les armes: *d'argent, à trois mouchetures d'hermines de sable, posées 2 & 1.*

BRANCHE
des Marquis de la Luzerne.

XIX. Gabriel de Briqueville, Ier du nom de sa branche, Seigneur de la Luzerne, d'Amainville, &c., Chevalier de l'Ordre du Roi, Gentilhomme ordinaire de sa Chambre, Capitaine de 50 Lances des Ordonnances de Sa

Majeflé, fecond fils de François, & de *Gabrielle de la Luzerne*, fit fes premiers exercices militaires fous les yeux de fon père, combattit à fes côtés fur la brèche de Saint-Lo dans fa 14e année, lorfque cet excellent Capitaine y perdit la vie, & fe trouva dans plufieurs autres occafions à la tête de fon Régiment d'Infanterie, avec PAUL DE BRIQUEVILLE, fon frère aîné. Son expérience fut furtout reconnue par HENRI IV, qui l'honora d'un Brevet de Maréchal-de-Camp. Il fervit fous ce règne & le fuivant, avec une valeur & une prudence diftinguées. Plufieurs fois il fut confulté fur les affaires preffantes de l'Etat par des Lettres de la main de Leurs Majeftés, MARIE DE MÉDICIS & ANNE D'AUTRICHE. Il époufa, par contrat paffé devant *Richard Jouanne* & *Noël Piftel*, Tabellions Royaux en la Vicomté de Vire, le 24 Mai 1593, *Gilette d'Espinay*, fille d'*Antoine d'Espinay*, Chevalier de l'Ordre du Roi, Seigneur de Bron, & de *Renée Hériffon*. Ils eurent:

1. HENRI, qui fuit;
2. BERNARDIN, auteur de la branche des Seigneurs d'*Ocalen*, Comtes de la Luzerne, rapportée ci-après;
3. ROBERT, Baron de Montfreville, tué en 1626;
4. GABRIELLE, mariée, par contrat du 3 Décembre 1597, reconnu le 24 Mai 1612, à *Jacques Morin*, Chevalier, Seigneur d'Efcajeul, Châtelain de Villers, &c., fils unique de *Robert Morin*, Seigneur d'Efcajeul & de Villers-en-Bocage, & d'*Ifabeau de Vauquelin*, dont poftérité. Voy. MORIN;
5. Et AMAURIE, femme de *Charles d'Efpinay*, Marquis de Vaucouleur, fils de *Charles*, Marquis de Vaucouleur, & de *Marguerite de Chaynay*.

XX. HENRI DE BRIQUEVILLE, Ier du nom, Marquis de la Luzerne, d'Amainville, &c., Maréchal-de-Camp des Armées du Roi, Gouverneur du Mont-Saint-Michel, reçut de Louis XIII, en 1638, un Régiment de Cavalerie. Il fervit en qualité de Maréchal-de-Camp, celle de Lieutenant-Général dans l'armée de Catalogne où il mourut en 1642, & fut inhumé, par une diftinétion toute fingulière, dans la Chapelle Royale de St.-Louis, fondée dans l'Eglife de Notre-Dame de Montferrat. Il avoit époufé, en 1626, *Claire l'Huillier*, fille de *Paul* ou *Geoffroy*, Seigneur de Malmaifon, d'Orgeval, &c., & de *Claire de Faucon*, dont il eut:

1. GABRIEL', qui fuit;
2. Et CLAIRE, femme de *Louis* ou *Jacques d'Argouges*, Baron de Gratot.

XXI. GABRIEL DE BRIQUEVILLE, IIe du nom, Marquis de la Luzerne, Seigneur d'Amainville, de Montfreville, &c., Maréchal-de-Camp des Armées du Roi, Gouverneur du Mont-Saint-Michel en 1642, & Lieutenant de Roi en Baffe-Normandie en 1668, ne fe fignala pas moins que fes ancêtres par fa prudence & par fa valeur. Il avoit époufé, le 5 Juin 1656, *Marguerite de Bonvouft*, fille de *Julien*, Seigneur de la Miotière, & de *Marguerite Courtin*, dont:

1. LOUIS-GABRIEL, Meftre-de-Camp d'un Régiment de Cavalerie, mort en 1684;
2. HENRI, IIe du nom, Evêque, Comte de Cahors, premier Baron & Préfident, né des Etats-Généraux de Quercy;
3. FRANÇOIS, qui fuit;
4. Un autre FRANÇOIS, Seigneur de Montfreville, Capitaine de Vaiffeau;
5. CATHERINE, Religieufe de la Vifitation du Monaftère de Caen, & Supérieure de celui de St.-Séré en Quercy;
Et deux autres filles, Religieufes du même Ordre.

XXII. FRANÇOIS DE BRIQUEVILLE, Marquis de la Luzerne, Seigneur de plufieurs terres en Normandie, Maréchal-de-Camp des Armées du Roi, premier Enfeigne de la Compagnie de fes Moufquetaires, ci-devant Lieutenant de Sa Majefté en Baffe-Normandie & Colonel d'un Régiment d'Infanterie, époufa, le 3 Décembre 1691, *Catherine d'Aix-de-la-Chaife*, fille de *François*, Comte de la Chaife, Capitaine des Gardes de la Porte du Roi, Sénéchal de Lyon & du Lyonnois, & nièce du célèbre P. de la Chaife, Jéfuite, Confeffeur du Roi Louis XIV, dont:

1. HENRI, IIIe du nom;
2. FRANÇOIS-ANTOINE;
3. GABRIEL, reçu Chevalier de Malte en 1706;
4. MARTIN;
5. PHILIPPE;
Et deux filles.

Cette branche fubfifte aujourd'hui dans la poftérité de

HENRI DE BRIQUEVILLE, Marquis de la Luzerne, Maréchal-de-Camp, marié à *Marie-Anne-Catherine Boutet de Guignonville*, dont:

N..., qui fuit;
N..., Capitaine de Frégate en Août 1767;
Et ANNE-MARIE DE BRIQUEVILLE, mariée, le

18 Septembre 1752, à *Jacques-Gabriel Ba-ʒin*, Marquis de Bezons.

N..., Marquis de BRIQUEVILLE, Maréchal-de-Camp, en Juillet 1767, époufa *N... Camus de Pontcarré*, fille de *Geoffroy-Macé Camus*, premier Préfident au Parlement de Normandie, dont:

Un fils, né en 1756 ou 1757.

BRANCHE
*des Seigneurs d'*OCALEN, *Comtes de la Luʒerne.*

XX. BERNARDIN DE BRIQUEVILLE, Seigneur d'Ocalen, fecond fils & préfumptif héritier de GABRIEL, & de *Gilette d'Efpinay*, époufa, par contrat paffé devant *Mathieu Defpiés* & *Jean Hoflet*, Tabellions Royaux de la Sergenterie des Vés, en la Vicomté de Bayeux, le 17 Juillet 1643, *Jeanne du Bois*, fille de noble Seigneur *Jacques du Bois*, Seigneur de Marigny, & de noble *Françoife de Faoucq*, dont:

1. HENRI, qui fuit;
2. FRANÇOIS, appelé *le Comte de Briqueville*, Colonel d'un Régiment des Milices de Normandie, qui eut:

    FRANÇOIS, Capitaine de Cavalerie;
    Et N... DE BRIQUEVILLE, Moufquetaire du Roi;
3. Autre FRANÇOIS, appelé *le Chevalier de Briqueville*, Colonel d'un Régiment d'Infanterie;

Et deux filles, dont l'une Abbeffe de Notre-Dame de Protection à Valogne, & l'autre Religieufe dans le même Monaftère.

XXI. HENRI DE BRIQUEVILLE, Chevalier, Comte de la Luʒerne, Fontainne, Ocalen, la Ville-Eloin, marié, par contrat du 18 Septembre 1680, paffé devant *Bobufe* & fon Confrère, Notaires au Châtelet de Paris, avec *Bonne-Gabrielle-Marguerite de Chervy*, fille unique de *Jean de Chervy*, Ecuyer, Seigneur de Champagne, & de noble *Bonne de Bonhouft* ou *Bonvouft*. Leurs enfans furent:

1. JEAN-FRANÇOIS, qui fuit;
2. Et N... DE BRIQUEVILLE, Chevalier, auteur de la troifième branche de *la Luʒerne*, qui a eu en partage, par accommodement avec fon frère, la Terre de la Luʒerne près St.-Lo en Normandie. Il a époufé *N... Cavigny*, dont eft iffu:

    N... DE BRIQUEVILLE-DE-LA-LUZERNE, Chevalier, non marié.

XXII. JEAN-FRANÇOIS DE BRIQUEVILLE, Che-

valier, Comte de la Luzerne, d'Ocalen, Gouverneur de la Ville & Château de la Flèche mourut en 1755. Il époufa, 1° par contrat paffé devant les Notaires au Châtelet de Paris, le 5 Juin 1715, *Marie-Françoife-Philberte-Damaris de Froulay-de-Teffé*, veuve de Meffire *Claude*, Marquis de *la Varenne*, Lieutenant-Général pour le Roi au Gouvernement d'Anjou & Pays Saumurois, Baron & Gouverneur de la Flèche, Seigneur de Sainte-Sufanne. Elle étoit fille de *René de Froulay*, Comte de Teffé, Grand d'Efpagne, Chevalier des Ordres & de la Toifon-d'Or, Maréchal de France, Général des Galères de Sa Majefté, & de *Marie-Françoife Aubert d'Aunay*. Voyez FROULAY; & 2° en 1746, *Marie-Madeleine Chollet*, veuve de Meffire *Camille Savary*, Chevalier, Comte de Brèves, Marquis de Jarzé. Du premier lit font iffus:

FRANÇOIS-PHILBERT, qui fuit;
Et BONNE-DAMARIS, appelée *Mademoifelle de Briqueville*, mariée, en 1746, à Meffire *Paul-Louis-Camille-Jean-Baptifte Savary*, Comte de Brèves, Marquis de Jarzé, fils de *Camille Savary*, Comte de Brèves, &c., & de *Marie-Madeleine Chollet*, dont poftérité.

XXIII. FRANÇOIS-PHILBERT, Comte DE BRIQUEVILLE-DE-LA-LUZERNE, Chevalier de Saint-Louis, Brigadier des Armées du Roi, Enfeigne d'une Compagnie des Gardes-du-Corps de Sa Majefté, Gouverneur de la Ville & Château de la Flèche, Seigneur d'Ocalen, de la Ville-Eloin, des Châtellenies de la Fréloniere, Belfaulle, Chauffour & autres lieux, acheta, conjointement avec fon père, en 1753, de M. Coupard de la Bloterie, Ecuyer, les Terres & Châtellenies de la Fréloniere, du Creux & de Belfaulle, fituées Paroiffe de Souligné, à trois lieues du Mans. Il eft mort, le 11 Avril 1762, au Château de la Fréloniere, & a été enterré dans le Chœur de l'Eglife de la Paroiffe de Souligné-fous-Ballon. Il avoit époufé, par contrat paffé devant *Chevalier*, Notaire au Mans, le 25 Janvier 1746, *Marguerite-Alexandrine Savary-de-Brèves*, fille de *Camille Savary*, Chevalier, Comte de Brèves, Marquis de Jarzé, & de *Marie-Madeleine Chollet*. De ce mariage font iffus:

1. N... DE BRIQUEVILLE, né au Château d'Avrigny en Nivernois, & mort, à 4 ans, au Château de la Fréloniere;
2. MARIE-FRANÇOISE-PHILBERTE-ALEXANDRINE, qui fuit;
3. Et BONNE-FRANÇOISE-MADELEINE DE BRI-

QUEVILLE-DE-LA-LUZERNE, née au Château de la Frélonière, non mariée en 1776.

XXIV. MARIE - FRANÇOISE-PHILBERTE-ALE-XANDRINE DE BRIQUEVILLE-DE-LA-LUZERNE, née au Château d'Avrigny, devenue aînée par la mort de son frère, a épousé, par contrat passé devant *Grignon*, Notaire à Souligné-sous-Ballon, le 22 Mars, célébration le 11 Avril 1768, *Armand-René-François d'Hardouin*, Chevalier, Comte de la Girouardière, Seigneur de Chantenay, Coudreuse, la Roche-Saint-Bault, &c., ancien Capitaine de Dragons au Régiment d'Orléans, fils aîné de *René-Charles-Hyacinthe d'Hardouin*, Chevalier, appelé *le Marquis de la Girouardière*, &c., & d'*Anne-Susanne-Henriette de Broc*. Voyez ROCHE-SAINT-BAULT pour la Généalogie de la Maison d'HARDOUIN-DE-LA-GIROUARDIÈRE. Les armes: *d'or, à trois pals de gueules*.

BRANCHE
des Seigneurs de BRIQUEVILLE, *en Bessin.*

XIII. THOMAS DE BRIQUEVILLE, IIᵉ du nom, quatrième fils de GUILLAUME DE BRIQUEVILLE, IVᵉ du nom, & de *Jeanne de Meulent*, fut Chevalier, Seigneur de Briqueville en Bessin, Terre qu'il eut pour son partage, & épousa *Jeanne de Vieux*, fille de *Bidaut de Vieux*, Seigneur de Putot en Auge, comme il appert de la déclaration baillée au Procureur du Roi sur le fait des Aides & Tailles de Valogne, le 9 Juillet 1523, par RICHARD DE BRIQUEVILLE. Il en eut:

JEAN, qui suit;
Et RICHARD DE BRIQUEVILLE, Chevalier, lequel fut du nombre des 119 Gentilshommes qui défendirent, en 1427, le Mont-Saint-Michel contre toute la puissance des Anglais.

XIV. JEAN DE BRIQUEVILLE, IIᵉ du nom, Chevalier, Seigneur de Briqueville & de Breteville, &c., à cause de sa femme, reçut quittance, le 13 Janvier 1412, de Pierre de la Roque, Vicomte de Valogne, de 75 sols pour le relief de la mort de *Guillaume Picot*, son beau-père; reçut aussi aveu le 2 Décembre 1416 de Jean Liat, pour plusieurs Terres sises à Breteville, &c.; acquit par contrat passé devant *Jean Herbeline*, Clerc Tabellion en la Sergenterie de Cerisay le 9 Septembre 1421, de Jean Bazaing, demeurant à Coulombières, tout & tel tènement d'héritage que feu Jean Bazaing, son père, avoit en la Paroisse

de Briqueville, &c. Il épousa *Cécile Picot*, qui, par son testament en latin du 14 Mai 1439, institua exécuteur son mari; fit plusieurs donations à l'Eglise de Breteville, où elle voulut être enterrée à celles de Digoville, Tourlaville, Naqueville & de Briqueville, aux pauvres & à plusieurs filles & particuliers. Elle étoit fille de *Guillaume Picot*, Ecuyer, Seigneur du Fief, Terre & Seigneurie de Breteville, en la Paroisse de Breteville, près Cherbourg. De ce mariage vinrent:

1. GUILLAUME, qui suit;
2. GUILLEMETTE, mariée à *Thomas Louis*, Ecuyer, Seigneur de Saint-Andrieu;
3. Et COLETTE DE BRIQUEVILLE, mariée à *Robert de Vieux*, Ecuyer, Seigneur de Putot en Auge.

XV. GUILLAUME DE BRIQUEVILLE, Vᵉ du nom, Chevalier, Seigneur de Briqueville & de Breteville, reçut l'aveu de Richard Godin le 9 Décembre 1445, pour plusieurs vergées de Terre redevables de diverses rentes à cause de la Sieurie de Briqueville; & deux autres, l'un de Colin Bazaing, en Décembre 1445; & l'autre de Robert le Patruel, le 13 Mars 1446, pour des Terres dépendantes de sadite Seigneurie de Briqueville, & testa le 14 Novembre 1448. Il épousa, par contrat passé devant les Tabellions de Sainte-Marie-du-Mont, le 30 Août 1432, *Perrine de Beuzeville*, qui fut dotée par noble homme *Richard de Beuzeville*, Ecuyer, Seigneur de Beuzeville-sur-le-Vey, & *Raoulet de Beuzeville*, ses frères. Leurs enfans furent:

1. RAOUL, qui suit;
2. GUILLAUME, Prêtre, Curé de Montfiquet;
3. JACQUELINE, mariée à *Guillaume de Percy*, Ecuyer, Seigneur des Noyers;
4. Et GUILLEMETTE DE BRIQUEVILLE, mariée à *Robert Heuzey*, Ecuyer, Seigneur de Naqueville.

XVI. RAOUL DE BRIQUEVILLE, Chevalier, Seigneur de Breteville, Briqueville, &c., employé comme un des anciens nobles dans l'Extrait des Recherches de noblesse faites sous Raymond Montfaouq en 1463, fut mis hors de garde-noble, & envoyé en possession de ses Terres & héritages, comme étant capable de les régir, ayant plus de 22 ans, par acte passé le 4 Mars 1472, en présence de *Michel Corbin*, Procureur dudit Seigneur RAOUL DE BRIQUEVILLE. Il obtint, en 1486, de Guillaume de Mante, Lieutenant-Général du Grand-

Maître Enquêteur des Eaux & Forêts du Duché de Normandie, main-levée des droitures & franchises qui lui avoient été accordées dans les Forêts du Roi. Il avoit épousé (ce qui paroît par un accord passé le 10 Janvier 1494, au sujet de la dot de sa femme), *Olive de Sainte-Marie*, fille de *Jean de Sainte-Marie*, Ecuyer, Seigneur d'Equilly, & de *Jeanne de la Luzerne*. De leur mariage vinrent:

1. RICHARD, qui suit;
2. GAUTIER, Prêtre;
3. GUILLAUME, Ecuyer, mort sans alliance;
4. Une fille, mariée à *Pierre de Brebeuf*, Ecuyer, Seigneur dudit lieu;
5. Et GUYONNE, femme de *Guillaume du Sauffey*, Ecuyer, Seigneur de Vivaudeville.

XVII. RICHARD DE BRIQUEVILLE, Chevalier, Seigneur de Briqueville, Breteville & Sebeville, obtint une Sentence par défaut en 1500, de Jean Blosset, Lieutenant-Général de la Vicomté de Valognes, contre GAUTIER DE BRIQUEVILLE & ses autres frères. Il eut en 1501, par acte passé à Valognes, pour son droit d'aînesse, la Terre & Seigneurie de Breteville, en rendit aveu au Roi le 25 Octobre 1515, fit sa déclaration devant le Procureur du Roi sur le fait des Aides & Tailles de Valognes en 1523, où il dit que de GUILLAUME DE BRIQUEVILLE & de *Jeanne de Meulent*, fille du Comte de ce nom, sortirent en loyal mariage JEAN & THOMAS DE BRIQUEVILLE; que JEAN eut les Seigneuries de Briqueville, la Blouette, & THOMAS, celle de Briqueville en Bessin; qu'il en sortit aussi GUILLAUME DE BRIQUEVILLE, Seigneur de Gerville & de Lanne, tous frères; que de THOMAS DE BRIQUEVILLE, & de *N... de Vieux*, sortirent JEAN DE BRIQUEVILLE & RICHARD; que de JEAN & *Cécile Picot*, vint GUILLAUME DE BRIQUEVILLE; que de celui-ci & de *Perrine de Beuzeville*, vint RAOUL DE BRIQUEVILLE, marié à *Olive de Sainte-Marie*; & de celui-ci RICHARD DE BRIQUEVILLE, dont il est question, lequel & ses ancêtres ont toujours vécu noblement, hanté & fréquenté les guerres. Cette déclaration en parchemin fut signée de lui & produite en la Jurisdiction de Valognes. Il eut de *Jacqueline Boucard*:

1. JEAN, Chevalier, Seigneur de Breteville, qui reçut pour lui & ses frères, à cause de sa Seigneurie de Briqueville le 18 Juin 1534, aveu du nommé le Bourgeois, pour le tènement qu'il avoit consistant en Maisons & arbres sis en ladite Paroisse, à cause de quoi il doit rentes, plusieurs services & sujetions suivant l'accord fait entr'eux le 19 Janvier 1533, &c. Par acte passé le 15 Mars 1537, avec ses frères puînés PIERRE & JACQUES, il choisit pour son partage la Terre & Seigneurie de Breteville, leur laissant les Fiefs & Seigneuries de Briqueville & de Sebeville. Il rendit aveu au Roi le 17 Octobre 1541, pour sa Terre de Breteville, fit un accord le 4 Août 1543, avec ses frères, par lequel ils se chargent de payer chacun leur part de 20 liv. de rente due à Jean Cabart, à cause de leur mère. Par un autre acte du 7 Mai 1549, il céda des Terres situées à Breteville & des rentes à PIERRE, son frère, qui lui donna en échange le Fief de Briqueville situé en la Vicomté de Bayeux; mais cet échange fait entr'eux fut déclaré nul & nul effet par accord du 17 Mars 1554, fait au Bailliage de Valognes, par lequel les deux frères contractans rentrèrent dans leur première possession. JEAN DE BRIQUEVILLE mourut sans alliance.

2. PIERRE, qui suit;
3. Et JACQUES, Chevalier, Seigneur de Sebeville, Terre qu'il rendit à Sauveur le Tonnelier, qui la remit à Michel Cudot, Ecuyer, en 1538. Il mourut aussi sans avoir été marié.

XVIII. PIERRE DE BRIQUEVILLE, Chevalier, Seigneur de Briqueville, est compris dans un rôle des montres des Nobles, sujets au ban & arrière-ban pour la Vicomté de Bayeux, fait à Caen, par Jacques d'Auberville, Chevalier, Bailli dudit lieu, le 2 Avril après Pâques 1554. On y voit au Chapitre des Nobles cotisés en Aide, que PIERRE tenoit le Fief de Briqueville sis audit lieu, & qu'il fut baillé en Aide à Charles de Trousseauville. Il étoit mort en 1560, que *Guillemette le Bunetel*, sa veuve, obtint une Sentence de Jean de la Rivière, Lieutenant-Général de la Vicomté de Bayeux, touchant une vente de meubles. Il en eut:

XIX. GUILLAUME DE BRIQUEVILLE, VI° du nom, Chevalier, Seigneur de Breteville, qui fit au Roi, le 3 Février 1567, aveu ou déclaration de sa Terre de Briqueville, près de Bayeux. JACQUES DE BRIQUEVILLE, son oncle, par contrat passé devant Martin & Lanier, Tabellions à Cherbourg le 10 Octobre 1569, abandonna à JEAN DE BRIQUEVILLE, son frère, & audit GUILLAUME, son neveu, qui étoient en communauté de biens, la vente d'héritages qu'il avoit faite à Jean Noyon, d'une pièce de 10 vergées située à Breteville, aux conditions portées dans l'acte. GUILLAUME DE BRIQUEVILLE fit un échange avec JEAN, son oncle, par contrat du 12 Janvier 1571, de la Terre & Seigneurie de Briqueville dans la Vicomté de Bayeux, qui lui étoit échue par la mort de PIERRE DE BRIQUEVILLE, son père, pour le Fief, Terre & Seigneurie de Breteville. Suivant une expédition donnée à Valognes le 14 Septembre 1575, par M. de Thou, Grand-Maître Enquêteur & Général Réformateur des Eaux & Forêts de Normandie, ledit GUILLAUME, sur la production de ses titres, fut maintenu & ses hommes, à cause de son Fief de Breteville, dans le droit de prendre & d'avoir des bois en les Forêts du Roi & Verderies de Valognes ; & il fut fait défense à tous Verdiers, Sergens & Gardes d'icelles Forêts, de troubler le Seigneur de Breteville & ses hommes, dans la possession & jouissance desdits droits, par un Mandement du même Grand-Maître, donné à Valognes le 26 Juin 1577. Il avoit épousé, par contrat du 26 Avril 1562, passé devant *Benoît & Mahaut*, Tabellions de Briqueville, du consentement de JEAN DE BRIQUEVILLE, son oncle, *Marie d'Urevie*, fille de noble homme *Gautier d'Urevie*, Seigneur de Sotteville, dont :

1. JEAN, qui suit ;
2. PIERRE, Capitaine de Vaisseau, par commission du 6 Décembre 1612, donnée par GUILLAUME DE BRIQUEVILLE, son frère, qui en avoit le pouvoir. Il avoit obtenu du Roi des Lettres de *Committimus*, le 6 Novembre 1611, dans lesquelles il est qualifié Capitaine de Marine ès Mers du Ponant ;
3. GUILLAUME, Sieur de la Vallée, Chevalier de l'Ordre de Saint-Lazare de Jérusalem & de Bethléem, Gentilhomme ordinaire de la Maison du Roi & de celle de la Reine, par Brevet que lui expédia, le 4 Avril 1602, Charles d'Angennes, Vidame du Mans, Capitaine des 100 Gentilshommes de la Maison du Roi. Il avoit obtenu, le 6 Août 1601, du Roi HENRI IV, une pension de 400 écus, pour lui faciliter les moyens d'être à la suite de Sa Majesté. Charles de Montmorency, Amiral de France, lui donna commission, le 20 Février 1604, d'équiper une flotte, & aussi la charge d'Amiral & Lieutenant-Général de ladite flotte, pour la découverte des terres, isles, côtes & continent, depuis le 40e degré de latitude septentrionale jusqu'au Cap François. Il eut pareillement le pouvoir de nommer les Capitaines de Vaisseau & autres Officiers de ladite flotte. En conséquence de cette commission HENRI IV l'établit, par Brevet du 8 Mars 1605, son Lieutenant-Général & Vice-Amiral, pour

représenter Sa Personne aux pays, côtes, isles, continens & mers, qui sont depuis le Cap François jusqu'au 40e degré de latitude boréale. Il fut pourvu de la commanderie de la Lande d'Airou au Diocèse de Coutances, le 6 Juillet 1610, par Philibert de Nerestang, Chevalier de l'Ordre du Roi, Grand-Maître dudit Ordre, & fut tué en 1613, dans un combat sur la rivière de Gambie, qui est un bras du Niger ;

4. GILLES DE BRIQUEVILLE, Sieur de Saint-Martin, mort sans alliance ;
5. TIMOLÉON, Prêtre & Curé de Breteville ;
6. Et PERRETTE, mariée à *Nicolas du Gardon*, Ecuyer, Sieur de la Biseville.

XX. JEAN DE BRIQUEVILLE, IIIe du nom, Chevalier, Seigneur de Breteville, reçut une Lettre datée de Caen, le 25 Mars 1596, de HENRI DE BOURBON, Duc de Montpensier, Gouverneur de Normandie, par laquelle il le prie de se mettre en état de marcher, sur la fin du même mois au plus tard, pour le service de Sa Majesté, & qu'il lui sera fort obligé de la particulière affection qu'il lui témoignera dans cette occasion, & qu'il lui en donnera de la sienne toutes les preuves qu'il sauroit désirer, étant *son bien affectionné ami*. Signé, HENRI DE BOURBON. Suivant un extrait des registres des Commissaires députés par le Roi pour le recouvrement des Tailles, la réformation des abus commis au fait des Finances & des Tailles, & l'usurpation du titre de noblesse en la Généralité de Caen, JEAN DE BRIQUEVILLE comparut le 13 Novembre 1598, tant pour lui que pour PIERRE, GUILLAUME, GILLES & TIMOLÉON, ses frères, & produisit ses titres & enseignemens, faisant preuve de noblesse de huit races en droite ligne de son extraction & descente de noblesse, dont il lui fut délivré acte, à Cherbourg, pour lui servir & à ses frères en tems & lieux. Il rendit foi & hommage au Roi en 1604, de sa Terre & Seigneurie de Briqueville qu'il avoit par droit successif de GUILLAUME DE BRIQUEVILLE, son père. Il avoit épousé, par contrat sous-seing-privé du 27 Décembre 1606 (reconnu le 25 Avril 1620, devant *Guyot & Bazire*, Tabellions Royaux à Saint-Pierre-Eglise), *Jeanne le Berceur*, fille aînée de *Richard le Berceur*, Chevalier, Seigneur & Patron de Saint-Marcouf, Fonteney, &c., & de *Charlotte Aubert*, dont :

1. JACQUES, qui suit ;
2. GUILLAUME, lequel, en 1636, fut blessé au service du Roi, d'un coup de pistolet, en

mourut & fut inhumé dans l'Abbaye de Marolles proche Landrecie, Diocèfe de Cambray, fuivant fon extrait mortuaire délivré
par le Sieur le Noir, Curé de Breteville;

3. Et Barbe, mariée à *Aimon Poupet*, Ecuyer,
Sieur des Epaiſſes.

XXI. Jacques de Briqueville, Chevalier,
Seigneur de Breteville & de Briqueville, rendit foi & hommage au Roi, le 14 Juillet 1633,
de fa Terre de Breteville à lui échue par fucceſſion de fon père. L'aveu fut vérifié le 13
Janvier 1634, aux Aſſiſes tenues à Valogne
par Robert de Franquetot, Ecuyer, Seigneur
& Patron de Coigny, Lieutenant-Général Civil & Criminel du Bailliage de Côtentin, &
Préſident au Siège Préſidial de Coutances, où
l'on voit que ledit Fief étoit dans la Maiſon
de Briqueville depuis plus de 300 ans. Jacques obtint, le 17 Août 1641, de Charles le
Roy, Sieur de la Potherie, Intendant à Caen,
Commiſſaire député par Sa Majeſté pour le
recouvrement des droits de Francs-Fiefs,
main-levée de la faiſie de ſes Fiefs de Briqueville & de Breteville, vu ſa comparution &
la production de ſes titres, papiers & enſei-
gnemens juſtificatifs de ſon ancienne nobleſſe.
Le Sire de Matignon, Lieutenant-Général de
Sa Majeſté en Normandie, & de l'armée levée en cette Province, lui donna un Certificat comme il avoit ſervi, ainſi que *Jacques
d'Aigremont*, ſon beau-père, ſous ſon commandement avec armes, chevaux & équipa-
ges fuivant ſa qualité de Noble, & qu'il a ſervi depuis le rendez-vous par lui donné à la
Nobleſſe en la Ville de Caen, le 28 Septembre
1636, juſqu'à ce jour qu'il a délivré ce Certificat pour lui valoir. Fait à Brixon près Châteauvillain en Bourgogne, le 23 Novembre
1636. Signé, Matignon. Il épouſa *Anne d'Aigremont*, fille de *Jacques*, Ecuyer, Seigneur
d'*Aigremont*, Chevalier des Ordres de Notre-
Dame du Mont-Carmel & de Saint-Lazare,
Gentilhomme ordinaire de la Chambre du
Roi, & d'*Hilaire des Montiers*. En faveur de
ce mariage, Pierre de Briqueville, ſon oncle,
lui donna, en avancement de ſucceſſion, la
propriété de ſa Seigneurie de Briqueville, par
acte paſſé le 6 Février 1635, devant *Houchart
& le Mignot*, Tabellions Royaux en la Vicomté de Valognes pour le ſiège du Val de
Saire. De ce mariage vinrent:

1. Jean, qui ſuit;
2. Antoine, Chevalier, Seigneur de Brique-

ville en Beſſin, Capitaine de Frégate, cité
dans la recherche de Nobleſſe par M. *de
Chamillart* en 1666. Il fut tué ſur ſa Frégate proche du Havre-de-Grâce, & inhumé
le 27 Juillet 1674, dans le Chœur de l'E-
gliſe de Breteville, ſuivant le Certificat délivré, le 23 Septembre 1739;

3. Marie, mariée, en 1667, à *Adrien Morel*,
Ecuyer, Seigneur de Saint-Cyr & de Courcy;

4. Susanne, qui ſignala ſa piété par l'attachement qu'elle eut pour les pauvres, ayant
été la principale fondatrice de l'Hôpital de
Valogne. Elle eſt morte en 1706;

5. Et Françoise, morte, mariée, en 1672, à
Jean-François Osbert, Chevalier, Seigneur
d'Agneaux.

XXII. Jean de Briqueville, IVe du nom,
Chevalier, Seigneur de Breteville en Saire, &
de Briqueville en Beſſin, compris au rang des
anciens Nobles dans la recherche de 1666,
obtint du Roi des Lettres de bénéfice d'âge
le 27 Mars 1656, vu qu'il avoit atteint l'âge de
16 à 17 ans, & qu'il étoit capable de gouver-
ner ſes biens; & rendit aveu à Sa Majeſté le
28 Juillet 1667, de ſa Seigneurie de Breteville. Il eut du Comte de Breauté, Bailli du
Côtentin, une atteſtation, datée des 16 Mai
1691, 15 Juin 1693, & 9 Juillet 1696, comme
il avoit ſervi & ſervoit encore actuellement en
ſon équipage. Le Sire de Matignon, Lieutenant-Général de Sa Majeſté, lui délivra un
Certificat le 15 Juin 1706, comme il ſervoit
encore le Roi. Il avoit épouſé, au mois de
Janvier 1681, *Françoiſe-Jeanne de Fontaines*, fille de *Céſar de Fontaines*, Chevalier,
Seigneur, Patron & Baron de Cardouville,
& de *Marie de Midorge*. Ce contrat fut paſſé en préſence des parens communs, de *François de Neſmond*, Evêque de Bayeux, parent
de la future, & de pluſieurs illuſtres perſonnes; & fut reconnu par *Michel*, Notaire de
Briqueville, le 19 Octobre 1692. Ils ont eu
pour enfans:

1. Guillaume-Antoine, qui ſuit;
2. François, né en 1683, qui eut pour parrain François de Neſmond, Evêque de
Bayeux. Il entra dans la première Compagnie des Mouſquetaires du Roi en 1703, &
fut tué à la bataille de Malplaquet le 11
Septembre 1709, ſans avoir été marié;
3. Jean-Baptiste, né en 1684, d'abord Mouſquetaire du Roi dans la première Compagnie en 1702, Enſeigne de la Colonele au
Régiment de Touraine en 1703, puis Capitaine en 1706. Il fut bleſſé au ſiège de Lille

M ij

en Flandre en 1708, &, après la Capitulation de cette ville, fut tranſporté à Douai, où il mourut de ſes bleſſures, & y fut inhumé dans l'Egliſe de Saint-Amé ;

4. CHARLES, mort jeune ;

5. FRANÇOIS-ADRIEN, né en 1695, Bachelier de la Faculté de Théologie de Paris, ſuivant ſes Lettres en latin du 5 Novembre 1725 ;

6. & 7. Deux garçons, morts, l'un âgé de 3 ans, & l'autre à 3 mois ;

8. LOUIS, appelé le *Chevalier de Briqueville*, né en 1702, qui eſt entré dans la première Compagnie des Mouſquetaires du Roi en 1721, où il ſervoit encore en 1724 ;

9. HILAIRE, née en 1682, morte jeune ;

10. ELISABETH, née en 1686, Religieuſe à l'Abbaye de Notre-Dame des Anges à Coutances en 1708, où elle eſt morte en 1727 ;

11. MADELEINE, née en 1688, Religieuſe au Couvent de la Congrégation de Notre-Dame à Carentan, en 1711, morte en 1722 ;

12. MARIE-ANNE, née en 1693, Religieuſe au même Monaſtère en 1718 ;

13. Et MARIE-FRANÇOISE, née en 1700, mariée, en 1718, à *Jean-Pierre-Alexandre le Fevre-de-Grainthéville*, Ecuyer, Seigneur, Baron de Clitourp & de Grainthéville, mort le 16 Septembre 1724.

XXIII. GUILLAUME-ANTOINE DE BRIQUEVILLE, Chevalier, Seigneur & patron de Breteville en Côtentin, rendit foi & hommage de ſon Fief de Breteville, relevant de Sa Majeſté, le 10 Mars 1729 ; donna ſon aveu, le 15 Mars 1736, au Roi, à cauſe de ſa Vicomté & Châtellenie de Valognes, du Fief, Terre & Seigneurie de Breteville, ſituée en la même Paroiſſe, & s'étendant à celles de Digoville, Tourlaville, Maupertuis & Sainte-Croix en la Hague, & eut, ſuivant cet aveu, le 23 Mars 1737, pleine, entière & dernière mainlevée de ſon Fief de Breteville & dépendances, vu l'information faite dudit Fief, par Jean-Jacques le Pigeon, Ecuyer, Lieutenant-Général du Bailli de Côtentin à Valognes. Il fut Lieutenant d'Infanterie au Régiment de Touraine, & enſuite nommé Chevalier de Saint-Louis, Lieutenant-Général de la Capitainerie-Garde-Côte du Val de Saire en toute ſon étendue, le 25 Juin 1732, par commiſſion du Roi. LOUIS XV l'ayant chargé de recevoir des Chevaliers de l'Ordre Royal & Militaire de Saint-Louis, particulièrement le Sieur Cantel d'Anthéville, en 1774, lui adreſſa une Lettre pour cet effet, dans laquelle il lui donne le titre de *Comte*. Il eſt mort âgé de 85 ans, au mois de Novembre 1775, & avoit épouſé, par contrat du 6 Octobre 1721, paſſé au Château du Pontroger, reconnu devant les Notaires de Cherbourg le 17 Août 1724, *Madeleine de la Motte*, fille de Meſſire *Pancrace de la Motte*, Chevalier, Seigneur & Patron de Saint-Jean-des-Champs, Pontroger, Grimouville, & de noble *Françoiſe Leuilly*, dont :

1. CLAUDE-MARIE, qui ſuit ;

2. BON-CHRÉTIEN DE BRIQUEVILLE, Chevalier, Seigneur & Patron de Roncey, Neuville, &c., né le 2 Octobre 1726, Capitaine de Vaiſſeau du Roi, Directeur des conſtructions de la Marine, Chevalier de St.-Louis en 1763 ;

3. JEANNE-FRANÇOISE, née le 25 Août 1722, morte en 1773 ;

4. LOUISE-MADELEINE, née le 19 Octobre 1725, mariée à Meſſire *Henri-François-Bernard d'Aubigny*, dont un fils, mort en 1775, & une fille vivante ;

5. Et FRANÇOISE-HILAIRE, née le 15 Mars 1728.

XXIV. CLAUDE-MARIE, Comte DE BRIQUEVILLE, Chevalier, Seigneur & Patron de Breteville, Grimouville, Saint-Etienne, Pontroger, la Cour du Bois, la Poiſſonnière Beauchamp, Hotot, Saint-Jean-des-Champs, né le 11 Avril 1724, d'abord Page du Roi en ſa Petite-Ecurie en 1739, Capitaine de Cavalerie en 1743, Chevalier de Saint-Louis en 1758, Lieutenant-Colonel de Cavalerie en 1768, Meſtre-de-Camp de Cavalerie en 1770, a épouſé, en 1751, *Catherine-Yolande-Roſe de Thiboutot*, fille de *François*, Comte de *Thiboutot*, Chevalier de Saint-Louis, ancien Brigadier de la ſeconde Compagnie des Mouſquetaires, & Lieutenant pour le Roi au Gouvernement de Fécamp (frère du feu Marquis de *Thiboutot*, Maréchal-de-Camp), & de noble *N... le Roux*, de laquelle il a :

FRANÇOIS-CLAUDE-MARIE DE BRIQUEVILLE, Chevalier, né à Saint-Valery de Fécamp le 24 Août 1761, reçu Chevau-Léger de la Garde ordinaire du Roi au mois de Juin 1777.

Les armes : *d'argent, à ſix feuilles de chêne de ſinople, poſées 3, 2 & 1.*

BRANCHE
des Seigneurs DE LA HAYE.

XIII. NICOLAS DE BRIQUEVILLE, Chevalier, Seigneur de la Haye, près Cerizi, cinquième fils de GUILLAUME, IVe du nom, & de *Jeanne de Meulent*, époufa, en 1390, *Jeanne de Ju-vigny*, dont :

1. ROBERT DE BRIQUEVILLE, qui fut un des 1115 Gentilshommes qui défendirent le Mont-Saint-Michel en 1426;
2. Et JEAN, qui fuit.

XIV. JEAN DE BRIQUEVILLE, Chevalier, Seigneur de la Haye & de Caligny, fut auffi un de ceux qui défendirent le Mont-Saint-Michel contre les Anglois en 1426. Il époufa *Jeanne de Rofel*, fille de *Jean*, Seigneur de Beaumanoir, dont :

XV. RICHARD DE BRIQUEVILLE, Chevalier, Seigneur de la Haye, marié à *Jeanne de Gar-falles*, de laquelle il eut :

GUILLAUME, LÉONOR, DAVID, qui fuit ;
Et PIERRE.

XVI. DAVID DE BRIQUEVILLE, Chevalier, Seigneur de la Haye, partagea avec fes frères les biens paternels & maternels, & époufa *Jean-ne de Noriolle*, dont entr'autres enfans :

XVII. ROGER DE BRIQUEVILLE, Chevalier, Seigneur dudit lieu & de la Haye, marié à *Jeanne Campton*, dont :

JEANNE DE BRIQUEVILLE, femme de *Jean de Thieuville*, Seigneur de Claës.

La Maifon de *Briqueville* a eu de très-belles alliances, entr'autres avec les Comtes de *Montfort*, les Comtes de *Meulent*, la Maifon d'*Harcourt*, celle d'*Eftouteville*, &c. Voyez Moréri, la Roque, *les Mémoires de Caftelnau* & l'*Armorial de France* par M. d'Hozier.

Les armes : *palé d'or & de gueules de fix pièces.*

BRIROY, Seigneur de la Comté & de Goix en Normandie, Généralité de Caen. La Roque dit que RAOUL BRIROY fit preuves d'ancienne Nobleffe par-devant *Raymond Mont-faouq*, Commiffaire député à la recherche de la Nobleffe l'an 1463 : il époufa N..., fille de *Jean Boudet*, Ecuyer, Seigneur de Crôville, & eut pour fils :

ROBERT BRIROY, qui époufa *Jacqueline des Moutiers*, dont :

GUILLAUME BRIROY, marié à *Gilette de Thieuville*, de laquelle il eut :

1. JEAN, qui fuit ;
2. GUILLAUME BRIROY, Seigneur de la Comté, qui fit preuves de nobleffe en 1598 ;
3. Et NICOLAS BRIROY, facré Evêque de Coutances en 1597, & mort le 22 Mars 1620.

JEAN BRIROY, Seigneur de Fierville, Baron

de Neoux, marié à *Diane de Thieuville*, dont :

NICOLAS, ADRIEN & PIERRE BRIROY, & deux filles ; l'une, nommée MARIE époufa, le 17 Janvier 1614, *Pierre d'Harcourt*, Baron d'Olonde;

Les armes : *d'azur, au chevron d'or.*

BRISACIER, famille originaire de Blois, qui a donné un Aumônier du Roi LOUIS XIII, en 1634, un Confeiller d'Etat en 1648 ; un Précepteur de LOUIS XIV, en l'abfence de M. de Péréfixe, dans la perfonne de LAURENT BRISACIER, Abbé-Commendataire de l'Abbaye de Notre-Dame de Flabemond, Ordre des Prémontrés, Diocèfe de Toul, mort dans fon Doyenné de St.-Sauveur le 15 Février 1690, âgé de 80 ans ; & dans JACQUES-CHARLES BRISACIER, Prêtre, neveu du précédent, un Confeiller, Aumônier, Prédicateur de la Reine MARIE-THÉRÈSE D'AUTRICHE, Abbé-Commendataire de l'Abbaye de Flabemond, après fon oncle, mort le 23 Mars 1736, âgé de plus de 94 ans, ancien Supérieur du Séminaire des Miffions Etrangères. On trouve encore JEAN DE BRISACIER, Jéfuite, né à Blois en 1608, qui fut Vifiteur de la Province de Portugal, mort à Blois le 10 Septembre 1668. Voy. Moréri.

BRISARD, Seigneur de Moufetière, du Mefnil, de Mesleray, en Normandie, Généralité d'Alençon, & Election de Mortagne, famille maintenue dans fa nobleffe le 12 Mai 1667, de laquelle étoit CHARLES BRISARD, reçu Préfident au Parlement de Paris le 13 Février 1673. Les armes : *d'or, à la fafce d'azur, furmontée de deux étoiles de gueules.*

BRISARD, Seigneur de Longny, Election de Mortagne, Généralité d'Alençon en Normandie, famille qui porte : *fafcé d'azur & d'argent de fix pièces, chaque fafce d'azur chargée d'une chaîne d'or avec trois médailles de même, & les fafces d'argent char-gées de neuf mouchetures de fable 3, 3. & 3.*

BRISARD, en Normandie, famille qui pa-roît être une branche de celle ci-deffus, & qui porte : *fafcé d'azur & d'argent de fix pièces, l'azur diapré d'une aigle & de deux lions affrontés d'or, & l'argent de neuf mouchetures de fable, pofées 3, 3 & 3.*

BRISAY, Maifon d'*ancienne Chevalerie*, originaire du Poitou, mais dont la branche qui fubfifte aujourd'hui eft établie depuis plu-fieurs fiècles dans la Beauce. Faute de *mé-*

moire nous n'allons en parler ici que d'après une Carte Généalogique qui nous eſt tombée dans les mains: elle fait remonter cette Maiſon à

GEOFFROY, dit *Griſegonelles*, Comte d'Anjou, Grand-Maître de France, & Connétable, qui, ſuivant Jean le Féron, fut Seigneur de Mirebeau en 988. Les *Hiſtoires du Poitou* & de l'*Anjou* diſent qu'il décéda en 1010, & qu'il laiſſa pluſieurs enfans, entr'autres:

GUILLAUME, Seigneur de Mirebeau en 1022, qui, ſuivant l'*Hiſtoire d'Anjou*, prit le ſurnom de ſon apanage; il vivoit encore en 1035.

SIMON DE MIREBEAU, Sieur de Briſay, Chevalier, partagea la Seigneurie de Mirebeau en 1050, dit le Cartulaire de Bourgueuil, rapporté par Trincant. On lui donne pour fils:

AIMERY DE BRISAY, Chevalier, vivant en 1097, & CHARLES DE BRISAY, tous les deux rapportés par Trincant. Le premier fut père de PIERRE DE BRISAY, Ier du nom, Chevalier, Seigneur dudit lieu, qui vivoit en 1100, ſuivant une Charte de l'Abbaye de Fontevrault, qui fait mention de PIERRE, ſon fils, qui ſuit. Il paroît qu'il eut pour autres enfans, CHAOURÉ DE BRISAY, Chancelier de France depuis 1141 juſqu'en 1146; & GUILLAUME DE BRISAY, Chevalier, qui ſigna comme témoin à la fondation d'Aſnier-le-Bellay, faite par Guillaume de Montreuil.

I. PIERRE DE BRISAY, IIe du nom, Chevalier, Seigneur dudit lieu, par lequel nous allons commencer la filiation ſuivie de cette Maiſon, eſt auſſi nommé dans une Charte de l'Abbaye de Fontevrault de 1115, rapportée par Ménard d'Angers. Il fut en 1119 Bienfaiteur de cette Abbaye; & il eſt nommé dans la Bulle de CALIXTE II, entre les Bienfaiteurs de cette Maiſon.

II. ALAU DE BRISAY, Ier du nom, ſon fils, Chevalier, Seigneur dudit lieu, eſt nommé dans une Charte de 1150 de la même Abbaye de Fontevrault. On lui donne pour fils:

III. PIERRE DE BRISAY, IIIe du nom, Chevalier, Seigneur dudit lieu, qui, ſuivant un Rôle des Bannerets, fut Banneret du Roi PHILIPPE, dit *Auguſte*. Il eut:

IV. RAOUL ou RODOLPHE DE BRISAY, Chevalier, Seigneur dudit lieu, qui fonda les Cordeliers de Mirebeau. Il eut pour fils:

V. ALAU ou ALÈS DE BRISAY, IIe du nom, Chevalier, Seigneur dudit lieu, qualifié auſſi Seigneur de Diſtillé dans une Charte de Fon-

tevrault de 1245; ſa veuve, nommée *Sibylle*, donna en aumône certaines rentes à l'Égliſe de Fontevrault, & eut:

VI. PIERRE DE BRISAY, IVe du nom, Chevalier, Seigneur dudit lieu, nommé dans une Charte de Fontevrault de 1253. Il eut pour fils:

VII. PIERRE DE BRISAY, Ve du nom, Chevalier, Seigneur dudit lieu, Chevalier-Banneret dont il eſt fait mention dans les *Mémoires du Prieuré de Mondonville*, vol. coté I, p. 538: il eſt auſſi nommé, dans les Regiſtres du Parlement *Olim*, Chevalier-Banneret de la paye d'Anjou. Il eut pour fils:

VIII. GUY DE BRISAY, Chevalier, Seigneur dudit lieu en 1330; il en eſt parlé dans les Regiſtres de la Chambre des Comptes de Paris. Il eut:

IX. ALAU ou ALLONET DE BRISAY, IIIe du nom, Chevalier, Seigneur dudit lieu, qualifié *fils de Monſeigneur* GUY DE BRISAY, *Chevalier*, dans ſon contrat de mariage paſſé ſous le ſcel de Chinon le Lundi 14 Mars 1323, avec *Béatrix de Montejean*. Il eut:

1. ALAU ou ALÈS, qui ſuit;
2. ISABELLE, mariée à *Eſchivart*, Baron de Preuilly, dont deſcendent les Marquis de la Rochepoſé, les Comtes de Saint-Georges & de Chinſſe, de Chomberg, Duc d'Aluys, Marquis de Clermont-Gallerande & de Courtomer; les Comtes de Ludes, de la Roche-Guyon, Liancourt, de Mérinville de Rieux; les Marquis de Montboucher & de Lang, la Comteſſe de Montauban-Guémenée;
3. MARGUERITE, mariée 1o à *Guy de Laval*, mort en 1346, & 2o à *Louis Rouault*;
4. & 5. ALIX & AGNÈS.

X. ALAU ou ALÈS DE BRISAY, IVe du nom, auſſi appelé HALOT, Chevalier, Seigneur de Briſay, ſuivant un titre du 3 Août 1374, par lequel il paſſa certaines rentes à la Maiſon de Fontevrault, épouſa *Bertaude de la Jaille*, dont il eut:

1. GILLES, qui ſuit;
2. AIMERY;
3. Et JEANNE, mariée à *Jean Prévoſt*, Chevalier, Seigneur du Chaſtellier-Portault.

XI. GILLES DE BRISAY, Chevalier, Seigneur dudit lieu, épouſa, par contrat du 26 Octobre 1394, *Marguerite de Rochechouart*, Dame de Saint-Germain, fille d'*Aimery*, Seigneur de Mortemart, dont:

XII. JEAN DE BRISAY, Chevalier, Seigneur

dudit lieu, né à Diftillé le 9 Août 1396, fuivant un Extrait de la Chapelle de Diftillé, &
un titre du 31 Mars 1405, époufa, en 1411
(comme l'apprend un titre de la Chambre des
Comptes de Paris de 1428), *Jeanne de Linières*, Dame de la Ferté-Gilbert, dont :

1. AIMAR, Chevalier, décédé fans hoirs, fuivant un titre de la Chambre des Comptes
de Paris de l'an 1482, marié à *Marie Tur-
pin;*
2. JACQUES, qui fuit;
3. Autre AIMAR, dit *le jeune*, auteur de la
branche des Seigneurs de *Dénonville*, rapportée ci-après;
4. CATHERINE, mariée à *Louis de Valory*, E-
cuyer, dont font iffus MM. de *Valory*, Seigneurs de Diftillé;
5. MARGUERITE, mariée à *Foucaud d'Archiac;*
6. FRANÇOISE, mariée à *Antoine Pot*, Seigneur
de Puyfagu;
7. Et HARDOUINE, mariée à *Jean*, Sieur de
Saint-Germain, tous rapportés par Trincant.

XIII. JACQUES DE BRISAY, Ier du nom, Chevalier, Seigneur de Pouffay, puis de Brifay
après la mort de fon frère aîné, époufa, en
1472, *Françoife de Beauvau*, dont font iffus
trois garçons & fix filles. Voy. l'*Hiftoire de
la Maifon de Beauvau.*

BRANCHE
des Seigneurs de DÉNONVILLE.

XIII. AIMAR, troifième fils de JEAN DE BRI-
SAY, & de *Jeanne de Linières*, mourut environ l'an 1512. Il époufa, vers 1490, *Marguerite de la Rivière*, avec laquelle il fit acquifition de la Terre de la Mothe-lez-Lore-
le-Bocage, près de Nemours. Ils eurent :

1. FRANÇOIS, qui fuit;
2. MARGUERITE;
3. Et CHARLOTTE DE BRISAY, mariée, fuivant
un titre du 12 Décembre 1521, à *Jean du
Bois*, Ecuyer.

XIV. FRANÇOIS DE BRISAY, Chevalier, Seigneur de Pouffay, époufa, par contrat du 12
Décembre 1521, *Marie de Hémard*, fille de
Pierre de Hémard, premier Seigneur de Dénonville en Beauce, & fœur aînée de *Charles
de Hémard*, Evêque de Mâcon, Ambaffadeur
à Rome fous le règne de FRANÇOIS Ier, & depuis Cardinal, Evêque d'Amiens. De ce mariage eft né :

XV. PIERRE DE BRISAY, VIe du nom, Chevalier, Seigneur de Pouffay, de Brifay, de

Dénonville, né en 1523, marié, par contrat
paffé à Châlons le 24 Novembre 1575, à *Jacqueline d'Orléans-de-Longueville*, petite-
fille de *Claude*, bâtard de *Longueville* &
Grand-Chambellan de France, & de *Marie
de la Boiffière*. Voy: *les Grands Officiers de
la Couronne*, tom. I, p. 218.

XVI. JACQUES DE BRISAY, IIe du nom, fon
fils, Chevalier, Seigneur de Dénonville, &c.,
né le 4 Janvier 1579, Gouverneur de Ger-
geau, Capitaine de 100 hommes d'armes d'ordonnance aux Pays-Bas, mourut en 1625. Il
époufa, par contrat du 9 Février 1606, *Judith d'Argenfon*, de la Maifon d'*Avenne*,
dont :

XVII. PIERRE DE BRISAY, VIIe du nom,
Chevalier, Seigneur de Dénonville, Confeiller ordinaire du Roi en tous fes Confeils, &
Capitaine de Cavalerie aux Pays-Pas, époufa, par contrat du 9 Octobre 1628, *Louife
d'Alès de Corbet*, morte le 6 Mai 1677, fille
de *René d'Alès*, IIe du nom, Chevalier, Seigneur de Corbet, Maréchal-de-Camp, Ecuyer
ordinaire de l'Ecurie du Roi, & Gentilhomme
ordinaire de fa Chambre, & iffu de la famille
des *O-d'Alès*, de Libeonie, de laquelle étoit
le bienheureux *Alexandre d'Alès*, célèbre
dans l'Ecole, & de *Louife Hatte*, fa feconde
femme, qu'il avoit époufée par contrat du 3
Octobre 1602. Ils laiffèrent 14 enfans, 6 moururent en bas âge; les autres font :

1. JACQUES-RENÉ, qui fuit;
2. CHARLES, Chevalier de St.-Louis, Capitaine
& Major du Régiment Royal, Infanterie,
né le 12 Novembre 1645, mort des bleffures qu'il reçut à la prife de Salins en
Franche-Comté;
3. JEAN-FRANÇOIS, Chanoine & Chambrier de
l'Eglife de Chartres, Official & Vicaire-Général du même Diocèfe, Abbé de la Buffière, Diocèfe d'Autun, & Evêque de Cominges en 1694;
4. PIERRE-ALEXANDRE, Chevalier de Saint-
Louis, Capitaine & Major des Dragons de
la Reine, enfuite Directeur des fortifications de Mela & de Thionville, mort des
bleffures qu'il avoit reçues au fiège de Philippsbourg en 1688;
5. MARC-ANTOINE, Chevalier;
6. OCTAVE, Chevalier de Malte, mort au fervice, de fes bleffures en 1669;
7. JULES-ARMAND, Chevalier de St.-Louis, Capitaine dans le Régiment des Dragons de
la Reine;
8. Et ANNE, mariée, par contrat du 2 Juin 1653,

à *Claude de Languedouc de la Villeneuve*, d'une famille du Languedoc.

Un *mémoire domestique* dressé en 1748, porte que de cette *Louise d'Alès* & de PIERRE DE BRISAY naquirent encore:

La Comtesse d'*Auvillars*, la Marquise de *Champignelle*, Mesdames de *Dizier* & de *Dampierre*. Voy. ALÈS, & l'*Armorial gén. de France*, Reg. III, part. I.

XVIII. JACQUES-RENÉ DE BRISAY, Chevalier, Marquis de Dénonville, Gouverneur & Lieutenant-Général dans la Nouvelle-France & Pays de Canada, ensuite Sous-Gouverneur des enfans de France, mourut en Septembre 1710. Il épousa, par contrat du 24 Novembre 1668, *Catherine Courtin*, fille de *Germain Courtin*, IIe du nom, Seigneur de Moncel, Tanqueux, Beauval, Ormoy, Vignelle, &c., Contrôleur des Guerres en Bretagne, Conseiller d'Etat par Brevet du 2 Mai 1624, & Secrétaire du Roi du grand Collège, & de *Catherine de Laffemas*, sa seconde femme, qu'il avoit épousée, le 11 Février 1640. Il eut:

1. PIERRE-RENÉ, qui suit;
2. CATHERINE-LOUISE-MARIE, née le 24 Novembre 1682, mariée à *Louis-Charles Rogre-de-Champignelle*, dont postérité;

Et plusieurs autres enfans, morts jeunes.

XIX. PIERRE-RENÉ DE BRISAY, Chevalier, Comte de Dénonville, Capitaine au Régiment du Roi en 1695, Lieutenant-Général pour S. M. du Gouvernement des Villes & Pays Chartrain, & Brigadier des Armées du Roi, mourut en Octobre 1746. Il épousa, le 15 Avril 1697, *Jeanne-Catherine Quentin*, morte au Château de Dénonville en Beauce, le 31 Janvier 1742, âgée de 67 ans, fille de *François Quentin*, dit de *la Vienne*, Marquis de Chancenay en Brie, premier Valet de Chambre de LOUIS XIV, mort le 11 Août 1710, & de *Jeanne-Claudine Thierry*, sa première femme. Il a laissé:

1. LOUIS-RENÉ, qui suit;
2. CATHERINE-HIPPOLYTE, mariée, le 21 Juillet 1720, à *Aimé-Marie de Gonthier*, Comte du Perron & Baron d'Auvillars;
3. ADÉLAïDE-LOUISE, morte à Paris le 27 Mai 1766, première femme, en 1746, d'*Antoine-Pierre Courtin*, Chevalier, Seigneur d'Ussy, Officier dans les Carabiniers, Capitaine au Régiment de Bourbon-Buffet, Gouverneur & Grand-Bailli de Meaux, fils aîné de *Pierre-François*, Chevalier, Sei-

gneur de Tanqueux, ancien Lieutenant au Régiment des Gardes Wallones, & de *Claude du Port*. Elle laissa quatre enfans en bas âge, de son mari, qui épousa, en secondes nôces, en 1767, Mademoiselle de *Béritault*, fille de *Pierre-Anne de Béritault*, Seigneur de Salbeuf, Maître des Comptes à Nantes;

4. N..., Abbesse de N.-D. de Molaise en Décembre 1738;
5. N..., Carmélite à Orléans;
6. & 7. N... & N..., filles en 1742.

XX. LOUIS-RENÉ DE BRISAY, dit *le Marquis de Brisay*, né le 17 Mai 1701, ancien premier Cornette des Chevaux-Légers de la Garde, avec Brevet de Mestre-de-Camp de Cavalerie, Chevalier de St.-Louis, Maréchal-des-Camps & Armées du Roi, mourut en 1770. Il épousa, le 12 Mars 1733, *Françoise-Michelle Pinon*, dont:

XXI. ANGE-RENÉ DE BRISAY, marié, en 1766, à *Emilie-Louise Picot*, fille de *Pierre*, Marquis de *Dampierre*, Capitaine aux Gardes.

Les armes: *fascé d'argent & de gueules de huit pièces*.

BRISE (DE LA), Ecuyer, Sieur de la Geffardière, de la Chapelle & de la Villenière, Election d'Avranches & Généralité de Caën, en Normandie, ancienne Noblesse, qui porte: *d'azur, à deux fasces d'argent, & deux chevrons d'or brochans sur le tout, accompagnés de trois molettes de même, 2 en chef & 1 en pointe*.

BRISE-LANCE, ancienne Noblesse, Election de Carentan, en Normandie, qui porte: *d'azur au phénix sur son immortalité d'or*.

BRISETÊTE: *d'or, au lion naissant de gueules; au chef cousu d'argent*.

* BRISON, Terre & Château dans le Vivarais, possédés de toute ancienneté par les Seigneurs de Brison, qui étoient une branche de la Maison de *Beaumont*. *Louise de Gavaret-de-Saint-Didier*, épouse & héritière de GABRIEL, Seigneur DE BRISON, fit donation de cette Terre & de ce Château le 12 Décembre 1583 à *Jeanne de Cayres-d'Entraigues*, épouse de *Rostaing*, Seigneur de *Beaumont*, pour la remettre à celui de leurs enfans qu'ils institueroient héritier. JOACHIM, Baron de BEAUMONT, leur fils aîné, Maréchal-des-Camps & Armées du Roi, Colonel d'Infanterie, & Gentilhomme de la Chambre, connu dans

l'Hiftoire par fes fervices diftingués à la tête d'un parti Proteftant, hérita de cette Terre & prit le nom de Brison, que fes defcendans portent encore aujourd'hui. C'eft une branche cadette de la Maifon de *Beauvoir-du-Roure*. Voyez BEAUVOIR.

* BRISSAC, Ville, Terre & Seigneurie en Anjou, Diocèfe d'Angers, qui, après avoir appartenu à une Maifon très-ancienne qui en portoit le nom, paffa dans le XIII° fiècle dans celle de *Chemillé*, & fur la fin du XIV° dans celle de *Coffé*, qui la poffède depuis ce tems. La Ville de Briffac eft le chef-lieu de la Duché-Pairie de ce nom, & diftante de trois lieues de la Ville d'Angers. Elle eft compofée de 300 feux; il y a une Sénéchauffée & un Grenier à Sel. Le Duché eft compofé de 26 Paroiffes ou Fiefs, dans l'étendue d'environ quatre lieues, où fe trouvent différens châteaux confidérables & maifons de campagne. Le gros Bourg de *Thouarcé* en fait partie & y eft auffi enclos. Voy. COSSÉ.

BRISSAC: *de gueules, à la bande ondée d'or, accompagnée en chef d'un lion léopardé d'argent.*

BRISSART: *d'argent à l'arbre de finople, pofé fur une terraffe de même; au cerf paffant d'or, brochant fur le fût de l'arbre.*

BRISSAY: *d'hermines, au lion de gueules.*

BRISSON: *d'azur, à trois fufées d'argent, rangées en fafce.*

BRITAL: *de gueules, au fautoir d'or.*

BRITAUT, ancienne & illuftre Maifon, dont on fait remonter l'origine à PIERRE BRITAUT, qui vivoit en 1175, & qui s'eft éteinte dès le XIII° fiècle, dans la perfonne de JEAN BRITAUT, qui étoit Pannetier de France vers 1260.

Les armes: *de gueules, au fautoir d'or.*

BRIVIERS: *de fable, à la bande d'or.*

BRIX (DE), Seigneur d'Arlot, du Marefque, de Brimont & du Brocq, en Normandie, Généralité de Caen & Election de Valognes, famille annoblie en 1543, dont les armes font: *d'argent, à trois molettes d'éperons de fable, 2 en chef & 1 en pointe.*

BRIXENT (*Religion Catholique*). *Léopold-Marie-Jofeph*, Comte de *Spaur*, né le

10 Mai 1696, élu Evêque de Brixen le 18 Octobre 1747.

BROC (DE) ancienne Maifon, qui a pris fon nom d'une Terre qu'elle poffède de tems immémorial, laquelle eft fituée dans l'Election de Baugé en Anjou. Cette Maifon eft *d'ancienne Chevalerie*, de la Province d'Anjou. Quoiqu'elle foit très-ancienne, nous n'en pouvons commencer, faute de Mémoire, la filiation qu'à

I. BAUDOUIN DE BROC, Ecuyer, Seigneur de Broc, qui acquit la Terre & Seigneurie de la Bailerie de Richelieu, dans la Paroiffe de St.-Laurent de Langeais en Touraine, par acte du 7 Février 1402. Il époufa 1° *Jeanne de Nesle*; & 2° *Marie Grenette*. Il eut du premier lit: PIERRE, qui fuit; & du fecond, GUYON, dont on ignore l'alliance.

II. PIERRE DE BROC, Chevalier, Seigneur dudit lieu, &c., vendit un moulin fis dans la Paroiffe de St.-Symphorien en Touraine, à Noble Jean Sevin, le 8 Mars 1430, fit auffi un bail à rente du lieu de la Bailerie de Richelieu le 26 Décembre 1443. Il époufa *Fouquette de Rougebec*, fille de *Jean de Rougebec*, Chevalier, Seigneur de Maulne, dont:

III. RENÉ DE BROC, Chevalier. Il eft rapporté dans l'*Hiftoire de la Maifon de Savonnières*, compofée par Trincant, que *Jean de Savonnières*, Seigneur de la Bretêche qui étoit marié, l'an 1450, à *Anne de Rougebec*, eut un différend avec *Marie de Saint-Benoît*, veuve de RENÉ DE BROC, & ayant le bail de fes enfans, fur le partage de la fucceffion de *Jean de Rougebec*. Il époufa *Marie de Saint-Benoît*.

IV. GIRARD DE BROC, Ecuyer, Seigneur de Broc & des Perrais, leur fils, avoit un procès pendant au Parlement contre GUYON DE BROC, fon grand-oncle, Seigneur de Lefpinay, Confeiller & Maître-d'Hôtel ordinaire du Roi, & demandeur en Supplément de partage des biens de feu BAUDOUIN DE BROC, fon père, & de *Marie Grenette*, fa feconde femme. Ils tranfigèrent fur ce différend le 15 Octobre 1476. GIRARD DE BROC ratifia les conditions d'un accord qui avoit été fait entre lui & Michel des Efcotais, Ecuyer, Seigneur de la Chevalerie, par acte du 21 Juin 1476. Il époufa *Ifabeau du Bouchet*, fille de *Guillaume du Bouchet*, Seigneur de Saint-Lefnard au Maine, & de *Jeanne de Vaffé*, Dame de Sourches. Ses enfans furent:

N

1. Julien, qui fuit;

'2. Et Marguerite, mariée, 1° en 1504, à Geor-
·ges de Büeil, Seigneur du Bois & des Fontaines; & 2° à Jean de Chandis, Chevalier,
Grand-Prévôt de France, ainfi qu'il paroît
par un fupplément de dot qui lui fut payé
en 1527 par Julien de Broc, fon frère.

V. Julien de Broc, Chevalier, Seigneur de
Broc, des Perrais, &c., fit hommage le 24 Octobre 1511 au Seigneur de la Fléchère pour
raifon du Fief de Saint-Loup qui lui étoit
échu par la mort de Girard de Broc, fon père,
& étoit mort avant 1574. Il époufa, par contrat du 28 Janvier 1520, Jeanne de Vendo-
mois, fille de Noble homme Jean de Vendo-
mois, Seigneur de Parpacé, & d'Anne de la
Grandière, & laiffa plufieurs enfans, entr'autres:

1. Mathurin, qui fuit;
2. Et Françoife, mariée, le 8 Décembre 1574,
à haut & puiffant Seigneur Louis de Pontle-
voy, Chevalier, Seigneur & Baron du petit
château de la Motte-Bourneau & de la Blandinière.

VI. Mathurin de Broc, Ecuyer, Seigneur
de Lizardière & des Perrais. Le Roi Charles IX, étant à Blois, fit l'honneur au Sieur
de Broc de lui écrire une lettre datée du 14
Février 1572, par laquelle Sa Majefté lui
mande qu'il avoit été élu dans l'affemblée des
Frères & Compagnons de l'Ordre de St.-Mi-
chel pour y être affocié, & qu'Elle avoit commis le Sieur de Bouillé pour lui en donner le
collier. Il époufa, par contrat du 28 Août
1566, Louife de Lavardin, fille de François
de Lavardin, Ecuyer, Seigneur de Rannai,
l'un des 100 Gentilshommes de la Maifon du
Roi, & de Marguerite de Château-Châlon,
Dame de Bafoches, & laiffa:

1. François, qui fuit;
2. Et Sébastien, qui fut Seigneur des Perrais.
Ils partagèrent les biens de leur père par
acte du 27 Octobre 1607, dans lequel Louife
de Lavardin, leur mère, prend la qualité de
Dame d'honneur de la Reine.

VII. François de Broc, Chevalier, Seigneur de Cinqmars, de la Pile, Grillemont,
Lisle-Oger, Gentilhomme ordinaire de la
Chambre du Roi, & Chevalier de fon Ordre,
reçut une lettre du Roi, datée du 20 Février
1613, fignée Louis, & au-deffous, de Loménie, par laquelle Sa Majefté lui fait favoir qu'il
avoit été choifi pour être affocié à l'Ordre de
St.-Michel, & que le Maréchal de Bois-Dau-

phin étoit commis pour lui en donner le collier, qu'il reçut le 8 Janvier 1615. Il époufa,
par contrat du 11 Mars 1596, Françoife de
Montmorency, fille de haut & puiffant Seigneur Meffire Pierre de Montmorency, Seigneur de Foffeux, Chevalier de l'Ordre du
Roi, & Capitaine de 50 hommes d'armes de
fes ordonnances, & de Jacqueline d'Avaugour, Dame de Courfalin. Ses enfans furent:

1. Jacques, qui fuit;
2. Et François, reçu dans l'Ordre de Malte
au Grand-Prieuré de France, d'après le procès-verbal de fes preuves du 27 Mai 1614.

VIII. Jacques de Broc, Chevalier, Baron
de Cinqmars, époufa, par contrat de mariage,
du 1er Juillet 1624, paffé en préfence & du
confentement des Reines Marie de Médicis
& Anne d'Autriche, du Cardinal de Richelieu, allié à ladite Demoifelle, & de Meffire
Henri de Bourdeilles, fon oncle, Chevalier
des Ordres du Roi, fon Confeiller en fes Confeils, Sénéchal & Gouverneur de Périgord,
Marguerite de Bourdeilles, fille d'honneur
de la Reine-Mère, & fille de haut & puiffant
Seigneur Meffire Claude de Bourdeilles,
Chevalier, Seigneur & Baron de Matas & de
Beaulieu en Saintonge, & de Marguerite du
Breüil, Dame de Theon. Ils laifferent:

1. Pierre, mort fans hoirs;
2. Michel, qui fuit;
3. Jacques, dont l'alliance eft ignorée;
4. Et Louise, qui partagea avec fes trois frères
ci-deffus la fucceffion de leurs père & mère,
par acte du 12 Novembre 1663.

IX. Michel de Broc fut marié, le 2 Août
1666, à Elifabeth Prud'hommeau, fille de
Noble Antoine Prud'hommeau, Seigneur de
Darron, demeurant au Lude, & de Renée
Fautras. De ce mariage naquit, entr'autres
enfans:

X. Eléonor de Broc, Chevalier, baptifé le
16 Mai 1667, & reçu Page du Roi en la Grande-Ecurie au mois de Janvier 1685.

C'eft ce que nous favons fur cette ancienne
Nobleffe, qui porte: de fable, à la bande fu-
felée d'argent de neuf pièces. Couronne de
Comte.

BROC (de), Seigneur des Moulins, de la
Jumelière, &c., en Bretagne: d'azur, au chevron d'or, accompagné de trois croiffans de
même, 2 en chef & 1 en pointe.

BROCAMONT: d'argent, au chevron de

fable, accompagné en pointe d'un maillet de même.

BROCART , en Bourgogne : *coupé de gueules & d'or, le premier chargé d'un chevron d'argent.*

BROCES, en Bresse, noble & ancienne famille, dont étoient GEOFFROY & HUGUES DE BROCES, Damoiseaux, qui firent hommage à AMÉ DE SAVOIE, Seigneur de Baugé l'an 1272. HUGUES, Seigneur de Broces, épousa *Guigonne de Pertorel,* fille de *Guyonnet de Pertorel,* Seigneur du Bessey en Bresse, & d'*Antoinette de Varennes,* dont vint :

> PERNETTE DE BROCES, qui épousa, 1º le 27 Mai 1374, *Geoffroy de Corsant,* Chevalier, fils de *Guillaume de Corsant,* & de *Henriette de Saint-Sulpis;* & 2º *Jean du Gour,* Seigneur de Laye en Beaujolois.

Les armes : *d'argent, à la bande de gueules chargée de trois étoiles du champ.*

BROCHANT, Seigneur du Breuil & d'Orangis : *d'or, à l'olivier de sinople, accosté de deux croissans de gueules, à la Champagne d'azur, chargée d'un brochet d'argent.*

BROCHARD, Généralité d'Alençon , Election de Falaise, en Normandie , Ecuyer, Sieur du Desert, de Beauvais, famille noble & ancienne, maintenue le 11 Juillet 1667, qui porte : *d'argent, au chevron renversé d'azur, accompagné de trois annelets d'or, 1 & 2; au chef cousu du second.*

BROCHET. De cette famille étoient RAYMOND BROCHET *de Pontcharost,* Secrétaire du Roi, mort à Paris le 28 Mai 1754, âgé de 74 ans; & JEAN-JACQUES RAYMOND BROCHET *de Pontcharost,* Capitaine au Régiment de Picardie, mort aussi à Paris le 11 Juin 1754.

BROCQ, en Pologne : *d'azur, à une couverture de grains de quatre pieux d'argent, essorés d'or.*

BRODEAU, en Touraine. Suivant les titres de cette ancienne Noblesse, le lustre en a commencé par VICTOR BRODEAU, annobli par PHILIPPE II, dit *Auguste,* au camp devant Acre en Egypte, à cause des belles actions de son père & des siennes. Ce titre original en latin porte ceci : PHILIPPE, *par la grâce de Dieu, Roi de France; Salut. Le principal soin des Princes étant de récompenser le mérite des hommes illustres, nous le faisons en accordant* la Noblesse *à* VICTOR BRODEAU, *dont le*

père a fait des actions éclatantes dans la guerre sacrée, & nous voulons qu'il porte sur son écu, trois pals en chef, sur la croix recroisettée. *Donné à Paris l'an* 1191. Ces Lettres en parchemin sont revêtues d'un petit sceau de cire jaune pendant au bas. Il y a eu dans la Maison DE BRODEAU des Ministres d'Etat, des Cardinaux, des Généraux d'Armées de terre & de mer, & des Magistrats distingués.

ANTOINE BRODEAU, IIe du nom, épousa *Catherine* ou *Jeanne Briçonnet,* sœur du Cardinal de ce nom, Archevêque de Reims & de Narbonne, qui bénit une des filles d'ANTOINE, qui avoit été nommée Abbesse. Il eut pour Diacre & pour Sous-Diacre dans cette cérémonie les deux fils d'ANTOINE BRODEAU, l'un Evêque de Meaux, & l'autre de Lodève. Il étoit trisaïeul de

VICTOR BRODEAU, Seigneur de la Chaffelière, qui fut pendant 38 ans seul Secrétaire d'Etat de HENRI IV, dit *le Grand,* Roi de Navarre. Il laissa de *Catherine de Beaune,* fille de *Guillaume de Beaune,* Surintendant & Gouverneur de Touraine :

VICTOR BRODEAU, IIe du nom, qui eut de *Bonne Courtin* :

> VICTOR, qui suit ;
> Et trois fils, morts au service.

VICTOR BRODEAU, IIIe du nom, Seigneur de Candé & de Vaugligneuse, épousa *Claudine du Val,* dont :

1. JEAN, qui suit ;
2. LOUIS, Marquis de la Chaffelière, Colonel d'un Régiment d'Infanterie , Gouverneur du Mont-Saint-Michel, mort dans son Gouvernement, des blessures qu'il avoit reçues. Il laissa :

> Un fils qui portoit le nom de *la Chaffelière,* & qui a été Brigadier dans la première Compagnie des Mousquetaires du Roi.

3. ANNE BRODEAU, mariée au Marquis de *Curtigny* (de *Gouy*). De ce mariage vinrent 7 garçons, dont 4 ont été tués, ou Colonels ou Capitaines de Cavalerie. Il en est resté un Capitaine de Cavalerie & Chevalier de St.-Louis; & deux Ecclésiastiques, Docteurs de Sorbonne. L'aîné portoit le nom d*'Abbé de Curtigny,* & a été Grand-Vicaire de Strasbourg ; l'autre celui d'*Abbé de Gouy,* a été Grand-Vicaire d'Ypres, & fut pourvu d'une Abbaye considérable en Flandre ;

4. Et une autre fille.

Jean Brodeau, Marquis de Châtre & de Candé, ci-devant Grand-Maître des Eaux & Forêts de l'Isle de France, mort en son château de Candé le 21 Décembre 1712, en faveur duquel le Roi érigea la Terre de *Châtre en Marquisat*, avoit pour oncle du côté maternel, *Renaud de Beaune*, Archevêque de Bourges, & ensuite de Sens, qui eut l'honneur de sacrer Henri IV, à Saint-Denis. Sa Majesté, après son Sacre, le fit Grand-Aumônier de France, & Commandeur du Saint-Esprit. Le Château de Candé, où demeuroit le Marquis de Châtre, avoit été bâti par le Cardinal Briçonnet, à deux lieues du Plessis-lès-Tours, où Louis XI faisoit sa demeure. Jean Brodeau a eu de *Catherine Deschamps :*

Un fils tué au combat de Steinkerque, le 3 Août 1692, âgé de 18 ans, où il commandoit une Compagnie de Dragons dans le Régiment de la Reine.

BRANCHE CADETTE.

François Brodeau, Conseiller d'Etat & Maître des Requêtes d'Antoine de Bourbon, Roi de Navare, eut pour fils :

Charles Brodeau, Avocat-Général de Henri IV, alors Roi de Navarre, qui laissa :

Julien Brodeau, célèbre Avocat au Parlement, qui préféra toujours sa fonction aux charges les plus élevées de la Robe, & voulut y mourir.

Julien Brodeau, IIᵈ du nom, son fils, Seigneur de Moncharville, Oiseville, Frêne, &c., Conseiller Honoraire en la Grand'Chambre du Parlement de Paris, a laissé de *Madeleine Bechefer*, d'une ancienne Noblesse de Champagne, originaire d'Allemagne :

1. Pierre-Julien, Seigneur de Moncharville, qui n'a point été marié ;
2. Julien, IIᵉ du nom, Seigneur d'Oiseville, Lieutenant-Général de Tours ;
3. Claude-Julien, Seigneur de Frêne, Lieutenant de vaisseaux, qui courut de grands risques sur le vaisseau monté par le Comte de Hautefort ;
4. Et Madeleine-Catherine, mariée à *François-René de la Corbenaye*, Comte de Bourgon, d'ancienne Chevalerie de Bretagne.

Si cette famille de Brodeau subsiste, nous en ignorons l'état actuel.

Les armes : *d'azur, à la croix recroisettée d'or ; au chef du second, chargé de trois pals de sinople.*

BROE-LAGUITTE : *d'azur, à une étoile*

d'or ; au chef de même, chargé de trois trèfles de sinople

BROEL, en Bretagne : *de gueules, au léopard d'hermines.*

✠ BROGLIA ou BROGLIE, la Terre, Seigneurie & Baronnie *de Ferrières*, en Normandie, fut érigée en *Duché - héréditaire*, sous le nom de Broglie, par Lettres-Patentes registrées le 20 Août 1752, en faveur de François-Marie de Broglie, Comte de Broglie & Maréchal de France, dont nous parlerons plus loin.

Cette Maison ancienne & illustre, connue en Italie sous le nom de Broglia, de Gribaldenghis, est une des plus anciennes du Piémont, & une des sept nobles familles d'*Albergue*, fondatrices de la Ville & République de *Quiers*, en Lombardie (a), suivant un mémoire qui nous a été fourni, dressé d'après les titres & archives de la Maison de Broglie, nous allons d'abord parler de la Ville & République de *Quiers*, des sept nobles familles qui en ont été fondatrices, & nous donnerons ensuite la filiation suivie de la Maison de Broglie, qui commence à Ubert Broglia, Sénateur du Conseil-Souverain de *Quiers* en 1254, & nous la conduirons jusqu'à nos jours.

Le nom originaire de cette famille est *Gribaldi*, elle descend d'Amaury Gribaldi, Seigneur de *Barbania, Corio, Rivara, Rocea, Buzano, & Camagna*, situés dans le *Canavez*, à cinq, six & sept lieues de *Turin*.

Amaury Gribaldi, qui est le plus ancien Seigneur de cette Maison, dont on ait pu recouvrer des monumens, vivoit vers 950, Almaricus Gribaldi, *Dominus Barbaniæ, Corii, Ripariæ, Rocchæ, Buzani, & Camagnæ.* Il étoit fondateur de l'Abbaye de *Buzano*, qui

(a) Ces sept familles d'Albergue sont dénommées dans une Ordonnance du Grand-Conseil de *Quiers*, dès l'année 1422, & dans deux Ordonnances de Louis, Duc de Savoie, des années 1444 & 1445 : *Nobiles de Albergis, videlicet de* Balbis *de* Gribaldenghis, Merlengis d'Albuzanis, *de Mercandillo, de Beuzzis & de Pigloliis.*
Certificat de *Jean*, Baron de Launay & du St.-Empire, Généalogiste du Roi Catholique, délivré à Antoine Broglia, Capitaine au Régiment de Genevois, le 12 Janvier 1675, qui atteste que les ancêtres dudit Broglia sont Fondateurs de la République de *Quiers*, d'après les Historiens & mémoires généalogiques, extraits de la Bibliothèque du feu Archiduc, Duc d'Autriche.

5. Et Côme, Religieux de St.-Bernard, élu Abbé de Lieu-Dieu en 1638, ensuite de Beaubec. Le P. Artus de Monstier en parle en ces termes: *Mox illíc reformationem piè introduxit, facra accrevit, vetera refarcivit, cunĉta in melius restauravit.*

Pierre de la Broise, Ecuyer, Seigneur de Chalange & de la Cour-du-Bois, se maria à *N... de la Perronière*, Dame de Poiriers dans la Province du Maine, où cette branche s'est établie depuis cette alliance. Il eut pour fils:

Jean de la Broise, Ecuyer, qui de *N.... le Clerc* laissa:

N... de la Broise, Ecuyer, Sieur de Chalange.

Thomas de la Broise, second fils de Pierre, Sieur de Chancé, a été père de:

Jean de la Broise, Ecuyer, qui, d'*Olive de Vaubgrel*, a eu:

Jean-Épiphane de la Broise, Ecuyer, marié à *Elifabeth de Saint-Genis*, fille de *Nicolas de Saint-Genis*, Ecuyer, Seigneur des Hammeaux, & de *Marie Artur*, dont sont issus:

1. Nicolas, Sieur de la Chevrenaye, marié, en 1711, à *N... Achard*, dont il a laissé une fille, mariée au Sieur d'*Anfernet*;
2. Et N..., mariée à *N... Achard*, Seigneur du Pay-de-Lavente, frère de la femme de Nicolas.

Guillaume de la Broise, troisième fils de Robert, Sieur du Châtelier & du Mesnil-Ozerne, mourut à Avranches le 11 Février 1692, âgé de 92 ans, laissant de *Bertranne de Charton*:

Pierre de la Broise, Seigneur du Mesnil-Ozerne, marié 1º à *N....*, & 2º à la fille de *Madelon du Taillis*, Ecuyer, Seigneur de Lanfrière. Il eut du premier mariage:

1. Guillaume, qui suit.

Et du second:

2. N...., mariée au Seigneur de *Saint-Quentin* & de la Garantière.

Guillaume de la Broise épousa 1º *Sufanne-Agnès le Mercier*; & 2º *N... Vivien*, fille de *René Vivien*, Ecuyer, Seigneur de la Champagne. Du premier lit sont nés:

1. N..., Seigneur du Mesnil-Ozerne & de Grandville;
2. Et une fille.

Et du second lit:

3. Et Jean.

Jean de la Broise, nommé dans un autre *Mémoire domestique*, aussi fils de Pierre & de *Jacqueline de Malherbe*, épousa 1º *Michelle Payen*, fille de *Jean*, Ecuyer, Sieur du Plan; & 2º *Jeanne Cheval*, fille de *Philippe*, Seigneur de la Roufraie. Il eut du premier mariage:

1. Bertrand, qui suit;
2. Christophe.

Et du second:

3. Eustache, Religieux Carme;
4. Et Guillaume.

Bertrand de la Broise, Ier du nom, épousa, par contrat du 21 Mars 1496, *Marie le Royer*, fille de *Fabien*, Ecuyer, Sieur de la Brasolière, & de *Jeanne de la Lande*, dont:

1. Claude;
2. Jacques, qui suit;
3. Et Julien, Religieux.

Jacques de la Broise se maria à *Jeanne Fromont*, fille de *Guillaume*, de laquelle il eut entr'autres enfans:

1. Ambroise, Religieux Dominicain;
2. Bertrand, qui suit;
3. Et Pierre, tué au siège de Domfront, en 1574.

Bertrand de la Broise, IIe du nom, épousa, par contrat du 28 Mars 1583, *Georgette de Pency*, fille de *Jean de Pency*, Ecuyer, Seigneur de Norolles, & de *Guillemette de Bagars*, de laquelle sont nés:

1. Philippe, qui suit;
2. Et Louise, épouse de *Nicolas Turgot*, Ecuyer, Sieur de la Motte.

Philippe de la Broise, Ier du nom, se maria, par contrat du 2 Juillet 1614, à *Marie de Heudex*, fille de *Jean de Heudex*, Ecuyer, Seigneur de la Bigne, & de *Marie Rupure*, dont:

1. Gaspard, tué à la bataille de Homecourt, en 1663;
2. Nicolas, qui suit;
3. Et Jacques.

Nicolas de la Broise, Ecuyer, épousa, en 1650, *Marguerite le Veau*, fille de *Julien le Veau*, Ecuyer, Sieur de Benoiseau, & de *Diane le Chevalier*, fille de *Barthélemy*, qui hérita de la Terre du Mesnil-Jean, par le décès de *Claude le Chevalier*, son frère, mort sans hoirs. De ce mariage vinrent plusieurs enfans, dont deux seulement ont laissé postérité, savoir:

1. Philippe, qui suit;

2. Et Henri-François, rapporté après fon frère.

Philippe de la Broise, {Ier du nom, Seigneur du Mefnil-Jean & de la Papionière, obtint en récompenfe des fervices qu'il avoit rendus en qualité d'Aide-de-Camp de M. le Maréchal de Créquy, par Lettres-Patentes de 1690, la *Réunion* des Fiefs du *Mefnil-Jean* & de la *Papionière*, en *plein Fief de haubert*. Il époufa, par contrat du 28 Janvier 1681, *Françoife de Tournebu*, fille de *Tanneguy*, & de *Charlotte de Nollent*. Il eut :

1. N...... mort jeune ;
2. Jacques-Philippe, qui fuit ;
3. Marguerite-Françoise ;
4. Et Marie-Susanne, Religieufe à la Vifitation d'Alençon.

Jacques-Philippe de la Broise mourut fans enfans, en 1741 ; il époufa, en 1735, *Anne Guyon. Marguerite-Françoife*, fa fœur & fon héritière, vendit en 1750 la Terre du Mefnil-Jean, & mourut peu de tems après. Cette Terre a été retirée par le feu Comte de *Briouze*.

Henri-François de la Broise, fecond fils de Nicolas, & de *Marguerite le Veau*, Seigneur de Chamfremont, & enfuite de Sainte-Marie-la-Robert, fervit en qualité de Lieutenant au Régiment d'Enghien Infanterie, & fut enfuite Guidon de l'arrière-ban du Maine. Il vendit en 1695 la Terre de Chamfremont, pour acquérir celle de Sainte-Marie-la-Robert de *François Guyon*, fon coufin, qui avoit hérité en partie de *Claude le Chevalier*, fon grand-oncle, frère de *Diane* & de *Renée le Chevalier*. Celle-ci eft aïeule du Sieur *Guyon*. Il mourut en 1725. Il époufa, le 5 Mars 1682, *Marie-Léonore des Parhes*, fille & héritière en partie de *François des Parhes*, Ecuyer, Seigneur de Chamfremont & de la Bellière, & de *Catherine Fournil*, & laiffa :

Henri-Charles de la Broise, Seigneur de Sainte-Marie-la-Robert, mort en 1739. Il époufa, en 1723, *Marie-Henriette-Cécile-Céfarine le Bœuf*, dont :

Marie-Henriette-Cécile de la Broise, fille unique.

Les armes : *d'azur, à deux chevrons d'or, accompagnés de trois molettes de même, 2 en chef & 1 en pointe, chargées de 2 jumelles d'or.*

BROISSET, dit auffi BROSSET, en Oréanois. La branche des Seigneurs d'*Arconville* fupprimoit les *trois trèfles* de fes armes. Hector de Broisset, dit Brosset, fils de Louis, Seigneur d'Arconville, & d'*Eléonore du Faur*, fut élevé Page de M. Gaston de France, Duc d'Orléans, & devint Seigneur d'Arconville, en la Paroiffe d'Outarville-au-Conins en Beauce. Il époufa *Charlotte-Frétart*, fille unique de *Claude*, Chevalier, Seigneur d'Outarville, & d'*Efther de Prunelé-Guillerval*, dont un fils & deux filles, qui n'ont point laiffé de poftérité. La dernière fille furvivante vendit la Terre d'Arconville à *Jean-Louis Thiroux-de-Lailly*, Fermier-général, mort le 19 Juillet 1742, dont le fils Louis-Lazare Thiroux-de-Lailly, Confeiller au Parlement, la poffède aujourd'hui.

Les armes : *d'azur, au chevron d'argent chargé de trois trèfles arrachés de finople, & accompagné de trois gerbes d'or, 2 en chef & 1 en pointe.*

* BROISSIA, en Franche-Comté, Diocèfe de Befançon. Par lettres du mois d'Octobre 1691, regiftrées à Befançon & à Dôle, les Terres & Seigneuries de Broissia, de *Montagna, Annotres, le Saulcois, Villangrette*, &c., furent unies & érigées en *Marquifat* fous le nom de Broissia, en faveur de *Jean-Claude-Jofeph Froiffard-de-Broiffia*. Par d'autres Lettres du mois de Mai 1739, les Terres & Seigneuries de *Ville* & de *Noidans* furent unies & érigées en *Comté*, fous le nom de Broissia, en faveur de *N.... Froiffard*, Seigneur de *Broiffia*.

BRON-LALIEQUE (de), famille noble & ancienne, de laquelle étoit *Jeanne de Bron-Lalieque*, mariée à *Albert de Sallemard*, Chevalier, vivant en 1441, fils de *Guillaume*, IIe du nom, & d'*Antoinette de Varennes*, dont poftérité. Les armes : *d'or, à la fafce de fable, accompagnée en chef d'un lion de même, iffant de ladite fafce.*

BRONDINEUC, autrement appelé broon-dit-neuf, porte comme *Broon*, ci-après.

BRONGNON : *de finople, à trois pals ancrés d'or, pofés 2 & 1 ; au chef de même, chargé d'un écu de gueules, furchargé de neuf annelets d'argent.*

BRONOD : *d'azur, au cœur enflammé d'argent ; au chef de même, chargé de deux branches de laurier de finople, paffées en fautoir, & formant une couronne.*

BROON, Seigneur de Fourneaux en Normandie, Généralité d'Alençon, famille maintenue *dans fa Noblesse* le 7 Juillet 1667. Cette Maison, originaire de Bretagne, tire son nom d'un ancien Château qu'on nommait *Broon* ou *Bron.*

La Roque dit que deux frères jumeaux, nommés l'un Robert, & l'autre Hamon, eurent un différend sur le droit d'aînesse, pour savoir auquel des deux appartenoit le château de Broon. Pour les accorder la Seigneurie fut partagée par un Duc de Bretagne l'an 1185, & la moitié, où étoit le château de *Broon*, tomba à Robert, dont la postérité, qui a tombé en quenouille, a fait passer cette Seigneurie dans la Maison de *du Guesclin.* Hamon, dont nous rapporterons ci-après la filiation, possédoit l'autre moitié sous le nom de *la Brondinière.*

Jean de Broon, issu de Robert, fut reçu avec 14 autres Ecuyers à Corenzich le 1er Octobre 1388. Messire Guillaume de Broon assista aux Etats de Bretagne en 1420. Jean de Broon, qui étoit de la Maison d'Artus, Comte de Richemont, Connétable de France, depuis Duc de Bretagne, fut fait *Chevalier* l'an 1440, au siège de Bray-sur-Seine; dans un titre de 1442, il est qualifié de *Messire Jean de Bron, Chevalier.*

Olivier de Broon, ou de Bron, se trouva à la bataille de Formigny, en 1450, où les Anglois furent défaits, & au siège de Vire avec Olivier Quelen, & autres Bretons, pour le service de la Couronne de France.

Hamon de Broon, Seigneur de la Brondinière, frère jumeau de Robert, Seigneur de Broon, eut un fils aussi nommé

Hamon de Broon, IIe du nom, Seigneur de la Brondinière, qui épousa une fille de la Maison du *Châtelier d'Erac.* Il en eut:

Guillaume de Broon, Seigneur de la Brondinière, qui épousa *Marguerite de Tremereuc,* dont:

Guillaume de Broon, IIe du nom, Seigneur de la Brondinière, marié à *Marguerite le Moine,* mère de Jean, Olivier, qui suit, & de Thomas de Broon.

Olivier de Broon, Seigneur de la Brondinière, épousa *Macée de Tillet,* dont il eut:

François de Broon, qui acquit la Terre de *Fourneaux,* & fut premier Pannetier de la Reine Anne de Bretagne, qui lui fit épouser, 1° vers 1491, *Miramonde de Barasanon;*

Tome IV.

& 2° *Françoise le Vasseur.* Il eut de cette dernière:

Jean de Broon, Seigneur de la Brondinière, de Fourneaux & du Val, qui se maria, en 1541, à *Claude de Bernezai,* dont:

Claude de Broon, Seigneur de Fourneaux, Ambassadeur en Angleterre, qui s'allia avec *Françoise le Verrier,* dont:

Jacques de Broon, Seigneur de Fourneaux, allié avec N....... *Bariot.*

Les armes: *d'azur, à la croix d'argent, frettée de gueules.*

BROQUARD, en Franche-Comté. On peut, dit un *Mémoire domestique* envoyé, juger de l'ancienneté de cette famille, par le testament de Dame *Marguerite de Banan,* en date du 29 Juin 1427, qui rappelle Huguenin Broquard-de-Montbéliard, Seigneur de Ternuay, & Dame *Anselin,* son épouse. Les *Banan* sont qualifiés dans ce testament de *Chevaliers.*

La Généalogie des Broquard est pleinement vérifiée par une requête présentée aux 28 Notables de la cité de Besançon, & enregistrée dans les Livres-Journaux de l'Hôtel-de-Ville.

Il est prouvé que Poncet Broquard & *Alix de Beurreville* ont eu pour fils Étienne Broquard, qui épousa *Marguerite de Crozey,* dont Richard Broquard, marié à *Marguerite de Marnay,* fille de *Jean de Marnay,* & de *Simonette de Cul.* De ce mariage vint noble Claude Broquard, qui s'allia à *Françoise Rougemont.* De ce mariage vint:

Jean Broquard, fait Gouverneur de Besançon en 1581. Il mourut le 17 Février 1622. On lit sur son tombeau, qui est au milieu de l'Eglise des Carmes de cette Ville, son épitaphe, conçue en ces termes: *Hic jacet nobilis* Joannes Broquard, *dùm vixit, civis & Co-gubernator Bizuntinus Dominus à Lavernay,* &c. Il épousa, par contrat passé le 23 Octobre 1561 (par-devant *Daniel,* Notaire), *Christine Monnier,* & eut:

1. Jean-François, Seigneur de Longueville, qui fut Gouverneur des Princes de Furstenberg;
2. Jean-Réal, Chanoine en l'Eglise Métropolitaine de Besançon;
3. Jean-Antoine, mort jeune;
4. Et Etienne, qui suit.

Etienne Broquard, Seigneur de Lavernay, Gros-Bois, &c., donna sa Requête aux 28 Notables de la Cité, & se fit adjuger la première place au rang des Nobles, après le Préſident. La Requête & l'appointement fur icelle ſont enregiſtrés dans les Livres-Journaux de la Ville à la date du 26 Juin 1638. Il épouſa, en 1616, *Jeanne-Antoinette Bichet,* fille de noble *Pierre Bichet,* Gouverneur de la Cité, & eut:

1. Déſiré, qui leva une Compagnie de 200 hommes, & fut tué en 1674, en défendant les murs de la ville de Beſançon;
2. Et François, qui ſuit.

François Broquard fut reçu aux Etats le 12 Janvier 1657, & le 18 il y prit ſéance, & y donna ſa voix délibérative, comme l'un des autres Gentilshommes. Il avoit épouſé, le 28 Juillet 1655, *Jeanne Petrey,* fille de Meſſire *Jean-Baptiſte Petrey,* Chevalier, premier Préſident de la Cour de Dôle, Baron de Long- wy, & de *Suſanne Courvoiſier.* De ce ma- riage ſont nés:

1. Charles-Emmanuel, qui ſuit;
2. Et Étienne, qui s'eſt diſtingué au ſervice de l'Empire, où il eſt mort Commandant à Peſth en Hongrie le 24 Juin 1719.

Charles-Emmanuel Broquard, Seigneur de Lavernay, s'eſt marié, le 11 Février 1721, à *Etiennette-Thérèſe Ramel,* fille de *Pierre- François Ramel,* Ecuyer, Seigneur de Buſ- fières, & d'*Anne-Pierre Hugon,* d'une fa- mille annoblie par l'Empereur Charles-Quint, le 24 Février 1530. De ce mariage eſt né:

Pierre-Etienne-François Broquard, reçu Conſeiller au Parlement de Beſançon le 8 Mai 1747. Il s'eſt marié, le 21 Juillet 1749, à *Marguerite-Thérèſe le Bas-de-Clévand,* fille de Meſſire *Joſeph le Bas-de-Clévand,* Marquis de Bouclan, Conſeiller au même Par- lement, & de *Marie-Thérèſe Hermand de Varignoles.* De ce mariage ſont nés:

1. Charles-Emmanuel-Bruno-Marie, Sei- gneur de Lavernay, né le 11 Mars 1752, reçu Chanoine-Coadjuteur en l'Egliſe Mé- tropolitaine de Beſançon, dont il a pris poſ- ſeſſion le 13 Juillet 1768, après avoir fait preuve de 16 quartiers de Nobleſſe, tant pa- ternels que maternels;
2. Claude-Ferdinand, né le 13 Avril 1754;
3. Jean-Baptiste, né le 17 Octobre 1755;
4. Charles-Nicolas-Joseph, né le 24 Août 1759.
5. Marie-Josèphe-Gertrude, née le 21 No- vembre 1750;
6. Pierrette-Thérèse, née le 20 Avril 1760,
7. Et Catherine-Marie-Mathurine, née le 9 Novembre 1767.

Les armes: *de gueules, à deux faſces d'ar- gent, accompagnées de trois étoiles d'or, 2 en chef & 1 en pointe.*

BROSSARD, en Touraine. Suivant un *Tableau généalogique & hiſtorique* imprimé à Tours en 1766, cette famille eſt établie en France depuis 1289. Elle eſt diviſée en 12 branches, qui toutes ont pour auteur Antoine de Brossard, Ier du nom, né en 1289, fils na- turel de Charles de France, Comte de Va- lois, fils puîné de Philippe *le Hardi,* & d'Hé- lène de Brossard.

Il y a tant de confuſion dans la généalogie de cette famille, qu'il ne nous eſt pas poſſible d'en donner une filiation ſuivie & exacte. Nous nous contenterons de dire qu'il y a une branche établie en Normandie, dont les ar- mes ſont: *d'azur, à trois fleurs-de-lys d'or, au bâton d'argent en bande, brochant ſur le tout.*

Une autre en Anjou, qui porte pour armes: *de ſable, à trois fleurs-de-lys d'or, à un bâ- ton de gueules en barre, brochant ſur le tout.*

Une autre en Champagne, aux environs de Châlons, qui porte: *d'azur, à une main gantelée d'or en face, qui tient ſur ſon poing un oiſeau de proie d'argent, accom- pagnée de trois fleurons de lys, chacun ſou- tenu d'une moucheture d'hermines d'ar- gent.*

Un autre qui réſide en Bretagne & a pour armes: *d'azur, au chevron d'argent, accom- pagné de trois fleurs-de-lys d'or.*

Il y a la branche des Seigneurs de Broſſard, Ecuyers, Sieurs de *la Gautraye,* qui porte: *d'argent, à trois fleurs-de-lys mi-parti d'a- zur & de gueules, à la cotice de gueules, brochante ſur le tout.*

Les branches diſperſées en Anjou & en Tou- raine ont pour chef N..... Brossard de la Bra- haniede, réſidant à *Parcé en Anjou,* & N..... de Brossard de Saint-René, qui, originaire de Pilmil au Maine, réſide actuellement à Tours. Tous les deux ont pour armes: *trois fleurs-de-lys d'or en champ d'azur, à la ban- de d'argent, brochante ſur le tout.*

Ces diverſes armes ont été vérifiées en dif- férens tems par M. de *Machaut,* Intendant d'Orléans en 1667.

BROSSARD, autre famille établie en Nor- mandie, Election de Vire, qui fut annoblie en 1659, dans la perſonne de Gilles Bros-

SARD, qui fut maintenu dans fa Nobleffe en 1666, &obtint auffi des Lettres-Patentes, pour changer fon nom en celui de BROSSARD, que fa poftérité a retenu depuis. Les armes : *de fable , au chevron d'or, accompagné en chef de deux befans, & en pointe d'une molette d'éperon, le tout de même.*

❧BROSSARD-LONNETIÈRE eft une terre que la famille de BROSSARD poffédoit dans le XVe fiècle, aux environs de Condé-fur-Néreau; cette ancienne nobleffe a été maintenue par une Charte de HENRI IV, de 1598, par Arrêt du Confeil de 1667; les armes de cette famille fe voient encore en une Chapelle de l'Eglife de St.-Martin-de-Condé, bâtie avant le XIVe fiècle, dans laquelle les BROSSARD-LONNETIÈRE ont leur tombe depuis ce temps. La Roque, à l'article BROSSARD, fait mention d'un accord paffé entre JEAN & THOMAS BROSSARD, Ecuyers, pour la réparation d'une Chapelle qui eft dans l'Eglife de Saint-Martin-de-Condé, proche le Presbytère. On voit dans l'inventaire de ❧*Jean de Serre*, que

I. GAUTIER, Sire de Broffard, fit entrer un convoi, en 1426, dans la Ville de Montargis, affiégée par les Anglois, & qu'il fut fait enfuite Officier-Général & Gouverneur de la Fère; il eut pour fils :

II. FRANÇOIS BROSSARD, Seigneur de la Lonnetière, qui fut auffi Officier-Général, fous LOUIS XI, & laiffa pour fils JEAN BROSSARD, Ier du nom, Seigneur de la Lonnetière, reconnu noble par Lettres-Patentes du Roi HENRI IV, & qui fe maria avec *Marguerite Germain*, dont il eut :

III. JEAN BROSSARD, IIe du nom, Ecuyer, Seigneur de la Lonnetière, qui époufa, en 1504, *Jeanne lè Foulon*, de laquelle il eut :

IV. JEAN BROSSARD, IIIe du nom, Ecuyer, Seigneur de Saint-Martin, qui fe maria, par contrat paffé devant les Tabellions de Cleffy & Saint-Lambert, le 16 Février 1539, à *Anne le Bailli*, fille de *Michel*, Ecuyer, Seigneur des Eaux, dont il eut entr'autres enfans :

1. GILLES, qui fuit ;
2. JEAN, Auteur de la branche des Seigneurs de *Grofmefnil*, établie en Normandie, rapportée ci-après.
3. Et GUILLAUME, auteur de la branche éteinte des Seigneurs de *la Lonnetière*, n'ayant laiffé que deux héritières.

V. GILLES BROSSARD, Ecuyer, Seigneur de Breneau, tint le parti de fon Souverain dans les troubles de la ligue, ainfi que fes frères, qui fervoient dans l'armée du Roi, & qui avoient été tués à fon fervice. Il avoit époufé, en 1570, *Gratienne de la Marre*, fille de *Nicolas*, Ecuyer, Seigneur de Breuil, & de *Jeanne Cairon*, dont il eut :

1. CONSTANTIN, qui fuit ;
2. JACQUES, dont l'héritière a paffé dans la Maifon de *St.-Germain d'Aftremont*.
Et plufieurs filles, mariées dans des familles nobles.

VI. CONSTANTIN DE BROSSARD, Ecuyer, Seigneur de St.-Martin, époufa, en 1600, *Jeanne de la Pommeraye*, fille de *Jean*, Ecuyer, Seigneur des Isles-Bardel, dernier de fa famille, qui defcendoit en ligne directe de *Joffelin de la Pommeraye*, Fondateur de l'Abbaye de Notre-Dame-du-Val, Diocèfe de Bayeux, & de *Jeanne de Montefton*, du pays du Maine; de ce mariage vint :

VII. JULIEN DE BROSSARD, Ecuyer, Seigneur des Isles-Bardel; il époufa 1º *Gabrielle de Saint-Germain*, fille de *Jean*, Chevalier, Seigneur de Rouvron, & de *Gillette Milet* ; & 2º en 1648, N... *Goffelin*, veuve d'*Antoine de Quefnel*, dont il n'eut point d'enfans. Ceux du premier lit furent :

1. CONSTANTIN, Cornette de Cavalerie, tué dans les lignes d'Arras ;
2. JEAN-JACQUES, qui fuit ;
3. Et HERCULE, auteur de la branche de *Brincaux*, établie à St.-Martin-de-Condé.

VIII. JEAN-JACQUES DE BROSSARD, Ecuyer, Seigneur des Isles-Bardel, époufa, en 1676, *Marie-Thérèfe de la Lande*, fille d'*Antoine*, Ecuyer, Seigneur du Détroit & du Valcorbet, & d'*Anne Feslard*; il eut :

1. ANTOINE-CONSTANTIN, qui fuit;
2. GUILLAUME, Capitaine de Cavalerie, tué en 1708, en détachement;
3. Et SUSANNE, mariée à *Pierre Dufaufay*, Secrétaire du Roi.

IX. ANTOINE-CONSTANTIN DE BROSSARD, Ecuyer, Seigneur des Isles-Bardel, Gendarme de la Garde du Roi, époufa, en 1704, *Marie-Claire Jouenne*, fille d'*Hercule*, Ecuyer, Seigneur de Couvrigny & de Pancy, Capitaine-Lieutenant des Gardes de la Porte, & de *Claire Rouffin*, dont font iffus :

1. JOSEPH-XAVIER, qui fuit;
2. THOMAS, Seigneur *du Détroit & du Valcorbet*, tige de la branche établie près de Falaife;
Et deux filles, Religieufes, l'une à Nivet-Cali-

vet, & l'autre à Vignati, Diocèfe de Séez.

X. Joseph-Xavier de Brossard, Ecuyer, Seigneur des Isles-Bardel, ancien Capitaine au Régiment de Médoc, né en 1705, vivant en 1771, demeurant en fon Château des Isles-Bardel-fur-Orne, Election de Falaife, marié, en 1736, à *Marie-Madeleine de Marfeille*, fille & héritière en partie de *François*, Ecuyer, Seigneur de la Chatellière, & d'*Anne Poret du Boifandré*; de ce mariage font nés:

François-Constantin, Sous-Aide-Major au Régiment du Colonel-Général, Dragons, en 1773;

Et deux filles, l'une mariée à *Jean le Hanquier*, Ecuyer, Seigneur de la Beflière, dont plufieurs enfans.

*BRANCHE
des Seigneurs de* Grosmesnil, *établie
en haute Normandie.*

V. Jean de Brossard, Ecuyer, Seigneur de la Maufonière, fecond fils de Jean, IIIe du nom, & d'*Anne le Bailli*, époufa, en 1584, *Anne Blanchard*, dont il eut:

VI. Pierre de Brossard, Ecuyer, Seigneur du Manoir, tué à la bataille de Rocroy le 19 Mai 1643, où il commandoit les Enfans-Perdus; il avoit époufé, en 1615, *Efther le Peigné*, fille de *Michel*, Seigneur de Grofmefnil; de ce mariage vinrent:

1. David;
2. Louis, tige de la branche de *Monhue*, Seigneur de Prouville, en Picardie, Election d'Amiens;
3. Et Abraham, qui fut Major de Cavalerie, & ne laiffa, de N... *Bayard*, qu'un garçon, Capitaine de Cavalerie, qui fe maria, & n'eut que trois filles.

Les armes : *de fable au chevron d'or, accompagné de deux befans en chef, de même & d'une molette auffi d'or en pointe.* Il ne faut pas confondre cette famille avec une autre du même nom & armes, annoblie en 1659, & maintenue, comme nous l'avons dit, en 1666.

BROSSART, en Bretagne : *de fable, à trois fufées d'argent, posées en fafce, furmontées d'une étoile de même.*

BROSSART ou BROSSAUT, même Province : *d'azur, au chevron d'argent, accompagné de trois fleurs-de-lys d'or, 2 en chef & 1 en pointe.*

BROSSAY (du), branche de du Moulin,

qui a poffédé long-tems la Terre de ce nom, fituée en Bretagne dans l'Evêché de Vannes. Voyez MOULIN (du).

BROSSE (de), ancienne & illuftre Maifon, originaire de Bretagne, qui remonte à

I. Geraud, Vicomte de Brosse, qui vivoit en 1120 & 1136. Il eut d'*Agnès de Liveras*:

1. Bernard, qui fuit;
2. Guillaume;
3. Guy, marié à une Dame nommée *Alpays*;
4. & 5. Foulques & Garnier.

II. Bernard, Ier du nom, Vicomte de Brosse, laiffa de *Philiberte de Paftoreffe*, fœur de *Pierre*, Prévôt de Salles:

1. Bernard, qui fuit;
2. Et Bernard.

III. Bernard, IIe du nom, Vicomte de Brosse, vivoit en 1175, & époufa *Almodie d'Angoulême*, veuve d'*Amanieu*, Sire d'*Albret*, & fille de *Guillaume*, IVe du nom, Comte d'Angoulême, dit *Taillefer*, dont:

IV. Bernard, IIIe du nom, Vicomte de Brosse, qui laiffa de fa femme, dont on ignore le nom:

1. Hugues, qui fuit;
2. Guillaume, Archevêque de Sens, mort fort âgé en 1268;
3. Et Ænor, mariée à *Thibaut Chabot*, Seigneur de Roche-Serrière, vivante en 1250, que fon mari lui affigna fon douaire.

V. Hugues, Ier du nom, Vicomte de Brosse, vivoit en 1256, & eut pour enfans:

1. Hugues, qui fuit;
2. Et Roger, auteur de la branche des Seigneurs de *Bouffac* & de *Sainte-Severe*, rapportée ci-après.

VI. Hugues, IIe du nom, Vicomte de Brosse, époufa *Ifabelle de Deols*, Dame de Château-Meillant, fille aînée d'*Ebbes de Deols*, dont il eut:

1. Jean, Vicomte de Brosse, qui eut:
 Jeanne, Vicomteffe de Brosse, &c., mariée à *André de Chauvigny*, IIe du nom, Baron de Château-Raoul, vivant en 1348;
2. Elie, qui fuit;
3. Et Ænor, mariée à *N..... de Sully*, dit le *Boucher*, dont des enfans.

VII. Elie de Brosse, Seigneur de Châteauclos, &c., vivoit en 1326, & laiffa de *N...*, Dame de *Fleet*, pour fille unique:

VIII. N... de Brosse, Dame de Châteauclos, &c., qu'elle porta en mariage à *Jean de Prie*, Seigneur de Bufançois.

BRANCHE
des Seigneurs DE BOUSSAC & DE SAINTE-
SEVERE.

VI. ROGER DE BROSSE, fecond fils de HU-
GUES, Ier du nom, Vicomte DE BROSSE, eut en
partage les Terres de Bouffac, Sainte-Severe
& de Huriel, & mourut avant 1287. Il avoit
époufé *Marguerite de Deols*, fille d'*Ebbes
de Deols*, Seigneur de Château-Meillant, dont
il eut:

1. PIERRE, qui fuit;
2. GUILLAUME, Evêque de Meaux, puis Archevêque de Bourges & de Sens, mort en 1338;
3. Et BELLEASSEZ, mariée, en 1293, à *Ythier*,
Seigneur de *Maignac* en Limoufin & de
Cluys en Berry.

VII. PIERRE DE BROSSE, Ier du nom, Seigneur de Bouffac, de Sainte-Severe & de Huriel, mort en 1305, avoit époufé, en 1301,
Blanche de Sancerre, fille de *Jean Ier*, Comte de *Sancerre*, & de *Marie de Vierzon*,
dont:

1. LOUIS, qui fuit;
2. Et PIERRE, IIe du nom, Seigneur de Huriel, vivant en 1321.

VIII. LOUIS DE BROSSE, Ier du nom, Seigneur de Bouffac, de Sainte-Severe, &c., fervit en Saintonge contre les Anglois en 1338,
& mourut à la bataille de Poitiers en 1356.
Il époufa, 1° *Jeanne de Saint-Vérain*, Dame
de Cefy, fille de *Gibaut*, & de *Jeanne de Linières*; & 2° le 27 Mars 1339, *Conftance de
la Tour*, morte en 1392, fille de *Bertrand*,
& d'*Ifabelle de Levis*. Du premier lit vinrent:

1. MARGUERITE, alliée, en 1343, à *Guillaume
Comptour*, dit *le Jeune*, Seigneur d'Apchon;
2. Et BLANCHE, Dame de Cefy, mariée à *Guy
de Chauvigny*, Seigneur de Château-Raoul.

Du fecond lit naquirent:

3. LOUIS, IIe du nom, Seigneur de BOUSSAC
& de Sainte-Severe, qui fervit fous le Maréchal de Sancerre en 1368, fuivit le Duc
DE BOURBON en fon voyage de Barbarie, &
mourut à fon retour à Gênes en 1390, ou
1398 felon d'autres, fans poftérité de *Marie
d'Harcourt*, fille de *Guillaume*, Seigneur
de la Ferté-Imbault;
4. PIERRE, qui fuit;
5. ISABELLE, mariée à *Guichard de Culant*,
Seigneur de Dervant;
6. Et JEANNE, mariée à *Godemar de Linières*,
Seigneur de Merville, &c.

IX. PIERRE DE BROSSE, IIIe du nom, Seigneur de Huriel, puis de Bouffac, Sainte-Severe, &c., après la mort de fon frère aîné,
mourut le 28 Juillet 1422. Il époufa *Marguerite de Malleval*, fille & principale héritière de *Louis*, Seigneur de *Malleval*, la Forêt, Châteauclos, dont:

1. JEAN, qui fuit;
2. ANTOINETTE, morte jeune;
3. BLANCHE, mariée à *Guerin*, Seigneur de
Brion;
4. Et CATHERINE, qui vivoit en 1466, mariée à
Blain Loup, Seigneur de Beauvoir & de
Montfaut, Sénéchal de Bourbonnois.

X. JEAN DE BROSSE, Ier du nom, Seigneur
de Sainte-Severe, Bouffac, Huriel, &c. Confeiller, Chambellan du Roi & Maréchal de
France, rendit de grands fervices à l'Etat &
au Roi CHARLES VII, qui, après qu'il l'eut
pourvu de l'Office de Maréchal de France, le
retint pour être toujours à la garde de fa perfonne avec 100 hommes d'armes & 50 de
trait. Il fe fignala à la défenfe de la ville d'Orléans & à la bataille de Patai en 1429, & affifta au facre du Roi, qui le fit fon Lieutenant-Général au-delà des rivières de Seine,
Marne & Somme en 1430. Il fervit la même
année au fiége de la Charité, qui ne lui fut pas
heureux. Il aida auffi, en 1430, à faire lever
le fiège que les Anglois & les Bourguignons
avoient mis devant Compiègne & Lagny, &
mourut en 1433. Il avoit époufé, le 20 Août
1409, *Jeanne de Naillac*, Dame de la Motte-
Jolivet, fille de *Guillaume*, & de *Jeanne Tur-
pin*, dont:

1. JEAN, qui fuit;
2. MARGUERITE, Dame de la Châtaigneraye &
d'Ardelay, alliée, vers 1448, à *Germain de
Vivonne*, Seigneur d'Aubigné;
3. Et BLANCHE, mariée à *Jean de Roye*, Seigneur de Beaufault & de Bufanci.

XI. JEAN DE BROSSE, IIe du nom, Seigneur
de Sainte-Severe, de Bouffac, &c., rendit des
fervices confidérables au Roi CHARLES VII,
qui le fit fon Confeiller & Chambellan par Lettres du 26 Avril 1449: deux jours après il
lui donna la conduite *du ban & de l'arrière-
ban* du Berry. Il fe trouva à la journée de
Formigny en 1450, & de-là paffa en Guyenne dans la Compagnie du Comte de Dunois
qui le fit *Chevalier* à l'entrée de la ville de
Bayonne le 21 Août 1451. Ayant été fait
Lieutenant-Général de l'Armée du Roi, il

prit Bergerac & Caſtillon, & contribua beaucoup à la réduction de toute la Province. Il
ſuivit le parti du Roi Louis XI, dans la guerre
du Bien-public; ce qui fut cauſe que le Duc
de Bretagne ſe ſaiſit du Comté de Penthièvre
& des autres Terres de Bretagne qui lui ap-
partenoient à cauſe de ſa femme, auxquelles
il avoit ſuccédé en 1454, après la mort du
Comte de Penthièvre, & dans leſquelles il ne
put rentrer de ſa vie, quelques pourſuites qu'il
en fit, ce qui le détermina de céder & tranf-
porter au Roi en 1479 tous les droits qu'il
pouvoit prétendre au Duché de Bretagne par
ſa femme. *Jean de Bretagne,* Comte de Penthièvre, ſon Curateur, lui fit épouſer, le 18
Juin 1437, *Nicole de Blois,* Vicomteſſe de
Limoges, dernière Comteſſe de Penthièvre,
fille unique de *Charles de Châtillon & de
Bretagne,* Baron d'Avaugour, & d'*Iſabeau
de Vivonne,* Dame de Tors, à condition que
leur poſtérité porteroit le nom & les armes de
Bretagne. De ce mariage vinrent:

1. JEAN, qui ſuit;
2. ANTOINE, auteur de la branche des Seigneurs *des Crot* & de *Malleval,* rapportée
ci-après;
3. PAULE, morte le 9 Août 1479, mariée, par
contrat du 30 Août 1471, à *Jean de Bourgogne,* Comte de Nevers, Duc de Brabant;
4. CLAUDINE, morte le 13 Octobre 1513, ſeconde femme, le 11 Novembre 1485, de *Philippe,* IIe du nom, Duc de Savoie;
5. BERNARDE, troiſième femme de *Guillaume
Paléologue,* IVe du nom, Marquis de *Montferrat,* ſelon quelques-uns;
6. Et HÉLÈNE, première femme de *Boniface,*
IIIe du nom, Marquis de *Montferrat.*

XII. JEAN DE BROSSE, IIIe du nom, dit de
Bretagne, Comte de Penthièvre, Vicomte de
Bridiers, Seigneur de Bouſſac, &c., pourſui-
vit inutilement toute ſa vie, ainſi qu'avoit fait
ſon père, la reſtitution de ſes Terres de Bretagne: il vivoit encore en 1492. Il épouſa, le
15 Mai 1468, *Louiſe de Laval,* morte en
1480, fille de *Guy,* XIVe du nom, Comte de
Laval, & d'*Iſabeau de Bretagne,* ſa première femme. Il en eut:

1. RENÉ, qui ſuit;
2. MADELEINE, mariée 1o à *Janus de Savoie,*
Comte de Genève; & 2o à *François,* bâtard
de *Bretagne,,* Baron d'*Avaugour;*
3. ISABEAU, troiſième femme de *Jean,* IVe du
nom, Sire de *Rieux,* Maréchal de Bretagne;
4. MARGUERITE;

5. Et CATHERINE, dite de *Bretagne,* mariée à
Jean, Baron *du Pont* & de Roſtrénan.

XIII. RENÉ DE BROSSE, dit de *Bretagne,*
Comte de Penthièvre, Vicomte de Bridiers,
Seigneur de Bouſſac, continua ſes pourſuites
pour la reſtitution de ſes Terres de Bretagne
auprès du Roi Louis XII. Il en fit même hommage le 20 Mai 1503, mais il n'y fut point rétabli, & n'en obtint pas davantage du Roi
FRANÇOIS Ier. Le déplaiſir qu'il en eut le porta à quitter la France, & il ſuivit en Italie le
Connétable DE BOURBON, au ſervice de l'Empereur CHARLES V, pour lequel il combattit à
la bataille de Pavie le 24 Février 1524, & y
fut tué. Il épouſa, 1o le 13 Août 1504, *Jeanne
de Commines,* morte le 19 Mars 1513, fille
unique de *Philippe,* Seigneur d'Argenton &
de Talmond, Conſeiller & Chambellan du
Roi, Sénéchal du Poitou, & d'*Hélène de
Chambes-Montforeau;* & 2o *Jeanne de Compeys,* dite de *Gruffy.* Du premier mariage
vinrent:

1. FRANÇOIS, mort jeune;
2. JEAN, qui ſuit;
3. CHARLOTTE, mariée à *François de Luxembourg,* Vicomte de Martigues;
4. Et JEANNE, dite de *Bretagne,* mariée, le 11
Mars 1531, à *René de Laval,* Baron de Bref-
ſuire, morte ſans poſtérité.

Du ſecond mariage ſortit:

5. Et FRANÇOISE, dite de *Bretagne,* Dame de
Palluau, de Bourg-Charente, &c., morte
en couches le 16 Novembre 1558, qui avoit
épouſé, le 23 Décembre 1545, *Claude Gouffier,* Duc de Roanais, Grand-Ecuyer de
France, dont elle fut la ſeconde femme.

XIV. JEAN DE BROSSE, IVe du nom, dit de
Bretagne, Duc d'Eſtampes, Comte de Penthièvre, fut Chevalier de l'Ordre du Roi en
1550, Gouverneur de Bourbonnois, puis de
Bretagne. Après avoir cherché les moyens de
rentrer en poſſeſſion du Comté de Penthièvre & de ſes autres Seigneuries, il n'en trouva pas de meilleurs que d'épouſer la maîtreſſe du
Roi FRANÇOIS Ier, à qui ce Prince vouloit donner une dignité à ſa Cour. Il aſſiſta au Sacre
du Roi HENRI II, mourut ſans enfans à Lamballe le 27 Janvier 1564, & fut enterré en l'E-
gliſe des Cordeliers de Guingamp, dans le
tombeau de ſes prédéceſſeurs. C'eſt pour lui
que le *Comté d'Eſtampes,* qui lui avoit été
donné par le Roi FRANÇOIS Ier, fut érigé en
Duché par Lettres du mois de Janvier 1536,
regiſtrées le 18 du même mois. Il obtint en-

core l'érection de la *Baronnie de Chevreufe*
en *Duché* pour lui & pour fa femme *Anne
de Piffeleu*, qui fut fille d'honneur de LOUISE
DE SAVOIE, Ducheffe d'Angoulême, & obtint
de grands dons de FRANÇOIS Ier pour elle &
pour fon mari. Elle avança fes frères & fœurs
& vivoit encore en 1575, qu'elle fit hommage
de la Seigneurie de Challuau, de Beaumont &
de partie de Villemor.

BRANCHE
des Seigneurs DES CROT & DE MALLEVAL.

XII. ANTOINE DE BROSSE, Ier du nom, fecond fils de JEAN, IIe du nom, & de *Nicole de
Biois*, tonfuré le 7 Mai 1462, affocié à l'Ordre de N.-D. du Mont-Carmel en 1471, fait
Chevalier de l'Ordre de St.-Jean de Jérufalem en 1481, bleffé en 1498 dans un combat
fur les côtes de Syrie, fe maria, par contrat du
2 Avril 1502, à *Jeanne de la Praye*, fille &
unique héritière de *Jérôme*, Seigneur des
Crot, dont il eut:

XIII. PONTHUS DE BROSSE, Ier du nom, Seigneur des Crot & de Malleval, qui fut Capitaine de 60 hommes d'armes, & tefta le 9
Septembre 1535. Il avoit époufé, le 6 Septembre 1527, *Marie Sardin*, fille de *Jean*,
Seigneur de Beauregard, dont:

1. ANTOINE, qui fuit;
2. Et CHARLOTTE, mariée, en 1548, à *Charles
Domas*, Seigneur de Pifey.

XIV. ANTOINE DE BROSSE, IIe du nom, Seigneur des Crot & de Malleval, tefta le 2 Mars
1570. Il avoit époufé, le 7 Janvier 1561, *Catherine Magnin*, fille de *Charles*, Seigneur
de Sainte-Colombe, & laiffa:

1. CLAUDE, qui fuit, qu'il fit fon héritier;
2. Et PHILIBERT, Prêtre, Prieur de Montfau-
vet, auquel il légua 6000 livres.

XV. CLAUDE DE BROSSE, Ier du nom, Seigneur des Crot & de Malleval, fervit avec
honneur les Rois CHARLES IX, HENRI III &
HENRI IV. Il commandoit pendant les guerres
civiles dans les Villes & Châteaux de Beaujeu.
Il tefta le 2 Septembre 1605, mourut le 28 du
même mois & fut inhumé dans l'Eglife Paroiffiale de Beaujeu, où l'on voit fon épitaphe. Il époufa, par contrat du 26 Mai 1572,
Anne Grifard. Ses enfans furent:

1. CLAUDE, qui fuit;
2. Et ANTOINE, Gendarme d'Ordonnance dans
la Compagnie du Duc de Bellegarde, Grand-
Ecuyer de France, & depuis Gentilhomme

ordinaire de la Maifon du Roi. Ayant été
compris dans le *rôle des Gentilshommes*
pour fervir *au ban & arrière-ban* de 1635,
il y fut tué. Il époufa, par contrat du 20 Février 1605, *Catherine de Marzi*. Ses enfans
furent:

1. JACQUES - GASPARD DE BROSSE, Enfeigne de la Colonelle du Régiment Lyonnois, tué en Piémont;
2. Et LUC - ADRIEN DE BROSSE, dont la
poftérité eft éteinte.

XVI. CLAUDE DE BROSSE, IIe du nom, Sei-
gneur des Crot & de Malleval, tefta le 14
Avril 1648. Il époufa, par contrat du 9 Oc-
tobre 1641, *Catherine Buchet*, fille de *Jean*,
Seigneur de Changrenon, & de *Jeanne de
Cret*, & eut:

1. JEAN;
2. CLAUDE, qui fuit;
3. JÉRÔME, Capitaine au Régiment Lyonnois,
& Chevalier de St.-Louis, tué au fiège de
Turin en 1706;
4. & 5. MARIE & MARGUERITE.

XVII. CLAUDE DE BROSSE, IIIe du nom,
Seigneur des Crot & de Malleval, qui tefta le
12 Avril 1714, époufa, le 3 Janvier 1671,
Marie Chefnard, fille de *Salomon*, Seigneur
des Nuguets & de Montrouge. Ses enfans
furent:

1. SALOMON, Capitaine au Régiment de Navarre, & Chevalier de St.-Louis, tué par
un parti aux portes d'Arras, en fe battant
avec la plus grande valeur. On voit fon épitaphe dans l'Eglife St.-Nicolas-des-Foffés
d'Arras. Il n'a point laiffé de poftérité. Il
avoit époufé, par contrat du 1er Mars 1703,
Marie-Anne de Bethz, veuve du Marquis
de *Pechery*, Lieutenant de Roi de la Haute-
Alface;
2. CLAUDE, qui fuit;
3. LÉONARD-JOSEPH, Chanoine de l'Eglife Cathédrale de St.-Vincent de Mâcon;
4. 5. 6. 7. & 8. MARGUERITE, MARIE, AIMÉE,
JEANNE & CLAUDINE, toutes reftées filles ou
Religieufes en l'Abbaye de la Deferte à
Lyon.

XVIII. CLAUDE DE BROSSE, IVe du nom,
Seigneur des Crot & de Malleval, Baron de
Chavanne, Capitaine au Régiment de Ville-
quier & Chevalier de St.-Louis, qui tefta le
27 Mai 1741, époufa, par contrat du 18
Avril 1711, *Catherine Cottin*, fille de *Pierre*,
Seigneur de la Barre & de Saint-Germain-
d'Amberieu, & eut:

1. CLAUDE, V^e du nom, Capitaine au Régi-

ment de Picardie, qu'il inftitue fon héritier ;

2. Pierre-Michel, Capitaine-Aide-Major au Régiment d'Eu, qu'il rappelle dans fon teftament;

3. Et Marguerite, Chanoineffe à Aix, à laquelle il confirme la penfion qu'il lui avoit donnée fur fes biens.

Les armes : *d'azur, à trois gerbes* ou *broffes d'or, liées de gueules.* La branche des Seigneurs de *Bouffac* & de *Sainte-Severe*, commencée à *Jean de Bretagne*, Comte de Penthièvre, &c., a porté : *écartelé, aux 1 & 4 de* Bretagne; *aux 2 & 3 d'azur, à trois gerbes* ou *broffes d'or liées de gueules*, qui eft de Broffe. Voyez *les Grands Officiers de la Couronne*, tom. V, p. 568 & fuiv. & Moréri.

BROSSE: *d'azur, à trois broffes d'or, pofées 2 & 1 ; à la bordure componée d'argent & de gueules.*

BROSSE (de), en Bretagne : *écartelé, aux 1 & 4 de gueules, à une croix alaifée d'argent; aux 2 & 3 fafcé d'argent & de finople de fix pièces.*

BROSSE (la), en Bretagne : *burelé d'argent & de fable de dix pièces ; au bâton de fable, brochant fur le tout en bande.*

BROSSE (la), ancienne famille éteinte, qui a donné un Chambellan de France, fous le règne de Philippe-*le-Hardi*, dans la perfonne de Pierre, Seigneur de la Brosse, de Langais, &c. Ses richeffes & la faveur de fon Prince, dont il abufa, furent caufe de fa difgrâce. On lui fit fon procès fur la fin de 1277; & par Arrêt il fut condamné à mort, & fes biens acquis & confifqués au Roi. Sa poftérité a fini à fes enfans. (Voyez l'*Hiftoire des Grands Officiers de la Couronne.*)

BROSSELOIR-CHALUDET : *écartelé, aux 1 & 4 de fable, à une fafce d'or; aux 2 & 3 auffi de fable, à deux lions léopardés d'or ; & fur le tout, auffi d'or, à un lion de gueules, rampant vers une nuée d'azur, chargée d'une étoile d'or.*

BROSSES (des) ou DESBROSSES, en Normandie. D'après les inftruétions qu'on nous a fait paffer fur cette ancienne nobleffe, elle eft connue dès le commencement du XIIIe fiècle, mais fa filiation prouvée par titres ne remonte qu'à :

I. Robert des Brosses, Ecuyer, Seigneur dudit lieu, du Boyhon, & de Baftigny, qui

vivoit en 1374 avec *Jeanne de la Place*, fon époufe ; ce qui eft prouvé par un contrat d'échange par eux fait en la même année, des Terres de Hardencourt & de Gadencourt contre ladite Terre de Baftigny. Ce Robert des Brosses, Ecuyer, prit à rente pour 9 livres tournois de rente annuelle de Jean Fromont, Ecuyer, le Fief du Boyhon avec toutes fes dignités, détaillées audit contrat en parchemin, paffé devant *Denis Malefque*, Tabellion à Evreux, le 15 Mars 1375. Ceci eft conforme à une preuve de nobleffe faite devant les Commiffaires du Roi en 1576, par Hector des Brosses, Seigneur dudit lieu & de Baftigny. Du mariage de Robert des Brosses vint :

II. Jean des Brosses, qui vivoit en 1396. Son exiftence eft prouvée par une Sentence des Commiffaires du Roi, députés pour la liquidation des franc-fiefs, en date du 15 Janvier 1599, dans laquelle il eft dit que Jean des Brosses, Ecuyer, alors Seigneur de Baftigny, avoit fait preuve de fon ancienne nobleffe devant les commiffaires, & qu'il leur avoit repréfenté un aveu du Fief de Baftigny, en date du 5 Février 1396. Cet aveu fut rendu à la Baronnie d'Ivry, d'où Baftigny relève. Ce même Jean des Brosses rendit aveu au Roi le 18 Juin 1404, de fa Terre du Boyhon, mouvante de la Châtellenie de Conches, & reçut lui-même le 2 Avril 1410, de Pierre Jullien & fa femme, aveu d'héritages mouvans de fa Seigneurie de Baftigny. Le nom de la même de Jean des Brosses, Ier du nom, n'eft pas connu ; mais il en eut :

III. Jean des Brosses, IIe du nom, Ecuyer, Seigneur du Boyhon & de Baftigny, qui rendit aveu au Roi le 22 Février 1416.

IV. Gilles des Brosses, fon fils, Ecuyer, Seigneur des Broffes, du Boyhon & de Baftigny, époufa *Eudeline du Buiffon*, au profit de laquelle il fit un contrat de rente de la fomme de fix falus d'or, pour en jouir après fa mort : cet aéte en original eft de 1440. Elle eut la garde-noble de fes enfans & époufa 2° *Chardin de Bulleta*. Gilles des Brosses laiffa fes enfans en bas âge, favoir :

1. Simon, qui fuit ;

2. Et Robine, mariée à *Gilles le Conte*, Ecuyer.

V. Simon des Brosses, Ecuyer, Seigneur du Boyhon, des Broffes & de Baftigny, eft connu par un aveu que lui rendit le 15 Décembre 1472, Jean du Bois, par un hommage qu'il rendit lui-même à la Chambre des Comptes de Paris pour le Fief & la Seigneurie du Boyhon, le 17 Juillet 1487, & aussi par un Arrêt du Parlement de Rouen du 20 Août 1515, au sujet des différends qu'il avoit avec Charles de Luxembourg, Baron d'Ivry, pour le droit de nomination à la Cure de Bastigny. Il épousa, par contrat du 15 Août 1469, dont on a l'original, *Marie de Melicourt*. Il n'y est pas dit fils de GILLES, mais les Sentences des Commissaires rectifient l'omission, & dans un acte du 15 Avril 1487, SIMON DES BROSSES est dit fils de GILLES. Il eut :

1. FRANÇOIS, qui suit ;
2. & 3. GILLES & JEAN.

VI. FRANÇOIS DES BROSSES, Ecuyer, Seigneur de Bantelu, fit un échange le 10 Février 1502, avec Perrin Audebourg, qui demeuroit à Bastigny. Il obtint des Lettres Royaux en la Chancelerie le 1er Février 1518, qui cassèrent une donation qu'avoit faite son père, tant à son préjudice qu'à celui de GILLES DES BROSSES, son frère, à JEAN DES BROSSES, leur frère puîné, à cause de son mariage, fait en 1515, avec *Jacqueline de Lieurrey*. Il en eut :

VII. JACQUES DES BROSSES, Ecuyer, Seigneur de Bastigny, qui rendit plusieurs hommages de ce Fief. Le premier, le 25 Août 1546, à Madame d'Estouteville, Baronne d'Ivry ; le second, le 29 Septembre 1549, à Diane de Poitiers, Baronne d'Ivry. Il épousa, par contrat du 5 Décembre 1524, *Anne le Bœuf*, dont entr'autres enfans :

HECTOR, qui suit;
Et CLAUDE, mariée, par contrat du 29 Avril 1563, à *Charles de Courtonne*, demeurant dans la Paroisse d'Amfreville.

VIII. HECTOR DES BROSSES prouva sa noblesse devant les Commissaires du Roi par titres, en remontant à ROBERT DES BROSSES, Ecuyer, & *Jeanne de la Place*, son épouse, lesquels en 1374 échangèrent leur Terre contre celle de Bastigny. Ce ROBERT DES BROSSES, comme on l'a dit, étoit Seigneur des Brosses & du Boyhon, & HECTOR DES BROSSES, descendu de lui au VIIIe degré, fit déposer au Greffe d'Evreux, le 8 Novembre 1576, sa généalogie. Par contrat du 4 Janvier 1570, il amortit 40 livres de rente à Guillaume le Vicomte & autres. Il épousa, le 25 Novembre

1569, *Isabeau des Landes*, fille de noble homme *Bertaut des Landes*, Ecuyer, Seigneur de Beaurepaire, &c. De leurs enfans, qu'ils laissèrent mineurs, suivant un acte de tutelle & de garde-noble, fait au Bailliage d'Ivry le 26 Novembre 1583, on ne connoît que :

IX. JEAN DES BROSSES, IIIe du nom, Ecuyer, Seigneur de Bastigny, qui obtint en 1594 exemption du ban & arrière-ban ; il eut en 1599 une décharge des francs-fiefs, & avoit rendu hommage de sa Terre à la Baronnie d'Ivry le 14 Juin 1597. Il avoit épousé, le 6 Mai 1597, *Françoise de la Noe*, qui étoit veuve, suivant un aveu qui lui fut rendu le 1er Juin 1620. De ce mariage vinrent :

1. LOUIS, qui suit;
2. RENÉ, Ecuyer, Prêtre & Curé de Bastigny ;
3. VINCENT, Ecuyer, Sieur de Chantelu;
4. Et GABRIELLE. Ils transfigèrent tous le 4 Janvier 1599, avec *Françoise de la Noe*, leur mère.

X. LOUIS DES BROSSES, Ecuyer, Seigneur de Bastigny, fut déchargé le 29 Novembre 1636 de la contribution du ban & arrière-ban, à cause des Fiefs par lui possédés. Il épousa, par contrat du 1er Juillet 1629, *Marie de Bourge*, fille de *Guillaume de Bourge*, Ecuyer, Seigneur de l'Isle, dont :

XI. NICOLAS DES BROSSES, Ecuyer, Seigneur & Baron de Goulet, Seigneur de Sauçay, obtint de *César*, Duc de *Vendôme*, le 11 Mars 1658, provisions de Lieutenant des Gardes de la Marine. Il épousa, par contrat du 26 Mai 1666, *Marguerite de Baignard*, fille de *Nicolas de Baignard*, Ecuyer, Seigneur de la Couture, de laquelle il eut:

Cinq fils, qui ont servi & ont été tués ou sont morts de leurs blessures, dont trois à la tête du Régiment de Vendôme ; un d'eux, nommé RENÉ-NICOLAS, étoit Capitaine de ce Régiment ;
NICOLAS, qui suit;
MARIE-HÉLÈNE, née en 1673, & LOUISE-MARIE, née en 1675, reçues à Saint-Cyr au mois d'Août 1686 ;
Et trois autres filles.

XII. NICOLAS DES BROSSES, Baron de Goulet, Cuigny & la Couture, fut Garde de la Marine ; mais sa famille lui fit quitter le service pour se mettre à la tête de ses biens, & il épousa, par contrat du 13 Octobre 1710, *Françoise-Henriette de la Grange*, fille de Messire *François de la Grange*, Chevalier,

Marquis de la Grange, Seigneur de Fontaine & autres Terres., Enseigne des Gardes-du-Corps du Roi, Brigadier de ses armées, & d'*Elisabeth-Louise de Salnoë*, dont :

Joseph-Nicolas, qui suit ;

Et Louise-Elisabeth des Brosses *de Goulet*, reçue à Saint-Cyr le 8 Mai 1726.

XIII. Joseph-Nicolas des Brosses, Chevalier, Baron de Goulet, Cuigny, Plainville, la Couture, Fontaine & autres lieux, né le 30 Mai 1718 a commencé à servir en qualité de Cornette dans le Régiment du Duc de Saint-Simon en 1733, fut réformé à la paix de 1737, rejoignit au commencement de la guerre de 1741 son Régiment en la même qualité de Cornette; fut employé avec des Cavaliers de bonne volonté, dans toutes les occasions qui se présentèrent, & où il donna de si belles marques de son courage & de son zèle, que le Duc de Brissac, aujourd'hui Maréchal de France, le choisit pour faire son avant & arrière-garde, avec des Carabiniers de bonne volonté, destinés à faire passer 300 sacs de farine dans le Château de Frouembert ; ce qui fut exécuté heureusement, en traversant ce lieu des quartiers ennemis & en les trouvant partout. Le Baron de Goulet y reçut une contusion, & son cheval fut blessé. Cependant il fit des prisonniers, qu'il amena, & le Duc de Brissac en rendit compte sur-le-champ au Cardinal de Fleury, qui lui fit donner une Compagnie de Cavalerie dans le Régiment de Chepy en 1742. Il passa avec ce Régiment en Bavière, & servit sous les ordres du Maréchal de Maillebois. Pendant la campagne de 1743, il fit plusieurs actions éclatantes, comme d'avoir arrêté les ennemis avec 50 Maîtres, qui avoient culbuté la Compagnie franche de Rombert, dans une reconnoissance que le Maréchal Comte de Saxe fit faire à Plane. Quelques jours après le Maréchal de Maillebois ayant commandé tous les piquets de l'armée, pour aller reconnoître l'ennemi, la troupe du Baron de Goulet se trouva environnée par les ennemis, au point que ce Général fut obligé de faire pointer le canon pour dissiper les ennemis ; ce qui réussit, & le Baron de Goulet les battit, y reçut plusieurs blessures, & ramena toute sa troupe, excepté ceux qui restèrent morts sur la place. Le Maréchal de Maillebois en rendit compte sur-le-champ au Roi, & lui fit avoir la Croix de Saint-Louis en 1741, quoique n'étant que le dernier Ca-

pitaine de son Régiment. A l'affaire de Saverne, il demanda au Maréchal Duc d'Harcourt des hommes de bonne volonté, pour aller en avant & reconnoître l'ennemi, qu'il vit de près débouchant sur deux colonnes, pour aller s'emparer de Saverne; & aussitôt il alla à toute bride à Phalsbourg en rendre compte à ce Maréchal, qui fit rétrograder les troupes envoyées pour la défense de cette Place; les ennemis ayant déjà outre-passé la hauteur, & le long de la chauffée, le Baron de Goulet fut de bonne volonté, par ordre du Général, avertir le Marquis du Châtelet de se retirer sur Phalsbourg. Dans cette occasion, le Baron de Goulet fut blessé, & son cheval reçut deux coups de feu. Il ne se signala pas moins à la bataille de Rocoux, sous les ordres du Maréchal Comte de Saxe: la Cavalerie étant dans l'inaction, & ayant aperçu plusieurs fuyards de quelques bataillons, il les ranima & les ramena à la charge aux hayes de Rocoux, où il fut blessé d'un coup de biscayen au ventre. Cette action lui attira beaucoup de louanges de la part du Maréchal Comte de Saxe. A la bataille de Lawfeld, sous les yeux du Roi, où il commandoit le second Escadron de son Régiment, nommé alors Belfond, il y reçut d'abord un coup de canon, qui coupa son cheval en deux, & lui blessa les deux jambes, de façon qu'on fut obligé sur-le-champ de couper ses bottes avec un rasoir; & se sentant encore assez de force pour faire son devoir, il se fit mettre par quatre Cavaliers sur un autre cheval, mena son Escadron à la charge, battit l'ennemi, & resta chargé du Commandement du Régiment, les autres Officiers ayant été tués ou mis hors de combat. Il y reçut encore un coup de sabre, qui lui partagea presque la figure en deux jusqu'au gosier, dont il porte aujourd'hui la cicatrice, un sur la tête & un coup de pistolet. Dans cet état, il eut l'honneur d'aller présenter au Roi un étendart des ennemis, qu'il avoit pris; mais les forces lui manquant aux pieds de Sa Majesté, on fut obligé de l'enlever. Sa Majesté en reconnoissance de tant de bravoure, le fit Lieutenant-Colonel, avec une pension. Heureusement guéri de toutes ses blessures, dont il porte des marques, il n'a pas moins fait paroître de courage & de zèle dans la dernière guerre, à toutes les affaires où il s'est trouvé ; comme à la bataille de Crevelt & à celle de Lutzelberg, sous les ordres de M. de Chevert, où il a combattu avec le même fuccès. A cette dernière affaire, il fut démonté deux fois & fes chevaux bleffés fous lui, reçut un coup de bifcayen à l'épaule: l'Efcadron qu'il commandoit prit deux pièces de canon. Il s'eft trouvé à plufieurs autres petites actions, dans le détail defquelles nous n'entrerons pas; a fenti les effets de toutes les armes dont on fe fert à la guerre, & a fur fon corps les marques de 15 différentes bleffures. Le Baron de Goulet eut l'agrément du Régiment de Fleury, Cavalerie; mais il aima mieux refter Lieutenant-Colonel du Régiment de Chartres, Cavalerie, ci-devant Belfond, à la tête duquel il a donné tant de marques de fon courage & de fa valeur, ayant été fait Brigadier le 20 Février 1761. Il eft Maréchal-de-Camp depuis la promotion du 20 Avril 1768, & a époufé, par contrat du 10 Octobre 1749, *Marie-Catherine-Jeanne Cureau*, veuve de *Jacques-Bernard de Coëfferel*, dont:

> MARIE-YVES DES BROSSES-DE-GOULET, né le 20 Février 1752, Capitaine de Cavalerie dans le Régiment de Condé, non encore marié.

Les titres de cette ancienne Nobleffe ont été préfentés à M. *de Baujon*, Généalogifte des Ordres du Roi, & font, en 1772, entre les mains de M. *Cherin*, fucceffeur de M. de *Baujon* en cet Office.

Les armes: *d'argent, au lion de fable armé & lampaffé de gueules.*

BROSSES, de Tournay: *d'azur, à trois trèfles d'or, pofés 2 & 1.*

BROSSET, Seigneur de la Chevalerie, de la Chaux, la Houfardière, en Normandie, Généralité d'Alençon, famille maintenue dans fa nobleffe le 18 Août 1666 & le 25 Août 1667, de laquelle étoit JEAN BROSSET, Contrôleur d'Alençon, dont il eft parlé dans le P. Anfelme, lequel époufa, vers 1520, *Denife Poncher*, nièce d'*Etienne Poncher*, Evêque de Paris, & Garde-des-Sceaux de France, mort l'an 1524.

BROSSET, famille noble de la Ville d'Orange, en Provence, dont étoit PIERRE-LOUIS DE BROSSET, reçu Confeiller en la Cour des Comptes, Aides & Finances de Provence le 22 Décembre 1750: il eft mort, & a laiffé des enfans de fa femme, dont on ignore le nom. Les armes: *d'azur, à la bande d'argent, chargée de trois rofes de gueules.*

BROSSIN, Seigneur de Meré, en Touraine: *d'argent au chevron d'azur.*

* **BROU**, ou SAINT-ROMAIN DE BROU, Diocèfe de Chartres, Terre & Seigneurie qui eft une des cinq *Baronnies* du Perche-Gouet qui fut donnée, avec celle d'Alluye, à FLORIMOND ROBERTET. Elle fut le partage de fon deuxième fils FRANÇOIS ROBERTET, Bailli du Palais, marié à *Jacqueline Hurault*, Dame de Mainci. Leur fille unique, FRANÇOISE ROBERTET, porta la Baronnie de *Brou*, le *Comté de la Guerche*, &c., à fon mari *Triftan de Roftaing*, Chevalier des Ordres du Roi, Grand-Maître & Général Réformateur des Eaux & Forêts de France. Sa petite-fille, MARGUERITE-RENÉE DE ROSTAING, mariée à *Henri de Beaumanoir II*, Marquis de Lavardin, devint héritière en 1679, par la mort de fes frères, de la Baronnie de *Brou*. Sa petite-fille MARIE-LOUISE-HENRIETTE DE BEAUMANOIR, femme de *Jacques-Louis de Beringhen*, Marquis de Châteauneuf, a vendu la *Baronnie de Brou* à *Anne-Barbe de Courfelle*, Dame de Ville, mère d'*Anne-Marie-Barbe de Ville*, première femme d'*Anne-Léon de Montmorency*, Baron de Foffeux, & mère d'*Anne-Léon de Montmorency*, qui poffède actuellement cette Baronnie. Voy. MONTMORENCY-FOSSEUX.

BROUART, Seigneur de Chamerolles & d'Aigremont.

GUY DE BROUART, IIe du nom, Seigneur de Chamerolles, eut pour fils:

> GUY DE BROUART, Ecuyer, Seigneur de Tréfontaine, qui vendit au Roi 100 liv. de rente fur Beaugency;
> GUILLAUME, aïeul de
>> ISABEAU DE BROUART, Dame de Chamerolles, qui vivoit en 1390, avec fon fecond mari *Jean de Monliari*;
> Et JEAN DE BROUART, Capitaine d'une Compagnie d'Ordonnance en 1346, père de
>> JEAN DE BROUART, IIe du nom, Seigneur d'Aigremont, qui mourut en 1400.

Les armes: *d'azur, au fanglier d'or paffant.*

BROUAULT, Seigneur de la Motte, en Normandie, Généralité de Caen & Election d'Avranches. M. d'Hozier parle de CHARLES DE BROUAULT, Ecuyer, Seigneur de Sainte-Barbe, qui avoit époufé, avant 1600, *Jeanne Mignot*, dont:

> FRANÇOISE BROUAULT, mariée, le 23 Octobre 1621, à *Jean Yon*, Ecuyer.

U ij

Les armes: *coupé d'azur & d'argent, à la bande de gueules brochante fur le tout, cottoyée de deux étoiles, une d'argent en chef & une de gueules en pointe.*

BROUCHIER, en Provence, famille dont eft JEAN-JOSEPH BROUCHIER, Tréforier-Général de France en 1736, qui a des enfans de fon mariage avec la fille du Confeiller *Garidel.* Il porte pour armes: *d'or, à la tour de gueules, fortant d'une mer d'argent.*

BROUCHOVEN. Le Roi Catholique, pour récompenfe des fervices de JEAN-BAPTISTE DE BROUCHOVEN, Chevalier de l'Ordre Militaire de St.-Jacques, Confeiller de Robe-Courte du Confeil Suprême des Pays-Bas & de Bourgogne, Envoyé Extraordinaire en Angleterre, Ambaffadeur & Plénipotentiaire à la paix de Nimègue, l'éleva, par Lettres du mois de Décembre 1676, à la dignité de *Comte de Bergeyck,* applicable à quelques Terres des Pays-Bas qu'il lui plairoit acquérir. Il mourut, le 13 Novembre 1681, & avoit époufé 1° *Hélène Forment,* morte en 1673, veuve de *Pierre-Paul Rubens*; & 2° par contrat du 10 Avril 1674, *Marie-Françoife d'Ennetières,* morte le 2 Mai 1700, veuve d'*Henri de Croonendael.* Il eut du premier lit:

JEAN DE BROUCHOVEN, Comte de Bergeyck, né le 9 Octobre 1644, Surintendant-Général des Finances, Miniftre de la Guerre, du Confeil Royal aux Pays-Bas, de tous les Confeils du Cabinet du Roi à Madrid, Ambaffadeur & Plénipotentiaire au Congrès d'Utrecht, créé *Baron de Léefdael,* par Lettres de 1699, qui mourut le 21 Mai 1725. Il époufa, 1° *Anne-Françoife Helman,* morte en 1682, fille de *Philippe,* Seigneur de Léefdael, & de *Barbe Vecquemans*; & 2° par contrat du 3 Mars 1685, *Livine-Marie de Beer,* morte le 28 Avril 1741, veuve de *Gérard van Vilfteren,* Baron de Laerne, & fille de *Nicolas-Ignace de Beer,* Baron de Meulebeke. Il eut du premier lit:

1. CATHERINE-FERDINANDE, Baronne de Léefdael, morte le 17 Novembre 1757.

Et du fecond lit:

2. JEAN-PHILIPPE-JOSEPH, Baron de Bergeyck, mort le 21 Août 1709;

3. NICOLAS-JOSEPH, né le 27 Octobre 1691, Comte de Bergeyck, qui mourut le 4 Août 1765. Il époufa, par contrat du 5 Février 1720, *Marie-Charlotte-Albertine-Louife de Vifcher,* morte le 12 Octobre 1742;

4. MARIE-CATHERINE-CAROLINE, morte au mois de Mai 1731, qui avoit époufé, en 1718, *Pierre-Engelbert-Martin de la Faille,* Baron de Nevele;

5. Et MARIE-THÉRÈSE-CAROLINE, morte en Avril 1763, qui époufa, 1° par contrat du 21 Février 1716, *Philippe-Théodore-François de Fourneau,* Comte de Cruyckenbourg, mort au mois de Mai 1724; & 2° en 1731, *André de Recourt-de-Licques,* Comte de Licques, mort le 8 Octobre 1752.

BROUDIANT: *d'azur, à la croix d'argent, frettée de gueules.*

⬦ BROUE (DE LA), ancienne famille d'extraction noble, originaire d'Auvergne. Cette Maifon a formé deux branches principales: la première, connue fous le titre de Seigneurs de *Gaudelon,* établie actuellement à Moiffac, en Quercy; & la feconde à Niort, en Poitou, fous le nom de *Vareilles.*

I. JEAN DE LA BROUE, qualifié Noble & Ecuyer, habitoit la Ville d'Aurillac, Diocèfe de St.-Flour, en 1420, & portoit pour armes: *d'argent à trois corbins de fable, 2 & 1.* Il eut pour enfans:

FRANÇOIS, qui fuit; Et AMAURY, refté à Aurillac.

II. FRANÇOIS DE LA BROUE, qualifié noble & Ecuyer, époufa, au Vican-les-Gourdon, par contrat du 17 Octobre 1495, noble *Allunguette de Pellegrin,* dit de *Valfergues,* fille de noble *Jean de Pellegrin,* Seigneur de Vican, au Diocèfe de Cahors, dont vinrent:

1. MARTIN, qui fuit;
2. SALVI;
3. Et JEAN, Chanoine de Sarlat, lequel tefta, le 7 Septembre 1572, en faveur de *Françoife de Conftantin,* fa belle-fœur.

III. MARTIN DE LA BROUE, qualifié noble comme fes ancêtres, habitoit la Ville de Gourdon; fonda, le 29 Mars 1549, avec *Françoife de Conftantin,* fa femme, une Chapellenie, fit dreffer deux procès-verbaux, le 5 Mars & 2 Décembre 1552, qui conftatent que fes Maifons furent pillées & brûlées par ceux du parti de la Religion prétendue réformée, & paffa un bail à nouveau fief, le 12 Octobre 1555; il fit un teftament mutuel avec fadite femme, le 21 Août 1563, laquelle étant devenue veuve, fe trouva faifie de fon hérédité; elle fit un autre teftament, le 28 Mars 1580, devant *Vernilhol,* Notaire Royal de Gourdon; ils eurent de leur mariage:

1. JEAN, mort fans alliance;

2. ANTOINE, qui fuit;

3. RAYMOND;

4. THOMAS, décédé fans alliance;

5. ANTOINE, que l'on ignore avoir été marié;

6. JEAN, dit *le Jeune*, mort fans alliance;

7. 8. & 9. ANNE, CLÉMENCE & CATHERINE, toutes trois mortes Religieuses.

IV. ANTOINE DE LA BROUE, qualifié noble & Ecuyer, Seigneur de Blagnac, Officier-d'Armes dans la Compagnie de St.-Sulpice, puis devenu Capitaine de cette Compagnie; fut déchargé d'une tutelle, à caufe de fa nobleffe, comme il appert d'un acte authentique, paffé à Sarlat devant *Fontalbe*, Notaire Royal, le 26 Septembre 1583 & tefta le 30 Janvier 1593, en faveur de JEAN, fon fils; il époufa, en préfence de fes père & mère, *Françoife de Calus*, fille de noble *Pierre de Calus*, & de *Jeanne de Laffalle*, & eut:

V. JEAN DE LA BROUE, Ecuyer, Seigneur de Monglieur, né à Gourdon, le 3 Février 1560, qui, ayant été cotifé à la taille par les Confuls de Dommes, en fut déchargé par un Arrêt contradictoire, rendu au Parlement de Bordeaux, le 20 Août 1630, qui, fur la production de fes titres, le maintient dans la qualité de noble, comme noble d'extraction; il avoit époufé, par acte fous feing-privé, le 3 Janvier 1602, rédigé en contrat, le 31 du même mois, devant *Paillie*, Notaire Royal, *Françoife de Lautier*, fille de noble *André de Lautier*, & de *Geneviève de la Porte*, dont il eut:

1. BLAISE, qui fuit;

2. Et JEAN, Prieur de Bruniquel, & Chanoine de Moiffac.

VI. BLAISE DE LA BROUE, Ecuyer, Confeiller au Parlement de Touloufe, le 11 Février 1640, fut appelé à Paris, pour être du Confeil de la Régence, & époufa, par contrat, du 9 Juillet 1633, reçu par *Claivaux*, Notaire Royal, *Jacqueline de Catelan*, fille de *François de Catelan*, & de *Guillarde Defpagne*, & eut:

1. JEAN-JOSEPH, mort jeune;

2. JEAN-FRANÇOIS, qui fuit;

3. PIERRE, Prieur de Bruniquel, nommé à l'Evêché de Mirepoix, en 1679, & mort à Belleftat, Village de fon Diocèfe, le 20 Septembre 1720, âgé de 77 ans;

4. 5. & 6. FRANÇOISE, JEANNETTE & URSULE, mortes Religieufes;

7. Et MARIE, mariée, par contrat, du 13 Juin 1670, avec *François de Pelegrue*, Chevalier, Seigneur de Montagudet, Moufquetaire du Roi dans fa première Compagnie.

VII. JEAN-FRANÇOIS DE LA BROUE, Chevalier, né à Touloufe, le 19 Février 1641, Gouverneur des Ville & Château de Moiffac, en Quercy, fut Garde-du-Corps dans la Compagnie de M. le Duc de Noailles, depuis 1665 jufqu'en 1667, où il leva une Compagnie de Chevaux-Légers, dans le Régiment d'Orléans, qu'il commanda pendant deux ans, que la paix fe fit, & fe trouva réformé jufqu'en 1671, qu'il leva une feconde Compagnie dans le Régiment de Verdelin, Cavalerie; fut fait prifonnier & très-dangereufement bleffé au combat de St.-Jean-de-Pagés, en Catalogne, en 1674; fut choifi parmi les prifonniers qui étoient à Barcelone, au nombre de 3000, pour aller à la Cour moyennant leur liberté, & faire le cartel pour l'échange des prifonniers, entre la France & l'Efpagne. Le Roi, en récompenfe de fa miffion & de fes bons fervices, lui donna une gratification de 10000 livres, avec une penfion de 1200 livres, & la promeffe d'un Régiment, où il fut nommé, par Brevet du 20 Juin 1690, à celui de Foix, Infanterie, qu'il a commandé jufqu'en 1695, ayant été nommé auparavant, par Brevet, du 24 Mars 1684, Lieutenant des Maréchaux de France, pour juger les différends des Gentilshommes, & fut chargé, par M. de Crillon, de fe transporter fur les côtes de la Saintonge, pour y faire la revue de MM. les Gentilshommes qui y étoient affemblés, les remercier & congédier, de la part du Roi, & de faire donner des certificats à ceux qui s'y feroient trouvés, felon un ordre du 12 Août 1696; il fut affigné pour fa nobleffe devant M. Pellot, Intendant de Guyenne; eut acte de la repréfentation qu'il fit de fes titres, en remontant à noble MARTIN DE LA BROUE, fon trifaïeul, & fut maintenu dans la qualité de noble & d'Ecuyer, par jugement rendu par cet Intendant, le 23 Juillet 1668, dans lequel font rappelés JEAN DE LA BROUE, Ecuyer, & FRANÇOIS, fon fils, père dudit MARTIN; il fut auffi déchargé du droit de Franc-fief, pour fa Terre de Gandelon, fituée en Languedoc, fur le vu de fes titres, par Ordonnance de M. le Gros, Commiffaire Subdélégué de M. de Baville, Intendant de cette Province, du 26 Juin 1693, & encore maintenu dans fa nobleffe, par autre jugement de M. Samfon, Intendant en la Généralité de Montauban, rendu le 20 Mars 1697; il fit fon teftament devant *Efcoubié*, Notaire Royal, le 26 Novembre 1723, & mou-

rut à Moiſſac, le 5 Octobre 1724; il avoit épouſé, 1° par contrat, du 18 Juillet 1678, reçu
par *Martin*, Notaire Royal de St.-Cyprien à
Moncuq, en Quercy, *Angélique de Crucy-
Marcillac*, veuve de *Pierre de Lilhol*, Préſident à la Cour des Aides de Montauban, &
fille de *Charles de Crucy-Marcillac-St.-
Béarn*, & de *Louiſe le Maſuyer*; 2° le 17
Septembre 1693, devant *Delbriel*, Notaire
de Montauban, *Jeanne de Marqueyrel*, dont
il n'eut point d'enfans; & 3° *N.... de Rou-
megoux*, morte ſans poſtérité; du premier
lit vinrent:

1. PIERRE-LOUIS, qui ſuit;
2. BLAISE, Archidiacre de Mirepoix, mort à
   Moiſſac en 1748;
3. FRANÇOIS, Chanoine de Moiſſac & Prieur
   de Bruniquel, mort à Paris en 1758;
4. SYLVESTRE, Bénédictin, mort à Reims en
   1758;
5. HENRIETTE, mariée avec noble *Hippolyte
   Delperé de la Chapelle*, Capitaine au Régiment Royal-des-Vaiſſeaux, Chevalier de
   l'Ordre de St.-Louis, puis nommé Lieutenant de Roi à la place de Lauterbourg,
   morte ſans poſtérité;
6. Et MARIE, morte ſans alliance, le 13 Janvier 1776.

VIII. PIERRE-LOUIS DE LA BROUE, Ecuyer,
Seigneur de Gandelon, né à Moiſſac, le 7 Mai
1679, reçu Conſeiller au Parlement de Toulouſe, le 13 Septembre 1700, fit ſon teſtament
à Montpellier, le 25 Octobre 1721, clos par
Chardenoux, Notaire Royal, & y mourut le
31 du même mois. Il épouſa, par contrat,
paſſé le 31 Mai 1700, devant *Delbriel*, Notaire à Montauban, *Marie-Thérèſe de Borderie*, fille de *Pierre*, Secrétaire du Roi, & de
Jeanne de Marqueyrel, & laiſſa pour fils:

1. PIERRE-FRANÇOIS, qui ſuit;
2. Et JEAN-FRANÇOIS, né à Mirepoix, le 11
   Février 1711, ancien Capitaine au Régiment de Dauphiné, Infanterie, & Chevalier
   de l'Ordre de St.-Louis.

IX. PIERRE-FRANÇOIS DE LA BROUE, Ecuyer,
Seigneur de Gandelon, né à Touloufe, le 25,
& baptifé le 30 Septembre 1704, inſtitué héritier univerſel, par teſtament de ſes père &
aïeul, fut reçu Gouverneur de la Ville de
Moiſſac, en Quercy, le 19 Mars 1723, ſur la
démiſſion faite en ſa faveur par ſon aïeul, &
mourut en ladite Ville, le 20 Décembre 1778;
il avoit épouſé, par contrat, paſſé devant *Tour-
nier*, Notaire Royal, le 13 Septembre 1747,

Marie de Couhé, fille de Meſſire *Jean-Joſeph de Couhé*, & de *Germaine-Etiennette
de Ducros*, dont il a eu:

1. GERMAIN-JOSEPH-PAUL, qui ſuit;
2. JEAN-FRANÇOIS-JOSEPH, né à Moiſſac, le 7
   Août 1755, Sous-Lieutenant, en 1773, au
   Régiment d'Orléans, Dragons;
3. MARGUERITE-JEANNE-FRANÇOISE, mariée,
   par contrat, du 6 Janvier 1772, reçu par
   Colombier, Notaire Royal, à Meſſire *Barthélemy de Maʒars*, Seigneur d'Alairac;
4. MARIE-CYPRIENNE, mariée, par contrat, du
   16 Septembre 1776, à Meſſire *Georges-
   Jean-Joſeph de Bonnefoux*, Seigneur de
   Caminel;
5. Et MARTHE-MARIE-JEANNE, mariée, par contrat, du 13 Juillet 1778, à Meſſire *Guillaume de Lavolvene*, Seigneur de Layraguet.

GERMAIN-JOSEPH-PAUL DE LA BROUE, E-
cuyer, Seigneur de Gandelon, né à Moiſſac,
le 7 & baptifé le 15 Janvier 1753, a été reçu
Conſeiller au Parlement de Touloufe, le 9
Septembre 1775, & diſpenſé, attendu les preuves de ſa nobleſſe d'extraction, par Arrêt du
Conſeil d'Etat du 29 Juin ſuivant, du paiement du droit de marc d'or, ordonné par l'E-
dit du mois de Décembre 1770; il a épouſé,
par contrat, paſſé le 31 Décembre 1776, devant *Daubert*, Notaire Royal à Touloufe,
Marie-Thérèſe de Bernier, fille de noble
André de Bernier, Ecuyer, & de *Marie de
Teulade*, dont ſont iſſus:

1. PIERRE-ANDRÉ, né à Touloufe, le 14, baptifé le 17 Novembre 1777;
2. Et GERMAINE-MARIE-ANDRÉE-SOPHIE, née
   le 3 Avril 1779.

La branche des Seigneurs de *Gandelon*
porte pour armes: *écartelé, aux 1 & 4 d'or
à trois corbeaux de ſable, becqués & membrés de gueules, poſés 2 & 1, qui eſt DE LA
BROUE, & aux 2 & 3 de ſable, à la tour d'or
maçonnée de ſable & ſurmontée d'un cordon
d'or, paſſé & repaſſé en trèfle*

BRANCHE
DE VAREILLES.

N... DE LA BROUE laiſſa pour enfans:

1. JEAN-FRANÇOIS, qui ſuit;
2. JEAN-MARIE, né le 7 Août 1708, appelé *le
   Comte de Vareilles*, Maréchal-des-Camps
   & Armées du Roi, Chef d'une Brigade des
   Gardes-du-Corps du Roi, Seigneur de la
   Motte d'Autefa, &c., qui épouſa, le 9 No-
   vembre 1731, *Radegonde de Mareillac*, dont:
   1. NICOLAS-MARIE, né le 21 Avril 1733,

appelé *le Marquis de Vareilles*, Mouſ-
quetaire de la ſeconde Compagnie des
Mouſquetaires du Roi, & Capitaine de
Cavalerie, marié en 1759;

2. ANNE-MARIE-JEANNE, née le 6 Septembre 1734, mariée, le 21 Juin 1756,
à N... *de Cremoux*, Vicomte de Boulois, dont des enfans;

3. Et THIBAUT DE LA BROUE, né le 6 Janvier 1742, appelé *le Chevalier de Vareilles*, Capitaine au Régiment de la
Reine, Cavalerie.

3. FRANÇOIS, né le 15 Novembre 1714, appelé
le Baron de la Broue, ancien Lieutenant
des Maréchaux de France, dans la Province
de Poitou, qui épouſa, le 21 Septembre
1743, *Marguerite-Céleste-Félicité Maron*,
dont:

1. N..., née le 13 Avril 1745, appelée *Mademoiſelle de la Broue ;*

2. N..., née le 14 Mars 1746, appelée *Mademoiſelle d'Exireuil ;*

3. N..., née en Avril 1747, appelée *Mademoiſelle d'Abigny ;*

4. N..., née en Août 1748, appelée *Mademoiſelle de Faye ;*

5. Et N... DE LA BROUE, née en 1749, appelée *Mademoiſelle de la Clergerie.*

4. LOUISE-ANTONINE, née le 18 Novembre
1712, Religieuſe & Secrétaire de l'Ordre de
Fontevrault;

5. Et CHARLOTTE DE LA BROUE, née le 21 Octobre 1713, mariée, le 3 Janvier 1731, à
Joſeph de Villadon, Chevalier, Seigneur de
la Chevrelière, dont des enfans.

JEAN-FRANÇOIS DE LA BROUE, né le 12 Octobre 1706, appelé *Baron de Vareilles*, chef
du nom & armes, épouſa, le 26 Août 1730,
Anne-Henriette du Bois, dont :

1. AUGUSTE-JEAN-FRANÇOIS-ANTOINE, né le 1er
Août 1733, Baron de Vareilles-Sommières,
Officier au Corps Royal d'Artillerie;

2. FRANÇOIS-HENRI, né le 4 Septembre 1734,
appelé *l'Abbé de Vareilles*, Grand-Vicaire
du Dioceſe de Metz;

3. MARIE-ANNE-FRANÇOISE, née le 29 Novembre 1739, Religieuſe à Fontevrault;

4. MARIE-MARGUERITE, née le 10 Novembre
1740, appelée *Mademoiſelle de Vareilles-
Sommières,*

5. HENRIETTE, née le 30 Mars 1742, appelée
Mademoiſelle de Saint-Romain ;

6. Et JOSEPH DE LA BROUE, né le 19 Septembre 1744, appelé *le Chevalier de Vareilles*,
Officier au Régiment des Grenadiers Royaux
d'Ailly.

BROUEL (DE), en Bretagne : *de gueules,*

à un léopard *d'argent, ſemé d'hermines.*

BROUILLARD, en Bretagne : *d'argent,
au chevron d'azur.*

BROUILLÉ, BROUILLARD, ou
BROUILLAC, Ecuyer, Sieur de la Maingre,
famille noble & ancienne, employée dans la
recherche de 1666, Election de Mortagne, Généralité d'Alençon, en Normandie, & maintenue le 29 Juillet 1667, dont les armes ſont:
*loſangé d'argent & de gueules ; coupé du
premier à cinq mouchetures de ſable, 2, 1
& 2.*

BROUILLONI, famille originaire d'Angleterre, & habituée à Aups. Elle poſſède depuis plus de 100 ans, la Seigneurie de Fabrègues, & a toujours rempli depuis ce tems-là
les premières Charges de ſa Ville. Elle ſubſiſte dans PIERRE-CHARLES DE BROUILLONI, Seigneur de Fabrègues, pourvu d'un Office de
Tréſorier-Général de France le 27 Septembre
1749. Les armes : *d'argent, à l'aigle de ſable, couronné de même.*

BROUILLY, en Artois. I. ANTOINE, Ier
du nom, Seigneur de BROUILLY, en Artois,
épouſa *Jeanne de Crannes*, dont il eut:

II. ANTOINE, IIe du nom, Seigneur de
BROUILLY, qui mourut à la bataille d'Azincourt, le 25 Octobre 1415, laiſſant de *Jeanne
de Guyſtelle :*

III. NICOLAS, Seigneur de BROUILLY, auquel JEAN, Duc de Bourgogne, fit épouſer,
l'an 1422, *Marie de Fromentières*, Dame des
Terres d'Eſſey, de Beauvoir, de Corcoy & de
la Marcie. Il en eut:

1. ROBERT, qui ſuit;

2. Et ANTOINE, Seigneur de Mainviller, rapporté après ſon frère aîné.

IV. ROBERT, ou ROBINET DE BROUILLY, fit
hommage au Comte de Beaumont d'un Fief
ſis à Couval l'an 1473. Il épouſa *Jeanne d'A-
thyes*, Dame de Houin, dont il eut:

MARGUERITE, Dame de BROUILLY, femme de
Morel, Seigneur de *Saveuſe.*

IV. ANTOINE DE BROUILLY, IIIe du nom,
Seigneur de Mainviller, ſecond fils de NICO-
LAS, Seigneur de Brouilly, & de *Marie de
Fromentières*, épouſa *Marie de Cais*, dont
vinrent:

1. JEAN, qui ſuit;

2. PIERRE, Seigneur de Silly, marié à *Françoiſe de Vieuxpont ;*

3. LOUIS, Seigneur de Chevriers & d'Eſtour-

mel, Capitaine de Compiègne, qui époufa *Jeanne de Belloy*, Dame de Rofoy; ·

4. Et MARGUERITE, femme de *Bon de Han-geft*, Seigneur du Mefnil-Saint-Georges.

V. JEAN DE BROUILLY, Seigneur de Mainviller & de la Villette, époufa *Antoinette du Pas*, fille d'*Antoine du Pas*, Seigneur de Feu-quières, & de *Jeanne de Châtillon*, dont il eut :

1. ANTOINE, qui fuit;
2. MADELON, Chevalier de Malte, tué au fiège de Malte l'an 1565;
3. FRANÇOISE, femme de *Charles de Herbou-ville*, Seigneur de Thionville & du Frefnay;
4. Et MADELEINE, Abbeffe de Sainte-Madeleine de Bival en 1564.

VI. ANTOINE DE BROUILLY, IVᵉ du nom, Seigneur de Mainviller & de la Villette, employé l'an 1567 dans le Procès-verbal des Coutumes de Montdidier, fut marié 1° à *Efther de la Fayette*; & 2° à *Charlotte d'Aunale*, de la branche de *Haucourt*. Il eut entr'autres enfans du premier lit :

1. FRANÇOIS, qui fuit.

Et du fecond lit :

2. Et MADELEINE, femme de *Claude Savary*, Seigneur de Lancofme, fils de *Claude*, & de *Jacqueline de Villequier*.

VII. FRANÇOIS DE BROUILLY, Seigneur de Mainviller, tué à la bataille de Senlis l'an 1589, avoit époufé *Louife de Halluyn*, fille de *Charles de Halluyn*, Chevalier des Ordres du Roi, Lieutenant-Général au Gouvernement de Picardie, Duc de Halluyn, Pair de France, Seigneur de Piennes & de Maignelers & Gouverneur de Metz, & d'*Anne Chabot*. Il laiffa :

1. CHARLES, qui fuit;
2. Et NICOLAS, tué en l'Isle de Rhé au fervice du Roi l'an 1622.

VIII. CHARLES DE BROUILLY, Seigneur de Mainviller, du Mefnil-Saint-Georges & de Saint-Martin, Gouverneur du Caftellet, vivoit l'an 1615. Il époufa *Renée de Rochefort*, fille d'*Anne de Rochefort*, Seigneur de la Croifette, & de *Charlotte de Sautour*. Il laiffa :

1. LOUIS, qui fuit;
2. ANTOINE, rapporté après fon frère;
3. ANNE, femme de *Guillaume Pot*, Seigneur de Rhodes;
4. Et ISABEAU, femme de *Jacques d'Angennes*, Baron de Poigny.

IX. LOUIS DE BROUILLY, Marquis de Pien-

nes, fut tué devant Arras l'an 1640. Il avoit époufé *Gilonne d'Harcourt*, fille unique & héritière de *Jacques d'Harcourt*, Marquis de Beuvron, & de *Léonore Chabot*. Il laiffa pour fille unique :

MARIE DE BROUILLY, morte l'an 1672, femme de *Henri de Regnier*, Marquis de Guerchy.

IX. ANTOINE DE BROUILLY, Vᵉ du nom, Marquis de Piennes après fon frère aîné, Chevalier des Ordres du Roi, Gouverneur de la Ville & Citadelle de Pignerol, mourut à Paris le 1ᵉʳ Novembre 1676, âgé de 65 ans. Il époufa, l'an 1661, *Françoife Godet*, fille de *Claude Godet-des-Marais*, & de *Jeanne Gravé*, & laiffa :

1. OLYMPE, morte à Paffy, près de Paris, au mois d'Octobre 1723, qui époufa, le 17 Décembre 1690, *Louis d'Aumont*, Marquis de Villequier, depuis Duc d'*Aumont*.
2. Et MARIE-ROSALIE, morte le 12 Septembre 1735, qui époufa, le 26 Mars 1685, *Alexis-Henri*, Marquis de *Châtillon*, Chevalier des Ordres du Roi.

Les armes : *d'argent, au lion de finople, armé, lampaffé & couronné de gueules*. Supports : *deux centaures*. Cimier : *un centaure*.

BROUSSE DE VERTEILLAC (LA). THIBAUT DE LA BROUSSE, Comte de Verteillac, époufa MARIE-MADELEINE-ANGÉLIQUE DE LA BROUSSE, Comteffe de Verteillac, morte le 21 Octobre 1751, dont :

CÉSAR-PIERRE-THIBAUT DE LA BROUSSE, Marquis de Verteillac, né le 8 Octobre 1729, qui étoit Capitaine dans le Régiment de Penthièvre, Cavalerie, quand il acheta un Guidon de Gendarmerie le 15 Août 1759; il eft devenu premier Cornette des Chevaux-Légers de Berry en 1760, & Sous-Lieutenant des Gendarmes de Flandre en 1762 avec Brevet de Meftre-de-Camp de Cavalerie, & Gouverneur & Grand-Sénéchal du Périgord. Il a époufé, le 20 Mars 1759, *Louife-Marie de Saint-Quintin*, morte le 9 Juin 1763, fille d'*Alexandre*, Comte de Bélet, & de *Marie Peyrenc de Boiffieu*, dont :

FRANÇOIS-GABRIEL-THIBAUT DE LA BROUSSE, né en 1763.

BROUSSEL. PHILIPPE DE BROUSSEL, Ecuyer, vivant en 1490, eut de *Marguerite de la Porte* :

CLAUDE DE BROUSSEL, marié, le 12 Janvier 1553, à *Marguerite de Maupeou*, dont :

PIERRE DE BROUSSEL, Baron de la Pierre, Seigneur de la Neuville, Gouverneur de Troyes, & Ambaffadeur en Angleterre pour le Roi HENRI IV.

LOUIS DE BROUSSEL, fon fils, commandant la Cavalerie en Piémont fous le Prince THOMAS DE SAVOIE, fut père de

CHARLES DE BROUSSEL, Baron de la Neuville, marié à *Nicole-Françoife du Châtelet de Pierrefitte*, dont naquirent:

1. LOUIS-JOSEPH, Baron d'Ambronville, par acquifition de la Baronnie de ce nom, qui eut de *N... de Mefgrigny*:

     NICOLE DE BROUSSEL, morte fans alliance après 1742.;

2. ARMAND-JEAN, qui fuit;

3. CHARLOTTE-ELISABETH, mariée à *Pierre-Gafton de Capizucchi*, dit de *Bologne*, Marquis de Bonnecourt & de Bologne, d'où font fortis le Marquis de *Bologne-Capizucchi*, la Comteffe de *Vidampierre* & un Abbé, mort Doyen de la Cathédrale de Langres;

4. HENRIETTE, Prieure perpétuelle de Notre-Dame de la Pitié-lès-Joinville;

5. Et une fille, Religieufe Urfuline à Bar-fur-Aube.

ARMAND-JEAN DE BROUSSEL, Chevalier, Comte de la Neuville, Seigneur de Bailly & de Voilecomte, époufa, par contrat du 27 Décembre 1716, *Jeanne-Charlotte de Viard-d'Attigneville*, Baronne de l'Empire. Après 22 ans de veuvage, elle s'eft remariée, en 1763, à *Gafpard-Hardouin-François d'Ambly*, Marquis des Ayvelles, ancien Capitaine de Dragons & Chevalier de St.-Louis, fils de *Philippe-François*, & de *Marie-Béatrix du Châtelet*. Elle étoit fille de *Jean-Nicolas de Viard-d'Attigneville*, Seigneur de Coufances, &c., & de *Louife de Viard-de-Tronville*, fa feconde femme. Elle a eu du premier lit:

1. ANTOINE-FLORENT, qui fuit;

2. NICOLAS-ANTOINE-AUGUSTIN, né le 6 Janvier 1736;

3. CHARLOTTE-JOSÉPHINE, née le 30 Octobre 1740;

4. DIANE, Religieufe à l'Abbaye de St.-Pierre de Reims, & depuis Prieure de Notre-Dame de la Pitié-lès-Joinville;

5. LOUISE, Religieufe à Saint-Pierre de Reims;

6. MADELEINE, Religieufe aux Annonciades de Joinville;

7. Et BONNE-FRANÇOISE, Religieufe Urfuline à Bar-fur-Aube.

     Tome IV.

ANTOINE-FLORENT DE BROUSSEL, Comte de la Neùville, né le 23 Novembre 1734, eft devenu Baron d'Ambronville par la mort de fa coufine germaine NICOLE DE BROUSSEL.

Les armes: *d'azur, au chevron d'or, accompagné en chef de deux rofes, & en pointe d'un croiffant; le tout de même.*

BROUSSORE (DE), Seigneur du Pujet & de Virargues: *d'argent, à l'aigle de fable, accompagné en chef de deux tours de gueules.*

BROUSTAL, près Tréguier: *de gueules, à une croix d'argent, chargée de cinq merlettes de fable.*

BROYE (DE), famille noble & ancienne, dont étoit HUGUES DE BROYE, Chevalier, marié à *Marie de Boulainvilliers*, dont il eut entr'autres enfans:

NICOLAS DE BROYE, Chevalier, Seigneur de Nanteuil-le-Haudouin & de Paffy en Valois, marié à *Jeanne de Villiers* ou *Villers*, fille de *Jean*, & de MARGUERITE DE SOISSONS, fille de THIBAUT DE SOISSONS, Comte de Moreul, & de *Marguerite Tirel*, Dame de Pois. Il en eut entr'autres enfans:

MARGUERITE DE BROYE, Dame de Nanteuil & de Paffy, mariée à *Henri de Lénoncourt*, IIe du nom, Chevalier, Seigneur dudit lieu, fils de *Thierry*, & de *Jeanne de Ville*, dont poftérité.

Les armes: *écartelé, aux 1 & 4 d'or, à une bande d'azur, accompagnée de fix merlettes de même, pofées en orle*, qui eft DE BROYE; & *aux 2 & 3 de gueules, à trois pals de vair appointés; au chef d'or, chargé de trois coquilles de finople*, qui eft DOGNY; & fur le tout: *d'argent, à neuf fleurs de fable, pofées 3, 3 & 3.*

BROYES, ancienne Maifon éteinte, qui tire fon origine de la Châtellenie de fon nom, fituée en Brie, près la Ville de Sézanne, de laquelle étoit fortie celle de *Châteauvillain*, auffi éteinte. Le célèbre Duchefne en parle amplement à la fuite de la Maifon de DREUX. Le premier de ce nom dont le P. Anfelme fait mention, tom. II, p. 338, eft

RENARD, Seigneur de BROYES, de Beaufort & Pithiviers, qui vivoit du tems du Roi HUGUES *Capet*, vers 960, & époufa une Dame nommée *Havoife* ou *Heloyfe*, que le Roman de GUERIN DE LORRAINE dit avoir été une des filles de HERVÉ, frère du même GUERIN;

V

mais il y a plus d'apparence qu'elle eut pour père Eudes, Ier du nom, Comte de Chartres & de Blois. Ils eurent :

1. Isembart, qui fuit ;
2. Et Odolric, Evêque d'Orléans en 1022.

Isembart, Seigneur de Broyes & de Beaufort, figna à une Charte de 1026 ; le nom de fa femme n'eft point connu, mais il eut :

1. Hugues, qui fuit ;
2. Et Isembart, Evêque d'Orléans après Odolric fon oncle, l'an 1033.

Hugues, furnommé *Bardoul*, Ier du nom, Seigneur de Broyes, de Beaufort, de Pithiviers & de Nogent en 1058, eut de fon époufe, dont le nom n'eft pas connu :

1. Barthélemy, qui fuit ;
2. Haderic, qui fuccéda à fon oncle Isembart à l'Evêché d'Orléans l'an 1063 ;
3. Et Isabeau, femme de *Simon*, Ier du nom, Comte de *Montfort*, auquel elle porta en dot la Châtellenie de Nogent.

Barthélemy, Seigneur de Broyes & de Beaufort en 1081, laiffa :

1. Hugues, qui fuit ;
2. Et Renaud, Chevalier, mentionné dans l'Hiftoire des guerres de la Terre-Sainte.

Hugues, dit *Bardoul*, IIe du nom, Seigneur de Broyes, de Beaufort, de Baye, Trie-le-Bardoul & Charmentré en 1089, mourut vers 1112. Il époufa *Emmeline de Montlhéry*, fille de *Miles*, dit *le Grand*, Seigneur de *Montlhéry* & de Bray, & de *Lithaife*, Vicomteffe de Troyes. Il laiffa :

1. Simon, qui fuit ;
2. Barthélemy, Chevalier en 1104 ;
3. Et Marie, morte fille en 1131.

Simon, Ier du nom, Seigneur de Broyes, de Beaufort, de Baye, Trie-le-Bardoul & Charmentré en 1113, mourut vers 1141. Il époufa *Félicité de Brenne* ou *Brienne*, fille d'*Erart*, Comte de *Brenne* en Champagne, & eut :

1. Hugues, qui fuit ;
2. Simon, Seigneur de Beaufort & de Trie-le-Bardoul en 1152, qui eut d'*Agnès de Rameru* :

   Félicité de Broyes, dite de *Beaufort*, qui fut mariée à *Hugues*, Comte de *Réthel*, fils de *Manaffès*, Comte de Réthel, & de *Mahaut* ;

3. Et Emmeline, morte fille.

Hugues, IIIe du nom, Seigneur de Broyes, de Châteauvillain & d'Arc en Barrois en 1168, époufa 1° *Etiennette de Bar*, fille de

Renaud, dit *le Borgne*, Ier du nom, Comte de *Bar*, & de *Gilles de Vaudemont* ; & 2° *Ifabeau de Dreux*, fille de Robert de France, Comte de Dreux, & d'*Agnès de Braine*. Il eut du premier lit :

1. Simon, qui fuit ;
2. Emmeline, morte fans avoir eu d'alliance en 1197 ;
3. Agnès, morte de même.

Du fecond lit font iffus :

4. Simon, dit *le Jeune*, qui fit la branche des Seigneurs de *Châteauvillain*, rapportée ci-après ;
5. Et Ameline, morte fille en 1194.

Simon, IIe du nom, Seigneur de Broyes & de Commercy, mourut l'an 1210. Il époufa *Nicole*, Dame de *Commercy*, dont il eut :

1. Hugues, qui fuit ;
2. Gaucher, Seigneur de Commercy en 1243, mort fans lignée ;
3. Renaud, dit de *Commercy*, qui époufa *Marguerite de Buʒancy*, dont il n'eut point d'enfans ;
4. Autre Hugues, qui fut d'Eglife ;
5. Et Agnès, morte fille.

Hugues, IVe du nom, Seigneur de Broyes, mourut l'an 1226. Il époufa *Odette de Vendeuvre*, fille & héritière d'*Eudes*, Seigneur de *Vendeuvre*, & de *Béatrix de Ceris*, & laiffa :

1. Hugues, qui fuit ;
2. Eudes, Seigneur de Vendeuvre, mort fans hoirs, l'an 1246 ;
3. Simon, Chanoine de l'Eglife de Reims en 1252 ;
4. Gaucher, auffi Chanoine de l'Eglife de Reims ;
5. Marguerite, femme de *Gérard*, Seigneur de *Durnay*, fils de *Jacques*, Seigneur de *Durnay*, & d'*Agnès* ;
6. Et Ermensens, Religieufe en l'Abbaye de Notre-Dame de Troyes en 1223.

Hugues, V^e du nom, Seigneur de Broyes en 1247, époufa une Dame nommée *Bérengère*, & laiffa :

1. Thibaut, qui fuit ;
2. Jean, Chevalier, qui eut en partage les Seigneuries de Soify & de la Villeneufve, & fut père de Guy de Broyes, Seigneur des mêmes lieux, marié à une Dame nommée *Perrenelle* : ils vivoient l'an 1297 ;
3. Et Hugues, Chanoine de Saint-Quiriace de Provins, & de Saint-Blitaire de Broyes en 1270.

Thibaut, Seigneur de Broyes, ayant fuccédé à fon père, eut d'une femme, dont le nom eſt inconnu, Guy, Seigneur de Broyes, lequel eſt nommé avec Jean, Seigneur de Chateauvillain, dans des Lettres paſſées en 1314. La branche aînée de cette Maiſon a fini aux enfans de Thibaut de Broyes. Ces Seigneurs vivoient fous le règne de Philippe le Bel, & portoient pour armes : d'azur, à trois broyes d'or, poſées en pal, & rangées en face.

BRANCHE
des Seigneurs de Chateauvillain.

Simon de Broyes, dit le Jeune, fils de Hugues III, Seigneur de Broyes, & d'Elisabeth de Dreux, fa feconde femme, eut en partage la Seigneurie de Châteauvillain. Lui & fa poſtérité prirent le furnom de Châteauvillain, fuivant la coutume uſitée de ces tems-là, ainſi que les armes, qui font : de gueules, femé de billettes d'or, au lion de même brochant fur le tout. Simon mourut en 1258 ou 1259. Jean de Chateauvillain, fon troiſième fils, fut Evêque & Comte de Châlons, & Pair de France en 1284: il mourut en 1312. Simon de Chateauvillain, fon neveu, fut auſſi Evêque de Châlons, fe trouva au Concile Provincial de Reims en 1329, & mourut en 1334.

La Maiſon de Châteauvillain a fini à Jean de Chateauvillain, mort jeune. Jeanne, Dame de Chateauvillain, principale héritière, fut mariée quatre fois ; elle eut de fon dernier mari, Enguerrand d'Eudin :

> Marie de Chateauvillain, mariée à Jean de Bourgogne, Seigneur de Montaigu.

La Terre de Châteauvillain fut érigée en 1703 en Duché-Pairie en faveur de Louis-Alexandre de Bourbon, Comte de Touloufe, Prince légitimé de France. Au mot CHATEAUVILLAIN nous dirons les Maiſons où cette Terre a paſſé.

De la Maiſon de Châteauvillain font forties deux branches auſſi éteintes : la première, celle des Seigneurs de Pleurre & de Baye, dont eſt auteur Hugues de Chateauvillain, fecond fils de Simon II, mort en 1314. Ces Seigneurs ont fini à Jean de Chateauvillain, Seigneur de Vauclere & de Baye, mort fans enfans vers 1372; & la feconde eſt celle des Seigneurs de Lufy & de Sémur, qui a pour tige Guy de Chateauvillain, fecond fils de Jean Ier, Seigneur de Chateauvillain, & de Jeanne de Lufy, mort en 1288, & qui a fini à Jean de Chateauvillain, Seigneur de Lu-

fy, mòrt fans poſtérité en 1361. Voy. le P. Anfelme, ci-deſſus cité.

BROYES, en Picardie : écartelé, aux 1 & 4 d'or, à la bande de gueules, accompagnée de fix merlettes de même, poſées en orle, 3 en chef & 3 en pointe ; aux 2 & 3 d'or, à la croix de gueules, chargée de cinq coquilles d'argent.

BRUANT, Seigneur des Carrières : d'azur, au chevron d'or, accompagné en chef de deux étoiles d'argent, & en pointe d'un croiſſant de même ; au chef couſu de gueules.

BRUBACH : de gueules, fretté d'or, à la faſce d'argent fur le tout.

BRUC. Joseph-Benoît, Comte de Bruc, Conſeiller de Grand-Chambre au Parlement de Bretagne, marié, en 1712, à Thérèſe le Preſtre de Châteaugiron, dont :

> Louis-Claude-Jean-Baptiste-Benoît, Comte de Bruc, qui épouſa, à Rennes, le 14 Avril 1738, Anne-Sylvie-Claudine du Breil de Pontbriand.

BRANCHE
des Marquis de la Guerche
& de Montplaisir.

C'eſt en faveur de René de Bruc, Chevalier, Seigneur de Montplaiſir, Maréchal-de-Camp & Lieutenant de Roi d'Arras, que la Terre & Seigneurie de la Guerche, dans l'Evêché de Nantes, fut érigée en Marquiſat par Lettres du mois de Février 1682, enregiſtrées à Nantes le 18 Février 1684, & à Rennes le 3 Juillet 1686 : fa poſtérité poſſède aujourd'hui ce Marquiſat. Les armes : d'argent, à la roſe de gueules, boutonnée d'or.

BRUCAN (de), Sieur de la Freſnaye, ancienne Nobleſſe, Election de Valognes, en Normandie, qui porte : de gueules, à un homme armé d'argent, tenant une hallebarde d'or.

BRUCE, famille noble d'Angleterre, qui tire fon origine de Robert Bruce, qui, paſſant avec Guillaume le Conquérant, reçut en don pluſieurs Châteaux & Fiefs, & en particulier celui de Skelton, dans le Comté d'Yorck. Depuis ce tems cette famille a fleuri de plus en plus, & a donné deux Rois à l'Ecoſſe, Robert & David Bruce ; le dernier mourut fans enfans dans le Château d'Edimbourg. Marguerite Bruce, fa fœur, devint fon héritière, & fut mariée à Walter Stuart, de qui descendirent ensuite les Rois d'Ecosse. Le Roi Jacques Stuart étant parvenu à la couronne d'Angleterre après la mort de la Reine Elisabeth, sa cousine, en 1603, Edouard Bruce-de-Kinloss le suivit en Angleterre; il fut Contrôleur des Registres de la Chancellerie, Baron d'Ecosse, sous le titre de *Lord Bruce de Kinloss*. Il eut:

    1. Edouard, qui fut tué en duel par Edouard de Sackville, Chevalier de Bath;

    2. Et Thomas, qui suit.

Thomas de Bruce devint héritier de son frère. Le Roi Jacques Ier le fit Comte d'Elgin, en Ecosse, en 1612; & le Roi Charles Ier le créa Baron d'Angleterre avec titre de *Lord Bruce-de-Worthon*, dans le Comté d'Yorck, en 1663, & son fils Robert hérita de son bien & de ses titres; il fut fait Comte d'Aylesbury par le Roi Charles II. Il eut de *Diane*, fille d'*Henri*, Comte de *Stafford*, 8 fils & 8 filles, dont une partie vivoit encore vers le commencement du règne de Jacques II, & il laissa pour son successeur dans ses titres & ses biens, le sixième de ses fils, qui étoit l'aîné de ceux qui vivoient alors.

BRUCELLES, en Picardie: *d'or, au chevron de gueules, accompagné de deux grappes de raisin en chef, & d'un écureuil aussi de gueules en pointe.*

BRUCHARD, en Limousin. Suivant un *inventaire* des titres justificatifs produits par Pierre & Isaac Bruchard, devant M. d'Aguesseau, Commissaire départi pour l'exécution des Ordres de S. M. lors de la recherche de la Noblesse, François Bruchard, Ecuyer, Seigneur de Monmady & Margniac, & en partie de Saint-Avit, suivant son testament du 8 Octobre 155.., épousa *Louise de Saint-Chamant*, de laquelle il eut entr'autres enfans: Christophe Bruchard, Ecuyer, Seigneur de Monmadi, qui épousa, par contrat du 22 Juin 1552, passé à Périgueux, *Marie de Belcier*, fille de noble homme *Jean de Belcier*, Seigneur de Ralfie, Conseiller du Roi, Lieutenant-Général, Civil & Criminel de la Sénéchaussée de Périgord, & de *Marguerite de Laure*, Dame de Belcastel.

Pierre Bruchard de Monmady, Ecuyer, Seigneur de Monmady & de Margniac, épousa, par contrat passé au Château de Javerlhac, Sénéchaussée de Périgord, le 5 Novembre 1584, *Françoise Texier*, fille de *François*

Texier-de-Javerlhac, & de *Catherine de Lambertye*. Il est marqué dans son testament du 1er Juin 1623 qu'il eut deux fils:

    1. François, qui suit;

    2. Et Charles, rapporté après la postérité de son frère.

Noble François Bruchard, IIe du nom, Ecuyer, Seigneur de Margniac, étoit mort le 21 Mars 1646. Il épousa, par contrat du 17 Juin 1620, *Susanne du Saillant*, fille de noble *Elie du Saillant*, Ecuyer, & d'*Anne d'Escars*, & laissa *Susanne du Saillant* veuve avec un fils en bas âge, nommé Pierre, dont elle fut tutrice.

Pierre Bruchard, IIe du nom, Seigneur de Monmady & de Margniac, épousa *Jeanne de la Pomelie*, Dame dudit lieu, veuve le 8 Janvier 1645, de Messire *Jacques-François Royère*, Seigneur de Brigniac. Charles Bruchard, son oncle, Seigneur de la Fayolle, signa son contrat de mariage, chargé de procuration par *Susanne du Saillant*, sa mère.

Charles Bruchard, Sieur de la Fayolle, second fils de Pierre Ier, & de *Françoise Texier*, testa le 10 Juin 1663, & nomma son épouse, & après elle tel ou tel de leurs enfans qu'elle aviseroit. Il épousa, par contrat du 7 Novembre 1629, *Catherine du Saillant*, fille d'*Elie du Saillant*, Ecuyer, & d'*Anne d'Escars*. Ses enfans furent:

Isaac & Pierre Bruchard, nés, suivant leurs extraits baptistaires, les 22 Janvier 1631 & 6 Janvier 1638. D'un de ces deux frères vint:

Jean de Bruchard, marié, par contrat du 30 Août 1668. Il est apparemment père d'un autre Jean de Bruchard, marié, par contrat du 2 Janvier 1712, à *Eléonore de l'Estrade*. De ce mariage est né:

François-Philibert de Bruchard, chef de sa famille en 1769, marié, par contrat du 7 Février 1749, à *Françoise Léonard de Saint-Cyr*.

C'est ce que nous apprend cet inventaire de pièces produites de la famille noble de Bruchard, dont la maison fut incendiée par un parti dans la révolte de Guyenne. Alors le Parlement de Bordeaux députa un Commissaire pour que les rentes & aveux dûs au Château de Monmady, Paroisse de Corignac en Périgord, fussent payés & rendus, comme précédemment avant l'incendie. L'Arrêt à la Réole, le Parlement y séant alors, porte que

cette famille eſt une *des plus anciennes No-
bleſſes du Périgord*, *qu'elle y poſſédoit St.-
Avit, Monmady & autres Terres en Périgord, & Jumilhac-Saint-Jean en Limouſin*:
c'eſt ce qui ſe prouve par les tombeaux qui
ſont dans les Egliſes Paroiſſiales de ces deux
endroits, où l'on voit des figures en relief
avec des épitaphes en lettres gothiques. Meſſieurs de *Jumilhac* poſſèdent aujourd'hui ces
deux Terres.

La famille DE BRUCHARD eſt établie depuis
200 ans en Limouſin, au Château de la Pomelie, à trois lieues de Limoges. Elle eſt alliée aux plus grandes Maiſons du Périgord,
commeà celles d'*Aubeterre-de-Lanmary*, de
Javerlhac, d'*Hautefort*, de *Luberſac*, &c.

Du Règne de HENRI II, un DE BRUCHARD
étoit Capitaine de Lances, ce qui ſe prouve
par la lettre de ce Prince, qui l'exhorte *à continuer ſes bons ſervices, ainſi qu'ont fait ſes
ancêtres*; & le biſaïeul de FRANÇOIS-PHILI-
BERT DE BRUCHARD a commandé le dernier
banc & arrière-ban du Limouſin.

Les armes: *d'azur, à trois faſces d'or, &
une bande de gueules.* Cette famille eſt la
ſeule de ſon nom.

* BRUCOURT, Seigneur de Douville en
Normandie, Généralité d'Alençon, famille
maintenue dans ſa Nobleſſe le 5 Avril 1666.
La Terre *de Brucourt*, ſituée dans le Bailliage de Caen, a donné l'origine à cette Maiſon, qui eſt éteinte depuis ſi long-tems qu'il
ne nous en reſte que des Mémoires très-con-
fus.

Wace, Chanoine de Bayeux, parlant de la
conquête de l'Angleterre par le Duc GUILLAU-
ME *le Bâtard*, l'an 1066, y met dans le nombre des Chevaliers qui l'accompagnèrent le
Sire DE BRUCOURT; & parmi ceux qui ſui-
virent leur Duc ROBERT-*Courteheuſe*, au voyage de la Terre-Sainte l'an 1097, eſt *Monſieur*
GUILLAUME DE BRUCOURT. ROBERT DE BRU-
COURT eſt nommé parmi les Chevaliers qui ſignèrent au mariage du Roi JEAN-*ſans-Terre*
l'an 1173. JEAN DE BRUCOURT eſt compris dans
le rôle de ceux qui portoient bannières ſous
le Roi PHILIPPE II, dit *Auguſte*, ès années
1205 & 1215.

Et dans un *Catalogue* fait des Seigneurs
renommés, ſous le même Roi, l'an 1218, ſont
HENRI & GILBERT DE BRUCOURT. JEAN DE BRU-
COURT, Seigneur de Saint-Denis-le-Vêtu, vivoit l'an 1228, avec autre JEAN DE BRUCOURT,

Seigneur de Menilles; HENRI, Seigneur DE
BRUCOURT, de Saint-Martin en Beſſin & de
Chambeval; un troiſième JEAN DE BRUCOURT,
Seigneur de Crèvecœur en Auge; & HUGUES
DE BRUCOURT, Seigneur de Ham.

Parmi ceux qui accompagnèrent Jean d'Har-
court, Amiral de France, en ſon voyage de
mer l'an 1295, eſt GUILLAUME DE BRUCOURT.
L'Echiquier de 1306 parle de ROBERT DE
BRUCOURT, ayant différend contre Robert de
Tilly, Seigneur de Barou. GUILLAUME DE
BRUCOURT eſt du nombre des Chevaliers que
Geoffroy d'Harcourt, Amiral de France,
mena en mer l'an 1318. L'Echiquier de
1341 parle de *Jeanne de Ferrières*, Dame
de Sommerive, veuve de JEAN DE BRUCOURT,
Robert Patry, GUY DE BRUCOURT, & autre
JEAN DE BRUCOURT, Chevaliers. Un JEAN DE
BRUCOURT eſt du nombre de ceux à qui le Roi
JEAN pardonna après l'affaire de Rouen l'an
1360. La même *Jeanne de Ferrières* & GUY
DE BRUCOURT, plaidoient encore en l'Echi-
quier contre pluſieurs autres l'an 1363. *Pier-
re Gougeul*, dit *Moradas*, Sire de Rouville,
Capitaine du Pont-de-l'Arche en 1374, fils de
Jean Gougeul, dit *Morequin*, Sire de Rou-
ville, & de *Péronnelle des Eſſarts*, épouſa
LUCE DE BRUCOURT. *Girard de Tournebu*,
Sire d'Auvillers, & JEANNE DE BRUCOURT, ſon
épouſe, vivoient en 1377. *Jeanne Pay-
nel*, fille de *Guillaume Paynel*, Baron de
Hambie, & de *Jeanne de Norgot*, épouſa
FERRAND DE BRUCOURT. ROBERT DE BRUCOURT,
Seigneur de Meſſy, Chevalier, prit pour fem-
me *Marie Paynel*, de laquelle entr'autres
enfans il eut pour fille:

ISABELLE DE BRUCOURT, qui fut mariée à
Jean, Seigneur *Deſmonſtiers*. *Jean*, Sei-
gneur de *Maimbeville*, IIᵉ du nom, eut pour
femme GUILLEMETTE DE BRUCOURT. Dans le
Compte de *Jean le Flamant*, Tréſorier des
Guerres en 1387, eſt ROBERT DE BRUCOURT.
Enfin, Gabriel du Moulin, dans ſon *Hiſtoire
de Normandie*, parle de M. GUILLAUME DE
BRUCOURT, qui étoit du nombre des Cheva-
liers qui furent en Terre-Sainte.

Les armes: *faſcé d'or & de gueules de ſix
pièces à vingt-une fleurs-de-lys de l'un en
l'autre, 4, 3, 4, 3, 4 & 3; & un bâton d'azur
brochant ſur le tout.*

BRUCOURT: *d'or, au lion de gueules.*

☦ BRUET. Maiſon d'ancienne nobleſſe de

Guyenne, établie en Agenois. L'antiquité de fon exiftence eft conftatée par des titres des XIIe, XIIIe & XIVe fiècles. Le rôle Gafcon, les actes de Reymer en font une honorable mention; des perfonnages de ce nom & de cette Maifon fe trouvent auffi au nombre des Barons & Seigneurs de la Guyenne, qui firent hommage au Prince de Galles, en 1363. Sa filiation eft établie par titres authentiques jufqu'à LAURENT DE BRUET, qui avoit époufé *Talaife de Saintrailles*, fille de *Fortiffon*, & fœur de *Pothon de Saintrailles*, Maréchal de France, & qui paffa un acte avec noble Dona Blafia de Tantalon, le 10 Avril 1400. Ce titre, que j'ai vu, a été recouvré depuis que M. d'*Hozier*, après un férieux examen des titres de cette Maifon, a inféré la généalogie dans fon *Armorial de France*. Ledit LAURENT DE BRUET laiffa pour fon héritier & fucceffeur, & de fadite femme:

II. JACQUES, dit JACQUEMET DE BRUET, qui, conjointement avec fon frère, JEAN DE BRUET, fit un échange avec noble Jeanne de Braffeux, & eut pour fils:

III. Noble LOUIS DE BRUET, qui tranfigea, le 6 Novembre 1490, avec noble & puiffant Seigneur d'Eftuer, Chevalier, Seigneur de Saint-Megrin, fur les différends qu'ils avoient pour le partage des biens de *Fortiffon de Saintrailles*, père de *Thalie* ou *Thalaife de Saintrailles*. Il laiffa pour fils & fucceffeur:

IV. JEAN DE BRUET, Seigneur de la Garde, qui tefta en 1543. Il époufa *Catherine de Madaillan*, qui tefta le 28 Juin 1568, en faveur D'ALEXANDRE, qui fuit, qu'elle nomma, étant veuve, fon héritier univerfel.

V. ALEXANDRE DE BRUET, Ecuyer, Seigneur de la Garde & de Saint-Caprafi, habitant de la Ville de Tonneins, fut breveté Aide-de-Camp du Roi; il tranfigea avec Queslin, Comte de la Vauguyon, finit les difcuffions pour la fucceffion des biens de la maifon *Saintrailles*, & tefta le 23 Avril 1578. Il époufa *Jeanne de Broubailh*, dont:

VI. JACQUES DE BRUET, IIe du nom, Ecuyer, Seigneur de la Garde & de St.-Caprafi, Gouverneur pour le Roi des Ville & Château de Tonneins, où il fe comporta avec tant de courage & de prudence, pendant les guerres de Religion, qu'il mérita les applaudiffemens du Roi & de la Reine, par plufieurs lettres, auffi flatteufes qu'honorables pour fa famille. Il tefta le 29 Janvier 1648. Il avoit

époufé, le 10 Octobre 1617, *Françoife de Moreli de Choify*, & laiffa:

VII. JACQUES DE BRUET, IIIe du nom, Ecuyer, Seigneur de la Garde & de St.-Caprafi, maintenu dans fa nobleffe, par jugement de M. *Pellot*, Intendant de Montauban, rendu le 31 Mars 1647, qui fe maria, le 18 Août 1647, à *Olive de Briet*, fille de *Jean de Briet*, Confeiller au Parlement de Bordeaux, & de *Charlotte Laramiere*, dont vint:

VIII. CHARLES DE BRUET, Ecuyer, Seigneur de la Garde, & de St.-Caprafi, qui fe maria, le 25 Octobre 1688, à *Marie-Thérèfe de Pichard*, fille de *Jean de Pichard*, Confeiller au Parlement de Bordeaux. De ce mariage vint:

IX. JEAN-LOUIS DE BRUET, Ecuyer, Seigneur de la Garde & de St.-Caprafi, qui fut auffi maintenu dans fa nobleffe, par jugement de M. *Bazin-de-Bezons*, Commiffaire départi en la Généralité de Bordeaux, le 12 Mars 1698, & époufa, le 14 Janvier 1713, *Marie de Larroque*, dont vinrent:

1. JOSEPH-CLÉMENT-MARIE DE BRUET, Comte de Bruet, chef actuel de cette ancienne Maifon;

2. JOSEPH-FRANÇOIS-CLÉMENT DE BRUET, Prêtre & Vicaire-Général du Diocèfe de Périgueux;

3. Et JEAN-JOSEPH, qui fuit.

JEAN-JOSEPH DE BRUET, Chevalier de Saint-Louis, ancien Lieutenant-Colonel du Régiment de la Reine, Dragons, époufa N..., dont:

X. JOSEPH-CLÉMENT-MARIE, Comte de Bruet, Seigneur de la Garde & de St.-Caprafi, Chevalier de l'Ordre Royal & Militaire de St.-Louis, Gouverneur pour le Roi de la Ville de Saint-Antonin, & Gentilhomme de la Chambre de MONSIEUR, frère du Roi, s'eft marié, à Paris, à *N... Desjardins*, originaire de Normandie, où fa famille a toujours joui de la nobleffe, & donne plus de 40 titres originaux, qui repofent à Paris, en la Bibliothèque de St.-Martin-des-Champs, depuis 1369 jufqu'au XVIIe fiècle, avec les qualités d'Ecuyer, d'Hommes d'Armes des Ordonnances, & autres titres, appartenant à la Nobleffe. Cette famille porte pour armes: *trois tulipes en finople argent & or, fond d'azur*. Ils eurent:

XI. PAUL-PIERRE-JOSEPH DE BRUET.

Les armes: *de gueules, à un lion d'argent, écartelé d'argent à une croix de Malte d'argent*.

BRUEYS (de), en Languedoc. Ce nom se trouve diversement écrit dans les titres: on y lit *de Brueix, de Brueis, de Brues, de Bruex & de Brois;* mais plus communément, & presque dans tous les anciens titres, de Brueys: c'est pourquoi nous nous arrêtons à cette dernière manière de l'écrire dans la Généalogie que nous allons donner de cette famille.

Il est fait mention dans Froissard (*Histoire de France,* imprimée à Paris en 1574, vol. I, chap. 235, pag. 282.), d'un Guillaume de Brueix, Capitaine en 1366, sous Bertrand du Guesclin.

I. Pierre de Brueys, auquel cette famille remonte sa filiation, vivoit vers 1350. Il épousa *Bertrande du Caylar,* fille de *Pierre,* Seigneur de Saint-Chapte, & en eut pour fils:

II. Jean de Brueys, qui laissa de *Douce des Gardies,* Dame en partie de Saint-Chapte:

III. Pierre de Brueys, IIe du nom, Seigneur de Pouls, qui fut élu Consul de Nîmes ès années 1458 & 1459. Il épousa *Catherine de Remolins,* Dame de Pouls, & fut père de:

IV. Pierre de Brueys, IIIe du nom, Seigneur de Pouls & de la Calmette, Co-Seigneur de Saint-Chapte, de Sainte-Agathe & de Domessargues, nommé Avocat du Roi en la Sénéchaussée de Nîmes en 1466, & premier Consul de cette Ville ès années 1476 & 1477 (à moins que cette élection ne fut faite pour Pierre de Brueys, son père, qui pouvoit encore vivre alors), donna au Roi Charles VIII, le 9 Novembre 1490, son dénombrement des Fiefs & biens nobles qu'il possédoit, & fut compris pour ces mêmes biens en qualité de *Brigandinier à un cheval,* dans un rôle du ban & arrière-ban des Gentilhommes de la Sénéchaussée de Beaucaire & de Nîmes, du 10 Avril 1492. Il mourut avant le 23 Janvier 1503 ou 1504, date du dénombrement que sa veuve donna au Roi de ses Terres, suivant son testament du 25 Avril 1494 (par lequel il déclara qu'il vouloit être enterré en la Chapelle de St.-Nicolas & de Sainte-Madeleine de l'Eglise des Frères Prêcheurs de Nîmes). Il avoit épousé *Perrette Fabre,* & en eut:

1. Jean, qu'on croit être le même qui fut élu premier Consul de Nîmes ès années 1511 & 1512;
2. Tristan, qui suit;

3. Et Antoinette de Brueys, mariée, lors du testament de son père, à *Vital de Nîmes,* Licencié ès Loix de la ville de Nîmes.

V. Tristan de Brueys, Co-Seigneur de la Calmette, Seigneur de Pouls, de Domessargues & de Saint-Chapte, Avocat du Roi en la Sénéchaussée de Beaucaire & de Nîmes, ainsi qualifié dans un acte du 25 Avril 1494, qu'il passa avec Jacques de Sarrat, Seigneur de Bernis, fit hommage au Roi les 16 Février & 14 Juin 1516 des Seigneuries de Pouls, de Domessargues & de Saint-Chapte; fut élu premier Consul de Nîmes en la même année & pour la suivante. Il est qualifié *Monseigneur l'Advocat du Roi Messire* Tristan de Brueys, dans un acte du 12 Décembre 1522, & donna son dénombrement à Sa Majesté des Fiefs nobles qu'il possédoit, le 6 Février 1550. Ayant été assigné pour le payement des Francs-fiefs, il en fut exempté par Sentence du Sénéchal de Beaucaire & de Nîmes, rendue le 18 Juin 1551, ensuite de laquelle est un certificat donné le 27 du même mois par le Secrétaire de la Maison commune & Consulaire de la Cité de Nîmes, qui porte que *ledit Seigneur de Brueys avoit été tenu envers Messieurs les Commissaires des Francs-fiefs & nouveaux acquets du Diocèse de Nîmes, pour noble, & n'avoit été mis au rôle des contribuables à la finance desdits Francs-fiefs, pour raison de sa Noblesse.* Il testa le 28 Septembre 1562, & laissa de *Marguerite de la Croix:*

1. Robert, qui suit;
2. Antoine, auteur de la seconde branche, rapportée ci-après;
3. Denis, chef de la troisième;
4. Et Guy, tige de la quatrième, mentionnée en son rang.

VI. Robert de Brueys, Seigneur de la Calmette, Avocat du Roi en la Sénéchaussée de Beaucaire & de Nîmes, testa le 11 Août 1562, mourut avant le 28 Septembre suivant, & avoit épousé, avant le 12 Juillet 1555, *Anne de Varadier.* De ce mariage vinrent:

1. Denis, qui suit;
2. 3. & 4. Marguerite, Claude & Catherine, qui transigèrent le 17 Mars 1592, avec Denis, leur frère, & Tristan de Brueys, leur cousin germain.

VII. Denis de Brueys, Seigneur de la Calmette, de Bourdic, & de la Tour, eut un ordre le 1er Juin 1588, pour lever une Compagnie d'Infanterie, & le Duc de Ventadour le chargea, le 16 Juin 1595, du commandement d'un Régiment de cinq Compagnies de 100 hommes chacune. Il tefta le 9 Mars 1612, & laiffa d'*Alexandrine de Borne*, fœur de *David*, Seigneur de Ligonnès :

1. JACQUES, Seigneur de Bourdic, reconnu *Noble & iffu de noble race & lignée*, par Ordonnance de M. de *Béʒons*, Intendant de Languedoc, rendue le 24 Décembre 1668;
2. RENÉ, qui doit être le même que RENÉ DE BRUEYS, Seigneur du Chabian, auffi déclaré *Noble & iffu de noble race & lignée*, par Ordonnance du même Intendant rendue le 6 Novembre 1669, conjointement avec ALEXANDRE, fon frère, NICOLAS & BENOÎT-BENJAMIN DE BRUEYS, fes deux derniers fils;
3. Et ALEXANDRE, qui fuit.

VIII. ALEXANDRE DE BRUEYS, Seigneur de Bourdic, de la Tour, de Gattigues & de Tharaux, Gouverneur d'Argèles en Rouffillon, fervit dans le Régiment des Gardes-Françoifes dès le 25 Novembre 1624; obtint une commiffion du Duc de Savoie le 20 Juillet 1625 pour lever une Compagnie d'Infanterie & en eut une du Roi LOUIS XIII en 1632, pour faire la levée d'une Compagnie de Chevaux-Légers. Ce Prince lui donna, le 8 Septembre 1635, une nouvelle commiffion pour commander une Compagnie d'Infanterie dans le Régiment du Tournel, & il fut commis par le Duc de Lefdiguières, le 1er Février 1636, pour lever 100 Moufquetaires à cheval. Il eft qualifié *Capitaine de Dragons* dans un paffe-port que ce Seigneur lui donna le 20 Janvier 1638, pour venir s'établir en France, fe trouva en 1639 au fiège de Salces, où il fervit avec beaucoup de diftinction en qualité de Meftre-de-Camp d'un Régiment d'Infanterie, fuivant un certificat que le Prince de Condé lui en fit expédier le 7 Novembre 1639; obtint le 15 Juin 1641 une nouvelle commiffion pour lever un Régiment d'Infanterie de 20 Compagnies, & en 1649 LOUIS XIV lui en donna une autre, pour faire la levée d'un nouveau Régiment d'Infanterie. Il fut élu premier Conful de Nîmes en 1658, & foufcrivit en cette qualité le 11 Février 1658, aux articles de l'accommodement convenu avec le Duc de Mercœur, fur l'émeute arrivée dans cette Ville, au fujet du Confulat. Il époufa, par contrat du 13 Novembre 1629, *Marthe de*

Praneuf, qui tefta le 5 Janvier 1663, & eut :

1. NICOLAS, Seigneur de Gattigues & de la Tour, lequel obtint le 28 Mars 1659 du Roi, une commiffion pour lever une Compagnie d'Infanterie dans le Régiment de Mazarin;
2. Autre NICOLAS, Sieur de Lafpet, qui fervit d'abord en qualité de Capitaine dans le Régiment de Montpezat; mais ayant été depuis réformé, il reçut ordre le 28 Mai 1668 pour aller fervir à la fuite de la Compagnie de Faure, dans le Régiment de Champagne;
3. Et BENOÎT-BENJAMIN DE BRUEYS, Seigneur de Tharaux, nommé le 13 Juillet 1656, Syndic de la Nobleffe du Diocèfe d'Uzès. Il fut émancipé par acte du 2 Avril 1663, fit fon teftament le 27 Mars 1705, par lequel il inftitua héritière fa femme, & donna à PIERRE DE BRUEYS-DE-LA-TOUR, fon coufin, fa Terre de Tharaux; à LOUIS DE BRUEYS-DE-SOUVINARGUES, auffi fon coufin, la fomme de 2000 livres; à JACQUES BRUEYS-DE-LA-CALMETTE, Capitaine de Dragons, également fon coufin, la fomme de 1000 livres; & à CÉSAR DE BRUEYS-DE-FONTCOUVERTE, auffi fon coufin, 50 livres de penfion. Il avoit époufé *Gabrielle de Guérin*.

SECONDE BRANCHE.

VI. ANTOINE DE BRUEYS, Seigneur de Souvinargues, de Saint-Etienne-d'Efcate, de Milhau & de Combejagues, fecond fils de TRISTAN, & de *Marguerite de la Croix*, rendit hommage au Roi, le 15 Décembre 1564, de fes Terres & Seigneuries, ainfi que des autres biens qu'il tenoit des Fiefs nobles mouvans de Sa Majefté à caufe de fon Comté de Languedoc, en toute juridiction, haute, moyenne & baffe. Ayant été accufé pour l'un des auteurs du maffacre des Catholiques de Nîmes, appelé *la Michelade* (parce qu'il avoit été formé avant la St.-Michel & exécuté peu après), arrivé l'an 1567, il fut condamné par Arrêt du Parlement de Touloufe le 18 Mars 1569, ainfi que ceux qui avoient pris part à cette horrible conjuration, aux peines que méritoient leurs crimes; mais cet Arrêt ne fut point exécuté à fon égard. Les Religionnaires ayant porté leur fureur jufqu'à vendre aux enchères les biens eccléfiaftiques de Nîmes ou du Diocèfe, il acquit, au mois de Septembre 1569, des biens de l'Evêque ou du Chapitre, la Tour, dite de l'*Evêque* & fes dépendances près du Viftre, moyennant la fomme de 4000 livres. Il eft qualifié *Confeiller du Roi, Juge Magiftrat en la Cour de Monfieur le Sénéchal & Siège Préfidial de Nîmes* dans fon teftament du 11 Mars 1585, par lequel il déclara qu'il vouloit être enfeveli *à la manière de ceux de la Religion Réformée.* Il mourut avant le 22 Décembre 1596. Il fe qualifioit *Confeiller du Roi en fon Siège Préfidial de Nîmes,* lorfqu'il époufa, par contrat du 18 Mars 1556, *Françoife de Faulcon,* Dame de Souvinargues, fille d'*Hermengaud,* Seigneur de Souvinargues, & de *Catherine de Montcamp,* & arrière-petite-fille de *Pierre de Saint-André,* premier Préfident du Parlement de Touloufe. Il fe remaria, avant de tefter, à *Diane de Génas,* & laiffa de fa première femme :

1. François, qui fuit;
2. & 3. Anne & Isabelle.

VII. François de Brueys, Ecuyer, Seigneur de Souvinargues, de Saint-Etienne-d'Efcate, &c., comparut en cette qualité le 2 Août 1594, au ban & arrière-ban de la Sénéchauffée de Beaucaire & de Nîmes, fit hommage au Roi le 27 Janvier 1614, des places & juridictions des lieux de Souvinargues & de Saint-Etienne-d'Efcate; voulut, par fon teftament du 14 Juin 1628, être enfeveli *au tombeau de fa Maifon, en la forme de la Religion Chrétienne & Réformée dont il faifoit profeffion,* & mourut avant le 10 Mars 1630. Il avoit époufé, par contrat du 22 Décembre 1596, *Antoinette de Ganges,* Dame de Pondres, fille d'*Antoine,* Seigneur de Pondres, & de *Sufanne de Foulhaquier,* dont il eut :

1. Hélie, mort à Caftres au mois d'Octobre 1651;
2. Antoine, qui fuit;
3. Marie, femme d'*Amalric de Durfort,* dont elle étoit veuve lors du teftament de fon père;
4. Et Jeanne, qui vivoit encore alors fans alliance, & fe maria depuis avec *N... de Sagreville.*

VIII. Antoine de Brueys, Seigneur de Souvinargues, de Saint-Etienne-d'Efcate & de Pondres, fit depuis fon mariage abjuration de fon héréfie; car, felon fon teftament du 17 Mars 1652, il veut être enfeveli dans l'Eglife de St.-André de Souvinargues, au tombeau de fes prédéceffeurs, *en la forme de ceux de la Religion Catholique, Apoftolique & Romaine dont il faifoit profeffion;* tefta une feconde

Tome IV.

conde fois le 24 Avril 1663, & mourut au mois de Septembre 1668. Il époufa, le 10 Mars 1630, par contrat qui devoit être célébré en l'Eglife Chrétienne Réformée, *Rofe de Calvière,* qui, devenue veuve, rendit hommage au Roi le 10 Octobre 1679, des Terres & Seigneuries de Souvinargues & de Saint-Etienne-d'Efcate, avec leur juftice, haute, moyenne & baffe, mouvantes immédiatement de Sa Majefté, à caufe de la Viguerie de Sommières. Elle étoit fille de *Claude,* Seigneur de Saint-Cofme, de Boiffières, de Saint-André, &c., & de *Julie de Louet-de-Murat-de-Nogaret-de-Calviffon.* Ils eurent :

1. François, Seigneur de Saint-Etienne-d'Efcate & de Souvinargues, qui fut déclaré *noble & iffu de noble race & lignée,* par Ordonnance de M. de *Béçons,* Intendant de Languedoc, du 2 Janvier 1669, & mourut fans alliance, fur la fin de 1679;
2. Victor, Sieur de Saint-André, maintenu dans fa Nobleffe par M. *Pellot,* Intendant de Guyenne, le 20 Janvier 1668, qui mourut avant le 2 Avril 1694, après avoir fait fon teftament le 4 Février précédent, par lequel il voulut être enfeveli dans l'Eglife Paroiffiale de St.-Michel de la Ville de Verdun. Il époufa, par articles du 30 Mars 1664, *Marie de la Faurie.* De ce mariage naquirent :

   1. Jean-Pierre de Brueys, Sieur de Saint-André, qui mourut en 1737. Il époufa, par contrat du 1er Mai 1700, *Françoife de la Nuffe,* fille de *Jean-François,* Confeiller du Roi, Lieutenant-Civil & Criminel en chef au Siège Royal de la Ville de Verdun, & d'*Ifabeau de Comère.* Ils eurent plufieurs enfans;
   2. Jean-Baptiste-Joseph, Capitaine de Grenadiers au Régiment de Nogaret, incorporé dans celui de Conti;
   3. Jean-Victor, Capitaine d'Infanterie dans le Régiment de Limoufin;
   4. Marie-Claudine, alliée, par contrat du 3 Décembre 1688, à *Bernard de Caumont-de-Beauvila;*
   5. Et Marie-Anne de Brueys.

3. Louis, qui fuit;
4. Claudine, mariée, par contrat du 8 Juillet 1665, à *Guy d'Ifalguier,* Sieur de Beaufoleil, fils de *François-Mathieu,* & de *Marie de Geftas-de-Floran;*
5. 6. 7. & 8. Jeanne, Rose, Marguerite, Madeleine;
9. Et Julie, Religieufe au Couvent de Vigniogou-lès-Montpellier.

IX. Louis de Brueys, Seigneur de Souvi-

W

nargues & de Saint-Etienne-d'Escate, téfta le 16 Avril 1725 & mourut en 1728, laiffant de *Marguerite de Gauffanf* :

1. FRANÇOIS, qui fuit ;
2. ANTOINE-HERCULE, Prêtre, Prieur & Curé de Canals au Diocèfe de Montauban ;
3. LOUIS, Capitaine-Lieutenant de la Meftre-de-Camp du Régiment de Cavalerie de la Viefville, mort le 13 Août 1746, d'un boulet de canon qui lui avoit fracaffé la cuiffe droite, & qu'il avoit reçu le 10 du même mois à l'affaire du paffage du Tydon ;
4. Et MARGUERITE, mariée, le 6 Août 1722, à *Louis de Percin*, Seigneur de Seilh & de Tricherie, fils de *Claude*, Lieutenant des Vaiffeaux du Roi, Capitaine d'une Compagnie franche de la Marine, & de *Marie-Thérèfe de Comere*.

X. FRANÇOIS DE BRUEYS-DE-SOUVINARGUES, Seigneur de Donneville, &c., ci-devant Capitaine de Cavalerie, époufa, le 6 Octobre 1741, *Françoife de Carrieredouble*, fille de *François-Mathieu*, Ecuyer, & de *Françoife de Fontrouge*, dont :

1. FRANÇOIS-JOSEPH, né le 20 Mars 1743 ;
2. ANTOINE-MARIE-HERCULE, né le 3 Mars 1744 ;
3. LOUIS-CÉSAR-FRANÇOIS, né le 4 Mai 1745 ;
4. Et LOUIS-ROSE, né le 20 Août 1748,

TROISIÈME BRANCHE.

VI. DENIS DE BRUEYS, Seigneur de Saint-Chapte & de Pouls, troifième fils de TRISTAN, & de *Marguerite de la Croix*, Confeiller au Préfidial de Nîmes, en fut élu premier Conful ès années 1551 & 1552. Il pofa en 1565 la feconde pierre du Temple des Religionnaires de Nîmes, dont il fut un des plus zélés partifans; mais il embraffa la Religion Catholique avant le 8 Mai 1585. Il avoit tefté le 25 Décembre 1565, & eut de *Claude Bienvenue* :

1. TRISTAN, qui fuit ;
2. 3. & 4. MARGUERITE, GABRIELLE & MARIE.

VII. TRISTAN DE BRUEYS, Seigneur de St.-Chapte, de Pouls & de Cièvre, Guidon de la Compagnie des Gendarmes du Comte d'Offemont, nommé le 8 Février 1580 l'un des quatre Capitaines établis pour commander à la Garde Bourgeoife de Nîmes, fut député par cette Ville aux Etats de Languedoc convoqués à Béziers le 17 Février 1595, & élu premier Conful de Nîmes la même année, & le fut encore pendant les années 1601 & 1634.

Il fit deux teftamens : le premier le 11 Janvier 1603, & le fecond le 13 Octobre 1617. Il étoit alors marié à *Marguerite d'Albenas*, dont :

1. DENIS, qui fuit ;
2. JEAN, Lieutenant-Colonel au Régiment de Montpezat, mort le 1er Octobre 1668 ;
3. LOUIS, élevé Page du Roi, depuis Capitaine d'une Compagnie de Gens de pied, qui fervit avec diftinction aux fièges de Montauban, de Montpellier, de l'Isle de Rhé, de la Rochelle & en Italie, &c.;
4. ABDIAS, mort en Italie au fervice du Roi ;
5. GUY, mort auffi au fervice ;
6. ANTOINE, premier Capitaine & Major du Régiment de Roquefervière, fucceffivement Capitaine d'une Compagnie d'Infanterie dans le Régiment de Montpezat le 2 Avril 1645, Lieutenant pour le Roi au Château de Verrue le 23 Mars 1646, qui tefta le 21 Septembre 1656, & mourut le 22 du même mois. Il avoit époufé, le 17 Mai 1641, *Claude de Malmont*, dont il eut :

> LOUIS, nommé Capitaine d'une Compagnie d'Infanterie dans le Régiment du Roure le 31 Janvier 16... & déclaré *noble & iffu de noble race & lignée* par Ordonnance de M. *de Bézons*, Intendant de Languedoc, du 24 Décembre 1668 ;

7. GABRIELLE, mariée à *N... de Bornes*, Seigneur d'Auriolles ;
8. Et DIANE, mariée à *Daniel de Chalas*.

Un JACQUES DE BRUEYS, Seigneur de Sainte-Agathe, eft nommé oncle paternel des enfans de DENIS DE BRUEYS, qui fuit; ce qui fait croire qu'il eft un de fes frères.

VIII. DENIS DE BRUEYS, Seigneur de Saint-Chapte & de Cièvre, ayant été affigné pour le droit de francs-fiefs, produifit à M. *des Yveteaux*, Intendant du Languedoc, un inventaire de titres de Nobleffe où les filiations remontent à PIERRE DE BRUEYS, fon fixième aïeul. Il tefta 1o le 6 Septembre 1636; & 2o le 30 Novembre 1647. Il époufa *Victoire Louet-de-Nogaret-de-Calviffon*, fille de *Jean*, Baron de Calviffon, & de *Marguerite de Grimaldi*, & eut :

1. JEAN-FÉLIX, qui fuit ;
2. MARGUERITE, mariée à *Henri de Raymond*, fils de *Guillaume*, Seigneur de Brignon, & de *Marguerite de Saint-Bonnet*, fœur du Maréchal de *Thoiras* ;
3. Et GABRIELLE.

IX. JEAN-FÉLIX DE BRUEYS, Baron de St.-Chapte, Seigneur de Cièvre, &c., vendit conjointement avec GABRIELLE DE BRUEYS, fa tante, par acte du 28 Mai 1670, aux Auguf-tins de Nîmes, la *Maifon-carrée*, antiquité Romaine, dont ils firent une Eglife, tefta le 2 Janvier 1688, choifit fa fépulture dans la Chapelle qu'il avoit fondée au lieu de Saint-Chapte, & époufa, le 3 Janvier 1651, *Louife de Fore?*, fille de *Pierre*, Seigneur de Tré-guier, & de *Jeanne de Gineftoux*, dont:

  1. HENRI, qui fuit;

  2. JOSEPH-FRANÇOIS, déclaré *noble & iffu de noble race & lignée*, ainfi que fon père & fes frères, par Jugement de M. *de Bé?ons*, Intendant du Languedoc, rendu le 24 Dé-cembre 1668;

  3. LOUIS, qu'on croit être le même que FRAN-çois-LOUIS, rappelé dans le teftament de fon père;

  4. & 5. JEAN & FÉLIX, légataires de leur père en 1688;

  6. ALEXANDRE, auffi légataire de fon père, qui fe jeta en 1702 dans le parti des Camifards, aux follicitations d'une jeune fille dont il étoit éperdument amoureux; mais après la mort de cette fanatique, étant rentré en lui-même, il obtint, par le crédit du Maré-chal de Montrevel & de l'Intendant, fa grâce de la Cour;

  7. ANDRÉ-JOSEPH, Prieur de Saint-Chapte & de Saint-Ginieys de Chapte, ainfi qualifié dans le teftament de fon père;

  8. MARGUERITE, mariée à *Jean de Verdier*, de la ville d'Arles;

  9. & 10. MARIE-ANNE & GABRIELLE, légataires de leur père en 1688;

Et un fils naturel nommé

PIERRE, à qui fon père légua 60 livres pour lui faire apprendre un métier.

  X. HENRI DE BRUEYS, Baron de St.-Chapte, Seigneur de Cièvre, eut de *Marie Sinargue*:

  XI. HENRI DE BRUEYS, émancipé par acte du 3 Septembre 1711.

QUATRIÈME BRANCHE.

  VI. GUY DE BRUEYS, Seigneur de Pouls, quatrième fils de TRISTAN, & de *Marguerite de la Croix*, époufa, le 18 Novembre 1565, *Catherine d'Entraigues*, fille de *Guillaume*, & de *Firmine de Barjeton*, dont:

  1. JEAN, Lieutenant du Sénéchal de Beaucai-re & de Nîmes en 1602;

  2. JACQUES, qui fuit;

  3. Et LOUISE, mariée, avant le 19 Juin 1603, à *Charles-Bernard de Mirmand*, Avocat-Général en la Chambre des Comptes de Montpellier.

  VII. JACQUES DE BRUEYS, Seigneur de Flaux,

mourut avant le 27 Septembre 1640, & avoit époufé, par contrat du 22 Juin 1603, *Jeanne d'Ifarn*, fille de *Baptifte*, Seigneur de Cafta-net & en partie de Villefort, Capitaine d'une Compagnie de 100 Arquebufiers, & de *Ma-rie de Montjeu*, dont:

  1. JACQUES, qui fuit;

  2. CATHERINE, laquelle tefta le 30 Juin 1670;

  3. MARIE, mariée, par contrat du 6 Octobre 1627, à *Antoine de la Garde*, Seigneur de Malbos & en partie de Naves;

  4. JEANNE, mariée à *Pierre de Plantier*, Doc-teur en Droit, dont elle étoit veuve le 31 Août 1670;

  5. Et SUZON DE BRUEYS.

  VIII. JACQUES DE BRUEYS, Seigneur de Flaux, nommé en 1636 Capitaine d'une Com-pagnie d'Infanterie de Milice, & enfuite Ca-pitaine dans le Régiment de Polignac le 11 Mars 1639, fut maintenu dans fa Nobleffe par Jugement de M. *de Bé?ons*, Intendant de Languedoc, du 24 Décembre 1668, & mou-rut avant le 19 Février 1697. Il époufa, le 27 Septembre 1640, *Marthe le Chantre*, fille de *Gabriel*, Seigneur de Pougnadoureffe, & de *Jeanne de Jauffaud*, dont:

  1. PIERRE, né le 6 Juin 1645;

  2. PONS, qui fuit;

  3. JEAN-ANTOINE, Prêtre & Prieur du Pin;

  4. Et MARGUERITE, qui tefta le 29 Septembre 1695, & mourut le 25 Mars 1707.

  IX. PONS DE BRUEYS, Seigneur de Flaux, obtint, le 6 Février 1684, une commiffion de Capitaine d'une Compagnie d'Infanterie dans le Régiment de Conti, tefta le 8 Avril 1716, & mourut âgé de 75 ans le 14 Novembre 1724, étant Capitaine de Grenadiers dans le Régiment de Bolonois, & Chevalier de St.-Louis. Il époufa, le 25 Mars 1707, *Olympe de Roffel*, fille de *Jacob*, Seigneur & Baron d'Aigalliers & de Saint-Quintin, & de *Mar-guerite de Claufel*, dont:

  1. PONS, né le 3 Février 1708, nommé Capi-taine d'une Compagnie d'Infanterie dans le Régiment de Bolonois le 18 Décembre 1724, & mort en 1725;

  2. GABRIEL, qui fuit;

  3. Et FRANÇOIS, né le 16 Mai 1719, Chevalier de St.-Louis & Capitaine au Régiment de Forez.

  X. GABRIEL DE BRUEYS, Baron d'Aigalliers, né le 28 Août 1715, époufa, 1° par contrat du 29 Mars 1735, *Marguerite-Gabrielle de la Rouvière*, fille de *François*, Receveur des tailles des Ville & Diocèfe d'Uzès, & de *Ga-*

brielle-Françoise de Rozier; & 2° par contrat du 10 Août 1748 , *Marie de Vivet*, fille de *Joseph-François*, Conseiller du Roi, Lieutenant de Maire de la ville d'Uzès, & de *Louise d'Escudier-de-Beaulieu*. Du premier lit font issus:

1. GABRIEL-FRANÇOIS, né le 28 Février 1743, Lieutenant au Régiment de Forez depuis le mois de Mai 1757;
2. HENRIETTE - OLYMPE, née le 17 Octobre 1740, mariée, le 17 Septembre 1756, à *Pierre-Louis d'Entraigues*, fils de *Jean-François*, & de *Marie-Charlotte d'Hozier*.

Et du second lit:

3. FRANÇOIS, né le 1er Octobre 1751;
4. FRANÇOIS-PAUL, né le 11 Février 1753;
5. Et MARIE-LOUISE, née le 8 Septembre 1750, & nommée en 1755 pour remplir une place dans la Maison Royale de St.-Louis à Saint-Cyr.

Outre ces branches ci-dessus rapportées, il y en a une autre connue sous le nom de BRUEYS-DE-FONTCOUVERTE, dont il ne reste plus aujourd'hui que

MARIE DE BRUEYS, alliée, par contrat du 22 Janvier 1716, à *Jean de Bramaric*, Seigneur de Trémons, Capitaine au Régiment de l'Isle de France. Cette branche a été maintenue dans sa Noblesse par un Jugement rendu en sa faveur le 20 Septembre 1669 par M. *de Bézons*, Intendant du Languedoc. *Armorial gén. de France*, reg. V, part. I.

Les armes: *d'or, à un lion de gueules, langué & onglé de sable; & une cotice d'azur, bordée d'argent, brochante sur le tout, embrassée des deux pattes de devant du lion.*

BRUGES: *d'azur, à dix macles d'or, posées 4, 3, 2 & 1.*

BRUGES: *d'or, au lion de sable.*

BRUGES: *d'azur, à trois fleurs-de-lys d'or, à la bordure de gueules, besantée d'or, au nombre de huit.*

BRUGES, Seigneur de la Gruthuse: *écartelé, aux 1 & 4 d'or, à la croix de sable; aux 2 & 3 d'argent, au sautoir de gueules.*

BRUGNY: *d'azur, à trois poings renversés d'or, 2 & 1.*

BRUHL, en Pologne. Le Comte de ce nom, premier Ministre du feu Electeur de Saxe, AUGUSTE, Roi de Pologne, Comte du St.-Empire, est mort à son Château de Pfeffortin le 28 Octobre 1763, dans sa 64e année,

& a laissé d'*Anne de Kolowrath*, morte à Varsovie le 11 Mai 1762, âgée de 46 ans, quatre garçons & deux filles.

BRUIERET, Seigneur de Saint-Porche: *tiercé, en chef d'argent, à trois crancelins de gueules, 2 & 1; en fasce, d'or à une fasce vivrée d'argent; & en pointe, d'azur à trois besans d'or, 2 & 1.*

BRUILLAC, près Tréguier, portoit d'abord: *d'argent, à trois chevrons de gueules, posés l'un au-dessus de l'autre; & depuis, fascé d'or & de gueules de six pièces.* Devise: *da vat è tevy,* c'est-à-dire *tu n'as qu'à venir.*

BRUILLE ou BREVILLE, Election de Verneuil en Normandie, Ecuyer, Sieur de la Fontenelle, annobli au commencement de ce siècle ou sur la fin de l'autre, famille qui porte: *de gueules, au chevron d'argent, accompagné de trois étoiles de même, 2 en chef & 1 en pointe.*

BRUILLY: *de gueules, au lion d'or.*

BRULART. Ceux de ce nom disent tirer leur origine d'ADAM & GEOFFROY BRULART, père & fils, successivement Bouteillers de HENRI le Large, & de THIBAUT DE CHAMPAGNE en 1150 & 1165. Cette Maison a produit un Chancelier de France, des Evêques, des Chevaliers des Ordres, plusieurs illustres Ambassadeurs &c., des Ministres d'Etat, &c. Elle forme aujourd'hui deux branches, savoir: BRULART-SILLERY & BRULART-GENLIS.

I. PIERRE BRULART, Ier du nom, vivoit en 1437; il s'attacha, après la mort de CHARLES VII, au Roi Louis XI, qui lui accorda sa confiance. Il fut en 1466 son principal Secrétaire, Charge qu'il exerça aussi sous le règne suivant, ainsi que d'autres Commissions importantes qui lui furent données. Il releva de l'Abbé de Saint-Waast d'Arras, au nom de son fils, les Fiefs de Héez & de Courtieux en Aignets, au Pays d'Artois. Il mourut à Paris le 24 Juin 1483 dans un âge fort avancé, & fut enterré au Cimetière des Saints-Innocens, auprès de sa première femme. Il épousa 1° *Denise Dourdin*, morte le 18 Février 1466, fille unique de *Raoul*, & de *Catherine Bailli*; & 2° *Marguerite de Livres*, qui lui survécut. Il eut du premier lit:

JEAN, qui suit.

Et du second lit:

PIERRE & GEOFFROY, vivans en 1480;

Et Marie, dont l'alliance est ignorée.

II. Jean Brulart, Seigneur de Héez & de Courtieux en Aignets, au Comté d'Artois, reçu Conseiller au Parlement de Paris le 23 Juin 1502, mourut le 20 Novembre 1519. Il épousa 1° *Jeanne Jayer*, morte le 15 Septembre 1505, fille de *Philippe*, & de *Gillette le Coq*; 2° *Guillemette Allegrain*, veuve de *Pierre*, Seigneur *de Montmort*; & 3° *Jeanne Aligret*, veuve de *Jean de Sansec*. Il laissa du premier lit:

1. Pierre, qui suit;
2. Nicolas, Chantre & Chanoine de l'Eglise de St.-Honoré de Paris, mort le 21 Avril 1561, & enterré avec ses père & mère au Cimetière des Saints-Innocents;
3. Geoffroy, Intendant de Justice en Champagne;
4. N..., Brulart, Religieux à l'Abbaye de St.-Denis en France;
5. Noel, auteur de la branche des Seigneurs de *la Borde*, rapportée ci-après;
6. Et Jacques, Baron de Héez en Aignets, marié à *Isabelle le Picart*, fille de *Renaud*, Seigneur de Villevrart, & de *Catherine Turquan*, sa seconde femme, dont il eut:

   Jeanne Brulart, mariée à *Pierre Hennequin*, Seigneur de Boinville, Président au Parlement;
7. Catherine, femme de *Louis de Longueil*, Conseiller au Parlement de Paris;
8. Et Jacqueline (*aliàs* Catherine), Religieuse au Prieuré de Poissy, où elle vivoit encore le 13 Mars 1562.

III. Pierre Brulart, IIᵉ du nom, fut reçu Conseiller au Parlement de Paris le 14 Novembre 1522. Il mourut le 1ᵉʳ Octobre 1541, laissant d'*Ambroise Reynault*, Dame de Berni, morte le 19 Octobre 1551, fille de *Pierre*, Seigneur de *Montmort*, & de *Guillemette Allegrain*:

1. Pierre, qui suit;
2. & 3. Jean & François, ce dernier Chanoine de Tours;
4. & 5. Nicolas & Jacques, Religieux de l'Abbaye de St.-Denis en France;
6. Jeanne, Religieuse aux Filles-Dieu de Paris;
7. Marie, Religieuse à Montmartre;
8. Anne, Religieuse à Hières;
9. Et Marie, mariée à *Charles Prévôt*, Seigneur de Grandville, Intendant des Finances.

IV. Pierre Brulart, IIIᵉ du nom, Seigneur de Berni, Président des Enquêtes, mourut le 31 Décembre 1584. Il avoit épousé, le

30 Novembre 1543, *Marie Cauchon*, Dame de Sillery & de Puisieux, fille de *Jean*, d'une ancienne famille de la Ville de Reims, annoblie en Février 1383, qui a donné un Evêque, Comte de Beauvais, Pair de France en 1420; & de *Marie Picart*. Il en eut:

1. Nicolas, qui suit;
2. François, Archidiacre de Reims, Abbé de Valleroi & de Chanteraine, Aumônier du Roi, qui fut élu Archevêque de Reims par le Chapitre, & refusa cette nomination: il est le fondateur du Collège que les Jésuites avoient à Reims;
3. Noel, Chevalier de Malte, dit *le Commandeur de Sillery*, premier Ecuyer, & ensuite Chevalier d'honneur de la Reine Marie de Médicis, Ambassadeur de sa Religion en France & à Rome, & Ambassadeur extraordinaire de France en Espagne; au retour de son Ambassade de Rome il fut ordonné Prêtre. Il fit bâtir l'Eglise des Filles de Sainte-Marie, rue St.-Antoine à Paris, où il est enterré;
4. Jean, Religieux Capucin;
5. Mathieu, Seigneur de Berni, Conseiller au Parlement, Ambassadeur en Savoie & en Flandre vers les Archiducs, qui épousa 1° *Marie de Boudeville*, Dame de Vaux, & 2° *Madeleine de Cerisiers*, fille de *Barnabé*, Maître des Comptes, & de *Marie Hulin*. Il eut du premier lit:

   Pierre Brulart, Seigneur de Vaux.

   Et du second lit:

   Noel Brulart, Seigneur de Vaux, mort à Paris le 7 Mars 1714, âgé de 96 ans, & inhumé à Saint-Sulpice;
   Pierre Brulart, Chevalier de Malte, Capitaine de Galères, mort le 22 Novembre 1658, & inhumé dans l'Eglise des Blancs-Manteaux;
   Et Madeleine Brulart, Religieuse aux Filles de la Visitation à Paris;
6. Jérôme, nommé mineur, & sous la tutelle de sa mère, dans le partage du 6 Mai 1587;
7. Marie, femme de *Louis Durand*, Seigneur de Villegagnon, Maître des Requêtes;
8. Anne, mariée, le 25 Août 1582, à *Laurent Cauchon*, Seigneur de Trélon, Maître des Requêtes, puis Conseiller d'Etat;
9. Madeleine, femme de *Guichard Faure*, Secrétaire du Roi;
10. Et Catherine, Abbesse de Longchamp, près Paris.

V. Nicolas Brulart, Marquis de Sillery, Seigneur de Puisieux en Champagne, de Marines près Pontoise, de Berni, &c., Conseiller au Parlement le 18 Juin 1568, Président aux Enquêtes le 18 Décembre 1584, Maître des Requêtes le 15 Juin 1588, fut envoyé en Ambaffade vers les Suiffes & Grifons en 1589, où il rendit des fervices fignalés à HENRI III & une feconde fois en 1593 par le Roi HENRI IV, qui, à fon tour, le pourvut de l'Office de fixième Préfident à Mortier de la Cour en 1597. En 1599 il fe trouva en qualité d'Ambaffadeur & Plénipotentiaire pour le Roi à l'Affemblée de Vervins, où la paix fut conclue avec l'Efpagne & la Savoie; enfuite il fut envoyé à Bruxelles avec le Duc de Biron & le Chancelier de Bellièvre, pour en voir jurer le Traité par l'Archiduc. De là il paffa en Italie en qualité d'Ambaffadeur extraordinaire vers le Pape, & il négocia le Mariage de HENRI IV, avec MARIE DE MÉDICIS; fut pour la troifième fois en Ambaffade en Suiffe en 1602, pour le renouvellement de l'alliance perpétuelle avec la Couronne de France; Garde-des-Sceaux en titre en 1604, Chancelier de France en 1607, Charge qu'il exerça jufqu'en 1616: il fut rappelé après la mort du Maréchal d'Ancre. Les Sceaux lui furent rendus le 23 Janvier 1623, & il s'en démit entièrement le 2 Janvier 1624. LOUIS XIII avoit érigé fa Terre de *Sillery* en Champagne, en *Marquifat* en 1619, il s'y retira; & y mourut dans un âge avancé le 1er Octobre 1624: il fut enterré à Marines près Pontoife, où l'on voit fon tombeau. Il avoit époufé, par contrat du 24 Novembre 1574, *Claude Prudhomme*, fille puînée de *Louis*, Seigneur de Fontenay en Brie, Tréforier de France à Rouen, & de *Marie l'Huillier-de-Boulencourt*, dont:

1. PIERRE, qui fuit;
2. HENRI, tenu fur les fonts de Baptême au nom des Cantons Suiffes, mort étudiant au Collège de Navarre, âgé de 16 ans;
3. NICOLAS, mort à fix mois;
4. MARIE, Religieufe aux Filles-Dieu de Paris, morte en 1628;
5. ISABELLE, mariée, par contrat du 30 Juillet 1601, à *Gafpard Dauvet*, Seigneur des Marêts, Chevalier des Ordres du Roi, Gouverneur de Beauvaifis, Ambaffadeur en Angleterre, fils de *Pierre*, & de *Marie de Rouvroy-Saint-Simon;*
6. Et CLAUDE, mariée, le 3 Février 1605, à *Nicolas de Bellièvre*, Seigneur de Grignon, fils de *Pomponne*, Chancelier de France, & de *Marie Prunier.*

VI. PIERRE BRULART, IVe du nom, Marquis de Sillery, Vicomte de Puifieux, Seigneur de Marines, de Berni, &c., Grand-Tréforier des Ordres du Roi, Secrétaire d'Etat & des Commandemens & Finances, par Brevet du 1er Janvier 1607, Ambaffadeur en Efpagne en 1612, procura en 1622 la réduction de Montpellier, que LOUIS XIII affiégeoit depuis longtems fans certitude de prendre cette Place. Ce Prince lui promit de le faire *Duc & Pair & Chevalier de fes Ordres* à la première promotion qui fe feroit; mais une intrigue de la Cour empêcha l'effet de cette promeffe: il fe retira en Janvier 1624, & mourut fans avoir donné la démiffion de fa Charge de Secrétaire d'Etat, le 22 Avril 1640, âgé de 57 ans. Il avoit époufé, 1° en 1606, *Madeleine de Neufville-Villeroy*, morte fans enfans le 24 Novembre 1613, fille de *Charles*, Marquis de Villeroy & d'Alincourt, & de *Marguerite de Mandelot*, fa première femme; & 2° par contrat du 11 Janvier 1615, *Charlotte d'Eftampes-Valençay*, morte le 8 Septembre 1677, à l'âge de 80 ans, fille de *Jean*, Chevalier des Ordres, & de *Sara d'Applaincourt*, dont:

1. LOUIS-ROGER, qui fuit;
2. NICOLAS-FRANÇOIS, Abbé de Lefpau, de la Pliffe, &c., vivant en 1677;
3. CLAUDE-CHARLES, reçu Chevalier de Malte de minorité le 7 Juillet 1640;
4. LÉONOR-ADAM, Abbé de Marines, mort au mois de Décembre 1699;
5. CHARLOTTE, morte le 28 Septembre 1697, âgée de 78 ans, qui époufa, le 16 Mai 1640, *François d'Eftampes*, Marquis de Mauny, fils de *Jacques*, Maréchal de France, & de *Catherine-Blanche de Choifeul-Praslin;*
6. & 7. MARIE-ELÉONORE & FRANÇOISE, l'une Abbeffe d'Avenay, morte le 3 Février 1687; & l'autre Religieufe au même Monaftère.

VII. LOUIS-ROGER BRULART, Marquis de Sillery, Vicomte de Puifieux, Seigneur de Precigny, de Marines, &c., né en 1619, tenu fur les fonts de Baptême par LOUIS XIII & la Comteffe de Soiffons, Meftre-de-Camp d'un Régiment d'Infanterie de 20 Compagnies de 100 hommes chacune le 4 Juin 1651, mourut à Liancourt le 19 Mars 1691. Il avoit époufé, en Mai 1638, *Marie-Catherine de la Rochefoucauld*, qui porta à fon mari les Terres de la Borde, de la Mothe-Saint-Claude & de Château-Regnault en Angoumois, & mourut le 7 Mars 1698, âgée de 78 ans. Elle étoit fille de *François*, Ve du nom, premier Duc *de la Rochefoucauld*, Pair de France; & de

Gabrielle du Pleſſis - Liancourt. De ce mariage naquirent :

1. Roger, qui fuit ;
2. Louis, Chevalier de Malte, mort en Portugal le 17 Juillet 1664, âgé de 22 ans, après avoir ſervi avec beaucoup de valeur ſous le Maréchal de Schomberg, & en défendant courageuſement l'entrée de la maiſon de ſon Commandant ;
3. François, Abbé de Saint-Basle, mort en 1668 ;
4. Charles - Henri, Seigneur de Briançon, Enſeigne-Colonel au Régiment de Turenne, mort à 13 ans & demi, en défendant ſon Drapeau au combat de Saint-Gothard, donné contre les Turcs en Hongrie le 1ᵉʳ Août 1664 ;
5. Achille, Chevalier de Malte, Aide de Camp du Vicomte de Turenne, & Capitaine d'Infanterie dans ſon Régiment, mort à Landau des bleſſures qu'il reçut à la bataille de Sentzeim le 3 Juillet 1674, âgé de 19 ans & 10 mois ;
6. Fabio, Abbé de Saint-Basle, de la Pliſſe, du Gard & de Chezy, ſacré Evêque de Soiſſons le 23 Mars 1692, reçu à l'Académie Françoiſe en 1705, & mort à Paris le 20 Novembre 1714, âgé de 59 ans ;
7. Carloman-Philogène, dit *le Comte de Sillery*, rapporté après la poſtérité de ſon frère aîné ;
8. Marie-Catherine, morte au mois de Novembre 1717, qui épouſa, le 23 Novembre 1664, *Jean-Baptiſte de Rochefort d'Ailly*, Comte de Saint-Pont & de Montferrand ;
9. Jeanne-Andrée-Charlotte, morte veuve à Paris le 21 Octobre 1710, âgée de 63 ans. Elle avoit épouſé, en 1672, *Gabriel de Langan*, Marquis de Boisfevrier ;
10. Gabrielle-Françoise, morte à Paris le 27 Juin 1732, âgée de 83 ans, qui épouſa, le 23 Juin 1675, *Louis de Tibergeau*, Marquis de la Mothe au Maine, fils de *Louis*, Seigneur de la Mothe, & de *Renée le Camus ;*
11. Et Marie-Françoise, morte à Turin le 31 Janvier 1707, qui épouſa, en 1683, *François-Hyacinthe de Gontheri*, Marquis de Cavaglia, Colonel d'un Régiment de Cavalerie, Lieutenant-Général des Armées du Duc de Savoie, & Général des Poſtes dans ſes Etats.

VIII. Roger Brulart, Marquis de Sillery & de Puiſieux, baptiſé dans l'Egliſe de St.-Euſtache à Paris le 1ᵉʳ Avril 1640, ſe ſignala en pluſieurs occaſions en Flandre, où il fit ſa première campagne en 1658, fut bleſſé dangereuſement au viſage lors du ſiège de Valenciennes, & en Allemagne, où il le fut encore à l'épaule à la bataille d'Enſheim ou de Saint-François, & commanda depuis dans la Province d'Alſace pendant pluſieurs campagnes. Il fut Ambaſſadeur extraordinaire en Suiſſe depuis 1697 juſqu'en 1708, Conſeiller d'Etat ordinaire d'Epée, Gouverneur de la Ville de Huningue près Bâle, & d'Epernay en Champagne, Chevalier des Ordres du Roi le 1ᵉʳ Janvier 1705, & Lieutenant-Général de ſes Armées, &mourut le 28 Mars 1719. Ilavoit épouſé, le 7 Mars 1668, *Claude Godet*, Dame de Reyneville & de Marc, morte à Huningue le 24 Mai 1681, âgée d'environ 33 ans, fille aînée & héritière de *Joachim Godet*, Seigneur de Reyneville & de Marc, près Châlons en Champagne, Lieutenant-Général des Armées du Roi, & de *Claudine de Châtillon*. De ce mariage vinrent :

1. Félix-François, Comte de Sillery, Colonel d'un Régiment d'Infanterie, & Brigadier des Armées du Roi, tué à la bataille d'Almanza en Eſpagne le 25 Avril 1707, en donnant des marques ſurprenantes de valeur & de courage ;
2. Catherine - Françoise, morte le 20 Septembre 1750, âgée de 78 ans, ſeconde femme, le 2 Mai 1697, de *Pierre Allemand*, Comte de Montmartin, Lieutenant de Roi en Dauphiné, mort le 7 Janvier 1713. Ils eurent *Anne-Félicité-Allemand*, mariée, en 1724, à *Claude-Gabriel-Amédée de Rochefort-d'Ailly*, Comte de Saint-Point. Voyez ROCHEFORT.
3. Gabrielle-Charlotte-Elisabeth, morte à Paris le 16 Janvier 1740, âgée de 68 ans, mariée, le 27 Janvier 1702, à *François-Joſeph de Blanchefort*, Baron d'Aſnois en Nivernois, Gouverneur pour le Roi de la Province & Pays de Gex, mort le 16 Mars 1714. Voyez BLANCHEFORT ;
4. Anne-Claudine, morte le 14 Mars 1737, mariée, en Décembre 1703, à Pierre Brulart, Marquis de Genlis, ſon couſin ;

Et quatre autres filles, mortes en bas âge.

VIII. Carloman-Philogène Brulart, dit *le Comte de Sillery*, ſeptième fils de Louis-Roger, & de *Marie-Catherine de la Rochefoucauld*, Capitaine de Vaiſſeau, puis Colonel d'Infanterie du Régiment du Prince de Conti, dont il étoit premier Ecuyer, & Gouverneur de la Ville d'Epernay en Champagne le 31 Mars 1719, fut bleſſé dangereuſement à la bataille de Nerwinde le 29 Juillet 1693, & mourut à Paris le 27 Novembre 1727, âgé de 71 ans. Il avoit épousé, au mois d'Août 1697, *Marie-Louise Bigot*, morte le 8 Mai 1746, âgée de 84 ans, fille d'*Antoine*, Auditeur des Comptes de Paris, & de *Louise Renard*, dont il eut :

1. LOUIS-PHILOGÈNE, qui suit ;
2. Et MARIE, née le 30 Octobre 1707, appelée *Mademoiselle de Sillery*, morte le 31 Mai 1771.

IX. LOUIS-PHILOGÈNE BRULART, dit *le Marquis de Sillery*, Vicomte de Puisieux, &c., né le 12 Mai 1702, a été d'abord Capitaine de Cavalerie dans le Régiment de Villeroy, puis Meftre-de-Camp d'un Régiment de Cavalerie de fon nom, ci-devant du Luc, le 20 Février 1734, fait Brigadier des Armées le 1er Août fuivant, nommé Ambaffadeur de France auprès du Roi des Deux-Siciles en 1735, Maréchal-de-Camp le 20 Février 1743 ; envoyé en Août 1746 Miniftre Plénipotentiaire de France aux Conférences de Breda ; au mois d'Octobre fuivant fait Confeiller d'Etat d'Epée à la place du Marquis de Fénélon, tué à la bataille de Rocoux ; Secrétaire d'Etat pour les affaires Etrangères le 15 Janvier 1747 à la place du Marquis d'Argenfon ; Chevalier des Ordres à la promotion du 2 Février 1748, Lieutenant-Général au Gouvernement de la Province de Languedoc le 7 Mai 1751 ; & enfin Gouverneur de la Ville d'Epernay en Champagne, s'eft démis de la Charge de Secrétaire d'Etat le 9 Septembre 1751 avec confervation de l'entrée au Confeil en qualité de Miniftre d'Etat ; & il s'en eft retiré le 30 Juin 1756 à caufe de fa mauvaife fanté. Il eft mort le 8 Décembre 1770, & avoit époufé, le 19 Juillet 1722, *Charlotte-Félicité le Tellier-Louvois-de-Rebenac*, fœur du Marquis de Souvré, & fille de *Louis-Nicolas*, Marquis de Souvré, & de *Catherine-Charlotte du Pas-de-Feuquières*, dont pour fille unique :

ADÉLAÏDE-FÉLICITÉ BRULART-DE-SILLERY, née le 5 Novembre 1725, mariée, par difpenfe, le 26 Janvier 1744, à *Louis-Charles-Céfar le Tellier*, Comte, puis Maréchal, Duc d'Eftrées, dont il n'y a point d'enfans.

BRANCHE
des Seigneurs DE LA BORDE.

III. NOEL BRULART, Seigneur de Crône & de la Borde, cinquième fils de JEAN, & de *Jeanne Jayer*, fa première femme, Confeiller, puis Procureur-Général du Parlement de Paris le 29 Août 1541, mourut en 1557, & laiffa d'*Ifabeau Bourdin*, fille de *Jacques*, Seigneur de Villaines, Contrôleur-Général des Finances en Touraine, & de *Catherine Brinon* :

1. JACQUES, Abbé de Melinais, Chanoine de l'Eglife de Paris, Maître des Requêtes ;
2. DENIS, qui suit ;
3. PIERRE, auteur de la branche des Seigneurs de *Genlis*, rapportée ci-après ;
4. NICOLAS, Abbé de Saint-Martin d'Autun & de Joyenval, Maître des Requêtes le 5 Août 1570, & mort le 14 Novembre 1597 ;
5. MARGUERITE, femme de *Louis Aleaume*, Seigneur de Verneuil, Lieutenant-Général au Préfidial d'Orléans ;
6. AMBROISE, femme de *Raoul Aurillot*, Seigneur de Champlatreux, Confeiller au Parlement ;
7. MADELEINE, femme de *Thierry Cauchon*, Seigneur de Condé-fur-Noirau ;
8. Et JEANNE, mariée à *Jean Gauchery*, Seigneur de Grand-Champ.

IV. DENIS BRULART, 1er du nom, Baron de la Borde, Confeiller au Parlement de Paris, nommé le 25 Juillet 1570, premier Préfident au Parlement de Bourgogne, dont il fe démit le 10 Juin 1610, époufa, le 9 Janvier 1563, *Madeleine Hennequin*, fille de *Jean*, Seigneur de Dammartin, Confeiller au Parlement de Paris, & d'*Anne Molé*. Il en eut :

1. NICOLAS, qui suit ;
2. NOEL, Baron de Sombernon, Maître des Requêtes le 2 Juin 1612, marié à *Charlotte Baillet*, fille de *Philippe*, & de *Marguerite Noblet* ;
3. JEANNE, mariée 1° à *Jacques Baillet*, Confeiller au Grand-Confeil ; & 2° le 1er Juin 1593, à *Erard Bouton*, Seigneur de Chamilly. Vôy. BAILLET & BOUTON.
4. MARGUERITE, femme de *Jean-Baptifte le Goux*, premier Préfident au Parlement de Bourgogne ;
5. Et MADELEINE, Abbeffe de Molaife.

V. NICOLAS BRULART, 1er du nom, Baron de la Borde, &c., Maître des Requêtes, puis Préfident, & enfuite premier Préfident au Parlement de Bourgogne, mourut en Janvier 1627. Il avoit époufé, le 8 Octobre 1593, *Marie Bourgeois*, Dame d'Origni, fille de *Claude*, Préfident au Parlement de Bourgogne, & de *Françoife de Montholon*, dont :

1. DENIS, qui suit ;
2. ROGER ;
3. FRANÇOISE, mariée, en 1613, à *Claude de*

Saulx, Comte de Buzançois, Vicomte de Tavannes;

4. Et ANNE, Religieuse Carmélite.

VI. DENIS BRULART, IIe du nom, Marquis de la Borde, &c., Conseiller, puis Préfident au Parlement de Bourgogne, fit ériger au mois d'Août 1645 la Baronnie de la Borde en *Marquifat*. Il époufa, le 29 Janvier 1623, *Marie Maffol*, fille de *Jean*, Confeiller au Parlement de Dijon, & de *Claude Maillard*, dont:

1. NICOLAS, qui fuit;
2. NOEL, rapporté après la poftérité de fon frère aîné;
3. DENIS, Chevalier de Malte;
4. 5. 6. & 7. JEAN-BAPTISTE, ROGER, PIERRE & autre DENIS, morts jeunes;
8. CHARLOTTE, morte le 5 Janvier 1688, mariée 1° à *Louis Frère*, premier Préfident au Parlement de Dauphiné; & 2° à *Jean Amelot*, Maître des Requêtes. Voy. AMELOT.
9. & 10. CLAUDE & FRANÇOISE, Religieufes à la Vifitation de Dijon;
11. 12. & 13. Trois filles, mortes jeunes;
14. Et ELISABETH, Religieufe Carmélite à Dijon.

VII. NICOLAS BRULART, IIe du nom, Marquis de la Borde, Baron de Sombernon, &c., né le 19 Janvier 1627, premier Préfident au Parlement de Bourgogne le 17 Avril 1657, mourut le 29 Août 1692. Il avoit époufé 1° *Marie Cazet*, morte en 1666, fille de *François*, Seigneur de Vautorte, & de *Marie Marcel*; & 2° le 29 Janvier 1669, *Marie Bouthillier*, morte le 11 Juin 1728, âgée de 82 ans, après s'être remariée, le 4 Mai 1699, à *Céfar-Augufte*, Duc de *Choifeul*, Pair de France, Chevalier des Ordres du Roi, dont elle fut la feconde femme. Elle étoit fille de *Léon Bouthillier*, Comte de Chavigny, Miniftre & Secrétaire d'Etat, Grand-Tréforier de l'Ordre du Roi, & d'*Anne-Phélypeaux*. Les enfans du premier lit furent:

1. JACQUELINE-CHARLOTTE, morte à Paris le 28 Décembre 1743, âgée de 83 ans, mariée, le 6 Février 1689, à *André-Louis de Loménie*, Comte de Brienne, mort le 14 Mars 1743, âgé de 85 ans, fils de *Louis-Henri*, Secrétaire d'Etat, & de *Henriette Bouthillier-Chavigny*;
2. MARIE-RENÉE, Religieufe à la Vifitation de Dijon;
3. Et N... BRULART, qui n'étoit point mariée en 1691.

Du fecond lit font nés:

Tome IV.

4. ARMAND-NICOLAS, mort par accident le 22 Décembre 1695;
5. JEAN-BAPTISTE, Capitaine des Gendarmes du Berry, tué à la bataille de Spire le 15 Novembre 1703;
6. LOUIS, Capitaine au Régiment d'Auvergne, mort à Socino en Lombardie en 1701;
7. ANNE, mariée à *Gafpard de Vichy*, Comte de Chameron;
8. Et MARIE, morte à Verfailles le 11 Septembre 1763, femme, 1° fans enfans, le 18 Décembre 1704, de *Louis-Jofeph de Béthune*, Marquis de Charoft, tué à la bataille de Malplaquet le 11 Septembre 1709; & 2° auffi fans enfans, le 15 Janvier 1732, de *Charles-Philippe d'Albert*, Duc de Luynes, mort le 2 Novembre 1758. Voy. BÉTHUNE & ALBERT DE LUYNES.

VII. NOEL BRULART, Baron de Sombernon & Comte de Rouvre, fecond fils de DENIS, IIe du nom, & de *Marie Maffol*, né le 28 Juin 1632, Confeiller au Grand-Confeil en 1655, mort le 12 Août 1694, avoit époufé, 1° au mois de Mai 1655, *Jeanne Gruin*, morte le 21 Mai 1686, fille de *Charles*, Seigneur des Bordes; & 2° *Urfule-Françoife de Simiane-de-Monetha*. Du premier lit vinrent, cinq enfans, morts jeunes;

6. DENIS-NOEL, qui fuit;
7. CATHERINE, mariée, le 13 Décembre 1683, à *Armand-Charles d'Anglebermer-de-Furftenberg*, Chevalier, Marquis de Lagny;
8. MADELEINE, morte à Langres le 7 Septembre 1761, âgée de 95 ans, femme, en 1696, de *Louis Tiffart*, Seigneur de Biche, fils de *Daniel*, Seigneur de Clayes & de Biche, & de *Judith Hardy*;
Et deux filles, Urfulines à Arc en Barrois.

Du fecond lit vint:

Une fille, morte en 1710, âgée de 15 à 16 ans.

VIII. DENIS-NOEL BRULART, dit *le Marquis de Brulart*, Marquis de Rouvre, fut dans fa jeuneffe Guidon de la Compagnie des Gendarmes Ecoffois, & mourut fubitement à Paris le 5 Octobre 1739, âgé d'environ 71 ans. Il avoit époufé, en Juillet 1695, *Bonne-Marie Bachelier*, morte le 5 Février 1716, fille de *Nicolas* ou *Simon*, Seigneur de Beaubourg & de Clotomont, Receveur-Général des Finances de la Généralité d'Orléans, & de *Madeleine de Broé-de-la-Guette*. De ce mariage eft né:

IX. SIMON-LOUIS BRULART, Chevalier, Sei-

X

gneur de Beaubourg par fa mère, appelé *le Marquis de Rouvre*, qui entra en 1713 dans le Corps de la Marine, où il fervit jufqu'en 1716, qu'il fut pourvu d'une Charge de Sous-Lieutenant dans le Régiment des Gardes-Françoifes. Il a époufé, par contrat du 23 Janvier 1738, *Marie-Françoife Mallet*, fille de *Jacques-François*, Seigneur de Chante-loup, Préfident en la Chambre des Comptes de Paris, & de *François Lucas-de-Demuyn*. Il n'y avoit point d'enfans de ce mariage en 1754.

BRANCHE
des Seigneurs DE GENLIS.

IV. PIERRE BRULART, Seigneur de Crône & de Genlis, troifième fils de NOEL, & d'*Ifabeau Bourdin*, acquit la Terre de Genlis des Seigneurs de l'ancienne Maifon d'*Hangeſt*, qui fut érigée en *Marquifat* au mois d'Août 1645. Il fut Secrétaire des Commandemens de la Reine CATHERINE DE MÉDICIS, & Secrétaire d'Etat par CHARLES IX, le 8 Juin 1569, en récompenfe de fes fervices : il mourut le 12 Avril 1608, âgé de 73 ans. Il avoit époufé, par contrat du 10 Septembre 1571, *Madeleine Chevalier*, fille de *Jofeph*, Seignêur de Malpierre, & d'*Agnès de Chambly*, dont :

1. GILLES, qui fuit ;
2. CHARLES, Chanoine de l'Eglife Cathédrale de Paris, Abbé de Joyenval & de Neaufle, Prieur de Léon en Bretagne. Il fut Ambaffadeur à Venife depuis 1612 jufqu'en 1615, & à la Diète de Ratisbonne en 1640. Il mourut Doyen des Confeillers du Roi le 25 Juillet 1649. Amelot de la Houffaye, dans fes Mémoires hiftoriques, lui donne un fils naturel nommé *Charles*, qui époufa la veuve d'un Tréforier de France, qui lui apporta une Terre de 4000 liv. de rente;
3. NOEL, mort au fiège d'Amiens en 1597 ;
4. PIERRE, Confeiller au Grand-Confeil & Abbé de St.-Martin d'Autun ;
5. LOUIS, auteur de la branche des Seigneurs du *Ranché* & du *Brouſſin*, rapportée ci-après ;
6. NICOLAS, Chambellan de GASTON DE FRANCE, Duc d'Orléans, mort le 27 Octobre 1659. Il avoit époufé *Marie* (aliàs *Madeleine*) *de Cerifiers*, veuve de PIERRE BRULART, Seigneur de Vaux, fon parent. Il en a eu :

Un garçon, mort Capitaine au Régiment du Duc d'Orléans, fans avoir été marié ;
ELISABETH, mariée à *Alphonfe de Civille* ;
N..., mariée à *Louis d'Eſtourmel* ;
MARIE, morte le 17 Avril 1699, âgée de

64 ans. Elle avoit époufé, en 1662, *Nicolas de l'Hôpital*, Marquis de Vitry, Ambaffadeur Extraordinaire en Pologne ;
Et N... BRULART, Religieufe aux filles de Sainte-Marie, à Melun ;

7. MADELEINE, femme de *François Robertet*, morte fans enfans ;
8. MARIE, alliée 1° à *François*, Baron de *Mailloc* en Normandie ; & 2° à *François de Raveton*, Seigneur de Chauvigny ;
9. Et ELISABETH, Religieufe à l'Abbaye de St.-Antoine de Paris.

V. GILLES BRULART, Seigneur de Genlis, &c., Bailli & Gouverneur de Chauny, & Gentilhomme ordinaire de la Chambre du Roi, époufa 1° *Anne de Hallwin*, fille de *Charles*, Seigneur de Piennes, Chevalier des Ordres, & de *Jeanne* ou *Anne Chabot* ; & 2° *Claudine Aux-Epaules*, fille de *François*, Seigneur de Pify, & de *Gabrielle de Laval*, Marquife de Nesle. Du premier lit vinrent :

1. CHARLES, tué en duel en 1649 ;
2. FLORIMOND, qui fuit ;
3. CHARLES, Abbé de Joyenval & Prieur de Léon, mort le 14 Mai 1669 ;
4. FRANÇOIS, Chevalier de Malte ;
5. ANNE BRULART.

Du fecond lit vint :

6. Et RENÉ, Marquis de Genlis, Meftre-de-Camp de Cavalerie, Lieutenant des Gendarmes d'Anjou, Gouverneur du Fort Barrault & des frontières du Dauphiné, & Lieutenant-Général des Armées du Roi, mort le 21 Décembre 1696, âgé de 79 ans. Il avoit époufé *Anne de Longueval*, fille de *Julien*, Seigneur de Thenelles, & d'*Anne le Picart*, dont il laiffa poftérité.

VI. FLORIMOND BRULART, Marquis de Genlis, Lieutenant des Gendarmes d'Orléans, mourut le 10 Janvier 1685, âgé de 83 ans. Il avoit époufé, 1° le 6 Juin 1628, *Charlotte de Blecourt*, morte en 1676, à Genlis, fille de *Louis*, Seigneur de la Tour-Brunetel, &c., & de *Charlotte de Gomer* ; & 2° *Elifabeth-Marguerite de Bovelles*, fille de *Jean*, Seigneur d'Eppeville, & d'*Elifabeth de l'Eſpinay*, Les enfans du premier lit furent :

1. FLORIMOND, II° du nom, Marquis de Genlis, Meftre-de-Camp d'un Régiment de Cavalerie, qui fervit pendant plufieurs campagnes avec beaucoup de diftinction, & fit les fonctions de Maréchal-de-Camp des Armées du Roi, mourut fur la fin du mois de Novembre 1653, fans avoir été marié, n'étant âgé que de 24 à 25 ans ;

2. Charles, Archevêque d'Embrun en 1668, mort le 2 Novembre 1714, âgé de 86 ans;

3. Claude, Marquis de Genlis, après son frère aîné, Colonel du Régiment d'Artois, puis de la Couronne, mort le 15 Avril 1673. Il avoit épousé, le 11 Mars 1669, *Angélique de Fabert*, morte à Paris, le 12 Octobre 1730, âgée de 82 ans, après s'être remariée, le 19 Janvier 1677, à *François d'Harcourt*, IIIe du nom, Marquis de Beuvron. Elle étoit fille d'*Abraham*, Maréchal *de Fabert*, & de *Claudine Richart - de - Clevant*. Claude laissa:

     Marie-Anne-Claude Brulart, morte le 15 Décembre 1750, qui avoit épousé, le 31 Janvier 1687, *Henri d'Harcourt-Beuvron*, Pair & Maréchal de France.

4. François, Colonel du Régiment de la Couronne après la mort de son frère Claude, tué à la bataille de Consarbruck, devant Trèves en 1674;

5. N... Brulart, Religieux à Lisjean;

6. Pierre, qui suit;

7. Michel, Chevalier de Malte, Commandeur de Colioure, Capitaine de Vaisseau, mort sur la fin du mois de Mars 1701;

8. Un autre Michel, Colonel du Régiment de la Couronne, après ses deux frères aînés, tué à l'attaque d'un Fort près Saint-Omer, en forçant une redoute au mois de Mars 1677;

9. Hardouin, Chevalier de Malte, Commandeur de Liége, Maréchal-de-Camp des Armées du Roi, Inspecteur-Général en Catalogne & Gouverneur de Gironne, mort à Montpellier le 30 Avril 1699;

10. & 11. Louise-Charlotte & Marguerite, mortes à Origny : l'une Religieuse, & l'autre Novice;

12. & 13. Deux autres filles, mortes au berceau;

14. Louise-Catherine, non mariée, morte à Paris le 29 Avril 1738, âgée de 83 ans, ayant fait sa légatrice universelle la Maréchale d'*Harcourt*, sa nièce.

Et du second lit:

15. Et Florimonde-Renée, morte jeune.

VII. Pierre Brulart, Marquis de Genlis, après ses frères, étant resté seul des garçons, renonça à l'état ecclésiastique, & se démit en 1702 de l'Abbaye de Sainte-Elisabeth de Genlis de l'Ordre de Prémontré, qu'il possédoit depuis 1669. Il fut Capitaine-Lieutenant des Gendarmes d'Orléans, & mourut dans ses Terres en Picardie le 18 Janvier 1733, dans la 85e année de son âge. Il avoit épousé, au mois de Décembre 1703, Anne-Claudine Brulart, morte le 14 Mars 1737, âgée de 58 ans,

à Saint-Germain-en-Laye où elle s'étoit retirée depuis la mort de son mari. Elle étoit fille de Roger, Marquis de Sillery & de Puisieux, & de *Claudine Godet-de-Reyneville*. De ce mariage sont nés:

1. Charles, qui suit;

2. Et N... Brulart, mort en bas âge.

VIII. Charles Brulart (Moréri dit Pierre), Comte de Genlis en Picardie, puis Marquis, mourut dans sa Terre le 15 Mai 1753, âgé de 46 ans. Il avoit épousé, au mois de Novembre 1726, *Louise-Charlotte-Françoise de Hallencourt-de-Dromesnil*, morte à Paris le 21 Mai 1742, dans sa 32e année, & enterrée dans l'Eglise des Grands-Augustins, dans la Chapelle de la famille des Brulart. Elle étoit fille d'*Emmanuel-Joseph*, Marquis de Dromesnil, ci-devant Capitaine-Lieutenant des Chevaux-Légers-Dauphins, & de *Louise de Proisy-de-Morfontaines*. De ce mariage sont issus:

1. Charles-Claude, Marquis de Genlis, né le 15 Mars 1733, ci-devant Colonel dans les Grenadiers de France, marié, par contrat du 14 Avril 1765, à *N... de Riotor-de-Villemur*, fille de *Jean-Baptiste-François*, Marquis de Villemur, mort Lieutenant-Général le 2 Janvier 1763, âgé de 65 ans, & de *Charlotte-Maurice de Courten*, morte le 14 Février 1750, âgée de 24 ans;

2. Charles-Alexis, né le 21 Janvier 1737, appelé *Comte de Genlis*, ci-devant Garde de la Marine, Colonel au corps des Grenadiers de France, marié, en 1763, à *Stéphanie-Félicité Ducrest de Saint-Aubin*, née le 25 Janvier 1746, présentée le 26 Avril 1767, par la Comtesse de Puisieux. Elle est fille du Marquis de Saint-Aubin;

3. Et Louis-Marie Brulart, né le 28 Novembre 1738, connu d'abord sous le nom de l'*Abbé de Genlis*, mort Officier dans le Régiment du Roi, Infanterie.

BRANCHE
des Seigneurs du Ranché & du Broussin.

V. Louis Brulart, Seigneur du Ranché & du Broussin, cinquième fils de Pierre, Seigneur de Crône & de Genlis, & de *Madeleine Chevalier*, épousa *Madeleine Colbert*, morte le 27 Février 1690, fille d'*Edouard*, Seigneur de Villacerf, & de *Marie le Fouret*. Il en a eu:

1. Pierre, qui suit;

2. Et Charles, Seigneur du Ranché, Capitaine aux Gardes-Françoises & Maréchal-

de-Camp, mort le 1er Juillet 1712, fans poftérité d'*Anne de la Bertherie*, qui étoit auparavant veuve de *Jean le Coigneux*, Seigneur de Bezonville.

VI. Pierre Brulart, Seigneur du F***oul***-
fin, époufa *Catherine Bauyn*, veuve u *.A n-
dré Goislard*, Seigneur de la Gravelle, Maître des Comptes, & fille de *Profper Bauyn*,
Confeiller au Parlement de Paris, & de *Marguerite Boucherat*, dont:

> Louise-Madeleine Brulart, morte le 13 Fé-
> vrier 1733, âgée de 63 ans. Elle avoit épou-
> fé, 1° en 1699, *François-Jules du Bouẑet*,
> Marquis de Roquépine; & 2° en Novembre
> 1704, *François de la Vergne*, Marquis de
> Treffan.

Les armes: *de gueules, à la bande d'or,
chargée d'une traînée de cinq barillets de
poudre de fable.*

BRULON-LA-MUCE: *d'argent au griffon de fable.*

BRUM (le), en Artois, dont on trouve des
Chevaliers dans les tournois ès années 1130
& 1290. Jean le Brum, Ecuyer, Seigneur de
Werquigneul, Tencques, la Vallée, &c., époufa *Jeanne de la Vacquerie*, laquelle fit en Juftice une tranfaction en date du 12 Août 1506. Il
en eut:

> Pierre le Brum, Ier du nom, Seigneur de
> Werquigneul, &c., marié à *Jeanne de Luc-
> ques*, dont il eut:
>
> Gilles le Brum, Ier du nom, Seigneur de
> Werquigneul, &c., marié à *Marie le Comte*,
> avec laquelle il tefta le 13 Octobre 1559, dont:
>
> Jean le Brum, Seigneur de Werquigneul,
> Tencques & la Vallée, qui laiffa de *Marie
> de Noyelles*:
>
> Pierre le Brum, IIe du nom, Seigneur de
> Werquigneul, la Vigne & Gouy, qui tefta le 8
> Novembre 1603. Il avoit époufé, *Antoinette
> de Widebien*, dont:
>
> Gilles le Brum, IIe du nom, Seigneur de
> la Vigne, de Gouy, &c., marié, le 18 Octobre
> 1614, à *Marie-Florence de Miraumont*,
> fille de *Philippe*, & de *Françoife de Boffles*,
> & petite-fille de Meffire *Claude de Mirau-
> mont*, & de *Marie de Longueval-de-Buc-
> quoy*, dont:
>
> > 1. Maximilien, qui fuit;
> > 2. Et Lamoral, auteur de la troifième bran-
> > che, rapportée plus loin.
>
> Maximilien le Brum-de-Miraumont, né le
> 11 Septembre 1626, Ecuyer, Seigneur de

Puifeux-Aumont, Bacquelroy, d'Anvers,
Luzinghien, &c., Lieutenant-Colonel du Régiment du Duc d'Havré, Cavalerie, au fervice d'Efpagne, marié, le 12 Août 1658, à
Françoife-Philippine de Hofton, née le 5 Janvier 1639, fille de *Louis*, & d'*Anne de Wignacourt*, dont:

> 1. Maximilien-Joseph, qui fuit;
> 2. Ferdinand-Joseph, rapporté après la pofté-
> rité de fon frère aîné;

Maximilien-Joseph le Brum-de-Miraumont,
Seigneur de Puifeux-Aumont, Bacquelroy,
d'Anvers, Luzinghien, &c., né le 15 Juin
1661, marié, le 3 Octobre 1700, à *Agnès Modé*, fille d'*Arnould Modé*, Ecuyer, & Capitaine au Régiment du Vicomte d'Havré, au
fervice d'Efpagne, de laquelle il a eu:

> 1. François-Joseph, Seigneur d'Anvers & de
> Luzinghien, &c., Lieutenant-Colonel du
> Régiment de Los-Rios, au fervice de Sa
> Majefté l'Impératrice Reine de Hongrie &
> de Bohême, lequel n'a point d'enfant. Il a
> époufé, le 10 Janvier 1753, *Marie-Anne-
> Françoife le Gillon-de-Cordes-de-Bruges;*
> 2. Joachim-Joseph, Major du Régiment de
> Saxe-Gotha, au même fervice, qui eft mort
> le 20 Février 1759, à un hoft, près de Pra-
> gue en Bohême. Il avoit époufé *N... de Co-
> lins*, morte en 1758. Il en a eu:
>
> > Jean-François-Martin le Brum;
> > Jean-Joseph-Christian le Brum;
> > Et Béatrix le Brum;
>
> 3. Guillaume-Ferdinand-Joseph;
> 4. Jacques-Joseph, Lieutenant au Régiment
> de Los-Rios, au même fervice, marié, le 8
> Janvier 1762, à *Anne-Marie de Monflin;*
> 5. Eléonor-Emmanuel;
> 6. Jeanne-Agnès, Religieufe en la noble Ab-
> baye d'Herkenrode, morte le 22 Décembre
> 1756;
> 7. Agnès-Ernestine, Religieufe à l'Abbaye du
> Val-Virginal de Lintre;
> 8. Et Marie-Madeleine, mariée, le 26 Octo-
> bre 1748, à *Charles-Jofeph*, Baron de
> *Fraula.*

SECONDE BRANCHE

Ferdinand-Joseph le Brum, fecond fils de
Maximilien, & de *Françoife-Philippe de
Hofton*, fut Seigneur d'Oftergnies, Capitaine
dans le Régiment du Duc d'Havré, Cavale-
rie, au fervice d'Efpagne; il époufa *Marie-
Anne le Bouchel*, fille de *Dominique*, Ecuyer,
Seigneur de Bienne-Leopard, dont:

> 1. Maximilien, qui fuit;

2. CHARLES-ALBERT, né en 1712, marié à *Marie-Anne-Thérèse de Honzieaux*, dont il n'a point d'enfans ;

3. JOSEPH-EMMANUEL, né en 1714, Eccléfiaftique ;

4. CHARLES-JOSEPH, né en 1720 ;

5. HÉLÈNE, née en 1696, Carmélite à Marche ;

6. MARIE-JOSÈPHE, née en 1702 ;

7. MARIE-ALBERTINE, née en 1704 ;

8. ISABELLE-FRANÇOISE-JOSÈPHE, née en 1708, Religieufe Carmélite au même Couvent qu'HÉLÈNE, fa première fœur ;

9. Et AMÉLIE-JOSÈPHE, née en 1718, Religieufe à Compiègne.

MAXIMILIEN LE BRUM, Seigneur d'Oftergnies, né en 1710, a époufé *Ifabelle-Ignace de Fourmanoir*, dont :

VINCENT-JOSEPH LE BRUM, né en 1748.

TROISIÈME BRANCHE.

LAMORAL LE BRUM, Capitaine au fervice d'Efpagne, fecond fils de GILLES, IIᵉ du nom, & de *Marie-Florence de Miraumont*, fut tué à la défaite des ennemis entre Mons & Maubeuge. Il avoit époufé *Catherine-Emmanuelle de la Biche*, Dame de Rouzies & de Cerfontaine, dont :

1. FRANÇOIS LAMORAL, Seigneur de Fierd-le-Petit, &c., marié, le 22 Juin 1681, à Maubeuge, à *Françoife-Marie Rivart*, dite de *Martigny*, dont il eut :

    MAXIMILIEN-FRANÇOIS LAMORAL-LE-BRUM, Seigneur de la Vigne & de Fierd-le-Petit, &c., mort fans être marié en 1747 ;

2. ANNE, mariée, à Cerfontaine, le 8 Juillet 1674, à *Claude*, Comte de *Choifeul*, & Baron de Beaupré. Voyez CHOISEUL ;

3. Et MARIE-ANNE, née à Maubeuge le 2 Octobre 1682, qui époufa à Fierd-le-Petit le 9 Août 1701, *Léon-Claude de Boufies*, Vicomte de Rouvroy.

Les armes : *de gueules à la fafce d'argent, chargée de trois poiffons au naturel.*

BRUMBACH : *d'argent, à l'aigle éployée de fable.*

BRUMEN (LE), Seigneur du Boisflamel en Normandie, Généralité de Rouen, famille maintenue dans *fa Nobleffe* le 4 Juin 1668. NICOLAS LE BRUMEN, dit l'*Hiftoire de Rouen*, demeuroit en cette Ville, & obtint des Lettres de Nobleffe en 1643.

BRUN (le), Sieur de Saint-Gervais, du Mefnil-Angot, Manducage & Putot en Normandie, Généralité de Rouen, famille main-

tenue dans *fa Nobleffe* le 25 Septembre 1669. Suivant l'*Hiftoire de Rouen*, GEORGES LE BRUN, Seigneur de Boifguillaume, fut reçu Confeiller au Parlement de Normandie en 15..?: JEAN-BAPTISTE LE BRUN le fut en 1567. Un autre JEAN-BAPTISTE LE BRUN fut Confeiller-Clerc au même Parlement en 1581 ; & un autre JEAN-BAPTISTE LE BRUN, Seigneur de Boifguillaume, fut auffi Confeiller au même Parlement en 1605 : il avoit époufé *Catherine de Bauquemare*, qui devint veuve en 1658. Enfin l'Abbé de Vertot, dans fon *Hiftoire de Malte*, parle de JACQUES LE BRUN, reçu Chevalier de Malte le 7 Juin 1631.

Les armes : *écartelé de vair & de gueules.*

BRUN (LE), Seigneur du Breuil, de Champignolle & de Dinteville : *de gueules, à trois chardons fleuris d'or, 2 & 1.*

BRUN (LE), Seigneur de la Franquerie : *d'azur, à un lion d'or, & un croiffant d'argent, pofé en chef, accofté de deux étoiles d'or, & l'écu timbré d'un cafque de profil.* Voyez l'*Armorial de France*, reg. I, part. I, p. 100.

BRUN (LE), Seigneur de Kermorven, en Vannes : *d'azur, au château d'argent, maçonné de fable.*

BRUN (LE), en Tréguier : *d'argent, à une quinte-feuille de finople.*

BRUN, en Franche-Comté. CLAUDE-FERDINAND, Baron de BRUN, Seigneur d'Amanges, Chevalier d'honneur au Parlement de Befançon, a obtenu, par Lettres du mois de Janvier 1694, que la Seigneurie de *la Roche*, au Comté de Bourgogne, fut érigée en *Marquifat*. Il avoit époufé *Marie de Gineftoux-de-la-Tourette*, dont il a eu :

1. FERDINAND-AGATHE-ANGE, qui fuit ;

2. MARIE, mariée à *Marc de Montagu*, Marquis de Poutavans ;

3. Et MARIE-ANNE, morte en 1711, qui avoit époufé, en 1711, *Claude-Elifabeth de la Guiche*, Comte de Sivignon.

FERDINAND-AGATHE-ANGE, Baron de BRUN, Marquis de la Roche, Chevalier d'honneur au Parlement de Franche-Comté, mort en 1746, Lieutenant-Général des Armées du Roi, a eu de *Charlotte de Montfaunin-de-Montal* :

    CHARLOTTE-GABRIELLE DE BRUN, née en 1720, qui a eu les fucceffions de fes père & mère, par jugement du 23 Mars 1747, & fentence du

Châtelet du mois de Juillet 1752. Elle étoit encore fille en 1762.

Les armes: *d'or, à trois grappes de raisin de pourpre, pamprées & tigées de sinople, la queue en haut, & posées 2 & 1.*

BRUN, en Provence, famille originaire de Castellane, où elle étoit comptée parmi les Maisons nobles dans le XIVe siècle.

I. Foucou Brun est celui par lequel on commence à avoir les papiers en règle. Il étoit Capitaine de Cuirassiers sous le Roi Henri II & fut tué au premier siège de la ville d'Amiens, en combattant à la tête de son Régiment. Il eut *Julie de Requiston:*

1. Jean, qui suit;
2. Et Sébastien, tige de la branche des Seigneurs de *Boades,* rapportée ci-après.

II. Jean Brun, Seigneur de Caille, dont il fit hommage au Roi Charles IX en 1560, avoit épousé, le 19 Novembre 1529, *Marguerite de Pallier,* fille de *noble & généreux Claude de Pallier,* Seigneur du Castellet, & de *Gasparde de Castellane,* dont:

III. Balthasar Brun, Seigneur de Caille & de Rougon, qui ajouta à son nom celui de *Castellane.* Par le testament de *Gasparde de Castellane,* sa mère, fait le 22 Janvier 1588, il fut chargé de prendre le nom & les armes de Castellane, à peine de privation de ses droits & de tout son héritage. Il épousa, par contrat passé devant *Lambert,* Notaire à Castellane, le 7 Août 1558, *Lucrèce d'Ambrois,* fille de *Remi,* Président au Parlement de Provence, dont il eut:

1. Paul, mort sans enfans;
2. Joseph, qui suit;
3. Et Jean-Baptiste, chef de la branche des Seigneurs de *Vaucrovet* & de *Taulane,* terminée dans la personne d'Augustin de Brun, mort à Castellane sans postérité.

IV. Joseph Brun-de-Castellane épousa *Honorée d'Albert,* fille de *Jean,* Seigneur de Regusse, de laquelle il eut plusieurs fils, un desquels, Alexandre de Brun-de-Castellane, fut reçu Chevalier de Malte en 1643. Les autres firent différentes branches, actuellement éteintes.

SECONDE BRANCHE.

II. Sébastien de Brun, second fils de Foucou, & de *Julie de Requiston,* se maria, le 30 Janvier 1541, à *Luce Imbert,* fille d'*Antoine,* de laquelle il laissa:

III. Joseph de Brun, marié, par contrat passé devant *Rasque,* Notaire à Draguignan, le 21 Janvier 1591, à *Honorade-Geoffrette Gansard,* fille de *Gaspard-Delphin,* dont entr'autres enfans:

IV. Elzéar de Brun, qui acquit, par succession, la Terre & Seigneurie de Boades & testa le 1er Novembre 1663. Il épousa, le 20 Janvier 1630 (*Pierre Arnoux,* Notaire à Draguignan), *Louise de Caille,* & eut:

1. Antoine, qui suit;
2. Jacques, auteur de la branche des Séigneurs de *Favas,* rapportée ci-après;
3. Joseph, à qui son père légua la somme de 18000 livres. Il a eu son fils, qui n'a point d'enfans;
4. Et Anne, à qui son père légua la somme de 20000 livres, mariée à noble *Pierre de Mollet.*

V. Antoine de Brun, que son père institua héritier universel, prêta hommage pour ses Terres & Seigneuries de Boades & de Châteauvieux le 17 Juin 1672, & pour la plus grande partie de celle de Villepeys le 16 Mai 1698. Il épousa, le 10 Juillet 1650 (*Pascal,* Notaire à Draguignan), *Honorade de Calvi,* fille de *Melchior,* & de *Françoise de Calvi-de-Cannes,* dont:

VI. Joseph de Brun, IIe du nom, Seigneur de Boades, marié, par contrat du 7 Mars 1686 (*Graffeau,* Notaire à Aix), à *Anne de Joannis,* fille de N.... *de Joannis,* premier Avocat-Général en la Cour des Comptes, Aides & Finances, & d'*Isabeau d'Amat-de-Costegiraud.* De ce mariage sont nés:

1. Emmanuel-Esprit-Antoine, qui suit;
2. N..... Officier de Vaisseaux, Chevalier de St.-Louis, gratifié par le Roi d'une pension annuelle de 500 livres, après l'affaire de Mahon, où il se trouva en qualité de Capitaine en second;
3. Madeleine, Religieuse au Monastère de la Visitation de Castellane;
4. Elisabeth, mariée à *Louis de Fabre-Mazan,* Co-Seigneur de Riès, & Seigneur de Vinay;
5. Et Thérèse, mariée à *Jean-Pierre de Perrot,* Ecuyer, Seigneur du Bourguet.

VII. Emmanuel-Esprit-Antoine de Brun, Chevalier, Seigneur de Boades, de Villepeys & de Meaux, reçu Conseiller au Parlement de Provence le 8 Janvier 1711, a épousé, par contrat du 6 Avril 1720 (*Boyer,* Notaire à Marseille), *Elisabeth de Boisson,* fille de *François,* Président du Bureau des Trésoriers-Généraux de France, & de *Marie de Montolieu*, dont :

1. JOSEPH-FRANÇOIS, Chevalier, Seigneur de Boades;
2. JEAN, Lieutenant de Vaisseaux;
3. Et JOSEPH, Enseigne de Vaisseaux.

TROISIÈME BRANCHE.

V. JACQUES DE BRUN, Chevalier, Seigneur de Favas, second fils d'ELZÉAR, & de *Louise de Caille*, à qui son père légua la somme de 34000 livres, épousa, par contrat du 5 Février 1663, *Marguerite de Rafaëlis-Broves-de-Tourtour*, dont:

1. ANTOINE, qui suit;
2. PIERRE-EMMANUEL, mort Capitaine dans le Régiment d'Auxerrois;
3. Et JOSEPH, Chevalier de St.-Louis., mort Commandant de Givet.

VI. ANTOINE DE BRUN, Chevalier, Seigneur de Favas, Lieutenant-Général d'Epée en la Sénéchaussée de Draguignan, épousa, par contrat passé le 14 Octobre 1697, *Françoise de Gilles-Taurenes*, dont il eut :

1. FRANÇOIS;
2. Et DOMINIQUE, mort en Bavière, Capitaine dans le Régiment de Poitou.

VII. FRANÇOIS DE BRUN, Chevalier, Seigneur de Favas, a épousé, par contrat du 14 Février 1731, *Marguerite-Thérèse de Raimondis-Canaux*, de laquelle il a :

1. ANTOINE, Enseigne de Vaisseaux du Roi, & Lieutenant de Compagnie;
2. Et JOSEPH, Lieutenant & Officier-Major dans le Régiment de Guyenne.

Cette famille a été plusieurs fois maintenue dans sa Noblesse: la première en 1668 par les Commissaires députés du Roi, & en 1699 & 1702, par Arrêt de M. *le Bret*, Intendant de la Province; & l'aïeul du Conseiller de Boades, & son frère JACQUES DE BRUN-de-Favas, furent déchargés de la taxe prononcée contre les usurpateurs du titre de Noblesse, & de celle des francs-fiefs.

Les armes: *d'azur, à la hache d'armes d'argent, emmanchée d'or*. (*Armor. de Prov.* tom. I, p. 195 & suiv.)

La branche de Castellane portoit : *parti au 1 de Brun, & au 2, de gueules, à un château ouvert, crénelé & sommé de trois tours d'or, maçonnées de sable, qui est de* Castellane.

BRUN, en Languedoc: *de gueules, à un cœur d'argent, accompagné de trois croissans de même, 2 en chef & 1 en pointe.*

BRUNE, en Champagne, famille dont étoit FRANÇOIS DE BRUNE, Ecuyer, Seigneur de Volandre & de Bouchou, qui obtint le titre de *Baron*, applicable sur telle Seigneurie qu'il choisiroit, sous le nom de *Brune*, par Lettres du 12 Mai 1704. Les armes: *d'azur, au chevron d'or, accompagné en chef de deux étoiles & en pointe d'une hure de sanglier, le tout de même*.

BRUNEL, en Hurepoix. I. ISAAC DE BRUNEL, Ecuyer, Seigneur d'Autry & des Ruées, fils de NICOLAS, Seigneur de la Queux, Capitaine d'Infanterie, & de *Renée de Montliard-Rumont*, épousa, le 13 Août 1630, *Marie le Chat*, dont il eut :

1. CLAUDE, Ecuyer, Seigneur des Ruées, marié, le 23 Juin 1664, à *Jeanne Desprez*, veuve de *Louis d'Elbe*, Ecuyer, Seigneur de Caumont, dont un fils;
2. ISAAC-LOUIS, qui suit;
3. Et EDMÉE, femme de *Claude de Pontbriant*, Ecuyer, Seigneur de la Grandmaison.

II. ISAAC-LOUIS DE BRUNEL, Ecuyer, Seigneur de Ruelle, Paroisse de Sully-la-Chapelle-sur-Loire, Volontaire dans le Régiment de Picardie, ensuite Garde-du-Corps du Roi, mort en 1728, avoit épousé, en l'Eglise de Sonchamp en 1701, *Susanne-Catherine de Fitte*, morte à Sonchamp en 1708, fille de *Gédéon*, Ecuyer, Seigneur de Chatouville, Baudicourt & Boiteau, en ladite Paroisse de Sonchamp, Capitaine de Cavalerie dans le Régiment de la Hablière, Lieutenant de la Louveterie du Roi, tué au siège de Lille en 1708, & de *Catherine d'Eppesse*, dont :

1. LOUIS-PIERRE, Ecuyer, Seigneur de Baudicourt, Capitaine des Grenadiers Royaux au Régiment d'Ailly, Chevalier de St.-Louis, né le 9 Avril 1706, marié, le 13 Juin 1752, à *Marie-Anne de Sainx*, Demoiselle des Carneaux, Dame en partie de Barberonville, sans enfans;
2. CHARLES-ALEXANDRE, né le 11 Juillet 1709; Et trois filles, nées en 1702, 1703 & 1704.

Les armes: *de gueules, au chevron d'or, accompagné en chef de deux étoiles, & en pointe d'un lion naissant : le tout de même.*

BRUNEL, Seigneur de Saint-Maurice en Dauphiné. ANTOINE DE BRUNEL, fils de JEAN, Chevalier, Seigneur de Saint-Maurice & Rhodet, Gouverneur d'Exiles, & de *Madeleine de Nicolaï*, Dame de Soison, fut Seigneur de Saint-Maurice, Soison, Saint-Didier, &c., Capitaine de Cavalerie dans les Troupes de Hollande, Gouverneur du Prince de Naſſau, enſuite Gentilhomme de la Maiſon du Roi, mort au Château de Saint-Maurice en 169... époufa, le 9 Janvier 1677, *Louiſe de Jaucourt*, née en 1654, morte à Grenoble le 22 Mai 1728, fille de *Pierre*, Baron d'Eſpeuille & d'Huban en Nivernois, & de *Madeleine du Faur*, dont :

1. LOUISE-MADELEINE, Dame de Saint-Maurice, mariée, le 7 Juillet 1713, à *Claude Rambaud*, Chevalier, Seigneur de Champrenard, dont des enfans;
2. MARIE-ANNE, née le 7 Février 1687, mariée, à Grenoble le 13 Février 1704, à *Guillaume Bouvier*, Lieutenant-Colonel du Régiment de Vendôme, mort le 22 Février 1738, ne laiſſant qu'une fille, femme le 3 Février 1733 de *Jean-Claude de Bucher*, Chevalier, Seigneur de Champron, arrière-petitfils du Procureur-Général du Parlement de Grenoble;
3. Et FRANÇOISE-ARMANDE, femme, ſans enfans, de *Pierre de Richaud*, Seigneur de Fallavaux en Dauphiné, qui porte: *d'azur, à la patte d'ours d'or, en bande.*

Les armes: *d'or, au lion de ſable, à la faſce de gueules chargée de trois coquilles d'argent brochantes ſur le tout.*

BRUNEL, Seigneur de Vienne, en Dauphiné: *coupé, au 1 de gueules, au lion d'or, armé, vilainé & lampaſſé de gueules; au 2 d'argent, à trois tourteaux d'azur, rangés en faſce.*

BRUNEL, Seigneur de Paleſſein, en Dauphiné, famille maintenue dans ſa Nobleſſe le 28 Août 1668, dont il eſt fait mention dans l'*Armorial de France*, reg. I, part. I, p. 88: *de gueules, au lion coupé des crins, en-bas d'or, le reſte d'argent.*

BRUNEL, Seigneur de Serbonne: *d'argent, au chevron de ſable, accompagné de trois fleurs-de-lys d'or, dans le ſens du chevron.*

BRUNEL-DE-LA-BRUYERE, famille noble établie à Nîmes en Languedoc.

Un *Mémoire*, qu'on nous a fait paſſer avec les titres, apprend que cette famille eſt ancienne en Vivarais; mais les guerres qui ont déſolé cette contrée pendant long-tems, le ſac de la ville de Saint-Agreve, arrivé en 1580, la deſtruction de tous les Regiſtres des Notaires, qui ne remontent pas au-delà de 1600, ſont

cauſe qu'on ne peut parvenir à en aſſigner l'origine: c'eſt ce qui eſt conſtaté par un Procès-verbal fait devant M. *Bollon*, Ecuyer, Juge de Saint-Agreve, le 21 Juin 1607, relatif au ſiège de ladite Ville. Tous les actes que le Chef de cette famille a pu trouver, ſont quelques extraits, en forme, de mariages & de teſtamens de ſes ancêtres, &c., qui remontent juſqu'en 1490. Il en réſulte que

I. PONS-JOSEPH BRUNEL, qualifié d'*Ecuyer*, fils de noble LOUIS-ANTOINE BRUNEL, Sieur de Montgardy, & de *Marie-Henriette Bayledes-Hermens*, époufa, par contrat du 15 Janvier 1490, *Eliſabeth-Cloride de Saint-Jeure*, fille de noble *Hector de Saint-Jeure*, Chevalier, Co-Seigneur de Saint-Agreve, & de *Juſtine du Fay*. Il en eut:

II. JACQUES BRUNEL, qualifié *noble* & *Ecuyer*, qui ſe maria, par contrat du 14 Mai 1540, à *Iſabeau de la Toureille*, fille de noble *Louis de la Toureille*, & de *Marie-Julienne du Peloux*, dont vint:

III. LAURENT BRUNEL, Sieur de Laulanier, qui fit ſon teſtament le 14 Avril 1633, par lequel il inſtitua héritier univerſel PIERRE, ſon fils aîné, & lui ſubſtitua, à défaut d'enfans mâles, noble ANTOINE BRUNEL, ſon autre fils. Il eſt qualifié *noble* & *Ecuyer*, dans ſon contrat de mariage, paſſé le 5 Janvier 1575, avec *Agnès Jonac*, fille de noble *Mathieu Jonac*, & de *Jeanne de Virilha*, dont:

1. PIERRE, qui ſuit;
2. Et ANTOINE DE BRUNEL, auteur de la branche de BRUNEL DE MOZE, dont le chef
   N..... DE BRUNEL-DE-MOZE, actuellement Maire & Juge de Saint-Agreve, eſt marié à *N... de la Battie*, du Puy en Velay. Il a un frère qui eſt Porte-Enſeigne dans la Gendarmerie, Compagnie de Berry.

IV. PIERRE BRUNEL, Ecuyer, étant prêt de partir pour le ſervice du Roi dans ſon armée de Piémont, en qualité de premier Gendarme de la Compagnie d'Ordonnance du Comte de Tournon, Lieutenant-Général pour Sa Majeſté dans les Provinces de Languedoc & de Dauphiné, fit ſon teſtament le 20 Mars 1637, & mourut le 16 Janvier 1645. Il avoit époufé, par contrat du 5 Avril 1615, *Jeanne de Reboullet*, morte le 22 Décembre 1640, fille de noble *Jean de Reboullet*, Seigneur de Ruiſſas (d'une famille de Languedoc, qui poſſède aujourd'hui la Baronnie *de Rochebloine*, dont elle porte le nom), & de *Catherine Largier*. Leurs enfans furent:

1. CLAUDE, qui suit, institué héritier universel par le testament de son père ;
2. 3. & 4. JEAN, ANTOINE & PIERRE, substitués, ainsi que FRANÇOIS, à CLAUDE, leur frère aîné ;
5. FRANÇOIS BRUNEL, dit de *Montgardy*, Ecuyer, qui servit en qualité de Lieutenant de la Compagnie Mestre-de-Camp au Régiment de Languedoc, place qu'il avoit acquise, le 3 Mai 1656, de François de la Baume, Comte de Vallon, Lieutenant-Général des Armées du Roi en Piémont, & Mestre-de-Camp dudit Régiment de Languedoc. Quelque tems après, le Vicomte de Barrin l'attira dans ses Terres de Bretagne : il s'y maria à N... *d'Andoulier ;* fixa son séjour au Château de Vaux, Paroisse de Dingé, & mourut en 1702, sans laisser de postérité ;
6. ANTOINE, légataire, par le testament de son père ;
7. Et MARIE, aussi légatrice, mariée à N... *de Senovest,* Juge de Clesaigue & autres lieux, dont la famille est actuellement transplantée à Toulouse.

V. CLAUDE DE BRUNEL, Sieur de Laulanier, baptisé le 30 Juin 1624, qualifié *noble & Ecuyer,* Docteur ès Droits, Juge aux Mandemens & Juridictions de la Chapelle & de Freyunet, dans son contrat de mariage, fut aussi Capitaine-Châtelain de Saint-Agreve. Ayant été assigné en 1698, à la requête du Sieur de Beauval, pour la représentation de ses titres, il fut relaxé de cette assignation par Ordonnance de M. de *Lamoignon,* Intendant de Languedoc, du 16 Mai de la même année, sur le fondement d'un Jugement rendu par M. de *Bezons,* son prédécesseur, Intendant de ladite Province, le 16 Septembre 1668, qui le déclara *noble & issu de noble race & lignée.* Il mourut le 21 Novembre 1698, & avoit épousé, par contrat du 24 Février 1650, *Catherine Lacourt,* morte le 11 Janvier 1673, fille d'*Antoine,* & d'*Elix Crouzet,* du Bourg de l'Extra. Ils eurent :

1. FRANÇOIS, qui suit ;
2. CLAUDE, Ecuyer, présent au contrat de mariage de son frère ;
3. Et une fille, mariée au Baron de *Montréal.*

VI. FRANÇOIS DE BRUNEL, Ier du nom, Ecuyer, baptisé le 4 Février 1663, aussi Capitaine-Châtelain de Saint-Agreve, mourut le 14 Juin 1703, étant Capitaine d'Infanterie au Régiment de Claviers. Il avoit épousé, par contrat du 22 Novembre 1689, *Antoinette*

Tome IV.

Bollon, morte le 14 Avril 1713, fille de *Jean,* Ecuyer, Juge de la ville de Saint-Agreve & d'autres Juridictions, & de *Catherine Pino*t & a eu de son mariage :

CLAUDE, qui suit ;

Et JEAN-JOSEPH DE BRUNEL, Ecuyer, Sieur de Montgardy, qui s'établit en la ville du Puy, où il se distingua dans le Barreau en qualité d'Avocat ; c'est ce qui facilita son mariage. Il mourut en 1765, & avoit épousé une Demoiselle *de Chabannes,* parente de M. *de Chabannes,* Evêque du Puy, dont :

N... DE BRUNEL-DE-MONTGARDY, mariée avec M. *Gailhard de Ferrerolle,* Gentilhomme de la ville du Puy.

VII. CLAUDE DE BRUNEL, IIe du nom, Ecuyer, Seigneur de la Bruyère, baptisé le 21 Février 1692, Capitaine-Châtelain de la ville de Saint-Agreve, fut assigné, en 1738, pour le payement du droit de franc-fief, à raison des rentes en directe de la Seigneurie de la Bruyère ; mais par Ordonnance de M. *de Bernage-de-Saint-Maurice,* Intendant de Languedoc, du 17 Mai 1741, il a été déchargé de la demande qui lui avoit été faite sur le fondement de l'Ordonnance de M. de *Lamoignon,* rendue en faveur de CLAUDE DE BRUNEL, son grand-père. Il testa le 3 & est mort le 22 Février 1755. Il laissa de *Catherine de Reymondon,* décédée le 10 Janvier 1764 :

1. FRANÇOIS, qui suit ;
2. CLAUDE, baptisé le 26 Février 1725, Curé de la Paroisse de Bouzy, près Châteauneuf-sur-Loire, dans l'Orléanois, ancien Curé de la Paroisse de Saint-Agreve ;
3. JOSEPH-LAURENT DE BRUNEL D'ARCENESCHES, baptisé le 11 Février 1736, marié, à Saint-Agreve, avec *Geneviève de Chambonnal,* dont il a des enfans ;
4. ANTOINE, baptisé le 16 Février 17..., Religieux Bénédictin, Prieur & Seigneur de Sainte-Luzime en Gévaudan, mort le 19 Mai 1771 ;
5. ANNE-MARIE, baptisée le 12 Août 1720, & morte, sans enfans, le 20 Septembre 1757, femme de N... *de Carriere,* Capitaine de Cavalerie, Chevalier de Saint-Louis ;
6. Et MARGUERITE, baptisée le 17 Mars 1728, morte le 3 Avril 1769.

VIII. FRANÇOIS DE BRUNEL, IIe du nom, Ecuyer, Seigneur de la Bruyère, baptisé le 23 Février 1718, Avocat au Parlement, testa le 2 Novembre 1768, & est mort le 27 Mars 1775. Il avoit épousé, par contrat du 18 Février 1749, *Marie-Anne Percie-du-Sert,* baptifée le 6 Juillet 1731, fille de *Juft-François-Ange Percie,* Confeiller du Roi au Bailliage d'Annonay, & d'*Antoinette de la Vigne,* dont pour enfans :

1. CLAUDE-FRANÇOIS-FLEURY, qui fuit ;
2. CLAUDE-ANTOINE-PASCAL, baptifé le 17 Avril 1756 ;
3. CHRISTOPHE-MARIE, baptifé le 19 Août 1765 ;
4. JULIE-ANTOINETTE, baptifée le 9 Juin 1753, mariée à *Claude Rouveure-de-Chambonnal ;*
5. Et ANNE-FRANÇOISE, baptifée le 25 Octobre 1767.

IX. CLAUDE-FRANÇOIS-FLEURY DE BRUNEL-DE-LA-BRUYERE, Ecuyer, baptifé le 9 Mai 1751, Procureur du Roi au Préfidial de Nîmes, a époufé, en 1776, *Marie-Françoife de Rangueil,* née le 19 Juin 1749, fille de *Jean-François de Rangueil,* Chevalier, Seigneur de Popincourt, Moiffon & autres lieux, ancien Capitaine d'Infanterie, Aide-Major de la Ville & Citadelle de Nîmes, & de *Sufanne de Grutelle.*

Les alliances de cette famille, par femmes, font avec celles de *Truchet* (fondue dans la Maifon de *Vogué*), de *l'Eftrange,* de *Rochebloine,* du *Fay, Rochemore, Aubuffon, Monclar, Maifonfeule,* du *Peloux-de-Saint-Romain, Reffins, Montréal, Thezard-de-la-Peyrouze, Chalendar, Veron, Luzy, Chazaux,* &c.

Les armes : *d'or, au lion couronné de fable, à la fafce de gueules, chargée de trois coquilles d'argent, brochante fur le tout.*

Les armes de la famille DE BRUNEL, Seigneur de Saint-Maurice en Dauphiné, font les mêmes, à la réferve que le *lion* n'eft point *couronné.* Il peut fe faire qu'originairement celle de Saint-Agreve foit fortie de celle de Dauphiné, ou cette dernière des BRUNEL-DE-SAINT-AGREVE ; mais c'eft ce dont on n'a nulle certitude. Il y a auffi beaucoup de familles du même nom, dans le Languedoc, auxquelles celle de BRUNEL-DE-SAINT-AGREVE n'appartient aucunement.

BRUNES-DE-MONTLOUET, en Bretagne, famille dont le nom étoit anciennement *Montloüet,* lequel eft écrit différemment dans les titres. On y lit de *Mauloüay,* de *Monloit,* de *Monloüail,* de *Monloüé,* de *Monloüel,* de *Monloüil,* de *Monloy,* de *Montloüail,* de *Montloüait,* de *Montloüal,* de *Montloüay,* de *Montloüel,* de *Montloüell* & de *Montloy ;* mais plus communément de *Montloüet,* qui eft la vraie manière de l'orthographier.

I. GUILLAUME DE MONTLOUET, Seigneur dudit lieu, vivant ou fur la fin du XIIᵉ fiècle ou au commencement du XIIIᵉ, poffédoit noblement la Terre & Seigneurie de *Montloüet,* dont il hérita de fes ancêtres. Il avoit époufé *Marie Freslon,* & eut :

II. GUILLAUME, Seigneur DE MONTLOUET, qui donna en 1382 fon aveu au Duc de Bretagne de fa Terre & Seigneurie de *Montloüet,* & fcella de fon fceau, le Vendredi d'après la St.-Martin d'hiver 1397, un autre aveu que Guillaume d'Arzac rendit à ce Prince de plufieurs Terres voifines dudit lieu de Montloüet, de partie defquelles il devoit les foi & hommage audit Seigneur de Montloüet. De fa femme, dont on ignore le nom, il laiffa :

III. RAOUL, Seigneur DE MONTLOUET, qui eft ainfi qualifié dans une déclaration que lui fit le nommé Perrin Maslait le 6 Juillet 1451. Il eft employé dans une montre des Nobles de l'Evêché de Dol de 1421, & mourut peu de tems avant le 9 Mars 1455, jour auquel Hamelin de Bouteville rendit hommage au Duc de Bretagne de la Seigneurie de *Montloüet,* ainfi que d'un autre lieu appelé *le Pré,* le tout fitué dans la Paroiffe de Plaine-Fougères, en qualité de tuteur de :

1. GILLES, Ecuyer, dont on ignore la deftinée ;
2. Et RAOUL, qui fuit.

IV. RAOUL DE MONTLOUET donna fon aveu au Duc de Bretagne, le 7 Février 1470, de la Seigneurie de *Montloüet,* ainfi que du lieu du Pré dans la Paroiffe de Plaine-Fougères, dont il avoit hérité de GILLES DE MONTLOUET, fon frère. Il fe trouve employé dans plufieurs Rôles des Nobles de l'Evêché de Dol, des 1ᵉʳ Juin 1467, 5 Juin 1480 & 4 Septembre 1482, comme ayant comparu aux montres defdites années, & mourut avant le 17 Mars 1509, jour auquel *Guillemette de Benay,* fa veuve, étoit remariée à *Pierre du Cartier.* Il eut pour fils :

V. GILLES DE MONTLOUET, Ecuyer, Seigneur dudit lieu, qui paffa un acte avec Thomas, Sire de Québriac, de Béloczac, &c., par lequel celui-ci ratifia le 3 Mai 1494 un tranfport qu'il lui avoit fait de plufieurs rentes, Juridictions, Seigneuries & obéiffances qui lui étoient dues au Fief du Petit-Pleffeix, Paroiffe de Saint-Ouain de la Rouerie : il donna fon aveu au Duc de Bretagne le 20 Décembre 1513 du lieu & domaine de *Montloüet*, tenu noblement de ce Prince; & dans un Livre de réformation de l'Evêché de Dol du 18 du même mois, il eft nommé au rang des Nobles, francs & exempts de *fouage*, demeurans en la Paroiffe de Plaine-Fougères. Suivant un acte du 17 Mars 1509, il époufa *Françoife Tuffin*, des Seigneurs de *la Rouerie* en Bretagne, dont il eut :

VI. JACQUES DE MONTLOUET, dit de *Brunes*, Seigneur de Montloüet, qui fe trouve cité dans le Rôle des Nobles de l'Evêché de Dol du 15 Mai 1534, où il eft dit qu'il avoit été préfent *en robe courte à pied*, *ayant une épée au côté*, & qu'il avoit fait un Archer : il fervit auffi dans le Corps de la Nobleffe de fa Province, fuivant un certificat du Capitaine de l'arrière-ban du 10 Octobre 1545; il mourut le 12 Octobre 1558. L'extrait de fon mariage, délivré le 23 Février 1561 par le Vicaire de la Paroiffe de Sainte-Facile de Luce, Diocèfe du Mans, porte qu'il avoit époufé, le 2 Septembre 1543, *Jacquine de Chauvigné*, à laquelle échut le lieu & domaine du Pleffis-Pommerieux, fuivant un partage fait le 19 Août 1544. Elle étoit fille de *François*, & de *Jeanne de la Saugere*. Ils eurent :

    1. JACQUES, qui fuit;

    2. Et FRANÇOISE, morte en 1574.

VII. JACQUES DE MONTLOUET, dit de *Brunes*, Ecuyer, Seigneur de Montloüet, obtint le 15 Novembre 1568 un certificat de Meffire François du Breil, Chevalier, Seigneur de la Roche & de la Coulombière, Capitaine de 100 Arquebufiers à Cheval, portant que depuis le 15 Septembre précédent il l'avoit fuivi pour le fervice du Roi, auquel il étoit encore attaché. N'ayant pu comparoître aux montres générales du Ban de l'Evêché de Rennes, à caufe de fon fervice fous la Cornette du Seigneur de Martigny, Lieutenant-Général pour le Roi en Bretagne, il fut rayé du rôle de la taxe à laquelle il avoit été mis faute d'y avoir comparu, par Ordonnance du Sénéchal de Rennes du 19 Janvier 1569; reçut une lettre de M. de Coetquen le 16 Février 1576, par laquelle ce Seigneur le pria de fe rendre à Rennes le 22 du même mois, pour aller trouver enfuite le Seigneur de

Saint-Luc avec fa Compagnie ; & fut tué devant la Rochelle, fuivant un mémoire de famille. Un acte du 11 Octobre 1593 lui donne pour femme *Marie du Chaftel*, des Seigneurs de *la Rouveraye* en Bretagne, & pour fils unique :

VIII. FRANÇOIS DE BRUNES, Ecuyer, Seigneur de Montloüet, qui obtint le 23 Août 1594 un paffeport & fauf-conduit du Sieur de Saint-Laurent, Gouverneur de Dinan & Maréchal de Camp de l'Armée du Duc de Mercœur, avec ordre d'aller faire armer & barricader les Villes & Paroiffe de Bazouges-la-Péroufe, Antrain, Rimon, Saint-Remy, Marcilley & autres Paroiffes voifines, & d'y aller commander. Un mémoire de famille porte qu'il fut bleffé à la bataille d'Ivry en 1590: il mourut le 22 Décembre 1621, & fut inhumé le lendemain dans la Paroiffe de Plaine-Fougères. Il avoit époufé *Marguerite de la Noë-du-Bofchet*, morte à Montloüet le 21 Juin 1637, & enterrée le même jour dans la fufdite Paroiffe, au lieu des ancêtres de fon mari. Ses enfans furent :

    1. FRANÇOIS, qui fuit ;

    2. Et JULIEN, Ecuyer, Seigneur du Mefnil, né le 11 Avril 1609 fuivant un mémoire de famille, & mort le 8 Juin 1639, au retour de l'armée, où il commandoit pour le fervice du Roi.

IX. FRANÇOIS DE BRUNES, Ecuyer, Seigneur de Montloüet, baptifé le 6 Avril 1606, mort le 25 Février 1649, & inhumé le lendemain dans l'Eglife de Plaine-Fougères, aux tombeaux de fes ancêtres, avoit époufé, par contrat du 28 Septembre 1637, *Marie de Taillefer*, qualifiée dans cet acte Dame douairière de la Herbedaie, morte le 8 Janvier 1678, & enterrée le lendemain auprès de fon premier mari. Elle s'étoit remariée, en 1654, à *Gilles de Poilvillain*, Ecuyer, Seigneur de Mizouard, & étoit fille de Meffire *Alain de Taillefer*, Seigneur de la Brunaye, Chevalier de l'Ordre du Roi, & de *Françoife de Châteaubriand*. Ils eurent :

    1. EUSTACHE, Ecuyer, mort jeune en 1659;

    2. Et PAUL, qui fuit.

X. PAUL DE BRUNES, Ecuyer, Seigneur de Montloüet, baptifé le 8 Octobre 1646, fut Officier de la Marine du Roi, & déclaré *noble, iffu d'extraction noble*, par Arrêt de la Chambre de Réformation de la Nobleffe de Bretagne, rendu le 6 Mars 1671. Etant alors en procès avec le Seigneur de Mizouard, fon beau-père, qui lui avoit refufé la communication des titres qui avoient échappé à l'enlèvement de 1600, il fe borna à établir fa qualité d'ancien *Gentilhomme*, fans entrer dans la preuve de celle de *Chevalier*, & fans faire valoir le titre avantageux de 1513, qui prouve l'ancienne extraction de cette famille. Il obtint le 23 Mai 1695 un certificat du Lieutenant de la Noblefîe des Paroifîes non enclavées de l'Evêché de Dol, portant qu'il avoit fait affiduement les fonctions du fervice de fa Compagnie. Il époufa, le 28 Septembre 1672, *Catherine du Breil*, Dame du Pleffis-Chalonge, morte le 5 Septembre 1676, & enterrée le lendemain dans l'Eglife de Plaine-Fougères, fille de *Jean du Breil*, Seigneur dudit lieu, & de *Sylvie de Maffuel*. De ce mariage naquit :

XI. JULIEN-JUDE DE BRUNES-DE-MONTLOUET, Ecuyer, Seigneur dudit lieu, né le 15 Avril 1674, qui fervit en qualité de *Cadet* fur le Vaiffeau du Roi, dit *le Faucon*, le 30 Mai 1690 Il fut choifi par Sa Majefté le 8 Avril 1720 pour travailler avec M. de *Brou*, Intendant de Bretagne, aux Etats de répartition de la Capitation, fur la Noblefîe de l'Evêché de Dol, & nommé Major Garde-Côte dans la Capitainerie de cet Evêché le 30 Avril 1721, *en confidération de fa valeur & de fon expérience au fait de la Guerre & de la Marine, dont il avoit donné des Preuves en diverfes rencontres ;* fait Capitaine-Général de cette Capitainerie le 16 Avril 1738 ; mourut le 15 Janvier 1744, & fut inhumé le lendemain au tombeau de fes père & mère. Il avoit époufé, le 8 Novembre 1699, *Françoife-Thérèfe Symon*, Dame de Lépinay, de Malchat & de la Ruë, morte le 17 Janvier 1740, & enterrée le lendemain à Plaine-Fougères, fille de *Georges Symon*, Sieur de la Ruë, & de *Françoife le Fer*. Il a laiffé :

1. LUC-FRANÇOIS, qui fuit ;
2. FRANÇOIS-JOSEPH, né le 16 Octobre 1712, nommé fucceffivement Grand-Vicaire, Official, Archidiacre & Chanoine de Dol, Abbé de Beaulieu, Diocèfe de Saint-Malo, & Evêque de Saint-Omer en 1754, qui fut facré à Conflans par M. l'Archevêque de Paris le 12 Janvier 1755 ;
3. Et THÉRÈSE-LUCRÈCE, née le 20 Décembre 1710, mariée, le 27 Janvier 1728, à *François Uguet*, qualifié Chevalier, Seigneur du Demaine & de la Guerche.

XII. LUC-FRANÇOIS DE BRUNES-DE-MONT-

LOUET, qualifié Chevalier, Seigneur de Montloüet, de Malchat, &c., né le 25 Février 1704, Commiffaire des Etats de Bretagne & Lieutenant-Colonel du Département de Dol, a obtenu le 30 Mai 1751 une Commiffion de Lieutenant-Colonel de la Capitainerie Garde-Côte de Dol. Les Etats de Bretagne ayant établi dans cette Province une Société d'Agriculture, de Commerce & des Arts, il a été propofé & agréé le 2 Février 1757 pour l'un des 6 Affociés qui devoient être dans l'Evêché de Dol, & Commiffaire Examinateur de l'Hôtel des Gentilshommes établi à Rennes. Il a été marié, 1° le 15 Janvier 1726 à *Jeanne Ruault de la Sauffaye*, morte le 27 Juillet 1735, & enterrée le furlendemain dans l'Eglife de Plaine-Fougères, fille de *Pierre - Marc*, Ecuyer, Seigneur de la Sauffaye & de la Veidière, Capitaine de Cavalerie au Régiment du Luc, & d'*Anne-Françoife Couppel*, Dame douairière de Villiers près d'Avranches ; & 2° fans enfans le 16 Février 1749, à *Anne-Marguerite-Françoife-Adrienne de Gonnelieu*, Dame & Patronne de Radepont, du Bourg-Baudouin & de Fleury-fur-Andelle, proche Rouen, morte à Montloüet, le 28 Août 1752, & inhumée le furlendemain dans ladite Eglife de Plaine-Fougères ; veuve 1° de *Nicolas Hüe-de-Montaigu*, Seigneur de Langevinière en Bretagne, &c. De fon premier mariage il a eu :

1. FRANÇOIS-JEAN-RAPHAEL, qui fuit ;
2. Et JULIEN-JOSEPH-PLACIDE, dit *le Chevalier de Montloüet*, né le 17 Juin 1735, Capitaine dans le Régiment de Picardie, qui a été tué à la tête de fa Compagnie le 12 Février 1761, à l'attaque des quartiers François fur la Verra, par l'armée que le Prince FERDINAND commandoit, après avoir fervi depuis le commencement de la guerre avec autant de zèle que de valeur, fuivant un certificat du Marquis de Bréhant, ci-devant Colonel de ce Régiment, Maréchal-de-Camp & Infpecteur-Général d'Infanterie, en date du 9 Septembre 1763.

XIII. FRANÇOIS-JEAN-RAPHAEL DE BRUNES-DE MONTLOUET, Capitaine dans le Corps des Grenadiers de France, naquit le 13 Août 1728 : on ignore s'il eft marié.

Les armes : *d'azur, à un cor de chaffe lié d'argent, accompagné de trois befans de même, pofés 2 en chef & 1 en pointe. (Armorial gén. de France, reg. V, part. I.)*

BRUNET, famille originaire de Beaune en Bourgogne, qui remonte à

GILLES BRUNET, né en 1556, Lieutenant-Général au Bailliage de Beaune, marié à *Judith Galois*, née en 1564, & morte en 1624, dont il eut :

1. JEAN BRUNET, né le 28 Janvier 1595, Lieutenant-Général à Beaune, marié, le 16 Mai 1619, à *Jeanne le Goux*, de laquelle il eut :

    JEAN - GERARD BRUNET, Sieur de Sérigny, Conseiller au Grand-Conseil en 1672, puis Préfident des Requêtes du Palais à Paris le 17 Mars 1687, mort fans alliance en Février 1702 ;

2. PHILBERT, qui fuit ;
3. Et MARIE, alliée à N..... BRUNET, Lieutenant-Général de la Chancellerie à Beaune.

PHILBERT BRUNET, Sieur de Chailly, né le 11 Octobre 1597, Secrétaire du Roi en 1667, établi à Beaune, & mort le 27 Mars 1673, avoit époufé, en 1622, *Jeanne Taveau*, morte en Novembre 1696, âgée de 90 ans, dont il eut :

1. JEAN-BAPTISTE, qui fuit ;
2. GILLES, Abbé de Villeloin & de Mureau, Confeiller-Clerc au Parlement de Paris en 1674, mort le 11 Novembre 1709 ;
3. CLAUDE, Abbé du Bouchet, Chanoine d'Auxerre, mort le 28 Septembre 1694, âgé de 49 ans ;
4. FRANÇOIS, Sieur de Montferrand, près Beaune, Conseiller au Parlement de Paris en 1676, Préfident de la Chambre des Comptes de Paris, mort le 26 Avril 1696, laiffant de fa femme, dont on ignore le nom :

    ETIENNE BRUNET, Préfident à Mortier au Parlement de Metz, mort le 1er Juillet 1708 ;

    Et de *Marie-Jeanne le Maffon*, un fils naturel nommé

    FRANÇOIS BRUNET, Sieur de Montjamont, Tréforier Provincial de l'Extraordinaire des Guerres en Flandre ;

5. PAUL-ETIENNE, tige de la branche de *Rancy*, rapportée ci-après ;
6. JOSEPH, Archidiacre de Beaune, Abbé de Saint-Crefpin de Soiffons, Adminiftrateur de la Cure de St.-Roch, mort le 12 Mars 1720, âgé de 72 ans ;
7. ANNE, Religieufe à la Vifitation de Beaune ;
8. PHILBERTE, mariée à *Pierre - Alexis Durand*, Sieur de Saint-Eugène, Préfident en la Chambre des Comptes de Dijon, dont un fils ;
9. Et JEANNE - MADELEINE, morte en 1706,

mariée à *Pierre-François Durey*, Secrétaire du Roi, Tréforier-Général de fa Maifon, mort en 1710, dont des enfans.

JEAN-BAPTISTE BRUNET, Seigneur, Baron de Chailly, de Cherify & de Toify-le-Défert, Seigneur de Sérigny, Fermier-Général, Secrétaire du Roi, Greffier du Confeil, Garde du Tréfor Royal & Confeiller d'Etat, mort le 21 Juin 1703, âgé de 80 ans, avoit époufé *Marie de Cadolu*, morte en 1670, fille de *N... de Cadolu*, & de *Geneviève Creffé*, dont :

1. PIERRE, qui fuit ;
2. JEANNE, morte en Juin 1706, mariée à *Charles du Tillet*, Sieur de la Buffière, Préfident au Grand-Conseil ;
3. CATHERINE-ANNE, morte le 18 Juin 1737, fans enfans, mariée, en 1683, à *Charles de Mornay*, Marquis de Villarceaux, tué à Fleurus le 1er Juillet 1690 ;
4. Et FRANÇOISE-MARIE, morte en couches le 6 Mai 1692. Elle avoit époufé, le 20 Mai 1691, *Roland-Armand de Bignon*, Avocat-Général en la Cour des Aides.

PIERRE BRUNET, Baron de Chailly, Seigneur de Sérigny, Confeiller au Châtelet, puis au Parlement de Paris le 5 Avril 1686, Maître des Requêtes le 31 Mars 1693, Préfident en la Chambre des Comptes le 1er Juin 1702, obtint par Lettres du mois d'Octobre 1700, enregiftrées en la Chambre des Comptes de Dijon le 24 Mars 1704, l'érection en *Comté* de la Seigneurie de *Sérigny*, fituée au diocèfe d'Autun en Bourgogne. Il mourut le 10 Février 1740, âgé de 79 ans, fans poftérité. Il époufa, 1° le 29 Janvier 1701, *Marguerite de Normanville*, morte en Octobre 1719, fille de *Pierre de Normanville*, Sieur des Heberts, & de *Marguerite le Roy-du-Mée* ; & 2° le 8 Janvier 1720, *Marie-Marguerite de Carvoifin*, morte le 30 Mai 1742, fille de *François-Philippe de Carvoifin - d'Achy*, Maréchal-de-Camp, & de *Marie-Madeleine Budé*, Dame de Villiers-fur-Marne. Par le mariage de JEANNE BRUNET avec *Charles du Tillet*, tous les biens du Préfident BRUNET ont paffé dans la famille de *du Tillet*.

BRANCHE
des Seigneurs DE RANCY.

PAUL-ETIENNE BRUNET, Seigneur de Rancy & d'Evry, cinquième fils de PHILBERT, fut Secrétaire du Roi & Fermier-Général, & mourut le 19 Août 1717. Il avoit époufé, le 15 Juin 1678, *Geneviève Colbert*, morte le

18 Novembre 1734, âgée de 76 ans, fille de *Michel*, Maître des Requêtes, & de *Geneviève Baudouin*. De ce mariage sont nés:

1. Gilles, qui suit;
2. Joseph Brunet de Rancy, Brigadier d'Infanterie le 20 Février 1734, Commandant d'un Bataillon du Régiment des Gardes-Françoises, mort le 3 Décembre 1754, âgé de 68 ans;
3. Jean-Baptiste Brunet-de-Beauregard, mort le 8 Novembre 1737;
4. Françoise-Marguerite, morte le 12 Mai 1747, âgée de 66 ans, mariée, le 13 Février 1703, à *Pierre-Arnaud de la Briffe*, Marquis de Ferrières en Brie, Conseiller d'Etat & Intendant de Bourgogne en 1711, mort le 7 Avril 1740;
5. Et Marie Brunet, Dame de Comblaville & de Vaux-la-Reine, morte le 16 Mai 1742, âgée de 49 ans, mariée, le 30 Décembre 1711, à *Louis-Henri-François Colbert*, Comte de Croissy, mort le 24 Août 1747, dont des enfans. Voy. COLBERT.

Gilles Brunet, Seigneur de la Palisse, de Rancy, d'Evry & de la Baronnie de *Châtelmontagne*, qui est la première Baronnie du Bourbonnois, obtint l'érection de la Terre de *la Palisse* en *Marquisat* par Lettres-Patentes du mois de Février 1724, enregistrées au Parlement le 4 Juillet suivant. Il a vendu cette Terre au défunt Comte de Chabannes, Major des Gardes-Françoises. Il a été Conseiller au Parlement de Paris le 23 Avril 1706, Maître des Requêtes en 1709, Intendant d'Auvergne le 16 Août 1720, & du Bourbonnois le 13 Juin 1723, & est mort le 8 Août 1762. Il avoit épousé, le 10 Septembre 1715, *Françoise-Susanne Bignon*, morte le 15 Février 1738, âgée de 39 ans, fille de *Roland-Armand Bignon*, Conseiller d'Etat & Intendant de Paris, & de *Françoise-Agnès Hebert-du-Buc*, sa seconde femme. De ce mariage sont nés:

1. N... Brunet, mort le 17 Juin 1739, âgé de 23 ans;
2. Jean-Paul Brunet-d'Arfeuil, Prieur-Commendataire des Prieurés de St.-Nicolas, d'Acy-lès-Salins, né à Clermont en Auvergne le 26 Mai 1722;
3. Joseph-Moulins, qui suit;
4. Et N... Brunet, morte le 15 Janvier 1740, âgée de 23 ans, mariée, en Octobre 1739, à *N... de Case-de-Jouyencourt*.

Joseph-Moulins Brunet, né à Moulins le 18 Février 1725, Chevalier de St.-Louis, Mestre-de-Camp par Brevet, Maréchal-des-Logis de la Cavalerie de France, Capitaine de Cavalerie au Régiment du Commissaire-Général. Par son contrat de mariage, son père lui a assuré la Baronnie de Châtelmontagne. Il a été marié, le 20 Avril 1750, dans la Chapelle de la Bibliothèque du Roi, à *Marie-Espérance Masson-de-Plissay*, fille de *Jean Masson-de-Plissay*, Secrétaire du Roi, dont:

1. Antoine-Louis-Gilles Brunet-de-Montmorillon, né à Paris le 3 Juin 1752;
2. Armand-Jérôme-Joseph Brunet-d'Arfeuil, né le 26 Août 1753;
3. Et Pétronille-Jeanne, née le 22 Septembre 1756, mariée, le 21 Juillet 1778, à *Charles-Albert-Xavier*, Marquis d'*Aguesseau-d'Aubercourt*.

TROISIÈME BRANCHE
établie à Beaune en Bourgogne.

N... de Brunet eut pour enfans:

1. Gérard, qui suit;
2. Elisabeth, née à Beaune, en 1725, veuve sans postérité de *Jacques Blancheton*, Seigneur de Thorey, Chevalier de St.-Louis, Capitaine au Régiment de Tournaisis, tué au service;
3. Et Marie de Brunet, née en 1727, veuve de *François Bizouard*, Ecuyer, Seigneur de Montille & de la Courtine.

Gérard de Brunet, Ecuyer, Seigneur de Monthelie, Marjolet & Barain, né à Besançon, le 13 Janvier 1724, lequel a été reconnu, par arrêt du Conseil d'Etat du Roi du 31 Juillet 1775, originaire d'une noblesse ancienne de Provence, a épousé, le 30 Janvier 1752, *Susanne Suremain*, fille de *Hugues*, Ecuyer, ancien Officier au Régiment Royal-Comtois, Infanterie, nièce de *Philippe*, & sœur de *Jean-Baptiste-Claude Suremain*, Conseiller au Parlement de Dijon. Ils ont pour enfans vivans:

1. Jean-Baptiste-François, Ecuyer, né à Beaune, le 2 Janvier 1760;
2. Louis-François, né le 24 Mars 1767;
3. Jean-Baptiste-Marie-Joseph, né le 23 Mars 1769;
4. Antoine-Louis-Marie-Charles, né le 1er Juin 1771;
5. Louis, né le 11 Juillet 1775;
6. Susanne-Bernarde, née le 9 Juillet 1761;
7. Et Elisabeth de Brunet, née le 11 Janvier 1764.

BRUNET, en Provence, branche de la famille précédente. Le P. Colombi, Jésuite, en son *Histoire de la ville de Manosque*, rapporte que dans les Chartes du XIIe siècle, il est parlé de PHILIBERT BRUNET, Chevalier, qui fut préfent à un acte d'inféodation fait par Guillaume, Comte de Forcalquier, à un de fes Barons; & au rapport du Moine des Isles-d'Or, HUGUES BRUNET fe diftingua dans le même fiècle parmi les *Poëtes Provençaux*.

I. PONS DE BRUNET, un de fes defcendans, alla s'établir à Arles en 1350, comme il paroît par les Regiftres de cette Ville. Il tefta en 1374.

II. FRANÇOIS DE BRUNET, fon fils, fit fon teftament en 1412, & laiffa de fa femme, dont on ignore le nom :

III. HONORÉ DE BRUNET, marié à *Antoinette de Martia*, dont il eut :

    1. JACQUES ;
    2. HONORÉ, qui fuit ;
    3. Et LOUIS, rapporté ci-après.

IV. HONORÉ DE BRUNET, IIe du nom, fe maria, en 1496, à *Madeleine de Bouic*, de laquelle il eut :

V. GUILLAUME DE BRUNET, Viguier d'Arles, marié, 1° en 1524, à *Jeanne de Balb* ; & 2° en 1546, à *Madeleine de Jaufferan*. Du premier mariage il eut :

    LAURENT, dont la branche donna deux Chevaliers à l'Ordre de Malte, & finit à fes petits-fils.

Du fecond lit vint :

    JEAN-ANTOINE-ANNIBAL, qui fuit.

VI. JEAN-ANTOINE-ANNIBAL DE BRUNET alla s'établir à Salon, où il époufa *Françoife d'Etienne*, de laquelle il laiffa :

VII. JEAN-ANTOINE DE BRUNET, qui eut de *Jeanne d'Eiguefier*, Dame de Confous :

VIII. ANTOINE DE BRUNET, Seigneur de Confous & de Lamanon, lequel époufa, en 1640, *Charlotte de Cadenet*, & laiffa :

IX. FRANÇOIS DE BRUNET, Seigneur de Lamanon & de Confous, marié, en 1671, à *Marguerite de Damian*, des Seigneurs *du Vernègues*.

Il ne refte plus de cette branche qu'un garçon vivant à Arles fans alliance.

DEUXIÈME BRANCHE.

IV. LOUIS DE BRUNET, troifième fils d'HONORÉ Ier, & d'*Antoinette de Martia*, retourna à Manofque, dont fes ancêtres tiroient leur origine. Il fut père de

V. FOUQUES DE BRUNET, qui eft qualifié *noble & difcret Seigneur*, dans un acte de reconnoiffance, paffé devant *Antoine Monta-*

nerii, Notaire à Manofque, le 20 Mai 1493. Il eut pour fils :

VI. FRANÇOIS DE BRUNET, qui époufa, par contrat du 28 Janvier 1535, *Félicité de Pontevès*, de laquelle il eut :

VII. ANTOINE DE BRUNET, né & baptifé le 20 Mars 1538. Il fonda & dota en 1578 une Chapelle fous le titre de *St.-Antoine*, dans l'Eglife de Saint-Sauveur de Manofque, & fut marié avec *Catherine de Moret*, dont il eut :

VIII. PAUL DE BRUNET, Ecuyer, né en 1590, qui tefta le 5 Janvier 1663. Il époufa, par contrat paffé devant *Richard*, Notaire à Manofque, le 20 Mai 1633, *Marie de Faucher*, & eut :

IX. PAUL DE BRUNET, II^d du nom, Seigneur d'Eftoublon, qui prêta hommage pour fa Terre le 28 Avril 1714 ; & le 5 Mai de la même année, il donna le dénombrement des droits feigneuriaux qu'il poffédoit dans le territoire d'Eftoublon, & tefta le 30 Mars 1727. Il époufa, par contrat du 11 Novembre 1666, *Marie de Robert*, fille du Capitaine *Jean-Claude de Robert*, Ecuyer, Commandant pour le Roi dans la Ville de Graffe, & de *Catherine d'Aimini*, & laiffa :

    1. PAUL, qui fuit ;
    2. JEAN-BAPTISTE, fecond Directeur des Jeux qu'on montroit au Roi Louis XV, régnant, pendant fa plus grande jeuneffe. Il fut pourvu du Gouvernement de Manofque en 1722. Il étoit Chevalier de l'Ordre de St.-Louis, a fervi en qualité de Capitaine dans le Régiment de Languedoc, Dragons, & a laiffé de *N..... de Vefulve* :

        GASPARD-JEAN-BAPTISTE, actuellement Capitaine dans le Régiment des Gardes Lorraines ;

        Et une fille, mariée à *Jofeph-André de Vachere*, Seigneur de Saint-Martin ;

    3. Et JACQUES, qui a fervi pendant plus de 40 ans en qualité de Capitaine dans le Régiment de Penthièvre, Infanterie, & plus de 15 ans Lieutenant pour le Roi, & Commandant de la Ville & Citadelle de Villefranche en Rouffillon.

X. PAUL DE BRUNET, IIIe du nom, Seigneur d'Eftoublon, prêta hommage pour la Terre d'Eftoublon le 24 Avril 1730, & tefta le 26 Janvier 1744. Il époufa, par contrat paffé devant *Metre*, Notaire à Manofque, le 17 Janvier 1712, *Thérèfe de Pochet*, & laiffa entr'autres enfans :

XI. PAUL DE BRUNET, IVe du nom, Seigneur d'Eftoublon & en partie de Saint-Jurs, lequel, après avoir fervi en qualité de Cornette dans le Régiment de Cavalerie du Duc de Villars, Gouverneur de Provence, fe maria, le 20 Mai 1736, à *Jeanne de Pochet*, de laquelle eft né :

XII. PAUL DE BRUNET, V⁰ du nom, Chevalier, Seigneur de Molan, Eftoublon & de St.-Jurs, Chevalier de Saint-Louis, ancien Lieutenant des Vaiffeaux du Roi au Département de Toulon, qui a époufé *Anne-Antoinette de Clavel*, dont :

PAUL ;

Et MARIE-THÉRÈSE-ANGÉLIQUE - MARGUERITE DE BRUNET.

Cette famille a été confirmée dans *fa Nobleffe* par les Commiffaires du Roi, députés pour la vérification des titres de nobleffe, le 3o Mars 1667. (Mémoire ènvoyé.)

Les armes des BRUNET, de Provence, font : *d'or, au lévrier rampant de gueules, à la bordure crenelée de fable.*

Le *Promptuaire armorial* de Jean Boiffeau, édition de 1657, in-fol., part. II, pag. 46, dit, *à la bordure componée d'or & de fable.*

Les BRUNET de Paris & ceux de Bourgogne portent : *écartelé, aux 1ᵉʳ et 4 d'or, chargé d'une levrette rampante de gueules, à la bordure componée de fable ; & aux 2 & 3 d'argent, à une tête de Maure de fable.*

BRUNET, Seigneur de Neuilly : *de gueules, à deux chevrons alaifés d'or, accompagnés de trois étoiles d'argent, 2 en chef & 1 en pointe.*

BRUNET, Seigneur de Rouilly & du Molant : *gironné d'argent & de fable de huit pièces, le premier giron chargé d'une molette d'éperon d'azur.*

BRUNET, Seigneur de Saint-Maurice, en Normandie, Généralité de Caen. Etienne Pafquier, dans fes recherches, tom. I, pag. 542 & 544, dit que le Roi CHARLES VII donna à *Jeanne d'Arc*, dite *la Pucelle d'Orléans*, & à fes frères, le nom *du Lys*, & le privilège *d'annoblir leurs defcendans mâles & femelles.* Il y a toute apparence que les Sieurs BRUNET *de Saint-Maurice* font dans ce cas, & qu'ils auront époufé une fille de la famille du *Lys*, qui leur aura donné la *Nobleffe & le droit de porter les armes* accordées par le Roi CHARLES VII à la Pucelle d'Orléans, qui font : *d'azur, à une épée d'argent, à la garde*

d'or, pofée en pal, accompagnée de deux fleurs-de-lys d'or, & furmontée d'une couronne royale de même.

BRUNET, Généralité d'Alençon, Election de Falaife, en Normandie, Ecuyer, Sieur des Courcières, famille annoblie en 1592, & maintenue le 11 Mai 1666, dont les armes font : *d'azur, à trois croiffans d'argent, adoffés, mal ordonnés, & celui du milieu entrelaffé, accoftés de deux étoiles d'or, & furmontés d'un foleil de même.*

❧ BRUNET, ancienne Maifon de Bretagne, dont la filiation, prouvée par titres fur tous les degrés, remonte à OLIVIER, qui fuit, & à MAURICE BRUNET, qui comparut en qualité d'Ecuyer à la montre qu'Olivier de Cliffon fit à Vannes, le 1ᵉʳ Janvier 1375. Voyez l'*Hiftoire de Bretagne*, par Dom Morice, tom. II des *preuves*, pag. 101.

I. OLIVIER BRUNET, Ecuyer, ratifia le traité de Guerrande à Dinan, le 25 Avril 1381 (*Hiftoire de Bretagne*, par Dom Lobineau, vol. des *preuves*, & par Dom Morice, fecond vol. des *preuves*, pag. 276). Il avoit époufé *Guyonne Dubois*, comme il eft prouvé ci-après, dont il eut :

II. PERROT BRUNET, Ecuyer, Seigneur de la Berechere, marié, en 1386, à *Marguerite Gruel*, fille de Meffire *Guillaume Gruel*, Chevalier, & fœur aînée de Meffire *Raoul Gruel*, Chevalier : cette alliance eft prouvée par un acte du 28 Décembre 1400, figné *Olivier Bodin*, paffé à Dinan entre *Guillaume Gruel*, & PERROT BRUNET, au fujet d'une vente dans la Paroiffe d'Evran ; il eft prouvé par cet acte que PERROT BRUNET étoit fils d'OLIVIER, & de *Guyonne Dubois* ; l'alliance de PERROT BRUNET, avec *Marguerite Gruel*, eft encore rappelée avec la defcendance de GUILLAUME BRUNET, leur fils, dans un accord paffé le 22 Décembre 1516, touchant la fucceffion collatérale de Charles Gruel, Ecuyer, Seigneur de la Bodinaye. PERROT BRUNET eut de fon mariage : CAROU & GUILLAUME, qui fuivent :

CAROU BRUNET, Ecuyer, Seigneur de la Berechere, eft employé en cette qualité, dans la réformation de la Nobleffe, faite en 1428, dans la Paroiffe de la Bauffainne, Evêché de St.-Malo, fuivant un titre de la Chambre des Comptes de Nantes ; il mourut fans enfans. Cette réformation de la Paroiffe de la Bauffainne, faite en 1428, fe trouve tranfpofée par erreur parmi les réformations de l'Evêché de Saint-Brieuc.

III. Guillaume Brunet, Ecuyer, Seigneur de la Berechere, fit hommage de la Terre & Seigneurie de la Berechere, le 3 Décembre 1440, à la Dame Comteffe de Laval; il fut employé comme noble dans la réformation de la Nobleffe, faite en 1442, dans la Paroiffe de la Bouffaine, Evêché de St.-Malo; comparut, en qualité d'homme d'armes, ayant à fa fuite deux Archers en brigandines, aux montres de l'Evêché de Saint-Malo, aux années 1462, 1467, & autres fuivantes, ce qui eft prouvé par des titres de la Chambre des Comptes de Nantes, tant pour les réformations, que pour les montres; il avoit époufé, en 1438, *Anne le Léonnays*, fille de Meffire *Guillaume le Léonnays*, Chevalier, Seigneur de la Houffays, dont il étoit veuf en 1462, fuivant un accord paffé le 8 Octobre 1462, entre *Guillaume le Léonnays*, Chevalier, & noble Ecuyer Guillaume Brunet, comme père & garde naturel de fes enfans, avec *Anne de Léonnays*, qui furent:

Guillaume, qui époufa, par acte du 5 Février 1468, *Honorée Piedevache*, fille de *Jean*, Ecuyer, Seigneur de la Piedvachaye & de Langoet, dont il laiffa Brigide, mariée à *Roland Dubois*, Ecuyer; & 2ᵉ à *Jean de Mauvoiſin*, Ecuyer, Seigneur des Chapelles; & une autre fille;

Et Macé, qui fuit.

IV. Macé Brunet, Ecuyer, Seigneur de la Boullays, fut Archer de la Garde de François II, Duc de Bretagne. Voyez l'*Hiſtoire de Bretagne*, par Dom Morice, vol. II des Preuves, pag. 606. Le même Duc fit un accord, le 2 Avril 1483, entre Macé Brunet, & Roland Dubois, l'un des Confeillers du Duc. Macé tranfigea en 1494, fur partage noble avec *Roland Dubois*, Ecuyer, comme mari de Brigide Brunet, fa nièce. Il avoit époufé, par acte du 10 Octobre 1477, *Périne de la Crouex*, fille unique & feule héritière d'*Olivier de la Crouex*, Ecuyer, & de *Georgette de Tourdelain*, Seigneur & Dame de la Pironnays & de la Villemorin, dont:

V. François Brunet, Ecuyer, Seigneur de la Pironnays, qui fit un accord, le 9 Mai 1526, avec *Jean de Mauvoiſin*, Ecuyer, Seigneur des Chapelles, mari de *Brigide Brunet*, dans lequel acte font nommés Macé Brunet, & *Périne de la Crouex*, fes père & mère. Il avoit

époufé, par acte du 7 Juillet 1524, *Françoiſe Langlais*, fille de *Jean*, Ecuyer, & de *Guyonne de Saint-Pern*, Seigneur & Dame de la Bertaudière. Il en eut:

1. Jean, qui fuit;
2. Et Guy Brunet, tué à la bataille de Dreux, le 19 Décembre 1562, commandant une Compagnie de 200 Arquebufiers à pied, & 25 à cheval, qu'il avoit levée, par commiffion à lui donnée par le Sieur de Bouillé, Lieutenant pour le Roi au Gouvernement de Bretagne, en date du 16 Avril 1562, & par autre commiffion donnée audit Guy Brunet, par Jean de Bretagne, Lieutenant-Général du Roi en Bretagne, en date du 14 Juin 1562, lefdites commiffions, fignées & fcellées; il avoit fait montre de cette Compagnie à Rennes, le 14 Juillet 1562.

VI. Jean Brunet, Ecuyer, Seigneur de la Pironnays, tranfigea, le 14 Août 1554, fur la fucceffion de feu *Jean Langlais*, Ecuyer, fon aïeul maternel, avec le curateur de *Pierre Langlais*, fon coufin. Il mourut en Piémont, au fervice du Roi; il avoit époufé, fuivant l'acte de tutelle de fon fils, mentionné ci-après, en date du 15 Avril 1558, *Iſabeau de Plumangal*, fille de *François*, Ecuyer, & de *Gabrielle de la Rocque*, Seigneur & Dame de Trevelene; de leur mariage vint:

VII. Charles Brunet, Ecuyer, Seigneur de la Pironnays, Archer de la Compagnie du Sieur de Malicorne, fuivant une atteftation donnée par le Comte du Lude, Chevalier de l'Ordre du Roi, Gouverneur & fon Lieutenant-Général en Poitou, du 17 Août 1575; il fervoit en la même Compagnie, en qualité d'homme d'armes, le 2 Mai 1580, ayant armes & chevaux pour le fervice qu'il devoit; & étoit tenu de faire au Roi, felon le certificat d'Arnaud d'Ordivilliers, fon autre Lieutenant de ladite Compagnie. Il avoit époufé, le 2 Mars 1572, *Jacqueline de Gaudemont*, Dame *du Moulin-Tiſon*, fille de *Jacques de Gaudemont*, Ecuyer, & de *Jeanne Henri*, dont:

1. Fiacre Brunet, Seigneur du Moulin-Tiſon, qui époufa *Marguerite de France*; il continua la branche aînée, qui s'eft éteinte après plufieurs générations;
2. Jacques, Seigneur de *la Villemorin*, qui époufa *Anne Viaut*, dont la branche eft éteinte;
3. Et François, qui fuit.

BRANCHE
des Seigneurs du Guillier.

VIII. François Brunet, Chevalier, Sei-

Z

gneur de la Pironnays, fit, au nom de fes en-fans, hommage au Roi, le 3 Juillet 1612, des Fiefs qu'il tenoit en la Sénéchauffée de Jugon; & tranfigea le 13 Novembre 1627, au fujet de fon partage, avec FIACRE BRUNET, Chevalier, Seigneur du Moulin-Tifon, fon frère aîné; il époufa *Françoife du Breil*, fille unique & feule héritière de Meffire *Guillaume du Breil*, Chevalier, & de *Marguerite de Lécu*, Seigneur & Dame du Guillier, ce qui eft prouvé par deux comptes de la tutelle de ladite *Françoife du Breil*, rendus audit Seigneur de la Pironnays, comme mari de ladite *du Breil*, en date des 26 Avril & 7 Mai 1601. Ses enfans furent:

JACQUES, qui fuit;

Et LOUISE BRUNET, femme de *Jean Rolland*, Chevalier, Seigneur de la Normandais.

IX. JACQUES BRUNET, Chevalier, Seigneur du Guillier, partagea noblement, le 5 Mai 1648, avec *Jean Rolland*, Chevalier, Seigneur de la Normandais, fon beau-frère. Il avoit époufé, par acte du 11 Novembre 1629, *Françoife de Kergu*, fille aînée de Meffire *Claude de Kergu*, Chevalier, & d'*Ifabeau de Lefquen*, Seigneur & Dame de Kergu, dont il eut:

1. JEAN-BAPTISTE, qui fuit;
2. SYMPHORIEN, Seigneur de la *Villaubert*, tige d'une branche éteinte;
3. FRANÇOIS, auteur de celle des Seigneurs de Hac, rapportée ci-après;
4. FRANÇOISE, mariée, par acte du 8 Juin 1650, à Meffire *François Feron*, Chevalier, Seigneur de Quenard;
5. Et ELISABETH, mariée à Meffire *Louis Rouvel*, Seigneur du Preron.

X. JEAN-BAPTISTE BRUNET, Chevalier, Seigneur du Guillier, né le 6 Mars 1639, fut maintenu dans fa nobleffe, par Arrêt de la Chambre établie par le Roi, pour la réformation de la nobleffe de Bretagne, le 19 Novembre 1668; il avoit époufé, par acte du 5 Décembre 1666, *Périne Bougevel de Beaumont*, dont il eut:

1. RENÉ-JEAN-BAPTISTE, qui fuit;
2. Et FRANÇOISE, mariée, par acte du 14 Mars 1685, à Meffire *Jean-Paul de Pluvié*, Seigneur du Monftois & de la Villemartel.

XI. RENÉ-JEAN-BAPTISTE BRUNET, Chevalier, Seigneur du Guillier, né le 8 Octobre 1667, marié, par acte du 20 Août 1691, à *Marguerite Chevray*, fille unique & feule héritière de *Jean Chevray*, Ecuyer, & de

Jeanne de Saint-Pern, Seigneur & Dame de Badouard; de leur mariage vint:

XII. FRANÇOIS BRUNET, Chevalier, Seigneur du Guillier, né le 24 Décembre 1693, qui fervit en qualité de Lieutenant au Régiment de Lannion, Infanterie, & époufa, par acte du 28 Août 1717, *Jeanne-Barbe Guyère*, dont:

1. JOSEPH, qui fuit;
2. FRANÇOIS-MARIE, Lieutenant des Vaiffeaux du Roi, mort à Breft, le 13 Mai 1773;
3. Et JEANNE-ROSE, mariée, par acte du 9 Juillet 1751, à Meffire *François-Louis de Saint-Melois*, Chevalier.

XIII. JOSEPH BRUNET, Chevalier, Seigneur du Guillier, né le 15 Janvier 1730, a fervi, en qualité de Lieutenant, au Régiment de Berry, Infanterie, & a époufé, par acte du 7 Avril 1753, *Jeanne Feudé*, fille unique & feule héritière de *Jean Feudé*, Ecuyer, & de *Guillemette de Kermarec*, dont:

FRANÇOIS-MARIE, qui fuit;

Et trois filles.

XIV. FRANÇOIS-MARIE BRUNET, Chevalier, Seigneur du Guillier, né le 19 Janvier 1759, eft Sous-Lieutenant au Régiment du Roi, Infanterie, en 1779.

BRANCHE
des Seigneurs de HAC.

X. FRANÇOIS BRUNET, Chevalier, Seigneur de Hac, troifième fils de JACQUES BRUNET, Chevalier, Seigneur du Guillier, & de *Françoife de Kergu*, né le 22 Août 1641, fut maintenu dans fa nobleffe, avec fon frère aîné, par Arrêt de la Chambre établie par le Roi, pour la réformation de la nobleffe de Bretagne, le 19 Novembre 1668, & partagea noblement avec fes frères & fœurs, le 24 Juillet 1670, la fucceffion de fes père & mère. Il avoit époufé, par acte du 6 Avril 1666, *Marie Ruellan*, fille de *François Ruellan*, Ecuyer, & de *Péronnelle Poulain*, dont:

1. LOUIS-JEAN, qui fuit;
2. FRANÇOIS, Seigneur du Gueffeau, qui fervoit, en qualité de Cornette & de Lieutenant, au Régiment de Belarbre, Dragons. Il fe fit Religieux Feuillant;
Et quatre filles, mortes fans alliance, à l'exception de MARGUERITE-FRANÇOISE, mariée à *Jean-Baptifte le Defnays*, Chevalier, Seigneur de Quemadeuc, morte fans enfans.

XI. LOUIS-JEAN BRUNET, Chevalier, Seigneur de Hac, né le 18 Août 1680, partagea noblement, avec fes frères & fœurs, la fucceffion de fes père & mère, le 30 Août 1716, & époufa, par acte du 30 Avril 1711, *Françoife-Péla-gie Heurtault*, fille de *Jean Heurtault*, Ecuyer, Seigneur de Bricour, Secrétaire du Roi, en la Chancellerie de Bretagne, & de *Françoife-Marie Landais*, dont il eut:

FRANÇOIS-LOUIS, qui fuit;
Trois filles, qui n'ont point pris d'alliance;
Et FRANÇOISE, qui a époufé, par acte du 2 Juillet 1636, Meffire *Mathurin-René du Boisbilly*, Chevalier, Seigneur de Beauma-nar & de Bodiffe.

XII. FRANÇOIS-LOUIS BRUNET, Chevalier, Seigneur de Hac, né le 26 Février 1719, a partagé noblement, avec fes frères, la fucceffion de fes père & mère, le 10 Décembre 1765, & a époufé, par acte du 2 Mai 1757, *Marie-Rofe Guerry*, fille de Meffire *Claude Guerry*, Chevalier, Seigneur du Bois-Guerry, Conseiller au Parlement de Bretagne, & de *Marie-Rofe Polly*, dont:

1. FRANÇOIS-LOUIS-MARIE, qui fuit;
2. Et SOPHIE-REINE-HÉLÈNE-MARIE BRUNET.

XIII. FRANÇOIS-LOUIS-MARIE BRUNET, Chevalier, Seigneur de Hac, nommé par le Roi, Page de Monseigneur, Comte d'Artois, au mois de Juillet 1773, reçu fur les preuves, le 1ᵉʳ Octobre fuivant, a fervi trois ans en cette qualité, & eft, depuis 1779, Lieutenant au fixième Régiment des Chevaux-Légers.

Les armes: *d'azur à trois molettes d'argent, au chef coufu de fable, chargé de trois têtes de loup d'argent, arrachées & lampaf-fées de gueules.*

BRUNET, en Agénois. PIERRE BRUNET, Ecuyer, Seigneur de Repaire & de Laubara-de, laiffa d'*Anne Tremblier*:

PIERRE, qui fuit;
Et deux filles.

PIERRE BRUNET époufa *Sufanne Portail*, dont:

PIERRE, né le 21 Novembre 1740;
LOUIS, né le 8 Mai 1743;
Et plufieurs filles.

DEUXIÈME BRANCHE.

JACQUES BRUNET, Ecuyer, Seigneur de Vezis, Officier de Cavalerie, laiffa de *Madeleine Mathieu*:

1. JOSEPH, Religieux de l'Ordre des Frères Prêcheurs, né le 23 Juin 1708;
2. PIERRE, qui fuit;
3. FRANÇOIS-ARMAND de Combebrune, ancien

Capitaine d'Infanterie, né le 23 Septembre 1723;
4. Et CLAIRE BRUNET, veuve de *François Boëry de la Boiffière.*

PIERRE BRUNET, Seigneur de Vezis, né le 8 Avril 1715, ancien Garde du Roi, époufa *Marguerite-Angélique de Boufquet*, dont:

1. PIERRE, né le 8 Avril 1744;
2. PIERRE-ARMAND, né le 27 Juin 1746;
3. Autre PIERRE, né le 2 Décembre 1753;
Et plufieurs filles.

BRUNET DE PUJOLS. *David de Caf-telpers*, Vicomte de Panat, mari d'*Anne de Vernede-Corneillan*, fille d'*Antoine*, Vicomte de Corneillan, & de *Jeanne du Clau*, n'eut de cette alliance qu'une fille, nommée *Anne de Caftelpers*, qui porta les Vicomtés de Panat & de Cadars, & plufieurs autres Terres confidérables, à fon Coufin LOUIS DE BRUNET-DE-CASTELPERS, rapporté plus loin.

ARNAUD DE BRUNET, Seigneur de Leftelle, eut de *Jeanne de Laugnac*:

ARNAUD DE BRUNET, Baron de Leftelle, marié à *Régine*, Dame de *Galapian*;
Et JEAN, qui fuit;

JEAN DE BRUNET, Baron de Leftelle, époufa, en 1506, *Marguerite de Stuer*, & laiffa:

GUY DE BRUNET, marié, par contrat du 22 Juillet 1544, à *Bertrande de Guerre*, dont:

LOUIS DE BRUNET-DE-PANAT, Baron de Pujols, qui époufa, le 17 Mai 1579, *Madeleine de Lordat*, Dame d'Ambialet, & eut:

JEAN-JACQUES DE BRUNET, Baron de Pujols, marié, par contrat du 31 Mai 1605, à *Marguerite-Catherine du Faur*, fille de *Louis du Faur*, Chancelier de France. Ils eurent:

LOUIS DE BRUNET-DE-CASTELPERS, Baron de Pujols & de Caftelpers, Vicomte de Panat, d'Ambialet & de Montbaus, qui fut tué au fiège de Libourne, le 26 Mai 1649, après avoir fait fon teftament le même jour. Il avoit époufé, le 27 Octobre 1631, *Anne de Caftel-pers*, fa coufine, & laiffa:

1. JEAN-SAMUEL, qui fuit;
2. Et LOUIS-JOSEPH, rapporté après fon frère.

JEAN-SAMUEL DE BRUNET-DE-CASTELPERS-DE-LEVIS-DE-PANAT, Vicomte de Panat, de Cadars, d'Ambialet, &c., & Seigneur de Thouils, époufa, par contrat du 25 Février 1660, *Jacqueline d'Efpinchal*, fille de *François d'Efpinchal*, & d'*Ifabeau-Marie de Po-lignac*, & fut père de:

1. JOSEPH, qui fuit;

2. Et MARIE-ELISABETH, mariée, le 19 Novembre 1699, à *Jacques*, Marquis de *Volonzac*.

JOSEPH DE BRUNET, Vicomte de Panat, mort en 1739, avoit épousé, par contrat du 27 Janvier 1700, *Marie de Touloufe-Lautrec*, Vicomteffe de Montfa, morte en 1745. Il laiffa:

1. JOSEPH - SAMUEL, né le 14 Octobre 1700, mort en 1741, fans poftérité d'*Anne-Françoife de Roquefeuil-Londres*;
2. JEAN-ELISABETH, facré Evêque le 1er Novembre 1739;
3. JOSEPH, qui fuit;
4. Et FRÉDÉRIC-JOSEPH, Eccléfiaftique.

JOSEPH DE BRUNET, Vicomte de Panat & de CADARS, né en 1704, Capitaine de Vaiffeaux du Roi, mourut en 1776. Il avoit épousé, en 1750, *Françoife-Marie de la Rochefoucauld-Langeac*, fille de *Jean-Antoine*, Marquis de Langeac, & de *Marie de Michel de Lachant*. Ils eurent:

1. DOMINIQUE-FRANÇOIS, né le 30 Août 1752;
2. ARMAND-JEAN, né le 18 Août 1753;
3. LÉOPOLD, né le 14 Novembre 1762;
4. Et MARIE-EUGÉNIE-ANTOINETTE DE BRUNET.

SECONDE BRANCHE.

LOUIS-JOSEPH DE BRUNET-DE-PUJOLS-DE-CASTELPERS-DE-LEVIS, Seigneur & Marquis de Villeneuve, Diocèfe de Béziers, frère puîné de JEAN-SAMUEL, Vicomte de Panat, fut marié, le 6 Janvier 1674, à *Elifabeth de la Croix-de-Caftries*, morte en 1714. De ce mariage il a laiffé:

1. JOSEPH-FRANÇOIS, né le 18 Octobre 1681;
2. PIERRE-FRANÇOIS, Marquis de Villeneuve, Comte de Montredon, Vicomte de Lautrec, marié à Doña *Marie de Villanova*, Efpagnole;
3. LOUIS-JOSEPH, dit *le Vicomte de Lautrec*;
4. MARIE, mariée, à Touloufe, à M. d'*Alliez*;
5. N..., mariée au Seigneur de *Cafeneuve*;
6. Et ELISABETH DE BRUNET, mariée, le 7 Juillet 1708, à fon oncle, à la mode de Bretagne, *Pierre-Jofeph-Hyacinthe*, Marquis de *Caylus*, Baron de Rouairoux, Commandant en Provence. *Tab. Gén. & Hift.* part. VII, p. 245 & fuiv.

BRUNETIÈRE (LA), en Bretagne: *de fable, à trois croiffans montans d'argent, 2 & 1*.

BRUNEY: *d'argent, à la licorne de gueules.*

BRUNI ou BRUNY, en Provence. La famille des Barons de la Tour-d'Aigues & des Marquis d'Entrecafteaux, du nom de *Bruni*, eft originaire d'Italie, d'où elle vint s'établir à Nice, & de-là à Marfeille vers le milieu du dernier fiècle. Elle eft actuellement habituée à Aix, où elle forme deux branches.

FRANÇOIS DE BRUNI, Baron de la Tour-d'Aigues, Seigneur de plufieurs autres Terres, fils de N.... Bruni, auffi Baron de la Tour-d'Aigues & de Lormarin, Seigneur de Pepin, la Motte, Saint-Canat, & autres lieux, l'un des 300 Secrétaires de la Maifon du Roi, eft chef de la branche aînée. Il a de *Marie-Louife de Souffin*:

1. JEAN-BAPTISTE-JÉRÔME DE BRUNI, Confeiller au Parlement;
2. Une fille, mariée au Marquis de *Montolieu*;
3. LOUISE-GABRIELLE, mariée avec *Louis-Charles-Marie d'Arnaud-de-Rouffet*, Confeiller au Parlement;
4. Et N.... DE BRUNI, qui vit fans alliance.

JEAN-BAPTISTE DE BRUNI, Marquis d'Entrecafteaux, fils de noble RAYMOND DE BRUNI, Tréforier de France, qui avoit acheté en 1713, la Terre & *Baronnie d'Entrecafteaux*, pour laquelle il avoit obtenu de nouvelles Lettres d'érection de cette Terre en *Marquifat* en 1714, eft aujourd'hui chef de la branche cadette. Il a été fucceffivement Confeiller & Préfident au Parlement de Provence, & marié à N.... de *l'Eftang-Parade*, de laquelle il a trois fils:

L'aîné après avoir exercé pendant quelque tems un office de Confeiller au Parlement d'Aix, a été reçu Préfident à Mortier en 1755;
Le fecond étoit Jéfuite;
Et le troifième fert fur les Vaiffeaux du Roi en qualité d'Officier.

Cette famille a fait de très-bonnes alliances depuis le peu de tems qu'elle eft établie en Provence, comme avec les Maifons de *Pontevès-la-Forêt*, de *Glandevès-Caftelet*, de *Thomas-la-Valette*, de *Forefta-Caftelar*, auxquelles elle a donné de fes filles.

Les armes: *d'azur, au cerf d'or, courant; au chef d'or*.

Il y a une autre famille du nom de BRUNI, qui porte pour armes: *d'azur, à la hache d'argent, emmanchée d'or, mife en pal*.

BRUNIE (LA), en Agénois. FRANÇOIS DE LA BRUNIE, Ecuyer, Seigneur dudit lieu, époufa, par contrat du 31 Décembre 1523, *Jeanne de Garros*, dont:

PIERRE DE LA BRUNIE, Ecuyer, Seigneur du

dit lieu, qui tefta le 28 Juin 1554. Il laiffa de
Marie Demerat :

JEAN DE LA BRUNIE, Ecuyer, habitant de
Lectoure, marié, par contrat du 6 Mai 1605,
à *Françoife-Efclarmonde Daulin.* Ils eurent :

FRANÇOIS DE LA BRUNIE, Ecuyer, Seigneur
d'Efcoutte, Gentilhomme ordinaire de la
Chambre du Roi, fuivant fes provifions du
20 Novembre 1643, qui époufa, par contrat
du 27 Août 1636, *Charlotte Manneffe,* dont :

JEAN-FRANÇOIS DE LA BRUNIE, Ecuyer, Capitaine dans le Régiment de Champagne, fuivant fa commiffion du 24 Juin 1676, marié à
Jeanne Delard, fille de *Jean Delard,* E-
cuyer, Seigneur de la Cofte-Compagnol. Ils
laifferent :

JEAN-FRANÇOIS, qui fuit ;

Et FRANÇOIS, auteur de la feconde branche,
rapportée ci-après.

JEAN-FRANÇOIS DE LA BRUNIE, IIe du nom,
Ecuyer, Seigneur d'Efcoutte, Capitaine dans
le Régiment de Bourbon, fuivant fa commiffion du 4 Mars 1703, époufa *Marthe d'Aly,*
fille de *Bernard d'Aly,* Ecuyer, Seigneur de
Trépadou, dont :

JEAN-FRANÇOIS DE LA BRUNIE, Ecuyer, Seigneur d'Efcoutte, ancien Capitaine dans le
Régiment de Bourbon, fuivant fa commiffion du 19 Février 1743.

SECONDE BRANCHE.

FRANÇOIS DE LA BRUNIE, fecond fils de JEAN-
FRANÇOIS DE LA BRUNIE, Ier du nom, & de
Jeanne Delard, fut Capitaine au Régiment
de Poitou, fuivant fa commiffion du 12 Août
1690, & époufa *Marguerite d'Hébrard de
Saint-Sulpice,* fille de *Charles d'Hébrard de
Saint-Sulpice,* Ecuyer, Seigneur du Rocal,
dont :

BERNARD DE LA BRUNIE, Ecuyer, qui fe diftingua au fervice de Sa Majefté. Il fut nommé
Maréchal-de-Camp, fuivant fes provifions du
2 Mai 1744.

Ce fut en récompenfe des fervices qu'il avoit
rendus dans la guerre d'Allemagne ladite année 1744, en qualité de Brigadier, fous les
ordres de M. le Maréchal de Coigny ; car il
commanda en chef les Bavarois & les deux
Bataillons du Régiment de Bourbon. Il fit
l'attaque du village de Picard, où le Prince
Charles avoit jeté toutes fes forces ; il le prit &
en chaffa les ennemis qu'ils fe fuffent em-
parés des lignes qui vont de Lauterbourg à

Wiffembourg : ce qui lui mérita une félicita-
tion de M. le Maréchal de Coigny & de tous
les Officiers-Généraux. Le Roi lui donna, en
1745, le Commandement de Colmar.

BRUNIER, en Dauphiné : *d'azur, à la
bande d'or, au chef de même.*

BRUNOT, Seigneur de Lorme : *d'azur,
au chevron d'or, chargé de trois étoiles de
fable.*

* BRUNSTADT, dans le Sundgau, Diocèfe de Bâle, Terre & Seigneurie qui fut acquife par *Martin de Befenval,* d'une famille
originaire du Duché d'Aoft, lequel s'établit en
1625 à Soleure en Suiffe, où il occupa des
charges confidérables du Canton de ce nom.
Voyez BESENVAL.

BRUNSWICK. Cette Maifon, qui doit,
fans contredit, tenir un des premiers rangs
dans l'Empire, tant pour l'ancienneté que pour
l'illuftration, a la même origine que celle
d'ESTE : elles defcendent l'une & l'autre d'AL-
BERT-AZZO D'ESTE, Marquis de Ligurie & de
Lombardie ; il vivoit dans le XIe fiècle, &
époufa 1° *Cunégonde,* fille & héritière de
Cuelfe, Duc de *Carinthie* ; & 2° *Hermen-
garde,* Comteffe du *Maine.* Du premier lit
vint :

GUELFE D'ESTE, Ier du nom, père d'HENRI,
qui fuit.

Du fecond lit eft iffu :

Et FOULQUES D'ESTE, chef de la branche allemande de la Maifon d'ESTE.

HENRI D'ESTE, Ier du nom, furnommé le
Noir, mourut en 1125, & laiffa de *Wilfide,*
fille & héritière de *Magnus,* Duc de *Saxe :*

HENRI, IIe du nom, dit *le Superbe,* auquel
fon beau-père donna l'inveftiture de la Bavière vers 1137, puis le Duché de Saxe. Il
mourut en 1179, & avoit époufé *Gertrude,*
fille de Lothaire II de *Saxe,* Empereur d'Allemagne. Ils eurent :

HENRI III, dit *le Lion,* qui fut un des
grands Princes de fon tems. Il fe révolta en
1180 contre l'Empereur FRÉDÉRIC Ier, qui le
dépouilla de fes biens & donna la Bavière à
OTHON, Comte de Scheyern, & la Saxe à BER-
NARD, fils d'ALBERT *l'Ours,* de la Maifon d'Af-
canie. HENRI *le Lion* fut obligé de fe réfugier
auprès de fon beau-père. Il fut trois ans dans
cette efpèce d'exil, après lefquels il revint ;
rentra en poffeffion de Brunfwick & de quel-

ques autres de ſes Terres, & mourut en 1195.
Il avoit épouſé, en 1179, *Mahaud*, fille d'*Henri II*, Roi d'*Angleterre*, dont :

1. HENRI, IVᵉ du nom, qui fut Comte Palatin du Rhin par ſon mariage avec *Agnès*. ils eurent:

> *Agnès*, mariée, vers 1225, à *Othon II*, de *Bavière*, auquel elle porta le Palatinat;
> Et HERMÉNGARDE, mariée à *Hermann*, Margrave de *Brandebourg*.

2. OTHON, IVᵉ du nom, Empereur d'Allemagne, mort en 1218;
3. GUILLAUME, qui ſuit, tige des Ducs de BRUNSWICK;
4. Et LUBERT.

GUILLAUME, Duc de BRUNSWICK, fut un Prince pacifique: il y a des auteurs qui diſent que l'Empereur OTHON, ſon frère, érigea ſes Terres en Duché. Il épouſa *Hélène*, fille de *Woldemar*, Roi de *Danemark*, & eut :

OTHON, ſurnommé l'*Enfant*, parce qu'il n'avoit que 10 ans quand ſon père mourut, qui recouvra, par ſon mariage, Brunſwick & d'autres Terres qu'on avoit enlevées à ſon père. C'eſt en ſa faveur, ſelon quelques hiſtoriens, que l'Empereur FRÉDÉRIC II, érigea Brunſwick & Lunebourg en *Duchés*. Ayant été fait priſonnier dans une bataille, on l'obligea de céder le Duché de Saxe à ALBERT II. OTHON mourut le 9 Juin 1252. Il avoit épouſé *Mathilde*, fille d'*Albert*, Margrave de *Brandebourg*, & laiſſa :

1. ALBERT, qui ſuit;
2. JEAN, Duc de Lunebourg, qui mourut en 1261 ou 1276;
3. ULRIC, qui mourut en bas âge;
4. CONRAD, Evêque de Verden, mort en 1303;
5. OTHON, Evêque d'Hildesheim;
6. HÉLÈNE, mariée à *Albert*, Electeur de *Saxe;*
7. ADÉLAÏDE, mariée à *Henri* Iᵉʳ, Landgrave de *Heſſe*, mort le 8 Avril 1308;
8. AGNÈS, mariée à *Venceslas*, Prince de *Rugen;*
9. Et MATHILDE, mariée à *Henri*, Prince d'*Anhalt*.

ALBERT le *Grand*, Duc de BRUNSWICK, mourut en 1279. Il avoit épouſé 1° *Eliſabeth*, morte ſans poſtérité, fille d'*Henri II*, dit le *Magnanime*, Duc de *Brabant* ; & 2° *Alix*, fille d'*Aldobrandin*, Marquis d'*Eſte*, dont :

1. HENRI, auteur de la branche des Ducs de *Grubenhagen*, rapportée ci-après ;
2. ALBERT, qui ſuit;
3. GUILLAUME, mort jeune en 1292 ;

4. & 5. LUDER & CONRAD, Chevaliers de l'ordre de Saint-Jean de Jéruſalem;
6. OTHON le *Templier ;*
7. Et MATHILDE, mariée 1° à *Eric VII*, Roi de *Danemark;* & 2° à HENRI II, Duc de *Siléſie*.

ALBERT LE GRAS, Duc de BRUNSWICK, mourut en 1318, laiſſant de *Richſe*, fille de *Magnus*, Duc des *Herules* & des *Vandales :*

1. OTHON le *Riche*, Duc de BRUNSWICK & de Lunebourg, qui mourut en 1334. Il avoit épouſé 1° *Agnès*, fille de *Conrad*, Margrave de *Brandebourg ;* & 2° *Judith*, fille d'*Henri II*, Landgrave de *Heſſe*. Il laiſſa du premier lit:

> *Agnès*, mariée à *Barnine III*, Duc de *Poméranie.*

2. ERNEST, Duc de Gottingen, qui mourut en 1379, laiſſant de *Barbe*, fille d'*Henri IV*, Duc de *Sagan :*

> OTHON le *Mauvais*, qui mourut en 1394, & fut père d'OTHON le *Borgne;*
> Et ANNE, mariée à *Guillaume* Iᵉʳ, Comte d'*Henneberg;*

3. MAGNUS, qui ſuit;
4. ALBERT, Evêque d'Halberſtadt;
5. HENRI, Evêque d'Hildesheim;
6. Et JEAN, Grand-Maître de l'Ordre Teutonnique.

MAGNUS le *Débonnaire* mourut en 1368. Il avoit épouſé *Sophie* ou *Agnès*, fille d'*Henri*, Margrave de *Brandebourg* à Lansberg, dont :

1. LOUIS qui mourut ſans poſtérité en 1358. Il avoit épouſé *Mathilde*, fille de *Guillaume*, Duc de *Lunebourg;*
2. MAGNUS, qui ſuit;
3. JEAN, qu'on croit avoir été Archevêque de Magdebourg;
4. ALBERT, Archevêque de Brême, mort en 1395;
5. MATHILDE, mariée à *Bernard III*, Prince d'*Anhalt ;*
6. HÉLÈNE, mariée à *Othon*, Comte de *Hoye ;*
7. AGNÈS, mariée à *Eric*, Comte de *Hoye;*
8. Et SOPHIE, morte ſans alliance.

MAGNUS *Torquatus* prit ſon ſurnom d'une chaîne d'argent qu'il portoit à ſon col. Il tua en duel Othon, Comte de Schawinbourg en 1373, & un ſoldat de ſon ennemi le tua lui-même ſur-le-champ, pour venger la mort de ſon maître. Il avoit épouſé *Catherine*, fille de *Woldemar*, Electeur de *Brandebourg*, & laiſſa :

1. FRÉDÉRIC, élu Empereur d'Allemagne par quelques-uns des Electeurs, & aſſaſſiné à

Frislar le 5 Juin 1400. Il avoit épousé *Anne*, fille de *Venceslas*, Electeur de *Saxe*, dont:

CATHERINE, mariée à *Henri*, Comte de *Schwarzbourg*;

Et ANNE, mariée à *Frédéric*, Archiduc d'*Autriche*.

2. BERNARD, auteur de la branche des Ducs de *Lunebourg*, rapportée ci-après;

3. OTHON, Archevêque de Brême, mort en 1416;

4. HÉLÈNE, mariée, en 1395, à *Albert* de *Mecklenbourg*, Roi de Suède;

5. AGNÈS, mariée 1º à *Boson*, Comte de *Mansfeld*; & 2º à *Bogislas*, Duc de *Poméranie*;

6. SOPHIE, mariée à *Henri*, Duc de *Mecklenbourg*;

7. CATHERINE, mariée 1º à *Gérard*, Duc de *Schleswig*; & 2º à *Eric*, Duc de *Saxe*;

8. Et ANNE, mariée à *Maurice*, Comte d'*Oldenbourg*.

BRANCHE
des Ducs DE GRUBENHAGEN.

HENRI *le Merveilleux*, fils d'ALBERT *le Grand*, eut pour son partage *Embec* & *Grubenhagen*, & mourut en 1332. Il avoit épousé *Agnès*, fille d'*Albert*, Landgrave de Thuringe, & laissa entr'autres enfans:

ERNEST, qui mourut en 1344. Il avoit épousé *Agnès*, fille d'*Henri*, Comte d'*Eberstein*, dont:

ALBERT, qui mourut en 1397, laissant entr'autres enfans, de *Sophie*, fille d'*Albert*, Duc de *Saxe-Lawenbourg*:

ERIC, qui mourut en 1429. Il avoit épousé ELISABETH, fille d'OTHON, Duc de BRUNSWICK-LUNEBOURG, dont entr'autres enfans:

ALBERT, qui mourut en 1486, laissant d'*Elisabeth*, fille de *Vollrath*, Comte de *Waldeck*:

PHILIPPE, né en 1486, qui mourut le 4 Septembre 1551. Il avoit épousé *Catherine*, morte en 1535, fille d'*Ernest*, Comte de *Mansfeld*, dont:

1. ERNEST, né le 2 Avril 1518, qui mourut le 2 Avril 1567, sans laisser de postérité masculine;

2. ALBERT, né en 1521, mort le 20 Octobre 1546;

3. JEAN, né en 1526, tué devant Saint-Quentin, le 2 Septembre 1557;

4. WOLFGANG, qui mourut le 14 Mars 1595. Il avoit épousé *Dorothée*, morte en 1586, fille de *François*, Duc de *Saxe-Lawenbourg*;

5. Et PHILIPPE, né en 1533, mort le dernier de sa branche le 4 Avril 1596. Il avoit épousé

Claire, morte le 23 Novembre 1595, fille de HENRI *le Jeune*, Duc de BRUNSWICK-WOLFENBUTTEL.

BRANCHE
des Ducs DE LUNEBOURG.

BERNARD, second fils de MAGNUS *Torquatus*, eut pour son partage le Duché de Lunebourg, & mourut en 1434. Il avoit épousé *Marguerite*, fille de *Venceslas*, Electeur de *Saxe*, & laissa:

FRÉDÉRIC *le Pieux*, qui se retira dans un Couvent de Cordeliers qu'il avoit fondé à Zell, & mourut en 1478. Il avoit épousé, en 1430, *Madeleine*, morte en 1480, fille de *Frédéric I*er, Electeur de *Brandebourg*, dont:

OTHON *le Conquérant*, qui mourut le 10 Janvier 1471. Il avoit épousé, le 29 Septembre 1467, *Anne*, fille de *Jean*, Comte de *Nassau*, & laissa:

HENRI *le Jeune*, né en 1468, qui succéda à son grand-père, & mourut en 1532. Il avoit épousé, le 27 Février 1487, *Marguerite*, morte le 7 Décembre 1529, fille d'*Ernest*, Electeur de *Saxe*, dont:

OTHON & ERNEST, qui suivent.

OTHON, né le 24 Août 1495, fut d'abord Duc de Lunebourg, mais il céda ensuite ce Duché à son frère ERNEST, pour une pension que ce dernier s'obligea de lui payer tous les ans. OTHON mourut le 11 Août 1549.

ERNEST, né le 26 Juin 1497, mourut le 11 Janvier 1546. Il avoit épousé, en 1528, *Sophie*, morte le 18 Juin 1541, fille d'*Henri*, Duc de *Mecklenbourg*, & laissa:

HENRI, qui suit, auteur de la branche de *Brunswick-Dannenberg*, à présent de *Brunswick-Wolfenbuttel*;

Et GUILLAUME, tige de la branche actuelle des Ducs de *Brunswick-Lunebourg*.

BRANCHE
DE BRUNSWICK-DANNENBERG, *à présent* de BRUNSWICK-WOLFENBUTTEL.

HENRI DE DANNENBERG, né le 4 Juin 1533, mourut le 17 Janvier 1598. Il avoit épousé, en 1569, *Ursule*, fille de *François*, Duc de *Saxe-Lawenbourg*, dont:

1. JULES-ERNEST, qui mourut le 26 Octobre 1636. Il avoit épousé 1º *Marie*, morte le 10 Juillet 1616, fille d'*Ennon*, Comte d'*Ost-Frise*; & 2º le 18 Décembre 1617, SIBYLLE, morte en 1652, fille de GUILLAUME DE BRUNS-

wick, Duc de Lunebourg. Il eut du premier lit :

Une fille & un garçon, morts au berceau ;
Et Marie-Catherine, née en 1616, mariée, en 1635, à *Adolphe-Frédéric*, Duc de *Mecklenbourg-Schwerin* ;

2. François, qui se noya en 1601 ;
3. Henri, mort encore enfant en 1575 ;
4. Auguste, qui suit ;
5. Anne-Sophie ;
6. Sibylle-Elisabeth, née le 4 Juin 1576, mariée, en 1610, à *Antoine*, Comte de *Delmenhorst* ;
7. Et Sidonie, née le 10 Septembre 1577, morte le 4 Septembre 1645.

Auguste de Lunebourg, né le 10 Avril 1579, devint Duc de Brunswick-Wolfenbuttel, en 1634, à la mort sans enfans de Frédéric-Ulric. Il hérita aussi de Dannenberg, après la mort sans postérité de son frère aîné, Jules-Ernest, & mourut le 27 Septembre 1666. Il avoit épousé, 1º le 13 Décembre 1607, *Claire-Marie*, née le 19 Février 1623, fille de *Bogislas* XIII, Duc de *Poméranie* ; 2º le 26 Octobre 1623, *Dorothée*, morte le 26 Septembre 1634, fille de *Rodolphe*, Prince d'*Anhalt-Zerbst*, & 3º le 13 Juillet 1635, *Sophie-Elisabeth*, morte le 22 Août 1676, fille de *Jean-Albert*, Duc de *Mecklenbourg*. Sa première femme fit deux fausses-couches, l'une en 1609, l'autre en 1610. Du second lit sont issus :

1. Henri-Auguste, né le 28 Avril 1625, mort le 30 Septembre 1627 ;
2. Rodolphe-Auguste, né le 6 Mai 1627, mort le 26 Janvier 1704, qui épousa, le 10 Novembre 1650 *Christine-Elisabeth*, Comtesse de *Barby*, morte le 2 Mai 1681, dont :
   1. Dorothée-Sophie, née le 18 Janvier 1653, morte le 21 Mars 1722, mariée, en 1673, à *Jean-Adolphe*, Duc de *Holstein-Ploën* ;
   2. Christine-Sophie, née le 2 Avril 1654, morte le 5 Février 1695, mariée, le 24 Juin 1681, à Auguste-Guillaume, Duc de Brunswick, son cousin ;
   3. Et Eléonore-Sophie, née en 1655.
3. Antoine-Ulric, qui suit ;
4. Sibylle-Ursule, née en 1629, morte le 12 Décembre 1671, mariée, en 1663, à *Christian*, Duc de *Holstein-Glucksbourg* ;
5. N... morte avant d'avoir été nommée ;
6. Et Claire-Auguste, née le 25 Juin 1632, morte le 6 Octobre 1700, mariée, le 7 Juin 1653, à *Frédéric*, Duc de *Wurtemberg*.

Du troisième lit vinrent :

7. Ferdinand-Albert, auteur de la branche

de *Brunswick-Bevern*, à présent *Brunswick-Wolfenbuttel*, rapportée ci-après ;

8. Marie-Elisabeth, née le 6 Janvier 1638, morte le 5 Février 1687, mariée, 1º en 1662, à *Adolphe-Guillaume*, Duc de *Saxe-Weimar* ; & 2º en 1668, à *Albert*, Duc de *Saxe-Cobourg* ;
9. Et Christian-François, né le 1ᵉʳ Août 1639, mort le 7 Décembre 1639.

Le Duc Antoine-Ulric de Brunswick, né le 4 Octobre 1633, mourut le 27 Mars 1714. Il avoit épousé, le 17 Août 1656, *Elisabeth-Julienne*, morte le 4 Février 1704, fille de *Frédéric*, Duc de *Holstein-Norbourg*, dont :

1. Frédéric-Auguste, né le 24 Août 1657, tué au siège de Philippsbourg, le 19 Août 1676 ;
2. Elisabeth-Eléonore, née le 29 Septembre 1658, morte le 15 Mars 1729, mariée, 1º le 2 Février 1675, à *Jean-Georges*, Duc de *Mecklenbourg* ; & 2º le 25 Janvier 1681, à *Bernard*, Duc de *Saxe-Meiningen* ;
3. Sophie-Anne, née le 29 Octobre 1659, mariée, en 1677, à *Charles-Gustave*, Margrave de *Bade* ;
4. Auguste-Guillaume, qui suit ;
5. Auguste-Dorothée, née le 26 Décembre 1666, mariée, en 1684, à *Antoine-Gunther*, Comte de *Schwarzbourg* ;
6. Henriette-Christine, née le 19 Septembre 1669 ;
7. Et Louis-Rodolphe, auteur du rameau de *Brunswick-Blankenberg*, rapporté ci-après.

Le Duc Auguste-Guillaume de Brunswick, né le 26 Mars 1662, mourut le 23 Mars 1731, sans enfans. Il avoit épousé, 1º le 24 Juin 1681, Christine-Sophie, née le 2 Avril 1654, morte le 5 Février 1695, sa cousine, fille de Rodolphe-Auguste, Duc de Brunswick-Wolfenbuttel ; 2º le 7 Juillet 1695, *Sophie-Amélie*, morte le 27 Février 1710, fille de *Christian-Albert*, Duc de *Holstein-Gottorp* ; & 3º le 12 Septembre 1710, *Elisabeth-Sophie-Marguerite*, née le 12 Septembre 1687, à Sopienthal, fille de *Rodolphe-Frédéric*, dernier Duc de *Holstein-Norbourg*.

Rameau de Brunswick-Blankenberg.

Le Duc Louis-Rodolphe de Brunswick, né le 12 Juillet 1671, mourut le 1ᵉʳ Mars 1735 à Wolfenbuttel. Il avoit épousé, le 12 Avril 1690, *Christine-Louise*, fille d'*Albert-Ernest*, Prince d'*Oettingen*, dont entr'autres enfans :

1. Elisabeth-Christine, née le 28 Avril 1691, morte le 21 Décembre 1750, qui avoit épousé, le 1er Août 1708, *Charles VI*, Empereur d'*Autriche ;*

2. Et Antoinette-Amélie de Brunswick, née le 22 Avril 1696, mariée, le 15 Octobre 1712, à Ferdinand-Albert II, Duc de Brunswick-Wolfenbuttel.

BRANCHE
de Brunswick-Bevern, *à préfent*
de Brunswick-Wolfenbuttel.

Le Duc Ferdinand-Albert, troifième fils d'Auguste, Duc de Brunswick, & de *Sophie-Elifabeth de Mecklenbourg*, fa troifième femme, naquit le 22 Mai 1636, & mourut le 23 Avril 1687, dans fon Château de Bevern, près Holzminden, & laiffa :

1. Ferdinand-Albert, qui fuit ;
2. Et Ernest-Ferdinand, auteur de la feconde branche de *Brunfwick-Bevern*, rapportée ci-après.

Le Duc Ferdinand-Albert, IIe du nom, né le 19 Mai 1680, mourut le 2 Septembre 1735, à Wolfenbuttel. Il avoit épousé, le 15 Octobre 1712, *Antoinette-Amélie de Brunfwick-Wolfenbuttel*, née le 22 Avril 1696, fille de Louis-Rodolphe, Duc de Brunswick, dont :

1. Charles, qui fuit ;
2. Antoine-Ulric, né le 28 Août 1714, qui époufa, le 14 Juillet 1739, *Anne de Mecklenbourg*, née le 18 Décembre 1718, Régente de Ruffie le 20 Novembre 1740, appelée alors *Elifabeth-Catherine-Chriftine*, morte le 18 Mars 1746. Elle étoit fille de *Charles-Léopold*, Duc de *Mecklenbourg-Schwerin*. Ils eurent :

   1. Jean, né le 23 Août 1740, Empereur de Ruffie le 18 Octobre 1740, fous le nom d'Ivan VI, exilé le 6 Décembre 1741, & mort le 16 Juillet 1764 ;
   2. Catherine, née le 26 Juillet 1741 ;
   3. Elisabeth, née le 16 Novembre 1743 ;
   4. Pierre, né le 31 Mars 1745 ;
   5. Et Alexis, né le 8 Mars 1746.

3. Elisabeth-Catherine, née le 8 Novembre 1715, mariée, le 12 Juin 1733, à *Frédéric-Guillaume*, Prince Electoral de *Brandebourg*, devenu Roi de Pruffe fous le nom de Frédéric II ;
4. Louis-Ernest, né le 25 Septembre 1718, Général-Feld-Marechal de l'Empire & de l'Impératrice-Reine, Général-Feld-Maréchal des Troupes Hollandoifes, Gouverneur de Bois-le-Duc ;

Tome IV.

5. Auguste, né le 3 Novembre 1719, mort le 26 Mars 1720 ;
6. Ferdinand, né le 12 Janvier 1721, Feld-Maréchal au fervice du Roi de Pruffe, Gouverneur de Magdebourg ;
7. Louise-Amélie, née le 29 Janvier 1722, mariée, le 6 Janvier 1742, à *Augufte-Guillaume*, Prince de *Pruffe*, mort le 12 Juin 1758 ;
8. Sophie-Antoinette, née le 23 Janvier 1724, mariée, le 23 Avril 1749, à *Erneft-Frédéric*, Duc de *Saxe-Cobourg-Saalfeld ;*
9. Albert, né le 4 Mai 1725, tué le 30 Septembre 1745, à la bataille donnée à Prandnitz, près Staudentrz, gagnée par le Roi de Pruffe, fur le Prince Charles de Lorraine ;
10. Christine-Charlotte-Louise, née le 30 Novembre 1726, Doyenne de Quedlinbourg ;
11. Thérèse-Natalie, née le 4 Juin 1728, Chanoineffe d'Hervorden ;
12. Julienne-Marie, née le 4 Septembre 1729, mariée, le 8 Juillet 1752, à *Frédéric V*, Roi de *Danemark*, mort le 14 Janvier 1766 ;
13. Frédéric-Guillaume, né à Wolfenbuttel, le 17 Janvier 1731 ;
14. Et Frédéric-François, né à Brunfwick, le 8 Juin 1732.

Le Duc Charles de Brunswick, Comte de Blankenbourg, né le 1er Août 1713 époufa, le 2 Juillet 1733, *Philippine-Charlotte*, née le 13 Mars 1716, fille de *Frédéric-Guillaume Ier*, Roi de *Pruffe*, dont :

1. Charles-Guillaume-Ferdinand, qui fuit ;
2. Sophie-Caroline-Marie, née le 8 Octobre 1737, mariée à *Frédéric-Guillaume*, Margrave de *Brandebourg-Culmbach*, mort le 16 Février 1763 ;
3. Anne-Amélie, née le 24 Octobre 1739, mariée à *Erneft-Augufte-Conftantin*, Duc de *Saxe-Weimar*, mort le 28 Mai 1758 ;
4. Frédéric-Auguste, né le 29 Octobre 1740, Lieutenant-Général au fervice de Pruffe, Gouverneur de Cuftrin, Chanoine de Lubeck, marié, le 6 Septembre 1768, à *Frédérique-Sophie-Charlotte-Augufte*, née le 1er Août 1751, fille de *Charles-Chriftian-Erdmann*, Duc de *Wurtemberg-Oels ;*
5. Guillaume-Adolphe, né le 18 Mai 1745, Colonel en Pruffe ;
6. Elisabeth-Christine-Ulrique, née le 8 Novembre 1746, mariée, le 14 Juillet 1765, à *Frédéric-Guillaume II*, Roi de *Pruffe ;*
7. Frédérique-Wilhelmine, née le 8 Avril 1748 ;
8. Auguste-Dorothée, née le 2 Octobre 1749 ;
9. Et Maximilien-Jules-Léopold, né le 10 Octobre 1752.

A a

Le Duc CHARLES-GUILLAUME-FERDINAND, né le 9 Octobre 1735, épousa, le 16 Janvier 1764, *Augufte*, née le 11 Août 1737, fille de *Frédéric-Louis de la Grande-Bretagne*, Prince de Galles. De ce mariage font issus:

1. AUGUSTE-CAROLINE-FRÉDÉRIQUE-LOUISE, née le 3 Décembre 1764;
2. CHARLES-GEORGES-AUGUSTE, né le 18 Février 1766;
3. Et CAROLINE-AMÉLIE-ELISABETH, née le 17 Mai 1768.

SECONDE BRANCHE
de BRUNSWICK-BEVERN.

Le Duc ERNEST-FERDINAND, fils puîné de FERDINAND-ALBERT Ier, Duc de Brunfwick-Wolfenbuttel, né le 4 Mai 1682, Grand-Maître de l'Artillerie de l'Empire à la place du feu Margrave de Brandebourg-Bareith, au mois de Juin 1727, épousa, le 5 Avril 1715, *Eléonore-Charlotte*, née le 11 Juin 1686, fille de *Frédéric-Cafimir*, Duc de *Courlande*, dont:

1. AUGUSTE-GUILLAUME, né le 10 Octobre 1715, Lieutenant-Général au fervice de Pruffe & Gouverneur de Stettin;
2. CHRISTINE-SOPHIE, née le 11 Décembre 1717, mariée, le 26 Décembre 1731, à *Frédéric-Erneft*, Margrave de *Brandebourg-Culmbach*;
3. FRÉDÉRIQUE-ALBERTINE, née le 21 Août 1719;
4. GEORGES-LOUIS-FRÉDÉRIC, né le 2 Juin 1721;
5. FRÉDÉRIC-GEORGES, né le 24 Mars 1723;
6. N... née la nuit du 2 au 3 Juin 1724;
7. FRÉDÉRIC-AUGUSTE, né le 3 Août 1726, mort le 30 Mars 1729;
8. FRÉDÉRIC-CHARLES-FERDINAND, né le 5 Avril 1729;
9. Et JEAN-ANTOINE, né à Brunfwick, le 16 Février 1731.

On peut dire qu'il n'y a point de Maifon dans l'Empire qui ait fait de plus belles alliances que celle-ci dans fes différentes branches. La branche de *Hanovre* a été élevée en 1692 à la dignité Electorale: c'eft néanmoins y arriver bien tard pour une Maifon auffi illuftre. Elle poffède le Royaume de la Grande-Bretagne depuis 1714, qu'elle y fut appelée par la mort de la Reine ANNE; & depuis ce temps elle continue de poffédercette couronne. Voyez ANGLETERRE.

Les armes: *de gueules à deux léopards d'or, paffant l'un au-deffus de l'autre, langués & onglés d'azur.*

BRUSCOLY: *d'azur, au lion d'argent, tenant de fa patte feneftre de devant, un rameau d'olivier d'or.*

BRUSE: *d'or, au fautoir de gueules; au chef d'azur.*

BRUSE: *d'argent, à trois maffues armées de picotons de gueules, pofées en bande.*

BRUSLÉ: *d'argent, au phénix fur fon feu, fixant un foleil, le tout de gueules.*

BRUSLÉ, en Vannes: *écartelé, aux 1 & 4 d'azur, à un épervier d'argent, grilleté d'or; aux 2 & 3 d'argent, au lion de gueules.*

BRUSLON. Voyez BRULON-LA-MUCE.

BRUSSEL (DE), Seigneur de la Neuville & de la Pierre: *de fable, au lion d'argent, armé & lampaffé de gueules, pofé fur une terraffe de finople.*

BRUSTI: *d'argent, au chef d'azur, au lion de gueules, armé & couronné d'or, brochant fur le tout.*

BRUTAY (DU), en Bretagne: *d'azur, à une aigle éployée d'or, membrée & becquée de gueules.*

* BRUX. Cette famille tire fon nom de la Terre & Maifon noble de Brux, fituée dans la Guyenne.

FRANÇOIS, Ier du nom, Seigneur de BRUX, laiffa de *Madeleine de Lomagne-Terride*, dite de *Baringue*:

FRANÇOIS, IIe du nom, Seigneur de BRUX ou BRUIS & de Cledes, qui acquit du Marquis de Poyanne, la Terre ou Seigneurie de Miremont en Chaloffe, autrefois une des 12 premières Baronnies de Béarn. Il épousa *N... de Defpruets-Trabeffé*, dont entr'autres enfans:

N...., Baron de Miremont, Seigneur de Brux & de Cledes, qui époufa *N... d'Abadie-d'Arbocave*, dont il eft veuf. Ils eurent plufieurs garçons;

N... DE BRUX, dit *le Chevalier de Brux*, ci-devant Capitaine dans le Régiment de Navarre, qui eut de *N... de la Beyrie*:

N...., Aide-Major au Régiment de Navarre;

Et N.... DE BRUX, Demoifelle.

(Tabl. Généal., part. VI, pag. 105.)

BRUYANT: *d'azur, à la fafce de finople.*

BRUYÈRE (LA), en Picardie: *d'azur, au lion d'or, accompagné de trois mouchetures d'hermines de fable, 2 en chef & 1 en pointe.*

* BRUYERES-LE-CHATEL, dans l'Isle de France. Par Lettres du mois d'Août 1676, la Terre & Seigneurie de BRUYERES fut érigée en *Marquifat*, en faveur de JEAN-LOUIS L'ESPINETTE-DE-MEIRAT, Confeiller au Parlement de Paris. Ces Lettres furent enregiftrées au même Parlement le 4 Septembre 1676. Il y a aufli une autre Terre & Châtellenie DE BRUYÈRES, qui fut portée en mariage, avec la Seigneurie de Monceaux, par MARGUERITE LAISNÉ, à *Pierre de Maupeou*, Seigneur de Noifi, dont le fecond fils, RENÉ DE MAUPEOU, Préfident en la Cour des Aides en 1609, eut ces Seigneuries en partage. Voy. MAUPEOU.

BRUYERES-LE-CHATEL, Maifon exiftante en deux branches, l'aînée en Languedoc, fous le nom & les titres de Baron DE BRUYERES-CHALABRE, Diocèfe de Mirepoix; la cadette en Dauphiné, fous celui de Baron DE BRUYERES-SAINT-MICHEL, Diocèfe de Die.

Cette Maifon, d'ancienne Chevalerie, eft illuftre par fes alliances & fervices rendus à nos Rois & à l'Etat.

On voit par un état des Chevaliers Françcois, qui fuivirent le Roi LOUIS VII, à la Terre-Sainte, en 1147, que THIBAUT DE BRUYERES étoit du nombre des Chevaliers Croifés.

On trouve aufli dans un Cartulaire de l'Abbaye de St.-Vincent-aux-Bois, Diocèfe de Chartres, une donation en latin de 1186, que fit un Seigneur Gervais de Château-Neuf, & Marguerite fa fœur, en aumône & rémiffion de leurs péchés, en faveur de l'Eglife & Chanoines de Saint-Vincent de Nemours, de cent fols pentionels, à prendre fur le péage de Brajolle, du confentement du Seigneur Henri qui leur avoit donné cette rente, & de celui de Guillaume & Philippe, d'Henri & de Gervais, leurs enfans, en préfence des Seigneurs fouffignés, *Nicolaus de Brueria, Reginaldus de Cruille, Galarenus de Olneto, Baldricus Abbas, Nicolaus Gaudin, Guillelmus Gazellii, Simon de Illon. Anno ab incartione Domini* M. C. LXXXVI.

« On voit, dans nombre de dépôts publics du Comté de Bourgogne, qu'un PONS DE BRUYERES, dans les commencemens de 1100, eft cité avec les plus grands Seigneurs de cette Pro-

vince, où il y a deux Terres & villages faifant partie de la Seigneurie de Quingey (gros Bourg à trois lieues de Befançon & trois de Salins, auxquels ledit PONS donna fon nom DE BRUYERES), &, par des dotations, qu'il a exifté une branche de cette Maifon en Bourgogne & Franche-Comté, qui s'y eft éteinte. »

Il eft probable que THIBAUT DE BRUYERES, croifé en 1147, étoit père de NICOLAS DE BRUYERES, premier fignataire de cette donation de 1186, trente-neuf ans après la croifade dudit THIBAUT, de même que NICOLAS pouvoit être père de PONS DE BRUYERES, qui fe croifa avec Simon, Comte de Montfort, en 1209, vingt-trois ans après cette donation de 1186; mais comme il n'exifte aucune preuve de filiation fuivie par titres, que depuis ledit PONS, on ne commence la defcendance de cette Maifon qu'à l'époque de fon établiffement en Languedoc.

I. PONS DE BRUYERES, I.er du nom, Seigneur de Bruyeres-le-Chatel, paffa, fuivant la tradition, en Languedoc avec Guy de Lévis, & Pierre de Voifins, à la fuite de Siméon de Montfort, dont ils étoient alliés & voifins des Terres de Montfort-l'Amaury en l'Isle de France; la Terre de Bruyeres-le-Chatel eft fituée dans la forêt d'Iveline en l'Isle de France. (Voy. Moréri.) Elle a paffé dans la Maifon de M. de Maupeou, ancien premier Préfident au Parlement de Paris, Vice-Chancelier, Garde-des-Sceaux, père du Chancelier actuel.

Simon de Montfort, dès qu'il fut élu chef de la Croifade contre les Albigeois, donna ordre audit PONS DE BRUYERES, en 1209, d'aller, en qualité de fon Lieutenant, avec un corps de 6000 hommes, dans le pays de Chercorfs, où il prit, en 1210, plufieurs Châteaux, entr'autres celui de Puyvert, qui fe rendit après trois jours de fiège; ce trait eft rapporté par Dom Vaiffette, Bénédictin, en fon *Hiftoire du Languedoc*, tom. III, imprimé en 1737, pag. 202, & aux Titres originaux qui font dans les Archives de la Maifon de Bruyères, au Château de Chalabre.

Le Comte de Montfort fit don audit PONS DE BRUYERES de tout le pays qu'il avoit conquis, divifé en deux Baronnies, Chalabre & Puyvert, avec leurs dépendances, de la première defquelles les defcendans dudit PONS, I.er du nom, font encore en poffeffion; Guy de Lévis eut auffi, pour récompenfe de fes exploits guerriers, la Baronnie de Mirepoix, en

1213, érigée depuis en Duché-Pairie, & Pierre de Voisins, la Cize de Limoux en 1216.

Ledit Pons de Bruyeres, Ier du nom, épousa, en 1216, *Anne du Moulin*, ou *de Moulin*, de même Maison que *Roger de Moulin* (huitième Grand-Maître de l'Ordre de St.-Jean de Jérusalem, en 1179, & de Jean du Moulin, Cardinal en 1358). Voy. Moréri, article *du Moulin*, ou *de Moulin*, tom. IV, pag. 332 à 335. Pons eut entr'autres enfans:

1. Jean, qui suit;
2. Et N... de Bruyeres, mariée à *Guy de Lévis*, dit *Guyot*, dont nous avons à parler.

II. Jean de Bruyeres-le-Chatel, Ier du nom, Seigneur de Bruyeres-le-Chatel, Baron de Chalabre, Puyvert & dépendances, Chambellan de Philippe III, dit *le Hardi*, fut le premier appelé pour accompagner au voyage de Bordeaux en 1283, ce Prince, qui lui accorda, en considération de ses services, des privilèges considérables, confirmés par ses successeurs, comme d'avoir ses vassaux taillables à sa volonté, déchargeant en conséquence, toutes les Terres dépendantes de ces deux Baronnies, de toutes sortes d'impôts à perpétuité, & déclarant au surplus ledit Jean de Bruyeres, Gouverneur-né de ces Châteaux, lui en confiant la garde par ses vassaux; pour laquelle garde il fut établi une Compagnie de 50 hommes d'armes & Ordonnances du Roi, dont lesdits Seigneurs seroient toujours les Capitaines-nés (les Officiers de cette Compagnie jouissent encore de plusieurs privilèges, entr'autres de l'exemption, du ban & arrière-ban, Milice, &c.). Le Roi Henri IV, ayant confirmé, ainsi que ses prédécesseurs, les privilèges d'exemption des Baronnies de Chalabre, Puyvert & dépendances, écrivit une lettre conservée aux archives de Chalabre, adressée à François de Bruyeres, IIIe du nom, Baron de Chalabre, &c., Capitaine de 50 hommes d'armes, Sénéchal de Lauraguais, & Chevalier de son Ordre, qui est des plus flatteuses, « par laquelle il est invité, ledit François, de contribuer, sans conséquence, par un don gratuit, aux besoins de l'Etat; lequel don a toujours subsisté, mais à la levée des Seigneurs, Barons de Chalabre, sur leurs vassaux, &c. » Jean de Bruyeres passa plusieurs actes sur les limites de ces Terres, entr'autres, en 1223, une transaction avec Pons de Villars, Prieur de Camon, où il est qualifié de *haut & puissant Seigneur*; il est parlé de lui dans l'*Histoire du Languedoc*, tome III, pag. 584 & 585. Il épousa *Eustachie de Lévis*, fille de *Guyot II*, Baron de Mirepoix, Monségur, &c., vivant en 1224, comme on le voit dans Moréri, article de *Lévis-Mirepoix*, où il est rapporté qu'*Eustachie de Lévis* épousa Jean de Bruyeres, Chevalier. On voit aussi dans la *Généalogie de Lévis-Mirepoix*, par le père Anselme, dans son *Histoire des Grands Officiers de la Couronne*, tom. IV, que N..., sœur de *Guy de Lévis*, dit *Guyot*, IIIe du nom, épousa Jean de Bruyeres, avec laquelle ledit *Guyot* eut un grand Procès pour ses droits, qu'il perdit. Il avoit lui-même épousé N... de Bruyeres, ce qui prouvoit dès-lors une double alliance de leurs Maisons. Jean de Bruyeres eut:

1. Thomas, qui suit;
2. Et Agnès de Bruyeres, femme d'*Aubert d'Angel*, Seigneur de Genlis; elle eut de ce mariage une fille, nommée *Eléonore d'Angel*, qui acquit, étant veuve, la Terre des Mondescourt; fit bâtir en 1310, 11, 12 & 13, la grosse tour de Varennes, & fut mère de *Raviel de Flamenc*, VIIe du nom, Seigneur de Cani, rapporté par le père Anselme, tom. III, pag. 38, 744.

III. Thomas de Bruyeres, Ier du nom, Baron de Chalabre, Puyvert, Sonac, Rivel, &c., Gouverneur-né de ces Châteaux, Capitaine de 50 hommes d'armes des Ordonnances du Roi, servit dans les guerres de 1314. Il fut demandé de nouveaux subsides à la Province du Languedoc; mais en considération des services qu'il rendoit à l'Etat, des privilèges accordés à Jean de Bruyeres, son père; & des dépenses qu'il avoit faites pour se mettre en armes, allant joindre l'Armée du Roi, on ne demanda que 30 liv. à ses vassaux, attendu qu'ils n'étoient, ainsi que ceux de Mirepoix, taillables qu'à volonté des Seigneurs desdits lieux comme on le voit rapporté dans l'*Histoire générale du Languedoc*. Il prenoit, ainsi que son père, la qualité de *haut & puissant Seigneur*, & de *Chevalier*. « Il prêta serment de fidélité au Roi, en la Sénéchaussée de Carcassonne & de Biteris, & y dénombra, le 3 Avril 1317, les Châteaux, Terres & Baronnies de Puyvert, Chalabre, villes de Nébiac, de Saint-Jean, Rével, Paracol, Villefort, Mongardin, Sonac, Paris, de Massario & Beaumont, avec tous les villages en dépendants;

&c. » Il mourut en 1360, & laiffa de fon mariage, contracté en 1310, avec *Ifabelle de Melun :*

1. THOMAS, qui fuit;
2. PHILIPPE, rapporté après fon frère aîné, qui continue la poftérité;
3. Et JEANNE, mariée, le 23 Mai 1342, à *Guy de Nesle,* ou de *Néesle,* Seigneur de Mélo, Capitaine-Général du Pays d'Artois & Boulonnois, Maréchal de France dès 1345. *Guy de Nesle,* après avoir rendu de grands fervices au Roi & à l'Etat, fut tué dans un combat donné à Moron, le 13 Août 1351, comme on le voit dans Moréri, tom. II, article de *Clermont - Beauvoifis,* & à l'article de *Nesle.* JEANNE DE BRUYÈRES, devenue veuve, époufa un Comte de *Soiffons-Bourbon;* elle eft citée morte en 1392, par le père Anfelme, dans les *Grands Officiers de la Couronne,* tom. IV, pag. 396. Le mariage de THOMAS DE BRUYÈRES, Iᵉʳ du nom, avec ladite *Ifabelle de Melun*, eft auffi cité par le père Anfelme, tom. V, pag. 226.

IV. THOMAS DE BRUYÈRES, IIᵉ du nom, Seigneur de Bruyeres-le-Châtel, Baron de Chalabre, Puyvert & dépendances, & Capitaine, Gouverneur-né de ces Châteaux, Sénéchal de Carcaffonne & de Bennes, dénombra en 1367, la terre de Quillan, « & préta enfuite hommage des villes de Puyvert, Château, & villes de Nébiac, de Saint-Jean-de-Paradele, Villefort, &c., le 22 Mars 1371. » Il paffa un acte de partage avec PHILIPPE, fon frère cadet, en 1350, pour les Terres & Baronnies de Chalabre, Puyvert, &c., venant de leur père & mère. Il époufa, en 1346, *Béatrix de Barence,* & eut :

1. HÉLIX, femme de *Girard* ou *Guiraud de Voifins,* Seigneur d'Argues, Magnot, &c.; elle porta la Baronnie de Puyvert, dans la Maifon de *Voifins,* étant devenue veuve en 1414, comme on le voit dans les *Grands Officiers de la Couronne,* tom. IV, pag. 17;
2. ALIX, mariée, en 1367, à *Philippe de Caraman,* fils d'*Arnault,* Vicomte de Caraman;
3. ISABELLE, femme de *Raymond de Villemur,* ainfi qu'il paroit par un acte de 1382;
4. Et MARGUERITE DE BRUYÈRES, mariée, en 1374, à *Guillaume des Bordes,* Chambellan du Roi. Voyez *les Grands Officiers,* &c.

IV. PHILIPPE DE BRUYERES, Iᵉʳ du nom, fecond fils de THOMAS Iᵉʳ, & d'*Ifabelle de Melun,* « perpétuant la Maifon de Bruyeres par les mâles », fut Baron de Chalabre, Rivel, Sonac,

&c., Gouverneur & Capitaine-né, &c., fervoit dans les Armées de PHILIPPE DE VALOIS, où il reçut plufieurs bleffures, & rendit de grands fervices au Roi JEAN; il rendit hommage pour fa Terre de Campendu en 1349; fe partagea avec fon frère aîné THOMAS II, en 1350, paffa reconnoiffance le 22 Mars 1370, pour le Comté de Caftres, dont il étoit Gouverneur, comme procureur fondé d'excellente Dame Marie de Ponthieu, Comteffe de Caftres & de Vendôme, fa nièce, fit ferment de fidélité audit Seigneur Roi, comme Baron de Chalabre & dépendances, le 22 Mars 1371, & tefta en ladite année. Il époufa, en 1371, *Marguerite de Campendu,* Dame dudit lieu, dont il eut :

1. PHILIPPE, qui fuit;
2. JACQUELINE, mariée, en 1373, à *Pierre de Broé,* fils de *Jean;*
3. Et EUSTACHIE DE BRUYÈRES, femme de *Ratier de Landoire,* fils d'*Arnault,* Vicomte de Cadras, Diocèfe de Rhodez, ce qui eft prouvé par un acte de 1388.

V. PHILIPPE DE BRUYÈRES, IIᵉ du nom, Baron de Chalabre, Rivel, Sonac, &c., Gouverneur & Capitaine-né, &c., fut Chambellan du Roi CHARLES VI, auquel il rendit de grands fervices, & à l'Etat, mérita l'eftime de fon maître, qui lui donna le Gouvernement de Montpellier, & de la fortereffe de Monteau en 1396. Il tefta en 1404, & fut marié 1ᵒ à *Judith,* Dame de Gaillac, veuve de noble *Jean de Châteauneuf.* « On voit par le teftament de cette Dame, trouvé dans les archives de la Chambre des Comptes, Aides & Finances de Montpellier, à la date du 18 Mai 1395, qu'elle tefta dans le Château & Palais Royal de Montpellier, & inftitua héritiers fa fille EUSTACHIE DE BRUYÈRES, & la Comteffe, fon autre fille, qu'elle avoit eue de fon premier mari, & fon petit-fils noble *Bertrand Députario,* les faifant tous trois fes co-héritiers, & fon mari PHILIPPE DE BRUYÈRES, Exécuteur teftamentaire; » 2ᵒ à *Jordanne de Pérepetufe;* & 3ᵒ en 1395, à *Jordanne de Damat,* fille de *Raymond,* Seigneur dudit lieu, Diocèfe d'Agde. Il eut du troifième lit :

1. JEAN, qui fuit;
2. HENRI, mort au fervice;
3. THOMAS;
4. Et JEANNE DE BRUYÈRES, qui époufa, en 1402, *Roger-Bernard de Lévis,* Seigneur, Baron de Mirepoix.

Dans l'*Hiſtoire générale du Languedoc*, par Dom Vaiſſette, tom. IV, pag. 421, on trouve qu'il y eſt fait mention des enfans de PHILIPPE DE BRUYÈRES, IIe du nom, & dans les Lettres-Patentes du 23 Mars 1419, portant exemption des tailles, en faveur des Baronnies de Chalabre, Puyvert & Terres adjacentes, on lit ces mots : *Orphœlinorum & hœredum defunĉti* PHILIPPI DE BRUERIIS, *Domini quóndam loci, & Baronis ac terræ Chialabræ, ac etiam Domini Baronis ac terræ de Podiveridi Quaternis ejuſmodi negotium ipſos tangit,* &c.

« On trouve auxdites archives de la Chambre des Comptes de Montpellier, une preſtation de ſerment de fidélité ou hommage de *Jean de Damat,* comme Procureur fondé de *Jordanne de Damat,* ſa ſœur, veuve de PHILIPPE DE BRUYÈRES, Gouverneur de Montpellier, Chevalier, Baron de Chalabre, lequel prête ledit ſerment de fidélité pour JEAN, HENRI & THOMAS, frères, mineurs de trois ans, fils dudit BRUYÈRES & de *Jordanne de Damat,* le 17 Novembre 1404. » (Ce ſont les mêmes orphelins cités par Dom Vaiſſette dans ſon *Hiſtoire du Languedoc.*)

VI. JEAN DE BRUYERES, IIe du nom, Baron de Chalabre, Rivel, &c., Gouverneur & Capitaine-né, &c., mourut en 1442. Il avoit épouſé, en 1434, *Béatrix de Mauléon,* & laiſſa :

1. ROGER-ANTOINE, qui ſuit ;
2. JEAN, auteur de la branche de BRUYÈRES-SAINT-MICHEL, établie à Creſt en Dauphiné, Diocèſe de Die, rapportée ci-après ;
3. CATHERINE ;
4. Et MARGUERITE DE BRUYERES, mariée, en 1497, au Seigneur de *Montagut.*

« S'eſt encore trouvé au même dépôt des archives de la Chambre des Comptes de Montpellier, une preſtation de ſerment de fidélité, par Me Etienne de Vivaderii, Procureur fondé de noble & puiſſant homme JEAN DE BRUYERES, Chevalier, Baron de Chalabre, Rivel & dépendances, fils majeur de 27 ans, de puiſſant Seigneur PHILIPPE DE BRUYERES, Baron, quand il vivoit, de Chalabre, Rivel & dépendances, Gouverneur de Montpellier, &c., qui prêta le ſerment de fidélité, que devoit ledit. JEAN DE BRUYERES au Roi Charles, promettant prêter hommage & dénombrement aux Pâques ſuivantes, &c. Cet aĉte eſt du 4 Décembre 1424, & la Dame *Béatrix de Mauléon* a,

après la mort de ſon mari (ſans diſpoſer de ſes biens), pris la garde-noble de ſes quatre enfans, laiſſés pupilles & portionnaires deſdits biens, Terres, Baronnies, &c., dont elle prêta pour eux hommage au Seigneur Roi, en attendant leurs majorité & partages. »

VII. ROGER-ANTOINE DE BRUYERES, Baron de Chalabre, Rivel, Sonac, &c., « hérita, par égales part & portion, avec JEAN, CATHERINE & MARGUERITE, ſes frère & ſœurs, des biens & Terres de leur père. JEAN, mort ſans teſter, ainſi que ſes ſœurs, vécurent ſous la tutelle & garde-noble de ladite *Béatrix de Mauléon,* leur mère, en attendant les partages à faire à leur majorité. ROGER-ANTOINE continua la branche aînée de ſa Maiſon. Il étoit Gouverneur-né des châteaux de Chalabre, &c., & Capitaine de 50 hommes d'armes & ordonnances du Roi, pour leur garde ; & quoique *Béatrix de Mauléon,* ſa mère (comme ayant la tutelle & garde-noble de ſes enfans, eût été obligée de prêter pour eux l'hommage qu'ils devoient au Roi pour leurs Terres, ledit ROGER fut obligé d'en prêter un pour lui, ſon frère & ſœurs, dès qu'il fut majeur de 21 ans, ſon père étant décédé depuis 18 ans ou environ). Il remplit cette obligation le 14 Janvier 1454, comme on le voit auxdites archives de la Cour des Comptes & Aides de Montpellier (où ont été portés tous les titres de la Sénéchauſſée de Carcaſſonne & de Bithrie.) Il y dénombra la Baronnie de Chalabre, & autres Terres en dépendantes, Rivel, Sonac, Sainte-Colombe, Souplaine, Montjardin, Laforeſt, & tous droits quelconques, » & mourut en 1474. Il avoit épouſé, en 1450, *Conſtance de Pérepetuſe,* fille de *Guillaume,* Seigneur de Raballot en Rouſſillon, & laiſſa :

1. JEAN, qui ſuit ;
2. GASTON, qui hérita des biens de la Maiſon de *Pérepetuſe ;* ſous la charge d'en porter le nom & les armes, & teſta en 1480, en faveur d'HÉLIX, ſa ſœur ;
3. PHILIPPE ;
4. HÉLIX, femme de *Hugues de la Roque,* Seigneur de Jouares, comme on le voit dans une quittance de 1477 ;
5. Et JEANNE DE BRUYERES, femme de *Pierre de Monteſquieu,* Seigneur de Caladru, ainſi qu'il eſt prouvé par un aĉte de 1510.

VIII. JEAN DE BRUYERES, IIIe du nom de ſa branche, Baron de Chalabre, Sonac, Rivel, &c. (car toutes les Terres de la Maiſon ſe réunirent ſur ſa tête), Gouverneur & Capitaine-né de ces châteaux , &c., fut Chambellan du Roi CHARLES VIII. LOUIS XII lui accorda, par Lettres-Patentes de 1511, nombre de privilèges, & entr'autres l'exemption de toutes fortes de fubfides, mis ou à mettre fur la Terre & Baronnie de Chalabre & dépendances. « Il les hommagea en 1503.» Il époufa, le 8 Juillet 1489, *Cécile de Voifins*, fille de *Jean*, Seigneur d'Ambres, & de *Marguerite de Cominges-de-Bruniquel*, dont il eut :

1. FRANÇOIS, qui fuit ;
2. JEAN-ANTOINE, Seigneur de Sarotte, qui époufa *Marguerite du Vivier*, ce qui eft prouvé par un acte de 1552 ;
3. FRANÇOISE, mariée, en 1520, à *Germain de Lévis*, Seigneur de Léran (qui mourut à Stafort le 12 Août 1572). Voyez *les Grands Officiers de la Couronne*, du P. Anfelme, tom. IX, p. 227, R. ;
4. & 5. ETIENNETTE & MARGUERITE DE BRUYÈRES.

IX. FRANÇOIS DE BRUYERES, Ier du nom, Baron de Chalabre, Rivel, &c., Gouverneur & Capitaine-né, &c., reçut, en 1519, le ferment de fidélité des vaffaux & habitans de fes Terres. Il avoit époufé, le 7 Novembre 1516, *Françoife de Châteauneuf*, fille de *Sigifmond*, Seigneur de Sainte-Récuze, Tourniel, &c., & de *Gabrielle de Gravier*. Il eut de ce mariage :

1. FRANÇOIS, qui fuit ;
2. FRANÇOISE, mariée à *Bernard de Narbonne*, Seigneur de Fimarcon, qui donna reconnoiffance de la dot de fa femme, de tous droits paternels & maternels. Voyez le P. Anfelme, tom. IX, pag. 227, R. ;
3. GLORIANDE, mariée 1° en 1547, à *Jean Dupuy de la Jugie*, Comte de Rieux, Seigneur de Moreffe, Cajoul, &c., fon coufin germain ; & 2° en 1566, à *Pierre de Cailus*, Seigneur de Colombiers, Diocèfe de Béziers ;
4. & 5. ANNE & MARGUERITE ;
6. Et MADELEINE DE BRUYERES, Religieufe au Monaftère de Cazel.

X. FRANÇOIS DE BRUYERES, IIe du nom, Baron de Chalabre, &c., Gouverneur & Capitaine-né, &c., Chevalier de l'Ordre du Roi, Capitaine de 100 Chevaux-Légers, en faveur duquel il fut ordonné à fes Vaffaux de lui paffer nouvelle reconnoiffance, en 1542, tefta le 15 Mars 1551 ; & en 1552 *Jean de Joyeufe*, fon beau-père, fubftitua tous fes biens, par fon teftament, à *Anne de Joyeufe*, fa fille, & aux fiens, à perpétuité. Il époufa, le 6 Oc-

tobre 1529, *Anne de Joyeufe*, fille de *Jean*, Vicomte de Joyeufe, Baron de Grandpré, en Champagne, de Puyvert, d'Argues, &c., & de *Françoife de Voifins* (Voyez Moréri, art. de *Joyeufe*). De ce mariage vinrent :

1. JEAN-PAUL, Chevalier de l'Ordre du Roi, Capitaine de 100 Chevaux-Légers, Sénéchal de Lauraguais, qui reçut ordre d'*Anne de Joyeufe*, fon coufin, Lieutenant de Roi du Languedoc, pour l'union, de faire démolir la maifon de la Roque-de-Linéz, préjudiciable à l'Etat & au pays en 1580 ; & en 1581, de faire exécuter les Edits de Sa Majefté dans ladite Province. Il mourut fans poftérité, & la dot de fa veuve, montant à 45000 livres, fut rendue à fon fecond mari *Dodon de Lévis*, cadet de Léran. Il époufa, en 1573, *Louife de Lévis*, remariée à *Dodon de Lévis*, & fille de *Philippe*, Baron de Mirepoix, & de *Louife de la Trémoille;*
2. FRANÇOIS, qui fuit;
3. JEAN-ANTOINE, Abbé de Villeloin & de Fontaine-les-Blanches, Prévôt de l'Eglife de Touloufe, Député, en 1594, par le Clergé de cette Ville, aux Etats-Généraux. Il revint chargé d'une lettre de créance du Roi au Parlement ; ce Prince l'avant auffi chargé de traiter de la paix avec le Duc de Joyeufe, & les Villes de la Province qui fuivoient fon parti. Il fut compris dans les articles fecrets accordés au Duc de Joyeufe, qui pria Sa Majefté de conférer à cet Abbé un Evêché ; mais le Roi en ayant difpofé, il en fut indemnifé par une fomme de 50000 écus. Il fut nommé, par Madame la Ducheffe de Guife, tuteur de la Princeffe fa fille (comme l'un de fes plus proches parens);
4. GABRIELLE, mariée, en 1562, au Seigneur de *Cucurail*, lequel donna la même année quittance de fa dot ;
5. CÉCILE, mariée au Seigneur de *Save;*
6. Et FRANÇOISE DE BRUYERES, mariée au Seigneur de *Longuitaud*, ce qui eft prouvé par une quittance du 25 Octobre 1587.

XI. FRANÇOIS DE BRUYERES, IIIe du nom, Baron de Chalabre, Gouverneur & Capitaine-né, &c., Chevalier de l'Ordre du Roi, Capitaine d'une Compagnie de 100 hommes d'armes, Sénéchal de Lauragais, en 1595, fut nommé, par Lettres-Patentes du Roi de 1558, Chef d'une Légion de 600 hommes, qu'il commanda à l'armée du Maréchal de Noailles, en 1573, & mourut en 1595. Il fut marié 1° à *Philippe de Lordat*, dont il n'eut point d'enfans ; & 2° en 1550, à *Ifabeau Barthélemy de Gramont*, & laiffa de ce mariage :

1. GUILLAUME, auffi Sénéchal de Lauraguais, après fon père, mort fans poftérité;
2. JEAN-ANTOINE, qui fuit;
3. ANTOINETTE, mariée à *Guyot*, Seigneur de *Bonrepaux*, & de Perignan;
4. Et FRANÇOISE DE BRUYERES, mariée à *Jacques de Belliſſen*, Seigneur de Brijolles, comme on le voit dans un acte de 1580.

XII. JEAN-ANTOINE DE BRUYERES, Ier du nom, Baron de Chalabre, &c., Gouverneur & Capitaine-né, Capitaine de 50 hommes d'armes & ordonnances du Roi, par commiſſion du 8 Janvier 1617, Colonel d'Infanterie, par commiſſion du 19 Septembre 1622, Gouverneur pour le Roi du Pays de Sault, dès 1613, fonda en 1630 un Couvent de Capucins dans la ville de Chalabre, & teſta le 4 Mai 1632, après s'être marié 1° à *Paule d'Orbeſſan*, fille de *Jean*, Seigneur de la Baſtide, &c., dont il n'eut point d'enfans; & 2° en 1606, à *Béatrix de Poitiers-la-Theraſſe*, dont il eut:

1. JEAN-PIERRE, qui fuit;
2. EMERIC, qui paſſa en Lorraine, fous le nom de BRUYERES, dit Sonac. Il y fut Capitaine de Cavalerie, & Chambellan du Duc, dont il époufa la fille naturelle, de laquelle il eut deux fils, morts fans poftérité;
3. CÉCILE, mariée au Seigneur de *Montleyun-de-Buſca*, Colonel d'Infanterie;
4. Et MARTHE DE BRUYERES, Abbeſſe de Rieunette.

XIII. JEAN-PIERRE DE BRUYERES, Ier du nom, Baron de Chalabre, Rivel, Sonac, &c., Gouverneur & Capitaine-né, &c., fut Gentilhomme de la Chambre du Roi, Colonel du Régiment de Languedoc, enſuite d'un Régiment de fon nom, & Gouverneur du Pays de Sault, ainſi que fon père. Il avoit époufé, le 11 Avril 1631, *Gabrielle de Lévis-Léran*, dont:

1. JEAN-EMERIC, qui fuit;
2. FRANÇOIS;
3. Un autre FRANÇOIS;
4. GUY, nommé l'Abbé de BRUYERES;
5. ISABEAU, mariée, le 15 Juin ..., à *Jean de Dax*, Seigneur d'Axat, &c., Lieutenant des Maréchaux de France dans l'étendue de la Sénéchauſſée de Limoux, fils de *Raymond de Dax*, & de *Delphine de Sauton-Monſteron*;
6. Et LOUISE DE BRUYERES, mariée à *N... de Sauton-Monſteron*, Seigneur d'Efcouloubres, dont une fille, mariée à FRANÇOIS DE BRUYERES, dit *le Jeune*.

XIV. JEAN-EMERIC DE BRUYERES, Ier du nom, Baron de Chalabre, Capitaine & Gouverneur-né, &c., Capitaine de Cavalerie au Régiment de Léran, dont il fut Lieutenant-Colonel, paſſa une tranſaction avec MONSIEUR, frère de LOUIS XIV, devant *Belanger* le jeune, & fon Confrère, Notaires au Châtelet de Paris, le 30 Mai 1695, par laquelle, comme héritier en partie de Mademoiſelle de Montpenſier, fa couſine germaine, poſſédant les biens de la Maiſon de *Joyeuſe* & de *Guiſe* (auxquels celle de BRUYERES-CHALABRE étoit ſubſtituée), ce Prince aſſigne audit JEAN-EMERIC DE BRUYERES la ſomme annuelle de 1500 liv. de rente, à prendre & recevoir ſur ſes recettes de Rouen & Caen, en Normandie; Son Alteſſe Royale promettant de plus audit JEAN-EMERIC, par ladite tranſaction, de lui fournir tous les actes néceſſaires pour pourſuivre ladite ſubſtitution du Duché de Joyeuſe, &c. Il époufa, en 1661, *Jeanne de Raymond-la-Borde*, dont il eut:

1. FRANÇOIS, qui fuit;
2. Autre FRANÇOIS, dit *le Jeune*, qui époufa, en 1722, *N... de Sauton-Monſteron*, fille de *Sauton-Monſteron*, d'Efcouloubres, & de LOUISE DE BRUYERES, fa tante, dont il eut un fils établi à Fanjeaux, près de Caſtelnaudary, encore garçon, fous le nom de BRUYERES-LE-CHATEL, en 1764, & deux filles, dont une Religieufe à Limoux;
3. LOUIS, Abbé;
4. GABRIELLE, mariée, le 1er Mai 1701, à *François de Dax*;
5. Et CÉCILE DE BRUYERES, non mariée.

XV. FRANÇOIS DE BRUYERES, IVe du nom, dit *l'aîné*, Baron de Chalabre, Rivel, Sonac, &c., Gouverneur & Capitaine-né, ſervit à la tête d'un bataillon d'Infanterie, appelé *du Roi*, fous les ordres d'Anne-Jules de Noailles, Maréchal de France, Vice-Roi de Catalogne, s'étant trouvé, ainſi que fon frère le jeune, à la bataille du Thir, que le Maréchal, leur parent, gagna en 1694. Il époufa, en 1698, *Catherine de Caillau-la-Graulet*, Dame des Allemants & des Aumelles, & Valcornouze, fille de *Jean*, Baron defdits lieux, & de *Françoiſe de Villeneuve-Sainte-Camelle*; il en eut:

1. JEAN-EMERIC, qui fuit;
2. FRANÇOIS, appelé *le Chevalier de Beaumont*;
3. JEAN, appelé *le Chevalier de Chalabre*;
4. LOUIS, appelé l'*Abbé de Chalabre*;

5. & 6. ANNE & FRANÇOISE DE BRUYERES, mortes filles.

XVI. JEAN-EMERIC DE BRUYERES, IIᵉ du nom, Baron de Chalabre, Capitaine & Gouverneur-né de ces Châteaux, appelé *le Comte de Bruyeres*, mort en 1781, âgé de 84 ans, épousa, en 1724, *Marie de Saint-Etienne de Caraman*, Dame de la Pomàrède, Baronne dudit lieu, morte en Août 1778, dont il eut :

1. FRANÇOIS-JEAN, qui suit ;
2. LOUIS-HENRI, appelé l'*Abbé de Chalabre*, d'abord Vicaire-Général du Diocèse de Carcaffonne, nommé à l'Abbaye de l'Abfie, Diocèse de la Rochelle en 1753, puis Evêque de Saint-Pons, en Languedoc, le 12 Mars 1770 ;
3. JACQUES-PAUL, appelé *le Vicomte de Chalabre*, d'abord Capitaine au Régiment de Royal-Marine, puis au Corps des Grenadiers de France ; après, Major au Régiment Provincial de Montpellier, Colonel en second du Régiment d'Anjou, & enfuite Colonel-Commandant du Régiment de Limoufin, Chevalier de Saint-Louis ;
4. ALEXANDRE-JOSEPH, appelé l'*Abbé de Bruyeres*, Vicaire-Général du Diocèse de Lyon, Abbé de l'Abbaye de l'Abfie, après fon frère, & Evêque de Saint-Omer ;
5. LOUIS-GABRIEL, appelé *le Comte de Bruyeres-Chalabre*, Capitaine de Vaiffeau du Roi, Chevalier de Saint-Louis ;
6. JEAN-BAPTISTE, appelé *le Baron de Chalabre*, Capitaine au Régiment de Royal-Marine, Chevalier de Saint-Louis ;
7. ANGÉLIQUE, mariée au Seigneur de *Bellevese du Puy-Vatan*, Comte de St.-Pierre, ayant des enfans ;
8. MARTHE, mariée au Seigneur de *Voifins*, Marquis d'Alzau, avec trois filles ;
9. Et MARIE DE BRUYERES, femme du Comte de *Badins*, avec un fils en 1770.

XVII. FRANÇOIS-JEAN DE BRUYERES, Iᵉʳ du nom, Baron de Chalabre-la-Pomàrède, Seigneur de Sonac, Montbel, Montjardin, Cantarate, la Baftide-de-Beaumont, & autres Terres, au Diocèse de Mirepoix, Gouverneur de ces Châteaux, & Capitaine-né de 50 hommes d'armes & Ordonnances du Roi pour leur garde, appelé *le Marquis de Chalabre*, fut Page du Roi de la Petite-Ecurie en 1744, Cornette au Régiment de Royal-Etranger, Cavalerie, Aide-de-Camp du Maréchal Duc de Richelieu dans les dernières campagnes de Mahon, & fur le Rhin, fucceffivement de M. le Comte de Clermont, Prince. Il a épousé, le

24 Novembre 1760, *Louise-Françoise de Bon*, fille de *Louis-Guillaume*, premier Préfident au Conseil-Souverain de Rouffillon, & Comté de Foix, Intendant de Rouffillon, &c., & d'*Elifabeth-Jeanne-Thérèfe de Bernage*. Il a de ce mariage :

1. JEAN-LOUIS-FÉLICITÉ, appelé *le Comte de Chalabre*, né le 28 Octobre 1762, « Officier au Régiment du Roi, Infanterie ; »
2. Et JEANNE-ELISABETH-FORTUNÉE, appelée *Mademoifelle de Bruyeres*, née le 29 Août 1761.

SECONDE BRANCHE

de la Maifon de BRUYERES, *connue fous le nom de* BARONS DE BRUYERES-SAINT-MICHEL, *Diocèfe de Die, en Dauphiné, depuis fa féparation en* 1470.

VII. JEAN DE BRUYERES, IIIᵉ du nom, qui est le premier qui forma cette feconde branche, étoit fils cadet de JEAN DE BRUYERES, IIᵉ du nom, & de *Béatrix de Mauléon*, qu'il laiffa avec quatre enfans pupilles, co-héritiers (étant mort fans tefter). ROGER-ANTOINE, JEAN, CATHERINE & MARGUERITE DE BRUYERES, fous la tutelle & garde-noble de leur mère, qui hommagea les Terres de fes enfans au Roi, en attendant leurs majorité & partage. « JEAN DE BRUYERES céda fa portion co-héréditaire à la branche aînée, » étant paffé au fervice de Sa Sainteté PIE II, Capitaine d'une troupe Italienne, & récompenfé de fes fervices par le Pape PAUL II, qui le nomma Commandant de la ville de Valréas, au Comtat Venaiffin. Il fe maria, par contrat du 4 Janvier 1470, reçu par *Limojéon*, Notaire de Nions, à *Honorade*, ou *Honorée de Vefc-de-Comps*, fille de *Dalmas*, Seigneur defdits lieux, & d'*Alix d'Ancezune de Cap de Rouffe*, donna quittance de partie de la dot de fa femme le 14 Mars 1471, reçue par le même Notaire. La famille de *Comps* a donné deux Grands-Maîtres de l'Ordre de Saint-Jean de Jérufalem dans *Arnaud & Bertrand de Comps*. Voy. Moréri, tom. II, pag. 465, col. 2. JEAN DE BRUYERES eut pour enfans :

1. JEAUME, qui fuit ;
2. Et PIERRE, qui ne fut pas marié, & traita avec fon frère JEAUME de fes droits paternels & maternels, par contrat du 28 Novembre 1500, reçu par *Limojéon*, Notaire ; dans lequel acte, PIERRE DE BRUYERES prend la qualité de Gouverneur de Lille & de Cavillon, places qui lui furent données par Sa

Sainteté, en récompenfe de fes fervices, à la tête de la Compagnie d'Italiens, qu'il eut après fon père.

VIII. JEAUME DE BRUYERES, Ier du nom, combattit vaillamment à la bataille de Ravennes, & à celle de Marignan, à la tête d'une Compagnie franche de 100 hommes; il époufa, par contrat du 15 Août 1500, paffé par *Limojéon*, Notaire, *Louife d'Artis*, fille de noble *Louis*, & d'*Ifabelle de Thermes*, de la ville de Nions, en Dauphiné, où fon père habitoit. Il eut de ce mariage:

1. JACQUES, qui fut maffacré par les Religionnaires, auprès de Nions-aux-Baronnies en Dauphiné, ce qui eft conftaté par un Arrêt du Parlement de Grenoble, qui adjuge à fes héritiers les biens de fes Meurtriers;

2. JEAN, qui fuit;

3. ROBERT, qui fit fon établiffement à Nions, auteur d'un rameau rapporté plus loin;

4. « Et autre JEAN, mort jeune. »

IX. JEAN DE BRUYÈRES IV° du nom, & le fecond de fa branche, étoit Capitaine d'Infanterie, ainfi que fon frère ROBERT, comme on le voit, par un acte d'emprunt que fit JEAUME leur père, de Georges d'Urre, Seigneur de Venterole, de la fomme de 2000 liv., pour fournir au rétabliffement de leurs Compagnies, acte reçu, *Georges Cotharel*, Notaire de Nions, du 15 Janvier 1555, que ces deux frères, JEAN & ROBERT, rembourfèrent audit Georges d'Urre, comme il confte par le reçu devant le mêmeNotaire, le 2 Octobre 1559. « Ledit JEAUME, leur père, avoit acquis de noble Jean de Montauban de Nions, une terre audit lieu, par contrat du 26 Avril 1515, reçu par *Limojéon*, Notaire dudit Nions, où fur les qualités refpectives de Nobles audit acte, & autres inférées dans d'autres, produites par les enfans & petits-enfans dudit JEAUME DE BRUYÈRES; M. *de Bouchu*, Intendant, rendit jugement contradictoire en maintenue de Nobleffe, pour les defcendans dudit JEAUME, qu'il nomme Nobles d'extraction (en qualité de Commiffaire du Roi en cette partie de la recherche des Nobles en Dauphiné), ledit Jugement de cet Intendant *de Bouchu* eft du 15 Février 1699. » JEAN céda les droits co-hérédiTaires paternels & maternels, par acte, de partage, du 22 Mai 1581, paffé devant ledit *Cotharel*, Notaire, à ROBERT, fon frère, Gouverneur de Nions, &c. Ils paffèrent un acte de fubftitution réciproque, le 24 Octobre 1582, devant le même *Cotharel*, Notaire, pour eux & leur plus près de

nom & Armes; ledit JEAN prêta hommage en la Chambre des Comptes, & tefta le 24 Mai 1573, devant *Piffit*, Notaire de Creft, & prend dans cette difpofition la qualité de Guidon des Gendarmes de la Compagnie du Seigneur de Simiane, Marquis de Gordes, Lieutenant-Général de la Province de Dauphiné. JEAN DE BRUYÈRES avoit époufé, le 24 Février 1548, *Enemonde de Forêt*, fille de *Charles*, Seigneur de Blacons, & de *Juftine de la Tour-Gouvernet*. La Maifon de *Forêt*, en Dauphiné, étoit d'ancienne extraction noble, éteinte par la mort d'*Alexandre de Forêt*, Seigneur de Blacons, Mirabel, &c., qui ne laiffa de *Juftine de la Tour-Gouvernet*, que trois filles: *Ifabeau de Forêt*, qui époufa *Jean d'Armand*, Confeiller de Lux, auquel elle porta les biens de fa Maifon, que poffèdent aujourd'hui Meffieurs de Blacons, fes defcendans; *Lucrèce de Forêt*, qui fe maria à *Pierre de Pellegrin*, Seigneur de la Baftide-Goudarguez, « dont les biens ont paffé dans la Maifon d'un Comte de *Vogué*, ayant époufé l'héritière de la Maifon de *Cadouelle-Cadouane*, en Languedoc; » & *Jeanne de Forêt*, qui eut pour mari *François de Thollon-Sainte-Jealle*, dont la fille unique, *Marguerite de Thollon-Sainte-Jealle*, époufa *François Lers-de-Jony*, Seigneur de Pennes, Barnave, Piegros, Aubenas, Saint-Médard, la Claftre, &c., habitant de Creften Dauphiné. JEAN DE BRUYÈRES eut de fon mariage:

1. PONS, qui fuit;

2. ANTOINE, Capitaine au Régiment d'Aiguesmortes, qui eut de *Claudine de Laudun*, un fils nommé JEAN, mort jeune;

3. JEAN, tué au Siège de Lille en Flandre, où il fervoit en qualité de Moufquetaire;

4. ROBERT, Capitaine de Chevaux-Légers, qui s'établit en Picardie, où il forma deux rameaux, l'un fous le nom DE BRUYÈRES D'AVAUCOURT; & l'autre, fous celui DE BRUYÈRES DE CAUMONT, tous les deux tombés en quenouille, chez MM. de Gautier-Couveron;

5. IMBERTE, mariée à *Roman Monier*, Seigneur de Rochechinard, Reculés, &c.;

6. JEANNE, mariée à *Charles de Vellieu*, Confeiller au Parlement de Dauphiné;

7. Et ANNE DE BRUYÈRES, mariée à *Jean Flotte de Molières*, Gouverneur des Ville & Citadelle de Romans, dont les biens font paffés dans la branche de *Caftellane-Novejan*, Ambaffadeur à la Porte.

X. PONS DE BRUYÈRES, IIe du nom, Seigneur de la Maison-Forte de la Bruyères-en-Maron, fut fucceffivement Gendarme & Guidon dans la Compagnie du Comte de Tournon, enfuite Capitaine de 100 hommes des Ordonnances du Roi; il fe diftingua aux fièges & prifes de Gap, Livron, Loriol, Allés, Eurre, Armins, Beauvoir, Saint-Quentin, Sainte-Grève, &c., fous les ordres de MM. de Glandage & Maugiron, Lieutenants-Généraux en Dauphiné, & des Ducs de Mayenne & de la Valette, du Comte de Tournon, & du Baron de Saint-Vidal; il fut un des plus zélés défenfeurs de la Religion Catholique, « fe diftingua dans une guerre de Malte contre les Infidèles, où il fut avec bien d'autres Gentilshommes fervir à fes dépens, en revint avec la Croix pour récompenfe, » & mourut Commandant pour le Roi à Creft.

Il eft parlé de lui dans l'*Hiftoire Générale du Dauphiné*, in-folio, par Chorier, tom. II. Il tefta le 9 Avril 1617, par acte reçu par *Recoin*, Notaire de Grenoble, inftituant héritier fon fils aîné ANTOINE. Il époufa, par contrat du 10 Octobre 1584, reçu par *Villeneuve*, Notaire de Roche-Colombe en Vivarais, *Françoife de Vogué*, fille de *Guillaume*, Marquis de Roche-Colombe, &c., & d'*Antoinette de Vedène-Gadagne*. Voyez VOGUÉ. Ils eurent:

1. ANTOINE, qui fuit;
2. GUILLAUME, Capitaine de 100 hommes au Régiment de Montoifon, mort fans poftérité, Commandant à Bagnols en Languedoc;
3. SUSANNE, mariée, par contrat, à *François de Corbeau*, Seigneur de la Combe en Savoie (auteur de Meffieurs de *Corbeau Saint-Albin*), auxquels ledit PONS DE BRUYÈRES fournit les titres de fa Maifon, pour faire recevoir fes petits-fils, *François & François-Aimé de Corbeau*, Chanoines au Noble Chapitre de Saint-Pierre à Vienne, en 1668 & 1672, ainfi que les arrières-petits-fils, *Pierre, Jofeph & Antoine de Corbeau*, en 1704 & 1708.

XI. ANTOINE DE BRUYÈRES, Ier du nom, Seigneur de Saint-Michel, vendit la Seigneurie de la Maifon-Forte de la Bruyères-en-Maron, fituée fur le chemin de Creft à Valence, à Gafparde de la Baume-d'Hoftun, Barónne de Montoifon, le 31 Décembre 1629, devant *Roche & Chafte*, Notaires de Creft, quoiqu'elle fut fubftituée à fes defcendans, dont procès, à raifon de ce, avec le Comte de Cler-

mont-Montoifon, Capitaine de Gendarmerie. Il tefta le 14 Mars 1648, par acte reçu par *Gilbert*, Notaire, & avoit époufé, par contrat de mariage, reçu par *François Froment*, Notaire de Grenoble, le 29 Avril 1617, *Florence de Pourroy*, fille de *Paul*, Maître ordinaire en la Chambre des Comptes, & Receveur-Général de la Province de Dauphiné, & d'*Elifabeth du Faure*; elle étoit fœur de *Sébaftien de Pourroy*, Préfident à Mortier au Parlement de Grenoble, même Maifon que le Préfident de *Lauberivière-Quinfonas*, dont le fils, Préfident à Mortier audit Parlement, fut choifi par Sa Majefté, pour être placé à la tête de celui de Befançon, où il eft mort en 1770; fon frère cadet, Commandeur de Malte; un troifième, Chevalier dudit Ordre ; le quatrième, Evêque de Québec; & une fille, mariée au Marquis de *Bailly-Bourchenu*, premier Préfident en la Chambre des Comptes de Dauphiné. ANTOINE DE BRUYÈRES laiffa :

1. PONS, qui fuit;
2. JEAN-FRANÇOIS, mort fans poftérité, Brigadier des Armées du Roi, Chevalier de Saint-Lazare & de Saint-Louis (Voyez M. d'Afpect);
3. CATHERINE, mariée à *Cathelin d'Aillan*, dont *Catherine*, qui époufa le Comte *du Mefnil*, Chef du Corps des Carabiniers, Brigadier des Armées du Roi, Gouverneur de Creft & de Nions, qui, morte fans enfans, laiffa héritier de tous fes biens, fon coufin germain, JEAN-FRANÇOIS DE BRUYÈRES-SAINT-MICHEL, Capitaine de Cavalerie, Chevalier de Saint-Louis;
4. Et FRANÇOISE DE BRUYÈRES, mariée à *Antoine de Ripert*, Capitaine au Régiment de la Baftie-du-Vere, Infanterie, dont la fille unique fut mariée au Préfident *du Claux*.

XII. PONS DE BRUYÈRES, IIIe du nom, Seigneur de Saint-Michel, fut émancipé devant le premier Magiftrat, le Ier Avril 1649, par ANTOINE fon père. Il figna, ainfi que ce dernier, un concordat de la Nobleffe de France, du mois de Novembre 1649, avec un grand nombre de Gentilshommes des plus diftingués du Bas-Dauphiné, comme il appert dudit concordat enregiftré aux Notes de Me *Bernavel*, Notaire à Creft, le 25 Août 1672, & mourut *ab inteftat*. Il époufa, le 3 Juin 1648, devant *Farfac*, Notaire de Creft, *Florence de Vincens*, fille de *Jean* (des Seigneurs de *Caufans*), & de *Catherine Dupont*, & laiffa:

1. JEAN-FRANÇOIS, qui fuit;

2. Paul, mort en bas âge ;

3. Pons, Chanoine Régulier & Pitancier de l'Abbaye de Saint-Thiers de Saou ;

4. Marianne, morte à 12 ans ;

5. Sébastienne, morte à 14 ;

6. Florence, morte à 20 ;

7. Et Gabrielle de Bruyères, morte fort âgée, en odeur de fainteté, Capucine à Marfeille.

XIII. Jean-François de Bruyères, Ier du nom, Seigneur de Saint-Michel, fut d'abord Enfeigne au Régiment de Navarre, Infanterie, puis Cornette au Régiment de Montplaifir, Cavalerie, Lieutenant au Régiment de Brionne (qui fut enfuite Broglie), où il fut Capitaine, Chevalier de l'Ordre Royal & Militaire de St.-Louis, de la deuxième promotion (comme on le voit dans M. d'Afpeft), Gentilhomme ordinaire de la Maifon du Roi Louis XIV, ayant fait toutes les guerres avec ce Prince, qu'il fut obligé d'abandonner dévoré de goutte, ayant époufé par conventions privées du 24 Mars 1699, rédigées en contrat public, reçu par *Siboud*, Notaire de Creft, le 31 Mai 1703, *Marianne de Lers de Jony*, fille de *François*, Seigneur de Pennes, Barnave, Aubenas, Piegros, la Claftre, Saint-Médard & autres lieux. Les biens de la Maifon *Lers de Jony* (des plus anciennes du Dauphiné), font paffés dans une branche de celle de la *Tour-du-Pin*, à la charge d'en porter les nom & armes (y étant tombée en quenouille), & de *Marguerite de Tholon-Sainte-Jalle; Didier de Tholon-Sainte-Jalle,* fut le 45e Grand-Maître de Malte, élu en 1536 (Voyez Moréri); le Pape Clément V, dit-on, étoit auffi de la même Maifon. Jean-François de Bruyères-Saint-Michel eut :

1. Pons-Laurent-François, qui fuit ;

2. Et Marguerite-Florence de Bruyères, morte fille, âgée de plus de 80 ans.

XIV. Pons-Laurent-François de Bruyères, Ier du nom, appelé *le Baron de Saint-Michel*, fut deftiné, dès fes plus tendres ans, à l'état Militaire, à l'exemple de fes ancêtres ; il fut d'abord Cornette au Régiment de Chartres Cavalerie, fucceffivement Lieutenant au Régiment de Beaujolois, Infanterie, Lieutenant de Roi de Creft, & de MM. les Maréchaux de France, Chevalier de St.-Louis, comme on le voit dans l'Hiftoire de cet Ordre, par M. d'Afpeft. Il tranfigea avec Etienne de Bernardy, Vicomte de Valernes en Provence, en qualité de Co-Seigneur dudit lieu, le 15 Mars 1731, afte reçu par *Chaix*, Notaire de Sifte-

ron, pour terminer les différens qu'ils avoient, à raifon de ladite Seigneurie de Valernes, érigée en Vicomté, en 1350, par la Reine Jeanne, en faveur de Guillaume Roger, Comte de Beaufort, frère de Clément VI, avec privilège qu'elle porteroit le titre de Vicomté, à tous les poffeffeurs de ladite terre, à perpétuité. (Voyez les *Tablettes Généalogiques*).

Pons - Laurent - François de Bruyères fut choifi par le Clergé & la Nobleffe de la ville de Creft, pour traiter tous les différens qu'avoient les deux premiers Ordres avec le Tiers-Etat, par procuration fyndicale, paffée devant Me *Bouvele*, Notaire à Creft, le 28 Juillet 1751, en vertu de laquelle il tranfigea avec MM. les Confuls & Députés de ladite ville, au gré des parties, le 9 Novembre 1753, devant Me *Gaillard*, Notaire de ladite ville. Ayant été propofé au Roi pour remplir la place de Syndic de la Nobleffe de la Sénéchauffée de Creft, fur la démiffion de François de Grace, Gentilhomme de ce département, qui avoit perdu la vue, il remit à M. de la Porte, Intendant de la Province, les titres de fa nobleffe, pour être envoyés au Miniftre, & vérifiés par MM. les Généalogiftes de France, d'*Hozier* & *Clairambault*, auxquels il joignit un certificat de 100 Gentilshommes des plus diftingués de la Province, de tous les Etats, vifé par MM. les Commandant & Intendant de la Province, qui certifièrent l'ancienne & noble extraction de la Maifon de Bruyères-Saint-Michel, au bas duquel certificat eft l'atteftation des Officiers de l'Election de Montélimart & du Chatelain-Royal, Confuls, Officiers, Notables, & principaux Habitans de la ville de Creft, qui difent que MM. de Bruyères-Saint-Michel font une branche de la Maifon de Bruyères du Languedoc, établie en cette ville, depuis plus de deux fiècles, y ayant toujours vécu noblement, & de la manière la plus diftinguée. Lefdits certificats ont été enregiftrés au Greffe de la Sénéchauffée de ladite ville, par ordre du premier Magiftrat, fur les conclufions des Gens du Roi, le 28 Avril 1762 ; ladite Ordonnance, fignée *Pétrement*, premier Greffier, fur lefquelles preuves littérales & teftimoniales, ledit Pons-Laurent-François de Bruyères, Baron de Saint-Michel, fut nommé au Syndicat de la Nobleffe de la Sénéchauffée de Creft, par Lettre de cachet du Roi du 11 Novembre 1757. Il a eu, en 1760, par nouvelle Lettre de cachet, le département de l'Election de Montélimart, qui contient tout le Bas-Dauphiné. « Ledit Pons-Laurent-François, & François-Pons-Laurent-Jacques-Louis de Bruyères, Barons de Saint-Michel, père & fils, son donataire, achetèrent conjointement, par acte reçu par *Raspail*, Notaire de Crest, du 10 Juin 1776, les fiefs, Maison-Forte de Mont-Chalapt, l'Hôtel d'Urre, &c., ainsi que la Seigneurie de Saou, Cellax & Francillon, de Madame la Marquise de Vogué, & autres co-héritiers de la maison de Laftic, qu'ils hommagèrent au Roi, le 19 Juillet 1779. » Pons-Laurent-François de Bruyères avoit contracté mariage devant Me *Martinel*, Notaire de Valréas, au Comtat Venaissin, le 12 Février 1722, avec *Marie de Reynier*, veuve sans enfans, d'un Seigneur, Marquis des *Isnards*, fille unique de *Jean de Reynier*, Gentilhomme du Comtat, Capitaine de Dragons, & de *Marie de Boné d'Honières*, d'où sont nés :

1. Pons-Laurent, mort au berceau ;
2. François-Pons-Laurent-Jacques-Louis, qui suit ;
3. Marianne, Religieuse Urfuline à Valréas, puis à Saint-Marcellin, en Dauphiné, en 1772 ;
4. Gabrielle-Sperite, Religieuse à l'Abbaye de Saint-Juft, à Romans ;
5. Diane-Pauline, morte fille à 15 ans ;
6. Et Marianne de Bruyères, morte sans alliance, en 1782.

XV. François-Pons-Laurent-Jacques-Louis de Bruyères, Ier du nom, Baron de Saint-Michel, Seigneur de Mont-Chalapt, l'Hôtel d'Urre, l'Orient, &c., Co-Seigneur de la Vicomté de Valernes, Saou, Cellax, Francillon, &c., entra au service très-jeune, Lieutenant au Régiment de l'Isle de France, où il parvint bientôt au grade de Capitaine, & passa en cette qualité au Corps des Grenadiers de France, où il fut reçu Chevalier de Saint-Louis, comme on le voit dans M. d'Aspect; il passa assez rapidement aux grades de Major, Lieutenant-Colonel, & Colonel audit Corps, qui fut à l'époque de 1769, & ce Corps fut réformé en 1771 ; après, Colonel en second du Régiment de Royal-Marine, où il fut fait Brigadier des Armées du Roi, à la promotion du 1er Mars 1780, & Maréchal-des-Camps & Armées du Roi, le 1er Janvier 1784. Il eut par son mariage, contracté sur la procuration de ses père & mère, dont le Comte de *Corbeau-Vaulferre*, son parent, fut porteur, une donation générale de ses père & mère,

comme il conste par cet acte, reçu par *Turlat & Maréchal*, son Confrère, Notaires à Paris, du 6 Mai 1755, avec *Anne de la Motte*, morte en 1770, fille de *Nicolas*, & d'*Anne de Mirey*. Ils laissèrent :

1. Nicolas-Jean-François-Marianne, né le 25 Mars 1756, mort le 4 Septembre 1761 ;
2. Denis-Félix-Auguste, appelé *le Vicomte de Bruyères*, né le 12 Janvier 1769, Sous-Lieutenant au Corps des Carabiniers, Gouverneur des ville & château de Morlaix en Bretagne, en survivance de son père, qui fut nommé à ce Gouvernement en 1771, & au Commandement des ville & château de Crest, & Lieutenant des Maréchaux de France en 1770 ;
3. « Antoinette-Marianne-Siméone-Perrette, morte jeune ; »
4. Et Marianne-Louise-Aimée de Bruyères, appelée *Mademoiselle de Bruyères*, née le 4 Décembre 1770.

Il y a eu dans les deux branches de la Maison de Bruyères plusieurs terres, outre celles qui y restent, qui sont la Baronnie de Chalabre & de la Pomarède, la Vicomté de Valernes, les Seigneuries de Sonac, Rivel, Montbel, Montjardin, la Baftie de Beaumont-Catarale, Mont-Chalapt, l'Hôtel d'Urre & l'Orient ; Co-Seigneurs de la Vicomté de Valernes, de Saou, Cellax, Francillon, &c.

RAMEAU
De la Branche cadette.

IX. Robert de Bruyères-le-Chatel, troisième fils de Jeaume, Ier du nom, & de *Louise d'Artis*, fit hommage noble au Roi-Dauphin, en la Chambre des Comptes de Dauphiné, le 27 Avril 1592, où il est dit *habitant de Nions*, dont il fut Gouverneur, ainsi que du Buis & Meouillon, après avoir été Capitaine d'une Compagnie des Ordonnances du Roi, & Meftre-de-Camp du Régiment du Prince Thomas de Savoie. Il fut un des plus zélés Catholiques lors des guerres de la Religion, & foutint avec vigueur le fiège des trois places, dont il avoit le gouvernement. Quelque tems après, il fut tué au fiège de Crémone. Il épousa, 1° par contrat passé devant *Cotharel*, Notaire à Nions, le 10 Septembre 1558, dans lequel il est qualifié Gentilhomme de la Chambre du Roi, *Catherine Urgeas*, fille de *Guillaume*, Gentilhomme de Roulfet, en Comtat, & de *Jeanne d'Eymieu*, dont il n'eut point d'enfant ; & 2° le 3 Août 1563,

Victoire d'Urre, fille d'*Esprit*, Seigneur de la Baftie-Verdun, &c., & de *Jeanne Silve*. Il laiffa de fon fecond mariage:

1. ANTOINE, Lieutenant-Colonel au Régiment des Pilles, Gouverneur de Berre & du Martigues, lequel n'eut qu'un fils, pourvu d'une Abbaye Royale;

2. CHARLES, dit de *Locaffe*, Capitaine au Régiment de Créquy, Gouverneur de la Ville d'Ath en Piémont, enfuite des Isles d'Hières, de Cannes & de Saint-Tropez, lequel eut de *Diane de Flaxi*, deux fils, Capitaines dans Pery Etranger, morts fucceffivement fans poftérité, Commandans à Antibes;

3. PIERRE, dit *du Caftellet*, Capitaine au Régiment de Montclar, & Commiffaire Provincial à l'armée de Piémont, qui eut de *Paute de Bertrand du Percy*:

    ROBERT DE BRUYÈRES, tué au fiège de Crémone;

    JOSEPH DE BRUYÈRES, Cornette au Régiment de Saint-Germain-Beaupré, tué;

    Et CÉSAR DE BRUYÈRES, Capitaine au Régiment de Carignan, qui eut:

        MARIE-ANNE, veuve fans enfans de M. *Duval*, qui fut héritière *Alphonfine Bellecombe*, fa nièce, femme de M. de *Valleton*, originaire d'Irlande, dont un fils, qui porte le nom *du Caftellet*;

        FRANÇOISE & VICTOIRE DE BRUYÈRES;

4. JACQUES, dit *La Lauzette*, Capitaine au Régiment d'Houdancourt. Il fe fignala au combat du Teffin dans le Milanois, avec un détachement de 30 hommes, à la tête duquel il paffa cette rivière à la nage, & encloua le canon de la grande batterie des ennemis. Il eut de *Jeanne Péliffier*:

    JEAN-BAPTISTE DE BRUYÈRES, qui eut de *Jeanne de Rochegude*:

        LOUISE DE BRUYÈRES, qui finit le rameau;

5. PHILIPPE, dit de *Châteauvieux*, Capitaine au Régiment de Sully, qui eut de *Charlotte de Bonnedone*, un fils, nommé

    HENRI DE BRUYÈRES, qui fut tué à la tête d'une Compagnie Franche de Dragons à Lirnieu, pays de Salvato, entre Liège & Luxembourg, fans poftérité;

6. CLAUDE-JOSEPH, Ier du nom, dit *de la Bruyères*, Capitaine au Régiment de Ville-Vieille, Gouverneur de Crémone & de Bacara, dans la Lorraine Allemande. Il eut de *Catherine d'Alphan*:

    CLAUDE-JOSEPH, qui fuit;

    Et MARIE DE BRUYÈRES, mariée à N.... *Coreard-Dupuy-la-Marne*.

CLAUDE-JOSEPH DE BRUYÈRES, IIe du nom, Seigneur de Mifcon, Chevalier de Saint-Lazare & de Notre-Dame du Mont-Carmel, Lieutenant-Colonel au Régiment de Bourbonnois, Gouverneur du Château de Leure dans le Comté de Bourgogne & de Rodemon, Lieutenant au Gouvernement de Luxembourg, & fucceffivement Brigadier des Armées du Roi; & fon Lieutenant au Gouvernement de Maubeuge, mourut au mois de Juillet 1723 dans fon Commandement, laiffant pour fon héritier *Jean Coreard-Dupuy-la-Marne*, Seigneur de Mifcon, ancien Capitaine au Régiment d'Agénois, Gouverneur du Bulis, fils aîné de MARIE DE BRUYÈRES, fa fœur unique. Il époufa *Marie d'Agout*, fille de *François*, Seigneur de Chanoufe, Montjeay, Vaucluze, & de *Marie de Virieu*.

Cette dernière branche ou rameau forti de la feconde établie en Dauphiné, finit par la mort fans poftérité dudit CLAUDE-JOSEPH DE BRUYÈRES, IIe du nom.

Il y a eu auffi, dont on a preuves littérales, un Chevalier croifé avec LOUIS VII, deux de Saint-Lazare, deux de l'Ordre du Roi, fept de Saint-Louis, quatre Confeillers-Chambellans, quatre Sénéchaux d'Epée, un Syndic de la Nobleffe, un Député de cet Ordre, trois Gentilshommes de la Chambre du Roi, feize Gouverneurs de différentes Places, outre ceux des Baronnies de Chalabre & Puyvert, dont les Seigneurs le font nés de droit, nombre de Commandans, Lieutenans de Roi, trois Brigadiers de fes Armées, plufieurs Colonels, Lieutenans-Colonels, Chefs de Légions, Capitaines d'hommes d'armes, & autres de tous Corps, deux Evêques de nos jours, &c.

Les alliances de la Maifon DE BRUYÈRES, directes par les filles qui y font entrées, ou qui en font forties, font: *de Moulin* ou *du Moulin*, en 1216; de *Lévis-Mirepoix*, en 1273; qui a donné celles de *la Trémoïlle*, *Guife*, *Lorraine*, *d'Hangeft*, de *Melun*, en 1310; qui a donné celles de *Nesle* ou *Néelle*, *Soiffons-Bourbon*, de *Barence*, en 1346: qui a donné celles de *Voifins*, *Caraman*, *Villemur*, des *Bordes*, de *Campendu-Broé*, en 1348; qui a donné celles de *Landoire-Cadras*, de *Gaillac*, en 1395; qui a donné celles de *Damat*, *Pérepetufe*, *Lévis-Mirepoix*, de *Mauléon*, en 1434; qui a donné celles de *Montagut*, *Pérepetufe de Raballot*, en 1450; qui a donné celles de *Jouares-la-Ro-*

que, *Montefquieu*, de *Vefc-de-Comps*, en 1470; qui a donné celles d'*Ancexune*, de *Cap de Rouffe*, de *Voifins*, d'*Ambres*, en 1489; qui a donné celles de *Cominges-de-Bruniquel*, du *Vivier*, de *Lévis-Leran*, de d'*Artis*, en 1500; qui donne celles d'*Urre*, *La Baftide*, *Verdun*, *Silve*, de *Châteauneuf*, en 1516; qui donne celles de *Gravier*, *Narbonne*, du *Puy-Cailux*, de *Foreft-Blacons*, en 1540; qui donne celles de *la Tour-Gouvernet*, *Laudon*, *Monier*, *Vellieu*, *Flotte*, de *Joyeufe*, en 1529; qui donne celles de *Voifins*, *Lévis*, *la Trémoïlle*, *Cucurail*, *Longuitaud*, de *Vogué*, en 1584; qui donne celles de *Vedène-Gadagne*, de *Corbeau-Saint-Aubin*, de *Barthélemy de Grammont*, en 1570; qui donne celles de *Lordat*, *Bonrepaux*, *Belliffen*, de *Pourroy-Lauberivière-Quinfonas*, en 1617; qui donne celles du *Faure*, d'*Aillan*, de *Ripert*, de d'*Orbeffan*, en 1606; qui donne celles de *Poitiers-la-Theraffe*, *Lorraine*, *Montlexun-de-Bufca*, de *Vincens*, en 1648; qui donne celles de *Caufans*, de *Marade*, de *Lévis-Leran*, en 1631; qui donne celles de *Dax-d'Axat*, *Sauton-Monfteron*, d'*Efcouloubres*, de *Lers-de-Jony*, en 1699; qui donne celles de *Tholon-Sainte-Jalle*, de *Raymond-la-Borde*, en 1661, qui donne encore celles de *Sauton-Monfteron*, de *Dax-d'Axat*, d'*Efcouloubres*, de *Reynier*, en 1722; qui donne celle de *Boné-d'Honières*, de *Caillan-de-la-Graulet*, en 1698; qui donne celle de *Villeneuve-Sainte-Camelle*, de *la Motte*, en 1755; qui donne celles de *Mirey*, de *Saint-Étienne*, en 1724; qui donne celles de *la Pomarède*, du *Puy-Vatan*, *Voifins-d'Alxau*, de *Badins*, de *Bon*, en 1760; qui donne celle de *Bernage*, &c.

Les armes font : *d'or au lion de fable, la queue fourchue, nouée & paffée en fautoir*. Devife: *fola fides fufficit.*

Généalogie dreffée fur titres originaux, produite par la branche cadette des Barons de Bruyères-Saint-Michel, & par la branche aînée des Barons de Bruyères-Chalabre, fur un Mémoire tiré de leurs lettres, repofant dans leurs archives, où ils font notés: le Sieur Jean, auteur de la branche cadette de Bruyères-Saint-Michel, établie en Dauphiné.

BUA (du): *d'azur, à trois glands d'or, la queue en haut, pofés 2 & 1.*

BUADE, en Touraine: *d'azur, à trois pattes de griffon d'or, pofées 2 & 1.*

BUADE, en Languedoc: *écartelé, d'or & d'azur.*

BUAT (du), Seigneur de Bazoches & de Revilles en Normandie, Généralité d'Alençon, famille maintenue *dans fa Nobleffe* les 22 Avril & 5 Octobre 1667.

Jacques du Buat, Seigneur de Montcollain, vivoit avec *Marie de la Tour*, fa femme, avant 1542. Il fut père de

François du Buat, Ecuyer, Seigneur de Bazoches en Thimerais, de Migergon, de Médavy, & de Gaillon. Il fervoit au camp de la Rochelle en 1573, en qualité d'homme d'armes de la Compagnie de Charles de Coffé, Maréchal de France. Il époufa, le 6 Janvier 1586, *Lucrèce de Dambray*, dont il eut:

Nicolas du Buat, Seigneur de Bazoches, qualifié de *Baron du Lac*, dans fon contrat de mariage du 28 Octobre 1604, avec *Renée de Groignaux*. Ils eurent pour enfant :

Nicolas du Buat, IIe du nom, Ecuyer, Seigneur de Bazoches & de Gaillon, Gentilhomme ordinaire de la Chambre du Roi, marié le 21 Juin 1637, à *Geneviève le Normand*, dont il eut:

Nicolas du Buat, Ecuyer, Seigneur de Bazoches, qui époufa, le 7 Février 1682, *Barbe Moulin*, dont :

Jacques du Buat, Ecuyer, Seigneur de Bazoches, marié, le 5 Mai 1711, à *Gillone-Madeleine Malard*, dont il eut:

Jacques-Christophe du Buat, IIe du nom, Ecuyer, Seigneur de Bazoches & de Garnenot, reçu Page du Roi dans fa Grande-Ecurie le 10 Septembre 1731, qui époufa, le 17 Juillet 1733, *Madeleine-Léonore-Thérèfe de Cherville*, dont :

> Madeleine-Léonore-Elisabeth du Buat, mariée à *Jacques-Nicolas de Gautier*, Chevalier, Seigneur des Authieux, vivans en 1778.

Les armes: *d'azur, à trois bâtons d'or fleurdelifés, 2 en fautoir & 1 en pal.*

SECONDE BRANCHE.

Seigneurs des Fontaines, du Moncel, de la Couture, de Sarassinières, *en Normandie.*

Robert des Buats avoit époufé, vers 1500, *Guillelmine du Frefne*, dont il eut:

> Catherine des Buats, mariée, le 11 Octobre 1535, à *Geoffroy-Marie*, Seigneur de *Noireville.*

ADRIEN DES BUATS, Ecuyer, Seigneur des Noyers, de Bify, & du Mefnil-Gondoin, avoit épousé *Barbe de Rosny vinen*. Ils nommèrent tous les deux à la Cure du Mesnil-Gondoin en 1572.

Le P. Anselme parle de NICOLAS DES BUATS, Seigneur du Noyer, Chevalier de l'Ordre du Roi (St.-Michel), Capitaine de Touques, mort en 1582, lequel avoit épousé MARGUERITE DE DREUX, de la branche de DREUX, Seigneur de Morainville, descendant de LOUIS-*le-Gros*, Roi de France. De cette famille étoit :

N... DU BUAT, qui eut pour enfans :

1. LOUIS-GABRIEL, qui suit ;
2. PIERRE-LOUIS-GEORGES, Chevalier de Saint-Louis, Major-Ingénieur du Roi à Condé, marié à *Marguerite-Jacqueline-Joièphe de Bosquet*, dont pour enfans vivans :
   1. PIERRE-DÉSIRÉ ;
   2. LOUIS-JACQUES-JOSEPH ;
   3. ANDRÉ-AUGUSTIN ;
   Et cinq filles.
3. MARIE-MADELEINE, mariée au Seigneur de *la Cuftière*;
4. Et ANNE DU BUAT.

LOUIS-GABRIEL, Comte DU BUAT, & Seigneur des Fontaines, né le 2 Mai 1732, Ministre de la Cour de France auprès de la Diète générale de l'Empire, & ci-devant Chevalier de Malte, épousa, 1° le 1er Septembre 1765, *Thérèfe*, née Baronne de *Crasse*, Dame de Wisant près Ratisbonne, morte le 24 Janvier 1777, veuve du Baron de *Fulckemberg*; & 2° le 2 Mars 1778, *Marie-Sophie le Cordier de Bigars de la Heuze*, fille du Comte de la Heuze.

Les armes : *de sable, au croissant d'or, soutenu d'une moucheture d'hermines de même; au chef du second, chargé d'une quintefeuille du premier, accostée de deux mouchetures d'hermines, aussi de sable.*

RAMEAU
des Seigneurs DE SAINT-DENIS.

N... DU BUAT laissa pour enfans :

LOUIS-JOSEPH, qui suit ;
Et Dom JACQUES DU BUAT, Bénédictin de la Congrégation de Saint-Maur, Prieur de l'Abbaye de Samer, près Boulogne-sur-Mer en 1778.

LOUIS-JOSEPH DU BUAT, Chevalier, Seigneur du Val & d'Ambenay, épousa *Marie-Élisa-*

beth *de Bourienne*, dont pour enfans vivans :

1. LOUIS-LAURENT, Chevalier, Capitaine au Corps Royal du Génie ;
2. LOUIS-FRANÇOIS, Officier au Régiment de Conti, Infanterie ;
3. Et GILONNE-LOUISE DU BUAT, non mariée.

TROISIÈME BRANCHE.

N... DU BUAT laissa pour enfans :

1. N... qui suit ;
2. Et N... DU BUAT, père de
   1. ELISABETH, mariée, le 22 Avril 1752, à *Antoine-Philippe l'Abbé*, Ecuyer, Seigneur de Gasprée, dont un fils vivant, marié en 1778 ;
   2. Et MARIE-MADELEINE DU BUAT, mariée à *Louis-Antoine l'Abbé*, Chevalier de Saint-Louis, frère du précédent. Ils eurent deux filles vivantes, dont une est mariée.

N... DU BUAT laissa :

JACQUES, qui suit ;
Et JACQUELINE-MADELEINE DU BUAT, mariée à *Louis-Alexandre de la Haye*, Chevalier, Seigneur de la Barre, dont un fils & trois filles.

JACQUES DU BUAT, Chevalier, Seigneur du Vaujary, des Hayes-Médavy, des Chapelles, &c., né le 10 Avril 1713, ancien Mousquetaire de la Garde du Roi, épousa, le 29 Mai 1744, *Marie-Renée-Geneviève des Chapelles*, dont pour enfans vivans :

EUSTACHE-RENÉ, Chevalier, Marquis DU BUAT, Seigneur des Chapelles, &c., né le 7 Novembre 1746, Capitaine au Régiment des Cuirassiers du Roi ;
Et RENÉE-LOUISE-GENEVIÈVE DU BUAT, non mariée.

QUATRIÈME BRANCHE.

N... DU BUAT eut pour enfans :

PIERRE-GEORGES, qui suit ;
Et ANTOINE-NICOLAS DU BUAT, Chevalier, ancien Officier au Régiment de Beauvoisis, père de

NICOLAS-CLAUDE DU BUAT, Chevalier, marié, le 12 Janvier 1773, à *Marie-Françoise de Gaftel*, dont :

ROBERT-FRANÇOIS-FÉLIX, né le 1er Juillet 1775 ;
Et LOUIS-THÉODORE DU BUAT, né le 31 Décembre 1776.

PIERRE-GEORGES DU BUAT, Seigneur de Tréhéru, ancien Capitaine d'Infanterie, Chevalier de Saint-Louis, époufa, en 1737, *Louife Lochon*, dont il refte :

MARIE - MARGUERITE - BARBE DU BUAT, née en 1739, mariée, au mois d'Octobre 1777, à *Jacques-Louis l'Homme-Dieu du Tranchant*, Chevalier, Seigneur de Lignerolles.

Seigneurs DU BUAT, *au Comté de Mortain.*

N... DU BUAT eut pour enfans :

1. CHARLES-FRANÇOIS-RENÉ, qui fuit ;
2. ANNE-PHILIPPE, né le 2 Janvier 1741, qui époufa, le 4 Janvier 1768, *Marie-Julie d'Argennes*, dont :

    FRANÇOIS-JEAN-RAOUL DU BUAT.

3. LOUIS - MARIE - JACQUES, Ecuyer, né le 19 Avril 1742, marié à *Jeanne - Françoife Payen*, dont :
    1. FRANÇOIS-JEAN, né en 1769 ;
    2. RENÉ-FRANÇOIS-MARIE, né le 20 Janvier 1771 ;
    3. GABRIEL-JEAN-AUGUSTIN, né le 7 Mai 1775 ;
    4. Et VICTOR - FRANÇOIS - RENÉ DU BUAT, né le 3 Décembre 1777.
4. Et JEAN-FRANÇOIS DU BUAT, né le 15 Janvier 1745, auffi marié, dont deux fils.

CHARLES-FRANÇOIS-RENÉ DU BUAT mourut le 3 Mars 1771, laiffant de *Louife Teffon* :

RAOUL-RENÉ-PHILIPPE, Ecuyer, Seigneur DU BUAT, né le 21 Juin 1770.

Les armes: *d'argent, à la bande denchée de gueules, accompagnée de fix merlettes en orle de même.*

BRANCHE
des Seigneurs DE LA SUBRARDIÈRE.

❧ BUAT (DU), de Buat, des Buats & des Buafts, en latin *de Buato*, mot d'origine celtique, qui fignifiait montagne ; en effet, le Château du Grand-Buat, près la Trappe, eft fur l'une des plus hautes montagnes du Perche. Cette Maifon, l'une des plus anciennes de Normandie & du Perche, s'eft toujours diftinguée par fes fervices militaires & fes alliances.

Deshais Doudaft, Généalogifte Breton, dans fon *Nobiliaire de Bretagne*, à l'article DU BUAT, après avoir rapporté les différentes preuves & maintenues de nobleffe de cette Maifon, dit que, quoiqu'elle foit originaire de Normandie, elle peut trouver place dans le Nobiliaire Breton, ayant été 200 ans établie dans cette Province, & y ayant contracté des alliances diftinguées, favoir : dans les Mai-

fons de *Rofmadec , Coetquen, Budes, Romillé, Sévigné, Quatrevaux, Madaillan, Montmorency*, &c., &c. Il ajoute en outre qu'on peut les regarder comme fondateurs de la Paroiffe du Buat, en Normandie.

Dans l'*Hiftoire de Bretagne*, du Père Lobineau, IIe vol., dans les comptes des Tréforiers des Ducs de Bretagne des années 1452, 1453, 1454, 1455, 1457 & 1465, rapportés aux pages 1187, 1188, 1190, 1195, 1198 & 1367, on y trouve JEAN DU BUAT, Ecuyer du Duc.

JEAN DU BUAT, l'un des 5 lances que le Duc mit fus pour la Garde du Pays, l'un defquels fut Meffire JEAN DU BUAT.

Pour les gages de plufieurs Chevaliers & Ecuyers, pour eux entretenir au fervice du Duc, pour 9 mois commencés le 1er Mars 1454, l'un defquels étoit Meffire JEAN DU BUAT.

Le Duc Pierre ordonna & mit fus 100 lances & 200 archers à commencer au 1er Septembre 1456, au prix de 20 écus neufs par mois, lance garnie, au nombre defquels fut le Sieur DU BUAT.

Au nombre de ceux qui ont vaqué à la Garde du Château-Briand, on y voit GILLES DU BUAT, homme d'armes à la Morte-Paye.

Aux Preuves du 22e livre de la même Hiftoire, pag. 1632, on trouve que Jean de Rohan, Capitaine de Concq, doua au Duc, pour plaige, Meffire JEAN DU BUAT, Chevalier, Seigneur dudit lieu.

M. le Laboureur, en la Généalogie du Maréchal de Guébriant, dit que Meffieurs DU BUAT font originaires de Normandie, où ils ont fondé des Paroiffes de leur nom : mais il y a plufieurs fiècles qu'il en paffa en Bretagne, ainfi qu'on le voit dans l'*Hiftoire de Bretagne* du Père Lobineau.

La Roque, dans un ancien rôle de la nobleffe, pour le ban & arrière-ban, cite ROBERT DU BUAT, en ces termes : *Robertus du Buat, Miles, habet duas partes feodi.*

Dans un recueil des preuves de la Maifon DU BUAT, qui fe trouve au nombre des titres domeftiques de cette Maifon, qui par fa forme & fes abréviations paraît être du commencement du XVIe fiècle, eft fait mention de CHARLES DU BUAT, par où commence la filiation fuivie de cette Maifon.

I. CHARLES DU BUAT époufa une Demoifelle de la Maifon de *Montauban*, en Bretagne, dont entr'autres enfans :

II. Jean du Buat, né au Pays de Dolais, en Bretagne, où il épousa *Guillemette du Vergier*. Ils eurent :

III. Jean du Buat, IIe du nom, qui est le premier qui passa en Anjou. Il fit preuve de sa noblesse le 13 Avril 1395, devant les commissaires du Roi, sur le fait des Francs-Fiefs, qui, en conséquence, le renvoyèrent comme noble. Il épousa *Colette de Saint-Aignan*, fille de noble homme *Pierre de Saint-Aignan*, Chevalier, Seigneur dudit lieu, en la Baronnie de Craon en Anjou. De ce mariage vint :

IV. Jean du Buat, IIIe. du nom, Ecuyer, Seigneur de Brassé, qui fut maintenu & confirmé noble par des lettres de Charles VI, données à Saumur le 28 Février 1439, adressées aux élus, sur le fait des Aides, ordonnés pour la guerre, en la Ville & Election d'Angers. Ces lettres se trouvent en original au Chartrier de la Subrardière. Il obtint encore, en 1465, d'autres lettres de confirmation de noblesse, & exemption de Francs-Fiefs, & qui donnent des preuves de son origine de Bretagne. Il épousa 1° *Jeanne de Lambout*, Maison de Bretagne ; & 2° vers 1440, *Louise de la Touchardière*, Dame de la Motte des Ballots, Maison d'Anjou. Il eut du premier lit :

1. Guillaume, qui suit ;
2. Et Jean du Buat, tige de la branche de *la Subrardière* & de *Brassé*, rapportée ci-après.

V. Guillaume du Buat, Ecuyer, épousa, en 1434, *Marguerite*, l'unique héritière de la Maison de *Barillé*, Seigneurs dudit lieu & de Chantelou en Craonnois, dont :

VI. Jean du Buat, IVe du nom, Ecuyer, Seigneur de Barillé & de Chantelou, qui épousa *Perrine de Nepveu*, & eut :

VII. Clément du Buat, Ecuyer, Sieur de Barillé & de Chantelou, qui épousa *Françoise de la Rochère*, Maison d'Anjou, dont :

1. Guillaume, qui suit ;
2. Et Guyonne du Buat, qui épousa *Georges le Picard*, Ecuyer, Sieur de la Grand-Maison en Anjou.

VIII. Guillaume du Buat, IIe du nom, Ecuyer, Seigneur de Barillé & de Chantelou, épousa *Jeanne de Romillé*, fille de *Geoffroy de Romillé*, Chevalier, Seigneur de la Chesnelaye, d'Ardenne & de Pont-Glou, & de *Renée de Monteclerc*. Il eut :

1. Claude, mort jeune, & sans alliance ;

2. Renée, principale héritière après la mort de son frère, mariée à *René Perrault*, Ecuyer, Sieur de Boisbernier, en Anjou ;
3. Et Philippine du Buat, qui épousa *Jacques de Mondamer*, Ecuyer, Seigneur dudit lieu, sur les confins de l'Anjou & du Maine, dont une fille unique, par laquelle cette branche aînée de la Maison du Buat s'est fondue dans celle de *Bréon*, & cette dernière en celle de *Lancrau de Bréon* & de *Chantail*, toutes Maisons d'Anjou.

Les différens titres domestiques de cette branche aînée du Buat, qui se trouve fondue depuis beaucoup plus de 200 ans, étant passés successivement dans différentes autres Maisons, qu'il seroit assez difficile de découvrir, nous ont empêchés de donner des preuves par citations d'actes & contrats de mariage ; nous rapporterons seulement en preuve sur cet article, deux pièces essentielles qui se sont trouvées au chartrier du château de la Subrardière, qui prouvent l'existence de cette branche du Buat, ses alliances & sa fonte dans les Maisons *le Picard*, *Perrault* & de *Mondamer*.

La première pièce est un partage noble, fait le 20 Avril 1575, devant le Lieutenant-Général de la Sénéchaussée d'Angers, des biens immeubles demeurés des successions de défunts Guillaume du Buat, & d'*Anne de Romillé*, Sieur & Dame de Barillé, &c.

La seconde pièce est une transaction sur partage, datée du 15 Septembre 1581, & passée devant *René le Breton*, Notaire de la Cour de Craon, entre *René Perrault*, Sieur de Boisbernier, Renée du Buat, héritière principale de son frère, & Philippine du Buat, héritière puînée, & épouse de *Jacques de Mondamer*.

BRANCHE
de la Subrardière & de Brassé

V. Jean du Buat, Chevalier, second fils de Jean du Buat, IIIe du nom, Chevalier, Sieur de Brassé, & de *Jeanne de Lambout*, fut Seigneur de Brassé en la Paroisse de Beaulieu. Il épousa, par contrat du 8 Août 1442, passé devant les Notaires Royaux de la Cour de Saint Laurent-des-Mortiers en Anjou, *Jeanne de Charnacé*, fille aînée d'*André de Charnacé*, Seigneur dudit lieu, en la Paroisse de Champigny en Anjou, & de *Catherine de la Touchardière*. De ce mariage vinrent :

1. Gilles, qui suit ;
2. Autre Gilles, Sieur de la Blandinière, mort sans postérité ;

3. CATHERINE, mariée, par contrat du 20 Mai 1462, paffé devant *Greteril*, Notaire de la Cour de Craon, à *Olivier Cheminart*, Ecuyer, fils de *Jean Cheminart*, Ecuyer, Sieur de la Porcherie, & de *Bertrande du Tertre*. Il y a eu poftérité de ce mariage ;

4. BERTRANDE, Dame de la Carterie, mariée, par contrat du 2 Juillet 1478, paffé devant *Beudé*, Notaire de la Cour de Craon, à *Pierre de la Touche*, Ecuyer, Sieur de la Fontaine & de la Bennèche ;

5. Et JEANNE DU BUAT, mariée, par contrat du 23 Janvier 1480, paffé devant *Chenillart*, Notaire de la Cour de Craon, à *Pierre Lambert*, Ecuyer, Sieur de la Pommeraye, en la Paroiffe de Marans en Anjou, fils de *Mathurin Lambert*, Ecuyer, Sieur de la Celinaye, & de *Marguerite le Pouere*.

VI. GILLES DU BUAT, Chevalier, Sieur de Braffé, époufa, en 1475, *Catherine Pinçon de Boutigné*, dont :

1. GEORGES, qui fuit ;
2. JEAN, mort fans poftérité ;
3. Et PERRINE DU BUAT, mariée à *Louis Baraton*, Ecuyer, Seigneur de l'Isle-Baraton, en la Paroiffe d'Athée en Anjou.

VII. GEORGES DU BUAT, Chevalier, Seigneur de Braffé & de la Subrardière, époufa, par contrat du 29 Avril 1507, paffé devant P. *Boullay*, Notaire de la Cour de Candé, *Perrine de Bois-Joullain*, fille de *Jean de Bois-Joullain*, Ecuyer, Seigneur dudit lieu, & de *Béatrix de Seillons*. De ce mariage vinrent :

1. GUILLAUME, qui fuit ;
2. & 3. THIBAUT & RENÉ, Prêtres-Religieux Cordeliers en la communauté des Anges, près Craon ;
4. FRANÇOIS, auteur de la branche du *Teillay-Saint-Gauld*, rapportée ci-après ;
5. Et FRANÇOISE DU BUAT, mariée, par contrat du 20 Septembre 1543, paffé devant *Maulny*, Notaire, à *François de la Morellière*, Ecuyer, Seigneur de la Behuignerie & de la Cour-Fourrée, Paroiffe de la Selle-Craonnoife en Anjou, dont poftérité.

VIII. GUILLAUME DU BUAT, Chevalier, Seigneur de Braffé & de la Subrardière, obtint, le 20 Septembre 1533, de l'Election d'Angers, une fentence en fa faveur, contre les habitans de la Paroiffe de Meral, qui avoient prétendu le rendre contribuable aux impofitions roturières de ladite Paroiffe. Il époufa, par contrat du 19 Juin 1533, paffé devant *Galery*, Notaire de la Cour de Durtal, *Jeanne de Mauvielle*, fille aînée de *René de Mauvielle*,

Ecuyer, Sieur de la Druere, &., & de *Jeanne Coron*, dont :

1. RENÉ, qui fuit ;
2. MARIN, marié à *Jeanne de Bois-Hébert*, dont :
   RENÉE DU BUAT, mariée à *Thibaut le Gay*, Ecuyer, Sieur du Teilleul ;
3. PIERRE, mort fans alliance ;
4. MARTHE, mariée, par contrat du 18 Novembre 1559, paffé devant *Hunaud*, Notaire en la Cour de Craon, à *Claude de Langellerie*, Ecuyer, Seigneur dudit lieu, fils de *François de Langellerie*, Ecuyer ;
5. Et MARIE DU BUAT, mariée, par contrat du 12 Novembre 1562, paffé devant *Hunaud*, Notaire de la Cour de Craon, à *Jean Lenfant*, Ecuyer, fils de *Guy*, Ecuyer, Sieur de la Guefuerie, & de *Renée Guerif*, dont poftérité.

IX. RENÉ DU BUAT, Chevalier, Seigneur de la Subrardière & de Braffé, époufa, par contrat du 2 Juillet 1559, paffé devant *Samfon le Roux*, Notaire Royal au Mans, *Anne de la Rouffardière*, fille de *René de la Rouffardière*, Ecuyer, Seigneur de Paronneau & de Gaultrel, & de *Renée d'Availloles*. De ce mariage vinrent :

1. JEAN, qui fuit ;
2. Et PERRINE DU BUAT, qui époufa, par contrat du 4 Février 1584, paffé devant *René Vieil*, Notaire de la Cour du Mans, *Louis de Champagné*, Ecuyer, Seigneur de la Motte-Ferchault & de la Rouffière, fils de *François de Champagné*, Ecuyer, & de *Marie de la Rouffière*, dont poftérité.

X. JEAN DU BUAT, II° du nom, Chevalier, Seigneur de la Subrardière, Braffé, & autres lieux, obtint des lettres de confirmation de nobleffe, datées du 25 Juin 1635, qui lui furent données fur vu de pièces par Meffire Jérôme de Bragelongue, Commiffaire du Roi pour la recherche de la nobleffe. Il époufa, par contrat du 12 Novembre 1609, paffé devant *Baptifte Roullet*, Notaire Royal au Mans, *Madeleine de Birague*, fille & héritière portionnaire de Meffire *François de Birague*, Chevalier de l'ordre du Roi, & de *Jeanne de la Pommeraye*. De ce mariage font iffus :

1. CHARLES, qui fuit ;
2. Et MARIE DU BUAT, mariée à Meffire d'*Aubert*, Ecuyer, Seigneur de Langeron & de Launay, en la province du Maine, dont poftérité.

XI. CHARLES DU BUAT, Chevalier, Seigneur de la Subrardière, Chatel, la Bodinière & Ballots, époufa, par contrat du 12 Février 1646, paffé devant *Jean Marcoul*, Notaire Royal au Mans, *Elifabeth de la Corbière*, fille de Meffire *Charles de la Corbière*, Chevalier, Seigneur de la Benichère, des Alleux, &c., & de *Marie de Pidoux*. De ce mariage vinrent :

1. MADELON-HYACINTHE, qui fuit ;
2. JEAN-BAPTISTE, Chevalier, Sieur de Voleinnes, marié « à N... *Domeftiffac*, dont il n'eut pas d'enfans ; »
3. MALO-MARIE, Chevalier, Sieur de Saint-Pean, marié, par contrat du 24 Janvier 1682, paffé devant *Jean Garnier*, Notaire Royal à Château-Gontier, à *Gabrielle de la Fontaine*, fille de *Julien de la Fontaine*, Ecuyer, Sieur du Tertre, & d'*Anne Charel*. Il n'y a pas eu de poftérité de ce mariage ;
4. PHILIPPE, Chevalier, mort fans alliance ;
5. & 6. MADELEINE & MARIE, qui furent Religieufes en la communauté du Buron, de la ville de Château-Gontier ;
7. ANNE-HENRIETTE, mariée à Meffire *François Minault*, Ecuyer, Sieur de la Charbonnerie, dont poftérité ;
8. Et CHARLOTTE-ELISABETH DU BUAT, mariée à Meffire *François de la Chevallerie*, Ecuyer, Seigneur de la Daumerie, dont poftérité.

XII. MADELON-HYACINTHE DU BUAT, Chevalier, Seigneur de la Subrardière & de Chanteil, époufa, par contrat du 10 Juin 1690, paffé devant *le Roy*, Notaire de la Baronnie de Craon, *Marie-Elifabeth Blavet*, fille de *René Blavet*, & de *Jeanne le Seurre*, dont :

1. MADELON-HYACINTHE, qui fuit ;
2. MALO-GABRIEL, Sieur de Ballots, mort fans alliance ;
3. PHILIPPE, Prieur de Lohéac, né le 10 Août 1697 ;
4. FRANÇOIS, Curé de Meral ;
5. CHARLES-JOSEPH, Chanoine Régulier & Prieur du Port Reingeard, né le 2 Mai 1702 ;
6. HENRI-LOUIS, Abbé, né le 6 Juillet 1711 ;
7. ROSE-ELISABETH, née en 1712, qui époufa, le 3 Octobre 1746, Meffire *Charles-Céfar d'Aubert*, Chevalier, Seigneur de Launay, en la province du Maine, dont poftérité ;
8. Et HYACINTHE DU BUAT, morte fans alliance.

XIII. MADELON-HYACINTHE DU BUAT, IIe du nom, Chevalier, Seigneur de la Subrardière, époufa, par contrat du 17 Février 1728, paffé devant *Jean Portier*, Notaire de la Baronnie de Candé, *Marie-Renée du Mortier*, (la feule Demoifelle de ce nom qui ait contracté

alliance), fille de Meffire *Pierre du Mortier*, Chevalier, Seigneur de la Ruchenière, & de *Marie-Elifabeth Serin*.

Par ce mariage, cette ancienne Maifon *du Mortier*, que plufieurs hiftoriens ont prétendu & affuré être une branche cadette de la Maifon de *Rougé*, en Bretagne, & dont les armes font femblables, s'eft trouvée éteinte & fondue en celle du BUAT. De ce mariage eft iffu :

XIV. LOUIS-JOSEPH-FRANÇOIS-ANGE-PIERRE-HYACINTHE DU BUAT, Chevalier, Seigneur de la Subrardière, Maupertuis, la Hunaudière, &c., feul fils & unique héritier, a époufé (*a*), par contrat du 24 Mai 1763, paffé devant *Perrier*, Notaire en la Sénéchauffée de Hennebon en Bretagne (célébration le 31 Mai), *Thérèfe-Charlotte du Boueflier*, fille puînée de Meffire *Jacques-Pierre du Boueflier*, Chevalier, Seigneur dudit lieu, de Kerlan & de Kerfené, Capitaine-Général Garde-Côte, Chevalier de l'Ordre militaire de Saint-Louis, ancien Capitaine au Régiment de Navarre, & de *Jacquette des Portes de Saint-Nudec*. De ce mariage font iffus :

1. LOUIS-CHARLES-MARIE, qui fuit ;
2. LOUIS-JEAN-MARIE, né & baptifé en la Paroiffe de Meral, le 15 Avril 1772, reçu de minorité dans l'Ordre de Malte le 1er Avril 1775, & dont les preuves furent admifes au mois de Février 1780, par MM. les Commiffaires de la vénérable langue de France, au Grand-Prieuré d'Aquitaine ;
3. THÉRÈSE-ESTHER-MARIE, née le 25 Juin 1764, non mariée ;
4. Et MARIE-FORTUNÉE DU BUAT, née le 27 Mars 1767, non encore mariée.

XV. LOUIS-CHARLES-MARIE DU BUAT, Chevalier, né & baptifé en la Paroiffe de Méral en Anjou, le 5 Juin 1765, Page du Prince de Condé en Mai 1778, enfuite Lieutenant au Régiment de Bourbon, Infanterie, en 1782, n'eft pas encore marié en 1785.

BRANCHE
DU TEILLAY-SAINT-GAULD, *en la Province du Maine.*

VIII. FRANÇOIS DU BUAT, Chevalier, Seigneur de Cramaillé, quatrième fils de GEORGES DU BUAT, Ecuyer, Sieur de Braffé & de

---

(*a*) La Chenaye-Desbois dit qu'il époufa, en 1758, *Marie-Renée-Michelle Berfet*, dont : LOUIS-JEAN-MARIE DU BUAT, Chevalier, né le 6 Juillet 1759. (*Note des Editeurs*).

la Subrardière, & de *Perrine de Bois-Joul-*
lain, épousa, en 1544, *Jeanne de Teffé,* qui
lui apporta, en dot, la Terre du Tellay, en la
Paroiffe de Saint-Gauld, Province du Maine.
De ce mariage vinrent:

1. FRANÇOIS, qui fuit;
2. ANNE, mariée à *Paul Poncher,* Ecuyer,
   Seigneur de l'Espinay, Paroiffe de Bou-
   champ, en Anjou;
3. JEANNE, Religieufe en l'Abbaye Royale du
   Ronceray de la ville d'Angers, & enfuite
   Doyenne de ladite Abbaye;
4. Et FRANÇOISE DU BUAT, nommée en 1620
   Abbeffe de l'Abbaye de la Trinité de Poitiers.

IX. FRANÇOIS DU BUAT (*a*), Chevalier, Seigneur du Teillay, épousa, en 1610, *Perinet-*
te du Chaftelet, dont:

1. ANSELME, qui fuit;
2. Et MARIE DU BUAT, qui épousa, en 1642,
   Meffire *François de Meules,* Ecuyer, Seigneur de la Foreft & de la Durbellière en
   Poitou.

X. ANSELME DU BUAT, Chevalier, Seigneur
du Teillay, épousa, en 1647, *Anne Éveil-*
lard, fille de noble homme Meffire *Jean Eveil-*
lard, Ecuyer, Confeiller au fiège préfidial
d'Angers, dont:

1. FRANÇOIS, qui fuit;
2. CHARLES, mort fans alliance en 1675, étant
   alors en Lorraine, au fervice;
3. Et MARIE DU BUAT, qui épousa Meffire
   François Moreau, Ecuyer, Seigneur de la
   Martellière, fans poftérité.

XI. FRANÇOIS DU BUAT, Chevalier, Seigneur du Teillay & de Saint-Gauld, épousa,
en 1682, *Anne d'Adde,* Italienne, nièce du
Cardinal d'*Adde,* dont:

1. HYACINTHE, Prêtre & Curé de Quelaines en
   1738;
2. BERNARD, qui fuit;
3. FRANÇOIS, mort au fervice, fans alliance;
4. GABRIEL, Prêtre;
5. HENRI, mort fans alliance;
6. Et MARTHE DU BUAT, décédée fille.

XII. BERNARD DU BUAT, Chevalier, Seigneur du Teillay & de Saint-Gauld, après la
mort de fon frère aîné, épousa, en 1716, *An-*
ne-Marie Prezeau, fille de Meffire *Charles-*
Jean Prezeau, Ecuyer, Seigneur de Loifel-
linière, dont:

(*a*) La Chenaye-Desbois lui donne pour père
ANSELME, marié, en 1573, à *Marie de Chauvi-*
gné, Dame de Terretiens. (*Note des Editeurs.*)

1. BERNARD-HYACINTE-CHARLES, Prêtre & enfuite Curé de Quelaines par la réfignation
   de HYACINTHE DU BUAT, fon oncle;
2. ANNE, par laquelle cette branche fe trouve
   éteinte, qui épousa, en 1769, Meffire *Charles*
   d'Andigné, Chevalier, Seigneur de Maineuf,
   Lieutenant-Colonel au Régiment d'Anjou,
   fans poftérité;
3. LOUISE, fans alliance;
4. LUCIE, Religieufe en l'Abbaye de Nyoifeau,
   près Segré, en Anjou;
5. Et BERNARDINE DU BUAT, morte fans alliance.

Les armes: *d'azur, à trois quintes-feuil-*
les d'or, pofées 2 & 1.

BUAT (DU), Ecuyer, Sieur de Prethon,
Election de Valogne, porte: *d'argent, à trois*
fafces de gueules.

Il y a une autre Terre & Seigneurie de ce
nom, fituée en Baffe-Normandie, dont le
Château n'eft qu'à une petite diftance de Falaife, qui appartenoit aux Seigneurs DU BUAT,
& qui fortit de cette famille, lorfqu'elle alla
s'établir en Bretagne, d'où elle paffa en Anjou.

' BUCH. La Terre & Captalat de BUCH a
été vendue 70000 livres le 23 Avril 1713, par
contrat devant *Renard,* Notaire à Paris, rue
St.-Honoré, par le dernier Duc de Foix, à
N... Druat, Confeiller au Parlement de Bordeaux.

BUCHER, nom d'une des premières Maifons de la République & Canton de Berne,
qu'on dit auffi *ancienne* que la Ville de ce
nom. PIERRE BUCHER étoit membre de l'Etat
de Berne en 1361. Ses defcendans ont fuccédé de père en fils dans les importans emplois
de l'Etat. On en compte 15 qui ont été membres du Grand-Confeil, quatre Chanceliers
qui fe font fuccédés l'un à l'autre de père en
fils, trois Banderets, & trois Tréforiers des
Finances. Ceux qui fe font particulièrement
diftingués font JACQUES III, & JEAN-JACQUES,
Ier du nom. Voy. Moréri.

BUCKERIDGE, nom d'une ancienne famille d'Angleterre dans le Comté de Berks,
qui avoit fa réfidence à Bafferdon, depuis le
tems de GUILLAUME-le-Conquérant. C'eft de
cette famille que defcendent tous les BUCKE-
RIDGE d'Angleterre. THOMAS BUCKERIDGE en
poffédoit les biens au commencement de ce
fiècle. De cette famille defcendoit JEAN BUC-

KERIDGE, Evêque de Rochefter en 1611, qui fut transféré à l'Evêché d'Eli en 1627.

BUCKINGHAM, Comté ou Sirerie en Angleterre, qui a paffé dans trois familles de ce Royaume. GUILLAUME-*le-Conquérant* donna ce Comté à *Gualteras*, pour récompenfe des fervices qu'il lui avoit rendus en Angleterre. Il laiffa un fils mort fans enfans. RICHARD II, Roi d'Angleterre, donna en 1377 ce Comté à *Thomas Voodftock*, le dernier des fils du Roi EDOUARD III. Il laiffa une fille mariée à *Edmond*, Comte de Stafford. HENRI IV le créa en 1445, Comte de Buckingham. *Edmond* fut tué avec fon fils à la bataille de Northampton en 1460. *Henri de Stafford*, fon petit fils, fut Comte de Buckingham. Il eut la tête tranchée en 1483. *Edouard*, fon fils aîné, fut rétabli dans les biens & dignités de fon père par HENRI VII, mais ayant été foupçonné d'avoir voulu attenter fur la perfonne du Roi, il eut auffi la tête tranchée; & il fut défendu à fon fils & à fes defcendans de prendre le nom de Buckingham. Il leur permit de ne retenir que celui de Stafford. JACQUES Ier, vers 1618, donna le titre de Marquis, & enfuite de Duc de Buckingham, à *Georges de Villiers*, fon favori, dont la famille étoit originaire de France. Ce Duc fut tué à Plymouth en 1628, d'un coup de couteau, par un Ecoffois, dans le tems qu'il fe préparoit à fecourir la Rochelle avec la flotte d'Angleterre dont il avoit le commandement. (Voy. Imhoff, *fur les Pairs d'Angleterre*.)

BUCUCI. On trouve de ce nom un Pannetier du Roi, nommé *le Chevalier* GUILLAUME BUCUCI, Châtelain de Nîmes. Il acheta en 1277, de *Marie*, veuve de *Guiraud d'Ernouville* à Aubais, un Château confidérable dans le Diocèfe de Nîmes, connu dès 1099, avec les lieux de Nages & Solorgues. Ce BUCUCI les vendit à *Guiraud Languffel*, père de *Bernard Languffel*, IIe du nom, Seigneur d'Aubais, ce dernier fut tué à la bataille de Poitiers le 19 Décembre 1356. Il eut pour héritière fa fœur, *Marie Languffel*, mariée, en 1359, à *Raymond Pelet*, dont la fille *Jeanne Pelet*, Dame d'Aubais, époufa *Antoine de Bermont*. Voy. AUBAIS & BERMONT.

BUCY, Seigneur d'Hénonville & de Fréville, en Normandie, Généralité de Rouen, famille maintenue dans *fa Nobleffe* le 20 Mars 1666, de laquelle étoit MARC DE BUCY, Chevalier, Seigneur d'Hénonville & de Seloine, marié, vers 1580, à *Marie de Saint-Simon de Rouvroy*.

⚜ BUDÉ, famille noble connue à Paris dès le règne du Roi CHARLES V, qui fubfifte & eft établie depuis du temps à Genève. Le premier du nom de BUDÉ connu eft

I. JEAN BUDÉ, qui vivoit en 1350. Il eut de N...:

II. DREUX BUDÉ, Ier du nom, Seigneur de Villiers-fur-Marne & d'Yèrre, qui laiffa:

III. DREUX BUDÉ, IIe du nom, Seigneur de Villiers & d'Yerre, qui eut de fon mariage, auffi inconnu:

IV. JEAN BUDÉ, IIe du nom, Seigneur de Villiers & d'Yerre, qui fut Secrétaire du Roi, & Audiencier en la Chancellerie de France. Il époufa *Catherine le Picard*, fille de *Jean le Picard*, Seigneur de Plateville, & de *Catherine Poncher*, dont:

1. N... BUDÉ, auteur d'une branche aînée, dont nous ne pouvons donner la filiation, faute de mémoire;
2. Et GUILLAUME-FRANÇOIS, qui fuit.

V. GUILLAUME-FRANÇOIS BUDÉ, Seigneur de Marly-la-Ville & de Villeneuve, né à Paris, en 1467, mort le 24 Août 1540, fut un de ces grands hommes, qui a le plus fait honneur à fon fiècle, par fon érudition & fon mérite. FRANÇOIS Ier l'honora d'un Office de Confeiller Maître des Requêtes, & de la Charge de Prévôt des Marchands de Paris, le 16 Août 1522; & l'envoya Ambaffadeur à Rome, auprès du Pape LÉON X. Il laiffa de *Roberte le Lyeur*, fille de *Roger le Lyeur*, Seigneur des Boisbernard, & d'*Ifabeau Lailly*, quatre fils & deux filles, dont entr'autres:

VI. JEAN BUDÉ, IIIe du nom, Seigneur de Verace, qui fe maria à *Marie de Jouan*, fille de *Rogerin de Jouan*, Seigneur de Jonvilliers en Beauce, dont il eut:

VII. JEAN BUDÉ, IVe du nom, Seigneur de Verace, vivant en 1591, qui eut d'*Efther d'Alinges*, fille de *Bernard d'Alinges*, Baron de Coudrée, & de *Françoife Mionax*:

VIII. BERNARD BUDÉ, Ier du nom, Seigneur de Verace, leur fils aîné, qui époufa, au mois d'Octobre 1631, *Marie Turettiny*, fille de *François Turettiny*, & de *Camille Burlamacchi*, tous deux iffus des plus anciennes familles de Lucques. De ce mariage vinrent:

1. CAMILLE;
2. ESTHER;
3. JEAN;
4. ELISABETH, mariée à *Jean de Sanſure*, Seigneur de Dommartin;
5. MADELEINE;
6. BERNARD;
7. MARIE-CLAIRE;
8. ISAAC;
9. GUILLAUME, qui ſuit;
10. Et BERNARD, dont il ſera parlé après la poſtérité de ſon aîné.

IX. GUILLAUME DE BUDÉ, II⁰ du nom, né en Juin 1643, Ecuyer, Seigneur de Fernex & de Boiſy, ſervit, étant jeune, dans les Gardes-du-Corps de CHARLES XI, Roi de Suède; enſuite ſous M. de la Feuillade, en qualité de Volontaire, au ſiège de Candie: à ſon retour il ſe maria, 1⁰ le 19 Juillet 1681, à *Françoiſe Saladin*; & 2⁰ en 1689, à *Adrienne*, fille de Noble *Jean-Jacques Favre*, Conſeiller d'Etat de la ville de Genève, & de *N... de la Croix*.

Du premier lit vinrent:

1. BERNARD DE BUDÉ, III⁰ du nom, né le 21 Mars 1686, Comte de Montréal, qui a ſervi dans les Gardes-Suiſſes en France;
2. JACOB, né le 15 Septembre 1687, tué en Flandre d'un coup de canon, au ſiège de Hulſt, étant Lieutenant dans le Régiment de Surbeck;
3. ANNE-ELISABETH, née le 31 Mai 1689, mariée à Noble *Jacques Piêete*, fils de *Jacques*, premier Syndic de la ville de Genève, & Général de l'Artillerie.

Et du ſecond mariage ſont iſſus:

4. MARGUERITE, née le 20 Août 1690, mariée au Comte de *Portes*, Général au ſervice de Sa Majeſté Sarde, Colonel d'un Régiment d'Infanterie de ſon nom, & Gouverneur de la Ville & Citadelle d'Alexandrie;
5. ISAAC, né le 29 Décembre 1691, auteur de la ſeconde branche, rapportée ci-après;
6. VINCENT, mort en bas âge;
7. JACOB, né le 15 Mars 1693, qui fut Major dans les Suiſſes en France, d'où il paſſa en Hollande, où il leva un Régiment, & parvint au Généralat;
8. Et GUILLAUME DE BUDÉ, III⁰ du nom, Baron de Montfort, né le 21 Mai 1699, qui parvint au premier grade de Général d'Infanterie, au ſervice de Sa Majeſté Sarde, Colonel d'un Régiment de ſon nom, retiré dans ſa patrie, après cinquante-deux ans de ſervice.

IX. BERNARD DE BUDÉ, IV⁰ du nom, cinquième fils de BERNARD DE BUDÉ, I⁰ʳ du nom, Lieutenant, en 1663, du Lieutenant-Colonel Joule, dans le Régiment du Baron d'Eulamberg, fait Capitaine en 1694, dans le Régiment du Colonel Bakre; alla la même année, avec ſa Compagnie, dans les Isles de l'Amérique, où l'on fit une deſcente à la Martinique: à ſon retour, il alla au ſiège de Grave, où il entra dans le Régiment Wallon, dans lequel il demeura juſqu'en 1679, qu'il fut obligé de ſe retirer en Hollande pour un Duel; il y fut rappelé en 1683, & fut fait Lieutenant-Colonel dans un Régiment que devoit lever le Comte de Friſe. Le Régiment n'eut pas lieu, & le Prince d'Orange, depuis mort Roi d'Angleterre, le fit Grand-Maître de la Maiſon de la Princeſſe *Marie Stuart*, ſon épouſe, fille du Roi *Jacques* II, & eut une penſion de 1000 livres des Etats-Généraux, avec une Compagnie. Il quitta tous ces avantages à la fin de 1688, pour ſe retirer à Genève, où il vécut dans le célibat, quoique pluſieurs Princes lui eurent fait offrir de l'emploi.

SECONDE BRANCHE.

IX. ISAAC DE BUDÉ, né le 29 Décembre 1691, cinquième enfant de GUILLAUME DE BUDÉ, Seigneur de Verace, & d'*Adrienne Favre*, ſa ſeconde femme, fut Seigneur de Boiſy-Baleiſon, &c. Son mérite le fit aimer & eſtimer dans ſa Patrie, ainſi que dans pluſieurs Cours de Princes étrangers, qui l'ont honoré de leur amitié & bienveillance. Il épouſa *Marie du Pan*, fille de noble *du Pan*, Seigneur, premier Syndic de la Ville & République de Genève. Il eut de ſon mariage:

1. JEAN-LOUIS, qui ſuit;
2. ANDRIENNE, dont nous ignorons la deſtinée;
3. JACOB, né en 1737, qui a été Page de S. A. S. Monſeigneur le Prince d'Orange, enſuite eſt entré dans le Régiment de Budé, en Hollande, d'où il a paſſé au ſervice de Sa Majeſté le Roi de Sardaigne, qu'il quitta au bout de quelque tems, pour entrer au ſervice de Sa Majeſté Britannique, à Hanovre. Il eſt parvenu au grade général de Major, & eſt attaché à S. A. R. Monſeigneur le Prince GUILLAUME-HENRI, 3⁰ fils du Roi d'Angleterre;
4. Et GEORGES DE BUDÉ, né en 1745, qui a ſervi dans les Gardes de S. A. S. le Prince Landgrave de Heſſe-Caſſel.

X. Jean-Louis de Budé, Seigneur de Boisy & de Baleifon, né en 1729, après avoir servi dans les armées du Roi de Sardaigne, a épousé *Jeanne-Remie Sollier*, fille de *Jacques Sollier*, & d'*Elifabeth de Gaudrie*; dont:

1. Isaac, né en 1756, qui a fervi quelques années en France;
2. Jacques, né en Avril 1758, qui a fervi pendant quelques années dans le Régiment des Gardes de S. M. Britannique, à Hanovre;
3. Marie, née en Octobre 1759;
4. Et Isabelle de Budé, née en Octobre 1761.

Les armes: *d'argent au chevron de gueules, accompagné de trois grappes de raifin d'azur, pofées 2 & 1.* Supports: *deux fauvages au naturel, feuillés de finople.* Cimier: *un demi-fauvage au naturel.*

(Généalogie dreffée fur un mémoire envoyé.)

BUDES. Maifon originaire de la Province de Bretagne. L'héritière de la branche aînée qui s'eft éteinte, en avoit porté les biens dans la Maifon de *Rofmadec*, mais la Maifon de Budes fubfifte encore, comme on va le voir par la Généalogie que nous allons en donner, d'après les inftructions qu'on nous a fournies.

1. Guillaume Budes, Chevalier, Seigneur d'Uzel & du Pleffis-Budes, vivoit en 1300. Il eut de *Jeanne du Guefclin*, fille de *Robert*, Seigneur du Guefclin, & de l'héritière du *Broon*:

1. Sylvestre, qui fuit;
2. Geoffroy, rapporté après fon frère aîné;
3. Bertrand, mort fans hoirs;
4. Jean, qui viendra en fon rang;
5. Hector, mort fans hoirs;
6. Catherine, femme de *Henri Cadoret*, Seigneur de Lefponguen;
7. Et Unode Budes, femme de *Roland de Goudelin*, fils de *Guillaume*, Seigneur de Goudelin, & de *Jeanne de Trongoff*.

II. Sylvestre Budes, Chevalier, Seigneur d'Uzel, Lieutenant-Général des Armées, & Gonfalonier de l'Eglife Romaine, accompagna le Connétable *du Guefclin* en Efpagne en 1366, & portoit fa bannière à la bataille de Navarret. Il mourut à Mâcon l'an 1379, & avoit époufé *Renée Goyon*, fille d'*Etienne*, Seigneur de Matignon, & de *Jeanne Paynel*. Il en eut pour fille unique:

Margelie Budes, Dame d'Uzel, mariée 1º à

Bertrand, Seigneur de *Marchois* & de Saint-Denoval; 2º à *Raoul*, Seigneur de *la Châteigneraye*.

II. Geoffroy Budes, Ier du nom, Seigneur du Pleffis-Budes en 1366, fecond fils de Guillaume, Seigneur d'Uzel, & de *Jeanne du Guefclin*, époufa *Jeanne de la Feuillée*, fille de *Thibaut*, Seigneur de la Feuillée, dont:

Geoffroy Budes, IIe du nom, Chevalier, Seigneur du Pleffis-Budes en 1373, qui eut de fa femme, dont le nom eft inconnu, Geoffroy, mort peu après 1383, laiffant pour héritière fa tante, dont on va parler;
Robin, Chevalier, mort fans hoirs;
Et Louise, Dame du Pleffis-Budes après fon neveu, femme de *Jean*, Seigneur de Couvran.

II. Jean Budes, Ier du nom, Chevalier, Seigneur du Hirel, quatrième fils de Guillaume & de *Jeanne du Guefclin*, mourut à la journée de Rosbecque en 1382. Il avoit époufé *Françoife*, Dame *du Hirel*, dont:

1. Guillaume, qui fuit;
2. Tristan, Seigneur du Tertre-Jouan, auteur de la troifième branche, rapportée ci-après.

III. Guillaume Budes, Seigneur du Hirel en 1403, époufa *Clémence Madeuc*, fille de *Laurent Madeuc*, Seigneur de Guemadeuc, & de *Marie Goyon*, dont:

IV. Jean Budes, IIe du nom, Chevalier, Seigneur du Hirel, marié à *Margelie Brexin*, veuve de *Jacques de Guitté*, Seigneur de Beaumont. Il en eut:

1. Henri, qui fuit;
2. Alain;
3. Et Charlot Budes, Ecuyer en 1449, marié à *Catherine de Pardo*, dont Jean Budes, Seigneur de Villecarrée, mort fans hoirs.

V. Henri Budes, Seigneur du Hirel, fuccéda à fon père, racheta & paya la Terre du Hirel les 24 Juillet 1429 & 10 Juillet 1434, & mourut en 1471. Il avoit époufé *Jeanne Bara*, Dame du Gareth, dont il laiffa:

1. Jean, qui fuit;
2. Antoine, mort fans hoirs;
3. Et Sylvestre Budes, mort fans alliance.

VI. Jean Budes, IIIe du nom, Chevalier, Seigneur du Hirel & du Gareth, rendit aveu de la Terre du Hirel le 29 Mars 1469, & époufa *Catherine le Pennec*, fille de *Michel le Pennec*, Seigneur de Kerdour, & Maître-d'Hôtel de la Ducheffe de Bretagne. De ce mariage vinrent:

1. BERTRAND, qui fuit;
2. Et FRANÇOIS, Seigneur de Validays, Gentilhomme ordinaire de la Chambre du Roi LOUIS XII.

VII. BERTRAND BUDES, Seigneur du Hirel, du Gareth & du Coédic, fuccéda à fon père, rendit auffi hommage de la Terre du Hirel le 16 Avril 1504, & mourut en 1535. Il époufa, le 15 Août 1507, *Françoife le Voyer*, Dame du Coédic, morte en 1539, fille de *Jean le Voyer*, Seigneur de la Cornillière, & de *Marguerite Madeuc*, & eut :

1. CHRISTOPHE, Seigneur du Hirel, mort fans alliance l'an 1552;
2. JACQUES, qui fuit;
3. JEAN, Abbé de Blanche-Couronne;
4. MARGUERITE, femme 1º de *Jean*, Seigneur de *Boiffegu*; & 2º de *Jean Trouffier*, Seigneur du Pont-Menard;
5. CATHERINE, morte fille;
6. Et ANNE, morte auffi fans alliance.

VIII. JACQUES BUDES, Seigneur du Hirel, du Gareth & du Coédic, Procureur-Général au Parlement de Bretagne, ayant fuccédé à fon frère aîné l'an 1553, époufa, par contrat du 29 Décembre 1561, *Béatrix de Romillé*, Baronne de Sacé, fille de *Charles de Romillé*, Seigneur de la Chefnelaye, & de *Françoife de Couvran*. De ce mariage vinrent :

1. FRANÇOIS, Seigneur du Hirel, mort fans avoir été marié à la prife de Quilhec;
2. CHARLES, qui fuit;
3. RENÉ, Seigneur de Bouffé, mort fans enfans de *Marguerite*, Dame *du Pont-Avice*;
4. CHRISTOPHE, Seigneur du Pleffis-au-Noir, marié à *Anne*, Dame *du Ruflay*, dont :

  CHARLES, Seigneur du Ruflay, Confeiller au Parlement de Bretagne, mort fans hoirs en 1643;
  CLAUDE, Seigneur du Pleffis-au-Noir & du Ruflay, Prêtre & Prieur de Saint-James de Beuvron;
  BÉATRIX, femme d'*Olivier de Taillefer*, Seigneur de la Brunaye, fils d'*Alain de Taillefer*, Seigneur de la Brunaye, & de *Jeanne du Châtelier*;
  Et LOUISE, Religieufe;

5. JEAN, Seigneur de la Courbe, mort fans hoirs de *Renée Arel*, fille de *François Arel*, Seigneur de Kermarker, & de *Jeanne de la Lande*;
6. JULIEN, auteur de la feconde branche, rapportée ci-après;
7. FRANÇOISE, morte jeune avant Avril 1605;
8. ANNE, femme de *Thomas Franchet*, Seigneur de Laumône;

    Tome IV.

9. Et ESTHER, morte jeune.

IX. CHARLES BUDES, Seigneur du Hirel, du Pleffis-Budes, de Guébriant, Baron de Sacé, &c., fut élu par les Etats de Bretagne à la naiffance du Dauphin, pour en aller témoigner leur joie au Roi HENRI IV. La Province eut toujours tant d'eftime pour lui, qu'il fut choifi plufieurs fois pour venir en Cour faire fes remontrances. Il obtint en juftice la Terre de Guébriant pour les droits qu'il avoit contre les héritiers de cette Seigneurie. Il mourut le 26 Janvier 1619, & avoit époufé, le 7 Octobre 1591, ANNE BUDES, fa parente, fille unique de JEAN, Seigneur de Quatrevaux, & de *Marie du Houlle*. De ce mariage vinrent :

1. JACQUES, Baron de Sacé, mort jeune;
2. YVES, qui fuit;
3. JEAN-BAPTISTE, Comte de Guébriant, né au Château du Pleffis-Budes en Bretagne, le 2 Février 1602. Il fit fes premières campagnes en Hollande, fe trouva aux fièges d'Aletz & du Wignon, où il fut dangereufement bleffé d'une moufquetade à la joue; eut une Compagnie dans le Régiment de Piémont, Infanterie, en 1630, enfuite dans le Régiment des Gardes; fervit dans l'Armée du Roi en Allemagne en 1635; fut créé Maréchal-de-Camp, contribua beaucoup à la victoire gagnée à Rhinaut près Wittemweyer, le 9 Août 1638, & à la prife de Brifach le 9 Décembre fuivant, étant Lieutenant-Général des Armées du Roi. Il gagna la bataille de Kempen près Cologne, le 17 Janvier 1642, fit prifonniers les Généraux Lambery & de Bercy; eut ces belles actions le bâton de Maréchal de France à Narbonne le 22 Mars 1642; prit les villes de Nuits, de Kempen, de Durenne & de Lin; & fut bleffé au bras au fiège de Rofweil d'un coup de fauconneau, dont il mourut le 24 Novembre 1642, après avoir pris cette place. Il n'eut point d'enfans. Il avoit époufé, en 1632, *Renée du Bec*, morte le 2 Septembre 1659, défignée première Dame d'Honneur de la Reine MARIE-THÉRÈSE D'AUTRICHE, & fille de *René du Bec*, Marquis de Vardes, Chevalier des Ordres du Roi, Gouverneur de la Capelle, & d'*Hélène d'O*;
4. FRANÇOIS, mort jeune en 1615;
5. RENÉE, femme de *Guy du Gourray*, Seigneur de la Cofte, fils de *Jean*, & de *Jeanne du Pleffis*;
6. ANNE, morte en 1617;
7. Et MARGUERITE, morte en 1623.

X. YVES BUDES, Chevalier, Baron de Sacé, Seigneur du Hirel, du Pleffis-Budes & du

Gareth, né en 1601, mort le 8 Janvier 1631, avoit épousé *Françoise Bouhier*, remariée à *Jacques*, Baron de *Saint-Gilles*, Gouverneur de Bayeux, dont elle eut aussi des enfans. Elle étoit fille de *Robert*, Seigneur de Beauregard, & de *Marie le Mignot*. De son premier mari vinrent:

1. HENRI, Comte de Guébriant, Marquis de Sacé, mort sans alliance à Rouen, en Février 1655;
2. CHARLES, Seigneur du Hirel, tombé en démence;
3. ANNE, fille d'Honneur de la Reine, morte sans alliance vers 1647;
4. Et RENÉE, Comtesse de Guébriant, Marquise de Sacé, mariée, à Paris le 11 Septembre 1655, à *Sébastien de Rosmadec*, Marquis de Molac. Par son contrat de mariage, il fut stipulé que le second fils qui naîtroit d'elle, prendroit le nom & les armes de BUDES, & la qualité de Comte de Guébriant.

SECONDE BRANCHE.

IX. JULIEN BUDES, Seigneur de Blanche-Lande, sixième fils de JACQUES, Seigneur du Hirel, & de *Béatrix de Romillé*, épousa 1° *Anne Arel*, Dame de Kermarker, fille de *François*, Seigneur de Kermarker, & de *Jeanne de la Lande*; & 2° *Françoise de Rosmar*, fille de Pierre, Seigneur de Kerdaniel, & de *Françoise du Poulpry*. Il eut du premier lit:

1. PIERRE, Seigneur de la Courbe, tué au siège de Saint-Omer en 1638;
2. SAINTE, Dame de Kermarker, alliée, 1° en 1639, à *Claude*, Marquis *du Châtel*; mais ce mariage ayant été dissous, elle se remaria 2° à *Jacques Anzeray*, Seigneur de Courvaudon, Conseiller au Parlement de Rouen, dont elle n'eut point d'enfans.

Et du second lit:

3. FRANÇOIS, Chevalier, Seigneur de Blanche-Lande & de Launay-Couvran, cité dans le Laboureur, qui ne laissa d'*Anne de Carnavalet*, autrement dite *Carnavanoi*, qu'un fils, mort au berceau;
4. JEAN-BAPTISTE, qui suit;
5. Et ARMAND, tué en Allemagne, sans avoir été marié. Le P. Simplicien fait cet AR-MAND second enfant du second lit; mais le Mémoire qui nous a été envoyé, nous apprend qu'il étoit le troisième.

X. JEAN-BAPTISTE BUDES, Seigneur de Blanche-Lande, épousa, le 22 Novembre 1695, *Jeanne-Thérèse Kerousi*. Le P. Simplicien la fait cousine germaine de son mari; mais elle n'étoit que sa nièce à la mode de Bretagne, & fille de *Sébastien Kerousi*, & de *Catherine de Rosmar*, fille de *Claude*, Chevalier, Seigneur de Kerdaniel, & de *Jeanne Huon de Keraufret*. De ce mariage sont issus:

1. JEAN-BAPTISTE, qui suit;
2. JOSEPH-MARIE-LOUIS, dit le *Comte de Budes*, Chevalier de Saint-Louis, Capitaine au Régiment de Penthièvre, Cavalerie, né en 1699, mort en 1755. Il avoit épousé, en 1726, *Angélique de Varennes*, veuve depuis 1720, de *Charles Fleuriot*, Comte de Langle, & sœur du Comte de Varennes, Colonel du Régiment de Lorraine, dont N... DE BUDES, mort en 1728;
3. JOSEPH-MARIE, Chevalier de Saint-Louis, Chef d'Escadre des Armées Navales, & Commandant de la Marine à Rochefort, où il est mort en 1760. Il avoit épousé 1° *Marguerite le Demours-de-Kernilien*, dont il n'a point eu d'enfans; & 2° *Jeanne-Marguerite de Kergariou*, fille de *Joseph*, Seigneur de Coëtiliou, & de *Marguerite-Henriette Fage*, dont il a eu JOSEPH, mort jeune, & ROSE DE BUDES, Pensionnaire en l'Abbaye Royale de Saint-Antoine-lès-Paris;
4. JEAN-FRANÇOIS, Prieur-Commendataire de Compriant, Diocèse de Bordeaux;
5. & 6. REINE-MAURICETTE, morte en 1718, & JEANNE, morte fille.

XI. JEAN-BAPTISTE DE BUDES, Comte de Guébriant, Chevalier, Seigneur de Launay-Couvran, du Coëdic & de Kerdaniel, député en Cour par les Etats de Bretagne, Capitaine au Régiment du Roi, & ensuite nommé Colonel au Régiment de Luxembourg, Province, fut tué en Italie à la bataille de Guastalla le 19 Septembre 1734. Il avoit épousé, le 1er Février 1728, *Françoise Aëton de Marsais*, fille de *Jean-Charles Aëton de Marsais*, dont sont issus:

1. LOUIS-JEAN-BAPTISTE-SPIRIDION, qui suit;
2. & 3. Deux filles, nommées par le P. Simplicien dans l'*Histoire des Grands Officiers de la Couronne*, & mortes en bas âge;
4. Et JEANNE-FRANÇOISE, qui vit en 1772.

XII. LOUIS-JEAN-BAPTISTE-SPIRIDION DE BUDES, dit *le Comte de Guébriant*, Chevalier, Seigneur de Coëdic, de Launay-Couvran, de Kerdaniel, d'abord Mousquetaire du Roi dans sa seconde Compagnie; fait Capitaine de Cavalerie dans le Régiment Royal-Etranger en 1758, a servi en Allemagne, s'est trouvé à toutes les batailles qui se sont données en 1765, a été nommé Colonel du Régiment de

Penthièvre, député en Cour de la part des E-
tats de Bretagne, fait Chevalier de Saint-
Louis en 1770, & n'eſt point encore marié en
1772.

TROISIÈME BRANCHE.

III. TRISTAN BUDES, Seigneur du Tertre-
Jouan, ſecond fils de JEAN, Ier du nom, Sei-
gneur du Hirel, & de *Françoiſe*, Dame *du
Hirel*, eut de ſa femme, dont on ignore le nom :

1. YVES, qui ſuit ;
2. OLIVIER, Chevalier, mort à la guerre ſans
   hoirs en 1415 ;
3. Et ROLAND, Chevalier.

IV. YVES BUDES, Ier du nom, Seigneur du
Tertre-Jouan en 1420, épouſa *Anne du Ruflay*, fille d'*Eon*, Seigneur dudit lieu, dont :

1. NORMAND, qui ſuit ;
2. JEAN, Chevalier, Ecuyer du Duc de Bretagne en 1450 ;
3. & 4. FRANÇOIS & HENRI, morts ſans alliances.

V. NORMAND BUDES, Seigneur du Tertre-
Jouan, épouſa, le 22 Décembre 1442, *Olive
Dolo*, de la Maiſon de *Robien*, de laquelle il
eut entr'autres enfans :

VI. YVES BUDES, IIe du nom, Chevalier,
Seigneur du Tertre-Jouan en 1489, qui épouſa *Jeanne de Poencé*, d'une ancienne famille
dans l'Evêché de Tréguier, dont vinrent :

1. JACQUES, qui ſuit ;
2. ALAIN, Seigneur de la Croix-Cadio, qui partagea avec ſon frère en 1536 ;
3. Et un autre JACQUES, dit le *Jeune*, Seigneur
   de la Croix-Noye, marié à *Françoiſe le
   Moyne*, dont il n'eut point d'enfans.

VII. JACQUES BUDES, dit *l'aîné*, Chevalier,
Seigneur du Tertre-Jouan, mort en 1555,
avoit épouſé *Anne de Callac*, fille de *Prégent
de Callac*, Seigneur de Talcoëtmeur, & de
Jeanne de Château-Thro. Il en eut :

1. FRANÇOIS, qui ſuit ;
2. JEAN, Seigneur de Quatrevaux, Leſpinac &
   Bienaſſis, Gouverneur de Domfront, marié
   à *Marie du Houlle*, fille de *Claude*, Seigneur du Houlle, & de *Louiſe du Pé*, dont
   ANNE, Dame de Quatrevaux, mariée, le 7 Octobre 1591, à CHARLES BUDES, Seigneur du
   Hirel, ſon couſin germain ;
3. Et JACQUES BUDES, Seigneur de Saint-Guen,
   mort ſans hoirs.

VIII. FRANÇOIS BUDES, Seigneur du Tertre-
Jouan, & de la Noë-Seche en 1581, épouſa 1o
Barbe de Gourvinec, fille de *Guy*, Seigneur
de Créahanic, & de *Jeanne de la Foreſt* ; & 2o

Anne de Saint-Aubin, veuve de *Jean le Bigot*, Seigneur de la Ville-Bougaut, & fille de
René de Saint-Aubin, Seigneur de Tremartin,
& d'*Urbaine de Reil*. Du premier lit vinrent :

1. NICOLAS, mort jeune ;
2. RENÉE, femme de *Philippe du Halgoët*, Seigneur de Kergrech ;
3. ISABEAU, mariée à *Barthélemy Pinart*, Seigneur de Cadoalan ;
4. MARGUERITE, alliée 1o à *François le Noir*,
   Seigneur de Brangolo ; & 2o à *Jean Viſdelou*,
   Seigneur de Kermarker.

Et du ſecond lit vinrent :

5. JEAN, qui ſuit ;
6. RENÉE, mariée à *Jean de la Villeon*, Seigneur des Marais ;
7. YOLANDE, femme de *Jean*, Seigneur de
   Boiſgelin, morte ſans hoirs ;
8. Et MARIE, qui épouſa, le 15 Janvier 1585,
   Charles, Seigneur de *Keraly*.

IX. JEAN BUDES, Seigneur du Tertre-Jouan,
de la Noë-Seche & de Ploufragan, épouſa, le
31 Août 1596, *Louiſe de Gourvinec*, fille de
Guy, Seigneur de Beſit, & d'*Iſabeau de Callac*. Il en eut :

1. CHRISTOPHE, qui ſuit ;
2. OLIVIER, Chevalier de Malte, Commandeur
   d'Auſon ;
3. MELCHIOR, Seigneur de Guen, qui ſe fit d'E-
   gliſe après la mort de *Catherine de Suaſſe*,
   dont il eut des enfans ;
4. FRANÇOIS, Chevalier de Malte, Commandeur de Mauléon ;
5. JACQUES, Seigneur de la Pleſſe, Chanoine de
   Cornouaille, mort en 1645 ;
6. MARGUERITE, femme de *Claude le Picard*,
   Seigneur de la Foſſe-David ;
7. MARIE, femme de *Gilles Jegou*, Seigneur de
   Kervilion, fils d'*Olivier*, Seigneur dudit
   lieu, & de *Louiſe Etienne* ;
8. Et CATHERINE, mariée à *Iſaac de Roumelin*,
   Seigneur des Loges.

X. CHRISTOPHE BUDES, Seigneur du Tertre-
Jouan, de la Touche, Carmene & autres lieux,
Conſeiller au Parlement de Rennes, épouſa,
le 15 Octobre 1625, *Renée Bouilly*, fille de
Guillaume, Seigneur des Portes, de Trebrit,
& de *Marguerite de Roſmadec*, dont :

1. JEAN, Chevalier, reçu Conſeiller au Parlement de Bretagne, mort avant ſon père, en
   Septembre 1655, ne laiſſant qu'une fille en
   bas-âge de *Jeanne Brandin*, fondatrice du
   Couvent des Religieuſes de Rennes, appe-
   lées les *Dames Budes*, comme on appelle à
   Paris les *Dames Miramionnes* ;
2. CLAUDE, Seigneur de la Noë-Seche ;

3. & 4. RENAUD & FRANÇOIS, Chevaliers de Malte;

5. MARGUERITE, morte en Décembre 1651, mariée à *Vincent le Borgne*, Seigneur de Lefquiffiou, fils de *Jean*, Seigneur dudit lieu, & d'*Anne de Ploeuc;*

6. LOUISE, femme d'Yves BUDES, Comte de Guébriant, Seigneur de Cofguerou, fils de *Chriftophe de Guébriant*, Seigneur de Roflan & de *Marie de Kerfaint-Gily;*

7. Et JEANNE.

L'Abbé le Laboureur a donné la Généalogie de cette Maifon à la fin de fon *Hiftoire du Maréchal de Guébriant.*

Les armes: *d'argent, au pin de finople,* que depuis, par conceffion du Roi, ceux de cette Maifon ont augmentées *de 2 fleurs-de-lys de gueules, pofées une à chaque flanc.*

BUDOS (DE). Cette Maifon éteinte étoit originaire de la Province de Guyenne. Le premier de cette Maifon dont on ait connoiffance eft

I. PIERRE DE BUDOS, Chevalier, qui vivoit du tems du Roi SAINT LOUIS, & eut pour fils:

II. RAYMOND DE BUDOS, Chevalier fous le Roi PHILIPPE-*le-Bel*, qui époufa *Jeanne de Gouth*, fœur du Pape CLÉMENT II, dont vint:

III. RAYMOND - GUILLAUME, Baron DE BUDOS, Seigneur de Caron & de l'Aunol, Gouverneur d'Avignon. Il acquit de Guillaume de Raudon, Seigneur de Saint-Luc, le 13 Février 1321, la Baronnie des Portes-Bertrand, confidérable en Vivarais; & époufa 1° *Efclarmonde de la Motte*, 2° & *Cécile de Baux*, dite *Rafcaffe*, fille de *Bertrand de Baux*, Comte d'Avellin. Il eut du premier lit:

1. ANDRÉ, qui fuit;

2. GUILLAUME-RAYMOND, Chevalier;

3. Et BERTRAND, auffi Chevalier.

Du fecond lit font iffus:

4. RAYMOND-GUILLAUME;

5. Autre BERTRAND, Chevalier; mort fans lignée;

6. AYMIEU, mort de même;

7. & 8. REGINE & ASSENDE.

IV. ANDRÉ, Ier du nom, Baron DE BUDOS & des Portes, eut 22 enfans mâles; mais on ne connoît que:

V. THIBAUT, Ier du nom, Baron DE BUDOS & de Portes en 1377, qui laiffa pour fils:

VI. ANDRÉ, IIe du nom, Baron DE BUDOS & des Portes, furnommé *le Fléau des Anglois*, Confeiller & Chambellan du Roi CHARLES VII, & Gouverneur de Bazas en 1424,

qui mourut l'an 1446. Il époufa *Cécile de la Fare*, fille de *Guillaume*, Baron de *la Fare;* & laiffa entr'autres enfans:

VII. THIBAUT DE BUDOS, IIe du nom, Baron des Portes, Maître-d'Hôtel du Roi CHARLES VIII, fon Confeiller & Chambellan. Il époufa 1° *Marguerite de Leftrange*, fille de *Mondon*, Seigneur de *Leftrange*, dont il n'eut point d'enfans; & 2° *Anne de Joyeufe*, dont il eut:

1. 2. & 3. CHARLES, GUILLAUME & NICOLAS, morts jeunes;

4. JEAN, qui fuit;

5. & 6. THIBAUT & ANTOINE;

7. 8. 9. & 10. GABRIELLE, ANNE, MADELEINE & JEANNE.

VIII. JEAN DE BUDOS, Baron des Portes, Colonel des Gens de pied au fiège de Perpignan, époufa *Louife des Porcellets*, fille de *Pierre des Porcellets*, Seigneur de Maillanes, dont il eut:

1. JACQUES, qui fuit;

2. GABRIELLE, femme du Seigneur de *Luffan:*

3. Et JEANNE, femme du Seigneur de *Rozilles.*

IX. JACQUES DE BUDOS, en faveur duquel la *Baronnie des Portes* fut érigée en *Vicomté* l'an 1585, Gouverneur de Saint - Ambrois & de Barfac, puis Gouverneur du Pont Saint-Efprit en 1595, fut décoré par Sa Majefté du Collier de l'Ordre du Saint-Efprit la même année, & époufa *Catherine de Clermont*, fille de *Claude de Clermont*, Baron de Montoifon, & de *Louife de Rouvroy*, dont il eut:

1. ANTOINE-HERCULE, qui fuit;

2. HENRI, Comte de Saint-Prix;

3. BALTHASAR, Evêque d'Agde;

4. LOUISE, feconde femme, en 1593, de *Henri*, Duc de *Montmorency*, Connétable de France;

5. MARIE, femme du Baron de *Tournel;*

6. MARGUERITE, femme de *Charles*, Comte de *Difiniceux;*

7. Et LAURENCE, Abbeffe de la Trinité de Caen.

X. ANTOINE-HERCULE DE BUDOS, Marquis des Portes, Vicomte de Saint-Jean, Chevalier des Ordres du Roi en 1619, Vice-Amiral de France & Lieutenant de Roi en Languedoc, Gévaudan & Cévennes, obtint au mois de Décembre 1613 des Lettres-Patentes portant érection de la *Vicomté des Portes* en *Marquifat*. Il fut marié: le nom de fa femme eft ignoré.

Les armes : *bandé d'or & de finople de fix pièces.*

BUEIL (DE). Ancienne Maifon de Touraine, dont on fait monter l'origine à BARTHÉLEMY DE BUEIL, Chevalier, Seigneur du Pleffis, qui vivoit en 1251. Les grands hommes fortis de cette Maifon font :

JEAN DE BUEIL, IIe du nom, qui fe rendit illuftre fous le règne de PHILIPPE-DE-VALOIS, & fit lever le fiège de Rennes en 1345.

JEAN DE BUEIL, IIIe du nom, qui fe fignala fous CHARLES VI contre les Anglois, & fut Capitaine de la Garde de fon corps en 1358. Il mourut en 1390.

JEAN DE BUEIL, IVe du nom, Sire de Bueil, Grand-Maître des Arbalêtriers de France, fut tué à la bataille d'Azincourt le 25 Octobre 1415. Il laiffa :

JEAN, qui fuit ;

Et PIERRE DE BUEIL, auteur de la branche de *Bueil-des-Fontaines ;*

HONORAT DE BUEIL dit *le Marquis de Bueil*, defcendu de lui au Xe degré, Colonel d'Infanterie, Brigadier des Armées du Roi le 10 Février 1704, Infpecteur-Général de l'Infanterie, fut tué fans avoir été marié le 11 Septembre 1709, à la bataille de Malplaquet après avoir donné dans cette occafion & dans plufieurs autres des preuves d'une grande valeur ;

PIERRE DE BUEIL, alors Colonel du Régiment de *Bueil*, a été feul héritier de fon frère.

JEAN, Sire DE BUEIL, Ve du nom, Comte de Sancerre, appelé le *Fléau des Anglois*, fuccéda en 1451, au Seigneur de Coëtivy dans la charge d'Amiral de France. Il rendit toute fa vie des fervices confidérables à la Couronne, & vivoit encore en 1464.

FRANÇOIS DE BUEIL, fut Archevêque de Bourges en 1520, & mourut à Paris le 25 Mars 1525, fort regretté de fes Diocéfains & des pauvres.

LOUIS DE BUEIL, Comte de Sancerre, Chevalier de l'Ordre du Roi, Grand-Echanfon de France, vivoit dans le XVIe fiècle : il fe fignala dans les occafions les plus périlleufes, fous les Rois HENRI II, FRANÇOIS II, HENRI III, & HENRI IV, & fauva la vie au Prince de Condé.

Enfin, JEAN DE BUEIL, VIIe du nom, fils de LOUIS, Chevalier de l'Ordre du Roi, auffi Grand-Echanfon de France, fervit fidèlement les Rois HENRI III & HENRI IV, durant les troubles du Royaume.

La branche aînée de cette Maifon a fini à FRANÇOIS DE BUEIL, Seigneur de Courcillon, mort fans alliance vers le milieu du dernier fiècle.

Il y a eu une branche du nom & des armes DE BUEIL, dont on n'a point trouvé la jonction, qui a pour auteur JEAN DE BUEIL, Seigneur de Portaut, qui vivoit en 1535. Cette branche a fini à JEAN DE BUEIL, Ecuyer, Seigneur de Betton, qui fit preuve de Nobleffe le 3 Septembre 1667, & qui s'étoit marié, en 1638, à *Sufanne de Vieux*. Voy. le P. Anfelme & Moréri.

Les armes : *écartelé, aux 1 & 4 d'azur, au croiffant montant d'argent, accompagné de fix croix recroifettées, au pied fiché d'or.* qui eft DE BUEIL ; *aux 2 & 3 de gueules à la croix ancrée d'or,* qui eft AVOIR ; *& fur le tout écartelé aux 1 & 4* de Dauphiné, *aux 2 & 3* de Champagne.

BUENC, en Breffe. I. MANASSÈS, Seigneur DE BUENC, vivant l'an 1143, eut pour fils :

1. GUILLAUME, qui fuit ;
2. Et JEAN, Chevalier, père de MANASSÈS DE BUENC, Abbé d'Ambronay en 1200.

II. GUILLAUME, Ier du nom, Seigneur DE BUENC, Chevalier, vivoit en 1180, & laiffa :

1. GUILLAUME, Chevalier, qui donna à l'Abbé & Religieux de Saint-Sulpice en Bugey, tout ce qu'il avoit en un lieu nommé *Efchevieu*, l'an 1225 ;
2. HENRI, qui fuit ;
3. Et AMÉ, Chevalier, qui vivoit ès années 1226 & 1230. Il époufa 1º N... ; & 2º *Sibylle*, & eut du premier lit :

HUGUES, Chevalier, qui donna à la Chartreufe de Seillon le droit de pâturage fur fa Terre l'an 1239, du confentement de *Bonjors* fa femme ;

JOSSERAND, Chevalier ;

JACQUES, Religieux à Saint-Claude en Comté ;

HUMBERT, Curé de Romanêche en 1241 ;

CLÉMENCE, femme de *Jofferand du Saix*, Chevalier ;

Et ALIX, Religieufe à St.-Pierre de Vienne.

Et du fecond lit :

ETIENNE DE BUENC, Damoifeau, qui vivoit en 1250.

III. HENRI, Seigneur DE BUENC, Chevalier, vivoit en 1230, & fut père de :

1. PAYEN, qui fuit ;
2. Et HUMBERT, Seigneur de l'Afne en 1272,

qui fut père de Hugonin & d'Etienne de Buenc, Damoiseaux, qui vivoient l'an 1300.

IV. Payen, Seigneur de Buenc, Chevalier, donna vers 1240 à l'Eglise de Nantua le tiers des dîmes de Rigna en Bresse. Il épousa *Alix*, dont il eut :

1. Amblard, mort sans hoirs ;
2. Guillaume, qui suit ;
3. Et Barthélemy, Damoiseau.

V. Guillaume, IIe du nom, Seigneur de Buenc, Chevalier, par titre de 1249, du consentement de *Florence*, sa femme, & de ses enfans, ci-dessous mentionnés, donna au Monastère de St.-Sulpice le droit de pâturage dans sa Terre. Il laissa :

1. Artol, Seigneur de Buenc, marié à *Marguerite de la Palu*, fille de *Guillaume de la Palu*, Seigneur de Varembon, dont il n'eut point d'enfans ;
2. Jean, qui suit ;
3. Et Guillaume, Chevalier, Seigneur de Châtillon au Val-de-Buenc en 1304 & 1318.

VI. Jean, Ier du nom, Seigneur de Buenc, de Beaurepaire & de Châtillon, testa l'an 1319, & laissa :

1. Hugonin, Seigneur de Buenc, mort sans hoirs ;
2. Pierre, qui suit ;
3. Josserand, Seigneur de Beaurepaire, marié à *Guye de Verjon*, fille de *Guillaume*, Seigneur de *Verjon* en Bresse, dont il n'eut point d'enfans ;
4. Et Henri, Damoiseau.

VII. Pierre ou Pernet, Seigneur de Buenc, vivoit ès années 1340 & 1350, & laissa de sa femme, dont le nom est inconnu :

1. Etienne, Seigneur de Mirigna & de Chenavel en 1373, mort sans hoirs ;
2. Jean, qui suit ;
3. François, Chevalier, marié, en 1371, à *Anne de Chandieu*, en Dauphiné ;
4. Autre Jean, dit *le Jeune*, Prieur de Comiers ;
5. Torel, Damoiseau ;
6. Et Anne, femme de *Guillaume*, Seigneur d'*Arlos*, vivans l'an 1390.

VIII. Jean de Buenc, IIe du nom, Chevalier, Seigneur de Mirigna & de Chenavel, épousa *Béatrix de Vareilles*, fille de *Guillaume de Vareilles*, Damoiseau, avec laquelle il vivoit ès années 1392 & 1394. Ils eurent :

1. Jean, qui suit ;
2. Antoine, Prieur de Chavaur ;
3. Pierre, Religieux en l'Abbaye de l'Isle-Barbe ;

4. Et Ernesson, femme d'*André de Bouvens*, Seigneur de Châtenay.

IX. Jean de Buenc, IIIe du nom, Seigneur de Mirigna, de Chenavel en Bugey, & de Chaste en Dauphiné, épousa, le 29 Avril 1428, *Gabrielle d'Urfé*, fille d'*Arnoul d'Urfé*, Seigneur de la Bastie en Forez, dont il eut :

1. Antoine, qui suit ;
2. Pierre, Seigneur de Mirigna & de Chaste, mort sans enfans ;
3. Anne, femme de *Jean de Teney*, Seigneur de la Falconnière en Bresse, fils de *Jean de Teney*, Seigneur de Vers, & d'*Antoinette de Fougères*, dont vinrent *Etiennette de Teney*, Dame de Mirigna, femme d'*Antoine de Moyria*, Seigneur de Châtillon-de-Corneille ; & *Philiberte de Teney*, Dame de la Falconnière, femme de *Louis de la Baulme*, Seigneur de Montfalconnet ;
4. & 5. Isabelle & Antoinette, mortes filles ;
6. Et Claudine de Buenc, mariée à *Aymar Laure*, Seigneur de Brotel en Dauphiné, dont vint *Gabriel Laure*, Seigneur de Brotel.

X. Antoine de Buenc, Seigneur de Mirigna & de Chenavel, n'eut point d'enfans ; & en lui finit la Maison de Buenc, par sa mort arrivée l'an 1477. Il institua héritier son beau-frère *Philibert de Compeys*, Seigneur de Torenc en Savoie. Il avoit épousé *Anne de Compeys*.

Les armes : *d'azur, à trois pals d'or.*

BUFFOT DE MILLERY, famille du Duché de Bourgogne, au Bailliage d'Autun, laquelle remonte, suivant un *Mémoire* qui nous a été envoyé à

I. Simon Buffot, Ier du nom, Ecuyer, Seigneur de Millery, qui eut, de *Lazare Berthier*, entr'autres enfans :

II. Georges Buffot, Ier du nom, Ecuyer, Seigneur de Millery & de Sivry, qui se maria, en 1656, à *Claudine Pillot*, de laquelle il eut entr'autres enfans :

1. Gabriel, qui suit ;
2. André, Capitaine au Régiment Royal-Vaisseau ;
3. Simon, IIe du nom, Ecuyer, Seigneur de Millery, Cornette de Cavalerie au Régiment de la Reine, & reçu aux Etats de Bourgogne en 1685, lequel a laissé de *Marie de Ganay* :

    N... mariée à *Jacques Rabyot*, Ecuyer, Seigneur de Vaux ;

    Et N... mariée à *Jean-Louis Thiroux-de-Lailly*, Ecuyer, Seigneur d'Arconville ;

4. PHILIBERT, Ecuyer, Seigneur de Sivry, Lieutenant au Régiment de Provence, qui a laissé de *Louise de Beaumont:*

GEORGES BUFFOT, IIe du nom, Commissaire Provincial d'Artillerie & Chevalier de l'Ordre Militaire de Saint-Louis, qui a été tué à la bataille de Plaisance, le 16 Juin 1746;

LAZARE BUFFOT, ci-devant Lieutenant au Régiment du Roi Infanterie, qui a été reçu aux Etats de Bourgogne en 1754;

5. CLAUDINE, femme de *Pierre le Besgue,* Ecuyer, Seigneur d'Ambly, Gentilhomme de S. A. R. Monseigneur le Duc d'Orléans;

6. Et LAZARE-RENÉE BUFFOT, mariée à *Joseph Dupré,* Chevalier, Seigneur de Guipy en Nivernois, ancien Major des Carabiniers, & Chevalier de Saint-Louis, dont postérité. Voyez DUPRÉ.

III. GABRIEL BUFFOT, Ier du nom, Ecuyer, Seigneur de Millery & du Chanseau, épousa, en 1692, *Louise Dupuy,* fille de *Charles Dupuy,* Ecuyer, Seigneur du Chanseau, Capitaine de Cavalerie, & d'*Anne Berthelot,* dont il eut entr'autres enfans:

1. GABRIEL, qui suit;
2. HUGUES, Chanoine de l'Eglise Cathédrale d'Autun;
3. Et LOUISE, mariée, en 1736, à *Charles-François Quarré,* Chevalier, Seigneur d'Aligny, ancien Capitaine d'Infanterie, fils de *Pierre Quarré,* Comte d'Aligny, Colonel d'un Régiment d'Infanterie de son nom, Brigadier des Armées du Roi, & Gouverneur d'Autun, & de *Pierrette Châtel.* Ils ont une fille, mariée à *Louis Damoiseau,* Ecuyer, Seigneur de Colombier, Ingénieur en chef & Brigadier des Armées du Roi.

IV. GABRIEL BUFFOT, IIe du nom, Ecuyer, Seigneur de Millery, ancien Capitaine au Régiment de la Sarre, s'est marié, en 1728, à MARGUERITE BUFFOT, sa cousine, dont il a laissé:

V. GEORGES BUFFOT, IIIe du nom, Ecuyer, Seigneur de Millery & de Beaulieu, lequel a été reçu aux Etats de Bourgogne en 1763, marié, en 1754, à *Marie-Françoise de Bony,* fille de *François de Bony,* Chevalier, Seigneur de Beaulieu en Nivernois, ancien Capitaine de Grenadiers au Régiment de Beaujolois, & Chevalier de St.-Louis, & d'*Anne du Bois-d'Aisy-de-Marcilly.* Il a de ce mariage:

1. & 2. FRANÇOIS-CHARLES & LOUIS, Chevaliers;

3. & 4. ANNE-GABRIELLE & MARIE-VICTOIRE, Demoiselles.

Les armes: *d'argent, à la croix de gueules, cantonnée de quatre hermines de sable; au chef d'azur, chargé d'un lion issant d'or, armé & lampassé de gueules.* Voyez sur cette famille le *Catalogue des Gentilshommes de Bourgogne,* imprimé & gravé par Durand, à Dijon, par ordre des Etats.

Il y a eu aussi une branche de cette famille établie au Comté de Bourgogne, dont nous ne pouvons parler faute de Mémoire.

BUGARD, en Normandie, Généralité de Rouen, famille maintenue dans sa Noblesse le 3 Décembre 1668. La Roque, dans son *Traité des Bans & Arrière-Bans,* dit qu'en la montre de 1470, Vicomté de Caudebec, furent défaillans en ladite montre JEHAN BUGARD, *Robert des Hayes,* les hoirs de *Martin* MARGUERIE, &c., par quoi tous leurs fiefs & héritages furent mis en la main du Roi, notre dit Seigneur, & commandé à Guillaume d'Esmalleville, Vicomte de Caudebec, d'en recueillir les fruits au profit du Roi, & au regard des soussignés *contraindre les Gardiens* à faire le service de l'Arrière-Ban. C'est ce que nous savons de cette ancienne famille noble.

* BUGNON, dans le Gâtinois, Terre achetée il y a quelques années par M. le Marquis de *Mirabeau,* de LOUISE-ANTOINETTE-THÉRÈSE DE MELUN, mariée, le 29 Août 1734, à *François de Laurens,* Marquis de Bruë. La Terre de *Bugnon* avoit été rachetée en 1508 par ANTOINE DE MELUN, sixième ayeul du Marquis de Bruë, le septième du Vicomte & de l'Abbé son frère, & le cinquième du feu Marquis. ANTOINE DE MELUN exerça ce rachat sur *Morlet du Museau,* qui avoit acheté la Seigneurie de *Bugnon,* le 26 Mars 1500, de LOUIS DE MELUN, Archidiacre de Meaux, neveu & cousin germain des deux CHARLES DE MELUN, qui eurent la tête tranchée en 1468, de la branche de *la Borde,* laquelle brisoit: *d'un lion naissant de gueules sur le chef d'or,* comme le père de Madame de Bruë, qui est décédé le 15 Avril 1731, chef de cette branche.

BUIGNY, en Ponthieu, famille maintenue dans sa noblesse en Janvier 1700, dont il est parlé dans l'*Armorial de France,* reg. I, part. I, p. 102: *d'or, à une bande de gueules, chargée de trois lions d'argent, & ac-*

compagnée de deux buis de finople, pofés 1 en chef & 1 en pointe.

BUISADAM, en Dauphiné. PHILIBERTE DE BUISADAM, Dame de la Péroufe, étoit femme, en 1380, d'*Antoine*, Seigneur de *Montonnent*, fils puîné de *Henri*, Seigneur de *Montonnent*, & de *Claudine de Chevrel*, fa feconde femme. PHILIPPE DE BUISADAM époufa, en 1448, *Marguerite Langlois*, veuve de *Girard de Colomb*, Seigneur de la Salle, & d'*Hothenin de Beyniers*. PHILIBERT DE BUISADAM, Seigneur de Lefcheroux en 1480, époufa *Guillemette*, Dame de *Bouvens*, fille de *Humbert*, Seigneur de *Bouvens*, & de *Marguerite de Châteauvillain*, dont:

PHILIBERTE, Dame DE BUISADAM & de *Bouvens*, mariée 1° à *Pierre de Non*; & 2° à N... Seigneur de *la Charme*;

Et JEANNE DE BUISADAM, qui époufa, en 1493, *Jean de Tarlet*, Seigneur d'Egnerande, fils de *Jean de Tarlet*, Seigneur du même lieu, & de *Huguette de Bertonde*, fa première femme.

C'eft ce que nous favons de cette famille qui portoit pour armes : *d'azur, à la bande d'hermines.*

* BUISSERET. I. ROBERT DE BUISSERET, Seigneur de Buifferet, le premier qui s'établit dans la province de Champagne en 1291, au retour de la Croifade, fut un des 100 hommes d'armes entretenus par les Ordonnances des Rois LOUIS le *Hutin*, PHILIPPE *le Bel* & PHILIPPE *de Valois*, comme il confte par un vieux Rôle de l'état de la Maifon du Roi, cité par Dom Anfelme, Moine de Dommartin. Il mourut en 1348, & avoit époufé noble *Béatrix Cochon*, décédée l'an 1330. Ils font inhumés tous deux en l'Eglife du Bourg de Crecy en Champagne, & eurent pour fils :

II. GUY, Seigneur DE BUISSERET, qui fut tué à la bataille de Poitiers le 19 Décembre 1356. Il avoit époufé 1° *Berthe*, fille du Seigneur de *Vandière*; & 2° *Yolande de Leniers*. Du premier lit vint :

III. HUGUES, Seigneur DE BUISSERET & du Grand-Préaux en Champagne, Chevalier, qui époufa *Eléonore de Brioncourt*, avec laquelle il donna, en 1373, la tour & fief de Jumignies à ETIENNE fon fils, qui fuit, alors marié. Cet acte original eft en velin, fcellé du fceau de ses armes en cire verte, repréfentant *un chevron & 3 étoiles à 5 pointes.*

IV. ETIENNE DE BUISSERET s'établit le premier en Hainaut. Il fervit Guillaume de Bavière, Comte de Hainaut, en qualité de Grand-Fauconnier, & mourut en 1401. Il avoit époufé *Jeanne de Noyelle*, comme il eft prouvé par l'acte cité de 1373, & par celui du jour des Rogations 1403, exiftant, de fa femme *Jeanne*, pendant l'abfence de fon fils JEAN, qui fuit. Ils font inhumés dans l'Eglife Saint-Nicolas, à Mons.

V. JEAN DE BUISSERET, Ier du nom, Sire de Jumignies, époufa *Magne Florent*, ainfi qu'il confte par un acte de 1445, & eut pour fils :

VI. COLART DE BUISSERET, Seigneur d'Eugies, homme d'armes de l'Empereur CHARLES, qui époufa *Jeanne de Guefquières*, dont:

QUENTIN, qui fuit ;

Et GEORGES, qui fut père de FRANÇOIS DE BUISSERET, mort Archevêque de Cambray en 1615.

VII. QUENTIN DE BUISSERET, Seigneur d'Eugies, & d'Hantes à caufe de fa femme, époufa *Vaudrule Dumont*, Dame d'Hantes, comme il paroît par un aveu de 1570, & en eut:

VIII. JEAN DE BUISSERET, II\e du nom, Seigneur d'Hantes & d'Eugies. Il époufa *Jeanne Gerard*, dont vinrent :

JEAN, qui fuit ;

Et NICOLAS, Seigneur de Beauchamps, tige de la Branche cadette exiftante en Hainaut, dont nous parlerons ci-après.

IX. JEAN DE BUISSERET, III\e du nom, Seigneur d'Hantes & d'Eugies, époufa, le 20 Février 1579, *Marie d'Efpiennes*, dont:

X. LOUIS DE BUISSERET, Seigneur d'Hantes & d'Eugies, marié, en 1616, à *Catherine Alatruye*, de laquelle il eut:

XI. MICHEL DE BUISSERET, Seigneur d'Hantes & d'Eugies, qui époufa *Catherine Faffe*. De ce mariage vint:

XII. JEAN-FRANÇOIS DE BUISSERET, Seigneur d'Hantes, d'Eugies, de Lanfon, &c., né le 1er Décembre 1658, qui a obtenu, par Lettres du mois d'Avril 1745, l'érection en *Comté* de fes Terres de Thiennes, Stéenbecque & Blarenghien. Il eft mort le 24 Juillet 1750, & avoit époufé, en Février 1701, *Marie-Cornélie Desbuiffons*, dont:

1. JACQUES-FRANÇOIS, né le 19 Décembre 1701, Député de la Nobleffe en 1745, marié, le 7 Janvier 1739, à *Marie-Claire-Charlotte-Auguftine Diedeman*, dont pour fille unique :

MARIE-JOSÈPHE-CHARLOTTE, née le 8 Octobre 1739, mariée, le 17 Décembre 1758, à JEAN-ALBERT-JOSEPH DE BUISSERET, fon coufin germain confanguin, actuellement Comte de Thiennes, Stéenbek & Blarenghien ;

2. Et JEAN-ETIENNE-ALBERT, qui fuit.

XIII. JEAN-ETIENNE-ALBERT DE BUISSERET, Seigneur d'Hantes, d'Eugies & de Lanfon, Page de la Grande-Ecurie en 1718, fuivant fes preuves faites devant M. *d'Hozier*, Juge d'armes de France, remontantes à 1403, dépofées au Cabinet des Ordres du Roi à Paris, au Parlement de Flandre à Douai, & au Tribunal de la Gouvernance, ainfi qu'elles l'avoient été à la Chambre Héraldique & Impériale de Bruxelles, en 1677 & 1696. Il a été marié, 1° en 1728, à *Marie-Françoife-Jeanne-Agnès Talbot*, morte le 21 Décembre 1729; 2° le 4 Mai 1732, à *Agathe-Nicole Darets-de-Théede*, morte le 21 Mars 1735; & 3° le 2 Octobre 1740, à *Marie-Angélique des Buiffons*, fa coufine iffue de germain. Du premier lit il a eu:

1. JEAN-ALBERT-JOSEPH, qui fuit.

Du fecond lit:

2. HONÊTE-FRANÇOISE, née le 21 Avril 1734. Et du troifième lit :

3. MARIE-ANGÉLIQUE-ISABELLE, née le 30 Août 1741;

4. ANNE-CLAIRE-FRANÇOISE, née le 18 Juillet 1743 ;

5. Et MARIE-SYLVIE-ALBERTINE, née le 25 Septembre 1747.

XIV. JEAN-ALBERT-JOSEPH DE BUISSERET, Comte de Thiennes, Stéenbek, Blarenghien, Seigneur d'Hantès, d'Eugies & de Lanfon, né le 19 Novembre 1729, eft entré Page du Roi dans fa Grande-Ecurie le 1er Avril 1745, & a époufé, le 17 Décembre 1758, MARIE-JOSÈPHE-CHARLOTTE DE BUISSERET, fa coufine germaine, dont:

LOUIS-HENRI-JOSEPH, né le 30 Avril 1765;

Et CHARLOTTE-ALBERTINE-JOSÈPHE-MARIE, née le 18 Novembre 1763.

BRANCHE CADETTE
établie en Hainaut.

Cette branche, qui a pour auteur noble homme NICOLAS DE BUISSERET, Seigneur de Beauchamps, fecond fils de JEAN II, & de *Jeanne Gerard*, qui s'établit dans la Province de Hainaut, fubfifte dans la perfonne de

Tome IV.

PHILIPPE-FRANÇOIS-JOSEPH DE BUISSERET, Seigneur de Bofevelde & d'Helfaut, ci-devant Capitaine-Commandant de bataillon au Régiment de Ligne, au fervice de l'Impératrice-Reine de Hongrie, qui a époufé *Marie-Madeleine Dumont*, dont deux garçons & cinq filles. L'un des fils, nommé PHILIPPE-ADRIEN-LOUIS DE BUISSERET, eft entré au fervice de France dans le Régiment Royal-Comtois en 1773; & une des filles a été Elève & Directrice de la noble famille à Lille.

Les armes: *d'azur, au chevron d'or, accompagné de trois étoiles de même, à cinq pointes, 2 & 1*. (Généalogie dreffée fur titres originaux communiqués.)

Il ne faut pas confondre cette famille avec celle de *Philippe-Philibert de Sibille* (cité dans le Roux & d'autres Nobiliaires de la Flandre), qui obtint, le 7 Décembre 1695, de CHARLES II, Roi de Caftille, la permiffion de porter le nom de *Buifferet*, à caufe qu'il difoit avoir la Terre & Seigneurie de Buifferet, & dont les armes font : *un écuffon de fable, au lion d'argent, armé & lampaffé de gueules; au chef d'or, chargé d'un fautoir de gueules; l'écu timbré d'un heaume ouvert*, &c., comme il confte par l'extrait original duement fcellé, tant de la part de Meffire *Jofeph-Antôine-Albert Jaerens*, Roi & Héraut d'armes de S. M. Imp. & Roy. à Bruxelles, que du Confeil-Souverain de Brabant, fouffigné *J.-G. Delvaux* avec paraphe, & fcellé des Armes Impériales, délivré le 7 Janvier 1774. L'Enregiftrement de Meffire de *Berckel*, Roi & Héraut d'armes de ce tems, contient fon oppofition à l'enregiftrement des Lettres-Patentes obtenues par le fufdit *Philippe-Philibert de Sibille*, qui avoit motivé que la famille de BUISSERET, dont nous avons donné la Généalogie, portant les armes ci-deffus, étoit éteinte.

* BUISSIERE (LA), en Artois, Diocèfe d'Arras, Terre & Seigneurie qui eft entrée dans la Maifon de *Maulde*, une des plus anciennes du Hainaut, où eft fituée la Terre de *Maulde*, qui lui a donné fon nom par l'alliance de JOSSINE DE COURTEVILLE, Dame de *la Buiffière* & de Famillereux, avec *Georges de Maulde*, Seigneur de Mauroy, mort en 1597, iffu au XIIe degré de *Watier*, Sire de *Maulde*, qui vivoit dans le XIIe fiècle. Voy. MAULDE.

BUISSON. Ce nom eſt différemment écrit dans les Annales de Touloufe: on y lit, fuivant l'ancienne prononciation du Rouergue, Bouisson, Seigneurs de Mirabel, Beauteville, Auſſonne, Montmaur, la Garde, Rofaillas, & avec ces mêmes Terres, Buisson, de Buisson, du Buisson, façon d'écrire qui s'eſt introduite, quoique ces prépoſitions ne doivent ſe mettre que devant les noms qui viennent des Seigneuries. (Ménage, dans ſes *Obſervations ſur la langue Françoiſe.*)

Cette famille, originaire de Rouergue, eſt une des plus diſtinguées, tant par ſon ancienneté, ſes domaines, ſes alliances, ſes charges & ſes ſervices, que par les titres publics qui le juſtifient. La Faille la met au nombre des nobles & anciennes Maiſons d'*Adhémar*, de *Durfort*, d'*Eſpagne*, connues ſous les noms de *Grignan*, de *Duras*, de *Monteſpan*, & autres qui ont rempli & illuſtré le Capitoulat, que les Gentilshommes de la haute qualité de Touloufe recherchoient encore il n'y a pas deux ſiècles. Voy. ſon Avertiſſement & ſon Catalogue de pluſieurs nobles & anciennes familles, dans ſon *Traité de la Nobleſſe des Capitouls*, p. 113, 128, 138 & 153. C'eſt pour cela qu'on qualifie de *nobilis vir Dominus* de Buisson (titre qui ne ſe donnoit qu'à la meilleure Nobleſſe), celui qui en 1262 & 1263 tranſigea avec le Grand-Prieur de la Selve, ſur quelques différends ſurvenus entr'eux par le voiſinage de cette Commanderie & de Durenques, belle Terre qui eſt toujours dans cette Maiſon. M. le Chevalier de *Beauteville*, Maréchal-de-Camp, frère de M. l'Evêque d'Alais, a fait retirer des mains de M. d'Hozier ces deux titres de 1262 & 1263, qui ſont en original. Ainſi l'Hiſtoire qui nous a tranſmis les noms d'une partie des Gentilshommes qui périrent à la bataille de Poitiers en 1356, & qu'elle dit tous gens de nom, a conſervé celui de Guinet de Buisson, enterré dans le Cloître des Frères Mineurs, tige commune à toutes les branches qui ſubſiſtent aujourd'hui. Voy. les *Annales d'Aquitaine*, par du Bouchet, p. 203. A quelque tems de là, cette même Hiſtoire parle d'un de Flotte & d'un de Buisson, l'un Grand-Commandeur, & l'autre Prieur, revêtus en 1395 des deux plus hautes dignités de l'Ordre de St.-Jean de Jéruſalem, comme Chevaliers pleins de zèle & inviolablement attachés à l'obſervation des Statuts, leſquels furent nommés par conſeil pour accompagner le Grand-Maître d'Heredia à Avignon, où étoit le Pape, & éclairer ſa conduite, ſous prétexte de lui procurer un cortège honorable. Et ailleurs, elle dit que Charles VIII, paſſant à Lyon l'année de ſon expédition d'Italie, nomma de même Guillaume de Buisson, par des Lettres-Patentes données en Avril 1494, pour aller à Touloufe, & le joignit à d'autres Commiſſaires qui s'y étoient déjà rendus pour connoître de pluſieurs excès commis dans une guerre inteſtine, occaſionnée par la concurrence de deux prétendans à cet Archevêché, Pierre du Roſier, élu par le Chapitre, & Hector de Bourbon, qui avoient chacun un puiſſant parti. Il étoit Juge de Lyon, charge à laquelle le Roi ou ſon Grand-Conſeil nommoit, & qui par ſon importance, demandoit qu'il fût étranger à la Province. Voy. *les Annales de Touloufe*, tom. I, p. 265; & *l'Hiſtoire Conſulaire de Lyon*, p. 443 & 445.

Clément du Buisson, ſon petit-fils, qui pendant les guerres de Religion ſe retira de Lyon à Genève, il y a près de deux ſiècles, y forma une branche qui a rempli ſucceſſivement les premières charges & dignités de la République. Dans les regiſtres du Parlement de Touloufe en date du 27 Janvier 1513, le Sire Hugues de Buisson, Seigneur de Mirabel, eſt le premier de ceux qui furent choiſis pour l'exécution des funérailles de la Reine Anne de Bretagne, célébrées avec la plus grande magnificence.

Ce fut de N... de Buisson, Seigneur de Montmaur, que la Ville de Touloufe acheta, en 1549, la Maiſon-Forte qu'il y avoit, dite *la Tour de Montmaur*, où ſont encore la Cour & les Officiers du Sénéchal, mais dont il conſerva la Terre, ſous le nom de laquelle une de ſes branches eſt connue: En effet on voit que, 12 ans après, cette ville étant dans le plus grand déſordre, remplie de gens de guerre que les Catholiques & les Proteſtants y jetoient tour-à-tour, le Parlement fit choix de quatre Gentilshommes, tous Capitaines ayant Commiſſion du Roi, pour ſe ſaiſir de l'Hôtel-de-Ville, & que de Buisson-*Montmaur*, qui en étoit un, fut bleſſé dans l'action. Il fut plus heureux depuis, lorſqu'en concluant dans Montmaur même avec la Tour-Gouvernet un traité de ligue offenſive & défenſive entre la Valette & Leſdiguières, contre le Duc de Mayenne, Chef de la ligue, il jeta les précieuſes ſemences de l'union qu'il y eut bientôt après

entre les Royaliftes & les Proteftans, qu'on
nomma *les Politiques*, union que l'on fait
avoir été fi favorable à la France. M. de Thou,
qui place ce traité au 13 Août 1588, donne
ailleurs une nouvelle preuve de la fidélité de
cette Maifon: car en 1589, accompagnant
Schomberg, envoyé par le Roi en Allemagne
pour y lever 10000 chevaux & 20000 hommes
de pied, après avoir repréfenté les Ligueurs
dreffant des embufcades pour empêcher ou retarder ce voyage, fermant toutes les avenues,
& fe vantant que fi le Roi ne recevoit pas ce
fecours, il faudroit qu'il quittât le Royaume
avant quatre mois; le même Hiftorien dit que
le Gouverneur de Rouergue (ANTOINE DE BUIS-
SON, Baron de Bournazel) alla au-devant de
Schomberg, qu'il l'attendit à Villefranche,
& que de-là en rebrouffant chemin, ils vinrent par fon château de Bournazel à Figeac;
& pour fe rapprocher de ce tems, dans les mémoires dreffés par Meffieurs les Intendans à
la fin du fiècle dernier & dans l'*Etat de la
France*, par M. le Comte de Boulainvilliers,
fi difficile fur cet article, on met la Maifon DE
BUISSON au rang de la Nobleffe principale &
diftinguée des Généralités de Montauban &
de Riom. Ses Terres font celles d'Airoux, Aubin, *Auffonne*, Beauteville, Beauvoir, Belcaf-
tel, Berlingue, *Bournazel*, Broquiers, Durenques, la Garde, la Loubière, la Salle, le Plégat, Loubens, Mirabel, Monclair, Montmaur,
Raigades, Ronfenac, Seirac, Vareilles, Villemaché & Villeman. Deux de ces Terres ont
été érigées en *Marquifat*, en confidération de
l'ancienne Nobleffe de cette Maifon, de fes
bonnes alliances & de fes notables fervices,
favoir: *Bournazel*, ancienne Baronnie & la
principale Juftice feigneuriale de l'Election
de Villefranche en Rouergue, par Lettres-Patentes du 1er Août 1624, en faveur de FRAN-
ÇOIS DE BUISSON, Gouverneur du Rouergue, &
Capitaine d'une Compagnie de 50 hommes
d'armes, fils d'un Chevalier de l'Ordre du Roi,
&, comme lui, Gouverneur du Rouergue; &
Auffonne, gros Bourg dans le Diocèfe de Touloufe, par Lettres-Patentes données en Août
1676, en faveur de JACQUES DE BUISSON, Confeiller d'Etat, dont le père, auffi Confeiller
d'Etat, avoit été Gouverneur de Cahors &
Pays de Quercy.

Les branches de *Beauteville*, d'*Auffonne* &
de *Bournazel* ont donné plufieurs Chevaliers
de l'Ordre de Saint-Jean de Jérufalem, des

Gouverneurs & Commandans pour Sa Majefté dans les Provinces du Rouergue, du
Quercy & des Cévennes, & toutes, en général,
nombre d'Officiers de rang dans les armées
du Roi: celles des Seigneurs d'*Airoux*, d'*Aubin*, de *Varannes* & de *Villeman* font éteintes.

La Maifon de BUISSON eft alliée à celles
d'*Arpajon*, d'*Aubeterre*, de *Beaurepaire*, de
Beauvoir, de *Bermont*, de *Bernuy*, de *Belfunce*, de *Caylus-Tubières*, de *Cardaillac*, de
Caftelnau, de *Clermont-Lodève*, de *Durfort*,
d'*Eftrées*, *du Faur de Saint-Jory*, de *Gontaut-Biron*, de *Lauzières-Thémines*, de *Levis*, de *Loyfe*, de *Mancipy*, de *Maffip-Bour-
nazel*, de *Noailles*, de *Puget-Saint-Alban*,
de *Puymiffon*, de *Rigaud-de-Vaudreuil*, de
Turenne, de *Loubens-Verdalle*, de *Paule*,
&c., dont les deux dernières ont donné des
Grands-Maîtres de l'Ordre de Saint-Jean de
Jérufalem.

Les armes que l'on voit à l'Hôtel-de-Ville
& dans les Eglifes des Auguftins, Bénédictins
& Cordeliers de Touloufe, dont cette Maifon
eft bienfaitrice, font: *d'or, à un arbre*, ou
buiffon de finople. Quelques branches, en s'al-
liant avec des héritières, ont chargé & écartelé de leurs alliances: d'autres branches cadettes ont pris anciennement, & portent encore aujourd'hui *trois arbres* pour brifure.

Revenons à préfent aux deux branches des
Seigneurs de *Beauteville*, d'*Auffonne* & de
Bournazel.

JEAN DE BUISSON, mort vers 1470, laiffa:
1. PIERRE, qui fuit;
2. Et JEAN, rapporté après fon frère.

PIERRE DE BUISSON, Seigneur de Beauteville,
Vareilles, Albin, le Plégat, acheta des Maifons de *Voifins*, & de *Barbafan*, la Terre &
Seigneurie d'Auffonne, fituée en Languedoc,
Diocèfe & Sénéchauffée de Touloufe, qui étoit
poffédée en 1190 par les Seigneurs de l'*Isle-
Jourdain*, & en 1286 par les Seigneurs de
Faudoas & de *Barbafan*, qui n'en avoient
que la Seigneurie directe. La propriété en appartenoit en 1307 à *Géraud de Balena*, Chevalier, Baron de Blocignac, dont la fille unique
porta cette Terre dans la Maifon de *Voifins*.
PIERRE DE BUISSON tefta en 1510, en faveur de
fon frère, n'ayant point eu d'enfans de *Claire de la Borderie*.

JEAN DE BUISSON, devint Seigneur d'Auffonne, & mourut le 28 Juillet 1515. Il avoit

époufé, en 1480, *Catherine de Reftes*, & laiffa:

JEAN DE BUISSON, Seigneur de Beauteville, Auffonne, Vareilles, marié, en 1503, à *Claire de Faure-de-Puymiffon*, qui eut :

MARTIN DE BUISSON, Baron de Beauteville, Seigneur d'Auffonne, mort en 1577. Il avoit époufé *Marthe de Bernays*, dont il eut :

1. JEAN, qui fuit ;
2. Et JACQUES, auteur de la branche des Seigneurs d'*Auffonne*, rapportée ci-après.

BRANCHE
des Seigneurs DE BEAUTEVILLE.

JEAN DE BUISSON, Baron de Beauteville, mort le 3 Décembre 1634, avoit époufé, le 6 Décembre 1617, *Jeanne de la Venfan-de-la-Loubière*, & laiffa entr'autres enfans :

JEAN-LOUIS DE BUISSON, Baron de Beauteville, mort le 14 Décembre 1711, qui avoit époufé, le 17 Décembre 1642, *Anne de Saint-Jean-Fayac*, & laiffa :

JEAN-CLAUDE DE BUISSON, Baron de Beauteville, mort en Janvier 1740, après avoir époufé, le 8 Octobre 1692, *Jeanne de Sales-de-Gudane*, dont

1. JEAN-JOSEPH, Marquis de Beauteville, Seigneur de la Garde, Moncla, la Loubière, ci-devant Officier dans le Régiment des Gardes-Françoifes;
2. PIERRE, dit *le Chevalier de Beauteville*, Brigadier des Armées du Roi le 25 Avril 1747, & Colonel en fecond du Régiment de Normandie, préfenté le 19 Décembre 1762 en qualité d'Ambaffadeur de Sa Majefté en Suiffe, Lieutenant-Général en 1762, Commandeur de Saint-Louis, & Miniftre Plénipotentiaire de Sa Majefté auprès de la République de Genève en 1766 ;
3. JEAN-PIERRE, Religieux-Bénédictin, qui demeura à la Baronnie d'Ancos, qui appartient à l'Ordre des Bénédictins, & dont il a la geftion, fa vie durant;
4. JEAN-LOUIS, né en 1708, Grand-Vicaire de l'Evêque de Mirepoix, Abbé de Valmagne en 1747, puis nommé en 1755, & facré en 1756, Evêque d'Alais ;
5. ANNE, mariée, vers 1709, à *Jacques du Puy-de-Saint-Pierre*, Seigneur de Belveze près Limoux, Capitaine de Dragons dans le Languedoc. Il quitta le fervice en fe mariant, & étoit veuf fans enfans de *N. ... de Nigry*. Voyez DU PUY ;
6. CATHERINE, morte en 1759, veuve depuis 1733, du Baron de *Thorignan*, n'ayant laiffé qu'une fille, mariée au Baron de *Pointis*, près Saint-Girons ;

7. Et MARIE-ANNE, mariée à *N..... de Vendomois-de-Belfloux*, dans le Diocèfe de Mirepoix, dont trois fils & une fille. L'aîné des fils a époufé, en 1761, *N... de Signoret*, dont il a un fils & une fille. Le fecond eft Officier dans Royal-Rouffillon. Le troifième eft Grand-Vicaire de fon oncle, l'Evêque d'Alais; & la fille eft mariée depuis 1762.

BRANCHE
des Seigneurs D'AUSSONNE.

JACQUES DE BUISSON, Ier du nom, Seigneur d'Auffonne, Berlingue, la Salle, fils puîné de MARTIN, & de *Marthe de Bernays*, fut Préfident aux Requêtes du Parlement de Touloufe en 1593, Confeiller d'Etat en 1630, & mourut en Octobre 1631, ayant époufé, en 1589, *Catherine de Benoît*, dont il eut :

JACQUES DE BUISSON, IIe du nom, Seigneur d'Auffonne, premier Préfident de la Cour des Aides de Cahors, transférée depuis à Montauban, Confeiller d'Etat le 9 Mai 1653, Gouverneur & Commandant à Cahors & pays de Quercy le 2 Novembre 1651, qui mourut le 28 Mai 1670. Il laiffa de *Marie Tallemandier* :

JACQUES DE BUISSON, IIIe du nom, Seigneur d'Auffonne, premier Préfident de la Cour des Aides de Montauban le 19 Juin 1656, en faveur duquel la Seigneurie d'*Auffonne* fut érigée en *Marquifat* par Lettres du mois d'Août 1676, enregiftrées au Parlement de Touloufe le 24 Novembre fuivant, & à la Chambre des Comptes de Montpellier le 13 Janvier 1677. Il mourut le 2 Janvier 1689, & avoit époufé, le 24 Novembre 1652, *Catherine de Renaldy*, dont il eut:

1. JACQUES, IVe du nom, Marquis d'Auffonne, Avocat-Général au Parlement de Touloufe, mort fans poftérité le 17 Décembre 1703 ;
2. Et MATHIEU-FRANÇOIS, qui fuit.

MATHIEU-FRANÇOIS DE BUISSON, Seigneur de Raigades, Seyrac & Villemaché, puis Marquis d'Auffonne, un des 40 de l'Académie des Jeux Floraux & de l'Académie des Sciences de Touloufe, mort le 23 Juin 1723, avoit époufé, en 1695, *Catherine de Charles de la Reintrie*, dont il a eu :

1. JACQUES, Ve du nom, Marquis d'Auffonne, ci-devant Officier dans le Régiment de la Chefnelaye, marié, le 20 Décembre 1740, à *Jeanne-Françoife-Louife Trenqualye*, dont il a, après 22 ans de mariage, un fils, né en Décembre 1762 ;
2. JEAN-CLAUDE, Capitaine au Régiment de Piémont;

3. CHARLOTTE-FRANÇOISE, dite *Mademoiselle
d'Auſſonne ;*

4. ELISABETH-EUGÉNIE, dite *Mademoiselle de
Raigades ;*

5. Et IRÈNE-AIMÉE, dite *Mademoiselle de Seirac.*

BRANCHE
des Seigneurs DE BOURNAZEL.

JEAN DE BUISSON, fils de HUGUES, Seigneur
de Mirabel, épouſa *Charlotte Maſſip,* fille de
Gaſpard, & *d'Anne de Cardaillac,* qui lui
porta en mariage la Seigneurie de *Bournaȥel,*
ſituée en Rouergue (Voyez ce mot.), dont:

ANTOINE DE BUISSON, Baron de Bournaȥel, Chevalier de l'Ordre du Roi, Gentilhomme ordinaire de ſa Chambre, Gouverneur & Sénéchal de Rouergue, qui teſta le 5 Août 1590. Il avoit épouſé, en 1570, *Marguerite de Chaumeil,* héritière de Cayac, dont :

FRANÇOIS DE BUISSON, Capitaine de 50 hommes d'armes, Gouverneur & Sénéchal de Rouergue, en faveur duquel la *Baronnie de Bournaȥel* fut érigée en *Marquiſat* par Lettres du 1ᵉʳ Août 1624, enregiſtrées au Parlement de Touloufe le 8 Février 1627. Il avoit épouſé, le 5 Février 1592, *Fleurette de Morlhon,* dont

JEAN DE BUISSON, Marquis de Bournazel, Gouverneur & Sénéchal de Rouergue, marié, le 8 Octobre 1623, à *Jeanne-Marie de Bauclerc,* mère de

FRANÇOIS DE BUISSON, IIᵉ du nom, Marquis de Mirabel, marié, le 3 Février 1643, à *Madeleine de la Caſſaigne-du-Cayla,* dont en-tr'autres enfans :

1. JACQUES, Marquis de Bournazel, qui n'eut qu'une fille, nommée ANNE DE BUISSON, morte ſans poſtérité en 1700, peu de mois après ſon mariage avec *Armand de Belſunce-de-Caſtelmoron ;*

2. Et RAYMOND, qui ſuit.

RAYMOND DE BUISSON, devenu Marquis de Bournazel après la mort de ſa nièce, teſta le 6 Août 1710. Il avoit épouſé, le 2 Avril 1699, *Marie-Anne de Loubens-de-Verdalle,* dont :

1. JEAN-CLAUDE, qui ſuit ;

2. & 3. CHARLES-LOUIS & RAYMOND ;

4. Et MADELEINE, mariée à *François-Claude-Armand de Durfort,* Baron de Boiſſières, Sénéchal d'Agénois.

JEAN-CLAUDE DE BUISSON, Marquis de Bournazel, Seigneur de Mirabel, Belcaſtel, Broquier, Daraingue, Albin, Loubens, le Plégat, a épouſé, le 12 Novembre 1726, *Marie-Ca-*

mille de *Buiſſon-Beaucler,* décédée en 1747, dont il a un fils & une fille.

Les armes : Voyez ci-devant.

BUISSY (DE), famille noble & ancienne, qui tire ſon nom d'un Village, appelé vulgairement *Buiſſy-Barraſtres,* ou *Buiſſy-les-Baraltes,* diſtant de cinq à ſix lieues de la ville d'Arras, Capitale du Comté d'Artois. Son ancienneté & ſon établiſſement dans cette Province ſont connus dès 1102, & prouvés, 1º par l'*Hiſtoire Généalogique du Cambréſis,* par le Carpentier ; 2º par celles de *Ponthieu* & *d'Abbeville* ; 3º par diverſes Chartes tirées des Abbayes de St.-Aubert & d'Anchin ; & 4º par nombre d'épitaphes & litres funèbres, étant au-dedans & au-dehors des différentes Egliſes d'Abbeville & d'Arras, & de celles de Villers-Brouslin, de Noulettes, du Meſnil, d'Acqueſt, de Long, de Longpré-aux-Corps-Saints, de Fontaine-le-Sec, de Mons & de Bealcourt. Elle eſt établie actuellement dans le Comté de Ponthieu, & a été maintenue dans *ſa Nobleſſe* par Arrêt du Conſeil d'Etat du Roi du 24 Juin 1758, enregiſtré en la Cour des Aides le 11 Août ſuivant. Le plus ancien que l'on trouve du nom de BUISSY eſt

I. THIBAUT DE BUISSY, Iᵉʳ du nom, dont la poſtérité eſt prouvée par les différens titres. Il ſe qualifioit dès 1102 de *Chevalier, Seigneur de* BUISSY-*Barraſtres.* Il laiſſa entr'autres enfans :

II. HUGUES DE BUISSY, Chevalier, Seigneur de Buiſſy-Barraſtres, qui eſt qualifié fils de THIBAUT Iᵉʳ dans une Charte de 1178, par laquelle il donne à l'Abbaye de St.-Aubert, du conſentement de ſa femme, & de ſes trois fils, ci-après nommés, deux héritages ſitués au village de Barraſtres. Ses enfans furent :

1. THIBAUT, qui ſuit ;

2. & 3. WULFRAN & WION.

III. THIBAUT DE BUISSY, IIᵉ du nom, Chevalier, Seigneur de Buiſſy-Barraſtres, eſt dénommé dans une Charte de ladite Abbaye de St.-Aubert de 1262 (Voy. *Hiſt. généal. des Pays-Bas,* ou *Hiſt. de Cambray & du Cambréſis,* par Jean le Carpentier, pag. 335) ; & dans une autre Charte de 1289, contenant donation par lui à l'Abbaye de Ranchin, il eſt dit qu'il avoit épouſé la fille du Seigneur de *Mancicourt* en Oſtrevan, dont il eut :

1. THIBAUT, qui ſuit ;

2. & 3. JEAN & ROBERT ;

4. 5. 6. & 7. Marie, Melsande, Clodevunde & Riétrude.

IV. Thibaut de Buissy, IIIᵉ du nom, Chevalier, Seigneur de Buiffy-Barraſtres, eſt dit dans ladite Charte de 1289, avoir épouſé *Jeanne de Prémont*, fille d'*Adam*, Pair du Cambréſis, dont il eut :

1. Waltier, qui fuit ;
2. Et Cornu, Chevalier, Seigneur de Buiffy-Barraſtres, qui eſt qualifié fils de Thibaut III, & de *Jeanne de Prémont*, dans une Charte de l'Abbaye de St.-Aubert de 1315, où il eſt mentionné qu'il a deux fils :

   Roger & Gilles de Buissy, connus par diverſes Chartes de la même Abbaye des années 1367, 1370 & 1378.

V. Waltier de Buissy, Chevalier, Seigneur de Buiffy-Barraſtres, eſt dénommé en diverſes Chartes de ladite Abbaye de St.-Aubert, & laiffa entr'autres enfans :

VI. Jean de Buissy, Iᵉʳ du nom, qui eſt qualifié *Ecuyer, Seigneur de Villers-Brouſlin, de Villerotte & de Noulettes*, dans les mêmes Chartes de ladite Abbaye de St.-Aubert des années 1367, 1370, & 1378, & vivoit encore en 1380. Il eut de *Sainte de Gribouval* :

VII. Jean de Buissy, IIᵉ du nom, Ecuyer, Seigneur de Villers-Brouslin, Villerotte, Noulettes, &c., qui épouſa, par contrat du 7 Mai 1414, *Catherine de Mailly*, fille de noble & puiffant Seigneur, Monſeigneur de *Mailly-d'Hauteville*, & d'*Iſabelle d'Auxy*. De ce mariage vinrent :

1. Jean, IIIᵉ du nom, ſurnommé *le Ramage* ou *le Sauvage*, qui eſt dénommé parmi les vaffaux de l'Abbaye de St.-Aubert en 1435 ; dans une Charte de la même Abbaye de l'an 1446, il eſt qualifié *Ecuyer & Receveur-Général* de Mgr. *Jean de Bourgogne*, Evêque de Cambray ;
2. Pierre, Ecuyer, qui s'allia avec *Marguerite de Bertries*. Il eſt dénommé avec ſa femme, au livre des Fiefs du palais Archiépifcopal de Cambray en 1460 ;
3. Robert, Ecuyer, qui eſt repris au livre des Fiefs de l'Abbaye de St.-Aubert de 1477, avec ſa première femme. Il mourut en 1512, ſuivant ſon épitaphe, que l'on voit encore aujourd'hui en l'Eglife de St.-Nicolas de Cambray, où il eſt qualifié d'*Ecuyer*. Il épouſa 1º *Alix* ; & 2º, ſuivant le livre des Fiefs du palais Archiépifcopal de Cambray, *Marguerite de Beaulincourt*, dite *le Hardy* ;
4. Pasques, qualifié d'*Ecuyer*, & dénommé

avec Robert, ſon frère, dans le livre des Fiefs du palais Archiépifcopal de Cambray ;
5. Guillaume, Ecuyer, qui ſuccéda au Sieur d'Abancourt dans la Charge de Prévôt de Cambray ;
6. Antoine, qui fuit ;
7. Collard, Ecuyer, mort jeune ;
8. Et Colle, mariée à *Jean de Villers*, Ecuyer, Seigneur de Senlis.

VIII. Antoine de Buissy, Iᵉʳ du nom, Ecuyer, Seigneur de Villers-Brouslin, Noulettes, Villerotte, &c., épouſa, par contrat du 5 Juin 1439, *Catherine de Lieſtre*, fille de *N...*, *de Lieſtre*, Chevalier, Seigneur d'Eſtrées, & de *Blanche de Formenſent* ; & 2º par contrat du 7 Août 1459, *Marie de Honvaut*. Il eut du premier lit :

1. Marguerite, mariée à *François des Preҭ*, Chevalier, Seigneur de la Loze & de Châtres.

Et du ſecond lit :

2. Jean, qui fuit.

IX. Jean de Buissy, IVᵉ du nom, Ecuyer, Seigneur de Villers-Brouslin & de Noulettes, épouſa, par contrat paffé devant les Echevins de la ville de Béthune le 18 Mai 1479, *Jeanne de la Rivière*, Dame de Grand-Moulin, fille d'*Edmond de la Rivière*, Chevalier, & de *Marguerite de Bailleul*. De ce mariage vinrent :

1. Jacques, qui fuit ;
2. Philippe, auteur de la branche des Seigneurs de *Noulettes*, rapportée ci-après ;
3. François, Ecuyer, mort en bas âge ;
4. Pierre ou Pierchon, auteur de la branche des Seigneurs du *Meſnil*, établie en Picardie, qui viendra en ſon rang ;
5. Marie, mariée, par contrat du 15 Janvier 1515, à *Jacques de Wignacourt*, Ecuyer, Seigneur de Bugnette, dont poſtérité ;
6. Et Jeanne, morte ſans alliance.

Jean, IVᵉ du nom, eut encore un bâtard nommé

Robinet de Buiſſy.

BRANCHE
des Seigneurs de Villers-Brouslin, &c.

X. Jacques de Buissy, Iᵉʳ du nom, Ecuyer, Seigneur de Villers-Brouslin & de Noulettes, épouſa, par contrat paffé à Beauqueſnes le 8 Avril 1518, *Françoiſe d'Eſtrées*, fille d'*Antoine*, Chevalier, Seigneur d'*Eſtrées*, & de *Jeanne de la Cauchie*, dont il eut :

1. Antoine, qui fuit ;
2. Jacques, IIᵉ du nom, Ecuyer, Seigneur d'Ormeaux, mort ſans alliance ;

3. Autre ANTOINE, Religieux à l'Abbaye de St.-Pierre de Corbie;

4. Et JEANNE, morte fans alliance.

XI. ANTOINE DE BUISSY, IIe du nom, E-cuyer, Seigneur de Villers-Brouslin, époufa, par contrat paffé à Arras le 18 Juin 1548, *Jeanne de Dincourt*, fille de *Jean*, Chevalier, Seigneur dudit lieu & de Hurionville, & de *Jacqueline de Framecourt*, dont il eut:

1. JEAN, Ve du nom, Ecuyer, Seigneur de Villers-Brouslin, mort fans poftérité;
2. & 3. N.... & N..., Ecuyers, morts jeunes.

BRANCHE
des Seigneurs DE NOULETTES, &c.

X. PHILIPPE DE BUISSY, Ecuyer, Seigneur de Noulettes, fecond fils de JEAN, IVe du nom, & de *Jeanne de la Rivière*, devint par la mort de JEAN DE BUISSY, Ve du nom, fon petit-neveu, Seigneur de Villers-Brouslin. Il époufa, en 1516, *Catherine de Poix*, feconde fille d'*Antoine*, Chevalier, Seigneur de Li-gnereul, Mazieres, &c., & de *Marguerite d'Humières*, dont il eut:

XI. FRANÇOIS DE BUISSY, Ier du nom, E-cuyer, Seigneur de Noulettes & de Villers-Brouslin, qui époufa 1° *Catherine de Bouf-flers*, morte fans poftérité; & 2° *Claire Affet*, Dame d'Agny, Cracourt, Naves, Chiracourt, &c., fille & unique héritière de *Pierre Affet*, Chevalier, Seigneur defdits lieux, & d'*Anne de la Motte*, dite *Bruyelle*. Ils eurent:

1. FRANÇOIS, IIe du nom, Ecuyer, Seigneur de Villers-Brouslin & de Noulettes, Capi-taine d'Infanterie, mort fans alliance;
2. MARIE, Dame de Noulettes, Naves, Ham-ry, Chiracourt, &c., morte fans enfans le 16 Janvier 1582, qui époufa, le 1er Octobre 1575, *Jacques de Brias*, Chevalier, Seigneur de Brias, &c., Gouverneur & Capitaine de Marienbourg;
3. Et ISABELLE, Dame de Noulettes, Naves, Hamry, Chiracourt, Villers-Brouslin, Agny, Ingolfelles & Villerotte, qui époufa, le 26 Septembre 1582, *Charles de Bon-nières-Guines*, des Comtes de Souaftres, Chevalier, Seigneur & Comte de Souaftres, du Mefnil-Yvrench, la Croix-Nieurlet, Courtifaupere, &c., Gouverneur & Grand-Bailli des Ville & Bailliage de Saint-Omer & pays de Langres. Elle en eut plufieurs en-fans qui ont laiffé poftérité, du nombre def-quels étoit *Marie-Françoife de Bonnières*, décédée fans alliance le 30 Août 1658, dont l'épitaphe fe voit encore aujourd'hui en l'E-

glife de la Madeleine à Arras, où eft la Cha-pelle des Seigneurs de Bonnières.

BRANCHE
des Seigneurs DU MESNIL, &c.

X. PIERRE, ou PIERCHON DE BUISSY, Ier du nom, Ecuyer, homme d'armes des ordonnan-du Roi, quatrième fils de JEAN, IVe du nom, & de *Jeanne de la Rivière*, époufa, par con-trat du 18 Septembre 1509, *Agnette de Caulin*, fille de *Jean*, Chevalier, dont il eut:

1. PHILIPPE, qui fuit;
2. Et YVES, Ecuyer, Seigneur de Noulettes, qui étoit, fuivant une tranfaction en forme de partage, du 13 Avril 1546, tuteur de fes neveux, dont nous parlerons ci-après.

XI. PHILIPPE DE BUISSY, Ier du nom, E-cuyer, Seigneur du Mefnil, époufa, par con-trat paffé devant les Auditeurs du Roi au Comté de Ponthieu, le 27 Avril 1529, *An-toinette de Gueldes*, fille & unique héritière de *Pierre*, Chevalier, Seigneur de *Gueldes*. Il en eut plufieurs enfans, dont il paroît qu'il fut nommé tuteur, conjointement avec YVES DE BUISSY, fon frère, fuivant une tranfaction en forme de partage du 13 Avril 1546, por-tant divifion entre fes enfans, des biens dé-laiffés par leur mère:

1. JACQUES, qui fuit;
2. BALTHASAR, Ecuyer;
3. GRÉGOIRE, Ecuyer;
4. PHILIPPE, IIe du nom, Ecuyer;
5. VINCENT, Ecuyer;
6. Et JEANNE, Damoifelle: tous les cinq morts fans alliance, & tous les fix dénommés dans ledit partage du 13 Avril 1546.

XII. JACQUES DE BUISSY, Ier du nom, E-cuyer, Seigneur du Mefnil, époufa par con-trat, *Marie Maneffier*, iffue des Seigneurs de *Préville*, dont il eut:

XIII. CLAUDE DE BUISSY, Ier du nom, E-cuyer, Seigneur du Mefnil & du Mefnil-Yvrench, qui époufa, par contrat du 25 Juillet 1597, *Jeanne Belle*, fille de *Jean*, Chevalier, & de *Barbe de Remieu*, dont il eut:

XIV. JACQUES DE BUISSY, IIe du nom, E-cuyer, Seigneur du Mefnil-Yvrench, qui épou-fa, par contrat du 27 Septembre 1622, *Cathe-rine Gallet-Sombrin*, fille de *Joffe*, Cheva-lier, Seigneur de Sombrin, & d'*Ifabeau de Calonne*, Dame d'Avefnes, dont il eut:

XV. CLAUDE DE BUISSY, IIe du nom, Che-valier, Seigneur du Mefnil-Yvrench, &c.,

qui époufa, en 1656, *Marie-Marguerite de l'Herminier*, fille de *Pierre*, Chevalier, Seigneur de Thiboutot, Confeiller du Roi en fes Confeils d'Etat & Privé, & de *N... le Roy-Jumelles*, iffue des Marquis de *Jumelles*. De ce mariage vinrent:

1. NICOLAS, Chevalier, mort fans poftérité;
2. PIERRE, qui fuit;
3. HONORÉ, auteur de la branche des Seigneurs de *Long*, rapportée ci-après;
4. Et CLAUDE-JOSEPH, auteur de la branche des Seigneurs de *Montmaifnil*, qui viendra en fon rang.

XVI. PIERRE DE BUISSY, IIe du nom, Chevalier, Seigneur du Mefnil-Yvrench, & autres lieux, époufa, par contrat du 8 Juillet 1688, *Marie-Marguerite le Blond*, Dame d'Acqueft, de Mons, de Bealcourt, &c., fille de *François*, Ecuyer, Seigneur defdit lieux, & de *Marie-Jacqueline Tillette*. De ce mariage font nés:

1. PIERRE-PAUL, Prêtre, Religieux de Clugny, Prieur de St.-Pierre d'Abbeville, de St.-Gelais & de St.-Briffon, & Vicaire-Général de l'Abbaye de Cluny;
2. FRANÇOIS-JACQUES, mort jeune;
3. HONORÉ-JEAN, mort fans poftérité;
4. FRANÇOIS-PASCAL, mort en bas âge;
5. FRANÇOIS-JOSEPH, qui fuit;
6. MARIE-MARGUERITE-AGNÈS, Religieufe de la Vifitation;
7. ANNE-FRANÇOISE-ELISABETH, Religieufe Carmélite;
8. Et MARIE-THÉRÈSE DE BUISSY, Religieufe de l'Ordre de Saint-François.

XVII. FRANÇOIS-JOSEPH DE BUISSY, Chevalier, Vicomte du Mefnil, Pair d'Yvrench, Seigneur d'Acqueft, Mons, Bealcourt, & autres lieux, époufa, par contrat du 27 Avril 1727, *Marie-Marguerite le Bel-d'Huchenneville*, fille de *Jacques*, Ecuyer, Seigneur d'*Huchenneville*, & de *Marie-Catherine Foucques*. De ce mariage font iffus:

1. PIERRE-JACQUES-JOSEPH, né en 1730, mort en bas âge;
2. PAUL-FRANÇOIS, né en 1731, Chevalier, Vicomte du Mefnil, Moufquetaire de la première Compagnie de la Garde ordinaire du Roi depuis 1753. Il a quitté le fervice en 1764, & a époufé, en 1764, fa coufine iffue de germaine, MARIE-CHARLOTTE-GENEVIÈVE DE BUISSY, feconde fille d'HONORÉ-CHARLES, Seigneur de Long, & de *Thérèfe-Geneviève Ravot*, fa feconde femme;

3. & 4. CLAUDE, Chevalier, Capitaine d'Infanterie au Régiment de Lorraine, & HONORÉ, Prêtre, dit l'*Abbé de Buiffy*, nés tous deux jumeaux en 1732;
5. MARIE-MARGUERITE-MARTHE, née en 1728, mariée, en 1752, à *Marc-Antoine de Carpentin*, Chevalier, Seigneur de Gappefnes, Neuville & autres lieux;
6. Et THÉRÈSE-FRANÇOISE, née en 1736, morte jeune.

BRANCHE
des Seigneurs DE LONG.

XVI. HONORÉ DE BUISSY, Chevalier, Seigneur & Châtelain de Long, Seigneur, Fondateur & Patron de l'Eglife Collégiale de Notre-Dame de Longpré-aux-Corps-Saints, troifième fils de CLAUDE, IIe du nom, & de *Marie-Marguerite de l'Herminier*, a époufé, en 1692, *Marie-Marguerite de Fuzelier*, fille de *N... de Fuzelier*, Chevalier, & de *Marguerite Godard*. De ce mariage font nés:

1. HONORÉ-CHARLES, qui fuit;
2. JACQUES, Prêtre, Chanoine de l'Eglife Cathédrale, & Grand-Vicaire de l'Evêché d'Arras;
3. N...DE BUISSY, Chevalier, Seigneur du Cattelet, & Moufquetaire de la Garde ordinaire du Roi;

Et quatre filles, mortes toutes fans alliance.

XVII. HONORÉ-CHARLES DE BUISSY, Ier du nom, Chevalier, Seigneur & Châtelain de Long, Seigneur, Fondateur & Patron de l'Eglife Collégiale de Notre-Dame de Longpré-aux-Corps-Saints, Seigneur du Cattelet, Hurtevan, Boufflers, Hauconnay, Ligecourt, &c., a époufé, 1° par contrat du 3 Juillet 1720, *Marie-Madeleine d'Hollande*, fille de *François*, Ecuyer, Seigneur de Friaucourt, Béthancourt, Rivière, &c., morte fans poftérité; & 2° par contrat du 20 Février 1733, *Thérèfe-Geneviève Ravot-d'Ombreval*, fille de *Nicolas*, Chevalier, Seigneur d'Ombreval, de la Guérinière, d'abord Avocat-Général de la Cour des Aides de Paris, puis Maître des Requêtes, enfuite Lieutenant-Général de Police de la ville de Paris, & enfin Intendant de Juftice de la Province de Touraine, & de *Thérèfe-Gabrielle Breau*. De ce mariage font iffus:

1. HONORÉ-CHARLES, IIe du nom, Chevalier, mort en bas âge;
2. CHARLES-FRANÇOIS-GABRIEL, Chevalier, mort jeune;

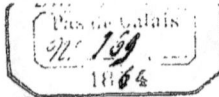

3. Jacques-Honoré, Chevalier, mort jeune ;
4. Pierre, Chevalier, né en 1737, Sous-Lieutenant aux Gardes-Françoises en 1758 ;
5. Marie-Thérèse-Adélaïde, dite *Mademoiselle de Long*, mariée à *N... de Fontaine*, Mousquetaire du Roi de la seconde Compagnie ;
6. Marie-Charlotte-Geneviève, dite *Mademoiselle de Longpré*, mariée, en 1764, à son cousin issu de germain, Paul-François de Buissy, Chevalier, Vicomte du Mesnil, Mousquetaire du Roi de la première Compagnie ;
7. Et N...., dite *Mademoiselle de Buiſſy*.

BRANCHE
des Seigneurs de Moro-Mesnil.

XVI. Claude-Joseph de Buissy, Chevalier, Seigneur de Moro-Mesnil, de Fontaine-le-Sec, de Ponthoile, &c., quatrième fils de Claude, IIe du nom, & de *Marie-Marguerite de l'Herminter*, épousa, par contrat passé le 10 Janvier 1701, *Françoise de la Caille*, dont il eut :

1. Pierre-Joseph, qui suit ;
2. Et N.... de Buissy, dite *Mademoiselle de Ponthoile*. morte, sans alliance.

XVII. Pierre-Joseph de Buissy, Chevalier, Seigneur de Moro-Mesnil, de Fontaine-le-Sec, du Quesnel, de Bricourt, & autres lieux, a épousé, par contrat du 21 Février 1729, *Marie-Elisabeth de Fuzelier*. De ce mariage sont issus :

1. Jacques-Joseph-François-Vulfrand, né en 1735, Chevalier, Seigneur de Fontaine-le-Sec ;
2. Claude-Antoine, né en 1738, Chevalier, Seigneur de Moro-Mesnil ;
3. Pierre-Joseph, né en 1742, Chevalier, Seigneur du Quesnel ;
4. Charles-Nicolas-Jacques, né en 1743, dit *le Chevalier de Buiſſy* ;
5. & 6. Françoise-Félicité, dite *Mademoiselle de Fontaine*, & Marie-Thérèse, dite *Mademoiselle de Bricourt*, nées toutes deux jumelles en 1729 ;
7. Et Marie-Anne, dite *Mademoiselle du Quesnel*, née en 1736.

Les armes : *d'argent, à une faſce de gueules, chargée de trois boucles d'or*. Supports : *deux levrauts d'argent, avec un collier de gueules, bouclé d'or*. Cimier : *un dogue aîlé, iſſant du caſque, avec la couronne de Marquis*. Devise : Attente nuit, Buissy. (Mémoire envoyé.)

Tome IV.

* BULGNÉVILLE, dans le Duché de Bar, Diocèse de Toul, Terre, Seigneurie & Prévôté, composée du Bourg de Bulgnéville, & de neuf Villages, Terres ou Seigneuries, qui fut érigée en *Comté* par Lettres de Léopold, Duc de Lorraine, du 16 Février 1708, puis en *Marquisat* par autres du 8 Juin de la même année, registrées à la Cour Souveraine de Lorraine & Barrois, en faveur de François des Salles, IIe du nom, Comte de Rorthé, Lieutenant, commandant l'une des Compagnies des Chevaux-Légers de la Garde de S. A. R. & Bailli de Pont-à-Mouſſen. Voyez SALLES (des).

BULKELEY, ancienne & illustre Maison au pays de Galles, qui doit son origine à un Fief du même nom, situé dans le Comté Palatin de Chester.

Au mois d'Octobre 1318, le Roi Edouard II accorda des Lettres de pardon à divers Seigneurs qui s'étoient révoltés contre lui, avec Thomas, Comte de *Lancaſtre*, Prince du sang Royal, & son cousin germain. De ce nombre étoit un Robert Bulkeley, Chevalier.

Guillaume de Bulkeley, Chevalier, accompagna en Espagne, en Mars 1348, sous le Roi Richard II, Jean d'Angleterre, Duc de Lancaſtre, oncle de ce Monarque, & père du Roi Henri IV, qui prenoit le titre de Roi de Castille & de Léon, comme mari d'une fille aînée du Roi Pierre-le-Cruel. Il fut fait chef de Justice du Comté de Chester, sous le règne du Roi Henri IV.

Dans le même tems un autre Guillaume de Bulkeley fut Gouverneur de Beaumaris, dans l'isle d'Anglesey, qui fait partie du pays de Galles.

Richard de Bulkeley, son petit-fils, ayant épousé une fille de *Guillaume Griffith de Penrhyn*, au Comté de Caernarvon, Seigneur issu des anciens Princes souverains de Galles, en laiſſa pour fils :

Richard, qui suit ;
Et Lancelot de Bulkeley, qui mourut Archevêque de Dublin sous le règne de Jacques Ier.

Richard de Bulkeley, IIe du nom, fut un guerrier très-renommé du tems de la Reine Elisabeth. Il eut pour petit-fils :

Thomas de Bulkeley, qui fut créé *Lord, Vicomte de Cashel*, au Comté de Tipperary

F f

en Irlande, & *Pair de ce Royaume*, par Lettres-Patentes du Roi CHARLES Iᵉʳ en date du 10 Novembre 1644, felon l'ancien ftyle, portant *mutation du nom de Cashel* en celui DE BULKELEY, ou du moins, jonction des deux noms à fa mort. Il laiffa deux fils:

L'aîné, qui a perpétué la ligne des Vicomtes, DE BULKELEY, Pairs d'Irlande;
Et HENRI, qui fuit.

HENRI DE BULKELEY fut Grand-Maître-d'Hôtel des Rois CHARLES II, & JACQUES II, qu'il fuivit en France en 1688, & a époufé *Sophie Stuart*, morte à Saint-Germain-en-Laye le 6 Septembre 1730, ayant été une des Dames d'honneur de la Reine MARIE D'EST, femme de JACQUES II, Roi d'Angleterre. Elle étoit fille cadette de *Walter Stuart*, troifième fils du Lord, Baron de Blantyre, Pair d'Ecoffe, dont:

1. FRANÇOIS, qui fuit;
2. CHARLOTTE DE BULKELEY, Vicomteffe *de Clare*, Dame d'honneur de la Reine MARIE D'EST, morte le 30 Octobre 1753, à Paris, dans l'enclos des Petites-Maifons, où elle demeuroit. Elle avoit époufé, 1º le 9 Janvier 1697, *Charles O-Brien*, Vicomte de Clare; & 2º *Daniel Mahoni*, Lieutenant-Général des Armées d'Efpagne. Elle avoit confervé le titre de *Vicomteffe de Clare*, & eut de fon premier mari, pour fils, le Maréchal de Thomond;
3. ANNE DE BULKELEY, morte le 12 Juin 1751, qui avoit époufé, le 18 Avril 1700, *Jacques Fitz-James*, Maréchal Duc de Berwick, mort le 12 Juin 1734;
4. HENRIETTE DE BULKELEY, qui a été Dame d'honneur de la Reine MARIE D'EST. Elle eft fille & retirée au Monaftère des Religieufes de la Croix du faubourg Saint-Antoine à Paris avec fa fœur;
5. Et LAURE DE BULKELEY, qui n'a pas été mariée.

FRANÇOIS, Comte de BULKELEY, Chevalier des Ordres du Roi, Lieutenant-Général de fes Armées, Gouverneur de Saint-Jean-Pied-de-Port, Colonel d'un Régiment d'Infanterie Irlandoife de fon nom, mourut le 14 Janvier 1756. Il avoit époufé *Marie-Anne Mahoni*, morte au mois de Février 1751, fille de *Daniel*, Comte titulaire de Caftille, Lieutenant-Général des Armées d'Efpagne & Vice-Roi de Sicile. Ils eurent:

HENRI, Comte de BULKELEY, Colonel d'un Régiment Irlandois de fon nom, né le 23 Octobre 1739.

Les armes: *d'argent, à la fafce de fable*,

chargée d'une mître d'or, & accompagnée de trois tourteaux d'azur, deux en chef & un en pointe.

* BULLI ou BULLY, Terre & Seigneurie en Bray, apportée en dot par JEANNE LE FILLEUL, à *Pierre l'Etendart*, mort en 1460. Elle a paffé dans la Maifon de *Roncherolles*, par THÉRÈSE-SUSANNE DE L'ETENDART, veuve de *Charles*, Marquis de Roncherolles, devenue héritière en 1740 de JEAN-LOUIS DE L'ETENDART, Marquis de Bulli, fon frère, mort fans poftérité. ANNE-MARGUERITE-THÉRÈSE DE RONCHEROLLES, Marquife de Bulli, l'a portée, le 28 Juin 1744, à *René-Nicolas-Charles-Auguftin de Maupeou*, Chancelier & Garde-des-Sceaux de France en Septembre 1768. Voyez ETENDART & MAUPEOU.

BULLION (DE), famille noble originaire de Mâcon. I. CLAUDE DE BULLION, Iᵉʳ du nom, Seigneur du Layer & de Senecé, Secrétaire du Roi, époufa *Claudine Vincent*, dont il eut entr'autres enfans:

1. JEAN, qui fuit;
2. Et CLAUDE, IIᵉ du nom, Seigneur du Layer & d'Argny, qui époufa *Marguerite de la Porte*, dont, entr'autres enfans, PIERRE DE BULLION, Seigneur du Layer & de Reclainville, Confeiller au Parlement, lequel époufa *Marie Hatte*, fille d'*Euverte*, Seigneur de Nuifement, & de *Marie de Marreau*, dont, entr'autres enfans, LOUISE DE BULLION, mariée, en 1640, à *Jean-Eléonor de Rochechouart*, Marquis de Montpipeau.

II. JEAN DE BULLION, Iᵉʳ du nom, Seigneur d'Argny, &c., Confeiller au Parlement, fut pourvu de la Charge de Maître des Requêtes en 1572, qu'il exerça jufqu'en 1588. Il époufa *Charlotte de Lamoignon*, fille de *Charles*, Seigneur de Bafville, Maître des Requêtes, & de *Charlotte de Befançon*. Ses enfans furent:

1. CLAUDE, qui fuit;
2. JEAN, IIᵉ du nom, Confeiller au Parlement de Dijon, puis à celui de Metz, & Préfident en la Cour des Aides de Dauphiné, établie à Vienne;
3. HENRI, auteur de la branche des Seigneurs de *Fontenai* & de *Courci*, rapportée ci-après;
4. CHARLOTTE, mariée à N..... Seigneur de *Broffes*, Bailli du pays de Gex;
5. Et FRANÇOISE, alliée 1º à *Jean Anjorran*, Seigneur de Claye, Confeiller au Parlement; & 2º à *Pierre Hatte*, Seigneur de Saint-Mars, auffi Confeiller au Parlement.

III. CLAUDE DE BULLION, IIIᵉ du nom, Marquis de Gallardon, Seigneur de Bonnelles, &c., fut souvent employé par les Rois HENRI le Grand & LOUIS le Juste, en diverses négociations, Ambassades, Traités & autres affaires importantes. Il fut reçu Conseiller au Parlement de Paris en 1599, Maître des Requêtes en 1605, puis Conseiller d'Etat ordinaire. Le Roi LOUIS XIII lui donna en 1632 la Charge de Surintendant de ses Finances, & peu après l'honora de celle de Garde-des-Sceaux de ses Ordres. Ce Prince, voulant le récompenser encore des services qu'il avoit rendus à l'Etat pendant plus de 30 années, créa en sa faveur un Office de Président à Mortier au Parlement de Paris, où il fut reçu au mois de Février 1636, & mourut le 22 Décembre 1640 en réputation d'avoir été l'un des plus habiles Ministres de son siècle. Il avoit épousé, par contrat du 22 Janvier 1612, Angélique Faure, fille de Guichard Faure, Secrétaire du Roi, & de Madeleine Brulart. De ce mariage vinrent:

1. NOEL, qui suit;
2. FRANÇOIS, auteur de la branche des Marquis de Montlouet, rapportée ci-après;
3. PIERRE, Abbé de St. Faron de Meaux, mort le 30 Novembre 1659;
4. CLAUDE, IVᵉ du nom, tige de la branche des Marquis d'Atilly & de Longchesne, qui viendra en son rang;
5. Et MARIE, morte sans postérité le 11 Mai 1649, alliée à Pomponne de Bellièvre, premier Président du Parlement.

BRANCHE
des Marquis DE BONNELLES, &c.

IV. NOEL DE BULLION, Seigneur de Bonnelles, en faveur duquel la Seigneurie de Gallardon fut érigée en Marquisat par Lettres du mois de Février 1655, enregistrées au Parlement le mois de Juin suivant, fut Président au Parlement en survivance de son père, & en donna sa démission pour être reçu Conseiller d'Honneur: il fut pourvu de la Charge de Greffier des Ordres du Roi en Juin 1643, dont il se démit en 1656, & mourut le 3 Août 1670. Il avoit épousé, par contrat du 24 Février 1639, Charlotte de Prie, morte le 14 Novembre 1700, âgée de 78 ans, fille de Louis, Marquis de Toucy, &c., & de Françoise de Saint-Gelais, dont:

1. ARMAND-CLAUDE, Seigneur d'Esclimont, Marquis de Gallardon, premier Ecuyer de la Grande-Ecurie du Roi, mort sans alliance le 27 Novembre 1671, âgé de 27 ans;
2. ALPHONSE-NOEL, Marquis de Fervaques, Capitaine-Lieutenant des Chevaux-Légers de la Reine, Gouverneur du Maine, Perche & Comté de Laval, mort sans alliance le 30 Mai 1690, âgé de 53 ans;
3. CHARLES-DENIS, qui suit;
4. Et N... DE BULLION, morte jeune.

V. CHARLES-DENIS DE BULLION, Marquis de Gallardon, Seigneur de Bonnelles, Esclimont, Prévôt de la Ville, Prévôté & Vicomté de Paris, Gouverneur de la Province du Maine, Perche & Comté de Laval, mourut le 20 Mai 1721. Il avoit épousé, le 21 Décembre 1677, Marie-Anne Rouillé, morte le 29 Septembre 1714, âgée de 55 ans, fille de Jean Rouillé, Comte de Meslay, Conseiller d'Etat ordinaire, & de Marie de Comans-d'Astric. Il eut pour enfans:

1. JEAN-CLAUDE, Marquis de Bonnelles, Lieutenant de Roi au Pays Chartrain, Brigadier de Cavalerie & Mestre-de-Camp du Régiment Royal de Roussillon, mort, sans alliance, des blessures qu'il avoit reçues à la journée de Turin le 7 Septembre 1706;
2. ANNE-JACQUES, qui suit;
3. CHARLES-JEAN-BAPTISTE, Seigneur de Marly, mort le 14 Décembre 1699, âgé d'environ 17 ans;
4. AUGUSTE-LÉON, Marquis de Bonnelles, reçu Chevalier de Malte en 1697, Mestre-de-Camp d'un Régiment de Dragons;
5. GABRIEL-JÉRÔME, Comte d'Esclimont, Mestre-de-Camp du Régiment de Provence, & Prévôt de Paris, mort le 31 Décembre 1752, âgé de 57 ans;
6. ANNE-MARIE-MARGUERITE, née en 1684, morte le 3 Août 1760, mariée, le 13 Mars 1706, à Jean-Charles de Crussol, Duc d'Uzès, Pair de France;
7. ELISABETH-ANNE-ANTOINETTE, mariée, le 2 Décembre 1707, à Frédéric-Guillaume de la Trémoïlle, Prince de Talmont, Lieutenant-Général des Armées du Roi, Gouverneur de Sarrelouis;
8. & 9. ANNE-THÉRÈSE & MARIE-THÉRÈSE DE BULLION, Religieuses aux Filles Sainte-Marie de Chaillot.

VI. ANNE-JACQUES DE BULLION, Marquis de Fervaques, appelé le Marquis de Bonnelles, Maréchal-des-Camps & Armées du Roi, Gouverneur des Provinces du Maine, Perche & Comté de Laval, Lieutenant de Roi au Pays Chartrain, Lieutenant-Général des Armées & Chevalier des Ordres du Roi en 1724, a époufé, le 27 Mars 1708, *Marie-Madeleine-Hortenfe Gigault-de-Bellefonds*, fille de *Louis-Chriftophe*, Marquis de Bellefonds & de la Boulaye, Gouverneur du Château de Vincennes, & premier Ecuyer de feu Madame la Dauphine, & de *Marie-Olympe-Emmanuelle de la Porte-Mazarini*, dont :

1. MARIE-ETIENNETTE, morte le 9 Octobre 1749, qui avoit époufé, le 22 Octobre 1734, *Charles-Anne-Sigifmond de Montmorency-Luxembourg*, Duc d'Olonne, mort le 21 Juillet 1777 ;
2. JACQUELINE-HORTENSE, mariée, le 28 Décembre 1740, à *Guy-André-Pierre de Montmorency*, Duc de Laval ;
3. Et AUGUSTE-ELÉONORE-OLYMPE-NICOLE DE BULLION, née le 6 Décembre 1721, morte le 27 Janvier 1751, qui avoit époufé, le 8 Avril 1745, *Paul-Louis*, Duc de *Beauvilliers*, morte le 9 Novembre 1757.

SECONDE BRANCHE.

IV. FRANÇOIS DE BULLION, fecond fils de CLAUDE, IIIᵉ du nom, Marquis de Gallardon, Seigneur de Bonnelles, &c., Surintendant des Finances, Préfident au Parlement, & d'*Angélique Faure*, fut Marquis de Montlouet, Baron de Maule, &c., premier Ecuyer de la Grande-Ecurie du Roi, & fe tua par accident en Juillet 1671. Il avoit époufé *Louife-Henriette Rouault*, Dame de Thiembrune, morte en Avril 1687, fille d'*Alôph*, & de *Marguerite de Theon*, fa feconde femme. De ce mariage naquirent :

1. LOUIS, Comte de Thiembrune, mort en 1688 fans alliance ;
2. LÉON, mort auffi fans alliance en 1690 ;
3. REMY, qui fuit ;
4. HENRI-CHARLES, Marquis de Saint-Amant, qui époufa, le 28 Novembre 1694, *Eulalie de Vauvré*, dont des enfans ;
5. CLAUDE, Comte de Montlouet, Seigneur de Preures, mort laiffant poftérité de *Françoife le Bel* ;
6. & 7. HENRI & FRANÇOIS, morts ;
8. CLAUDE, morte fans avoir été mariée ;
9. MARIE-ANGÉLIQUE, mariée, le 23 Juillet 1674, à *Jofeph-Emmanuel-Joachim Rouault*, Marquis de Saint-Valery, fon coufin ;
10. MARGUERITE-ANGÉLIQUE, Abbeffe de St.-Corentin ;
11. LOUISE-HENRIETTE, Religieufe à Chaillot ;
12. Et HENRIETTE-FRANÇOISE DE BULLION, dite *Mademoifelle de Montlouet*, fans alliance.

V. REMY DE BULLION, Marquis de Montlouet, époufa, le 27 Septembre 1697, *Fran-*

çoife Bailli, morte le 13 Octobre 1717, dont des enfans.

TROISIÈME BRANCHE.

IV. CLAUDE DE BULLION, IVᵉ du nom, quatrième fils de CLAUDE, IIIᵉ du nom, Marquis de Gallardon, Seigneur de Bonnelles, &c., & d'*Angélique Faure*, fut Marquis d'Atilly, Panfou, Seigneur de Longchefne, Villiers, &c., & mourut le 14 Janvier 1677. Il avoit époufé *Perrette Meufnier*, morte le 13 Décembre 1706, âgée de 80 ans, & en eut :

1. CLAUDE-LOUIS, qui fuit ;
2. FRANÇOIS, Marquis de Longchefne, qui époufa *Catherine-Henriette de Senneterre*, fille de *Henri*, Duc de la Ferté, Pair & Maréchal de France, & de *Madeleine d'Angennes*, dont :
  N..... DE BULLION, Marquis de Longchefne, Capitaine au Régiment de Piémont, tué à Paris dans une rencontre la nuit du 3 au 4 Décembre 1711 ;
  Et HENRI DE BULLION, mort fur mer.
3. JOSEPH, Marquis de Mezelan, Seigneur de Villiers, de Launay & du Petit-Mont ;
4. Et ANGÉLIQUE DE BULLION, morte fans enfans le 16 Mai 1716, mariée à *Chriftophe de la Tour-Saint-Vidal*, Marquis de Choifinet.

V. CLAUDE-LOUIS DE BULLION, Iᵉʳ du nom, Marquis d'Atilly, Seigneur de Launay, Igé, &c., mort le 18 Juin 1693, époufa, le 18 Avril 1680, *Marie-Catherine de Beauvau*, remariée à *Pierre de Barville*, Seigneur de Nocey, Lieutenant de Roi au Fort de Barraux, & fille de *Jacques*, Marquis du Rivau, & de *Diane-Marie du Campet-de-Saujon*. De fon premier mariage vinrent :

1. CLAUDE-LOUIS, qui fuit ;
2. CATHERINE-MARIE-ANNE, mariée, le 11 Décembre 1704, à *Pierre Rouxelin*, Seigneur de Montcourt, Grand-Maître des Eaux & Forêts de Touraine ;
3. Et ELÉONORE-MADELEINE, mariée, le 2 Mai 1711, à *Charles-Henri le Sefne de Menilles*, Seigneur de Bourneuf, Capitaine de Cavalerie dans le Régiment Dauphin, François.

VI. CLAUDE-LOUIS DE BULLION, IIᵉ du nom, Marquis d'Atilly, âgé de 13 ans en 1705, a eu de *Madeleine de Rofnyvinen*.

VII. CLAUDE-LOUIS-FRANÇOIS DE BULLION, dit le *Comte d'Atilly*, né en Octobre 1723, Lieutenant aux Gardes-Françoifes.

QUATRIÈME BRANCHE.

III. HENRI DE BULLION, Iᵉʳ du nom, troi-

Louis, de Lorient, &c., époufa N... *Martin-du-Parc*, fille de N... *du Parc*, Capitaine de Vaiffeaux du Roi, Commandant pour la Marine au Port-Louis, & de N... *du Rumain*. De ce mariage eft iffu :

V. FRANÇOIS-SIMON DE BURIN, Ecuyer, Seigneur de Ricquebourg & autres lieux, Lieutenant au Régiment de Languedoc.

SECONDE BRANCHE.

IV. JACQUES-ALEXANDRE DE BURIN, Ecuyer, Seigneur de la Neuville, né en 1682, fecond fils de FRANÇOIS, Ier du nom, & de *Catherine de Samfon*, fa première femme, fut Capitaine au Régiment de Bombelles, & bleffé au fiège de Douai, Confeiller du Roi, Commiffaire de la Marine, & nommé, lors de fon décès, Intendant des Isles du Vent de l'Amérique. Il avoit époufé, par contrat du 2 Avril 1714, *Marie-Angélique Wattier*. De ce mariage font nés :

1. JEAN-DOMINIQUE, qui fuit;
2. ANGÉLIQUE-GABRIELLE, mariée à *Raymond de Grenier*, Chevalier de St.-Louis, Lieutenant des Frégates du Roi, fils de *Marc de Grenier*, dit *le Marquis de Lantil*, Procureur-Général au Bureau des Finances de Guyenne;
3. Et HENRIETTE-MÉLANIE, dite *Mademoifelle de la Neuville*, née en 172...

V. JEAN-DOMINIQUE DE BURIN, Ecuyer, Seigneur de Leuche, de la Guenie & de Villemarion, entré dans le Régiment de Bourbonnois en 1734, eft marié à *Marie-Louife Herbert-du-Jardin*.

Les armes : *d'azur, à la bande d'argent, accompagnée de deux foùcis d'or*.

BURLE, en Dauphiné. I. GAUTIER BURLE, fils de noble HUBERT, & d'*Ifabeau Stanhuit*, Angloife de nation, fe retira en Provence fous le règne de la Reine JEANNE, & fe fit naturalifer par Lettres du 18 Juin 1379. Il quitta fon pays, lors des troubles caufés par la Maifon de *Lancaftre*, qui fit defcendre du Trône celle d'*Yorck*. GAUTIER BURLE eut pour fils :

II. ANDRÉ BURLE, lequel tefta le 25 Mai 1466, & laiffa de *Lucrèce de Thibaud*:

III. ANTOINE BURLE, marié à *Antoinette de l'Horte*, de laquelle il eut :

IV. LOUIS BURLE, qui époufa, au mois de Juin 1325, *Delphine d'Albert*, & eut :

1. BALTHASAR, qui fut premier Gentilhomme fervant de CHARLES, Cardinal de Bourbon, oncle du Roi HENRI IV, & marié 1° à *Ri-*

Tome IV.

charde d'Alphonfe, dont il n'eut qu'une fille, mariée à noble *Gafpard de Seillans*, Général de la Maréchauffée de Provence; & 2° à *Angélique Biliotti*, duquel mariage vint JEAN-LOUIS BURLE, mort fans poftérité;

2. Et JEAN, qui fuit.

V. JEAN BURLE fut Secrétaire du Roi en la Chancellerie de Provence en 1572, & marié, en 1603, à *Catherine de Rogier*, dont :

1. HONORÉ, qui fut Confeiller au Siège d'Aix, dont il mourut Doyen. Il laiffa d'*Anne de Rafelis de Rognes* :

> JEAN-LOUIS BURLE, IIe du nom, mort fans poftérité, qui époufa, en 1686, *Thérèfe du Pont*, fille de *Rainaud du Pont*, Seigneur d'Aurons, & d'*Honorade de Graffe-Montauroux*.

2. JEAN, IIe du nom, Capitaine d'Infanterie, mort fans alliance;
3. Et JEAN-ANTOINE, qui fuit.

VI. JEAN-ANTOINE BURLE fut marié, à Manofque, en 1636, à *Jeanne de Garnier-de-la-Javie*, dont il eut :

VII. MARC-ANTOINE DE BURLE, qui époufa, en 1656, *Claire du Vivail*, fille de noble *Palamède du Vivail*, Seigneur de la Vallée, Lieutenant de Roi au Gouvernement de Sifteron, & de *Marie de Bonfils*. Il laiffa entr'autres enfans :

1. PIERRE, qui fuit;
2. Et JEANNE, mariée à *Hercule de Villeneuve-Trans-Efclapon*.

VIII. PIERRE DE BURLE prit le nom de *Champelos*, d'un Arrière-Fief fitué dans la Terre de Valencolle. Il fe maria, en 1691, à *Françoife de Gérard-de-Lubac*, des Co-Seigneurs de *Vachères*. De ce mariage eft né entr'autres enfans :

IX. JEAN DE BURLE, IIIe du nom, Seigneur de Champelos, qui époufa, en 1727, *Madeleine-Rofe de Gombert*, fille de *Jean-Henri de Gombert*, Seigneur de Saint-Geniès & de Dromon, & de *Françoife de Vefe*, des Seigneurs de *Merle*. Il a de ce mariage plufieurs filles, dont deux font Religieufes à Rodez, & un fils qui fuit.

X. N....DE BURLE, reçu dans la Compagnie des Gardes de la Marine en 1755, a été fait Garde du Pavillon-Amiral après le combat naval donné contre les Anglois le 20 Mai 1756.

Les Seigneurs de *Curban* forment une feconde branche de cette Maifon; ils font établis à Sifteron. C'eft ce que nous favons fur cette famille, faute de Mémoire.

Les armes : *d'argent, à la bande d'azur chargée de trois annelets d'or, & accoftée de deux croix tréflées au pied fiché de gueules & renverfé.* Devife : *cruore Chrifti corufco.*

BURNIQUEL. Les Comtes de BURNIQUEL, qui portoient : *écartelé, aux 1 & 4 de gueules, à la croix cléchée & pommetée d'or; aux 2 & 3 à la croix pattée d'argent,* font fortis des Comtes DE COMENGE, par ARNAUD-ROGER DE COMENGE, Vᵉ du nom, Vicomte de Conferans. Il vivoit en 1403, & fa poftérité a fini à JEAN-LOUIS DE COMENGE, Vicomte de Burniquel, qui fut maintenu dans *fa Noblefſe* le 8 Août 1669. Il laiffa :

MARIE-THÉRÈSE & MARIE-ANNE DE COMENGE, reçues aux Sœurs Maltoifes, après avoir fait leur preuve le 16 Août 1679. Voyez CO-MENGE.

BURTIN, famille noble, dont étoit CA-THERINE BURTIN, mariée, par contrat du 23 Juillet 1710, à *Jofeph de Montdor,* Chevalier, feptième fils de *Jean,* IVᵉ du nom, & de *Jufte-Diane-Madeleine de Sallemard,* dont poftérité.

Les armes : *d'azur, à la croix d'or, cantonnée de quatre lofanges de même; au chef d'argent, chargé d'un lion paffant de gueules.*

* BURY, dans le Blaifois, Diocèfe de Blois, Terre & Seigneurie qui fut érigée en *Baronnie* par Lettres du mois de Juillet 1566, regiftrées le 13 Août fuivant, en faveur de CLAUDE ROBERTET, Baron d'Alluye; elle paffa enfuite à fa nièce FRANÇOISE ROBERTET-D'AL-LUYE, Dame de Brou, mariée à *Triftan de Roftaing,* Seigneur de Thieux, Chevalier des Ordres du Roi, Grand-Maître général des Eaux & Forêts de France, père de CHARLES DE ROSTAING, Comte de la Guerche & de Villemonde, Baron de Brou, Confeiller du Roi en fes Confeils, Capitaine de 50 hommes d'armes de fes Ordonnances. Ce fut en fa faveur que la *Baronnie de Bury,* unie à la Terre d'Onzain, fut érigée en *Comté* fous le nom DE ROSTAING, par Lettres du mois de Février 1634, regiftrées le 19 Juillet 1642. Le Comte DE ROSTAING, qui avoit été nommé Chevalier des Ordres du Roi en 1619, mourut à Paris le 4 Janvier 1660, fans avoir été reçu. Il avoit

époufé, le 7 Janvier 1612, *Anne Hurault-de-Cheverny,* dont :

LOUIS-HENRI, Marquis DE ROSTAING, qui mourut fans alliance le 16 Avril 1679;

Et FRANÇOIS DE ROSTAING, Comte de Bury, qui étant auffi mort fans enfans l'an 1666, fa veuve, *Anne-Marie d'Urre-d'Aiguebonne,* eut pour fes reprifes le Comté de Bury. Elle mourut âgée de 91 ans, le 19 Octobre 1724, & laiffa pour héritier *Jacques-Marin-Alexandre Peruchon-de-Varax,* qui devint Comte de Bury, & époufa, le 27 Août 1727, *Marie-Elifabeth Frotier-de-la-Meffelière.* Il a deux frères, le Marquis & le Chevalier de Varax.

Les armes de BURY font : *d'or, à quatre faſces de gueules.*

BUS, dans le Comtat d'Avignon. Les armes : *d'azur à l'arbre arraché & écoté d'or, foutenu par deux léopards d'argent, affrontés & couronnés d'or à l'antique.*

BUSC (DU), Seigneur de Saint-Germain, de Frefnay, & de Freffenville, en Normandie, Généralité de Rouen, famille maintenue dans *fa Noblefſe* le 14 Août 1668. Le P. Anfelme parle de RICHARD DU BUSC, qui vivoit en 1360, dont la fille, PERRONELLE DU BUSC, fut mariée, vers 1400, à *Guillaume du Bofc,* Seigneur de Tendos. La Roque, dans fon *Traité des Bans & Arrière-Bans,* dit qu'en la montre de 1470, Châtellenie de Vernon, CRESPIN DU BUSC fut excufé ou exempt du fervice, parce qu'il étoit occupé à la garde de la tour de Vernonet. On croit que la famille DU BUSC Seigneur de la Marre, Généralité de Rouen maintenue dans *fa Noblefſe* le 6 Février 1669, eft la même que celle DU BUSC-DE-SAINT-GER-MAIN, quoique les armes foient différentes par les métaux.

On trouve, dans l'*Hiftoire de la ville de Rouen,* un ÉLIE DU BUSC, Seigneur de Saint-Martin, Receveur de la ville de Rouen, qui obtint des Lettres de Nobleffe en 1655; & un NICOLAS DU BUSC, Seigneur de Saint-Martin, Echevin de la même Ville en 1659.

§ BUSON DE CHAMPDIVERS, dans le Comté de Bourgogne, originaire de Befançon, dont la Nobleffe a été prouvée dans l'Ordre de Malte & dans les Chapitres nobles de la Province. Elle remonte à

JEAN BUSON, qui fut chargé par la Ville de Befançon de fe trouver à une affemblée, en 1345, *au Moutier de Valentin,* entre les gens du Comté de Bourgogne, d'une part, & ceux de la Cité de Besançon, & ceux de M. Jean de Charon, d'autre part, au sujet du bois de Challut; il est qualifié dans un titre qui se trouve dans les Archives de la Confrérie de la Croix de Besançon, de Chevalier, *Miles*.

HUGUES-GABRIEL BUSON, le chef actuel de cette famille, Seigneur de Champdivers & de Frontin, Chevalier de Saint-Georges, a épousé *Anne-Jeanne-Baptiste-Pierrette-Gabrielle de Matherot*, dont :

ÉTIENNE-FRANÇOIS-XAVIER DE BUSON, Officier aux Gardes-Françoises.

Les armes : *parti de gueules & d'argent, chargé de trois quinte-feuilles de l'une en l'autre*.

BUSQUE, du surnom de *la Morée: d'argent, à la croix de gueules*, qui est ACHAÏE OU DE LA MORÉE, *à la barre de sable, brochante sur le tout*. ANTOINE DE SAVOIE, Prince d'Achaïe & de la Morée, vivoit en 1390. GEOFFROY DE LA MORÉE, Seigneur de Busque, Capitaine d'Infanterie, vivoit en 1580; & GUILLAUME DE LA MORÉE, Seigneur de Busque, mort en 1610, a laissé une postérité qui subsiste encore aujourd'hui.

BUSSERADE. PAUL BUSSERADE, Chevalier, Seigneur de Cepy, né en Brabant, fut institué Lieutenant-Général de l'Artillerie de France en 1495, & fut pourvu de la charge de Maître, Visiteur & Réformateur de l'Artillerie en 1504. Il se trouva au siège de Gênes en 1507, & fut tué au siège d'Avesnes en 1512. Sa postérité a fini à JEAN DE BUSSERADE, Maître particulier des Eaux & Forêts des Vicomtés de Gisors & de Lyon, par la résignation de son père en Avril 1621.

Les armes : *patté d'or & de gueules*.

* BUSSET, Terre qui fut anciennement possédée par la Maison de *Vichy*. GUILLAUME, Seigneur DE VICHY & de BUSSET, eut d'*Isabelle de Saligny*, une fille nommée SMARAGDE DE VICHY, qui fut son héritière dans les Seigneuries de *Busset*, de Puisagut & de Saint-Priest, qu'elle porta en mariage, par contrat du vendredi après la fête de la Toussaint de 1387, à *Maurin* ou *Morinot de Tourzel*, Baron d'Alègre, Seigneur de Tourzel, Chevalier, Conseiller & Chambellan du Roi & de *Jean*, Duc de Berry. YVES DE TOURZEL, Baron d'Alègre, leur fils aîné, épousa

Marguerite d'Apchier, fille de *Bertrand*, Seigneur d'*Apchier*, & d'*Anne de la Gorce*; ils eurent pour second fils BERTRAND DE TOURZEL, dit d'*Alègre*, qui eut en partage *Busset*, Puisagut, le Temple & Saint-Priest. Il épousa, par contrat du 30 Novembre 1471, *Isabelle de Lévis*, fille d'*Eustache de Lévis*, Seigneur de Villeneuve-la-Crémade, & d'*Alix de Cousan*, & ils eurent :

1. MARGUERITE DE TOURZEL, dite d'*Alègre*, laquelle étant veuve sans enfans de *Claude de Lénoncourt*, & Dame de Busset, de Puisagut, le Temple & Saint-Priest, porta ces Terres en mariage, le 1er Janvier 1498, à PIERRE DE BOURBON, son second mari;
2. Et CATHERINE DE TOURZEL-D'ALÈGRE, mariée, par contrat du 18 Avril 1493, à CHARLES DE BOURBON, Prince de Carency, Comte de la Marche, &c., duquel elle fut la troisième femme.

Cette Terre & *Baronnie*, puis *Comté* en Auvergne, au Diocèse de Clermont, a donné son nom à une branche de la Maison de *Bourbon*. Cette branche a pour auteur LOUIS DE BOURBON. Voyez BOURBON-BUSSET.

BUSSEUL, en Mâconnois. GABRIEL DE BUSSEUL, Seigneur du Parc, Saint-Martin, Senosan, Prisey & Tornas, eut :

1. GIRARD, qui suit ;
2. PHILIBERTE, femme 1° de *Philibert de Viry*, Seigneur de Chanlecy; & 2° de *Philibert de Rogemont*, Seigneur de Pierrecloux, veuf de *Catherine de la Roche*, & fils de *Humbert de Rogemont*, Seigneur de Pierrecloux, & de *Catherine de Bletterans*.

GIRARD DE BUSSEUL, Seigneur du Parc en Mâconnois, vivoit en 1410, & épousa *Antoinette de Grolée*, fille d'*Aymar*, & de *Catherine du Quart*, sa première femme, dont il eut :

1. GUILLAUME, qui suit ;
2. Et CLAUDINE, Dame du Parc, de Senosan en Mâconnois, de Dou en Dombes, femme de *Jacques Maréchal*, Chevalier, fils de *Jean*, Seigneur de Combefort, & d'*Anne de Bonnivard*.

GUILLAUME DE BUSSEUL, Seigneur de Sarril, vivant en 1510, épousa *Jeanne de Rogemont*, fille de *Philibert de Rogemont*, Seigneur de Pierrecloux, & de PHILIBERTE DE BUSSEUL, sa seconde femme, dont :

PHILIBERT DE BUSSEUL, Seigneur de Saint-

Sernin, vivant en 1520, qui épousa *Madeleine de Sercy*, dont entr'autres enfans :

1. CHARLES, qui suit ;
2. Et FRANÇOISE, femme, en 1550, de *Georges de Crémeaux*, Seigneur de Minardières, fils puîné de *Claude*, Seigneur de *Crémeaux*, Chevalier, & de *Marguerite de Saint-Symphorien*.

CHARLES DE BUSSEUL, Seigneur de Saint-Sernin, de Coreilles, de Germoles & la Bastie, Chevalier de l'Ordre du Roi, Bailli de Mâcon, épousa, l'an 1559, *Antoinette de Gorrevod*, fille de *Jean de Gorrevod*, Comte du Pont-de-Vaux, & de *Claudine de Semur*.

C'est ce que nous savons de cette famille, qui portoit pour armes : *fascé d'or & de sable de six pièces.*

BUSSIERE (LA), famille de Poitou, qui porte : *d'azur, à la bande d'argent, accompagnée en chef de deux vols de même, & en pointe de deux molettes d'or.* SUSANNE & MARIE DE LA BUSSIERE, nées en 1672 & en 1675, & reçues à Saint-Cyr au mois de Février 1686, étoient de cette famille, & prouvèrent qu'elles descendoient de JEAN DE LA BUSSIERE, Ecuyer, qui vivoit en 1490, & étoit leur V° ayeul.

BUSSON, en Bretagne. On pourroit remonter l'antiquité de cette famille jusqu'à BABIN BUSSON, Chevalier, vivant l'an 1161 ; mais n'ayant pas de Mémoire pour en parler avec certitude, nous commencerons par

I. ROBERT BUSSON, Chevalier, vivant l'an 1380, qui signa la paix de Guérande. Il épousa *Jeanne de Villaines*, fille de ce célèbre *Begue de Villaines*, Grand-Ecuyer de France, Favori des Rois CHARLES V & CHARLES VI, dont il eut :

II. OLIVIER BUSSON, Seigneur de Gazon, qui épousa *Béatrix*, Dame de *Chevigné*, & fut père de

III. THIBAUT BUSSON, Seigneur de Gazon, Chevalier, Chambellan du Duc de Bretagne JEAN VI, qui eut un bras coupé à la prise de Chantoceaux en 1419. Il épousa *Isabeau de Châteaubriant*, fille de *Brient de Châteaubriant*, Seigneur de Beaufort & du Plessis-Bertrand, & de *Jeanne de Tehillac*, dont vint :

IV. JEAN BUSSON, Seigneur de Gazon, de Villaines & de Chevigné, qui épousa *Anne d'Espinay*, fille de *Robert*, Sire *d'Espinay*,

Grand-Maître de Bretagne, & de *Jeanne de Montbourcher*, dont :

V. ROBERT BUSSON, Seigneur de Gazon, de Villaines & de Chevigné, marié à *Madeleine de la Chapelle*, fille de *René*, Seigneur de *la Chapelle*, Rainsonin, & de *Jeanne de Courcillon*, dont il eut :

1. GUY, qui suit ;
2. ISABEAU, femme de *Pierre du Gué*, Seigneur de Sernon ;
3. BARBE, mariée, en 1500, à *Jean de Champagné*, Seigneur de la Montagne ;
4. ROBERTE, Abbesse de Saint-Georges de Rennes ;
5. Et CATHERINE, Religieuse dans ladite Abbaye de Saint-Georges de Rennes en 1491.

VI. GUY BUSSON, Seigneur de Gazon, épousa *Jeanne de Sévigné*, fille de *Guillaume*, Seigneur de *Sévigné*, & de *Jacquette de Montmorency*. De ce mariage vinrent :

1. ISABEAU, Dame de Gazon, femme de *Charles de Beaumanoir*, Vicomte de Besso ;
2. Et FRANÇOISE, femme de *Charles de Couvran*, Seigneur de Sacé, fils de *Gilles de Couvran*, Seigneur de Sacé, & de *Marguerite de Beauvau*.

Les armes : *d'argent, au lion de sable, armé, lampassé & couronné d'or.*

BUSSY, en Bugey. I. GUILLAUME, Ier du nom, Seigneur DE BUSSY, Chevalier, donna plusieurs biens à la Chartreuse de Meyria en Bugey l'an 1195, & laissa :

1. THOMAS, qui suit ;
2. Et GUILLAUME, IIe du nom, Chevalier, nommé dans une Charte de l'Abbaye de Cheysery de 1237.

II. THOMAS, Ier du nom, Chevalier, Seigneur DE BUSSY en 1243, fut père de :

1. GARNIER, qui suit ;
2. GUICHARD, Chevalier, mentionné dans un titre de la Chartreuse de Meyria de 1244 ;
3. Et SOFFREY, Damoiseau, qui eut pour fils : GUILLAUME DE BUSSY, IIIe du nom, Chevalier, qui testa l'an 1290. Il épousa *Agnès*, & laissa ses biens à GEOFFROY, JEAN, PIERRE, BÉATRIX & MARGUERITE DE BUSSY, ses enfans.

III. GARNIER, Ier du nom, Chevalier, Seigneur DE BUSSY en 1260, laissa :

IV. GARNIER, IIe du nom, Seigneur DE BUSSY en 1310, lequel eut de *Marguerite*, dont le nom de famille ne nous est pas connu :

1. THOMAS, IIe du nom, Seigneur DE BUSSY, qui épousa *Clémence*, dont :

Nicolas de Bussy, mort jeune en 1350;

2. Philippe, qui fuit;

3. Guillaume, IVᵉ du nom, auteur de la branche des Seigneurs d'*Eyria*, rapportée ci-après;

4. Nicod, Chevalier, Châtelain de Beauvoir en Bugey, pour le Sire de Villars l'an 1324;

5. Et Humbert, Chevalier.

V. Philippe, Chevalier, Seigneur de Bussy & de Chanay en Michaille, testa le 10 Décembre 1354, & fut marié 1º à *Jeanne de Lugny*, fille de *Josserand*, Seigneur de *Lugny*, & de *Marguerite de Piseys*; & 2º à *Catherine de Viry*, fille de *Richard*, Seigneur de *Viry*, en Genevois. Il eut du premier lit:

1. Galois, Chevalier, Seigneur de Bussy, mort sans hoirs;

2. François, qui fuit;

3. Guigonne, femme de *François de Rogemont*, Chevalier.

Et du second lit vint:

4. Et Louis, auteur de la seconde branche, rapportée ci-après.

VI. François de Bussy, Iᵉʳ du nom, Chevalier, testa le 8 Janvier 1367. Il épousa *Alix de la Balme*, fille de *Guillaume de la Balme*, dit *Mauclerc*, & laissa:

1. Jean, dit *l'Aîné*, Religieux à Cluny;

2. & 3. Autre Jean, dit *le Jeune*, & André, Chevaliers, morts sans hoirs;

4. Et Marguerite, Religieuse à la Déserte à Lyon.

DEUXIÈME BRANCHE.

VI. Louis, Seigneur de Bussy & de Chanay en Michaille, troisième fils de Philippe, & de *Catherine de Viry*, sa seconde femme, épousa, l'an 1361, *Marguerite de Langins*, fille de *Jean de Langins*, Seigneur de Vignos au Pays de Vaud, & de *Catherine de Viry*, dont il eut:

1. François, qui fuit;

2. Catherine, femme de N..., Seigneur de *Compeys*;

3. Et Jacquette, femme de *Jean*, Seigneur de *Saleneufve*, en Genevois.

VII. François, IIᵉ du nom, Seigneur de Bussy & de Chanay, lors de l'institution des Chevaliers Hermites de Saint-Maurice, faite par Amé VII, Duc de Savoie, en sa retraite de Ripaille: il n'y eut que six Chevaliers, desquels celui-ci fut le quatrième. Il fut marié,

1º à Antoinette de Bussy, Dame d'Eyria, sa parente, morte en 1411 sans laisser d'enfans, fille de Jean de Bussy, Seigneur d'Eyria, & de *Félice de Mathefélon*; & 2º le 17 Décembre 1413, à *Éléonore de Grolée*, fille de *Guillaume de Grolée*, Seigneur de Neyrieu, & d'*Alix de Bressieux*, dont:

1. Antoine, qui fuit;

2. Beraud, Chevalier de la Toison d'Or, auquel Philippe *le Bon*, Duc de Bourgogne, donna une pension l'an 1430;

3. Et Louise, qui prit l'habit de Religieuse.

VIII. Antoine de Bussy, Seigneur d'Eyria, de Chanay & de Brion en 1455, épousa, le 3 Avril 1434, *Antoinette de Montluel*, fille de *Jean de Montluel*, Seigneur de Châtillon, & de *Guigonne de Luyrieux*, dont il eut:

1. Jacques, qui fuit;

2. François, Seigneur d'Isarnore, auteur de la troisième branche, rapportée ci-après;

3. Philibert, Protonotaire Apostolique & Commandeur de St.-Antoine de Bourg, mort l'an 1504;

4. Antoinette, mariée, le 19 Octobre 1480, à *François de Gerbais*, Seigneur de Billia;

5. Jeanne, femme d'*Antoine*, Seigneur de Genost, fils d'*Eustache*, Seigneur de Genost, & de *Louise de Marzey*;

6. Aimée, femme de *Guigues de Langins*, Seigneur de Buffavant;

7. Louise, femme d'*Antoine*, Seigneur de Dortans, fils de *Hugonin*, Seigneur de Dortans, & de *Guillemette de Vincelles*;

8. Et Guillemette, Dame de Geureyssia, qui testa le 31 Décembre 1523.

IX. Jacques de Bussy, Seigneur d'Eyria & de Chanay, Baron de Brion, Chambellan du Duc de Savoie & Gouverneur de Nice en 1477 & 1480, mourut le 7 Mars 1482. Il épousa *Marguerite de Clermont*, fille de *Jacques de Clermont*, Seigneur de Vaulserre, & de *Jeanne de Poitiers*, & laissa pour fils unique:

X. Pierre de Bussy, Seigneur d'Eyria, Vauluisant & Lyonnières, Chevalier de l'Ordre de Savoie, qui testa le 26 Mars 1561. Il épousa, le 5 Avril 1503, *Jeanne de Menthon*, fille de *Georges*, Baron de *Menthon*, & de *Marie de Coligny*, & laissa:

XI. Jean de Bussy, Seigneur d'Eyria, Baron de Brion, qui épousa, le 18 Janvier 1544, *Louise de Palmier*, veuve de *Philippe de la Tour*, Seigneur d'Hermieu, & fille de *Jean* de *Palmier*, Seigneur de la Baftie, & de *Luquette de Beauvoir*, dont vinrent:

1. Claude, qui fuit;
2. Bernard, mort fans hoirs;
3. Péronne, mariée, en 1588, à *Gafpard de Malivert*, Seigneur de Conflans - fur - Ains, fils de *Philibert de Malivert*, Seigneur de Conflans, & de *Catherine de Grillet;*
4. Et Barbe, Religieufe à Chambéry.

XII. Claude de Bussy, Chevalier, Seigneur d'Eyria, de Buffy & de Crangeac, Baron de Brion, époufa *Antoinette de Dinteville*, fille de *Jean*, Seigneur de *Dinteville*, Baron de Meurville & de Grignon, & de *Gabrielle d'Eftainville*, & fœur de *Joachim*, Seigneur de *Dinteville*, Chevalier des deux Ordres du Roi, & fon Lieutenant au Gouvernement de Champagne. De ce mariage vint pour fils unique:

XIII. Joachim-Antide de Bussy, Seigneur d'Eyria, de Buffy, de Sommelone, Montpelone, Montmartin & Dinteville, Baron de Crangeac & de Brion, Gentilhomme ordinaire de la Chambre du Roi, qui mourut en 1632. Il époufa, le 27 Septembre 1604, *Françoife de Saulx*, fille de *Guillaume de Saulx*, Chevalier des deux Ordres du Roi, Comte de Tavannes & de Buzançois, Lieutenant - Général au Gouvernement de Bourgogne, & de *Catherine Chabot*, & laiffa:

1. Claude-Antoine, qui fuit;
2. Marie, Baronne de Meurville, Dame de Spoy, & de Sommelone, femme de *François*, Comte d'*Eftaing*, Lieutenant des Gendarmes de la Reine, dont eft venu *Joachim*, Comte d'*Eftaing*, Marquis de Murol;
3. Et Huberte-Renée, Baronne d'Emery & de Lorme, Dame de Montpelone & de Montmartin, morte le 20 Avril 1686, mariée, par contrat du 26 Novembre 1634, à *Jean de Mefgrigny*, premier Préfident au Parlement de Provence, dont plufieurs enfans.

XIV. Claude-Antoine de Bussy, Marquis de Dinteville, Baron d'Emery, Lieutenant des Gendarmes de la Reine, fut tué à la bataille de la Marfée l'an 1641. Il époufa, l'an 1636, *Marguerite le Roy*, fille de *François*

le Roy, Seigneur de la Grange, Bailli & Gouverneur de Melun, & de *Balthafarde de Malain*, de la Maifon de *Lux*. Il laiffa une fille unique:

XV. Marguerite de Bussy, morte jeune quelque tems après fon père.

TROISIÈME BRANCHE.

IX. François de Bussy, Chevalier, Seigneur d'Ifarnore, fecond fils d'Antoine, Seigneur d'Eyria, & d'*Antoinette de Montluel*, mourut l'an 1534. Il époufa *Anne de Confignon*, & laiffa:

1. Richard, qui fuit;
2. Jean, Chevalier, mort fans hoirs;
3. Jeanne, morte fans alliance;
4. Et Françoise, mariée, le 15 Février 1557, à *Louis*, Seigneur de *Chandieu*, en Dauphiné.

X. Richard de Bussy, Chevalier, Seigneur d'Ifarnore & de Chanay, mourut en 1586. Il époufa *Jeanne de Luyrieux*, Dame du Villars, fille de *Chriftophe de Luyrieux*, Seigneur du Villars, & de *Marguerite de Bonnivard*. Il laiffa:

1. Prosper, mort jeune;
2. Simonne, mariée 1° à *Pierre de Villette*, Seigneur de la Cour en Bugey; & 2° à *Hercule de Lyobard*, Seigneur du Chaftelard, fils de *Georges de Lyobard*, Seigneur du Chaftelard, & de *Jacqueline d'Aguerre*, fa feconde femme;
3. Et Louise-Philiberte, morte fille.

QUATRIÈME BRANCHE
Seigneurs d'Eyria.

V. Guillaume de Bussy, Chevalier, troifième fils de Garnier, II° du nom, Seigneur de Buffy, & de *Marguerite*, fut Seigneur d'Eyria, & vivoit l'an 1320, auquel tems il époufa *Eléonore de la Balme*, fille d'*Anfelme de la Balme*, Chevalier, dont il eut:

1. Pierre, qui fuit;
2. Guillaume, Chevalier, Seigneur de Brion, lequel eut un bâtard nommé

Pierre de Bussy, Seigneur de Brion, qui époufa, le 19 Juin 1410, *Marie de Châtillon*, fille de *Jean*, Seigneur de *Châ-*

tillon-de-Michaille, dont il eut pour fils:

GUILLAUME DE BUSSY, mort fans enfans. Il époufa, l'an 1432, *Jeanne de Dortans*, fille d'*André*, Seigneur de *Dortans*.

3. LOUIS, Damoifeau, mort fans hoirs;
4. LYONNETTE, Religieufe en la Chartreufe de Poletins;
5. MARGUERITE, femme d'*André de Moyria*, Seigneur dudit lieu & de Mailla, fils de *Jean*, Seigneur de *Moyria*, & de *Pétronille de Corgenon*;
6. Et HENRI, mort jeune.

VI. PIERRE DE BUSSY, Chevalier, Seigneur d'Eyria, eut de fa femme dont on ignore le nom:

1. JEAN, qui fuit;
2. Et GUILLAUME, Chevalier, vivant l'an 1380, & mort fans lignée.

VII. JEAN DE BUSSY, Seigneur d'Eyria & d'Ifarnore, mourut l'an 1396. Il époufa *Félicie de Mathefélon*, fille de *Girard de Mathefélon*, Seigneur de Montillet, & de *Henriette de Buffy-le-Blanc*, & laiffa:

1. ANTOINETTE, Dame d'Eyria, morte fans enfans en 1411, première femme de FRANÇOIS DE BUSSY, IIe du nom, fon coufin;
2. Et LOUISE, Religieufe à Saint-Pierre de Lyon.

Cette Maifon, éteinte, portoit pour armes: *écartelé d'argent & d'azur*.

BUSSY, du furnom d'*Ogny*, famille qui fubfifte dans Meffieurs DE BUSSY, frères.

CHARLES DE BUSSY, Marquis de Caftelnau, qui a commandé en Chef les Troupes Françoifes aux Indes Orientales, & Brigadier le 22 Mars 1758, avoit époufé, 1° le 14 Mai 1761, *Mélanie-Artemife de Choifeul*, morte à Paris, âgée de 20 ans, le 5 Mars 1764, fille d'*Antoine-Nicolas*, Seigneur de Sommeville, & de *Renée-Marie-Michelle de Beauval*; & 2° par contrat du 2 Juin 1765, *N... de Meffey*, Chanoineffe de Mons, fille de *Gabriel*, Comte de Biel, & de *Louife-Pétronille de Ligniville*.

Et N.... DE BUSSY, qui s'eft établi à Metz. (Voy. CASTELNAU.)

Les armes: *écartelé, aux 1 & 4 d'azur,* au chevron d'or, accompagné de trois étoiles de même, 2 en chef & 1 en pointe; aux 2 & 3 de gueules à la bande d'argent, accompagnée de fix croix recroifettées au pied fiché de même, pofées en orle.

BUSSY-LAMETH. Voy. LAMETH.

BUTAULT DE MARSAN. JACQUES-JOSEPH DE BUTAULT, Seigneur de Marfan en Bretagne, eut pour fille:

MARIE-MARGUERITE-REINE DE BUTAULT DE MARSAN, nommée au mois de Janvier 1744, Dame du Palais de feu Madame la Dauphine. Elle époufa, le 26 Février 1737, *Louis de Durfort*, Comte, puis Duc de Lorge, né le 18 Février 1714.

BUTLER. Suivant un *mémoire* envoyé, cette illuftre Maifon, fi renommée dans l'*Hiftoire d'Angleterre & d'Irlande*, defcend en ligne directe & mafculine, fans interruption, de RICHARD Ier, petit-fils de RAOUL ou ROBERT, Duc de Normandie, qui époufa 1° *Emma*, fille de HUGUES *le Grand*, Comte de Paris; 2° *Gonnorens*; & 3° *N...* Il eut du fecond lit:

RICHARD II, qui defcendoit de GUILLAUME *le Conquérant*.

Et du troifième lit:

GEOFFROY ou GODEFROY, qui fuit.

GEOFFROY ou GODEFROY, Comte de Brionne, eut:

GILBERT, qui fonda en 1334 l'Abbaye du Bec en Normandie, conjointement avec Herlovin, qui en fut le premier Abbé: il eut deux fils qui paffèrent en Angleterre, savoir:

RICHARD, qui fuit;

Et BAUDOUIN, tige de la famille de *Ripariis*, Comte de Devonshire.

GILBERT eut encore pour defcendant:

RICHARD STROUGBOW, Comte de Strigul & de Chepftow, dont les faits mémorables font célébrés dans l'*Hiftoire de la conquête d'Irlande*, fous HENRI II, Roi d'Angleterre.

RICHARD, Grand-Echanfon du Roi, créé par *Guillaume le Conquérant*, Comte de Clare ou de *Clarence*, eut pour enfans:

1. GILBERT, qui fuit;

2. & 3. Roger & Gautier, qui ne laissèrent pas de postérité;

4. Robert, qui faisoit, du vivant de son père, les fonctions de la charge de Grand-Echanson, avec son frère Richard, d'où ils prirent le surnom de Bouteiller; le livre du Domesday, Registre des Fiefs & Seigneuries relevant & tenus de la Couronne, conservé précieusement à l'Echiquier de Londres, en fait mention sous le nom de Robertus le Pincerne de Shropsthir & Richardus le Pincerne de Cheshire. Robert épousa la fille de Simon de Saint-Liz, Comte de Northampton & de Huntingdon, dont descendent les Butler de Hereford-de-Bidenham, dans le Comté de Bedford, & ceux de Sudeley, outre ceux de Cornouailles & de Daventry, dans le Comté de Northampton;

5. Et Richard, dont descendent les Butler de Pulton, & de ceux-ci les Butler de Kant.

Gilbert eut une postérité qui continua dans la plus grande splendeur & considération jusqu'à Théobald ou Thibaut, que Henri III, fit Grand-Echanson héréditaire du Royaume d'Irlande pour lui & ses descendans à perpétuité, d'où ils prirent le nom de Butler, qui est celui de toute sa postérité, & cette Charge a été possédée sans interruption jusqu'à nos jours (excepté le tems de l'Anarchie dans le dernier siècle sous l'usurpateur Cromwel), par l'aîné de la famille, & l'est encore aujourd'hui par Milord Comte d'Horam, frère unique du dernier Duc d'Ormonde, chef de cette Maison.

I. Théobald de Butler étoit fils de Thomas de Brionne (Fitz-Walter, ou fils de Gauthier, selon l'usage de ce tems-là), & d'Agnès Becket, sœur de St.-Thomas de Cantorbéry, dont le père, Gilbert Becket, Gouverneur de Londres, ayant été fait captif aux Croisades par le Sultan de Syrie, fut délivré par la Princesse, fille du Soudan, qui s'échappa un an après de Syrie, & vint à Londres chercher Gilbert Becket qui la fit baptiser, & l'épousa en 1138. De ce mariage sont sortis St.-Thomas, & sa sœur Agnès Becket, qui, avec son mari Thomas de Brionne, a fait la fameuse fondation du grand Hôpital qu'on nomme St.-Thomas d'Acre à Londres.

IV. Théobald de Butler, arrière-petit-fils du précédent, mourut en 1285. Il épousa Jeanne, fille de Jean Fitz-Geoffry, Comte d'Essex, dont il eut:

V. Edmond de Butler, créé Comte de Carrick par Edouard II, qui épousa, en 1302, Jeanne, fille de Jean Fitz-Gérald, premier Comte de Kildare, de laquelle il eut:

1. Jacques, qui suit;
2. Jean, tige des Lords & Vicomte d'Ikerrin;
3. Et Lawrence, mariée à Roger de Mortimer, Comte de March.

VI. Jacques de Butler, Ier du nom, second Comte de Carrick, fut créé en 1332 par le Roi Edouard III, Comte d'Ormonde, & revêtu, pour lui & les aînés de ses descendans à perpétuité, de la dignité de Prince du Comté Palatin de Tipperary, & mourut le 6 Janvier 1338. Il épousa Eléonore, fille aînée de Homfroi de Bohun, VIIIe du nom, Comte de Hereford, Connétable d'Angleterre, & d'Elisabeth, fille d'Edouard Ier, & cousine germaine d'Edouard III, Roi d'Angleterre. De ce mariage vinrent:

1. Jacques, qui suit;
2. Et Pétronille, mariée à Gilbert Talbot, ancêtre des Comtes de Shrewsbury.

VII. Jacques de Butler, IIe du nom, second Comte d'Ormonde, & troisième de Carrick, eut d'Elisabeth, fille du Chevalier Jean Darcy:

VIII. Jacques de Butler, IIIe du nom, troisième Comte d'Ormonde, & quatrième de Carrick, qui mourut en 1405. Il eut d'Anne, fille de Jean, Lord Welles:

1. Jacques, qui suit;
2. Et Richard, filleul du Roi Richard II, dont les descendans sont devenus par la suite, & sont encore aujourd'hui, Comtes d'Ormonde & de Carrick, &c., auteur de la seconde branche, rapportée ci-après.

Jacques de Butler, IIIe du nom, eut aussi pour fils naturels:

1. Thomas de Butler, Prieur de Kilminham, homme d'un génie martial, & élevé Lord-Justicier d'Irlande en 1448;
2. Et Jacques de Butler, surnommé Galdic,

dont un defcendant fut créé *Lord Baron de Caher*, en 1542.

IX. Jacques de Butler, IVᵉ du nom, quatrième Comte d'Ormonde, &c., mort en 1452, époufa 1° *Jeanne-Fitz-Gérald*, & 2° en 1432, *Elifabeth*, veuve de *Jean*, Lord *Grey*, & fille de *Guillaume de Beauchamp*, Lord de Bergavenny. Il eut du premier lit:

1. Jacques, qui fuit;
2. Jean, rapporté après fon frère;
3. Thomas, qui a continué la poftérité après la mort de fes deux frères aînés;
4. Et Elisabeth, mariée à *Jean Talbot*, fecond Comte de Shrewsbury.

X. Jacques de Butler, Vᵉ du nom, cinquième Comte d'Ormonde, & de Carrick, fut auffi créé *Comte de Wiltshire*, Grand-Tréforier d'Angleterre, Chevalier de la Jarretière, & Vice-Roi d'Irlande en 1449. Il fe trouva à la fanglante bataille de Towton, où il commandoit l'aile droite de l'Armée du Roi Henri VI, & qui fe donna le 29 Mars 1461: il y fut fait prifonnier & décapité à Newcaftle le 1ᵉʳ Mai 1461, fans poftérité. Le titre de *Wiltshire* fut éteint en fa perfonne. Il époufa 1° *Avice*, fille de *Jean Fitz-Alan*, Comte d'Arondel; 2° *Avice*, fille du Chevalier *Richard Stafford*; & 3° *Eléonore*, fœur & co-héritière d'*Edmond Beaufort*, Duc de Sommerfet, de la Maifon de *Lancaftre*.

X. Jean de Butler, fon frère, fuccéda aux Comtés d'Ormonde, de Carrick, &c., mais il mourut fans poftérité en 1478, à Jérufalem, où fa dévotion le porta à aller vifiter le St.-Sépulcre.

X. Thomas de Butler, Iᵉʳ du nom, troifième fils de Jacques, IVᵉ du nom, recueillit toute la fucceffion de fa Maifon, & mourut en 1515. Il époufa *Anne*, fille du Chevalier *Richard Hankford*, & d'*Anne*, fille de *Jean de Montagu*, troifième Comte de Salisbury, dont:

1. Anne, mariée au Chevalier *Jacques de Saint-Léger*, dont les defcendans font aujourd'hui Lords Vicomtes de *Doneraile*;
2. Et Marguerite, mariée au Chevalier *Guillaume Boleyn*, dont elle eut le Chevalier Thomas Boleyn, marié à la fille du Duc de

Tome IV.

Norfolk, dont il eut Anne de Boleyn, Reine d'Angleterre, & mère de la Reine Elisabeth.

SECONDE BRANCHE.

IX. Richard de Butler, fecond fils de Jacques de Butler, IIIᵉ du nom, & d'*Anne Welles*, laiffa de *Catherine*, fille de *Gildas O'Reily*, Lord Cavan:

Edmond de Butler, qui eut pour fils:

Jacques, qui fuit;

Et Gautier de Butler, tige des Chevaliers Baronnets & Barons de *Poleftown*, dont le chef étoit Capitaine & Meftre-de-Camp au Régiment de Cavalerie de Fitz-James.

X. Jacques de Butler, VIᵉ du nom, époufa *Sabine*, fille de *Donald Reogh Mac Murrough Cavenagh*, & laiffa:

XI. Pierre de Butler, qui fuccéda dans tous les biens & dignités de fes ancêtres. Henri VIII le créa auffi Comte d'Offory en Irlande, après qu'il en eut été fait Vice-Roi. Il mourut en 1539. Il fe maria avec *Marguerite Fitz-Gérald*, fille de *Gérald*, Comte de Kildare, de laquelle vinrent:

1. Jacques, qui fuit;
2. Richard, créé *Lord Vicomte de Mountgarret* le 23 Octobre 1550 par le Roi Edouard VI;

Et fix filles, mariées, l'une à *Donogh-O-Brien*, Comte de Thomond; les autres aux Lords *de Caher*, d'*Uppreffery*, de *Dunboyne*, de *Poër*, & de *Decies*.

XII. Jacques de Butler, VIIᵉ du nom, Comte d'Ormonde, fut fait Vice-Roi d'Irlande vers la fin du règne de Henri VIII, & mourut le 17 Octobre 1546. Il avoit époufé *Jeanne*, fille unique & héritière de *Jacques Fitz-Gérald*, Comte de Defmond, de laquelle il eut:

1. Thomas, qui fuit;
2. Edmond, qui eut pour fils Théobald de Butler, mort fans enfans d'Elisabeth de Butler, fa coufine germaine, remariée, en 1614, au Chevalier *Richard Prefton*, mort en 1619;
3. Jean, auteur de la troifième branche, rapportée ci-après;
4. Gautier, auteur de la cinquième branche, qui viendra en fon rang;

H h

5. Jacques, auteur de la branche des Seigneurs de Butler-*Kilmonetty*, dont il est douteux qu'il reste encore des successeurs mâles.

6. & 7. Edouard & Pierre, morts sans postérité;

XIII. Thomas de Butler, IIe du nom, dit *le Duffe* ou *Noir*, fut déclaré, après le décès de son père, Général des Troupes & Grand-Trésorier d'Irlande par la Reine Elisabeth, sa cousine au Ve degré, qui le créa aussi Chevalier de la Jarretière, & mourut le 22 Novembre 1614, dans son Château de Carrick. Il eut de sa seconde femme, *Marie Sheffield*, fille de Milord Mulgrave:

Elisabeth, qui suit.

Le Comte Thomas de Butler, dit *le Noir*, quelques années après être allé en Angleterre, envoya en Irlande un jeune enfant portant son nom, & déjà créé *Lord-Vicomte de Galmoye*. Il est certain (dit le *Mémoire* envoyé, sur lequel nous avons dressé cette Généalogie) que le Comte le reconnoissoit pour son fils, & la tradition veut que la Reine Elisabeth fût sa mère.

XIV. Elisabeth de Butler fut mariée par son père à Théobald de Butler, son cousin germain. Le Roi Jacques Ier créa Théobald *Lord Vicomte de Butler-de-Tullophelen*, & le fit Gouverneur du Comté de Carlow, honneur dont il ne jouit pas longtems, étant mort peu après sans laisser de postérité. Le Roi força Thomas de Butler à remarier, en 1614, sa fille Elisabeth au Chevalier *Richard Preston*, son favori, qu'il créa à cette occasion *Lord Baron Dingwal* en Ecosse: ce mariage n'étoit pas du goût du Comte d'Ormonde, qui n'y survécut pas long-tems. A peine le Comte fut-il au tombeau que le Lord Dingwal, son gendre, prit les titres de Comte d'Ormonde, de Carrick, d'Ossory & de Desmond, en droit de sa femme; mais dans le tems qu'il se croyoit assuré de tous les biens de son beau-père, il en fut privé, & mourut, dans une tempête, la nuit de St.-André 1619, venant d'Irlande en Angleterre.

TROISIÈME BRANCHE.

XIII. Jean de Butler, troisième fils de

Jacques, VIIe du nom, épousa *Catherine*, fille de *Cormac Mac-Carty Reagh*, & laissa:

XIV. Gautier de Butler, qui s'empara de toute la succession, en vertu d'une ancienne & constante disposition dans la famille, & d'actes du Parlement d'Angleterre & d'Irlande, qui substituent les biens, titres & dignités de la Maison de Butler-*d'Ormonde*, au plus proche héritier mâle. Gautier de Butler soutint ses droits opiniâtrement, & le Roi Jacques le fit arrêter & mener à la Tour de Londres, où il resta sans se désister de ses prétentions, jusqu'à la mort de Milord Dingwal, en 1619. Gautier mourut en 1632, & eut d'*Hélène*, fille d'*Edmond*, Vicomte de *Mountgarret:*

XV. Thomas de Butler, IIIe du nom, Vicomte de Thurles, qui, passant aussi d'Angleterre en Irlande, eut le malheur de périr dans la tempête la nuit de St.-André 1619. Il épousa *Elisabeth*, fille du Chevalier *Jean Pointz*, dont:

1. Jacques, qui suit;

2. Richard, auteur de la quatrième branche, rapportée plus loin;

3. Marie, femme de *Georges Hamilton*, & mère de *Jacques*, tué en 1691, dont la fille, *Marguerite-Louise-Emilie Hamilton*, est veuve du Marquis de *Marmier;*

4. Et Léonore, femme de *Donagh Mac-Carty*, second Comte de Clancarty, dont la fille, *Hélène Mac-Carty*, a été la seconde femme de *Guillaume de Burke*, sixième Comte de Clanricarde.

XVI. Jacques de Butler, VIIIe du nom, né en 1610, succéda aux honneurs & titres de son grand-père. Le Roi Charles Ier le créa *Marquis d'Ormonde*, & Charles II, le créa *Comte de Brecknock*, & *Duc d'Ormonde* en Angleterre & en Irlande en 1682, dont il étoit Vice-Roi. Il mourut le 21 Juillet 1688. Il épousa en 1628, *Elisabeth Preston*, cousine germaine de feu son père, & fille & unique héritière du Lord Dingwal, mort en 1686. Ce mariage mit fin à tous les différends, & réunit tous les biens. Ils eurent:

1. Thomas, qui suit;

2. Richard, Comte d'Arran, marié à *Marie*, fille du Duc de *Richmond*, de laquelle il

eut Charlotte, mariée, en 1699, à *Charles*, Lord *Cornwallis;*

3. Jean, Comte de Gowran, mort fans pofté rité ;

4. Elisabeth, mariée à *Philippe Stanhope*, Comte de Chefterfield ;

5. Et Marie de Butler, mariée à *Guillaume Cavendish*, Comte de Devonshire.

XVII. Thomas de Butler, IVe du nom, Comte d'Offory, Baron de More Park, Vice-Amiral d'Angleterre, Grand-Maître de la Maifon de la Reine Catherine de Portugal, femme de Charles II, & Chevalier de la Jarretière, mort en 1681, avoit époufé, le 17 Novembre 1659, *Emilie de Naffau*, fille de *Louis*, Lord de Beverweart, fils naturel du Prince Maurice d'Orange, dont :

1. Jacques, qui fuit;

2. Charles, né le 4 Septembre 1671, Vicomte de Tulloch, Baron de Wefton & Cloughgrenan, Chancelier de l'Univerfité d'Oxford, qui n'a point eu d'enfans d'*Elifabeth*, fille du Lord *Creuw-Stene*, & fœur & co-héritière de la Duchefle de *Kent;*

3. Elisabeth, mariée à *Guillaume-George-Richard Stanley*, Comte de *Derby;*

4. Emilie, qui n'a point pris d'alliance ;

5. Et Henriette, mariée à *Henri de Naffau-d'Ouwerkerke*, Comte de Grantham.

XVIII. Jacques de Butler, IXe du nom, né à Dublin le 29 Avril 1665, fuccéda, après la mort de fon père, à tous fes biens, titres, honneurs & dignités, & fut introduit à la Chambre des Pairs d'Angleterre en qualité de Duc-Comte & Marquis d'Ormonde, tant en Angleterre qu'en Irlande, Comte de Carrick, d'Offory & de Brecknock, Vicomte de Thurles, Baron de More Park & de Llanthony, Grand-Echanfon héréditaire du Royaume d'Irlande, & Prince du Comté Palatin de Tipperary. Il étoit Lieutenant-Général & Capitaine de la première Compagnie des Gardes-du-Corps, & Colonel des Gardes Irlandoifes. Il fut fait Chevalier de la Jarretière & Général de la Cavalerie fous le Roi Guillaume. Il fut nommé, fous la Reine Anne, Vice-Roi d'Irlande, Généraliffime de fes troupes par mer & par terre, Gouverneur des cinq Ports jufqu'à la mort de cette Reine,

puis Chancelier des Univerfités d'Oxford & de Dublin, Grand-Bailli de Weftminfter & de Briftol. Après la mort de la Reine Anne, il paffa en France, & après celle du Roi Louis XIV, il fe retira en Efpagne, où le Roi le fit Capitaine-Général; enfin en 1732, il paffa à Avignon, où il mourut le 16 Novembre 1745. Il époufa 1° *Anne*, fille de *Laurent*, Comte de *Rochefter;* & 2° *Marie de Sommerfet*, fille d'*Henri*, Duc de Beaufort, & eut du premier lit:

1. Marie, morte en 1712, mariée, en 1710, à *Jean*, Lord *Ashburnham;*

2. Et N.... morte fans avoir été mariée.

QUATRIÈME BRANCHE.

XVI. Richard de Butler, fecond fils de Thomas, IIIe du nom, & d'*Elifabeth Pointz*, mourut en 1701. Il époufa *Françoife Touchet*, fille de *Mervin*, Comte de *Caftlehaven*. Aux defcendans de Richard de Butler, fe termine la branche aînée. Ils eurent entr'autres enfans:

Gauthier, père de Thomas, qui fuit;

Et Jean, père de Richard de Butler-de-Westcourt, marié en 1738, à Hélène, fille de Thomas de Butler.

XVII. Thomas de Butler de Kilcash, mourut en 1738, laiffant entr'autres enfans:

Jean, qui n'eft pas encore marié ;

Et Hélène de Butler, mariée, en 1738, à Richard de Butler-de-Westcourt.

CINQUIÈME BRANCHE.

XIII. Gautier de Butler, quatrième fils de Jacques, VIIe du nom, époufa *Hélène Mac-Carty-Mac-d'Onnogh*, dont:

1. Pierre, Baron d'Ardemaile & Vicomte de Galmoye, dit *Milord Galmoye*, Pair d'Irlande, Colonel de plufieurs Régimens d'Infanterie & de Cavalerie, premier Gentilhomme de la Chambre de Jacques II, qui le créa, en France, *Comte de Newcaftle*. Il fut fait Lieutenant-Général des Armées de France le 1er Mars 1705, & mourut le 18 Juin 1740, âgé de 89 ans. Son fils unique a été tué à la bataille de Malplaquet le 11 Septembre 1709, à la tête des Grenadiers de fon père. Son neveu a fuccédé au titre

de *Lord-Vicomte de Galmoye*, & a épousé
N.... Magennis, fille du Lord Vicomte d'I-
veagh, dont il n'a point encore d'enfans.
La postérité de Pierre a fini à Théobald de
Butler, Baron d'Ardemaile, mort au ser-
vice du Roi à Arras en 1750;

2. Et Jean, qui suit.

XIV. Jean de Butler, surnommé *Gambe-
longue*, Baron de Garryricken & de Reha-
nach, épousa *Hélène Bourke* ou *Burgo*, fille
de Milord de Castleconnel, dont:

XV. Théobald de Butler, qui mourut au
service de l'Impératrice-Reine, & laissa:

XVI. Jean de Butler, auteur de la branche des Butler-Bailliclohy, dans le Comté
de Waterford, dont la postérité subsiste dans
la personne de

XVII. Jacques de Butler, Chevalier, Ba-
ronet & Baron d'Ardemaile, de Garryricken,
&c., Ecuyer du Roi en sa Grande-Ecurie, devenu l'aîné de cette branche par l'extinction
de celle de Pierre, fils aîné de Gauthier, auteur de la cinquième branche. Jacques de
Butler a épousé *Sophie Cooq*, fille de *Mathieu Cooq*, Lieutenant-Général des Armées
du Roi, dont il n'a qu'une fille.

Voilà la postérité de Jacques de Butler
VIIᵉ du nom, Comte d'Ormonde, qui s'éteint
dans une fille; mais on peut remonter à celle
de Milord de *Mountgarret* (Richard de Butler, frère du Comte) & à ceux qui sont de
cette branche, puis à celle des Chevaliers, Ba-
ronets, & Barons de *Polestown*, ensuite à
celle des Lords-Vicomtes *d'Ikerrin*, & enfin
à celle des Lords-Barons de *Dunboyne*, qui
descendent en ligne directe de Jean de Butler, frère d'Edmond, premier Comte de Carrick.

N..... de Butler mourut le 13 Mai 1752.
Elle étoit veuve, le 3 Février 1738, de *Pierre-
François de la Guillaumie*, & sœur de Marie-Hélène de Butler, morte âgée d'environ
53 ans, le 21 Mai 1753, seconde femme, le 20
Août 1729, de *Charles-Balthasar de Clermont-Chatte*, Comte de Roussillon, mortâgé
de 82 ans, le 20 Avril 1740, & mère de la
Marquise de *la Salle-Caillebot*.

Dans l'espace de 460 ans, c'est-à-dire de-

puis la première année du règne du Roi
Henri III jusqu'à la dernière de celui de la
Reine Anne, il y en a eu douze de cette Maison qui ont été vingt-neuf fois Lords, Députés, ou Vice-Rois d'Irlande. Voy. Dugdale,
Camden, Pairie d'Angleterre, Echard, Collège des Hérauts-d'armes à Londres. (Généalogie dressée sur un Mémoire envoyé.)

Les armes: *d'or, au chef endenché d'azur.*

BUTRON-MUXICA, Maison originaire
d'Espagne. On nous a communiqué un *Mémoire* extrait & traduit d'un livre Espa-
gnol, intitulé: *Nobiliaire des Maisons & Familles d'Espagne*, par le P. M. Fr. Thomas
Dellano, de l'Ordre de St.-Dominique, imprimé avec privilège en 1653. Il y est parlé de
la Maison d'*Avendanio*, d'où sort celle de
Butron-Muxica, dont nous parlerons ci-après,
lorsque nous aurons fait mention de celle d'*A-
vendanio*.

Voici ce que dit ce mémoire traduit de l'es-
pagnol, & certifié véritable par les Echevins
& Magistrats de la ville de Cambray, & signé
d'Alexandre de Butron-Muxica, premier
Lieutenant des Gardes Wallones de Sa Majesté Catholique le 19 Novembre 1770, & de
Gérard-Guillebert van Halen, ancien Officier de Dragons au service d'Espagne.

La Maison d'*Avendanio*, dit ce Mémoire,
a pour tige Don Pedro-Ortiz d'Avendanio,
Seigneur fort riche, qui s'allia à une fille de
Don *Sanche-Garcia de Zurbano*, & sœur de
Dona *Alberta-Sanchez de Zurbano*, mère de
Don *Sancho-Garcia* ou *Galindez de Salce-
do*, Seigneur d'Ayala. Il eut de son mariage:

Juan-Perez d'Avendanio, qui vint s'établir à Urquizu, & parce qu'il étoit l'héritier
de la Maison d'*Avendanio*, il en porta le nom,
& il eut pour fils:

Fortur-Garcia d'Avendanio, marié avec
la fille de Don *Pedro-Martinez d'Aramayona*, Seigneur dudit lieu, dont:

1. Juan-Perez, qui suit;

2. Et Martin-Ruyz d'Avendanio, qui hérita
des biens d'Urquizu.

Juan-Perez d'Avendanio, qui hérita des
biens de la Maison d'*Aramayona*, eut pour fils:

1. PEDRO-ORTIZ, tué par son cousin sans laisser de postérité ;
2. JUAN-GALINDEZ, auteur de la branche de MUXICA, dite BUTRON, rapportée ci-après ;
3. FORTUR-GARCIA, tige de la Maison appelée *Arteaga ;*
4. Dona MAYOR, mariée à GOMEZ - GONZALEZ DE BUTRON ;
5. Dona JUANA, alliée avec l'héritier de la Maison d'*Olazo ;*
6. Et Dona MARIA-LOPEZ, mariée avec *Ochoa-Ortiz* ou *Sancho-Ortiz de Zamudio.*

Le mémoire ci-dessus cité marque que ce que nous venons de rapporter est tiré de François-Martin de Coscojales & du livre de la Chronique de Biscaye cité dans la Bibliothèque du Comte de Lemos & du livre de Lopez-Garcias de Salazar, au chapitre de la Maison d'*Urquizu.*

Les armes de la Maison d'*Avendanio* sont : *une chemise* ou *une tunique moresque herminée, percée de trois flèches d'argent ensanglantées, & le champ de sinople.*

BRANCHE
DE MUXICA, *dite* BUTRON.

JUAN-GALINDEZ, second fils de JUAN-PEREZ D'AVENDANIO, chef de cette branche ou de cette Maison, épousa Dona *Juana Ybanez,* fille de Don *Juan-Emmanuel,* Seigneur de Villena, lequel étoit fils de l'Infant Don MANUEL ; & celui-ci fils légitime cadet du *saint Roi* Don FERDINAND. Dona *Juana Ybanez* étoit sœur de Dona JUANA MANUEL, Reine de Castille, femme de Don HENRIQUEZ, IIᵉ du nom, surnommé *le Bienfaiteur,* & aussi sœur de Dona CONSTANÇA MANUEL, Reine de Portugal, femme de Don PIERRE, surnommé *le Justicier.* Don JUAN-GALINDEZ DE MUXICA eut de son mariage :

Don ALFONSO DE MUXICA, Seigneur de la Maison & des biens de *Muxica.* Il prit le nom de ALFONSO, parce qu'il étoit descendant des Rois de Castille par sa mère. Il épousa Dona *Juana Gonzalez,* fille de *Pedro Gonzalez d'Aguero,* dit *le Bon.* De ce mariage vinrent :

Dona MARIA-ALFONSO DE MUXICA, Dame des biens de la Maison de MUXICA, Majorat d'Avendanio.

G'est tout ce que nous apprend le *Nobiliaire d'Espagne,* sur la Maison de MUXICA.

Le même *Nobiliaire,* titre 15, pag. 40, parle d'un fils du Seigneur d'*Ayanguez,* à l'endroit où il est fait mention de la Maison de *Villela,* qui est la même que celle qui est en Biscaye. Il s'appeloit *Juan-Perez d'Ayanguez,* & eut :

1. JUAN-SANCHEZ, qui resta à la Ville ;
2. AINIO - ORTIZ, tige de la Maison d'*Ybarguen ;*
3. Et JUAN - PEREZ, auteur de la branche de BUTRON-MUXICA, qui suit.

BRANCHE
de BUTRON-MUXICA.

JUAN-PEREZ, disent Lopez-Garcias de Salazar, & la *Chronique de Biscaye,* épousa Dona *Emilia d'Estrada,* en Asturie. Il en eut :

OCHOA-YBANEZ DE BUTRON, marié à Dona *Toda Ybanez de Balmaseda,* qui eut pour fils :

GOMEZ-GONZALEZ DE BUTRON, allié à Dona *Maria d'Avendanio.* De ce mariage vint :

GONZALO-GOMEZ DE BUTRON, marié à Dona *Elviria Sanchez de Zamudio,* dont le trisaïeul nommé *Galusdo,* tige de la maison des *Amudio,* étoit fils de Don *Ordonio,* Comte de Gaviria, fils du Roi de Navarre. Voy. *le Nobiliaire d'Espagne,* à l'article de *Zamudio.* GONZALO-GOMEZ DE BUTRON eut :

1. GONZALO-GOMEZ, qui suit ;
2. Et un autre GONZALO - GOMEZ, rapporté après son frère ;

GONZALO-GOMEZ DE BUTRON épousa Dona *Maria-Alonso de Muxica.* Par ce mariage entrèrent dans la Maison de BUTRON les biens de celle de *Muxica,* nom qu'il joignit au sien, avec le titre de Comte d'Aramayona & de Barrica. Il eut :

JUAN-ALONSO DE MUXICA Y BUTRON, qui n'eut point d'enfants.

GONZALO-GOMEZ DE BUTRON Y MUXICA, frère cadet, suivant l'*Histoire de la famille de Lara* par Don Louis de Salazar, moururent 1520, Il épousa Dona *Maria-Manrique de Lara,* & laissa :

1. JUAN-ALONSO, qui suit ;

2. Christoval de Muxica y Butron;

3. Juan-Gonzalez, qui a formé la feconde branche, rapportée ci-après ;

Et plufieurs autres garçons, qui formèrent différentes branches, & dont on pourroit trouver la poftérité dans les Archives du Marquis de Mortara, Grand d'Efpagne.

Juan-Alonso de Butron y Muxica époufa Dona *Mencia-Manrique de Padilla*, dont il eut :

1. Gomez-Gonzalez, qui fuit;

2. Et Christoval, qui époufa Dona... *de Zapeta y Mendoça*, dont il n'eut point d'enfans.

Gomez-Gonzalez de Butron y Muxica s'allia à Dona *Luifa-Manrique de Padilla*, qui tefta à Placencia en Bifcaye le 4 Octobre 1560. Il en eut :

Don Juan-Alonzo, qui fuit;

Et Dona Mencia-Manrique, rapportée après fon frère.

Don Juan-Alonso de Muxica y Butron époufa Dona *Angela Manrique*, dont vinrent :

1. Don Gomez-Gonzalez, mort enfant;

2. Et Don Antonio-Gomez, qui fuit.

Don Antonio-Gomez de Butron y Muxica fe maria à Dona *Juana de Velafco y Aragon*. Ils moururent fans enfans, & leurs biens paffèrent à leur tante

Dona Mencia-Manrique de Butron y Muxica. Elle porta ces biens à fon mari Don *Juan d'Idiaquez*.

Don Alonso d'Idiaquez de Butron y Muxica, premier Duc de Ciudad-Réal, leur fils, mourut le 17 Octobre 1618. Il époufa Dona *Juana de Robles*, dont il eut :

Don Juan-Alonso d'Idiaquez Butron y Muxica, né en 1597, mourut le 26 Novembre 1653. Il époufa, en 1613, Dona *Anna-Maria d'Alava*. De cette alliance naquirent :

1. Don Francisco, qui fuit;

2. Et Dona Isabel, qui fera rapportée après fon frère.

Don Francisco Idiaquez Butron y Muxica mourut le 30 Septembre 1687. Il eut de Dona *Francifca de Boria*, morte le 25 Novembre 1693 :

1. Francisco, marié à Dona *Francifca de Guzman*, morts fans enfans ;

2. Et Dona Juana, mariée, 1° le 21 Mai 1685, à Don *Antonio Pimentel d'Ibarra*, dont Dona *Maria Pimentel d'Ibarra Butron y Muxica*, femme de Don *Louis de Boria*. qui moururent fans enfans ; & 2° le 24 Février 1692, à Don *Emmanuel-Pimentel de Zuniga*.

Dona Isabel d'Idiaquez de Butron y Muxica eut de Don *Pedro Ortiz de Villela* :

Don Antonio Juachim de Villela Butron y Muxica, qui époufa Dona *Thérèfa de Vega*. De ce mariage eft née :

Dona Isabel de Villela Idiaquez Butron y Muxica, mariée avec Don *Francifco de Orozco*, dont eft iffue :

Dona Anna de Orozco Villela Idiaquez Butron y Muxica, mariée avec Don *Vincente Oforio*, qui eut :

Don Francisco Osorio Orozco Villela Idiaquez Butron y Muxica, père de :

Don Juachim de Osorio Orozco Villela Idiaquez Butron y Muxica, Duc de Ciudad-Réal, Marquis de Mortara, Comte de Aramayona, Barrica, de Lences & de Tripiana, Grand d'Efpagne de première claffe, Capitaine aux Gardes du Roi d'Efpagne Charles III.

Gratia Dei, ancien poëte efpagnol, a fait fur cette Maifon les vers fuivans :

Con la Sangre Real Banada
Es la Cafa de Muxica,
Que de fu folar fe explica,
Y Muchas Açan as caufada
Parte fe mueftra en fus armas,
Que en dos veçes Ganaron,
Yunas à otras Aumentaron,
Que fon la vanda, y tres faxas.

Argote de Molina rapporte, p. 204, qu'un Seigneur de la Maifon de Muxica ayant fervi avec beaucoup de valeur fous le règne de Don Ferdinand & de Dona Isabel, dans la bataille de Solado contre les Maures, le Roi Alonso le fit Chevalier de l'*Ordre de la Bande*.

SECONDE BRANCHE.

Juan-Gonzalez de Muxica y Butron, troifième fils de Don Juan-Alonso de Butron y Muxica, & de Dona *Mencia-Manrique de Padilla*, époufa Dona *Maria Sanchez de la Torre*. Il en prit le nom qu'il joignit à ceux de *Gomez Butron y Muxica*. Il eut :

Ochoa-Gomez de la Torre Butron y Muxica, qui eut de Dona *Maria Perez d'Arteaga* :

Ochoa-Gomez de la Torre Butron y Muxica, Chevalier de l'Ordre de Saint-Jacque en 1613, qui fe maria à *Anne de Billehé de Vierfet*, aux Pays-Bas, dont il eut :

Don Juan-Gomez de Muxica y Butron y de la Torre, lequel eut de *Barbe de Haynin*:

1. Messire Ernest-Ferdinand, Baron de Remy, de Lambourcy, &c., qui mourut en 1735. Il avoit époufé *Hippolyte-Caroline d'Aouft*, morte le 14 Avril 1730 ;
2. Alexandre-Eugène, qui suit ;
3. Et Michel, Chevalier de Lambourcy, allié à *Marie-Défirée d'Efclaibes*, Dame d'Amerval & du Fay, dont il a eu :

> Jean-François-Alexandre-Joseph de la Torre Butron y Muxica, Baron de Remy, Seigneur de Lambourcy, Amerval, du Fay, &c.

Alexandre-Eugène de Butron y Muxica, Chevalier de la Torre, Seigneur d'Obies, Bavifeau, époufa *Hélène-Thérèfe-Jofèphe de Monaldy*, dont :

1. Jacques-André-Joseph, qui suit ;
2. Don Alexandre-Joseph, premier Lieutenant aux Gardes Wallones de S. M. C. ;
3. Et Marie-Caroline-Josèphe, mariée le 20 Mai 1759, à Messire *François-Erneft-Jofeph-Amédée des Maifières*, dont elle n'a point d'enfans.

Jacques-André-Joseph, Baron de la Torre Butron y Muxica a époufé *Anne-Albertine-Jofèphe de Sart*. De ce mariage eft né :

> Maximilien-André-Joseph Gomez de Butron y Muxica, Baron de la Torre, Seigneur de Lambourcy, d'Obies, Bavifeau, &c., actuellement (1771) fervant dans la feconde Compagnie des Moufquetaires de la Garde du Roi.

Cette Maifon porte : *écartelé, au 1 de gueules à un agneau d'argent, la tête contournée & pofée de front*, qui eft de Gomez ; *au 2 de gueules à une croix d'argent cantonnée de quatre buitrones d'or regardant chaque angle* (qui font des naces, pour faire allufion au nom de Butron), *ladite croix chargée de cinq loups de fable paffans* (qui font les loups de Bifcaye que cette Maifon a toujours portés en mémoire de la bataille de las Navas de Tolofa) ; *au 3 de gueules, à la bande d'or engoulée par deux têtes de dragons de même mordant chaque bout de ladite bande, accompagnée en chef & en pointe d'un petit écuffon d'argent à trois fafces d'azur* (lequel étoit les anciennes armes), *le tout entouré d'une chaîne d'or en orle*, qui eft de Muxica, fuivant la conceffion du Roi Alonfo ; *& au 4 d'azur à une tour d'argent furmontée d'une autre tour, fommée d'une*

couronne Ducale, le tout de même, ladite tour accoftée par deux lions d'or, faillans & affrontés, qui eft de la Torre ; c'eft ainfi que ces armes font décrites dans Argote de Molina, pag. 46 & 204. Supports : *deux lions d'or*. Cimier : *un lion de même iffant d'un cafque de Chevalier, furmonté d'une couronne Ducale*.

BUTTET : *d'azur à deux ancres d'argent, rangées en pal, au-deffus d'une mer de finople, mouvante de la pointe de l'écu, & cinq étoiles d'or, pofées en chef ; l'écu timbré d'un cafque de profil.* (Voyez l'*Armorial gén. de France*, reg. I, part. I, pag. 103.)

* BUZANÇOIS, dans le Berry, Diocèfe de Bourges, Terre & Seigneurie qui étoit poffédée dès le XIIe fiècle par la Maifon de Prie. Vers 1527 cette Terre fut vendue par René de Prie, Chevalier, Baron de *Buzançois*, panetier du Roi, à *Philippe Chabot*, Amiral de France, en faveur duquel elle fut érigée en *Comté*, par Lettres du mois de Novembre 1533, regiftrées le 2 Mars 1534. *Philippe Chabot* mourut le 5 Juin 1543, & fut inhumé aux Céleftins de Paris dans la chapelle d'Orléans, où le Roi fit placer fon effigie en marbre blanc. Il fut père d'Eléonor Chabot, Comte de Charny & de *Buzançois*, dont la fille aînée, Catherine Chabot, eut le Comté de *Buzançois* en partage, qu'elle porta en 1576 à fon mari *Guillaume de Saulx*, Comte de Tavannes. Le Comté de *Buzançois* eft aujourd'hui dans la Maifon *de Beauvilliers*, par l'acquifition qu'en a faite Paul de Beauvilliers, Duc de Saint-Aignan, que le Roi d'Efpagne Philippe V fit Grand d'Efpagne de la première claffe le 25 Avril 1701. Voyez BEAUVILLIERS & SAULX-TAVANNES.

Les armes de Buzançois font : *d'or, au chef de vair, & une aigle de gueules, onglée d'or, brochante fur le tout.*

* BUZANCY, en Champagne, Diocèfe de Reims, Election de Sainte-Menehould, Terre & Seigneurie, qui entra avec la *Principauté d'Amblize*, dans la Maifon d'*Anglure*, par le mariage d'Antoinette d'Aspremont, avec *René d'Anglure*, Baron de Bourlemont, père d'Africain d'Anglure, dont le fecond fils, Nicolas d'Anglure, Comte de Bourlemont, Lieutenant-Général des Armées du Roi, obtint que la *Baronnie de Buzancy* fut érigée en *Marquifat* en fa faveur, par Lettres du mois de Septembre 1658, regiftrées au Parlement le 14 Février 1659, & en la Chambre des Comptes le 20 Octobre 1660. Il mourut le 25 Mai 1706, âgé de 86 ans. De tous fes enfans il ne lui refta que fa fille SCHOLASTIQUE-GENEVIÈVE D'ANGLURE, morte en 1717, fans poftérité de fon mari *Louis d'Oraifon*, Comte de Chamarande, Lieutenant-Général des Armées du Roi. Le Marquifat de *Buȝancy* a été acquis par JACQUES DE CHASTENET, Marquis de Puyfégur, Maréchal de France, & Chevalier des Ordres du Roi. Voyez CHASTENET-PUYSEGUR.

BUZENVAL, Maifon qui a donné dans PAUL CHOART-DE-BUZENVAL, un Ambaffadeur en Angleterre & enfuite en Hollande, fous HENRI IV, qui faifoit beaucoup de cas de cette Maifon. Voy. CHOART-DE-BUZENVAL.

De cette famille étoit JACQUES CHOART, Avocat au Parlement de Paris, chef du Confeil Souverain de Dombes, aïeul maternel des Avocats-Généraux *Talon*. Il fut un homme d'un grand favoir & d'une rare probité. Il mourut en 1614, âgé de 84 ans, après avoir paffé 60 ans dans le Barreau & s'y être acquis beaucoup de réputation.

Les armes de BUZENVAL font : *d'or, au chevron d'aȝur, accompagné de deux merlettes de fable en chef, & d'une couleuvre en pointe.*

DICTIONNAIRE

DE

LA NOBLESSE.

CABANÈS, en Provence.
I. BERTRAND DE CABANES
est qualifié *Ecuyer*, dans
son contrat de mariage de
1522, avec *Marie d'Es-
tienne*, dont:

1. CLAUDE, qui suit;
2. Et BARTHÉLEMY, auteur de la troisième branche, rapportée plus loin.

II. CLAUDE DE CABANÈS épousa, en 1583, *Anne de Bionneau*, & eut:

1. BALTHASAR, qui suit;
2. Et JEAN, auteur de la seconde branche, rapportée ci-après.

III. BALTHASAR DE CABANES, Baron de Viens, Seigneur d'Opedette & de Saint-Quentin, fut reçu Président en la Chambre des Comptes, Aides & Finances de Provence en 1640, & marié, en 1637, à *Madeleine de Valavoire*, sœur du Marquis de Vaux, dont:

1. FRANÇOIS-AUGUSTE, qui suit;
2. Et JEAN-BALTHASAR, nommé à l'Evêché de Vence, après l'avoir été à celui de Grasse.

IV. FRANÇOIS-AUGUSTE DE CABANES, Baron de Viens, fut reçu Conseiller en la Cour des Comptes l'an 1675. Il épousa *Marguerite de Boyer-Bandol*, dont entr'autres enfans:

V. BALTHASAR-MELCHIOR DE CABANES, Baron de Viens, reçu dans la charge de son père en 1720. Il a eu de *Marie-Barbe d'Archias de Sablières:*

MARIE-MARGUERITE-BARBE, mariée, par contrat du 11 Avril 1742, à *Jean-François-César de Renaud*, Marquis d'Alein.

SECONDE BRANCHE.

III. JEAN DE CABANES, second fils de CLAUDE, & d'*Anne de Bionneau*, fut Seigneur de Saint-Savournin, & marié à *Elisabeth d'Hostager*. Il en eut:

IV. CLAUDE DE CABANES, marié à *N..... de Cabre*, dont:

1. CLAUDE, qui suit;
2. & 3. Et deux fils, morts Officiers, l'un de Vaisseau, & l'autre de Galères.

V. CLAUDE DE CABANES, IIᵉ du nom, Chevalier de Saint-Louis, ancien Capitaine de Galères, s'eſt marié à *N...* de *Guitton-Ma-ʒargues,* de la Ville de Marſeille.

TROISIÈME BRANCHE.

II. BARTHÉLEMY DE CABANES, ſecond fils de BERTRAND, & de *Marie d'Eſtienne,* épouſa, le 8 Septembre 1588, *Louiſe d'Eſcalis.* Il eut pour fils :

III. JEAN-AUGUSTIN DE CABANES, pourvu d'un office de Secrétaire du Roi le 7 Mars 1637. Il épouſa, le 8 Juin 1641, *Catherine de Thibaud-Tiſatti,* de Sanas. Ses fils furent :

1. JOSEPH, Conſeiller au Parlement de Provence, mort ſans alliance ;
2. Et MELCHIOR, qui fuit.

IV. MELCHIOR DE CABANES épouſa, le 24 Janvier 1688, *Eliſabeth de Cabre-Roque-vaire,* dont :

1. JOSEPH, qui fuit ;
2. JEAN, vivant ſans alliance en 1757 ;
3. PHILIPPE, Prêtre, chargé de la Cure de la Paroiſſe du Saint-Eſprit pendant la conta-gion. Il ſervit avec zèle & mourut Abbé de Saint-Rambert ;
4. Et CLAUDE, Evêque de Gap en 1738, mort en 1741.

V. JOSEPH DE CABANES épouſa, le 15 No-vembre 1734, *Madeleine de Gueidan,* fille de *Pierre,* Préſident à la Chambre des Comp-tes. *Hiſt. hér. de la Nobleſſe de Provence,* tome I, p. 205.)

Les armes : *de gueules, à la licorne fu-rieuſe d'argent.*

CABAZAC, en Normandie, Election de Bayeux : *d'aʒur, à trois têtes d'hommes jou-venceaux d'argent,* 2 & 1.

CABOCHE, famille de Picardie, mainte-nue dans ſa Nobleſſe le 11 Novembre 1697, dont il eſt parlé dans l'*Armorial gén. de Fran-ce,* reg. I, part. I, p. 104, & de laquelle étoit ANTOINETTE CABOCHE-DE-LALVAL, née en 1676, & reçue à Saint-Cyr au mois d'Oĉtobre 1686, après avoir prouvé qu'ADRIEN DE CABOCHE, Ecuyer, qui vivoit en 1540, étoit ſon quatriè-me aïeul.

Les armes : *d'argent, à trois quinte-feuilles de ſable,* 2 & 1.

CABOUR (DE), en Normandie, Election de Valognes, porte : *de ſable à la bande d'ar-gent, chargée de trois tourteaux de gueules.*

CABRAL, ancienne famille du Portugal,

qui poſſède depuis fort long-tems la Châtel-lenie de *Belmonte* dans la Province de Beïra & d'autres Seigneuries & Fiefs, & a le pri-vilège de ne rien prêter ni ſerment ni hommage.

La Généalogie de cette Maiſon, qu'on trou-ve dans Moréri & qui forme XV degrés, a été dreſſée ſur des Mémoires manuſcrits, com-muniqués par feu M. le Comte d'Ericeyra. Elle commence à

GIL-ALVARÈS CABRAL, qui épouſa MARIE-GIL CABRAL, ſa couſine germaine, dont :

PIERRE-ANNE CABRAL, qui vivoit en 1260, & fut Grand-Maître de la Garde-Robe d'AL-PHONSE III, Roi de Portugal.

FERDINAND CABRAL, ſon deſcendant, qui forme le VIIe degré, laiſſa entr'autres en-fans :

JEAN-FERNANDEZ, qui fuit ;

Et PIERRE-ALVARÈS CABRAL, Commandant de la première flotte qu'EMMANUEL, Roi de Por-tugal, envoya aux Indes-Orientales, décou-vrit des terres inconnues, à qui il donna le nom de Sainte-Croix, connue ſous celui du Bréſil, dont il prit poſſeſſion au nom du Roi de Portugal, le 24 Avril 1500. Il eut pour arrière-petit-fils :

    FERDINAND-ALVARÈS CABRAL, qui épouſa
    Dona *Jeanne de Carvalhoſa,* fille de
    Ruy-Gomeʒ, Grand-Tréſorier de Portu-
    gal au tems du Roi SÉBASTIEN, dont vit :

       Dona MARIE, mariée à Dom *Jean-
       Louis de Vaſconcellos de Meneſès,*
       Gouverneur de Maragam, avec une
       illuſtre poſtérité.

JEAN-FERNANDÈS CABRAL eut pour deſcen-dant, formant le XVe degré :

PIERRE-ALVARÈS CABRAL, Châtelain de Bel-monte, Brigadier d'Infanterie & Miniſtre Plénipotentiaire à la Cour d'Eſpagne où il étoit en 1734, qui a épouſé *Catherine,* fille de Dom *Antoine d'Almeida,* Comte d'Avintes. On ignore s'il a poſtérité.

Les armes : *de gueules, à deux chèvres paſſantes armées de pourpre & de ſable.*

CABRE DE ROQUEVAIRE, famille ori-ginaire du lieu d'Aubagne. Le plus ancien de ce nom dont on ait connaiſſance eſt

I. VICTOR CABRE, qualifié *Noble* dans ſon teſtament du 18 Février 1507. Il laiſſa, par-mi pluſieurs enfans :

1. JACQUES, qui fuit ;
2. PIERRE, lequel ſe retira à Marſeille, & épou-ſa, en 1502, *Marguerite Gantelme,* dont vint :

BALTHASAR DE CABRE, élu premier Conful de Marfeille. en 1560, & marié à *Françoife de Vento*, de laquelle il eut:

MARTIN DE CABRE, qui laiffa de *Marguerite de la Cépède:*

MARQUISE, mariée à *Jean de Puget*, Seigneur de Tourtour & de la Condamine;

Et N..., mariée à N..... *d'Efpagnet;*

3. Et ROLET, auteur de la feconde branche, rapportée ci-après.

II. JACQUES DE CABRE fe retira à Marfeille, & eut de fa femme, dont on ignore le nom:

III. LOUIS DE CABRE, élu fecond Conful de Marfeille en 1544, tems auquel les feuls Nobles pouvoient prétendre à cet honneur. Il eut pour fils:

IV. SÉBASTIEN DE CABRE, auffi fecond Conful de Marfeille en 1558. Il acquit la Terre de *Roquevaire* le 30 Juin 1563, & en fit hommage au Roi CHARLES IX. Il époufa, en 1538, *Claire de Riffi* ou *Rixi*, dont il eut:

1. JEAN, qui fuit;
2. LOUIS, rapporté après fon frère;
3. ISABEAU, mariée, le 8 Avril 1581, à *Jean de Caftellane*, Seigneur de la Verdière & Chevalier de Saint-Michel;
4. Et MARQUISE, mariée, en 1584, à *N... de Doria.*

V. JEAN DE CABRE, Seigneur de Saint-Paul, fut maintenu dans fa nobleffe avec LOUIS, fon frère, le 5 Janvier 1585; les Lettres-Patentes expédiées à cette occafion furent enregiftrées aux Archives de la Sénéchauffée de Marfeille par Sentence du 1er Décembre 1585, & aux Archives de S. M. en Provence par Arrêt de la Cour des Comptes du 14 Octobre de la même année. JEAN DE CABRE époufa *Marguerite d'Albertas de Ners*, dont:

1. LOUIS, Ier du nom, Seigneur de Saint-Paul, élu premier Conful de Marfeille en 1627, mort fans poftérité;
2. CLAIRE, mariée 1o au Préfident de *Blancard*, & 2o à *Jean-Etienne de Thomaffin*, Avocat-Général au Parlement de Provence;
3. Et ACIMANE, mariée, par contrat du 10 Juin 1597, à *Barthélemy de Valbelle*, Seigneur de Cadarache.

V. LOUIS DE CABRE, Seigneur de Roquevaire, fils puîné de SÉBASTIEN, & de *Claire de Riffi* ou *Rixi*, élu premier Conful de Marfeille en 1602, époufa, le 19 Mai 1576, *Claire de Sade*, fille de *Jean*, Seigneur de Mazan, premier Préfident en la Cour des Comp-

tes, & de *Sibylle de Gérente-Cabanes.* De ce mariage vinrent:

1. JEAN, qui fuit;
2. Et SIBYLLE, mariée à *François de Rafcas*, Seigneur du Canet.

VI. JEAN DE CABRE, Seigneur de Roquevaire, époufa, par contrat du 18 Juin 1609, *Marguerite de Forefta*, fille de *Jean-Paul*, Seigneur du Caftelar, Juge du Palais de Marfeille, & de *Marguerite de Leinche*, & petite-fille de *Jean-Auguftin de Forefta*, Baron de Treft, premier Préfident au Parlement de Provence. Il en eut:

1. LOUIS, qui fuit;
2. SÉBASTIEN, né le 20 Mai 1614, marié, le 6 Janvier 1665, à *Jeanne de Sabateriis*, fille de *Chriftophe*, & de N..... *de Rodulf de Châteauneuf*, dont il eut:

MARC-ANTOINE, mort fans poftérité;

Et MATHIEU, dont la branche eft éteinte;

3. Et GABRIELLE, mariée à *François Bionneau*, IIe du nom, Baron d'Airagues.

VII. LOUIS DE CABRE, Seigneur de Roquevaire, IIe du nom, époufa, 1o *Gabrielle de Glandevès*, morte fans enfans; & 2o par contrat du 13 Juin 1656, *Claire de Carradet-de-Bourgogne*, dont:

1. SÉBASTIEN, qui fuit;
2. Et ELISABETH, femme de *Melchior de Cabanes.*

VIII. SÉBASTIEN DE CABRE, IIIe du nom, Seigneur de Roquevaire, a laiffé de *N... de Gautier-la-Molle:*

1. FRANÇOIS, qui fuit;
2. JEAN-BAPTISTE, mentionné après fon frère aîné;
3. NICOLAS, reçu Chevalier de Malte en 1713; Et deux filles, mariées dans les Maifons de *Villeneuve-d'Anfoüis* & de *Payan-Saint-Martin.*

IX. FRANÇOIS DE CABRE s'eft marié à N....° *de Vintimille*, des Seigneurs de *Figanière*, de laquelle il n'a point d'enfans.

IX. JEAN-BAPTISTE DE CABRE, fon frère, s'eft marié, en 1745, à la fille de *Gafpard d'Agoult*, Marquis d'Olières, dont il a poftérité.

SECONDE BRANCHE.

II. ROLET DE CABRE, troifième fils de VICTOR, époufa, en 1504, *Marguerite d'Arlet*, & en eut:

1. JOSEPH, qui fuit;
2. & 3. Et deux filles, mariées dans les Maifons de *Vacon* & de *Huc.*

III. Joseph de Cabre, premier Conful de Marfeille en 1570, époufa, le 2 Juillet 1542, *Anne de Monteaux*, fille de *Charles*, & de *Madeleine de Forbin*. De ce mariage naquirent entr'autres enfans :

1. Claude, qui fuit ;
2. François, dont la poftérité fera rapportée après celle de fon frère aîné ;
3. Et Antoine, élu Affeffeur de Marfeille en 1572 & 1598, mort fans poftérité.

IV. Claude de Cabre époufa, le 11 Février 1584, *Claire de Paul*, fille de *Balthafar*, & de *Jeanne Impériali*, dont :

1. Antoine, qui fuit ;
2. Et Catherine, mariée à *Jean Diodé*.

V. Antoine de Cabre époufa, le 7 Septembre 1623, *Claudine de Boffe*, fille de *Pierre*, & de *Marguerite de Salomon*, dont :

1. Claude, IIe du nom, tige d'une branche, établie en Dauphiné, à préfent éteinte ;
2. Et Jacques, qui fuit.

VI. Jacques de Cabre époufa, le 11 Octobre 1655, *Honorée de Boyer*, & en eut :

VII. André de Cabre, marié, le 19 Octobre 1700, à *Sufanne Aftoin*, dont :

1. Pierre-Mathieu de Cabre, Doyen des Confeillers au Siège de Marfeille ;
2. Joseph-Alexis, non marié en 1757 ;
3. Et Marie-Anne, mariée, en 1757, à *Charles-Mathias Sabathier*, Affeffeur d'Aix, Procureur du Pays.

IV. François de Cabre, fecond fils de Joseph, & d'*Anne de Monteaux*, époufa *Marguerite de Rabiès*, de laquelle il eut :

1. & 2. Charles & Jean-Antoine, le dernier mort fans poftérité ;
3. Louis, marié à *Marie d'Antoine*, mère de Louis de Cabre, Chambellan du Duc d'Orléans, Régent du Royaume, mort fans alliance ;
4. Et Guillaume, qui fuit.

V. Guillaume de Cabre époufa, le 6 Juillet 1686, *Françoife Trouillard*, dont :

1. Hyacinthe, ancien Capitaine de Cavalerie, vivant fans poftérité en 1757 ;
2. François, marié à Paris ;
3. Guillaume, Eccléfiaftique ;
Et deux filles, non mariées en 1757.

Les différentes branches de cette famille ont été maintenues dans leur Nobleffe par les Commiffaires députés par le Roi pour la vérification des titres de Nobleffe en 1667. (*Hift. hér. de la Nobl. de Provence*, tom. I, p. 207 & fuiv.)

Les armes : *de gueules, à la chèvre faillante d'argent, furmontée d'une fleur-de-lys d'or*.

CACCIANEMICI, famille de Bologne en Italie, d'où fortoient Gerard de Caccianemici, Pape, connu fous le nom de Lucius II, & Humbert de Caccianemici, que le même Pape fit Cardinal en 1144. Il rendit de grands fervices à Alexandre III durant le fchifme, & mourut peu de tems après fon Pontificat. Voyez Moréri.

CACHELEU, en Picardie, famille divifée en trois branches, dont on trouve la Généalogie dans l'*Armorial gén. de France*, reg. I, part. I, pag. 105. Les armes : *d'azur, à trois pattes de loup d'or, pofés en pal, 2 & 1*.

CACQUERAY, ancienne Nobleffe de Normandie, qui s'eft partagée en 23 branches, & qui tire fon origine de Guillaume de Cacqueray, Ecuyer, Sieur de la Folie en Valois, qui époufa, en 1470, *Antoinette du Bofc-de-Radepont*. Les titres & les fervices de cette famille furent approuvés dans la recherche que l'on fit des Nobles en 1669, & dans l'Arbre Généalogique dreffé par le Juge d'armes en 1720.

La branche aînée s'eft éteinte dans la perfonne de Marie-Julie de Cacqueray de Maucomble, morte en 1764. Elle avoit époufé, le 13 Juillet 1753, *René-Théophile de Maupeou*, Marquis de Sablonnières.

BRANCHE
DE VALMENIER.

Louis de Cacqueray, Ecuyer, Sieur de Valmenier, s'établit à la Martinique en 1651, & y amena un grand nombre de domeftiques. M. du Parquet, alors Seigneur propriétaire de l'Isle, le reçut avec joie. Il lui accorda tout le terrain qu'il voulut, & une exemption de tous droits. En 1654, M. du Parquet le nomma Gouverneur de la Grenadè. A fon retour en 1657, il fut fait Capitaine dans la première Compagnie de Cavalerie qui fut mife fur pied dans les Isles, & en cette qualité, il rendit des fervices confidérables à la Compagnie de 1664, en diffipant plufieurs féditions qui s'étoient élevées contre le nouveau Gouvernement. Le Roi ayant retiré les Isles des mains de la Compagnie, & les ayant réunies à fon Domaine en 1674, le Sieur de Baas, Lieutenant-Général de fes Armées, & premier Gouverneur-

Général des Isles, ayant eu de nouvelles preuves de la bravoure & de la fidélité de Louis DE CACQUERAY, furtout lorfque la Flotte Hollandoife, commandée par Ruyter, attaqua le Fort Royal de la Martinique, le nomma pour premier Confeiller du Confeil-Souverain qu'il établit à la Martinique par ordre du Roi le 2 Novembre 1675. Il époufa, le 20 Février 1664, *Catherine de Saint-Ouen*, dont :

LOUIS-GASTON DE CACQUERAY, qui a fervi en France dans la Marine depuis 1687. Il fe diftingua en 1690, au combat de la Manche, où il fut bleffé à la jambe par un éclat. Il fut fait Major, & peu après Lieutenant de Roi à Saint-Chriftophe à la paix de Ryfwick. S'étant trouvé à la Guadeloupe en 1703, lorfque les Anglois l'attaquèrent, il fit paroître beaucoup de bravoure. Il étoit à Paris en 1717, lorfqu'on y reçut la nouvelle d'un foulèvement à la Martinique contre le Gouverneur-Général. La Cour le fit partir auffitôt avec le Sieur de la Garrigue-Savigny, Major de la même Isle, pour apaifer ce défordre. Il s'étoit marié, le 12 Janvier 1700, à *Françoife-Rofe le Vaffor-de-la-Touche*, dont :

LOUIS-FRANÇOIS DE CACQUERAY, qui a fervi dans les Moufquetaires du Roi, & qui mourut en 1757. Il époufa, par contrat du 15 Novembre 1723, *Renée de Saint-Léger de la Sauzaye*, & laiffa :

1. ETIENNE-GEORGES, qui fuit ;
2. JEAN-BAPTISTE-LOUIS-PHILIPPE, né le 1er Mai 1730, Lieutenant de Vaiffeau, marié, le 14 Septembre 1767, à *Marie-Louife de Pradel ;*
3. LOUISE-MADELEINE, née le 21 Juillet 1733, mariée, le 19 Février 1754, à *Charles-Paul-Emile de Cherifey*, Capitaine de Frégate ;
4. Et MARGUERITE-ADÉLAÏDE DE CACQUERAY, née le 28 Décembre 1737, veuve, fans enfans, en 1764, de *Charles de Pradel*, Lieutenant de Vaiffeau.

ETIENNE-GEORGES CACQUERAY DE VALMENIER, né le 21 Janvier 1729, époufa, le 11 Juillet 1755, *Anne-Rofe de la Touche*, dont un garçon & une fille.

Il y a encore de cette famille deux Abbés de Cacqueray, l'un Grand-Vicaire à Angers, & l'autre Grand-Vicaire de Rennes.

Il y a *Cacqueray-des-Landes* en Bretagne, qui porte : *d'or à la fafce de gueules, accompagnée de trois rofes de même, 2 en chef & 1 en pointe*. Nous ignorons fi c'eft la même famille.

Il y a auffi *Cacqueray de Saint-Ifnes*, qui porte : *d'azur, à un chevron d'or, à neuf croiffans de même entrelaffés, 3 & 3, 2 en chef & 1 en pointe*.

CADART. Voyez ANCEZUNE.

* CADENAC, petite Ville en Quercy, Diocèfe de Cahors, qui faifoit autrefois partie du Comté de Rodès. Après la confifcation de ce Comté, le Roi LOUIS XI la donna à *Jacques d'Armagnac*, Duc de Nemours, lequel en fit don & vente à *Gaillot* ou *Gailloy de Genouillac*, Grand-Maître de l'Artillerie. La petite-fille de ce dernier porta la Terre & Seigneurie de *Cadenac* dans la Maifon d'Uzès, par fon mariage avec *Jacques Baftet-de-Cruffol*. Voyez CRUSSOL.

* CADENET, en Provence, Diocèfe d'Apt, Terre & Seigneurie érigée en 1225 en *Vicomté*, par Guillaume, Comte de Forcalquier, en faveur de *Bertrand de Cadenet*, qu'il qualifie *fon coufin*. De lui étoit iffu *Pierre de Cadenet*, Grand-Sénéchal de Provence en 1341 ; fon fils *Robert* donna *Cadenet*, par fon teftament de 1356, à fon neveu *Elféar d'Oraifon*, père de *Baudouin*. *Pierre*, petit-fils de *Baudouin*, laiffa par fa mort en 1461, pour héritière de *Cadenet*, fa fille *Louife d'Oraifon*, mariée à *Philibert d'Aqua*. Leur poftérité prit le nom d'ORAISON. *Marthe*, qui devint héritière de la Vicomté de *Cadenet*, époufa *Alexandre du Mas-de-Caftellane*, & fut mère de *Gabrielle*, alliée à *Antoine de Villeneuve*, Marquis de Trans, qui vendit, en 1709, la Vicomté de *Cadenet* à *André d'Oraifon*, fon coufin, père de *Madeleine*, mariée au Duc de Caderouffe, poffeffeur actuel de la Terre & Seigneurie de *Cadenet*. Voyez CADEROUSSE.

La Terre de *Cadenet* a appartenu, avec ce titre de *Comté*, à la Maifon d'*Albert-Luynes*. *Honoré d'Albert*, Duc de Chaulnes, Maréchal de France, & frère puîné du Connétable de Luynes, avoit porté le nom de cette Seigneurie, avant qu'il eût époufé *Charlotte d'Ailly*, Comteffe de Chaulnes. Voyez ALBERT.

CADENET en Provence. Le Roi accorda des Lettres de Nobleffe à FRANÇOIS DE CADENET, Seigneur de Hans, & à tous les defcendans de feu ELZÉAR DE CADENET, Docteur en Médecine, originaire de Salon, par Lettres du

11 Décembre 1549, confirmées le 16 Novembre 1567, & enregiftrées aux Archives de Provence le 12 Février 1588.

I. ELZÉAR DE CADENET époufa, par contrat du 7 Mars 1477, *Marguerite de Vincens-de-Rognes*, & laiffa :

1. ANTOINE, qui fuit;
2. FRANÇOIS, qui époufa *Madeleine de Grampré*, dont il eut un fils, père d'une fille unique, qui entra dans la Maifon des Barons de *Chazelle* en Breffe;
3. ROBERT, marié, en 1539, à *Honorade de Tholon-de-Sainte-Jalle*, dont:

    Un fils, Seigneur de Tournefort, Confeiller au Parlement de Provence en 1579, qui mourut fans poftérité;
    Et PIERRE, qui fut Chanoine de l'Eglife d'Aix.

4. Un autre ANTOINE, IIe du nom, qui fit la branche des Seigneurs de *Lamanon*, éteinte;
5. Et HUGUES, qui fut père de PIERRE DE CADENET, élu premier Conful de Salon en 1590, qui laiffa d'*Honorade de Roux :*

    ALEXANDRE DE CADENET, marié à *Marguerite de Foiffard*, dont il eut JACQUES, maintenu dans fa Nobleffe le 6 Avril 1667. Il avoit époufé, en 1643, *Madeleine de Brunet*, & fa branche eft auffi éteinte.

II. ANTOINE DE CADENET, Seigneur de Tamarlet & des Piliers, tefta à Lambefc en 1569. Il époufa, par contrat du 7 Août 1534, *Honorée de Roux-de-Beauvezet*, & laiffa :

1. AMBROISE, qui fuit;
2. FRANÇOIS, Prieur de Beaumont;
3. SIMON, Viguier d'Aix, Maître-d'Hôtel du Roi & Chevalier de Saint-Michel;
4. ISABEAU, mariée, en 1551, à *Jean des Rolands;*
5. Et CATHERINE, femme de *Pierre d'Arquier*, tige des Seigneurs de *Charleval, Barbegan & Saint-Eftève.*

III. AMBROISE DE CADENET, Seigneur de Tamarlet & des Piliers, tefta à Lambefc en 1606. Il époufa, le 12 Décembre 1582, *Etiennette de Combau-de-la-Tour*, de la Ville de Carpentras, & laiffa :

1. CÉSAR, qui fuit;
2. Et ISABEAU, mariée, en 1610, à *Louis de Forbin*, Seigneur de Bonneval.

IV. CÉSAR DE CADENET, Ier du nom, Seigneur de Tamarlet, Tournefort & Aiguebelle, tefta en 1645. Il époufa, en 1613, *Lucrèce de Biord*, fille de *Pierre*, Lieutenant-Principal au Siège d'Arles, & de *Catherine de Forbin-la-Barbent*, & laiffa :

1. FRANÇOIS, qui fuit;
2. & 3. CHARLES & JEAN-FRANÇOIS, reçus Chevaliers de Malte en 1629;
4. PIERRE, Religieux à l'Abbaye de Montmajour-lès-Arles;
5. Et THÉRÈSE, mariée, le 6 Octobre 1643, à *André de Renaud*, Seigneur d'Alein.

V. FRANÇOIS DE CADENET, Seigneur de Tamarlet, des Piliers, Tournefort & Aiguebelle, époufa, en 1644, *Charlotte de Mars-Liviers*, de la Ville d'Arles, fille de *Marcellin*, Seigneur des Noyers, & de *Marthe de Meyrand-d'Ubaye*. Il eut :

1. CÉSAR, qui fuit;
2. JEAN-BAPTISTE, reçu Chevalier de Malte en 1661;
3. Et LUCRÈCE, mariée à *François de Thomas*, Seigneur de la Valette.

VI. CÉSAR DE CADENET, IIe du nom, Seigneur de Tamarlet, Tournefort & Valbonnette, époufa, en Janvier 1677, *Gabrielle de Valavoire*, fille de *Palamède*, Comte de Monlaux, Lieutenant-Général des Armées du Roi, & de *Gabrielle du Boufquet*, Dame de Sigonce. De cette alliance vinrent entr'autres enfans :

1. FRANÇOIS, qui fuit;
2. AUGUSTIN, mort Prévôt de l'Eglife d'Aix, & Confeiller-Clerc au Parlement de la même Ville;
3. Et N.... DE CADENET, Seigneur de Tournefort, Capitaine d'une des Galères du Roi.

VII. FRANÇOIS DE CADENET, Seigneur de Charleval, Tamarlet & Aiguebelle, reçu Confeiller au Parlement de Provence en 1698, époufa *Catherine de Gueidan*, fille de *Pierre*, Préfident en la Cour des Comptes, dont :

1. CÉSAR, qui fuit;
2. Et JOSEPH-FRANÇOIS, ci-devant Confeiller-Clerc au Parlement, mort Evêque d'Agde en 1759.

VIII. CÉSAR DE CADENET, IIIe du nom, Seigneur de Charleval & d'Aiguebelle, époufa, par contrat du 28 Avril 1734, *Angélique-Marie de Barrigue*, des Seigneurs de *Montvalon*. Il en a :

1. FRANÇOIS;
2. JOSEPH-FRANÇOIS, Capifcol de l'Eglife d'Agde;
3. CÉSAR-AUGUSTE;
4. JULIE-CATHERINE-AMABLE, qui a époufé, en 1757, *Jofeph-Sébaftien de Croze*, de la ville de Pertuis;

Et plufieurs filles. (*Hift. héroïque de la Nobl. de Provence*, tom. Ier, p. 210.)

Les armes : *d'azur, au taureau aîlé d'or, furieux ou rampant*.

* CADEROUSSE, Terre & Seigneurie, dans le Comté Venaiffin, Diocèfe d'Orange, divifée en trois parties, l'une defquelles fut érigée en *Duché*, par Bulle du 18 Septembre 1663, en faveur de la Maifon d'*Ancezune*. Les deux autres parties appartenoient ci-devant à la Chambre Apoftolique, & appartiennent aujourd'hui au Roi & à la Maifon de *Fortia d'Urban*. Voyez FORTIA. Pour la Maifon des Ducs de Çaderouffe, Vicomtes de Cadenet & Seigneurs de plufieurs autres Terres qu'elle poffède en Provence &dans le Comté Venaiffin, elle eft une des plus anciennes & des plus illuftres du pays où elle eft établie (*a*).

· CADILLAC, Terre en Bretagne, poffé-dée long-tems par les Seigneurs de ce nom, qui paffa en 1614 dans la famille de *Huteau*, par le mariage de *Catherine de Cadillac*, fille unique, avec *Roland Huteau*, Seigneur dudit lieu, de la Haye-Pallue, Kervilly, Bou-chelimer, &c., dont le fils étant mort fans poftérité, *Thérèfe*, fa fille, mariée en 1643 à *Claude*, Comte de *Lannion*, bifaïeul du Comte de *Lannion*, Chevalier des Ordres du Roi, devint héritière, ainfi que des autres Terres de fa Maifon. Elle a été donnée en dot à *Marie-Anne de Lannion*, mariée, le 25 Juin 1752, à *Jofeph-Gabriel-Gafpard-Anne d'Agoult*, Marquis d'Olières, dont elle eft veuve : elle eft fille unique de *Jean-Baptifte-Pierre-Jofeph*, Marquis de *Lannion*, Maré-chal-de-Camp.

CADOLLE, en Languedoc, famille main-tenue dans fa Nobleffe par M. de *Bezons* en 1668. GUIBERT DE CADOLLE, marié, en 1280, à *Marguerite de Langlade*, parut à l'affem-blée de la Nobleffe de la Province pour le fait de la guerre de Lyon en 1310.

GUILLAUME DE CADOLLE, fon fils, fut fait Syn-dic des Nobles de Lunel en 1330, 1331 & 1339. Il époufa, en 1314, *Anne de Vic*, dont : BERTRAND DE CADOLLE, marié, en 1339, à *Bernardine de Cazaulx*, de laquelle il eut : JEAN DE CADOLLE, Seigneur de Saint-Mi-

(*a*) M. de *Gramont-Vachères* eft aujourd'hui Duc de *Caderouffe*. Voyez GRAMONT.

chel, marié, en 1369, à *Françoife de Flo-card*. De cette alliance vint :

FRANÇOIS DE CADOLLE, qui fut Conful des Nobles de Lunel en 1439. Il époufa, en 1410, *Luce de Montredon*, fille & unique héritière de *Jacques*, Ecuyer, Co-Seigneur avec le Roi de la ville de Lunel (Fief qui depuis ce tems eft dans la Famille de *Cadolle*). De ce ma-riage naquit :

ANTOINE DE CADOLLE, Ier du nom, qui parut à l'arrière-ban, tant pour lui que pour fon père en 1458. Il époufa, en 1440, *Margue-rite d'Andelle*, dont :

GUILLAUME DE CADOLLE, IIe du nom, ma-rié, en 1467, à *Louife du Puy*, dont :

CHARLES DE CADOLLE, Ier du nom, Seigneur de Tafques, qui rendit hommage au Roi des biens nobles & cens indivis avec le Roi dans la ville & terroir de Lunel en 1503, au Sénéchal de Beaucaire & de Nîmes, & parut à l'Ar-rière-Ban en 1542. Il époufa, en 1506, *Ifa-beau de Mourgues*. Ses enfans furent :

1. FRANÇOIS, marié, en 1539, à *Marguerite de la Fare*, dont :
   FULCRAND, né pofthume, & mort au fer-vice fans enfans en 1562.
2. ANTOINE, qui fuit ;
3. Et un autre FRANÇOIS, Capitaine au Régi-ment de Champagne, Commandeur de l'Ordre de Notre-Dame du Mont-Carmel & de Saint-Lazare le 1er Décembre 1680, & Chevalier de Saint-Louis, marié, en 1682, à *Marie de Prifée de la Foulquette*.

ANTOINE DE CADOLLE, IIe du nom, rendit hommage au Roi, tant pour lui que pour FULCRAND, fon neveu, des Terres de Saint-Michel & de Tafques, & autres biens & Fiefs nobles en 1554, devant le Juge-Mage de Nî-mes; & la même année il fe préfenta à l'ar-rière-ban. Il époufa, en 1553, *Jeanne de San-dres*, dont :

JACQUES DE CADOLLE, Capitaine d'une Cc m-pagnie d'Infanterie de 100 hommes en 1576, qui époufa, en 1589, *Tiphaine de Torrilhen*, de laquelle vint :

CHARLES DE CADOLLE, IIe du nom, com-mandant pour le Roi au Château de Ville-franche en Italie en 1630. Il rendit en 1624 hommage au Roi en la Chambre des Comp-tes de Montpellier de la Terre de Tafques & autres Fiefs nobles, dans le terroir & Ba-ronnie de Lunel, & époufa, en 1620, *Mar-guerite de Varanda*, dont :

1. CHARLES, qui fuit;
2. MARC-ANTOINE, dont la poftérité fera rapportée après celle de fon aîné;
3. Et FRANÇOIS, mort fans alliance.

CHARLES DE CADOLLE, IIIe du nom, rendit hommage au Roi de la Terre de Tafques & autres biens & Fiefs nobles en 1670, en la Chambre des Comptes de Montpellier, & en 1677 devant les Tréforiers de France de cette ville. Il fut Capitaine au Régiment de Montpezat en 1645 ; ce fut lui qui, avec fes frères, fut maintenu dans la poffeffion de fa Nobleffe, après en avoir juftifié par plufieurs titres. Il époufa, en 1653, *Marguerite de Bornier,* dont :

JEAN-LOUIS DE CADOLLE, Chevalier de St.-Louis en 1710, Commandant pour le Roi à Bozalo en Italie en 1734, & Lieutenant-de-Roi à Sarrelouis en 1737, qui époufa, en 1712, *Françoife de Solas,* & eut :

1. CHARLES-FRANÇOIS, qui fuit;
2. ETIENNE, Sieur de Tafques, Capitaine au Régiment de Brancas, Chevalier de Saint-Louis ;
3. ETIENNE-FRANÇOIS, dit *le Chevalier de Cadolle*, Capitaine au même Régiment, auffi Chevalier de St.-Louis ;
4. Et MARIE, mariée, en 1756, à *François de Ruble*, Chevalier, Major au Régiment de Brancas.

CHARLES-FRANÇOIS, Marquis DE CADOLLE, Co-Seigneur avec le Roi de la ville de Lunel, Seigneur de Tafques, &c., Capitaine au Régiment de Montconfeil en 1732, Chevalier de Saint-Louis en 1744, époufa, en 1737, *Bernardine de Lamofnie,* fille & héritière de *Jofeph de Lamufnière de Lamofnie,* Chevalier, Seigneur de Limery, de Freffac, de St.-Martin-de-Souffenac, de Saint-Félix-de-Paulières, &c., Co-Seigneur de Monoblet, Baron de Durfort. De ce mariage font iffus :

1. CHARLES-JOSEPH, Baron de Durfort, Lieutenant au Régiment de Trainel, né le 1er Octobre 1744;
2. Et MARIE-ANNE-JACQUETTE, née le 27 Avril 1750.

BRANCHE
des Seigneurs DE CADOLLE-MONTELUS.

MARC-ANTOINE DE CADOLLE, fecond fils de CHARLES, IIe du nom, & de *Marguerite de Varanda,* fut Commandant pour le Roi, en 1686, au fort la Roche en Ardennes, & époufa, en 1659, *Charlotte de Convers,* dont :

JEAN-FRANÇOIS, Capitaine au Régiment de Maulévrier, marié, en 1715, à *Anne de Vivet de Montelus,* de laquelle eft né :

FRANÇOIS DE CADOLLE, Marquis de Montelus, Seigneur de Tafques, de Saint-Martin-de-Juffan, de Saint-Chriftol-de-Rodières, &c., marié, en 1735, à *Marie-Anne de Juge-de-Cadoëne.* De cette alliance font iffus :

1. LOUIS-RENÉ, Marquis de Montelus Lieutenant au Régiment de Poitou, mort à l'Armée de Weftphalie le 24 Avril 1757;
2. Et MARIE-ANNE DE CADOLLE.

Les armes: *de gueules, à un croiffant d'argent renverfé, accompagné en pointe d'une étoile d'or.*

* CADOT ou KADOT. Ce nom, qui s'écrit indifféremment par un *C* ou par un *K*, eft fort ancien en Normandie. Il faut juger de fon antiquité par une fondation de quatre Chanoines & d'un Chantre, faite par un *Kadot*, Seigneur & Châtelain de *Gaillon* en 1205, qui fubfifte encore aujourd'hui dans *Gaillon:* c'eft le premier titre qu'on trouve de ce nom. Les termes dans lequel il eft conçu, les circonftances qui l'accompagnent, & l'énumération des legs que ce *Kadot* fit, font affez connoître & fa qualité & la confidération dans laquelle il étoit.

PHILIPPE-AUGUSTE ratifia cette fondation: les Evêques de Lifieux, d'Avranches & d'Evreux affiftèrent à la cérémonie de la bénédiction de cette Eglife, bâtie & fondée pour ces Chanoines. Un le Veneur, Comte de Tillières, & plufieurs autres Seigneurs, fignèrent comme témoins.

Après la mort de PHILIPPE-AUGUSTE, le Roi Louis VIII ratifia la même fondation le 4 Mai 1232, étant à Gifors. On remarque dans les Chartes de cette Eglife que ce *Kadot*, Châtelain de *Gaillon*, en parlant de PHILIPPE-AUGUSTE, dit toujours, *le Roi mon ....*, terme qui marque mieux qu'il étoit d'une qualité diftinguée, que 10 ou 12 Terres nobles qu'il poffédoit, dont trois portent encore le nom de *Kadot.* La première eft fituée près d'Evreux, & appartenoit au feu Duc de la Force. La feconde, fituée près de Caen, a été réunie au Domaine du Roi depuis plufieurs fiècles. La troifième a été vendue il y a près de 100 ans à un aïeul du Marquis de la Luzerne-Briqueville, par un *Kadot*, Seigneur de *Gerville*, d'une branche cadette de celle de *Sebbeville* ou *Sebville*, de laquelle elle est séparée depuis 1509.

La fondation dont nous venons de parler est en latin, ce qui a donné lieu à quelques-uns de dire que le nom latin pour exprimer *Kadot*, peut avoir une autre explication; mais il y a d'autres actes qui ont rapport avec cette fondation, & qui disent en françois *Kadot*; entr'autres un acte passé dans la Jurisdiction du Pont-au-Tout en 1450, entre un Seigneur d'Harcourt & les Chanoines de Gaillon, par lequel ce Seigneur reconnoît leur devoir 14 livres de rente sur la Terre de Bourgthéroulde, à eux données par un *Kadot*, *de grande ancienneté*: ce sont les termes de l'acte. Il n'y a point de famille dans toute la Normandie qui porte ce nom que les *Kadot* de Sebbeville & les *Kadot* de Gerville.

Ce n'est là qu'une preuve évidente que les *Kadot* de Sebbeville descendent de ceux de Gaillon; mais il n'y a guères de famille en France qui puisse prouver une filiation bien suivie depuis 1209, & particulièrement dans la Normandie, qui a été durant plusieurs siècles ravagée, brûlée, conquise & reconquise; aussi peu de titres se sont sauvés dans cette Province pendant de si cruelles guerres, où l'on voyoit le père contre le fils, le frère contre le frère, dans des guerres où l'on prenoit son parti suivant ses intérêts ou son inclination, ce qui mettoit toutes les Maisons considérables dans le désordre, & dans une combustion qui ne leur permettoit pas d'avoir beaucoup d'attention pour la conservation de leurs titres, de sorte qu'il en faut revenir aux faits historiques, suivant l'ordre des tems.

Presque toutes les Terres que possédoit ce *Kadot de Gaillon* sont tombées, par des héritières de ce nom, dans des Maisons considérables, comme dans celles d'*Harcourt*, de *le Veneur*, Comte de Tillières, de *Montenay*, &c., & par conséquent les titres concernant ces Terres. Voy. l'*Histoire de la Maison d'Harcourt*.

Mais pour continuer la suite de la famille des *Kadot*, on trouve qu'un GUILLAUME KADOT acheta en 1310 une petite Terre qui se nommoit, & se nomme encore aujourd'hui, *Bladot*, près de Carentan. Le contrat en fut passé devant *Loubart* & son *adjoint*, Tabellions Royaux à Carentan. Il est à présumer que ce GUILLAUME KADOT descendoit de ce

Tome IV.

Kadot, Châtelain de Gaillon; car il n'y a que 78 ans entre la ratification de LOUIS VIII, faite à Gisors le 4 Mai 1232, & le contrat d'acquisition de la Terre de *Bladot* en 1310; ce GUILLAUME KADOT avoit à Carentan une Maison, qui est présentement la Maison-de-Ville, où se tient la Justice, & où l'on voit encore les armes de *Kadot de Sebbeville*, soutenues par un *Ange*.

GUILLAUME KADOT épousa *Blanche de Breucourt*, fille de *Henri de Breucourt*, & d'une Demoiselle de *Vernon*. La Maison de *Breucourt* est connue dans l'Histoire par son antiquité & par sa grandeur. *Henri de Breucourt*, père de *Blanche*, Châtelain de la Rivière-Thibouville & Seigneur de plusieurs autres Terres, eut en mariage la troisième fille de *Guillaume de Vernon*, laquelle eut pour son partage la Baronnie d'*Orglandes*. Ses deux sœurs aînées eurent la Baronnie de *Néhou* & d'autres Terres. L'une des deux épousa *Robert de la Haye*.

Henri de Breucourt n'eut que *Guillaume* & une fille nommée *Blanche*. Guillaume n'eut que *Jeanne de Breucourt*, héritière de la Baronnie d'Orglandes, & d'autres Terres, laquelle épousa, en 1422, *Jean d'Oëssé*, Baron de Goës. Elle mourut sans enfans, & le Baron de Goës, son mari, épousa en secondes nôces une Demoiselle de *la Haye*, cousine germaine & héritière en partie de sa première femme, venant l'un & l'autre des héritières de *Vernon*, qui avoient partagé les Baronnies d'*Orglandes* & de *Néhou*.

Jean d'Oëssé obtint la confiscation de la Baronnie d'Orglandes, étant toujours demeuré fidèle au Roi, & les héritiers de sa première femme ayant pris le parti du Roi d'Angleterre. Ainsi la Demoiselle de *la Haye*, sa seconde femme, hérita de la Baronnie d'Orglandes. Il en eut un fils, nommé *Jean d'Oëssé* comme lui, lequel démembra les Fief & Baronnie d'Orglandes le 10 Mai 1472, en faveur d'*Honoré le Roux*, Ecuyer, de la Paroisse de Turqueville, que *Denis Kadot*, fils puîné de *Gilles Kadot*, & chef de la branche des *Kadot de Sebbeville*, retira à droit de lignager, étant arrière-petit-fils de *Guillaume Kadot* & de *Blanche de Breucourt*, fille de *Henri de Breucourt-de-Vernon*, Baron d'Orglandes, dont GUILLAUME KADOT eut un fils nommé

THIBAUT KADOT, marié à *Marthe*, fille de

Geoffroy du Moley-Bâcon, dont un de cette famille avoit fondé l'*Abbaye de Sainte-Barbe*, dans le pays d'Auge. Thibaut Kadot n'eut que deux fils :

1. Jacques Kadot, qui fut affez malheureux pour prendre parti contre fon Roi. On le voit dans l'*Hiſtoire de Normandie*, avec un d'Harcourt & un Breauté, excepté de l'amniſtie générale que le Roi accorda à fes fujets de Normandie. Il mourut fans enfans, &, felon les apparences, le *Fief Kadot* près de Caen fut confifqué fur lui & réuni au Domaine ;

2. Et Gilles, qui fuit.

Gilles Kadot fut pourvu d'une charge de Grand-Maître-d'Hôtel du Roi en 1406, & il contribua beaucoup à la conſtruction de l'Eglife de Carentan, qui fut bâtie en 1426, y ayant fait conſtruire une Chapelle dédiée à Saint-Eloy, avec un bout du bas côté qui tourne autour du chœur. On y voit les armes des *Kadot*, qui fervent de clef de voûte tant dans la Chapelle que dans le bas côté vis-à-vis où l'on voit en alliance les armes de Grimonville & de la Hafardière, deux des plus anciennes familles de Normandie. Les armes des *Kadot* y paroiſſent être pour *enquerre*, étant de gueules à la hure de fanglier de fable, couronnée d'une couronne à pointes d'or, accompagnée de trois rofes auffi d'or, deux en chef & une en pointe.

Il eſt certain que ces armes fignifient quelque chofe, mais on en ignore le principe ; on fait feulement qu'on a vu écrit autour des armes : *Kadot*, *Sauve Roy*, fur des vieilles vitres à *Hemeves*, Terre qui a appartenu à la branche des *Kadot de Sebbeville*. La fondation de la Chapelle de St.-Eloy à Carentan, & une requête que les Artifans qui fe fervent du *marteau* préfentent aux *Kadot*, Seigneurs de Sebbeville, à chaque mutation, pour avoir la liberté de tenir leur Confrérie dans cette Chapelle, promettant de l'entretenir, confirment affez que leurs armes ne font là fans fondement, & que la Chapelle eſt à eux.

La donation de 12 livres de rente à l'Eglife de Carentan par Denis Kadot, à prendre fur la maifon appartenant à Guillaume Kadot où les armes font encore foutenues par un *Ange*, eſt encore une preuve affez forte pour faire conclure qu'il defcend de ce Guillaume Kadot, qui époufa *Blanche de Breucourt*, quand même le retrait lignager qu'il

fait de la Baronnie de Breucourt, démembrée de la Baronnie d'Orglandes, ne le prouveroit pas ; de forte qu'on ne doit point s'étonner fi l'on ne prouve pas la filiation par contrat de mariage au-deffus de Gilles, puifque fuivant la Coutume de Normandie les aînés emportent tous les titres, & que la branche de Michel Kadot, fils aîné de Gilles, eſt tombée en quenouille dans des Maifons éteintes, où les titres font reſtés & ont été négligés comme papiers inutiles.

En un mot, quand on fera réflexion fur les guerres de Normandie, fur les défordres qu'elles ont caufés dans les familles, fur les privilèges des aînés qui emportent les titres, fur les fiefs nobles portant le nom de *Kadot*, fur la vente du Fief de ce nom par un *Kadot de Gerville*, cadet de la branche de *Kadot de Sebbeville*, dans le dernier fiècle ; fur la négligence des cadets de cette Maifon à prendre copie collationnée des titres qui reſtoient à leurs aînés, fur l'acquifition de Blaſtot, faite par Guillaume Kadot en 1310 ; fur la maifon qu'il avoit à Carentan, où fes armes font encore ; fur la dépenfe que Gilles Kadot fit à l'Eglife de Carentan en 1426, où les armes des *Kadot* fervent de clef de voûte ; fur les 12 livres de rente que Denis Kadot donne à l'Eglife de Carentan à prendre fur la maifon dont on vient de parler, qui appartenoit à Guillaume Kadot ; fur un Jacques Kadot, que l'on trouve dans l'*Hiſtoire de Normandie*, avec un d'Harcourt & un Breauté & quelques autres, excepté de l'amniſtie donnée par Charles VII à fes fujets de Normandie qui avoient pris le parti du Roi d'Angleterre ; fur le retrait lignager du Fief & Baronnie de Breucourt en 1473 par Denis Kadot, à caufe de Blanche de Breucourt, fa trifayeule ; fur la poffeffion où les Kadot de Sebbeville font depuis ce tems, de la Baronnie de *Breucourt* & de la Terre de *Sebbeville*, érigée en *Marquifat*, qui s'étend dans fix paroiffes ; fur les Lettres de Rois, de Princes du Sang, de Gouverneurs de la Province, d'Amiraux de France, de Secrétaires d'Etat, de Maréchaux de France, que l'on trouve dans chaque degré depuis ce tems-là ; quand on fera, dis-je, réflexion fur tous ces faits, on n'aura pas de peine à croire que les *Kadot de Sebbeville* defcendent des anciens *Kadot de Gaillon*, ne fe trouvant que 78 ans entre la *ratification* de Louis VIII, en 1232, & l'acquifition de

Blaçtot par GUILLAUME KADOT en 1310. GILLES KADOT épousa, 1º *Guillemette Roeslard*, Dame du Fief de la Porte, dont les faubourgs de Coutances relèvent; ce qui se voit par les aveux rendus au Roi en 1420, & vérifiés à Coutances en 1422; 2º *Guillemette le Damandé*, fille de noble homme *N... Damandé* ou *Demandé*. Il eut du premier lit:

1. MICHEL KADOT, qui rendit aveu au Roi du même Fief en 1456. Cette branche est tombée en quenouille & par conséquent les biens & les titres ont passé par une fille dans une autre Maison aussi éteinte.

Du second lit vinrent:

2. DENIS, qui suit;
3. Et JEAN, qui se fit Prêtre & mourut quelque tems après. Sa succession fut partagée entre MICHEL, ses frères & DENIS. C'est ce qui se voit par un accord fait entr'eux le 7 Février 1460.

DENIS KADOT, auquel le Roi CHARLES VIII, écrivit de Lyon pour le prier, à cause des grands besoins de l'Etat, de lui prêter 1000 écus d'or, lui promettant de les lui rendre l'année d'après par son Receveur à Valognes, épousa, en 1458, *Jeanne le Marchand*, fille de noble homme *Richard le Marchand*, Ecuyer, Seigneur de Saint-Pierre-Eglise & de Rafauville. Il eut de son mariage:

1. JEAN, qui suit;
2. Et LOUIS, mort sans postérité.

JEAN KADOT épousa, le 6 Février 1493, *Isabeau de Houetteville*, dont il eut:

1. MICHEL, qui suit;
2. & 3. N... & N... KADOT, morts sans postérité;
4. Et N.... KADOT, qui eut pour son partage la Terre de Gerville, qui est encore à présent à ses descendans.

MICHEL KADOT, Baron de Breucourt, Seigneur & Patron de Sebbeville, de Coqueneauville & de Bouteville, commanda les côtes & le plat-pays du Cotentin, par Commission de Gaspard de Coligny, Amiral de France. Il fut aussi Député de la Noblesse du Bailliage de Carentan. On a des Lettres d'une *Bourbon*, Duchesse d'Estouteville & Dame de Briquebec, sur un procès qu'elle lui avoit intenté au sujet des chemins qu'elle prétendoit avoir sur sa Terre de Sebbeville. Par ses Lettres elle s'en désiste, & le prie de la venir voir avec un homme de Robe pour conférer avec

elle & terminer leur différend. On voit aussi des Lettres des Rois CHARLES IX & HENRI III, écrites à ce MICHEL KADOT, qui épousa, en 1538, *Louise le Lièvre*, fille de noble homme *Pierre le Lièvre*, Ecuyer, Sieur de Riou. Ils eurent:

1. FRANÇOIS, qui suit;
2. Et VERCINGETORIX, Seigneur de Hemevès & de Riou, Terres qui sont encore dans la famille de Breucourt. Ce VERCINGETORIX, dont la branche est éteinte, étoit le bisayeul de la mère de *N... Dumont*, Ecuyer de feu M. le Grand Dauphin.

FRANÇOIS KADOT eut pour son partage la Baronnie de Breucourt & les Terres & Seigneuries de Sebbeville, de Coqueneauville & & de Bouteville, qui ont été réunies ensemble avec toutes leurs dépendances, qui s'étendent dans six Paroisses. Il eut le commandement des côtes & du plat-pays. Il servit utilement son Prince dans cet emploi. On voit par des Lettres du Duc de Montpensier, Gouverneur de Normandie, qu'il avoit taillé en pièces un Régiment des ennemis du Roi, qui étoit retranché dans un Village, nommé Fréville. On voit aussi une Lettre de HENRI III, qui lui marque la satisfaction qu'il a de ses services. Le Duc de Montpensier lui donna en plusieurs rencontres des ordres sur différentes choses, & entr'autres de se jeter dans Carentan pour la défendre contre le Comte de Montgommery qui alloit l'attaquer. Montgommery fit brûler le Château de Sebbeville, parce que FRANÇOIS KADOT s'étoit jeté dans Carentan. Il épousa, en 1564, *Scholastique de Franquetot*, fille aînée de noble homme *Robert de Franquetot*, Seigneur de St.-Georges, & de *Marie d'Auxais*, dont il eut pour fils unique & héritier:

MICHEL KADOT, IIᵉ du nom, qui eut les Terres de son père & le commandement des côtes & du plat-pays. Il épousa, en 1585, *Elisabeth d'Aval*, Dame d'Audouville, dont:

1. GILLES, qui suit;
2. Et LOUIS, qui prit le nom de *Breucourt*; il n'eût que des pensions viagères avec le commandement des côtes & du plat-pays de Cotentin. Cette branche s'est éteinte par filles à la troisième génération.

GILLES KADOT, IIᵉ du nom, hérita de toutes les Terres & Seigneuries de son père, & de la Vicomté d'Audouville qui appartenoit à sa mère. Il épousa, en 1615, *Françoise Bellée,* fille de *Jesuet Bellée,* Seigneur du fief de Nouille en Bouteville, & de *Perrette Julien,* dont il eut :

1. N... KADOT, mort en bas âge ;
2. FRANÇOIS, qui suit ;
3. Et LOUIS, qui eut en partage la Terre & Vicomté d'Audouville, la Hubert, dont il fit donation à son neveu BERNARDIN KADOT, fils aîné de FRANÇOIS, son frère.

FRANÇOIS KADOT, IIᵉ du nom, hérita de toutes les Terres de son père, & mourut en 1704. Il épousa, en 1641, *Françoise Gigault,* morte en 1704, six semaines avant son mari, tante du Maréchal de Bellefonds, & fille de *Bernardin Gigault,* Seigneur de Bellefonds & de plusieurs autres Terres,& Gouverneur de Caen & de Valognes, & de *Jeanne Aux-Epaules,* fille de *Robert Aux-Epaules,* Seigneur de Sainte-Marie, & Chevalier des Ordres du Roi. Ils laissèrent :

1. BERNARDIN, qui suit ;
2. JACQUES, Chef d'Escadre, Chevalier de St.-Louis, mort en 1707, pendant le siège de Toulon ;
3. CHARLES-LOUIS, Capitaine-Lieutenant des Chevaux-Légers de la Reine, & Brigadier des Armées du Roi ;
4. Et LOUIS, Capitaine des Vaisseaux du Roi.

BERNARDIN KADOT, Seigneur de Sebbeville, &c., Aide-de-Camp du Roi, Maréchal-de-Camp de ses Armées & Chevalier de Saint-Louis, mourut en son château de Sebbeville le 11 Octobre 1711, âgé de 70 ans. Il épousa, en 1669, *Marguerite-Françoise Monnorot,* fille de *Pierre Monnorot,* Seigneur de Saive, de Blainville, de la Motte, & de plusieurs autres Terres, Secrétaire du Roi, & Trésorier-Général des Parties Casuelles, & de *Marguerite Laugeois,* & a laissé plusieurs enfans, entr'autres :

1. BERNARDIN KADOT, IIᵉ du nom, Seigneur de Sebbeville, &c., qui a servi dans les Chevaux-Légers de Berry ;
2. TOUSSAINT, qui a été Colonel d'un Régiment d'Infanterie ;
3. Et CHARLES-LOUIS-FRÉDÉRIC, qui suit.

CHARLES-LOUIS-FRÉDÉRIC KADOT, Marquis de Sebbeville, est mort le 4 Octobre 1730. Il avoit épousé *Elisabeth-Thérèse Chevalier-de-Montigni,* née le 13 Février 1705, remariée, le 13 Juin 1752, à *Charles-Louis de Preissac,* dit d'abord *le Chevalier,* puis *le*

Comte d'Esclignac. Elle a eu de son premier mariage :

1. ANTOINETTE-FRANÇOISE KADOT-DE-SEBBE-VILLE, née le 11 Décembre 1725, morte à Chaillot le 28 Mai 1752, qui avoit épousé, le 20 Mai 1743, *Louis,* Comte de *Mailly ;*
2. MADELEINE-BERNARDINE, née le 13 Décembre 1726, mariée, le 23 Avril 1746, à *Artus-Louis-Timoléon,* Comte de *Gouffier,* mort le 13 Mai 1747 ;
3. Et MARIE-BERNARDINE KADOT, morte le 21 Juillet 1763, âgée de 30 ans, qui avoit épousé, par contrat du 14 Septembre 1760, *Timoléon-Antoine-Joseph-François-Louis-Alexandre,* Comte d'*Espinay-Saint-Luc,* Marquis de Ligneris.

Les armes : *de gueules, à trois roses d'or accompagnées en cœur d'une hure de sanglier de sable, couronnée d'or.*

* CADOUANE-GABRIAC. C'est une des plus anciennes Maisons du Languedoc. *Gabriac* est une des 12 Baronnies qui ont entré aux Etats de Gévaudan. Les *Cadouane* en étoient possesseurs dès le XIIIᵉ siècle, & prenoient indifféremment dans les titres le nom de *Cadouane* ou celui de la Baronnie de *Gabriac,* & souvent tous les deux, *Cadouane* alias de *Gabriaco,* selon que le rapporte l'Auteur des *Tablettes genéalogiques,* part. V, p. 304. Le nom de *Gabriac* fut adopté par les descendans de cette Maison. Voyez GABRIAC.

* CADRIEU, en Quercy, où est située la Terre de ce nom, que cette famille, connue de tous les tems par ses alliances distinguées & par ses services militaires, possède depuis plus de 400 ans.

Les armes : *d'or, à un lion parti de gueules & de sable langué, onglé & couronné de gueules.* (Voyez l'*Armorial gén. de France,* reg. I, part. I, pag. 107.)

CAETANI, Maison originaire d'Espagne, qui, selon quelques auteurs, vint s'établir à Gaëte en Italie, d'où elle a pris le nom de *Caëtani.* Le premier connu est

MATHIAS CAETANI qui commandoit les Armées de MAINFROY, Roi de Sicile, & laissa entr'autres enfans :

LOFFRED CAETANI, qui eut de N... *de Segni :*

LOFFRED, qui suit ;

Et BENOÎT CAETANI, créé Cardinal par le Pape CÉLESTIN V, puis Pape, en 1294, sous le nom de Boniface VIII, & mort le 12 Octobre 1303.

Loffred Caetani, IIe du nom, fut le quatrième aïeul de

Jacques Caetani, Comte de Fondi, qui eut de Sueve de Saint-Severin, veuve de Henri de Leoneffe :

Christophe, qui fuit;

Et Jacques Caetani, auteur de la branche des Ducs de Sermoneta, Marquis de Cifterna, Princes de Caferte, rapportée ci-après.

Christophe Caetani épousa 1° Ifabelle de Picʒutis; & 2° Jeannelle de Furno. Il eut du fecond lit :

Honoré Caetani, IIe du nom, qui mourut en 1489, le dernier de fa branche. Il avoit époufé 1° Françoife de Capoue; & 2° Catherine Pignatelli, & laiffa du premier lit :

1. Balthasar Caetani, Comte de Traëtto, qui mourut avant fon père, laiffant d'Antonelle Caraccioli;

Deux filles, mariées;

2. Pierre-Berardin, Grand-Protonotaire du Royaume de Naples, mort au mois de Mars 1487, auteur de la branche des Comtes de Morcone & de Fondi, Ducs de Traëtto :

Scipion Caetani, fon arrière-petit-fils, laiffa entr'autres enfans Alphonse Caetani, auteur de la branche des Ducs de Laurenʒano;

3. Et Antoine Caetani, auteur de la branche des Seigneurs de Saint-Marco, marié à Médée de Saint-Acapit, Dame de Saint-Marco.

BRANCHE

des Ducs de Sermoneta, Marquis de Cifterna, Princes de Caferte.

Jacques Caetani, fils puîné de Jacques, Comte de Fondi, eut pour defcendant :

Michel-Ange Caetani, Duc de Sermoneta, Prince de Caferte, qui époufa, en Juin 1708, Anne Stroʒʒi, fille de Jean-Baptifte, Marquis de Forano.

Il y a encore en Sicile une branche de la Maifon de Caetani, dont l'origine n'eft pas connue, & d'où fortoient les Marquis de Sortino, Princes de Caffaro. (Voyez Imhoff, Hiftoire d'Italie & d'Efpagne; Lille, Hiftoire de la Nobleffe de Naples, & Moréri.)

Cagnes, en Provence, Diocèfe de Vence, Terre & Seigneurie acquife par Marc & Luc

Grimaldi, dont le père, Antoine Grimaldi, Seigneur de Prat & de la vallée de Lantofca, avoit époufé Agnès-Catherine Doria, & étoit la deuxième fils de Reynier, IIe du nom, neuvième Prince de Monaco, & de Marguerite Ruffo. Ce Reynier, tige des Seigneurs actuels de Cagnes, étoit iffu, au XIVe degré, de Grimoald, Comte de Flandre, Maire du Palais de France, qui vivoit l'an 700 avec Théodoʒinde, fa femme. Voyez MONACO.

L'acquifition de la Terre & Seigneurie de Cagnes fut approuvée par Lettres de la Reine Jeanne du 20 Janvier 1372; & les Terres d'Antibes, de Courbons, de Cagnes, furent érigées les unes en Baronnies & les autres en Marquifats, par Lettres du mois de Mars 1646, enregiftrées à Aix le 12 Septembre fuivant en faveur de Jean-Henri Grimaldi, Lieutenant-Général des Armées du Roi, qui mourut fort vieux & laiffa, de Graffe de Bar, Honoré Grimaldi, IIe du nom, qui obtint l'érection de fa Baronnie de Cagnes en Marquifat par Lettres du mois de Mars 1677. Voyez GRIMALDI.

* Cagny, Seigneurie en Beauvoifis, entre Bauvais & Gournay, fur la rivière du Therain, anciennement poffédée par la Maifon de Pecquigny. Robert de Pecquigny, Chevalier, en fit donation, & du tiers de la Châtellenie de Milly, à fa femme Ifabelle de Neuville, qui en fit hommage le 21 Février 1486 à Pierre de Bourbon, Comte de Clermont. Elle étoit veuve de Pierre, IIe du nom, Seigneur de Boufflers, dont le fils aîné hérita de la Seigneurie de Cagny, du chef de fa mère. (Tabl. Gén. part. VII, p. 151.)

Cette Terre fut érigée en Duché en 1695, & en Pairie par Lettres du mois de Décembre 1708, regiftrées le 19 Mars 1709, en faveur de Louis-François de Boufflers, Maréchal de France : il fit commencer en ce lieu un magnifique Château, & y plaça en 1701 une très-belle statue équeftre de Louis le Grand, de la façon du célèbre Girardon, jetée en bronze par Kellers. Voyez BOUFFLERS.

Cahagnes-de-Verrieres, en Normandie, Election de Caen, porte : d'aʒur, au chevron d'or, accompagné de deux rofes d'argent en chef & de trois poignets armés d'épée, auffi d'argent, 1 & 2 en pointe.

⚜ Cahideuc, en Bretagne. Suivant un mé-

moire envoyé, cette ancienne Maifon tire fon origine de la Terre de ce nom, fituée dans la Paroiffe de Diffendie, Evêché de Saint-Malo & a été poffédée par les Seigneurs de ce nom, dès le XIIᵉ fiècle, avant le mariage de JEANNE DE CAHIDEUC, qui, par fon contrat du 3 Décembre 1649, porta cette Terre à Meffire *Fran-*
çois-Hervé d'Andigné.

On peut regarder cette Maifon comme très-ancienne, puifque dès 1220 ils ufoient de fceau, & fe gouvernoient en leurs partages, fuivant l'affife du Comte Geffroy. Les partages à viage, fuivant cette affife, qui exifte encore dans les Archives de la Maifon de CAHIDEUC, prouvent même qu'ils étoient iffus d'ancienne Chevalerie, puifqu'il eft certain que cette affife ou ordonnance ne regardoit que les Maifons des Comtes, Barons ou Chevaliers. Il eft vrai que lorfqu'on rédigea la très-ancienne coutume, l'on donna à tous les nobles la faculté de recevoir l'affife pour avoir lieu aux partages; mais ce ne fut que vers l'an 1350; de forte que l'on doit tenir pour conftant que les Maifons qui fe gouvernoient dans leurs partages, fuivant l'affife du Comte Geffroy, avant 1280, étoient Maifons de Chevalerie.

Le nom de CAHIDEUC s'eft écrit de différentes manières : AHEDOUC, AHIDOUC, & avant, QUEHEDOUC; c'eft de cette forte qu'il fe trouve dans un acte de 1220, paffé entre Guillaume, Seigneur de Montauban & plufieurs Gentilshommes, entre lefquels eft EON DE CAHIDEUC, ou QUEHIDOUC pour la mutation & droit de bail, ou garde-noble, que le Seigneur de Montauban avoit fur fes vaffaux, au droit de rachat à toute mutation. Cet acte eft aux Archives de la Maifon de CAHIDEUC, pris fur l'original des Archives de Montauban, & repréfenté le 31 Août 1697, devant le Sénéchal de Rennes, & par l'Intendant du Prince de Guémenée, dont fut délivrée copie en forme, pour refter dans les papiers des Seigneurs de CAHIDEUC.

Plufieurs Généalogiftes de Bretagne, le Laboureur & MM. d'Hozier, remontent le nom de CAHIDEUC au-deffus de

I. EON DE CAHIDEUC, qui eut de *Machaud d'Acigné:*

II. GUILLAUME DE CAHIDEUC, qui mourut en 1335. Son teftament eft dépofé dans les Archives de la Maifon de CAHIDEUC. Il époufa *Machaud de Vauferrier*, morte en 1325, if-

fue d'une noble & ancienne Maifon, dont la Terre de Vauferrier eft fituée dans le voifinage de celle de CAHIDEUC. Cette ancienne nobleffe fubfifte encore dans la Paroiffe de Diffendie; & dans la réformation de 1668, elle a prouvé par titres bien en ordre, depuis 1377, que GUILLAUME DE CAHIDEUC avoit époufé *Machaud de Vauferrier*, dont le nom eft employé dans les réformations de 1427, 1440 & 1513, lefquelles réformations l'ont déclaré Maifon d'ancienne extraction, ce qui a été confirmé par arrêt de la Chambre, du 14 Novembre 1668. De ce mariage vinrent :

1. GEFFROY, qui fuit;
2. GUILLAUME;
3. Autre GUILLAUME, Prêtre;
4. GUILLOTTE, Dame de *la Barre,* de laquelle on ne fait autre chofe ;
5. N..., mariée à *Raoul de la Chaffe;*
6. Et N.... DE CAHIDEUC, mariée à *Pierre de la Pomelaye.*

III. GEFFROY, Seigneur de CAHIDEUC, mourut dans la femaine de Pâques 1359. Il époufa, en 1331, *Olive de la Morinays*, morte en 1349, dans le tems d'une grande mortalité. Elle étoit d'une ancienne Maifon éteinte dans la perfonne d'*Uflave*, Dame de *la Morinays*. De ce mariage vinrent:

1. GUILLAUME, qui fuit;
2. 3. & 4. JEHAN, GEOFFROY & PIERRE, morts de la pefte au mois d'Août 1362;
5. Et MACHAUD DE CAHIDEUC, Religieufe à l'Abbaye de Saint-Sulpice , Evêché de Rennes.

GUILLAUME DE CAHIDEUC, IIᵉ du nom, né le 29 Septembre 1336, fut héritier principal & noble de fes père & mère, & tefta en 1377. Il époufa, après la fête de Saint-Pierre (nous ignorons en quelle année), *Jeanne de Tregaranteuc*, fille d'*Alain*, Seigneur de Tregaranteuc, & nièce de *Jehan de Saint-Gilles*. La Maifon de *Tregaranteuc*, aujourd'hui éteinte, bonne & ancienne , étoit établie dans la Paroiffe de Guegon, Evêché de Vannes, & avoit fait de très-bonnes alliances, comme avec la Maifon de *Boisgelin*. De ce mariage font iffus:

1. GUILLAUME, qui fuit;
2. BÉATRIX , qui époufa *Pérot Glé*, Seigneur de la Befneraye, dont elle eut un fils unique :

Guillaume, mort avant fon père, fans laiffer d'enfans de *Jeanne de Quedil-*

lac; au moyen de quoi GUILLAUME DE CAHIDEUC, IIIᵉ du nom, fuccéda à *Guillaume Glé*, dans l'eftoc maternel, & tranfigea, le 13 Mai 1446, avec *Jeanne de Quedillac*, lors encore mineure, autorifée de *Thibaut de Quedillac*, fon père, pour ce qui lui étoit dû fur les biens de *Guillaume Glé*, fon mari;

3. Et MARIE DE CAHIDEUC, qui rendit aveu en juveignerie à fon frère GUILLAUME, le 4 Mars 1420, des Fiefs, Juridiction, Seigneurie fitués dans la Paroiffe, & fous la juridiction de Bedecq au village du Puy, & de la Chapellenie que GUILLAUME, fon frère, lui avoit donnés pour fa part & portion des fucceffions de leur père & mère.

V. GUILLAUME DE CAHIDEUC, IIIᵉ du nom, déclaré par fes père & mère, héritier principal & noble, fe trouve parmi les nobles de la Paroiffe de Diffendie. Il eft qualifié Meffire & Chevalier dans fon contrat de mariage; ce qui fuffit pour faire connaître l'ancienneté de la nobleffe de cette Maifon. Son beau-père lui céda, dans cet acte, certains héritages qu'il avoit dans les Paroiffes de Plumengal & de Miniac-fous-Buherel. Il époufa, par contrat paffé au manoir de la Boulaye, le 26 Décembre ....., *Hermine de Ferrière*, fille de *Raoul de Ferrière*, Seigneur de la Boulaye, & de *Jeanne Deflaillée*, dont:

1. N.... de CAHIDEUC;
2. Et CHARLES, qui fuit.

VI. CHARLES DE CAHIDEUC, héritier principal & noble de fes père & mère, eut un long procès depuis 1450 jufqu'en 1460 devant les Juges de l'Officialité de Saint-Malo, touchant les droits honorifiques de l'Eglife de Diffendie contre Roland, Sieur du Breuil; & ce CHARLES DE CAHIDEUC, dans les fentences, en latin qu'on trouve, eft qualifié *nobilis armiger*. Il paffa une tranfaction, de concert avec fa première époufe, avec noble Jehan Brillant-de-Beaumanoir, & Marguerite de Crève, fon époufe, Seigneur & Dame de Beffo, par laquelle ces derniers lui tranfportèrent plufieurs rentes, à valoir fur l'affjette qu'ils devoient à la Dame de CAHIDEUC. CHARLES DE CAHIDEUC tranfigea, comme mari & procureur de droit de fa feconde femme, avec Gilles, Seigneur de la Clartière, touchant quelques héritages acquis par *Jean de la Noë*, fur lefquels héritages le Seigneur de la Clartier

prétendoit quelques droits. Cette tranfaction fut ratifiée à la Cour de Nantes le 25 du même mois par *Béatrix de la Noë*. CHARLES DE CAHIDEUC mourut en 1489. Il avoit époufé, 1° vers 1467, *Ifabeau d'Angoulvent*; & 2° *Béatrix de la Noë*, remariée à Meffire *Arthur de Chantocé*, Seigneur de Laudevrau. Elle étoit fille aînée, héritière principale & noble, de *Jean de la Noë*, Seigneur de la Broffe, du Brigné & de la Hunaudaye, à Saint-Colombin, & de *Françoife de la Chapelle*. Il eut du premier lit:

1. JEANNE, mariée 1° par fon père à *Jehan d'Yllifran*, en faveur duquel mariage il promit à fa fille 25 livres de rentes; & 2° à noble homme *Raoul le Champion*.

Du fecond lit font iffus:

2. CHARLES;
3. GILLES, qui fuit;
4. GUILLAUME, auteur d'une branche éteinte. Il s'établit en Poitou, où il époufa N... *de Crue;*
5. JEAN, Chevalier de l'Ordre de Saint-Jean de Jérufalem, Commandeur de la Guerche, qui affifta en 1539, à la réformation de la Coutume; il étoit Commandeur avant 1539, avoit fait fes preuves avant 1522, avant que l'Isle de Rhodes eut été prife par les Turcs;
6. Et un fils, appelé LE CLERC DE CAHIDEUC, qui s'établit dans la Paroiffe de Miniac.

VII. GILLES DE CAHIDEUC, Seigneur de la Broffe, du Brigné & de la Hunaudaye, fut autorifé par *Jean de Ferrière*, Seigneur de la Boulaye, fon grand-oncle, curateur de ce qui pouvoit appartenir à JEANNE DE CAHIDEUC, fa fœur, dans la fucceffion de leur père pour de quoi demeurer quitte, il lui céda l'hôtel, maifon & manoir Dubois-Germigon & dépendances dans la Paroiffe de Plouafne, en préfence & du confentement d'*Arthur de Chantocé*, Seigneur de Laudevrau, mari de *Béatrix de la Noë*, de laquelle il promit de fournir la ratification du premier mariage de JEANNE DE CAHIDEUC. GILLES DE CAHIDEUC refta mineur à la mort de fon père, fous la tutelle de *Jean de Ferrière*, fon grand-oncle. On le trouve fous les qualités de noble & Ecuyer dans la réformation de la nobleffe de l'Evêché de Saint-Malo, de 1513, pour la Terre de Cahideuc, & les dépendances toutes nobles, fans qu'aucune roture y foit jointe dans la Paroiffe de Diffendie; il eft encore employé dans la même Paroiffe pour la Terre de la Motte

Hunaud, & dans la Paroiffe de Bedec, pour la Terre de Launay, tenant ces deux derniè-res de fa femme. Il vendit, par contrat paffé à Ploermel, à Regnaud de la Touche, Seigneur de Limoufinière & de Montbert, la Terre de la Hunaudaye, fituée à Saint-Colombin, qu'il avoit eue en partage de la Maifon de la Porte-Vezin. Il avoit époufé *Perronne d'Er-brée*, fille & feule héritière de *François d'Er-brée*, Seigneur de la Chaife, & de *Jeanne*, Dame de *Launay*, qui devint veuve. Elle étoit d'une Maifon qui peut être comptée entre les plus anciennes de la Province de Bretagne, & laiffa :

1. Raoul, qui fuit ;
2. Raoul, *le Jeune*, qui fut partagé par Fran-çois, fon neveu, le 3 Novembre 1555, fui-vant l'affife du Comte Geffroy, & il eut pour tous fes droits la fomme de 1800 li-vres, outre celle de 1060 livres qu'il avoit déjà reçue de Raoul de Cahideuc, fon frère aîné. Il avoit époufé, par contrat paf-fé le 12 Janvier 1536, *Catherine*, Dame de *la Haye de Breal*, de *la Foreftier*, qui lui fit don, par fon contrat de mariage, de la tierce partie de tous fes biens, qui fut pu-bliée dans la Cour de Montfort, le 4 Jan-vier 1540. On ne croit pas qu'il foit refté des enfans de ce mariage, & furtout des gar-çons ;
3. 4. & 5. Jean, Michel & Mathurin, qui fu-rent partagés, fuivant l'affife du Comte Gef-froy, comme Raoul, en 1555 ;
6. Jeanne, Religieufe au Couvent de Nantes, à qui fon frère aîné donna une penfion de 20 livres, par acte du 4 Mai 1530, fur la Terre de Bregnay, fituée en la Paroiffe de Fre-may, Evêché de Nantes ;
7. Et autre Jeanne de Cahideuc, dite *la jeu-ne*, Dame de la Ville-Huchette, mention-née au même partage, mariée à N... *Huchet de la Bédoyère*.

VIII. Raoul, Seigneur de Cahideuc & du Brigné, Ecuyer tranchant de la Reine, fut hé-ritier principal & noble de fon père ; reçut du Roi François Ier, pour fes bons & agréables fervices, par lettres données à l'Abbaye de Vauluifant, le 9 Mars 1538, la fomme de 485 livres, 13 fols, 4 deniers, du rachat échu fous le Comté de Nantes, par le décès de Françoife de Maillé, Dame de Pontchâ-teau ; ce qui fut confirmé par de nouvelles lettres du Roi, données à Amboife, le 8 Avril 1540 ; lefquelles lettres furent enregiftrées le 20 Juillet 1541. Raoul de Cahideuc, allant

à la guerre, fit fon teftament le 4 Avril 1530; par lequel on voit qu'il avoit déjà un fils, dont il veut que la tutelle foit donnée à fa femme, dans le cas qu'elle ne fe remarie pas, ou à fes frères ; & par le même teftament, il prie fa mère de ne faire aucune donation con-tre fon fils. Mais comme il a furvécu long-tems à ce teftament, il n'a pas eu lieu. Il fui-vit en Flandre la Reine Eléonore d'Autri-che, qui, après la mort du Roi François Ier lui donna un paffe-port daté de Bruxelles, le 17 Septembre 1551, pour lui, trois hommes de cheval & deux hommes de pied de fa fuite. On voit auffi dans fon teftament qu'il avoit époufé, en 1527, *Louife de Lefcoet*, fille d'O-livier de Lefcoet, & de *Marie de la Foreft*, dont :

IX. François, Seigneur de Cahideuc, la Broffe, du Brigné, né avant 1530, qui partagea Raoul de Cahideuc, dit *le jeune*, fon oncle, & fe fit Prêtre quelque tems après la mort de fa femme, fut Chantre & Chanoine de Ren-nes, Prieur de Becherel & de Saint-Nicolas-de-Montfort ; fit fon teftament le 28 Octobre 1579, par lequel il choifit fa fépulture ; régla enfuite fes affaires domeftiques, ordonna que Jeanne de Cahideuc, Dame de la Ville-Hu-chette, fa fœur, demeureroit toute fa vie dans la Maifon de Cahideuc ; nomma pour exécu-teur de fon teftament, & tuteur de fes enfans, Meffire Pierre le Goux, Sieur de la Biardais, Confeiller au Parlement, & mourut à Ren-nes où fon cœur & fes entrailles furent por-tées dans l'Eglife des Cordeliers de ladite ville, & fon corps dans l'Eglife de Diffendie. Il étoit Chevalier de l'Ordre de Saint-Michel, & époufa, en 1555, par contrat paffé devant les Notaires Royaux de Ploermel, *Françoife de Coetlogon*, morte à Cahideuc, au mois de Juillet 1570, & inhumée dans l'Eglife de Diffendie le 9. Elle étoit fille de noble puif-fant *Julien*, Seigneur de Coetlogon, & d'*An-ne le Rouge*, Dame de Kerberio. Leurs en-fans furent :

1. Arthur, qui fuit ;
2. François, né à Cahideuc, le 28 Mars 1563, baptifé le 4 Avril fuivant, qui fut deftiné par fon père à l'état eccléfiaftique, mais il em-braffa le parti des armes, & fut Capitaine d'une Compagnie d'Arquebufiers envoyés en garnifon dans le Château de Montfort par le Duc de Montpenfier, Lieutenant-Gé-néral des Armées en Bretagne. Il trouva ce Château hors d'état de défenfe, ce qui l'o-

bligea de le faire rétablir à ses frais. Il fut envoyé, en 1590, par le Duc de Montpensier, au secours de la ville de Sablé, où il fut fait prisonnier, conduit à Dinan par le parti de la Ligue, n'en sortit qu'en payant une rançon de 2800 écus; servit encore sous le Duc de Montpensier; & après avoir reçu plusieurs blessures, il se retira & entra dans l'état ecclésiastique où son père l'avoit destiné, & mourut à l'âge de 35 ans;

3. JEANNE, née le 20 Mai 1561, morte en 1563;

4. Autre JEANNE, née le 10 Mars 1568, partagée par ARTHUR, son frère aîné; resta fille, testa au mois de Mars 1622, mourut le même mois, & fut enterrée dans l'Eglise de Diffendie;

5. Et FRANÇOISE DE CAHIDEUC, née le 15 Juillet 1570, qui ne vécut pas.

X. ARTHUR, Seigneur de CAHIDEUC, né le 1er Février 1562, baptisé le 7, en l'Eglise de Saint-Germain, n'avoit que 17 ans à la mort de son père; embrassa le parti des armes, dans le tems que la Ligue désoloit le Royaume & presque toute la Bretagne; il s'attacha au parti du Roi HENRI III, qui lui donna une Compagnie de Chevaux-Légers, avec laquelle il fut commandé, en 1592, d'aller défendre, sous M. le Duc de Montpensier, la ville de Malestroit; & en 1595, M. de Saint-Luc, Lieutenant-Général, ayant arrêté de faire assiéger le fort de l'Isle-Tristan, ARTHUR DE CAHIDEUC eut la commission d'en faire le blocus avec les Compagnies de Chevaux-Légers des Régimens d'Infanterie de Sourdiac, de Courbousson, & autres forces tirées de différentes places. HENRI IV, en considération de ses services, l'honora, en 1596, du collier de son ordre; lui donna le Brevet de Gentilhomme de sa Chambre, le commandement d'une Compagnie de 50 hommes d'armes de ses ordonnances, dont il prêta serment entre les mains du Maréchal de Brissac, Lieutenant-Général pour le Roi en Bretagne; lui fit don, par brevet du 28 Mars 1609, d'une somme de 5000 livres à prendre sur les deniers extraordinaires de ses épargnes; & Louis XIII, par un autre Brevet du 29 Août 1611, lui donna une pension de 600 livres qui lui fut augmentée jusqu'à la somme de 2000 livres, par Brevet du 20 Février 1615; & par un autre du 17 Septembre 1616, il lui accorda une autre somme de 3000 livres, à recevoir sur les deniers ordinaires & extraordinaires de

ses épargnes. Outre tous ces services remplis avec assiduité à la guerre, il fut de l'assemblée des Etats de la Province, & en fut Pensionnaire, le 18 Mai 1598, par le Maréchal de Brissac. Il y remplit les emplois les plus distingués. Il fut Député à l'Assemblée des Etats-Généraux convoqués à Sens, & ensuite à Paris; & ceux de Bretagne, par lesquels il avoit été Député en 1616, lui donnèrent une gratification pour les services qu'il avoit rendus au Roi & à la Province, & pour ce qui lui étoit dû de ses appointemens & l'entretien de sa Compagnie de Chevaux-Légers. En l'absence du Baron de Pontchâteau, qui avoit présidé à l'ordre de la Noblesse, les Etats le nommèrent Chevalier de l'Ordre du Roi, pour y présider, ce qu'il fit depuis le 11 Octobre, jour de son élection, jusqu'au 29 du même mois. Il fit son testament à Cahideuc, le 14 Juillet 1630, par lequel il régla le partage entre les deux enfans qu'il eut de ses deux femmes, mourut au mois de Mai 1630, & fut enterré dans l'Eglise de Diffendie. Il avoit épousé 1° *Louise de Tyvarlen*, morte à Cahideuc, le 6 Janvier 1615, pendant que son mari étoit aux Etats-Généraux, & inhumée au chanceau de l'Eglise de Diffendie. Elle étoit veuve de *Jean Lanvaulx*, Seigneur de Beaulieu, duquel vint une fille, qui ne vécut pas. Elle étoit fille de *Nicolas de Tyvarlen*, & de *Louise de Rosmadec*; & 2° *Jeanne de Baude*, morte à Beaulieu le 28 Février 1629, & inhumée dans la Paroisse de Bignan, Evêché de Vannes. Elle étoit fille de *Guillaume de Baude*, & de *Marguerite de Coeteruran*; ayant appris qu'ils étoient parens au IIIe degré, le Cardinal de Barbins, Légat en France, leur accorda une dispense datée de Fontainebleau, le 25 Mai 1625, adressée à l'Official de Vannes, qui, en conséquence, leur permet d'habiter ensemble, par son ordonnance du 22 Octobre 1627. Il eut du premier lit:

1. SÉBASTIEN-RENÉ, qui suit.

Et du second lit:

2. Et MARIE DE CAHIDEUC, qui resta sous la tutelle de SÉBASTIEN-RENÉ, Seigneur de Cahideuc, son frère consanguin, du consentement duquel & de celui de Messire François Loisel, Président de Brie, & *Mathurine de Baude*, sa compagne, cousine germaine de MARIE DE CAHIDEUC, elle épousa, par contrat passé le 8 Septembre 1641, Messire *Toussaint du Fay*, Seigneur de Guilhé.

XI. Sébastien - René, Seigneur de Cahideuc, né le 23 Mai 1605, & baptisé le 25
Juin, fut Député dans une Assemblée tenue
à Dinan, en 1634, pour assister dans la Chambre des Comptes à l'examen du compte du
Tréforier des Etats, se fit aimer, estimer &
considérer dans cette assemblée près de 40
ans; les Députés des Etats en Cour avoient
été chargés de supplier le Roi d'accorder à
Sébastien - René de Cahideuc la même pension qu'avoit son père. Il y eut des oppositions
à son mariage, parce que sa femme étoit mineure, & Sébastien-René de Cahideuc trouva dans sa Maison, & dans celle du Bois-de-
la-Motte, beaucoup d'affaires qui l'occupèrent
désagréablement toute sa vie. Il mourut à
Saint-Malo, le 25 Mars 1670. Il avoit épousé,
le 2 Février 1633, *Guyonne de Montbourcher*, qui hérita de la Terre du Bois-de-la-
Motte, en 1654, de *Jean d'Avaugour*, son
cousin, & après la mort de son mari, elle succéda encore à l'Estoc paternel de Messire *François Loisel*, Président à Mortier; elle mourut à Rennes, le 13 Février 1688, & suivant
sa volonté, elle fut inhumée, le 17, dans l'E-
glise de Trigavon. Elle étoit restée fille unique de *Gabriel de Montbourcher*, Chevalier,
Seigneur de Tremereuc, & de *Françoise de
Massuel*. De ce mariage vinrent :

1. François, né le 5 Avril 1635, mort en 1639;
2. Gabriel, né en 1636, mort en 1637;
3. Jean-François, qui suit;
4. Jeanne, née le 2 Février 1634, mariée, par
   contrat du 3 Octobre 1649, à Messire *François - Hervé d'Andigné*, Seigneur de la
   Chasse, auquel elle porta la Terre de Cahideuc, pour terminer des procès qui duroient
   depuis nombre d'années, entre les Seigneurs
   d'*Andigné* & les Seigneurs de Cahideuc;
   cette Terre étant enclavée dans celle de la
   Chasse, & le Château de même nom, où
   demeuroient les Seigneurs; elle est située
   dans la Paroisse de Diffendie, dont MM. de
   Cahideuc étoient Seigneurs, & en conséquence la Terre de Cahideuc, qui est aujourd'hui possédée par le Marquis de *la
   Chasse d'Andigné*, un des riches Seigneurs
   de la Province de Bretagne;
5. Et Lucrèce de Cahideuc, née à Paris en
   1638, & morte à Rennes en Octobre 1639,
   fut inhumée dans l'Eglise des Minimes.

XII. Jean-François de Cahideuc, Seigneur
du Bois-de-la-Motte, né en 1640, baptisé en
l'Eglise de Diffendie, épousa *Gillonne-Char-*

lotte de Langan, fille de Messire *César de
Langan*, Seigneur, Baron Du Bois-Février,
& de *Charlotte de Constantin*. La Maison
de *Langan* est une des plus nobles & des plus
anciennes de la Province de Bretagne. De ce
mariage sont nés :

1. Jean-François, qui suit;
2. Henri-Charles, rapporté après son frère
   aîné;
3. Emmanuel-Auguste, auteur de la branche
   cadette, rapportée ci-après;
4. Achille, né au Bois-de-la-Motte, tué en
   Septembre 1688, dans le combat naval
   commandé par Emmanuel - Auguste, son
   frère, commandant une Escadre de 6 Vaisseaux de guerre, & de 2 Frégates, montant
   le Vaisseau nommé *le Magnanime*, où il
   remporta une victoire complète;
5. Marie-Anne, morte fille en 1679;
6. Julie-Lucrèce, aussi morte fille;
7. Et Claire-Hippolyte de Cahideuc, née à
   Rennes en 1681, qui a pris le voile dans la
   Maison de la Visitation de Rennes, & en
   est morte Supérieure au mois de Juillet
   1752.

XIII. Jean-François de Cahideuc, IIe du
nom, baptisé le 9 Juin 1665, s'acquit une
grande estime dans le service, & fut tué en Savoie, au mois d'Août 1692, étant Capitaine
de Dragons sans avoir été marié.

XIII. Henri-Charles de Cahideuc, né à
Rennes, le 19 Novembre 1673, fut, ainsi que
son père, Marquis du Bois-de-la-Motte, &
Seigneur de la Terre de la Bretesche, en Poitou; il ne servit pas, & épousa 1° *Jeanne de la
Haye*, fille de *Pierre de la Haye*, d'une
bonne & ancienne famille de la Province, employée dans les réformations de 1414, 1440 &
1513, pour la Terre de la Haye; & 2° à N...
de la Tramblaye. Il eut du premier lit :

Un fils, qui n'a pas servi & se retira dans son
Marquisat du Bois-de-la-Motte;
Quatre fils, entrés au service de la Marine,
sous la conduite d'Emmanuel-Auguste, leur
oncle: deux sont morts à Saint - Domingue,
le troisième a été tué, en Septembre 1688,
dans le combat naval donné par son oncle
contre les Anglois, & le quatrième est mort
de la suite d'une maladie à Brest;
Une fille, morte fort jeune;
Et une autre fille, qui vit au Château du Bois-
de-la-Motte, avec son frère.

BRANCHE CADETTE.

XIII. Emmanuel - Auguste de Cahideuc,

troifième fils de JEAN-FRANÇOIS, Ier du nom, & de *Gillonne-Charlotte de Langan*, né à Rennes en 1683, entra au fervice de la Marine en 1698, devint Vice-Amiral de France, Cordon rouge, & Grand-Croix de l'Ordre Militaire de Saint-Louis, s'acquit toute la gloire poffible ; a joui toute fa vie d'une grande réputation, & mourut le 24 Octobre 1764. Il avoit époufé, en 1695, *Jeanne-Françoife d'Andigné*, fille de Meffire *Charles-René d'Andigné*, Seigneur de la Chaffe, & de *Jeanne de Brehan*, dont :

> CHARLES-FRANÇOIS-EMMANUEL, qui fuit ;
> Et une fille, dont nous n'avons nulle connoif-
> fance.

XIV. CHARLES-FRANÇOIS-EMMANUEL DE CA-HIDEUC, né à la Chaffe, le 1er Février 1720, eft entré dans la Marine, & a continué fon fervice jufqu'en 1761, que fa mauvaife fanté l'a forcé à demander fa retraite dès 1758, & que le Roi & le Ministre lui refufèrent, comme on le voit par les lettres de MM. de Machaud & de Maffiac. Il mourut le 5 Juin 1766, & avoit époufé, le 21 Février 1757, *Jeanne-Madeleine-Eugénie de Boifgelin*, fille de *Renaud-Gabriel de Boifgelin-de-Cucé*, Préfident à Mortier du Parlement de Bretagne, Marquis de Cucé, & de *Jeanne-Françoife-Marie du Rofcoet*, Dame de Lefturdant, dont :

> EMMANUEL-PAUL-VINCENT, né le 1er Mai 1764.

Les armes : *de gueules & deux têtes de léopard d'or*. Devife: *antiqua fortis virtute*, telle qu'on la voit autour defdites armes, en alliances avec les Maifons de *la Hunaudaye*, de *Rofmadec*, de *Tyvarlen*, de *Coetlogon*, de *Lefcoet*, d'*Erbrée*, de *la Boulaye-Fer-rière*, en pierre, tant au-dedans qu'au dehors de la maifon de Cahideuc, & baffes-cours, ornés du collier de l'Ordre de Saint-Michel & foutenues de *deux léopards*. On voit encore lefdites armes ou lifière dans le Chanceau, & dans deux chapelles de l'Eglife de Diffendie ; & l'antiquité de ces armes fe prouve encore par un acte de 1280, fcellé du fceau d'EON DE CAHIDEUC, qui eft dépofé aux archives de cette Maifon.

CAHORS, en Quercy. Cette famille, dont il eft parlé dans l'*Armorial gén. de France*, reg. I, part. I, p. 109, étoit anciennement furnommée POL.

PIERRE DE CAHORS, Seigneur de la Sarladie,

qui vivoit en 1529, époufa *Yolande Suris*, & fut le quatrième aïeul de

PIERRE DE CAHORS, Ecuyer, Seigneur de la Sarladie, qui eut de *Marthe de la Garde-Saigne* :

> LOUISE DE CAHORS-DE-LA-SARLADIE, née le 23 Octobre 1675, qui fut reçue à Saint-Cyr au mois de Mars 1687, & prouva qu'elle defcendoit au Ve degré de PIERRE, rapporté en tête de cet article.

Les armes : *d'azur, à un ours paffant d'or, au chef d'argent, chargé de trois croix de gueules.*

CAHUSAC (DE), en Languedoc. HUGUES-ROGER DE CAHUSAC, Ecuyer, Seigneur d'Herminis, héritier de LOUIS-ROGER DE CAHUSAC, Comte de Caux, rendit hommage au Roi le 9 Juillet 1543 de la Seigneurie de *Caux*, mouvante de la Sénéchauffée de Carcaffonne.

FRANÇOIS-ROGER DE CAHUSAC, Ier du nom, fon fils, Ecuyer, Seigneur de Caux, époufa, par contrat paffé le 10 Janvier 1580 (*Olivier*, Notaire à Cahufac), *Jeanne d'Hebrail*, fille de noble *Antoine*, Seigneur de Dalon, & de *Louife de Paulin*. Il en eut :

HENRI-ROGER DE CAHUSAC, Seigneur de Feftes, qui fut Lieutenant de 100 hommes d'armes des ordonnances du Roi ; il tefta le 23 Juin 1666, & ordonna qu'on l'enterrât avec fes prédéceffeurs dans l'Eglife de Caux ; inftitua fon héritier FRANÇOIS-ROGER, fon fils aîné, & lui fubftitua HENRI ROGER. Il y eut en fa faveur un Jugement rendu à Montpellier le 1er Octobre 1670 par M. *Bazin de Bezons*, Intendant dans cette Généralité, par lequel il fut déclaré *noble & iffu de noble Race*, en conféquence des titres qu'il avoit produits depuis 1379. Il époufa *Gabrielle de Hautpoul*, fille de *François-Pierre*, Seigneur & Baron de Rennes & d'Auxillon, & de *Marguerite de Saint-Jean de Pontis*, dont :

> 1. FRANÇOIS-ROGER, qui fuit ;
> 2. Et HENRI-ROGER DE CAHUSAC.

FRANÇOIS-ROGER DE CAHUSAC, IIe du nom, Seigneur de Caux, fit fon teftament le 30 Novembre 1669, par lequel il voulut être enterré avec fes prédéceffeurs dans l'Eglife de Caux ; & il inftitua héritière fon époufe, à condition de rendre fon hérédité à noble LOUIS-ROGER, fon fils, qui fuit. Il époufa, le 6 Mars 1666, par contrat paffé devant *Falgoux*, Notaire au lieu de Caux, Diocèfe de Carcaffonne, *Françoife de Rochefort*, fille de *Louis*, Seigneur & Baron de Marquain, & de *Gabrielle de Roquefeuille*.

LOUIS-ROGER DE CAHUSAC, Capitaine de Cavalerie, Seigneur de Caux, &c., époufa, par contrat paffé devant *Barfelon*, Notaire à Carcaffonne, le 14 Janvier 1695, *Henriette de Murat,* fille de *Jean*, Préfident en la Sénéchauffée de Carcaffonne, & d'*Anne Fournier,* dont :

LOUIS-JOSEPH-ROGER DE CAHUSAC, né le 31 Janvier & baptifé le 1er Février 1699 dans l'Eglife de St.-Michel à Carcaffonne, qui fut préfenté, & fit fes preuves au mois de Novembre 1714 pour être reçu Page du Roi dans fa Petite-Ecurie.

C'eft ce que nous favons fur cette famille, qui porte pour armes : *d'or, à trois pals ondés d'azur.*

CAIGNOU (DE), en Normandie, famille ancienne, établie dans la Paroiffe de Magny, proche le Bourg de la Ferté-Macé. Elle a poffédé plufieurs Fiefs dans cette Paroiffe, à l'un defquels, anciennement nommé *la Métairie,* elle a donné le nom du Fief de *Caignou*.

JEAN DE CAIGNOU étoit en 1300 Seigneur de la Sergenterie noble de la Ferté-Macé.

GUILLAUME DE CAIGNOU, Ecuyer, Seigneur de la Métairie, du Val de Gourbes, de Saint-Julien & de ladite Sergenterie, vivoit en 1374. Il laiffa d'*Eléonore de Patry*, fille de *Mathurin*, Ecuyer du Sire de BOURBON, & de *Zabet de Courcy*, deux fils, tous deux nommés JEAN. Ils firent leurs partages le 24 Avril 1409 : le premier fut Seigneur de la Métairie & du Val de Gourbes ; le fecond fut Seigneur de Saint-Julien & de ladite Sergenterie. Deux branches font forties de ces deux frères, ou de leurs defcendans.

Le dernier d'une de ces branches a été GUILLAUME DE CAIGNOU, Préfident en l'Echiquier d'Alençon, Chancelier du Duché d'Alençon, Seigneur de Maheudin, d'Antoigny, de Monceaux, de Saint-Julien, du Bois de Commeaux, de Vauloger, du Val de Gourbes & de la Sergenterie noble de la F...te-Macé. JACQUES DE CAIGNOU, fon frère, fut Abbé Régulier de la Luzerne, proche Avranches. Ce GUILLAUME laiffa de *Catherine des Buats* :

1. FRANÇOISE, qui époufa, par contrat de l'an 1511, *Sonnart de Sainte-Marie*, Seigneur de Sainte-Marie-la-Robert, fils de *Sonnart*, 1er du nom, Seigneur dudit lieu, & de *Guillelmine de Silly* ;

2. MARGUERITE, qui époufa *Jean Moinet*, Seigneur de Neaufle ;

3. Et N... DE CAIGNOU, mariée à N..., dont font iffus les Seigneurs de *la Paupelière* & de *Boiffimon*.

L'autre branche étoit repréfentée en 1450 par JEAN DE CAIGNOU, Ecuyer, Seigneur de la Métairie, qui fit preuve de Nobleffe devant *Montfault*, en 1463. Il eut un fils auffi nommé JEAN, Seigneur de la Métairie, qui époufa, par contrat du 30 Avril 1469, *Robine de Sainte-Marie*, fille de *Jean*, Ecuyer, Seigneur de Lignac. De ce mariage vint :

GUILLAUME DE CAIGNOU, Ecuyer, Seigneur de la Métairie, qui époufa, par contrat du 16 Février 1506, *Françoife de Saint-Bofmer*, fille de *Jean*, Ecuyer, & de *Louife de Pannard*, dont naquirent :

1. JEAN, qui fuit ;
2. Et ANDRÉ, rapporté après fon frère.

JEAN DE CAIGNOU époufa *Marguerite de la Fièce*, & en eut :

JEAN DE CAIGNOU, Ecuyer, Seigneur de la Métairie, qui époufa *Hélène Bocquenfey*, dont :

ANDRÉ DE CAIGNOU, qui laiffa d'*Ifabeau du Bois* :

ANTOINE DE CAIGNOU, Ecuyer, Sieur de la Rivière, maintenu dans fa Nobleffe en 1666 par M. de *Merle*, Intendant d'Alençon, lors de la recherche de la Nobleffe. Il époufa *Madeleine Jouenne*, de laquelle il eut :

1. JEAN-JACQUES, qui fuit ;
2. Et FRANÇOIS, rapporté après fon frère.

JEAN-JACQUES DE CAIGNOU époufa, en 1713, *Reine Petard*, fille de *Gafpard*, Ecuyer, Sieur de Rocherville, & de *Marie des Natours*. Il a eu de ce mariage :

1. N..... DE CAIGNOU, qui a commandé une Frégate au fervice de la Compagnie des Indes ;
2. Et N..... mariée à *N..... de Vaugirald*, dans la Province du Maine.

FRANÇOIS DE CAIGNOU, fecond fils d'ANTOINE, s'eft auffi marié & a laiffé des enfans.

ANDRÉ DE CAIGNOU, fecond fils de GUILLAUME, & de *Françoife de Saint-Bofmer*, Maréchal-des-Logis d'une Compagnie d'Ordonnance, mourut fort âgé le 27 Janvier 1607. Il époufa, par contrat du 8 Mars 1551, *Geneviève le Pelletier*, fille de *Jean*, Ecuyer, Seigneur du Mefnil-Bellenger, & d'*Anne de Mornay*, & laiffa :

1. François, qui fuit ;
2. Et Jacques, rapporté ci-après.

François de Caignou, Ecuyer, Sieur de Boifmagny, mourut âgé de 41 ans le 12 Février 1634. Il époufa, par contrat du 16 Avril 1582, *Guillemette de Caulonges*, fille de *Léon*, Ecuyer, Seigneur de Herfes & de la Providence, & de *Marie de Champ*, Dame de Champ & de Valtrot, & eut pour fils :

1. Julien, qui fuit ;
2. Et Nicolas, mort fans alliance.

Julien de Caignou, Ecuyer, Sieur de Boifmagny, mourut en 1669. Il époufa, en 1638, *Louife le Gentil*, fille de *Claude*, Gentilhomme ordinaire de la Chambre du Roi, & de *Madeleine Granger*, & laiffa :

1. Claude de Caignou, Prêtre, Prieur de Beaufort ;
2. Anne-Marie, morte en 1703, mariée 1° à *Jacques d'Orglandes*, Baron de Briouze ; & 2° à *Jacques Redin*, Seigneur de la Chalerie ;
3. Louise-Françoise, époufe de *Pierre de Broffet*, Seigneur de la Chaux & de Cuiffaie ;
4. Et Marguerite, Religieufe.

Jacques de Caignou, fecond fils d'André, & de *Geneviève le Pelletier*, s'établit en Anjou, & laiffa un fils nommé

Claude de Caignou, Ecuyer, Sieur de la Frenaie, marié, le 26 Février 1607, à *Michelle de Chevrier*, de laquelle il eut :

1. Louise, époufe de *Georges Mabile*, Ecuyer, Sieur de la Paumelière ;
2. Et Jeanne, époufe de *Gabriel de Saune*, Chevalier, Seigneur de la Mutaie, dont elle n'eut qu'une fille, mariée à *N... de la Bretèche.*

Les armes : *d'azur, à trois bandes d'or.*

CAILHOU-D'ESIGNAC, en Poitou, famille ancienne, & éteinte dans Catherine-Virginie Cailhou-d'Esignac, décédée à Paris le 28 Février 1756, âgée de 66 ans. Les armes étoient : *écartelé, aux 1 & 4 d'or, à trois hures de fanglier de fable ; aux 2 & 3 de gueules, femé de cailloux d'or ; & fur le tout d'or, au lion léopardé de finople.*

CAILLAU DE LA GRAULET, famille noble de l'Albigeois, qui poffédoit dans le dernier fiècle les Terres des Allemands, Valcournoufe, &c. Jean Caillau de la Graulet, Baron defdits lieux, dernier mâle de cette famille, avoit époufé *Françoife de Villeneuve*,

iffue des *Villeneuve*, Seigneurs de *Sainte-Camelle* & des *Bedos-Tréville*. Toute leur fucceffion paffa à leurs trois filles :

1. Catherine, mariée, en 1698, à *François de Bruyères*, IV° du nom, Baron de Chalabre ;
2. N..., mariée à N..., Seigneur *du Vernet ;*
3. Et N... Caillau de la Graulet, mariée au Seigneur de *Fajac*. Les héritiers de ceux-ci poffèdent la Terre de *Valcournoufe*.

*CAILLEBOT DE LA SALLE. René de Caillebot, Ecuyer, Seigneur du Mefnil-Thomas, vivoit en 1454. Il fut le bifaïeul de Robert de Caillebot, qui laiffa :

Louis de Caillebot, Seigneur de la Salle, Capitaine aux Gardes, marié à *Léonarde de Montliard*, dont :

Louis de Caillebot, Seigneur de la Salle & de Montpinçon, Capitaine-Lieutenant des Gendarmes de la Garde, Lieutenant-Général des Armées du Roi, en faveur duquel la Terre & Seigneurie de *Champfonels,* en Normandie, fut érigée en *Marquifat* fous le nom de *la Salle*, par Lettres du mois de Juillet 1673, enregiftrées le 29 Décembre fuivant. Il mourut le 1er Mars 1682, laiffant d'*Anne-Madeleine Martel de Montpinçon*, entr'autres enfans :

1. François, qui fut Evêque de Tournay ;
2. Et Louis, qui fuit.

Louis de Caillebot, Marquis de la Salle, Maître de la Garde-Robe du Roi, Chevalier de fes Ordres le 30 Novembre 1688, mourut le 7 Décembre 1728. Il avoit époufé, le 8 Octobre 1712, *Jeanne-Hélène Gillain*, morte le 24 Avril 1738, âgée de 72 ans, fille de *François-Antoine*, Seigneur du Port-de-Bénouville, &c., & d'*Hélène de Marguerit*. De ce mariage eft iffu :

Marie-Louis de Caillebot, né le 11 Février 1716, Marquis de la Salle, Lieutenant-Général des Armées du Roi, Sous-Lieutenant des Gendarmes de la Garde, marié, 1° le 10 Mars 1734, à *Marie-Françoife-Charlotte-Benoife de Mareuil*, morte le 2 Novembre 1742 ; & 2° le 4 Août 1750, à *Marie-Charlotte de Clermont-Chatte*, née le 16 Janvier 1731, fille de *Charles-Balthafar*, Comte de Rouffillon, & de *Marie Butler*, fa feconde femme. Il a eu du premier lit :

1. Marie-Hélène-Charlotte, Dame du Palais de la Reine, morte à Paris de la petite-vérole le 27 Janvier 1766, dans fa 27e an-

née. Elle avoit épousé, le 3 Mars 1760, *Joachim-Charles-Laure de Montaigu*, Vicomte de Beaune, Colonel du Régiment de Bretagne, Infanterie, en 1759.

Et du second lit:

2. MARIE-JEAN-LOUIS, né en 1751, mort le 7 Juin 1753;

3. Et MARIE-ANNE-LOUIS, né le 2 Septembre 1753.

Le titre de Marquisat de la Salle a été transféré sur la Terre de *Montpinçon* par Lettres du mois de Juillet 1730, enregiftrées en la Chambre des Comptes de Rouen le 16 Janvier 1732.

Les armes: *d'or, à six annelets de gueules posés 3, 2 & 1.*

CAILLIERES, famille noble & ancienne de Normandie, dont étoit JACQUES DE CAILLIERES, Chevalier, Gouverneur de Cherbourg, marié à N..... *Potier-de-Courcy*, fœur de *Guyonne Potier-de-Courcy*, mariée à *Gédéon Dagobert*, Ecuyer, Seigneur de Saint-Waaft, &c. (voyez ce mot), & fille de *Pierre Potier*, Chevalier, Seigneur & Patron de Courcy, proche Coutances, & de noble *Catherine Adam-de-la-Haulle*. Il eut de ce mariage, entr'autres enfans:

1. N... DE CAILLIERÈS, Chevalier, qui fut Confeiller-Secrétaire du Cabinet du Roi, & Plénipotentiaire à la Paix de Ryfwick;

2. Et N.... DE CAILLIERES, Chevalier, Vice-Roi du Canada.

CAILLOUEY, Sieur de la Conté, en Normandie, Election de Bayeux, porte: *d'azur, à 3 aigles d'argent, 2 en chef & 1 en pointe.*

'CAILLY, en Normandie, Diocèse de Rouen, Terre & Seigneurie érigée en *Marquisat*, par Lettres du mois de Septembre 1661, regiftrées au Parlement & à la Chambre des Comptes de Rouen, en faveur de JACQUES LE FÉVRE-DE-CAUMARTIN, Seigneur de Saint-Port & de Saint-Affise, Maître des Requêtes, Confeiller d'Etat, & Ambaffadeur en Suiffe, fecond fils de LOUIS LE FEVRE, Seigneur DE CAUMARTIN, Garde-des-Sceaux de France en 1622. Voy. FEVRE-DE-CAUMARTIN (LE).

CAIRE, en Provence, famille dont la filiation remonte à

I. JEAN-MARIE CAIRE, qui vivoit avant 1358. Il eft qualifié de *Noble* dans le teftament de fon fils

II. FRANÇOIS-MARIE CAIRE, qui étoit Seigneur & Commandant du Fort du Lauzet & de la Vallée de Barcelonnette, ainfi qu'il eft prouvé par des Lettres-Patentes confervées en original, données en forme de Règlement le 29 Juin 1358 par *Louis de Tarente*, alors Souverain de cette Vallée, par lefquelles ce Prince accorde à noble FRANÇOIS-MARIE CAIRE des prérogatives & privilèges confidérables en confidération des fervices qu'il en avoit reçus à la guerre. Par fon teftament, qui eft du 26 Avril 1379, on voit qu'il avoit épousé *Marie de Jacobis*, qu'il fit ufufruitière de tous fes biens, & qu'il en eut:

1. JOSEPH, qui fuit;

2. MARIE-CATHERINE, mariée à noble *Pierre-Antoine de Jaubertis de la Rouine;*

3. Et JULIANE-FÉLICE, mariée à noble *Philippe-Vincent de Grimaldi*, de Turin.

III. JOSEPH CAIRE, héritier univerfel de fon père, épousa, le 20 Octobre 1381, *Catherine-Louife de Beffonny*, fille de noble *Jean-Louis*; il prend la qualité de *très Noble* dans fon contrat de mariage. Suivant fon teftament du 7 Octobre 1405, il n'eut qu'un fils nommé

IV. JEAN-PIERRE, qui épousa, par contrat du 5 Septembre 1417, *Marie de Hugonis*, fille de *Jofeph de Hugonis de la Maure*, d'une famille dont eft forti le Cardinal *Hugues de Saint-Cheo*. Suivant fon teftament daté du 17 Novembre 1447, il eut de fon mariage:

1. GABRIEL, qui fuit;

2. JOSEPH, marié à *Marie-Joféphine de Saint-Jean;*

3. PIERRE, légataire de fon père;

4. CLAUDE, marié avec *Thérèfe-Angélique Defpons;*

5. ANTOINE, légataire de fon père;

6. Et JEANNE, auffi légataire de fon père.

V. GABRIEL CAIRE épousa, le 4 Février 1448, *Marie d'Ifoardis de Saint-Flary*, fille de *Jacques*, Capitaine, ainfi qu'il confte par fon contrat de mariage. Il n'eut d'elle qu'un fils nommé

VI. JACQUES CAIRE, qui entra au fervice du Duc de Savoie, pour-lors Souverain de fa patrie. Il fut fait Capitaine-Commandant des troupes de la Vallée en confidération de fes fervices. PHILIPPE II, Duc de Savoie, lui accorda enfuite le gouvernement de ladite Vallée, ainfi que le commandement particulier du

Fort du Lauzet, par Lettres-Patentes du 20 Août 1501. Il fit fon teftament le 17 Mai 1503, & avoit époufé, le 4 Octobre 1483, *Catherine Donaudy de l'Arche*, fille d'*Antoine*, dont naquirent :

   1. Marc-Antoine, qui fuit ;
   2. 3. 4. & 5. Pierre, Antoine, Louis & Marie.

VII. Marc-Antoine Caire, Commandant du Fort du Lauzet après fon père, reçut en 1536, à la défenfe de ce Fort attaqué par les troupes Françoifes qui voulurent pénétrer en Piémont fous François Ier, un coup d'arquebufe à la cuiffe, dont il mourut peu de temps après à Barcelonnette. Il avoit époufé, par contrat du 2 Juin 1504, *Antoinette-Marie de Condorcet*, fille d'*Etienne-Défiré*, dont il eut :

   1. Pierre, qui fervit dans le Régiment de Savoie ;
   2. Et Louis, qui fuit.

VIII. Louis Caire, Commandant du Lauzet, ainfi qu'il eft prouvé par fon teftament du 17 Octobre 1569, avoit époufé, le 3 Février 1538, *Anne de Bologne*, fille de *Jofeph*, Capitaine de Barcelonnette. Il en eut :

   1. Esprit, qui fuit ;
   2. Pierre ;
   3. Et Marie-Elisabeth, mariée avec le Capitaine *Jean d'Audiffret*, de Jauzier.

IX. Esprit Caire, Commandant du Fort du Lauzet & des Milices de toute la Vallée de Barcelonnette en confidération de fes fervices, époufa *Marguerite-Thérèfe d'Armardis de Saint-Salvador*, au Comté de Nice, dont il eut fix garçons & une fille, entr'autres :

   1. Pierre, Préfet de toute la Vallée par Lettres-Patentes du 2 Juillet 1602, données par Victor-Amédée Ier ;
   2. Jean, qui fuit ;
   3. Et Susanne-Marie, mariée à noble *François-Guillaume de Bonne*.

X. Jean Caire tefta le 4 Novembre 1629. Il époufa, à Barcelonnette, le 4 Juillet 1602, *Anne-Françoife Lebrun de Larra*, fille d'*Honoré*, & laiffa :

   1. Jean-Pierre, qui fervit dans les troupes Maritimes de Provence, & s'établit à Turin. Il eut de *Marie de Teifeires*, de Faucon :

      Marguerite, mariée au Comte *Jofeph-*

Antoine-Bonaventure Paraquin, de Turin ;

   Et Rose Caire, mariée au Comte *Hyacinthe Nomis*, de la même Ville ;
   2. Et Honoré, qui fuit.

XI. Honoré Caire, né à Lauzet le 28 Décembre 1606, Lieutenant ès Troupes Maritimes de Provence, époufa, le 6 Septembre 1636, *Blanche Nègre*, fille d'*Antoine*, ci-devant Seigneur de Saint-Barthélemy du Lavère, dont il eut :

XII. Jean Caire, qui époufa, le 9 Mars 1666, *Thérèfe Julianis*, fille de *Pierre*, & de *Chriftine Artigues*. Il fut père de

XIII. Joseph Caire, qui fut fait Enfeigne dans le Régiment Royal des Vaiffeaux, Infanterie, le 20 Juillet 1704, Lieutenant le 8 Avril 1705, Capitaine le 15 Novembre 1710, Chevalier de St.-Louis & Major de Sifteron en 1723, & Major d'Antibes en 1724, où il eft mort le 5 Août 1764. Il s'étoit démis de fon majorat en 1760, & avoit époufé, à Tarafcon le 20 Juin 1722, *Françoife de Bergier*, fille de *Jean-Louis*, Ecuyer, & d'*Elifabeth de Coulet*, de Tarafcon. Il a laiffé :

   1. François, qui fuit ;
   2. Elisabeth, veuve de *Jean-Guy Canabalin-de-Laborde*, Chevalier de St.-Louis, Brigadier des Armées du Roi, & Colonel-Commandant en fecond des Grenadiers de France ;
   3. Et Françoise, mariée à *Etienne de Courton*, Chevalier de St.-Louis, & actuellement Major d'Antibes.

XIV. François Caire, Lieutenant au Régiment de Picardie le 4 Décembre 1743, s'eft trouvé aux principaux fièges de la précédente guerre, tant en Allemagne qu'en Flandre ; a paffé enfuite dans le Corps du Génie, où il eft actuellement Chevalier de Saint-Louis & Capitaine ; & s'eft marié au Canada, le 20 Janvier 1760, à *Marie-Elifabeth Lebé*, fille de *Jacques Lebé*, & de *Marie-Elifabeth de Girardin*. De trois enfans qu'il a eu, il ne lui refte que :

   1. François-Ursule-Marie, âgé de cinq ans, en Octobre 1770 ;
   2. Et Françoise-Marie-Elisabeth-Antoinette-Josèphe-Adélaïde Caire.

Cette famille a fourni à l'Eglife plufieurs Prélats recommandables, tels que Lazare Caire, Evêque d'Ecuménie, mort en 1461 ; Jérôme Caire, d'abord Prévôt de la Cathédrale de Carmagnole en Piémont, & Vicaire-Général de l'Archevêque de Turin, & enfuite Evêque de Latran, mort en 1573; GUILLAUME CAIRE, Abbé de Saint-Pierre ès Ferrare, mort en 1625; & PIERRE-FRANÇOIS CAIRE, fon frère, qui lui fuccéda en la même Abbaye, mort en 1632.

Les armes: *de gueules, à la bande de fable bordée de deux filets d'argent, accompagnée d'une levrette de même, au chef coufu d'azur, chargé de trois étoiles d'or.* (Extrait du Supplément à l'*Histoire de la Nobleffe de Provence*).

CAIRON (DE), Sieur de Maizerets, en Normandie, Election de Bayeux, porte: *de gueules à trois coquilles d'argent, 2 en chef & 1 en pointe.*

Il y a une autre famille du même nom, dont il eft parlé dans l'*Armorial gén. de France*, reg. I, part. I, p. 100, qui porte: *d'azur, à un chevron d'argent, accompagné de trois billettes de même, pofées en pal, 2 en chef & 1 en pointe.*

CALABRE, famille originaire de Champagne, établie à Paris, qualifiée anciennement du titre de *Noble*, & jouiffant actuellement de tous les privilèges de la Nobleffe, en vertu d'un office de Confeiller-Secrétaire du Roi en la Grande Chancellerie. Elle fubfifte en la perfonne de

PIERRE CALABRE, né le 16 Janvier 1702, Ecuyer, Confeiller-Secrétaire du Roi, pourvu de cet office le 17 Août 1748, marié 1° par contrat du 23 Janvier 1736, à *Antoinette Bourote*, fille de *Nicolas Bourote*, & d'*Anne Jacquart*; & 2° par autre contrat du 8 Juin 1743, à *Marie-Antoinette Jacquemin*, fille d'*Alexis Jacquemin*, & de *Marie-Anne Gouveau*. Du premier lit font iffus:

1. ANTOINE-ETIENNE-CALABRE, Ecuyer, né le 17 Octobre 1742;
2. PERRETTE-ANTOINETTE.

Et du fecond lit:

3. ANTOINE, Ecuyer, né le 15 Octobre 1747;
4. PIERRE-LOUIS, né le 25 Mars 1750;
5. AUGUSTIN, Ecuyer, né le 19 Janvier 1752;
6. & 7. MARIE & ANGÉLIQUE CALABRE, nées le 19 Décembre 1744. Voyez l'*Armorial de France*, reg. V, part. I.

Les armes: *d'argent, à un chêne de finople fruité d'or, mouvant d'une terraffe de même, & un bras au naturel vêtu de gueules, fortant du côté droit de l'arbre, tenant un fa-* bre d'argent, la pointe en haut, ayant la poignée & la garde d'or, & un cafque de fable, pofé de profil fur ladite terraffe, au côté gauche de l'écu.* C'eft ainfi qu'elles ont été réglées par le *Juge d'armes de France* le 8 Août 1749.

CALAMAN, en Provence, famille qui fubfifte dans JOSEPH-FRANÇOIS-XAVIER CALAMAN, reçu Confeiller en la Cour des Comptes d'Aix le 3 Janvier 1756, marié, en fecondes noces par contrat du 27 Novembre 1747, à *Anne-Agnès Beffon*, dont:

1. LOUIS-FRANÇOIS-DE-SALES;
2. Et PIERRE-FRANÇOIS-XAVIER DE CALAMAN.

Les armes: *d'azur, au chevron accompagné de trois rofes, le tout d'or.* (*Hift. héroïque de la Nobleffe de Provence*, tom. I, p. 213.)

CALAS, famille de Provence, dont eft JEAN-CHARLES CALAS, Seigneur de Ville-peys, reçu Confeiller du Roi, Receveur-Général des Domaines & Bois de Provence le 17 Juillet 1744, qui a poftérité de fa première femme. Il s'eft remarié à *N... de Rolland*, de la Ville de Marfeille, dont il n'a point d'enfans.

Les armes: *de gueules, à la foi d'or, en fafce mouvante d'argent des deux flancs, & tenant trois lis d'or.* (*Hift. héroïque de la Nobleffe de Provence*, tom. I, p. 213.)

CALENGE ou CHALANGE, en Normandie, famille maintenue dans fa Nobleffe le 11 Août 1666, de laquelle étoient, dit Maffeville, en fon *Hiftoire de Rouen*, JACQUES DE CALENGE, Préfident au Parlement de cette Ville en 1499; GUILLAUME DE CALENGE, fils du Préfident, Confeiller-Clerc en 1508, mort en 1555; & JEANNE CALENGE, morte le 1er Décembre 1531, femme de *Claude le Roux*, Seigneur de Bourgthéroulde.

Les armes: *de gueules, à trois foleils d'or, 2 & 1.*

* CALLAC, en Bretagne, Diocèfe de Quimper, Terre & Seigneurie érigée en *Baronnie*, par Lettres du mois de Septembre 1644, enregiftrées au Parlement de Bretagne le 17 Juin 1645, en faveur de JOSEPH-EUGÈNE ROGIER, Comte de Villeneuve.

CALLETOT, en Normandie. Du Chefne, dans fon *Hiftoire de la Maifon de Montmorency*, appelle la famille de *Calletot* noble

& illuftre : elle eft alliée à la Maifon de *Mont-morency* & à celle du *Bec-Crefpin*, illuftre dès le tems des premiers Ducs de Normandie. *Pierre de Calletot*, Chevalier, fut mis en 1262 au nombre des Bienfaiteurs du Prieuré du Mont-aux-Malades, près de Rouen, dit l'*Hiftoire de cette Ville*, tom. III, pag. 192. *Jean de Montmorency*, Ier du nom, époufa, vers 1315, *Jeanne de Calletot*, fille de *Guillaume de Calletot*, Seigneur de Berneval en Caux ; & fa fœur, Dame des Trois-Villes en la Forêt de Lyons, époufa *Guillaume du Bec-Crefpin*, Seigneur de Mauny. *Laurence de Calletot*, Dame de Raffetot, époufa, en 1355, *Pierre de Canouville*, IIIe du nom ; & par ce mariage, la Terre de *Raffetot* entra dans la Maifon de Canouville. Voyez CANOU-VILLE.

Les armes : *d'or, à une levrette de fable, rampante, accolée de gueules.*

CALLOUET, famille du Valois, de laquelle étoit Marie-Anne de Callouet, née en 1677, & reçue à Saint-Cyr au mois de Juillet 1686, après avoir prouvé que Hubert de Callouet, Seigneur de Valoret, qui vivoit en 1540, étoit fon quatrième aïeul.

Les armes : *d'hermines, au lion d'azur, lampaffé & armé de gueules.*

CALMEIL, en Guyenne, porte : *d'azur, à trois yeux d'argent, rangés en fafce, furmontés, chacun, d'une étoile d'or, & une levrette courante à la pointe de l'écu.* Voyez l'*Armorial gén. de France*, reg. I, part. I, p. 110.

CALONNE-DE-COURTEBONNE, ancienne famille du Boulonnois, qui a pris & donné des alliances dans les plus grandes Maifons du Royaume.

Baudouin de Calonne poffédoit en 1380 la Baronnie de *Courtebonne*, du Comté de Guines. Il eut de *Chriftine Paillard* :

Flour de Calonne, Baron de Courtebonne, marié à *Antoinette de Licques*, dont :

Flour ou Florent de Calonne, Seigneur de Beverlinghen, Baron de Courtebonne, qui époufa *Jeanne de Bournonville*, dont vint :

Flour de Calonne, IIIe du nom, Baron de Courtebonne, Seigneur de Beverlinghen & d'Alembon, qui fut Mayeur de Saint-Omer en 1529. Il eut de *Claude d'Humières* :

Antoine de Calonne, Baron de Courtebonne, marié avec *Agnès d'Averhoult*, fille

d'*Antoine*, IIe du nom, Seigneur d'Helfaut, & de *Jeanne du Biez*. De ce mariage naquirent :

1. Gabriel de Calonne, Abbé de Licques, qui céda fon droit d'aîneffe à fon frère ;
2. Et Florent, qui fuit.

Florent de Calonne, Baron de Courtebonne, époufa, en 1577, *Antoinette le Bouteiller-de-Mouffy*, morte en 1638, âgée de plus de 85 ans. Elle étoit fille de *Jean le Bouteiller-de-Senlis*, Seigneur de Mouffy-le-Vieil & de Mouffy-le-Neuf, & d'*Antoinette de Piedefer-de-Guyencourt*. Voyez le tom. VI, des *Grands Officiers de la Couronne*, p. 261. Ils eurent :

Gabriel de Calonne, Chevalier, Seigneur & Baron de Courtebonne, de Beverlinghen & Boncour, qui fut Guidon des Gendarmes, des Chevaux-Légers du Comte de Saint-Pol, puis Capitaine des Chevaux-Légers, & Lieutenant de Roi au Gouvernement de Calais. Il époufa, le 8 Juillet 1613, *Marguerite du Belloy-de-Landrethun*, fille de *Charles*, Seigneur de Landrethun, & de *Jeanne de Halwin*, Dame d'Athin près de Montreuil. Il eut :

Charles de Calonne, en faveur duquel la Baronnie de *Courtebonne* fut érigée en *Marquifat* par Lettres du mois de Juin 1671, enregiftrées au Parlement & en la Chambre des Comptes les 6 & 12 Septembre 1672. Il fut Maréchal-de-Camp, Lieutenant de Roi à Calais, Commandant au Gouvernement d'Hefdin, & fe maria, le 28 Juin 1647, à *Anne*, fille de *Jacques de Chaulnes*, Confeiller d'Etat. De fon mariage naquirent :

1. Jacques-Louis, qui fuit ;
2. Charles, Abbé de la Couronne en Angoumois, & de Chaulnes en Brie, décédé en 1723 ;
3. Louis-Jacques-Gabriel, Commandeur de l'Ordre de Malte, Capitaine d'une des Galères du Roi, & Capitaine des Gardes de l'Etendart, mort en 1730 ;
4. Et Anne, morte le 16 Mai 1737, âgée de 86 ans, veuve le 10 Mai 1705, de *François le Tonnelier-de-Breteuil*, Marquis de Fontenay-Trefigny, Sire de Villebert, Baron de Boitron. Ils laifsèrent trois fils.

Jacques-Louis de Calonne, Marquis de Courtebonne, Lieutenant-Général des Armées du Roi, Directeur-Général de la Cavalerie, Lieutenant de Roi de la Province d'Artois, Gouverneur d'Hefdin, mourut le 23 Février 1705. Il laiſſa de *Marie-Françoiſe de Gerard*, morte le 30 Novembre 1745 :

Jean-Jacques-Louis de Calonne, Marquis de Courtebonne, né le 2 Mars 1699, Lieutenant de Roi de la Province d'Artois, fait Maréchal-de-Camp le 2 Mars 1744, & ci-devant Capitaine-Lieutenant des Gendarmes Bourguignons, mort dans ſes Terres en Picardie le 11 Août 1754, qui avoit épouſé, le 16 Avril 1735, *Iſabelle-Claire-Joſéphine-Guislaine de la Tour-Saint-Quentin*, née le 14 Juin 1703, morte à Paris le 28 Novembre 1761. Elle avoit épouſé, 1º le 31 Mai 1726, *Jacques-Gilles-Bonaventure de Carnin*, Marquis de Lillers, mort le 19 Novembre 1734. Elle en avoit eu une fille qui s'eſt faite Religieuſe à la Viſitation de Sainte-Marie à Paris. La Marquiſe de Courtebonne étoit ſœur du Comte de *la Tour-Saint-Quentin*, marié à Courtrai, & de N... femme du Baron de *Quifquen*, des Comtes de *Carloo* à Bruxelles. Jean-Jacques-Louis laiſſa :

1. Louis-Joseph, qui ſuit ;
2. Marie-Louise-Josèphe, morte ſans enfans, mariée, le 7 Janvier 1755, à *Jean-Baptiſte-François-Gabriel-Louis de Contaud*, Marquis de Coulanges près Auxerre ;
3. Et Charlotte-Guislaine, née le 7 Septembre 1757.

Louis-Joseph de Calonne, Marquis de Courtebonne, a épouſé, par contrat ſigné à Verſailles le 6 Juillet 1766, célébration le 8 dans l'Egliſe de N. D. de Paris par le feu Abbé d'Agoult, Doyen du Chapitre, *N.... de Gouffier*, Chanoineſſe de Remiremont en Lorraine, fille de *François-Louis*, Marquis de Thois.

Les armes : *d'argent, à l'aigle éployée de ſable, becquée & onglée de gueules.*

CALOUIN, famille noble & ancienne, établie en Languedoc depuis le milieu du XVIe ſiècle, & qui y poſſède actuellement la Terre de *Tréville*, au Diocèſe de St.-Papoul. Il eſt certain 1º que cette famille eſt originaire de l'Anjou ; 2º qu'elle portoit anciennement le nom de *Calay* ou *Calain*, qu'elle n'a décidément quitté que depuis ſon établiſſement en Languedoc, s'étant fixée à celui de *Calouin* ou *Calouyn*, qu'elle commença à adopter au commencement du XVIe ſiècle ; 3º qu'elle étoit bien ancienne en Anjou, puiſque depuis un tems immémorial elle y avoit donné ſon nom à une Terre encore appelée *la Caloui-*

nière, & poſſédée par le Marquis de *la Boulaye*, deſcendant directement d'une Calouin ; & qu'il exiſte encore à Douai une Chapelle dite *des Calavins*, comme ayant été très-anciennement fondée par cette Maiſon ; 4º qu'elle y tenoit un rang diſtingué, puiſqu'elle prit toujours ſes alliances dans les meilleures Maiſons ; 5º qu'elle a toujours occupé des places propres à la ſeule Nobleſſe, & qu'au commencement du dernier ſiècle, une Calouin fut Grande-Prieure de Fontevrault, dignité toujours occupée par les perſonnes de la première diſtinction ; 6º enfin qu'elle jouiſſoit du plus grand crédit auprès des Princes de la Maiſon de Bourbon, actuellement régnante. On ſe contente d'indiquer ces faits, qui ſont notoires ou juſtifiés par de bons titres, & l'on ſe fixe à l'époque de ſon établiſſement en Languedoc, qui par elle-même donne une juſte idée du rang que cette famille tenoit en Anjou.

Lorſque les affaires, occaſionnées par la nouvelle réforme, commencèrent à menacer le Royaume, l'on penſa ſérieuſement à ſe ſouſtraire à leurs traits. Les Eccléſiaſtiques, comme les plus menacés, ſongèrent aux moyens de mettre leurs perſonnes & leurs biens en ſûreté. Les étincelles de la ligue rendirent ces précautions encore plus néceſſaires, & l'intérêt de l'Etat en fit même un devoir à l'égard de certains lieux. Il eſt en Languedoc un fameux Monaſtère, appelé *Prouille*, qui fut fondé par St. Dominique, pour ſouſtraire les Demoiſelles de condition aux fureurs des Albigeois ; pour remplir ces vues, il fallut élever une eſpèce de fort. La maiſon fut donc environnée de bons murs, flanqués par des tours, défendus par de larges foſſés, & accompagnés de ponts-levis protégés par de bonnes défenſes. Cette heureuſe conſtruction ſubſiſtant encore au XVIe ſiècle, on crut devoir en profiter, ſoit pour la ſûreté des perſonnes qui compoſoient la Maiſon, ſoit pour y établir des poſtes utiles aux intérêts de l'Etat. Lorſqu'il fut queſtion d'y placer un chef, on conſulta Madame Madeleine de Bourbon, Prieure de ce Monaſtère, qui fit tomber le choix ſur *noble*

Thomas de Calouyn, *alias* Calayn, Seigneur *de la Calouynière*, ou *Calaynière*, Ecuyer de Henri, Prince de Navarre, & ſecond fils de *noble* Roland de Calouyn, Seigneur dudit lieu, & de Villeneuve, Villepelle, la Barre, Beauregard, &c., ſuivant qu'il paroît par un Jugement de maintenue de Nobleſſe, rendu contradiƈtoirement le 2 Mars 1702 par M. de *Lamoignon de Baſville*, Intendant en Languedoc, & Commiſſaire du Roi pour la recherche des faux Nobles. Voyez PATRY.

CALVIERE (DE), ancienne Nobleſſe du Comtat Venaiſſin, établie en Languedoc, qui ſubſiſte aujourd'hui dans trois branches, qui ſont celle des Barons de *Confoulens*, celle des Barons de *Saint-Côme*, & celle des Seigneurs de *Boucoiran*. Nous allons donner la filiation de cette famille, d'après un Mémoire qui nous eſt parvenu.

I. ANTOINE & RAYMOND DE CALVIÈRE, frères, Chevaliers, réſidens à Montfrin, au Diocèſe d'Uzès, tranſigèrent avec Clément Abbaron, leur Seigneur dominant, le 4 Août 1508; vendirent des biens nobles qu'ils avoient dans la Seigneurie de Montfrin à frère Charles-Alleman de Roche-Chinard, Grand-Prieur de Saint-Gilles, par contrat du 10 Mai 1510. On ignore ſi ANTOINE DE CALVIÈRE fut marié; mais RAYMOND, ſon frère, qui fit ſon teſtament par aƈte paſſé devant *Pierre Vigilatoris*, Notaire à Montfrin, le 8 Avril 1521, par lequel il ſubſtitue ANTOINE DE CALVIÈRE, ſon frère à ſes enfans, avoit épouſé *Félice Vidal*, ou *Vitalis*, fille de *Jean*, & de *Madeleine de Buade*, dont :

1. GUILLAUME, qui ſuit ;
2. NICOLAS, auteur de la branche des Seigneurs & Barons de *Saint-Côme*, rapportée ci-après ;
3. ROBERT, auteur de la branche des Seigneurs de *Boucoiran*, qui viendra en ſon rang ;
4. 5. & 6. JEANNE, PERRETTE & JEANNETTE, qui eurent chacune, par le teſtament de leur père & mère, une ſomme d'argent, deux robes de noces & une ceinture d'argent.

II. GUILLAUME DE CALVIÈRE, Ier du nom, Chevalier, Seigneur de Saint-Céſaire en Languedoc, rendit hommage au Roi pour cette Terre le 16 Décembre 1554; fut d'abord Avocat & Procureur du Roi & de la Reine de Navarre au Siège Préſidial de Nîmes, pour la Baronnie de *Meruis*, par Lettres datées du Château de Nérac le 8 Oƈtobre 1556; enſuite Préſident au Préſidial de Nîmes, par Lettres de Proviſions du 7 Août 1557; & enfin premier Préſident du Parlement d'Orange, par Lettres de Proviſions données à Amſterdam le 31 Mai 1565 par GUILLAUME DE NASSAU. Il fut chargé

en 1567, par les Proteſtans, du Gouvernement de Nîmes avec 16 autres citoyens, & envoyé par WARIK, Gouverneur de la Principauté d'Orange, en 1568, à Caderouſſe dans le Comtat Venaiſſin, pour s'aboucher avec le Baron de la Garde, que le Roi avoit chargé de s'emparer d'Orange, & teſta les 29 Oƈtobre 1568 & 29 Juillet 1570. Il avoit épouſé, le 28 Juillet 1540, *Roſe de Faucon*, ſœur de *Françoiſe de Faucon*, mariée à *Antoine de Brueis*, avec leſquels il tranſigea pour la dot de ſa femme le 3 Juillet 1564. De ce mariage vinrent :

1. GUILLAUME, qui ſuit ;
2. NICOLAS, Chevalier, Guidon de la Compagnie des Chevaux-Légers du Capitaine Mourenoirac, qui fut donné en ôtage par ſon père pour l'aſſurance du traité de la Principauté d'Orange du 8 Septembre 1568 ;
3. Et FRANÇOISE, mariée, 1° par contrat du 4 Mai 1553, à *Jacques d'Entil*, Seigneur de Ligonès, au Diocèſe de Mende ; & 2° par autre du 16 Juillet 1564, à *Joſeph Joſſaud*, Conſeiller au Préſidial de Nîmes.

III. GUILLAUME DE CALVIÈRE, IIe du nom, Chevalier, Seigneur de Saint-Céſaire & de Gouſignan, Préſident au Parlement d'Orange après ſon père, fit ſon teſtament par aƈte paſſé devant *Bliſſon*, Notaire à Vézénobre, le 1er Janvier 1598, dans lequel il rappelle tous ſes enfans. Il épouſa par contrat paſſé devant *Boneti*, Notaire à Toulouſe, le 23 Septembre 1559, *Iſabelle d'Aſſis*, fille de *Jean d'Aſſis*, Chevalier, premier Préſident du Parlement de Toulouſe, & de *Catherine de Tournois*, dont :

1. PIERRE, qui ſuit ;
2. MARC, Chevalier, Conſeiller, premier Avocat-Général, & Préſident du Parlement de Toulouſe, Conſeiller d'Etat & au Conſeil privé en 1612, &c., qui fit ſon teſtament par aƈte paſſé devant *Jean Paſchal*, Notaire à Toulouſe, le 15 Septembre 1627, par lequel il fit pour environ 100,000 livres de legs pieux, inſtitua ſon héritière la Dame de *Mélet*, ſa ſœur, & voulut être enterré dans la Chapelle de Notre-Dame des Prébendés de la Douzaine, en l'Egliſe Cathédrale de Toulouſe, & mourut ſans alliance ;
3. JEAN, Chevalier, Seigneur de Lanas, Abbé d'Aigues-Mortes ou Pſalmodi en 1612, & mort le 7 Août 1660 ;
4. SUSANNE, mariée, en 1698, à *Robert de la Croix*, de la Ville de Nîmes ;
5. ROSE, femme de *Guillaume de Mélet*, Conſeiller au Parlement de Toulouſe, inſtituée

héritière de MARC DE CALVIÈRE, fon frère, Préfident en la même Cour, par fon teftament du 15 Septembre 1627;

6. JEANNE, mariée, en 1612, à *Henri Hardouïn*, Seigneur de la Calmette;

7. Et CLAUDINE, femme d'*Arnoul de Vincens*, Gouverneur de Maubec & de Robion au Comtat Venaiffin, & Gentilhomme originaire de Vicence dans l'Etat de Venife. GUILLAUME DE CALVIÈRE, IIᵉ du nom, leur père, leur avoit légué à chacune par fon teftament 4000 liv. tournois, & quatre robes de foie.

IV. PIERRE DE CALVIÈRE, Chevalier, Seigneur de Saint-Céfaire, au Diocèfe d'Uzès, &c., Viguier pour le Roi de la Ville de Nîmes, fit trois teftamens: le premier, devant *Guirau*, Notaire à Nîmes, le 3 Novembre 1612; le fecond, en 1617; & le troifième, devant *Etienne Mathieu*, Notaire à Brignon, le 2 Mai 1633; & mourut dans la Religion Proteftante en 1640 dans fon Château de Saint-Céfaire. Il avoit époufé, par contrat paffé au Château de Caveirac devant *Mathurin Brugier*, Notaire de Nîmes, le 31 Mai 1604, *Elips* ou *Alix du Terroux*, fille d'*Antoine du Terroux*, Seigneur de Foiffes, & de *Françoife de Carles*, femme en fecondes noces de *Pierre-Robert de Caveirac*, Seigneur dudit lieu. De ce mariage vinrent:

1. MARC, Chevalier, Baron de Confoulens & d'Hauterive, Seigneur de Saint-Céfaire, Confeiller au Parlement de Touloufe, qui fut admis à l'Affemblée des Etats du Languedoc par délibération du 9 Février 1649, après avoir prouvé fa Nobleffe. Il avoit époufé, par contrat du 2 Juin 1646, *Madeleine de Cayres-d'Entragues*, Dame de Hautpoil, fille aînée de *Louis-Roftain*, Baron de Confoulens & d'Hauterive, Seigneur de Hautpoil, Mazaguet, Pont-de-Carn, &c., Baron des Etats de Languedoc, mort en 1646, & de *Madeleine d'Ancezune-Caderouffe*, dont il eut:

> CHARLOTTE DE CALVIÈRE, qu'il mit fous la tutelle de JEAN DE CALVIÈRE, Abbé de Saint-Pierre de Pfalmodi, fon oncle, par fon teftament paffé devant *Mathieu Libouds*, Notaire à Nîmes, le 13 Mai 1652, 15 jours avant fa mort. CHARLOTTE DE CALVIÈRE, héritière de fes père & mère, fut mariée (voyez la cinquième des Caufes contenues dans le 1ᵉʳ vol. de *la continuation des Caufes célèbres*, édit. de 1769) à la Guyolle, Diocèfe de Rodez, le 8 Janvier 1660,

à *Fulcran-Guilhem de Clermont-Lodève-de-Caftelnau*, Vicomte du Bofc, Seigneur de Sacelle & de Saint-Privat, mort au mois de Juin 1715. Leur mariage avoit été réhabilité le 19 Mars 1666, & ils n'en laifferent qu'une fille nommée *Marie-Guilhem de Clermont*, mariée, par contrat du 27 Mars 1690, à *Jean-Alexandre de Touloufe-Lautrec*, Lieutenant-Colonel du Régiment de Languedoc, Dragons, tué dans les guerres d'Italie le 7 Mai 1704, laiffant poftérité.

2. PIERRE, fubftitué à fon frère aîné, dont on ignore la poftérité;

3. ANTOINE, qui fuit;

4. FRANÇOIS, fubftitué à fes frères;

5. FRANÇOISE, légataire de fon père en 1633;

6. JEANNE, mariée lors du teftament de fon père à *Louis de Villages*, Seigneur de Bernès;

7. & 8. ROSE & MARGUERITE, toutes deux nommées dans le teftament de leur père, & mortes fans alliances.

V. ANTOINE DE CALVIÈRE, Chevalier, né le 23 Mars 1615, & deftiné à l'état Eccléfiaftique par fon père, fut d'abord Prieur de Notre-Dame de la Daurade à Touloufe en 1633, enfuite Aumônier de la Reine ANNE D'AUTRICHE, & Abbé de St.-Pierre de Pfalmodi; mais ayant renoncé à fes Bénéfices & pris le parti des armes, il obtint un Régiment d'Infanterie par commiffion du 7 Juin 1645; c'eft depuis cette époque qu'on le trouve qualifié *Baron de Confoulens, Seigneur de Saint-Céfaire, de Lanas, de Valbone*, &c. Il avoit époufé, par contrat paffé devant *Jean Bonpar*, Notaire à Montpellier, le 22 Août 1656, *Marthe de la Roche*, fille de *Claude de la Roche*, Chevalier, Préfident de la Chambre des Comptes & Cour des Aïdes de Montpellier, & de *Marguerite de Claufel*, qui la dotèrent de 100000 livres, & de laquelle il eut deux fils, dont elle étoit tutrice, lorfqu'elle fut maintenue dans fa Nobleffe par Jugement rendu par M. de *Bezons*, Intendant en Languedoc le 13 Décembre 1668. Leurs enfans furent:

1. CHARLES-CLAUDE, qui fuit;

2. Et CLAUDE-LOUIS, Capitaine de Dragons au Régiment de Ganges, qui fut maintenu avec fon frère dans la qualité de Noble en 1668, & mourut en Languedoc en 1698, des bleffures qu'il avoit reçues au fiège de Namur en 1696.

VI. CHARLES-CLAUDE DE CALVIÈRE, Chevalier, Baron de Confoulens, de Lanas, de Valbone, &c., né à Paris en 1664, épousa, en l'Eglife paroiffiale de St.-Agricole d'Avignon, où il avoit fixé fa réfidence, le 26 Juin 1692, *Antoinette d'Albon*, veuve le 20 Mai 1691, de *Léon de Valbelle*, Marquis de Montfuron, Comte de Ribiers, & fille de *Gafpard d'Albon*, Marquis de Saint-Forgeux, Baron d'Avanges, Seigneur de Vindri, &c., & de *Françoife Damas-de-Thiange*. Il paffa contrat de mariage avec fa femme, devant *Caffille*, Notaire à Lyon, le 22 Janvier 1701, en préfence de *Claude-Jofeph d'Albon*, Archidiacre & Comte de Lyon; de *Camille d'Albon*, Prince d'Yvetot, & Marquis de Saint-Forgeux; de *Claude d'Albon*, Capitaine des Carabiniers, & du Marquis de *Broffia*, fes beaux-frères; & en eut:

VII. CHARLES-FRANÇOIS DE CALVIÈRE, Chevalier, né à Avignon le 22 Avril 1693, reçu Page du Roi en fa Petite-Ecurie le 21 Mars 1711, depuis Ecuyer ordinaire de Sa Majefté dans la même Ecurie, & fucceffivement Exempt, Major & Chef de Brigade de fes Gardes-du-Corps, Compagnie de Villeroy en 1743, &c., & eft aujourd'hui Lieutenant-Général des Armées du Roi depuis le mois de Décembre 1748, & Commandeur de Saint-Louis. Il a été marié, 1º à *Jeanne de Montfaucon*, fille de *David de Montfaucon*, & d'*Anne-Louife de Montarnaud*; & 2º au mois de Novembre 1733, à *N... de Calvière*, fa coufine au Vᵉ degré, fille d'*Alphonfe de Calvière*, Chevalier Seigneur de Vézénobre & de Boucoiran, & de *N.... Durand-de-Pontaujards*. On ignore s'il en a poftérité.

BRANCHE
des Seigneurs & Barons DE SAINT-CÔME, *en Languedoc.*

II. NICOLAS DE CALVIÈRE, Chevalier, Seigneur de Saint-Côme, fecond fils de RAYMOND, & de *Félice Vidal* ou *Vitalis*, rendit hommage au Roi de fa Terre de Saint-Côme le 23 Mars 1552, & acquit par contrat du 19 Septembre 1557, la Terre & Seigneurie de *la Boiffière*, de Jacques de Bouzène, Chevalier, Seigneur dudit lieu. Il fe diftingua dans le parti Proteftant pendant les guerres de la Ligue, dans lefquelles il fervit d'abord en qualité d'Enfeigne de la Compagnie de Pierre Suau, dit le Capitaine Bouillargue, en 1567,

furprit la ville de Nîmes le 15 Novembre 1569, & en fut fait Gouverneur le 11 Juin 1580; fe trouva au fecours de Montpellier & à la levée du fiège de cette Ville que le Maréchal de Montmorency-Damville, Gouverneur de la Province, faifoit en perfonne le 1ᵉʳ Octobre 1577, fut fait Gentilhomme ordinaire de la Chambre du Roi par Brevet du 22 Janvier 1581, & tefta le 26 Mai 1592. Il époufa, 1º le 23 Mars 1552, *Françoife Brochet*, fille de *Jacques Brochet*, & de *Rofe de Faucon*; 2º après 1577, *Françoife de Vabres*; & 3º *Louife Bérard*. Suivant fon teftament, il n'eut d'enfans que de fa première femme, favoir:

1. HONORÉ, Chevalier, dont on ignore la deftinée;
2. FRANÇOIS, qui fuit;
3. HÉLIE, Chevalier, mort jeune;
4. DANIEL, dont la poftérité fera rapportée ci-après;
5. PELLEGRIN, Chevalier, mort à Nîmes le 12 Mai 1603;
6. & 7. JACQUES & JEAN, morts avant leur père;
8. ROSE, née en 1558, & morte en 1644, qui avoit époufé, par contrat du 15 Octobre 1576, *Jean Boileau*, Seigneur de Caftelnau & de Sainte-Croix, dont elle devint veuve;
9. Et FRANÇOISE DE CALVIÈRE.

III. FRANÇOIS DE CALVIÈRE, Chevalier, Seigneur de Saint-Côme & de la Boiffière, fervoit fous Barchon, Gouverneur d'Orange, lorfque cette Ville fut furprife par le Sieur de Glandage en 1574, fut pourvu d'une charge de Gentilhomme fervant du Roi le 1ᵉʳ Juin 1580, nommé Colonel d'un Régiment d'Infanterie par commiffion de 1588, & mourut avant 1592. Il avoit fait fon teftament le 7 Juin 1589, & avoit époufé, par contrat du 3 Décembre 1581, *Marie Captal de Saint-Jory*; elle fe remaria à *Paul de Freslas*, Confeiller au Parlement de Touloufe. De fon premier mari elle eut:

1. NICOLAS, IIᵉ du nom, Chevalier, Seigneur de Saint-Côme & de la Boiffière, mort à Nîmes le 1ᵉʳ Août 1608;
2. CLAUDE, qui fuit;
3. Et LOUISE, mariée, le 19 Octobre 1611, à *Philippe Goulard*, Chevalier, Seigneur de Taraube.

IV. CLAUDE DE CALVIÈRE, Chevalier, Baron de Saint-Côme, Seigneur de la Boiffière & de Saint-André, Capitaine au Régiment de Fontcouverte Infanterie, par commiffion du 21

Mai 1610, difpofa de fes biens par fon teftament du 20 Octobre 1625, en faveur de fes enfans. Il époufa, par contrat du 2 Octobre 1611, *Julie Louet-de-Nogaret*, fille de *Jean Louet*, IIe du nom, Chevalier, Seigneur & Baron de Calviffon, de Nogaret, &c., & de *Marguerite Grimaldi-de-Beuil*. Il eut :

1. François, qui fuit;
2. & 3. Henri & Jean-Louis, dont on ignore la poftérité;
4. Rose, mariée, le 10 Mars 1630, à *Antoine de Brueis*, Seigneur de Souvinargues & de Saint-Etienne-d'Efcale;
5. Marguerite, mariée, le 14 Juillet 1640, à *Georges de la Roque-Bouillac*, Baron de Bar & de la Guinerie;
6. Madeleine, femme de *Pierre Ducaffe*, Juge-maje de Lectoure;
7. & 8. Louise & Victoire, Religieufes.

V. François de Calvière, IIe du nom, Chevalier, Baron de Saint-Côme, Seigneur de la Boiffière & de Saint-André, Capitaine au Régiment de Calviffon, Infanterie, par commiffion du 16 Décembre 1635, époufa, par contrat du 15 Juillet 1647, *Marguerite Perrinet-d'Arzilliers*, fœur de *Gafpard Perrinet*, Marquis d'Arzilliers, & fille d'*Alexandre Perrinet*, Colonel d'Infanterie, & de *Sufanne de Launay*: Il eut de ce mariage :

1. Gaspard, qui fuit;
2. Nicolas, Chevalier, Seigneur de la Boiffière, mort à Nîmes le 16 Août 1671;
3. Rose, femme de *Pierre Vaëfc*, Seigneur de Merle;
4. Claudine, mariée à *Pierre-Armand de Châteauvieux*;
5. Marguerite, mariée, le 29 Décembre 1682, à *Daniel de Beauffort*;
6. Et Susanne, alliée à *Georges d'Ardel*, Chevalier, Seigneur de la Plaine.

VI. Gaspard de Calvière, Chevalier, Baron de Saint-Côme, Seigneur de la Boiffière & de Saint-André, né en 1648, fut d'abord Cornette au Régiment de Cavalerie du Marquis d'Arzilliers, fon oncle maternel, par Brevet du 16 Décembre 1666, & depuis Colonel d'un Régiment de Milice & Infpecteur d'Infanterie au Diocèfe de Nîmes. Il fut affaffiné par des Camifards le Dimanche 13 Août 1702, en allant de Vauvert à la Boiffière, comme il fortoit du bois de Candiac, près de Veftric. Il avoit époufé, à Nîmes, par contrat du 15 Octobre 1674, *Françoife d'André*, & laiffa :

1. Jean-François, qui fuit;

2. Françoise, née au mois de Juin 1683;
3. Gabrielle-Thérèse, mariée, avant 1720, & veuve avant 1730, de *Jean-Louis Reynaud*, Seigneur de Las-Cours, de Saint-Martin & de Gaujac;
4. Et Madeleine, Religieufe à Sommières.

VII. Jean-François de Calvière, Chevalier, Baron de Saint-Côme, Seigneur de la Boiffière & de Saint-André, né en 1700, époufa, par contrat du 25 Avril 1724, *Madeleine de Génas*, fille de *Louis de Génas*, Seigneur de Beauvoifin & de Durfort, & d'*Olympe Boiffon*. On ignore s'il en a poftérité.

III. Daniel de Calvière, Chevalier, quatrième fils de Nicolas, Chevalier, Seigneur de Saint-Côme, de la Boiffière, Gouverneur de Nîmes, &c., & de *Françoife Brochet*, fa première femme, fut Lieutenant-Criminel en la Sénéchauffée de Beaucaire & de Nîmes par Lettres de Provifions données au camp de Saint-Denis le 15 Août 1590, & tefta le 20 Février 1636. Il avoit époufé, avant 1600, *Jeanne de Rochemaure*, fille de *Jean de Rochemaure*, Seigneur de la Devèze, & de *Jeanne Tourillon*, dont il eut :

1. Jean-Louis, mort à Nîmes le 7 Février 1620;
2. Charles, qui fuit;
3. Louis, né en 1623, & mort en 1648;
4. Gabrielle, née en 1600, morte en 1689, mariée, par contrat du 2 Mai 1624, à *Louis Galepin*, Confeiller au Préfidial de Nîmes;
5 Et Rose, née en 1615, & morte en 1646, fans alliance.

IV. Charles de Calvière, Chevalier, fuccéda à fon père dans fa charge de Lieutenant-Criminel en la Sénéchauffée de Beaucaire & de Nîmes, dont il fut pourvu par Lettres de 1636; fut maintenu dans la qualité de Noble, & reconnu pour tel, par Jugement du 22 Août 1669; & mourut à Nîmes, âgé d'environ 86 ans, le 4 Juillet 1693. Il avoit époufé, par contrat du 27 Octobre 1643, *Gabrielle de Fontfroide*, dont il eut :

1. Rose, née en 1644;
2. Catherine, née en 1646;
3. Gabrielle, mariée, par contrat du 29 Avril 1664, à *Paul-Dominique de Séguins-de-Pazzi*, Marquis d'Aubignan, Seigneur des Baumettes & de Lauriol, à Carpentras;
4. Marie, née en 1648, mariée, par contrat du 27 Avril 1677, à *Dominique de Paniffe*, Baron de Montfaucon & de Maligeai, Seigneur de Montfort;
5. Et Anne, née en 1650, morte en 1689, ma-

riée, le 3 Novembre 1672, à *Pierre le Fè-vre*, Lieutenant-Criminel à Nîmes, mort en 1709.

BRANCHE
des Seigneurs DE BOUCOIRAN.

II. ROBERT DE CALVIÈRE, Chevalier, troisième fils de RAYMOND, & de *Félice Vidal* ou *Vitalis*, devint Seigneur de Boucoiran en Languedoc, Diocèse d'Uzès, par l'acquisition qu'il en fit le 26 Novembre 1566. Il avoit transigé le 10 Décembre 1556 avec GUILLAUME DE CALVIÈRE, son frère aîné, pour ce qui lui revenoit sur les biens de leur père, & testa le 21 Janvier 1570. Il avoit épousé, vers 1546, *Claudine de Leugue (de Leuga)*, fille d'*Abel*, Seigneur de la Graille, & Gouverneur du Fort de Saint-André-de-Villeneuve, mort en 1588, & de *Marguerite de Fiennes*, dont il eut :

1. GUILLAUME, qui suit ;
2. ANNE, mariée, par contrat passé dans le Château de Boucoiran le 24 Février 1593, à *Pierre de Vignoles*, Seigneur de Prades ;
3. Et MARGUERITE, mariée à *Gaillard des Martins*, Seigneur d'Arénas, Juge-Maje de Nîmes, mort en 1603.

III. GUILLAUME DE CALVIÈRE, Chevalier, né en 1547, Seigneur de Boucoiran, rendit hommage pour cette Terre, au nom de son père, le 11 Juin 1567, testa le 23 Avril 1630, & mourut au mois de Septembre 1632. Il épousa, par contrat du 6 Juillet 1591, *Isabelle Barrière*, qui testa le 22 Septembre 1636, & mourut en 1647. Elle étoit fille de *François Barrière*, Seigneur des Nages & de Soulorgues, & de *Catherine d'Arcier*, & laissa :

1. & 2. FRANÇOIS & ANTOINE, légataires de leur mère par son premier testament du 18 Juin 1621 ;
3. ABEL, Chevalier, Seigneur & Baron de Boucoiran, mort en 1629, & inhumé à Aubais le 7 Octobre 1629. Il avoit épousé *Madeleine de Fay*, fille d'*Henri de Fay*, Chevalier, Baron de Peyrault & de Vézénobre, & de *Jeanne de Chambon*, sa première femme. Il en eut :

    ISABELLE DE CALVIÈRE, mariée, par contrat du 14 Avril 1655, à *Jean-Baptiste d'Urre-de-Brotin*, Marquis de Montanègues, Mestre-de-Camp de Cavalerie, & depuis Lieutenant-Général au Gouvernement de Languedoc ;

4. LOUIS, qui suit ;
5. PIERRE, légataire de sa mère en 1621 ;

6. FRANÇOISE, mariée, le 9 Mai 1617, à *Jean-Valentin de Sades*, Seigneur d'Aiguières ;
7. ANNE, morte à Castelnau en 1656, qui avoit épousé, le 17 Mars 1619, *Nicolas Boileau*, Seigneur de Castelnau ;
8. CLAUDINE, mariée, par contrat du 18 Novembre 1623, à *Claude-Guy d'Airebandouse*, Seigneur de Clairan & de Massanes; qui fit son testament le 29 Décembre 1635,
9. Et MARGUERITE, mariée, en 1627, à *Jean Pelet*, Seigneur des Granges-Gontardes.

IV. LOUIS DE CALVIÈRE, Chevalier, Seigneur & Baron de Boucoiran & de Leugue, après ses frères, fut second Président au Présidial de Nîmes & vendit cet office, en 1645, à *François de Rochemaure*, Seigneur des Nages. Il fut maintenu en sa qualité de Noble, & reconnu pour tel par Jugement rendu par M. *de Bezons*, Intendant en Languedoc, le 16 Janvier 1671. Il épousa, par contrat du 30 Octobre 1650, *Anne Thierry*, fille d'*Antoine Thierry*, & d'*Anne de Bouchas*, de Villeneuve-lès-Avignon, & eut entr'autres enfans :

1. ABEL-ANTOINE, qui suit ;
2. Et JEAN-LOUIS, Chevalier, Seigneur de Massillargues, qui laissa plusieurs enfans d'*Olympe-Marie Brun-de-Domossargues*, née en 1661, & morte en 1724.

V. ABEL-ANTOINE DE CALVIÈRE, Chevalier, Seigneur & Baron de Boucoiran, de Leugue, de Vézénobre, &c., né en 1652, épousa, par contrat du 21 Décembre 1671, *Isabelle-Gabrielle de Ségla*, fille de *Louis de Ségla*, Baron de Ribaulté, Seigneur du Chailar & d'Yverne, & de *Susanne Amabrie*, sa première femme, dont il eut :

1. LOUIS-FRANÇOIS, né à Nîmes le 24 Mai 1680 ;
2. JOSEPH, Marquis de Vézénobre, Lieutenant-Colonel de Dragons, tué à la levée du siège de Turin le 7 Septembre 1706 ;
3. HENRI, tué au même siège ;
4. ALPHONSE, qui suit ;
5. JEAN, dit le *Chevalier de Boucoiran*, né en 1683, Officier aux Gardes-Françoises en 1712, tué à la bataille de Dettingen, le Jeudi 27 Juin 1743, Capitaine au même Régiment & Brigadier des Armées du Roi ;
6. Autre JOSEPH, dit *le Jeune*, Abbé de Boucoiran, Prieur de Villenouvette, Paroisse de Vauvert, au Diocèse de Nîmes, & nommé à l'Abbaye de Saint-Pierre d'Auxerre au mois de Juillet 1743 ;
7. Et MARIE-ANNE, mariée, par contrat du 26

Février 1702, à *Joseph Roux*, Chevalier, Seigneur de Navaffelle, au Diocèfe d'Uzès, réfidant à Avignon, Colonel de Dragons & Brigadier des Armées du Roi, dont le fils nommé *Jean-Louis Roux*, fut reçu Page aux Ecuries du Roi en 1720.

VI. ALPHONSE DE CALVIÈRE, Chevalier, Baron de Boucoiran & de Vézénobre, mort vers 1735, avoit époufé, en 1716, N..... *Durand,* fille de *Pierre Durand*, Chevalier, Seigneur de Pontaujards en Dauphiné, & d'*Olympe-Françoife de Merle-de-la-Gorce,* dont il a laiffé:

1. JEAN DE CALVIÈRE ;
2. N... Dame de Boucoiran & de Vézénobre, mariée, au mois de Novembre 1733, à CHARLES-FRANÇOIS DE CALVIÈRE, fon coufin au Vᵉ degré;
Et deux autres filles.

Les armes : *d'or, à trois fafces de fable, chargées chacune de deux befans d'argent; au chef de même chargé d'un fanglier paffant de fable.* Mémoire envoyé.

CALVISSON, Baronnie en Languedoc, érigée en Marquifat par LOUIS XIV, au mois de Mai 1644, en faveur de *Jean-Louis de Louet.* Voyez LOUET.

CAMARA, famille des plus illuftres de Portugal, qui a donné fucceffivement 8 gouverneurs de l'Isle de Madère. Elle commence à JEAN-GONSALVE ZARCO, Officier de la maifon de l'Infant Dom Henri, fils de JEAN Iᵒʳ, Roi de Portugal. Il découvrit, par l'ordre du même Infant, l'Isle de Madère, & prit le nom DA CAMARA, pour fes enfans, à l'occafion de ce que mettant pied à terre à la découverte de l'Isle de Madère, il rencontra une petite grotte qui fervait de gîte à des loups marins, à qui il donna le nom de chambre à coucher des loups. Il eft la tige des branches fuivantes :

I. Celle des Comtes d'*Atouguia,* qui prit le nom d'*Attaide.* Elle avoit pour chef en 1720
Dom LOUIS d'ATTAIDE, douzième Comte d'Atouguia, qui époufa Dona *Claire Mafcarenhas,* morte au mois d'Août 1733, troifième fille de Dom *Ferdinand.* Ils eurent:

Dom JÉRÔME D'ATTAIDE, né au mois de Juillet 1720, marié à Dona *Marie-Anne-Bernarde de Tavora,* fille de *François d'Affife,* Marquis de Tavora.

II. La branche des Seigneurs de l'*Isle déferte,* dont était chef LOUIS-GONSALVE DA CAMARA-BOUTINHO, né en 1688, qui époufa Dona *Elifabeth de Mendoza,* fille de *Nuno de Mendoza,* Comte de Valderefs, député de l'Affemblée des trois Etats. Ils eurent:

1. GASTON-GONSALVE DA CAMARA;
2. ELÉONOR;
3. NUNO DA CAMARA;
Et d'autres enfans.

III. La branche d'*Almotace-Mores,* ou Grands-Pannetiers de Portugal, qui fubfifte dans LAURENT-GONSALVE DA CAMARA-COUTINHO, qui n'étoit pas encore marié en 1734.

IV. Et la branche des Comtes de *Villafranca* & de *Ribeiragrande,* dont eft JOSEPH-RODRIGUE-DESIDERE-GONSALVE DA CAMARA-TELLEZ, IIᵉ du nom, quatrième Comte de Ribeiragrande, feptième Comte de Villafranca, & onzième Gouverneur & Seigneur héréditaire de l'Isle de Saint-Michel, né à Lisbonne en 1712, & marié à Dona *Marguerite-Françoife de Lorraine,* fille de *Bernard-Antoine de Tavora,* IIᵉ du nom, Comte d'Alvar, dont :

1. Dom LOUIS DA CAMARA, né le 24 Décembre 1729, mort de la petite-vérole au mois de Novembre 1734;
2. Et Dona JEANNE DA CAMARA.

Voy. la Généalogie de cette Maifon dans Moréri.

La Maifon de CAMARA porte: *de finople, à la tour d'argent furmontée d'une croix d'or, foutenue de deux loups marins, la mer baignant le pied de cette tour.*

CAMBEFORT, Maifon originaire d'Ecoffe, établie d'abord au Puy en Vélay, où elle eut l'honneur, en 1245, de recevoir & de loger Saint Louis. Ceux de ce nom étoient déjà dans ce tems qualifiés *Chevaliers.* Ils paffèrent enfuite dans le Diocèfe de Saint-Flour, puis à Agen, où JULIEN DE CAMBEFORT, Colonel d'un Régiment de fon nom, & Gentilhomme ordinaire de la Reine MARGUERITE DE NAVARRE, reçut & logea cette Princeffe, qui lui donna les plus grands témoignages de bonté. Elle eft établie aujourd'hui à Etain en Lorraine.

N... DE CAMBEFORT eut pour enfans:

1. PIERRE-PAUL, qui fuit;

2. N.., marié à N.., dont deux filles, mariées ;
3. Et AGNÈS-FRANÇOISE DE CAMBEFORT, mariée, en 1726, à *Jean de Caumont*, Seigneur de la Tour, Capitaine au Régiment de Beauvoisis, d'une noblesse établie dans l'Armagnac.

PIERRE-PAUL DE CAMBEFORT, Chevalier, né le 18 Mai 1704, Chevalier de Saint-Louis, Lieutenant-Colonel de Cavalerie le 25 Septembre 1749, épousa, en 1745, *Agnès-Gabrielle de Fiennes le Carlier*, fille de *Pierre-Etienne*, Chevalier, Vicomte d'Ully, ancien Capitaine au Régiment de la Couronne, dont pour enfans vivans :

1. JOSEPH-PAUL-AUGUSTIN, né en 1751, qui a eu commission de Capitaine d'Infanterie en 1772, & le rang de Major en 1776 ;
2. JEANNE-BARBE, née le 21 Décembre 1746 ;
3. Et JEANNE DE CAMBEFORT, née le 6 Août 1755 ; elles ont été toutes deux, six ans, pensionnaires du feu Roi de Pologne, Duc de Lorraine & de Bar.

CAMBERNON (DE), noble & ancienne famille de Normandie, qui étoit représentée par deux frères :

GUILLAUME & JEAN, qui suivent.

GUILLAUME DE CAMBERNON, Chevalier, laissa de son mariage avec une Dame dont le nom est inconnu, pour fille & unique héritière :

BARBE DE CAMBERNON, mariée à *Richard de Pierrepont*, Chevalier, dont, entr'autres enfans, *Jeanne*, mariée à *François le Maître*, Ecuyer, Seigneur & Patron de Savigny, proche Coutances, dont vint *Isabeau le Maître-de-Livet*, mariée à *Robert Dagobert*, Ecuyer, Seigneur de la Hairie, de Saint-Vaast, de Giauch, &c., dont postérité. Voy. DAGOBERT.

JEAN DE CAMBERNON laissa de son mariage, pour les seules & uniques héritières, ses filles :

MARGUERITE, qui épousa *Olivier Marthel*, Ecuyer, frère d'*Etienne Marthel*, Evêque de Coutances : cette famille est aujourd'hui représentée par le Marquis de *la Salle*, dont la mère étoit une *Marthel*.

GILLETTE, qui épousa *Hervieu de Carbonnel*, Marquis de Canisy, aujourd'hui représenté par le Marquis de *Faudoas*, à cause de la Dame de *Carbonnel-Canisy*, sa mère ;

Et JEANNE, qui épousa noble homme *Jacques Dubois*, Marquis de Pirou, aujourd'hui représenté par les Marquis de Pirou, de Vassy & de Bressé.

C'est ce que nous savons sur cette famille,

Tome IV.

dont nous n'avons point reçu de mémoire.

CAMBIS (DE), Maison aussi distinguée par son ancienneté que par ses illustrations, & par le rôle qu'elle a joué dans les révolutions de la République de Florence. Elle est originaire de cette Ville, & est connue depuis les premiers tems de cette République par les Charges qu'elle y a exercées, par les alliances qu'elle y a contractées, par les monumens qu'on y a élevés à sa gloire, & qui subsistent encore aujourd'hui.

Au commencement du XVIe siècle DOMINIQUE DE CAMBI ou CAMBIS, fils de LUC DE CAMBIS, & de *Marie de Pazzi*, acheta la Baronnie d'*Alais* de la Maison de *Pelet-Narbonne*. Jacques Nardi, dans son *Histoire de Florence*, & Pierre Boissat, dans son Livre intitulé le *Brillant de la Reine*, ou *les Vies des Hommes Illustres* du nom de *Médicis*, parlent du siége & de la prise du fort Château de *Cambi*, qui étoit situé près la Ville de Prato en Toscane, entre Florence & Pistoie, & ils rapportent que le Vice-Roi de Naples fit passer par le fil de l'épée toutes les Troupes qui le défendoient.

Ce n'est pas seulement en Toscane que subsistent divers monumens qui sont autant de témoignages de la grandeur de la Maison de Cambis. Il en est d'autres dans la Ville de Naples qui prouvent la même chose d'une manière certaine & incontestable. la Maison de Cambis étoit établie à Naples avant qu'elle vint se domicilier en Toscane. Paolo ou Paul Mini, dans son *Histoire des Maisons illustres de Provence*, atteste que plusieurs rues de cette Ville portoient le nom de *Cambi*, & il ajoute que la Maison de ce nom possédoit plusieurs Places & Châteaux dans le Royaume de Naples. On voit encore dans ce Royaume, ainsi qu'en Toscane, plusieurs tours & autres grands édifices qui sont ornés des armes de la Maison de *Cambis*; ce qui confirme le sentiment de l'auteur qu'on vient de citer.

Ces monumens sont fort anciens, mais il n'est pas surprenant qu'ils subsistent encore aujourd'hui, parce que nous savons des meilleurs Historiens que les Loix de la République de Florence, aussi bien que celles de la plupart des Villes d'Italie, défendoient aux nouveaux acquéreurs de Palais & de Maisons d'en ôter les armes des anciens propriétaires : il est vrai que ces Loix ont paru s'anéantir par la suite du tems ; mais la reconnoissance

M m

& le refpeſt ont continué de faire ce qu'elles ordonnoient alors qu'elles étoient en vigueur.

Ristorus Cambi & Burnettus Cambi intervinrent à la ratification de la paix qui fut conclue entre la République de Florence & celle de Pife en 1256. Dante Cambi, haut Prieur & Seigneur de la Liberté, vivoit en 1290 & 1300. Nero Cambi étoit Gonfalonier en 1421. Outre ces hommes illuftres, dont on fait mention en paffant, on trouve encore plufieurs Gouverneurs de Villes & Montagnes de Piſtoie, du nom de *Cambi*, & une infinité de grands Hommes du même nom, que les Hiſtoriens font connoître par des traits également vrais & brillans. *Julien de Médicis* ayant été tué le 26 Avril 1478 dans l'Eglife de Saⁿta *Reparata* à Florence, & fon frère *Laurent de Médicis* bleffé par la conjuration des Pazzi, Salviati & Blandini, les familles qui étoient alliées à ces derniers furent obligées de quitter l'Etat de Florence. Alors Luc de Cambi, le même qui avoit été quatre fois Grand-Gonfalonier de la République de ce nom, vint s'établir à Avignon avec fa famille, & bientôt il fe forma en cette Ville plufieurs branches du nom de *Cambis*. Les alliances que cette Maifon a contraſtées, & celles qu'elle a données, n'ont pas moins contribué à fon éclat que les grands Hommes qu'elle a fournis à la France. Luc de Cambis avoit époufé *Marie de Pazzi*, dont il eut entr'autres enfans:

1. Dominique, qui fuit, tige de la branche des Barons d'*Alais*;
2. 3. & 4. Antoine, Alexandre & Victor;
5. Nicolas, auteur de la branche éteinte des Seigneurs d'*Auvaro*;
6. Et Pierre de Cambis, auteur de la branche aînée, rapportée plus loin.

BRANCHE
des Barons d'Alais.

Dominique de Cambis laiffa de *Marguerite de Damians*:

Louis de Cambis, marié à *Marguerite de Pluviers*, dont entr'autres enfans:

François, qui fuit;
Jean;
Et Théodore, auteur de la quatrième branche, Seigneurs de *Frons* & de *Sérignac*, qui viendra en fon rang.

François de Cambis, Gentilhomme ordinaire de la Chambre & Chevalier de l'Ordre de Henri III, Roi de France, en faveur duquel ce Monarque étant à Avignon au mois de Décembre 1574, érigea la Baronnie d'*Alais* en *Vicomté*, époufa *Madeleine de Villeneuve*, dont:

Georges de Cambis, Vicomte d'Alais, qui eut d'*Ifabelle de Théxan*, fille d'*Olivier*, Vicomte de Pujols:

Jacques de Cambis, qui s'éleva par le fervice de 30 campagnes au grade de Lieutenant-Général des Armées du Roi; & en cette qualité, ainfi qu'en celle de Général de la Cavalerie Françoife, il fe fignala d'une manière également diftinguée & brillante: il fut bleffé au fiège de Lérida, à Flix & à Tortofe; mais fa valeur ne lui permettant pas de faire attention à fes bleffures, il continua de fervir avec autant de zèle que d'utilité. Enfin, en 1653, ce vaillant Capitaine, à la tête de la Cavalerie Françoife, pouffant avec un courage héroïque les ennemis au fiège de Gironne, il y reçut le 1ᵉʳ Août le coup mortel, & il fut fait prifonnier à cette aſtion, & conduit à Palamos, où il mourut le 21 Août 1653.

Le Roi avoit depuis peu honoré Jacques de Cambis de l'expeſtative de Maréchal de France, & lui avoit donné la permiffion de porter *deux bâtons fleurdelyfés & paffés en fautoir derrière l'écu de fes armes, & des étendarts autour de la couronne de Vicomte*. Le corps du Vicomte d'Alais & celui de fon fils furent tranfportés dans l'Eglife Collégiale, aujourd'hui Cathédrale d'Alais, où ils furent inhumés le 8 Septembre 1653. On conferve, dans la Sacriftie de cette Eglife, l'épée de bataille de ce brave Officier-Général. Sur cette épée font gravés ces mots:

Je fuis Cambis pour ma Foi,
Ma Maîtreffe eſt mon Roi:
Si tu m'attends, confeffe-toi.

Il eut pour enfans:

1. Jacques de Cambis, qui avoit été bleffé & fait prifonnier avec fon père, mourut auffi à Palamos, en 1653;
2. Isabelle, qui époufa *Jacques de Bérard*, Seigneur de Montalet;
3. Et Anne de Cambis, mariée, le 11 Avril 1655, à *Jean-François de la Fare*, Baron de la Salle, Meftre-de-Camp de Cavalerie. Par ces deux mariages la Vicomté d'Alais a été portée dans les Maifons de *Montalet* & de *la Fare*, & partagée entr'elles.

BRANCHE AINÉE
établie à Avignon.

Pierre de Cambis, fixième fils de Luc,

& de *Marie de Pazzi*, eut pour petit-fils : Louis de Cambis, auteur de la branche des Seigneurs d'*Orfan*, qui laiſſa :

Jean, qui ſuit ;

Et Paul de Cambis, auteur de la branche des Marquis de *Velleron*, rapportée plus loin.

Jean de Cambis fut le troiſième aïeul de :

Louis-Charles de Cambis, Marquis de Lorfan & de Lagnes, qui épouſa, en 1723, *Anne-Eliſabeth de Pierre*, dont :

Jacques-François, Vicomte de Cambis, né le 7 Mars 1727, Colonel d'un Régiment d'Infanterie de ſon nom en Mars 1749, puis Brigadier en 1762, qui épouſa, le 18 Novembre 1755, *Gabrielle-Charlotte-Françoiſe d'Alface-Hénin-Liétard*, née le 28 Juin 1729, fille d'*Alexandre-Gabriel-Joſeph*, Prince de Chimay, & de *Gabrielle-Françoiſe de Beauvau*.

SECONDE BRANCHE.
Marquis de Velleron, *auſſi établie à Avignon.*

Paul de Cambis, ſecond fils de Louis, épouſa, le 21 Février 1621, *Gabrielle de Rodulf*, dont :

François de Cambis, Marquis de Velleron, marié, le 30 Décembre 1652, à *Jeanne de Forbin*, mariée, 1° le 1er Mars 1639, à *Sébaſtien d'Albertas*, Seigneur de Gemenos, & fille de *Gaſpard*, Marquis de Janſon, & de *Claire de Libertat*. Ils eurent entr'autres enfans :

Joseph, qui ſuit ;

Et Louis-Dominique de Cambis, auteur de la troiſième branche, rapportée ci-après.

Joseph de Cambis, Marquis de Velleron, Commandeur de l'Ordre de Saint-Louis, premier Chef d'Eſcadre des Galères du Roi, Capitaine-Général des côtes de Provence, mourut le 6 Janvier 1736. Il avoit épouſé *Angélique de Cambis*, Dame de Fargues, dont :

1. Joseph-Louis-Dominique, qui ſuit ;
2. Angélique-Toussaint, mariée, le 16 Mars 1716, à *Joſeph-Louis Gras*, Seigneur de Preville ;
3. Et Jeanne de Cambis, mariée, le 16 Avril 1719, à *Antoine Hortager*, Seigneur de Roquetaillade.

Joseph-Louis-Dominique de Cambis, Marquis de Velleron, né en Novembre 1706, Seigneur de Cayrane ou Queyrane & de Fargues, ancien Capitaine de Dragons, a ſervi avec diſtinction en cette qualité au ſiège de Pizzighittone, à la priſe du Château de Colorno, & aux batailles de Parme & de Guaſtalla. Il épouſa, le 13 Avril 1741 ; *Anne-Louiſe de la Queille*, fille d'*Anne-Gilbert*, Marquis de Châteaugay, premier Lieutenant Général au Duché de Bourgogne, Gouverneur de Bourbon-Lancy & du Fort de Talent, & de *Marie-Joſéphine*, Comteſſe d'*Amanzé*, dont :

Marie-Joséphine-Louise-Sophie de Cambis.

TROISIÈME BRANCHE,
Etablie à Paris.

Louis-Dominique, Comte de Cambis, ſecond fils de François, & de *Jeanne de Forbin*, Chevalier des Ordres du Roi, Lieutenant-Général de ſes Armées & ſon Ambaſſadeur, d'abord auprès du Roi de Sardaigne, & ſucceſſivement auprès de l'Empereur & du Roi d'Angleterre, mourut à Londres, le 12 Février 1740. Il avoit épouſé *Catherine-Nicole Gruyn*, morte le 10 Avril 1765, dans ſa 60e année, dont :

Dominique-Joseph-Nicolas, qui ſuit ;

Et Anne-Victoire de Cambis, née à Turin le 1er Juin 1726, morte à Paris le 22 Septembre 1756, qui épouſa, le 18 Avril 1746, *François-Fortuné*, Comte d'*Herbouville*.

Dominique-Joseph-Nicolas, Marquis de Cambis, né le 1er Mars 1725, Brigadier de Cavalerie en Décembre 1748, Meſtre-de-Camp du Régiment de Bourbon, Maréchal-dès-Camps & Armées du Roi le 15 Février 1761, Gouverneur de Siſteron & de la Tour de Villeneuve-lez-Avignon, a épouſé, le 27 Décembre 1760, *Marie Palatin de Dio de Montperroux*, fille unique & héritière de *Guſtave*, & de *Marie-Gabrielle Tiſon d'Argence*. Voyez ACHARD.

QUATRIÈME BRANCHE.
Barons de Frons *& de* Serignac, *établie en Languedoc.*

Théodore de Cambis, troiſième fils de Louis, eſt l'auteur de cette branche, qui a été maintenue dans ſa Nobleſſe le 20 Décembre 1668, & ſubſiſte dans

N... de Cambis, Baron de Frons & de Serignac, qui a été Colonel d'un Régiment de Grenadiers-Royaux de ſon nom. Il a pour fils :

JACQUES-DAVID, Comte de CAMBIS, qui épousa, le 31 Mai 1763, *Marie-Antoinette Bou-
ret de Valroche*, fille d'*Antoine-François*,
Seigneur de Croissy, dont :

ADRIEN-JACQUES-MAURICE, né le 19 Août 1764;
Et N... DE CAMBIS, né le 22 Octobre 1765.

Les armes : *d'azur, au chêne d'or, mouvant d'une montagne de six coupeaux, &
d'argent à deux traits chacun.*

CAMBOUT, Maison ancienne & illustre,
originaire de Bretagne, qui a pour auteur
I. ALAIN, Ier du nom, Seigneur DU CAM-
BOUT, qui vendit au Chapitre de Vannes les
dîmes de Moreac. Ce degré & les deux sui-
vans sont prouvés par un acte D'ALAIN DU
CAMBOUT, IIe du nom, de 1276.

II. GILBERT, Ier du nom, son fils, Seigneur
DU CAMBOUT, fut père de :

III. GILLES, Seigneur DU CAMBOUT & de
Kersalio, qualifié *Monsegnor Gilles Cambout, Chevalier*, dans un titre d'avant la Madeleine 1264. Des mémoires lui donnent pour
femme *Olive*, sœur de *Jean*, Seigneur de
Coetlogon, & pour enfans :

1. ALAIN, qui suit ;
2. EON, Chevalier en 1276 ;
3. Et JEAN, mentionné dans un titre de l'Abbaye de St.-Aubin de 1277.

IV. ALAIN, IIe du nom, Seigneur DU CAM-
BOUT, qualifié *Ecuyer* dans un titre du mois
de Juillet 1270, épousa, par contrat du 11 Mai
1271, *Jeanne Bedou*, fille de *Guillaume*, &
d'*Olive*, dont :

1. GILBERT, qui suit ;
2. ALAIN, qualifié *Ecuyer* dans l'échange qu'il
fit le Jeudi après l'Apparition de St.-Mi-
chel, en 1302, avec GILBERT DU CAMBOUT,
son frère. Il eut de *Marion* :

GILBERT DU CAMBOUT, mentionné dans un
acte de 1347, qu'il passa avec JEAN DU
CAMBOUT, son neveu ;

3. SIMON, Prêtre ;
4. EON, qui eut un fils nommé OLIVIER, auquel *Marguerite*, sa tante, donna en 1347
un tenement en la Ville de Penhoët ;
5. JEANNE, mariée, en 1403, à *Jean Hersard*,
Seigneur de Vaucouronne, père de *Roland ;*
6. Et MARGUERITE, mentionnée dans l'acte de
1347, qu'elle passa en faveur d'EON, son
neveu.

V. GILBERT, IIe du nom, Seigneur DU CAM-
BOUT, épousa, avant 1347, *Marguerite Goyon
de Matignon*, remariée, en 1361, à *Thomas*

Parcevaux, Seigneur de Canavet, & fille d'*E-
tienne*, & de *Jeanne*, sa première femme. Elle
eut de son premier mariage :

1. JEAN DU CAMBOUT, tué à la bataille d'Au-
ray en 1364, portant la bannière de Jean,
Vicomte de Rohan, pour le parti de Charles de Blois ;
2. ALAIN, qui suit ;
3. ALIETTE (Moréri dit AMIETTE), mariée,
avant 1374, à *Jean de Moulinières*, Chevalier ;
4. MAHAUD, femme, avant 1372, de *Guillaume
de la Cornillière ;*
5. Et THOMINE, mariée à *Olivier*, Seigneur de
la Houssaye, près Gael en l'Evêché de Saint-
Malo.

VI. ALAIN, IIIe du nom, Seigneur DU CAM-
BOUT, Echanson du Duc de Bretagne en 1372,
& Ecuyer de la Duchesse de Bretagne en 1410,
épousa 1° *Jeanne de Tournemine*, fille de
Guillaume, & d'*Aliette de Plusquellec*, morte
en 1382 ; & 2° *Orable Piquet*, veuve de *N...*
Seigneur de *Montagu*. Il eut du premier lit :

1. ETIENNE, qui suit ;
2. JEAN, qui se trouva à la journée d'Azincourt en 1415 & y demeura prisonnier, &
servit en qualité de *Chevalier* sous le Comte
de Richmond : il mourut en 1428 sans enfans de *Jeanne de Rohan*, fille d'*Olivier*,
Seigneur du Gué-de-l'Isle, & d'*Avisette*,
Dame de la Châteigneraye ;
3. Et THOMINE, mariée à *Jean*, Seigneur de
Montagu en Normandie, fils du Seigneur
de Montagu, & d'*Orable Piquet*, pour lors
remariée à ALAIN DU CAMBOUT, IIIe du nom,
ci-dessus mentionné.

VII. ETIENNE, Seigneur DU CAMBOUT, E-
cuyer, Echanson du Roi & du Duc de Bourgogne, Capitaine & Gouverneur de Moncontour, de la Hunaudaye, &c., mourut en 1342.
Il épousa, en 1312, *Catherine de la Motte*,
fille d'*Alain*, & de *Jeanne de la Moussaye*,
sa première femme, dont :

1. JEAN, qui suit ;
2. JEANNE, femme de *Roland le Danois ;*
3. JACQUETTE, femme de *Jean le Noir* ; Seigneur de Kerlay ;
4. BÉATRIX, femme de *Thomas le Noir*, Seigneur de la Lande ;
5. ALIETTE, femme de *Nicolas Laurans-de-
Noyal ;*
6. Et une autre ALIETTE, femme de *Jean de
Rochen.*

On trouve encore MARGUERITE DU CAMBOUT,
mariée, en Juin 1447, à *Jean Billart.*

VIII. JEAN, Ier du nom, Seigneur DU CAM-

BOUT & de Blois, épousa en 1444, *Jeanne de Quelen*, morte en 1480, prisonnière des François, fille de *Jean*, & de *Marie de Coesbic*, dont :

1. JEAN, qui suit ;
2. GUILLAUME, marié à l'héritière du Seigneur *du Clos*, près Lamballe ;
3. CATHERINE, femme de *Jean de Chateautro*, Seigneur du Cartier ;
4. ORFRAISE, Religieuse à St.-Georges de Rennes, puis Prieure de Plugeno ;
5. GUILLEMETTE, femme de *Guillaume Chalon*, Seigneur de Vauclerc ;
6. Et N..... DU CAMBOUT, femme du Seigneur de *Lorme*.

JEAN eut encore un fils naturel.

IX. JEAN, IIe du nom, Seigneur DU CAMBOUT, &c., Conseiller & Maître-d'Hôtel du Duc de Bretagne, pourvu le 18 Mai 1507 par la Reine ANNE, Duchesse de Bretagne, de l'Office de Capitaine de Cesson, fut nommé par le Roi FRANÇOIS Ier, le 20 Mars 1535, Capitaine de Jugon, & mourut le 8 Octobre 1535, fort âgé. Il avoit épousé, le 22 Février 1480, *Robine Avaleuc*, morte âgée de près de 100 ans en 1546, fille d'*Olivier*, Seigneur de la Grée, & de *Jeanne Bot*. Il eut pour enfans :

1. ALAIN, qui suit ;
2. JEAN, Seigneur du Chef-de-Bois, père de FRANÇOIS DU CAMBOUT, Seigneur du Chef-de-Bois, âgé de 60 ans en 1579, Capitaine de l'Arrière-Ban de Saint-Brieuc, qui eut pour fils RENÉ, aussi Capitaine de l'Arrière-Ban de Saint-Brieuc ;
3. MARIE, femme de *François Troussier*, Seigneur de la Gabetière, Paroisse de Saint-Brieuc, Diocèse de Saint-Malo, qui se remaria à *Louise de la Chesnaye* ;
4. ANNE, femme de *Jean du Bois-Riou* ;

Et deux filles, l'une Religieuse, & l'autre morte sans avoir été mariée.

X. ALAIN, IVe du nom, Seigneur du CAMBOUT, Capitaine de la Tour de Cesson le 8 Juin 1522, mourut en Novembre 1534. Il eut de *Jacquemine Madeuc*, fille de *Roland*, Seigneur de Guemadeuc, & de *Perronelle de Coëtquen* :

1. N..... Seigneur DU CAMBOUT, Page du Roi FRANÇOIS Ier à la bataille de Pavie, tué depuis aux guerres de Piémont sous le Maréchal de Montejean ;
2. RENÉ, qui suit ;
3. ANNE, mariée, le 17 Décembre 1531, à *Jean le Vayer*, Ecuyer, Seigneur de la Moran-

daye, fils aîné de *Charles*, & de *Marguerite Quodillac* ;
4. Et JEANNE, femme de *René Brebant*, Seigneur de la Roche.

XI. RENÉ, Seigneur DU CAMBOUT, &c., Chevalier de l'Ordre du Roi, Capitaine de 50 hommes d'armes de ses ordonnances, Conseiller en ses Conseils, Capitaine de l'Arrière-Ban des Evêchés de Saint-Brieuc & de Nantes, Grand-Veneur & Grand-Maître des Eaux & Forêts de Bretagne, mourut au mois de Mars 1577. Il eut de *Françoise Baye*, Dame de Coislin & de Merionec, fille de *François*, & de *Jeanne Chauvin*, Dame de Coislin :

1. FRANÇOIS, qui suit ;
2. RENÉ, Capitaine de l'Arrière-Ban de l'Evêché de Saint-Brieuc, mort sans enfans ;
3. PHILIPPE, Grand-Maître des Eaux & Forêts de Bretagne, qui transigea avec son frère aîné pour son partage le 4 Juillet 1577. Il eut de *Françoise du Plessis*, fille de *Jean*, & de *Jeanne de Tregus* :

    PHILIPPE, Seigneur de Valleron, Capitaine de la Chèze, mort sans enfans de *Marie Bonnier* ;
    JACQUES, Seigneur du Plessis, qui n'eut point d'enfans de N....., veuve du Seigneur de *Francheville* ;
    JEAN, Chevalier de Malte ;
    Et SUSANNE, mariée à *Pierre du Griffon*, Seigneur d'Argenteuil & de Villeneuve-sur-Beuvron, près Blois.

4. LOUISE, mariée, le 4 Avril 1560, à *Louis de la Fontaine*, Seigneur de Cleray & de Beuville ;
5. PERRONELLE, femme de *Mathurin de Mars*, Seigneur de Sainte-Agathe ;
6. JEANNE, mariée à *Bonabes de la Motte*, Seigneur de Launay-Guenguen ;
7. Et N..... DU CAMBOUT, que des mémoires disent avoir épousé le Seigneur du Mouliblot.

XII. FRANÇOIS, Seigneur DU CAMBOUT, de Coislin, de Merionec, &c., Chevalier de l'Ordre de Saint-Michel, Conseiller du Roi en ses Conseils, Grand-Veneur & Général Réformateur des Eaux & Forêts de Bretagne, Capitaine & Gouverneur des Ville & Château de Nantes, mourut le 12 Octobre 1625, âgé de 83 ans. Il avoit épousé, par contrat du 24 Avril 1565, *Louise du Plessis-Richelieu*, Dame de Beçay, fille de *Louis*, Seigneur de Richelieu, & de *Françoise de Rochechouart*, dont :

. HENRI, Baron de Pontchâteau, mort jeune ;

2. CHARLES, qui fuit;

3. LOUIS, auteur de la branche des Seigneurs de *Beçay*, & Marquis du *Cambout*, rapportée ci-après;

4. Et FRANÇOISE, morte jeune.

XIII. CHARLES DU CAMBOUT, Marquis de Coislin, Baron de Pontchâteau, &c., Conseiller au Conseil d'Etat & Privé, Gouverneur des Ville & Forteresse de Brest, Lieutenant-Général de la Basse-Bretagne, Président à l'Assemblée de la Noblesse en qualité d'ancien Baron de la Province en 1624, Député des Etats de Bretagne pour l'Ordre de la Noblesse le 31 Août 1625, maintenu par Lettres du 6 Mai 1630 en toutes les Assemblées publiques de la Province, aux Assises & Tenues d'Etat dans le rang des anciens Barons du Pays; Lieutenant de Roi au Gouvernement des Evêchés de Saint-Brieuc, de Léon, de Cornouailles & de Tréguier, par Lettres du 16 Septembre 1631, Chevalier des Ordres du Roi en 1633; eut par Lettres du 22 Janvier de la même année séance & voie délibérative au Parlement de Bretagne, & mourut en 1648. Il avoit épousé 1º *Philippe de Beurges*, Dame de Sivry en Lorraine, & de la Mogulaye en Bretagne, fille unique de *Charles*, & de *Jeanne Lescoët*, Dame de la Mogulaye; & 2º *Lucrèce de Quinquempoix*, veuve de *Jean Troüssier*, & fille d'*Henri de Quinquempoix*, & d'*Hélène de Clermont-d'Amboise*. Elle est morte sans enfans de son second mariage. Du premier lit naquirent:

1. CÉSAR, qui suit;

2. FRANÇOIS, destiné à l'Eglise, puis Baron de Pontchâteau: il eut une épaule cassée au siège d'Aire en 1641, & mourut en 1659;

3. SÉBASTIEN-JOSEPH, Abbé de St.-Gildas-aux-Bois, de la Vieville & de Geneston, dont il se démit en 1665 pour mener une vie pénitente & inconnue. Il mourut à Paris sur la Paroisse St.-Gervais le 27 Juin 1690, âgé de 56 ans & 6 mois; son corps fut porté à Port-Royal des Champs, & depuis transféré en 1711 à Magny-Lessart;

4. MARIE, mariée, le 28 Novembre 1634, à *Bernard de Nogaret*, Duc d'Epernon & de la Valette, Pair de France, Colonel-Général de l'Infanterie Françoise, dont elle fut la seconde femme;

5. MARGUERITE-PHILIPPE, morte à Paris d'apoplexie le 9 Décembre 1674, & inhumée dans l'Eglise des Capucins à Paris, mariée, 1º en 1634, à *Antoine de l'Age*, Duc de Puylaurens, Pair de France, fils de *René*,

& de *Jeanne Pot-Rodes*; & 2º le 31 Janvier 1639, à *Henri de Lorraine*, Comte d'Harcourt, d'Armagnac & de Brionne, Grand-Ecuyer de France.

XIV. CÉSAR DU CAMBOUT, Marquis de Coislin, Comte de Crécy, Colonel-Général des Suisses & Grisons, Lieutenant-Général des Armées du Roi, en faveur duquel la Seigneurie de *Coislin* fut érigée en *Marquisat*, par lettres du mois d'Août 1634, & par d'autres de surannation du mois de Décembre 1656, enregistrées au Parlement de Rennes le 11 Octobre 1659, & en la Chambre des Comptes de Nantes en 1661. Il se signala principalement dans le passage du Rhin à Mayence, à la retraite de Veudre, à la prise de Hesdin & d'Arras, & mourut en 1641, âgé de 28 ans, des blessures qu'il avoit reçues au siège d'Aire. Il avoit épousé, par contrat du 22 Janvier 1634, *Marie Séguier*, morte le 31 Août 1710, âgée de 92 ans, après s'être remariée, en 1644, à *Guy*, Marquis de *Laval* & de *Sablé*, troisième fils de *Philippe-Emmanuel*, & de *Madeleine de Souvré*; elle étoit fille de *Pierre*, Chancelier de France, & de *Marie Fabry*, & eut de son premier mariage:

1. ARMAND, qui suit;

2. PIERRE, né en 1639, Cardinal, Evêque d'Orléans, premier Aumônier du Roi, puis Grand-Aumônier de France, Chanoine de l'Eglise de Paris, Abbé de Saint-Victor de la même Ville, de Saint-Jean d'Amiens, de Saint-Gildas-aux-Bois, Prieur & Seigneur d'Argenteuil, de Notre-Dame de Longchamp, de Longpont, de Saint-Pierre d'Abbeville, de Notre-Dame de Guais, & Prélat-Commandeur de l'Ordre du Saint-Esprit, à la Promotion du 31 Décembre 1688, qui mourut à Versailles le 5 Février 1706, & fut inhumé dans sa Cathédrale;

3. Et CHARLES-CÉSAR, né en 1641, Chevalier de Malte non-profès, mort à Versailles le 13 Février 1699. Il fut enterré à Port-Royal des Champs, & transféré, comme son oncle, à Magny-Lessart en 1711.

XV. ARMAND DU CAMBOUT, né le 2 Septembre 1635, baptisé le 14 Février 1638, Mestre-de-Camp-Général de la Cavalerie-Légère de France, Lieutenant-Général en Basse-Bretagne, & Lieutenant-Général des Armées du Roi, obtint que les Baronnies de *Pontchâteau* & les Seigneuries de la *Roche-Bernard* fussent unies en sa faveur au Marquisat de Coislin, lors de son érection en Duché-Pairie au mois de Décembre 1663. Il fut un des quatre Seigneurs donnés en ôtage au Sacre du Roi Louis XIV, pour la Sainte Ampoule le 17 Juin 1654; nommé Prévôt de Paris le 13 Août 1669, eut les Provisions de cette charge le 29 Juin 1670, n'en prit pas possession & s'en démit en 1685. Il fut fait Chevalier des Ordres du Roi à la Promotion du 31 Décembre 1688, & mourut le 16 Septembre 1702; son corps fut porté dans l'Eglise des Recollets de Saint-Denis en France, ainsi que, le 9 Septembre 1705, celui de sa femme. Il avoit épousé, le 29 Mars, 1654, *Madeleine du Halgoët,* fille unique & héritière de *Philippe,* Maître des Requêtes, & de *Louise de la Bistrade.* Il en eut :

1. Pierre, qui suit ;
2. Armand-Jérôme, mort jeune ;
3. Dominique, Chevalier de Malte, aussi mort jeune ;
4. César-Philippe-François, Abbé, mort au mois de Février 1680 ;
5. Henri-Charles, rapporté après son frère aîné ;
6. Et Madeleine-Armande, morte le 30 Janvier 1721, âgée de 56 ans, & enterrée aux Pénitens de Nazareth, mariée, le 10 Avril 1689, à *Maximilien-Pierre-François-Nicolas de Béthune,* Duc de Sully, Pair de France.

XVI. Pierre du Cambout, Duc de Coislin, Pair de France, Marquis de Pontchâteau, Colonel d'un Régiment de Cavalerie, prêta serment au Parlement le 11 Décembre 1702, testa le 25 Novembre 1709, & mourut le 7 Mai 1710, âgé de 46 ans, sans enfans. Il avoit épousé, par contrat des 4 & 5 Mai 1683, *Louise-Marie d'Alègre,* morte le 15 Septembre 1692, fille d'*Emmanuel,* Marquis d'Alègre, & de *Marie Raymond de Modène.*

XVI. Henri-Charles du Cambout, Duc de Coislin, Pair de France, Baron de Pontchâteau & de la Roche-Bernard, Président-né des Etats de Bretagne, premier Baron de Champagne, Comte de Crécy, &c., né le 15 Septembre 1664, fut d'abord Chevalier de Malte, puis premier Aumônier du Roi en survivance du Cardinal de Coislin son oncle le 3 Mars 1682, Abbé de Saint-Georges de Bocherville en 1684, Evêque de Metz le 26 Mai 1697, sacré le 22 Décembre suivant, Commandeur de l'Ordre du Saint-Esprit le 15 Mai 1701, a succédé à son frère dans le Duché-Pairie de Coislin, & a pris séance au Parlement en qualité de *Duc & Pair* le 31

Mars 1711, fut reçu l'un des 40 de l'Académie Françoise en 1710, & Honoraire de celle des Inscriptions & Belles-Lettres. Il a employé plus de 50000 écus à faire bâtir en 1728 un Corps-de-Caserne à Metz, pour les Officiers & les Soldats de la garnison, & pour soulager cette Ville. Il en a fait bâtir un autre en 1709, avec la même dépense; & pour donner encore des marques de son zèle, il a fait construire un Séminaire à Metz, pour y former de jeunes Ecclésiastiques, & y a fondé des places pour qu'ils y soient nourris & enseignés gratuitement. Il est mort à Paris le 28 Novembre 1732, & fut enterré aux Pénitens de Nazareth. Voy. son Eloge, tom. IX. pag. 247, *Hist. de l'Acad. des Inscrip. & Belles-Lettres de Paris,* in-4, & tom. III. pag. 288, in-8.

BRANCHE
des Seigneurs de Beçay *& Marquis* du Cambout.

XIII. Louis, troisième fils de François, Seigneur du Cambout & de Coislin, & de *Louise du Plessis-Richelieu,* fut Seigneur de Beçay, & Gouverneur des Isles d'Oleron, transigea avec Charles, son frère aîné, sur le partage des biens de leurs père & mère par acte passé à Blain en Bretagne le 25 Octobre 1629. Il épousa 1º *Gilberte du Puy-du-Fou,* veuve de *Philippe de Châteaubriant,* Seigneur des Roches-Baritaud, & fille de *René,* Seigneur du Puy-du-Fou, & de *Catherine-Charlotte de la Rochefoucauld-Barbesieux;* & 2º *Renée Arrel,* Dame de Kermarker, veuve 1º de *Jean Guegan;* & 2º de *Jean Budes.* Il eut de sa première femme :

XIV. Jérôme du Cambout, Seigneur de Beçay, Gouverneur des Isles, Ports & Havres de Rhuys & du Château de Sucinio, Lieutenant au Gouvernement de Brest, qui épousa, le 30 Janvier 1619, *Marie,* Dame de *Carheil,* de Villeneuve & de Caesden, qui étoit morte en 1649. Elle étoit fille de *Michel,* & de *Jacquette de Kermeno,* Dame de Caesden, & laissa :

1. Charles, Seigneur de Carheil ;
2. Sébastien, Seigneur de Villeneuve ;
3. François, Seigneur de Carheil : tous les trois morts sans alliances ;
4. Et René, qui suit.

XV. René du Cambout, Comte de Carheil, Gouverneur de l'Isle de Rhuys & du Château de Sucinio, époufa 1º *Jeanne Raoul*, fille de *Jacques*, Seigneur de la Guibougère, Confeiller au Parlement de Bretagne, Sénéchal de Nantes, enfuite premier Evêque de la Rochelle, & d'*Yvonne Charette*; & 2º par contrat du 16 Avril 1688, *Louife-Françoife de Laurière*, fille de *Léon*, & de *Gilberte Regneau*. Il eut du premier lit:

1. ARMAND, mort fans alliance;
2. JACQUES, qui fuit;
3. ARMAND-JOSEPH, Comte du Cambout par la donation que *Pierre*, Duc de Coiflin, lui en fit. Il fut Capitaine & Major dans le premier Régiment des Dragons de Bretagne, & fe trouva au combat de la Marfaille où il fut bleffé. Il époufa, par contrat du 28 Février 1707, *Marguerite le Maître*, morte fans enfans en 1708. Elle étoit veuve d'*Olivier du Bois-Guiheneuc*, Seigneur de la Cour de Bouet;
4. GUILLAUME, Chevalier de Malte, mort Lieutenant de Vaiffeau;
5. ANNE-MARIE-LOUISE, morte en 1693, fille d'honneur de Mademoifelle d'Orléans-Montpenfier, petite-fille de France, mariée, par contrat du 16 Décembre 1683, à *Jean-François de Genouillac-de-Gourdon*, Comte de Vaillac, fils aîné de *Jean-Paul*, & de *Marie-Félice de Voifins*, fa première femme;
6. ARMANDE-MARIE-MADELEINE, morte âgée de 58 ans le 28 Décembre 1724, auffi fille d'honneur de Mademoifelle d'Orléans-Montpenfier, mariée, par contrat du 19 Mars 1695, à *Gafpard de Mouftiers*, Vicomte de Merainville, Gouverneur de Narbonne, Brigadier des Armées du Roi, mort le 30 Décembre 1724, âgé de 76 ans, fecond fils de *François*, Chevalier des Ordres, & de *Marguerite de la Jugie*, Comteffe de Rieux.

Du fecond lit font nés:

7. CHARLES-LOUIS, Enfeigne de Vaiffeau en 1727;
8. Et LOUISE, Religièufe à Rennes, puis Abbeffe de Nidoifeau, Diocèfe d'Angers, par nomination du Roi le 13 Décembre 1717.

XVI. JACQUES, Marquis DU CAMBOUT, Comte de Carheil, Seigneur de Villeneuve, Colonel du premier Régiment de Dragons de Bretagne, en 1688, puis d'un Régiment de Dragons de fon nom en 1701, Infpecteur-Général de la Cavalerie & des Dragons de l'armée de Catalogne, Gouverneur de l'Isle de Rhuys & du Château de Sucinio, Brigadier des Armées du Roi, fut tué au combat de Carpy, au

paffage de l'Adige, le 9 Juillet 1701, dans une rencontre contre les troupes Impériales. Il avoit époufé, par contrat du 12 Janvier 1679, *Renée-Marie le Marchand*, fille & héritière de *Jean*, Seigneur de la Rebourfière, & de *Perrine Drouet*, dont:

1. PIERRE-LOUIS, qui fuit;
2. ANNE-FRANÇOIS-GUILLAUME, Docteur en Théologie de la Faculté de Paris, Sous-Doyen de l'Eglife d'Orléans, Aumônier du Roi en 1711, Abbé de Saint-Memie, Diocèfe de Châlons, en 1712, Agent-Général du Clergé de France en 1719, facré à Paris le 19 Novembre de la même année Evêque de Tarbes par le Cardinal de Noailles, affifté des Evêques de Lectoure & de Vannes. Il eft mort dans fon Diocèfe le 10 Juillet 1729, âgé de 43 ans;
3. Et JEANNE.

XVII. PIERRE-LOUIS, Marquis DU CAMBOUT, Gouverneur de l'Isle de Rhuys & du Château de Sucinio, Capitaine de Dragons, époufa, par contrat du 4 Mai 1704, *Madeleine-Béatrix le Brun-de-Troadio*, dont:

1. PIERRE-ARMAND, qui fuit;
2. & 3. RENÉE-MARGUERITE & MARIE-JOSÉPHE.

XVIII. PIERRE-ARMAND DU CAMBOUT, Comte de Carheil & Marquis de Coiflin, après avoir retiré cette Terre de ceux qui l'avoient acquife, fut Capitaine de Dragons en fecond au Régiment d'Orléans, & mourut en 1738. Il époufa, en 1727, *Renée-Angélique de Talhouet*, Comteffe de Keravion, dont:

1. CHARLES-GEORGES-RENÉ, qui fuit;
2. GEORGES-ARMAND, dit le *Chevalier du Cambout*, né en 1730, mort;
3. PIERRE, dit le *Chevalier de Coiflin*, Moufquetaire de la feconde Compagnie en 1750, & Capitaine au Régiment Royal-Piémont, Cavalerie;
4. Et une fille.

XIX. CHARLES-GEORGES-RENÉ DU CAMBOUT, Marquis de Coiflin, Comte de Carheil, né en 1728, fucceffivement Capitaine de Dragons dans le Régiment de la Reine, & le 15 Juin 1750, Colonel dans les Grenadiers de France, Colonel du Régiment de Brie en 1751, & Brigadier des Armées du Roi en 1762, a époufé, le 8 Avril 1750, *Marie-Anne-Louife-Adélaïde de Mailly*, fille de *Louis*, Comte de Rubempré, depuis Marquis de Nesle, Lieutenant-Général des Armées du Roi, Chevalier de fes Ordres & premier Ecuyer de feu

Madame la Dauphine, & d'*Anne-Françoise-Elifabeth Arbalefte-de-Melun*, une des Dames du Palais de la même Princeffe. Ils eurent :

PIERRE-LOUIS, né le 12 Février 1769 (après 19 ans de mariage).

Les armes : *de gueules, à trois fafces échiquetées d'azur & d'argent de deux traits chacune.* (*Hiftoire des Grands-Officiers de la Couronne*, tome IV, p. 801 & fuiv.)

CAMBRAY. *Charles de Saint-Albin*, né le 5 Avril 1698, Archevêque, Duc de Cambray, le 17 Octobre 1723, Comte de Cambrefis, & Prince de l'Empire, ci-devant Evêque Duc de Laon, & Pair de France, Abbé Commendataire de Saint-Ouen de Rouen & de Saint-Evroul, Diocèfe de Lifieux, mourut le 9 Mai 1764. Il étoit fils naturel de Philippe II, Duc d'Orléans.

CAMBRAY, en Picardie. JEAN DE CAMBRAY, fils de HUGUES, Ecuyer, Seigneur de Maubuiffon, époufa, par contrat paffé à Péronne en 1550, *Adrienne Dupleffis*, fille de *Jean*, Ecuyer, Seigneur de Courtemont, & eft la tige de deux branches.

BRANCHE AINÉE.

FLORIMOND DE CAMBRAY, Seigneur de la Neuville & de Villers en Picardie, époufa, le 21 Octobre 1715, *Marie-Angélique Gouffier*, fille de *Jean-Alexandre*, Seigneur de Brafeux, & de *Marie-Marguerite de Brieft-d'Aillies*, dont :

1. MAXIMILIEN-EUGÈNE-FLORIMOND, qui fuit ;
2. MARIE-CHARLES-FRANÇOIS, Chevalier de Villers, né le 15 Octobre 1719, Capitaine dans le Régiment de Condé, Cavalerie ;
3. MARIE-ADÉLAÏDE-FÉLICITÉ ;
4. Et MARIANNE-HENRIETTE-CHRISTINE DE CAMBRAY.

MAXIMILIEN-EUGÈNE-FLORIMOND DE CAMBRAY, Comte de Villers, né le 21 Octobre 1716, ancien Major dans le Régiment de Condé, Cavalerie, époufa, le 9 Mai 1750, *Aimée-Sufanne-Charlotte Defloquois de Schulemberg*, dont

Une fille, née le 24 Février 1751.

La branche cadette poffédoit la Terre de *Digny* en Gâtinois, & a fini à CHARLES DE CAMBRAY, defcendant d'ACHILLE, Chevalier, Seigneur de Digny, mort à 21 ans, fans alliance, en 1730. La Terre de Digny paffa à

Tome IV.

Nicolas de Foyal, Chevalier, Seigneur d'Allonnes, comme plus proche, à caufe de MARIE DE CAMBRAY, fa mère.

Une autre famille du même nom, dont étoit ADAM DE CAMBRAY, mort premier Préfident du Parlement de Paris le 15 Mars 1456, portoit : *de gueules, à la fafce d'argent, chargée d'une autre fafce d'azur, & accompagnée de trois loups rampans d'or.*

Il y apparence que le premier Préfident avoit pour frère JEAN RUPE, l'un & l'autre natifs de la ville de Cambray, dont ils adoptèrent le nom & quittèrent celui de *Rupe.* JEAN, Ier du nom, dit DE CAMBRAY, eut de *Marguerite Chambellan :*

JEAN DE CAMBRAY, IIe du nom, Pannetier du Roi, qui époufa *Geoffrette Cœur*, fille du célèbre *Jacques Cœur*, Argentier du Roi, mort en 1456, & de *Macée de Leopar*, dont :

JEAN DE CAMBRAY, IIIe du nom, auquel on donne pour frère GUILLAUME DE CAMBRAY, mort Archevêque de Bourges en 1505, & pour femme *Marie de Corbie*, fille d'*Arnaud*, Chancelier de France, qui le rendit père de :

MICHEL DE CAMBRAY, Chevalier, Seigneur de Therieux, marié à *Perrette de Treignac*, Dame de Soulangis, dont :

JEAN DE CAMBRAY, IVe du nom, Chevalier, Vicomte de Soulangis, Seigneur de Folanay, qui eut de *Geneviève le Maréchal :*

MARIE DE CAMBRAY, Vicomteffe de Soulangis, femme d'*Antoine de la Grange*, Seigneur d'Arquien.

Les armes de Cambray en Picardie font : *d'azur, au chevron d'or, accompagné en chef de deux étoiles, & en pointe d'un trèfle arraché, le tout d'or.*

L'Armorial dreffé fous le Roi CHARLES V, en 1368, parle de M. GUILLEBERT DE CAMBRAY, & de M. JEAN DE CAMBRAY-DE-PREAULX, qui portoient : *d'azur, à trois lions d'or,* 2 & 1. Cette famille eft éteinte il y a longtems.

CAMELIN en Provence, famille qui a donné en 1594 un Evêque de Fréjus dans BARTHÉLEMY DE CAMELIN, qui y fonda une Maifon de Jéfuites, un Couvent de Dominicains, & un Monaftère du même Ordre, & un Evêque de Philadelphie en 1621, qui fuccéda à fon oncle en 1638. Les mémoires de M. de Tourville font mention d'ANNIBAL DE CAMELIN, Capitaine de Bombardiers, qui fut envoyé par M. du Quefne à l'expédition d'Alger. Cette famille fubfifte en trois branches : JOSEPH DE CAMELIN, ancien Moufquetaire du Roi eft chef de la première. HONORÉ DE CAMELIN, non encore marié, eft auteur de la feconde; & JOSEPH-MARIUS DE CAMELIN, chef de la troifième, a époufé, par contrat du 29 Juin 1734, *Marie-Anne de Brunel,* de laquelle font iffus:

ETIENNE & ANGÉLIQUE DE CAMELIN.

Les armes : *d'azur au chameau furmonté de trois étoiles, le tout d'or.* Devife : *Deo favente.* Voyez l'*Hift. héroïque de la Noblejfe de Provence,* tom. I, pag. 213.

* CAMENBERT , Baronnie proche Argentan en Normandie , laquelle eft poffédée par l'Abbeffe & les Religieufes d'Almanèche.

CAMILLY. Voyez BLOUET.

CAMINADE, famille ancienne du Haut-Languedoc, dont il eft parlé dans l'*Armorial gén. de France,* reg. II, part. I, fol. 37, & dans la *Généalogie de la Maifon de France,* tom. II, fol. 1587. Une branche s'eft éteinte dans

PHILIPPE CAMINADE, Préfident à Mortier au Parlement de Touloufe, qui avoit époufé, le 26 Juillet 1640, *Anne Defplats,* fille d'un Confeiller au même Parlement. Ils eurent:

1. MARTHE, mariée, le 20 Mars 1656, à *Jean-Georges de Garaud de Donneville*, Seigneur dudit lieu, Marquis de Miremont, Baron de Mauvefin, Préfident au Parlement de Touloufe, dont *Jeanne Françoife,* qui époufa, en 1679, *Yves,* Marquis d'*Alègre,* Maréchal de France.
2. MARIE-GABRIELLE, mariée, le 17 Février 1663, à N... *de Chaftenet*;
3. MARIE, mariée, le 9 Juin 1663, à N... *de Montbrun,* Préfident au Parlement de Touloufe ;
4. Et JEANNE-MARIE CAMINADE, qui époufa, le 5 Août 1663, N... *Daffezat de Toupignon,* Confeiller de Grand'Chambre au même Parlement.

AUTRE BRANCHE.

JEAN CAMINADE DE ROCQUECOMBE, près Touloufe, né le 4 Août 1711, Seigneur d'Auvilliers, Avron, Beauregard Chaftenet & autres lieux, époufa, le 16 Avril 1742, *Marie-Anne de Chalopin,* dont :

1. CLAUDE - OLIVIER CAMINADE DE CASTRES, né le 10 Février 1745, Ecuyer, Seigneur du Marquifat de Bains, Boullogne, la Graffe, Juvillier, Tartigni, le Quefnoy, Chaftenet

& autres lieux, Confeiller du Roi en fes confeils, Maître des Requêtes honoraire de l'Hôtel de M. le Comte d'Artois, Contrôleur-Général des menus de la chambre de M. le Duc d'Orléans, ancien Juge, Auditeur général de l'Infanterie & du Régiment des Gardes-Françoifes , Tréforier, Receveur-Général des Domaines & Bois de la province de Dauphiné & principauté d'Orange, & ci-devant Contrôleur-Général des Finances & Domaines du Bourbonnois, marié , le 2 Octobre 1773, à *Marie-Sophie-Dionis,* morte le 16 Septembre 1774, fille de *Charles Dionis,* ancien Moufquetaire de la première compagnie de la Garde du Roi ;

2. MARC-ALEXANDRE, Seigneur de la Châtellenie de Briatexte en Albigeois, Secrétaire ordinaire de S. A. Monfeigneur le Prince de Condé, né le 27 Février 1746, marié, le 5 Novembre 1778, à *Louife-Thérèfe du Patel de la Croix,* dont :

AMÉLIE-RENÉE-JUSTINE CAMINADE, née le 22 Août 1778 ;

3. JEAN-JACQUES CAMINADE DE CHASTELET, né le 21 Novembre 1751, Seigneur de Nieuil, Mornac & autres lieux, Confeiller, Avocat du Roi & de Monfeigneur le Comte d'Artois au fiège Royal de Cognac ;

4. Et JEAN-FRANÇOIS CAMINADE, Seigneur de Beauregard, né en 1752, Lieutenant des chaffes du Roi.

Les armes: *un écu de gueules, à un chevron d'or, accompagné de quatre étoiles d'argent, pofées 3 en chef & 1 en pointe:* ledit écu timbré d'un cafque de profil, orné de fes lambrequins d'or, de gueules & d'argent.

CAMOENS, ancienne famille du Portugal. On trouve dès 1370 un VASCO-PIRES DE CAMOENS, qui paffa de Galice en Portugal, lorfque FERDINAND faifoit la guerre à HENRI III, Roi de Caftille. Il époufa *Marie - Anne Tenreiro,* fille de GONÇALO TENREIRO, Amiral de Portugal, dont :

GONÇALO, JEAN & CONSTANCE, defquels il y a encore d'illuftres defcendans. Cette famille a donné, dans LOUIS DE CAMOENS, un célèbre Poète Portugais, Auteur de *la Lufiade,* né à Lisbonne; les uns difent en 1517, d'autres en 1524. Il mourut en 1579. Voyez fon article dans le XXVIIe vol. du P. Niceron, ou dans Moréri.

CAMP en Artois. N... CAMP eut pour fils:

JOSEPH-AUGUSTIN, qui fuit;

Et N... CAMP, qui habite Saint-Omer. Il a un fils.

JOSEPH-AUGUSTIN Camp, Ecuyer, Avocat au Parlement, ancien Echevin de la Ville d'Arras en 1753, 1754, 1755 & 1756, fut Député des Etats d'Artois à la Cour pour le Tiers-Etat en 1758 & 1759. C'est en confidération des fervices de fes ancêtres & des fiens, que ledit JOSEPH-AUGUSTIN a obtenu les Lettres de maintenue & de confirmation de Noblesse, données à Verfailles en Août 1759, pour lui & fa poftérité, née & à naître en légitime mariage. Il a époufé *Jeanne-Françoise Gamand*, dont :

HENRIETTE-FRANÇOISE CAMP.

Les armes dont cette famille est en poffeffion depuis plufieurs fiècles font : *d'argent, à un treillis de gueules de fix pièces, 3 en pal, & 3 en fafce, l'écu timbré d'un cafque de profil, orné de fes lambrequins.*

CAMPAGNE, famille noble, originaire du Ponthieu établie fur la fin du XVᵉ fiècle dans le Boulonnois. Elle poffède depuis près de 300 ans la Terre de Godinthun.

JEAN DE CAMPAGNE époufa en 1526, *Ifabeau le François.*

GABRIEL DE CAMPAGNE, fon defcendant, Ecuyer, eut de *Marie-Catherine Touillet :*

CATHERINE DE CAMPAGNE, née le 22 Mai 1683, qui fut reçue à Saint-Cyr au mois d'Octobre 1691, après avoir prouvé qu'elle defcendoit de JEAN DE CAMPAGNE.

Les branches de *Godinthun, Bouthillers, la Varenne* & *Longueville,* font éteintes.

BRANCHE
des Seigneurs D'AVRICOURT, iffue de celle de GODINTHUN.

N... DE CAMPAGNE eut pour fils :

N... DE CAMPAGNE, qui fuit ;

Et ANTOINE-FRANÇOIS DE CAMPAGNE DE GODINTHUN, Chevalier de Saint-Louis, Colonel d'Infanterie, qui demeure à Boulogne. Il est veuf fans enfans.

N... DE CAMPAGNE laiffa pour enfans :

1. ANNE-FRANÇOIS, qui fuit ;
2. CHARLES DE CAMPAGNE DE VIENNE, Chanoine & Vicaire-Général de Noyon ;
3. Autre CHARLES DE CAMPAGNE DE PLANCY, Chevalier de Saint-Louis, Meftre-de-Camp de Cavalerie, Major des Ville & Château de Boulogne ;
4. MARIE-LOUIS-VICTOR DE CAMPAGNE, appelé

le Chevalier d'Avricourt, Chevalier de St.-Louis & Capitaine au Régiment de Poitou.

ANNE-FRANÇOIS DE CAMPAGNE, Seigneur d'Avricourt, de Vienne, de la Salle, de Ponthieu, de la Ville de Roye en partie, & Baron de Plancy, époufa, en 1752, *Anne Huault de Bernay,* dont un fils & une fille.

Les armes : *de gueules, femé de trèfles d'or, & trois croix ancrées d'argent pofées deux en chef & une en pointe.*

CAMPBELL, ancienne & illuftre Maifon d'Ecoffe qui fe nommoit autrefois O DUBIN.

DIARMED O DUBIN, vaillant guerrier, laiffa : PAUL O DUBIN, Seigneur de Lochow, qui eut pour fille unique :

ÈVE O DUBIN, qui époufa GILESPICK O DUBIN, fon parent, qui prit le nom de CAMPBELL pour immortalifer par-là un fervice qu'il avoit rendu à la France dans le IXᵉ fiècle, fous le règne de Malcolm Canmore.

COLINMORE CAMPBELL, un de fes defcendans, fe trouva en 1292 à Barwick, lorfqu'EDOUARD Iᵉʳ, Roi d'Angleterre, s'y tranfporta pour terminer le différend qui régnoit entre Jean Bailleul & Robert Bruce, au fujet de la Couronne d'Ecoffe. Il époufa une Dame de la Maifon de *Sainclair,* & laiffa :

NIEL, qui fuit ;

Et DUNCAN CAMPBELL DE REDCASTLE, auteur de la branche des Comtes de *Loudon,* rapportée plus loin.

NIEL CAMPBELL affifta, en 1306, au couronnement de ROBERT Iᵉʳ, & mourut en 1316. Il époufa *Marguerite Bruce,* & fut le bifaÿeul de COLIN CAMPBELL, qui laiffa de *Marguerite Stuart :*

ARCHIBALD, qui fuit ;

Et COLIN CAMPBELL, auteur de la branche des Comtes de *Braidalbin,* qui viendra en fon rang.

ARCHIBALD CAMPBELL époufa *Elifabeth Somerville,* dont :

COLIN CAMPBELL, qui fut créé en 1457 Comte d'Argyle, par JACQUES II, & employé aux affaires les plus importantes de l'Etat, devint Lord, Grand-Chancelier, & mourut en 1492. Il époufa *Ifabelle Stuart,* & fut le IVᵉ aïeul de

ARCHIBALD CAMPBELL, élevé par JACQUES Iᵉʳ, Roi d'Angleterre le 15 Novembre 1641, à la dignité de Marquis d'Argyle, & décapité le 27 Mai 1661. Il avoit époufé *Marguerite Douglas.*

ARCHIBALD CAMPBELL., fon petit-fils, fut fait Duc d'Argyle le 23 Juin 1701, & mourut en 1703, laiffant d'*Elifabeth Talmafh de Helmingham*:

JEAN CAMPBELL, Duc & Comte de Greenvich, Duc, Marquis & Comte d'Argyle, Amiral héréditaire des côtes occidentales d'Ecoffe, qui donna des preuves de fa valeur dans la guerre de la fucceffion d'Efpagne. Il vivoit encore en 1728.

BRANCHE
des Comtes de LOUDON.

DUNCAN CAMPBELL DE REDCASTLE, fecond fils de COLINMORE CAMPBELL, acquit par mariage la Seigneurie de Loudon.

HUGUES CAMPBELL, un de fes defcendans, créé en 1604 Baron de Loudon, par JACQUES VI, fut le trifaïeul de

HUGUES CAMPBELL, Comte & Baron de Loudin, premier Commiffaire de l'Eglife d'Ecoffe, un des 16 Pairs de l'Eglife feptentrionale d'Ecoffe, qui mourut en Décembre 1731.

BRANCHE
des Comtes de BRAIDALBIN.

COLIN CAMPBELL, fecond fils de COLIN CAMPBELL, & de *Marguerite Stuart,* eut pour defcendant:

JEAN CAMPBELL, qui fut nommé par CHARLES II, le 28 Janvier 1678, *Comte de Braidalbin*, dans le pays de Perth; le Roi GUILLAUME le créa en 1692 Confeiller-Intime. Il mourut le 19 Mars 1717, âgé de 81 ans, laiffant de *Marie*, fille de *Henri Rich*, Comte de Hollande:

DUNCAN ;
Et JEAN, qui fuit.

JEAN CAMPBELL, devint en 1725 Lord Lieutenant du pays de Perth, & vivoit encore en 1728. Il époufa *Henriette Villiers*, fœur d'*Edouard,* Comte de Jerfey, dont :

JEAN CAMPBELL qui étoit en 1720 premier Ecuyer des Princeffes Royales, créé en 1725 Chevalier du Bain, & Ambaffadeur extraordinaire en Danemark. Il époufa *Annabelle Grey*, morte le 2 Mars 1727, fille de *Henri Grey*, Duc de Kent, dont:

Un fils, mort le 12 Mai 1727, âgé de 6 ans ;
Et une fille.

(Voyez le fupplément du *Dictionnaire* de Bayle & Moréri). On parle de la famille de CAMPBELL dans les *Délices de la Grande-Bretagne & de l'Irlande,* furtout dans les tom. VI &[VII, où l'on écrit au lieude *Campbel, Campbells.*

CAMPEGGI ou CAMPÉGE, famille illuftre & très-confidérée en Italie depuis plufieurs fiècles. Symphorien Champier dit, en dédiant fon ouvrage de *Monarchiâ Gallorum,* au Cardinal LAURENT CAMPÉGE, que cette famille étoit originaire de France par CHRÉTIEN CAMPÉGE, qui étoit de Dauphiné & eut 12 enfans, dont deux fuivirent à Naples CHARLES DE FRANCE, frère du Roi SAINT LOUIS. L'aîné des deux s'établit à Tortofe & forma la branche des *Campége* de Pavie. Son frère, nommé JEAN, refta jufqu'à fa mort à Bologne, & y fit une branche particulière, dont étoit le Cardinal LAURENT CAMPEGGI, mort le 19 Juillet 1539, dont on peut voir l'article dans Moréri, ainfi que celui de BARTHÉLEMY CAMPEGGI, qui fe rendit célèbre par fa probité & par fa doctrine. Il vivoit fur la fin du XIVᵉ fiècle.

CAMPET. De cette famille étoit LOUIS DE CAMPET de Saujon, Chevalier, Seigneur, Baron de la Rivière, Bloyac, la Mothe & des Arennes, marié à *Jeanne - Marguerite de Murray* ou *Meuré*, Ecoffoife de nation, dont:

CHARLES-FRANÇOIS DE CAMPET, Seigneur, Comte de Saujon en Aunis, Baron de la Rivière & d'Houzillac, Chevalier de St.-Louis, Lieutenant en Guyenne au département de l'Agénois & du Bafadois, Gouverneur de Pont-de-l'Arche en Normandie, ci-devant & fucceffivement Aide-Major d'une Compagnie, Enfeigne & Lieutenant des Gardes-du-Corps, Brigadier de Cavalerie, qui mourut le 1ᵉʳ Mars 1740. Il avoit époufé, le 11 Mars 1724, *Marie-Louife-Angélique de Barberin de Reignac*, morte le 24 Janvier 1777, remariée, au mois de Novembre 1747, à *Jofeph-Augufte*, Comte de *Montmorency - Laval*, mort en 1783. Elle étoit fille & unique héritière de *Louis de Barberin*, Comte de Reignac(*Mercure de France* de Mars 1740, pag. 613.)

* CAMPET, au pays des Landes en Gafcogne, Diocèfe de Dax, Terre & Seigneurie qui fut apportée vers le milieu du XVᵉ fiècle, par *Marguerite de Luxe*, à JEAN DU LION ou DULION, Seigneur de Vianne Abbé-Lay d'Orthès, fecond fils d'ESPAING DU LION, IIIᵉ du nom, iffu d'une noble & ancienne famille connue en Béarn dès 1150. Voyez DULION.

CAMPION ou CHAMPION, en Normandie, ancienne nobleſſe dont les titres originaux nous ont été communiqués ; l'Hiſtoire de cette Province la remonte juſques dans le XIᵉ ſiècle. M. Huet en parle dans ſon *Origine de Caen*. Dumoulin fait mention d'un NICOLE DE CAMPION, Chevalier, qui accompagna, en 1096, *Robert II*, dit Courte-Heuſe, Duc de Normandie, à la conquête de la Terre-Sainte. La Roque, dans ſon *Hiſtoire de la Maiſon d'Harcourt*, fait mention d'un MAHY DE CAMPION, & d'autres du même nom, qui dans le XIVᵉ ſiècle, eurent l'honneur de réſider à l'Echiquier de Normandie.

BRANCHE
de SAINT-MARTIN.

« GUILLAUME DE CAMPION épouſa, en 1300, l'héritière de la Terre de *Saint-Martin* de Percy, en Baſſe-Normandie.

Son deſcendant, le chef actuel de cette branche, qui poſſède encore cette Terre, n'a plus que des filles, mais il a un couſin germain du même nom, Seigneur & Patron de Buiſſon, Election de Carentan, & un autre, Seigneur de Langrie. »

BRANCHE
des Seigneurs de MONTPOIGNAN.

GUILLAUME DE CAMPION, Chevalier, Seigneur d'Eſquaquelon & de Thuiſſimé, épouſa, en 1480, *Françoiſe de Montpoignan*, héritière de cette Terre, ſituée en Haute-Normandie, près d'Elbeuf ſur Seine, & qui appartient encore à cette branche. Ils eurent pour deſcendant :

CHARLES-FRANÇOIS CAMPION, Chevalier, Seigneur de Montpoignan, qui épouſa *Marie-Jeanne-Claude du Barquet*, dont :

1. CHARLES-FRANÇOIS, qui ſuit ;
2. GEORGES, né au mois d'Octobre 1746, reçu Chevalier de Malte & auparavant Page du Grand-Maître Pintho, qui a fait pluſieurs caravanes ſur mer ;
3. Et FRANÇOIS-CONSTANT DE CAMPION, né le 16 Avril 1747, reçu auſſi au rang des Chevaliers de juſtice en la vénérable langue, & du Grand-Prieuré de France, de minorité, eſt Lieutenant des Vaiſſeaux de la Religion, Profès dans cet Ordre, & Commandeur de Puiſſieux. Il a fait nombre de campagnes dans le Levant, où il a combattu contre les Infidèles.

CHARLES-FRANÇOIS DE CAMPION a ſervi dans la dernière guerre d'Allemagne, & a été bleſſé au ſiège d'Aménebourg. Il a épouſé, en 1779, *Adrienne-Louiſe-Sophie du Oullay*, fille de *Jean du Oullay*, Conſeiller honoraire au Parlement de Normandie, Seigneur Haut-Juſticier de Saint-Aubin le Vertueux, près Bernay, & de *Roſalie-Thérèſe-Hilaire de Mellimont*.

Nous n'avons rien à dire ſur les autres branches, qui toutes ont diſtingué long-tems leurs écuſſons de quelques pièces particulières, comme la branche de *Saint-Martin*, d'un *lambel* ; celle de *Montpoignan*, d'une *cotice* ; celle de *Garancière*, d'une *bordure*, ainſi que cela ſe pratiquoit jadis parmi les cadets, mais aujourd'hui toutes les branches qui ſubſiſtent portent : *d'or, au lion d'azur, rampant, & lampaſſé de gueules*.

* CAMPMAS, Terre & Seigneurie qui fut acquiſe en 1666 par NICOLAS DE CAMPMAS, qui en 1668 en rendit hommage, en qualité de Vicomte, en la Chambre des Comptes de Navarre. Il avoit été pourvu d'une charge de Tréſorier de France le 10 Juin 1635, à la première création du Bureau des Finances de Montauban. Il fut fait Maître-d'Hôtel du Roi par Lettres du 6 Octobre 1649, & fut créé Conſeiller d'Etat par Brevet du 13 Mars 1652, en récompenſe des ſervices qu'il avoit rendus aux Rois LOUIS XIII & LOUIS XIV, dans les emplois & commiſſions dont il fut chargé, & dont il s'étoit acquitté avec autant de zèle que de capacité. Il avoit épouſé, en 1634, *Antoinette de Garibal*, & laiſſa :

GUILLAUME DE CAMPMAS, Seigneur & Vicomte d'Elves, qui épouſa, en 1667, *Iſabeau de Raynaldi*, & eut :

1. NICOLAS, qui ſuit ;
2. Et FRANÇOIS, rapporté après ſon frère.

NICOLAS DE CAMPMAS, dit de *Saint-Remi*, Vicomte d'Elves, mort en 1648, Préſident des Tréſoriers de France de la Généralité de Montauban, lequel n'ayant point été marié a fait héritier JEAN-GUILLAUME-NICOLAS-MELCHIOR DE CAMPMAS, ſon neveu.

FRANÇOIS, Seigneur de Cirq, ancien Capitaine de Dragons au Régiment de Lautrec, eut pour fils aîné :

JEAN-GUILLAUME-NICOLAS-MELCHIOR DE CAMPMAS, à préſent Seigneur, Vicomte d'Elves, Seigneur de Saint-Remi, la Baſtiolle, Saint-Cirq, &c., qui eſt Tréſorier de France en la Généralité de Montauban. Il a épousé, en 1747, *Marie-Jacqueline de Colonges*, fille d'*Alexis-Dauphin*, Ecuyer, Seigneur de Sénac, dont trois fils & deux filles (*Tablet. Généal.* part. VII, p. 241.)

CAMPOYER, famille de Normandie.

JEAN DE CAMPOYER époufa, en Mai 1556, *Marie de Gaudouin*.

MARGUERITE DE CAMPOYER-DE-LA-BROSSE, qui fut reçue à St.-Cyr au mois de Janvier 1686, prouva fa Nobleffe depuis JEAN DE CAMPOYER.

Les armes : *d'or, à trois fafces de gueules, accompagnées de cinq annelets de même, 3 & 2.*

CAMPRONT, en Normandie, famille établie dans les Elections d'Avranches & de Coutances.

ENGUERRAND DE CAMPRONT ou CAMPROUT, Chevalier Banneret, portoit pour armes : *d'argent, à la quinte-feuille de gueules*, felon le catalogue des Chevaliers Normands qui furent à la Terre-Sainte avec GODEFROY DE BOUILLON : ce Catalogue fe trouve à la fin de l'*Hiftoire de Normandie*, par Gabriel du Moulin, mais il eft bien poftérieur.

THOMAS DE CAMPRONT, qualifié d'*honnête Ecuyer*, eut une fille, nommée ELISABETH DE CAMPRONT, mariée, le 23 Février 1411, à *Robert d'Efcajeul*, Seigneur de la Ramée.

ADAM DE CAMPRONT étoit Valet-Tranchant & Ecuyer du Roi dans le XVe fiècle. Il eft cité par la Roque, pour prouver que cette charge étoit honorable, avec Gauvain de Dreux, iffu du fang Royal de France, Pierre & Jean de la Trémoïlle, Aubert Hangeft, Jean d'Eftouteville, Charles d'Ivry, Chevalier, Guillaume Marcel, Louis de Rabodanges, & Charles d'Harcourt, Baron de Beuvron.

ROGER DE CAMPRONT, Prêtre du Diocèfe de Tours, fils de ROGER, Ecuyer, vivoit vers le milieu du XVe fiècle.

JACQUES-ANTOINE DE CAMPRONT, reçu Chevalier de Malte le 7 Juillet 1669, portoit les mêmes armes qu'ENGUERRAND DE CAMPRONT, mentionné ci-deffus, *avec la croix de Malte*. Voyez l'*Hiftoire de la Maifon d'Harcourt*, pag. 1437, & l'*Hiftoire de Malte*.

CAMPSERVEUR, en Normandie. Selon la Roque, dans fon *Hiftoire de la Maifon d'Harcourt*, pag. 1443 & 1497, JEAN DE

CAMPSERVEUR, Ecuyer, avoit procès en 1454 avec Colette de Hauville, veuve de Guillaume de Murdrac; & GUILLAUME CAMPSERVEUR vivoit en 1388. C'eft ce que nous favons de cette famille, dont nous n'avons point reçu de Mémoire.

Les armes : *d'azur, à trois fafces d'argent au chevron de gueules, brochant fur le tout.*

CAMUS, famille originaire d'Auxonne, diftinguée dans la Robe, qui defcend de

I. NICOLAS CAMUS, Ier du nom, Ecuyer, Seigneur de Marcilly, qui fut Capitaine & Maire d'Auxonne. Il eut pour fils :

II. PERNET CAMUS, Ecuyer, Seigneur de Marcilly, qui fut auffi Maire d'Auxonne, & père de

III. JEAN CAMUS, Baron de Bagnols en Lyonnois, Seigneur de Châtillon, &c., qui époufa *Antoinette de Vignol*, Dame d'Argini, de Pontcarré, &c., dont il eut :

1. ANTOINE CAMUS, Seigneur de *Rivière* & du *Perron*, duquel defcendent les Seigneurs de ce nom ;
2. JEAN, Seigneur de *Saint-Bonnet*, dont font iffus les Seigneurs de ce nom dans la Province de Lyonnois, & dont étoit le célèbre JEAN-PIERRE CAMUS, né à Paris en 1582, Evêque du Bellay fous HENRI IV en 1609, qui quitta fon Evêché en 1629, & mourut à l'Hôtel des Incurables à Paris, le 26 Avril 1652. Son favoir & fa vertu le rendirent digne de l'Epifcopat. Il fut, dit l'Abbé le Clerc, le génie le plus fécond de fon fiècle. Il eft parlé dans les *Mémoires de Trévoux* (Janvier 1728), d'environ 130 volumes fortis de la plume de ce favant Prélat ;
3. CLAUDE, Baron de *Bagnols* & de *Châtillon*, Tréforier-Général des Finances à Lyon. De lui defcendent les Seigneurs de ce nom, établis dans le Lyonnois ;
4. Et GEOFFROY, qui fuit.

IV. GEOFFROY CAMUS, Seigneur de Pontcarré & de Torcy, ayant pris le parti de la Robe, vint s'établir à Paris, fut reçu Maître des Requêtes en 1573, nommé en 1588 par HENRI III à la charge de premier Préfident du Parlement de Provence, à laquelle il ne put être reçu par les obftacles des ligueurs. Il y fut une feconde fois nommé par HENRI IV en 1596, fans pouvoir encore y être reçu, pour les mêmes raifons, & mourut Confeiller d'Etat. Il eut de *Jeanne Sanguin*, fille de *Jacques*, Seigneur de Livry, Lieutenant des Eaux & Forêts, & de *Barbe de Thou*, sœur de *Christophe de Thou*, premier Préfident du Parlement de Paris :

1. NICOLAS, qui fuit ;
2. JACQUES, nommé Evêque de Séez en 1614, & mort en 1650 ;
3. Un autre NICOLAS, Secrétaire des commandemens des trois Princeffes, filles du Roi HENRI IV, qui furent : l'une Reine d'Efpagne, l'autre Reine d'Angleterre, & la troifième Ducheffe de Savoie ;
4. ANTOINETTE, feconde femme de *Jacques Prévoft*, Seigneur de Saint-Cyr, Maître des Requêtes ;
5. ANNE, alliée à *Elie Laifné*, Seigneur de la Marguerie, Préfident du Parlement de Dijon, puis Confeiller d'Etat ;
6. Et JEANNE, Coadjutrice d'*Anne de Thou*, fa grand'tante, Abbeffe de St.-Antoine des Champs, à laquelle elle fuccéda.

V. NICOLAS CAMUS, IIe du nom, Seigneur de Pontcarré, &c., mourut Sous-Doyen du Parlement en 1645, ayant eu de *Madeleine de Pincé* :

1. NICOLAS, qui fuit ;
2. JACQUES, Chevalier de Malte ;
3. PIERRE, Seigneur de Trojan, Confeiller, Aumônier du Roi, mort en 1684 ;
4. JEANNE, mariée à *Jean Morineau*, Seigneur d'Efure, Secrétaire du Roi, mort en Novembre 1679 ;
5. Et N.... Religieufe.

VI. NICOLAS CAMUS, IIIe du nom, Seigneur de Pontcarré, du Bois-Pincé, &c., fut reçu Confeiller au Parlement en Avril 1636, & mourut en Novembre 1660, ayant eu d'*Hélène Hallé*, morte en Novembre 1661 :

1. NICOLAS, qui fuit ;
2. ELIE, Chevalier de Malte, mort le 27 Novembre 1709, dans fa 62e année. Il s'eft rendu recommandable par fa charité envers les pauvres ;

Et trois filles, mortes fans alliance.

VII. NICOLAS CAMUS, IVe du nom, Seigneur de Pontcarré, &c., fut reçu Confeiller au Parlement en 1661, puis Confeiller d'honneur en tous les Parlemens du Royaume, & mourut en 1705, âgé de 66 ans. Il avoit époufé *Marguerite-Hélène Durand*, morte le 13 Octobre 1705, âgée de 55 ans, fille unique d'*Urfin Durand*, Confeiller au Parlement, & d'*Elifabeth Bouer-des-Fontaines*, dont il eut entr'autres enfans :

1. NICOLAS-PIERRE, qui fuit ;

2. URSIN CAMUS-DURAND-DE-PONTCARRÉ, Confeiller au Parlement en 1698, mort fans alliance le 23 Décembre 1715, dans fa 42e année ;
3. Et JEANNE-PHILIBERTE, morte le 1er Mai 1711, dans fa 41e année, & fans poftérité, mariée, le 13 Août 1697, à *Etienne Bochart-de-Saron*, Préfident de la première Chambre des Enquêtes du Parlement.

VIII. NICOLAS-PIERRE CAMUS, Seigneur de Pontcarré, fut reçu Confeiller au Parlement en Février 1688, Maître des Requêtes en 1691, premier Préfident du Parlement de Rouen en Août 1703, & mourut le 10 Décembre 1734. Il avoit époufé, 1° en Avril 1695, *Marie-Anne-Claude-Augufte le Boulanger*, morte en couches le 27 Mars 1702, fille unique d'*Augufte-Macé le Boulanger*, Seigneur de Viarmes, Mafflé, &c., Maître des Requêtes, & Préfident au Grand-Confeil, & d'*Anne de la Forêt* ; 2° en Mars 1703, *Marie-Françoife-Michelle de Bragelongne*, morte en Juin 1705, fille unique de *Chriftophe-François*, Seigneur d'Engenville, &c., Confeiller au Parlement, & de *Marie Chanlate* ; 3° en Février 1706, *Jeanne-Marguerite de Boyvin*, morte le 3 Juin 1718, dans fa 35e année, fille de *Jean-Baptifte de Boyvin*, Seigneur de Bonnetot, premier Préfident en la Chambre des Comptes & Cour des Aides de Rouen ; & 4° le 23 Septembre 1723, *Anne Laifné*, fa coufine, fille de *Michel Laifné*, Seigneur de la Marguerie, & de *Marie Bonneau*. Il a eu du premier lit :

1. GEOFFROY-MACÉ, qui fuit ;
2. JEAN-BAPTISTE-ELIE CAMUS-DE-PONTCARRÉ, Seigneur de Viarmes, fait Maître des Requêtes le 17 Mai 1726, & Intendant de Bretagne en 1734, qui époufa 1° en Décembre 1731, *Geneviève Paulmier-de-la-Bucaille*, morte le 20 Décembre 1734, veuve en 1731 de *Charles-Etienne Maignard*, Seigneur de la Vaupalière ; & 2° *Louife-Françoife Raoul-de-la-Guibourgère*. Il a eu du premier lit :

Une fille ;

Et NICOLAS-ELIE-PIERRE CAMUS-DE-VIARMES, ancien Prévôt des Marchands de Paris, marié, le 22 Juin 1752, à ANGÉLIQUE-ELISABETH CAMUS-DE-PONTCARRÉ, fa coufine germaine, fille de GEOFFROY-MACÉ, premier Préfident au Parlement de Rouen, & de *Marie-Marguerite-Elifabeth de Bauffan*, fa feconde femme.

Du fecond lit font iffus :

3. JEANNE, mariée, le 21 Septembre 1724, à *Louis-Chriſtophe de la Rochefoucauld*, Marquis de Langeac, mort le 7 Janvier 1734, laiſſant deux filles connues ſous le nom de *Meſdemoiſelles d'Urfé;*

4. Et MADELEINE-HÉLÈNE, mariée, en 1726, à *François de Laſtic*, IIIe du nom, Marquis de Laſtic. (Voyez LASTIC.)

Du troiſième lit ſont nés:

5. NICOLAS-MARIE-FRANÇOIS, Conſeiller au Parlement de Rouen en 1729;

6. Et MARIE-GENEVIÈVE, mariée, par contrat du 6 Novembre 1729, à *Louis de Leſpinay*, Seigneur de Marteville, mort dans ſa 42e année, le 11 Avril 1753.

IX. GEOFFROY-MACÉ CAMUS, Seigneur de Pontcarré, &c., ancien premier Préſident du Parlement de Rouen, mort le 28 Janvier 1767, avoit épouſé, 1° en Février 1719, *Marie-Anne de Jaſſaud*, morte ſans enfans en 1727, fille d'*André-Nicolas*, Préſident en la Chambre des Comptes, & de *Marie-Anne Couſlart*; & 2° le 1er Mars 1728, *Marguerite-Eliſabeth de Bauſſan*, fille unique de *François*, Seigneur de Blanville, &c., Maître des Requêtes, Intendant d'Orléans, & de *Marie-Anne Rellier*, ſa première femme. Il y a eu de ce dernier mariage:

N..., mariée au Marquis de *Briqueville*. Voy. ce mot;

Et ANGÉLIQUE-ELISABETH, qui a épouſé le 22 Juin 1752, ſon couſin germain NICOLAS-ELIE-PIERRE CAMUS-DE-PONTCARRÉ-DE-VIARMES.

BRANCHE
des Seigneurs D'ARGINI.

Elle a pour auteur

IMBERT CAMUS, Seigneur de Bagnols, marié à *Geneviève Chaudron*, qui lui porta en mariage le Marquiſat de *Puſignan.*

JEAN CAMUS, ſon fils aîné, Marquis de Puſignan, Lieutenant-Général des Armées du Roi, fut tué à la tête du Régiment de Languedoc en 1689. Il avoit épouſé N..... *de la Poype-de-Saint-Julien*, dont deux fils:

N... CAMUS, le cadet, nommé le *Comte d'Argini*, né en 1687, a laiſſé:

N... mort en 1700;

Et CHARLES-JOSEPH-LUCAS, qui ſuit.

CHARLES-JOSEPH-LUCAS DE CAMUS-DE-COUSTIN, Marquis d'Argini & de Puſignan, Meſtre-de-Camp de Cavalerie, épouſa *Marie-Louiſe-Charlotte Bontemps*, morte âgée de 36 ans le 23 Mars 1730, fille aînée de

Louis-Alexandre Bontemps, premier Valet-de-Chambre du Roi, Gouverneur du Château des Tuileries, mort à 76 ans le 22 Mars 1742, & de *Charlotte le Vaſſeur-de-Saint-Vrain*, ſa première femme, morte le 29 Août 1709.

Outre ces branches de la famille de CAMUS établie à Paris, & illuſtre par pluſieurs Magiſtrats, qui ont exercé avec diſtinction des charges conſidérables, il y a encore une branche établie dans le Lyonnois. Cette branche remonte à JEAN CAMUS, qui fit l'acquiſition par contrat paſſé le 17 Août 1566, devant *Fournier & Brulé*, Notaires à Paris, de la Terre & Seigneurie de *Bagnols*, de Florimond Robertet, Conſeiller du Roi & Secrétaire de ſes Commandemens. Il épouſa, le 25 Janvier 1520, par contrat paſſé de-devant *Maʒenot*, Notaire à Lyon, *Antoinette de Vignols*. Il eut:

CLAUDE CAMUS, Conſeiller du Roi & Général de ſes Finances en la Généralité de Lyon, qui fit ſon teſtament le 7 Juillet 1571, reçu par *Pierre Fort*, Notaire à Lyon, par lequel il donne à CHARLES, ſon fils qui ſuit, la Seigneurie de Bagnols avec celle de Frontenas. Il épouſa, par contrat du 10 Février 1564, *Anne Grolier*, qui étant veuve teſta le 6 Novembre 1619. Elle étoit fille de noble homme *François Grolier*, Seigneur de Fleuri, Notaire & Secrétaire du Roi, & de *Françoiſe de Grillet*.

CHARLES CAMUS, Ecuyer, Seigneur d'Ivours, de la Blancherie, obtint le 26 Mai 1612 du Commiſſaire, pour la recherche du Domaine du Roi en la Généralité de Lyon, main-levée de la Terre, Seigneurie & Baronnie de Bagnols qui lui avoit été ſaiſie par contrat du 13 Juin 1593. Il épouſa, par contrat paſſé devant *Jean Granier*, Notaire à Lyon, *Claude Peirat*, fille de N....., Chevalier de l'Ordre du Roi, Seigneur d'Ivours & de Villeneuve, & d'*Hélène d'Albiſſe*. Il eut pluſieurs enfans, entr'autres:

ANTOINE CAMUS, Chevalier de l'Ordre du Roi, Gentilhomme ordinaire de ſa Chambre & Seigneur d'Argini;

GASPARD CAMUS, Ecuyer, Seigneur & Baron de Châtillon;

IMBERT CAMUS, Ecuyer, Seigneur d'Ivours;

Et JACQUES, qui ſuit.

JACQUES CAMUS, Conſeiller du Roi & Lieutenant-Général, Civil & Criminel au Bailliage de Bugey, Bellai & Valromei, qui partagèrent fa fucceſſion & les biens qui leur avoient été échus par la mort d'*Anne Grolier,* leur aïeule. Il eut d'*Hélène d'Oncieu :*

CLAUDE, qui fuit ;

Et JEAN-CLAUDE CAMUS, Ecuyer, Seigneur d'Ivours & de la Blancherie, qui fit ſes preuves de Nobleſſe paternelle & maternelle, pour être pourvu d'un Canonicat dans l'Egliſe noble de Saint-Pierre de Vienne en Dauphiné. Il y eut auſſi procès-verbal des preuves pour la réception dans l'Ordre de Malte de JEAN-PIERRE CAMUS, frère de JEAN-PIERRE, fait au Chapitre tenu à Lyon par le Commandeur de la Refudière le 18 Juillet 1642.

CLAUDE CAMUS, Ecuyer de la Grande-Ecurie du Roi, rendit aveu & dénombrement du Fief noble d'Ivours & de la Blancherie, au Bureau des Finances de Lyon le 13 Mai 1671. Il eut commiſſion le 23 Septembre 1674 de Lieutenant-Général pour le Roi au Gouvernement de Lyonnois & Beaujolois, pour recevoir les deniers qui devoient être fournis par les Roturiers provenans de la ſaiſie de leurs Fiefs, faute d'avoir ſervi à l'arrière-ban. Il épouſa, par contrat du 24 Août 1665, *Anne de Châtillon,* fille d'*Annet,* Seigneur de Montarboux & de Taſnei, & de *Claude Sicard,* Dame de Cublaiſe, & eut :

ANNET CAMUS, Chevalier, Seigneur d'Ivours, né le 4 Novembre 1667, & baptiſé le 15 Janvier 1668 dans l'Eglife paroiſſiale de St.-Michel de Lyon.

C'eſt tout ce que nous ſavons de cette branche, qui porte les mêmes armes que celle de Paris, ſavoir : *d'azur, à trois croiſſans d'argent, 2 & 1, & une étoile d'or en abyme avec un caſque couronné d'un cercle de Baron.*

CAMUS-DE-LA-GRANGE-BLIGNY.

Cette famille noble, originaire de Troyes en Champagne, a pour auteur

I. NICOLAS LE CAMUS, Secrétaire d'Etat en 1617, puis Conſeiller d'Etat en 1620, qui fut recommandable par les Affaires importantes qu'on lui confia. Il mourut en Novembre 1648, âgé de 80 ans. Il avoit épouſé, le 1er Janvier 1598, *Marie Colbert,* morte en 1642, tante germaine du grand Miniſtre de ce nom, & fille de *Gérard Colbert,* & de *Marie Pingré de Neuilly.* Ils eurent :

1. NICOLAS, qui ſuit ;

2. ANTOINE, Seigneur d'Hemeri, Courcerin, &c., Conſeiller au Parlement, premier Préſident aux Enquêtes, Maître des Requêtes, Intendant en Languedoc & enſuite de la Généralité de Paris, Préſident en la Chambre des Comptes, puis Contrôleur-Général des Finances, qui mourut le 25 Janvier 1687, âgé de 84 ans, laiſſant d'*Iſabelle Feydeau,* née le 9 Octobre 1613, morte le 13 avril 1676, fille de *Denis,* Seigneur de Brou :

    1. DENIS LE CAMUS, Préſident de la Cour des Aides, mort ſans alliance le 11 Janvier 1688 ;

    2. ANDRÉ, Conſeiller au Parlement, mort auſſi ſans alliance le 1er Janvier 1695 ;

    3. ETIENNE, Chanoine Régulier de Sainte-Geneviève ;

    4. N....., Religieuſe de l'Abbaye Saint-Antoine, morte en 1731 ;

    5. Et MARIE, alliée à *Adrien de Hannivel,* Comte de Mannevilette, Marquis de Crevecœur, &c., Secrétaire des Commandemens de PHILIPPE DE FRANCE, dont étoit fille la feue Comteſſe de Tonnerre.

3. EDOUARD, Conſeiller au Parlement de Grenoble, puis en celui de Paris, &. enſuite Procureur-Général de la Cour des Aides : il quitta cette Charge pour ſe faire Prêtre, & mourut le 24 Février 1674, âgé de 70 ans, après avoir donné de ſon vivant de grands biens aux Carmélites du grand Couvent, où il fut enterré ;

4. ETIENNE, Maître des Comptes à Grenoble, puis Surintendant des Bâtimens, mort le 29 Juin 1673, ſans laiſſer de poſtérité de *Madeleine de Colbert,* née en 1625, morte le 8 Juillet 1696, remariée à *Claude Pellot,* premier Préſident du Parlement de Rouen, mort le 3 Août 1683 ;

5. ANDRÉ-GÉRARD, Conſeiller au Grand-Conſeil, puis Procureur-Général de la Cour des Aides & Conſeiller d'Etat, mort le 15 Décembre 1698, âgé de 88 ans, ſans enfans de *Charlotte Melſon,* célèbre par ſon eſprit & par ſes poéſies, morte le 22 Juin 1702. Voy. ſon article dans Moréri ;

6. JEAN, Conſeiller au Parlement, puis Maître des Requêtes & Intendant de Champagne, mort le 26 Juin 1680, ſans alliance ;

7. MARIE, morte le 4 Septembre 1678, qui épouſa *Michel Particelli,* Seigneur d'Hemeri, Surintendant des Finances ;

8. CATHERINE, Carmélite au grand Couvent de Paris, morte en 1668 ;

9. FRANÇOISE, morte le 20 Octobre 1680, mariée à *René le Roux,* Seigneur du Pleſſis-

Saint-Antoine, Maître des Requêtes, puis Conseiller d'Etat;

10. Et CLAUDE, morte le 3o Juillet 1668, première femme de *Claude Pellot*, premier Préfident du Parlement de Rouen.

II. NICOLAS LE CAMUS, Conseiller au Grand-Conseil, Procureur-Général de la Cour des Aides en 1631, Conseiller d'Etat en 1632, Intendant de l'Armée en Italie & en Languedoc, mourut en 1636. Il épousa *Marguerite de la Barre,* morte le 3 Septembre 1661, remariée à *Jacques le Tellier*, Seigneur de la Chapelle, Intendant des Finances, dont :

1. NICOLAS, qui suit;
2. CHARLES, Seigneur de Montaudier & de Puypin, Capitaine-Major du Régiment de Normandie, Gouverneur du Fort de Meouillon en Provence, où il s'établit en s'y mariant à *Angélique de Pontevès*, fille d'*Annibal*, Seigneur de Saint-André, dont :

> JOSEPH-FRANÇOIS LE CAMUS, qui a épousé, en Provence, N...... *de Roquexante-Granbois*, dont :
>
>> NICOLE LE CAMUS, mariée au Marquis de *Cabre de Roquevaire;*
>
> JOSEPH-CHARLES-AUGUSTE, appelé le *Comte le Camus*, Brigadier des Armées du Roi le 11 Avril 1767, Gouverneur de la Ville & Château de Meouillon, Chevalier Magiftral de Malte, a épousé, le 18 Février 1755, ANNE-NICOLE LE CAMUS, fa parente, feconde fille de NICOLAS LE CAMUS, ancien premier Préfident de la Cour des Aides, & Commandeur des Ordres du Roi;
>
> Et N.... LE CAMUS, veuve de N.... *le Gaultier la Molle*, ancien Conseiller au Parlement d'Aix;

3. ETIENNE, Evêque, Prince de Grenoble & Cardinal, né le 24 Novembre 1632, mort le 12 Septembre 1707 : il fit les pauvres fes héritiers. Voy. Moréri;
4. ANDRÉ-GERARD, Maître des Comptes, mort le 26 Septembre 1717, fans poftérité. Il avoit épousé *Anne-Marie de Creil*, morte le 9 Mars 1718, mariée, 1º le 17 Juin 1658, à *Melchifedec Leroux*, Seigneur de Saint-Parafy. Elle étoit fille d'*Etienne*, Conseiller au Grand-Conseil;
5. JEAN, Conseiller de la Cour des Aides, puis Maître des Requêtes, Intendant en Auvergne, mort le 28 Juillet 1710, âgé de 73 ans, Lieutenant-Civil au Châtelet de Paris, avec la réputation d'un des plus intègres & des plus habiles Magiftrats de fon fiècle. Il eut de *Marie-Catherine du Jardin*, mor-

te le 14 Juin 1719 en fa 70e année, pour fille unique:

> MARIE-CATHERINE LE CAMUS, morte le 11 Mai 1696, âgée de 25 ans, première femme, le 26 Juin 1690, de *Jean-Aimard Nicolaï*, Marquis de Gouffainville, premier Préfident en la Chambre des Comptes;

6. MARIE, morte au berceau;
7. Une autre MARIE, Religieufe à Popincourt, morte à 84 ans;
8. MADELEINE, Supérieure du Monaftère de Popincourt, morte âgée de 82 ans;
9. Et APOLLINE, inhumée aux Minimes le 19 Octobre 1652, femme de *François-Bernard*, Seigneur de *Montebife*.

III. NICOLAS LE CAMUS, Seigneur de la Grange-Bligny, &c., fucceffivement Conseiller au Grand-Conseil, grand Rapporteur & Procureur-Général de la Cour des Aides, premier Préfident de la même Cour en 1672, office qu'il exerça jufqu'à fa mort, arrivée le 12 Mars 1715, dans fa 90e année, avoit époufé *Marie-Geneviève Larcher*, morte en Février 1686, fille de *Michel*, Préfident en la Chambre des Comptes, dont il eut:

1. NICOLAS, qui suit;
2. FRANÇOIS-GERMAIN, Marquis de Bligny, d'abord Capitaine au Régiment du Roi, Infanterie, puis Colonel du Régiment de Saintonge, Maréchal-des-Camps & Armées du Roi, mort le 9 Mars 1728. Il avoit époufé, en 1716, *Bonne de Barillon*, morte le 13 Août 1755, fille d'*Antoine*, Maître des Requêtes, & laiffa un fils, Officier aux Gardes;
3. PIERRE, Prieur de Beré, Docteur de Sorbonne, mort le 15 Avril 1725;
4. CLAUDE, dit le *Chevalier le Camus*, Lieutenant de Vaiffeau pour le Roi, mort au fiège de la Scalette en Sicile, en 1676;
5. LÉON-ETIENNE, Maître des Requêtes, mort Intendant à Pau le 14 Juillet 1710, fans laiffer d'enfans vivans de *Catherine-Sufanne Aubert;*
6. MARIE, mariée, en 1690, à *Jean-René Bazan*, Marquis de Flamenville, Lieutenant-Général des Armées du Roi, mort le 14 Avril 1715;
7. & 8. MARIE & THÉRÈSE, mortes Religieufes à Poiffy;
9. Et APOLLINE, morte Religieufe de Sainte-Marie, de la rue du Bac.

IV. NICOLAS LE CAMUS, Seigneur de la Grange-Bligny, &c., Conseiller en la Cour des Aides, puis Maître des Requêtes, reçu le 7 Juillet 1707, en furvivance de fon père, en la

Charge de premier Préſident de la même Cour; mais il mourut avant lui le 15 Janvier 1712, laiſſant de *Marie-Eliſabeth Langlois*, fille de *Jacques*, Secrétaire du Roi:

1. Nicolas, qui ſuit;
2. Jacques-Charles, Bachelier en Théologie, mort le 23 Septembre 1713;
3. Robert-Jean, Capitaine de Dragons, qui a pris le parti de l'Egliſe;
4. Elisabeth, mariée, le 27 Mai 1716, à *Jean-Baptiſte-Louis Andrault*, Maréchal de Langeron, Commandeur de l'Ordre de Saint-Louis, Chevalier de la Toiſon-d'Or, & ci-devant Ambaſſadeur en Eſpagne, mort le 22 Mars 1754;

Et deux filles, l'une Religieuſe à l'Hôpital de Saint-Gervais, & l'autre Abbeſſe de la Ferté-Milon.

V. Nicolas le Camus, Conſeiller de la Cour des Aides, nommé premier Préſident de la même Cour en Février 1714 en ſurvivance de ſon grand-père, en prit poſſeſſion le 15 Mars 1715; le Roi lui donna le 1er Avril la Charge de Prévôt & Grand-Maître des Cérémonies de ſes Ordres. Il s'eſt démis de ſa Charge de premier Préſident de la Cour des Aides au mois d'Avril 1746, & eſt mort le 7 Janvier 1767. Il avoit épouſé, 1º le 14 Mai 1714, *Charlotte-Madeleine Brugier*, morte le 2 Octobre 1722, en ſa 27e année, fille unique d'*Edme*, Ecuyer, Seigneur de Voiſe & de Montrouge, & d'*Hélène de Laiſtre*; & 2º le 23 Décembre 1722, *Marie-Anne le Maître*, fille unique de *François*, Seigneur de Perſac, & de *Marie-Marguerite Boucher*, dont:

1. Nicolas, qui ſuit;
2. Nicolas-Louis, reçu Chevalier de Malte, mort en bas âge;
3. Anne-Geneviève;
4. Anne-Nicole, mariée, le 18 Février 1755, à ſon couſin Joseph-Charles-Auguste, Comte le Camus.

VI. Nicolas le Camus, né le 19 Décembre 1727, appelé le *Marquis de Bligny*, eſt Capitaine aux Gardes-Françoiſes, & Brigadier des Armées en 1762. Il a épouſé, en Août 1751, *Geneviève-Marie Augeard*, dont une fille.

Les armes: *de gueules, au pélican d'argent enſanglanté de gueules dans ſon aire, au chef couſu d'azur, chargé d'une fleur-de-lys d'or.*

CAMUS-DE-RECOLOGNE, famille ori-ginaire de Franche-Comté. La Terre de *Recologne* a été érigée en *Marquiſat*, ſous le nom de *Camus*, par Lettres du mois de Février 1746, enregiſtrées au Parlement de Beſançon en faveur de Jean-Maurice le Camus, Préſident à Mortier audit Parlement.

CAMUS (le), famille qu'on croit originaire du Poitou, où elle poſſédoit la Terre de *la Borde-Popelinière.*

Martin le Camus, fils de Charles, Docteur en Médecine, fut Conſeiller au Parlement de Paris. Il mourut l'an 1564, & laiſſa:

Antoine le Camus, Chevalier, Seigneur de Jambeville, Marquis de Maillebois, Préſident au même Parlement. Charles IX le nomma Conſeiller au Grand-Conſeil privé en 1573, il n'avoit alors que 22 ans. Henri III lui donna la charge de Maître des Requêtes en 1585. Henri IV le fit, en 1590, Intendant de Juſtice en Normandie, & l'honora d'une charge de ſon Conſeil d'Etat & Privé, & enſuite de Préſident en 1595, & d'une charge de Préſident à Mortier qu'il exerça depuis 1602 juſqu'en 1619. Il eut de *Marie le Clerc*, deux fils & trois filles, dont il ne reſta qu'Anne le Camus, mariée deux fois, & morte ſans enfans.

CAMUSET. N.... Camuset épouſa, en 1763, *Alexandre Magnus*, Comte de *Sparre* en 1737. Voyez SPARRE.

CANAYE, à Paris. Ce nom eſt connu depuis le 5 Mars 1495, que vivoit Severin Canaye, biſayeul de Pierre Canaye, Sieur de Poncourt, marié, le 22 Mars 1547, à *Deniſe Rouillé*, des Seigneurs de *Meslay*. De ce mariage vinrent entr'autres enfans:

1. Pierre, Conſeiller au Parlement de Toulouſe, mort ſans enfans de *Françoiſe Baron*;
2. Jean, qui ſuit;
3. Philippe, Sieur de Poncourt, mort en 1630, laiſſant, de *Claude de Chaulne*, pluſieurs enfans, entre leſquels étoit

   Marthe Canaye, mariée à *Pierre du Bois*, Seigneur de Ménetou & de Montjai, dont poſtérité;

4. Jacques, auteur de la branche des Seigneurs de *Branay*, rapportée ci-après;
5. Denise, femme de *François Gaudart*, Conſeiller au Parlement, & Doyen de la quatrième Chambre des Enquêtes;
6. Susanne, mariée à *Etienne Tournebu*, auſſi Conſeiller au Parlement;

7. Et GENEVIÈVE, qui époufa *François Gobe-lin*, Seigneur de la Marche.

JEAN CANAYE, Sieur de Poncourt, Maître des Comptes, reçu le 6 Juin 1589, époufa *Eli-fabeth Bourneau*, fille de *François Bourneau*, Ecuyer, & de *Marthe Foulon*, & il en eut :

1. JEAN, Confeiller au Parlement, reçu le 27 Février 1627, mort en 1633, âgé de 33 ans, fans alliance;
2. JACQUES, qui fuit;
3. Et PIERRE, Maître-d'Hôtel ordinaire du Roi, marié, le 22 Novembre 1628, à *Marie Farou*, fille d'*Ifaac Farou*, Ecuyer, Sieur de Saint-Marfolle, & d'*Elifabeth Martin*, dont deux filles.

JACQUES CANAYE, Seigneur des Roches, de Grandfond, &c., Confeiller au Grand-Conleil, puis au Parlement, où il fut reçu le 30 Décembre 1633, mourut Sous-Doyen du Parlement le 23 Septembre 1686. Il avoit époufé, le 15 Septembre 1641, *Efpérance Fautrier*, Dame de Malval, fille de *Jean Fautrier*, Ecuyer, Seigneur de Malval & de Saint-Héand, près de Montbrifon en Forez, & d'*Anne Papon*, dont il eut :

1. ETIENNE, qui fuit;
2. CHARLES, Abbé, né le 24 Juin 1650;
3. ANNE, mariée, le 11 Décembre 1666, à *Guillaume de Montigny*, Seigneur de Montigny & de Sours, Baron de la Coudray & de Longpré-les-Corps-Saints, mort en 1686;
4. MARIE, mariée, par contrat du 30 Décembre 1674, à *Pierre Carel*, Seigneur de Vaux près Evreux, de Boncour, de Cailloit, de Villarville, de Saint-Arnoul, de Meantry, de Bouglon, &c.;
5. 6. & 7. CLAUDE, ESPÉRANCE & MARIE CANAYE, la jeune, toutes trois Religieufes au Couvent des filles de Sainte-Marie à Montbrifon en Forez.

ETIENNE CANAYE, Seigneur des Roches, de Grandfond, de Malval, de Saint-Héand, de Saint-Symphorien-le-Château, &c., Confeiller au Parlement & Doyen du Parlement de Paris, depuis le mois de Mai 1737, y ayant été reçu le 19 Janvier 1685, mourut le 19 Janvier 1744 dans fa 96ᵉ année. Il avoit époufé, le 20 Avril 1689, *Marie-Jeanne Garnier*, Dame de Montreau, fille unique de *Mathieu Garnier*, Seigneur de Montreau, Préfident à Mortier au Parlement de Metz, & de *Marie-Anne Tronçon*, Dame de Chaumontel, près d'Ecouen. De ce mariage vinrent :

1. JACQUES-ETIENNE, Seigneur de Montreau, Confeiller au Parlement, où il fut reçu le 1ᵉʳ Avril 1718, puis Maître des Requêtes, mort fans enfans le 2 Juillet 1732. Il avoit époufé, le 19 Décembre 1726, *Claude-Françoife Petit-de-Paffy*, morte le 27 Avril 1739, âgée de 29 ans ; elle s'étoit remariée, le 3 Novembre 1734, à *Charles de Marnais*, Comte de Verceil en Dauphiné, Exempt des Gardes-du-Corps, & Gouverneur de Dôle en Franche-Comté. Elle étoit nièce de Madame *le Blanc*, femme du Miniftre de la Guerre, & fille de *François-Nicolas Petit*, Seigneur de Paffy près de Sens, Lieutenant-Général d'Epée au Bailliage & Siège Préfidial de Sens, & de *Jacqueline-Marguerite Richer*, laquelle a époufé, en fecondes noces, le 22 Juillet 1738, *René de Thumery*, Seigneur de Boiffife;
2. Et ETIENNE CANAYE, Seigneur de Montreau, des Roches, de Grandfond, de Malval, de Saint-Héand, &c., ci-devant Prêtre de l'Oratoire, appelé l'*Abbé de Canaye*, Membre de l'Académie Royale des Infcriptions & Belles-Lettres de Paris, qui eft le dernier de fon nom, vivant en 1771.

BRANCHE des Seigneurs DE BRANAY.

JACQUES CANAYE, Seigneur de Branay, quatrième fils de PIERRE CANAYE, Sieur de Poncourt, & de *Denife Rouillé*, fut Ecuyer de la Petite-Ecurie, & acheta la Terre & Seigneurie de *Branay* le 24 Avril 1585. Il époufa, par contrat du 30 Avril 1602, *Madeleine le Valois*, fille de *Louis le Valois*, Ecuyer, Seigneur de Fontaine, de Villette & d'Etrefon, & de *Catherine Bourdin*, dont il eut :

1. PHILIPPE, qui fuit;
2. Et SUSANNE CANAYE, mariée à *Louis de Bloffet*, Seigneur de Coulon, dont poftérité.

PHILIPPE CANAYE, Iᵉʳ du nom, Ecuyer, Seigneur de Branay, marié, le 2 Décembre 1623, à *Claudine de Bloffet*, fille de *Louis de Bloffet*, Ecuyer, Seigneur de Coulon, & de *Marie de Loron*, eut entr'autres enfans :

1. LOUIS, qui fuit;
2. ISAAC, mort à Girone en Efpagne;
3. Et SUSANNE CANAYE, Dame de Branay & des Barres. qu'elle acquit par décret du 1ᵉʳ Juin 1688, non mariée en 1701.

LOUIS CANAYE, Ecuyer, Seigneur de Branay, Gentilhomme de Monfieur le Prince de Condé, fut maintenu dans fa *Nobleffe* par Arrêt du Confeil du 15 Octobre 1667. Il époufa, par contrat du 7 Octobre 1665, *Françoise le Sueur*, dont :

PHILIPPE CANAYE, II° du nom, Ecuyer, Seigneur de Branày, mort fans enfans après le 29 Juin 1727. Il époufa *Françoise de Meuves*, fille d'*Etienne de Meuves*, Secrétaire du Roi, & de *Marie Mariette*.

BRANCHE
des Seigneurs DE FRESNE.

JACQUES CANAYE, Seigneur de Frefne, près de Berny, à trois lieues de Paris, étoit fecond fils de JEAN CANAYE, & de *Marguerite Gobelin*. JEAN CANAYE, Secrétaire du Roi, fon frère, Seigneur de Frefne, lui donna cette Terre à charge de fubftitution le 14 Juin 1572. Il fut Avocat célèbre au Parlement de Paris, & Ambaffadeur en Suiffe pour le Roi HENRI II, & avoit la tutelle des enfans mineurs de PIERRE CANAYE, fon frère aîné, en 1566. Il avoit époufé *Marie de Flexelles*, morte le 22 Janvier 1578, & enterrée à Saint-Severin. Elle étoit fille de *Philippe de Flexelles*, Seigneur de la Haute-Fontaine & du Pleffis, & de *Guillemette de Machault*. De ce mariage naquirent :

1. PHILIPPE, qui fuit ;
2. MADELEINE, mariée à *Paul Parent*, Ecuyer, Seigneur de Villemenon ;
3. SUSANNE, mariée, à *Alexandre le Grand*, Confeiller au Parlement, reçu le 18 Septembre 1573, & mort en 1620 ;
4. MARIE, mariée 1° à *Louis de Golli*, Sieur de Ponceau ; & 2° à *Charles d'Eftourmel*, Sieur de Plainville ;
5. Et ANNE CANAYE, vivante fans alliance en 1624.

PHILIPPE CANAYE, Seigneur de Frefne, né à Paris en 1551, Confeiller au Grand-Confeil, puis Préfident au Parlement de Touloufe, Ambaffadeur à Venife & Confeiller d'Etat en 1596, mourut à Paris le 27 Février 1610, & fut enterré dans l'Eglife de Frefne, près de Berny. Il époufa *Renée de Courcillon*, fille de *Louis de Courcillon*, Seigneur de Dangeau, & de *Jacqueline de Cintray*, Dame de Bréviande, dont :

1. CASIMIR, Seigneur de Frefne, mort à Tours, fans alliance ;
2. FRÉDÉRIC, qui fuit ;
3. PHILIPPE, Seigneur de Montreau dans le pays Chartrain, mort au fiège de Maeftricht en 1676, fans avoir été marié ;
4. MARIE, mariée au Seigneur de *la Guépie*, en Languedoc ;

5. MADELEINE, mariée, le 3 Août 1595, à *Pierre de Bayard*, Baron de Ferrière en Languedoc ;
6. Et RENÉE CANAYE, mariée, le 11 Février 1609, à *Thomas de Rupiere*, Seigneur de Survie en Normandie, mort en 1629.

FRÉDÉRIC CANAYE, Ier du nom, Seigneur de Frefne, de Montreau & de Vaugien, époufa *Anne de Honville*, fille de *Pierre de Honville*, Seigneur de la Jalleffiere & de Mainvilliers, & de *Marie de Tilliers*, & en eut :

1. FRÉDÉRIC, qui fuit ;
2. Et RENÉE CANAYE, femme de *Charles de Juffac*, Seigneur de Beaufort, &c.

FRÉDÉRIC CANAYE, II° du nom, Seigneur de Frefne, de Montreau & de Vaugien, fut Page de M. le Duc d'Orléans, & époufa *Madeleine de Sillans*, fille d'*Antoine de Sillans*, Seigneur de Creuilly, & d'*Anne Fabry*. De ce mariage vinrent :

1. FRÉDÉRIC, III° du nom, Seigneur de Frefne, de Montreau, de la Chaize, &c., né le 14 Octobre 1672, mort fans alliance après le 25 Juillet 1727 ;
2. ANTOINETTE-HENRIETTE, morte fans enfans en 1714. Elle époufa *Charles le Normand*, Fermier-Général ;
3. & 4. CATHERINE & MADELEINE CANAYE, vivantes fans alliance le 25 Juillet 1727.

Les armes : *d'azur, à un chevron d'or, accompagné en chef de trois étoiles d'argent, mal ordonnées, & en pointe d'une rofe d'or, tigée & feuillée de même.* Supports : *deux levrettes au naturel.*

CANDALE, ancienne Nobleffe originaire du Béarn. La Baronnie de *Doazit*, dans la Sénéchauffée de Saint-Séver, eft entrée dans la Maifon de Foix-CANDALE, par un échange que fit en 1439 GASTON DE FOIX, Ier du nom, pendant qu'il étoit au fervice du Roi d'Angleterre, avec noble homme Louis d'Epoys. JEAN DE FOIX, fon fils, devint Comte de *Candale*, par fon mariage avec *Marguerite Lapole-Suffolk*, Comteffe de Candale. (Voyez FOIX.)

* CANDAU, en Béarn, Diocèfe de Lefcar : les Terres & Seigneuries de *Candau*, *Caftelis*, *Plaffifs*, &c., furent, par Lettres de 172... unies & érigées en *Marquifat* fous le nom de *Candau*, en faveur de *N... de Neys* ou *Nays*, Confeiller au Parlement de Navarre. (Voy. NEYS.)

* CANDÉ, *Baronnie* en Anjou, Diocèfe

d'Angers, qui appartient à S. A. S. M. le Prince de Condé : il y a fix Châtellenies , & plus de 40 Terres en haute Juftice qui en relèvent. C'étoit autrefois une place forte , & connue dans l'Hiftoire à caufe du fiège qu'en fit en 1106 *Geoffroy Martel*, IIᵉ du nom, qui y fut tué. Elle eft nommée CANDÉ-*en-Lauré*, dans l'aveu que *Jean de Laval*, Sire de Châteaubriant , en rendit le 20 Octobre 1517 , à LOUISE DE SAVOIE, Ducheffe d'Anjou & d'Angoumois , mère de FRANÇOIS Iᵉʳ. Ménard prétend qu'elle a été ainfi nommée, parce qu'elle a été autrefois le douaire d'*Emme ,* femme d'un Comte d'Anjou.

CANDIE , en Breffe , ancienne Maifon éteinte, dont parle Guichenon dans fon *Hiftoire de Breffe*, qui portoit pour armes: *de gueules, femé de fleurs-de-lys d'or à la bande d'azur fur le tout.*

CANDOLLE. C'eft, fuivant l'*Hiftoire héroïque de la Nobleffe de Provence ,* Noftradamus, Bouche, Gaufridy, le Moine des Isles d'Or, l'Abbé Robert, &c., une famille des plus anciennes & des plus diftinguées de la Provence. Elle tire fon origine de

I. PONS DE CANDOLLE , Baron de Peynier en 1184, qui eut pour fils :

II. RAYMOND DE CANDOLLE , Chevalier de l'Eperon d'or, mort au fervice de fon Soûverain, où il s'étoit montré avec diftinction vers 1203. Il eut :

1. GUILLAUME, qui fuit ;
2. PIERRE, donné en ôtage avec plufieurs autres Gentilshommes de Marfeille pour la délivrance de CHARLES d'*Anjou ;*
3. Et BERTRAND, qui commanda la Flotte envoyée à Naples contre Mainfroy par le même Prince. Il s'établit dans ce Royaume où il fit la branche illuftre de *Caldora*, alliée aux Caraccioli , Princes de Melphe, aux Torelles, aux Torfes, aux Caraffa & autres. CHARLES Iᵉʳ, s'étant emparé de Naples, confifqua tous les biens de cette Maifon. BERLINGUIERO CALDORA, qui reftoit feul de fa branche qui s'y étoit établie , fe réfugia en France. FRANÇOIS Iᵉʳ le reçut avec bonté , le fit Chevalier de fon Ordre , lui donna une Compagnie de 1000 hommes d'armes & les Gouvernemens de Savignan, du Château de Muret & de Villefranche en Beaujolois. Sa Majefté l'envoya enfuite à Rome en qualité d'Ambaffadeur. Il mourut fans avoir été marié en revenant de fon Ambaffade.

III. GUILLAUME DE CANDOLLE continua la poftérité en Provence, fut Chevalier de l'Eperon d'or, & eut pour enfans :

1. PIERRE, qui fuit ;
2. JACQUES, Chevalier de l'Ordre de St.-Jean de Jérufalem ;
3. ROSTANG, tiré de l'Ordre de St.-Dominique pour être Evêque de Sydon , & après Archevêque de Negrepont. Il affifta au Concile de Vienne où il fe diftingua par fon efprit ;
4. Et DOUCE, mariée à *Pierre Gaufridy,* de la ville d'Aix.

IV. PIERRE DE CANDOLLE , Iᵉʳ du nom, Chevalier de l'Eperon d'or, fervit avec beaucoup de diftinction, & eut de *Marguerite de Gaufridy,* fille de *Pierre :*

1. BERTRAND, qui fuit ;
2. Et RAYMOND, mort fans alliance.

V. BERTRAND DE CANDOLLE , Iᵉʳ du nom, fe maria à Dame *Nicolave,* dont il eut :

1. HUGON, qui fuit ;
2. PIERRE, qui n'eut point d'enfans d'*Adalazic de Tourrevès,* fille de *Geoffroy,* Chevalier ;
3. Et BARTHÉLEMY, Chevalier de l'Ordre de Saint-Jean de Jérufalem, tué dans un combat contre les Infidèles.

VI. HUGON DE CANDOLLE, Seigneur d'Oriol, Mimet, Pourrières, Puiloubier, & Baron des deux Signes, fit fon teftament, reçu par *Salinis,* Notaire, en 1334. Il époufa *Sillette Vincens,* fille de *Pierre,* Chevalier, & laiffa :

1. BERTRAND, qui fuit ;
2. Et PIERRE, mort fans poftérité.

VII. BERTRAND DE CANDOLLE , IIᵉ du nom, Seigneur d'Oriol & autres lieux, & fut onze fois premier Conful de Marfeille , & époufa *Béatrix de Montolieu,* fille de *Blaquerias,* Damoifeau, dont :

1. BLAQUERIAS, qui fuit ;
2. CANDOLLET, qui fervit dans les Armées du Roi ;
3. BARTHÉLEMY, marié à *Mathiève de Pontevès,* de laquelle il n'eut point d'enfans ;
4. Et GASSOLE, Abbeffe de l'Abbaye Royale de Sion-lès-Marfeille.

VIII. BLAQUERIAS DE CANDOLLE époufa *Alix des Rouftans-de-Vaquieres ,* de la ville d'Arles, dont :

IX. BERTRAND DE CANDOLLE , IIIᵉ du nom, qui obtint du Roi RENÉ des Lettres-Patentes expédiées le 13 Mars 1437, par lefquelles ce

Prince déclare qu'en récompenſe de ſes ſervices, & de ceux de ſes ancêtres & de ſon ancienne Nobleſſe, tant maſculine que féminine, le terroir de la Penne appartenant audit noble Bertrand, ſeroit exempt de toutes impoſitions quelconques. Il fut premier Conſul de Marſeille, & député par cette Ville en 1420, pour ſe trouver au mariage de Louis avec *Yolande d'Aragon.* Il épouſa, par contrat paſſé le 23 Septembre 1432, *Brigitte de Remeſan,* fille de *Julien,* de laquelle il eut :

1. Étienne, qui ſuit ;
2. Jean, Religieux de St.-Victor-lès-Marſeille ;
3. Perceval, Chevalier de l'Ordre de St.-Jean de Jéruſalem ;
4. Jacques, Ier du nom, marié à *Paule de Vincens,* dont il eut quatre filles, mariées dans les Maiſons de *Remeſan,* d'*Aigoux,* de *Spinola* & de *Clapiers ;*
5. Et Fouquet, qui prit alliance avec *Marthe Amielle.*

Cette branche a fini dans la perſonne de la Marquiſe de Candolle, mariée à *N…. de Vincheguerre.*

Les alliances de cette branche ſont avec les Maiſons de *Caſtellane,* de *Valbelle,* &c.

X. Étienne de Candolle, Seigneur de Penne & autres lieux, fut premier Conſul de Marſeille dans les années 1452 & 1489. Il épouſa, le 16 Septembre 1480, *Renée de la Foreſt,* fille de *Jean,* Ecuyer, de Bourges en Berry, & de *Barthélemie de Vento,* dont :

1. Jean, qui ſuit ;
2. Bertrand, dont la poſtérité ſera rapportée après celle de ſon aîné ;
3. Pierre, Religieux à St.-Victor-lès-Marſeille ;
4. Et Jeanne, mariée à *Jacques Odo de Caſtelan,* de Florence.

XI. Jean de Candolle, Ier du nom, Seigneur de la Penne, &c., fut Viguier & premier Conſul de Marſeille. Il épouſa une fille de la Maiſon d'*Aigoux,* dont il eut :

1. Pierre de Candolle, IIe du nom, qui eut, de *Catherine de Gombert-de-Dromont,* deux filles, mariées dans la Maiſon de *Garnier,* connue aujourd'hui par les Seigneuries de Julhians & de Fonblanque qu'elle poſſède ;
2. & 3. Côme & Bernardin, qui ayant embraſſé le Calviniſme, paſſèrent à Genève où ils ont établi leur Famille, qui ſubſiſte dans la perſonne de Piramus de Candolle, dont les ancêtres ont été Seigneurs de Saint-Laurent, & ont toujours ſervi dans les troupes

Suiſſes au ſervice de France & de Piémont.

XI. Bertrand de Candolle, IVe du nom, ſecond fils d'Étienne, & de *Renée de la Foreſt,* fut premier Conſul de Marſeille, & épouſa, le 17 Septembre 1518, *Georgette Capel,* fille de *Barthélemy,* dont il eut :

XII. Pierre de Candolle, IIIe du nom, premier Conſul de Marſeille, qui épouſa, le 20 Janvier 1568, *Melchione de Seillans,* fille de *Pierre,* dont :

1. Pierre, qui ſuit ;
2. Et un autre Pierre, Portier de l'Abbaye St.-Victor de Marſeille.

XIII. Pierre de Candolle, IVe du nom, épouſa, par contrat du 3 Février 1591, *Anne de Durand,* fille de *N…. de Durand,* dont :

1. Jacques, qui ſuit ;
2. Antoine, dont la poſtérité ſera rapportée après celle de ſon aîné ;
3. Madeleine, mariée à *N… d'Altoviti ;*
4. Et Catherine, mariée à *N… le Blanc.*

XIV. Jacques de Candolle, IIe du nom, épouſa, le 26 Avril 1626, *Louiſe d'Etienne,* dont :

1. Jean, qui ſuit ;
2. & 3. Pierre & Ange, Religieux à l'Abbaye de St.-Victor-lès-Marſeille.

XV. Jean de Candolle, IIe du nom, épouſa, en 1679, *Claire de Mercurini,* dont :

1. Pierre, mort dans le tems de la contagion ;
2. Jacques, admis à l'une des places de l'Abbaye ſéculariſée de St.-Victor de Marſeille le 14 Février 1748 ;
3. Et Madeleine, mariée dans la Maiſon de *Monier,* de Marſeille.

XIV. Antoine de Candolle, Ier du nom, ſecond fils de Pierre, & d'*Anne de Durand,* ſervit dans la Compagnie des Chevaux-Légers d'ordonnance du Roi, commandée par Charles de Lorraine, Duc de Guiſe, & commanda enſuite une des Galères de Sa Majeſté. Après s'être trouvé dans différens ſièges & combats, où il reçut pluſieurs bleſſures, il ſe retira du ſervice & fut premier Conſul de Marſeille en 1659, épouſa, le 19 Février 1642, *Marſeille d'Arnaud,* fille de *Barthélemy,* Ecuyer, & eut :

1. Jacques, qui ſuit ;
2. Et Ange, Religieux de l'Abbaye Royale de St.-Victor-lès-Marſeille.

XV. Jacques de Candolle, IIIe du nom, épouſa, par contrat du 4 Avril 1671, *Thérèſe de Sicard,* dont :

XVI. Gaspard de Candolle, marié, 1° le 14 Février 1696, à *Madeleine de Chambon-de-Velaux*, fille de *Rodolphe*, Baron de Velaux, & Secrétaire du Roi ; & 2° le 21 Septembre 1723, à la fille de noble *Pierre de Porrade*, Chevalier, & de *Françoife-Thérèfe du Menc-Campagne*. Il a eu du premier lit :

1. Rodolphe, marié fans poftérité à *Charlotte-Félicité de Vintimille-de-Sciffons ;*
2. Claire, mariée à *Jules d'Albertas de Jourques*, Chevalier.

Et du fecond lit :

3. Antoine-Paul-Augustin, qui fuit.

XVII. Antoine-Paul-Augustin de Candolle, ancien Officier des Galères, a époufé, par contrat du 6 Septembre 1749, *Jeanne-Félicité de Beaumont*, fille de *Jean - Baptifte*, dont :

Jean-Baptiste-Gaspard de Candolle.

Les armes : *écartelé d'or & d'azur*. Légende : *Cœlum cœli Domino, terram autem dedit filiis hominum.*

CANDOSNE, Sieur de Savigny, en Normandie, Election de Valognes, porte pour armes : *d'azur, à l'épée d'argent, pofée en pal, la poignée d'or cantonnée de quatre molettes, auffi d'argent.*

CANGE. Voy. FRESNE (du).

* CANILLAC (de), Terre & *Marquifat* que Guerine de Canillac, fille unique du Marquis de ce nom, & d'*Alixent de Poitiers*, porta avec les autres biens de fa Maifon dans celle de *Rogier de Beaufort*, par fon mariage avec *Guillaume*, II° du nom, Seigneur de Beaufort-en-Vallée au Pays d'Anjou. Elle fut la feconde femme de *Guillaume*, & elle en eut *le Marquis de Beaufort*, auteur des Seigneurs de *Canillac*. *Jacques de Beaufort*, Marquis de Canillac, &c., fon petit-fils, n'eut point d'enfans de Jacqueline, fille de *Jean* V, Sire de Créquy, & de *Louife de la Tour*. Il donna, par contrat du 30 Avril 1511, à *Jacques de Montboiffier*, fon filleul, le Marquifat de *Canillac* & fes autres Terres & Seigneuries, à condition de porter les noms & armes de *Beaufort* ; ce qu'il confirme en le mariant le 20 Avril 1513.

La Maifon de *Canillac*, noble & ancienne, a donné un Cardinal, Archevêque de Touloufe, dans Raymond de Canillac, mort à Avi-

gnon le 20 Juin 1573 ; & dans le même fiècle un Evêque de Saint-Flour en la perfonne de Dieudonné de Canillac ; ces Seigneurs fe font fignalés pour le fervice de nos Rois & de l'Etat, plufieurs y ont perdu la vie dans le XVI° fiècle ; & *Jean de Beaufort*, Marquis de Canillac, défendit, contre les Proteftans, la Ville de Saintes en 1570. Voyez MONTBOISSIER.

* CANISY, en Normandie, Diocèfe de Coutances, Terre & Seigneurie de laquelle dépendent 14 ou 15 Fiefs nobles, qui a été poffédée dès le XIII° fiècle par la Maifon de *Carbonnel*.

René de Carbonnel, Seigneur & Baron du *Homet, Courfy* & *Canify*, Gentilhomme ordinaire de la Chambre du Roi, Capitaine & Gouverneur d'Avranches, Lieutenant de Roi au Bailliage du Côtentin, obtint du Roi, en confidération de fa naiffance, de fes fervices & de ceux de fon père Hervé de Carbonnel, Seigneur de Canify, Cambernon, &c., Chevalier du Saint-Efprit, l'union & l'érection des Baronnies de *Courfy*, du *Homet* & de *Canify* (compofées, la première, de 32 Paroiffes, d'où relèvent 56 Fiefs ou Terres nobles ; & la dernière de 28 Paroiffes, d'où relèvent auffi 27 Fiefs ou Terres nobles), en Marquifat, fous le titre de *Marquifat de Canify* par Lettres de Décembre 1619, regiftrées en 1643. Par ces Lettres le Roi confirma l'acte d'échange paffé à Saint-Lo entre Charles de Matignon, Comte de Thorigny, Baron de Saint-Lo, & Hervé de Carbonnel, Seigneur de Canify, le 8 Novembre 1619, en vertu duquel la Terre & Seigneurie de la Meauffe-fur-Rille, qui relevoit de la Baronnie du *Homet*, fera tenue & relevera à l'avenir de la Baronnie de Saint-Lo, au lieu de la Terre de *Canify*, laquelle, par ce moyen, fera perpétuellement unie & incorporée à la Baronnie du *Homet*, mouvante & relevante nuement & fans moyen du Roi à caufe de fon Château de Carentan, comme celle de *Courfy* à caufe de fon Château de Falaife. Voyez CARBONNEL.

CANITZ, Maifon ancienne, originaire d'Efclavonie, qui s'eft répandue depuis longtems dans la Luface fupérieure, & qui demeura d'abord à Goerlitz, où elle avoit place dans le Sénat, de même que le refte de la Nobleffe. Marcel de Canitz vivoit en 1185 ;

BERNARD DE CANITZ, Bourgmeſtre de Goerlitz, vivoit en 1399, & ANDRÉ DE CANITZ le fut en 1458.

CHRISTOPHE-FRÉDÉRIC DE CANITZ, Seigneur de Fiſchbach, poſſédoit au commencement du XVIIᵉ ſiècle la Terre de *Ritſchen* dans la Luſace ſupérieure; mais s'étant attiré la diſgrâce de l'Empereur FERDINAND II, il fut dépouillé de cette Terre.

Depuis ce tems-là les *Canitz* ne poſſédèrent plus rien dans la Luſace ſupérieure juſqu'à ce qu'OTHON-LOUIS DE CANITZ, Colonel au ſervice du Roi de Pologne, Electeur de Saxe, iſſu d'une branche de cette Maiſon qui s'établit en Pruſſe, acquit par ſon mariage avec *N..... de Kyau*, les Terres nobles de Haine-Wald, Spitz-Cunnerſdorff, Oberwitz, &c., leſquelles, après ſa mort, échurent en partage à SAMUEL-FRÉDÉRIC DE CANITZ, Chambellan du Roi de Pruſſe & Capitaine du Bailliage de Sehften: cette branche eſt diſtinguée depuis pluſieurs ſiècles en Pruſſe.

JEAN DE CANITZ, d'une autre branche, étoit en 1520 Prévôt de Saint-Petersberge, & fort eſtimé du Duc de Saxe.

CHRISTOPHE-HENRI DE CANITZ, Seigneur de Mutſchen, Treben, &c., s'eſt diſtingué dans les armées en qualité de Général du Roi de Pologne. Il mourut ſubitement en 1718, laiſſant un fils poſthume nommé JEAN-GOTTLIEB. Voy. Moréri.

CANIVET, en Normandie, Election de Bayeux.

JACQUES-LOUIS DE CANIVET, Chevalier, Seigneur de Vaqueville, Chevalier de Saint-Louis, & ancien Commandant de Port en Beſſin, épouſa, le 12 Novembre 1727, *Marie-Louiſe Goſſelin*, dont:

> MARIE-MÉLANIE DE CANIVET, mariée, le 29 Mai 1744, à *Jean-Charles-Gabriel de Valentin*, Seigneur de Vitray. Voyez VALENTIN.

Les armes: *d'azur, à trois canifs d'argent, emmanchés d'or, poſés 2 & 1.*

CANON, en Lorraine. NICOLAS CANON, Chanoine & Grand-Chantre de la Primatiale de Lorraine, acheta avec *Pétronille du Four*, ſa belle-ſœur, le 5 Mai 1704, de *François Hurault*, le Marquiſat de Ville-ſur-Illon. *Pétronille du Four*, morte en 1723, étoit veuve de CLAUDE-FRANÇOIS, Baron de Canon & du St.-Empire, Seigneur de Brick en Siléſie, Mi-

niſtre d'Etat des Ducs CHARLES IV, CHARLES V & de LÉOPOLD; Ambaſſadeur Plénipotentiaire de l'Empereur LÉOPOLD & de la Ducheſſe de Lorraine, mère du Duc LÉOPOLD, au Traité de Ryſwick. Il mourut premier Préſident au Parlement de Nancy en 1702, & avoit été créé Baron du St.-Empire par diplôme du 1ᵉʳ Avril 1674, confirmé par le Duc CHARLES V le 5 Mai 1677, regiſtré au Parlement de Lorraine le 2 Juillet 1698 & le 4 Décembre ſuivant.

CHARLES, ſon fils unique, Baron DE CANON & du St.-Empire, Marquis de Ville-ſur-Illon, Seigneur de Brick en Siléſie, mourut le 4 Août 1742. Il avoit épouſé, le 6 Mars 1698, *Jeanne-Henriette de Ficquelmont*, morte le 28 Février 1732, fille de *Jean-François*, Comte de Ficquelmont, Capitaine-Commandant une Compagnie des Chevaux-Légers de la Garde du Duc LÉOPOLD, & de *Marguerite de Chauvirey*, dont il a eu:

> 1. JEAN-PIERRE-NICOLAS, qui ſuit;
> 2. Et CHARLES, Baron DE CANON & du St.-Empire, dit le *Marquis de Ville*, Seigneur de Brick en Siléſie, Chambellan de Leurs Majeſtés Impériale et Royale, Général-Major & Commandant à Debretchin, marié, en 1741, à N.... Comteſſe de *Heisler*, fille du Comte de ce nom, Capitaine-Général de la Moravie.

JEAN-PIERRE-NICOLAS, Baron DE CANON & du St.-Empire, Marquis de Ville-ſur-Illon, épouſa, le 30 Avril 1726, *Gabrielle*, Comteſſe de *Hunolſtein*, fille de *François-Hermann*, Comte de Hunolftein, Maréchal de Lorraine & du Barrois, & de *Marguerite le Begue*, ſa ſeconde femme. Il en eut:

> 1. CHARLES-GABRIEL, Marquis de Ville, Capitaine au Régiment du Meſtre-de-Camp-Général de Dragons;
> 2. JOSEPH-DIEUDONNÉ;
> 3. PHILIPPE-CHARLES, reçu Chevalier de Malte au Grand-Prieuré de Champagne le 19 Octobre 1740;
> 4. & 5. HERMANN-FRANÇOIS & FRANÇOIS-ANTOINE;
> 6. Et JEAN-BAPTISTE-LOUIS, Enſeigne au Régiment Royal-Rouſſillon.

(*Tablettes Généalog. & Hiſtor.*, part. VII, p. 75.)

CANONVILLE ou CANOUVILLE, en Normandie, Maiſon qui a le ſort de celles qui ſont ſi anciennes qu'on n'en découvre point l'origine; mais il eſt conſtant que de toute antiquité elle a été au rang des plus illuftres de la Province. Voyez Duchefne, *Hift. Norm.*, p. 126.

Le nom de *Canonville*, comme tous les anciens noms, fe trouve écrit fort diverfement, tantôt avec un *C*, un *K* ou un *Q* indifféremment, & fouvent avec le changement ou le retranchement de quelques lettres, fuivant l'ignorance ou la différente prononciation des confonnes; mais il eft aifé de faire voir que c'eft la même chofe, fe rencontrant quelquefois en trois ou quatre manières différentes dans le même titre ou le même Auteur.

Il y avoit un CANONVILLE au paffage de GUILLAUME *le Conquérant* en Angleterre, & l'on en voit dans ce Pays-là jufqu'à la fin du règne D'EDOUARD Ier, c'eft-à-dire vers 1300.

En Normandie RICHARD DE CANONVILLE eft nommé avec les plus grands Seigneurs du Pays, dans deux Chartes de HENRI II, Roi d'ANGLETERRE & Duc de Normandie, qui contiennent, l'une des Privilèges accordés aux Habitans de Rouen, vers 1175; & l'autre donnés à l'Abbaye de Jumiéges vers le même tems. Par une troifième Charte du même HENRI II, & une Bulle du Pape LUCIUS III, de 1181, qui confirment les donations faites à l'Abbaye de Vallemont, il paroît que GUILLAUME DE CANONVILLE y avoit aumôné quelques revenus. Voyez l'*Hiftoire de la Maifon d'Harcourt*, par la Roque, tom. II, pag. 1802, 1858 & 1859; *Neuftria pia*, pag. 872 & fuiv.

Le premier (fuivant les titres de cette Maifon & les Regiftres de l'Echiquier en divers endroits, particulièrement depuis 1505 jufqu'en 1512) qu'on trouve avoir fait fouche eft RAOUL DE CANONVILLE qui, outre la Terre de *Canonville*, fituée dans le Pays de Caux, qui étoit de tems immémorial dans la Maifon, & dont elle avoit pris le nom, poffédoit celles de Venefville & de Malleville, qui font encore aujourd'hui à Meffieurs de *Raffetot*, aînés des branches qui fubfiftent. Le père, de fon vivant, avoit donné cette dernière Terre en partage à fon fils RAOUL, ce que RICHARD *Cœur-de-Lion*, Roi d'Angleterre & Duc de Normandie, confirma par fa Charte du 1er Mars de la dixième année de fon règne, en préfence de plufieurs Evêques & Seigneurs de fa Cour. RAOUL laiffa :

1. GUILLAUME, dont la branche s'éteignit à la cinquième ou fixième génération, vers 1410

dans GUILLAUME DE CANONVILLE, dont la fœur *Eléonore* époufa *Roger Suhard*, Gentilhomme du Beffin;

2. RAOUL, Seigneur de Malleville, par ceffion de fon père, mort fans enfans, quelques années après;

3. PIERRE, qui fuit, & dont les defcendans ont fait les différentes branches qui fubfiftent;

4. & 5. ROBERT & JEAN DE CANONVILLE.

PIERRE DE CANONVILLE, Ier du nom, Chevalier, Seigneur de Malleville, eut auffi en partage la Terre de *Malleville*, que GUILLAUME, fon frère aîné, abandonna en fa faveur, en préfence de plufieurs Seigneurs du Pays nommés dans l'acte, de ROBERT & JEAN DE CANONVILLE, fes frères, & autres Chevaliers ; ce que JEAN, furnommé *fans Terre*, Roi d'Angleterre & Duc de Normandie, confirma pareillement par fa Charte donnée au Château - Gaillard, près Andely, le 31 Août de la première année de fon règne. On a le *Vidimus* de ces trois Chartes par le Lieutenant - Général René de Coffé, Seigneur de Briffac, Grand-Pannetier, Grand-Fauconnier & Bailli de Caux, du 4 Mars 1504.

En ce tems-là les cadets des premières Maifons du Royaume, des Princes, & même des Rois de France, avoient coutume de porter le nom des Terres qui leur étoient données en partage : c'eft ce que nous apprennent l'Hiftoire des Maifons de *Montmorency*, *Béthune*, *Chatillon*, *Dreux*, &c., par Duchefne, & l'*Hiftoire de la Maifon d'Harcourt*. Suivant cet ufage, PIERRE prit celui de *Malleville*, que fa poftérité conferva jufque vers 1410; & c'eft fous ce nom de *Malleville* qu'on trouve des Seigneurs de *Canonville* en plufieurs occafions mémorables. GUILLAUME DE MALLEVILLE fut un des Chevaliers qui accompagnèrent Mathieu de Montmorency, IVe du nom, Amiral & Grand-Chambellan, & Jean d'Harcourt, lorfqu'en 1295 ils paffèrent en Angleterre avec un grand nombre de Seigneurs du Pays & des autres Provinces, prirent la Ville de Douvres, la pillèrent & la brûlèrent. Dans la revue que fit Louis d'Harcourt, Vicomte de Chatelleraut & Chevalier *Banneret*, le 2 Septembre 1357, il y avoit un JOHAN DE MALLEVILLE, Chevalier. En 1368 JEAN DE MALLEVILLE étoit un des fix Chevaliers qui étoient dans les Troupes dont Jean d'Harcourt fit la revue. Dans le compte des prêts faits par le Roi pour le voyage d'Allemagne en 1388, on y voit JEAN & PERREIN DE MALLEVILLE, Chevaliers. En 1440 Fécamp fut remis entre les mains des François par le Seigneur de Malleville, &c. Voyez Duchesne, *Hiſtoire de la Maiſon de Montmorency* ; & la Roque, *Hiſtoire de la Maiſon d'Harcourt*.

De ce PIERRE DE CANONVILLE, Ier du nom, deſcendit

PIERRE DE CANONVILLE, IIe du nom, Chevalier, Seigneur de Malleville, qui épouſa, par contrat paſſé le 24 Août 1282, *Iſabeau de l'Eſpinay*, Dame de cette Terre, & d'un Fief qui eſt dans Sainte-Hélène près de Fécamp. Ils eurent :

PIERRE DE CANONVILLE, IIIe du nom, Chevalier, Seigneur de Malleville, qui épouſa, par traité paſſé devant *Sinſon* & *Blaiſe*, Notaires à Boslebec, le Lundi avant la Madeleine 1355, *Laurence de Calletot*, Dame de Raffetot. Par ce mariage la Terre de *Raffetot* entra dans la Maiſon, & les aînés, qui en ont pris le nom, la poſſèdent encore aujourd'hui. Les enfans ſortis de ce mariage qui partagèrent la ſucceſſion avec leur mère, par acte paſſé devant *Pierre Queſnel*, Notaire à Cany, le 24 Février 1390, furent :

PIERRE DE CANONVILLE, IVe du nom, Chevalier, Seigneur de Malleville & de Raffetot, qui épouſa *Iſabeau de Magneville*, Dame de Beuſeville-la-Guerard, d'un nom fort connu dans l'Hiſtoire de Normandie ;
Et JEAN, qui ſuit.

JEAN DE CANONVILLE, Ier du nom, Chevalier, Seigneur de Malleville, Raffetot & Beuſeville-la-Guerard, reprit, vers 1410, à l'extinction de la branche aînée, le nom & les pleines armes de *Canonville* qu'il avoit toujours portées briſées auparavant, ſuivant l'uſage de ce tems-là. Cependant comme ces Seigneurs étoient bien plus connus dans le pays ſous le nom de *Malleville*, que ſous celui de *Canonville*, on ne laiſſa pas de continuer à les y appeler encore long-tems après, juſqu'à ce qu'ils euſſent reconnu de quelle importance il étoit de faire voir au Public leur véritable origine, dans l'incident qu'on leur forma mal-à-propos, duquel nous parlerons ci-après. Il eut pluſieurs enfans qui partagèrent ſa ſucceſſion, par acte paſſé devant *Martin le Poſt*, Notaire à Montivilliers, le Dimanche 21 Septembre 1455. PIERRE DE CANONVILLE, V^e du nom, à la recherche qui fut faite en 1540, préſenta ſa généalogie, accompagnée des titres

juſtificatifs dont les regiſtres de l'Echiquier font mention en pluſieurs endroits. Il déclara que c'étoit tant pour lui que pour ſes fils. JEAN DE CANONVILLE épouſa, par traité paſſé devant *Pierre Queſnel*, Notaire à Cany, le Jeudi 3 Juillet 1404, *Marie de Boſcherville*.

GUILLAUME DE CANONVILLE, leur fils, Chevalier, Seigneur de Malleville, Raffetot, Beuſeville-la-Guerard, &c., épouſa *Jeanne de Gueurres*, Dame de cette Terre, auprès de Dieppe, qu'elle porta dans la Maiſon de *Canonville*. Cette Dame étoit de très-bonne Maiſon, & alliée par ſon aïeul à *Anne de Maſquerel*, aux Maiſons Royales de France, d'Angleterre & de Chypre. De ce mariage vint :

JEAN DE CANONVILLE, IIe du nom, Chevalier, Seigneur de Malleville, Raffetot, Beuſeville-la-Guerard, Gueurres & Veneſville, qui étoit un très-riche & très-puiſſant Seigneur. Ce fut lui qui ſoutint ce grand procès que lui attira l'équivoque des noms de Malleville & de Canonville, dont il faut dire le ſujet. Depuis RAOUL DE CANONVILLE, ſon ſixième aïeul, la Terre de Veneſville avoit toujours ſuivi le partage des aînés juſqu'en 1383, que GUILLAUME DE CANONVILLE, dernier de ſa branche, la donna en mariage à ſa ſœur ELÉONORE DE CANONVILLE, qui épouſa un Gentilhomme du Beſſin, appelé *Roger Suhard*, d'une aſſez bonne Maiſon de ce pays-là, dit la Roque dans ſon *Hiſtoire de la Maiſon d'Harcourt*, tom. II, p. 1445.

En 1505, *Guillaume Suhart*, leur petit-fils, l'ayant vendue à un autre Gentilhomme, appelé Manchon, & JEAN DE CANONVILLE, IIe du nom, l'ayant retirée à *droit-de-ſang*, Manchon s'y oppoſa : il reconnoiſſoit à la vérité la haute origine des Seigneurs de Malleville (*paſſée ſous* 400 *ans*, ce ſont les termes de la production); mais il prétendoit que c'étoit une Maiſon différente de celle de *Canonville*, dont ils n'avoient pris le nom que depuis un certain tems; ſur quoi JEAN DE CANONVILLE remontant juſqu'à RAOUL, qui vivoit en 1122, prouva ſi bien ſa deſcendance par les traités de mariages, les partages des Terres qui avoient été ou qui étoient encore dans la Maiſon depuis pluſieurs ſiècles, par les Egliſes & les Châteaux où étoient les mêmes armes que les ſiennes (*de gueules, à trois molettes d'éperon d'or*, marquées dans l'Arrêt), que ſes ancêtres avoient toujours portées, & par l'Arrêt de l'Echiquier du 26 Novembre 1512, que la Terre lui fut adjugée ; ainfi elle rentra dans fa Maifon, & elle appartient encore aujourd'hui à MM. de *Raffetot*. Ce JEAN DE CANONVILLE, IIe du nom, préfenta fon aveu à la Chambre des Comptes de Paris le 22 Juillet 1498. Il époufa *Anne de Gromefnil*, Dame de la Terre de Gromefnil & de celle de Beaucamp, Harcamville, Provemont & Fifchencourt. Les Seigneurs de Gromefnil étoient d'une des meilleures Maifons de la Province, & avoient eu de très-grandes alliances. Le dernier de ce nom fut *Robert de Gromefnil*, qui avoit époufé *Marie Bloffet*, de la Maifon d'*Efneval*. Ils eurent :

PIERRE DE CANONVILLE, V^e du nom, qui fut Seigneur des mêmes Terres que fon père, & partagea le 24 Octobre 1519, comme arrière-petit-fils de *Marie de Bofcherville*, la fucceffion de noble *Jeanne de Fleurigny*, fille de noble & puiffant Seigneur *Philippe de Fleurigny*, avec noble perfonne Guy d'Orbec, Chevalier, Seigneur dudit lieu, Perrine de Jeucourt, Dame de Matignon, Thorigny & Quietteville, & Claude d'Annebaut, depuis Maréchal de France. Il époufa, le 15 Novembre 1509, *Renée Chauvin*, Damed'Aufonville-Efneval & d'Aufonville-fur-Bacqueville, fille de Meffire *Louis Chauvin*, Chevalier, Seigneur de Birac & Poffe, Ecuyer d'Ecurie ordinaire du Roi CHARLES VIII, & de *Louife de Longchamp*, Dame dudit lieu, & des Terres de Calleville & de Mufgros. Ils eurent :

1. JEAN, qui fuit ;
2. NICOLAS, Seigneur de Gromefnil, de Beaucamp & d'Oudalle, auteur de la branche des Seigneurs de *Canonville - Gromefnil*, rapportée ci-après ;
3. Et FRANÇOIS DE CANONVILLE, Doyen de la Cathédrale d'Evreux.

BRANCHE
des Seigneurs DE CANONVILLE-RAFFETOT.

JEAN DE CANONVILLE, IIIe du nom, Seigneur d'Aufonville-Efneval & de Bofcherville, époufa, par traité du 15 Janvier 1536, paffé devant les Notaires de Boflebec, *Antoinette de Rouvroy-de-Saint-Simon*, fille de *Mery de Saint-Simon*, Seigneur de Précy, de Balagny & de Bouqueval, & de *Giraude du Prat*, fille du célèbre Chancelier de

ce nom, qui fut depuis Cardinal & Légat à *Latere* en France. De ce mariage vint :

ANTOINE DE CANONVILLE, Seigneur de Malleville-Raffetot, Beufeville-la-Guerard, Gueurres, Venefville, Aufonville-Efneval & autres Terres, qui époufa, par traité paffé devant les Notaires d'Aumale le 25 Mai 1571, *Françoife de la Motte*, fille de *Jean de la Motte*, Chevalier, Seigneur de Montigny. Il en eut :

1. FRANÇOIS, qui ne laiffa point d'enfans de *Jeanne de Hautemer-de-Fervaques*, mariée, 1° le 18 Mai 1579, à *Claude d'Eftampes*, Sieur de la Ferté-Imbault, elle étoit fille de *Guillaume de Hautemer*, Maréchal de France ;
2. Et ALEXANDRE, qui fuit.

ALEXANDRE DE CANONVILLE, Ier du nom, époufa, en 1629, *Françoife de Choifeul-Praslin*, fille de *Charles*, & coufine germaine de *Céfar de Choifeul-du-Pleffis-Praslin*, d'une Maifon alliée à la Maifon Royale de *Dreux*, il y a plus de 450 ans. De ce mariage naquirent :

1. ALEXANDRE, qui fuit ;
2. N....., tué en Hongrie ;
3. N... mariée à N...... *le Grand*, Préfident à la Chambre des Comptes de Dijon ;
4. Et N... mariée à N..... *de Pertuis*, Gouverneur de Menin.

ALEXANDRE DE CANONVILLE, IIe du nom, Seigneur de Malleville, Raffetot, Beufeville-la-Guerard, Gueurres, Venefville, Claire, &c., Gentilhomme ordinaire de la Chambre du Roi, mourut en Janvier 1681. Il époufa *Henriette-Catherine de Gramont*, qui, après la mort de fon mari fe fit Religieufe aux filles du Saint-Sacrement à Paris. Elle étoit fille d'*Antoine* III, Duc & Pair, & Maréchal de Gramont, dont entr'autres enfans :

ANTOINE-ALEXANDRE DE CANONVILLE, Marquis de Raffetot, Colonel du Régiment de Berry, fait Lieutenant-Général des Armées du Roi le 1er Octobre 1718, qui époufa N.... *de Pertuis*, fa coufine germaine.

LOUIS-AUGUSTIN DE CANONVILLE, leur defcendant, Marquis de Raffetot, Seigneur du Pleffis-Chivray, de Goeurs, Vignacourt, &c., mourut noyé en Octobre 1742. Il époufa, en 1724, *Conftance-Geneviève-Catherine-Louife de Pardieu d'Avremenil*, fille de *Philippe*, Marquis d'Avremenil, & de *Geneviève du Mefniel-de-Sommery*, dont entr'autres enfans :

CHARLES-LOUIS-JOSEPH-ALEXANDRE DE CA-
NONVILLE, Marquis de Raffetot, Sous-Lieutenant des Chevaux-Légers Dauphin, & depuis Capitaine-Lieutenant des Chevaux-Légers de Berry, qui épousa, le 18 Mai 1756,
*Marguerite-Marie-Louise-Victoire Barbe-
rie de Saint-Contest*, née le 13 Mars 1738,
mariée 1º le 6 Juin 1753, à *Louis-Henri-
Félix du Plessis-Châtillon*, Comte de Châ-
teaumeillant, né le 24 Novembre 1726, mort
le 25 Août 1754. Elle étoit fille de *François-
Dominique Barberie*, Seigneur de la Chatei-
gneraye, & de *Jeanne-Monique des Vieux*.
De ce mariage sont issus plusieurs enfans.

Les armes de CANONVILLE-RAFFETOT, comme ci-devant.

BRANCHE
des Seigneurs DE CANONVILLE-
GROMESNIL.

NICOLAS DE CANONVILLE, fils puîné de PIERRE,
Vᵉ du nom, fut Seigneur de Gromesnil, Beaucamp, Oudalle & autres Terres, Chevalier de
l'Ordre du Roi, Gentilhomme ordinaire de
sa Chambre, & épousa, par traité passé à Saint-
Germain-en-Laye le 20 Avril 1543, *Louise
de Serviat*, Dame de Criquetot, Terre située
dans la campagne du Neubourg. Ils eurent :
LOUIS DE CANONVILLE, Chevalier de l'Ordre
du Roi, l'un des 100 Gentilshommes de son
Hôtel, Gentilhomme de la Chambre de Monseigneur le Duc d'Anjou, frère du Roi, Enseigne de 50 hommes d'armes, Seigneur de
Gromesnil, Beaucamp, Oudalle, du Mesnil-
au-Vicomte, du Breuil, Burey, Louversey,
Criquetot & Ectot. On voit son tombeau dans
le chœur de l'Eglise de Villettes. Il avoit épousé, par traité passé devant les Notaires de
Beaumont-le-Roger le 27 Août 1577, *Barbe
de Chambray*, fille de *Nicolas*, Seigneur de
Chambray, Baron d'Auffay & de Thevray, &
de *Bonaventure de Prunelé*, sœur de *René*,
qui épousa ANNE DE DREUX, Princesse du
Sang Royal de France. Il eut :

1. GABRIEL, qui suit ;
2. PIERRE DE CANONVILLE, qui eut pour fils
   AIMAR DE CANONVILLE, qui fut père de
   CHARLOTTE, mariée à un Gentilhomme appelé *Hector des Marès-de-Bellefosse ;*
3. Et ANTOINE, rapporté après son frère aîné.

GABRIEL DE CANONVILLE, Seigneur de Gromesnil, Beaucamp, Oudalle, Criquetot, Bailli de Caux & Chevalier de l'Ordre du Roi,

dont on voit le tombeau dans l'Eglise de Gromesnil, avoit épousé, par traité du 23 Septembre 1607, passé devant les Notaires de
Montivilliers, *Madeleine le Roux*, Dame de
Touffreville, Grez & Pouville, Raimbortot,
du Bellay en France, &c. Elle étoit fille de
Charles le Roux-de-Touffreville & *d'Anne
de Bagys*, & petite-fille de *Jean de Bagys*,
& *d'Anne de Gondy*, sœur du Maréchal Duc
de Retz, & du Cardinal de ce nom, & tante
de deux Cardinaux & Archevêques de Paris.
De ce mariage est né :

ADRIEN DE CANONVILLE, Chevalier, Seigneur
de Gromesnil, Beaucamp, Criquetot, &c., qui
épousa *Marie-Elisabeth Bretel*, Marquise de
Gremonville, fille de *Nicolas*, Seigneur de
Gremonville, & *d'Anne-Françoise de Loménie*. Ils eurent :

ANNE-MARIE-MADELEINE DE CANONVILLE, morte
le 25 Novembre 1741, qui épousa, 1º par
contrat du 5 Avril 1684, passé devant *Morice* & *Gruchet*, Notaires à Rouen, *Robert
le Roux*, IVᵉ du nom, Baron d'Esneval,
Ambassadeur en Portugal, puis en Pologne,
mort en 1693, auquel elle porta la Terre de
Criquetot ; & 2º le 5 Janvier 1700, *Charles-François de Montholon*, Seigneur du Vivier & d'Aubervilliers, premier Président au
Parlement de Rouen, mort le 9 Juin 1703.

ANTOINE DE CANONVILLE fut marié, & eut :

1. PIERRE, marié à *Françoise Bretel*, dont il
   eut :

   CHARLES, qui fut marié ;
   Et FRANÇOIS, Ecclésiastique.

2. ADRIEN ;
Et quelques filles mariées.

Ce que nous venons de rapporter de l'ancienne Maison de CANONVILLE est extrait d'un
Mémoire historique, & imprimé à Rouen sur
la fin du dernier siècle, où se trouvent les Généalogies de plusieurs anciennes Maisons de
Normandie, comme celles de *le Roux-d'Esneval*, *Bretel*, *Tournebu*, *Prunelé*. Voyez
ces mots.

CANTELMI, Maison des plus illustres du
Royaume de Naples. CHARLES II, Roi d'Angleterre, reconnut par un acte solemnel de
1683, que cette Maison étoit sortie des Rois
d'Ecosse, & il avoua pour ses parens ceux qui
en portoient le nom. CHARLES II, Roi d'Espagne, approuva la publication de cet acte en
1688, & la confirma de nouveau, autant qu'il
étoit en lui. EVERARD, dernier fils de DUNCAN,

Ier, Roi d'Ecoffe dans le XIe fiècle, fut obligé, après la mort de fon père, affaffiné par *Macbeth*, ufurpateur de la Couronne, de fe retirer en Angleterre auprès du Roi SAINT EDOUARD. On l'avoit furnommé *Cantelm* ou plutôt *Kanklam*, pour la force de fon efprit. De-là il paffa en Normandie près des Ducs, qui étoient fes parens, & s'établit en France. *Antoine d'Ecoffe*, fon fils, fut Seigneur de Luc & de Trilli, eut de grands biens en Provence. Sous le Comte *Raymond*, il prit le nom de *Cantelm*. Ses enfans fuivirent CHARLES, Duc d'Anjou, dans la conquête du Royaume de Naples, & s'y établirent. Ils eurent la Terre de *Popoli*, qui fut érigée en *Duché* dans le XVIe fiècle par le Roi d'Efpagne PHILIPPE II.

La Généalogie de cette Maifon commence à JACQUES CANTELMI, auquel CHARLES d'Anjou, Roi de Naples, donna la Terre de Popoli. Elle a formé deux branches.

PREMIÈRE BRANCHE.
Comtes DE POPOLI.

JEAN-JOSEPH-BONAVENTURE CANTELMI, Comte de Popoli, mourut en 1560. Il époufa *Portia Colonne*, dont :

FRANÇOIS CANTELMI, le dernier de fa branche, mort en 1556, fans laiffer de poftérité de *Julie de Médicis*, fille naturelle d'*Alexandre*, Duc de Tofcane.

DEUXIÈME BRANCHE.
Princes DE PETTERANO, Ducs DE POPOLI.

FABRICE CANTELMI, Duc de Popoli, fut créé Prince de Petterano, par PHILIPPE IV, Roi d'Efpagne, & époufa *Béatrix Brancia*, fille de *François*, Duc de Belvedère, dont :

JOSEPH, qui fuit ;
JACQUES CANTELMI, né le 27 Juin 1645, Inquifiteur à Malte, enfuite Nonce à Venife, en Pologne, & à Vienne, & encore Nonce extraordinaire à la Cour de l'Empereur, & à la Diète d'Augsbourg lorfque l'Empereur JOSEPH y fut élu Roi des Romains. Le Pape ALEXANDRE VIII le créa Cardinal en 1690; il fut enfuite Archevêque de Capoue, & quitta ce fiège pour celui de Naples, où il fut des premiers à fe déclarer pour le Roi PHILIPPE V, qu'il eut la joie de recevoir à Naples en 1702. Il mourut le 11 Décembre 1702 ;
Et ROSTAING CANTELMI, rapporté après fon frère aîné.

JOSEPH CANTELMI, Duc de Popoli, laiffa de *Diane Caëtani d'Aragon* :

BÉATRIX CANTELMI, morte le 26 Juin 1711, qui époufa, en 1690, ROSTAING CANTELMI, fon oncle.

ROSTAING CANTELMI, né en 1653, après avoir fervi en Sicile, en Efpagne, en Afrique & en Flandre, où il fe diftingua en qualité de Major-Général de Bataille, fe retira en 1696 dans le Royaume de Naples, & fut nommé Général des troupes de ce Royaume. CHARLES II, Roi d'Efpagne étant mort en 1700, il fut des premiers à reconnoître PHILIPPE V. Louis XIV le nomma Chevalier de l'Ordre du St.-Efprit en Juin 1701. Le Roi d'Efpagne le nomma Meftre-de-Camp-Général dans le Royaume de Naples en Février 1702, & Capitaine d'une des quatre Compagnies de fes Gardes-du-Corps en Novembre 1703. Il fervit lors de la prife de Barcelone par l'Archiduc d'Autriche, depuis Empereur, en Octobre 1705, prit poffeffion de la Grandeffe d'Efpagne le 5 Avril 1706, en fe couvrant la première fois devant le Roi, & fut fait Commandeur de Baftiments, de Léon, de l'Ordre de Saint-Jacques, au mois de Novembre 1706. Il fe diftingua à la bataille d'Almanza en Valence le 25 Août 1707, fut nommé Général de Catalogne en Mars 1713, Chevalier de l'Ordre de la Toifon d'Or en Juillet 1714, qu'il reçut le 16 Août fuivant, fut fait Confeiller du Confeil de Guerre & du Confeil des Finances en 1715, & nommé Gouverneur du Prince des Afturies en Juillet 1716. Il époufa, en 1690, BÉATRIX CANTELMI, Princeffe de Petterano, fa nièce, morte le 26 Juin 1711, fille de JOSEPH, Duc de Popoli, dont il a eu :

JOSEPH CANTELMI, Prince de Petterano, marié, le 22 Avril 1717, à *Catherine-Berthe de Boufflers*, née le 21 Septembre 1702, nommée en 1717 Dame d'honneur de la Reine d'Efpagne, & enfuite Dame du Palais, morte le 16 Juillet 1738. Elle étoit fille de *Louis-François*, Duc de *Boufflers*, Pair & Maréchal de France, Chevalier des Ordres du Roi & de la Toifon d'Or, & de *Catherine-Charlotte de Gramont*. (Voyez Lellis, *Famiglie Napoli*; Imhoff, *Hift. Généal. d'Italie & d'Efpagne*; le P. Anfelme, Moréri; *Mémoires du tems*, &c.)

CANTILLANA. Don JOSEPH de Baeza & Vifentelo, des Marquis de Caftromonté, Grand d'Efpagne, Comte de CANTILLANA, & Marquis de Brénès en Andaloufie, Chevalier de l'Ordre de Saint-Janvier, Ambaffadeur Extraordinaire & Plénipotentiaire de S. M. Sicilienne à la Cour de France en Juillet 1753, n'eft pas marié.

CANU, Sieur de Bafmarey & du Martel, en Normandie, Election de Caen, porte : *de gueules, au lion d'or, au chef de même.*

*CANVILLE. La Terre de Canville, fituée dans le Bailliage de Caux, au milieu des terres, fur le chemin de Rouen à Fécamp, a donné l'origine à cette Maifon. Il y a fi long-tems que cette famille eft éteinte en Normandie, que nous n'en pouvons parler que confufément d'après quelques Mémoires extraits des Echiquiers de la Province & des Regiftres de la Chambre des Comptes de Paris, qui contiennent une Charte de HENRI II, Roi d'Angleterre & Duc de Normandie, donnée à Rouen & faite en faveur de l'Abbaye de Jumiéges, dans laquelle font témoins RICHARD DE CANVILLE & GIRARD DE CANVILLE, Chevaliers, avec Rotrou de Warvick, Archevêque de Rouen, Richard du Homet, Connétable de Normandie, Robert Marmion, Saher de Quincy, Robert d'Eftouteville, & autres. Mais cette Maifon de CANVILLE, dont les puînés fe font établis en Angleterre, y a été très-floriffante & y fubfifte encore à préfent. Il appert des regiftres de l'Abbaye de Comba, que HUGUES, Sire de CANVILLE en Normandie, vivant en 1098, eut :

1. HUGUES, Sire de CANVILLE, qui fit la branche aînée dans le pays, à préfent éteinte, & dont nous ne pouvons parler, faute de Mémoire ;
2. Et RICHARD, qui fuit.

RICHARD DE CANVILLE, Chevalier, paffa en Angleterre vers 1142, & y fonda l'Abbaye de Comba fous le règne d'ETIENNE, Roi d'Angleterre, vers 1150. Il laiffa :

1. VAUTIER, qui fuit ;
2. RICHARD, Chevalier ;
3. GIRARD, rapporté ci-après ;
4. GUILLAUME, auteur de la branche de *Serkinton*, dont il fera parlé enfuite ;
5. Et MATHILDE, mariée à *Guillaume de Ros*, Chevalier.

VAUTIER DE CANVILLE, Chevalier, eut pour enfans :

1. GEOFFROY, Chevalier, vivant fous le Roi JEAN, dont la poftérité eft ignorée ;
2. PÉTRONILLE, mariée à *Richard de Curfon*, Chevalier ;
3. ALICIE, mariée à *Robert d'Efeby* ;
4. Et MATHILDE, mariée à *Thomas d'Afteley*, fils de *Philippe*, Sire d'*Afteley*, vivant fous HENRI II.

GIRARD DE CANVILLE, Chevalier, troifième fils de RICHARD DE CANVILLE, époufa *Jeanne* ou *Nicole de la Haye*, dont il eut pour fils & fucceffeur :

RICHARD DE CANVILLE, Chevalier, qui époufa *Ifabelle d'Harcourt*, fille d'*Olivier d'Harcourt*, Baron en Angleterre, & de *Mathilde Marmion*.

BRANCHE
DE SERKINTON.

GUILLAUME DE CANVILLE, quatrième fils de RICHARD DE CANVILLE, vivoit fous le Roi HENRI III. Il époufa *Alberede Marmion*, fille & héritière de *Geoffroy Marmion*, & fœur de *Robert* & de *Richard*, Milords de *Marmion*, & laiffa :

1. RICHARD, Chevalier, qui époufa *Euftache*, veuve de *Thomas de Verdon* ;
2. GUILLAUME, qui fuit ;
3. GEOFFROY, tige de la branche des Seigneurs de *Clifton*, rapportée ci-après ;
4. Et THOMAS, Prêtre.

GUILLAUME DE CANVILLE, Seigneur de Serkinton, laiffa :

1. THOMAS, qui fuit ;
2. Et GUILLAUME, Chevalier.

THOMAS DE CANVILLE, Chevalier, Seigneur de Serkinton, vivant fous le Roi EDOUARD Ier, époufa *Agnès*, dont il eut :

1. GEOFFROY, qui fuit ;
2. Et FÉLICE, mariée à *Philippe d'Urnaffel*, Chevalier.

GEOFFROY DE CANVILLE, Milord de Maudet & de Serkinton, époufa *Elifabeth*, de laquelle il eut :

GIRARD DE CANVILLE, Seigneur de Serkinton, Chevalier, qui fut père de

ELISABETH DE CANVILLE, qui époufa *Robert Burdet* ou *Bourdet*, Chevalier.

BRANCHE
DE CLIFTON.

GEOFFROY DE CANVILLE, Chevalier, Seigneur de Clifton, troifième fils de GUILLAUME, & d'*Alberede Marmion*, eut pour fils & fuc-

GUILLAUME DE CANVILLE, Chevalier, Seigneur de Clifton, qui laiffa entr'autres enfans :

GEOFFROY DE CANVILLE, Chevalier, Seigneur de Clifton, vivant fous le Roi EDOUARD Ier, qui époufa *Mande de Briane*, fille de *Guy*, Seigneur de *Brian*, dont il eut :

GUILLAUME DE CANVILLE, Chevalier, Seigneur de Clifton, qui eut :

1. MANDE DE CANVILLE, mariée à *Richard*, Comte de *Stafford ;*
2. Et MARGUERITE DE CANVILLE, mariée à *Richard de Vernon*, Seigneur de Haddon.

Suivant les Armoriaux, GEOFFROY DE CANVILLE portoit : *d'azur, à trois léopards d'or ;* mais GUILLAUME DE CANVILLE n'en portoit *que deux*, ainfi que BERTRAND DE CANVILLE, Seigneur de Benonville. De la branche reftée en Normandie étoit JEANNE DE CANVILLE, femme de *Jean de Villiers*, Baron de Coulonces.

Les armes: *d'azur, à trois léopards d'or, pofés l'un fur l'autre, armés & lampaffés de gueules.*

*CANY, en Normandie, Terre & Seigneurie confidérable avec titre de *Marquifat*, poffédée par la famille de BEC-DE-LIEVRE. Voy. ce mot

CAPEL, famille illuftre d'Angleterre. ARTHUR CAPEL, né en 1635, créé par le Roi CHARLES II, Vicomte de *Malden* & Comte d'*Effex*, le 20 Août 1661, mourut le 13 Juillet 1683. Il époufa *Elifabeth*, fille d'*Algernon Percy*, Comte de Northumberland, dont :

ALGERNON CAPEL, Comte d'Effex, qui fut Gentilhomme de la Chambre du Roi GUILLAUME, Colonel d'un Régiment de Dragons, & Lord-Lieutenant & Garde des Rôles du Comté d'Hertford. La Reine ANNE le fit Commandant de la Tour & Lieutenant-Général de fes armées. Il mourut le 10 Janvier 1710, & avoit époufé, en 1692, *Marie Bentinck*, remariée à *Conyers d'Arcy ;* elle étoit fille de *Guillaume Bentinck*, Comte de Portland, & d'*Anne Villiers*. Ils eurent :

1. GUILLAUME, qui fuit ;
2. & 3. ELISABETH & MARIE.

GUILLAUME CAPEL fut Comte d'Effex, Vicomte de Malden, Baron Capel de Hadham, Lord-Lieutenant du Comté d'Hertford, honoré en 1725 de l'Ordre du Chardon, & mou-

rut le 8 Janvier 1743. Il époufa, 1° en 1718, *Jeanne Hyde*, morte en 1724, fille de *Henri Hyde*, Comte de Clarendon ; & 2° le 3 Février 1726, *Elifabeth Ruffel*, fille de *Wriothefley*, Duc de Bedford. Il eut du premier lit :

1. & 2. CAROLINE & JEANNE, mortes avant 1726 ;
3. & 4. CHARLOTTE & MARIE.

(Voyez Moréri, édit. de 1759).

CAPENDU. La Vicomté de *Bourfonne*, dans la Généralité de Soiffons, eft poffédée depuis plus de 200 ans par la famille de CAPENDU.

CHARLES DE CAPENDU, Ecuyer, Seigneur de Capendu & du Pronnai, Vicomte de Bourfonne, Pair du Comté de Saint-Paul en Artois, Maître des Eaux & Forêts du Duché de Valois, charge poffédée par tous fes defcendans jufqu'à préfent, et nommé parmi les Nobles dans le procès-verbal de rédaction de la Coutume de ce Duché, fait le 13 Septembre 1539, mourut en Septembre 1546. Il avoit époufé, le 26 Avril 1528, *Antoinette de Ligny*, & en eut :

HENRI DE CAPENDU, Chevalier, Vicomte de Bourfonne, qui époufa, le 22 Juin 1579, *Antoinette de Monchy-Senarpont*, baptifée le 18 Mars 1561, morte le 9 Juillet 1626, après s'être remariée 2° à *Philippe de Setouville*, Seigneur de Vaux ; & 3° à *Jean de Gaillard*, Seigneur de Raucourt. Ils eurent :

1. CHARLES, qui fuit ;
2. ANNE, mariée à *Louis de Sébouville*, Seigneur des Marets ;
3. MARIE, veuve d'*Adrien de Mailly*, Seigneur de la Houffaye ;
4. Et LOUISE, mariée à *François Tiercelin*, Seigneur de Neufmoulin.

CHARLES DE CAPENDU, IIe du nom, Chevalier, Vicomte de Bourfonne, Seigneur d'Ouchy-le-Châtel & de la Villeneuve, Maître des Faux & Forêts du Bailliage de Valois, époufa, le 25 Février 1602, *Antoinette de Sébouville*, & fut père de

CHARLES DE CAPENDU, IIIe du nom, Vicomte de Bourfonne, marié, le 13 Juin 1655, à *Renée-Madeleine de Vaffan*, dont il eut entr'autres enfans, pour fils aîné

CHARLES DE CAPENDU, IVe du nom, Vicomte de Bourfonne, Seigneur de Capendu & d'Hennefês, Commandeur de Moreuil, de l'Ordre de Saint-Lazare, Chevalier de St.-Louis, épousa, le 26 Septembre 1689, *Jeanne-Baptiste de Gaune*. De ce mariage sont nés :

1. CHARLES, né le 31 Mars 1695, reçu Page du Roi en sa Grande-Ecurie le 5 Avril 1710 ;
2. Et AMABLE-PAUL-JEAN-BAPTISTE, né le 29 Juin 1698, reçu le 30 Avril 1703 Chevalier de Malte dans le Grand-Prieuré de France, où son oncle RENÉ DE CAPENDU avoit été admis, & reçu aussi Page du Roi, comme son frère aîné, le 2 Mai 1713. Voy. *Tablettes généalogiques & historiques*, part. VII, p. 240.

Les armes : *d'argent, à trois fasces de gueules, furmontées de trois merlettes de fable, rangées en chef*. Voy. BOURSONNE.

CAPPELIN, Seigneur de Berquery en Normandie, Election de Valognes : *d'azur, à deux chevrons d'or*.

CAPPON, en Normandie, Election de Valognes : *d'argent, à trois losanges de gueules, 2 & 1, & trois moucheures d'hermines de fable, 1 & 2*.

CAPPONI, célèbre famille de Florence, de laquelle descendent plusieurs Ambassadeurs, Conseillers, Cardinaux & Savans.

GINON CAPPONI, surnommé *l'ancien*, fut envoyé Ambassadeur en plusieurs Cours de la part de la République de Venise, dont il devint Gonfalonier. NORI CAPPONI son fils, employé dans plusieurs députations, mourut en 1457. Deux autres CAPPONI, connus par leurs Ouvrages, ont porté le nom de GINON.

GUILLAUME CAPPONI étoit Ambassadeur de Florence, & Evêque de Cortone en 1505, & mourut en 1512.

FERRANTE CAPPONI, né en 1611, revêtu de plusieurs emplois distingués sous FERDINAND II, Grand-Duc de Toscane, étoit Gouverneur de Florence. COSME III l'établit son Ministre d'Etat, & l'employa dans plusieurs affaires importantes. Il mourut en 1688. ALOYS, ou LOUIS CAPPONI, issu de la même famille, étoit Abbé lorsque le Pape LÉON XI le fit Trésorier de l'Eglise. PAUL V le créa en 1608 Cardinal-Diacre du titre de *Sainte-Agathe*, puis Prêtre du titre de Saint-Charles, de Saint-Pierre-ès-Liens, & de Saint-Laurent *in Lucinâ*. Il devint outre cela Légat à Bologne, Archevêque de Ravenne, & Sous-Doyen du Collège des Cardinaux. Il résigna

son Archevêché en 1645, eut un parti pour le souverain Pontificat après la mort d'INNOCENT X, mais qui ne réussit point, & mourut en 1659. Voy. Moréri.

CAPPY en Champagne, famille qui subsiste dans FRANÇOIS CAPPY, Ecuyer, Seigneur d'Athys, du grand & petit Ecury, de Champagne, de Bussy-le-Château, de la Cheppe & de Cuperly, qui obtint le 5 Mai 1706 un brevet de Cornette dans le Régiment de Cappy-Cavalerie, incorporé depuis dans le Régiment du Roi, en fut fait Capitaine le 1er Février 1708 ; Major de ce même Régiment le 11 Juillet 1711 ; fut confirmé dans sa Noblesse par Lettres du mois d'Octobre 1716, & nommé Chevalier de Saint-Louis le 16 Octobre 1721. Il a épousé, par contrat du 22 Avril 1724, *Marie-Madeleine de Bougard*, fille de *Gilles*, Ecuyer, Seigneur de Potrel & de Saint-Manvieux, Chevalier de St.-Louis, Mestre-de-Camp d'un Régiment de Cavalerie de son nom, & *d'Antoinette Sanouret*, dont sont issus :

1. GILLES-JEAN-FRANÇOIS-DENIS, né le 17 Avril 1726, Ecuyer, Seigneur d'Athys, Pensionnaire du Roi & Capitaine dans le Régiment d'Harcourt, Cavalerie ;
2. Et CÉSAR-MARIE CAPPY, né le 21 Octobre 1734, Seigneur du grand & petit Ecury & de Champagne, l'un des Chevaux-Légers de la Garde du Roi.

Les armes : *d'azur, à un chevron d'or, accompagné de trois merlettes de même, posées 2 en chef & 1 en pointe*. (Voy. l'*Armorial de France*, reg. V, part. I.)

CAPRIS, en Savoie, Noblesse qui produit des certificats signés par le Duc de ce nom (EMMANUEL-PHILIBERT), scellés du sceau de ce Prince & de celui du Sénat de Turin, par lesquels il est prouvé qu'elle est des plus anciennes & des plus illustres de Savoie. On la croit originaire d'Allemagne, sa carte généalogique est tirée en grande partie d'un Plaidoyer imprimé fait contre la famille de *Ferrery*, qui lui disputoit la prééminence. Le Duc de Savoie jugea ce différent en faveur des CAPRIS, ainsi qu'il appert par un Arrêt dont copie, communiquée à l'auteur de l'*Histoire héroïque de la Noblesse de Provence*, tirée sur l'original, est signée par le Duc de Savoie lui-même.

Il y est fait mention des grands hommes que

cette Maifon a produits, parmi lefquels on trouve Etienne Capris, Général des Finances de Savoie fous trois différens Princes; Maurice Capris, Comte de Montmaures, Gentilhomme de la Chambre de Charles-Emmauel, Duc de Savoie; Sergent-Major-Général de Bataille, Colonel d'Infantérie, Confeiller d'Etat, Gouverneur de Villeneuve, Carmagnolle & de la Citadelle de Turin; Etienne Capris, Abbé de Mulegio, enfuite Evêque d'Aft, Gouverneur de feu Illuftriffime Dom Charles, Confeiller d'Etat & Grand-Chevalier de l'Ordre de l'Annonciade; Lazare Capris, qui fuccéda à l'Abbaye du précédent, fut Référendaire de l'une & l'autre fignature, Gouverneur d'Orviéto, Terny, Forli & Vice-Légat de Bologne; François & Gaspard Capris, Généraux d'Armées; Philippe-Emmanuel Capris; Seigneur d'Ateffano & de Corveia, Colonel d'Infanterie, mort à la bataille d'Avigliana; Jean Capris, Archevêque de Milan, &c. Tous ces grands hommes fe trouvent dans la carte généalogique de cette Maifon, qu'on imprima à l'occafion du différend dont on vient de parler.

Ce qui en prouve encore l'ancienneté, ce font trois Chapelles qu'elle poffède depuis plufieurs fiècles dans l'Eglife de Saint-Auguftin de Biella, où l'on trouve des maufolées en marbre érigés à la gloire des *Capris*, ornés de leurs armes & d'épitaphes qui marquent le rang diftingué qu'ils ont toujours tenu dans leur Ville. Ils jouiffent du même avantage dans le magnifique Temple de St.-Jérôme, érigé & fondé par le Bienheureux Jean Capris, Confeffeur de la Ducheffe Blanche de Savoie, & prefque dans toutes les Eglifes de Biella.

On trouve dans un Ecrit de l'an 1000, uni aux Statuts de Biella, *Jacobus de Collocapra*, qualifié *nobilis Dominus & Miles*, &c.; un autre *Jacobus de Collocapra*, qui a auffi les mêmes qualifications. En 1187, Ottobon & Ardisson Capris prirent l'inveftiture des décimes de Biella, & dans l'acte de ladite inveftiture il fe trouve ces paroles : *Prout prædeceffores*, ce qui prouve que leurs pères étoient dans la même poffeffion.

Thibaud Vorcelino & Albert Capris étoient Gouverneurs de leur Ville aux années 1204, 1225 & 1263; & par un acte de 1266, il eft prouvé que la famille de *Ferrery* payoit à celle de *Capris* la décime des ani-

maux qu'elle élevoit dans fes domaines, raifon qu'on fit valoir dans le Plaidoyer, & qui fervit à faire débouter les *Ferrery* de leurs prétentions.

Dans une Affemblée qu'il y eut à Biella en 1308, Jacques Capris étoit à la tête des Seigneurs qui la compofoient, & on trouve dans les Regiftres de cette Ville qu'Albert & Guillaume Capris en étoient premiers Confuls aux années 1360 & 1370.

Odon-François Capris fut Commandeur de Rhodes, & le premier qui porta dans la Ville de Biella la Croix de Saint-Jean de Jérufalem. Laurent Capris, Bailli d'Avillana, fut Gentilhomme du Prince Emmanuel, Duc de Savoie; & après lui cette Maifon a eu cinq autres Chevaliers du même Ordre, favoir : Jérôme, Pierre, Louis, Philibert, & François-Amédée Capris, Capitaine de Cavalerie.

I. Jacques Capris, aliàs Gromis, *Miles*, paffa, en 1414, avec l'Evêque Oblato, une tranfaction, dans laquelle il eft dit père de

II. Jean Capris, Gouverneur de Biella en 1433, qui eut pour fils :

III. Pierre Capris, Seigneur de Ternengo, Cereta, Valdengo & Balocco, Confeiller d'Etat du Duc Charles Ier & du Duc Jean-Amédée. Il eut plufieurs fils qui firent différentes branches.

IV. Denis Capris, l'un d'eux, fe retira à Upais en Dauphiné à caufe des acquifitions confidérables qu'il y fit en 1495. Il époufa noble *Louife de Malpointe*, dont :

V. Louis Capris, Chevalier, Capitaine d'Arquebufiers à cheval, lequel vint s'établir à Mizon, & de-là à Brignoles. Il avoit époufé *Jeanne de Gervafi*, d'une ancienne famille du Dauphiné, & en eut entr'autres enfans :

VI. Pierre Capris, IIe du nom, Capitaine de 100 hommes. Il porta long-tems les armes en France, lors des troubles de la Religion, fous le commandement des Seigneurs de Soubife, Cipières & Senas. Il époufa *Louife de Fougaffe*, d'une famille diftinguée, de laquelle il laiffa :

VII. Louis-Esprit Capris, Chevalier, Capitaine d'Arquebufiers à cheval, & enfuite Gouverneur du Fort de Notre-Dame-de-la-Garde. Il eft cité avec honneur dans plufieurs endroits de l'*Hiftoire de Provence*, par Honoré Maynier. Il fut maintenu dans fon ancienne nobleffe fur l'expofé de fes titres par Arrêt du 5 Mars 1598; le Roi le fit Gentilhomme de fa Chambre le 3 Juin 1613, & il époufa, par contrat paffé à Ollioules le 6 Juin 1598, *Marquife de Boyer-Bandol*. Il eut :

VIII. Antoine Capris, Chevalier, Seigneur de Beauvezer, qui acheta la Charge de princi-pal Magiftrat du Siège Royal de la Ville de Cuers, où il fe retira. Il époufa, par contrat paffé à Barjols en 1651, *Lucrèce de Rodulph*, fille unique & héritière de *François*, & de *Ca-therine de Pontevès*, Dame d'Amirat. De ce mariage naquirent :

1. Joseph, qui fuit ;
2. Et Antoine, qui entra d'abord dans la Com-pagnie des Cadets Gentilshommes, & mou-rut Capitaine des Grenadiers de la première Compagnie du Régiment de Talard, Che-valier de St.-Louis, & ayant 800 livres de penfion. Il avoit fervi avec diftinction, & reçu plufieurs bleffures dans les différens fièges & combats où il s'étoit trouvé.

IX. Joseph Capris, Seigneur d'Amirat & de Beauvezer, fuccéda à la Charge de fon père, fut maintenu dans fa nobleffe par Ordonnan-ce de M. *le Bret*, Intendant en Provence, le 13 Août 1710. Il époufa, par contrat paffé à Cuers le 26 Octobre 1688, *Marie-Rofe de Court*, fille unique & héritière d'une famille de ce nom établie à Toulon.

X. Antoine Capris, Seigneur de Beauve-zer, qui exerce la charge de fon père, épou-fa, par contrat du 24 Février 1721, *Elifabeth de Beaumont* (dont la mère étoit *Rochas*, & l'aïeule *Arcuffia*, des Vicomtes d'*Efparron*, fœur de deux Chevaliers de Malte), dont :

1. Joseph-Bernard, Chevalier ;
2. Jean-Baptiste, qui a été Jéfuite ;
3. Félix-Dieudonné, Religieux de l'Ordre de Cîteaux ;
4. Charles-Augustin, Eccléfiaftique ;
5. Et Marie-Aimée-Fortunée.

Outre la branche dont nous venons de par-ler, il y en a encore trois autres :

La première, qui eft celle des Seigneurs de *Gromis*, fait fa demeure à Biella.

Il ne refte plus de la feconde, établie à Chambéry, que le *Comte de Capris*, Sei-gneur de la Peyffe, Gentilhomme du Duc de Bavière, Lieutenant-Colonel de fes Gardes & Chevalier de l'Ordre de St.-Georges, pour le-quel il faut les mêmes preuves qu'aux Com-tes de Lyon.

La troifième branche eft établie à Turin, où le Chevalier *Capris*, Marquis de Ciglié,

& oncle-germain du Comte *Capris-de-Ci-glié* qui foutient cette branche, eft Majordo-me du Duc de Savoie, Général-Major de fes Troupes, & Grand-Cordon des Ordres de St.-Maurice & de Saint-Lazare, avec une pen-fion de 4000 livres. (Extrait de l'*Hift. héroï-que de la Nobleffe de Provence*, tom. I, pag. 221 & fuiv.)

Les armes : *d'or, à la tête de chèvre de fable.*

CARACCIOLI, Maifon des plus illuftres, des plus anciennes & des plus étendues du Royaume de Naples. On la croit originaire de Grèce, & établie à Naples dès le IXe ou Xe fiècle. Elle a été depuis divifée en deux bran-ches.

BRANCHE
de Rossi.

Elle a produit :

1. Les Comtes de *Gerace* & de *Terra No-va.*
2. Les Comtes de *Nicaftro*, Princes de *Fo-rino*, Ducs de *Belcaftro*.
3. Les Marquis de *Mifuraca*, Seigneurs de *Banderano*.
4. Les Marquis de *Vico* & de *Torrecufo*, Comtes de *Biccari*, Ducs d'*Airole* & de *St.-Vito*.
5. Les Barons de *Salvia*, Marquis de *Brien-ṣa*.
6. Les Princes d'*Avellino* & de *Torella*, Ducs d'*Atripalda*, de *Borano* & de *Montene-gro*, Marquis de *San-Eramo* & de *Brienṣa*.

Les armes : *d'or, à trois bandes de gueu-les, au chef d'aṣur.*

BRANCHE
Del Leone ou de Pjsquitti.

D'où font iffus :

1. Les Comtes de *Pifciotta* & de *Paretto*.
2. Les Seigneurs d'*Orta*, Comtes de *Ni-caftro*, Ducs de *Feroletto*, Marquis de *Gioio-fa*, Ducs de *Rocca*, Rainola, d'*Atella* & de *Girifalco*.
3. Les Ducs de *Caggiano*, depuis de *Mar-tina*, Marquis de *Macchia-Godena* & de *Caftellaneta*.
4. Les Ducs de *Sicignano*, Marquis de *Bi-netto*.
5. Les Marquis de *Bucchianio*, Princes de *San-Buono* & de *Villa-Sancta*, Ducs de *Ce-lenṣa* & de *Caftel-Sangro*.

6. Les Princes de *Marfico Vetere*, Ducs de *Girifalco* & de *Monte-Sardo*, Marquis de *Barifciano*.

7. Les Ducs & Princes de *Melphes*, Marquis de *Grottola*, rapportés plus loin.

8. Les Comtes de *Saint-Angelo*.

9. Les Marquis de *Capriglia* & de *Caftel-Guidone*, Ducs de *Miranda*, Seigneurs de *Villa-Maina*.

10. Les Marquis de *Cafa d'Albero*, de *Volturata*, de *Cervirana* & de *San-Eramo* Princes de *Terra-Nova*.

Les armes : *d'or, au lion d'azur.*

BRANCHE
des Ducs & Princes DE MELPHES, *Marquis*
DE GROTTOLA (éteinte).

JEAN DE CARACCIOLI, Maréchal de France, en Décembre 1544, mourut le 29 Juillet 1550, âgé d'environ 70 ans.

Les armes : *bandé d'or & de gueules de fix pièces, au chef d'azur.*

A cette famille appartenoit THOMAS, Marquis de CARACCIOLI, né en 1651, Lieutenant-Général des Armées du Roi, Gouverneur de Briançon, Commandant des Villes de Mezières, de Charleville & de Sédan, qui mourut le 26 Janvier 1755.

Cette grande Maison a donné 7 Cardinaux, un Patriarche, 17 Archevêques, 24 Evêques, un Maréchal de France, un Lieutenant-Général des Armées de France, un nombre confidérable d'Officiers du Royaume de Naples, 4 Chevaliers de la Toifon d'Or & 5 Grands d'Efpagne. On compte dans cette famille 12 Principautés, 27 Duchés, 26 Marquifats & une fois autant de Comtés. Voyez Imhoff, *Notitia Italiæ*; Moréri & le P. Anfelme, tom. VIII, p. 199.

CARAFFE ou CARAFFA, Maifon illuftre du Royaume de Naples, que quelques-uns font defcendre d'un Roi de Sardaigne, dans le XIᵉ fiècle, & d'autres d'un Chevalier de la Maifon de *Caraccioli*, attaché à l'Empereur *Othon*, dans le Xᵉ fiècle.

On reconnoît pour chef de la Maifon de Caraffa, PHILIPPE CARAFFA, Seigneur de Ripa-Longa, mort en 1220. De lui font forties les deux branches fuivantes :

L'une eft nommée de *Spina*; l'autre, *de Statera*, pour fe diftinguer. La première a mis à côté de fon écuffon, ou derrière en fautoir, *deux bâtons d'épine verte*; & l'autre, *deux pefons.*

BRANCHE
de SPINA.

Elle a produit :

1. Celle des Comtes de *Sainte-Severine*, éteinte dans le XVIIᵉ fiècle, dans la perfonne de VESPASIEN, dernier Comte de Sainte-Severine.

2. Celle des Comtes de *Grotteria*, Ducs de *Caftelvetere*, Princes de *la Roccella* & de *Botero*, éteinte dans CHARLES-MARIE, Prince de *la Roccella* & de *Botero*, mort fans enfans en 1695, âgé de 49 ans.

3. Celle des Ducs de *Bruzzano*, qui fubfifte.

4. Celle des Comtes de *Policaftro*, dont HECTOR CARAFFA, Comte de *Policaftro*, qui vivoit encore en 1710.

5. Celle des Ducs de *Forli* & de *Montenegro*, éteinte.

BRANCHE
de STATERA.

D'où font iffues :

6. Celle des Seigneurs de *Flumara*, de *Seffola*, de *Rofito* & de *St.-Alpin*, éteinte.

7. Celle des Comtes d'*Airola* & de *Ruvo*, Ducs d'*Andria*, &c., éteinte.

8. Celle des Marquis de *Montenegro*, Princes de *Chiufano*, qui fubfifte.

9. Celle des Ducs d'*Ariano*, de *Cerfi*, de *Campoleto*, Comtes de *Montecalvo*, Princes de *Sopino*, éteinte.

10. Celle des Marquis de *San-Lucido*, Ducs de *Jelzi*.

11. Celle des Princes de *Stigliano*, Ducs de *Mandragon*, Comtes de *Morcone*.

12. Celle des Ducs de *Laurino*, Princes de *St.-Laurent*.

13. Celle des Ducs de *Mataloni*, Princes de *Colobraro*. Le Duc de Matalone, Grand-Sénéchal de Naples, & chef de fa branche, eft mort à Naples, le 11 Décembre 1765, âgé de 34 ans.

14. Celle des Ducs de *Nocera*, de *Noja* & de *Cancellara*.

15. Celle des Marquis d'*Anzi*, Princes de *Belvedère*, qui fubfifte.

16. Celle des Comtes de *Matalone* & de *Cerretta*, Marquis de *Branello*.

17. Et celle des Comtes de *Montorio*, éteinte.

Cette Maiſon a produit beaucoup de grands Hommes dans l'Egliſe & les Armées. On compte dans ſes différentes branches, qui ſont au nombre de 17, un Pape, 12 Cardinaux, 36 tant Archevêques qu'Evêques, dont 9 Archevêques de Naples; un Grand-Maître de l'Ordre de Saint-Jean de Jéruſalem, un Lieutenant du Grand-Maître; pluſieurs Chevaliers de la Toiſon d'Or, Grands d'Eſpagne, Princes, Ducs, Généraux d'Ordre, &c. Voyez Imhoff., *Hiſt. Généal. d'Ital;—Famil. Ital.*, par Sanſovin;—*Famil. Napolit.*, par Amirato; —*Hiſt. Généal. de Caraf.*, par Aldémarius.

* CARAMAN, ancien Comté en Languedoc, connu anciennement ſous le nom de *Carmen*, aujourd'hui ſous celui de *Caraman*, poſſédé par VICTOR-MAURICE RIQUET, Marquis de Caraman. Voyez RIQUET.

CARBONNEL (DE), Maiſon l'une des plus anciennes de la Province de Normandie.

HERBERT DE CARBONNEL, Seigneur de Caniſy, qui vivoit en 1286, fut père de GUILLAUME, mort en 1345, & aïeul de HUE ou HUGUES, qui mourut en 1357, & dont le fils, GUILLAUME II, ſervoit à la guerre de 1407 avec ſept Ecuyers. Il laiſſa:

GUILLAUME, qui ſuit;
Et JEAN, rapporté après ſon frère.

GUILLAUME III, dont le Roi d'Angleterre confiſqua les biens en 1419. Après la mort de celui-ci la Terre de *Caniſy* retourna à la poſtérité de ſon frère. Il n'eut qu'une fille, nommée

GUILLEMETTE DE CARBONNEL, morte en 1486.

JEAN DE CARBONNEL, Seigneur de Mauloué & de Gréville, épouſa *Jeanne Thiſon*, dont:

JEAN DE CARBONNEL, Seigneur de Mauloué, qui épouſa *Jeanne d'Anquetonville*, & en eut JEAN, IIIᵉ du nom, Seigneur de Caniſy en 1486 par le décès de GUILLEMETTE, ſa couſine. Il épouſa *Françoiſe de Saint-Gilles de Fleury*, & eut

ROBERT DE CARBONNEL, Seigneur de Caniſy & de Mauloué, marié, le 25 Mai 1506, à *Catherine de Silly*, dont vint:

PHILIPPE DE CARBONNEL, Seigneur de Caniſy, Chevalier de l'Ordre du Roi, auquel *Guillemette de Cambernon* porta en dot les Terres de *Cambernon*, de *Montpinçon* & de *Trégoti*. Ils eurent:

HERVÉ DE CARBONNEL, Seigneur de Caniſy, Cambernon, &c., Gentilhomme ordinaire de la Chambre du Roi en 1581, Capitaine de 50

Lances en 1589, Lieutenant de Roi au Gouvernement de la Baſſe-Normandie, & nommé en 1604 Chevalier du Saint-Eſprit ſans avoir été reçu. Il épouſa, en 1588, *Anne de Matignon*, fille de *Jacques*, Maréchal de France, laquelle lui apporta la Baronnie du *Homet*. Il en eut:

RENÉ DE CARBONNEL, Seigneur & Baron du *Homet*, *Courſy* & *Caniſy*, Gentilhomme ordinaire de la Chambre du Roi, Capitaine & Gouverneur d'Avranches, Lieutenant de Roi au Bailliage du Cotentin, en faveur duquel le Roi, tant en conſidération de la naiſſance que de ſes ſervices & de ceux de ſon père, unit les Baronnies de *Courſy*, du *Homet* & de *Caniſy*, & les érigea en *Marquiſat*, ſous le nom de *Marquiſat de Caniſy*, par Lettres du mois de Décembre 1619, regiſtrées en 1643. Il épouſa, en 1607, *Claude Pelet-de-la-Verune*, dont il eut entr'autres enfans:

1. HERVÉ, qui ſuit;
2. Et FRANÇOIS, rapporté après ſon frère.

HERVÉ DE CARBONNEL ſuccéda au Marquiſat de Caniſy & aux emplois de ſon père, & mourut le 6 Janvier 1693. Il épouſa, en 1643, *Catherine de Juyé-de-Champrond*, & laiſſa:

RENÉ DE CARBONNEL, IIᵉ du nom, Marquis de Caniſy, Gouverneur d'Avranches, qui eut de ſa première femme, *Catherine-Madeleine de Sillans-de-Creuilly*:

N... qui n'a point été mariée;
Et MARIE-HERVÉE DE CARBONNEL, qui épouſa, en 1709, *Antoine de Faudoas*, Comte de Serillac.

FRANÇOIS DE CARBONNEL, Comte de Caniſy, ſecond fils de RENÉ, premier Marquis de Caniſy, épouſa *Louiſe le Roux-de-Gonfreville*, dont naquit:

GASPARD-CLAUDE, dit le *Comte de Carbonnel*, qui épouſa, en 1676, *Charlotte de la Paluelle*, fille & héritière d'*Iſaac*, Marquis de la Paluelle, & de *Marie-Renée de Roſmadec*, dont:

RENÉ-ANNE, qui ſuit;
Et JACQUES-MICHEL DE CARBONNEL, rapporté après ſon frère.

RENÉ-ANNE DE CARBONNEL, Comte de Caniſy, Marquis de la Paluelle, Lieutenant de Roi en Baſſe-Normandie, Brigadier de ſes Armées, mort en 1725, avoit épouſé *Thérèſe-Eléonore Gueſtre-de-Préval*, dont vint:

FRANÇOISE-RENÉE DE CANISY, appelée Com-

teſſe de Forcalquier, née en 1725, mariée 1°
à *Antoine-François de Pardaillan*, Marquis
d'Antin, Vice-Amiral de France, mort le 24
Avril 1741 ; & 2° le 6 Mars 1742, à *Louis-
Buſile de Brancas*, Comte de Forcalquier,
Grand d'Eſpagne, mort le 3 Février 1753.

JACQUES-MICHEL, dit le *Comte de Carbonnel*, ſecond fils de FRANÇOIS, Chevalier de St.-
Louis, Capitaine de Dragons dans le Régiment d'Orléans, a épouſé, à Châlons, en 1726,
Jeanne-Claude de Pinteville-de-la-Motte,
dont il a eu :

1. N...DE CARBONNEL, Marquis de Caniſy, Chevalier de Saint-Louis, ci-devant Capitaine
de Gendarmerie, & aujourd'hui Colonel de
Cavalerie, qui épouſa, en 1753, *Marguerite
de Vaſſy;*

2. Et ELÉONOR-CLAUDE DE CARBONNEL, Comte
de Caniſy, Exempt des Gardes-du-Corps,
qui épouſa, le 6 Août 1763, *Hélène-Hen-
riette de Vaſſy*, fille de *Bruno-Emmanuel-
Marie-Eſprit*, Marquis de Vaſſy, & de *Su-
ſanne-Françoiſe-Jeanne de Vaſſy*.

Il y a une troiſième branche, dont eſt chef :
JEAN-LOUIS DE CARBONNEL, Seigneur d'Ac-
tonville, Belval, &c., né en 1729, Chevalier
de Saint-Louis, ancien Officier au Régiment
des Gardes, marié, en Mai 1763, à N.... *Teſ-
ſon*, dont pluſieurs enfans.

Les armes : *coupé de gueules ſur aʒur, à
trois beſans d'argent chargés d'hermines.*

* CARBONNIÈRES, Maiſon établie en
Périgord depuis 1417, par le mariage de JEAN
DE CARBONNIÈRES, II° du nom, avec *Jeanne de
Salaignac*, Dame de Pelvery, & veuve de
Boſc de Benac-Navailles, qui tire ſon origine des Terre & Baronnie de *Carbonnières*,
Paroiſſe des Goules, Diocèſe de Tulle en Limouſin, & limitrophe de l'Auvergne. Cette
proximité a induit quelques Auteurs, & le P.
Meneſtrier entr'autres, à placer *Carbonnières*
dans cette dernière Province ; peut-être auſſi
le ſéjour des Seigneurs de ce nom, au château
de Pennières, qui eſt plus commode, mieux
ſitué, & à une heure de chemin de Carbonnières, dont il dépend, a pu contribuer à donner à cette famille l'Auvergne pour origine.
Le vieux château de Carbonnières, chef-lieu
& berceau des Seigneurs de ce nom, montre
moins avoir été une maiſon habitable qu'une
de ces retraites de ſûreté, que la licence du
gouvernement féodal rendoit abſolument né-
ceſſaire. Il ne s'y voit plus que des ruines &

deux groſſes tours carrées fort élevées, qui
annoncent l'antiquité la plus reculée. Auſſi le
P. de St.-Amable, Carme déchauſſé, met-il
au nombre des Maiſons anciennes & ſignalées
du haut Limouſin celle de CARBONNIÈRES, à
laquelle dans ſon III° vol. in-folio, imprimé
à Limoges en 1685, il donne une origine qu'il
remonte aux tems des proſcriptions. Si l'opinion de cet Auteur n'eſt point une preuve,
elle eſt au moins une forte préſomption de
l'ancienneté des Seigneurs de Carbonnières,
ſurtout lorſqu'elle ſe trouve ſoutenue par des
actes authentiques qui viennent d'être vérifiés
récemment ſur les originaux conſervés aux
Archives de l'Egliſe de Tulle.

Etienne Baluſe les indique dans ſon Hiſtoire
latine de cette Ville, imprimée à Paris en
1717, & dit que la Maiſon de Carbonnières
étoit illuſtre dans la Paroiſſe des Goules au
voiſinage de Tulle dès 1070, puiſqu'*Unie*,
fille d'*Archambaud*, II° du nom, Vicomte de
Comborn, Prince en Aquitaine, & de *Rotberge de Rochechouart*, avoit épouſé RIGALD
DE CARBONNIÈRES. Elle avoit pour frères *Archambaud*, III° du nom; *Bernard*, Vicomtes
de Comborn ; *Ebald*, Vicomte de Ventadour,
& étoit petite-fille de *Guillaume*, Vicomte de
Turenne.

Unie deComborn, ſa mère, GIRBERT & BER-
NARD DE CARBONNIÈRES, ſes frères, furent pré-
ſens le 21 Mars 1070, à l'acte d'entrée en Religion que fit WILLELMUS ou GUILLAUME DE
CARBONNIÈRES, à l'Abbaye de Tulle, à laquelle
elle fit en ce même jour quelque donation ; il
en fut élu Abbé en 1092, & cette même année
ſon frère GIRBERT, avec le conſentement de ſa
mère *Unie de Comborn*, fit à ce Monaſtère
une nouvelle donation. Cet Abbé gouverna
l'Egliſe de Limoges pendant une aſſez longue
vacance du Siège, & ſa mémoire fut en grande
vénération pour la dépenſe & les ſoins qu'il
employa à la reconſtruction du Monaſtère &
de l'Egliſe de Tulle. Le *Gallia Chriſtiana* en
parle avec le même éloge. Baluſe cite encore
pluſieurs autres actes ſouſcrits par les Seigneurs de Carbonnières dans le XI° ſiècle.

Un acte du même tems, tiré d'un autre Auteur, vient à l'appui de l'ancienneté de ce
nom. On lit dansl'Hiſtoire de Maurienne, de
la Royale Maiſon de Savoie, imprimée à Lyon
par Guillaume Barbier en 1660, que HUM-
BERT, II° du nom, Comte de Maurienne, vint
à Clermont où étoit le Pape URBAIN II, & qu'il

y fit une donation au Prieuré du Bourget près Lyon l'an 1095, en préfence de Manthelin de Carbonnières, Geoffroy de Gramont, Guy de Mirbel & Valère de Deſſe, qui fcellèrent l'acte de leur fceau avec le Comte de Savoie.

La Terre & Baronnie de *Carbonnières* eſt très-conſidérable, & par le nombre de Paroiſſes qui la compoſent, & par celui des Terres & Fiefs qui en relèvent. Une foule de fois & hommages, aveux, & dénombremens rendus aux anciens Seigneurs & Barons de Carbonnières, confirment que cette Terre eſt un grand Fief, un Fief de dignité, par la quantité de ces différens titres, & la qualité des vaſſaux qui s'obligeoient à fuivre leur Seigneur fupérieur à la guerre, &c. Elle s'étend dans les Dioceſes de Tulle, Limoges, Saint-Flour, Clermont & Rodez. Elle a été de tems immémorial poſſédée par les Seigneurs de fon nom juſques vers le milieu du XIVe ſiècle, qu'une fille unique de Rigald de Carbonnières, IVe du nom, aînée de fa Maiſon, en porta la majeure partie des biens & tous les titres dans celle du Baron de *Montal*, Seigneur de la Roquebrou, qu'elle avoit épouſé, repréſenté d'abord par le Marquis d'*Eſcars de Merville*; il ne fut réſervé à Jean de Carbonnières, frère puîné de Rigald IV, que partie de la Seigneurie de *Carbonnières*, avec les Terres & Châteaux de Merle & Pennières, dont a joui fa poſtérité juſqu'en 1509, qu'Alain de Carbonnières échangea les reſtes de l'ancien domaine de ſes pères avec *Pons de Gontaut*, Baron de Biron, fon beau-frère, contre la Terre de la Capelle ou de la Chapelle-Biron en Agénois. La Maiſon de Biron vendit en 1561 tout ce qu'elle avoit à Carbonnières, Merle & Pennières, à la maiſon de *Noailles*, qui en jouit aujourd'hui pour fa partie qui eſt en Auvergne; & le Marquis d'*Eſcars* celle qui eſt en Limouſin. Chacune de ces deux Maiſons, par arrangement, s'eſt réſervée une tour du vieux Château, & prend la qualité de *Baron de Carbonnières*. Depuis fix mois, le Duc de Noailles vient de réunir le tout par un échange fait avec le Baron de Villume, qui étoit au lieu & place du Marquis d'Eſcars.

On a tiré des titres de la Baronnie de *Carbonnières*, conſervés aux Archives de la Maiſon de Noailles, la majeure partie des preuves & de la filiation des anciens Seigneurs du nom juſqu'à Jean de Carbonnières, IIe du

nom, établi en Périgord. Si on eût eu la même facilité de puiſer dans le tréſor du Marquis d'Eſcars-de-Merville, Seigneur de la Roquèbrou, où tous les anciens titres des Seigneurs de *Carbonnières* doivent ſe trouver, on en auroit pu tirer plus de lumières & d'illuſtration.

I. Rigald de Carbonnières, Ier du nom, Seigneur & Baron dudit lieu, avoit épouſé vers le milieu du XIe ſiècle, ainſi que le rapporte Baluſe, *Unie de Comborn*, fille d'*Archambaud*, IIe du nom, Vicomte de *Comborn*, un des Princes d'Aquitaine, & de *Rotberge de Rochechouart*. Il avoit eu pour enfans, ce qui eſt prouvé par l'acte de réception en religion du 21 Mars 1070 de ſon fils aîné:

Guillaume de Carbonnières, élu Abbé de Tulle en 1092;

Girbert, qui fuit;

Et Bernard.

Les originaux de la donation de Girbert, faite à cette Abbaye cette année, & de celle d'*Unie de Comborn*, ſa mère, en 1070, font conſervés aux Archives de Tulle, & y ont été vérifiés par le Syndic du Chapitre en 1768.

II. Girbert de Carbonnières, Baron & Seigneur dudit lieu, avoit ſuccédé à ſon père avant 1070, ce qui doit être préſumé de ce qu'il n'eſt point fait mention de lui dans l'acte de profeſſion de ſon fils Guillaume du 21 Mars 1070, auquel aſſiſtèrent les deux familles de *Comborn* & de *Carbonnières*, & ainſi qu'il eſt prouvé par Baluſe. Il vivoit encore en 1092, lors de la donation qu'il fit à ſon frère Guillaume, cette année. Le nom de ſa femme eſt inconnu. Son fils fut:

III. Manthelin de Carbonnières, Baron & Seigneur dudit lieu, qui lui ſuccéda dans tous ſes biens. Ce fut lui qui ſigna, en 1095, l'acte de donation faite au Prieuré du Bourget près Lyon, par le Comte de Savoie. Il eut:

IV. N... de Carbonnières, Baron & Seigneur dudit lieu, qui lui ſuccéda, & fut père de:

V. Rigald de Carbonnières, IIe du nom, Baron & Seigneur dudit lieu, lequel vivoit encore en 1254, comme il eſt juſtifié par un hommage qui lui fut rendu aux Calendes de Mars 1254 par Guival de Merle, Chevalier, & Guillaume, ſon fils, Damoiſeau, en préſence de Girald Guittard, Chevalier, & Rigald de Fontanges, Miles, reçu par *Guillaume Armandi*, Notaire public au Château de Carbonnières. Il fit un échange, le 6 des Ides de Septembre 1270, avec Guy de Perteils, Chevalier, préfent & acceptant Hugues de Carbonnières, Damoifeau, fon fils aîné. Il eft fcellé de leur fceau, de celui de Guy de Perteils, Chevalier, & de celui d'Henri, fils du Seigneur Comte de Rodès. Il eut:

1. Hugues, qui fuit;
2. & 3. Rigald & Garsie, nommés dans un hommage de 1296, rendu au Vicomte de Turenne;

Et une fille, mariée à *Aymeric de Curmont*, Damoifeau.

VI. Hugues de Carbonnières, Baron & Seigneur dudit lieu, avoit fuccédé à fon père dès 1278, fuivant la Sentence arbitrale rendue le Mardi avant l'Afcenfion audit an, par Guy d'Efcorailles, Damoifeau, entre Bofon de Miremont, Chevalier, & ledit Hugues de Carbonnières, Damoifeau, au fujet de 3000 fols Clermontois auxquels le feu Seigneur Rigald de Carbonnières, fon père, avoit été condamné en faveur dudit de Miremont. Le Mardi d'après l'Afcenfion 1282, fut rendu hommage à noble & puiffant Seigneur Hugues de Carbonnières, Chevalier, par Frère Thomas de Souvielle, Chevalier, Maître-Général de tout l'Ordre Militaire de St.-Jean de Jérufalem, en-deçà & au-delà de la mer, pour lui & fes fucceffeurs, à caufe de fa Maifon & Commanderie Delroffou, fituée dans la Paroiffe de Pfeaux, mouvante en fief franc & noble dudit Seigneur de Carbonnières, laquelle Commanderie ledit Grand-Maître reconnoît avoir été fondée par les prédéceffeurs d'*Agnès de Givilly*, époufe dudit Seigneur de *Carbonnières*: il fut fait au Chapitre Général tenu à Bougny près Orléans, & fcellé du Sceau dudit Grand-Maître & du Chapitre. Hugues de Carbonnières eut d'*Agnès de Givilly*, fille d'*Arnaud*, Chevalier, Seigneur de Merle:

1 Rigald, qui fuit;
2. Marguerite, mariée, par contrat paffé devant *Pierre Perchai*, Notaire, le 11 Juin 1306, à noble *Reynal Favart*, Damoifeau;
3. Et Aigline, mariée à noble *Bertrand de Clavière*, Seigneur de Châteauneuf.

VII. Rigald de Carbonnières, IIIᵉ du nom, Chevalier, Seigneur & Baron dudit lieu, auquel fut rendu hommage, fuivant un acte paffé devant *Jean Aflorg*, Notaire Royal à Pennières, en préfence de noble Seigneur Etienne d'Efcorailles, Chevalier, le Lundi après la

fête de Saint-André 1342, par Frère Jean de Paris, Grand-Maître de l'Ordre de Saint-Lazare de Jérufalem, à caufe de fa Commanderie Delroffou, fes appartenances & dépendances. Il époufa *Delphine d'Efcorailles*, fille d'*Etienne*, Chevalier; ce qui eft juftifié par le contrat d'affiette des rentes en haute-juftice, fait par ledit Seigneur d'*Efcorailles* audit Seigneur de Carbonnières, fon gendre, & à ladite *Delphine d'Efcorailles*, fa fille, dans les Paroiffes de Saint-Bonet près Salerne, Saint-Martin de Malmoron, & Saint-Martin-Chantales, en date du Samedi après la Saint-Martin d'hiver 1319. Leurs enfans furent:

1. Rigald de Carbonnières, Chevalier, Seigneur & Baron dudit lieu, qui eut

Une fille, mariée au Baron de *Montal*, Seigneur de la Roquebrou, à qui elle porta tous les biens & titres de la Maifon de *Carbonnières*, excepté *Merle*, *Pennières & partie de la Seigneurie de Carbonnieres*, qui en furent démembrés pour fervir d'apanage à Jean de Carbonnières, fon frère puîné, comme il le dit dans fon teftament du 22 Juin 1422;

2. Et Jean, qui fuit.

VIII. Jean de Carbonnières, Iᵉʳ du nom, Chevalier, Seigneur de Merle & de Pennières, & en partie de la Baronnie de Carbonnières, fit fon teftament le 22 Juin 1422, dans lequel il prend la qualité de *haut & puiffant*, déclare qu'il n'a reçu du bien de fes père & mère, que partie de la Baronnie de Carbonnières avec Merle & Pennières, inftitue fon héritier Guy de Carbonnières, fon petit-fils, & ordonne que fon corps foit porté au Prieuré de Grifoulet, auprès de celui de fa femme, dans le tombeau des anciens Barons de Carbonnières, fes ancêtres. Il époufa, vers 1364, *Garine de Perteils*. Ses enfans furent:

1. Rigald de Carbonnières, Baron dudit lieu, Seigneur de Merle & de Pennières, lequel mourut avant fon père, & laiffa de *Catherine de Belchaire-fur-Vefer*:

Guy de Carbonnières, dénommé dans le teftament de fon aïeul du 22 Juin 1422, qui fit fon teftament en 1488, par lequel il inftitue fon héritier Alain de Carbonnières, troifième fils d'*Antoine*, fon coufin germain; Marguerite de Carbonnières, mariée à *Guy d'Albaret*, Seigneur de Clavières; & Delphine de Carbonnières, mariée à *Jean de la*

Roque, Grand-Bailli des Montagnes du Duché d'Auvergne. Il épousa 1° *Marguerite de Montferrand*, fille de haut & puissant *Jean*, Baron de Montferrand; & 2° par contrat passé devant *Jean Maté*, Notaire à Saint-Antonin, le 22 Septembre 1459, *Jeanne de Comminges*, fille de haut & puissant *Raymond de Comminges*, Vicomte de Burniquel, desquelles il n'eut point d'enfans;

2. Jean, qui suit;
3. Et Pierre, Religieux-Carme d'Aurillac, qui fit bâtir à ses frais le Cloître de ce Couvent.

IX. Jean de Carbonnières, IIᵉ du nom, Damoiseau du Château de ce nom, épousa, 1° par contrat du 18 Mai 1417, du vivant de son père, dans lequel il est dit habitant de la Paroisse des Goules, au Diocèse de Tulle, *Jeanne de Salignac*, Dame de Pelvery, au Diocèse de Sarlat, de la Selve, Delvialart, & pour un tiers de la Chapelle-Albaret, qui fit son testament par acte passé devant *Lavaret*, Notaire de Salignac, le 22 Mai 1424, présence de nobles Seigneurs Hugues, Baron de Noailles, & Jean de la Chassaigne, & mourut en 1424. Elle étoit veuve en premières noces de *Bosc-de-Benac-Navaille*, fille & sœur de *Jean & Raymond de Salignac*, Sénéchaux & Gouverneurs du Périgord & de l'Angoumois; & 2° *Hélène Daubepeyre*, laquelle étoit également veuve de *Bernard de Guerre*, Chevalier, Seigneur de Jayac & Archiniac en Périgord. Il eut du premier lit:

1. Jean, qui suit.

Et du second lit vint:

2. Antoine, auteur de la branche des Seigneurs de la *Chapelle-Biron*, établie en Limousin, rapportée ci-après.

X. Jean de Carbonnières, IIIᵉ du nom, Damoiseau du Château de ce nom, devint par son mariage Seigneur de Jayac & Archiniac en Périgord, fut Gouverneur de Dome pour le Roi, & de Larche pour le Duc de Penthièvre, *lequel*, par une Lettre datée de Ségur le 19 Janvier 1447, *lui recommanda sa place de Larche, lui reproche vivement d'avoir mis en liberté, sans l'en avoir prévenu*, Archambaud d'Abzac, *& lui envoie le Prévôt de Perperat, &* Maître Jean Duchesne, *son Procureur de Montignac, pour aviser à*

Tome *IV*.

tout ce qu'il conviendra de faire pour la conservation de ladite place. Cette Lettre très-étendue est signée Jehan, & adressée à *notre très-cher & grand ami le Sire de* Geac, *Capitaine de Dome*. Il épousa, en 1444, *Catherine de Guerre*, fille & unique héritière de haut & puissant *Bernard de Guerre*, Chevalier, Seigneur de Jayac & Archiniac en Périgord, & de noble *Hélène Daubepeyre*. Ses enfans furent:

1. Jean, qui suit;
2. Bardin ou Bernard, qui fut Seigneur de Belchaire & de la Peyronie, & qui testa en 1310, en faveur d'Elie ou Hugues de Carbonnières, son neveu;
3. Et N.... de Carbonnières, femme de noble *Pierre de Comarque*, Seigneur de Beysac, de Lomel, &c.

XI. Jean de Carbonnières, IVᵉ du nom, Chevalier, Seigneur de Jayac & Archiniac, mourut en 1484, & avoit fait un testament le 12 Mars de cette année, par lequel il institue héritier son fils aîné, lui substitue son frère cadet, & à leur défaut Bardin de Carbonnières, son frère & leur oncle, & nomme ses exécuteurs *Antoine de Salignac*, oncle de sa femme, & le Seigneur de *Comborn*, son beaupère. Il épousa, par contrat du 14 Décembre 1480, *Soubirane de Comborn*, fille de haut & puissant *Louis*, Vicomte de Comborn, descendant des anciens Vicomtes de Turenne & de Limoges, Seigneur d'Enval, &c., & de *Jeanne de Salignac*, sœur du Baron de ce nom. Ce mariage renouvella l'alliance que son aïeul avoit déjà avec la Maison de Comborn dès le XIᵉ siècle. Il laissa entr'autres enfans:

1. Bertrand, qui suit;
2. Elie ou Hugues, auteur de la branche des Marquis de *Carbonnières-Saint-Brice*, établie en Limousin, rapportée plus loin. Ils étoient tous les deux sous la tutèle de leur mère en 1484.

XII. Bertrand de Carbonnières, Chevalier, qui succéda à son père dans les Terres & Châteaux de Jayac & Archiniac, épousa, par contrat passé au lieu de la Galie, Paroisse de Saint-Félix, présence de nobles & puissans Seigneurs Bertrand de Salignac, Seigneur dudit lieu; Jean de la Douze, Chevalier, Seigneur dudit lieu; Jean de Comborn, Chevalier; Jean de Lançais & autres, le 18 Décembre 1506, noble *Françoise de la Cropte*, fille de

R r

noble *François de la Cropte*, Vicomte de Lançais, Seigneur d'Abzac, &c., allié aux Maisons de *Turenne*, *Limeuil*, *la Douze* & *Sardiny*, dont:

1. CHARLES, qui suit ;
2. GAUTIER, dit *le Capitaine Jayac*, qui servit le Roi avec distinction. Moréri en parle avec éloge à l'article de la ville de Sarlat, dont il fit lever le siège au Vicomte de Turenne en 1587, après trois semaines de vigoureuses attaques. Il s'y étoit enfermé à la prière des habitans avec le Capitaine Fénélon, y fut blessé à la jambe, & mourut peu après sans avoir pris d'alliance ;
3. JULIENNE, mariée & veuve de *Gilles de Courbières*, Seigneur de Courbières ;
4. JEANNE, mariée à *Antoine Savy*, Chevalier, Seigneur de la Chassaigne ;
5. Et HÉLÈNE, mariée à noble *François des Ecuyers*, Seigneur de Barissac, &c.

XIII. CHARLES DE CARBONNIÈRES, Chevalier, Seigneur de Jayac, Archiniac, &c., fait Chevalier de l'Ordre du Roi, par Brevet du 14 Septembre 1570, dont S. M. lui fit donner avis le 30 du même mois par M. de Périgord, son cousin, est dénommé dans un passeport du mois d'Avril 1577, donné à Nerac par le Roi de Navarre, Gouverneur & Lieutenant-Général pour le Roi en Guyenne, par lequel ce Prince ordonne de *laisser passer les Sieurs* de Jayac (CHARLES DE CARBONNIÈRES) *& de Montmeije, accompagnés de leurs Gens, armes, chevaux & bagages, s'en allant aux noces des filles du Seigneur de Biron, Grand-Maître & Général de l'Artillerie de France.* Ce passeport est signé HENRI, &, plus bas, *de Mazelières*, & scellé des armes de Navarre. Ce Prince lui écrivit de Montauban le 19 Août 1578, la lettre dont la teneur suit, & dont la souscription est à *Monsieur* DE JAYAC, *Chevalier de l'Ordre du Roi.*

Monsieur de Jayac, *délibérant partir bientôt pour aller recueillir la Reine, ma femme, qui s'en vient dans le pays, j'ai avisé de vous écrire la présente, pour le désir que j'ai d'être accompagné de mes serviteurs & amis, au nombre desquels je vous tiens pour l'un des plus affectionnés, vous priant bien fort de vous tenir prêt pour me venir trouver lorsque je vous manderai, & vous serez le très-bien venu, & me ferez un singulier plaisir, lequel je reconnoîtrai en toutes les occasions qui s'en présenteront, d'aussi bonne volonté que je prie le Créateur vous* tenir, *Monsieur* de Jayac, *en sa sainte & digne garde. Votre bien bon ami*, HENRI. Il avoit épousé, par contrat passé au Château de Jayac le 22 Septembre 1538, *Marguerite de Prohet*, fille de noble *Jean*, Baron d'Ardennes en Poitou, Seigneur de Saint-Clément en Limousin, & de Saint-Martial en Périgord, & d'*Isabeau du Repaire*, dont il eut:

1. JEAN, qui fut Baron de Montroché dans la Basse-Marche, & ne laissa qu'un fils mort sans postérité ;
2. GAUTIER, mort au service ;
3. JEAN, qui suit;
4. FRANÇOIS, mort sans alliance ;
5. Autre JEAN, Doyen de Sarlat, Aumônier du Roi en 1594, & Député de la Province de Bordeaux avec les Evêques de Maillezais & d'Agen & le Doyen de Saintes, pour l'assemblée du Clergé de 1605 ;
6. Autre JEAN, dit *Ponton*, qui testa en faveur de JEAN *le jeune*, son frère, qui suit;
7. JEANNE, mariée à *Gautier de Verdier*, Seigneur de Chanac, d'Allassac, &c. ;
8. & 9. LÉONARDE & CATHERINE, qui firent bâtir le petit Château de Jayac, & testèrent en faveur de JEAN, leur frère, Doyen de l'Eglise de Sarlat, lequel avoit réuni de ses copartageans les deux tiers de la Terre de Jayac & d'Archiniac, qu'il laissa par son testament à LOUIS DE CARBONNIÈRES, son neveu & son successeur au Doyenné de Sarlat.

XIV. JEAN DE CARBONNIÈRES, V⁰ du nom, dit *le Jeune*, Chevalier, Seigneur de Saint-Chamassy & en partie de Jayac & d'Archiniac, épousa, par contrat passé devant *Sauval*, Notaire Royal, en 1597, *Rachel de Larmandie-de-Longa*, fille de *Bertrand de Larmandie*, Chevalier de l'Ordre du Roi, Seigneur de Longa, & de très-noble FRANÇOISE DE BOURBON-MALAUSE, fille de haut & puissant JEAN, Vicomte de Lavedan & Baron de Malause, & de *Jeanne de Noailles*, & sœur de LOUISE DE BOURBON, Abbesse de Fontevrault. Il eut de ce mariage:

1. FRANÇOIS, qui suit;
2. LOUIS, Prieur de Sadillac, & Doyen de Sarlat après JEAN, son oncle, qui lui laissa par son testament les deux tiers de la Terre de Jayac & d'Archiniac, avec le petit Château de Jayac & ses autres biens;
3. HENRI, Prieur d'Archiniac & Chanoine de Sarlat ;
4. Et autre HENRI, qui fut Seigneur de Puissarumpion en Périgord, & laissa de *Françoise de Gondin-de-la-Gindonie*:

JEAN DE CARBONNIÈRES, lequel produisit ses titres de Noblesse en Avril 1667, au Commissaire député en cette partie par Sa Majesté, & laissa

Une fille, mariée dans la Maison de *Montpezat*.

XV. FRANÇOIS DE CARBONNIÈRES, Chevalier, Seigneur de Saint-Chamassy, & en partie de Jayac & Archiniac, testa en 1663, & avoit épousé, par contrat du 26 Février 1635, *Valérie d'Olier*, fille d'*Antoine*, Seigneur de la Poujade, & d'*Elie de Prelat*, dont il eut:

1. JEAN-BAPTISTE, qui produisit ses titres de Noblesse au Commissaire député en cette partie par S. M. au mois de Décembre 1666, & mourut sans alliance, laissant pour héritier LOUIS DE CARBONNIÈRES, Doyen de Sarlat, son oncle, en faveur duquel il testa le 13 Mai 1669;
2. LOUIS, mort jeune;
3. HENRI, qui suit;
4. Autre HENRI, auteur de la branche des Seigneurs de *Mayac* qui viendra en son rang
5. & 6. FRANÇOISE & JEANNE.

XVI. HENRI DE CARBONNIÈRES, Chevalier, Seigneur de Lauzède, de Saint-Chamassy, & en partie de Jayac & Archiniac, épousa, par contrat passé devant *Grangier*, Notaire Royal, en 1674, *Louise de la Porte*, fille de Messire *Raymond de la Porte*, Capitaine au Régiment de la Chabrerie, & de *Jeanne de Pompadour*, de laquelle vinrent:

1. LOUIS, qui suit;
2. SCARDON, qui fut Officier d'Infanterie, & n'a laissé de l'héritière de *Piersumade*, qu'un fils unique, tué en Italie, Enseigne au Régiment des Gardes Lorraines;
Et plusieurs autres fils & filles, partie dans l'Eglise, & partie non mariés.

XVII. LOUIS DE CARBONNIÈRES, Chevalier, Seigneur de Lauzède, de Saint-Chamassy, & en partie de Jayac & d'Archiniac, a servi dans la Maison du Roi, & est mort la nuit du 9 au 10 Mai 1779, dans sa 93e année. Il avoit épousé, par contrat du 16 Mai 1748, *Marguerite de Vassal*, fille de *François*, Chevalier, Seigneur de la Queyzie, & d'*Isabeau de la Borie-de-Campagne*, dont il a:

1. JEAN, Sous-Lieutenant au Régiment du Roi, Cavalerie;
2. & 3. N... & N... Chevaliers;
4. & 5. N... & N... Demoiselles.

BRANCHE
des Seigneurs DE MAYAC.

XVI. HENRI DE CARBONNIÈRES, dit *le Jeune*, Chevalier, Seigneur de Mayac, quatrième fils de FRANÇOIS, Chevalier, Seigneur de Jayac, &c. & de *Valérie d'Olier*, devint par la mort de LOUIS DE CARBONNIÈRES, Doyen de Sarlat, son oncle, propriétaire des deux Châteaux & des deux tiers de la Terre de Jayac & d'Archiniac, qu'il lui avoit légués, ainsi que ses autres biens, suivant son testament du 17 Septembre 1672, par lequel il les grève de substitution jusqu'à la quatrième génération. Il épousa fort jeune, par contrat du 23 Septembre 1657, *Jeanne du Burg*, fille de *Jean*, Ecuyer, Seigneur de la Force, & de *Jeanne du Maz*. Leurs enfans furent:

1. FRANÇOIS, qui suit;
2. JEAN, rapporté après son frère;
3. LOUIS, Religieux à Terrasson;
4. Autre JEAN, Capitaine au Régiment de Luxembourg, qui n'a laissé qu'une fille;
5. Autre JEAN, marié à Terrasson, & mort sans postérité, Aide-Major du Régiment de Cambrésis;
6. HENRI, Général des Bénédictins, appelés les *Exempts*;
7. FRANÇOIS, Prévôt de la Dornat;
8. Autre JEAN, Prieur de Pompart;
9. Autre FRANÇOIS, Prieur de Vigeois;
10. Autre JEAN, Prieur de Cagnotte;
11. FRANÇOISE, mariée à N... *Bial*;
12. Et GABRIELLE, morte fille.

XVII. FRANÇOIS DE CARBONNIÈRES, Chevalier, Seigneur en partie des Terres & Châteaux de Jayac & Archiniac, &c., épousa, par contrat passé devant *Teyssier*, Notaire Royal, le 30 Novembre 1682, *Marguerite de Gimel*, fille aînée de Messire *Gabriel*, Seigneur de la Lande, de Curtojaux, Lieutenant-Colonel au Régiment de Clairembault, & de *Féliciane des Bordes*, dont il eut:

1. JEAN, dit le *Baron de Carbonnières*, Capitaine au Régiment de Champagne, mort sans enfans. Il avoit épousé, par contrat du 14 Août 1713, *Marguerite de Nadalou*, fille & unique héritière de *Jean de Nadalou*, & de *Marie de Massau-de-Clérans*;
2. LOUIS, dit le *Baron de Carbonnières*, ancien Officier de Cavalerie, Seigneur en partie des Terres & Châteaux de Jayac & Archiniac, marié avec N... *de Theille*, Dame de Panasson-sur-Dordogne, de laquelle il n'a point d'enfans;

R r ij

3. Françoise de Carbonnières, mariée à *N...*, *de Maubuiſſon*, Seigneur de la Boiſſière, dont poſtérité;

4. Et N... de Carbonnières, dite *Mademoiſelle de Jayac*, morte en 1771.

XVII. Jean de Carbonnières, dit *le Chevalier de Jayac*, ſecond fils d'Henri, dit *le Jeune*, & de *Jeanne du Burg*, Officier au Régiment de Champagne, où il fut bleſſé, mourut Commandant du Château de Niort. Il avoit épouſé, à Belle-Isle, par contrat du 13 Mai 1713, *Jeanne-Marie du Poutet*, fille de Meſſire *Maximilien du Poutet*, Ecuyer, Seigneur de Beauſéjour, Mouſquetaire du Roi de la première Compagnie, & Capitaine-Aide-Major des Isle & Citadelle de Belle-Isle-en-Mer, dont il a laiſſé :

1. Jean-Maximin, qui ſuit;
2. Louis, Prieur de Bar-ſur-Aube en Champagne depuis 1738;
3. & 4. Deux filles, mortes en bas âge;
5. Et Françoiſe, née au mois d'Octobre 1714, ſans alliance.

XVIII. Jean-Maximin de Carbonnières, Chevalier, Seigneur de Mayac, & en partie de Jayac & Archiniac, Capitaine au Régiment de Guyenne, & Chevalier de St.-Louis, mourut à Sarlat en Novembre 1753. Il avoit épouſé, au mois de Novembre 1750, N... *de Maubuiſſon-de-la-Boiſſière*, fille du Seigneur de la Boiſſière, & de *Françoiſe de Carbonnières*, ſa couſine germaine, dont une fille unique :

Madeleine de Carbonnières, née le 22 Juillet 1752.

BRANCHE
des Marquis de Carbonnières-Saint-Brice, *établie en Limouſin*.

XII. Élie ou Hugues de Carbonnières, Chevalier, Seigneur en partie de Jayac, ſecond fils de Jean, IVe du nom, Chevalier, Seigneur de Jayac & Archiniac, & de *Soubirane de Comborn*, fut héritier de Bardin ou Bernard de Carbonnières, Seigneur de Belchaire & de la Peyronie, ſon oncle, qui teſta en ſa faveur en 1510. Il épouſa, le 25 Juillet 1499, *Iſabeau de Chapt*, fille de noble *Pierre de Chapt*, Chevalier, Seigneur de Lage, & de *Marie de Roſière*, Dame de Chambéry en Limouſin, dont :

XIII. François de Carbonnières, Ier du nom, Seigneur de Chambéry, la Vigne, &c., Chevalier de l'Ordre du Roi, Gentilhomme ordinaire de ſa Chambre, Capitaine & Gou-

verneur des Villes & Châteaux de Maubert-Fontaine, Rocroy, & de la Citadelle de Lyon, tranſigea en 1548 avec Charles de Carbonnières, ſon couſin germain, Seigneur de Jayac & Chevalier de l'Ordre du Roi, pour raiſon du teſtament de Bardin de Carbonnières, Seigneur de Belchaire & de la Peyronie, leur grand-oncle commun, & épouſa, 1° *Anne Guyot*; & 2° *Françoiſe de la Baſtie*, laquelle, devenue veuve, quitta la tutèle & garde-noble de ſon fils, pour épouſer le Seigneur de *la Martonie*. Elle étoit fille d'*Annet*, Baron de Château-Morand, Chevalier de l'Ordre du Roi, & de *Marguerite de Pompadour*. Il eut du premier lit :

1. Christophe, Chevalier de l'Ordre du Roi, Gentilhomme ordinaire de ſa Chambre, Capitaine & Gouverneur des Villes & Châteaux de Maubert-Fontaine, Rocroy & Limoges, & de la Citadelle de Lyon, qui eut la garde-noble & tutèle de ſon frère utérin, dont nous allons parler, après que ſa mère l'eut quitté pour ſe remarier, & mourut ſans poſtérité.

Et du ſecond lit vint :

2. Christophe, dit *le Jeune*, qui ſuit.

XIV. Christophe de Carbonnières, dit *le Jeune*, ſuccéda à ſon père & à ſon frère aîné du premier lit, & épouſa, par contrat du 10 Août 1587, *Gillone Pot*, fille de N... *Pot*, Seigneur de Lavau, & de *Gabrielle de Puy-Faucon*, dont :

XV. Annet de Carbonnières, Chevalier, Seigneur de Saint-Brice, la Vigne, Chambéry, &c., qui épouſa, par contrat du 9 Février 1625, *Françoiſe de Montiers*, fille de haut & puiſſant Seigneur *Jean de Montiers*, Vicomte de Mérinville, & de *Françoiſe de Châtenier*, dont :

XVI. Melchior de Carbonnières, Ier du nom, Chevalier, Seigneur de Saint-Brice, la Vigne, Chambéry, la Rouſſière, Bouſſignac, &c., qui produiſit ſes titres de Nobleſſe, d'après leſquels il y fut maintenu par Ordonnance du 18 Février 1668, & épouſa, par contrat paſſé devant *Bavot* & *Bouchard*, Notaires à Poitiers, le 7 Juillet 1657, *Anne-Marie de Beſſay*, fille de haut & puiſſant *Louis de Beſſay*, Chevalier, Seigneur & Comte dudit lieu, Baron de Saint-Hilaire, Traverſe, &c., & de *Marie Renaud*, dont il eut :

XVII. François de Carbonnières, IIe du nom, Chevalier, Seigneur de Saint-Brice, la

Vigne, Chambéry, la Rouffière, Bouffignac, &c., qui époufa, par contrat du 7 Février 1693, *Françoife de la Tour-d'Aifnay*, fille de Meffire *Olivier*, Seigneur de la Gorée, & de *Louife le Maître*, dont il a eu :

1. MELCHIOR, qui fuit;
2. FRANÇOIS, Chevalier de Malte en 1702, qui époufa, le 8 Avril 1723, *Marguerite de Guittard*, fille de *Marc de Guittard*, Chevalier, & de *Jeanne de Royère*, dont :

> MELCHIOR DE CARBONNIÈRES, Officier au Régiment de Dauphin, Dragons, lequel n'a point d'enfans de *N... Barbou;*
>
> FRANÇOIS DE CARBONNIÈRES, mort à Strafbourg Capitaine-Aide-Major du Régiment de Vaubecourt;
>
> Autre FRANÇOIS DE CARBONNIÈRES, lequel eft Docteur de Sorbonne, Chanoine & Vicaire-Général d'Arras;
>
> Et JEANNE DE CARBONNIÈRES, d'abord élevée à Saint-Cyr, & depuis mariée à *N... de la Pomelie*, Seigneur de Chenevrière en Limoufin;

3. N... DE CARBONNIÈRES, mariée, 1° au Comte *des Paux*, dont des enfans; & 2° au Comte de *Bailleul;*
4. Et N... DE CARBONNIÈRES, mariée au Seigneur de *Terfac.*

XVIII. MELCHIOR DE CARBONNIÈRES, II° du nom, Chevalier, Comte de Saint-Brice, Seigneur de la Vigne, Chambéry, la Rouffière, Bouffignac, &c., époufa, le 13 Juillet 1713, *Françoife de la Breüille*, fille de *Jean de la Breüille*, Seigneur de Chantrezac en Angoumois, & de *Julie d'Abzac*, dont :

1. FRANÇOIS-JEAN-BAPTISTE, qui fuit;
2. N... DE CARBONNIÈRES, Chevalier, lequel a fervi, & eft mort fans alliance;
3. N..., Carmélite à Limoges;
4. Et N.... DE CARBONNIÈRES, Bernardine à Montluçon.

XIX. FRANÇOIS-JEAN-BAPTISTE DE CARBONNIÈRES, Marquis de Carbonnières, Comte de Saint-Brice, Seigneur de la Vigne, Chambéry, la Rouffière, Bouffignac, &c., époufa, par contrat du 14 Novembre 1730, *Louife-Françoife-Armande de Rilhac*, Baronne de Bouffac en Berry, fille de *Louis-Marie*, Marquis de Rilhac, Baron de Bouffac & Lieutenant-Colonel de Cavalerie, & de *N.... Doradour-du-Mafnadeau*, dont :

1. CHARLES-HENRI, qui fuit;
2. JEAN, dit *le Vicomte de Carbonnières*, Capitaine au Régiment de Normandie;

3. & 4. GILBERT-ALEXANDRE & RENÉ-HENRI, Aumônier de Monfeigneur le Comte de Provence, tous les deux Chanoines du noble Chapitre de Saint-Claude & Vicaires-Généraux, le premier de l'Evêché de Blois, & le fecond de celui d'Auxerre;
5. HENRI-AUGUSTE, dit *le Chevalier de Carbonnières*, Officier au Régiment de Lyonnois, Infanterie, Chevalier de Malte;
6. LOUISE-MELCHIORE, feconde femme, le 29 Mai 1761, de *Charles-Louis d'Argouges*, Marquis de Ranes;
7. LOUISE-FRANÇOISE, Religieufe au Couvent des Dames de la Vifitation, de la rue Saint-Jacques à Paris;
8. MADELEINE-PAULE, dite *Mademoifelle de Saint-Brice*, à laquelle le Roi a accordé au mois de Septembre 1778, le titre de *Dame*, fous le nom de *Comteffe Paule de Carbonnières;*
9. ANNE-FRANÇOISE, Religieufe-Bernardine à Montluçon;

Et quatre autres enfans, morts en bas âge.

XX. CHARLES-HENRI DE CARBONNIÈRES, Chevalier, dit *le Comte de Carbonnières*, Moufquetaire du Roi de la feconde Compagnie, marié, au mois de Mai 1768, à *N... du Carteron de la Pérufe*, fille de *N... du Carteron*, Chevalier, Seigneur de la Pérufe & de Beaulieu, & de *N...*

BRANCHE

des Seigneurs DE LA CHAPELLE-BIRON, *établie en Limoufin.*

X. ANTOINE DE CARBONNIÈRES, Chevalier, fecond fils de JEAN, II° du nom, Chevalier, Seigneur & Baron de Carbonnières, de Jayac, Archiniac, &c., & d'*Hélène Daubepeyre*, fa feconde femme, eut en partage la Terre & Seigneurie de Pelvery, & époufa, 1° par contrat de 1468, *Jeanne d'Abzac*, fille de *Jean*, Seigneur de la Douze, Reillac, &c., & d'*Agnès de Montlouis;* & 2° par contrat du 13 Octobre 1479, *Jeanne de la Tour*, Dame de Neuvillars, de Faux, de Mons & de Bannes en Périgord, veuve de *Mathurin de Paleyrac*. Il eut du premier lit :

1. PONCET, Chevalier, qui laiffa de *Marguerite de Paleyrac :*

> RAYMOND DE CARBONNIÈRES, Chevalier, Seigneur de Pelvery, qui époufa *Jeanne de Saint-Aftier*, fille du Seigneur de *Saint-Aftier*, & de *Françoife d'Hautefort*, dont :
>
> > FRANÇOIS DE CARBONNIÈRES, marié à

Catherine de Bourdeilles-Matha, qui eut :

> FRANÇOISE DE CARBONNIÈRES, laquelle fut mariée à *N.... de Rilhac*, Chevalier, Seigneur dudit lieu en Auvergne, à qui elle porta des biens confidérables, & entr'autres la Terre de Pelvery, où ils fixèrent leur réfidence, & où la plûpart des titres de la Maifon de Carbonnières, depuis fon établiffement en Périgord en 1417, fe trouvent encore. Ils font aujourd'hui entre les mains du Marquis de *Montmeije*, à qui la Terre de Pelvery a paffé.

2. JEAN, Bénédictin & Grand-Chambrier à la Réole ;
3. ALAIN, qui fuit ;
4. GUY, Prieur de Montgaillard ;
5. ANTOINETTE, mariée au Seigneur de *Lofce-fur-Vefère* ;
6. CATHERINE, mariée au Seigneur de *Saint-Léon*, auffi *fur-Vefère* ;
7. JEANNE, mariée à *Jean de Cuniac*, Seigneur de Pauliac ;
8. LISONE, qui époufa *Jean du Poujet*, Seigneur du Repaire en Quercy, dont la petite-fille, *Antoinette du Poujet*, fut mariée, le 3 Mars 1577, à *Charles de Beaumont*, Seigneur de Montfort en Dauphiné ;
9. MARTHE, mariée au Seigneur de *la Peyroufe*.

Et du fecond lit vinrent :

10. Autre JEAN, lequel mourut fans poftérité de l'héritière *de Laxion* ;
11. Autre JEAN, Bénédictin à la Réole ;
12. LION, mort fans enfans de l'héritière de *la Grillère* ;
13. HUGUES, Capitaine de 50 Lances, qui fut tué au fiège d'Eudes en Gafcogne ;
14. ANTOINE, Capitaine de 40 hommes d'Ordonnance, tué dans la même Province ;
15. & 16. MARGUERITE & FRANÇOISE, mortes fans alliance ;
17. GABRIELLE, mariée au Seigneur de *Saint-Exupéry*, en Périgord ;
18. Et LOUISE, Religieufe à Forgautier.

XI. ALAIN DE CARBONNIÈRES, Chevalier, devint Seigneur & Baron de Carbonnières, Merle & Pennières, par la donation que lui en fit GUY DE CARBONNIÈRES, fon coufin iffu de germain, par fon teftament de l'an 1488. Il époufa, 1° par contrat du 22 Janvier 1496, *Gabrielle de Gontaut-Saint-Geniez*, fille de

Jean, Seigneur de Badefol & de Saint-Geniez, morte fans poftérité ; & 2° par contrat paffé devant *Amelain*, Notaire à Sarlat, en 1501, *Marguerite de Gontaut-Biron*, fille de *Gafton de Gontaut*, Baron de Biron, & de *Catherine de Salaignac* ; & fœur d'*Armand*, Evêque de Sarlat, & de *Pons*, Baron de Biron. Ce fut avec ce dernier qu'il échangea, en 1509, l'ancien patrimoine de fes pères, qu'il avoit à Carbonnières, Merle & Pennières, pour fa Terre de *la Capelle* ou *Chapelle-Biron* en Agénois.

De ce fecond mariage font nés :

1. JEAN, Chevalier, Gentilhomme ordinaire de la Chambre du Roi & Capitaine de 100 Lances, tué au combat de Saint-Quentin en 1557 ;
2. JACQUES, Chevalier, Commandant de l'Infanterie françoife en Ecoffe, à la place de d'Andelot, qui prit Keith où il fut bleffé. Il fervit avec diftinction au fiège de Poitiers, à celui de Metz en 1552 ; fut envoyé au Prince ALBERT, dont on fe défioit, pour en fonder les difpofitions ; & tué à l'attaque de l'Isle-Dieu. M. de Thou l'appèlle un homme de cœur & d'expérience ;
3. CHARLES, qui fuit ;
4. Et DAUPHINE, mariée à *François de Fayole*, Chevalier, Seigneur de Tocane en Périgord.

XII. CHARLES DE CARBONNIÈRES, Chevalier, Seigneur de la Capelle, ou Chapelle-Biron, Chevalier de l'Ordre du Roi, Capitaine de 50 Lances au titre de 100 hommes, fuccéda à fon père & à fes frères. Il étoit fi confidéré de fon tems, que la Nobleffe de la Haute-Guyenne le députa pour porter les Cahiers à l'Affemblée des Etats-Généraux du Royaume. & que CHARLES IX établit en fa faveur *des marchés* dans fa Terre de la *Chapelle-Biron*, par Lettres-Patentes qu'il lui accorda, avec lefquelles il joignit une lettre particulière dans laquelle il le traite de *fon bien aimé & Féal Chevalier*, & lui mande qu'*en reconnoiffance des bons fervices qu'il lui a rendus, il lui envoye le Collier de fon Ordre par* fon coufin *de Biron*. Il époufa 1° *Marie de Fumel-Montfégur* ; & 2° le 28 Mars 1556, *Françoife du Fraiffe*, Dame du Breuil, veuve fans enfans, d'*Antoine de Luftrac*. Elle lui apporta en dot la Terre du Pin près d'Uzerches, & les autres biens de fa Maifon. Les enfans du premier lit furent :

1. JEAN, qui mourut fans enfans, après avoir été marié en Dauphiné ;

2. N... mariée à *N... de Railhac;*

3. JUDITH, mariée 1° à *Geoffroy de la Baché-lerie,* Seigneur d'Eyjaux ; & 2° par contrat du 28 Juin 1582, à *Germain de Beaupoil,* Baron de Saint-Aulaire ;

4. Et N... DE CARBONNIÈRES, mariée à N... de *Saint-Chamaran.*

Du second lit vinrent :

5. JEAN-CARLE, qui suit ;

6. GUILLAUME, qui mourut sans enfans, Commandant d'un Régiment d'Infanterie. Il épousa l'héritière de *Pleinefelve;*

7. GILBERT, Gentilhomme ordinaire de la Chambre du Roi, Enseigne de la Compagnie des Gendarmes du Prince de Guise, mort sans postérité de *Sara de Fumel,* laquelle étoit veuve du Seigneur de *Guiscard,* Gouverneur de Tournon ;

8. & 9. Deux filles, mariées dans les Maisons de *Daubepeyre* & de la *Touraffe;*

10. Et une autre fille, Abbesse du Bugue en Périgord.

XIII. JEAN-CARLE DE CARBONNIÈRES, Chevalier, Seigneur de la Chapelle-Biron, du Pin, Salon, &c., Capitaine de 50 hommes d'armes, Colonel d'un Régiment de 1200 hommes d'Infanterie, & Maréchal-des-Camps & Armées du Roi, épousa, par contrat du 12 Octobre 1590, *Susanne de Pompadour,* fille de haut & puissant Seigneur *Louis,* Vicomte de Pompadour, Chevalier de l'Ordre du Roi, & de *Peyronne de la Guiche,* dont il eut :

1. CHARLES, tué au siège de Montheur, Capitaine de 50 hommes d'ordonnance ;

2. LOUIS, tué au siège de la Rochelle en 1628, Capitaine dans le Régiment de Pompadour ;

3. Et JEAN, qui suit.

XIV. JEAN DE CARBONNIÈRES, Chevalier, Seigneur de la Chapelle-Biron, du Pin, le Fraisse, Salon, &c., Capitaine de 30 Lances au titre de 50 hommes d'ordonnance, Colonel d'un Régiment de 12 Compagnies d'Infanterie, Gentilhomme ordinaire de la Chambre du Roi & Maréchal de ses Camps & Armées, épousa, 1° par contrat du 17 Juin 1625, *Fran-çoise du Maine-du-Bourg* en Quercy, fille de Messire *Isaac du Maine,* Baron du Bourg, & de *Jeanne de Saint-Projet,* morte sans postérité ; & 2° par contrat passé devant *Ley-det,* Notaire à Agen, le 29 Juin 1632, *Hen-riette d'Estrades,* fille d'Honneur de la Reine, sœur de *Godefroy,* Comte d'Estrades & Maréchal de France, & fille de *François,* Comte d'Estrades, Gentilhomme de la Chambre du

Roi & son Maître-d'Hôtel ordinaire, & de *Susanne de Secondat-de-Roques,* dont il eut :

1. PHILIBERT, qui suit ;

2. GILBERT, qui mourut sans enfans, Commandant du Régiment d'Estrades ;

3. JEAN-GILBERT, tué au service, Capitaine au Régiment de Turenne ;

4. FOUCAUD, mort sans alliance ;

5. HENRI, Prieur du Mont-aux-Malades en Normandie ;

Et deux filles, l'aînée Abbesse de Saint-Jean-le-Grand à Autun, la cadette Religieuse dans la même Abbaye.

XV. PHILIBERT DE CARBONNIÈRES, Chevalier, Seigneur de la Chapelle-Biron, du Pin, le Fraisse, Salon, &c., Capitaine d'une Compagnie de 80 hommes de Cavalerie au Régiment de Mazarin, épousa, par contrat du 24 Mars 1659, *Lucrèce de la Beaume-de-For-sat,* fille d'*Henri-François,* & de *N..... de Jay-de-Saint-Germain,* dont il eut :

1. FRANÇOIS, qui suit ;

2. GILBERT, Comte de Carbonnières, qui épousa *Anne de Faure,* dont :

JACQUELINE DE CARBONNIÈRES, mariée, par contrat du 24 Janvier 1748, à *Fran-çois,* III° du nom, Comte de *Gironde-de-Piles.*

3. JEAN-GILBERT, mort sans alliance ;

4. Autre FRANÇOIS, qui a épousé *Thérèse de Fumel-Montaigu,* dont une fille ;

5. BERNARD-SYLVAIN, Chevalier, Seigneur de la Mothe-Douté près Tournon, mort sans enfans en son Château de la Mothe-Douté ;

6. JEAN-FOUCAUD, mort Chevalier de Malte ;

7. Et MARIE-ROSE, morte fille.

XVI. FRANÇOIS DE CARBONNIÈRES, Marquis de la Chapelle-Biron, Seigneur de le Fraisse, du Pin, Salon, &c., Capitaine au Régiment de Bassevilliers, Cavalerie, épousa, par contrat du 11 Décembre 1691, *Angélique-Césarine de Foix,* Comtesse de Rabat & Baronne de Saint-Jory, fille de haut & puissant *Gaston de Foix,* descendant des anciens Comtes & Souverains de Foix, & de *N..... du Faur-de-Saint-Jory,* dont il eut :

1. FRANÇOIS-GASTON, qui suit ;

2. Et MARIE, mariée au Marquis de *Losce* en Périgord, dont elle n'a laissé qu'une fille, mariée à *Vincent-Sylvestre,* Comte de *Va-lence-Timbrune,* Maréchal-de-Camp.

XVII. FRANÇOIS-GASTON DE CARBONNIÈRES, Chevalier, Marquis de la Chapelle-Biron, Comte de Rabat, Baron de Saint-Jory & Sei-

gneur du Pin, le Fraiſſe, Salon, &c., Mouſquetaire du Roi, mourut ſans enfans en 1755,
& avoit fait un teſtament la même année en
faveur du Comte de *Sabran*, Officier de Gendarmerie, ſon couſin iſſu de germain, par lequel il laiſſe à ſa veuve l'uſufruit & jouiſſance
de toutes ſes Terres qu'il ſubſtitue à l'aîné de
la branche des Marquis de *Carbonnières-
Saint-Brice*, dans le cas où le Comte de *Sabran* viendroit à décéder ſans poſtérité. Il
épouſa, en 1725, *Anne de Miran-Verduſſan*,
fille de *Louis de Miran* , Comte de Cauſac,
& de *Marie de Raymond*.

Il exiſtoit en Auvergne il y a un ſiècle une
autre branche des Seigneurs de Carbonnières,
qui produiſit ſes titres à M. de *Fortia*, Commiſſaire départi pour la recherche de la Nobleſſe en 1666, afin d'y être maintenue.

JEAN DE CARBONNIÈRES, Seigneur d'Orgon,
qui produiſit le premier, eſt dit âgé de 58 ans,
n'avoir que des filles, & faire ſa réſidence à la
Roquebrou. Il employe la production de GÉ-
RAUD DE CARBONNIÈRES, ſon neveu , qu'il dit
chef de ſa famille, lequel GÉRAUD déclare n'a-
voir point d'enfans de ſon mariage avec *Charlotte de la Mole*,& demeurer habituellement
en ſon Château de la Barthe, Paroiſſe de Saint-
Gérous, reſſort des Bailliage & Election d'Aurillac; que les biens qu'il poſſède ſont ſitués
dans les Paroiſſes de Saint-Gérous, Péri & la
Sigabaſſière. PIERRE DE CARBONNIÈRES, Chevalier de Malte en 1602, qui étoit de leur
branche & lignée, eſt rappelé dans cette production.

Elle portoit pour armes,ainſi que les autres
dont nous venons de parler: *d'argent, ſemé
de charbons de ſable ardens de gueules, à
trois bandes d'azur.*

* CARCADO ou KERCADO, Terre &
Seigneurie en Bretagne, qui fut laiſſée en héritage à *Olive*, femme d'*Eon le Sénéchal*,en
1300. Cet *Eon* réunit à la Seigneurie de *Kercado* celle de *Bot-au-Sénéchal*, qui dès 1258
faiſoit partie d'un Fief à Haute-Juſtice, appelé la *Sénéchallie*, parce qu'il étoit attaché à la
dignité de Sénéchal en Bretagne, charge dont
les premiers poſſeſſeurs avoient affecté de prendre le nom dès 1184, & ils n'en ont point
laiſſé d'autre à leurs deſcendans que celui de
le Sénéchal, auquel on a joint depuis le nom
de *Kercado* & celui de *Molac*, pour diſtin-
guer les branches.

La Terre appelée *Sénéchallie*, qui étoit ſi-

tuée dans la Vicomté de Rohan, eſt le ſeul
monument qui reſte en Bretagne d'un *Glèbe*,
ou Fief attaché à la dignité de Sénéchal &
poſſédé héréditairement. Cette Terre devoit
être d'une étendue conſidérable, puiſqu'on
voit par un titre de 1258 qu'elle étoit compo-
ſée des Châtellenies de Cœtniel, de la Motte-
Donon , Saint-Caradec, Cadelac, Uzel, la
Guillio, Guern & Molac. Les fonctions du
Sénéchal étoient d'avoir le commandement
ſur la Nobleſſe & ſur les Troupes, & de veil-
ler ſur l'adminiſtration de la Juſtice & des
Finances.

Les deſcendans de l'héritière de la branche
aînée du nom de *Kercado*, portèrent par héritage les deux tiers de la *Sénéchallie* avec la
Charge de Sénéchal, féodé de la Vicomté de
Rohan, dans les Maiſons de *Trebrimoel*, de
Molac, de *Rieux*, de *Rohan*, de *la Chapelle*,
de *Roſmadec*, & il n'en reſta que la Seigneurie de *Bot-au-Sénéchal*, ou *Saint-Caradec*,
qui a été poſſédée, depuis le XIIe ſiècle juſqu'à préſent, par ceux du nom & du ſang de
le *Sénéchal-Kercado*. Voyez SÉNÉCHAL-
KERCADO.

* CARCES, Terre & Seigneurie en Provence, Diocèſe de Fréjus, qui appartenoit à
Guillaume de Cotignac,lequel fut établi avec
Romée de Villeneuve, tuteur de la Comteſſe
BÉATRIX DE PROVENCE. *Mathilde de Cotignac*,
ſa fille, porta cette Terre à ſon mari *Fouquet
de Pontevès*, qui accompagna CHARLES D'AN-
JOU, Comte de Provence, en ſon expédition
de Naples. De lui deſcendoit *Jean de Pontevès*, Lieutenant-Général de Provence, Chevalier de l'Ordre du Roi, en faveur duquel la
Seigneurie de *Carces* fut érigée en *Comté*,
avec Juridiction d'*Appeau* & droit de ſucceſſion à ſa ſœur & à ſes enfans mâles & femelles,
par Lettres du mois de Mai 1571,confirmées
en Juin 1611, & enregiſtrées le 14 Janvier
1619. Son fils *Gaſpard*, mort en 1610, fut
père de *Jean*, qui, ſe voyant ſans enfans, fit en
1656 héritier du Comté de *Carces*,ſon neveu
François de Simiane, Marquis de Gordes.
Voyez SIMIANE.

* CARDAILLAC, Maiſon qui tire ſon nom
du Bourg de *Cardaillac* dans le Quercy,près
de Figeac, vers les frontières de l'Auvergne,
une des plus anciennes Baronnies du Pays,
qui depuis a porté le titre de *Marquiſat*.
Cette Maiſon a donné un Evêque de Cahors

en 1209 dans *Guillaume de Cardaillac,* mort en 1234, un Evêque de Saint-Papoul dans un autre *Guillaume de Cardaillac,* mort en 1367; & un autre Evêque de Cahors dans *François de Cardaillac,* mort en 1404. Cette Maison a encore donné dans le XVII° siècle des Evêques de Rodez & de Montauban. La Seigneurie de Bioule fut érigée en Comté l'an 1610, en faveur d'ANTOINE DE CARDAILLAC de Levis, qui eut pour héritier son frère

Louis, Marquis de Cardaillac, Lieutenant-Général en Languedoc, & Chevalier des Ordres du Roi, décédé sans postérité en 1666.

Son petit-neveu, *Tristan du Faur,* Seigneur de Saint-Jori, devint Comte de Bioule & Marquis de Cardaillac.

Son fils, JACQUES-LOUIS, mort en 1708, est père de

TRISTAN DU FAUR DE CARDAILLAC, Marquis de Cardaillac, Comte de Bioule, Baron de Saint-Jori, marié, le 20 Octobre 1739, à *Marie-Henriette du Bourg-Cavaignes,* fille de *Jean-Mathias,* Seigneur de la Peirouze, issu d'*Antoine du Bourg,* Chancelier de France en 1535, & de *Louise de Quentin de Beaujeu.*

Les armes: *de gueules, au lion armé, lampassé & couronné d'or, à l'orle de treize besans d'argent.*

· CARDEVAC D'HAVRINCOURT, Noblesse originaire d'Artois. *Marie de Blondel,* Dame des Hauts-Bois & d'Havrincourt, épousa, 1° le 9 Juillet 1606, FERDINAND DE CARDEVAC, Ecuyer, Seigneur de Beaumont, auquel elle porta la Baronnie d'Havrincourt, & qui avoit épousé, 1° en Mars 1592, *Madeleine de la Motte-Baraffle. Marie de Blondel* se remaria à *Jean de la Motte-Baraffle,* Seigneur d'Isque, Baron d'Havrincourt, mort en 1642. Elle eut du premier lit:

PIERRE DE CARDEVAC, Baron d'Havrincourt, Seigneur des Hauts-Bois, qui épousa, par contrat du 2 Avril 1635, *Anne-Jeanne de Thieulaine,* & en eut:

ANTOINE - FRANÇOIS DE CARDEVAC, Baron d'Havrincourt, Seigneur des Hauts-Bois, qui épousa, par contrat du 26 Juin 1664, *Anne-Marie-Madeleine de Preudhomme-d'Haillies,* dont:

FRANÇOIS-DOMINIQUE DE CARDEVAC, Chevalier, Baron d'Havrincourt, en faveur duquel la Baronnie de ce nom fut érigée en *Marquisat* par Lettres du mois de Septembre 1693,

enregistrées au Conseil d'Artois le 1er Juin 1694, au Bureau des Finances & Domaine de la Généralité de Lille le 10 Janvier 1698. Le Marquis d'Havrincourt, alors Colonel du Régiment d'Artois, Dragons, fut fait en 1705, Gouverneur d'Hesdin, & mourut le 4 Avril 1743. Il épousa, le 10 Mars 1705, *Anne-Gabrielle d'Osmont,* morte à l'Abbaye de Montreuil le 12 Novembre 1762, dans sa 82e année, dont:

1. LOUIS, qui suit;
2. ANTOINE-FRANÇOIS, *aliàs* CHARLES-HENRI, mort jeune;
3. CHARLES-GABRIEL-DOMINIQUE, né le 1er Décembre 1722, Chevalier de Malte, Exempt des Gardes-du-Corps, Mestre-de-Camp de Cavalerie;
4. MARIE - ADÉLAÏDE - CATHERINE, Abbesse de Montreuil-les-Dames, Diocèse de Laon;
5. MARIE-CHRISTINE, morte le 14 Avril 1761, mariée, par contrat du 21 Novembre 1749, à *Gabriel-François-Melchior,* Comte de *la Myre,* mort le 16 Mars 1777;
6. Et MARIE-JOSÈPHE, Religieuse à l'Abbaye de Montreuil, morte en 1778.

LOUIS DE CARDEVAC, Marquis d'Havrincourt, né le 20 Juin 1707, d'abord Mestre-de-Camp-Lieutenant du Régiment des Cuirassiers, fait Brigadier de Cavalerie le 2 Mai 1744, Maréchal-de-Camp le 1er Janvier 1748, & nommé Ambassadeur auprès du Roi de Suède le 24 Mai 1749, est mort Ambassadeur de Hollande le 15 Février 1767. Il avoit épousé, par contrat du 10 Juin 1737, *Antoinette-Barbonne-Thérèse de Languet,* née le 15 Septembre 1723, fille unique de *Jacques-Vincent,* Seigneur, Comte de Gergy en Bourgogne, qui a été Ambassadeur de France à Venise, & nièce de *Jean-Joseph Languet,* Archevêque de Sens, & de l'ancien Curé de St.-Sulpice. De ce mariage sont issus:

1. ANNE-GABRIEL-PIERRE, né le 21 Septembre 1739, Marquis d'Havrincourt, Colonel au Corps des Grenadiers de France & Gouverneur d'Hesdin;
2. CHARLES-PHILIBERT-LOUIS, né le 3 Octobre 1743, nommé *le Chevalier d'Havrincourt,* Capitaine de Cavalerie;
3. MARIE - JOSÈPHE - FÉLICITÉ, née le 24 Septembre 1741, morte au mois de Mars 1767, mariée, le 4 Octobre 1765, à N... *de Villages,* Marquis de Villevielle, Gentilhomme du Languedoc;
4. MARIE-ANNE-JEANNE, née le 17 Juin 1749;

5. Et MARIE-CATHERINE, née à Stockholm en Août 1752.

Il y a la branche de *Gouy*, dont eſt l'Evêque de Perpignan.

Les armes: *d'hermines, au chef de ſable.*

CARDON (DE), en Lorraine. DANIEL DE CARDON, Chevalier, Seigneur de Vidampierre & de Heyppes, Chambellan de HENRI, Duc de Lorraine, épouſa, le 26 Janvier 1624, *Louiſe de la Mothe*, fille de *Louis de la Mothe*, Seigneur de Vandéleville, de Courcelles & de Lanfroicourt, & *d'Anne de Gaſtinois*, qui lui porta en mariage la Seigneurie de Vandéville, près de Vezeliſe en Lorraine.

JEAN-PHILIPPE DE CARDON, leur fils, Seigneur de Vidampierre, de Heyppes, de Vandéleville & de Courcelles, Sous-Lieutenant des Chevaux-Légers de la Garde du Duc CHARLES IV, & Grand-Gruyer de Lorraine, épouſa, par contrat du 19 Mai 1657, *Marie de Tournebulle*, fille d'*Æneas*, Seigneur de Saint-Lumier & de Poſſeſſe, Gouverneur du Fort de Nieulet, & Lieutenant au Gouvernement d'Ardres, & de *Nicole de Comitin*, dont il eut:

JEAN-PHILIPPE DE CARDON, dit *le Vicomte de Vidampierre*, Chevalier de Saint-Louis, Major du Régiment du Roi, Infanterie, avec Brevet de Colonel, puis Conſeiller d'Etat & Chambellan du Duc LÉOPOLD, premier Gentilhomme de la Chambre des Princes ſes fils, enfin premier Gentilhomme de la Chambre du feu Empereur, & Grand-Bailli de Saint-Mihiel, mort à Nancy le 30 Juin 1744: ce fut en ſa faveur que la Terre de *Vandéleville* fut érigée en *Comté* par Lettres du 15 Décembre 1723. Il avoit épouſé, le 7 Mars 1707, *Françoiſe-Gabrielle-Charlotte-Eugénie de Capiʒucchi-Bologne*, fille de *Pierre-Louis*, Marquis de Bonnecourt, & de *Charlotte-Eliſabeth de Brouſſel*, fille de *Charles*, Ecuyer, Baron d'Ambonville, & de *Nicole-Françoiſe du Châtelet*. De ce mariage ſont nés:

1. JEAN-JOSEPH-ANTOINE, Comte de Vandéleville;

2. CHARLES-HUMBERT, Comte de Cardon, Capitaine de Cavalerie au Régiment de Vintimille en 1743, marié, en Octobre 1748, à *N... de Grandvilla*;

3. LÉOPOLDINE-ELISABETH, d'abord Fille d'honneur de S. A. R. Madame la Ducheſſe de Lorraine, & puis mariée, en 1726, à

Françoiſ, Comte de *Bloiſſe* & d'Hannonville, Chambellan du Duc LÉOPOLD;

4. ANNE-MARGUERITE, auſſi Fille d'honneur de S. A. R. Madame la Ducheſſe de Lorraine, enſuite mariée, par contrat du 29 Avril 1736, à *Joſeph-Jean-François-Alexandre*, Comte de *Roſières* & d'Euveſin, à préſent Grand-Bailli de Thiaucourt;

5. N...., qui a épouſé, en 1743, *N... de Grivel*, Seigneur de la Muyre & de Nancuiſſe en Franche-Comté;

6. Et N...., mariée, le 10 Février 1744, à *N... du Tertre*, dit *le Marquis de Chilly*, en Franche-Comté, Capitaine au Régiment de Monaco. (*Tab. Gén.* part. VIII, p. 236).

Il y a une famille du nom de CARDON, dont il eſt parlé dans l'*Armorial de France*, reg. I, part. I, p. 114, qui porte pour armes: *d'aʒur, à trois chardons d'or, poſés 2 & 1, l'écu timbré d'un caſque de profil.*

On trouve encore une autre famille de ce nom, Seigneur de *Verins*, qui porte pour armes: *écartelé, d'argent & de gueules.*

* CARDONNE, Duché dans la Catalogne, qui fut érigé en *Pairie* en faveur du Maréchal de *la Mothe-Houdancourt*, au mois d'Avril 1642; les Lettres ne furent point enregiſtrées. Il mourut le 24 Mai 1657, ne laiſſant que des filles.

La ville de Cardone en Catalogne, a donné ſon nom aux Seigneurs de la Maiſon de *Folch*, parmi leſquels on compte pluſieurs Gouverneurs de Province, deux Cardinaux, & divers Prélats. Elle a eu d'illuſtres alliances avec la Maiſon Royale d'Aragon, & avec les plus grandes d'Eſpagne, diſent Mariana & Imhoff.

Jacques Cardonne, de la Maiſon de *Folch*, fait Cardinal par le Pape PIE II, en 1461, fut Evêque d'Urgel, & vivoit dans le XVᵉ ſiècle.

Henri Cardonne, mort en 1530, âgé de 45 ans, fut Cardinal & Archevêque de Montréal.

Jean-Baptiſte Cardonne, Evêque de Tortoſe en Catalogne, vivoit dans le XVIᵉ ſiècle, & mourut en 1590.

Silva, Marquis de Montemayor, a été nommé héritier des biens de cette grande Maiſon par le dernier Prince de Cardonne, vraiſemblablement comme deſcendu d'*Emmanuel de Silva*, ſixième Marquis de Montemayor, & d'*Iſabelle Folch-de-Cardonne*, ſœur de *Joſeph*, Comte de Cardonne. Voy. Imhoff, pag. 68, de la Généalogie de la Maiſon de *Cordoue*.

CAREL-DE-MERCEY, famille de Normandie, qui fut maintenue dans fa nobleffe le Août 1668. Elle avoit prouvé fa nobleffe depuis

GUILLAUME DE CAREL, Ecuyer, qui époufa, par contrat paffé le 3 Juin 1393, *Léonore de Bouquetot.*

GUILLAUME DE CAREL étoit Chanoine de la Cathédrale de Rouen en 1408.

JEAN DE CAREL, Ecuyer, Seigneur de Meautrix & de Preaux, époufa, par contrat paffé le 17 Novembre 1537, reçu par *Doubel*, Tabellion, à Touques, *Jacqueline des Champs*, fille de *Jacques*, Ecuyer, Seigneur d'Ivetot, & de *Marie de Courville.*

JACQUES DE CAREL-DE-MERCEY fit proffeffion dans l'Ordre de Malte au rang de Frère-Chevalier de cet Ordre, en 1612. Il portoit pour armes : *d'hermines, à la bande componée d'or & de gueules.*

FRANÇOIS DE CAREL, neveu du précédent, fut reçu dans le même Ordre le 14 Novembre 1659.

MADELEINE DE CAREL-DE-MERCEY, née le 5 Mai 1679, fut reçue à Saint-Cyr au mois d'Octobre 1686. (Voyez l'*Hiſtoire de la ville de Rouen.*)

LOUIS DE CAREL, Préſident en la Chambre des Comptes à Rouen en 1691, mourut au mois d'Octobre 1717. Il avoit époufé, par contrat du 15 Mai 1700, *Jeanne-Théréſe de Bec de Lièvre*, morte le 14 Décembre 1755, fille de *Thomas-Charles*, Marquis de Quévilly, & de *Marie-Anne Pellot*, dont :

1. CATHERINE-MADELEINE-THÉRÈSE, née en 1701, morte le 4 Janvier 1749, qui époufa, en 1717, *Charles*, Marquis de *Houdetot*, Lieutenant-Général des Armées du Roi, mort le 5 Juin 1748 ;
2. ANNE-LOUISE, née en 1702, mariée, 1° en 1717, à *Jean-Nicolas-Louis de Bailleul*, Marquis de Château-Gontier ; & 2° à N.... *Scott de la Mézangère*, Comte de Roys ;
3. Et JEANNE-THÉRÈSE DE CAREL, née en 1703, morte le 23 Février 1774, qui époufa, en 1718, *Antoine-Nicolas du Meſniel*, Marquis de Sommery.

Les armes : *d'hermines, à trois carreaux d'azur.*

* CARENCY, Terre & Seigneurie en Artois. Les anciens Seigneurs de *Carency*, fortis des *Comtes de la Marche*, par JEAN DE BOURBON, Seigneur de Carency en Artois,

&c., troifième fils de JEAN DE BOURBON, Ier du nom, Comte de la Marche, & de *Catherine*, Comteffe de *Vendôme*, morte en Janvier 1458, ont fini à

BERTRAND DE BOURBON, Chevalier, Seigneur de Carency, tué à la bataille de Marignan en 1515 fans poftérité, laiffant héritière de tous fes biens

ISABELLE DE BOURBON, fa fœur, qui fuit.

Cette branche portoit pour armes : *de FRANCE, au bâton de gueules péri en bande, chargé de trois lionceaux d'argent, & une bordure engrêlée de gueules.*

ISABEAU DE BOURBON, Princeffe de Carency, époufa, le 22 Février 1516, *Jean d'Efcars*, Gentilhomme ordinaire de la Chambre du Roi FRANÇOIS Ier, auquel elle porta la Terre de Carency.

FRANÇOIS D'ESCARS, leur fils, Seigneur de la Vauguyon, & Prince de Carency, vendit les quatre cinquièmes en 1599, & l'autre quint en 1604 de cette Terre, à M. le Duc d'*Arenberg*, qui la revendit en 1606 à PHILIPPE DE BÉTHENCOURT, Seigneur & Pair d'Aix en Artois, Conſeiller du Conſeil de guerre de Sa Majeſté Catholique, Gouverneur de Courtray, Capitaine de 50 hommes d'armes du Prince de Ligne, qui époufa *Catherine de Damant*, dont pour fille unique :

MARIE DE BETHENCOURT, Dame de Carency, Paire d'Aix, qui porta cette Terre dans la Maiſon de *Touſtain*, en époufant, par contrat paffé devant *Prévôt*, Notaire à Longueval en Vermandois, le 9 Septembre 1626, *Jacques Touſtain-de-Frontebofc*, Vicomte de Vauftain, & Chevalier de l'Ordre du Roi, mort le 4 Octobre 1653.

NICOLAS-PHILIPPE TOUSTAIN, leur fils, Vicomte de Vauftain, Marquis & Comte de Carency, Pair d'Aix, & premier Baron du pays d'Artois, fut huit fois député de la Nobleffe en Cour pour les Etats d'Artois en 1663, 1665, 1666, 1667, 1668, 1681 & 1682. Il obtint du feu Roi Louis XIV des Lettres-Patentes le 25 Août 1665, par lefquelles Sa Majeſté donna à ladite Terre de *Carency* les titres de *Marquiſat* & de *Comté*, fans *néanmoins* (eſt-il dit dans lefdites Lettres), *déroger au titre de Principauté* que ladite Terre avoit porté. Le motif d'obtention defdites Lettres fut fondé fur ce qu'aucuns des ancêtres de l'impétrant avoient long-tems porté les titres de *Comtes* d'Hyems & de Montfort, &

de Baron du Bec-Crefpin; & que plufieurs avoient été auffi députés de la Nobleffe en Cour, pour porter au Roi les cahiers des Etats de Normandie en 1522 & 1523.

FRANÇOIS-JOSEPH TOUSTAIN, fon fils unique, Marquis & Comte de Carency, eft mort fans alliance en 1727; mais les autres branches de fa famille, établies en Normandie, Beauce & Lorraine, fubfiftent. Voy. TOUSTAIN. Le *Marquis de Carency* avoit vendu en 1719 les Marquifat & Comté de Carency à *Marie-Anne de Bertrand-de-la-Baẓinière,* veuve fans enfans de CLAUDE DE DREUX, Comte de Nancré, Lieutenant-Général & Gouverneur d'Artois, dont elle avoit été la feconde femme, étant veuf d'*Aimée-Thérèfe de Montgommery.* Elle mourut âgée d'environ 80 ans, après avoir fait donation de la Terre de Carency à fon beau-fils

CLAUDE-EDME DE DREUX, Comte de Nancré, mort le 12 Septembre 1729, qui avoit époufé, le 26 Juin 1702, *Marie-Thèrèfe de Montmorency-Logny,* fille de *Guillaume-François de Montmorency,* Vicomte de Roulers, & de *Claire-Eugénie de Hornes;* mais la Comteffe de Nancré ayant furvécu à fes deux filles, mortes fans enfans, elle a hérité des Marquifats de *Nancré* & de *Carency,* dont elle a difpofé en faveur de fon neveu

PHILIPPE-FRANÇOIS DE MONTMORENCY, Seigneur de Coify, Cardonnet, Poulainville, &c., Lieutenant-Général des Armées du Roi, fecond fils de FRANÇOIS, Seigneur de Neuville-Wiftace, Vicomte de Roulers, appelé *le Prince de Montmorency,* mort en 1704, & de *Charlotte-Louife de Saveufe.* Voy. MONTMORENCY-LOGNY.

CARETTE, Sieur de Sommereux, dont il eft parlé dans l'*Armorial gén. de France,* reg. I, part. I, pag. 114, famille qui porte: *de gueules, à un bras droit de carnation gantelé d'argent, mouvant du flanc gauche de l'écu, & tenant de fa main une épée auffi d'argent, la garde & la poignée d'or, & pofée en barre la pointe en haut; l'écu timbré d'un cafque de profil.*

CARETTO. C'eft une des plus anciennes & des plus nobles familles d'Italie. Elle eft féconde en Hommes illuftres, & on prétend qu'elle tire fon origine de WITIKIND, Prince de Saxe, foumis par CHARLEMAGNE.

ALERAN, fils de ce WITIKIND, laiffa OTHON,

GUILLAUME, THERES & BONIFACE, de qui font venus les Marquis de *Savonne,* d'*Intifad,* de *Ceva,* de *Bufca* & de *Saluces.* La Maifon de *Caretto* a été une branche de cette dernière, qui a pour tige un certain ANSELNE. C'eft de lui, dit-on, qu'eft defcendu

GALEAS CARETTO, qui vivoit fur la fin du XV⁰ fiècle: les Génois le chaffèrent de Final. Il eut pour enfans:

1. ALPHONSE, qui fuit;
2. FABRICE, Grand-Maître de Rhodes;
3. CHARLES-DOMINIQUE, Cardinal;
4. Et LOUIS ou ALOISIO, Evêque de Cahors.

ALPHONSE CARETTO, I⁰ʳ du nom, Marquis de Final, fit travailler aux fortifications de cette Place. L'Empereur MAXIMILIEN I⁰ʳ l'honora de la qualité de Vicaire de l'Empire. C'eft de lui que font defcendus les autres Seigneurs de la Maifon de CARETTO. Il eut pour enfans:

1. PAUL, Evêque de Cahors, Abbé de Bellecombe;
2. Et ALPHONSE, qui fuit.

ALPHONSE, II⁰ du nom, Marquis de CARETTO fur lequel PHILIPPE II, Roi d'Efpagne, ufurpa Final en 1571, y rentra jufqu'en 1602, que le Comte de Fuentes prit cette Place par ordre de PHILIPPE III, Roi d'Efpagne. Les Efpagnols menèrent chez eux ALPHONSE II, le dernier de fa Maifon, âgé de plus de 80 ans, & le firent mourir après l'avoir forcé d'accepter un traité de protection. Voyez Moréri & le P. Anfelme.

Les armes: *d'or, à cinq bandes de gueules.*

CAREY. GUILLAUME CAREY, Ecuyer du Corps de HENRI VIII, Roi d'Angleterre, defcendoit de la noble & ancienne Maifon de Cokkington, dans le Comté de Devon en Angleterre. Il époufa *Marie,* fille de *Thomas Boleyn,* fœur d'*Anne,* feconde femme de HENRI VIII. Il en eut:

HENRI, fait Chevalier de l'Ordre de la Jarretière au commencement du règne de la Reine ELISABETH, & enfuite Baron du Royaume fous le titre de *Lord Hundfon.* Il laiffa:

1. GEORGES, Chevalier de l'Ordre de la Jarretière, Grand-Chambellan de la Reine, qui mourut fans enfans mâles;
2. JEAN, qui fuit;
3. Et ROBERT CAREY, rapporté après fon frère.

JEAN CAREY eut pour fils:

HENRI, qui fut fait Vicomte de Rochefter fous JACQUES Ier, & Comte de Douvres fous CHARLES Ier.

JEAN, fon fils & héritier, mourut fans enfans mâles.

ROBERT, Lord Hundfon, étoit Garde des Marches d'Ecoffe la 40e année du règne de la Reine ELISABETH. Il fut Lord Carey de Lexington dans le Comté d'Yorck, & enfuite Duc de Montmouth, fous le règne de CHARLES Ier.

HENRI, fon fils, lui fuccéda dans fes titres, & laiffa:

Deux fils & huit filles.

Voy. les *Pairs d'Angleterre*. par Imhoff; & Moréri.

*CARHEIL ou CAREILHE, Terre & Seigneurie en Bretagne, qui fut portée en mariage, l'an 1669, par *Marie*, fille de *Michel*, Seigneur de Careilhe, à *Jérôme du Cambout*, Seigneur de Beçay, Lieutenant au Gouvernement de Breft, père de *René*, Gouverneur de l'Isle de Ruis, en faveur duquel cette Seigneurie fut érigée en *Vicomté* par Lettres du mois de Juin 1658, enregiftrées au Parlement de Rennes le 14 Juillet 1659. Voyez CAMBOUT, pour la Généalogie de cette Maifon.

CARIERE. CLÉMENT DE CARIÈRE d'Aufrery, né à Touloufe le 4 Janvier 1684, époufa, 1º le 1er Décembre 1705, *Marie-Anne de Caftet*; & 2º le 24 Avril 1725, *Paule de Labat*. Il eut du premier lit:

1. MARIE-ANNE, mariée à *Laurent de la Forcade*;
2. Et ELISABETH, mariée à N... *Defpie*.

Du fecond lit font iffus:

3. JACQUES-HENRI, Prêtre;
4. PAUL-BARTHÉLEMY, Diacre;
5. PIERRE-CLÉMENT, Chevalier de Malte;
6. HENRI-MARIE, Lieutenant dans le Régiment de Puyfégur;
7. Et MARIE-ANNE DE CARIÈRE D'AUFRERY.

*CARIGNAN. La ville & Prévôté d'Yvoy dans le Luxembourg François, à quatre lieues de Sédan, fut donnée au mois de Mai 1661, par LOUIS XIV, à EUGÈNE-MAURICE DE SAVOIE, Comte de Soiffons, & à fes hoirs & ayantcaufe, pour toujours. Le même Prince l'érigea en Duché au mois de Juillet 1662, en faveur du même EUGÈNE-MAURICE DE SAVOIE. Il mourut le 7 Juin 1673, & quoiqu'il eût

laiffé des enfans, dont l'aîné a eu poftérité, le Duché de *Carignan* a été poffédé par VICTOR AMÉDÉE, premier Prince du fang de Savoie, Colonel-Général des Gardes du Duc de Savoie, & Lieutenant-Général des Armées du Roi, fils d'EMMANUEL-PHILIBERT-AMÉDÉE DE SAVOIE, Prince de Carignan. Voyez SAVOIE. M. le Duc de Penthièvre a fait l'acquifition du Duché de Carignan.

CARITAT. C'eft une des plus anciennes Maifons de la Principauté d'Orange. Dans les actes de la Maifon de Caritat-de-Condorcet, ceux de ce nom prennent la qualité de *nobles & puiffans* en 1320, vis-à-vis le Dauphin & les Barons de Merouillon, qui étoient Souverains.

Dans le territoire d'Orange il y a le Fief de Caritat. Cette Maifon fubfifte en deux branches.

BRANCHE AINÉE

FOUQUET DE CARITAT étoit Grand-Prieur de Touloufe lors du fiège de Rhodes.

N.... DE CARITAT étoit évêque d'Orange en 1447.

N... DE CARITAT laiffa pour enfans:

N... qui fuit;

JACQUES-MARIE, né le 11 Novembre 1703, Evêque de Gap & d'Auxerre, facré en 1742, puis Evêque de Lifieux en 1761;

Et SUSANNE DE CARITAT DE CONDORCET, mariée à *Laurent du Puy-Montbrun*, IIe du nom, Comte de Rochefort.

N... DE CARITAT DE CONDORCET eut pour fils:

MARIE-JEAN-ANTOINE-NICOLAS CARITAT, Comte, puis Marquis de CONDORCET, né le 7 Septembre 1743, marié à N... *de Bréfil*, dont plufieurs enfans en bas âge.

La branche cadette établie en Picardie a auffi des repréfentans mâles.

Les alliances de la Maifon de *Caritat* font avec celles de *la Roche-Montauban, Artaud, Agonet, Montmaur, Montpezat*, &c. (*Mercure de Mars*, 1755, p. 174.)

Les armes: *d'azur, au dragon volant d'or, lampaffé & armé de fable à la bordure de même*.

CARITE, en Normandie, Election de Bayeux, famille qui porte: *de gueules, au lion rampant d'or*.

CARLIER (LE). Cette famille originaire du Cambrefis, & tranfplantée en Picardie vers le commencement du XVIᵉ fiècle, l'une des plus anciennes du Cambréfis, eft du nombre de celles qui ont été victimes des différentes guerres allumées dans cette Province. Elle ne peut aujourd'hui prouver l'antiquité de fon origine que par les Auteurs qui ont travaillé à l'Hiftoire de cette même Province. Son nom eft quelquefois écrit fur les titres *Carlier*, *de Carlier* & *de Carlir*, mais prefque toujours *le Carlier*, qui eft la dernière manière de l'écrire, que nous fuivrons dans cette généalogie.

Selon l'*Armorial gén. de France*, reg. V, part. I, Gélic fait mention de cette famille en termes honorables, ainfi qu'Emmanuel Meteren, dans fon *Hiftoire des Pays-Bas*, imprimée à la Haye en 1655. Le premier connu de ce nom par titres eft

I. JEAN LE CARLIER, Ecuyer, Seigneur de Pinon, marié à *Jacqueline de Flory*, dont :

II. JEAN LE CARLIER, IIᵉ du nom, Ecuyer, Seigneur de Pinon, qui fe maria, par contrat du 4 Mars 1472, à *Jeanne de Louverval*, dont :

III. LOUIS LE CARLIER, dit *Remy*, Seigneur de Pinon, de Mafnières, de Rieux en partie, Baron de la Prée, marié 1º à *Jéromette de Reñiaulme*, fille de *Jean*, Seigneur de Rieux, de Naves & de Paliencourt en partie, & d'*Anne d'Auffut*; & 2º à *Madeleine de la Quellerie*, laquelle tefta au mois de Juin 1571, & ordonna fa fépulture dans l'Eglife de St.-Georges de Cambray. Il eut de fon premier mariage :

IV. JEAN LE CARLIER, IIIᵉ du nom, Ecuyer, Seigneur de Pinon & de Rieux, lequel donna à la Princeffe d'Epinoy le 22 Octobre 1573, fon dénombrement du fief de Pinon, qui lui étoit échu par la mort de fon père, & qui étoit de la mouvance de la Seigneurie de Walencourt. Il époufa 1º *Barbe de Hénin*, morte le 6 Septembre 1576, fille de *Claude*, & d'*Anne de la Fontaine*, & 2º *Ifabelle des Cordes*. Il eut du premier lit :

1. LOUIS, Chevalier, Baron de la Prée, Seigneur de Mafnières, &c., Capitaine & Gouverneur des Ville & Château d'Etaples, né à Cambray, qui fut créé *Chevalier* le 20 Mars 1590, par l'Empereur RODOLPHE II, obtint le 17 Octobre 1592, des provifions de Gentilhomme de la Chambre d'*Erneft*, Archevêque, Prince & Electeur de Cologne, Evêque de Liège; vint, peu de tems après, s'établir à la Cour de France, où il obtint

du Roi HENRI *le Grand* des Lettres de naturalité le 25 Janvier 1600, & fut honoré d'une charge de Gentilhomme ordinaire de fa Chambre le 24 Mai 1607. Il fit fon teftament conjointement avec fa femme & mourut fans poftérité. Il avoit époufé, par contrat du 12 Mars 1582, *Marie Thomas*, qui vivoit encore le 6 Février 1621 ;

2. JEAN, Ecuyer, Seigneur de Pinon, &c., qui vint s'établir à Paris & enfuite à Cambray, où il époufa, par contrat du 9 Décembre 1587, *Elifabeth de Rommecourt*, fille de *Jean*, Gentilhomme ordinaire de la Maifon du Duc d'Anjou, & d'*Edmée de Brabant*;

3. BARBE, morte fans alliance;

4. & 5. MARGUERITE & ANNE, mariées;

6. Et MARIE, morte fans alliance.

Du fecond lit vinrent:

7. PHILIPPE, qui fuit;

8. & 9. JEANNE & ANNE, mariées.

V. PHILIPPE LE CARLIER, Chevalier, Seigneur d'Herlyes, de Quéan, &c., né à Anvers en Brabant, obtint des Lettres de naturalité du Roi HENRI IV, au mois de Juillet 1608, & mourut le 2 Janvier 1648. Il avoit époufé, le 29 Mars 1606, *Sufanne de Nogentel*, fille de *Jacques*, Seigneur de Nogentel, & de *Marie Perrot*. Il en eut :

1. & 2. PHILIPPE & JACQUES, morts en bas âge;

3. LOUIS, qui fuit;

4. & 5. MARIE & MADELEINE, mariées;

6. & 7. ELISABETH & SUSANNE, mortes fans alliance.

VI. LOUIS LE CARLIER, Seigneur d'Herlyes, &c., qualifié *Chevalier* dans fon contrat de mariage, fervit âgé de 16 ans, en qualité de Cadet au Régiment des Gardes, fucceffivement dans la Gendarmerie, & enfuite dans le Régiment de la Ferté-Senneterre. Il juftifia de fa Nobleffe devant M. *Colbert*, Intendant de Picardie, en 1666, & mourut en 1671. Il époufa, par contrat paffé le 2 Janvier 1648, *Madeleine Brunier*, qui vivoit encore le 11 Août 1696. Elle étoit fille d'*Abel*, premier Médecin de MONSIEUR, frère de LOUIS XIV, & d'*Elifabeth des Champs*. Ils eurent :

1. LOUIS, né en 1649, Lieutenant d'Infanterie, tué au fiège de Nimègue en 1672;

2. ABEL, né en 1652, d'abord Capitaine de Carabiniers, enfuite Lieutenant-Colonel au Régiment de Biffy, Cavalerie. Il fervit avec honneur dans les guerres de LOUIS XIV, où il reçut plufieurs bleffures, & mourut fans enfans. Il avoit époufé, en 1706, *Ma-*

rie-*Anne le Duchat*, fille d'un Confeiller au Parlement de Metz ;

3. JACQUES, né en 1655, Capitaine dans le Régiment de Cayeu, Cavalerie, le 27 Septembre 1691, Major dans celui de la Feronnaye le 22 Mars 1697, Lieutenant-Colonel dans le même Régiment le 30 Oĉtobre 1704, & Chevalier de Saint-Louis. Il tefta le 22 Septembre 1728, & mourut fans alliance le 7 Décembre 1735 au Château d'Herlyes ;

4. SALOMON, qui fuit ;

5. Et MARGUERITE-MADELEINE, morte fans alliance, en 1744.

VII. SALOMON LE CARLIER, Vicomte de Troïly, Seigneur d'Herlyes, &c., né en 1658, Chevalier de Saint-Louis, paffa fucceffivement aux grades de Cornette, Lieutenant & Capitaine, & parvint à la Majorité du Régiment de Biffy, Cavalerie, avant le 22 Mars 1697, fervit en la même qualité dans celui d'Eftaniol, dont il fut fait Lieutenant-Colonel le 17 Juillet 1708. Il tefta le 24 Juin 1734, & mourut le 13 Mai 1736. Il avoit époufé, le 6 Juillet 1709, *Madeleine Trinquand*, fille de *Nicolas*, Secrétaire du Roi, & d'*Anne Berthe*, dont il eut :

1. JACQUES-NICOLAS, qui fuit ;

2. LOUIS-NICOLAS, né en 1711, Chevalier de Saint-Louis, qui fervit pendant onze ans en qualité de Moufquetaire du Roi dans fa première Compagnie, & obtint en 1734 une Compagnie de Cavalerie au Régiment de Berry ;

3. ANNE-CLAUDE, né le 2 Mai 1715, admis en 1727, dans les Cadets-Gentilshommes de Cambray, fucceffivement Lieutenant au Régiment de Guyenne, Infanterie, en 1731, Capitaine dans celui de Berry en 1740, & Chevalier de Saint-Louis en 1745. Il a acheté en 1747 la Terre de Chaltrait près Epernay, & a époufé *Marie-Nicole de Lattaignant*, fille de *Pierre*, Seigneur de Grangemenant ;

4. ANNE-MICHEL, mort âgé de 10 ans ;

5. LOUIS-SALOMON, appelé *le Chevalier d'Herlyes*, Chevalier de Saint-Louis, aujourd'hui Capitaine des Vaiffeaux du Roi, & marié, en 1755, à *N... Pepin* ;

6. Et GENEVIÈVE-MADELEINE-LOUISE, mariée, en 1737, à *Jean-François-Alexandre de Maquerel*, Seigneur de Quémy, Chevalier de St.-Louis & Capitaine au Régiment de Beuvron, Cavalerie.

VIII. JACQUES-NICOLAS LE CARLIER, Seigneur d'Herlyes, &c., né le 6 Septembre 1710, ci-devant Moufquetaire du Roi dans fa pre-

mière Compagnie, a époufé, par contrat du 1er Août 1738, *Louife-Olympe de Berry-d'Effertaux*, fille de *Chriftophe*, Marquis d'Effertaux, & de *Catherine-Marguerite-Françoife Moret-de-Bournonville*, dont :

1. LOUIS-NICOLAS, né le 3 Juin 1740, reçu Page du Roi en fa Grande-Ecurie en 1757 ;

2. & 3. PROSPER-HENRI & JEAN-BONAVENTURE ;

4. & 5. MARIE-MADELEINE-LOUISE-THÉRÈSE & ADÉLAIDE-OLYMPE ;

6. & 7. SOPHIE-GERTRUDE & EULALIE-URSULE LE CARLIER.

Les armes : *d'argent, à un lion de fable, la langue & les griffes de gueules, parti de fable à une roue d'or*.

* CARLOO, Terre & Seigneurie dans les Pays-Bas, qui étoit dans la Maifon de *van der Noot* dès le milieu du XVIe fiècle, érigée en *Baronnie* par Lettres de 1678, en faveur de ROGIER-VAUTHIER VAN DER NOOT, Seigneur de Duyft, Capelle & Glabeck, Député des Nobles en Brabant, mort en 1710. Voyez NOOT (VAN DER).

* CARMAIN, Vicomté enclavée dans la Province du Languedoc, vendue par *Bertrand de Lautrec à Pierre Dueze* ou DE VEZE, Seigneur de Saint-Félix, frère du Pape JEAN XXII, & fils d'ARNAUD DE VÈZE, Seigneur de Saint-Félix. Cette vente fut confirmée pour lui & pour ARMAND, fon fils, par le Roi en 1322. ARMAND époufa *Rofine d'Albret*, & en eut HUGUES, Vicomte DE CARMAIN, dont le fils JEAN ayant époufé, en 1427, *Ifabeau de Foix*, fille d'*Archambaud*, Seigneur de Navailles, leur poftérité prit le furnom de *Foix*. De ce mariage vint JEAN DE FOIX-CARMAIN, en faveur duquel le Roi Louis XI érigea en *Comté* la Vicomté de *Carmain*.

Le premier de la Maifon de CARMAIN, originaire du Quercy, qui quitta le nom de *Vèze*, fut HUGUES, lequel prit celui de *Carmain*, & fa poftérité l'a toujours confervé depuis : il époufa, en 1398, *Béatrix de Perille*.

JEANNE DE FOIX-CARMAIN, héritière de la branche aînée, époufa, le 22 Septembre 1592, *Adrien de Montluc*, Seigneur de Montefquiou, Prince de Chabanois. Les branches forties de la Maifon de CARMAIN font :

1° Les Barons de *Sault* & Vicomtes de *Venez*, éteints. MARGUERITE DE CARMAIN-DE-FOIX, Dame de Venez, fille de *N... Carmain-de-Foix*, & D'ALDONCE DE CARMAIN, époufa *Jean de Bernuis*, Seigneur de Palfica.

2° Les Seigneurs de *Negrepeliſſe* en Quercy, auſſi éteints. CATHERINE DE CARMAIN, Comteſſe de Negrepeliſſe, Baronne de Lagnac, devint héritière des biens de ſa branche, & fut mariée 1° à *Henri-Ebrard*, Baron de Saint-Sulpice, tué à Blois en 1576 ; & 2° le 20 Décembre 1578, à *Jean de Beaumanoir*, Marquis de Lavardin, Maréchal de France.

3° Et les Seigneurs de *la Pommarède*, qui ont commencé à ANTOINE DE CARMAIN, ſecond fils de JEAN, Vicomte de Carmain, & de *Catherine de Coaraʒé* : il fut Seigneur de la Pommarède, & épouſa, en 1492, *Antoinette de Saint-Etienne*. Sa poſtérité a fini à

GABRIEL DE SAINT-ETIENNE, Chevalier, Marquis de Carmain, Baron de la Pommarède, marié, en 1702, à *Paule de Viguier-Bidault*, de laquelle il n'a que des filles. Voy. MONTLUC.

CARMEN ou KERMAN, en Bretagne, Diocèſe de Saint-Pol-de-Léon, Terre & Seigneurie qui fut portée en mariage par *Béatrix de Kermaouen*, aujourd'hui *Kerman*, à ſon mari *François de Léon*, frère puîné du Vicomte. Leur poſtérité prit le nom de *Kerman*, & fondit vers 1470 dans la Maiſon de *Pluſquellec*, par le mariage de *Françoiſe*, fille de *Guy de Kerman*, avec *Jean de Pluſquellec*, à la charge du nom & des armes de *Kerman*, que porta leur fils *Maurice*.

Claude de Kerman, fille de celui-ci, qui devint l'héritière de *Kerman* par la mort de ſes frères, épouſa, en 1577, *François de Maillé*, Seigneur de Villeromain, iſſu au XVIe degré d'*Hilduin de Maillé*, & d'*Agnès de Vendôme*, qui vivoient vers 1060. Ce fut en faveur de *Charles de Maillé*, leur fils, que la Terre de *Kerman* fut érigée en *Marquiſat* par Lettres du mois d'Août 1612, regiſtrées à Rennes. Son arrière-petit-fils, *Donatien de Maillé*, mourut le 22 Octobre 1745, ayant fait le 8 Juin 1736 abandon de ſes biens à ſes créanciers. Voyez MAILLÉ. Le Marquiſat de *Kerman* a été acquis en 1741 par M. *Croʒat-du-Châtel*.

CARNEIRO, Maiſon illuſtre de Portugal, que quelques-uns font venir de France. JEAN CARNEIRO, ſelon eux, s'appeloit JEAN MOUTON, ce qui ſignifie *Carneiro*, & vint s'établir en la Ville de Porto. D'autres font deſcendre cette Maiſon de MARTIN CARNEIRO, Grand-Veneur de JEAN Ier, Roi de Portugal. La branche aînée ſubſiſte dans

CHARLES CARNEIRO, fiancé, en 1734, à ſa couſine germaine Dona *Anne de Noronha*, fille de *Cajetano de Mello de Caſtro*, & de Dona *Marie-Anne de Faro*.

Il y a eu deux branches de cette Maiſon, ſavoir celle des Seigneurs de *Carneiro*, établie aux Indes orientales ; & celle des Seigneurs d'*Alcaçova-Carneiro*, toutes deux éteintes.

Les armes : *de gueules, à la faſce d'aʒur, avec trois fleurs-de-lys d'or, aux deux moutons paſſans d'argent*. Voyez Moréri.

CARNIN, en Artois. I. JACQUES DE CARNIN, Chevalier, vivant en 1203, eut de *Marie d'Avion* :

II. ALBERT DE CARNIN, marié à *Jeanne de Raiſſe*, dont :

III. JEAN DE CARNIN, Ier du nom, Seigneur de Méricourt, mort en 1339 au ſervice du Duc de Bourgogne, qui avoit épouſé *Anne de Wendin*, dont :

IV. JEAN DE CARNIN, IIe du nom, Seigneur de Villiers, de Méricourt, &c., marié à *Marie*, fille d'*Antoine*, Seigneur de *Mareſquel*, & de *Gudule de Heule*, dont :

V. JEAN DE CARNIN, IIIe du nom, Seigneur de Villiers, marié, en 1385, à *Agnès de Raincheval*, dite de *Châteauvilain*, dont :

VI. THOMAS DE CARNIN, Seigneur de Villiers, la Motte, &c., marié à *Michelle Chucquet*, dite *Sapignies*, qui en étoit veuve en 1457. Elle en eut :

VII. JEAN DE CARNIN, IVe du nom, Seigneur de Villiers, la Motte, &c., Page, puis Echanſon du Duc de Bourgogne, & Echevin d'Arras ès années 1486, 1487 & 1490, mort vers 1498. Il avoit épouſé *Jacqueline de Bauffremeʒ*, fille de *Louis*, Seigneur de Caurelus, & d'*Hélène de Beauffort-de-Bullecourt*, dont vint :

VIII. ROBERT DE CARNIN, Seigneur de Villiers, &c., marié à *Jeanne de Flory*, fille d'*Antoine*, Seigneur d'Auſſimont & de Saint-Léger, & d'*Antoinette de Senlis*, dont il eut :

1. CLAUDE, qui ſuit ;
2. Et THOMAS, Seigneur de Lagnicourt, auteur de la branche des Seigneurs de *Staden*, de laquelle eſt chef *Jean-François-Joſeph-Florent*, né le 17 Avril 1712, Comte de Staden, qui épouſa, le 4 Février 1744, *Caroline-Jeanne le Poyvre*, née le 21 Avril 1722, ſa couſine au IIe degré, dont il a des enfans.

IX. CLAUDE DE CARNIN, Seigneur de Villiers, Gommecourt, Auffimont, Senlis, &c., époufa, en 1574, *Marie de Marquais*, fille de *Jean*, Seigneur de Villiers, & de *Claudine de Wadripont*, dite *de Cordes*, dont vint:

X. JEAN DE CARNIN, V^e du nom, Seigneur de Saint-Léger, Fontaine, Auffimont, Senlis, &c., mort le 24 Février 1621, qui devint Seigneur de Nédonchel par fon mariage avec *Ifabeau Morel*, & eut:

1. JEAN-BAPTISTE, qui fuit ;
2. JACQUES, Chevalier de Malte ;
3. Et MAXIMILIEN-ADRIEN-FRANÇOIS, Seigneur de *Saint-Léger*, auteur d'une branche éteinte au commencement de ce fiècle.

XI. JEAN-BAPTISTE DE CARNIN, Seigneur de Nédonchel, Lillers, &c., époufa, en 1655, *Marie-Claire d'Oftrel-de-Lières*, fille de *Gilles*, Seigneur & Vicomte de Lières, Comte de Saint-Venant, Gouverneur & Grand-Bailli de Saint-Omer, & de *Marie-Catherine de la Tramerie*. Il eut:

XII. MAXIMILIEN-FRANÇOIS DE CARNIN, Seigneur de Nédonchel, Lillers, Bonrecourt, Efquernes, &c., en faveur duquel la Terre de *Nédonchel* fut érigée en *Marquifat* par Lettres-Patentes de 1694. Il mourut le 28 Août 1710, & avoit époufé, par contrat paffé le 14 Mai 1691, *Alexandrine-Charlotte de Béthune-des-Planques*, née le 20 Septembre 1673, morte le 6 Octobre 1746, fille de *Charles-Jacques-François*, Marquis d'Hefdigneul, & d'*Anne-Marie-Marguerite-Françoife de Noyelles*, de laquelle font nés:

1. JACQUES-GILLES-BONAVENTURE DE CARNIN, dit *le Marquis de Lillers*, Capitaine au Régiment du Roi, Infanterie, mort le 19 Novembre 1734 des bleffures qu'il avoit reçues à la bataille de Parme. Il époufa, le 31 Mai 1726, *Ifabelle-Claire-Jofèphe-Guislaine de la Tour-Saint-Quentin*, née le 14 Juin 1703, morte le 28 Novembre 1761, remariée, le 16 Avril 1735, à *Jean-Jacques-Louis de Calonne*, Marquis de Courtebonne, mort le 11 Août 1754. Elle eut du premier lit une fille, qui eft Religieufe de la Vifitation de Sainte-Marie à Paris;
2. N...., dit *le Marquis de Nédonchel*, mort fans alliance ;
3. ALBERT-FRANÇOIS DE CARNIN, Marquis de Lillers, Lieutenant-Général des Armées du Roi d'Efpagne, & Commandant d'un Bataillon des Gardes Wallones, marié 1° à N.... Marquife de *Gironella*; & 2° en Mai 1761, à *Merie-Antoinette de Ferrer-y-Pi-*

nos, veuve de Dom *Juan de Caftro*, Capitaine-Général & Gouverneur de la Province d'Eftramadure ;
4. THÉODORE-MARIE, dit *le Comte de Lillers*, Général & Colonel des Grenaderis Wallons au fervice de la République de Hollande, mort le 5 Mai 1762 ;
5. ALBERT, dit l'*Abbé de Lillers*, Chanoine & Archidiacre de la Cathédrale de Saint-Omer ;
6. MARIE-CLAIRE-EUGÉNIE, d'abord Chanoineffe de Maubeuge, puis mariée, en 1714, à *Jean-Hermann d'Hinnifdaël*, Baron de Fumal, dont elle a laiffé plufieurs enfans ;
7. N... Mademoifelle de Lillers, Chanoineffe de Maubeuge;
8. Et MARIE-FRANÇOISE, d'abord Chanoineffe à Denain, enfuite mariée, en Octobre 1738, à *N... de Berghes-Saint-Winock*, Vicomte d'Arleux, mort en Avril 1757, duquel elle a des enfans. (*Tab. Généal.*, part. VIII, p. 55.)

Les armes : *de gueules, à trois têtes de léopards d'or.*

CAROMB, au Comté Venaiffin, Diocèfe de Carpentras, Terre & Seigneurie qui dès 1200 étoit poffédée par *Charles de Baux*. Dans la fuite cette Terre a paffé fucceffivement dans les Maifons de *Villars*, des Ducs d'*Andria*, de *Peyre-de-Thoiras*, de *Foix*, de *Châlons-Orange*, de *Vefe*, d'*Agoult* & de *la Baume-Montrevel*. Celle-ci qui la poffède actuellement, l'a eue, au commencement du dernier fiècle, par le mariage de *Claude de la Baume-Montrevel*, avec *Jeanne d'Agoult*, héritière de la Terre & Seigneurie de *Caromb*.

CARONDELET, ancienne Maifon originaire de Breffe en Franche-Comté, & aujourd'hui établie dans les Pays-Bas. Ses alliances font avec les meilleures familles de l'une & de l'autre Province. Les premiers de ce nom portoient originairement les qualités de *Sires* & de *Barons*; c'eft ce que nous apprennent d'anciens titres, & la Patente qui leur fut donnée à Gand le 18 Mars 1430, par PHILIPPE, Duc de Bourgogne, fous fon fcel, enregiftrée aux Chambres d'Armoiries.

Carpentier, dans fon *Nobiliaire du Cambréfis*, cite Grammaye *in fuo Namurco*, lequel plus au fait de l'origine de cette Maifon que Dunod de Charnage, qui, de fon aveu, n'a travaillé que fur de fimples notes, *la fait defcendre d'une noble & ancienne Maifon*

Tome IV.   T t

d'Aquitaine, qui, ayant fuivi les étendarts des Ducs de Bourgogne, établit fon domicile en les dix-fept Provinces.

Des Enquêtes authentiques tenues au Parlement de Dôle après que les Seigneurs de *Carondelet* fe furent retirés de la Franche-Comté, & fcellées du fcel de cette Cour le 7 Avril avant Pâques 1535, apprennent *qu'ils eftoient iffus & partis de nobles & vertueux progéniteurs Gentilshommes de nom & d'armes, pour tels tenus & réputés.... que leur Maifon eft des plus anchiennes Maifons que foient ès Villes de Dôle & Poligny, tenues, eftimées & réputées nobles, tant de progéniteurs, richeffes, que excellentes vertus... qu'ils ont toujours efté alliés à bonnes & nobles Maifons, & telle en eft la fame & commune renommée en ce lieu de Dôle... tellement qu'ils ont toujours efté tenus & réputés Gentilshommes de race, de tous ceulx qui d'eulx & leurs progéniteurs les Barons de Chauldey ont heu congnoiffance.., & ladicte Maifon & Famille des Carondelet eftre anchiennement noble.*

La filiation prouvée par titres commence à
I. GUILLAUME (a), fils puîné d'un Baron de *Chauldey*, aliàs *Chandée*, & lui-même devenu Baron dudit Chauldey en Breffe, lors *appendice* de Savoie, vivant dès 1201. Il fit hommage de cette Seignéurie en 1272 à AMÉ DE SAVOIE, Sieur de Baugé & de Breffe, & fut furnommé *Caronde*. Sa fépulture fe voyoit encore en 1651 à Saint-Amour, où il étoit ref-

préfenté en *homme de guerre couvert d'une cafaque fourrée de petit-gris*, armoriée de fes armes : *d'azur, à la bande & aux fix befans d'or*. Il eut entr'autres enfans de *Marguerite Ray*, fille d'*Othon de la Roche*, Sire de *Ray* :

> JEAN, qui fuit
> Et ETIENNE & GUICHARD, qui continuèrent le nom de Chandée.

II. JEAN DE CHAULDEY, dit CARONDELET (par un Duc de Bourgogne dont il étoit très-aimé), *à caufe de fa taille petite & ronde*, dit une ancienne Charte, Chevalier, Baron de *Chauldey*, vendit cette Baronnie, depuis nommée la Baronnie de *Chandée* dans le Bailliage de Bourg, à fon frère le Bailli de Viennois, & ne fit aucun changement à fon écuffon, qu'il conferva entier, de même que les Barons de *Chandée*. Il eft prouvé marié, en 1295, à *Marie de Montmartin*, héritière de Montliard, fille du Sire de Montmartin, Maifon illuftre au Reffort de Baume, fuivant un acte de partage qui le qualifie de *Nobilis & generofus miles cognomine Carondeletus*. Il eut

> 1. JACQUES, dit *le Chevalier des Tournois* ;
> 2. Et JEAN, qui fuit.

III. JEAN CARONDELET, IIe du nom, fut Seigneur de Montliard & de Chamodans en Savoie. Au-deffous de fa ftatue repréfentée à genoux fur le haut d'une petite colonne de pierre blanche dans la Chapelle de Saint-Blaife, chez les Cordeliers de Bourg-en-Bref-

---

(a) Guichenon, Hiftoriographe du Roi au Préfidial de Bourg-en-Breffe, fait ce GUILLAUME DE CHANDÉE originaire du Dauphiné, fur ce qu'il portoit la qualité de Seigneur de l'Eclufe au Bailliage de Vienne, quand il vint demeurer en Breffe : il dit qu'AMÉ IV, depuis Comte de Savoie, l'amena en Breffe en 1272, & lui donna des Terres à Saint-Denis près de Bourg, pour en faire fon *Chevalier-Homme-lige*, & qu'il laiffa entr'autres enfans :

HUGUES, Bailli de Viennois, père de
JEAN, qui eut la Seigneurie de *Chandée*, par le partagé qu'il fit le Lundi devant la Nativité de Notre-Dame 1313, des biens de fon père, avec fes frères ;
Et LANCELOT & ODE.

On a trouvé dans un cabinet du Château de *Chandée*, en la Pàroiffe de Vandeins, les defcendans de cet HUGUES, commençans audit JEAN, fon fils, fculptés fur une boiferie dans l'ordre de leurs alliances en ligne directe : ce monument qui eft ce que nous ayons de plus certain pour diriger nos recherches, mérite d'être confervé.

I. JEAN DE CHANDÉE, *Catherine de Seyffel*, 1315.
II. HUGONIN DE CHANDÉE, *Béatrix de Grolée*, 1343.
III. ODET DE CHANDÉE, *Marguerite de Tournon*, 1425.
IV. HUGONIN DE CHANDÉE, *Jeanne du Saix*, 1431.
V. GASPARD DE CHANDÉE, marié, 1° en 1472, à *Philiberte de Varax*, & 2° à *Catherine de Coftain*.
VI. JACQUES DE CHANDÉE, *Madeleine de Corfant*, 1533.
VII. CLAUDE DE CHANDÉE, *Claudine de Rogemont*, 1566.

Au deffous étoient ces vers :

> *Il eft beau de rendre notoire*
> *Par un long ordre de mémoire*
> *Tous fes ayeux d'honneur veftus ;*
> *Mais plus belle encore eft la gloire*
> *De fuivre, ou paffer leurs vertus.*
> *Ja ne fera Chandée.*
> 1584.

Ceci étoit l'ouvrage de CLAUDE II, Baron de Chandée (fils de CLAUDE Ier, qui tefta le 26 Avril 1589, marié, en 1566, à *Claudine de Rogemont)*, lequel ayant époufé, le 15 Février 1585, *Ifabeau de Chabeu*, en eut GASPARD DE CHANDÉE, mort au berceau, & lui-même mourut peu après.

fe, fe déchiffroient ces mots : *Sire Jehan Ca-rondelet eſtois, jaidis noble paray ge que avois : huy de alès ma compeigne, Jehenne Salins que feis feime. Moulte avois les deſtains combaitu ; ains iceulx feurent incouru, que fuſt....* 1357. Il épouſa *Jeanne de Salins-la-Tour*, Dame de Saler en Dauphiné. On leur connoît deux fils :

1. JEAN, qui fuit ;
2. Et EUSTACHE CARONDELET, qualifié de *Damoiſeau*, & mort ſans hoirs. Il avoit épouſé *Catherine d'Eſtrabonne*.

IV. JEAN CARONDELET, IIIᵉ du nom, eſt le premier qui fit acquiſition des héritiers de Raimbaut l'Arbeleſtier, du droit de chaſſer, pêcher & prendre bois dans les forêts de Vaivre & Mangette, qu'il tint en Fief noble des Ducs de Bourgogne, ſuivant une Patente qui lui fut donnée à Dôle, par *Marguerite*, Comteſſe de *Flandre*, le 2 Février 1363. Il eſt, entre pluſieurs titres, particulièrement connu par l'extrait ſuivant de la Patente du Duc de Bourgogne ci-deſſus mentionnée. *L'aultre (fils) cy diâ, Jehan III, Seigneur de Chamodans, Duchault, Salians, fuſt en fame de braveure & preudhomie, Gentil Chlr, que alla de vie à trépas an xiijᵉ. foixante-onʒe,* laiſſant ligne ſenextre dont feurent Threſoriers en Dôle & Poligny. En oultre eut eſpeuʒe icelui Gentil Chlr, *Iſabeau Magnanet* (en la Vicomté d'Auxonne, dont les armes ſont : *d'or, engrêlé de gueules, à trois lions rampans de ſinople, 2 & 1.*) *fille à Sire Adolphe, Baron de Orvans, & à Jacqueline Raicourt* ; leſquels Jehan & Iſabeau mariés heurent quatre enfans, aſſavoir, &c. Au défaut de ces connoiſſances, Dunod & l'Auteur des *Mémoires hiſt. de Poligny*, ont rangé ces Tréſoriers, iſſus d'*Odette, fœur de Jean Chouſat*, Tréſorier de Dôle, avec les Seigneurs de ce nom, témoignant néanmoins leur ſurpriſe de ce contraſte avec leurs alliances illuſtres. Leurs enfans furent :

1. GUILLAUME CARONDELET, Chevalier de Croiſade, marié à Auxonne, mort ſans poſtérité, ayant vendu ſes biens pour ſe croiſer ;
2. CLAUDE, Chanoine de Vienne en Dauphiné ;
3. JEANNE, mariée 1º à *Guy d'Antherailles* ; & 2º à *Jean de Beauval*, Seigneur de Ste.-Anne, dont elle eut quatre Demoiſelles ;
4. Et JEAN, qui ſuit.

V. JEAN CARONDELET, IVᵉ du nom, né à

Auxonne, ſervit ſous le Duc de Bourgogne, qui le créa Chevalier à la tête de l'armée. Il marcha ſous ſes étendarts, & fut fait priſonnier devant Nicopolis le 28 Septembre 1397, avec le Comte de Nevers, qui récompenſa ſon courage, comme on le verra ci-après. JEAN CARONDELET paya 7000 florins de Florence pour ſa rançon, & revint à Poligny où il *déſpenda beaucoup* (dit un titre ancien) *en jouſtes & tournois, délaiſſant ſes enfans pouvres Gentilshommes*. Un aâe de donation le fait voir encore vivant en 1444. Il eut d'*Odette Fourcault* (dont les armes ſont : *d'azur, au ſautoir engrêlé d'or*), fille de Sire *Odelin Fourcault-Prot*, Seigneur d'Eſcaudin, Gentilhomme de la ville de Poligny, & d'*Anne de Saint-Mauris* :

1. JEAN, qui ſuit ;
2. CLAUDINE, mariée à *Jean Sarget*, Seigneur de Traſnoy, dont elle étoit veuve en 1462 ; elle en eut *Jeanne Sarget*, mariée à *Jean de Saint-Mauris* ;
3. BLANCHE, épouſe de *Gérard de Robat*, Seigneur de Mangny ;
4. SIMONNE, mariée avec *Guigue de Montaigu*, fils d'*Etienne de Montaigu*, Ecuyer, en la ville de Poligny ;
5. PIERRE CARONDELET, Seigneur de Déchault & de Chaï, inſcrit parmi les Nobles-Privilégiés de Poligny, ſous l'an 1462, au Terrier du rôle des maiſons de cette Ville. On le trouve marié, dès 1430, à *Blanche de Vourry*, aliàs *Ivori* (qui porte : *d'azur, à trois beſans d'or*), auteurs de la branche de *Déchault*, alliée avec les Maiſons de *Vauldrey*, la Beaume, &c., établie à Poligny, où l'on voit encore aujourd'hui un édifice nommé *le Portail Carondelet*.

VI. JEAN CARONDELET, Vᵉ du nom, fut dès ſa jeuneſſe Chef d'une Compagnie militaire d'Arbalétriers, & depuis chargé de différentes commiſſions de la part du bon Duc PHILIPPE, qui lui confirma, par Lettres données à Salins le 31 Juillet 1401, le droit qu'avoient ſes ancêtres de chaſſe, de pêche, & de prendre bois dans toute l'étendue du Comté de Bourgogne ; pourquoi il eſt inſcrit & qualifié d'*Ecuyer* dans le Terrier du Domaine de Poligny en la Chambre des Comptes. Il mourut vers 1464. Il épouſa, par contrat paſſé à Dôle en 1426, *Jeanne de Baſan*, Demoiſelle de nom & d'armes, fille de *Gérard de Baſan* (qui portoit : *de gueules, au chevron d'or, accompagné en chef de deux beſans & d'un troi-*

fième en pointe, d'argent), Seigneur du Pin, & de *Charlotte de Coquillaulx*. Il laiffa :

1. JEAN, qui fuit ;
2. PIERRE, mort jeune ;
3. ETIENNE, Confeiller-Maître des Requêtes du Duc CHARLES, Doyen de St. Hippolyte à Poligny, mort en 1472 ;
4. JACQUES, Maître-d'Hôtel de l'Empereur MAXIMILIEN & du Roi de Caftille, lequel étant Gouverneur de la Ville de Dôle, fut fait prifonnier par le Roi de France LOUIS XI, dont il fut après Maître-d'Hôtel ; il vivoit encore en 1497. Les *Mémoires Hift. de Poligny* le difent Ambaffadeur en France. Il époufa *N.... de la Brimetière*, en Bretagne, dont :

> CATHERINE CARONDELET, qui époufa *Jean de Chafteigner*, Seigneur de Beaulieu en Poitou ;

5. GÉRARD, Ecuyer d'écurie du Duc CHARLES *le Hardi*, mort à la journée de Nancy aux pieds de fon Maître le 5 Janvier 1477 ;
6. LOUIS, tué à la bataille de Montlhéry le 16 Juillet 1465 ;
7. Et CLAUDE CARONDELET, Chanoine de Châlons-fur-Saône, puis Haut-Doyen de Befançon, Ambaffadeur de la Maifon de Bourgogne vers le Pape CALIXTE III, mort en 1486, inhumé à Malines, devant la Châffe de St.-Rombaut.

VII. JEAN CARONDELET, VIᵉ du nom, né à Dôle en 1428, Chevalier, Seigneur de Champvans en Franche-Comté, Solre, Releghem & Potelles, quitta la Franche-Comté en 1469, pour fe retirer dans les Pays-Bas, où il fut créé en 1478, par l'Archiduc MAXIMILIEN, fon Grand-Chancelier Civil & Militaire, & en même tems de la Flandre & de la Bourgogne ; ce Prince le nommoit d'affection *fon bon Chancelier* (Voy. Dunod-de-Charnage, *Nobil. de Bourg.* art. CARONDELET). Il s'acquit dans cette dignité beaucoup d'eftime & de réputation, ayant été l'un des Seigneurs de la fuite de MAXIMILIEN que les Gantois révoltés emprifonnèrent, & auxquels ils voulurent trancher la tête. Sur la fin de fes jours, il fit une riche fondation dans l'Eglife Collégiale & Paroiffiale de Dôle fa patrie, où l'on voit encore aujourd'hui fon portrait dans le Tableau de l'Autel des Prîmes : il eft revêtu *d'une grande robe d'écarlate fourrée d'hermines*, fur une cotte-d'armes. Son maufolée en marbre fe voit dans le Chœur de cette Eglife au côté droit du grand Autel. Il mourut à Malines le 21 Mars 1501. Il avoit

époufé, à Dôle, en 1466, *Marguerite de Chaffey*, morte le 30 Mai 1511 ; fon corps fut dépofé à côté de celui de fon époux fous le même maufolée, & leurs entrailles furent placées devant la Châffe de St. Rombaut à Malines, à côté de CLAUDE CARONDELET, leur oncle (qui portoit : *d'azur, à la face d'argent, accompagnée de deux étoiles d'or, 1 en chef & 1 en pointe*). Elle étoit fille de *Hugues*, Chevalier, Seigneur de Chaffey, & d'*Alix de Chiéley*. Leurs enfans furent :

1. CLAUDE DE CARONDELET, né à Dôle en 1467, Chevalier, Seigneur de Solre-fur Sambre, Confeiller, Chambellan de l'Empereur CHARLES V, Ambaffadeur de l'Empereur MAXIMILIEN en 1506, vers le Roi d'Angleterre, pour négocier le mariage de fa fille, la Ducheffe de Savoie, avec ce Prince ; & fon Envoyé ordinaire vers les Rois de Hongrie & de Bohême, Chef du Confeil-Privé de l'Empereur. Il mourut en 1518. Il époufa aux Pays-Bas *Jacqueline de Joigny*, dite de *Pamele*, Dame d'honneur de la Reine de Caftille, laquelle vivoit encore en 1540, fuivant un acte par lequel elle & fes trois fils reconnoiffent que l'Archevêque de Palerme, & PAUL DE CARONDELET, fon neveu, leur coufin, ont acquitté les donations à eux faites par feu FERRY DE CARONDELET, l'Archidiacre, leur oncle, &c. Ils eurent :

   1. JEAN, chef de la branche de *Solre* aux Pays-Bas, éteinte en 1634, 1637 & 1640, dans les Maifons de *Mérode-Deynfe*, dit *Rubempré*, de *Preffy-de-Flenckes*, & de *Choifeul d'Ifché* ;
   2. CLAUDE, qui fut d'Eglife ;
   3. Et FERRY, chef de la branche de *Potelles*, aujourd'hui aux Pays-Bas, dont les aînés ont pris fucceffivement alliance avec les Maifons d'*Efne*, *Horion*, *Gengniès*, *Mérode-Goëdfenhoënen*, d'*Efclaibes-d'Amerval*, *Pronville* & *Aigneville-Millancourt*.

2. JEAN CARONDELET, Archevêque de Palerme, Primat de Sicile, Préfident du Confeil-Privé des Pays-Bas, Chancelier Perpétuel de Flandre, &c., mourut en 1544 & fut inhumé en l'Eglife de St.-Donat à Bruges fous le riche maufolée qu'il s'y étoit fait conftruire. Il fut Tuteur de PAUL DE CARONDELET, fon neveu, que lui & FERRY, fon frère, avoient fait émanciper en 1515, fuivant un acte donné par le Magiftrat de Befançon ;

3. GUILLAUME DE CARONDELET, Vicomte d'Haërlebeque, Seigneur de Prévofte, Page du Roi de Caftille, enfuite Gentilhomme de

l'Archiduc PHILIPPE, furnommé *le Bel*, depuis Roi d'Espagne fous le nom de PHILIPPE Ier, Echanfon de l'Empereur CHARLES-QUINT, & premier Ecuyer-Tranchant du Roi de Caftille, & depuis de l'Empereur Il mourut en 1526, fans laiffer d'enfans d'*Agnès Frémault*;

4. ANNE DE CARONDELET, morte fans enfans en 1532, mariée 1º à *Gérard de Hénin-Liétard*, Seigneur de Boffu, fils de *Pierre*, Chevalier de la Toifon-d'Or, & d'*Ifabeau de Lalaing*, mort fans enfans en 1491; & 2º à *Jean de Luxembourg-Ligny*, dit *Caulus*, Seigneur de Hautbourdin en la Châtellenie de Lille;

5. JEANNE DE CARONDELET, mariée à *Charles de Poitiers*, en Bourgogne, de la Maifon des Comtes de *Valentinois* en Dauphiné; ils eurent 17 enfans (Voyez le P. Anfelme, tom. II), & furent enterrés dans l'Eglife des Carmes-Déchauffés à Malines, fous un maufolée avec leurs feize quartiers, & l'infcription fuivante: *Ci giffent Meffieur* CHARLES DE POITIERS, *Chevalier & Seigneur de Vadans, Dormans, Sonans, & Confeiller & Chambellan de l'Empereur* CHARLES V; & *Dame* JEHANNE DE CARONDELET, *fon époufe, Dame defdits lieux, qui trefpaffant à Soeur, ledit Meffieur* CHARLES *le 8 Mai* 1539, & *ladite Dame le* 13 *Juillet* 1537;

6. CHARLES DE CARONDELET, Chevalier, Seigneur de Potelles, Confeiller de CHARLES-QUINT, Gouverneur des Ville d'Enghien, & Châtelain d'Ath, où il gît avec épitaphe. Il n'eut point d'enfans d'*Henriette de Mauville-Créton*. Ils moururent en 1539. Par ce décès, la Terre de *Potelles* retournant à l'Archevêque, fon frère, ce Prélat en fit donation le 5 Mars 1539 à FERRY DE CARONDELET, dit *Potelles*, fon neveu;

7. FERRY DE CARONDELET, qui fuit;

8. MARGUERITE DE CARONDELET, morte en 1543, feconde femme de *Simon du Chaftel*, dit *la Hovardrie*, Seigneur de Cavrines près de Lille en Flandre. De ce mariage naquirent deux filles;

9. FRANÇOISE DE CARONDELET, Religieufe à Galilée à Gand;

10. GUILLEMETTE DE CARONDELET, Religieufe à Nazareth à Ath;

11. PHILIPPE DE CARONDELET, Vicomte d'Haërlebeque, Seigneur de Champvans où il réfidoit, & d'une partie de Réleghem, Ecuyer-Tranchant de l'Empereur CHARLES-QUINT, & de *Marguerite*, Ducheffe de Savoie, fille de l'Empereur MAXIMILIEN. Une lettre écrite de fa main en 1529 à l'Archevêque fon frère, fait voir qu'il efpéroit obtenir de l'Empereur le rétabliffement des fortifications

de la Ville de Dôle. Il mourut en 1547. Il époufa *Anne de Bentinck*, en Gueldre, dont:

CHARLES DE CARONDELET, qui vendit en 1566, la Terre de Champvans à *Henri de Mauville*, & s'allia trois fois avec les Maifons de *Jauffe-de-Maftaing*, de *Gavre-Liédékerke* & de *Harchies-Mouton*. Il ne laiffa que des filles qu'il eut de fa troifième femme, lefquelles ont fini cette branche des Vicomtes d'*Haërlebeque*, quelques-unes s'étant mariées, & les autres étant Chanoineffes à Mouftiers, Nivelle, Munfter-Bilfen & Maubeuge.

VIII. FERRY DE CARONDELET, né aux Pays-Bas en 1473, Seigneur de Réleghem en partie, Gentilhomme de la Chambre de l'Empereur MAXIMILIEN, & fon Ambaffadeur en Hongrie, ratifia le 29 Juin 1497, avec CLAUDE DE CARONDELET, fon frère, en qualité de Procureur de *noble & puiffant Seigneur, Meffire* JEAN DE CARONDELET, leur père, les donations faites à l'Eglife de CARONDELET; cet acte la qualifie d'*ancien Gentilhomme de la Chambre de Sa Majefté*. FERRY, devenu veuf, embraffa l'état Eccléfiaftique, fut Archidiacre de Befançon, Abbé de Montbenoît, & Gouverneur de Viterbe jufqu'à la mort du Cardinal de Guife. Il mourut de la pierre le 27 Juin 1528, au retour d'une Ambaffade qu'il fit à Rome, où Raphaël fit le célèbre portrait que nous en avons, gravé par Larmeffin. Son corps fut tranfporté à Befançon & enterré dans la Métropole, où l'on voit fon maufolée avec fon épitaphe, & celle de fa femme. Il époufa, fur la fin de Mars 1501, *Digna de Baux*, Dame de Gleuro, morte le 18 Octobre 1503 (qui portoit: *(d'azur, à la bande d'or chargée de trois fautoirs de gueules)*, fœur de *Catherine de Baux*, mariée avec poftérité à *Guillaume de Mérode*, toutes deux filles de *Jacques de Baux*, Chevalier, avoué de Duffle, Seigneur de Goedfenhoëen, & d'*Hellewigne de Harduwemont*, dont PAUL qui fuit, lequel eut la Seigneurie de *Gleuro*, dont FERRY avoit fait la relief comme mari & bail de fadite époufe le 30 Janvier 1502. Il occupa plufieurs charges & emplois fous l'Empereur CHARLES-QUINT.

On connoît à FERRY deux enfans naturels:

PAUL, Licencié ès Loix, mort fans hoirs, marié à *Marie Savors*;

Et Isabeau de Carondelet, mariée à *Philippe*, bâtard de *Blois-Châtillon*.

IX. Paul de Carondelet, né au château de Réleghem en 1501, Chevalier, Capitaine d'une Compagnie de 100 Cuiraffiers pour Sa Majefté Catholique, Seigneur de Winghe, Gleuro, Moufti-fur-le-Thil, Nilpiéreufe, Delval, & de la Chapelle-à-Saint-Lambert, ratifia le 28 Octobre 1567, avec *Anne d'Ailly*, fa femme, étant affifté du Sieur de Carondelet de Solre, fon coufin, les donations faites à Paul, marié avec *Marie Savors*, & Isabeau de Carondelet, enfans naturels de fon père, comparans en cette qualité devant les Echevins de Douai. Il fe diftingua dans la profeffion des armes, principalement à la journée de Mulberg contre les Saxons, où il reçut un coup de fabre fur la tête. Il tefta le 30 Juillet 1577, au profit de Paul, Seigneur de Moufty, fon fils aîné, dénommant pour fes exécuteurs le Seigneur d'Ailly de Pecquigny, Jean de Carondelet, Seigneur de Solre, *fon coufin*, & *Ferry d'Udekem*, parent de fa feconde femme. Il mourut à fon château de Moufty le 21 Février 1581, & y fut inhumé dans l'Eglife paroiffiale. Il eft qualifié fur l'infcription élevée à fa mémoire, de *très-hault & très-puiffant Seigneur*. Il avoit époufé, 1° par contrat du 28 Novembre 1549, *Anne d'Ailly*, Dame dudit Moufty, de Prés en Varennes & de Lefdain, morte le 18 Novembre 1572, fille de *Louis d'Ailly*, Baron de Baingtun en Boulenois, Seigneur de Varennes (dont les bifaïeuls *Raoul d'Ailly*, Seigneur dudit Varennes, & *Jacqueline de Béthune* (chefs de cette branche de *Varennes*), avoient marié, le 24 Novembre 1435, *Jacqueline d'Ailly*, leur fille, avec *Jean de Bourgogne*, Comte de Nevers, arrière-petit-fils du Roi Jean) & de *Marie de Montenay*. Paul de Carondelet époufa 2° *Anne d'Udekem*, en Brabant, Dame de Nilpiéreufe, &c. Du premier lit il eut:

1. Paul de Carondelet, qui fuit;
2. Un autre Paul, mort jeune;
3. Hélène de Carondelet, reçue en 1571, Chanoineffe de l'illuftre Chapitre de Nivelle en Brabant.

Du fecond lit naquirent:

4. Charles de Carondelet, Seigneur de Nilpiéreufe, tué en 1590 en défendant le château de Caffel;
5. Et Léonius de Carondelet, mort à 7 ans.

X. Paul de Carondelet, IIe du nom, né au château de Moufty-fur-le-Thil en 1551, fut Seigneur dudit Moufty, Baron de Noyelle-fur-Selle, dans la province de Hainaut, Lieutenant-Général des Armées de Sa Majefté Catholique; il fe diftingua fous le Comte d'Egmont, à la bataille d'Ivry qu'Henri IV gagna contre les Ligueurs & les Efpagnols, & rameña les débris de l'Armée après la mort de ce Comte. Il fut établi Gouverneur & Franc-Garennier des Ville & Châtellenie de Bouchain & du Comté d'Oftrevant en 1593, créé Chevalier par Lettres-Patentes données à Madrid le 21 Avril 1597, & fait Confeiller du Confeil de Guerre de Sa Majefté en 1607. Ses exploits & fa valeur lui méritèrent l'eftime des Archiducs Albert & Isabelle; la famille conferve les Lettres que ce Prince & cette Princeffe lui écrivirent. Il fut choifi le 16 Janvier 1598 avec Ferry de Carondelet-Potelles, Gouverneur de Menin, par toutes les branches de la famille affemblées à Crupet, pour aller trouver les Comtes de Gavre & de Hornes, & leur faire voir que méchamment & calomnieufement ils les difoient iffus de race de longue robe, pour avoir eu un Chancelier de l'Empire, piqués de ce que les Chanoineffes de Mons leur avoient préféré une Demoifelle de Carondelet, de quoi, fuivant le procès-verbal dreffé par les témoins, ils fe rétractèrent. Il mourut à Bouchain le 1er Mai 1625. Son cœur & fes entrailles furent portés dans l'Eglife de Noyelle. L'infcription qu'on y lit devant marque qu'il étoit auffi Vicomte de la Heftre, Seigneur de *Maulde*, qu'il acheta, de *Winghen, la Motte, Fermond & Manfart*. Il époufa, 1° en 1574, *Hélène d'Ennetières-de-Beaumez*; 2° en 1586, *Florence de Breucaudin*, Dame dudit lieu; & 3° par contrat du 20 Mai 1588, *Anne*, héritière & dernière du nom de *Montigny-Saint-Chriftophe*, morte le 13 Août 1638, fille de *Georges de Montigny*, Chevalier, Seigneur de Noyelle, Colonel d'un Régiment Wallon, Gouverneur de Bouchain, & de *Charlotte de Nouvelles* (petite-fille d'*Antoine de Montigny*, & de *Jeanne de Montmorency*). Il eut du troifième lit:

1. Georges de Carondelet, Chevalier, Baron de Noyelle, Seigneur de Villers-Aubois, après fon père Gouverneur de Bouchain, du Confeil de Guerre de Sa Majefté, Député de la Nobleffe des Etats du Comté de Hainaut en 1631, qui mourut le 9 Avril

1633. Il avoit épousé, en 1617, MARIE DE CARONDELET-POTELLES, héritière de Plouïch, sa cousine au IIIe degré, fille unique de FERRY DE CARONDELET, Chevalier, Gouverneur de la ville de Menin, & de *Marie de la Hamaïde*, Dame dudit Plouïch. Il en eut :

> CHARLES, mort le 24 Octobre 1639, sans alliance, âgé de 21 ans, étant au service.

2. JEAN DE CARONDELET, Seigneur de Prémecques-lès-Lille, Capitaine d'une Compagnie de Cavalerie, mort dans le Palatinat en 1621;

3. FRANÇOIS, surnommé *le grand Carondelet*, pour sa libéralité, Seigneur de Prémecques, après son frère, Haut Doyen de l'Eglise de Cambray, envoyé de l'Infante ISABELLE en Angleterre, avec Don Carlos Coloma, refusa en 1626 l'Evêché de Saint-Omer, que cette Princesse lui offrit. En 1631, à l'occasion de la retraite de la Reine-mère dans les Pays-Bas, il fut envoyé avec la qualité d'Ambassadeur du Roi d'Espagne à la Cour de France vers le Roi LOUIS XIII, lors à Monceaux. L'Histoire du Ministère du Cardinal de Richelieu dit qu'il fut reçu avec toutes sortes d'honneurs, traité avec magnificence, & que le Roi lui fit présent à son départ d'une *croix de diamans* de 2000 écus. Il mourut sur la fin de 1635;

4. ANNE DE CARONDELET, morte sans alliance;

5. JEANNE DE CARONDELET, Dame de Weims, puis de Prémecques, morte en 1678, mariée 1º à *Philippe du Chastel*, Chevalier, Seigneur de Beauvolers, dont elle eut deux fils, morts jeunes; 2º à *Jacques de Landas*, Chevalier, Vicomte du Heule, Grand-Pannetier héréditaire du Pays & Comté de Hainaut, sans enfans;

6. PAUL DE CARONDELET, dit *le Baron de Villers*, Seigneur d'Haine-Saint-Pierre, Chanoine de l'Eglise de Cambray, Gentilhomme des Etats de Mons, premier Conseiller Ecclésiastique de la Noble & Souveraine Cour à Mons, employé par Sa Majesté Catholique en qualité de Négociateur auprès de sa personne, mort en 1644;

7. ALEXANDRE DE CARONDELET, Religieux de l'Abbaye de St.-Waast d'Arras;

8. CATHERINE DE CARONDELET, reçue en 1613 Chanoinesse du Chapitre de Sainte-Remfroye à Denain, qui ensuite remercia de sa prébende pour épouser *Nicolas de Bonmarché*, Seigneur de Montifaut, dont elle eut plusieurs enfans, entr'autres *Françoise*, Chanoinesse à Dénain. Son corps fut apporté d'Argeries à Noyelle, où elle est inhumée avec épitaphe;

9. ANTOINE DE CARONDELET, qui suit;

10. FERRY DE CARONDELET, mort au berceau;

11. MARGUERITE DE CARONDELET, Prieure de l'Abbaye noble d'Avesnes-lès-Arras;

12. Et MICHELLE, DE CARONDELET, mariée à *Jacques-Antoine d'Albertençon*, Lieutenant-Colonel d'un Régiment d'Infanterie, & ensuite Gouverneur de la ville de Furnes en Flandre, vivoient en 1640. Elle en eut plusieurs enfans, les uns morts jeunes, les autres sans alliances.

XI. ANTOINE DE CARONDELET, Chevalier, Seigneur de Maulde, qu'il vendit, né au château de Noyelle le 17 Juillet 1602, devenu héritier de ses frères & de CHARLES, son neveu, Baron dudit Noyelle, Vicomte de la Hestre, Seigneur de Haine-Saint-Pierre, &c., créé par l'Infante ISABELLE Général-Major d'un terce de 15 Compagnies Wallones le 26 Mai 1631. Carpentier, Auteur contemporain, dit *que sa branche se domicilia quelques années à Cambray, & se fit connoître par tout le Cambrésis jusqu'à nos jours, où l'on révère encore les mérites de M. le Baron de Noyelle, qui eut pour frère ce grand Doyen de Cambray, & ce Gouverneur de Bouchain, &c.* ANTOINE DE CARONDELET mourut le 17 Avril 1684; il fut inhumé avec son épouse dans leur caveau en l'Eglise Paroissiale de Noyelle, où l'on voit leur épitaphe. Il épousa, par contrat du 13 Décembre 1649, *Jeanne-Louise*, née Comtesse de *Lannoy* & du Saint-Empire, morte le 22 Octobre 1692, fille de *Jean-Baptiste*, né Comte de Lannoy, Chevalier, Seigneur du Hautpont, & de *Jeanne de Coudenhove*. De ce mariage sont nés :

1. FERDINAND DE CARONDELET, Chevalier, Baron de Noyelle, Capitaine dans le Régiment Wallon de Famechon, mort le 27 Janvier 1690, sans alliance;

2. ANTOINE, mort au berceau;

3. ANNE-CATHERINE-ANTOINETTE, Religieuse à l'Abbaye noble d'Avesnes-lès-Arras;

4. ANNE-THÉRÈSE, reçue Chanoinesse de Denain en 1665, qui harangua au nom de son Chapitre le Roi Louis XIV. Ayant remercié de sa prébende, elle épousa *Jacques de Grandville*, Seigneur dudit lieu en Picardie. Elle en eut :

> *Jeanne-Françoise de Grandville*, fille unique, mariée à *Pierre-Joseph de la Hamaïde*, Seigneur de Warnave, morte sans postérité;

5. EMERENCE-ERIGENNE, morte au berceau;

6. ALEXANDRE, qui suit;

7. Marie, Dame de Guennebreucq & de Steenbreucq, morte fans alliance ;

8. Antoine-Philippe, Capitaine dans le Régiment de Piémont, tué en 1689 d'un boulet au paffage du Roi Jacques d'Irlande en France, fans alliance ;

9. Claire-Alberte, époufe de *François Ologhem*, Capitaine des Gardes du Roi d'Angleterre, dont *François-Denis Ologhem*, mort âgé de 14 ans, étant Page du Roi Jacques ;

10. Et François-Louis-Théodore de Carondelet, Religieux de l'Abbaye de St.-Waaft d'Arras, Prévôt d'Hafpres, où il mourut en 1742.

XII. Alexandre de Carondelet, né au Château de Noyelle le 7 Février 1657, Chevalier, Baron dudit Noyelle, Vicomte de la Heftre, Seigneur d'Haine-Saint-Pierre, Guennebreucq & Steenbreucq, Moufquetaire de la Maifon du Roi Louis XIV, dès leur inftitution, mourut le 22 Avril 1719, & fut inhumé à Noyelle dans le caveau de fes ancêtres, avec épitaphe. Il époufa, par contrat du 24 Novembre 1690, *Marie-Bonne de Bacquehem*, morte à Hardingham, où elle gît, Diocèfe de Boulogne-fur-Mer, le 3 Janvier 1733. Elle étoit fille de *Jean-François de Bacquehem*, Chevalier, Seigneur du Liez, & de *Marie-Jeanne de Nédonchel-Bouvignies*. De ce mariage font nés :

1. Jean-Louis, qui fuit ;

2. Guillaume, dit *le Baron de Carondelet*, Capitaine de bataillon, mort en Bavière en 1743, fans laiffer d'enfans de *Marie-Anne-Jofephe du Mortier* ;

3. Claire-Bonne-Alexandrine, reçue Chanoineffe de Mouftiers dans le Comté de Namur, qui enfuite fe maria à *Philippe-Albert*, Baron de *Neverlée*, Lieutenant-Gouverneur de Namur, dont *Marie-Anne-Charlotte de Neverlée*, fille unique, reçue Chanoineffe dudit Mouftiers à l'âge de deux ans, morte jeune ;

4. Adrienne-Alexandrine, mariée fans enfans, en 1732, à *Jean-Pierre*, Vicomte des *Androuïns*, mort ;

5. Jean-Albert, mort âgé de 15 ans ;

6. Martial, ancien premier Commandant de Bataillon dans le Régiment de Rohan-Rochefort, Chevalier de Saint-Louis ;

7. Louis-Charles, Seigneur d'Alentun, ancien Commandant de Bataillon dans le Régiment de Biron, Chevalier de St.-Louis, marié fans enfans à *Marie-Jofephe-Urfule du Velin ;*

8. N.... de Carondelet, mort ondoyé ;

9. Jeanne-Louise, dite *de Prémecques*, reçue en 1717, Chanoineffe de Mouftiers, où elle gît, morte en 1732 en odeur de fainteté ;

10. Françoise-Thérèse, Chanoineffe régulière de l'Abbaye noble d'Avefnes-les-Arras ;

11. & 12. François-Marie-Hubert, & Jean-Baptiste, frères jumeaux, morts jeunes ;

13. Et François-Louis de Carondelet, Seigneur d'Haine, Chevalier de Saint-Louis, Lieutenant-Colonel du Régiment de Saint-Mauris, mort en 1765, de la fuite de la bleffure d'une balle reçue dans l'œil au fiège du Port-Mahon. On voit fon maufolée en marbre dans l'Eglife de Noyelle.

XIII. Jean-Louis de Carondelet, né à Valenciennes le 22 Novembre 1691, Chevalier, Baron de Noyelle, Vicomte de la Heftre & du pays de Langue, Seigneur d'Haine-Saint-Pierre, Briat, &c., fut maintenu & gardé par Arrêt rendu au Bureau des Finances à Lille, commis pour les reliefs des mouvances de Sa Majefté, dans les qualités de *Chevalier* & de *Baron de Noyelle*, poffédées par fes ancêtres fous les Rois d'Efpagne. Il a fervi dans le Régiment d'Ifenghien, & s'eft trouvé très-jeune à la bataille de Malplaquet. Il époufa, 1° par contrat du 3 Novembre 1722, *Marie-Marguerite-Louife de Rafoir*, Dame d'Audomez ; & 2° le 10 Juin 1732 (difpenfes accordées par le Pape Clément XII), *Marie-Angélique-Bernarde de Rafoir*, fa belle-fœur, Vicomteffe de Langle, Dame du grand & du petit Hove, fille de *Louis-François-Jofeph de Rafoir*, Chevalier, Seigneur d'Audomez, & de *Marie-Louife*, née Baronne de *Woërden-d'Héemftede*. Du premier lit font nés entr'autres enfans :

1. Marie-Anne-Louise, Dame d'Audomez, veuve avec enfans, de *Ferdinand-Michel-Jofeph d'Efclaibes*, né Comte de Clairmont en Cambréfis ;

2. Marie-Louise-Claire, Chanoineffe régulière de l'Abbaye noble d'Avefnes-lès-Arras ;

3. Théodore-Félicité-Parfaite, auffi Chanoineffe de cette même Maifon, nommée par le Roi, en 1765, Abbeffe de l'Abbaye Royale de Bertaucourt près d'Amiens.

Du fecond lit :

4. Jean-Louis-Nicolas-Guislain, dit *le Vicomte de Carondelet*, au fervice de Sa Majefté depuis 14 ans ;

5. Alexandre-Louis-Benoît, Docteur de la Maifon & Société de Sorbonne, Chanoine

& Dignitaire de l'Eglife de Seclin en Flandre ;

6. François-Louis-Hector, dit *le Baron de Carondelet*, au fervice du Roi d'Efpagne dans fes Gardes Wallones en qualité d'Aide-Major, reçu Chevalier de Malte de la Langue de France ;

7. Jean-Amélie-César, dit *le Chevalier de Carondelet*, Sous-Lieutenant dans le Régiment de Bourbon, auffi Chevalier de Malte ;

8. Louise-Angélique-Iris, à marier ;

9. Marie-Françoise-Parfaite, Religieufe à l'Abbaye noble d'Eftrun-lès-Arras ;

10. Marie-Thérèse-Josèphe, mariée, en 1770, à *Pierre-Augufte-Marie des Waziers*, Comte de Roncq, Gentilhomme des Etats de Lille en Flandre ;

11. Jeanne-Louise, Religieufe aux Dames de St.-François de Sales à Lille ;

12. Marie-Louise-Bernarde, Religieufe aux Dames de Menin ;

13. Louise-Barthélemie, Elève de la Maifon Royale de Saint-Cyr-lès-Verfailles, Religieufe aux Dames nobles d'Oudenarde ;

14. Et Catherine-Védastine-Honorée de Carondelet, Elève de l'Abbaye de St.-Paul près de Beauvais.

Les armes : *d'azur, à la bande & à fix befans d'or, pofés en orle*. La branche de Solre portoit *la bande fimple*. Potelles la portoit *chargée en chef d'une merlette de fable*. Noyelle, *d'un croiffant d'azur*. Haerlebeque, *d'une étoile de gueules*. Déchault, *d'un fautoir d'azur*. Cimier : *deux ailerons d'azur, armoriés chacun de la bande & befans comme l'écu, entre les ailerons, le col & la tête d'un lion au naturel*. Couronne : *celle de Baron ancien*. Supports : *deux lions*.

Jean de Carondelet, IVᵉ du nom, ayant reçu du Comte de Nevers, en récompenfe de fon courage, un *bouclier* fur lequel étoient ces trois mots : Aquila et Leo, fes defcendans ont continué de les porter en devife au bas de leurs armes. Leur cri de guerre eft : A moi, Chauldey.

Voici les quartiers portés par les Demoifelles de Carondelet, ci-devant mentionnées Chanoineffes dans différens Chapitres des Pays-Bas :

1. Hélène de Carondelet, Chanoineffe de Nivelle en Brabant, portoit les quartiers de *Carondelet, Chaffey, Baux*, & de *Harauwemont*, pour les paternels ; *Ailly-de-Varennes, Bournonville, Montenay* & *Belloy*, pour les maternels.

2. Catherine de Carondelet, Chanoineffe à Denain, portoit : *Carondelet, Baux, Ailly-de-Varennes* & *Montenay*, paternels ; *Montigny-Saint-Chriftophe, Montmorency, Nouvelles* & *Mengheftrut*, maternels.

3. Anne-Thérèse de Carondelet, auffi Chanoineffe à Denain, portoit : *Carondelet, Ailly-de-Varennes, Montigny-Saint-Chriftophe*, & *Nouvelles*, paternels ; *Lannoy-du-Hautpont, Quefnoy, Coudenhove* & *Baudrenghien*, maternels.

4. Claire-Bonne-Alexandrine de Carondelet, & fa fœur, Chanoineffes à Moustiers, portoient : *Carondelet, Montigny-Saint-Chriftophe, Lannoy-du-Hautpont* & *Coudenhove*, paternels ; *Bacquehem, le Vaffeur-d'Esquelbecque, Nédonchel-Bouvignies*, & *Lannoy-Defplechain*, maternels.

Le Nobiliaire de Provence, tom. III, in-12, imprimé à Paris en 1693, rapporte une branche de Carondelet-Talant, qu'il fait fortir d'un certain Charles de Carondelet, Gentilhomme Flamand, qui, s'étant retiré en France, époufa, en 1545, *Marie de Richebourg*, dont les defcendans fe font établis à Aix. Cette branche eft demeurée inconnue aux cinq autres, & s'eft éteinte depuis peu ; on ne fait à quel auteur en rapporter l'origine. (Article dreffé fur les titres authentiques de cette Maifon, communiqués.)

* CAROUGES, Terre fituée dans le Bailliage d'Alençon, entre cette Ville & celle d'Argentan, qui a donné fon nom à une ancienne Maifon éteinte depuis fi long-tems, que nous n'en pouvons donner qu'une notice, faute de Mémoire.

Richard, Seigneur de Carouges, fut nommé témoin, avec plufieurs autres, de la vie & des mœurs de Mathieu, Sire de Montmorency, l'an 1287.

Huguette de Carouges époufa, l'an 1289, *Robert*, IIIᵉ du nom, Sire d'*Achey*, fils de *Jean*, IIIᵉ du nom, Sire d'*Achey*, & de *Lucette de Clinchamp*.

Jean de Carouges, Chevalier, vivoit l'an 1348, comme il paroît par un titre de ce tems-là.

Le combat mémorable arrivé l'an 1386 fous le Roi Charles VI, entre Jean de Carouges, Ecuyer, & Jacques le Gris, eft rapporté dans toutes les Hiftoires ; le premier prétendant que celui-ci avoit violé fa femme. On en peut voir l'histoire toute entière dans Jean Juvénal des Ursins, impression du Louvre, fol. 59, & dans le *Théâtre d'honneur,* de la Colombière, tom. II, fol. 203.

N... de Carouges étoit Abbé du Bec-Hellouin vers 1388, comme le prouve une Charte de ce tems-là.

Thomas de Carouges, Chevalier, eut absolution de Louis d'Harcourt, Archevêque de Rouen, pour avoir rompu une Eglise & en avoir retiré un prisonnier l'an 1417.

Parmi les 119 Gentilshommes qui défendirent le Mont-Saint-Michel contre les Anglois l'an 1423, est nommé le Sieur J..... de Carouges.

Robert de Carouges, Seigneur de Fontaine-la-Sorel, Chevalier, signa à un titre de 1453.

Marguerite de Carouges épousa, l'an 1530, *Foulque de Bailleul,* Seigneur de Renouart, fils de *Guillaume de Bailleul,* Seigneur de Renouart, & d'*Agnès de Congé.*

Cette Terre est tombée dans la Maison d'*Arval,* dont l'héritière *Marguerite d'Arval,* Dame de Carouges, fonda l'Eglise Collégiale dudit Carouge, & épousa *Jean de Bloffet,* Seigneur de Saint-Pierre, dont vint *Marie de Bloffet,* Dame de Carouges, femme de *Philippe le Veneur,* Baron de Tillières, dans la Maison duquel la Terre de *Carouges* a passé.

Les armes: *de gueules, semé de fleurs-de-lys d'argent.*

CARPENTIER-DE-CRECY, famille noble originaire du Cambréfis, qui remonte son origine aux anciens Seigneurs de Gouy ou de Goy, fort renommés dès 1036.

Barthélemy & Renaud Carpentier, issus de Roger, Sire de Gouy, font connus par les dons qu'ils firent à l'Abbaye de Vaucelles près de Cambray, comme il paroît par les Archives de cette Abbaye dès 1160.

Siger & Godefroy Carpentier, frères descendus de Renaud, formèrent deux branches, dont plusieurs autres font sorties. Quelques-uns des descendans de Godefroy se retirèrent en Angleterre & en Hollande, où ils prirent des armes différentes de celles de leurs prédécesseurs.

Les descendans de Siger Carpentier se maintinrent avec honneur & distinction dans la Flandre.

Arthus Carpentier, IIe du nom, tué à la chasse en 1421, épousa, vers 1398, *Louise de Bouchavesne,* dont entr'autres enfans:

Guillaume, qui suit;

Et François, né en 1415, marié, en 1433, à *Jeanne de Serre,* dont:

> Jacques Carpentier, Chevalier, Seigneur d'Aumont & de Berthier, né en 1434, qui, par son testament du 16 Octobre 1479, institua Colinet Carpentier héritier de tous ses biens. Il mourut vers 1485.

Guillaume Carpentier, Chevalier, Seigneur de Vannes & d'Attiche, Gouverneur de Thérouenne, se retira en France au XVe siècle. Il avoit épousé, vers 1428, *Renette de Wainonville,* dont pour troisième fils Colinet, qui suit.

BRANCHE
de Changy, en Nivernois (existante).

Colinet Carpentier, né en 1431, fut Seigneur de Crécy en Nivernois, Terre que sa femme lui apporta en dot. Il devint héritier universel de son cousin germain Jacques, le 16 Octobre 1479, à la charge de prendre ses armes. Il porta depuis: *d'azur, à une étoile d'or, accompagnée de trois croissans d'argent,* 2 *en chef* & 1 *en pointe;* ce qui a été exécuté également par tous ses descendans. Il épousa, par contrat passé le 15 Janvier 1463, *Jeanne de Savigny.*

BRANCHE
de Crecy, issue de la précédente.

Jean Carpentier, IVe du nom, Chevalier, Seigneur de Crecy, épousa, le 28 Février 1637, *Radegonde Ory,* dont:

Jean-François, qui suit;

Et Claude, *alias* Claude-Etienne, auteur de la branche des Seigneurs de *la Thuilerie,* qui subsistoit en 1763.

Jean-François Carpentier, IIe du nom, Chevalier, Seigneur de Crecy, épousa, le 18 Février 1697, *Marguerite de la Souche-de-Saint-Augustin,* dont:

Gilbert Carpentier, Chevalier, Seigneur de Crecy & autres lieux, seul restant de sa branche. Il porte les mêmes armes ci-dessus désignées, *écartelées* de celles de *la Souche-de-Saint-Augustin,* de Moncoquier & de *Follé,* & a épousé, le 23 Février 1724, *Louise Thoynard,* fille de *Barthélemy,* Ecuyer, Seigneur d'Ambron, &c., & de *Madeleine-Nicole Guymont*. Il en a eu :

1. GILBERT, né le 18 Mars 1726 ;
2. CLAUDE, né le 7 Novembre 1727 ;
3. CHARLES-FRANÇOIS, né le 22 Janvier 1732, & mort en Février 1732 ;
4. MARGUERITE, née le 3 Janvier 1725 ;
5. Et MARIE, née le 15 Novembre 1729. (*Histoire de Cambray & du Cambréfis*, vol. II, part. III, pag. 366 & fuiv. ; Les *Grands Officiers de la Couronne*, tom. IX, pag. 470 ; & Moréri).

CARPENTIN (DE), ancienne nobleffe originaire de Ponthieu, où elle étoit connue au commencement du XIVᵉ fiècle. Elle remonte à JEAN CARPENTIN, Ecuyer, qui époufa, en 1320, N... *de Craon*, parente de *Guillaume*, Seigneur de la Ferté-Bernard, puis de Dommart de Barneville en Ponthieu.

Cette famille fubfifte en trois branches.

PREMIÈRE BRANCHE,
Seigneurs de CUMONT, en Ponthieu.

Elle eft repréfentée par deux frères, favoir : MARC-ANTOINE DE CARPENTIN, Chevalier, Seigneur de Gapenne, ancien Capitaine des Grenadiers du Régiment d'Aunis, Chevalier de Saint-Louis, retiré du fervice, qui époufa, en 1752, *Marie-Marguerite-Marthe de Buiffy*, née en 1728, fille de *François-Jofeph*, Vicomte du Mefnil, & de *Marie-Marguerite le Bel d'Huchenneville*, dont :

N... DE CARPENTIN, mariée à N... DE CARPENTIN, fon coufin ;

Et JEAN-CHARLES DE CARPENTIN, Capitaine retiré du Régiment d'Aunis, & Chevalier de St.-Louis, non marié.

SECONDE BRANCHE,
établie au Perche.

Il ne refte que trois frères, favoir :

N... DE CARPENTIN, Chevalier, Seigneur de Laurières, qui a été Page du Roi. Il eft marié & a une fille, jeune ;

N... DE CARPENTIN, Chevalier, Seigneur de la Galezière, a été Moufquetaire du Roi dans fa première Compagnie, & eft Chevalier de Saint-Louis. Il eft marié & a une fille en bas âge ;

Et N... DE CARPENTIN, Chevalier de Saint-Louis, marié à N... DE CARPENTIN, fa coufine, fille de MARC-ANTOINE, Seigneur de Gapenne, & de *Marie-Marguerite-Marthe de Buiffy*.

TROISIÈME BRANCHE.

AUGUSTIN-CÉSAR DE CARPENTIN, Chevalier, Seigneur de Berteville, le petit Pendé, né le 7 Février 1701, Capitaine de Cavalerie, ancien Brigadier des Gardes-du-Corps du Roi, Compagnie de Noailles, penfionné de Sa Majefté, Chevalier de Saint-Louis, époufa, par contrat du 5 Février 1728, *Françoife-Claudine de Rambures*, fille de Meffire *Claude*, Chevalier, Seigneur de Vandricourt, & de *Françoife-Charlotte de Calonne-Courtebonne*, dont il refte pour enfans vivans :

1. LOUIS-NICOLAS, appelé *le Chevalier de Carpentin*, né le 30 Juin 1733, Capitaine au Régiment provincial de Péronne, non marié ;
2. FRANÇOIS-LAURENT, Chevalier, né le 10 Août 1739, qui a été reçu à l'Ecole Royale Militaire le 26 Octobre 1754, Chevalier de l'Ordre de Saint-Lazare, Capitaine au Régiment de Bretagne, Infanterie le 4 Juillet 1777. Il époufa, par contrat du 9 Décembre 1776, *Marie-Catherine-Henriette-Sophie de Schillinger*, morte, dont :

   AUGUSTIN-CÉSAR-HENRI-FRANÇOIS DE CARPENTIN.

3. MADELEINE-ANTOINETTE, aînée des précédens, mariée à N... *Heurard*, Ecuyer, Seigneur de Fongalland, ancien Garde-du-Corps du Roi, & Aide-Major de la place de Briançon ;
4. Et ANNE-ELISABETH-REINE DE CARPENTIN, qui a été élevée à Saint-Cyr, non mariée.

Les armes : *d'argent à trois fleurs-de-lys, au pied coupé de gueules, 2 & 1*. Supports : *deux fauvages armés chacun d'une maffue baffe*. Cimier : une renommée tenant une banderolle avec ces mots : *A tout*.

CARRION, en Anjou. Un Mémoire adreffé à l'Auteur du *Mercure de France* du mois de Juillet 1742, porte que cette famille eft fi ancienne qu'elle remonte jufqu'à l'an 1300 ; & il y eft dit qu'elle eft alliée entr'autres avec les Maifons de *Beauvau*, *du Bellay* & de *Lenoncourt*.

PIERRE CARRION, Seigneur de l'Epronnière en Anjou, commandoit en 1651 un efcadron de l'Arrière-Ban : il fut fait dans le même tems Gentilhomme ordinaire de la Chambre du Roi. Suivant le même Mémoire il avoit pour fils puîné :

1. PIERRE-JOSEPH CARRION, Chevalier de St.-Louis, Lieutenant de Vaiffeaux du Roi de-

puis 1693, mort au Hâvre-de-Grâce en Normandie le 1er Mai 1742, âgé de 88 ans. Il avoit épousé, en 1692, *Etiennette Tixier*, fille de noble homme *André Tixier*, Seigneur de Saint-Prix, de laquelle il a laissé :

1. ANDRÉ-JOSEPH CARRION, lequel a servi dans la Marine ;
2. CHARLES, Prêtre ;
3. Et JEAN-BAPTISTE CARRION, Gouverneur de Montluel en Bresse, & Gentilhomme de Mademoiselle Louise-Anne de Bourbon-Condé.

2. FRANÇOIS CARRION, Seigneur du *Petit-Pont*, Colonel d'Infanterie, mort Lieutenant de Roi de la Bassée, lequel a fait une branche ;
3. CLAUDE-MARIE, mariée à *François le Camus de Fontaine-Villefort ;*
4. PERRINE-HÉLÈNE, mariée à *Jean-Georges de Gruter*, Gentilhomme Allemand, Mestre-de-Camp d'un Régiment de Cavalerie de son nom ;
5. Et MARIE-SUSANNE CARRION, mariée à *Antoine de la Haye-Montbault.*

CARRION-DE-NISAS, famille noble du Languedoc, qui rapporte son origine aux CARRION d'Espagne.

N... DE CARRION laissa :

1. N..., qui suit ;
2. Et HENRI DE CARRION, rapporté après son frère.

N... DE CARRION eut pour fils :

JEAN-FRANÇOIS DE CARRION, Baron de Nisas, qui épousa, le 29 Juin 1729, sa cousine MARIE-THÉRÈSE DE CARRION, née le 13 Juillet 1714, dont :

1. FRANÇOIS-EMMANUEL DE CARRION-DE-NISAS, né le 27 Novembre 1731 ;
2. MARIE-GABRIELLE-FRANÇOISE, née le 5 Février 1730 ;
3. & 4. HENRIETTE & LOUISE.

HENRI DE CARRION, Marquis de Nisas, Lieutenant-Général des Armées du Roi le 20 Février 1734, & l'un des Lieutenans de Roi de la Province du Languedoc, mourut dans sa Terre de Murviel le 15 Novembre 1754, âgé de 94 ans. Il avoit épousé, le 20 Avril 1712, *Anne-Gabrielle de Murviel*, qui lui apporta la Baronnie de ce nom, située dans les Etats de Languedoc. Elle mourut le 4 Novembre 1754, âgée de 70 ans, dans sa Terre en Languedoc, & étoit fille de *Jean-Louis*, Marquis

& Baron de Murviel, & d'*Antoinette de la Tour-Gouvernet.* Ils eurent :

1. HENRI-FRANÇOIS, qui suit ;
2. HENRI-GUILLAUME, né le 20 Juillet 1715, Capitaine d'Infanterie ;
3. MARIE-THÉRÈSE, née le 13 Juillet 1714, mariée, le 29 Juin 1729 à son cousin, JEAN-FRANÇOIS DE CARRION, Baron de Nisas ;
4. Et MARIE-HENRIETTE-FRANÇOISE, née le 23 Février 1718, mariée 1° à *Louis-Joseph Boyer*, Baron de Sorgues & des Etats du Languedoc ; & 2° le 3 Juillet 1740, à *Ferdinand Spinola*, Marquis d'Arquata.

HENRI-FRANÇOIS DE CARRION DE NISAS, Marquis de Murviel en Languedoc, & en cette qualité, Baron des Etats de la Province, né le 12 Février 1713, ancien Capitaine d'Infanterie au Régiment d'Ancenis, depuis Chevreuse & Brancas, épousa, le 10 Juin 1744, *Henriette-Madeleine-Julie-Josèphe de Crussol-Saint-Sulpice*, née le 2 Avril 1725, morte le 27 Juillet 1775, au Château de l'Hermenault, en Bas-Poitou. Elle étoit fille de *Philippe-Emmanuel de Crussol*, Marquis de Saint-Sulpice, & de *Marie-Antoinette d'Estaing*, dont :

Une fille unique.

Les armes : *d'azur, à une tour d'argent donjonnée de trois tourelles de même, crénelées & maçonnées de sable.*

CARRY, Terre & Seigneurie en Provence, possédée en 1763 par la Maison de *Gerente* ou *Jarente*. Voy. ce mot.

CARUEL DE BORAN. CATHERINE DE CARUEL, Dame de Boran, fille de GUY DE CARUEL, Seigneur de Boran & d'Anfreville, épousa *Antoine de Joigny*, Baron de Bellebrune.

Les armes : *d'argent, à trois merlettes de gueules*, écartelé *d'argent, à une aigle de sable*, qui est d'Anfreville.

CARUEL-DE-MEREY, en Normandie : il est fait mention dans l'*Histoire de Malte*, par l'Abbé de Vertot, de PIERRE CARUEL-*de-Merey*, du Diocèse d'Evreux, reçu Chevalier de Malte en 1603. Cette famille a été maintenue dans sa Noblesse le 17 Août 1666, & les armes sont : *d'argent, à trois merlettes de sable*, 2 & 1, *l'écu bordé de gueules.*

CARVOISIN, en Picardie, famille originaire des Marches Milanoises, dont étoit :

N... DE CARVOISIN, qui eut pour fils :

CHARLES-LOUIS, qui fuit ;

Et N... DE CARVOISIN, père de

> JACQUES - FRANÇOIS , dit *le Marquis d'A-*
> *chey*, ci - devant Capitaine de Gendar-
> merie, lequel a épousé, le 3 Mai 1757,
> *Marie - Catherine - Jeanne Jubert - de-*
> *Bouville.*

CHARLES-LOUIS, Marquis DE CARVOISIN, ci-
devant Sous - Lieutenant des Mousquetaires
Gris, & Maréchal-de-Camp en 1758, épousa,
le 14 Avril 1749, *Jeanne-Charlotte d'Arta-*
guette-d'Hiron, veuve sans enfans de *N....*
de Courbon, & mariée 3° à *N... de Béhan*,
Comte de Beuil. Elle étoit fille de *Jean-Bap-*
tifte-Martin, & de *Victoire Guillard.* De
cette alliance il a :

> CHARLES DE CARVOISIN, né le 22 Février 1750.

Les armes : *d'or , à la bande de gueules,*
au chef d'azur. Voyez l'*Armorial gén. de*
France, reg. I, part. I, p. 115 ; & les *Mer-*
cures de Janvier 1719, p. 195; de Décembre
1739, p. 2945, & de Juillet 1742, p. 1678.

CASAUX. Les Seigneurs de ce nom sont
une branche cadette de l'ancienne famille de
Lartigue. Voy. LARTIGUE.

CASSAGNET, famille noble qui tire son
nom d'une Seigneurie en Armagnac, au Diocèse d'Auch, dans la Juridiction de Gondrin
sur la Losse, & près du ruisseau de Grésillon.

I. PONS, Seigneur DE CASSAGNET, rendit
hommage de cette Seigneurie le 30 Novembre 1411. Il le renouvela le 8 Janvier 1457,
pour la *Sale* noble de Cassagnet (c'est le nom
qu'on donne en Guyenne aux Seigneuries &
aux maisons habitées par la Noblesse, comme
celui de *Maisonforte* en Dauphiné). PONS DE
CASSAGNET eut pour enfans:

> 1. SANS, qui fuit;
> 2. & 3. RAYMOND & ARNAUD.

II. SANS, Seigneur de CASSAGNET, testa le 8
Février 1467, & eut de *Bourguine de Ver-*
dusan :

> 1. MANAUD, qui fuit;
> 2. 3. & 4. PONS, GUIRAUD & PERRETTE, nom-
> més dans le testament de leur père, & sub-
> stitués les uns aux autres.

III. MANAUD, Seigneur DE CASSAGNET, épousa, le 10 Juin 1484, *Agnès de Lasseran-de-*
Masseucomme, & en eut:

IV. BERTRAND, Seigneur DE CASSAGNET, qui

fit des acquisitions autour de la *Sale de Cas-*
sagnet les 20 Mars 1512 & 29 Octobre 1518.
Il avoit épousé *Marguerite de Bouzet*, Dame
de la Sale-de-Tilladet, dans la Juridiction de
Gondrin, de Roquas & de Pomasan. Elle
testa le 2 Novembre 1523, & étoit fille d'*An-*
toine de Bouzet, & de *Catherine des Bor-*
des, dont :

> 1. ANTOINE, qui fuit ;
> 2. FRANÇOIS, Seigneur de Saint-Orens & de la
> Roque, Chevalier de l'Ordre du Roi, Ca-
> pitaine de 50 hommes d'armes, & Sénéchal
> du Bazadois : il testa le 13 Avril 1588, & fut
> inhumé dans la Cathédrale de Condom. Il
> fut marié deux fois, & n'eut que deux filles
> du premier lit, & un fils naturel, auquel il
> légua 300 écus & son entretien, jusqu'à ce
> qu'il eut 400 écus de rente en bénéfices ;
> 3. CATHERINE ;
> 4. Et PAULE-LOUISE, mariée à *Bertrand de*
> *Baylens*, Baron de Poyanne, Capitaine de
> 50 hommes d'armes, & Chevalier de l'Or-
> dre du Roi.

V. ANTOINE DE CASSAGNET, Seigneur de
Tilladet, &c., servit avec distinction dans les
guerres de Piémont, fut Gouverneur de Ver-
rue en 1555, servit en Guyenne sous Blaise de
Montluc en 1562, fut fait Chevalier de St.-
Michel par CHARLES IX, Gentilhomme de sa
Chambre, & Gouverneur de Bordeaux en
l'absence de Montluc. Il fut blessé devant
Mont-de-Marsan en 1569, & laissa de *Jeanne*
de Bresolles :

VI. BERNARD DE CASSAGNET, Seigneur de
Tilladet, né en 1555, à qui HENRI IV donna
le 5 Août 1589, une Compagnie du Régiment des Gardes, vacante par la mort de Ma-
rivaux; il le fit Gentilhomme ordinaire de sa
Chambre, & Gouverneur de Bourg-sur-Mer.
Il servoit dans l'Armée de LOUIS XIII en
1622, & mourut de la peste à Béziers. Il avoit
épousé en secondes noces, par contrat du 19
Septembre 1588, *Jeanne de Narbonne*, fille
de *Bernard*, Marquis de Fimarcon, & de
Françoise de Bruyères-Chalabre, dont :

> 1. PAUL-ANTOINE, qui fuit ;
> 2. ROGER, tué en 1629, à l'attaque des Barrica-
> des de Suse ;
> 3. Et GABRIEL, Capitaine aux Gardes-Fran-
> çoises, Gouverneur de Bapaume & de Bri-
> sach en 1652, mort en 1660, laissant de
> *Madeleine le Tellier*, fille de *Michel*, IIe
> du nom, Seigneur de Chaville, Chancelier
> de France, & de *Claude Chauvelin* :

LOUIS DE CASSAGNET, Capitaine aux Gardes, tué à Paris en 1651, par la livrée du Duc d'Epernon;

JEAN-BAPTISTE, dit *le Marquis de Tilladet*, Capitaine-Lieutenant des cent Suiffes de la Garde du Roi, Maître de la Garderobe, Lieutenant-Général de fes Armées en Août 1688, bleffé au combat de Steinkerque le 3 Août 1692, & mort le 22 du même mois;

GABRIEL, dit *le Chevalier de Tilladet*, reçu Chevalier de Malte en 1647, Lieutenant-Général des Armées du Roi, Gouverneur d'Aire, & mort le 11 Juillet 1702;

MICHEL, Abbé de la Hance, Evêque de Mâcon, né en 1637, mort le 6 Septembre 16...;

Et CLAUDE-ANTOINETTE, née le 12 Avril 1638, morte à Paris le 16 Mai 1726, mariée, en 1655, à *Gilles de Bouʒet*, Marquis de Roquepine, Lieutenant-Général des Armées du Roi, Gouverneur de la Capelle, mort en Octobre 1679, laiffant l'Abbé de *Roquepine*, vivant en 1748.

VII. PAUL-ANTOINE DE CASSAGNET, Seigneur de Tilladet & de Coffens, Gentilhomme ordinaire de la Chambre du Roi, Gouverneur de Bapaume, dont il fe démit avant le 15 Janvier 1651, & nommé à l'Ordre du St.-Efprit, mourut le 23 Mars 1664. Il avoit époufé, 1° le 21 Juin 1607, *Antoinette-Françoife d'Efparbès*, fille & héritière de *Jacques*, Capitaine de 50 hommes d'armes, & de *Françoife de Voifins-de-Montaut*; & 2° le 14 Mars 1623, par difpenfe, *Paule-Françoife de Narbonne*, fa coufine au IIIᵉ degré, qui hérita de toutes les Terres de fa Maifon par la mort de fes 5 frères. Elle mourut le 5 Octobre 1687, & étoit fille d'*Amalric*, Marquis de Fimarcon, &c. Ils eurent:

1. CHARLES, Prêtre en 1655, mort à Condom le 8 Octobre 1687;
2. JEAN-JACQUES, qui fuit;
3. FRANÇOIS, Exempt des Gardes-du-Corps, Colonel d'un Régiment de Dragons en 1673, Brigadier des Armées du Roi, tué à la bataille de Saint-Denis près Mons, le 14 Août 1678;
4. Et MARIE, née le 21 Novembre 1634, mariée, le 19 Mai 1654, à *Charles de Bouʒet*.

VIII. JEAN-JACQUES DE CASSAGNET, Marquis de Fimarcon, &c., né en 1628, Colonel du Régiment d'Anjou en 1652, mort à Paris le 28 Janvier 1708, avoit époufé, 1° le 19 Mars

1656, *Angélique de Roquelaure*, qui tefta en 1678, fille d'*Antoine*, Seigneur de Roquelaure, Maréchal de France, & de *Sufanne de Baffabat-Pordeac*, fa feconde femme; & 2° le 8 Février 1682, *Denife-Philiberte de Polaftron*, morte le 19 Juin 1715, fille de *Charles-Oger*, Seigneur de la Hilière, & de *Claire de Geraud-Montefquiou*. Du premier lit vinrent:

1. PAUL-GASTON, dit *le Marquis de Narbonne*, Colonel de Dragons en 1678, Brigadier des Armées du Roi, mort à Mons le 6 Août 1692, des bleffures qu'il reçut au combat de Steinkerque;
2. JACQUES, Marquis de Fimarcon, &c., né le 15 Mars 1659, Capitaine de Dragons dans le Régiment de fon frère, & Colonel du même Régiment après la mort de fon frère, Brigadier des Armées du Roi, Maréchal-de-Camp en 1704, Lieutenant-Général en 1718, Commandant en Rouffillon, Cardaigne & Conflans en Mars 1713, Gouverneur de Villefranche en 1717, de Mont-Louis en 1723, Chevalier des Ordres le 2 Février 1724, qui mourut le 15 Mars 1730. Il époufa, le 12 Mai 1705, *Madeleine de Bafchi*, née le 3 Août 1683, morte à Paris le 18 Mars 1733, fille de *Louis*, Marquis d'Aubais, Baron du Cayla, &c., & d'*Anne Boiffon*, dont:

> Un garçon, mort en naiffant, le 20 Décembre 1708;
>
> JEANNE-ANGÉLIQUE DE CASSAGNET, née le 29 Janvier 1706, morte le 5 Août 1710;
>
> Et DENISE-CHARLOTTE, née le 19 Mars 1707, morte le 30 Juin 1712;

3. CHARLES-HENRI, baptifé le 23 Juin 1660, Abbé de Bonnefont, Diocèfe de Comminges, mort le 8 Octobre 1700;
4. CHARLES, Comte de la Tour près Fleurence, Seigneur d'Aurenque, &c., né le 26 Novembre 1663, mort le 2 Juin 1721;
5. LOUISE, née en 1659, morte en Janvier 1731, qui époufa, par contrat du 29 Octobre 1685, *Jean-Aimeric de Preiffac*, Marquis d'Efclignac, mort en Août 1721;
6. & 7. LOUISE-THÉRÈSE & CLAIRE;
8. CATHERINE, née en 1665, morte en 1733. Elle avoit époufé, en Septembre 1695, *Alexandre de Verdufan*, Comte de Miran.

Du fecond lit vinrent:

9. CHARLES-FRANÇOIS, dit le *Marquis de Tilladet*, né le 6 Novembre 1682, Lieutenant des Gendarmes Ecoffois, Colonel de Dragons en 1705, & mort le 15 Octobre 1708;
10. MICHEL-LOUIS, Comte d'Eftaffort, né vers

1689, Colonel de Dragons, après la mort de son frère, mort le 24 Février 1710;

11. AIMERI, qui suit;

12. IPHIGÉNIE-CHARLOTTE-OCTAVIE, morte le 6 Juillet 1714, mariée, le 8 Avril 1706, à *François de Narbonne*, Seigneur de Birac & d'Aubiac, au Diocèfe d'Agen, remarié & vivant en 1748, père de plufieurs enfans;

13. JEANNE-MARIE, mariée, vers le 27 Décembre 1711, à *Jean de Biran*, Comte de Goas, mort le 4 Mai 1724, dont le fils, *Louis de Biran*, né en Août 1721, Colonel du Régiment de Berry, & Brigadier des Armées du Roi, fut tué au combat de l'Affiette, entre Exilles & Feneftrelles, le 19 Juillet 1747.

IX. AIMERI DE CASSAGNET, Marquis de Fimarcon en 1730, né le 18 Mars 1696, Chevalier de Malte de minorité, fit fes preuves le 5 Juin 1708, fut Colonel-Lieutenant du Régiment de Bourbon, Infanterie, Brigadier des Armées du Roi le 14 Janvier 1734, Maréchal-de-Camp le 1er Janvier 1740, Lieutenant-Général des Armées du Roi le 1er Janvier 1748, mourut fans poftérité. Il époufa, le 15 Octobre 1730, *Madeleine-Elifabeth du Haillet*, fille de *Robert*, Capitaine d'une Compagnie franche de Gendarmes de l'Isle de la Martinique, & de *Marguerite le Pierre*.

Les armes: *d'azur, à la bande d'or*.

CASSAL ou CASSALI, famille noble militaire, originaire d'Italie, établie en 1578 aux Pays-Bas du tems d'Alexandre Farnèfe de Parme, avec le corps de 6000 hommes qu'on y envoya.

GUILLAUME DE CASSAL, Seigneur de Ny, &c., ancien Capitaine d'Infanterie au fervice d'Efpagne, époufa noble *Dieudonnée-Henriette-Michelle d'Ochain*, dite de Jemeppe, dont entr'autres enfans:

1. JOSEPH-REMI, qui suit;

2. CATHERINE-CÉCILE, élue Supérieure de la Congrégation de Notre-Dame à Mons, le 20 Mars 1778;

3. MARGUERITE-CLAIRE-JOSEPHE, non mariée;

4. Et ERNESTINE-HENRIETTE-JOSEPHE-MICHELLE DE CASSAL-DE-NY, mariée, le 9 Février 1764, à Meffire *Jacques-Albert-François-Louis*, Baron de *Flaveau* & de *Louverval*, dont il ne refte que *Louife-Xavière-Albertine-Jofephe de Flaveau*, née le 21 Mars 1773, dont la preuve de la filiation paternelle & maternelle de chaque génération, ainfi que leur ancienne nobleffe, m'a été produite par acte authentique & légalifé par gens de loi.

JOSEPH-REMI DE CASSAL, Seigneur de Ny, Rianwez, grand & petit Han, Hampteau, &c., n'eft pas marié.

Les armes: *écartelé, aux 1 & 4 d'azur, au lion d'argent rampant; & aux 2 & 3 d'or, à un cornet de fable à feneftre*. Supports: *deux lions*. Couronne de Baron.

CASSAN, ancienne Nobleffe du Diocèfe de Béziers, dont étoit HENRI DE CASSAN-D'AURIAC, vivant vers la fin du XVe fiècle. Il fut père de

JACQUES DE CASSAN, marié à *Marguerite de Théfan*, dont il eut:

1. 2. & 3. HENRI, BARTHÉLEMY & ARNAUD;

4. PIERRE, qui suit;

5. Et CATHERINE, mariée à *Pierre de Valat*.

PIERRE DE CASSAN fut Docteur ès Loix, & père de

JEAN DE CASSAN, Confeiller au Sénéchal de Béziers, lequel eut pour fils:

JACQUES DE CASSAN, IIe du nom, Confeiller au même Sénéchal, & marié à *Jacquette de Brunet*, dont:

1. RENÉ, qui suit;

2. PIERRE;

3, Et HENRIETTE, mariée à *Jean de Veirac*.

RENÉ DE CASSAN époufa 1° *Jacquette de Montagne*; & 2° *Anne d'Olivier*. Il eut du premier lit:

1. JACQUETTE, mariée à *Etienne de Montagne*, fon parent.

Et du fecond lit:

2. MARIE-ANGÉLIQUE, mariée à *Etienne de Villeras*, Seigneur de Cacarra, héritier de cette Maifon;

3. Et ANNE-CATHERINE, femme de *Jofeph de Cafmajou*, Seigneur du Carla.

CASSANT (DE), famille originaire de Piémont, naturalifée en France en 1583, qui porte: *bandé d'or & de finople de fix pièces, les bandes de finople chargées, chacune, d'une fourmi de fable; & un chef d'or chargé d'une aigle de fable, les aîle étendues*. Voy. l'*Armorial gén. de France*, reg. I, part. I, pag. 116.

* CASSES (DES), en Lauraguais, Maifon éteinte, & d'une Nobleffe très-ancienne, qui poffédoit la Terre de ce nom, au Diocèfe de Saint-Papoul. On n'en trouve plus de veftiges depuis le XVIe fiècle que

JEAN DES CASSES, Ecuyer, Seigneur des

Caſſes, qui épouſa *Catherine de Vidal*, dont il eut:

1. MATHIEU;
2. HUGUES, qui ſuit;
3. & 4. JEANNE & ANNE.

HUGUES DES CASSES, Damoiſeau, Seigneur des Caſſes, épouſa *Jaußerande de Loubens-de-Verdalle*, dont:

PHILIPPE DES CASSES, Damoiſeau, Seigneur des Caſſes, qui épouſa *Marie de Graves.*

Le dernier dont les actes faſſent mention, eſt FRANÇOIS DES CASSES, Chevalier, Seigneur dudit lieu, auquel on ne connoît aucune deſcendance.

CASSINEL, Maiſon originaire d'Italie, & une des plus anciennes de la ville de Lucques. Le premier dont on ait connaiſſance eſt

JEAN CASSINEL, Chevalier, qui épouſa *Marguerite*, native de la ville de Lucques, dont il eut:

1. BETHIN, qui ſuit;
2. Et SORNARD, Chevalier, père de CONSTANCE, mariée en France à *Jean Guy*, Chevalier.

BETHIN CASSINEL, établi en France avec ſon frère SORNARD dès 1291, étoit Monnoyeur du Roi en 1297, & de la Monnoie de Touloufe en 1300. Il prit la même année la qualité de Pannetier du Roi & de Maître de ſes Monnoies. Il ſervit le Roi PHILIPPE-le-Bel, qui le fit Chevalier de ſon Ordre & Châtelain de Galargues en Languedoc, & mourut à Paris le 18 Octobre 1312. Il avoit épouſé 1º *Jeanne Garnier;* & 2º *Wierne....* Du premier lit vint:

1. GUILLAUME, qui ſuit.

Et du ſecond lit naquirent:

2. JEAN Seigneur de Galargues, lequel ſervoit en qualité de *Chevalier-Bachelier*, avec 5 Ecuyers de la Compagnie, ſous le gouvernement du Duc de Bourgogne, en la chevauchée que le Roi faiſoit en Flandre pour le fait de Bourbourg, & fut reçu à Châlons en Champagne le 28 Juillet 1383. Il eut de ſa femme, dont le nom eſt inconnu, ALBERT CASSINEL, Seigneur de Galargues, mort ſans poſtérité;
3. Et GUYOTTE, dont on ignore la deſtinée.

GUILLAUME CASSINEL, Chevalier, conteſta en 1312 le teſtament de ſon père fait en faveur de ſon frère puîné du ſecond lit, & mourut en 1340, laiſſant:

1. FRANÇOIS, qui ſuit;

2. Et SIMON, dit *Torcol*, mort ſans lignée en 1369.

FRANÇOIS CASSINEL reprit le procès pour les biens de Languedoc contre JEAN, ſon oncle, & y rentra après la mort d'ALBERT CASSINEL, ſon couſin. Il ſervit les Rois PHILIPPE DE VALOIS & JEAN, ſon fils, en qualité de *Sergent d'armes*, ès parties de Poitou & de Bretagne, & mourut à Paris le 23 Octobre 1360. Il avoit épouſé *Alips les Champs*, fille de N.... Seigneurs de Greſille, & peut-être de Pomponne, dont il laiſſa:

1. GUILLAUME, qui ſuit;
2. GUY, Religieux Infirmier de St.-Martin-des-Champs à Paris;
3. FERRY, Co-Seigneur de Galargues, puis Seigneur de Sourvilliers, de Marcouſſis & de la Ronce. Il fut d'abord Clerc & Notaire du Roi, enſuite Archidiacre du Vexin dans l'Egliſe de Rouen, & étoit du Conſeil du Roi, lorſqu'il fut fait Evêque de Lodève en 1384, d'où il fut transféré à celui d'Auxerre. Il fut fait Archevêque de Reims en Novembre 1389, & mourut de poiſon à Nîmes le 26 Mai 1390;
4. BERTRAND, Chantre & Chanoine de l'Egliſe d'Auxerre, mort le 29 Septembre 1397;
5. JEAN, Chevalier de St.-Jean de Jéruſalem;
6. BIOTE, morte en 1394, mariée à *Gérard de Montagu*, Secrétaire du Roi & Tréſorier des Chartes, mort le 17 Septembre 1380;
7. Et N.... CASSINEL, mariée à *N.... de Coindre.*

GUILLAUME CASSINEL, IIe du nom, Chevalier, Seigneur de Romainville, de Pomponne & de Ver, ſervit les Rois CHARLES V & CHARLES VI en diverſes charges, car il fut Sergent d'Armes du Roi CHARLES V, puis Maître-d'Hôtel du Roi CHARLES VI, & d'*Iſabeau de Bavière*, ſon épouſe, & mourut le 27 Avril 1413. Il ſe maria, 1º en 1371, à *Iſabeau de Châtillon*, mariée, 1º le 1er Septembre 1363, à *Mathieu*, Sire de Roye, & fille de *Gaucher de Châtillon*, Seigneur de Roſoy & de Clacy, Vidame de Laonnois, & de *Marie de Coucy;* & 2º avant le 23 Octobre 1387, à *Felice Boulot*, veuve de *Jean Blancher*, Secrétaire du Roi. Il laiſſa de ſa première femme:

1. GUILLAUME, qui ſuit;
2. RAOUL, Chevalier, Seigneur de Cuys & d'Anyſe en Champagne, lequel épouſa *Marguerite de Luxembourg*, remariée à *Guillaume de Tilly*, & fille de *Jean, dit Caulces de Luxembourg*, bâtard de Ligny, & de *Jeanne d'Encre.* RAOUL eut:

GÉRARD CASSINEL, Seigneur de Cuys, qui vivoit en 1455;

Et JEANNE, vivante en 1430 avec *Jacques de Lavieu*, Chevalier, fon mari;

3. Et MARIE, mariée, en 1383, à *Gaucher de Châtillon*, Seigneur de Troty & de Marigny, dont elle fut la première femme.

GUILLAUME CASSINEL, IIe du nom, peut encore avoir eu pour fils naturel

Guyot, bâtard de *Caſſinel*, qui obtint une rémiſſion mentionnée au Regiſtre des Chartes, coté 166, années 1411 & 1412.

GUILLAUME CASSINEL, IIIe du nom, Chevalier, Chambellan du Roi CHARLES VII, Seigneur de Pomponne, de Ver & de Romainville, vivoit encore le 15 Octobre 1415. Il épouſa *Marie de Joui*, dont il eut:

1. MARIE, mariée, par contrat du 27 Août 1407, à *Jean de Chartres*, Seigneur de Saint-Vincent, Saint-Etienne & Vaudrières près de Châlons-fur-Saône, fils de *Bertaut*, Chevalier, & de *Huguette de Frolois;*

2. GÉRARDE, élevée fille d'Honneur de la Reine ISABEAU DE BAVIÈRE, mariée 1° à *Bertrand de Rochefort*, Chevalier, fils de *N... de Rochefort*, & d'*Aliénor de Montagne;* & 2° à *Antoine de Bohan*, Seigneur de la Rochette;

3. Et CATHERINE, Religieuse à l'Abbaye de Poiſſy.

Voy. Ducheſne, *Hiſtoire de Châtillon*, pag. 451 & ſuiv. & le Père Anſelme, *Hiſtoire des Grands Officiers de la Couronne*, tom. II. pag. 38 & ſuiv.

Les armes: *vairé d'or & de gueules, au bâton d'azur, poſé en bande.*

CASSINI, famille noble du Comté de Nice.

JEAN-DOMINIQUE CASSINI, né le 8 Juin 1625, mort le 14 Septembre 1712, fut l'un des plus célèbres Aſtronomes de ſon ſiècle.

JACQUES CASSINI, ſon fils, Seigneur de Thury, ancien Maître des Comptes & Conſeiller d'Etat, Penſionnaire de l'Académie des Sciences, mort le 16 Avril 1756, âgé de 80 ans, fut père de

JEAN-DOMINIQUE CASSINI, Seigneur de Thury, Maître ordinaire en la Chambre des Comptes, auſſi Penſionnaire de l'Académie des Sciences, lequel a épouſé *Bonne-Marie de Murard*, morte à Paris en l'Hôtel-Royal de l'Obſervatoire le 3 Juin 1746, laiſſant:

MARIE-BONNE CASSINI, née le 26 Mai 1746. Cette famille ſubſiſte.

Tome IV.

Les armes: *d'or, à la faſce d'azur, accompagnée de ſix étoiles à ſix pointes chacune, rangées en faſce, trois en chef & trois en pointe.*

* CASSIS, Terre en Provence, Diocèſe de Marſeille, qui fait partie de la Baronnie d'Aubagne, dont eſt Seigneur l'Evêque de Marſeille.

CASTAGNÈRE, Seigneur de Châteauneuf; famille qui a donné un Prévôt des Marchands de Paris dans PIERRE-ANTOINE DE CASTAGNÈRE, Conſeiller d'Etat.

Les armes: *d'or, au châtaigner arraché de ſinople.*

⸸ CASTAIGNOS, famille noble & ancienne, dont une branche cadette eſt établie à St.-Sever, Capitale de Gaſcogne, depuis plus de deux ſiècles.

Un parent de cette famille nous a communiqué les titres qui lui avoient été confiés, & qui en prouvent évidemment la nobleſſe. Ils donnent même des préſomptions avantageuſes ſur ſon compte. Ces titres ne remontent la filiation qu'à ſa ſéparation d'avec la branche aînée, qui fut s'établir à Metz, où elle eſt tombée en quenouille. Elle y a joui de la plus grande conſidération, comme l'ont certifié des perſonnes notables de cette ville: elle poſſédoit encore des titres qui prouvoient ſon ancienneté & ſon mérite. Mais les Seigneurs de CASTAIGNOS exiſtant aujourd'hui ont négligé de les raſſembler, parce qu'ils en avoient ſuffiſamment pour prouver leur état & leur nobleſſe. Il y a des Maiſons de ce nom en Italie & en Eſpagne, où elles poſſédoient, au commencement de ce ſiècle, les premières charges. Des deſcendans de ces Maiſons ont dit à ceux de la famille de CASTAIGNOS, qu'ils étoient originaires de France, & qu'il y avoit une très-grande reſſemblance dans leurs armes.

Dans le pays on a une opinion très-avantageuſe de cette famille qu'on appelle depuis pluſieurs ſiècles *lous guerriers* de CASTAIGNOS. Nous allons en donner la généalogie par filiation ſuivie, dreſſée d'après leſdits titres communiqués:

I. BERTRAND DE CASTAIGNOS, Lieutenant de la Compagnie de gens de pied du Capitaine Laroque, fit ſon teſtament le 17 Février 1544, devant *Arnaud de Fagedet*, Notaire à Saint-Sever. Il épouſa *Suſanne de Lafitau*, dont:

1. PIERRE, qui ſuit;
2. Et Jean de CASTAIGNOS.

II. Pierre de Castaignos fit son teftament le 15 Août 1589, devant *Dupouy*, Notaire Royal à Saint-Sever. Il époufa *Anne de Lucai*, dont :

1. Sever, qui fuit ;
2. Marc ;
3. Arnaud ;
4. Raymone ;
5. Et Jeanne de Castaignos.

III. Sever de Castaignos ne fuivit pas l'exemple de fes ancêtres à porter les armes pour fa patrie ; il fe confacra à l'utilité de fes concitoyens, en occupant avec diftinction les premières charges de la ville de Saint-Sever (comme le dit la lettre de la Reine de Navarre, en date du 9 Mars 1568), & fit fon teftament le 22 Avril 1618, devant *Ducaffe*, Notaire Royal à Saint-Sever. Il époufa *Marthe de Ribe*, dont :

1. Jean-Jacques ;
2. Odet, qui fuit ;
3. Pierre ;
4. Et Arnaud-Mathieu de Castaignos.

IV. Odet de Castaignos, Capitaine au Régiment de Béarn, fut au fiège de..... en..... après s'être diftingué en plufieurs occafions. Il avoit époufé *Jeanne de Fort*, dont :

1. Pierre, qui fuit ;
2. Et Rocquette de Castaignos.

V. Pierre de Castaignos, IIe du nom, Capitaine d'Infanterie, fit fon teftament avec fa femme, le 10 Mars 1706. Il avoit époufé, par contrat paffé le 8 Septembre 1668, devant *Lafitte*, Notaire Royal à Saint-Sever, *Marie de la Doue*, dont :

1. Joseph, qui fuit ;
2. Pierre, Officier au Régiment de Royal-Marine, & Chevalier de Saint-Louis ;
3. Jean, qui a fervi dans le Régiment d'Auvergne l'efpace de 37 ans. Il fut bleffé dans plufieurs batailles, mais très-grièvement à celle de Parme ; il fut choifi pour former & commander le troifième Bataillon du Régiment d'Auvergne, qu'on créa en 1743 ; en 1745, on créa le quatrième Bataillon du même Régiment qu'il difciplina ; on l'affembla à Malines, où il commanda pour le Roi, en 1747 & 1748. Ses bleffures le forcèrent de quitter le fervice, & il en mourut peu de tems après. On conferve encore plufieurs lettres que le Maréchal de Saxe lui écrivit, étant Commandant à Malines, par lefquelles on voit que ce grand Général l'honoroit de fon eftime ;

4. Jean, Prêtre, Curé de Condures ;
5. Et Marie-Thérèse de Castaignos, mariée à *N... d'Ortès*, Ecuyer. Le Chevalier d'*Ortès*, leur fils, eft aujourd'hui Maréchal-de-Camp.

VI. Joseph de Castaignos, Ecuyer, Seigneur de Mirando, a fervi pendant 20 ans dans les Dragons, & fit fon teftament le 2 Juillet 1742, devant le Notaire Royal de Saint-Sever. Il époufa *Marie-Anne de Cloche*, fille de *Jean de Cloche*, Ecuyer, Baron de Fargues, & de *Marguerite de l'Abadie-Gauzis*, dont :

1. Fortanier, qui fuit ;
2. Jean, Curé de Condures ;
3. Madeleine ;
4. Et Marie-Madeleine de Castaignos.

VII. Fortanier de Castaignos, Chevalier, Seigneur de Mirando, entré Sous-Lieutenant au Régiment d'Auvergne en 1742, Capitaine en 1746 ; reçu Chevalier de Saint-Louis au Camp de Corbac, par M. le Maréchal Duc de Broglie, le 17 Juillet 1760 ; Capitaine de Grenadiers en 1761, & Major d'Infanterie en 1768 : dans laquelle année, fes bleffures le forcèrent à demander fa retraite. Il a fait toute la guerre de Flandre avec le Maréchal Comte de Saxe, & s'eft trouvé aux batailles de Fontenoy, Rocoux, Lawfeld ; aux fièges d'Ypres, Menin, Furnes, Tournay, Oudenarde, Bruxelles, Mons, Namur, Berg-op-Zoom & Maeftricht ; a fait toutes les campagnes de Hanovre & d'Allemagne ; & s'eft trouvé à toutes les batailles, chocs ou fièges où le Régiment d'Auvergne a été employé pendant cette pénible guerre. A l'affaire de Cloftercamp où le Régiment fut prefqu'entièrement détruit, il s'y fignala avec une valeur furprenante, chargea 3 fois les ennemis, & fit prifonnier de guerre un Colonel Anglois.

Copie de la Lettre de M. de Choiseul, *Miniftre, à M. de* Castaignos, *Capitaine, &c.*

Sur le compte, Monfieur, que j'ai rendu au Roi, de vos fervices & de la valeur avec laquelle vous avez chargé trois fois les ennemis, à l'affaire de Cloftercamp, où vous avez fait un Colonel Anglois prifonnier de guerre, Sa Majefté a bien voulu, pour vous donner une marque particulière de la fatisfaction qu'elle en a, vous accorder une penfion de 400 livres dans l'Ordre militaire de Saint-Louis. Je vous en donne avis avec bien du plaifir, & fuis, Monfieur, votre très-humble & très-affectionné ferviteur. Signé le Duc de Choiseul.

FORTANIER DE CASTAIGNOS, époufa par contrat paffé à Bordeaux le 11 Juillet 1769, devant *Duprat*, Notaire, *Françoife d'Abadie*, fille de Meffire *Jean d'Abadie*, Seigneur de Murailles, Confeiller du Roi & Lieutenant-Général de la Sénéchauffée & Préfidial de Bazas, & d'*Anne Dupuch-Deftrac de Vermond*, dont :

1. JEAN-MARIE-ANNE ;
2. FRANÇOISE ;
3. Et MARIE-MADELEINE DE CASTAIGNOS.

Les armes : *d'or, à un châtaigner de finople*; au-deffus, vers le chef, *une aigle éployée de fable, membrée & becquée de gueules, le tout dextré d'une épée prife en pal, la pointe en haut, & feneftré d'une étoile d'azur.* Timbre : *le haume ou métal tarré du côté droit, à cinq grilles avec lambrequins compofés du métal de l'écu.*

Il y a à Saint-Sever deux MM. de CASTAIGNOS, frères, de la même famille que celle ci-deffus ; mais nous ne connaiffons pas l'époque de la féparation de cette branche, ni même fa généalogie, n'ayant pas fourni de Mémoire. L'un de ces meffieurs eft décoré de la croix de Saint-Louis, & a été Capitaine de Grenadiers-Royaux.

Cette famille a été maintenue dans fon ancienne nobleffe par les Commiffaires députés par Sa Majefté pour la recherche des ufurpateurs des titres de nobleffe.

CASTAING. Une Généalogie, dit l'Auteur des *Tablettes hiftoriques & généalogiques*, fait defcendre le Pape URBAIN VII, de cette Maifon. N.... *de Navailles*, petite-fille de *Bertronnet de Navailles*, tige des Seigneurs de *Labatut-Figuères*, porta en dot la Terre de *Barinque* à RAMONET DE CASTAING, père de JEAN DE CASTAING, marié à *Marguerite de Moret*, dont il eut GASTON DE CASTAING. Celui-ci époufa, le 7 Juin 1572, *Marguerite de Carrere*, Vicomteffe d'Efcures. Il en eut CATHERINE DE CASTAING, héritière de *Barinque*, qu'elle porta en dot en 1592 à *Jean de Lomagne*, IIIe du nom, dit de *Terride*. Voy. LOMAGNE.

CASTANIER, Seigneur d'Auriac. GUILLAUME CASTANIER-D'AURIAC, né en 1702, premier Préfident au Grand-Confeil, Confeiller d'Etat, mourut à Fontainebleau le 3 Décembre 1765. Il avoit époufé *Marie-Louife de Lamoignon-de-Blancmefnil*, née le 7 Juillet 1719, dont :

FRANÇOIS-GUILLAUME CASTANIER-D'AURIAC, premier Avocat-Général au Grand-Confeil, né le 29 Mai 1739, qui mourut à Paris le 30 Juillet 1762.

Les armes : *d'argent, au châtaigner de finople, fruité d'or fur une terraffe de même ; au chef d'azur chargé d'un croiffant, accofté de deux étoiles d'argent.*

CASTEL-DE-NEUVILLETTE, en Normandie, ancienne famille originaire du Vermandois, proche de Ham en Picardie, dont les branches aînées qui y fubfiftoient font éteintes il y a plus de 300 ans.

ROBERT, Seigneur DU CASTEL, connu par fes talens dans l'art de la Poëfie, vivoit en 1260, ainfi que l'a remarqué le Préfident Fauchet.

COLART DU CASTEL, Chevalier, fervoit avec fa Compagnie en 1373 fous Hugues de Châtillon, Sire de Dampierre, & Grand-Maître des Arbalêtriers de France, fuivant la montre qui en fut faite l'an 1373.

La Morlière rapporte une alliance fort ancienne d'un nommé *Robert de Tiercelin*, avec YOLANDE DU CASTEL, fille de HUGUES, Seigneur DU CASTEL, dont naquit *Jean de Tiercelin*, qui époufa *Marguerite du Bellay*, fille du Seigneur du Bellay, Sire d'Yvetot.

Une branche cadette, établie vers 1500 au hameau de *Neuvillette*, dans le Comté d'Eu, proche Dieppe, a été maintenue dans fa Nobleffe le 10 Juillet 1670 par M. de *la Galiffonnière*, Intendant de Picardie. Elle a pour auteur

I. GUILLAUME DU CASTEL, Chevalier, Seigneur d'Aubigny, de Halu, Capy-fur-Somme, Empre, Chanteraine, Havillers, qui étoit un des Officiers qui fervoient dans les Armées du Roi CHARLES VII, & vivoit en 1425 & 1443, felon plufieurs hommages. Il fut père de

II. PIERRE DU CASTEL, Chevalier, Seigneur de Halu, Capy-fur-Somme & autres lieux, qui laiffa de fa femme, dont on ignore le nom :

III. JEAN DE CASTEL, que la profeffion des armes avoit attiré dans la Normandie. Il fut

Chevalier, Seigneur de Halu, Capy-fur-Somme, & autres lieux, & eut de *Jeanne de Cayeu :*

1. JEAN, qualifié dans plufieurs actes d'*homme d'armes* de la Compagnie de Rubempré, marié à *Claude du Mornay*, qui ne lui donna que des filles;
2. Et ROBERT, qui fuit.

IV. ROBERT DU CASTEL, Ier du nom, Ecuyer, Seigneur de Neuvillette, époufa, par contrat du 23 Octobre 1571, *Cécile de Chiffreville,* dont:

1. ROBERT, qui fuit;
2. Et LOUIS DU CASTEL-DU-ROSÉ, auteur d'une branche qui fubfifte dans LOUIS-CHARLES DU CASTEL, Ecuyer, Seigneur du Rofé, marié à *Louife le Sénéchal.*

V. ROBERT DU CASTEL, IIe du nom, époufa, par contrat du 23 Novembre 1597, *Anne de la Berquerie*, fille de *Guillaume*, Ecuyer, Seigneur dudit lieu, dont:

1. JOACHIM, homme d'armes dans la Compagnie de GASTON DE FRANCE, Duc d'Orléans, mort fans poftérité, marié à *Gilberte de Waudricourt*, fille de *Charles*, Ecuyer, Seigneur de Dalnay;
2. Et FRANÇOIS, qui fuit.

VI. FRANÇOIS DU CASTEL, Ier du nom, Ecuyer, Seigneur de Neuvillette, Officier dans le Régiment de Piémont, époufa, par contrat du 28 Septembre 1641, *Marguerite d'Hoyer*, fille de *François*, Ecuyer, Seigneur de Montplaifir, dont:

1. CHARLES, tué au fervice étant Capitaine au Régiment de Schulemberg;
2. Et FRANÇOIS, qui fuit.

VII. FRANÇOIS DU CASTEL, IIe du nom, quitta le furnom de *Neuvillette*, pour prendre celui de *Bernimont*. Il fervit dans le Régiment du Roi, Infanterie, & époufa, par contrat du 11 Mai 1674, *Françoife-Thérèfe de Belleval*, fille unique d'*Antoine*, Chevalier, Seigneur d'Angerville, d'Emonville, & de Reminil, de Teuffe, &c., & de *Catherine de Monchy*, fille de *Charles*, Baron de Vifmes, Seigneur de Senarpont. Ils eurent :

1 FRANÇOIS-JOACHIM, qui fuit;
2. & 3. JOSEPH & LOUIS. Ils ont fervi tous les trois dans la Maifon du Roi, & les deux derniers font morts fans poftérité.

VIII. FRANÇOIS-JOACHIM DU CASTEL époufa, par contrat du 16 Juin 1714, *Anne-Charlotte de Belleval*, fille d'*Antoine*, Ecuyer,

Seigneur de Tilloy, & de *Marie de Belleval*, (celle-ci fille de *Marie de Rambures*), dont :

1. FRANÇOIS-JOSEPH, qui fuit;
2. Et JEAN-FRANÇOIS, lequel a fervi dans la Maifon du Roi pendant la guerre de 1743 jufqu'en 1749.

IX. FRANÇOIS-JOSEPH DU CASTEL-DE-NEUVILLETTE, Ecuyer, Seigneur de Reminil & de Barbery, demeurant à Biville, proche Dieppe, fut enfuite Seigneur d'Aubigny, de Halu, Capy-fur-Somme, Empre, Chanteraine, Havillers. Il a fervi d'abord dans les Gardes-du-Corps de Sa Majefté, Compagnie d'Harcourt, depuis 1736; jufqu'en 1747, s'eft trouvé aux batailles de Dettingen fur le Mein, à celles de Fontenoy & de Rocoux; a fait la campagne en 1744 en Flandre & en Alface, a été au fiège de Fribourg, & s'eft trouvé prefque à tous les fièges qui fe font faits en Flandre pendant la guerre qui a commencé en 1743. Il eft le dernier de fa famille, & n'eft point marié.

Les armes: *d'argent, à trois chevrons d'azur, avec une merlette de même.*

CASTEL-DE-SAINT-PIERRE-EGLISE, en Normandie. La Roque, dans fon *Hiftoire de la Maifon d'Harcourt*, pag. 968, dit que GUILLAUME DU CASTEL fit preuve de Nobleffe à la Cour des Aides de Rouen le 10 Mars 1528. Il étoit père de GUILLAUME DU CASTEL, mentionné dans un Arrêt du 15 Mars 1569. Celui-ci eut pour fils NICOLAS DU CASTEL, qui fuit.

L'Abbé de Vertot, dans fon *Hiftoire de Malte*, fait mention de HYACINTHE DU CASTEL DE SAINT-PIERRE-EGLISE, reçu Chevalier de Malte en 1681.

NICOLAS CASTEL, Seigneur de Saint-Pierre-Eglife, qui fit preuves de Nobleffe en 1598 devant les Commiffaires députés par le Roi HENRI IV, époufa, par contrat du 13 Septembre 1596, *Jeanne de Couvert*, dont:

CHARLES CASTEL, Marquis de Saint-Pierre, Seigneur de Courcy, Clitour, Varouville, Coqueville, la Motte, le Vaaft, Canteloup & Morfalines, Grand-Bailli du Cotentin, qui obtint que la Seigneurie de Saint-Pierre en Normandie fut érigée en Baronnie par Lettres du mois de Février 1644. Il époufa, le 2 Mars 1642, *Madeleine*, fille de *Bernardin Gigault*, Marquis de Bellefonds, & de *Jeanne*, fille de *Henri-Robert Aux-Epaules*, Marquis de Sainte-Marie, dont:

1. Bon-Thomas Castel, Marquis de Saint-Pierre, Grand-Bailli du Cotentin, qui, de *Marie des Hommets*, a eu pour fils unique:

Bon-Hervé Castel, Marquis de Saint-Pierre, Capitaine des Gendarmes d'Anjou, né en 1685, veuf de *Barbe-Catherine de Turgis*, Dame de Canteleu, de laquelle il n'eut point d'enfans ;

2. Charles Castel, Abbé de Tiron, de l'Académie Françoise, premier Aumônier de feu Madame ;
3. François-Antoine Castel, Chevalier de Malte, Commandeur de Piethon ;
4. Et Louis-Hyacinthe, qui suit.

Louis-Hyacinthe Castel-de-Saint-Pierre, Marquis de Crèvecœur & de Kerfily, né en 1659, premier Ecuyer de Son Altesse Royale Madame la Duchesse d'Orléans, ci-devant Capitaine de Vaisseaux, mourut à Paris le 21 Avril 1748. Il avoit épousé, le 3 Avril 1688, *Françoise-Jeanne*, morte le 27 Février 1740, fille de N... *de Kerven*, Seigneur de Kerfily, d'une ancienne Noblesse de Bretagne, & de N... *Kerconstantin*, dont :

1. Gabriel, Abbé d'Evron, mort en 1745 ;
2. Et Louis-Sébastien, qui suit.

Louis-Sébastien Castel, Marquis de Crèvecœur & de Kerfily, Mestre-de-Camp de Cavalerie, premier Ecuyer de Son Altesse Royale, né en 1691, mourut le 1er Mai 1749. Il épousa, en 1720, *Charlotte-Catherine Farges*, remariée au Comte de *Lutzelbourg*, & eut :

1. Louis-Tancrède Castel, Comte de Crèvecœur, Mestre-de-Camp de Cavalerie, Enseigne des Gendarmes de Bretagne, né le 25 Septembre 1722, mort sans alliance au siège de Charleroy en 1746 ;
2. Françoise Castel, mariée, en 1742, à *Charles de Brosses*, Comte de Tournay, Baron de Monfalcon, Président à Mortier du Parlement de Dijon, de l'Académie des Inscriptions & Belles-Lettres ;
3. & 4. Aglaé & Henriette. (*Mercure de France*, du mois de Mai 1748, p. 201.)

Les armes : *de gueules, à un chevron d'argent, accompagné de trois roses d'or, posées 2 en chef & 1 en pointe.*

CASTEL, Ecuyer, Seigneur dudit lieu & de Saint-Martin-de-Blagny, Election de Bayeux : *de gueules, à trois châteaux d'argent, 2 & 1, au chef d'or, chargé d'un lambel du champ.*

CASTEL, Sieur de Benneville, Election de Carentan : *d'or, au château de sable.*

*CASTELBAJAC en Bigorre. C'est une des premières Baronnies de ce Comté, dont on ne connoît pas plus l'érection que celle du Comté, & on peut même croire aisément qu'ils sont de même date & de même tems. Le Baron de Castelbajac étoit Pair du Comté de Bigorre, un de ses Assesseurs lors du Jugement de ses vassaux, & il ne pouvoit être jugé que par ses Pairs, Compagnons & Frères, présidés par le Comte ; ce n'est même qu'à ce rang de Pairie qu'on peut rapporter ces mots : *Principibus Terræ meæ*, que *Centulle de Béarn*, Comte de Bigorre, mit en usage pour le Seigneur de Castelbajac, & ceux qui sont nommés dans l'acte d'union, qu'il fit en 1080, de l'Abbaye de St.-Savin à celle de Marseille. Le Seigneur de Castelbajac fut nommé le premier après le Vicomte, dans l'acte de consécration de l'Eglise abbatiale de St.-Pée de Generez en 1096, tant à cause du rang de sa Terre, que de la dignité qui en fut alors reconnue.

Les Seigneurs de ce nom, dont l'origine se perd dans les tems les plus reculés, ne paroissent, suivant les plus anciens actes, que dans un rang supérieur à la plus grande partie des Nobles de Bigorre. On lit même dans un plaidoyer fait au Parlement de Toulouse en 1495, au sujet du procès mû entre les Seigneurs de Bénac & d'Ossun, pour l'hommage de la Terre de Lane, qu'il n'y avoit alors aucun Seigneur en Bigorre que le Comte, qui eut juridiction *ou* des hommages, excepté le Seigneur de Castelbajac : *En Beguorre n'a aucun que aye jurisdiction ne homage, sinon lo Comte, excepté Chastelbayac, dans lequel on dit avoir jurisdiction.* Ce sont les termes du plaidoyer qui est conservé dans les Archives d'Ossun.

Cette Maison a possédé une grande partie des Terres du Pays, & entr'autres : Heches, dans la vallée d'Aure ; la Viguerie de Gourdon, Séméac, Ourleix, Saint-Luc, Orieux, Lubret, Aspin, Campistrous, Astugue, Mont-d'Oleron, Gaussan, Bernet, Rouède, Pedare, Panassac, la Molière, Ferrabourg, Manent, Vesuës, Vera, Briscos, Serragassies, Castillon, Bouilh, Tajan, Casanave, Forgues, &c. Les armoiries de Castelbajac étoient originairement *d'azur, à la croix d'argent.* C'est ainsi qu'elles se voient dans des anciens monumens, à la voûte de la Tour de Montaftruc, à la Croix de Séméac, au Cloître des Jacobins de Bagnères, dans l'Eglife des Carmes de Trie, dans l'Eglife paroiffiale de Bernet, aux portes du château de Lubret & de la falle de Bernet, &c. Le nom de CASTELBAYAC eft en lettres go-thiques, au-deffous de ces armoiries, tenues par un Ange, aux Jacobins de Bagnères ; au-trement on auroit pû croire que c'étoient celles des Seigneurs de Barbafan, qui por-toient d'azur, à la croix d'or, & foutenues également par un Ange.

Les Seigneurs de ce nom prétendent avoir donné naiffance à ENECO ARISTA, premier Roi de Navarre. Ce Prince, dit M. de Marca, chap. viij du liv. II, de fon Hiftoire de Béarn, portoit: d'azur, à la croix d'argent, qui étoit l'écu de la Maifon de CASTELBAJAC, & il n'y avoit que cette famille dans le Comté de Bigorre qui les portoit telles ; mais ce n'eft qu'une conjecture.

Les Seigneurs de CASTELBAJAC portent à préfent pour armes : d'azur, à la croix d'ar-gent, abaiffée en pointe fous trois fleurs-de-lys d'or en chef, pofées 2 & 1. On ignore depuis quel tems ils ont ajoûté à leurs armes les fleurs-de-lys, & s'ils les portent en vertu d'une conceffion particulière ; mais ce qu'il y a de certain, c'eft que ce ne peut être que de-puis la réduction faite des fleurs-de-lys fans nombre, à trois dans l'écu des Rois de France en 1381, fuivant la Roque, dans fon Traité fingulier du Blafon. On a varié la po-fition des fleurs-de-lys fur les différens meu-bles & bâtimens des Seigneurs de ce nom ; fur quelques-uns elles font en chef, fur quel-ques-autres elles occupent la partie fupérieure de l'écu, & la croix remplit le refte ; & fur d'autres la croix eft en abîme. On croit que la fituation de la Baronnie de CASTELBAJAC a porté fes Seigneurs, à l'exemple des Comtes de Foix, d'Armagnac, de Comminges, &c., à décorer leur écuffon de fleurs-de-lys, & à abaiffer fous elles la croix de leurs armes, pour prouver, par cette démarche éclatante, leur attachement inviolable au parti de la France, qui, pendant plus d'un fiècle, fut fu-jette à bien des revers dans tout le Languedoc.

La fidélité des Seigneurs de CASTELBAJAC fut fi épurée, que, quoique le Miniftère fut autrefois très-attentif à ne point élever à la dignité de Sénéchaux des Provinces ceux qui y poffédoient des Terres, & qu'il fût

même défendu aux Sénéchaux de faire des acquifitions, ou de contracter des alliances dans les pays où ils étoient envoyés, ils furent exemptés d'une loi qui paroît fi févère.

I. ARNAUD-RAYMOND DE CASTELBAJAC, le premier de ce nom dont on ait connaiffance, prêta ferment de fidélité à Centulle, Comte de Bigorre, vers 1078, & donna pour cau-tion GUILLAUME-ARNAUD DE CASTELBAJAC, fon frère, Raymond d'Efparos, Odon de Bénac, Pelerin de Lavedan, Arnaud-Guilhem des Angles, & autres Seigneurs. Voy. le Cartu-laire de Bigorre, Tréfor de Pau, n° 147.

II. BERNARD DE CASTELBAJAC, Ier du nom, fut préfent le 1er Avril 1080, à l'union que Centulle, Comte de Bigorre, fit de l'Abbaye de St.-Savin en Lavedan, à la Congrégation de St.-Victor de Marfeille, pour y établir la difcipline régulière. C'eft dans cet Acte que le Comte donne aux Seigneurs qui le fignè-rent avec lui ce titre : Principibus terræ meæ, etc. Il affifta encore en 1096 à la con-fécration de l'Eglife de St.-Pée de Generez, où il tint le premier rang, après les Vicomtes.

III. BERNARD DE CASTELBAJAC, IIe du nom, Seigneur & Baron de Caftelbajac, fut témoin en 1186 à l'accord paffé entre Armand, Evê-que de Tarbes, & fon Chapitre, & l'Abbé & les Religieux de l'Efcaledieu, Ordre de Cî-teaux, fur les dîmes des fonds de terre qui ap-partenoient au Monaftère, par lequel ces der-niers promirent en outre de ne point conf-truire d'Abbaye de leur Ordre depuis Mau-bourguet jufqu'à Bagnères, fans le confente-ment exprès du Chapitre de Tarbes, & de ne point étendre leurs poffeffions de Monthau-han, tirant au midi. M. de Marca, dans fon Hiftoire de Béarn, liv. IV, dit que le même BERNARD DE CASTELBAJAC eut querelle en 1190 avec Arnaud de Montaner, & qu'il donna pour caution à Stéphanie, Comteffe de Bi-gorre, Guillaume-Arnaud d'Aftier.

IV. ARNAUD-RAYMOND DE CASTELBAJAC, IIe du nom, Seigneur & Baron de Caftelbajac, fut préfent au privilège que Gafton de Foix, premier mari de Pétronille, Comteffe de Bi-gorre, donna aux habitans des Landes, fituées fur les frontières du pays de Béarn, le 4 avant les ides de Mars 1214.

V. BERNARD DE CASTELBAJAC, IIIe du nom, Seigneur de Caftelbajac, fut l'un des quatre Barons que Pétronille, Comteffe de Bigorre, lors de fon mariage en troifièmes noces, le

1ᵉʳ Novembre 1216, avec *Guy de Montfort*, donna pour caution des engagemens qu'elle avoit pris dans le contrat de mariage. Les trois autres furent Raymond-Garcie de Lavedan, Coutebon d'Antin, & Arnaud-Guilhem de Barbafan.

VI. RAYMOND-ARNAUD DE CASTELBAJAC, Seigneur dudit lieu, de Séméac, d'Ourleix, &c., étoit devenu en 1281 Seigneur de Séméac, ou par acquifition des héritiers de Raymond le Bas, ou par le mariage de quelqu'un de fes ancêtres, avec une fille de ce nom. Ayant pris difpute avec les habitans de Tarbes, Efquivat de Chabanois, Comte de Bigorre, les fit tranfiger, & RAYMOND-ARNAUD DE CASTELBAJAC prit, dans l'acte qui eft aux Archives de ladite Ville, la qualité de *noble & puiffant homme*. Le Comte de Bigorre lui donna quelque tems après la Terre & Seigneurie d'Ourleix, avec un fort Château, fur les ruines duquel eft aujourd'hui bâtie l'Eglife dudit lieu, que celuici céda à un Seigneur du nom de la Roche-Fontenilles, pour la dot de N.... DE CASTELBAJAC, fuivant ce qu'on apprend du Syndic de Tarbes, dans un procès contre le Seigneur d'Ourleix en 1447, dans lequel Bernard de la Roche, Seigneur de Fontenille & d'Ourleix, affuroit que depuis un tems immémorial fa famille poffédoit la Terre d'Ourleix. Il eut entr'autres enfans de fa femme, dont on ignore le nom :

1. ARNAUD-RAYMOND, qui fuit;
2. PIERRE, Viguier de Gourdon à vie, Co-Seigneur de Laguian & de Caumont en Pardiac, dénommé dans un acte du 1ᵉʳ Septembre 1283, & qualifié dans une enquête de 1300, *Chevalier, Baron de Bigorre;*
3. Autre ARNAUD-RAYMOND, Chanoine de Tarbes, qui fut choifi le 7 Avril 1309, fuivant le Cenfuel de Lavedan, pour Arbitre, entre le Seigneur de Caftedloboo, & les habitans de cette Vallée, & prononça la Sentence arbitrale le 11 Juin 1313;
4. Et N..., qui a fait la branche des Seigneurs de *Lubert* ou *Lubret*, rapportée ci-après.

VII. ARNAUD-RAYMOND DE CASTELBAJAC, IIIᵉ du nom, Seigneur de Caftelbajac, &c., eft dénommé dans plufieurs actes authentiques, avec PIERRE, fon frère, 1° dans un acte du 1ᵉʳ Septembre 1283, auquel il appofa fon fceau, ainfi que plufieurs autres Seigneurs. La Nobleffe de Bigorre s'étoit affemblée par devant Arnaud-Raymond, Evêque de Tarbes, & plufieurs autres Prélats, Abbés & Com-

mandeurs, qui reconnurent par ledit acte, qui eft au Tréfor des Chartes du Roi à Pau, *Conftance de Béarn*, en qualité de Comteffe de Bigorre. PIERRE DE CASTELBAJAC, fon frère, qui y eft qualifié de *Chevalier*, ne le fcella point cependant avec beaucoup d'autres, non pas qu'ils ne le puffent faire, mais parce qu'il eft à préfumer qu'ils n'avoient point leurs fceaux fur eux. Neuf ans après, les mêmes Prélats & Seigneurs, du nombre defquels étoit ARNAUD-RAYMOND DE CASTELBAJAC, fignèrent & fcellèrent un certificat du droit de *Conftance de Béarn*, fur le Bigorre, qu'ils envoyèrent, fuivant M. de Marca, le 9 Octobre 1292, au Roi PHILIPPE IV, dit *le Bel*, par lequel, en le fuppliant de la maintenir, ils infinuèrent l'invalidité du mariage de *Guy de Montfort*, avec *Pétronille*, & lui déclarèrent ne pouvoir en confcience reconnoître d'autre Dame que *Conftance* ; & lors d'une Enquête de 1300, il eft qualifié avec PIERRE, fon frère, de *Chevaliers, Barons de Bigorre*. Il eut pour fils :

VIII. BERNARD DE CASTELBAJAC, IVᵉ du nom, Damoifeau, Seigneur de Caftelbajac, Séméac, Rouède & Saint-Luc, qui prit le parti de Bernard, Vᵉ du nom, Comte d'Aftarac, depuis 1299 à 1330, dans la guerre que celui-ci fit à Bernard, Vᵉ du nom, Comte de Comminges, fon beau-père, mort en 1312. BERNARD DE CASTELBAJAC, qui étoit brouillé avec le Comte d'Aftarac, fut charmé de cette occafion, & s'étant joint à lui avec un grand nombre de foldats, contre le Comte de Comminges, ils remportèrent fur lui la victoire la plus complète; ce qui caufa la parfaite réconciliation & la cordiale amitié qui fut depuis ce tems-là entre le Comte & lui. Voy. Bruchelle, en fa *Chronique du Diocèfe d'Auch*, part. III, p. 541. Il affifta, avec plufieurs autres Seigneurs Damoifeaux, le 13 Août 1321, à la tranfaction paffée entre Roger de Mauléon, Abbé de l'Efcaliedieu, & les Officiers Comtaux de Bigorre, au fujet de la propriété d'un bois fitué entre Aurenfan & Monthauhan, près de la Gauroo. BERNARD DE CASTELBAJAC poffédoit le terrain où eft à préfent le village de Saint-Luc. Jean de Trie, Sénéchal de Touloufe, avoit fait bâtir la nouvelle Peuplade ou Baftide de Trie, près Saint-Luc, & y avoit donné des Juges & Coutumes le 18 Janvier 1323 (vieux ftyle). Le Seigneur de CASTELBAJAC, excité par cet établiffement, appela le

Roi de France & de Navarre, Comte de Bigorre, en affociation & paréage des revenus & fiefs dudit terroir de Saint-Luc, qu'ils partagèrent, & le Roi lui donna la moitié des émolumens de la Juftice. Saint-Luc devint une Baftide Royale, &, par la protection du Roi, une Terre que les Seigneurs voifins devoient refpecter. Jean ou Jourdain de Lubert, Sénéchal de Bigorre, ftipula pour le Roi dans le contrat de paréage, qu'il fcella de fon fceau. Il mourut avant 1326, & eut, entr'autres enfans, de *Blanche de Comminges :*

1. ARNAUD-RAYMOND, qui fuit ;
2. Et CONSTANCE, qui fut mariée, le 15 Octobre 1351, à *Genfès*, IIe du nom, Baron de *Montefquiou-d'Angles*.

IX. ARNAUD-RAYMOND DE CASTELBAJAC, IVe du nom, Chevalier, Seigneur de Caftelbajac, Séméac, Saint-Luc, &c., fuivant un acte paffé devant *Dominique Stellæ*, Notaire à Tarbes, qui eft aux Archives d'Offun, du Mardi avant la fête de la Purification de la Vierge 1326 (vieux ftyle), ce qui revient, à notre façon de compter, au 28 Janvier 1327, dans lequel il eft qualifié de *noble Damoifeau, fils & héritier de feu noble* BERNARD DE CASTELBAJAC, *Damoifeau, &c.*, préfenta dans la nouvelle Baftide de Saint-Luc, à Dominique de Larré, Lieutenant d'Arnaud de Bonis, Bachelier en Droit, Juge ordinaire de Bigorre pour le Roi de France & de Navarre, Comte de Bigorre, deux *Lettres-Patentes ;* les premières, datées de Tarbes le 7 Décembre 1326, émanées de Guillaume de Carffan, Chevalier, Seigneur de Saint-Paul, Sénéchal de Bigorre, ordonnoient au *Baile* de Saint-Luc, ou fon Lieutenant, d'obferver exactement le paréage fait entre feu Jourdain de Luberto ou Lubertio, Sénéchal de Bigorre, & feu BERNARD DE CASTELBAJAC, Seigneur de ladite Baftide; & les fecondes, accordées par Raoul Chaloti, dans le lieu de Saint-Luc, le Lundi après la fête de Noël, c'eft-à-dire le 29 Décembre 1326, ordonnoient au Juge de Bigorre, que, *vû la Requête à lui préfentée par noble* Blanche de Comminges, *veuve de noble* BERNARD DE CASTELBAJAC, *faifant pour elle & fes enfans, héritiers dudit Damoifeau*, il ait à les faire jouir des droits à eux dûs dans ladite Baftide, pour laquelle feu fon mari avoit appelé le Roi de France & de Navarre, Comte de Bigorre, en paréage. Il tranfigea en 1327, avec le Seigneur de Lubret, tou-

chant les armoiries de fa Maifon, fuivant qu'il paroît dans l'inventaire des titres de la Maifon d'Offun, fait en 1629, dans lequel cet accord eft relaté. ARNAUD-RAYMOND DE CASTELBAJAC fut prefque toujours au fervice, & il eft compris comme tel, dans les Lettres du Roi PHILIPPE V, dit *le Long*, en date du 23 Août 1350, pour le Ban & Arrière-Ban. La Roque, dans fon *Traité du Ban & Arrière-Ban*, fe contente de le citer fous ce nom, *le Sire* de *Caftelbaïart*, aliàs *Caftedbajach*, ou *Caftrum-Bayacum*. JEAN DE FRANCE, Duc de Normandie, Lieutenant-Général de PHILIPPE VI, fon père, donna la Viguerie de Gourdon, qui étoit à la bienféance du Seigneur de *Caftelbajac*, à ce dernier, par Lettres datées d'Exideüil le 8 Janvier 1346, dans lefquelles il eft qualifié de *Chevalier*, adreffées à Guillaume de Montenay, Chevalier, Sénéchal de Bigorre, qui ordonna à Garaud ou Géraud, fon frère & fon Lieutenant, de l'en mettre en poffeffion. On fit eftimation du revenu de cette Viguerie; & fuivant un inventaire général des titres du Château de Pau, fol. 284, il paroît qu'au mois d'Août 1346 le Roi PHILIPPE confirma la donation faite par le Duc de Normandie, fon fils aîné, de la Terre & Viguerie de Gourdon, en toute juftice, tous droits, privilèges, franchifes, cens, rentes, moulins bâtis ou places pour en conftruire (*molendinis, molendinariis*), avec réferve des hommages pour les biens nobles qui fe trouveroient dans ladite Viguerie, le tout *pour fervices rendus aux guerres par* ARNAUD-RAYMOND DE CASTELBAJAC. Dans le même inventaire, art. 11, cotte 5, eft le *Vidimé* fait en 1352, de la donation de JEAN, Roi de France, faite au Seigneur de CASTELBAJAC, du droit que Sa Majefté prenoit fur Montaftruc en Burg, de 70 livres de rente annuelle en accroiffement de relief, au lieu de Caftillon en Bigorre, & auffi la donation que ce Prince lui avoit faite étant Duc de Normandie, de 220 livres de rente fur Gourdon, avec fes édifices, fortereffes, viguerie & juftice, à perpétuité.

Froiffard fait mention, dit D. Vaiffette, tom. V, p. 284, que lors de la guerre qu'eurent le Comte d'Armagnac, le Comte de Foix, le Connétable de Bourbon, & le Maréchal de Clermont, qui commandoient alors en Guyenne & en Languedoc contre le Prince de Galles, qui avoit ravagé cette dernière Province en

Octobre & Novembre 1355, le Comte d'Armagnac se porta le 8 Juin 1356 devant Moissac, & qu'enfin étant retourné à Agen le 8 Octobre suivant, *il envoya* ARNAUD-RAYMOND DE CASTELBAJAC *dans la Sénéchauffée de Bigorre, pour la garder avec* 100 *hommes d'armes,* & 200 *Sergens à pied.*

Olhagarai, pag. 283 de l'*Hift. des Comtes de Foix,* rapporte que le Comte d'Armagnac livra bataille à Gaston de Foix devant Launac, qu'il y fut totalement défait, que son armée étoit des plus belles, & qu'on mena au Comte de Foix plusieurs prisonniers, du nombre desquels étoit le Seigneur de CASTELBAJAC, qui ne fut pas mieux traité que les autres prisonniers, lesquels en total il avoit rançonnés de plus d'un million. ARNAUD-RAYMOND DE CASTELBAJAC, IVe du nom, eut entr'autres enfans de sa femme, dont on ignore le nom :

1. ARNAUD-RAYMOND, qui suit;
2. BERNARD, qui fut Chevalier, & affassiné. Il avoit institué pour son héritier noble *Manaud de Bénac,* IIIe du nom, son neveu ;
3. ARNAUD, auteur de la branche des Seigneurs de *Clarac,* rapportée ci-après;
4. Et CONSTANCE, qui fut Dame de Boüilh, de Saint-Luc & de Locrap, & morte avant 1405, suivant qu'il paroît par une Sentence rendue par-devant *Jean de la Lane,* Sénéchal de Bigorre, le 29 Mai 1405, par laquelle ledit Sieur son mari, & noble BERNARD DE CASTELBAJAC son neveu, sont nommés tuteurs aux personne & biens de *Manaud de Bénac,* IIIe du nom, leur fils, mort sans postérité, laissant tous ses biens à Madame d'*Offun,* l'une de ses deux sœurs. Voy. BÉNAC & OSSUN. Elle épousa, après 1389, noble *Manaud de Bénac,* IIe du nom, Chevalier, Seigneur de Lane & du Castera, fils aîné de *Raymond-Arnaud de Bénac,* Chevalier, Seigneur dudit lieu & de Lane, & d'*Anxiette de Las,* Dame du Castera.

ARNAUD-RAYMOND DE CASTELBAJAC, IVe du nom, eut aussi un fils naturel, s'il en faut croire D. Vaissette, qui assure que le mot *Bore* signifie *Bâtard.* C'est la qualité qu'on lui donne dans la dispute d'entre les Seigneurs de *Castelbajac* & de Castedloboo, qui fut terminée par transaction de l'an 1390.

X. ARNAUD-RAYMOND DE CASTELBAJAC, Ve du nom, Seigneur de Castelbajac, Montastruc, Bures, Séméac, Orieux, Saint-Luc, Boüilh, Campistrous, Tajan, Aspin, Vernede, Astugue, Casanave, Forgues, & autres Terres,

Tome IV.

Chevalier, Sénéchal de Bigorre, ayant abandonné le parti du Comte d'Armagnac, fut dépouillé le 30 Juin 1373 de la Viguerie de Gourdon en Bigorre, par le Duc d'Anjou, qui en disposa en faveur de ce Comte, au préjudice de la donation qui en avoit été faite à perpétuité au Seigneur de CASTELBAJAC, son père. Il rendit hommage de ses Terres & Seigneuries ci-dessus citées au Roi le 2 Janvier 1389 (vieux style), ce qui revient à 1390, suivant notre façon de compter ; lequel hommage se trouve aux Archives de la Trésorerie de Toulouse, aujourd'hui à Montpellier, au 91e feuillet du livre des hommages rendus pour 1389. Il eut dispute avec noble Arnaud-Garcie de Lavedan, Seigneur de Castedloboo, au sujet des fiefs du petit territoire appelé *Lexivach,* situé entre Séméac & Soües, qui fut terminée par transaction de 1390. Il avoit épousé *Jeanne de Barbafan,* fille aînée de *Ménaud,* Chevalier, Seigneur de Barbafan, & de *Rose de Manhaut,* & sœur d'*Arnaud-Guilhem de Barbafan,* dit le *Chevalier sans reproche,* Chambellan du Roi CHARLES VII, & en eut :

1. BERNARD, qui suit ;
2. Et CIVILIE, mariée, par contrat passé devant *Pierre Trilhoté,* Notaire, le 1er Avril 1417, à noble *Bernard de Coarase.*

XI. BERNARD DE CASTELBAJAC, Ve du nom, Chevalier, Seigneur de Castelbajac, Séméac, Orieux, Campistrous, Tajan, Aspin, Vernede, Astugue, Casanave, Forgues, & autres lieux, Sénéchal de Bigorre, nommé tuteur de noble *Manaud de Bénac,* IIIe du nom, Chevalier, Seigneur de Lane, son cousin germain, par acte du 29 Mai 1405, fut institué héritier d'*Arnaud-Guilhem de Barbafan,* son oncle maternel, par son testament du 10 Août 1410, & rentra en possession de la Viguerie de Gourdon, suivant un acte du 26 Février 1421. Il étoit en 1426 Sénéchal de Bigorre, suivant qu'il paroît par la permission signée Jean de Fita, Juge-Mage de Bigorre, donnée en son nom à *Arnaud de Galhardo,* Notaire, d'extraire & collationner les actes passés devant Pierre de Turco, qui avoit retenu l'acte de vente de Boüilh, consenti par les tuteurs dudit Sieur de *Bénac,* son cousin germain. Il avoit vendu par contrat passé devant *Dominique de Salineriis,* Notaire à Tarbes, le 14 Février 1407, le lieu de Pujet ou de Pujo, dans la vallée d'Aure, à noble Odet de Rivière, Seigneur de Sarriac & de Peuntous, pour 200 francs d'or. Il eut entr'autres enfans de fa femme, dont on ignore le nom :

1. ARNAUD-RAYMOND, qui fuit;
2. BERTRAND, Seigneur de la Bufquera, témoin en 1462 à la quittance de noble Marguerite de Villambis, femme d'Odet, Seigneur de Mun ;
3. PIERRE-ARNAUD, auteur de la branche des Seigneurs de *Saint-Paul*, en Neftès, rapportée ci-après ;
4. Et GAUXIONDE, mariée à *Bertrand de Barège*, Seigneur de Galefet, fuivant qu'il paroît par une obligation paffée devant *Pierre Bertrandi*, Notaire de Touloufe, le 8 Avril 1448, par laquelle fes frères reconnurent devoir donner 18 écus d'or pour reftant de fa dot.

XII. ARNAUD-RAYMOND DE CASTELBAJAC, VIe du nom, Chevalier, Seigneur dudit lieu, de Seméac, Orieux, Campiftrous, Tajan, Afpin, Vernede, Cafanave, &c., ayant difputé à noble Odet de Rivière la vente que lui avoit fait fon père de la terre de Pujet, dont il n'avoit point été mis en poffeffion, ce dernier l'attaqua en Juftice, & il fut enfin convenu, par tranfaction paffée entr'eux devant *Guillaume de Colmeriis*, Notaire à Tarbes, le 2 Avril 1443, que le Seigneur DE CASTELBAJAC céderoit audit Odet de Rivière la Terre d'Aftugue avec tous fes droits; ce qu'il exécuta par le même acte. Il époufa 1º *N....*; & 2º par contrat du 25 Novembre 1443, *Anne de Montlezun*, fille de noble *Jean de Montlezun*, Seigneur de Saint-Lary & de Betplan, & de *Jacquette de Landorre*, & donna quittance de fa dot le 13 Septembre 1447. Du premier lit vint :

1. BERNARD, Chevalier, Seigneur de Caftelbajac, mort à Villefranche-de-Panades, étant à l'Armée de Catalogne, qui époufa *Blanche-Flore d'Aure*, remariée à N... *de Montlezun*, Seigneur de Betplan & de Saint-Lari. BERNARD eut :

> Un fils & une fille, qui ne lui furvécurent pas long-tems, auxquels fuccéda, en vertu de la Coutume générale du Pays de Bigorre, PIERRE-ARNAUD DE CASTELBAJAC, leur oncle, fuivant qu'il paroît par une enquête de 1462.

Et du fecond lit :

2. PIERRE-ARNAUD, qui fuit;
3. PIERRE, Protonotaire du St.-Siège, Chanoine & Archidiacre de Tarbes, qui vivoit encore en 1483 ;
4. Et BERTRAND, Chevalier, Seigneur de Bu-

res, qui vendit au Chapitre de Tarbes la dîme de Peyraube, près de Clarac & Bordes, par acte du 22 Mai 1467.

XIII. PIERRE-ARNAUD DE CASTELBAJAC, Chevalier, Seigneur de Caftelbajac, Heches, &c., Viguier de Gourdon, Sénéchal de Bigorre, ayant été envoyé en poffeffion des biens de fon frère aîné confanguin, fuivant une Enquête de 1462, malgré les prétentions de *Blanche-Flore d'Aure*, fa belle-fœur, qui en fut exclue, fongea à s'établir. La fubftitution appofée à fon contrat de mariage fut ratifiée devant *Jacques Colin*, Notaire, le 18 Février 1466 (vieux ftyle), & on lui paya pour fa dot la fomme de 6210 écus 10 fols bons & 10 deniers, fuivant la quittance retenue par *Ruppe*, Notaire, le 6 Février 1479 (vieux ftyle): cette fomme étoit alors confidérable, & montoit en livres tournois à 8386 liv. 19 fols 10 deniers. Ayant pris difpute avec fes Emphitéotes de Caftelbajac, au fujet des Terres communes, il nomma de concert avec fes Parties le 14 Mars 1480 (vieux ftyle), pour arbitrer le différend, le Curé de Caftelbajac, noble ARNAUD DE CASTELBAJAC, Seigneur de Bernet en Aftarac, & plufieurs autres, qui rendirent Sentence arbitrale le même jour en la maifon de noble Arnaud de Juffan, Curé de Caftelbajac, laquelle fut écrite & retenue par *Bertrand Carreria*, Notaire de Tarbes. Il fut témoin au teftament que PHŒBUS, Roi de Navarre, fit à Pampelune au mois de Janvier 1483 (vieux ftyle), bailla en fief le bois de Bajole, dépendant de fa Seigneurie de Heches, aux habitans de Gafabe, en Rivière-Verdun, dans le cours de 1485; & donna ordre d'élargir des prifons de Tarbes, en fa qualité de Sénéchal de Bigorre, le 30 Juin 1494, à la prière de noble ODET DE CASTELBAJAC, Seigneur de Lubret, & de noble Arnaud-Guilhem & Sanfanar de Majorau, noble Manaud de Majorau, qui y étoit arrêté à la Requête du Procureur Comtal, & dont ils fe rendirent cautions. Il époufa, par contrat du 15 Janvier 1460 (vieux ftyle), *Antoinette de Lavedan*, fille puînée de *Raymond-Garcie*, Vicomte de Lavedan, & de *Bellegafte de Montefquieu*, & fœur de *Jeanne de Lavedan*, mariée à *Jean du Lion*. Il eut entr'autres enfans :

1. GASTON, qui fuit;
2. JEANNOT, dit de l'*Efcudé*, auteur de la branche des Seigneurs de *Lifos*, rapportée ci-après;

3. RAYMOND-GARCIE, Protonotaire du St.-Siège, Abbé Commendataire de Saint-Orens, de la Réole en Bigorre, Curé de la Hitte, & enfin de Pujols & Camalez, qui mourut en 1530;

4. PIERRE, mort fans poſtérité, qui fut témoin à la quittance que donna le 23 Avril 1498 noble Raymond d'Aubarède, Seigneur de Peyraube, de partie de la dot de Marie d'Antin, ſa femme. PIERRE épouſa *Jeannette d'Aſtan*, Dame de Dours, dont il fut le premier mari. Elle étoit fille & héritière de noble *Arnaud d'Aſtan*, Seigneur de Dours;

5. 6. 7. & 8. Et pluſieurs filles, dont l'une entr'autres, nommée ANTOINETTE, Dame de Soréac, obtint du Pape LÉON X, des Indulgences le 4 Octobre 1516.

XIV. GASTON DE CASTELBAJAC, Chevalier, Seigneur dudit lieu, de Seméac, Heches, Ere, &c., Viguier de Gourdon, Sénéchal de Bigorre, &c., avoit été nommé tuteur de *Jeannette d'Aſtan*, ſa belle-ſœur, ſuivant une procuration qu'il donna en ladite qualité, par acte reçu par *Gilleti*, Notaire de Dours, le 28 Août 1496, préſence entr'autres de Manaud d'Aſtan, Archi-Prêtre de Laguian, ſon oncle. Il étoit Sénéchal de Bigorre, ſuivant 1º une défenſe qu'il fit en ladite qualité aux habitans d'Aurenſan, le 31 Octobre 1502, de prêter ſerment à Jacques de Bellavidère, Prieur de Saint-Léger, ſans la permiſſion de la Reine de Navarre, Comteſſe de Bigorre; & 2º une Ordonnance qu'il avoit rendue le 28 Août précédent contre ceux qui refuſeroient de payer le Péage & la Gabelle à cette Princeſſe. Il vendit le 8 Mars 1506, devant *Pierre Pujolio*, moyennant 300 écus petits ou 405 liv. à noble ODET DE CASTELBAJAC, Seigneur de Lubret, les droits qu'il avoit acquis de noble Bertrand de Monbardon, Seigneur dudit lieu & de Montacut, ſur un moulin appelé de *Montacut*, ſitué ſur le bord de la Role; accompagna, avec ſon frère, Abbé de la Réole, le 3 Novembre 1508, Jacques de Durfort, Conſeiller au Parlement de Toulouſe, Exécuteur d'Arrêt entre la Reine de Navarre, Comteſſe de Bigorre, Bertrand de Monteſquieu & Roger d'Oſſun, à la Requête d'Aners de Montaut, Ecuyer, Baron de Bénac. GASTON alla ſervir ſous *Jean d'Albret*, Roi de Navarre, dans l'armée que ce Prince avoit levée pour recouvrer ſon Royaume; & ayant été attaqué d'un catarre, il mourut à Tudelle en 1510, entre les bras de Jean d'Iſauguier, Seigneur

de Dours, ſans avoir pu être adminiſtré. Il y avoit, le 13 Avril de cette année, un PIERRE DE CASTELBAJAC, Infirmier du Chapitre de Tarbes, dont on ignore le degré de parenté avec GASTON. Ce dernier épouſa, pour aſſouvir la prétention du Seigneur de Saint-Lary, par contrat paſſé devant *Pierre Arrerio*, Notaire de Tarbes, préſence de noble MANAUD DE CASTELBAJAC, Seigneur de Gauſſens, & de noble ARNAUD DE CASTELBAJAC, Seigneur de Bernet, *Marie de Montlezun*, fille de N...., Seigneur de Betplan & de Saint-Lari, & de *Blanche-Flore d'Aure*, ſa ſeconde femme, qui lui conſtituèrent en dot 2500 écus petits ou 3375 livres. Il eut entr'autres enfans:

1. BERNARD, qui ſuit;

2. & 3. MANAUD, appelé *le Chevalier d'Aſtugue*, & autre MANAUD, appelé *le Baron de Caſtelpiſtrous*, Seigneur de Campiſtrous, morts ſans alliance. Ce dernier avoit été Gentilhomme de l'Hôtel du Roi de Navarre;

4. GUILLAUME, né en 1503, Prêtre, Protonotaire du St.-Siège, & Baron de Caſtelbajac, qui tranſigea par acte paſſé devant *Jacques Gilleti*, Notaire au Château de Séméac, le 8 Janvier 1521, avec BERNARD, ſon frère, pour ſa légitime, qui fut réglée à 1500 écus petits. Cet accord ſe fit en préſence de PIERRE-ARNAUD DE CASTELBAJAC & de HUGUES ſon fils naturel. BERNARD lui céda, peu de tems après, la Terre de Mont-d'Oleron, à charge de reverſion dans ſa Maiſon. Noble Antoine de Lavedan lui réſigna le 6 Mai 1521 ſes Cures de Viele & de Hiis, quoiqu'il n'eût alors que 18 ans, par acte paſſé devant le même Notaire, dans lequel il eſt qualifié de *Noble, d'une Famille de Barons du côté paternel & maternel : de genere Baronum ex utroque parente*. Il étoit Prieur de Saint-Vincent & de Saint-Martin, lorſqu'il fut nommé à un Canonicat double de Tarbes par Roger de Montaut, Evêque de Tarbes. Il fut ſucceſſivement Curé de Saint-Jean-Baptiſte d'Orieux, puis de Mieſan, Dioceſe d'Auch; permuta cette dernière Cure en 1531 contre celle de Barbaſan; fut Prieur de Lanſac en 1533, & Curé de Caſtelbajac en 1544. Il approuva le 2 Mai 1545 les Coutumes de Campiſtrous, ſuivant qu'il paroît par la ceſſion qu'il fit ledit jour en conſéquence, au Baron de Liſos, ſon couſin germain, de la Terre d'Orieux, à cauſe des aliénations qu'il avoit été obligé de faire pour lui, lorſqu'il étoit priſonnier à la Conciergerie de Toulouſe, faute d'avoir payé une amende au Roi de Navarre, & mourut peu de tems après. Il eut 2 enfans naturels:

W w ij

Pierre, qui fut Moine de Saint-Pée ou à Saint-Savin ;

Et *Anne*, laquelle, après avoir demeuré quelques tems au Château de fon oncle, fut mariée à noble *Jacques Duclos*, Capitaine, Habitant de Tournai-fur-Loire, dont elle étoit veuve en 1595, fuivant qu'il paroît par fon teftament paffé devant *Guillaume Menvielle*, Notaire de Bordes, le 2 Septembre 1595, par lequel elle fit fon héritier noble *Jacques d'Aure*, Baron de l'Arbouft, Montaguft, &c.

5. MELCHIOR, Seigneur de Vivès ou Bivès en Lomagne, qui époufa *Jeanne Folaftre-de-la-Hilère*, dont :

> PHILIBERTE DE CASTELBAJAC, mariée, le 26 Juillet 1626, à *Octavien du Bouçet*, fuivant ce que rapporte l'Abbé de Séguenville, pag. 225 de l'*Hift. Généalog. de la Maifon de Faudoas ;*

6. JEAN, mort en bas âge, & enterré à Séméac ;

7. & 8. BABILLE & CHARLES, morts au berceau ;

9. Et LOUISE, qui fut héritière de fa Maifon. Elle fut élevée à la Cour de Navarre en qualité de fille d'honneur de la Reine, tefta par acte paffé devant *Caftera*, Notaire, le 14 Août 1564, & mourut peu de tems après, laiffant poftérité. Elle époufa, par contrat paffé devant *Jean la Cour & Jean Chaptaur*, Notaires, le 16 Septembre 1524, noble *Jean de Durfort*, Ecuyer, Co-Seigneur de Pujols, en Bazadois, Seigneur de Cantenac & Yffan, en Bourdelois, fils de *Jean*, Chevalier, Seigneur de Duras, Blanquefort, &c., dont elle étoit veuve le 28 Juin 1556. Voy. DURFORT-DE-DURAS.

GASTON DE CASTELBAJAC eut encore plufieurs enfans naturels :

1. *Jean*, Seigneur de Bures, né en 1486, qui prenoit le titre de *premier Bâtard de la Maifon de* CASTELBAJAC, fut préfent, le 15 Mars 1541, au contrat de mariage de noble Chriftophe d'Angos, Ier du nom, Seigneur de Boucarès, avec Bertrande de Cafaux, reçu devant *Ulmo*, Notaire de Caftelnau ; donna reconnoiffance de la dot de fa femme le 7 Octobre 1542, & mourut au mois d'Août 1545. Il fut inhumé dans l'Eglife de Bures. Il époufa *Françoife de Juffan*, fœur de noble *Gafton de Juffan*, Seigneur de Bourg & d'Efpielhem-Néboufan, & laiffa pour fils unique

Bernard de Caftelbajac, qui fut marié avec

Gabrielle de Marefteings, fille du Seigneur de la Garde en Aftarac, qui lui apporta en dot 4000 liv. en argent, & 400 liv. en accouftremens. Illui affigna, par acte paffé devant *Dufourq*, Notaire de Tarbes, le 20 Mars 1563, 1500 liv. fur fa Terre de Bures, & le furplus fur les droits feigneuriaux de Luc & de Bégole, qu'il avoit acquis. Il eut de fa femme demeurée veuve, *Gafpard*, qui fuit, & une fille qui ne fut pas mariée.

> *Gafpard de Caftelbajac*, Seigneur de Bures, de Luc & de Bégole, eut procès, conjointement avec fa mère, devant la Chambre de l'Edit féante à Caftelnaudary, contre Jacques de Durfort, à la bienféance duquel étoit la Terre de Bures. Il fut terminé par tranfaction du 23 Mai 1574, du confentement de noble Chriftophe d'Angos, Seigneur de Boucarès, grand-oncle, par alliance de *Gafpard*, & Hugues d'Angos, fon fils. Bures demeura au Seigneur de Durfort, qui lui céda en contr'échange le terroir de Pédarre, paffé depuis dans la Maifon de *Sarlabous*. En lui s'éteignit la branche du premier bâtard de la Maifon de CASTELBAJAC, connue fous le nom des Seigneurs de *Bures*.

2. *Arnaud*, qui fut préfent, en 1541, à l'hommage rendu par noble Arnaud-Guilhem d'Angos, Seigneur de Villenabe & d'Angos ; & quoiqu'il fût qualifié dans cet acte de *Bâtard de Caftelbajac*, il eft nommé avant nobles Menaud de la Roque, Seigneur de Saint-Martin ; Jean, Seigneur de Bénac, & Jean, Seigneur de la Caffagne ;

3. 4. & 5. *Jeanne*, *Marie*, & autre *Jeanne*, toutes trois dénommées dans le teftament fait le 10 Mai 1521, par BERNARD DE CASTELBAJAC, fils aîné dudit GASTON, leur père.

XV. BERNARD DE CASTELBAJAC, VIe du nom, Chevalier, Baron de Caftelbajac & du Mont-d'Oleron Seigneur de Heches, Seméac, Montaftruc, Orieux, Afpin, Afque, Campiftrous, Aftugue, Juffan, &c., Viguier de Gourdon, &c., étoit âgé de 15 à 16 ans lors de la mort de fon père, avec lequel il étoit à l'armée, & le Seigneur de Dours, qui le ramena dans fes Terres. Il confentit le 31 Décembre 1520 procuration dans le Château de Séméac, en préfence de noble Arnaud-Guilhem de Lavedan, Capitaine de la Salle-Comtale de Tarbes; fervit en Italie deux ans avant la prife du Roi, & portoit l'Enfeigne du Vicomte de Lavedan, fon coufin. Ce fut lorfqu'il fe pré-paroit à fe rendre à l'armée, qu'il fit devant *Pierre Pujolio*, Notaire, fon teftament au Château de Montaftruc: il y déclara vouloir être inhumé à l'Eglife de Seméac, où fes an-cêtres étoient enterrés, & y fonda la Chapelle de Notre-Dame le 9 Octobre 1531; fit diffé-rens legs à MANAUD DE CASTELBAJAC, Seigneur de Gauffan; GUILLAUME DE CASTELBAJAC, Cu-ré de la Viele & de Hiis; & à LOUISE DE CAS-TELBAJAC, fes frères & fœur germains; à fes deux frères naturels *Jeannot* & *Arnaud*, bâ-tards DE CASTELBAJAC; à Arnaud-Guilhem, bâtard de Lavedan, Capitaine de la Salle-Comtale de Tarbes; & inftitue héritier le pofthume dont fa femme étoit groffe, avec fubftitution en faveur de fes frères. Il avoit choifi pour fes exécuteurs teftamentaires no-bles JEAN DE CASTELBAJAC, Chanoine & Cham-brier de l'Eglife de Tarbes; Claude d'Efpagne, Seigneur de Panefac; JEAN DE CASTELBAJAC, Seigneur de Bernet; & Pierre-Arnaud de Peyreguerio, Bachelier en Droit; & avoit fait ce teftament (qui fut expédié par *Jean Aula*, Notaire), préfence de noble PIERRE-AR-NAUD DE CASTELBAJAC, Seigneur de Saint-Paul; & de noble Bernard de Brolha, de la Ville de Muret. Il étoit Chambellan du Roi de Na-varre. Le fecond mariage, qu'il contracta contre fon inclination, fit fa perte, & caufa la ruine de fa Maifon. Il devoit époufer ANNE DE CASTELBAJAC, fille de JEAN, Seigneur de Bernet & de Devefe, & de *Françoife d'Efpa-gne*, fœur de fa première femme. Elle étoit âgée de 22 ans, d'une branche fortie depuis long-tems de la Maifon DE CASTELBAJAC, & lors veuve de noble *Arnaud d'Oçon*, Seigneur de Tournoo & de Poufans près Caftelnau-de-Magnoac. Il avoit promis de l'époufer, & vivoit avec elle dans cette inten-tion, lorfqu'il y fut détourné par fa belle-mère prétendue, qui fit jouer tous les refforts imaginables pour faire époufer fa fille au Sei-gneur DE CASTELBAJAC, auquel elle avoit offert fa protection dans un Procès criminel qu'il avoit au Parlement de Touloufe: elle fit mê-me citer cette veuve devant l'Official & Grand-Vicaire de cette Ville, pour déduire fes rai-fons, qui chargea de cette commiffion un Prê-tre de Montaftruc. Celui-ci l'ayant citée comme elle fortoit de la Meffe, elle tomba

tout-à-coup en foibleffe, & fut attaquée d'é-pilepfie; & ayant négligé d'aller ou envoyer à Tarbes, elle fut condamnée par défaut à fe défifter des juftes prétentions qu'elle avoit fur le cœur dudit Seigneur DE CASTELBAJAC, qu'elle déclara fuivre comme une femme fait fon mari, & auquel elle obéiffoit en tout. Cette Sentence fit le malheur des deux per-fonnes. ANNE DE CASTELBAJAC, de dé-fefpoir, tout fon bien à fes beaux-frères, à la charge d'avoir foin d'elle le refte de fes jours; & le Seigneur DE CASTELBAJAC, fon prétendu, fut marié par le Co-Official de Touloufe avec *Claire de Vabres*. Il eut différens Procès criminels à Touloufe pour crimes de meurtre dont on l'accufoit, pour lefquels il fit offrir au Roi de Navarre tous fes biens après fa mort, s'il vouloit lui obtenir fa grâce de la Cour de France. Dans une Enquête qu'il fi-gna lui-même, & envoya à Paulon de Mon-tefquieu, Seigneur d'Artagnan, Ecuyer du Roi de Navarre, il expofe qu'allant de Mon-taftruc à Heches, accompagné de fa femme, de fa belle-fœur, d'une Demoifelle & de va-lets qui les portoient en croupe, il fut attaqué par deux Seigneurs du nom de Sarlabous & de Lompné, qui bleffèrent fon laquais à coup de trait & d'épée, tuèrent un cheval; mais que fes domeftiques donnèrent à chacun des agreffeurs un coup d'épée fur la tête dont ils moururent depuis. Il donna au Seigneur d'Arros, en vue d'obtenir encore grâce pour quelqu'autre crime, la Terre d'Aftugue, par acte paffé devant *Guillaume Canolle*, Notaire à Tarbes, le 14 Septembre 1544; vendit de-puis fa Terre du Mont-d'Oleron au Seigneur de Montefpan, celles d'Afque & de Seméac à la Dame de Grammont & à l'Archevêque de Bordeaux; tefta le 4 Août 1545 en faveur de fa feconde femme, & mourut peu de tems après. Il avoit époufé 1° *Marguerite d'Ef-pagne*, de la Maifon de *Séches*, près de Tou-loufe, dont il eut plufieurs enfans morts en bas âge, fœur de *Françoife d'Efpagne*, veuve du Seigneur de *Devefe*; & 2° *Claire de Va-bres*, qui ne jouit pas long-tems des ufurpa-tions qu'elles avoit faites depuis fon mariage, & mourut en 1547 fans poftérité. Elle étoit fille de *Michel*, Confeiller au Parlement de Tou-loufe, & de *Marguerite Dumaine*, & fœur de *Bernard de Vabres*, Viguier de Touloufe. Ainfi finit la branche aînée des Seigneurs & Barons DE CASTELBAJAC.

BRANCHE
des Seigneurs DE LISOS.

XIV. JEANNOT OU JEAN DE CASTELBAJAC, dit de *l'Efcudé*, fecond fils de PIERRE-ARNAUD, Baron de Caftelbajac, & d'*Antoinette de Lavedan*, fervoit en Avril, Mai & Juin 1526 en qualité d'homme d'armes dans la Compagnie de 56 hommes, & de 118 Archers, du nombre de 60 Lances fournies des ordonnances du Roi, commandée par HENRI D'ALBRET, IIᵉ du nom, Roi de Navarre. Il eut pour fon apanage la Terre de Bures, qu'il vendit à noble *Françoife de Juffan*, femme de *Jeannot*, premier bâtard de GASTON DE CASTELBAJAC, fon frère aîné. Il fournit le dénombrement de fa Terre de Lifos le 13 Septembre 1537, & en rendit hommage, tant en fon nom que comme mari & maître des biens de fa femme, Dame de Lifos, le 11 Septembre 1541, à Bigorre, devant l'Evêque de l'Efcure, préfence de nobles Jeannot de Soréac, Seigneur de Bifquer; Odet de Mun & Antoine de Caftelnau, Seigneur de la Loubère. Il époufa, avant 1531, *Catherine de Forgues*, Dame de Lifos, Gauffade & Perulh, fille & héritière de noble *Pierre de Forgues*, Seigneur de Genfac, & de noble *Menjette de Furno*, Dame de Lifos, fa première femme, qu'il avoit époufée par contrat du 2 Septembre 1500, laquelle avoit confenti procuration le 8 Juillet 1495 en faveur dudit Sieur de Forgues & de noble Guilhem-Arnaud de Navailles, pour rendre hommage, en fon nom, au Roi de Navarre de fa Terre de Lifos; ce qui fut exécuté le 16 Juillet 1495 par acte paffé devant *Caftaing*, Notaire. Il eut de ce mariage:

1. BERNARD, qui fuit;
2. Et ANTOINETTE, qui fut héritière de fon frère, & porta la Terre de Lifos, par mariage, à *Jean-Arnaud de Fofferies*, Seigneur de Gonès, dont elle fut la feconde femme.

XV. BERNARD DE CASTELBAJAC, VIIᵉ du nom, Chevalier, Baron de Lifos, fut tenu fur les fonts par BERNARD DE CASTELBAJAC VI, Baron dudit lieu, fon coufin germain. JEANNOT, fon père, fit tous fes efforts pour obliger fon neveu à donner fes biens au Baron de Lifos fon fils; mais il lui oppofa toujours la fubftitution appofée au contrat de mariage de fes père & mère. Il fut Lieutenant du Capitaine de Bénac, fervit dans la Compagnie des Gendarmes du Maréchal de Bellegarde, fut Lieutenant de Roi de l'Isle-d'Arfègue; & tefta le 12 Mai 15... en faveur de GUILLAUME DE CASTELBAJAC, fon coufin germain, Prêtre, Baron d'Orieux, &c. Celui-ci ayant été longtems prifonnier à la Conciergerie de Touloufe, au fujet de quelque amende qu'il devoit au Roi, le Baron de Lifos vendit pour l'en tirer la Terre de Cauffade en Rivière-Baffe, & dépenfa plus de 2000 livres. En récompenfe GUILLAUME lui céda, par contrat paffé devant *Jean Beyria*, Notaire à Tarbes, le 20 Avril 1555, la Terre d'Orieux, dont il prit poffeffion le 8 Mai fuivant, & reçut le ferment de fidélité des habitans. Le baron de Lifos eut un grand Procès au Sénéchal de Tarbes, contre Jean-Paul de Montaut, Baron de Bénac; cette affaire ayant été portée par appel au Parlement de Touloufe, BERNARD DE CASTELBAJAC fut condamné à perdre la vie & en 20000 livres envers le Seigneur de Bénac. Le Baron de Lifos prit des Lettres pour être relevé du défaut; & enfin, pour affoupir cette affaire, il chargea Madeleine de Montaut de fa procuration paffée devant ledit *Jean Boüilh*, Notaire de Collongnes le 26 Novembre 1575, en vertu de laquelle elle tranfigea par acte paffé le 30 du même mois devant *Arnaud-Guilhem Torner*, Notaire, avec Philippe de Montaut, Baron de Bénac, frère & héritier de Jean-Paul. Il tefta par acte paffé devant *Sentailles*, Notaire, le 9 Décembre 1578, préfence de noble Gafton de Rocafort, Seigneur de Baftanès, & légua par icelui trois écus un tiers au Sieur de Gonès, fon neveu. Malgré ces difpofitions il y eut Procès entre *Marie de Navailles*, fa veuve, & ANTOINETTE DE CASTELBAJAC, Dame de Gonès, fa fœur, qui fut mife en poffeffion de la Terre de fon frère. En lui finit la branche des Seigneurs de Lifos. Il époufa, par contrat paffé devant *Jean Boüilh*, Notaire du Comtat de Bigorre, réfidant à Collongnes dans la maifon feigneuriale de Dours, le 20 Avril 1573, *Marie de Navailles*, âgée de 25 ans, fœur de *François*, & fille de noble *Antoine de Navailles*, Baron de Hontaux, Seigneur de Labatus, Higuerre, Commandeur de Beffaut, & d'*Anne de la Borde*. Ce contrat fut ratifié à Lifos le 4 Février 1574 par noble *Arnaud de Navailles*, fon oncle paternel.

BRANCHE
des Seigneurs DE SAINT-PAUL,
en Neſtès.

XII. PIERRE-ARNAUD DE CASTELBAJAC, Ier du nom de ſa branche, Chevalier, troiſième fils de BERNARD, V[e] du nom, Baron de Caſtelbajac, épouſa, par contrat du 25 Décembre 1446, *Iſabelle Eſpagnol*, qui lui porta en dot 797 livres 14 ſols 3 deniers & la Terre de Saint-Paul, qui lui provenoit de ſa mère, à laquelle noble *Fortanier de Saint-Paul*, ſon frère, en avoit fait don pour ſa dot. *Iſabelle* mourut en 1490 après avoir inſtitué par teſtament pour héritiers ſes enfans du premier & du ſecond lit, qui partagèrent en 1519 la Terre & Seigneurie de Saint-Paul. Elle s'étoit remariée à noble *Pierre de Couret*, & eut *Raymond-Jean de Couret*, qui fut marié, & eut, entr'autres enfans, *Bernard*, & *Antoine de Couret*, qui mourut bien avant ſon frère aîné. Elle étoit fille & unique héritière de *Pierre Eſpagnol*, & de *Catherine de Saint-Paul*, qu'il avoit épouſée par contrat du 17 Avril 1424. Elle avoit eu du premier lit:

1. PIERRE-ARNAUD, qui ſuit;
2. Et HUGUES, qui donna par acte paſſé devant *Pierre Pujolio*, Notaire de Tarbes, le 2 Juillet 1502, procuration à noble Odon de Doazon, Archiprêtre de la Ville de Monrejau, & mourut avant ſon frère aîné.

XIII. PIERRE-ARNAUD DE CASTELBAJAC, IIe du nom, Chevalier, Seigneur de Saint-Paul & d'Ardiége, poſſédoit une vigne à Montaſtruc: il n'eut point d'enfans, & teſta par acte paſſé devant *Barthélemy Parage*, Notaire de Monrejau, le 27 Juillet 1536, en faveur de GUILLAUME DE CASTELBAJAC, ſon parent, Prêtre, Protonotaire. Il épouſa *Jeanne de Maſas*, qui teſta par acte paſſé devant *Jean Seyres*, Notaire de la même Ville de Monrejau, le 28 Mars 1550, en faveur de *Bernard de Couret*, neveu utérin dudit Sieur ſon mari, & mourut peu de tems après.

PIERRE-ARNAUD DE CASTELBAJAC avoit eu, avant ſon mariage, un fils naturel appelé

Hugues, qui aſſiſta avec lui au teſtament de BERNARD DE CASTELBAJAC, VIe du nom, en 1521. En lui finit la branche des Seigneurs de *Saint-Paul*, en Neſtès.

BRANCHE
des Seigneurs DE CLARAC.

X. ARNAUD DE CASTELBAJAC, Chevalier, troiſième fils d'ARNAUD-RAYMOND, IVe du nom, étoit marié au 3 Novembre 1379 & au 9 Février 1408, avec *Marie de Clarac*, ſuivant qu'il paroît par deux quittances qu'ils donnèrent tous deux ces jours-là, d'argent & linge conſtitués en dot à cette dernière par *Guilhem-Arnaud de Clarac*, ſon frère.

Cette branche s'eſt éteinte vers la fin du XVIe ſiècle, dans deux frères:

SANS-GARCIE DE CASTELBAJAC, Seigneur de Clarac, qui teſta le 16 Juin 1512, & mourut peu après. Il épouſa *Jeanne de Goyrans*, fille de noble *Raymond*, de Toulouſe, & ſœur de *Jean*, Chanoine de Lombez, de *Bernard* & de *Pierre de Goyrans*, de laquelle il n'eut point d'enfans;

Et JEAN DE CASTELBAJAC, Curé d'Antiſt & d'Ordiſan, & Chanoine de Tarbes, qui ſe porta héritier de ſon frère & eut procès avec ſa belle-ſœur; mais il fut tèrminé le 30 Juin 1525, par la permiſſion que donna *Raymond de Goyrans* à ſa fille, de lui vendre la Seigneurie de Clarac pour la ſomme de 1400 liv. tournois. Cette ceſſion fut conſentie le lendemain à Toulouſe, préſence des frères de ſa belle-ſœur, & de nobles Pierre de Voiſins, Seigneur d'Auſſona, de Pierre de Turre, Seigneur de Chaſtanet, & Odet de Mun, Seigneur de Mun. Ce dernier prêta l'argent dont il avoit beſoin, à JEAN DE CASTELBAJAC, pour ſe faire reconnoître, le 17 Septembre 1525, par les habitans de Clarac, & reçut leur ſerment de fidélité. Le Chanoine de CASTELBAJAC préſenta, en qualité de Seigneur de Clarac, Jean de Theus, Prêtre de Mun, à la Cure de Saint-Sernin de Clarac, vacante par la mort d'Arnaud de Melat, arrivée le 11 Décembre 1531. Il étoit Chanoine de Tarbes en 1521, lorſque BERNARD DE CASTELBAJAC, VIe du nom, ſon parent, fit ſon teſtament auquel il fut préſent. Il eſt déclaré, par un des témoins de l'enquête de 1547, que ce Chanoine étoit proche parent de BERNARD VI, & pour prouver la Coutume de Bigorre dans la ſucceſſion entre nobles, ce témoin dépoſe en ces termes: *ainſi en a-t-il vu uſer en la Maiſon de Clarac, où, après que le Seigneur & fils aîné fut trépaſſé ſans enfans, ſon frère qui avoit nom* JEAN, *Chanoine de Tarbes, ſuccé-*

da à la maiſon; leſquels de Clarac ſont autrefois deſcendans de ladite Maiſon de Castelbajac, & en portent le cognom. Il mourut peu de tems après 1547, & dès le 2 Août
1546, Odet de Mun étoit maître de Clarac,
que ſes deſcendans poſſèdent aujourd'hui. En
lui finit la branche des Seigneurs de *Clarac*.

BRANCHE
des Seigneurs DE MANHAUD, dont on n'a point trouvé la jonction avec les précédentes.

BERTRAND DE CASTELBAJAC, Chevalier, Seigneur de Manhaud, eut entr'autres enfans de
ſa femme, dont on ignore le nom, JEANNE DE
CASTELBAJAC, mariée du vivant de ſon père,
qui lui conſtitua en dot 400 écus petits, par
contrat paſſé devant *Bernard Cardeſa*, Notaire réſident à Manhaud, le 24 Mars 1493,
à noble *Arnaud-Guilhem de Soréac*, Seigneur
de Lane au Comté de Bigorre, lors veuf en
premières noces. Nobles Carbondemont, Seigneur de Mont; Bernard de Soreau, Seigneur
de Viſquer, & Auger de Villambis, Seigneur
de Villambis, aſſiſtèrent à ce contrat.

BRANCHE
des Seigneurs DE BERNET & ROUÈDE, dont on n'a point trouvé également la jonction avec les précédentes.

ARNAUD-RAYMOND DE CASTELBAJAC, Ecuyer,
Seigneur de Bernet, de Rouède & de Panneſac, teſta par acte paſſé devant *Gagnade*, Notaire de Rouède, le 7 Février 1474, & mourut peu après, laiſſant de *Philippe d'Orbeſ-*
ſan, entr'autres enfans:

1. JEAN-RAYMOND, qui vendit conjointement
avec ſon père, par contrat paſſé devant
Raymond Voiſins, Notaire, le 27 Mai 1458,
conſervé aux Archives d'Oſſun, à noble Roger d'Eſpagne, les droits qu'ils avoient ſur
la Terre de Panneſac, & duquel l'alliance
eſt ignorée;
2. BERNARD, qui ſuit, auteur de la branche des
Seigneurs de *Rouède*, &c.;
3. ARNAUD, auteur de celle des Seigneurs de
Bernet, Bera & Cuclas, rapportée ci-après;
4. JEAN, Seigneur de Manent & de Veſües,
qui vivoit encore en 1477, ſans alliance;
5. Et MARGUERITE-BELLEDONNE, qui vivoit encore en Mars 1477, ſans alliance, ſuivant
qu'il paroît par un Arrêt du Parlement de
Touloufe, mis au ſamedi 7 dudit mois, &
prononcé par Bernard Lauret, premier Préſident, le 16 de ce mois, entre ARNAUD, fils

de BERNARD, demandeur, d'une part; &
elle, ARNAUD & JEAN DE CASTELBAJAC, ſes frères, nobles Pierre de Mont, & Odet de Forgues, oppoſans, d'autre part, au ſujet d'un
partage de biens. Par cet Arrêt ARNAUD,
JEAN & MARGUERITE-BELLEDONNE, frères &
ſœur, furent déboutés de leurs prétentions
touchant les lieux de la Molière, Ferrabourg,
Panneſac & Rouède, dans leſquels ARNAUD,
leur neveu, fut conſervé; elle fut maintenue
dans ſa légitime; JEAN, dans la poſſeſſion
des lieux de Manent & de Veſües; ARNAUD,
dans ceux de Bernet & de Bera; Odet de
Forgues, dans celui de Serraguaſſies; &
Pierre de Mont, qui demandoit Ferranet,
admis à plus grande preuve.

BRANCHE
des Seigneurs DE ROUÈDE, &c., iſſue de celle des Seigneurs DE MANHAUD.

BERNARD DE CASTELBAJAC, Ecuyer, Seigneur
de Rouède, Panneſac, Ferrabourg, &c., eut
entr'autres enfans de ſa femme, dont on ignore le nom:

ARNAUD DE CASTELBAJAC, Seigneur des
mêmes Terres, qui fut maintenu en ſon entière jouiſſance, par Arrêt rendu contradictoirement au Parlement de Toulouſe le 16
Mars 1477, contre ARNAUD, JEAN & MARGUE-
RITE-BELLEDONNE DE CASTELBAJAC, ſes oncles
& tante, & conſorts, comme fils unique &
héritier de BERNARD, ſon père, & leur frère
aîné. Il fixa ſa réſidence à Rouède, & époufa
Marguerite d'Iſalguier, remariée à *Jean de
Béon*, Vicomte de Serre. Elle eut du premier
mariage:
1. JEAN, qui ſuit;
2. Et MARGUERITE, qui épouſa, par contrat
du 10 Novembre 1540, *Aimeric de Béon*,
Seigneur du Maſſet, Chevalier de l'Ordre
du Roi, & Capitaine de 50 hommes d'armes de ſes ordonnances.

JEAN DE CASTELBAJAC, Ecuyer, Seigneur de
Rouède, de Panneſac & de Ferrabourg, vivoit encore avec ſa femme en 1541, ſuivant
qu'il paroît par une quittance qu'il conſentit
le 20 Juin de cette même année, en faveur de
Jean de Montlezun, Seigneur de Saint-Lary,
frère conſanguin de ſa femme, préſence de
nobles *Jean de Montlezun*, Chanoine d'Auch,
& *François de Manas*, Seigneur de Durfort,
lequel avoit pour femme *Marie de Montle-*
zun. Il mourut peu de tems après ſans enfans. Il épouſa *Anne de Montlezun*, qui conſentit une quittance le 15 Septembre 1552,

& fut un des témoins de l'enquête de 1549, fur les promeſſes de BERNARD DE CASTELBAJAC, VIᵉ du nom, ſon couſin germain, à la veuve de Tournoo. Elle étoit fille de MANHAUD, Seigneur de Saint-Lary, & de *Marguerite de Monteſquiou.*

BRANCHE
des Seigneurs DE BERNET, BERA & CUCLAS, *iſſue de celle des Seigneurs* DE MANHAUD.

ARNAUD DE CASTELBAJAC, Ecuyer, troiſième fils d'ARNAUD-RAYMOND, & de *Philippe d'Orbeſſan*, eut en partage, ſuivant l'Arrêt du Parlement de Toulouſe du 16 Mars 1477, obtenu par ARNAUD, ſon neveu, les Terres & Seigneuries de Bernet & de Bera. Il fut l'un des arbitres choiſis par le Seigneur & la Communauté de Caſtelbajac le 14 Mars 1480, pour juger leurs différends. On le croit neveu de PIERRE-ARNAUD DE CASTELBAJAC, Evêque de Pamiers de 1483 à 1494, qui fit bâtir l'Egliſe de Bernet, & étoit ſoutenu de la faveur du Roi & de la Reine de Navarre. Il eut entr'autres enfans de ſa femme, dont le nom eſt inconnu :

JEAN DE CASTELBAJAC, Ecuyer, Seigneur de Bernet & de Bera, qui fut témoin en 1521 au teſtament de BERNARD DE CASTELBAJAC, VIᵉ du nom, & eut entr'autres enfans, de *Françoiſe d'Eſpagne :*

1. ANNE, née en 1509, qui fut mariée à noble *Arnaud d'Oʒon*, Seigneur de Pouſans & de Tournoo, & frère d'*Anne d'Oʒon*, mariée à *N.... de Mareſtang*, Seigneur de la Garde en Aſtarac, de Tournoo, dont elle reſta veuve, âgée de 22 ans; BERNARD DE CASTELBAJAC, VIᵉ du nom, ſe maria en ſecondes noces, nonobſtant les promeſſes qu'il lui avoit faites, préſence de Madame de *Mareſtang*, ſa belle-ſœur, à Mademoiſelle de *Vabres ;*
2. Et N.... DE CASTELBAJAC, qui ſuit.

N.... DE CASTELBAJAC, duquel eſt iſſu après pluſieurs degrés :

JEAN DE CASTELBAJAC, IIᵉ du nom, qualifié de *Chevalier, Seigneur de Bernet, & Gentilhomme ordinaire de la Chambre du Roi,* dans une obligation paſſée devant *Arnaud Menvielle*, Notaire à Tarbes, le 6 Septembre 1654, à ſon profit, par le Syndical des habitans de Bordes, à qui il avoit prêté quelque argent. Il eſt encore qualifié *Seigneur de Bernet, Cuclas, & autres places,* dans un accord paſſé entre les Seigneurs de CASTELBA-

Tome IV.

JAC & de Bénac, ſur les droits de Coriſande de Bénac, en 1664, auquel il fut préſent. Il eut de ſa femme, dont on ignore le nom :

1. BERNARD, Chevalier, Seigneur de Bernet, qui mourut vers 1699, laiſſant de *Jeanne de Mauléon de Durban :*
   1. MARIE-ANNE, Dame de Bernet, mariée, par contrat paſſé le 17 Août 1693, à *Godefroy de Durfort-Duras*, Marquis de Caſtelbajac;
   2. MARIE-ELISABETH, mariée à *Georges d'Obeſſan*, Chevalier;
   3. Et JEANNE-FRANÇOISE DE CASTELBAJAC, qui épouſa *Paul de Timbrune*, Comte de Valence.
2. JEAN-BERTRAND, Chevalier, Seigneur de Cuclas, qui laiſſa de *Jeanne d'Antin d'Ouforet*, JEANNE-MARIE, mariée, par contrat paſſé devant *Fauguier*, Notaire, le 6 Août 1707, à *Jean de Mont*, Vicomte d'Uſer, fils aîné de *Philippe*, & de *Jeanne-Gabrielle de Montleʒun ;*
3. Et autre BERNARD, qui ſuit.

BERNARD DE CASTELBAJAC, dit *le Chevalier de Caſtelbajac*, demeurant ordinairement à Mauveſin, épouſa noble *Catherine de Cardaillac*, Dame de Lormé & de la Goute, dont:

1. BERNARD, Marquis de Caſtelbajac, Chevalier de l'Ordre Militaire de St.-Louis, & Capitaine de Grenadiers au Régiment d'Eu, qui fut tué au ſiège d'Oſtende, le 18 Août 1745, ſans laiſſer d'enfans d'*Anne-Nicole de Lions-d'Eſpaux*, remariée au Marquis de *Champlais* en Bretagne ;
2. LOUIS, Capitaine d'Infanterie dans le Régiment d'Eu, tué par un parti de Huſſards, deux jours avant la bataille de Rocoux, le 9 Octobre 1746;
3. Et JEAN, qui ſuit.

JEAN DE CASTELBAJAC, Chevalier, d'abord d'Egliſe, donataire, par contrat paſſé devant *Dufour*, Notaire de Mirande, le 12 Août 1722, de tous les biens de Marie de la Caſſaigne-du-Peſqué, qu'elle lui abandonna par ledit acte; a quitté, après la mort de ſes deux frères, le parti de l'Egliſe, & devint *Marquis de Caſtelbajac*. Il mourut le 9 Juillet 1753. Il épouſa, par contrat du 3 Mars 1750, *Marie de Toron*, fille unique de noble *Joſeph-Gratien*, Chevalier, Seigneur de Boulin & de Lane en partie, Conſeiller du Roi, & ſon Procureur en la Sénéchauſſée de Bigorre, & de *Marie de Caulotte*, dont:

JEAN, né le 24 Octobre 1753.

X x

BRANCHE
des Seigneurs DE LUBERT *ou* LUBRET,
& DE LA GARDE.

VII. N... DE CASTELBAJAC, Ecuyer, Sei-gneur de Lubret, quatrième fils de RAYMOND-ARNAUD, eut entr'autres enfans de fa femme, dont on ignore le nom:

VIII. JEAN, Ier du nom, ou JOURDAIN DE CASTELBAJAC, Ecuyer, Seigneur de Lubret, qui fut Sénéchal de Bigorre, & fcella de fon fceau le contrat de paréage qu'il avoit ftipulé pour le Roi de France & de Navarre, Comte de Bigorre, après 1323, avec BERNARD DE CASTELBAJAC, fon coufin germain, de la Sei-gneurie de St.-Luc, à laquelle ce dernier avoit affocié ce Prince pour moitié, fous la protection de laquelle il la mit, & qui devint par ce moyen une Baftide royale. Il tranfigea en 1326, avec ARNAUD-RAYMOND DE CASTEL-BAJAC, IVe du nom, fils de ce dernier, fon coufin, au fujet des armoiries de leur Maifon, & eut entr'autres enfans de fa femme, dont on ignore le nom:

IX. N.... DE CASTELBAJAC, Ecuyer, qui fut Seigneur de Lubret, & eut entr'autres enfans, de fa femme, dont le nom eft inconnu:

X. GAILLARDET DE CASTELBAJAC, Ecuyer, Seigneur de Lubret, qui comparut devant les Commiffaires de Jean, Comte de Foix & de Bigorre, qui faifoient le Cenfier-terrier du Pays, auxquels il déclara *qu'il devoit hom-mage & fervice militaire au Comte, à caufe de fa Terre de Lubret*. Il fut père, entr'au-tres enfans, de

XI. JEAN DE CASTELBAJAC, IIe du nom, Chevalier, Seigneur de Lubret, qui fut pré-fent, avec GAILLARDET, fon père, à la vente qui fut faite & confentie le 7 Février 1433, dans la ville de Trie, par Bernard de Manas, Damoifeau, Seigneur de Durfort, de 5 fols de Morlaus, dans le fief du territoire de la Marque, en faveur de noble Pierre de Bru-faut; & eut pour enfans de fa femme, dont on ignore auffi le nom:

1. ODET, qui fuit;
2. Et BERTRAND, rapporté après fon frère.

XII. ODET DE CASTELBAJAC, Chevalier, Seigneur de Lubret, qualifié de *Capitaine du Château de Rabafleens*, dans des objec-tions qu'on fit contre lui dans le procès qu'il avoit pour l'hommage de Lane, rendit hom-mage pour fa Terre & Seigneurie de Lubret,

dans le réfectoire des Jacobins d'Orthez, le 28 Août 1473, au Comte de Bigorre, entre les mains de Jean de Béarn, Seigneur de Ger-dereft, Sénéchal de Béarn, Commiffaire de Madame MADELEINE DE FRANCE, Princeffe de Viane, comme Tutrice de la perfonne & biens de FRANÇOIS-PHŒBUS, par la grâce de Dieu, Prince de Viane, Comte de Foix & de Bigorre, Seigneur de Béarn, Vicomte de Caf-telbon, Marfan, Gavardan & Néboufan, Pair de France. Il rendit également hommage au Seigneur de Saint-Luc en 1475, pour ce qu'il tenoit de fa mouvance. Noble Auger d'Offun, Seigneur d'Offun, Lane & Saint-Luc, fondé de procuration de Bourgouine de Barège, fa femme, lui vendit, le 16 Mai 1480, la Terre de Saint-Luc, avec claufe expreffe, que fi cette dernière venoit à perdre le procès qu'elle avoit contre noble Jean de Montefquiou, ODET DE CASTELBAJAC fe met-troit en poffeffion du Fief noble & Caverie de la Motte-d'Ourleix; mais le contrat eut lieu, & celui-ci en reçut l'inveftiture le 5 Octobre 1490, de noble PIERRE-ARNAUD DE CASTELBA-JAC, dans la place, vis-à-vis la porte des Car-mes de Tarbes. Il fit depuis abandon de cette Terre le 11 Août 1496, à Roger d'Offun, pré-fence de noble PIERRE DE CASTELBAJAC, & mourut peu de tems après, laiffant de N....:

1. ANNE, qui fut Dame de Lubret, & vendit, le 15 Février 1541, à noble Jean de Mont, ha-bitant de Mont-de-Maraft, une métairie & un moulin fitués dans Saint-Luc & la Peyre. La Terre de Lubret étoit encore en 1662 dans les mains de Léonard de Chelle, Che-valier, Seigneur de Lubret. Elle époufa no-ble *Pierre de Chelle*, dont elle eut pofté-rité;

2. Et BELESGARDE, qui époufa, par contrat paffé à Lubret le 25 Janvier 1531, préfence de nobles Arnaud de Baudean, Seigneur dudit lieu, Arnaud de Lompné, Seigneur d'Au-zon, & Arnaud-Guilhem d'Angos, Seigneur de Villenave, noble *Roger de Villepinte*, fils de *Lancelot*, & neveu de *Guillaume de Vil-lepinte*, Prêtre.

XII. BERTRAND DE CASTELBAJAC, Chevalier, fecond fils de JEAN, Seigneur de Lubret, fut revêtu & mis en poffeffion par Jean Aula, Juge-Mage de Bigorre, & Lieutenant de PIER-RE-ARNAUD DE CASTELBAJAC, Sénéchal du même pays, le 20 Octobre 1486, des fiefs & appar-tenances de la Peyre & de Saint-Lary, dont il avoit demandé l'inveftiture par Lettres du

15 Mars 1584, & que son beau-père avoit acquis le 27 Juin 1473. Menjolet Duclos, du lieu de Soyeux, déclara, par acte passé devant *Gilleri*, Notaire, le 13 Janvier 1492, devoir lui donner six écus petits; & en 1494, il étoit Châtelain de la Salle-Comtale de Tarbes. Roger d'Ossun ayant voulu le faire ouïr dans une enquête contre le Seigneur de Bénac, il fut récusé, 1° parce qu'il avoit tué, en place publique, un tailleur nommé le Breton; 2° parce qu'il étoit Capitaine - Châtelain de la Salle-Comtale de Tarbes, Château appartenant à la Reine de Navarre, Comtesse de Bigorre, Partie dans le Procès; & 3° parce qu'il avoit marié une de ses filles à *Pierre de Darré*; mais malgré cette récusation, il y fut ouï, parce qu'il ne s'agissoit que d'un fait d'hommage, & que d'ailleurs il avoit eu sa grâce pour le meurtre. Il donna quittance devant *Averano*, Notaire, le 6 Juin 1503, aux Gardes d'Ours - Belle - Isle, d'une somme de 25 écus petits qu'ils lui devoient, testa le 15 Janvier 1509, & mourut peu après. Il épousa, par contrat passé devant *Bernard Matholibus*, Notaire de Trie, dans le Couvent des Carmes de Tarbes, le 23 Janvier 1477, *Marie de Sales*, fille de noble *Jacques de Sales*, Seigneur de la Garde en Bigorre, & d'*Agnès de Burg*. Par ce contrat de mariage, qui fut passé, présence de nobles Guillaume de Baliros, Seigneur de Faxano, & Gouverneur de Barbasan, & Jean d'Aveno, Curé de Castera, *Jacques de Sales* constitua à sa fille la Terre de la Garde & les Fiefs de Gajan, & confirma cette donation par son testament passé devant *Jacques Beauxis*, Notaire, le 7 Septembre 1483, à cause d'autres enfans qu'il avoit eus d'*Amorine de Dornée*, sa seconde femme. BERTRAND DE CASTELBAJAC en fut nommé exécuteur, ainsi que de celui que fit le 18 des mêmes mois & an ladite *Amorine de Dornée*, sa belle-mère. Ils eurent:

1. JEAN, qui suit;
2. N..., mariée à *Pierre de Darré*;
3. JEANNE, mariée à *Antoine de Lavedan*, Seigneur de Casaubon;
4. Et ANTOINETTE, mariée à noble *Bernard de Doazon*, frère de noble *Odon de Doazon*, Archi-Prêtre de Monrejau en 1502. Elle en étoit veuve le 15 Janvier 1509, que son père lui légua deux florins, pour tout supplément de légitime, par son codicille.

XIII. JEAN DE CASTELBAJAC, IIIe du nom, Chevalier, Seigneur de la Garde en Bigorre, né en 1581, suivant qu'il paroît par l'enquête pour GUILLAUME & LOUISE DE CASTELBAJAC du 27 Octobre 1547, dans laquelle il déclare avoir environ 66 ans, qu'il étoit de même nom & armes, qu'il avoit servi de longue main sous GASTON, dont il n'étoit point parent, c'est-à-dire dans un degré à faire rejeter son témoignage. Il avoit été témoin à une autre enquête de 1545, & fournit le 11 Septembre 1538 devant Jacques de Foix, Evêque de l'Escure, le dénombrement de sa Terre & Seigneurie de la Garde. Le 10 Septembre 1535, il avoit été choisi conjointement avec noble Jean d'Andoings, dit *le Capitaine d'Andoings*, Gouverneur de Bayonne, par les habitans de Gajan & de Tarasteix, pour donner leur décision, à laquelle ils s'en rapportoient, sur la dispute qu'ils avoient pour leurs bois. Il fut aussi présent à la cession que fit chez François de Palatz, Trésorier de Bigorre, par acte passé devant *Andrest*, Notaire, le 23 Juin 1530, de ses droits sur l'Abbaye de Jacques de Foix, Evêque d'Oléron, frère Arnaud Guilhem d'Ortho, élu Abbé par les Religieux de Saint-Orens de la Réale. Il paroît dans les Registres de Fontano au 26 Mars 1506 en qualité d'Ecuyer, fut témoin le 6 Avril 1508 à un accord passé devant *Pierre Pujolio*, Notaire, entre des particuliers de Saint-Lezer sur des voies de fait dans un mariage. Il étoit alors Capitaine-Châtelain de la Salle-Comtale de Tarbes, & possédoit la Seigneurie de la Garde en 1519, suivant qu'il paroît par une transaction passée devant Averano, Notaire, le 4 Mai de cette même année, entre Antoine d'Omex, Seigneur dudit lieu, petit-fils de noble Pierre d'Omex, d'une part, qui devoit épouser Catherine de Nostino, fille de Bernard, & de Madeleine de Nostino, laquelle, devenue veuve, épousa en secondes noces noble Guillaume de Forguerii, du lieu de Layrac, & ladite Dame de Forguerii, d'autre part. JEAN DE CASTELBAJAC avoit épousé *Isabeau d'Arnaudet*, de laquelle il eut:

1. BERNARD, Chevalier, Seigneur de la Garde, qui fut choisi par noble Antoine de Buros, Ecuyer, Seigneur de Buros, pour Exécuteur de son testament du 13 Septembre 1554. Il avoit été témoin conjointement avec PIERRE, son frère, à la vente faite par

aƈte paſſé devant *Bertrand Dufour*, Notaire de Tarbes, le 31 Août précédent, par noble Gaillard d'Aure, Chevalier, Seigneur de l'Arbouſt & Sénéchal de Nébouſan, à noble Arnaud d'Antin, Sénéchal de Bigorre, de la moitié de Baſtrez, & à celle que conſentit, en faveur du même Sénéchal de Bigorre, le 1ᵉʳ Avril 1566, noble Savari d'Aure, frère & Procureur fondé dudit Gaillard, devant le même Notaire, du reſte des droits qu'il avoit à Baſtrez. Il avoit tranſigé par aƈte paſſé devant *Jacques Beauxis*, Notaire, le 4 Juillet 1556, avec Odet & Bertrand de Baget, ſon beau-frère, ſur le différend qu'ils avoient eu pour une ſomme dûe aux héritiers de Jacques de Sales, ſon biſaïeul paternel; & aſſiſté avec nobles Arnaud – Guilhem d'Angos, Seigneur de Villenave, Jean, Baron d'Antin, Pierre & Jean d'Antin, Protonotaire & Chanoines de Tarbes, au contrat de mariage paſſé devant *Arnaud Andreſt* & *Bertrand Dufour*, Notaires, le 23 Décembre 1558, entre noble Claude de Caſtelnau, Seigneur de la Loubère, & *Andrée d'Antin*, fille d'*Arnaud*, Sénéchal de Bigorre & Chevalier de l'Ordre du Roi. Il eut de *Simonne de Baudean*, ſœur de noble *André - Georges de Baudean*, Seigneur de Clermont:

> JEANNE DE CASTELBAJAC, qui épouſa noble *Bernardon Ducos*, auquel elle porta les biens de ſa branche. Elle vivoit encore le 13 Mai 1587, ſuivant qu'il paroît par la vente qu'elle fit ledit jour par aƈte paſſé devant *Sébaſtien Noguet*, Notaire, de ſa Terre de la Garde à Iſabeau de Pomier-de-Rimbles, femme de noble Pierre d'Orniac, Ecuyer, Seigneur de Chaſtenet & Habitant de Tarbes;
>
> Et ANDRÉE DE CASTELBAJAC, qui fut légataire particulière de ſa mère, & mourut ſans alliance.

2. PIERRE, qui ſuit, connu ſous le nom de Seigneur de *Caſteljaloux;*

3. JACQUES, Protonotaire du Saint-Siège;

4. PEYRONNE, qui avoit fait un teſtament, contre lequel PIERRE DE CASTELBAJAC, ſon frère, proteſta, & mourut en 1574. Elle épouſa, ſans enfans, 1° le 28 Août 1535, noble *Jean de Pielet*, mort en 1545; & 2° *François Debordes*, Capitaine, Habitant de Vielle, qui teſta le 4 Janvier 1560, & mourut peu après;

5. MADELEINE, qui confirma par teſtament la donation qu'elle avoit précédemment faite de tous ſes biens par aƈte paſſé devant *Labat*, Notaire de Geune, le 12 Janvier 1571, à ſes frères, & à *Françoiſe de Peyros*, ſa

nièce, à la charge de partage avec *Dumont* ſon ſecond mari. Elle épouſa 1° en 1542, noble *Antoine de Buros*, Seigneur de Buros, en la Paroiſſe de Remeng, qui la fit & inſtitua, n'ayant point d'enfans, ſon héritière, par ſon teſtament paſſé devant *Jean Lyon*, Notaire, le 13 Septembre 1544; & 2° *Pierre Dumont;*

6. JEANNE, mariée à *N... de Peyros*, du Diocèſe d'Aire, dont elle eut, entr'autres enfans, ladite *Françoiſe de Peyros*, donataire de MADELEINE DE CASTELBAJAC, ſa tante;

7. ELIENOR, mariée à *Thibaut de Ganaiche*, Conſeiller du Roi en la Cour du Sénéchal de Bigorre;

8. CATHERINE, laquelle étoit veuve le 15 Mars 1587, de *Jacques de la Molère*, Monnoyeur en la Monnoie de Morlas, ſuivant qu'il paroît par une procuration qu'elle donna ledit jour à PIERRE, ſon frère, Seigneur de Caſteljaloux, pour ſe faire payer de ſa légitime ſur la Maiſon de la Garde, & du légat que lui avoit fait JACQUES, leur frère, d'une vigne blanche, ſiſe au terroir de la Garde;

9. Et ANNE, qui donna procuration le 11 Décembre 1556 devant *Dufour*, Notaire de Tarbes, pour ſe faire payer d'une ſomme de 525 liv. reſtant dûe de celle de 1700 liv. à laquelle elle avoit tranſigé précédemment devant *Dautiac* ou *Dantras*, Notaire de Bordeaux, avec noble Jeanne Celadonne, femme de Jean Girard, Greffier de la Ville de Saint-Sever, Cap de Gaſcogne, pour les droits qu'elle avoit ſur les biens de deux de ſes enfans, & un légat à elle fait par noble Bernard de Marreux, Ecuyer, ſon premier mari. Elle épouſa noble *Bertrand de Baget*, Ecuyer, Seigneur de Moles.

BRANCHE
des Seigneurs DE CASTELJALOUX.

XIV. PIERRE DE CASTELBAJAC, Iᵉʳ du nom, Chevalier, Seigneur de Caſteljaloux en Pardiac, & Co-Seigneur de Buros, Diocèſe d'Aire, devint, par la mort de ſon frère aîné, Seigneur de la Garde, chef des noms & armes de ſa branche. Il vendit à JEANNE, ſa nièce, par aƈte paſſé devant *Sébaſtien Noguet*, Notaire de Tarbes, le 14 Mai 1587, ſes droits ſur la Terre de la Garde qu'elle avoit vendue par contrat de la veille à Madame d'Orniac. Ces ventes furent annulées par Arrêts du Parlement de Toulouſe des 28 Août 1610, 9 Mars 1611 & 5 Juin 1612. Il épouſa, par contrat paſſé dans le Château de Caſtelnau, en Chaloſſe, devant *Jean Larquier*, Notaire

Royal de la Ville de Geune, le 4 Mai 1567, *Jeanne de Bruyères,* fille de noble *Gabriel,* Chevalier, Seigneur d'*Eftampes,* &c., & de *Catherine d'Aftan,* & fœur d'*Antoinette de Bruyères,* mariée, par contrat paffé dans le Château de Caftelfran, Diocêfe de Tarbes, devant *Guyon Arnaud,* Notaire de Villecomtat, le 13 Mars 1557, à noble *Auger de Talafac,* Seigneur de Saint-Agnet & de Bahiis. Son beau-frère, au nom & comme fondé de pouvoir de fon beau-père, lui conftitua en dot pour tous droits la fomme de 1750 liv. pour fûreté de laquelle on lui donna la Terre de Cafteljaloux en Pardiac. Peyrone de Castelbajac, fa fœur, lui donna la métairie de Puyjolieu, fituée dans les Terres de Vielle & de Marrench, qu'il échangea depuis avec celle de Teulé par acte paffé devant *Nolibos,* Notaire, le 19 Février 1593. Il laiffa entr'autres enfans :

1. Pierre, qui fuit ;
2. Antoinette, qui époufa, 1º par contrat paffé devant *Meilhon,* Notaire, le 19 Mai 1591, noble *Bertrand de Couteux,* Seigneur de la Peyrie, fils de *Jean de Couteux,* & de *Laine* ou *Hélène d'Autrans;* & 2º *Jean Briget,* duquel étant auffi devenue veuve, elle tranfigea, au nom & comme adminiftratrice de fes enfans, avec Gabriel Caixon, Receveur des décimes au Diocèfe de Tarbes, le 5 Septembre 1620, par l'entremife de Pierre de Castelbajac, Seigneur de la Garde, fon frère;
3. Et Catherine, mariée, le 7 Novembre 1601, préfence de Pierre, fon frère, à *Pierre de la Cafe,* Syndic-Général du Comté de Bigorre.

XV. Pierre de Castelbajac, IIe du nom, Chevalier, Seigneur de Cafteljaloux, Co-Seigneur de Buros, vendit, à faculté de rachat perpétuel, par contrat paffé devant *Sabien,* Notaire de Saint-Sever, fa Co-Seigneurie de Buros en faveur de Pierre Boulin, Procureur d'Office du Seigneur de Caftelnau, & de Hélène de Peyros, fa femme, nièce de Francoife de Peyros, qui avoit l'autre moitié, le 7 Juillet 1597. Il vivoit encore le 26 Mai 1631, fuivant qu'il paroît par un contrat de mariage paffé devant *Pierre la Fargue,* Notaire, ledit jour, entre noble Arnaud-Guillaume d'Ibos, d'une part, & Ifabeau de Pardaillan, d'autre part, auquel il affifta. Il époufa, par contrat paffé dans le Château de Blouffon en Pardiac, le 12 Septembre 1615, *Jacquette*

de Pardaillan, remariée à *Jean-Gabriel de Tronan,* Seigneur de Blouffon, & fille de noble *Guy,* Seigneur de la Serre & de la Rivière, & de *Marguerite de Verdufan-de-Miran.* Elle étoit fœur, fuivant le teftament de fon père paffé devant *Pierre d'Yfac,* Notaire, le 22 Novembre 1606, de *Samfon, Bertrand, Jean* & *Léonore de Pardaillan.* Il eut de fon mariage :

1. Jean-Gabriel, qui fuit ;
2. Et Anne, mariée à *Jean d'Abadie.*

XVI. Jean-Gabriel de Castelbajac, Chevalier, Seigneur de Cafteljaloux, époufa, par contrat du 24 Novembre 1630, *Paule de Mafencorne,* qui tefta le 28 Mars 1689. Elle étoit fille de noble *Manaud,* Seigneur de la Caffagne, & de *Françoife d'Incamps,* & fœur de *François de Mafencorne,* Chevalier. Il en eut :

1. Manaud, qui fuit ;
2. Et Paul, dit *le Sieur de l'Artigolle,* qui tefta par acte paffé devant *Cafaux,* Notaire de Bietplan, & mourut fans alliance.

XVII. Manaud de Castelbajac, Chevalier, Seigneur de Cafteljaloux & de Carole, après avoir fervi dans le Régiment de Navarre en qualité de Capitaine, époufa, par contrat paffé dans le Château de Chelle, en Néboufan, le 24 Septembre 1681, *Marie d'Affon-d'Argelez,* fille de noble *Jean d'Affon,* Seigneur d'Argelez, Caftillon, Chelle, Bette & Efconnets, & de *Marie Dumeftre,* & fœur de *Jean-François d'Affon,* Seigneur d'Argelez, Caftillon, Chelle, Bette, Efconnets, & de noble *Germain d'Affon,* Seigneur de Gelle, qui fignèrent audit contrat. Il eut de ce mariage :

1. Paul, tué au fervice;
2. Jacques, qui fuit ;
3. Thérèse, morte en 1747, mariée à *Clément de la Roquette,* Seigneur de Carole, Confeiller en l'Election d'Aftarac;
4. Madeleine, qui époufa, par contrat du 13 Juillet 1718, retenu par *Jean Defcarré,* Notaire de Tarbes, *Jean-Arnaud de Fournetz,* Seigneur d'Ourouix, frère de *Céfar de Fournetz,* ancien Lieutenant aù Régiment du Maine;
5. Marie-Thérèse, Religieufe de Fontevrault au Prieuré de Momerre, dont elle eft Prieure depuis 1750;
6. Et Pauline, morte fans alliance.

XVIII. Jacques de Castelbajac, Chevalier, Seigneur de Casteljaloux, la Caffaigne, Oléac, &c., & Seigneur-Engagiste du Domaine de la Ville de Rabasteens, né le 14 Avril 1685, qui acheta, par contrat passé devant *Junea*, Notaire de Rabasteens, le 6 Janvier 1725, la Terre & Seigneurie de la Caffaigne, d'Armand de Gontaut, Marquis de Biron, & mourut peu de temsaprès. Il épousa, en 1715, *Catherine d'Armagnac*, qui testa par acte passé devant *Sorbetz*, Notaire de Ville-Comtale, qui fut clos le 26 Juillet 1726. Elle étoit fille unique & héritière de noble *François d'Armagnac*, Seigneur d'Oléac, & de *Marie de Gascor*. Ils eurent:

1. BARTHÉLEMY, qui suit;
2. PAUL, dit *le Chevalier de Castelbajac*, né le 19 Août 1718, qui a servi pendant plusieurs années dans les Mousquetaires du Roi de la seconde Compagnie, & est aujourd'hui Capitaine au Régiment Royal Cantabres;
3. 4. 5. 6. & 7. MANUEL, MARIE, N...., N.... & N....., tous morts en bas âge.

XIX. BARTHÉLEMY DE CASTELBAJAC, Chevalier, Seigneur de la Caffaigne, Casteljaloux, Oléac, & Seigneur-Engagiste du Domaine de la Ville de Rabasteens, né le 24 Août 1716, appelé *le Baron de Castelbajac*, après avoir servi durant six ans dans les Mousquetaires du Roi de la seconde Compagnie, a épousé, par contrat passé devant *Peret*, Notaire de Vic, le 8 Février 1739, *Louise de Monda*, morte en Septembre 1747, fille unique de *Louis*, Seigneur d'Ost, Mausan, Us, Inspecteur & Directeur des Haras en Bigorre, ci-devant Capitaine de Cavalerie dans le Régiment de Villeroi, & d'*Anne de Gerde*, & il en a:

1. LOUIS-GASTON, né le 7 Février 1746;
2. MARIE-JACQUETTE-VICTOIRE, née le 7 Décembre 1739;
3. LOUISE, née le 18 Mars 1741;
4. & PAULE-VICTOIRE, née le 15 Mai 1744.

Les armes, voy. ci-devant col. 762 & 763. (Généalogie dressée sur un mémoire envoyé.)

CASTELLAN ou CASTELLANI, famille établie à Barjols, & qui est originaire de la République de Florence, à laquelle elle a donné plusieurs Gonfaloniers, ce qui est prouvé par un Arrêt porté par les Commissaires députés pour la vérification des titres de Noblesse de cette famille, lorsqu'elle vint

s'établir en Provence, enregistrés aux Archives de Sa Majesté.

I. ETIENNE-LANCISA CASTELLAN, ayant suivi le parti de FRANÇOIS Ier contre CHARLES-QUINT, fut obligé d'abandonner ses biens, dont les deux fils qu'il laissa, HODOL & JACQUES CASTELLANI, se mirent en possession en 1524. FRANÇOIS Ier, en récompense des services qu'il avoit reçus d'ETIENNE CASTELLANI, lui donna des Lettres-Patentes par lesquelles Sa Majesté lui permettoit d'acquérir biens & maisons dans la cité de Marseille, & de jouir de tous les privilèges dont jouissoient les Gentilshommes de cette Ville, où il se retira. HODOL, son fils aîné, vint le joindre, & après sa mort JACQUES CASTELLANI vint aussi à Marseille pour partager, avec son frère, la succession de leur père; ils partagèrent encore les biens qu'ils avoient possédés dans le Royaume de Naples, où JACQUES DE CASTELLANI retourna.

II. HODOL DE CASTELLANI resta à Marseille, & y épousa *Jeanne de Candolle*, dont il eut entr'autres enfans:

III. JEAN DE CASTELLAN, qui épousa, en 1555, *Honorade Pourcelle*, dont:

IV. VICTOR DE CASTELLAN, qui épousa en 1576 *Marguerite de Beccaris*, fille de *Thomas*, Gentilhomme Piémontois, Conseiller du Roi & son Lieutenant-Général en la Ville d'Aix. De ce mariage vint:

V. GASPARD DE CASTELLAN, qui mourut étant Major dans le Régiment de Provence. Il épousa, en 1604, *Blanche de Nicolaï*, de la ville d'Arles, & laissa:

VI. BALTHASAR DE CASTELLAN, qui fut pourvu en 1649 du Commandement du Château de Bouc. Il mourut Lieutenant au siège du Comté de Carces, & laissa d'*Anne d'Aguillinqui*:

VII. JEAN-FRANÇOIS DE CASTELLAN, qui épousa, 1° en 1663, *Angélique de Raymond-d'Eoux*, dont il n'eut qu'une fille; & 2° *Thérèse de Braqueti-de-Chasteuil*, de laquelle il laissa

1. FRANÇOIS, qui suit;
2. Et JOSEPH, mort au service.

VIII. FRANÇOIS DE CASTELLAN épousa, en 1703, N....., dont on ignore le nom, & eut de ce mariage:

1. JOSEPH, mort sans enfans;
2. Et POMPÉE, qui suit.

Caftellet & de *Cadarache*, avec *Jean-Vincent de Galléan*, Gentilhomme de la Chambre du Roi en 1622. De cette alliance vint, entr'autres enfans, *François de Galléan*, dit *le Marquis du Caftellet*, &c., aïeul de *Charles-Noël de Galléan*, Baron des Iffarts & de Courtines, Sire & Marquis de Salernes, Seigneur des Angles, après la mort de fon frère cadet, & en cette qualité fubftitué au nom & armes de Caftellane, Comte du Caftellet. Voy. GALLÉAN.

CASTELLI. JEAN-ANTOINE-MARIE DE CASTELLI, Comte de Cornilian, Chambellan & Lieutenant-Général & Capitaine des Gardes au fervice du Roi de Pologne, époufa, en 1721, *Marie - Henriette - Françoife - Thérèfe de Boiffchotte*, fille de *Charles-Erneft-François*, Comte d'Erps, dont:

FRÉDÉRIC-AUGUSTE-JOSEPH DE CASTELLI.

Les armes: *écartelé, aux 1 & 4 de Boiffchotte; aux 2 & 3 de Lannoy de Flandre; & fur le tout d'argent, chargé d'un château de gueules, donjonné de trois tours de même.*

CASTELLO (DE), Maifon noble & ancienne du Poitou, dont nous ne donnons la Généalogie que de la branche des *Fontaines, Teffon, les Tafnières*, &c.

JEAN DE CASTELLO, Ecuyer, Seigneur des Fontaines & des Houmes, dans la Paroiffe de Verine en Poitou, vivoit en 1512, & fut père de

JACQUES DE CASTELLO, Ecuyer, Seigneur des Fontaines & des Houmes, qui époufa, par contrat du 20 Mai 1530, *Françoife Fourré*, fille de *François Fourré*, Ecuyer, Seigneur, Baron de Dampierre-fur-Boutonne. Il en eut:

PIERRE DE CASTELLO, Ier du nom, Ecuyer, Seigneur des Fontaines & des Houmes, qui époufa, par contrat du 17 Juin 1579, *Anaftafie Rochier*, fille de *Jacques Rochier*, Ecuyer, Seigneur de la Fontaine, Paroiffe de Neré en Poitou, dont:

RENÉ DE CASTELLO, Ecuyer, Seigneur des Fontaines, de Gibourne, & autres lieux, qui époufa, par contrat du 17 Octobre 1600, *Catherine des Frans*, fille de *René des Frans*, Ecuyer, Seigneur de Lauvagneufe, & d'*Efther Eluard*, Dame de Teffon, les Tafnières & l'Effors. De cette alliance vint:

PIERRE DE CASTELLO, IIe du nom, Ecuyer, Seigneur des Fontaines, Teffon, les Tafnières, &c., qui époufa 1° *Marie de Béchillon*,

fille de *René de Béchillon*, Ecuyer, Seigneur de Dirlaux, &c.; & 2° par contrat du 14 Mai 1647, *Elifabeth Gourjault*, fille de *Claude Gourjault*, Ecuyer, Seigneur de Venours. Du premier lit il eut:

MARIE DE CASTELLO, mariée à *N.... de Laurencie*, Chevalier, Seigneur de Villeneuve-la-Comteffe en Poitou, maintenu dans fa *Nobleffe de race* en 1666, par Ordonnance de M. *d'Agueffeau*, Intendant de Limoges.

Et du fecond lit:

GASPARD, qui fuit;
Et autres enfans, qui n'ont pas laiffé de poftérité.

GASPARD DE CASTELLO, Ecuyer, Seigneur de l'Effors, les Tafnières, &c., ancien Capitaine au Régiment de Navarre, fut maintenu en 1600, avec PIERRE, fon frère aîné, dans leur *nobleffe de race*, par Ordonnance de M. *Pinon*, Intendant de Poitiers. Il époufa, par contrat du 16 Août 1698, *Elifabeth Gadouin*, fille de *Thomas Gadouin*, Ecuyer, Seigneur des Morinières, & de *Marguerite de Perichon*, Dame de la Touche-Marteau. De ce mariage naquit pour fille unique:

MARGUERITE-ELISABETH DE CASTELLO, morte en 1753, mariée, par contrat du 26 Avril 1717, à *Jacques-Charles-François de la Perrière*, Ecuyer, Seigneur de Roiffé, dont poftérité. Voy. DE LA PERRIÈRE.

Les armes: *d'or, à trois aigles éployées à deux têtes, bécquées, onglées & couronnée de gueules, 2 en chef & 1 en pointe.* (Mémoir dreffé fur titres originaux communiqués).

CASTELLOBRANCO, famille ancienne & illuftre de Portugal, dont la branche aînée a fini à

LOUP VAS DE CASTELLOBRANCO, IIIe du nom, qui a laiffé de Dona *Guiomar de Mello*:

Dona ISABELLE de Noronha, mariée à FRANÇOIS DE MELLO DE CASTELLOBRANCO, Seigneur de la Terre de Roriça, dont la poftérité ne fubfifte plus.

Les autres branches de cette Maifon font: Celle des Seigneurs de *Pombeiro*, dont étoit Dom PIERRE DE CASTELLOBRANCO, IIIe du nom, mort fans poftérité le 2 Avril 1733. Il époufa 1° *Lucie de Menefès*; & 2° *Marie-Rofe de Noronha*;
Celle de *Villanova*, fondue avec celle de *Lancaftre*, des Grands-Commandeurs d'Avis.

Celle de *Meirinhes Mores*, du Royaume, incorporée dans la Maison de *Mafcarenhas*, de la branche des Comtes d'*Obides;*

Et la branche des Comtes de *Redondo*, fondue dans celle de *Soufa*, Seigneurs de *Gouvea*.

CASTELLOBRANCO, dits de Leiria, Maifon qui commence à

Antoine de Castellobranco, établi dans la ville de Leiria, en Portugal, avec fon père Diegue Vas de Castellobranco.

Elle fubfifte dans

Pierre de Sousa de Castellobranco, Seigneur de Guardova, Capitaine de Vaiffeau, Colonel au Régiment de la Marine, qui a fervi dans la guerre contre l'Efpagne fur terre, & s'eft trouvé au combat naval de Gibraltar en 1705; au fecours des Vénitiens en 1717; & au combat naval de 1718 de la Flotte Chrétienne contre celle des Ottomans. Il époufa fa nièce Hélène-Mahaude de Castellobranco, fille d'Antoine Vas de Castellobranco, Commandeur de Sainte-Marie de Caminha, Secrétaire de François, Infant de Portugal, dont font nés :

1. Joseph de Sousa de Castellobranco, né le 2 Mai 1710, mort en bas âge;
2. Et Antoine de Sousa de Castellobranco, qui n'avoit pas encore pris d'alliance en 1734. Voy. Moréri.

*CASTELNAU, ancienne Maison éteinte, qui eft originaire du pays de Bigorre, & a pris fon nom de la forterefle de Caftelnau en Azun, au Bailliage de Lavedan, fituée fur les monts Pyrénées, laquelle de tems immémorial appartenoit aux aînés de cette famille. Le premier, du nom de Castelnau, dont on ait connoiffance eft

I. Jean-Bernard, Seigneur de Castelnau en Azun. On lui donne pour fœur Isabeau de Castelnau, femme de *Bernard*, Baron de *Coaraʒe;* fon époufe fut *Urfule de Touloufe*, avec laquelle il vivoit l'an 1260, & dont il eut entr'autres enfans :

II. Bernard, Ier du nom, Seigneur de Castelnau, mort avant 1300, qui laiffa de fa femme, dont on ignore le nom :

III. Menaud, Seigneur de Castelnau, Chevalier, vivant en 1339, qui eut de fa femme, dont le nom eft inconnu :

IV. Garcie-Arnaud, Ier du nom, Seigneur de Castelnau, qui vivoit en 1350. Il époufa *Mahaut de la Loubère*, dont il eut entr'autres enfans :

V. Jean-Raymond, Seigneur de Castelnau, Chevalier, vivant en 1367, qui époufa *Alpais de Levis*, de la Maison de *Mirepoix*, dont :

VI. Oudet, Seigneur de Castelnau, Chevalier, vivant l'an 1400, qui avoit époufé *Catherine de Gramont*, dont il eut :

1. Bernard, qui fuit;
2. Et Raymond-Garcie, Seigneur de la Mauviflière, dont la poftérité fera rapportée ci-après.

VII. Bernard, IIe du nom, Seigneur de Castelnau, Chevalier, vivant en 1412, époufa fa *Condor de Barege*, dont vint :

VIII. Garcie-Arnaud, IIe du nom, Seigneur de Castelnau, de la Loubère, Julos, Linhac & Efcobrires, qui vivoit en 1431, & avoit époufé *Jacquette des Angles*, Dame de la Loubère, veuve de *Bernard de Bafillac*, Seigneur de Loir, dont elle avoit des enfans. Il en eut :

IX. Raymond-Guilhem, Seigneur de Castelnau, Chevalier, qui vivoit en 1447, & mourut l'an 1449. Il avoit époufé *Catherine de Manas*, fille de *Bertrand de Manas*, Chevalier, Seigneur de Montbardon, dont :

1. Bernard, Seigneur de Caftelnau, de la Loubère & Miélan en 1475, mort fans hoirs;
2. Et Lancelot, qui fuit.

X. Lancelot, Seigneur de Castelnau, de la Loubère, Julos & Argelles, Chevalier, vivant en 1477, tefta l'an 1508. Il époufa *Marguerite de Coaraʒe*, fille de *Bernard de Coaraʒe*, Baron de Vérac, & de *Brunette*. Ils eurent :

1. Antoine, qui fuit;
2. Jean, qui fut d'Eglise;
3. Dominique, Chevalier, Seigneur de Lyhac, dans le Comté de Bigorre;
4. Anne, mariée à *Arnaud-Guilhem de Saint-Paftour*, Seigneur de Bonrepos;
5. Françoise, mariée, l'an 1507, à *Pierre de Lavedan*, Seigneur d'*Horgues*, fils de *Bernard de Lavedan;*
6. Et Jeanne, mariée au Seigneur de *Confise*, au pays de Lavedan.

XI. Antoine, Seigneur de Castelnau, de la Loubère & de Miélan, époufa, en 1510, *Catherine de Baʒilac*, fille de *Pierre*, Baron de *Baʒilac*, & de *N.... de Levis*, dont il eut :

1. Claude, qui fuit;
2. Et Anne, mariée à *Menaud de Bourbon*, Baron de Barbazan, fils de *Jean de Bourbon*, Vicomte de Lavedan, & d'*Antoinette d'Anjou*.

XII. Claude de Castelnau, dit de *Coaraze*, Chevalier, Seigneur de Caſtelnau, de la Loubère, de Coaraze et de Miélan, épouſa, l'an 1558, *Andrée d'Antin*, fille d'*Arnaud*, Baron d'*Antin*, Sénéchal de Bigorre, et d'*Anne d'Andouins*, ſa première femme. De ce mariage vinrent:

1. Jean, Chevalier, Seigneur de Caſtelnau, mort ſans hoirs l'an 1580;
2. Et Etienne, qui ſuit.

XIII. Etienne-de-Castelnau de Coaraze, Ier du nom, Chevalier, Seigneur de Caſtelnau, de la Loubère & de Miélan, Baron de Verac en 1582, épouſa *Jeanne de Baʒillac*, fille unique d'*Etienne de Baʒillac*, & de *Françoiſe de Lévis*, dont il eut:

1. N... Baron de la Loubère, mort à Paris ſans hoirs l'an 1621;
2. Etienne, qui ſuit;
3. Jean-Jacques, Chevalier, qui a été marié en Béarn, & a laiſſé des enfans;
4. Jean-François, Chevalier de Malte;
5. Louis, Chevalier, mort ſans.hoirs;
6. Antonin, Chevalier;
7. Jeanne-Angélique, mariée, par contrat du 10 Août 1629, à *Jean-Claude de Lévis*, Seigneur de Leran;
8. & Louise, mariée à *François Ier*, Marquis d'*Oſſun*.

XIV. Etienne de Castelnau de Coaraze, IIe du nom, Chevalier, Seigneur de Caſtelnau, de la Loubère, Julos & Miélan, épouſa *Paule de Saint-Sivié-Montaut*, fille unique de *Bernard*, Seigneur de Saint-Sivié & de Montaut, dont il eut deux fils & une fille.

BRANCHE
des Seigneurs de la Mauvissiere.

VII. Raymond-Garcie de Castelnau, Chevalier, ſecond fils d'Oudet, Seigneur de Caſtelnau, & de *Catherine de Gramont*, vivoit l'an 1412, & eut pour fils:

VIII. Menaud de Castelnau, Chevalier, qui ſuccéda à ſon père l'an 1449, & laiſſa:

IX. Jean de Castelnau, Ier du nom, Chevalier, Seigneur de la Rivière en 1461, lequel eut de ſon épouſe, dont le nom eſt inconnu:

1. Jacques, Seigneur de la Rivière, mort ſans être marié;
2. & Pierre, qui ſuit.

X. Pierre de Castelnau, Ier du nom, Chevalier, Seigneur de la Rivière après ſon frère aîné, & de la Princerie, s'attacha au ſervice de

Louis, Duc d'Orléans, depuis Roi ſous le nom de Louis XII, qui le fit Ecuyer de ſon Ecurie, & épouſa, l'an 1482, *Jeanne de Valée*, Dame de Puygabil, veuve de *Jacques Guy*, Seigneur d'*Aviré*, près d'Amboiſe. Il en eut:

1. Jacques, Seigneur de la Rivière;
2. Pierre, Chevalier, mort ſans hoirs;
3. Louis, Chevalier, mort aux guerres d'Italie;
4. Jean, qui ſuit;
5. Louise, mariée à *Hector du Dreſnay*, Seigneur de Cholet;
6. Et Marguerite, mariée au Seigneur de *Saint-Briʒ*.

XI. Jean de Castelnau, IIe du nom, Chevalier, Seigneur de la Mauviſſière, de la Princerie & du Rouvre en 1507, & Capitaine d'Infanterie, épouſa, par contrat du 21 Octobre 1514, *Jeanne du Meſnil*, fille de *François*, Seigneur *du Meſnil*, en la Paroiſſe de Braye, & de *Louiſe de Villebon*. Il eut:

1. Pierre, qui ſuit;
2. Michel, Chevalier, auteur de la ſeconde branche des Seigneurs de *la Mauviſſière*, rapportée ci-après;
3. Vespasien, Chevalier, qui fut tué au ſiège de Saint-Jean d'Angely en 1569;
4. Titus, Chevalier, Seigneur de la Princerie en Touraine, qui fut Gentilhomme ordinaire & Capitaine des Gardes-Suiſſes de M. le Duc d'Alençon, frère du Roi Charles IX, fut aſſaſſiné à la Cour de René de Courtenay, en 1573. Il épouſa ſans enfans, *Jeanne de Courtenay*, veuve de *Guillaume de Saint-Phalle*, Seigneur de Neuilly, & fille de *René de Courtenay*, Seigneur de la Ferté-Loupière, & de *Perrenelle de la Roche*;
5. François, Chevalier, Conſeiller & Aumônier du Roi, & Abbé de Cuſſy, au Diocèſe de Laon;
6. Jeanne, mariée au Seigneur de *Colignère*, près l'Encloiſtre;
7. Marguerite, mariée au Seigneur de *Boiſmaiſtre* en Berry;
8. Marie, mariée au Seigneur *du Breuil*, en la Paroiſſe de Neuvy en Touraine;
9. Et Madeleine, morte fille.

XII. Pierre de Castelnau, IIe du nom, Chevalier, Seigneur de la Mauviſſière & du Rouvre, Chevalier de l'Ordre du Roi, Conſeiller en ſes Conſeils, premier Maître-d'Hôtel de François de France, Duc d'Anjou & de Brabant en 1581, ſon Lieutenant-Général aux Comté du Maine & Seigneurie de Château-du-Loir, fut aſſaſſiné à Dunkerque où il étoit avec le Duc d'Alençon, peu de jours après le maſſacre d'Anvers en 1585. Il avoit épouſé 1º *Jeanne Hamelin*, d'une Maiſon de Touraine, établie en Anjou, fille de *René Hamelin*, Seigneur des Moulins, & de *Madeleine le Veneur*, Dame d'Eſpinay ; & 2º *Marguerite de Sigonneau*, veuve de *François de Grugelin*, Sieur de Vaugelay, & fille de *Macé de Sigonneau*, Seigneur de la Perdrillière, & de *Jeanne d'Amours*. Il n'eut point d'enfans du premier lit ; mais du ſecond vinrent :

1. CHRISTOPHE, qui ſuit ;
2. MATHURIN, Chevalier, auteur de la branche des Seigneurs du *Rouvre*, rapportée ci-après ;
3. Et FRANÇOISE, mariée à *François de Juſton*, Seigneur de la Foſſe.

XIII. CHRISTOPHE DE CASTELNAU, Chevalier de l'Ordre du Roi, & ſon Maître-d'Hôtel ordinaire, Seigneur de la Mauviſſière & des Monceaux, ſervit le Roi dans ſes armées, fut pris en une rencontre en 1581, & fut enterré à Croſmière en Anjou. Il avoit épouſé *Renée de Boiſnay*, fille de *François de Boiſnay*, Seigneur de la Motte, Saint-Lubin, & de *Louiſe de Saint-François*, dont il eut :

1. URBAN, qui ſuit ;
2. ANNE-MICHEL, Chevalier, Abbé de Cuſſy ;
3. Et LOUIS, Seigneur en partie de la Mauviſſière, rapporté après ſon frère aîné.

XIV. URBAN DE CASTELNAU, Chevalier, Seigneur en partie de la Mauviſſière, de la Haye & de la Foſſe, mourut avant ſon père au ſiège de Montauban en 1621, & avoit épouſé *Marie de Sarcé*, Dame de la Haye, fille de *Jean de Sarcé*, Seigneur de la Haye ; & de *Jacqueline de Juſton*. Il laiſſa :

1. ANNE, Chevalier, Seigneur en partie de la Mauviſſière & de la Haye, mort âgé de 18 ans, en l'Abbaye de Cuſſy, au retour de ſa première campagne ;
2. Et URBANE, Dame en partie de la Mauviſſière, qui a porté tous les biens de ſa branche, par mariage, à *Jacques de Segraye*, Seigneur de Segraye au pays du Maine, fils aîné de *Louis*, Seigneur de Segraye, & de *Madeleine de Boucher*.

XIV. LOUIS DE CASTELNAU, Chevalier, Seigneur en partie de la Mauviſſière & de Bois-Joly, troiſième fils de CHRISTOPHE, Chevalier, Seigneur de la Mauviſſière, & de *Renée de Boiſnay*, fut Capitaine d'Infanterie, & épou-

ſa, le 2 Décembre 1624, *Marguerite de Tours*, Dame de la Grâce, fille de *Jean de Tours*, Seigneur de la Badie, & de *Marguerite de Belrieu*. Il en eut :

1. CHRISTOPHE, Chevalier, qui vendit la Seigneurie de la Mauviſſière l'an 1655 à Gilles de Rougé, Ecuyer, Seigneur de Roiſſon, & demeuroit en Guyenne ;
2. GABRIEL, Chevalier ;
3. Et MARGUERITE, qui épouſa, l'an 1653, *Jean-Pierre de Belrieu*, Seigneur de Saint-Dizier, fils de *Jean de Belrieu*, Seigneur de Saint-Dizier, & de *Marie de Bergnes*.

BRANCHE
des Seigneurs DU ROUVRE.

XIII. MATHURIN DE CASTELNAU, Chevalier, Seigneur du Rouvre en Touraine, & de Bois-Joly, Meſtre-de-Camp d'un Régiment d'Infanterie & Capitaine au Régiment des Gardes du Roi, ſecond fils de PIERRE, IIᵉ du nom, Chevalier, Seigneur de la Mauviſſière, & de *Marguerite de Sigonneau*, ſa ſeconde femme, mourut au ſiège de Montpellier en 1622, & fut enterré au Prieuré de l'Encloiſtre, près Samblançay en Touraine. Il avoit épouſé *Marie Genton*, fille de *Durand Genton*, Seigneur de Millaudres, & de *Marie de Walcob*. De ce mariage vinrent :

1. CHARLES, Chevalier, Seigneur de Quincy en Berry, qui épouſa *Gabrielle de Vièvre*, fille de *Claude de Vièvre*, Seigneur de la Salle, & de *Marie de l'Eſtang*, dont il eut :

   MARIE DE CASTELNAU, Religieuſe Carmélite de Paris.

2. LOUIS, qui ſuit ;
3. GABRIELLE, mariée à *René de Bets*, Seigneur de la Rheſeloire, fils de *Charles*, Seigneur de la Rheſeloire, & de *Madeleine de Hélieu* ;
4. MARGUERITE, Religieuſe à l'Encloiſtre en Touraine ;
5. Et ANGÉLIQUE, Religieuſe au même lieu.

XIV. LOUIS DE CASTELNAU, Chevalier, Seigneur du Rouvre, Maréchal-des-Camps & Armées du Roi, & Gouverneur de Bourbourg, épouſa *Marguerite de Palluau*, fille de *Denis de Palluau*, Conſeiller au Parlement de Paris, & de *Madeleine de Montholon*. Il en eut :

1. JACQUES, Chevalier, qui fut Capitaine d'une Compagnie de Cavalerie ;
2. JÉRÔME, deſtiné à l'Etat Eccléſiaſtique ;
3. Et CATHERINE, Religieuſe au Couvent des Urſulines à Corbeil.

SECONDE BRANCHE
des Seigneurs DE LA MAUVISSIÈRE.

XII. MICHEL DE CASTELNAU, Ier du nom, Chevalier, Seigneur en partie de la Mauvissière, Baron de Jonville & de Concreffant, d'Ièvre-le-Châtel, Comte de Beaumont-le-Roger, Chevalier de l'Ordre du Roi, Conseiller en ses Conseils, Capitaine de 100 hommes d'armes de ses Ordonnances, & Gouverneur pour Sa Majesté de Saint-Dizier, second fils de JEAN, IIe du nom, Chevalier, Seigneur de la Mauvissière, &c., & de *Jeanne du Mesnil*, fut employé dans diverses négociations du tems des Rois CHARLES IX. & HENRI III, & principalement à l'Ambassade d'Angleterre; dans laquelle il se rendit célèbre. C'est lui qui a écrit les *Mémoires* que le Sieur le Laboureur a mis au jour, avec sa Généalogie. Il testa à Londres en 1585, mourut en 1592, & avoit épousé, l'an 1575, *Marie Bochetel*, fille de *Jacques Bochetel*, Seigneur de Brouilliamenon, & de *Marie de Morogues*. Il eut:

1. EDOUARD-ROBERT, Chevalier, Baron de Jonville, qui fut tué en duel à Paris, sans enfans;
2. JACQUES, qui suit;
3. CATHERINE-MARIE, née en Angleterre, Dame de la Lande, morte à Montigny le 2 Juillet 1612, laissant postérité, qui épousa, l'an 1595, *Louis de Rochechouart*, Seigneur de la Brosse de Jars. Voy. ROCHECHOUART;
4. Et ELISABETH, née aussi en Angleterre, tenue sur les Fonts-de-Baptême par la Reine ELISABETH, & morte jeune.

XIII. JACQUES DE CASTELNAU-BOCHETEL, Ier du nom, Chevalier, Seigneur de la Mauvissière, Baron de Jonville, & Capitaine d'une Compagnie de Chevaux-Légers, recueillit la succession de son aïeul maternel, à condition d'en porter le nom. Il mourut en 1647, & fut enterré à Bourges. Il avoit épousé, en 1610, *Charlotte de Rouxel*, dite de *Medavy*, fille de *Pierre de Rouxel*, Baron de *Medavy*, Bailli d'Evreux, Gouverneur de Verneuil & d'Argentan, & de *Charlotte de Hautemer-Fervaques*. Il en eut:

1. HENRI, Chevalier, Baron de Jonville, tué d'un coup de canon au siège de la Rochelle l'an 1627, sans avoir été marié;
2. FRANÇOIS, Chevalier, Baron de la Mauvissière, tué en duel à Paris en 1635;
3. JACQUES, qui suit;
4. MARIE, mariée, 1° en 1642, à *Jean de Pierre-*

Buffière, Baron de Comborn, Marquis de Chambaret, fils de *Henri de Pierre-Buffière*, Marquis de Chambaret & de *Françoise de Pierre-Buffière*; & 2° à *Philibert de Thurin*, Chevalier, fils de *Philibert de Thurin*, Président au Grand-Conseil, & de *Catherine le Picart*;
5. ANNE, Religieuse en l'Abbaye de Gomer-Fontaine, dont elle a été Abbesse;
6. Et N..... morte fille.

XIV. JACQUES DE CASTELNAU, IIe du nom, Chevalier, Marquis de Castelnau, Baron de Jonville, Seigneur de Saint-Lézaire, Saint-Georges, Poyneux, Conseiller du Roi en ses Conseils, Lieutenant-Général en ses Armées, Gouverneur de Brest, & Maréchal de France, fit ses premières armes en Hollande, & de retour en France, il servit aux sièges & prises de Corbie en 1636; du Castelet, en 1638; de Hesdin, en 1639; d'Arras, en 1640; & d'Aire, en 1641; se signala au combat de Fribourg en 1644; & à la bataille de Norlingue en 1645, où il servit en qualité de Maréchal-de-Bataille, fut ensuite Maréchal-de-Camp, Gouverneur de la Barrée en 1647, & de Brest en 1648; & nommé Chevalier des Ordres du Roi le 9 Février 1651. La Terre de Castelnau fut érigée en *Marquisat* en 1652, en faveur du Maréchal, pour lui, ses hoirs & ayant-cause. Il eut le commandement de l'aîle gauche de l'armée à la bataille de Dunes, près Dunkerque, le 14 Juin 1658; fut blessé deux jours après au siège de cette place, dont il mourut à Calais le 15 Juillet 1658 en sa 38e année, ayant été honoré du bâton de Maréchal de France, par Lettres données à Mardick le 20 Juin précédent, registrées au Greffe de la Connétablie à Paris, après sa mort, le 12 Décembre 1658. Son corps fut porté à Bourges, où il est enterré dans l'Eglise des Jacobins. Il avoit épousé, au mois de Mars 1640, *Marie de Girard*, morte le 19 Juillet 1696, fille de *Pierre de Girard*, Seigneur de l'Espinay, Conseiller & Maître-d'Hôtel du Roi, dont il a laissé:

1. MICHEL, qui suit;
2. MARIE-MADELEINE, morte à 12 ans en l'Abbaye de Gomer-Fontaine au mois d'Octobre 1656;
3. Et MARIE-CHARLOTTE, née en 1647, morte le 29 Janvier 1694, qui épousa, le 15 Mai 1668, *Antoine-Charles*, Duc de *Gramont*, Pair de France, dont elle fut la première femme. Voy. GRAMONT.

XV. Michel de Castelnau, IIᵉ du nom, Chevalier, Marquis de Caſtelnau, Baron de Jonville, Gouverneur de Breſt & Meſtre-de-Camp d'un Régiment de Cavalerie, mourut à Utrecht le 2 Décembre 1672, âgé de 27 ans, de la bleſſure qu'il reçut à l'attaque d'Ameyden. Il avoit épouſé *Louiſe-Marie Foucault*, morte le 4 Juillet 1709, fille de *Louis Foucault*, Comte du Daugnon, Maréchal de France, & de *Marie Fourré-de-Dampierre*. Il en eut:

1. Henriette-Julie, morte le 24 Septembre 1716, dans ſon Château de la Buzardière, au pays du Maine, ſeconde femme de *Nicolas de Murat*, dit *le Comte de Murat*, Comte de Gilbertez, Baron de Cronces & de Pleaux, Seigneur de Villeneuve & de Brouſſe, Colonel d'un Régiment d'Infanterie, & lors veuf de *Marie de la Tour-de-Murat;*
2. Marie-Céſarie, Chanoineſſe à Eſpinal;
3. Et N... morte fille.

Les armes: *écartelé, aux* 1 & 4 *d'azur, au château ouvert d'argent, crenelé & maçonné de ſable, & ſommé de trois donjons avec leurs girouettes,* qui eſt de Castelnau; *aux* 2 & 3 *d'or, à deux loups paſſans l'un au-deſſus l'autre, de ſable,* qui eſt de la Loubère; & ſur le tout, *d'or, à trois chevrons de ſable.*

CASTELPERS, en Rouergue. Raymond de Castelpers hérita de la Vicomté de Panat. *Jean de Lévis*, oncle de ſa femme, ſe voyant ſans enfans, le fit ſon héritier. Il épouſa, le 16 Avril 1513, *Marguerite de Narbonne*, fille de *Jean*, Seigneur de Talleyrand, & d'*Iſène* ou *Alix de Lévis*, & eut entr'autres enfans:

Jean de Castelpers, qui teſta le 2 Octobre 1557. Il avoit épouſé, le 17 Janvier 1550, *Jeanne de Clermont-Lodève*, qui fit ſon teſtament le 12 Mars 1598, & laiſſa:

Jean de Castelpers, Baron de Panat, Vicomte de Peyrebrune, &c., qui mourut le 12 Mars 1598. Il épouſa, le 10 Avril 1570, *Anne de Lévis-Quelus*, fille d'*Antoine*, Chevalier des Ordres du Roi. De ce mariage vint:

David de Castelpers, Vicomte de Panat, marié à *Anne de Verne-de-Corneillan*, fille d'*Antoine*, Vicomte de Corneillan, & de *Jeanne de Lau*, dont:

Anne de Castelpers, qui épouſa, le 27 Octobre 1635, ſon couſin, *Louis de Brunet-de-Caſtelpers*, Baron de Pujols & de Caſtelpers, Vicomte d'Ambialet & Montbans, auquel elle porta les Vicomtés de *Panat* &

de *Cadars*, & pluſieurs autres Terres conſidérables. Voy. BRUNET.

* CASTERA, Terre & Seigneurie en Languedoc, Diocèſe de Rieux, dont Louis XIII fit don à *Jacques de Minut*, Sénéchal de Rouergue, en faveur duquel il l'érigea en *Marquiſat*. Ce Marquis étoit fils de *Georges de Minut*, Gentilhomme Milanois, qui étoit en France ſous le Roi François Iᵉʳ, & qui fut premier Préſident du Parlement de Touloufe le 4 Août 1425. *Jacques de Minut* fut père d'*Antoine de Minut*, Baron de Caftera, qui épouſa *Marthe du Potier-la-Terraſſe*. Il ne vint de ce mariage qu'une fille, *Anne de Minut-de-Caſtera*, qui épouſa *Charles de Gontaut*, Seigneur de Cabrères, Baron de Gramat & de Loubreſſec, Page de la Chambre de Louis XIII, qui teſta le 20 Août 1660. (*Tablettes généal.*, part. VIII.)

CASTIGLIONE, Maiſon originaire de Milan, qui a donné en 1227 un Cardinal dans Geoffroy Castiglione, élu Pape en 1241, ſous le nom de Célestin IV, qui mourut le 8 Octobre 1241. Son neveu, Geoffroy Castiglione, fut créé Cardinal en 1244, & mourut en 1245. Brando Castiglione fut fait Evêque de Plaiſance par le Pape Grégoire XII, & Jean XXII le mit au nombre des Cardinaux en 1411. Le Pape Martin V l'envoya Légat en Allemagne, & Eugène IV l'employa en Lombardie, où il mourut en 1443, âgé de 93 ans. Jean Castiglione, Evêque de Pavie, envoyé Nonce en Allemagne par le Pape Nicolas V, fut créé Cardinal en 1456 par Calixte III, & Pie II lui confia la Légation de la Marche d'Ancône: il mourut à Macerata le 14 Avril 1460. Christophe Castiglione, célèbre Juriſconſulte du XVᵉ ſiècle, enſeigna le Droit dans les Univerſités de Parme, de Pavie & de Sienne, & mourut à Pavie le 16 Mai 1425. Voy. Moréri.

* CASTILLE, Royaume le plus conſidérable d'Eſpagne en Europe, qui n'étoit autrefois qu'un *Comté* dépendant des Rois de *Léon*, & qui ne fut honoré du titre de *Royaume* qu'en 1037, du tems du Roi Ferdinand. La Caſtille fut gouvernée par des Comtes depuis Ferdinand Gonzalès vers 904 ou 930, juſqu'à Garcia-Fernandez, mort ſans enfans en 1028, laiſſant cette Souveraineté à Nagna, ſa ſœur, femme de Sanche, dit *le Grand*, Roi de Navarre, qui l'érigea en Royaume.

FERDINAND II, Roi de *Léon*, héritant de fon petit-neveu, Roi de Caftille, unit en fa perfonne ces deux Royaumes vers 1217. Il a été uni à l'Aragon fous FERDINAND & ISABELLE en 1474, en comptant depuis la mort de HENRI, Roi de Caftille, ou en 1467, en comptant depuis que JEANNE, fille de HENRI IV, fe fit Religieufe dans le Monaftère de Coïmbre.

On trouve dans Moréri la fucceffion chronologique & généalogique des Comtes & des Rois de Caftille jufqu'à JEANNE, Reine de Caftille, de Léon, d'Aragon, de Grenade, de Naples, de Sicile, &c., née le 6 Novembre 1479, morte le 11 Avril 1555, mariée, le 21 Octobre 1496, à PHILIPPE Ier d'AUTRICHE, Roi d'Efpagne. Elle eut entr'autres enfans CHARLES V, Empereur & Roi d'Efpagne.

Les Maifons forties des Rois de Caftille font :

1. Les Ducs de *Medina del Riofeco*, fortis de FERDINAND Ier, bâtard de Caftille, né en 1333, fils naturel d'ALPHONSE XI, Roi de Caftille & de Léon. Ils ont fini à JEAN-THOMAS-HENRIQUÈS de *Cabrera*, Amirante de Caftille, qui, en 1702, quitta le fervice d'Efpagne, & mourut en 1705 à Eftremos, fur les frontières de Portugal. Les Connétables de Caftille, furnommés *Henriquès*, Ducs de Médina del Riofeco & de Ribera, portoient les armes de Caftille, & étoient iffus d'un bâtard de Caftille ;

2. Les Seigneurs de *Lunel*, fortis de FERDINAND, Infant de Caftille, dit de *la Cerda*, dont fa poftérité prit le nom, fils aîné d'ALPHONSE XI, Roi de Caftille & de Léon. Les Seigneurs de *la Cerda* ont fini à LOUIS DE LA CERDA, IIe du nom, mort en 1469, ne laiffant qu'une fille ;

3. Les Seigneurs de *Lara*, fortis des précédens par FERDINAND DE LA CERDA, fecond fils de FERDINAND, Infant de Caftille, & de BLANCHE DE FRANCE, fille du Roi SAINT LOUIS, qui n'ont formé que II degrés ;

4. La branche des Seigneurs de *Penafiel*, qui a eu pour auteur MANUEL, Infant de Caftille, feptième fils de SAINT FERDINAND, IIIe du nom, Roi de Caftille & de Léon, & de *Béatrix de Souabe*, morten 1285. Cette branche a fini à JEAN-MANUEL, qui n'a eu que *Marine*, mariée, en 1489, à *Baudouin*, bâtard de Bourgogne ;

5. Et les Comtes d'*Aumale*, qui font fortis des Rois de Caftille par FERDINAND, Infant de Caftille, fils puîné de SAINT FERDINAND. Il porta le titre de *Comte d'Aumale*, & prit le furnom de *Ponthieu*, qu'il laiffa à fa poftérité, finie à JEAN DE PONTHIEU, IIe du nom, Comte d'Aumale, &c., qui laiffa BLANCHE DE PONTHIEU, Comteffe d'Aumale, morte le 12 Mai 1387 ; mariée en 1340 à *Jean V*, Comte d'Harcourt, Seigneur d'Elbeuf ; & JEANNE DE PONTHIEU, Dame d'Epernon, mariée à *Jean VI*, Comte de Vendôme & de Caftres, mort le 30 Mai 1376. Voy. Mariana, *Hift. d'Efpagne* ; Imhoff, Moréri, &c.

CASTILLE, famille originaire de Paris. PHILIPPE CASTILLE, Receveur-Général du Clergé de France en 1580, & Secrétaire du Roi le 16 Février 1588, eut de *Geneviève Guérin* :

1. PHILIPPE, qui fuit ;
2. FRANÇOIS, auteur de la branche de *Villemareuil*, rapportée ci-après ;
3. PIERRE, auteur de celle de *Montjeu*, qui viendra en fon rang ;
4. MARIE, mariée à *Pierre de Larche*, Préfident aux Enquêtes ;
5. Et N..., Religieufe.

PHILIPPE DE CASTILLE, Seigneur de Chenoife, Grand-Maître des Logis de la Maifon du Roi, époufa *Catherine de Ligny*, fille de N... *de Ligny*, Receveur des Confignations, d...

1. PHILIPPE, commandant 400 Vénitiens, mort en revenant ;
2. ROGER, tué à la bataille d'Avein en 1635, commandant un Régiment de Cavalerie ;
3. JEAN, qui fuit ;
4. FRANÇOIS, Capitaine dans le Régiment de Varimont, mort à la Mothe ;
5. CÉSAR, Page du Duc d'Orléans tué en duel ;
6. CATHERINE, morte le 24 Septembre 1635, mariée à *Gilbert-Gafpard de Montmorin*, Comte de Saint-Herem, mort le 27 Février 1660 ;

Et trois filles, dont deux Religieufes au Pont-aux-Dames, & la troifième à Clermont.

JEAN DE CASTILLE, Marquis de Chenoife, Baron de Boucaut en 1639, en faveur duquel la Seigneurie de Chenoife fut érigée en *Marquifat* par Lettres du mois de Mai 1652, enregiftrées au Parlement & en la Chambre des Comptes les 6 Septembre & 15 Décembre 1653, époufa *Diane-Louife de Bouvent*, fille de *Thomas*, Baron de Troiffy, Seigneur de Fleurre, Gentilhomme de la Chambre du Roi, & d'*Elifée de Miremont*, dont :

1. & 2. FRANÇOIS-PHILIPPE & JEAN ;
3. ALPHONSE, qui fuit ;
4. MARIE-MADELEINE, morte fans enfans le 7 Octobre 1738, âgée de plus de 96 ans, mariée, le 4 Octobre 1663, à *Euftache de Conflans*, Comte de Vezilly ;

Et deux filles, Religieufes.

ALPHONSE DE CASTILLE, Marquis de Chenoife, Lieutenant de Roi de Champagne & de Brie, mourut le 18 Février 1713. Il avoit époufé *Anne-Marguerite Ranchin*, dont :

PHILIPPE-GASPARD DE CASTILLE, Marquis de Chenoife, Baron de Troifly, Vicomte de Nesle, Lieutenant de Roi en Champagne & Brie, auparavant Enfeigne des Gendarmes d'Anjou, qui mourut en Mai 1726. Il avoit époufé, en 1716, *Marguerite-Françoife-Gabrielle d'Eftancheau*, morte le 20 Mai 1762, fille de *Gabriel d'Eftancheau*, Secrétaire du Roi & des Commandemens de MONSEIGNEUR, aïeul du Roi Louis XV, & de *Catherine-Charlotte Augis*, dont :

CHARLOTTE-GABRIELLE, morte le 11 Février 1738, âgée de 20 ans, mariée au Marquis de *Vaugenlieu*, Capitaine dans le Régiment du Roi Dragons ;
LOUISE-MARGUERITE, mariée, en Mai 1741, à *Robert Langlois*, Sieur de la Fortelle, Préfident en la Chambre des Comptes de Paris ;
N... qui a époufé le Marquis d'*Hervilly* ;
Et N... DE CASTILLE, dont nous ignor... a deftinée.

Les armes : *de gueules, à une tour de Caftille d'or.*

BRANCHE
DE VILLEMAREUIL.

FRANÇOIS DE CASTILLE, Seigneur de Villemareuil, fecond fils de PHILIPPE, & de *Geneviève Guérin*, Receveur-Général du Clergé en 1598, Receveur-Général des Décimes en 1606, Secrétaire du Roi le 20 Mai 1607, & Surintendant de la Maifon du Duc d'Orléans en 1615, époufa *N... Gamin*, dont :

1. FRANÇOIS, qui fuit ;
2. HENRI, Seigneur des Mères, Intendant du Duc d'Orléans, qui époufa *Jeanne de Mauny*, & en eut :

NICOLAS-CHARLES DE CASTILLE ;

3. Et Autre HENRI, Seigneur de Reddemont, Confeiller au Parlement de Grenoble, mort fans enfans.

FRANÇOIS DE CASTILLE, Seigneur de Ville-

mareuil, Confeiller au Parlement de Paris le 19 Août 1624, époufa *Charlotte Garault*, fille de *Claude*, Seigneur de Belleaffife, Confeiller au même Parlement, & de *Charlotte le Clerc*, dont il eut :

1. FRANÇOIS, mort jeune ;
2. & 3. Deux filles, Religieufes Carmélites ;
4. Et MARIE-MADELEINE, morte le 12 Décembre 1716, âgée de plus de 80 ans, mariée à *Nicolas Fouquet*, Surintendant des Finances, laiffant des enfans.

BRANCHE
DE MONTJEU.

PIERRE DE CASTILLE, Seigneur de Blancbuiffon, troifième fils de PHILIPPE, & de *Geneviève Guérin*, Confeiller au Grand-Confeil le 8 Juin 1601, Maître des Requêtes le 14 Avril 1611, Confeiller d'Etat, Contrôleur-Général & Intendant des Finances, & Ambaffadeur en Suiffe, mourut le 24 Juin 1629, âgé de 48 ans. Il époufa *Charlotte Jeannin*, morte en 1640, fille de *Pierre Jeannin*, Seigneur de Montjeu, Surintendant des Finances, & d'*Anne Gueniot*, & laiffa :

1. PIERRE, Confeiller au Parlement de Paris en Juin 1631, mort fans alliance ;
2. NICOLAS, Abbé de Saint-Benigne de Dijon en 1625, de Saint-Martin d'Autun, de Buxière & de Saint-Marien d'Auxerre depuis 1628 jufqu'en 1639, mort le 3 Mars 1658 ;
3. NICOLAS, qui fuit ;
4. HENRI, Abbé de Saint-Marien d'Auxerre, de Saint-Martin d'Autun en 1654, & Prieur d'Anry, mort en 1670 ;
5. CHARLOTTE DE CASTILLE, morte en 1659, mariée, 1° en 1620, à *Charles Chabot*, Comte de Charny ; & 2° en 1632, à *Henri de Talleyrand*, Comte de Chalais ;
6. 7. & 8. ANNE, ISABELLE & ANGÉLIQUE, toutes trois Religieufes au Pont-aux-Dames.

NICOLAS DE CASTILLE, dit JEANNIN par adoption, Confeiller au Parlement de Paris le 1er Septembre 1634, puis Maître des Requêtes le 20 Mars 1642, Tréforier de l'Epargne, Secrétaire des Ordres du Roi, Marquis de Montjeu, mort en Août 1691, avoit époufé *Claude Fieubet*, fille de *Gafpard Fieubet*, Sieur de Jaillac, Tréforier de l'Epargne, & de *Claude Aidier*, dont :

GASPARD-JEANNIN DE CASTILLE, Marquis de Montjeu, Confeiller au Parlement de Metz, mourut le 3 Mars 1688. Il avoit époufé, le 18

Juillet 1678, *Louife-Diane Dauvet*, morte le 7 Décembre 1717, fille de *Nicolas Dauvet*, Comte Des Marais, Grand-Fauconnier de France, & de *Chriftine de Lantaige*, dont:

~ MARIE-LOUISE-CHRISTINE DE CASTILLE, Marquife de Montjeu, née en 1679, morte le 11 Janvier 1736, mariée, le 2 Juillet 1705, à *Anne-Marie-Jofeph de Lorraine*, Prince d'Harcourt & de Guife-fur-Mofelle. Voy. CHENOISE.& MONTJEU.

Les armes, *d'azur, à la tour d'or ouverte & maçonnée, donjonnée de trois petites tours de même.*

* CASTILLE, Seigneurie dans l'Ufège qui fut unie à celle d'*Argilliers* & autres Fiefs, & érigée en *Baronnie* par Lettres du mois d'Avril 1748, regiftrées au Parlement de Touloufe le 5 Juillet fuivant, à la Chambre des Comptes de Montpellier le 10 Septembre 1748, & au Bureau des Finances de la même Ville le 12 Juin 1749, en faveur de GABRIEL DE FROMENT, IIIᵉ du nom, Seigneur d'Argilliers, & en confidération des fervices que fes ancêtres rendirent aux Rois & à l'Eglife durant les troubles de la Religion, excités dans le XVIᵉ fiècle, ayant été les feuls parmi la Nobleffe du pays d'Ufège qui n'euffent pas fuivi le parti de l'erreur; ce qui caufa l'incendie de leurs titres & la perte de leurs biens. Voy. FROMENT.

CASTILLON-DE-BEYNES, en Provence. Les Marquis de Beynes & les Seigneurs du Caftellet, du nom DE CASTILLON, font originaires du Royaume de Naples.

I. LUC DE CASTILLON, noble Napolitain, fuivit en Provence vers 1390 LOUIS D'ANJOU, IIᵉ du nom, Roi de Sicile, & s'attacha fi fort au fervice de ce Prince, qu'il mérita d'être Secrétaire de fes Commandemens. Il l'employa plufieurs fois dans des négociations importantes. En 1406, il fut envoyé à Charles d'Aube, Seigneur de Pierrerue, au Royaume de Naples, pour recevoir au nom du Prince les hommages des Prélats, Barons & Gentils-hommes de cet Etat, & pour traiter le mariage de MARIE, fille de LOUIS, avec le Prince de Tarente. Il eut de fa femme, dont on ignore le nom:

1. CHARLES, qui fuit;
2. Et COLO, auteur de la branche des Seigneurs de *Cucurron*, tige de plufieurs autres, actuellement éteintes.

II. CHARLES DE CASTILLON fut revêtu de plufieurs emplois honorables. LOUIS III, Roi de Sicile, le fit Confeiller de fon Confeil d'Etat, & Maître-Rational de la Cour Royale féante à Aix. En 1434, ce Prince lui donna la Terre d'*Airague*, qu'il poffédá avec la Baronnie d'*Aubagne*, & les Seigneuries de *Roquefort*, de *Caffis*, de *Saint-Marcel* & du *Caftellet*. CHARLES VII le pourvut de plufieurs charges, & le Roi RENÉ ayant inftitué l'Ordre du Croiffant dans la Ville d'Angers le 11 Août 1448, CHARLES DE CASTILLON fut choifi pour en être Chevalier. Il fit fon teftament le 12 Décembre 1450, & mourut à Aubagne où il fut enfeveli le 4 Janvier 1461. Il laiffa de *Madeleine de Quiqueran:*

1. RENÉ, qui fuit;
2. Et JEANNE, mariée, par contrat du 28 Janvier 1455, à *Palamède de Forbin*, furnommé *le Grand*, Seigneur de Soliers, Vicomte de Martigues, Gouverneur & Grand-Sénéchal de Provence, mort en Février 1508.

III. RENÉ DE CASTILLON, Baron d'Aubagne & de Beynes, Ecuyer du Roi LOUIS XI, par Lettres du 5 Août 1482, obtint de ce Prince une penfion de 300 florins le 8 Janvier 1489, & fut élu premier Conful d'Arles aux années 1481 & 1494. Il fit fon teftament le 1ᵉʳ Janvier 1498, & mourut le 24 Mai fuivant. Il avoit époufé, le 19 Juin 1471, *Jeanne de Villeneuve*, fille de noble *Arnaud*, Seigneur de Trans & des Arcs, & d'*Honorée de Bachis*. De ce mariage naquirent:

FRANÇOIS, qui fuit;
Et trois filles, mariées dans les Maifons de *Caftellane-la-Verdière*, de *Villeneuve-des-Arcs* & d'*Aube-Roquemartine*.

IV. FRANÇOIS DE CASTILLON, Seigneur de Beynes, fut fix fois premier Conful d'Arles, & époufa, le 12 Octobre 1506, *Marguerite de Gerente*, dont:

1. PIERRE, qui fuit;
2. HONORÉ, chef de la branche des Seigneurs du *Caftellet*, qui exifte à Toulon en la perfonne de N... *de Caftillon*, Officier de Vaiffeaux;
3. ARDOIN, reçu Chevalier de Rhodes en 1560, qui rendit des fervices confidérables au Roi. Il l'en récompenfa en lui donnant pour 6 ans la jouiffance du Greffe des Appellations d'Arles par Lettres du 1ᵉʳ Février 1555. Il mourut à Syracufe des bleffures qu'il avoit reçues dans un combat naval contre les

Turcs; il étoit Commandeur de Sainte-Luce & de Soliers ;

4. Et Marguerite, mariée, en 1555, à *Louis de Cays.*

V. Pierre de Castillon, Seigneur de Beynes, Chevalier de l'Ordre du Roi en 1568, fut élu premier Conful d'Arles aux années 1562, 1568, 1573 & 1584. Il fit fon teftament le 29 Novembre 1591, & mourut le 21 Septembre 1593. Il époufa, le 7 Octobre 1540, *Renée de Caftellane*, Dame de Meaille, fille d'*Honoré*, Baron de Fos, & de *Louife de Viete,* dont:

1. Jean-Léon, qui fuit;
2. Et Madeleine, mariée, le 29 Septembre 1575, à *Jean de Renaud*, Seigneur d'Alein, Chevalier de Saint-Michel.

VI. Jean-Léon de Castillon, Seigneur de Beynes, favoit parfaitement lire & écrire, quoiqu'il fut fourd & muet de naiffance. Il compofa même la Généalogie des Comtes de Provence, & époufa, le 10 Mai 1566, *Honorée de Graffe-du-Bar*, fille d'*Antoine*, Seigneur de Briançon, & de *Nicaife de Ruffan*. De ce mariage naquit entr'autres enfans :

VII. Pierre de Castillon, marié, le 4 Octobre 1598, à *Françoife de Varadier,* dont:

1. Jean de Castillon, mort dans les armées du Roi, étant Officier de Cavalerie;
2. Et François, qui fuit.

VIII. François de Castillon, Seigneur de Meaille, époufa, le 11 Avril 1624, *Madeleine de Varadier,* nièce de la précédente, fille de *Laurent*, Seigneur de Saint-Andiol, & de *Marguerite de Forbin-la-Barben*, dont il eut :

1. Pierre, qui fuit;
2. Honorée, qui époufa, en 1643, *Arnaud de Monyer*, Seigneur de Châteaudeuil, Préfident à Mortier au Parlement de Provence ;
3. Et Françoise, mariée à *Jofeph de Cays.*

IX. Pierre de Castillon, Marquis de Beynes, Grand-Sénéchal du Siège d'Arles, élu premier Conful d'Aix en 1680, en faveur duquel la Terre de Beynes fut érigée en Marquifat par Lettres du mois d'Avril 1673, enregiftrées au Parlement d'Aix le 12 Mars 1674. Il époufa, 1º le 9 Octobre 1645, *Lucrèce de Forbin-la-Barben*; & 2º l'an 1668, *Anne-Thérèfe de Scarron*, fille de *Thomas*, Marquis de Vavre & de Merighi, & de *Françoife de Diodé*. Du premier lit naquit:

Lucrèce, mariée à *Charles de Grimaldi*, Marquis de Réguffe.

Et du fecond lit :

Marc-Antoine, qui fuit;

N... de Castillon, mariée au Sieur de *Lahaud*, Gentilhomme Flamand;

Et N...de Castillon, mariée à noble de *Montfort*, Ecuyer de la Ville d'Arles.

X. Marc-Antoine de Castillon, Marquis de Beynes, époufa, à Montpellier en 1717, *Marianne du Ché*, fille de *Jean*, Avocat-Général en la Cour des Aides, & d'*Antoinette Gafon*, dont :

1. Jean-Pierre, qui fuit;
2. Et Anne, mariée à *Louis de Bouchet-de-Faucon*, Confeiller au Parlement de Provence.

XI. Jean-Pierre de Castillon, Chevalier, Marquis de Beynes, ci-devant Page de la Petite-Écurie du Roi, eft marié à Arles avec *N... de Serre*, Dame de la Roque, dont il n'a qu'une fille. Voy. BEINE ou BEYNES. Les autres branches de cette famille font éteintes.

Les armes : *de gueules, à trois annelets d'argent*, 2 en chef & 1 en pointe, avec cette devife donnée par le Roi René : *Bonté de Caftillon. (Hift. héroïq. de la Nobleffe de Provence,* tom. I, pag. 241.)

CASTILLON-DE-MOUCHAN, en Condomois.

Cette ancienne Nobleffe tire fon nom de la petite Ville de Castillon en Périgord (fameufe fous Charles IX, & encore plus fous Charles VII, par le fanglant fiège où périrent les valeureux Talbot, père & fils), au rapport du *Mercure de France*, du mois d'Août 1708, qui dit que cette famille s'étant établie dans le Condomois, en étoit une des plus anciennes. Elle remonte par actes, Lettres-Patentes, ceffions, donations faites par Edouard Ier, Roi d'Angleterre, à 1284, titres précieux qu'elle a découverts depuis peu.

I. Elie de Castillon, Ier du nom, qualifié *Miles*, Chevalier, vivant en 1284, avoit pour frère Arnaud de Mauvesin. Cet Elie eft connu par un acte d'Edouard Ier, Roi d'Angleterre, qui lui rendit la terre de Beaumanoir, & lui fit livrer le Château & la Châtellenie de Puinormand. Arnaud, fon frère, eft connu par une tranfaction de 1288, qu'il paffa avec le Roi Edouard, pour le péage ou Communauté des droits de la Vicomté de Juillac. Elie

-DE CASTILLON ent de fa femme, dont le nom eft ignoré :

Pons, qui fuit;

Et BARTHÉLEMY, établi en Périgord, où il forma une branche éteinte. On trouve, en faveur de ce BARTHÉLEMY DE CASTILLON, plufieurs Arrêts & tranfactions qui font dans le IIe vol. des Reg. du Parlement de Paris, datés de 1328 & 1333.

II. PONS DE CASTILLON, Ier du nom, qualifié *Miles*, nommé par Lettres-Patentes d'EDOUARD II, données à Weftminfter le 12 Mars 1307, Grand-Sénéchal de Saintonge, fut maintenu par d'autres Lettres-Patentes du 6 Mars 1333, d'EDOUARD III, fuccefleur d'EDOUARD II, dans la pofleffion de fes terres, & ce Prince lui accorda fa protection ainfi qu'à fes Vaffaux. Il eut de fa femme, dont le nom eft ignoré :

1. GUILLAUME-AMANIEU, qui fuit;
2. PIERRE, Chevalier, auquel le Roi EDOUARD III céda, par Lettres-Patentes du 24 Juin 1341, le Château & la Châtellenie de Montendre;
3. Et GUILLAUME, Chevalier.

III. GUILLAUME-AMANIEU, Ier du nom, Vicomte DE CASTILLON, fuccéda à fon père dans fes terres & charge, & y joignit, par acte du 4 Mars 1341, la Terre de Pellegrue avec la haute & baffe Juftice; mais il eft à préfumer qu'EDOUARD III le dépouilla de toutes les terres que lui & fes prédécefleurs avoient donné à fa famille, pour le punir d'avoir pris les armes en 1344 contre lui en faveur des Françcois, lorfque les Anglois defcendirent à Bayonne fous la conduite du Comte de Derby, & de ce qu'il s'étoit trouvé à la défenfe de Bergerac avec le Comte de l'Isle, qui en étoit Gouverneur pour PHILIPPE VI, Roi de France, avec les Comtes de Comminges, de Périgord, de Carmain, de Valentinois, de Mirande, de Duras, le Vicomte de Villemeur & plufieurs autres Seigneurs de la première diftinction, comme le rapporte Dupleix dans fon *Hiftoire de France*, p. 486; mais les affaires ayant changé de face en 1346, le Roi lui donna un fauf-conduit. Il eut de *Jeanne de Cazenave* :

1. PONS, qui fuit;
2. ELIE;
3. Et THÉOBALD.

IV. PONS, IIe du nom, Vicomte DE CASTILLON, qualifié *Miles*, & *Jeanne de Cazenave*, Tome IV.

fa mère, reçurent d'EDOUARD III, Roi d'Angleterre, le 4 Septembre 1354, les Terres de Caftillon, de la Marque, de Saint-Mambert, & toutes celles qu'ils avoient poffédées dans le Medone, avec la juftice; & les Lettres-Patentes en furent expédiées le 18 Juin 1358, à la réquifition du Comte de Grilly, Commandant en Condomois pour ce Prince, qui reftitua auffi le Château de Puynormand à ELIE DE CASTILLON, frère puîné de PONS II, ainfi que le bien de Gammaria. Par d'autres Lettres du 23 Mai 1362, le même Prince pour faire juftice à THÉOBALD DE CASTILLON, autre frère dudit PONS, le maintint dans la terre de Temburfe, dépendante de Saint-Mambert. PONS eut de fa femme, qu'on ne connoît point :

V. ROGER-BERNARD, Vicomte DE CASTILLON, de la Marque, de Saint-Mambert, &c., qui reçut d'EDOUARD III, le 20 Novembre 1372, la terre de *Mauvefin*, & par Lettres-Patentes du même jour la Viguerie de cette terre, poffédée depuis, fans interruption jufqu'à ce jour, par fes defcendans. Il eut pour fils :

VI. PONS, IIIe du nom, Vicomte DE CASTILLON, Seigneur de Mauvefin & autres lieux, qui fonda, en 1378, dans l'Eglife Cathédrale de Condom, une Chapelle appelée *Defcotis*, dont le titre original eft dans la famille. RICHARD II, Roi d'Angleterre, lui donna, au mois d'Avril 1393, un fauf-conduit pour fe rendre en Angleterre avec le Seigneur Florimond de Lefparre, & le Vicomte d'Orte, afin qu'il put traiter avec eux, & prendre les mefures néceffaires & relatives à l'état actuel des affaires de l'Aquitaine, ce qui fait voir certainement que s'il n'en étoit pas Gouverneur, il devoit au moins être revêtu d'une autre charge confidérable, ou jouir d'une grande confidération; ce qui le prouve eft une commiffion donnée par le même Prince en 1397, pour prendre poffeffion, au nom d'Egmond, Duc d'Yorck, du Château & Châtellenie de Mortagne fur la Gironde. RICHARD II lui donna le Gouvernement de la ville d'Aix, par Lettres datées d'Haverford le 13 mai 1399, & HENRI IV, fuccefleur de RICHARD II, par des Lettres-Patentes, datées de Weftminfter le 8 Février 1408, lui donna le Bailliage & Péage d'Artigues, dans le Duché d'Albret, qu'il réunit à la Seigneurie de Mauvefin, enclavée dans ladite Paroiffe, & qui s'étend dans cinq autres contiguës, où le Seigneur poſſeſſeur actuel de cette terre, a les fiefs & droits ſeigneuriaux, même dans la Paroiſſe d'Artigues, comme une Chapelle où eſt ſon banc & la ſépulture de ſes ancêtres, ce qui fait une ſeule & même Seigneurie. Le même HENRI, Roi d'Angleterre, par d'autres Lettres-Patentes, expédiées à Bordeaux le 1ᵉʳ Mai 1400, avoit donné à PONS, IIIᵉ du nom, la maiſon & terre de Tartas. Il eut pour fils & unique héritier :

VII. PONS, IVᵉ du nom, Vicomte DE CAS-TILLON, qui ſuccéda à ſon père dans toutes ſes terres, & auquel le Roi HENRI V confirma, en 1413, tous ſes droits ſur la maiſon & terre de Tartas, le Bailliage & péage d'Artigues, dont luiavoit fait don HENRI IV, ſon prédéceſ-ſeur. Par Arrêt du 1ᵉʳ Juillet 1415, donné à Weſtminſter, le même Prince oblige les Vaſ-ſaux du Vicomte DE CASTILLON à faire la garde & autres ſujétions au Château de la Marque & aux terres en dépendantes. On trouve dans le rôle Normand de 1420, un ſauf-conduit d'HENRI V, pour PONS DE CASTILLON, & dans le même rôle on voit que ce Prince avoit don-né l'Archidiaconé d'Evreux à JEAN DE CASTIL-LON. PONS, IVᵉ du nom, acquit en 1422, du Roi HENRI V, les droits que ſon prédéceſſeur pouvoit s'être réſervés ſur les Baronnies de Caſtillon, de la Marque, &c. HENRI VI, ſuc-ceſſeur de HENRI V, lui donna, par Brevet du 12 Octobre 1423, la garde du Château de Bi-dos en Aquitaine, & par autre du 6 Mars 1424, il le nomma Gouverneur de ce Château. En 1425, ſur des procès qu'on lui intenta, HENRI V, étant dans ſon Conſeil, rendit un Arrêt le 28 Avril de la même année, par le-quel il établiſſoit les droits de PONS DE CASTIL-LON ; et Arrêt rend invalide tant le teſtament de ſon aïeul que tous ceux qui avoient été faits en ſa faveur. Le même Prince, en 1426, en donna un autre, par lequel, pour rendre juſtice audit PONS DE CASTILLON, il déclare les droits qu'il devoit avoir ſur le domaine & la Baronnie de Caſtillon : cet Arrêt eſt du 14 Septembre, & par un troiſième, du 16 Juin 1429, ce Prince déclare que lui & ſon Conſeil ne pouvant pas juger un procès en appel, en-tre PONS DE CASTILLON & Gaſton de Foix, Comte de Longueville, pour une portion de la terre de Caſtelnau de Médoc, il nomme une Commiſſion pour l'inſtruire. PONS DE CASTILLON avoit épouſé *Jeanne de Salles*, re-mariée au comte de *Longueville*, fille &

ſœur de MM. de *Salles*, Chevaliers. Elle eut de ſon premier mari :

VIII. JEAN, Iᵉʳ du nom, Vicomte DE CAS-TILLON, qualifié *Miles*, qui obtint du Roi HENRI VI, en 1444, un Arrêt daté de Weſt-minſter, le 20 Octobre, pour nommer des Commiſſaires afin d'ouir & juger un procès que ſa mère, ſa tutrice, avant d'épouſer le Comte de Longueville, avoit intenté à Mé-dard de Durfort, Seigneur de Duras, pour les droits que ſon fils JEAN, Vicomte DE CASTIL-LON, avoit ſur la Maiſon de *Salles*, en vertu du teſtament de feu *Jean de Salles*, Cheva-lier. Ce fut dans ce tems, que les Anglois obligés de quitter la Guyenne, emportèrent & dépoſèrent dans la tour de Londres les pa-piers & titres d'un grand nombre de familles de cette Province. Cette révolution dérangea les affaires du Vicomte DE CASTILLON, & ſa Famille ne conſerva dans la ſuite & dans cette partie que la Seigneurie de *Mauvefin*, avec les fiefs dans la Paroiſſe d'Artigues, & autres en la juridiction de Moncrabeau, donnée par EDOUARD III, & augmentée, comme on l'a dit, de deux directes que JEAN DE CASTILLON laiſſa, en 1451, à ſes fils, qui reſtèrent Co-Seigneurs de ces objets, ce qui fait croire que leur père mourut ſans teſter, que l'un d'eux, GUILLAUME, ne ſe maria pas, ou qu'il mourut ſans poſté-rité, puiſque tous les biens furent réunis ſur la tête de MERIGON, fils d'AMANIEU, dont on va parler. JEAN laiſſa :

AMANIEU, qui ſuit ;
Et GUILLAUME, qui fut Lieutenant-Général pour le Roi à Condom, & mourut en 1520.

IX. AMANIEU DE CASTILLON, qualifié *Miles*, Co-Seigneur avec GUILLAUME ſon frère, ſont connus par pluſieurs contrats de vente, en-tr'autres par celui de 1473, d'un fief dans la ville de Condom, fait par GUILLAUME DE CAS-TILLON, à Mathieu Marcelli, paſſé devant *Raymond de la Sioutat*, Notaire de cette ville, dont l'original ſe conſerve dans la fa-mille. AMANIEU eut pour enfans :

MÉRIGON, qui ſuit ;
Et PIERRE, lequel fonda dans la Cathédrale de Condom, une proceſſion qui ſe fait tous les ans le lendemain de Saint-Joſeph, & ſe rend en l'Egliſe des Carmes de la même vil-le. Il mourut peu de tems après ſans allian-ce, & laiſſa tous ſes biens à ſon neveu JEAN DE CASTILLON, fils de MERIGON, ſon frère.

X. MERIGON DE CASTILLON, Seigneur de

Mauvefin, vendit, le 18 Octobre 1496, certains fiefs, dépendans de fadite Seigneurie, à Armand-Guilhem de Genfac. L'acte fut paffé par *Augier de Feumoufa*, Notaire de Moncrabeau, & l'original eft entre les mains du chef de cette famille. MERIGON eut pour fils:

XI. JEAN DE CASTILLON, IIe du nom, Seigneur de Mauvefin, marié, par contrat paffé au Château de Berrac en Condomois, le 30 Mars 1510, à *Anne de Berrac*, fille de noble *Gilles de Berrac*, Seigneur de Cadreil & autres lieux, & d'*Anne de Montlezun*, dont vint:

XII. GUY ou GUIRAUD DE CASTILLON, Ecuyer, Seigneur de Mauvefin, de Carbofte & de Lefcout, qui, par fon contrat de mariage, pour perpétuer le nom & les armes de fa Maifon, fuivant l'ufage entre *Nobles*, fubftitua les uns aux autres, tous les enfans qui naîtroient de ce mariage. Il ne vivoit plus le 15 Juin 1569. Il époufa, par contrat du 9 Juillet 1547, *Ifabeau du Bouzet*, fille de noble *Jean du Bouzet*, Seigneur de Roquepine & de Pouy, & laiffa:

1. GUY, mentionné dans un acte paffé en l'Evêché de Condom, le 13 Mars 1589, en préfence de Meffire N... Duchemin, Evêque; de N...... de Caffagnet, Gouverneur pour le Roi, & de tous les habitans, tant de Robe que d'Epée, qui *déclarent* d'une même voix qu'ils ont toujours reconnu GUY DE CASTILLON, pour un *Gentilhomme de la Religion Catholique, Apoftolique & Romaine*, ainfi que *fes Ancêtres*; & qu'il avoit un Régiment pour le Roi lors des troubles du Royaume. Il mourut fans alliance;
2. MICHEL, qui fuit;
3. Et CATHERINE, mariée, 1º par contrat du 15 Avril 1569, à noble *Odet de Montlezun*, Ecuyer, Seigneur de Pouy; & 2º par contrat du 5 Février 1579, à *Bernard de Patras*, Seigneur de Campagno.

XIII. MICHEL DE CASTILLON, Ier du nom, Ecuyer, Seigneur de Mauvefin, de Carbofte & de Lefcout, Capitaine d'une Compagnie de 200 hommes, par commiffion du 15 Mai 1589, avoit été un des 41 Capitaines, Gentilshommes Gafcons, qui échappèrent à l'affaut que donna Montluc au Mont de Marfan contre Montgommery, en 1589, fuivant Dupleix, p. 753 de fon *Hiftoire de France*. Un *Mémoire* domeftique dit auffi qu'il avoit été Meftre-de-Camp de fix Compagnies fous le Roi HENRI III. Il rendit hommage, le 22 Juin 1584, au Roi de Navarre, Duc d'Albret, pour fes Maifons & Terres nobles de Mauvefin & de Lefcout, & mourut avant le 26 Novembre 1596. Il avoit époufé, par contrat du 19 Janvier 1573, *Jeanne de Lupiac*, qui vivoit le 16 Septembre 1617, fille de *Bernard de Lupiac*, Seigneur de Montcaffin, & d'*Hélène de Nogaret*, tante de *Jean-Louis de Nogaret*, Seigneur de la Valette, Duc d'Epernon, Pair & Amiral de France, & laiffa:

1. JEAN, qui fuit;
2. LOUIS, mort avant le 14 Novembre 1612;
3. FRISE, mariée, par contrat du 26 Novembre 1596, à noble *Jean de Salles*, Seigneur de Mons, fils de *N... de Salles*, & d'*Antoinette de Biran*;
4. CHARLOTTE, mariée, par contrat du 7 Décembre 1612, à *Jean-Jacques Geftas de Floran*, Seigneur de Bouzon & de Betous;
5. Et CATHERINE, mariée, 1º par contrat du 31 Juillet 1619, à *Blaife de Noaillan*, Seigneur de Réaup; & 2º par contrat du 11 Juillet 1624, à *Jean-Jacques de Montefquieu*, Seigneur de Montefquieu, frère d'*Amanieu*, Seigneur de Saintrailles.

XIV. JEAN DE CASTILLON, IIIe du nom, Ecuyer, Seigneur de Mauvefin, de Carbofte & de la Concudfante, Capitaine au Régiment de Guyenne, Infanterie, rendit hommage au Roi, le 17 Mars 1613, pour fes maifons & terres nobles de Mauvefin, de Lefcout & de la Concudfante, mouvantes du Duché d'Albret, fut député par la Nobleffe de ce Duché avec Raymond de Montcaffin, pour affifter aux Etats-Généraux du Royaume, tenus à Paris en 1614. Il eft, dans la lifte de ces Députés, qualifié *Meffire, Chevalier & Baron de Mauvefin*. Il étoit, le 21 Octobre 1615, & le 6 Février 1616, Capitaine d'une Compagnie de 100 hommes de pied dans le Régiment de Guyenne: c'eft lui que regarde une commiffion donnée par Sa Majefté, le 26 Février 1619, au Sieur de *Mauvefin*, de Capitaine d'une Compagnie de 100 hommes de pied, du nombre des dix Compagnies qui devoient compofer le Régiment du Comte de Suze. Il fut auffi premier Capitaine du Régiment de Guyenne, toutes les trois fois que ce Régiment fut mis en pied, & Meftre-de-Camp, par commiffion du Roi du 28 Février 1619, laquelle fut produite dans l'inventaire des titres de la famille, lors de la recherche des faux nobles, faite par M. *Pellot*, le 11 Octobre 1667. Il mourut le 8 Janvier 1624. Il avoit épousé, par contrat du 27 Novembre 1611, *Marguerite de Bezolles*, qui fit hommage au Roi le 8 Janvier 1624, pour la Maison noble de Mauvesin, au nom de son fils aîné. Elle vivoit encore le 5 Janvier 1637, & étoit sœur de *Bernard*, Seigneur de la Graule, Gentilhomme ordinaire de la Chambre du Roi, Lieutenant de la Compagnie de 100 hommes d'armes du Seigneur de Roquelaure, Lieutenant-Général pour le Roi en Guyenne, & fille de *Jean de Bezolles*, Seigneur dudit lieu de Beaumont, de Mouchan, de la Graule, &c., & de *Paule de Narbonne*, fille de *Bernard de Narbonne*, Seigneur de Firmacon. Leurs enfans furent:

1. MICHEL, qui suit;
2. BERNARD, Seigneur de Mouchan, mineur le 5 Janvier 1637;
3. JEANNE, mariée à *Octavien de Masparault*, Seigneur du Buy & de Terrasson, dont *Madeleine de Masparault*, mariée, le 7 Avril 1664, à *Bertrand de Montalembert*, Seigneur de la Mothe & de Rouets;
4. Et MARIE DE CASTILLON qui, étant veuve, fonda de son patrimoine, en 1657, le Couvent des Religieuses de Notre-Dame de la ville de Mezin, avec des privilèges pour ses descendans de la Maison de CASTILLON, en ligne directe, dont la famille jouit depuis ce tems-là. Les Lettres-Patentes du Roi qui autorisent cette fondation, accordées à MARIE DE CASTILLON, au mois de Novembre 1685, furent enregistrées au Parlement de Bordeaux le 24 Juillet 1686. Elle épousa *François de Geré*, Seigneur de Sainte-Geime, dont elle n'eut point d'enfans.

XV. MICHEL DE CASTILLON, IIᵉ du nom, Ecuyer, Seigneur de Mauvesin, de Carboste, de la Concudsante, &c., qui, à l'âge de 21 ans, fut Enseigne de la Colonelle du Régiment de Calonges, servit en cette qualité en Hollande sous le Maréchal de Brezé, devint ensuite Gentilhomme ordinaire de la Chambre du Roi, & épousa, par contrat du 5 Janvier 1637, *Françoise de Cous*, fille de *Jacques*, Seigneur de la Rigodie, & de *Jeanne du Comte*. *Jacques de Cous* étoit fils de *Philippe de Cous*, & de *Marie du Chemin*, sœur de *Jean du Chemin*, quinzième Evêque de Condom, & fille de *Guy du Chemin*, & de *Jeanne de Comborn*, de l'illustre Maison des Vicomtes de *Comborn*. Il eut:

1. JEAN, qui suit;
2. JOSEPH, Prêtre, Docteur en Théologie, Cha-

noine & Prévôt de l'Eglise Cathédrale de Condom, dont il devint Doyen. Il fut présenté à LOUIS XIV, & Sa Majesté lui dit qu'elle avoit perdu, dans la personne de son frère JEAN, Seigneur de Mouchan, un de ses meilleurs Officiers, & qu'elle feroit toujours avec plaisir ce qu'elle pourroit pour l'avancement de ceux qui portoient son nom. Quelque tems après il fut nommé, le 1ᵉʳ Novembre 1710, à l'Abbaye de Flaran, Diocèse d'Auch. Le Roi d'Espagne demanda aussi un des neveux de M. de *Mouchan*, pour en prendre soin, & il partit pour Madrid, avec la permission de Louis XIV, dit un des *Mercures de France* de l'année 1708;

3. JEAN-FRANÇOIS, Seigneur de Courbian, de Mauvesin & de la Concudsante, qui fit hommage de ses deux dernières Terres, le 24 Juillet 1682, au Duc de Bouillon, comme Duc d'Albret. Il commanda la Noblesse à l'arrière-ban, qui fut convoqué à Medoc;

4. Autre JEAN, Seigneur de Mouchan, Mousquetaire de la première Compagnie de la Garde ordinaire du Roi, puis Brigadier de la même Compagnie, Capitaine au Régiment de Bourbonnois, Infanterie, par Commission du 5 Juillet 1687, & Capitaine de Grenadiers au même Régiment, par Commission du 23 Février 1702. Il servit la même année en Italie, fut fait Colonel Réformé à la suite du même Régiment, par Lettres du 5 Janvier 1703, &, le 20 Octobre 1704, Major-Général d'Infanterie, sous le Maréchal de Tessé, en Espagne; reçut ordre, le 1ᵉʳ Avril 1705, en qualité de Colonel Réformé, de se rendre à la suite du Régiment d'Orléans, Infanterie; fut fait Brigadier d'Infanterie le 4 Octobre suivant; reçut un nouvel ordre, le 7 Février 1706, d'aller servir, en cette qualité, en Espagne, sous le Maréchal de Tessé; & le 4 Avril 1707, en la même qualité de Major-Général d'Infanterie, sous les Duc d'Orléans & Maréchal de Berwick; fut fait, au mois de Mai de la même année, Colonel du Régiment de Sillery, Infanterie; reçut un autre ordre, le 10 Mai 1708, d'aller servir en Espagne, en qualité de Major-Général, sous le Duc d'Orléans; fut choisi par LOUIS XIV pour être un des six Gentilshommes qu'il attacha à la personne de PHILIPPE V, lorsqu'il fut prendre possession de la Couronne d'Espagne; & le seul que le Roi, après son passage en Espagne, retint auprès de sa personne. Il fut tué au siège de Tortose le 25 Juin 1708, fort regretté de toute l'armée, & n'avoit point été marié;

5. & 6. MARGUERITE & LOUISE, Religieuses au

Monaſtère de Notre-Dame de Mezin, fondé par Marie de Castillon, leur tante.

XVI. Jean de Castillon, IVᵉ du nom, E-cuyer, Seigneur de Mauveſin, Carboſte, &c., d'abord Page du Roi dans ſes Ecuries, en-ſuite Mouſquetaire de ſa Garde en ſa première Compagnie, produiſit ſes titres devant M. *Pel-lot*, Intendant de Guyenne, & fut maintenu dans ſa nobleſſe le 11 Octobre 1673. Il épouſa, par diſpenſe de la Cour de Rome, du 18 Juin 1671, contrat paſſé le 20 Juin 1673, *Margue-rite de Mélignan*, fille de *Jean-Bernard de Mélignan*, Seigneur de Trignan, & de *Claire de Noaillan*, dont :

1. Jean-François, qui ſuit ;
2. Autre Jean-François, Seigneur de Car-boſte, Prévôt de l'Egliſe de Condom ;
3. Marguerite, dite *Mademoiſelle de Caſtil-lon*, morte ſans alliance ;
4. Françoiſe, dite *Mademoiſelle de Mouchan*, morte fille ;
5. Et N... de Castillon, dite *Mademoiſelle de Corbian*, Religieuſe au Monaſtère de Notre-Dame de Mezin.

XVII. Jean-François de Castillon, E-cuyer, Baron de la Salle, Seigneur de Mau-veſin, de Carboſte & de la Concudſante, Lieu-tenant dans le Régiment de Bourbonnois, In-fanterie, épouſa, par contrat du 23 Février 1702, *Marie de Faulong (a)*, fille de *Jean*, & d'*Iſabeau de Gerbous*, dont :

1. François, Chevalier, Seigneur de Mou-chan, né le 20 Décembre 1704, Sous-Bri-gadier dans la première Compagnie des Mouſquetaires de la Garde ordinaire du Roi, & Chevalier de Saint-Louis, mort de ſes bleſſures à la bataille de Dettingen, le 27 Juin 1743. Il avoit épouſé *Catherine de Joigny de Bellebrune*, remariée à *Jean-*

(a) Cette famille de *Faulong* eſt une ancienne Nobleſſe, ſuivant le certificat du Juge d'armes de France, & lors de la demande des francs-fiefs qui fut faite à *Nicolas de Faulong* par des partiſans ; il en porta ſa plainte par-devant Sa Ma-jeſté, qui lui donna ſes Lettres - Patentes, dans leſquelles elle déclare que vû les titres & la Gé-néalogie de ſon amé de *Faulong*, Ecuyer, il eſt iſſu d'une ancienne Nobleſſe qui a toujours joui des prérogatives, & en conſéquence Sa Majeſté déclare que lui & ſes deſcendans jouiront des droits dont ont joui ſes ancêtres, & dont ont droit de jouir tous les Nobles de ſon Royaume, & qu'il ſoit inſcrit, s'il ne l'a pas été, dans le Ca-talogue des Nobles de la Province de Guyenne. *Signé* Louis.

Baptiſte - Henri de Fayard, Seigneur de Malboug & de Calonges. Ils eurent :

Un fils, mort jeune, en 1773 ;
Et Marie-Anne.

2. Joseph, qui ſuit ;
3. Jean, Seigneur de Carboſte, né le 27 Août 1709, Prêtre, Docteur en Théologie, Pré-vôt & Chanoine de l'Egliſe Cathédrale de Condom, Grand - Vicaire de ce Diocèſe & Prieur de Buzet ;
4. Autre Joseph, né le 3 Octobre 1712, d'a-bord Cadet & Gentilhomme dans la Mari-ne, puis Lieutenant des troupes du dépar-tement de Rochefort, mort dans un voyage de long cours ;
5. Jean - François, Chevalier, Seigneur de Mauveſin, né le 22 Mai 1714, Capitaine d'Infanterie dans le Régiment de Mont-boiſſier ;
6. Jean, Seigneur de la Salle, né le 1ᵉʳ Février 1715, Prêtre, Curé de Trignan ;
7. Michel, né le 22 Février 1717, auteur de la ſeconde branche de *Caſtillon de Mouchan*, rapportée ci-après ;
8. Louiſe, dite *Mademoiſelle de Mauveſin*, née le 22 Février 1708, Religieuſe au Mo-naſtère de Notre-Dame de Mezin ;
9. Eliſabeth, née le 9 Février 1711 ;
10. Marie, née le 8 Août 1718, mariée à *Louis le Sueur de Perès*, Seigneur de Pujols, de Bidet, de la Morclerc, &c. ;
11. Marguerite, née le 1ᵉʳ Octobre 1719, Re-ligieuſe au Monaſtère de Notre - Dame de Mezin ;
12. Et Françoiſe de Castillon, née le 7 Mai 1721, mariée, par contrat du 24 Juin 1749, à *François Dudon*, oncle de N.... *Dudon*, Procureur - Général au Parlement de Bor-deaux.

XVIII. Joseph de Castillon, Chevalier, Seigneur de Mouchan, de Mauveſin, né le 21 Septembre 1706, fait le 28 Janvier 1725 En-ſeigne de la Compagnie Colonelle du Régi-ment de Foix, Infanterie, & ſucceſſivement Lieutenant d'une même Compagnie au Régi-ment, obtint, le 24 Novembre 1734, un Bre-vet d'Aide - Major de ce Régiment ; & le 23 Février 1735 une Commiſſion pour y tenir rang de Capitaine. Il a épouſé, 1° par contrat du 16 Juillet 1736, *Marie-Anne de Chante-grit*, veuve de *Jean-Baptiſte du Barry*, Sei-gneur de la Salle, ancien Garde-du-Corps du Roi, & fille d'*Antoine de Chantegrit*, an-cien Capitaine au Régiment de la Vieille-Marine, & de *Marie de Baudouin* ; & 2° par contrat du 10 Juin 1743, *Marie-Anne de Bi-*

gos de Belloc, fille de *Joseph-François*, Seigneur de Belloc, & de *Marie de Gerbous de la Grange*. Du premier lit sont issus :

1. Joseph, qui suit ;
2. Antoine, Chevalier, né le 24 Juin 1737, Lieutenant au Régiment de Belsunce, Infanterie, en Février 1756, devenu Capitaine le 4 Août 1772, puis Capitaine dans la Légion de Nassau le 16 Août 1779. Il épousa, en 1774, *Marie-Marguerite-Victoire Prevost*, fille de *Charles*, Lieutenant de Cavalerie, dont :

> Charles-Auguste ;
> Antoine-Louis-Charles, Chevalier ;
> Et Marie-Jeanne-Victoire de Castillon.

3. Et Marie-Anne, née le 1er Août 1741, mariée à *Joseph de Vacquieuse*, Seigneur de la Morague, mort.

Du second lit sont issus :

4. Autre Joseph, Chevalier, dit *le Baron de Castillon*, né le 14 Avril 1744, Capitaine au Régiment de Bassigny, Infanterie, Major de la ville de Besançon en 1779, qui épousa, par contrat passé le 31 Juillet 1775, à Besançon, *Antoinette-Françoise-Marie Boutin*, fille de Messire *Thomas*, Seigneur de Diancourt, & de *Pierrette-Philiberte de Rigoine de Chantal*, dont :

> Pierrette - Joséphine – Victoire - Clotilde, née le 1er Juin 1776.

5. Marie-Anne, née le 12 Mars 1750 ;
6. Jean-François, né le 2 Août 1751, Docteur en Théologie, Prieur de Saint-Jean de Mascalac, le 5 Janvier 1774, Prêtre, Vicaire-Général de Lombès en Juillet 1777, pensionné du Roi par Brevet du 11 Octobre 1778, donné à Marly, S. M. y étant ;
7. Autre Antoine, né le 10 Octobre 1752, Prêtre, Docteur en Théologie de l'Université de Toulouse par Lettres du 30 Juin 1775 ;
8. Un troisième Joseph, né le 26 Juillet 1755, Chevalier, Lieutenant au Régiment de Bassigny ;
9. Et Jean-Armand de Castillon, né le 8 Avril 1759, Lieutenant au même Régiment.

XIX. Joseph de Castillon, IIe du nom, Chevalier, Baron de Mauvesin, Seigneur de la Concudsante, né le 28 Mai 1737, fut en 1746, Lieutenant au Régiment de Montboissier, depuis Joyeuse, & aujourd'hui Vaubecourt, dont il est sorti le 18 Mars 1756. Depuis la Réforme faite en 1748, il a été Page du Roi dans sa Grande-Ecurie le 1er Juillet 1753, suivant qu'il paroît par un certificat de M. le

Comte de Brionne, Grand-Ecuyer de France, en date du 18 Mars 1756, puis rentré dans le même Régiment en qualité de Capitaine, & Chevalier de Saint-Louis, avec pension du feu Roi, a été dangereusement blessé dans les guerres du Hanovre. Il épousa, par contrat du 23 Janvier 1769, *Marie-Anne Dudon*, sa cousine germaine, née le 22 Septembre 1750, fille de *François*, & de *Françoise de Castillon*. Ils eurent :

1. Antoine-Joseph- Anne -Gonsalve , né le 9 Mars 1779 ;
2. Marie, née en Octobre 1772 ;
3. Louise, née le 25 Décembre 1773 ;
4. Marie-Marguerite-Jeanne, née le 18 Mai 1775 ;
5. Et autre Marie, née en 1776.

SECONDE BRANCHE
de Castillon de Mouchan.

XVIII. Michel de Castillon, Comte de Mouchan, né le 26 Février 1717, septième fils de *Jean-François*, & de *Marie de Faulong*, Chevalier de Saint-Louis, Lieutenant-Colonel du Régiment de Bassigny, Infanterie, s'est retiré en 1778, après 45 ans de service, en considération desquels Sa Majesté lui a accordé une pension de 3000 livres. Il épousa, le 16 Mars 1755, *Marie de Compagne de Barjoneau*, fille de *François*, & de N... *de Barjoneau*, dont :

1. Dominique, Chevalier, né le 13 Août 1771 ;
2. Marie, née le 17 Octobre 1759 ;
3. Louise - Françoise, née le 10 Novembre 1764, morte à Saint-Cyr, où elle avoit été reçue en 1773, ainsi que sa sœur cadette ;
4. Et Marie-Anne, née le 28 Août 1768.

Les armes : *écartelé, aux 1 & 4 de gueules, à trois tours d'argent, posées 2 & 1 ; aux 2 & 3 d'azur, à un rocher d'argent, mouvant de la pointe de l'écu.*

CASTRES, Ville dans l'Albigeois, que Simon, Comte de Montfort, conquit & donna à son frère Guy de Montfort, Seigneur de la Ferté-Aleps en Beauce, qui l'avoit accompagné dans son expédition contre les Albigeois. Il fut père de Philippe, Seigneur de Castres, qui laissa Philippe II, dont la seconde fille, Eléonore de Montfort, devint Dame de Castres & de la Ferté-Aleps, qu'elle porta à son mari Jean V, Comte de Vendôme, père de Bouchard VI, qui eut Jean VI, en faveur duquel la Seigneurie de *Castres* fut érigée en

Comté par Lettres du 25 Août 1356. Il eut :

Bouchard VII, qui mourut fans enfans en 1400 ;

Et Catherine de Vendôme, qui devint héritière des Comtés de Vendôme & de Caftres. Elle époufa Jean de Bourbon, Comte de la Marche. Louis de Bourbon, fon fecond fils, eut en partage les biens de fa mère.

Le Comté de Caftres paffa de la Maifon des Comtes de Vendôme dans celle des Comtes d'Armagnac. Louis XI l'ayant faifi fur le dernier Seigneur de la Maifon d'Armagnac, le donna à *Boiffilis del Guidice*, à la mort duquel ce Comté fut réuni à la Couronne.

*CASTRIES, en Languedoc, Diocèfe de Montpellier, Terre, Seigneurie & Baronnie qui fut acquife le 19 Avril 1495 de *Guillaume de Pierre*, Seigneur de Ganges, par *Guillaume de la Croix*, Gouverneur de Montpellier depuis 1493, & cinquième aïeul de René-Gaspard de la Croix, Maréchal-des-Camps & Armées du Roi, Gouverneur & Sénéchal de Montpellier, créé *Marquis de Caftries* en Mars 1645, & honoré du Collier des Ordres le 31 Décembre 1661. Voy. CROIX-DE-CASTRIES.

CASTRO, famille ancienne & illuftre de Portugal & d'Efpagne ; elle porte : *d'argent, à fix tourteaux ou befans d'azur, 2, 2 & 2*.

Ceux de la Maifon de *Caftro* qui defcendent de Ferdinand de Castro, Comte de Caftro-Xeris, portent : *d'or, à treize tourteaux d'azur, 3 par 3 & 1 au bas de l'écu*.

Cette Maifon vient de Nuno Belchide, Gentilhomme Allemand de Cologne, venu en Efpagne l'an 884, où il époufa *Imlla*, fille du Comte *Diegue de Porcellos*, le même qui peupla la ville de Burgos. De lui naquit :

Nuno-Razura, l'un des Juges de Caftille, & qui fut père de :

Thérèse Nunes, époufe d'*Alain Calvo*, auffi Juge de Caftille, qui eut :

Ferdinand Laines, de qui defcendoit le *Cid Ruy Dias de Bivar*, marié à *Diegue Laines ;*
Bermudo ;
Alain ;
Et Diè_gue, qui s'établit à Penafiel, peupla cette Ville, & eft la tige de la Maifon de Castro. Voilà l'origine de cette Maifon, felon quelques Généalogiftes.

Pierre, Comte de Barcellos, célèbre Généalogifte & bâtard de Denis, Roi de Portugal, commence cette Maifon à

Gutterre, à qui il donne une fille nommée *Gontro de Goterre*, époufe de *Nuno-Alvar Damaya*, qui étoit bâtard d'Alphonse V, Roi de Léon, mort en 1027, & fut père, dit ce Généalogifte, de Ximène-Nunes, qui époufa Ferdinand Laines, frère de Diè_gue Laines, époufe du *Cid Ruy Dias de Bivar*, dont Alvar-Fernandes, Seigneur ou Châtelain de Caftro-Xeris, qui époufa Dona *Mecie* ou *Melice Anzures*, fille du Comte *Pierre Anzures de Caton*, dont Marie-Alvar, époufe de *Ferdinand Fernandes*, qui a fuccédé dans les biens & Seigneuries de la Maifon de *Caftro*.

On en trouve la Généalogie dans Moréri, fuivant l'opinion du favant Louis de Salazar-de-Castro, dans fon Livre intitulé *Glorias de la Cafa Farnèfe*, ce qui eft très-avéré & prouvé par plufieurs titres.

Dom Pierre-Fernandez de Castro, furnommé *le Caftillan*, né en 1155, mourut en 1214. Il époufa, felon les auteurs Efpagnols, Ximène Grines ; & felon les Auteurs Portugois, il époufa *Marie Sanche*, dont :

Alvar-Pires, qui fuit.

Dom Pierre-Fernandez de Castro eut pour bâtard :

Ferdinand-Pires, auteur de la branche de *Caftro de Melgaço*, rapportée ci-après.

Alvar-Pires de Castro eut pour defcendant :

Dom Salvador-François de Castro, dernier rejeton de la branche aînée, qui ne laiffa que des filles.

Les autres branches font celles :

Des Comtes de Monsanto, Marquis de Castres,

Des Seigneurs de Monsanto,

Des Seigneurs de Valbelhas,

Des Seigneurs de Boquilobo,

Des Seigneurs de Reris,

Des Comtes de Mesquitella,

Des Seigneurs de Lanhoso, Comtes de *Bafto*. Voyez Moréri.

BRANCHE
de Castro de Melgaço, *en Galice*.

Ferdinand-Pires, bâtard de Dom Pierre-Fernandes de Castro, laiffa :

Jean-Fernandes de Castro, dont :

Ferdinand-Eanes de Castro, qui eut pour defcendant :

ANTOINE DE MELLO DE CASTRO, qui n'étoit pas marié en 1734.

BRANCHE
des Comtes DAS GALVEAS, iſſue de la précédente.

ANTOINE DE MELLO DE CASTRO, troifième Comte das Galveas, époufa Dona *Agnès de Lancaſtro*, dont il n'avoit pas d'enfans en 1734.

CASTRO DO RIO. On commence la Généalogie de cette Maiſon par

DIEGUE DE CASTRO DO RIO, qui vivoit du tems du Roi JEAN III, qui l'honora fort de ſa bienveillance. Il eut pour defcendant:

FRANÇOIS-VINCENT-XAVIER FURTADO, DE CASTRO-RIO DE MENDOÇA, né le 30 Avril 1719, qui a été Capitaine dans le Régiment de Campo-Mayor, Infanterie.

Les armes: *d'argent, à deux faſces ondées de ſinople, avec neuf tourteaux de gueules, 3, 3 & 3, mis en faſce.*

CATELAN, porte: *d'argent, au levrier paſſant de ſable, colleté d'or; au chef de gueules, chargé de trois molettes d'éperon d'or.*

◊ CATHALAN, famille noble de Provence, dont les actes fucceſſifs, qui en font mention, font une preuve inconteſtable de fon ancienneté en Provence. Le premier dont on a connoiſſance eſt

I. GUILLAUME DE CATHALAN ou GUILLELMUS CATHALANI, qui ſe trouva, l'an 1160, parmi les Seigneurs-Gentilshommes qui aſſiſtèrent à l'accord paſſé entre Raymond V, Comte de Touloufe, & Conſtance, ſa femme d'une part; & l'Abbé de Saint-Gilles, de l'autre; il fut préfent, en 1160, avec pluſieurs autres Seigneurs à la vente d'un pré & d'un marais de biens, faite par le même Raymond & ſa femme au chapitre de Saint-Gilles; lorſqu'en 1178, les Vicomtes de Marfeille exemptèrent les Chevaliers de Saint-Jean de Jérufalem du péage & autres droits, GUILLAUME DE CATHALAN fut du nombre des Gentilshommes appelés pour être préfens à l'acte. Il eut pour fils & fucceſſeur:

II. GUILLAUME DE CATHALAN, IIe du nom, qui ſe trouva du nombre des Gentilshommes appelés, en 1209, à une donation faite par Garfandre, femme d'Alphonfe II, du Comté de Forcalquier, à Raymond Béranger, ſon fils, en 1214, les mêmes témoins furent rappelés pour la ratification de la même donation, & GUILLAUME DE CATHALAN fut du nombre des Gentilshommes qui ſignèrent la confédération faite en 1228, entre Raymond Béranger & la ville d'Arles, contre Marſeille. Il eut pour fils:

III. JACQUES DE CATHALAN ou JACOBUS CATHALANI, qui fut du nombre des Gentilshommes qui accompagnèrent Charles d'Anjou allant combattre Mainfroy, en 1264. Il laiſſa pour fils:

IV. DEOTATUS CATHALANI, nommé Commiſſaire, en 1310, à l'interrogatoire des Templiers, qui laiſſa pour fucceſſeur:

V. ANTOINE DE CATHALAN, Conful de Marſeille en 1360; l'âge feul donnoit alors le pas. Il laiſſa:

ANTOINE, qui fuit;
Et PIERRE DE CATHALAN, Abbé de Franquevaux, en 1390.

VI. ANTOINE DE CATHALAN, IIe du nom, eſt nommé parmi les illuſtres Barons qui s'oppoſèrent au Duc d'Anjou. Il laiſſa:

VII. FRANÇOIS DE CATHALAN, qui eut de ſa femme, dont le nom eſt ignoré:

VIII. PIERRE DE CATHALAN, Seigneur de Verdacher, Terre qu'il eut par héritage, & de laquelle il prêta hommage en 1506. Il fut Conful d'Aix, du rang des nobles, en 1517, & fit donation entre-vifs de tous ſes biens à ſon fils HONORÉ. Il avoit époufé, à Aix, en 1481, noble *Antoinette de Planſſe*, dont:

1. HONORÉ, qui fuit;
2. LOUIS;
3. MARGUERITE, mariée à noble *François de Gombeſt;*
4. DELPHINE, mariée à noble *Alexis de Gaufredy;*
Et deux autres filles, dont une Religieufe à Sainte-Claire à Aix, en 1516.

IX. HONORÉ DE CATHALAN, Seigneur de Verdacher, prêta hommage de ſa Terre en 1529; il fut, ainſi que ſon frère, du nombre des Gentilshommes proclamés par CHARLES-QUINT en 1535, & furent obligés de quitter leur pays. Il eut:

X. JACQUES DE CATHALAN, IIe du nom, qui laiſſa:

XI. PIERRE DE CATHALAN, IIe du nom, Aide-Major du Régiment aujourd'hui Lyonnois, qui mourut èn 1677, à Ath en Hainaut, fes bleffures. Il avoit époufé *Anne Paraire*, dont:

XII. Jacques de Cathalan, III° du nom, marié en Languedoc, à *Marie de Cauffe*, dont:

1. Jacques, qui fuit;
2. Et Etienne de Cathalan, rapporté après la poftérité de fon frère.

XIII. Jacques de Cathalan, IV° du nom, époufa *Marie-Thérèfe de Rua de Paradis*, dont:

XIV. Jacques-Christophe de Cathalan, marié, en Languedoc, à *Prifcile-Madeleine de Dejan-Caderouffe-de-Montval*, dont plufieurs enfans en bas âge, en 1786.

XIII. Etienne de Cathalan, fecond fils de Jacques, III° du nom, & de *Marie de Cauffe*, époufa en Languedoc, *Marie d'Hugues*, dont:

XIV. Jacques-Joseph-Etienne de Cathalan.

Les armes: *de gueules, à trois bandes d'or.*

CATHUS, en Poitou. Jean Cathus, Chevalier, Seigneur du Bois près Beauvoir-fur-Mer, qui vivoit en 1323, eut:

1. Hugues, qui fuit;
2. Et Jean, Chevalier, qui époufa, en 1375, *Jeanne Droueline*, dont il n'eut point d'enfans.

Hugues Cathus, Chevalier, Seigneur du Bois & de Saint-Generoux, époufa, 1° fans enfans, *Henriette Châteigner*, veuve de *Jean de Chevigné*, Seigneur de l'Effart; & 2° *Jeanne Jouffeaume*, dont il eut:

1. Jean, qui fuit;
2. Et Françoise, mariée à *Pierre Defcloudis*, Seigneur de Parnay.

Jean Cathus, Seigneur des Granges, du Bois, Saint-Generoux & de Linaux, époufa, 1° *Marguerite Voyer*; & 2° *Robinette du Pleffis*. Il eut du premier lit:

1. Charles, qui fuit;
2. Maurice, mort fans lignée;
3. Marguerite, morte fille;
4. Marie, mariée à *Balthafar Cailleteau*, Seigneur de Roncelotière.

Du fecond lit vint:

5. Et Louis, Seigneur de Laffi, rapporté après fon frère aîné.

Charles Cathus, Seigneur des Granges & de Saint-Generoux, époufa *Jeanne Châtei-*

gner, fille de *Pierre*, Seigneur de la Roche-Pofay, & de *Jeanne de Varèze*, dont il eut: Jean, Seigneur des Granges, mort fans lignée.

Louis Cathus, Seigneur de Laffi, Capitaine de Talmond, fils de Jean, & de *Robinette du Pleffis*, fa feconde femme, époufa *Catherine de Confdun*, fille de *Guy*, Seigneur de Chaliez, & de *Catherine de Ponffart*, dont:

1. Jean, qui fuit;
2. Marguerite, mariée à *Jean Jouffeaume*, Seigneur de Lauge-Forgereufe, fils de *Jacques*, & de *Jeanne de la Roche*;
3. Anne, mariée à *Chriftophe des Granges*, Seigneur de la Gafconnière & de Beauchêne;
4. Et Françoise, mariée à *Pierre de Halledey*, Seigneur de Fonfrède.

Jean Cathus, Seigneur des Granges & de Linaux, Capitaine de Talmond, époufa 1° *Marie du Verger*; & 2° *Marie de Nuchèzes*, veuve d'*Antoine de Fouilloux*. Il eut du premier lit:

1. Claude, mariée à *Pierre des Nouches*.

Et du fecond lit:

2. Hardi, qui fuit;
3. Guillaume, Abbé de Boisgroslaud;
4. Claude, mort fans avoir eu d'enfans de *Françoife Legure*;
5. Et François, auffi mort fans hoirs.

Hardi Cathus, Seigneur des Granges, époufa *Jeanne du Fouilloux*, dont il eut:

1. Joachim, Seigneur des Granges, mort fans enfans;
2. Urbain, auffi mort fans enfans;
3. Marie, mariée 1° à *Jean de la Haye*, Seigneur de la Haye & de Jouzé; & 2° à *Gabriel de la Rye*, Seigneur de la Cofte & de Mezières;
4. Et Jeanne, mariée à *Etienne de Faye*, Seigneur de la Razillière.

CATINAT, famille éteinte, originaire de Mortagne-au-Perche, qui a donné un Maréchal de France, dont nous parlerons ci-après, & qui remonte à

Nicolas Catinat, Seigneur de Bougis, Lieutenant-Général de Mortagne-au-Perche, qui vivoit encore en 1583. Il eut de *Guillelmine de Boyères*:

1. Pierre, qui fuit;
2. Renée, mariée, en 1587, à *Gilles Galeran Creftot*, Receveur des Décimes du Perche, mort en 1601;

3. Et Louise, mariée à *Guillaume Flottey*, Sieur de la Bigotière.

Pierre Catinat, Seigneur de la Fauconnerie & de Cirey, Conseiller au Parlement de Paris le 27 Février 1587, mourut en 1626. Il épousa, le 29 Juillet 1587, *Geneviève Ligier*, morte le 14 Octobre 1604, âgée de 36 ans, fille de *Jacques*, Tréforier de la Maifon du Cardinal de Bourbon, Secrétaire du Roi, & de *Marie Buchaut*. De ce mariage vinrent :

1. Pierre, qui fuit ;
2. Georges, Lieutenant-Général à Tours, puis Abbé de Saint-Julien de cette Ville, mort le 29 Décembre 1652 ;
3. Jacques, Seigneur de Bougis, Secrétaire du Roi en 1630 ;
4. Guillaume, mort Conseiller au Parlement ;
5. Claude, mariée à *Guillaume Morel*, Sieur de Putanges ;
6. Et Geneviève, mariée à *Mathurin de Rubentel*, Seigneur de Maudetour & de Soify, dont un Capitaine aux Gardes, & depuis Lieutenant-Général.

Pierre Catinat, Conseiller au Parlement de Paris le 5 Mai 1623, mort Doyen en 1673, avoit épousé, le 8 Janvier 1621, *Françoise Poille*, Dame de Saint-Gratien, morte en Juillet 1649, fille de *Jacques*, Conseiller au Parlement de Paris, & de *Catherine Tiraqueau*, dont entr'autres enfans :

1. René, qui fuit ;
2. Pierre, Abbé de Saint-Julien de Tours, mort en 1676 ;
3. Clément, né en 1636, Prieur de Saint-Jauron, puis Abbé de Saint-Julien, mort en 1687 ;
4. Nicolas, né le 1er Septembre 1637, Capitaine aux Gardes, Maréchal-de-Camp en 1680, Lieutenant-Général en 1688, Maréchal de France le 27 Mars 1693, mort fans alliance le 22 Février 1712. Voy. fon article dans *Moréri* & le P. *Anselme ;*
5. Charles-François, Capitaine aux Gardes, tué au fiège de Lille en 1667, âgé de 32 ans ;
6. Guillaume, auffi Capitaine aux Gardes, mort fans alliance le 19 Mars 1701 ;
7. Françoise, née en 1627, morte le 19 Mars 1702, mariée, le 21 Janvier 1652, à *Claude Pucelle*, Avocat au Parlement ;
8. Et Antoinette, née en 1647, Religieuse à la Ville l'Evêque, morte en Mai 1738 ;
Et un fils, & fept filles, mortes jeunes.

René Catinat, Seigneur de Saint-Mars &

de Courtroye, né le 30 Avril 1630, Conseiller au Parlement de Paris, le 29 Mai 1655, puis Conseiller d'honneur au même Parlement, mourut fubitement le 24 Janvier 1704. Il avoit épousé *Françoise Frézon*, morte en Juillet 1720, fille de *François*, Correcteur des Comptes, & de *Catherine Feydeau*, & eut :

1. Louis, Abbé de Saint-Julien, mort en Juillet 1714, âgé de 51 ans ;
2. Et Pierre, qui fuit.

Pierre Catinat, Seigneur de Saint-Mars, & enfuite de Saint-Gratien, né le 10 Avril 1670, Conseiller au Parlement de Paris le 2 Janvier 1697, mourut le 26 Juillet 1756. Il épousa, le 8 Juin 1700, *Marie Fraguier*, fille de *Nicolas Fraguier*, Conseiller au Parlement, & de *Jeanne Charpentier*, dont :

1. Marie-Renée Catinat, Dame de Saint-Gratien, née le 27 Novembre 1701, mariée, 1º en 1724, à *Jacques-Antoine de Saint-Simon*, Marquis de Courtomer, Colonel au Régiment de Soiffons, mort le 19 Juin 1724, & 2º le 29 Août 1726, à *Guillaume de Lamoignon*, Seigneur de Montrevault, Maître des Requêtes, puis Préfident à Mortier au Parlement de Paris, dont il n'y a point eu d'enfans ;
2. Marie, Religieufe à la Ville l'Evêque ;
3. Et Marie-Françoise, née le 3 Décembre 1703, mariée à *Jean-François le Vayer*, Maître des Requêtes, mort le 5 Mai 1764.

Les armes : *d'argent, à la croix de gueules, chargée de neuf coquilles d'or.*

CATTOLICA, Maifon illuftre de Sicile, dont les Seigneurs portent le titre de Prince. Le Prince de ce nom eft Grand d'Efpagne.

CAUCHON, famille qui a donné un Evêque & un Comte de Beauvais dans Pierre Cauchon, fous le règne de Charles VI. Cette Maifon s'eft divifée en différentes branches, qui font celles : 1º des Seigneurs de *Godard* & de *Savigny-fur-Arde ;* 2º des Seigneurs de *Cillery* & de *Puifeux ;* 3º des Seigneurs de *Vercenay*, de *Dugny*, de *Lery*, de *Muifon*, d'*Avifi* & de *Vigueux ;* 4º des Seigneurs du *Fay* & de *Sommièvre ;* 5º des Seigneurs de *Condé* & de *Treslon ;* 6º des Seigneurs du *Terrier*, Barons de *la Sainte-Ampoule*, de *Neuflize*, Vicomtes d'*Unchair ;* 7º & des Seigneurs de *Maupas*, Barons du *Tour*, dont étoit Henri Cauchon-de-Maupas, Abbé de Saint-Denis de Reims, premier Aumônier de la Reine, mère du Roi Louis XIV, Evêque du Puy, enfuite d'Evreux, mort en 1681.

On peut, fur ces diverfes branches, confulter le *Nobiliaire de Champagne.*

Les armes : *de gueules, au griffon d'or.*

*CAULAINCOURT. Cette noble Maifon, l'une des plus anciennes de la province de Picardie (*è præcipuâ militis Nobilitate,* dit M. de Thou), porte le nom de l'ancienne Châtellenie de Caulaincourt, qui peut le lui avoir donné; ce qui paroît faire remonter néceffairement cette ancienne Maifon, dont on ne connoît point d'époque, à l'origine des fiefs. Cette Châtellenie, qui eft fituée près de l'ancienne Capitale du Vermandois, à trois lieues des Villes de Saint-Quentin, Péronne & Ham, & à laquelle furent unies les Terres de Beauvoir, de Verchi & de Tombes, a été érigée en *Marquifat* par Lettres-Patentes du mois de Décembre 1714, enregiftrées au Parlement & en la Chambre des Comptes de Paris les 29 Juillet & 21 Août 1715 ; & comme ce titre de *Châtellenie* y avoit été omis par inattention, ce même titre a été confirmé par autres Lettres-Patentes du 21 Juin 1755. Elle a toujours pris fes alliances dans les plus nobles Maifons, & entr'autres dans celles de *Hangeft,* de *Longueval,* de *Créquy,* d'*Ailly,* de *Pellevé,* de *Hénin-Liétard,* de *Moy,* de *Morlaix-de-Mufeau,* du *Biez,* de *Micé,* de *Sailly,* de *Lameth,* de *Gonnelieu,* d'*Eftrées,* d'*Eftourmel,* de *Béthune,* de *Voyer,* de l'*Hôpital,* &c.

On connoît les fréquentes & longues guerres qui ont défolé nos anciennes frontières pendant le XVIe fiècle, & les différens fièges que la Ville de Saint-Quentin a effuyés; la trève de cinq ans conclue au mois de Janvier 1556, à l'Abbaye de Vaucelles; le fecond fiège de cette Ville en 1557, &c., & il n'eft pas moins connu que cette même Ville, affez forte pour ces tems-là, étoit la retraite de la Nobleffe du Vermandois, & par conféquent dépofitaire de fes titres. Les Seigneurs de CAULAINCOURT y avoient alors, fous le titre d'*hôtel,* une habitation qu'ils s'y font confervée jufqu'au commencement du fiècle préfent. Ainfi ils ont dû éprouver le fort commun à toute la Nobleffe de cette partie de la Picardie. Les anciens titres de leur Maifon y furent perdus avec les actes publics de la Ville même, qui auroient pu y fuppléer au moins en partie. Il eft aifé d'y vérifier qu'il ne s'y trouve prefque aucun acte public, antérieur à cette époque du fecond fiège en 1557. Auffi n'eft-ce que par des hafards heureux que la Maifon de CAULAINCOURT a recouvré quelques titres plus anciens, dont nous allons parler ci-après.

Un acte de notoriété du 15 Décembre 1551, octroyé au Seigneur-Châtelain de CAULAINCOURT, après la prife de la Ville de Saint-Quentin par les Efpagnols, fait mention que ce Seigneur *faifoit faire guet & garde dans fon Château-Fort,* ce qui ne l'empêcha pas d'être alors pillé & ravagé par les ennemis. Cet acte, qui n'a eu pour objet que de confter la perte forcée des anciens titres de cette Maifon, dont on auroit pu fuppofer la confervation poffible dans ledit Château, qualifié de *Fort,* rend néceffairement fa caufe commune avec toute la Nobleffe de Vermandois, & l'empêche de pouvoir donner une preuve fuivie de filiation, avant & depuis les titres ci-après, jufqu'à la fin du XIIIe fiècle; mais cette preuve qui s'établit cependant légalement depuis le commencement du XVe fiècle, ainfi qu'on le verra ci-après, par une filiation de onze générations, ne porte-t-elle pas, pour les tems même qui ont précédé cette époque, un caractère d'authenticité inconteftable, par la réception d'*Anne de Septfontaines,* fille de *Jean de Septfontaines,* & de MARIE DE CAULAINCOURT, au titre de Chanoineffe du Chapitre noble de Denain, où elle porta pour fes quartiers admis, les Maifons de *Septfontaines,* de CAULAINCOURT, de *le Vaffeur,* de *le Pleffier,* de *Gonnelieu,* de *Levefque,* de *Hénin-Liétard* & d'*Eftrées* ? Pourroit-on même fuppofer avec quelque vraifemblance, que ces quartiers nobles admis dès 1620, dans un ancien Chapitre de Flandre, dont on connoît la régularité & même la rigueur, n'ayent pas remonté au moins jufqu'à la fin du XIIIe fiècle.

Quoi qu'il en foit, nous allons donner la généalogie de cette Maifon, d'après un *Mémoire* qui nous a été envoyé, dreffé d'après, y eft-il dit, les titres raffemblés pour la préfentation de MARGUERITE-LOUISE-ANGÉLIQUE DE CAULAINCOURT, nommée à une place de Chanoineffe au Chapitre noble de Denain, & depuis mariée au Marquis de *Brantes.*

Titres anciens recouvrés.

1º Une tranfaction & accord fait en 1200, entre noble JEAN DE CAULAINCOURT, Ier du nom, Seigneur-Châtelain de Caulaincourt,

Marteville, Vendelle & de Jaucourt en partie, & les habitans & communauté de Felchain, lesquels, attendu la difficulté de moudre leurs grains, se font soumis à la bannalité du moulin de Caulaincourt. Cette bannalité subsiste encore.

2° Une autre transaction & Sentence Arbitrale du 18 Juin 1317, entre Jean de Caulaincourt, II° du nom, Seigneur-Châtelain dudit lieu, Marteville, Vendelle & de Jaucourt en partie, sous l'autorité de Raoul de Caulaincourt, son oncle & tuteur, & les habitans & communauté dudit Felchain.

Et 3° Un acte d'*homme vivant & mourant*, du 17 Octobre 1321, donné par l'Abbaye de Vermand, Ordre des Prémontrés, audit Jean de Caulaincourt, II° du nom, pour plusieurs terres appartenantes à ladite Abbaye, de la censive de la Châtellenie de Caulaincourt. Ces droits subsistent encore aujourd'hui.

Filiation suivie & légalement prouvée, ou Généalogie.

I. Gaucher de Caulaincourt, Ecuyer, Seigneur-Châtelain de Caulaincourt & dépendances, Marteville, Vendelle, & de Jaucourt en partie, est le premier du nom dont la filiation non interrompue est prouvée. Il vivoit à la fin du XIII° siècle, suivant qu'il paroît par le testament de *Jeanne de Behurelle*, sa femme, du 7 Octobre 1443, dans lequel elle est dite sa veuve, & femme en secondes noces de noble *Henri de Sailly*. Ce testament ne peut laisser aucun doute que ce Gaucher de Caulaincourt ne descendît des deux Jean de Caulaincourt, mentionnés dans les trois titres précédens, des années 1200, 1317 & 1321, toutes les possessions y dénommées étant les mêmes, & ne prouve pas moins qu'il vivoit au moins vers 1370, & étoit marié avant 1400, puisqu'il est de 1443, & que Gilles de Caulaincourt, leur fils aîné, qui en fut nommé exécuteur, se maria en 1445.

Gaucher de Caulaincourt, alors aussi Seigneur de Marteville, est rappelé, vers la fin du XIV° siècle, dans l'*Histoire de la vie de St.-Quentin*, par Claude de la Fons, p. 392, à l'occasion d'une anecdote singulière, qui dit *que les clous qui servirent au martyre de St.-Quentin, furent forgés à Marteville, & que pour cette cause il ne pouvoit s'y établir aucun Maréchal*. Cette même anecdote rapporte encore *que ledit* Gaucher de Caulaincourt, *Seigneur de Marteville, avoit amené de Normandie un serviteur, Maréchal de son métier, lequel entreprit quelques fermes de labour, & se fâchant d'acheter des autres, les ouvrages qu'il pouvoit faire lui-même, leva une forge, où il travailla du métier de Maréchal, qu'on l'avoit averti qu'il s'en trouveroit mal, & qu'il se sentiroit des clous de St.-Quentin.* Soit par hasard, ou autrement, il passe pour constant qu'il devint enflé, & mourut d'une mort très-douloureuse. Il est encore notoire qu'aucun Maréchal n'ose même à présent s'établir à Marteville, dans la crainte d'un semblable malheur; crainte conservée par une tradition qu'on ne peut détruire dans l'opinion du peuple. Ses enfans furent:

1. Gilles, qui suit;
2. 3. & 4. Anne, Jacques & Pasquette, Demoiselles, auxquelles la Dame leur mère donna, par son testament sus énoncé, les biens de Varlep, Belloy, Flaucourt & Affevillers;
5. Et Marie, morte Religieuse à l'Abbaye de St.-Benoît d'Origny, aussi nommée dans le testament de sa mère de 1443.

II. Gilles de Caulaincourt, Ecuyer, fils aîné, Seigneur-Châtelain de Caulaincourt & dépendances, Marteville, Vendelle, Jaucourt en partie, & de Bihecourt, nommé exécuteur du testament de *Jeanne de Behurelle*, sa mère, du 7 Octobre 1443, conjointement avec *Henri de Sailly*, son second mari, donna dénombrement de sa Châtellenie de Caulaincourt le 18 Décembre 1447, obtint Sentence arbitrale le 22 Juin 1448, rendue entre lui & les Abbé & Religieux de l'Abbaye de Vermand, par laquelle ces derniers furent condamnés à continuer de servir au Seigneur-Châtelain de Caulaincourt huit rez d'avoine par an (cette redevance se paye encore annuellement aujourd'hui au Seigneur de Caulaincourt). Il donna encore le dénombrement de sa Châtellenie de Caulaincourt le 18 Avril 1449, à Jean, Seigneur d'Aplaincourt, Gouverneur & Bailli de la Terre & Seigneurie de Nesle, pour haut & puissant Seigneur Jean de Sainte-Maure, Chevalier, Seigneur de Montgauguier & de Nesle; & vivoit encore en 1460, suivant qu'il paroît par une transaction du 8 Janvier de cette même année, passée entre lui & Jean Taffart, dit Gavain, Ecuyer, par laquelle ledit GILLES DE CAULAINCOURT affranchit la maison dudit Gavain, son prochain, de la bannalité du four, à la charge d'un chapon au jour de St.-Etienne, confeſſant devoir autres cenſives, au jour de St.-Remi, *chef d'Octobre.* Cette tranſaction fut reçue & ſignée ſur le replis, par *Antoine Vailly*, Tabellion à Saint-Quentin, & ſcellée de cire verte. Il épouſa, en 1445, *Eliſabeth le Catte.* De ce mariage vinrent :

1. JEAN, qui ſuit ;
2. MAYOT, morte ſans hoirs ;
3. MARIE, qui épouſa, par contrat du 9 Août 1462, *Jean de Monſures,* dit *Maillard,* Ecuyer, fils de *Jean de Monſures,* dit *Maillard,* Ecuyer, Seigneur de Monſures en partie, & de *N... de Saint-Remy.* On lui donna en dot les Villes & Terres de Boſchavot, Guénémicourt, Betembos, Saint-Dégrés & de Duvalalés en Bos ;
4. Et ISABELLE, qui fut mariée, vers 1463, à *Jacques du Bos-Raoulin,* dit *Darly,* Ecuyer.

III. JEAN DE CAULAINCOURT, IIIᵉ du nom, Ecuyer, Seigneur & Châtelain dudit lieu, de Marteville, Vendelle & Jaucourt en partie, donna dénombrement de ſa Châtellenie de Caulaincourt le 12 Novembre 1477, dont il obtint des Lettres de relief le 22 Décembre 1478 ; & fit acquiſition par contrat du 15 Novembre 1480, de Jean Pinchatte, dit Gringard-de-Landry-Fay, de la Terre & Seigneurie, en *franc-alleu,* de Bihecourt. Il avoit épouſé, en 1480, *Jeanne le Vaſſeur,* dont il eut :

1. JEAN, qui ſuit ;
2. GILLES, Ecuyer, Seigneur de Marteville, Vendelle & Jaucourt en partie, qui épouſa *Antoinette de Septfontaines ;*
3. PHILIPPINE, mariée à *Louis de Billy,* Ecuyer ;
4. MARIE, qui épouſa *Jean de Sepfontaines,* Ecuyer, dont la fille *Anne de Septfontaines,* de laquelle nous avons ci-devant parlé, a été reçue Chanoineſſe au Chapitre noble de Denain en 1620, après avoir établi ſes huit quartiers. Elle mourut en 1633 ;
5. Et JEANNE, mariée à *Louis de Hangeſt,* Seigneur d'Argenlieu.

IV. JEAN DE CAULAINCOURT, IVᵉ du nom, Chevalier, Seigneur-Châtelain de Caulaincourt, Marteville, Vendelle, Jaucourt en partie, & de Bihecourt, épouſa, 1° par contrat paſſé devant *Jean Crétu,* Auditeur du Roi à

Amiens, préſence de *Jeanne le Vaſſeur,* ſa mère, alors veuve, le 8 Janvier 1504, *Louiſe d'Azincourt,* qui lui apporta en dot la Terre & Seigneurie de Candas, fille cadette de défunt *Adrien d'Azincourt,* Chevalier, Seigneur de Wargniers, Belleſtre & de la Vicomté de Dompart, & de *Yolande de Longueval ;* & 2° ſans enfans, par autre contrat du 16 Décembre 1519, *Jeanne de Moy,* fille d'*Antoine de Moy,* Sénéchal du Vermandois, Seigneur de Fontaines-Notre-Dame, Trélon & Holnon, & de *N... de Sainte-Blanche.* Il eut du premier lit :

1. JEAN, qui ſuit ;
2. JACQUES, Ecuyer, qui devint Seigneur de Warcy, Teneur, Outre, Mepuis, & autres lieux, par ſon mariage avec *Jeanne de la Haye.* Ils moururent l'un & l'autre en 1580 & 1585, ainſi qu'il ſe voit en 1770, ſur une épitaphe en l'Egliſe du Village de Teneur, dans le Comté de Saint-Pol en Artois, dans laquelle ſont repris leurs quartiers nobles, avec l'écuſſon de leurs armoiries, cimier & deviſe. Le cimier eſt *un buſte de ſauvage étouffant une aigle dans ſes bras ;* la deviſe : *deſir n'a repos.* Cette épitaphe fut recueillie en forme légale, lors de la préſentation de MARGUERITE-LOUISE-ANGÉLIQUE DE CAULAINCOURT, au Chapitre de Denain ;
3. Et MARIE, qui fut mariée, par contrat du 16 Décembre 1528, à *Jean de Boubers,* Ecuyer, Seigneur de Lamboncourt, fils d'*Antoine de Boubers,* Ecuyer, & de *Françoiſe de la Rozière.*

JEAN DE CAULAINCOURT, IVᵉ du nom, eut encore un fils naturel, nommé, comme c'étoit alors l'uſage,

Le Bâtard de Caulaincourt, qui étoit en 1557, Lieutenant de la Gouvernance de Lille.

V. JEAN DE CAULAINCOURT, Vᵉ du nom, qualifié *Seigneur-Châtelain de Caulaincourt, Marteville, Vendelle, Jaucourt en partie, Bihecourt, Candas,* &c., dans les Lettres de relief, & le dénombrement de ſa Châtellenie de Caulaincourt des 15 Septembre 1517 & 28 Avril 1523, fut Capitaine de 500 hommes, puis Lieutenant pour le Roi en la Ville de Saint-Quentin, & de la *Religion Prétendue Réformée.* C'eſt cette même Religion profeſſée par ſes enfans & petits-enfans juſqu'à LOUIS DE CAULAINCOURT, reſté mineur & élevé dans la Catholique, qui paroit les avoir éloignés des charges & emplois auxquels les ſervices dudit JEAN, Vᵉ du nom, ſembloient devoir leur donner des droits héréditaires. La Châtellenie de Caulaincourt & autres biens de ce dernier ayant été pillés, ravagés & brûlés par les ennemis, & s'étant fort diftingué au fiège de Saint-Quentin en 1557, fous l'Amiral de Coligny, il fut gratifié par le Roi HENRI II, fuivant fes Lettres-Patentes du 19 Octobre 1557, *de la franchife des droits* d'entrée & de fortie *du Royaume, des bleds, vins & autres marchandifes non-prohibées, qui ne font pas dénommées, pour le tout faire mener, tant par terre que par mer, & par eaux douces ès Pays-Bas du Roi d'Efpagne.* Ces gratifications & privilèges ont fubfifté dans la Maifon DE CAULAINCOURT jufqu'en 1725, époque de la fuppreffion defdits droits & privilèges, qui étoient fixés à 1000 pièces de vin, &c. JEAN DE CAULAINCOURT, V^e du nom, vivoit encore en 1567 & 1568, fuivant des Lettres de relief, & un dénombrement des 17 Février 1567 & 24 Août 1568. Il avoit époufé, par contrat paffé devant *Valleran Fournel,* Notaire à Boulogne-fur-Mer, le 4 Août 1531, *Françoife du Biez,* fille de *Jean du Biez,* Chevalier, Seigneur de Bécourt, Baron de Nielle, Sénéchal & Gouverneur du Boulonois, & d'*Amicie de Bauval,* Dame d'Ignaucourt, & nièce d'*Oudart du Biez,* Chevalier, Confeiller & Chambellan du Roi, Sénéchal & Gouverneur du Boulonois, Capitaine de 50 hommes d'armes des Ordonnances, & Capitaine des Ville & Château de Boulogne-fur-Mer, & depuis Maréchal de France, qui fignèrent audit contrat, ainfi que JACQUES DE CAULAINCOURT, Ecuyer, fon frère. Il eut :

VI. ROBERT DE CAULAINCOURT, Ier du nom, Chevalier, Seigneur-Châtelain de Caulaincourt, Marteville, Vendelle, Jaucourt en partie, Bihecourt, Candas, &c., qui tranfigea par acte paffé devant *François du Buir,* Notaire à Boulogne-fur-Mer, le 21 Juin 1568, avec *Jacques du Biez,* fon oncle, Chevalier, Seigneur de Boncourt, Ignaucourt & Engaine, fur les différends qu'ils avoient pour le payement du refte de la dot de 800 liv. qui avoit été promife à *Françoife du Biez,* fa mère, & fut *maintenu* par Arrêts des Commiffaires-Généraux du Confeil, députés par Sa Majefté pour la recherche des ufurpateurs du titre de Noble des 8 Mai & 8 Août 1599 (confervés aujourd'hui en *originaux* dans la famille), *dans tous les privilèges de fa Nobleffe,* après l'avoir juftifiée par *titres & enquête* jufqu'en

1300. Il avoit rendu hommage de fa Châtellenie de Caulaincourt, mouvante du Marquifat de Nesle, à Jean de Laval, Marquis de Nesle, &c., Chevalier de l'Ordre du Roi, & Capitaine de 50 Hommes d'armes de fes Ordonnances, le 26 Octobre 1577, fuivant l'acte d'aveu, figné *Péan* & fcellé. Il époufa, par contrat paffé devant *Jean Briffet,* Notaire à Boulogne, le 5 Octobre 1571, *Renée d'Ailly,* Dame & héritière de Doncœur, Senlis, Guénémicourt, Dumefnil, Baronne d'Hermelinghen, fille unique de *Robert d'Ailly,* Chevalier, Seigneur des mêmes Terres, & de *Catherine de Saint-Remy,* fa veuve, lors femme en fecondes noces de *Jean de Calonne,* Chevalier, Seigneur & Baron d'Alembon. Il eut :

     1. ROBERT, qui fuit ;
     2. CLAUDE, Ecuyer, mort fans hoirs ;
     3. CATHERINE, morte fans hoirs, mariée, par contrat du 5 Février 1593, à *Antoine de Gonnelieu,* fils d'*Antoine de Gonnelieu,* Chevalier des Ordres du Roi, Ecuyer de fa Grande-Ecurie, & de *Charlotte de Bofbeck;*
     4. Et ANNE, qui fut mariée, par contrat du 2 Mars 1612, à *Georges d'Héricourt.*

VII. ROBERT DE CAULAINCOURT, IIe du nom, Chevalier, qualifié dans des Lettres de relief du 28 Juin 1612, Seigneur-Châtelain de Caulaincourt, Marteville, Vendelle, Jaucourt en partie, Bihecourt, Candas, Doncœur, Guénémicourt, Senlis, Dumefnil, Baron d'Hermélinghen, &c., fut pourvu d'une Compagnie de 100 hommes par commiffion du 19 Août 1615, & racheta par contrat paffé devant *Laube,* Notaire à Saint-Quentin, le 24 Avril 1623, une rente conftituée le 18 Juillet 1596, par fes père & mère. Il époufa, par contrat paffé devant *Antoine Souillart,* Notaire à Noyon, le 21 Septembre 1621, *Marie d'Eftourmel-Freftoy,* fille de *Louis d'Eftourmel,* Chevalier, Seigneur du Freftoy, Candeure, Neuvifi, Gentilhomme ordinaire de la Chambre du Roi, & de *Françoife de Blanchefort-de-Créquy.* Il eut :

     1. LOUIS, qui fuit ;
     2. Et MARIE, qui fut mariée, par contrat du 9 Avril 1646, à *Louis de Lameth,* Chevalier, Seigneur de Hennencourt, & autres lieux, mort le 20 Septembre 1669.

VIII. LOUIS DE CAULAINCOURT, Chevalier, Seigneur-Châtelain dudit lieu, Marteville,

Vendelle, Jaucourt en partie, Bihecourt, Candas, Doncœur, Guénémicourt, Senlis, Dumesnil, Baron d'Hermelinghen, du Frestoy, &c., étoit mineur & fous la tutelle de CLAUDE DE CAULAINCOURT, fon oncle, lorfque ce dernier le fit pourvoir, par difpenfe d'âge, en 1643, d'une charge de Confeiller au Grand-Confeil, à l'effet d'y avoir fes caufes commifes, pour foutenir un procès confidérable qu'il avoit contre ladite MARIE DE CAULAINCOURT, fa fœur aînée, qui fut mariée à *Louis de Lameth.* Il vendit cette charge en 1645, fut Capitaine d'une Compagnie de Chevaux-Légers de S. A. R. Monfeigneur le Duc d'ORLÉANS, par commiffion du 18 Février 1648, & époufa, par contrat paffé devant *Michel le Tur,* Tabellion au fiège de Trun, Vicomté d'Argentan, le 17 Mars 1655, *Elifabeth-Charlotte de Miée,* Baronne de Guefpré, fille de *Philippe de Miée,* Chevalier, Capitaine de la Compagnie des Gendarmes de la Reine MARIE DE MÉDICIS, & de *Charlotte de Morlaix-de-Mufeau.* De ce mariage vinrent:

1. CHARLES, Chevalier, Page du Roi LOUIS XIV, qui fut tué auprès de ce Prince en 1673 au fiège de Maeftricht, & dont le cœur eft dépofé dans le caveau de la Chapelle Seigneuriale de l'Eglife de Caulaincourt;
2. LOUIS-ALEXANDRE, Chevalier, mort fans hoirs le 8 Juin 1675;
3. FRANÇOIS-ARMAND, qui fuit;
4. Et LOUIS, auteur d'une autre branche, établie en Normandie, & rapportée ci-après.

IX. FRANÇOIS-ARMAND DE CAULAINCOURT, Chevalier, né le 22 Mars 1666, & baptifé en l'Eglife Paroiffiale de Caulaincourt, Diocèfe de Noyon, le 3 Octobre 1671, fut Seigneur des mêmes Terres que fon père, & obtint l'érection de la Châtellenie de Caulaincourt en *Marquifat* en 1714, pour lui, fes enfans & poftérité mafculine, fous le nom & dénomination du *Marquifat de Caulaincourt,* & la confirmation comme *ancienne Châtellenie* par autres Lettres-Patentes du 21 Juin 1755. Il avoit époufé, par contrat du 10 Juin 1689, *Françoife de Béthune,* fille de *Maximilien de Béthune,* Chevalier, Marquis de Béthune, Comte d'Orval, & de *Catherine de la Porte-de-Montagny.* Il eut:

1. LOUIS-ARMAND, qui fuit;
2. GENEVIÈVE-ANGÉLIQUE, qui époufa, par contrat du 17 Juin 1719, *Hyacinthe de Blondel,* Chevalier, Baron de Drouhot, Colonel d'un Régiment de Cavalerie au fervice d'Efpagne. Seigneur de grand & petit Lez, Ménil, Golart, Féchain, du Barlay &c., fils de *Louis de Blondel,* Chevalier, Seigneur du Barlay, &c., & de *Marie-Catherine de Drouhot;*
3. Et MARGUERITE-ANGÉLIQUE, mariée à noble *Jean d'Haudoire,* Irlandois d'origine.

X. LOUIS-ARMAND DE CAULAINCOURT, Chevalier, Seigneur-Châtelain & Marquis de Caulaincourt, &c., Capitaine de Cavalerie, époufa par contrat du 1er Juillet 1716, *Gabrielle-Pélagie de Bovelles,* fille & unique héritière de *François de Bovelles,* Brigadier des Armées du Roi, Chevalier, Seigneur d'Eppeville, Verlaines, Miulles, Coupevoye, Aubigny, Planque, Bois-des-Aulnois & des parties d'Eppeville, & de *Marie Hurault de Weïl,* Dame de Rubrette & autres lieux, Grande-Bouteillière héréditaire de l'Abbaye Royale de Saint-Denis en France. Il en eut:

1. MARC-LOUIS, qui fuit;
2. GABRIEL-HYACINTHE, Officier des Grenadiers à cheval, mort fans hoirs;
3. JACQUES-JOSEPH, dit le *Chevalier d'Eppeville,* Exempt des Gardes-du-Corps;
4. 5. & 6. Trois autres garçons, morts en bas âge;
7. GENEVIÈVE, mariée 1° à *Benoît de la Verde-des-Valons,* Colonel d'Infanterie; & 2° le 13 Août 1756, à *Charles François-Marie,* Comte *d'Aumale,* Brigadier des Armées du Roi, fervant dans le Génie;
8. MARGUERITE-LOUISE-ANGÉLIQUE, d'abord nommée à une place de Chanoineffe au Chapitre noble de Denain, & mariée, depuis 1758, à *Antoine-Philippe-Barthélemy-Ignace du Blanc,* Chevalier, Marquis de *Brantes,* du Comtat d'Avignon;
9. Et MARIE-ANTOINETTE-FÉLICITÉ, mariée, 1° le 25 Février 1748, à *Pierre Grimod-Dufort,* Intendant-Général des Poftes, mort le 25 Octobre 1748; & 2° le 19 Novembre 1757, à *Jean-Jacques le Franc,* Chevalier, Marquis de Pompignan-le-Franc, &c.

XI. MARC-LOUIS DE CAULAINCOURT, Chevalier, Seigneur-Châtelain & Marquis de Caulaincourt, Seigneur de Marteville, Vendelle, Jaucourt, Bihecourt, Candas, Doncœur, Guénémicourt, Senlis, Dumefnil, Baron d'Hermelinghen, du Freftoy, Seigneur de Verchy, Tréfion, Tombes, Beauvais, Tertry, du Fief de Faucompré, de celui des Bois-des-Aulnois, & des parties d'Eppeville, de Coupevoye, Aubigny, Planque, Rubrette & autres Terres, & Grand-Bouteillier héréditaire de l'Abbaye Royale de Saint-Denis en France, mouvant en fief de ladite Abbaye, auquel fief titré est attaché le droit de *committimus*. Ce titre doit son origine à Jacques Allegrain, Chancelier de Louis VI, dit le *Gros*; il tomba par partage du 6 Mars 1644 dans la Maison de *Hurault-de-Weïl*, de laquelle il a passé dans celle de *Caulaincourt* en 1716. Le Marquis de Caulaincourt est Maréchal-des-Camps & Armées du Roi, & a épousé, par contrat du 27 Octobre 1739, *Henriette d'Hervilly*, fille de *Louis-François d'Hervilly*, Chevalier, Seigneur de Devise, Lechelle, Delva, Sort, Houssay, Dury, Lavesne, Sommette, &c., & d'*Antoinette de Montejean*. Ils ont pour fils unique:

XII. Gabriel-Louis de Caulaincourt, Chevalier, né le 15 Novembre 1740, d'abord Chevau-Léger de la Garde ordinaire du Roi, aujourd'hui Capitaine de Cuirassiers, qui présenta tous les titres originaux relatés dans cette *Généalogie* à M. de *Beaujeon*, Généalogiste de la Cour, qui les adopta en 1767, en conséquence des Lettres du Roi qui ordonnoient un nouvel examen de la noblesse, de nom & d'armes, pour jouir des honneurs de la Cour, même pour les aspirans dont les pères y avoient été admis, ainsi que l'avoit été nombre d'années auparavant le père de ce dernier, sur le rapport de M. de *Clairambault*, alors Généalogiste de la Cour.

AUTRE BRANCHE,
établie en Normandie.

IX. Louis de Caulaincourt, Chevalier, Comte de Caulaincourt, quatrième fils de Louis, Châtelain dudit lieu, &c., & d'*Elisabeth-Charlotte de Miée*, né le 14, & baptisé en l'Eglise Paroissiale de Caulaincourt le 22 Août 1667, vint s'établir en Normandie en 1708 & 1709, possédant du chef de *Geneviève de Miée*, sa tante maternelle, Vicomtesse de Meaux, les Terres & Seigneuries de Guespré, la Bigue, Bouvet, la Chapperonnière près Lisieux, Saint-Taurin, les Ifs, &c. Il épousa, par contrat du 1er Avril 1697, *Marguerite Houillier*, dont:

1. Louis-Henri, qui suit;
2. Louis-Armand, né en Décembre 1707, ancien Capitaine au Régiment de Picardie, & Chevalier de St-Louis, forcé de quitter le

service à cause de ses blessures. Il s'est marié & a postérité;
3. Louis-Gabriel, Abbé de l'Abbaye de Saint-Just, en Picardie, Doyen des Andelys, & Aumônier du Roi, mort en 1751;
4. Et Marguerite, mariée à N.... *du Tiremois*, Comte de Testu, en Normandie, morte laissant un fils marié.

X. Louis-Henri de Caulaincourt, Chevalier, Comte de Caulaincourt, épousa, en 1726, *Susanne-Françoise-Geneviève de Bailleul-de-Vic*, fille de *Jacques-François de Bailleul*, Chevalier, Seigneur de Vic, & de *Susanne du Monnier*, dont:

1. Louis-François-Jacques, qui suit;
2. Anne-Jacques-François-Louis, mort Capitaine de Cavalerie au Régiment de Montcalm;
3. Louis-Marie, mort Officier de Marine;
4. René-Louis-François-Marie, dit l'*Abbé de Caulaincourt*, né en 1738, actuellement Aumônier du Roi;
5. Et Susanne-Louise-Françoise-Henriette, morte en 1758, mariée, par contrat du 27 Mars 1741, à *Nicolas-François-Dominique Dufour*, Chevalier, Baron de Cuy.

XI. Louis-François-Jacques de Caulaincourt, Chevalier, Comte de Caulaincourt, épousa, le 26 Février 1759, *Marie-Opportune de Thiboutot*, fille de *Louis-François*, Marquis de Thiboutot, & de *Marie-Anne-Rose de Montgommery*, sa seconde femme, dont:

1. Louis-Henri, Chevalier;
2. & 3. Marie & Anne, Demoiselles.

Les armes de la Maison de Caulaincourt sont: *de sable, au chef d'or*. Supports: *deux sauvages*. Cimier: *un buste de sauvage, étouffant une aigle dans ses bras*. Devise: *desir n'a repos*.

Les Comtes de Caulaincourt portent pour brisure: *un lambel de trois pendans de gueules*, sur le chef.

Il y a dans la Saintonge du ressort de Saint-Jean d'Angely, une famille noble du nom de *Colincourt*, qui se dit être une branche de la Maison de *Caulaincourt* de Picardie. Elle a été maintenue dans sa Noblesse le 1er Septembre 1667, par M. *Barentin*, Intendant de Poitiers. Elle subsiste, & a pour Auteur

Josias de Colincourt, Ecuyer, Seigneur de Lanoys en Picardie, Capitaine d'une Compagnie d'Arquebusiers à Cheval, sous l'autorité du Roi de Navarre, fils de Frenin de Colincourt, Seigneur de Lanoys, & de *Marie Louvet*, qui époufa, le 7 Mai 1588, *Madeleine Rigeon*, Dame de la Touche, dans la Paroiffe de Varaire, près Saint-Jean d'Angely.

CAULET DE GRAMMONT. JEAN-GEORGES DE CAULET, Marquis de Grammont, Lieutenant-Général des Armées du Roi, mourut le 8 Mars 1753, âgé de 70 ans, laiffant de *N... de Clairac* :

ANNE-JEANNE-AMABLE DE CAULET DE GRAMMONT, mariée, par contrat figné le 15 (célébration le 22 Septembre 1752), à *Jacques de la Roche-Fontenilles*, Marquis de Genfac.

CAUMARTIN. Voy. FÈVRE DE CAUMARTIN (LE).

CAUMIA DE BAILLEUX, en Béarn, famille qui, depuis la réunion de cette Province au Royaume de France, a fourni des Officiers, dont plufieurs ont eu des Commandemens où ils fe font fait honneur.

JACQUES DE CAUMIA, fils de JEAN, Seigneur de Dinfabeau, paffa au fervice de LOUIS XIII. Il époufa, en 1630, *N.... de Bailleux*, fille unique & héritière d'un Ecuyer de MADAME, fœur unique du Roi de Navarre, & petite-fille d'un Ecuyer de ce Monarque. Il eut :

JEAN, qui fuit ;
Deux fils, qui prirent le parti des armes, comme leur père ; tués, l'un au fiège de Meffine en Sicile, en 1675, l'autre au fiège de Valence en Piémont ;
Et deux autres fils, qui moururent au fervice.

JEAN DE CAUMIA fervit pendant plufieurs années en qualité d'Aide-de-Camp du Vicomte de Turenne, qui l'honoroit de fon eftime. Il fe diftingua au fiège de Mouzon, & fe maria à *N... de Seneÿ*, fille d'un Confeiller au Parlement de Navarre, dont :

1. ARMAND, qui fuit ;
2. Et FRANÇOIS, qui a fervi pendant 44 ans avec une diftinction peu commune. Il eut le commandement des Grenadiers, & fut tué à leur tête à l'affaut de la ville de Bruxelles le 19 Février 1746.

ARMAND DE CAUMIA fit les campagnes de Flandre, d'Italie & d'Efpagne fous LOUIS XIV, où il donna des preuves de fa valeur, & fe fit diftinguer aux fièges de Turin & de Lérida, où il fut bleffé. Il époufa, en 1710, *Ma-*

Tome IV.

deleine-Claire de Gaffion, nièce du Maréchal de ce nom, dont :

1. JEAN-HENRI, qui fuit ;
2. N.... DE CAUMIA, Capitaine au Régiment de Briqueville, & Chevalier de St.-Louis ;
3. N... DE CAUMIA, dit *le Chevalier de Bailleux*, Capitaine au Régiment de Brancas, & Chevalier de Saint-Louis ;
4. Et N.... DE CAUMIA, Eccléfiaftique, & Vicaire-Général de l'Evêché de Dax.

JEAN-HENRI DE CAUMIA a fervi plufieurs années, & après avoir fait les campagnes d'Italie, il s'eft retiré à caufe du dérangement de fa fanté. En confidération de fes fervices militaires & de ceux de fa famille, il a obtenu que les Seigneuries de *Bailleux*, *Saint-André*, & *Château d'André*, fuffent érigées en *Comté* fous le nom de *Caumia*, par Lettres-Patentes données à Verfailles au mois de Février 1756, regiftrées au Parlement & à la Chambre des Comptes & Finances de Navarre au mois de Mars fuivant. Il a eu de *Jeanne de Momas*, fille & héritière du Baron de Momas :

1. PIERRE-MARIE-ANTOINE, né le 21 Août 1751 ;
2. Et JEAN-FRANÇOIS, né le 19 Janvier 1753.

Les armes : *écartelé, aux 1 & 4 d'azur, à la tour d'argent, maçonnée ouverte & percée de fable ; aux 2 & 3 d'argent à trois flammes de gueules & rangées en fafce.*

* CAUMONT, dans le Comté Venaiffin, Diocèfe de Cavaillon, très-ancien Fief, qui étoit poffédé par indivis, par les Comtes de Barcelone & de Touloufe. Cela fe prouve par le partage qui fut fait en 1125 entre *Ildephonfe*, Comte de Touloufe, & *Raymond*, Comte de Barcelone, époux de *Dulcie* ou *Douce*, & de *Faidette*, filles de *Gilbert*, Comte de Provence. Ce partage fut confirmé par l'Empereur FRÉDÉRIC BARBEROUSSE, en 1163, fous le haut domaine duquel étoient les Etats de ces Princes qui contractoient. En 1171 & 1172, RAYMOND V, Comte de Touloufe, inféoda la quatrième partie du Fief de *Caumont* à *Giraud l'Amy*, de la Maifon de Sabran, fous la réferve du haut domaine & de l'Albergue. Enfuite en 1202, RAYMOND VI, fils de RAYMOND V, abandonna audit *Giraud* & à *Pierre l'Amy*, fils d'un autre *Giraud*, l'Albergue que fon père s'étoit réfervé à *Caumont*, en échange des Terres que ce même *l'Amy* lui céda en Languedoc.

Quelque tems après ce Comte de Touloufe ayant embraffé l'héréfie des Albigeois (ce qui fut imité par fon fils RAYMOND VII), le Comté de Touloufe fut réuni, par le traité de Paris de 1228, à la Couronne de France, & le Comté Venaiffin, donné à l'Eglife Romaine. C'eft en conféquence de ce traité que le Cardinal de Saint-Ange, Légat du Saint Siège, ordonna à *Giraud* & à *Pierre l'Amy* de ne plus reconnoître le Comte de Touloufe.

En 1253, *Giraud l'Amy, Pierre l'Amy,* & *Raybaud Laugier,* prêtèrent hommage à *Alphonfe de Poitiers,* mari de *Jeanne,* fille de *Raymond VII,* Comte de Touloufe, qui, par le même traité de Paris, avoit obtenu la jouiffance du Comté Venaiffin fa vie durant.

On voit par un partage de 1268, fait entre les Seigneurs de *Caumont,* que *Roftaing d'Agoult* le poffédoit avec *Giraud l'Amy.* Enfin, en 1295, *Giraud l'Amy* prêta hommage au Pape, & depuis ce tems il fut poffédé par *Guy de Saint-Martial,* Baron de Lers, & Général de l'Eglife. Vers 1419, la Comteffe d'Avellino, *Alix des Baux,* en poffédoit la moitié & la 30ᵉ partie de l'autre moitié. Le refte étoit poffédé par *Louis de Simiane* & par *Geoffroy de Venafque.*

En 1430, la portion de la Comteffe d'Avellino & de fon fucceffeur *Guillaume des Baux,* fut adjugée à *Catherine de Caftello,* veuve de *Guillaume d'Entrevaux,* qui la vendit la même année à *Barthélemy de Prohane.* Les hoirs de ce dernier la vendirent en 1440 à *Théodore de Valpergue d'Afti,* qui en fit donation le 16 Février 1448 à *Michel,* fon neveu.

L'autre portion de ce Fief étoit poffédée par la Maifon de *Seytres,* originaire de Creft en Dauphiné; elle l'acquit en 1441, par le mariage de *Jean de Seytres,* avec *Delphine Spifami,* fille de *Balthafar,* originaire de Lucques en Italie. C'eft du Pape NICOLAS V, que *Pierre Spifami* l'avoit eue le 12 Octobre 1449. *Balthafar Spifami,* fils de *Pierre,* acquit en 1471 la 30ᵉ partie que poffédoit *Michel de Valpergue,* Co-Seigneur de ce lieu, fur la moitié & fur la 30ᵉ partie de l'autre moitié.

En 1482, le Pape SIXTE IV inféoda une autre portion de ce Fief au même *Balthafar Spifami.* Enfin *Olivier de Seytres,* fils de *Jean,* qui avoit acquis en 1480 la portion de *Geoffroy de Venafque,* réunit celle des *Spifami,* dont il fut héritier univerfel.

Quant à celle de *Michel de Valpergue,* celui-ci la donna par teftament, en 1483, à *Boniface, Julien, Louis* & *Donnat de Peruffis,* Florentins, en paiement de ce qu'il leur devoit. *Louis* en devint feul poffeffeur par un accord de 1496, & il acquit en 1518 la portion de *Louis de Simiane,* de *Melchior,* fils d'*Etienne.* Enfin *Louis de Peruffis,* IIᵉ du nom, n'ayant eu que *Louife-Françoife,* celle-ci époufa *Gabriel de Grillet,* Seigneur de Briffac. De ce mariage vint *Blanche-Richarde de Grillet de Péruffis,* qui époufa, en 1622, *Louis de Seytres,* déjà Seigneur en partie de *Caumont,* & lui porta, comme héritière de *Louis de Peruffis,* la portion de cette Terre qui avoit été poffédée jufqu'alors par la Maifon de *Peruffis.* C'eft depuis ce tems que la Maifon de *Seytres* poffède en totalité le Fief de *Caumont,* qui a été jufqu'en 1768 fous la mouvance de la Chambre Apoftolique, & qui depuis eft fous celle du Roi. Voy. SEYTRES.

CAUMONT. La Maifon de CAUMONT LA FORCE reconnoît pour tige

I. BEGD, Seigneur de CAUMONT & de Caftelnau, qui donna en 1211 à l'Abbaye de Grammont le lieu de Meriniac, près de Miremont en Agénois, depuis érigé en Prieuré. Il laiffa :

II. GUILHEM, Seigneur de CAUMONT & de Caftelnau, qui fut père de

III. GUILHEM, IIᵉ du nom, Seigneur de CAUMONT. On lui donne pour enfans :

1. BERTRAND, qui fuit;
2. RAYMOND, Evêque de Rodez en 1294;
3. Et BERENGER, vivant en 1271.

IV. BERTRAND, Seigneur de CAUMONT, de Samazan & de Montpouillan, fervit le Roi PHILIPPE-le-Bel, fous le Comte d'Artois en 1296, & laiffa d'*Indie,* fille de *Jourdain,* Seigneur de Lille :

1. GUILHEM, qui fuit;
2. Et TALEZE DE CAUMONT, mariée à *Arnaud,* Seigneur de *Gironde.*

V. GUILHEM, IIIᵉ du nom, Seigneur de CAUMONT, Samazan & Montpouillan, Sénéchal de Touloufe, vivoit en 1337. Il avoit époufé *Meraude de Mauléon,* fille d'*Auger,* Vicomte de Soule, dont il eut :

1. GUILHEM-RAYMOND, qui fuit;
2. Et INDIE DE CAUMONT, mariée, 1° en 1316, à *Gafton d'Armagnac,* Vicomte de Fezen-

zaguet; & 2° en 1323, à *Guy de Cominges*, Seigneur de Lombez.

VI. GUILHEM-RAYMOND, Ier du nom, fut deshérité par son père, parce qu'il tenoit le parti des Anglois; mais le Roi PHILIPPE DE VALOIS, ayant fait la paix avec eux en Août 1342, le remit en tous ses biens, & ordonna que la Baronnie de *Caumont* ressortiroit devant le Sénéchal d'Agénois, & lui fit d'autres biens. Il avoit épousé *Esclarmonde des Pins*, fille de *Sanxonnet*, Seigneur de Monheur & de Taillebourg, dont il eut:

1. NOMPAR, qui suit;
2. & 3. JEAN & GASTON, substitués à leur frère aîné.

Il eut aussi deux fils naturels:

Guillaume & Raymond.

VII. NOMPAR, Seigneur de CAUMONT, de Samazan, de Montpouillan, & de Gontaut, vivoit en 1400. Il avoit épousé, par contrat du 26 Novembre 1368, *Magne de Castelnau*, fille de *Jean*, Seigneur de Castelnau, & de *Gallienne d'Albret*, dont il eut:

1. GUILHEM-RAYMOND, qui suit;
2. PAUL, Seigneur de Feuillet & de Gontaut;
3. Et FRANÇOIS, qui fut Religieux.

VIII. GUILHEM-RAYMOND, IIe du nom, Seigneur de CAUMONT, Samazan, &c., eut pour enfans de *Jeanne de Cardaillac*, dite de *Valade*:

1. NOMPAR, IIe du nom, qui fit le voyage de la Terre-Sainte, & mourut en Angleterre où il s'étoit retiré, sans postérité de *Jeanne de Durfort*;
2. Et BRANDELIS, qui suit.

IX. BRANDELIS DE CAUMONT, Seigneur de Castelnau & de Berbiguieres, obtint du Roi CHARLES VII, les biens de sa Maison confisqués sur son frère aîné; & le Roi LOUIS XI lui permit en 1463 d'en rétablir les fortifications qui avoient été rasées. Il avoit épousé, par contrat du 22 Janvier 1444, *Marguerite*, fille naturelle d'*Olivier de Bretagne*, Comte de Penthièvre, dont il eut:

1. PONCET, mort sans alliance;
2. Et CHARLES, qui suit.

X. CHARLES, Ier du nom, Seigneur de CAUMONT, Castelnau, &c., vivoit en 1508. Il épousa *Jeanne de Benac*, dont il eut:

1. FRANÇOIS, Seigneur de CAUMONT, Castelmoron, &c., vivant en 1515, qui épousa, le 20 Janvier 1477, *Claude de Cardaillac*, fille

de *Mathurin*, Seigneur de Brengues, dont:

CHARLES DE CAUMONT, mort sans alliance;

2. CHARLES, qui suit;
3. Et MARGUERITE, mariée, 1° en 1477, à *Jean de Cardaillac*, Seigneur de Brengues; & 2° à *Bertrand d'Escodeca*, Seigneur de Boisse.

XI. CHARLES DE CAUMONT, IIe du nom, Seigneur de Castelnau, Tonneins, &c., puis de Caumont, après la mort de CHARLES, son neveu, mourut en 1527. Il avoit épousé *Jeanne de Péruffe-d'Escars*, fille de *Geoffroy*, Seigneur d'Escars, & de *Françoise d'Arpajon*, dont il eut:

1. FRANÇOIS, Seigneur de Caumont, mort sans alliance;
2. GEOFFROY, qui suit;
3. FRANÇOIS, rapporté après son frère aîné;
4. JEAN, Seigneur de Montpouillan, mort sans laisser de postérité de *Jeanne de Gontaut*, Dame de Brisembourg, fille de *Jean*, & d'*Anne de Bonneval*;
5. CLAUDE, mariée à *Antoine de Cardaillac*, IIe du nom, Seigneur de Bioule, Co-Seigneur de Cardaillac;
6. Et MARGUERITE, mariée, en 1540, à *Antoine-Hector de Cardaillac*, dit de *Peyre*, Baron de Saint-Cirq & de Peyre, Co-Seigneur de Cardaillac.

XII. GEOFFROY DE CAUMONT, Abbé de Clerac & d'Uzerche, ayant recueilli la succession de son frère aîné, quitta ses bénéfices, & épousa, le 16 Octobre 1568, *Marguerite de Lustrac*, Dame de Fronsac, veuve de *Jacques d'Albon*, Seigneur de Saint-André, Maréchal de France, & fille d'*Antoine*, Seigneur de Lustrac, & de *Françoise de Pompadour*, dont il eut:

1. JEAN, mort le 9 Juillet 1579;
2. Et ANNE DE CAUMONT, née posthume le 19 Juin 1574, morte le 2 Juin 1642, mariée 1° à *Henri de Péruffe d'Escars*, Prince de Careney, mort en 1590; & 2° le 5 Février 1595, à *François d'Orléans-Longueville*, Comte de Saint-Paul.

XII. FRANÇOIS DE CAUMONT, troisième fils de CHARLES II, Seigneur de Caumont, &c., & de *Jeanne de Péruffe d'Escars*, Seigneur de Castelnau, suivit le parti des Huguenots & fut tué à Paris dans son lit, le 24 Août 1572. Il avoit épousé, le 15 Mai 1554, *Philippe de Beaupoil*, Dame de la Force en Périgord, de Mas-Durand, d'Aymet de Montboyer, &c., veuve de *François de Vivon-*

C c c

_ne_, Seigneur de la Châtaigneraye, & fille de _François de Beaupoil_, Seigneur de la Force, &c., & de _Philippe de Pellegrue_, dont il eut:

1. ARNAUD, qui eut la même deſtinée que ſon père;
2. Et JACQUES-NOMPAR, qui ſuit.

XIII. JACQUES-NOMPAR DE CAUMONT, Duc de la Force, Pair & Maréchal de France, s'attacha fort jeune au Roi HENRI IV, qu'il ſervit en diverſes occaſions à la journée d'Arques. Sous LOUIS XIII il prit le parti des Prétendus Réformés contre le Roi; & emmena quelques troupes pour empêcher celles de Sa Majeſté d'entrer dans Montauban en 1621; puis s'étant ſoumis au Roi, il fut fait Maréchal de France à Sainte-Foi le 27 Mai 1622, & Lieutenant-Général de l'Armée de Piémont. Il prit Pignerol, & défit les Eſpagnols à Carignan en 1630. Il ſervit en Languedoc en 1631, & en 1634 en Lorraine & en Allemagne, où il fit lever le ſiège de Philippſbourg, ſecourut Heidelberg, & prit Spire le 21 Mars 1635. Il rendit encore de bons ſervices en diverſes autres occaſions. Le Roi érigea ſa Terre de la Force en Périgord en _Duché-Pairie_ en 1637. Depuis, ce Maréchal s'étant retiré chez lui, à cauſe de ſon grand âge, il mourut à Bergerac le 10 Mai 1652, âgé d'environ 97 ans. Il avoit été marié, 1° le 5 Février 1577, à _Charlotte de Gontaut_, fille d'_Armand_, Seigneur de Biron, Maréchal de France; 2° à _Anne de Mornai_, veuve de _Jacques des Noues_, Seigneur de la Tabariere, & fille du fameux _Philippe de Mornai_, Seigneur du Pleſſis-Marli; & 3° à _Iſabelle de Clermont-Gallerande_, veuve de _Gédéon Borſelaer_, Baron de Langeraſck & du St.-Empire, Ambaſſadeur des Etats de Hollande en France. Il n'eut point d'enfans de ces deux dernières, mais du premier lit vinrent:

1. ARMAND-NOMPAR, qui ſuit;
2. HENRI-NOMPAR, rapporté après ſon frère aîné;
3. JACQUES, Seigneur de Mas-Durand, tué au ſiège de Juliers en 1610;
4. CHARLES, Seigneur de Mas-Durand, mort ſans alliance;
5. PIERRE, Baron d'Aymet, qui épouſa _Jeanne de Favas_, Vicomteſſe de Caſtels, fille de _Jean_, & de _Marthe de Pierre-Buffiere_, dont il eut:
   1. JEAN DE CAUMONT, Marquis d'Aymet, Vicomte de Caſtels, mort en 1661;

2. Et JEANNE, mariée, le 7 Avril 1673, à GUY DE CAUMONT, Marquis d'Orbec.
6. JEAN, Seigneur de Montpouillan, favori du Roi LOUIS XIII, qui, pendant quelque tems, ſuivit le parti des Prétendus Réformés, dont le Maréchal, ſon père, étoit le chef en Guyenne, & fut bleſſé à mort à la tête, dans une ſortie, en défendant Tonneins, ſans avoir été marié;
7. JEAN, Marquis de Tonneins, Meſtre-de-Camp d'un Régiment d'Infanterie, mort ſans lignée;
8. FRANÇOIS, Marquis de _Caſtelmoron_, Seigneur de Montpouillan, &c., Maréchal-de-Camp, Gouverneur de la Principauté de Montbéliard & du Comté de Bethford, qui épouſa _Marguerite de Vicoſe_, Dame de Caſenove, &c., fille de _Henri_ Baron de Caſtelnau, & de _Marie de Favars_, dont:
   1. MARIE, mariée, le 21 Février 1674, à _Charles Bordeaux de Rochefort_, Marquis de Théobon;
   2. JEANNE, mariée, le 10 Août 1684, à _Marc-Auguſte de Briquemault_;
   3. N... Demoiſelle de Caſtelmoron;
   4. Et CHARLOTTE-ROSE, Demoiſelle de Brion;
9. JACQUELINE, première femme, le 19 Décembre 1620, de _François de Béthune_, Duc d'Orval, Chevalier des Ordres du Roi;
10. Et ISABELLE, morte jeune.

XIV. ARNAUD-NOMPAR DE CAUMONT, Duc de la Force, Pair & Maréchal de France, porta les armes en Italie, en Allemagne & ailleurs, ſe démit de la charge de Grand-Maître de la Garde-Robe en 1637, fut nommé Maréchal de France après la mort de ſon père en 1652, & mourut en ſon château de la Force le 16 Décembre 1675, âgé de près de 90 ans. Il avoit épouſé 1° _Jeanne de la Rochefaton_, Dame de Saveilles; & 2° le 22 Septembre 1667, _Louiſe de Belſunce_, ſa parente, qui mourut de la petite-vérole en 1680, ſans poſtérité. De ſa première femme il eut:

1. JACQUES, Marquis de Maugeri, mort ſans alliance;
2. Et CHARLOTTE, Dame de Saveilles, morte ſans poſtérité le 13 Avril 1666, âgée de 43 ans, mariée, en 1653, à _Henri de la Tour_, Vicomte de Turenne, Maréchal de France, & Maréchal-de-Camp-Général des Armées du Roi.

XIV. HENRI-NOMPAR DE CAUMONT, né en 1582, ſecond fils de JACQUES-NOMPAR, Duc de la Force, Pair & Maréchal de France, &

de *Charlotte de Gontaut-Biron*, fa première femme, porta long-tems le nom de *Marquis de Caftelnau*, fervit le Roi Louis XIII, fous le Maréchal, fon père, en plufieurs occafions, en qualité de Maréchal-de-Camp, fut Duc de la Force, Pair de France après la mort de fon frère aîné, & mourut en janvier 1678. Il avoit époufé *Marguerite d'Efcodeca*, Dame de Boëffe, dont il eut :

1. JACQUES, qui fuit ;
2. HENRI, mort jeune ;
3. PIERRE, Marquis de Cugnac, mort fans poftérité de N.... *Turguet de Mayerne*, Baronne d'Aubonne ;
4. ARMAND, Marquis de Montpouillan, Gentilhomme de la Chambre du Roi d'Angleterre, Lieutenant-Général des Armées des Etats de Hollande, Gouverneur de Naërden, mort à la Haye le 16 Mai 1701, âgé de 86 ans. Il avoit époufé 1º *Amable-Guillelmine de Brederode*, fille de *Wolfard*, Seigneur de Brederode, dont il a eu une fille, mariée en Angleterre ; & 2º *Grace-Angélique - Françoife Araɀola d'Ognate*, remariée, le 1er Juin 1702, à *Marc-Antoine du Bofc*, Marquis de Bouchet, Seigneur de Servières, Maître des Requêtes & Intendant de la Maifon de Madame la Ducheffe de Bourgogne ;
5. CHARLOTTE, morte âgée de 82 ans, mariée à *Gabriel de Caumont*, Comte de Lauzun ;
6. DIANE, mariée, le 26 Avril 1637, à *Charles-René du Puy de Tournon*, Marquis de Montbrun en Dauphiné ;
7. JEANNE, mariée à *Cyrus de Montaut*, Marquis de Navailles, Seigneur de Benac ;
8. JACQUELINE, morte le 10 Mai 1702, âgée de 91 ans, mariée à *Henri de Vivant*, Comte de Panjas ;
9. Et HENRIETTE, Demoifelle de Caftelnau.

XV. JACQUES DE CAUMONT, Marquis de Boëffe, &c, tué au fiège de la Mothe en Lorraine en 1634, avoit époufé *Louife de Saint-Georges de Verac*, fille d'*Olivier*, Seigneur de Verac, dont il eut :

1. JACQUES-NOMPAR, qui fuit ;
2. OLIVIER, Seigneur de Taffai ;
3. Et CHARLOTTE, Demoifelle de Boëffe.

XVI. JACQUES-NOMPAR DE CAUMONT, Duc de la Force, Pair de France après la mort de fon grand-père, mourut le 19 Avril 1699, après être rentré dans le fein de l'Eglife par l'abjuration qu'il fit des erreurs des Calviniftes. Il avoit époufé, 1º en 1661, *Marie de Saint-Simon*, Marquife de Courtomer, morte en 1670. Elle avoit fait annuller par Arrêt du Parlement de Paris du 8 Février 1659, confirmé par autre Arrêt du 18 Février 1675, fon précédent mariage, avec *René de Cordouan*, Marquis de Langey. Elle étoit fille d'*Arnaud*, Seigneur de Courtomer, & de *Sufanne Magdelène* ; & 2º le 12 Mars 1673, *Sufanne de Beringhen*, fille de *Jean*, Seigneur de Flehedel & de Langarzeau, &c. Il eut du premier lit :

1. JEANNE, morte le 8 Mai 1716, mariée, le 26 Avril 1682, à *Claude-Antoine de Saint-Simon*, Marquis de Courtomer ;
2. MARIE-ANNE-LOUISE, fille d'honneur de Madame la Dauphine, mariée le 8 Mars 1688, à *Louis de Beauvoir*, Comte du Roure, Lieutenant-Général au Gouvernement de Languedoc, tué à la bataille de Fleurus le 1er Juillet 1690 ;
3. Et MARGUERITE.

Du fecond lit vinrent :

4. HENRI-JACQUES, qui fuit ;
5. FRANÇOIS-NOMPAR, Marquis de la Force, né le 2 Mars 1678, Aide-de-Camp du Duc de Vendôme, tué en Août 1702 en Italie, par la chûte de la bafcule du pont-levis de Viadana, allant porter les ordres de ce Général ;
6. ARMAND-NOMPAR, Marquis de la Force, rapporté après fon frère aîné ;
7. CHARLOTTE, Religieufe aux filles Sainte-Marie, qui fut nommée Abbeffe d'Iffi le 15 Août 1714 ;
8. & 9. SUSANNE & MAGNE.

XVII. HENRI-JACQUES DE CAUMONT, Pair de France, Colonel d'un Régiment, né le 5 Mars 1675, porta le nom de *Duc de Caumont*, jufqu'à la mort de fon père, qu'il reprit celui de *Duc de la Force*. Il a fignalé fon zèle en contribuant par des fommes très-confidérables à l'entretien des Miffionnaires, pour la réunion des Calviniftes de France ; fa générofité a été jufqu'à payer des penfions à plufieurs nouveaux réunis. Il fut reçu à l'Académie Françoife le 28 Janvier 1715, & mourut le 20 Juillet 1726. Il époufa, le 18 Juin 1698 *Anne-Marie de Beuɀelin de Bofmelet*, fille unique de *Jean*, Seigneur de Bofmelet, Préfident à Mortier au Parlement de Rouen, & de *Renée Bouthillier-de-Chavigni*.

XVII. ARMAND-NOMPAR, troifième fils de JACQUES-NOMPAR, & de *Sufanne de Beringhen*, appelé *Marquis de Caumont* & *Marquis de la Force*, né le 7 Mars 1679, chef des

noms & armes de Caumont, devenu Duc de
la Force après la mort de fon frère aîné. Il
époufa, le 17 Juillet 1713, *Anne-Elifabeth
de Gruel*, qui avoit été reçue à Saint-Cyr en
1687, morte le 17 Mars 1758. Elle avoit époufé, 1º le 6 Décembre 1704, *Jean-François-
Michel*, Sieur de la Broffe. Elle étoit fille de
Jacques, Seigneur de Boifmont près Argentan
en Baffe-Normandie, dont :

1. JACQUES-NOMPAR, Duc par démiffion de fon
   père, & appelé *Duc de Caumont*, né le 18
   Avril 1714, mort à Bagnières le 14 Juillet
   1755. Il avoit époufé, le 8 Avril 1730, *Marie-Louife de Noailles*, née le 8 Septembre
   1710, une des Dames de compagnie de feu
   Madame la Dauphine, fille d'*Adrien-Mau-
   rice*, Maréchal de Noailles ;
2. ARMAND, Marquis de la Force, né le 10 Juin
   1721, tué devant Coni le 30 Septembre
   1744, étant Colonel du Régiment de Beauce. Il avoit époufé, le 14 Juin 1742, *Marie-
   Philibere Amelot*, fille du fecond lit de
   Jean-Jacques, Seigneur de Chaillou en Touraine, Miniftre & Secrétaire d'Etat, Prévôt,
   Maître des Cérémonies, & Commandeur
   des Ordres du Roi ;
3. Et OLYMPE, née le 21 Août 1718, morte le
   6 Juillet 1757, mariée, le 13 Janvier 1739, à
   Anne-Hilarion de Galard de Braffac, Comte
   de Béarn.

BRANCHE
des Seigneurs DE BERBIGUIERES *& de*
MONTBETON, *reconnue pour avoir tige
commune avec les Ducs de* LA FORCE.

JEAN-FRANÇOIS DE CAUMONT, Sire de Beauvilla, époufa, par contrat du 19 Avril 1720,
Jeanne de Maury, dont :

BERTRAND, qui fuit;
Et quatre filles.

BERTRAND DE CAUMONT, Chevalier, Seigneur
de Beauvilla, né le 1er Août 1724, titré *Marquis de Caumont*, Garde-du-Corps de Sa
Majefté, puis Gentilhomme de la Chambre de
MONSIEUR, mourut le 22 Janvier 1773. Il
époufa, le 5 Juin 1757, *Adélaïde-Luce-Ma-
deleine de Galard de Braffac*, née le 9 Décembre 1739, Gouvernante des enfans de Monfeigneur le Comte d'Artois, & fille d'*Anne-
Hilarion*, Comte de Béarn, & d'*Olympe de
Caumont*, dont :

1. LOUIS-JOSEPH-NOMPAR, né le 22 Avril 1768;
2. FRANÇOIS-PHILIBERT-BERTRAND-NOMPAR,
   né en Novembre 1772;
3. N... mariée, en 1779, au Comte de *Balbi*;

4. MARIE, mariée, en 1781, à *François-Anne-
   Louis*, Marquis de *Lordat*, né le 16 Novembre 1734;
5. CATHERINE, mariée, par contrat paffé le 1er
   Août 1779, à *Gilbert*, Comte de *Gironde de
   Pilles*, né le 4 Juillet 1750,
6. Et ANTOINETTE-FRANÇOISE-MARIE, née le
   1er Juillet 1771.

Voyez fur la jonction de ces deux branches
un Mémoire imprimé en 1757, reconnu véritable par le feu Duc de la Force, fur les preuves juftifiées devant Sa Majefté par feu M.
Clairambault, Généalogifte des Ordres du
Roi. Voy. auffi le Préfident de Thou, d'Aubigné, d'Avila, P. Mathieu & Dupleix.

Les armes de CAUMONT-LA-FORCE font : *d'a-
zur, à trois léopards d'or l'un fur l'autre,
armés & lampaffés de gueules*. La devife ou
cri eft : *Ferme, Caumont*.

CAUMONT-LAUZUN. Outre la Maifon
de *Caumont-la-Force*, dont nous venons de
donner la Généalogie, il y a encore eu *Caumont-Lauzun*, branche de la précédente, dont
étoit FRANÇOIS DE CAUMONT, créé Comte de
Lauzun en 1570, marié, le 9 Juillet 1534, à
Charlotte de la Roche-Andry, dont il eut
entr'autres enfans :

GABRIEL-NOMPAR DE CAUMONT, Comte de
Lauzun, Vicomte de Montbahus, Baron de
Puiguilhem, & Chevalier des Ordres du Roi
en 1585, qui époufa, le 30 Mars 1560, *Charlotte*, fille de *Louis*, Seigneur d'*Eftiffac*, dont
il eut entr'autres enfans :

1. FRANÇOIS-NOMPAR, qui fuit;
2. Et CHARLOTTE-CATHERINE, mariée à *Alexandre*, Baron de *Clermont-Lodève*.

FRANÇOIS-NOMPAR DE CAUMONT, Comte de
Lauzun, &c., Chevalier des Ordres du Roi,
époufa *Catherine*, fille de *Philibert de Gramont*, Comte de Guiche, dont :

1. GABRIEL-NOMPAR, qui fuit;
2. ELIE;
3. Et CHARLOTTE, morte le 21 Janvier 1671,
   âgée de 77 ans, mariée, en 1611, à *Jean-
   Frédéric de Foix*, Comte de Gurfon.

GABRIEL-NOMPAR DE CAUMONT, Comte de
Lauzun, &c., époufa, 1º le 6 Avril 1620, *N...
de Neufbourg*; & 2º en Juin 1630, CHAR-
LOTTE, fille de HENRI DE CAUMONT-LA-FORCE,
Marquis de Caftelnau, dont il eut :

1. JACQUES, Comte de Lauzun, mort fans alliance;
2. ANTOINE-NOMPAR, qui fuit;

3. GABRIEL, Vicomte de Lauzun, mort le 17 Octobre 1692, fans alliance ;

4. FRANÇOIS, Comte de Lauzun, mort auffi fans alliance, âgé de 60 ans, le 30 Décembre 1707;

5. DIANE-CHARLOTTE, morte le 4 Novembre 1720, dans fa 88e année, mariée, le 28 Avril 1663, à *Armand de Bautru*, Comte de Nogent, Maréchal-de-Camp, Lieutenant-Général de la Province d'Auvergne, & Maître de la Garde-robe du Roi;

6. ANNE, morte le 6 Octobre 1722, dans fa 81e année, mariée, le 21 Juillet 1668, à *Armand de Belfunce*, Grand-Sénéchal & Marquis de Caftelmoron, Gouverneur des Provinces d'Agénois & de Condomois ;

7. CHARLOTTE, Abbeffe de N.-D. de Saintes, morte en Octobre 1701 ;

8. Et FRANÇOISE, Abbeffe de Roncerai, morte en Novembre 1714, âgée de 64 ans.

ANTOINE-NOMPAR DE CAUMONT, Duc de Lauzun, Marquis de Puiguilhem, Chevalier de l'Ordre de la Jarretière, ci-devant Colonel-Général des Dragons de France, Capitaine des Gardes-du-Corps du Roi, & Gouverneur du Berry, mort le 19 Novembre 1723, âgé de 90 ans 6 mois, avoit époufé, le 21 Mai 1695, *Geneviève-Marie de Durfort*, fille de *Guy-Aldonce*, Duc de Lorges, Pair & Maréchal de France, &c., & de *Geneviève de Fremont*. Il n'en eut point d'enfans. Voyez l'*Hift. des Grands Officiers de la Couronne*, tom. IV, pag. 467 & fuiv.

Les armes : *tiercé en bande d'or, de gueules & d'azur.*

CAUQUIGNY, famille maintenue dans fa Nobleffe le 21 Février 1668, & dont étoit PIERRE DE CAUQUIGNY, Seigneur de Cauville, Préfident en la Chambre des Comptes de Rouen en 1629. Voy. l'*Hiftoire de la Ville de Rouen*, tom. I.

Les armes : *d'azur, à 3 trèfles d'or, 2 & 1.*

• CAUSANS en Dauphiné, dans la Principauté d'Orange, Terre & Seigneurie qui étoit poffédée vers 1250, en partie par RAYMOND DE VINCENS, dont le petit-fils PIERRE acquit l'autre partie par fon mariage du 15 Mars 1346 avec *Françoife*, fille & héritière de *Bertrand de Mauléon*. De ce mariage vint BARTHÉLEMY DE VINCENS, qui prit le nom & les armes de Mauléon, en vertu du Teftament de *Jacques de Mauléon*, fon oncle maternel. Ce même BARTHÉLEMY eft le huitième aïeul de LOUIS DE VINCENS DE MAULÉON, en faveur du-

quel la Seigneurie de *Caufans* fut érigée en *Marquifat*, par Lettres de *Guillaume-Henri de Naffau*, Prince d'Orange, du 28 Août 1667, vérifiées au Parlement de Grenoble le 16 Novembre 1679. Voyez VINCENS DE MAULÉON.

CAUSSADE, ancienne Maifon de Bretagne fondue dans celle d'ESTUER. Voy. ce mot.

CAUVIGNY DE BOUTONVILLIERS, en Normandie, Election de Caen. La Roque parle de cette famille dans fon *Hiftoire de la Maifon d'Harcourt*, pag. 1526. Il en eft fait mention dans l'*Origine de Caen*, pag. 324: on y lit que FRANÇOIS & fon neveu JACQUES DE CAUVIGNY ont été célèbres par leurs vers. Ils vivoient vers 1600.

Les armes : *d'argent, au chevron de fable, accompagné de trois merlettes de même ; au chef de fable, chargé de trois coquilles d'argent,*

* CAUVISSON ou CALVISSON. C'eft une des 22 Baronnies des Etats de Languedoc, que *Marguerite de Murat*, fille de *Bernard*, Vicomte de Murat, porta à fon mari, *Louis de Louet*, Chambellan du Roi CHARLES VI. Il fut quatrième aïeul de *Jean-Louis de Louet*, créé *Marquis de Cauviffon* ou *Calviffon* au mois de Mai 1644, par LOUIS XIV, & mort enfuite Maréchal-de-Camp. Ce Marquifat fut compofé du bourg de Cauviffon, des Paroiffes de Bifac, Sincens, Livières, Aigues-Vives, Vergefe, Coudognan, Congenies, Uchau, Mus, Langlade, Saint-Dionife, Clarenfac, Marueje, Aujargues, Pondres, Saint-Blancaffy, Parignargues & Aubart. Voyez LOUET-DE-CAUVISSON.

CAUX. Cette famille eft connue à Marfeille depuis plus de 200 ans. Elle s'eft alliée avec plufieurs familles diftinguées, tant en Provence que dans le Comtat d'Avignon. De cette famille font fortis plufieurs Officiers, tant des Galères & Vaiffeaux du Roi, que d'Infanterie & de Cavalerie, & un Gouverneur de Notre-Dame-de-la-Garde de Marfeille.

PIERRE DE CAUX, Ecuyer, Officier des Galères de Marfeille, époufa, par contrat reçu à Aix, le 8 Décembre 1602, *Louife de Gantès*, fille de N.... *de Gantès*, Chevalier, Seigneur de Valbonnette, & de *Françoife de Bus*, du Comtat d'Avignon, dont entr'autres enfans :

N.... DE CAUX, qui laiffa :

Dominique, qui fuit ;

Et N... de Caux, qui fut Chanoine à la Major de Marfeille & Grand-Vicaire-Général de l'Evêché de ladite Ville.

Dominique, Marquis de Caux, Officier de Galères, époufa, le 3 Septembre 1719, *Catherine de Fortia*, née le 1er Décembre 1691, morte en 1778, fille de *Paul de Fortia*, Marquis d'Urban, & de *Marie-Efprite de Viffec de la Tude de Ganges*, dont :

Rose-Emilie de Caux, héritière de tous les biens de fa Maifon, & la dernière du nom, mariée, en 1748, à *Hercule-Paul-Catherine*, Marquis de *Fortia d'Urban*, fon coufin germain, né le 14 Mars 1718.

Les armes : *d'azur, au bélier paffant d'argent, clariné d'or, accompagné en chef de deux étoiles de même.*

Depuis l'alliance de cette famille avec celle de *Gantès*, ceux de ce nom ont ajouté à leurs armes : *coupé d'azur, à quatre emmanches d'or, mouvantes du chef du coupé*, qui font celles de Gantès.

CAVELET, Maifon du Pays de Caux dans la Haute-Normandie. La Terre de Verboc, fituée dans cette Province, fut de nouveau érigée en Baronnie, par Lettres du mois d'Avril 1653, en faveur de Pierre Cavelet, Ecuyer, Confeiller du Roi, Lieutenant-Civil & Criminel, & Préfident au Préfidial de Caudebec.

CAVENDISH, nom d'une illuftre Maifon d'Angleterre, qui defcend d'une branche cadette des *Gernon*, perfonnages d'une grande diftinction dans les Comtés de Norfolk & d'Effex. Ils s'établirent à Cavendish, dans le Comté de Suffolk, & prirent pour furnom celui de cette place.

Guillaume Cavendish de Chatfworth, dans le Comté de Derby, jeta fous le règne du Roi Henri VIII les fondemens de la grandeur dont cette Maifon jouit encore à préfent. Il fut membre du Confeil Privé, & la Reine Marie l'éleva à la dignité de Chevalier. Il époufa 1o *Marguerite*, fille d'*Edmond Boftock*, Ecuyer de Walcroft ; 2o *Elifabeth*, fille de *Thomas Conyngsby*, Ecuyer ; & 3o *Elifabeth Hardwick*, veuve de *Richard Barley*, Ecuyer, & fille de *Jean Hardwick*, dont :

1. Henri, qui mourut en 1616, fans poftérité légitime ;

2. Guillaume, qui fuit ;
3. Et Charles, marié 1o à N..., & 2o à *Catherine*, Baronne *Ogle*, fille de *Cuthbert*, Lord Ogle, dont :

Guillaume, Baron du Royaume, la 18e année du règne de Jacques Ier, fous le titre de *Lord Ogle*, puis Vicomte de Mansfield. Le Roi Charles Ier le fit Marquis de Newcaftle, & le Roi Charles II le créa Comte d'Ogle & Duc de Newcaftle.

Guillaume Cavendish hérita de tous les grands biens de fon père, fut créé, le 2 Août 1618, Comte de *Devonshire*, & mourut le 3 Mars 1625. Il époufa 1o *Anne*, fille d'*Henri Kighley* ; & 2o *Elifabeth*, fille d'*Edouard Boughton*, Ecuyer de Caufton, & laiffa du premier lit :

Guillaume Cavendish, Comte de Devonshire, qui mourut en 1628, laiffant de *Chriftine Bruce* :

Guillaume Cavendish, Comte de Devonshire, fait Chevalier du Bain au couronnement de Charles Ier, qui mourut en 1684. (Voyez Moréri.)

• CAYEU, Terre en Picardie, fituée fur le bord de la mer près Saint-Valery, qui a donné fon nom à une famille éteinte, des plus anciennes de la Province.

Baudouin de Cayeu, furnommé de *Caihot*, eft le premier que l'on trouve de ce nom. Il foufcrivit avec Roger de Cayeu, fon frère, à un titre d'*Euftache*, Comte de Boulogne de 1107. Il eut pour fils :

Arnoul de Cayeu, vaillant Chevalier, qui fut choifi par *Baudouin*, fecond Comte de Guines, pour Gouverneur d'*Arnoul*, fon fils, en 1181. Il avoit époufé *Alix*, Dame de *Bauclinghen*, dont :

1. Anseau, qui fuit ;
2. Guillaume, rapporté après fon frère aîné ;
3. Arnoul, Chevalier, mort fans alliance ;
4. Et Eustache, Chevalier, mort fans hoirs.

Anseau de Cayeu, Chevalier, nommé entre les Chevaliers-Bannerets fous Philippe-Augufte en 1205, fut à la conquête de Conftantinople. Il s'établit dans le pays & s'y maria avec *Eudoxie*, fille de *Théodore Lafcaris*, Prince de Nicée. Nous ignorons s'il y fit branche.

Guillaume de Cayeu, Seigneur de Cayeu & de Boullencourt en 1210, époufa 1o *Elifabeth de Béthune*, Dame de Carency, fille

& héritière d'*Albert de Béthune*, III° du nom, Seigneur de Carency; & 2° *Margue-rite....* du confentement de laquelle il donna, en 1239, à l'Eglife du Mont-Saint-Martin un *muid de Froment*, mefure de la Ville d'Eu, à prendre dans fa grange de Boullencourt. Il eut du premier lit :

GUILLAUME DE CAYEU, II° du nom, Seigneur de Cayeu & de Boullencourt, Chevalier, qui figna, en 1242, à un titre avec Jean de Goüy, Jean de Lonriel, Robert Brifepée-de-Villiers, Baudouin Bridon, du Mefnil-Colard de Carieul, Hubert de Carency, dit Clignet, & Gilles, dit Bourlet de Carency. Il n'eut de fa femme dont on ignore le nom, que]

CATHERINE DE CAYEU, Dame de Carency, mariée à *Nicolas de Condé*, dit de *Bailleul*, Chevalier, Seigneur de Bailleul, de Mauriaumez & de Fontaines en 1261 & 1286, fils de *Jacques de Condé*, Seigneur de Bailleul, & d'une fille d'*Euftache*, III° du nom, Seigneur de Renx ou Reux, dont vint auffi une fille unique, *Catherine de Condé*, Dame de Carency, mariée à *Jacques de Châtillon*, dit de *Saint-Paul*, Seigneur de Leuze, Gouverneur de Flandre.

Il y a eu une autre branche de la Maifon de CAYEU, Seigneurs de *Senarpont*; mais il y a long-tems qu'elle eft éteinte, & l'on ne peut favoir d'où elle eft fortie, à moins que ce ne fût d'un des cadets d'ANSEAU & de GUILLAUME DE CAYEU, qu'on a cru être mort fans lignée.

MATHIEU DE CAYEU, Seigneur de Senarpont, forti d'ARNOUL ou d'EUSTACHE DE CAYEU, laiffa de fa femme dont on ignore le nom :

1. JEAN, qui fuit;
2. MATHIEU, rapporté après fon frère;
3. Et JEANNE, mariée à *Jean des Effarts*, Seigneur d'Ambleville.

JEAN DE CAYEU, Seigneur de Senarpont, eut pour fille unique :

CATHERINE DE CAYEU, Dame de Senarpont, mariée à *Guillaume Martel*, Seigneur de Bacqueville, dont le fils *Guillaume Martel*, II° du nom, mourut fans enfans.

MATHIEU DE CAYEU, II° du nom, Chevalier, fecond fils de MATHIEU, Seigneur de Senarpont, époufa *Jeanne*, Dame de *Wimes*, dont:

JEAN DE CAYEU, Seigneur de Wimes, marié à *Ifabeau d'Ailly*, fille de *Robert*, Seigneur

Tome IV.

d'Ailly, & de *Marguerite de Pecquigny*, fa feconde femme, dont :

JEAN DE CAYEU, II° du nom, Seigneur de Wimes, Chevalier, lequel eut de grands procès avec Julien des Effarts, fils de Jean, Seigneur d'Ambleville, & de JEANNE DE CAYEU, pour la Terre de Senarpont. Nous ignorons s'il a eu poftérité.

On trouve encore de la même Maifon un RENAUD DE CAYEU, Chevalier, qui époufa *Gilles de Ponthieü*, dont vinrent entr'autres enfans :

1. ISABELLE DE CAYEU, mariée à *Jean*, Baron de *Mailly*, de Conti & de Talmas;
2. Et ANTOINE DE CAYEU, Seigneur de Belleroye, qui époufa *Jacqueline de Formentier*, fille de *Jean de Formentier*, Seigneur d'Ondeville, & d'*Alix le Clerc*, dont vint:

     ANTOINETTE DE CAYEU, mariée à *Antoine de Gouffencourt*, Seigneur de Mifery.

Les armes de cette ancienne Maifon éteinte font: *parti d'or & d'azur, à la croix ancrée de gueules fur le tout.*

CAYLAR (DU), en Languedoc. La Généalogie que nous allons donner de cette Maifon a été dreffée par M. Gaftelier de la Tour, Auteur du *Nobiliaire* de cette Province, & nous a été remife il y a quelques années, pour être inférée dans ce Dictionnaire, par M. l'Abbé Thomaffeau-de-Curzay.

Cette Maifon, dit l'Auteur, defcend des anciens Barons DU CAYLAR, au Diocèfe de Lodève, qui, felon la plus commune opinion, étoientiffus de l'illuftre Maifon des *Bermond*, Seigneurs de Sauvre, d'Andufe, &c., & qui, pour fuivre RAYMOND VI, Comte de Touloufe, à la conquête de la Terre-Sainte, vendirent la Baronnie *du Caylar* aux Evêques de Lodève, qui la poffèdent encore. Les révolutions du Languedoc ne permettent pas de porter jufqu'à cette époque une Généalogie fuivie, & non interrompue; mais il exifte des monumens épars qui l'en dédommagent en partie, & dont la mémoire eft confacrée par l'honneur d'avoir produit en la perfonne de Jean de Saint-Bonnet, Seigneur de Toiras, un Maréchal de France célèbre, & admis aux ordres de Sa Majefté.

GÉNÉALOGIE.

I. BERNARD DU CAYLAR, Ier du nom, Chevalier, mort avant le 13 Novembre 1296, avoit époufé 1o *N....*, & 2o *Marie de Fodières*, veuve de *Pierre Deodati*, & fille de *Jourdain de Fodières*, Seigneur de Pezenas, & de *Béatrix*. Il eut du premier lit :

II. BERNARD DU CAYLAR, IIᵉ du nom, Damoifeau, Seigneur d'une portion du Château de Roujan, qui eut des différends avec *Hugues de Fodières*, oncle de fa femme; ils paffèrent un compromis le 13 Novembre 1696, en vertu duquel les arbitres donnèrent une Sentence le 29 Décembre fuivant, qui condamna ce dernier à lui payer 3300 fols tournois pour toutes fes prétentions. Il avoit époufé *Alaifis Deodati*, morte en 1296, fille de *Pierre Deodati*, Seigneur de Poufols, & de *Marie de Fodières*, feconde femme de fon père. Leurs enfans furent :

1. BERNARD, qui fuit ;
2. & 3. HUGUES, nommé dans la Sentence de 1296, avec AIXANDE, fa fœur.

III. BERNARD DU CAYLAR, IIIᵉ du nom, Co-Seigneur de Roujan, dénommé dans la Sentence de 1296, étoit mort le 23 Mars 1318; lorfque fon teftament fut ratifié par fes enfans, qui partagèrent fes biens le 10 des calendes d'Avril 1318. On ignore le nom de fa femme, dont il eut :

1. BERNARD, qui fuit ;
2. & 3. PIERRE, & GUILLAUME, âgé de plus de 16 ans en 1318 ;
4. Et BERENGUIER, Moine à l'Abbaye d'Aniane.

IV. BERNARD DU CAYLAR, IVᵉ du nom, Co-Seigneur de Roujan, mourut avant le 14 Novembre 1386, & avoit époufé *Ferrande de Cefte*, qui lui furvécut, & dont il eut :

1. HUGUES, qui fuit ;
2. Et PIERRE, auteur de la feconde branche, rapportée ci-après.

V. HUGUES DU CAYLAR, Damoifeau, Co-Seigneur de Roujan, fit l'inventaire des biens de fon père le 14 Novembre 1386, & en accepta l'héritage fous bénéfice d'inventaire : il tefta le 6 Décembre 1390, & avoit époufé *N... de Joyeufe*, morte avant lui, dont il eut :

1. HUGUES, qui fuit ;
2. GUILLAUME, auteur de la branche des Seigneurs de *Toiras*, rapportée plus loin ;
3. Et BERNARD, Moine-Infirmier au Prieuré de Caffan.

VI. HUGUES DU CAYLAR, IIᵉ du nom, Co-Seigneur de Roujan, Seigneur de Poufols

& de Spondillan, rendit hommage devant le Sénéchal de Carcaffonne le 10 Mai 1389, comme Procureur de fon père, pour les fiefs de Roujan, de Spondillan & de Poufols, & tefta le 13 Avril 1420. Il époufa *Catherine*, dont :

VII. BERTRAND DU CAYLAR, Seigneur de Spondillan, qui continua la poftérité, & a fait la branche des Seigneurs de *Spondillan*. Il époufa *Jeanne*, dont :

PHILIPPE ;
Et RAYMOND, qui fuit.

VIII. RAYMOND DU CAYLAR époufa, le 23 Juin 1447, *Antoinette d'Arpajon*, dont :

IX. GUILLAUME DU CAYLAR, marié à *Catherine de Mar...*, qui laiffa :

X. PAUL DU CAYLAR, qui époufa, le 13 Décembre 1523, *Jeanne des Porcellets*, dont entr'autres enfans :

1. & 2. TIMOTHÉE & GUILLAUME ;
3. JACQUES, qui fuit ;
4. Et GUILLAUME DU CAYLAR, auteur de la branche des Seigneurs de *Puifferguier*, rapportée plus loin.

XI. JACQUES DU CAYLAR, Co-Seigneur de Spondillan, Gouverneur de Béziers le 8 Octobre 1599, en fut mis en poffeffion le 3 Février 1600, & s'en démit en faveur de fon neveu le 15 Juin 1603. Il étoit mort en 1607, & eut d'*Alizette d'Avanfon* :

XII. GUILLAUME DU CAYLAR, Lieutenant au Gouvernement de la Ville & Citadelle de Béziers, & Capitaine de la garnifon, qui époufa, par contrat du 23 Février 1607, *Marie de la Courtade*, dont :

XIII. JEANDU CAYLAR, né le 11 Avril 1611, qui époufa, le 26 Avril 1637, *Charlotte de Lort*, dont entr'autres enfans :

1. PIERRE, qui fuit ;
2. Et HENRI DU CAYLAR, rapporté après fon frère.

XIV. PIERRE DU CAYLAR, Seigneur de Spondillan, né le 8 Juillet 1638, fut maintenu dans fa nobleffe par l'Intendant du Languedoc le 10 Décembre 1668, & prit alors le nom de *Bermond*. Il époufa, le 10 Mai 1678, *Armande-Agnès Efprit*, morte en 1710, dont il eut :

1. PIERRE-JACQUES DE BERMOND, né en 1679, mort en 1680 ;
2. JOSEPH-LOUIS DE BERMOND, né le 25 Août 1683, Lieutenant d'Infanterie au Régiment de Noailles ;

3. AMABLE DE BERMOND, mort jeune ;
4. JEAN-JACQUES DE BERMOND, né le 4 Octobre 1686, Lieutenant d'Infanterie au Régiment de Beauvoisis ;
5. JEAN-PIERRE-APHRODISE DE BERMOND, né le 11 Janvier 1688, Capitaine dans le Régiment d'Epinay ;
6. JULIEN-AMABLE DE BERMOND, né le 9 Janvier 1691, Lieutenant au Régiment de Villeneuve, Infanterie, mort en 1711 ;
7. GABRIEL DE BERMOND, né le 17 Février 1698 ;
8. FRANÇOIS DE BERMOND, né le 18 Février 1699 ;
9. GENEVIÈVE DE BERMOND, née le 22 Septembre 1680, mariée, le 19 Avril 1712, à *Jean-Baptifte de Fornier*, Seigneur de Chalançay ;
10. GABRIELLE-FÉLICE DE BERMOND, née le 5 Avril 1682, Chanoineffe dans l'Abbaye du Saint-Efprit à Béziers ;
11. MARIE-MARGUERITE DE BERMOND, née le 20 Avril 1689, mariée, le 30 Avril 1710, à *Gabriel de Valat de Cabreirolles*, Capitaine d'Infanterie au Régiment de Bourbonnois ;
12. Et ARMANDE-AGNÈS DE BERMOND, née le 11 Avril 1695, Chanoineffe au Saint-Efprit à Béziers.

XIV. HENRI DU CAYLAR DE BERMOND, fecond fils de JEAN DU CAYLAR, Co-Seigneur de Spondillan, & de *Charlotte de Lort*, né le 11 Mai 1644, mourut le 13 Janvier 1702. Il eut de *Marie de Villemur-Riotôt :*

1. PIERRE-JOSEPH DE BERMOND, Capitaine dans le Régiment du Roi ;
2. FRANÇOIS DE BERMOND, Eccléfiaftique ;
3. CHARLOTTE DE BERMOND ;
4. GABRIELLE DE BERMOND, née le 12 Janvier 168..., morte le 11 Novembre 1710, qui époufa, le 28 Septembre 1706, *Pierre de Sarte-d'Efpagnac* ;
5. Et LISETTE DE BERMOND.

BRANCHE
des Seigneurs DE PUISSERGUIER.

XI, GUILLAUME DU CAYLAR, quatrième fils de *Paul*, & de *Jeanne des Porcellets*, fut Seigneur d'une partie de Spondillan, dont il portoit le nom, fut fait Capitaine de Gendarmes le 19 Juillet 1559, & fervoit en 1562 dans le parti du Prince de Condé : il combattit à la tête de fa troupe, appelée la Cornette de Spondillan-le-Prince, à la bataille de Jarnac, où il fut fait prifonnier en 1569. Il fut fait Capitaine-Gouverneur de la Ville & Citadelle de Béziers, que le Maréchal de Dam-

ville fit bâtir en 1582. Il devint Capitaine de 30 lances des ordonnances le 22 Septembre 1596, & fut confirmé dans le Gouvernement de la ville de Béziers, par le Roi HENRI IV, le 11 Novembre 1596.

JEAN-AUGUSTE DE BERMOND, fon arrière-petit-fils, d'abord Eccléfiaftique, devint enfuite Seigneur de Puifferguier, de Cazillac, &c., Capitaine dans le Régiment de Navarre, & mourut le dernier de fa branche. Il avoit époufé, par contrat du 26 Novembre 1682, *Antôinette de Sarret*, dont :

MADELEINE-HENRI ;
Un autre fils ;
Quatre filles, Religieufes ;
Et N..., veuve de *N... du Mayeul*.

BRANCHE
DE SAINT-BONNET, Seigneurs DE TOIRAS.

VI. GUILLAUME DU CAYLAR, fecond fils de HUGUES Ier, & de *N... de Joyeufe*, époufa, 1° avant le 22 Janvier 1377, *Catherine de Montferrier*, fille de *Raymond*, Co-Seigneur de Montferrier (iffu de *Guillaume*, Baron de Montpellier), & de *Navarre de l'Eftang*. Il en hérita, quoiqu'il n'eut pas d'énfans, à la charge feulement de porter *fes armes*, qui font : *d'or, à trois fers à cheval de gueules, cloués du champ, pofés 2 & 1* ; ce qu'il fit ; 2° le 27 Juin 1386, *Louife de Saint-Bonnet*, fille de *Pierre*, Seigneur de Toiras, & d'*Avoie de Mandagout*. Pierre de Saint-Bonnet, fon père, par fon teftament du 27 Avril 1398, fubftitua fes biens à fes deux fils *Raymond Gauffridi* & *Jean*, &, à leur défaut, aux enfans mâles de *Louife*, à la charge de porter le nom & les armes de Saint-Bonnet, qui font : *de gueules, au lion d'or* ; & 3° *Miracle*, dont il n'eut pas d'enfans & que l'on ne connoît que parce qu'elle vivoit encore lorfque fon mari fit fon teftament le 24 Juillet 1420. Il eut du fecond lit huit enfans, parmi lefquels

VII. JEAN DU CAYLAR, le troifième fils, laiffa :

VIII. GUILLAUME DU CAYLAR, IIe du nom, en faveur duquel la fubftitution faite par *Pierre de Saint-Bonnet* fut confirmée, en 1460, par le teftament de fon petit-fils *Gauffelin*, Seigneur de Toiras, de Peyre, de Salendres, de Saint-Jean de Gardonnenques, de la Forêt, de Sainte-Croix, du Mielet, &c., qui, en donnant toùs fes biens à GUILLAUME II DU

D d d ij

Caylar, l'obligea de nouveau à porter son nom & ses armes, & même encore à demeurer au Château de Toiras, sous peine d'être privé de son héritage. Guillaume II prit donc les nom & armes de *Saint-Bonnet*, qu'il écartela de celles de *Montferrier*, qu'il portoit déjà : il ne retint de celles du Caylar que les supports & cimier, qui sont : *deux lions de sable, & un demi-lion de même, armés & lampassés de gueules*, en quoi il a été suivi par ses successeurs, mais il conserva le nom du Caylar. Il épousa, 1° par contrat du 9 Décembre 1444, *Marguerite de la Fare* ; & 2° le 22 Mai 1445, *Marguerite de Cadoine*, dont entr'autres enfans :

IX. Guillaume du Caylar-Saint-Bonnet, IIIᵉ du nom, qui épousa, en 1491, *Marguerite de Nogaret*, dont :

X. Antoine du Caylar-Saint-Bonnet, Seigneur de Toiras, qui épousa, par contrat du 24 Avril 1526, *Gabrielle de Rochemure*, dont entr'autres enfans :

1. Raymond ;
2. Louis, qui suit ;
3. Guillaume ;
4. Et Aymar, auteur de la branche des Seigneurs de *Restinclières*, rapportée plus loin.

XI. Louis de Saint-Bonnet, marié, par contrat du 20 Septembre 1556, à *Marthe de Sandres*, fut le trisaïeul de

Jacques de Saint-Bonnet et de Bermond du Caylar, Seigneur de Toiras, qui fut maintenu dans sa noblesse, par jugement de M. de *Bezons*, Intendant en Languedoc, le 10 Septembre 1668, & mourut le dernier de sa branche.

BRANCHE
des Seigneurs de Restinclières.

Aymar de Saint-Bonnet, quatrième fils d'Antoine, & de *Gabrielle de Rochemure*, épousa, par contrat du 19 Février 1572, *Françoise de Claret de Saint-Félix*, dont entr'autres enfans :

1. Jacques, qui suit ;
2. Claude, Agent du Clergé, Abbé de Saint-Gilles & de Longvilliers, Prieur de Longpont, près Paris, & de Perfy en Bourgogne, Evêque de Nîmes, mort subitement le 4 Mai 1642 ;
3. Jean, Maréchal de France, Gentilhomme de Languedoc, né le 1ᵉʳ Mars 1585. Il fut d'abord Page du Prince de Condé, qui le

fit premier Gentilhomme de sa Chambre : il le suivit en Flandre en 1609, fut envoyé en Espagne en 1618, & à son retour fait Capitaine de la Volière des Thuileries, & Capitaine aux Gardes en 1620. Il s'en démit en 1624, fut Mestre-de-Camp au Régiment de Champagne ; obligea le Seigneur de Soubise d'abandonner le pays de Medoc en 1625, se rendit maître de l'Isle de Rhé ; en fut établi Gouverneur, & fait Vice-Amiral de la mer : il eut ensuite le Gouvernement de la Rochelle & du pays d'Aunis ; défendit courageusement durant trois mois & demi le fort de Saint-Martin de l'Isle de Rhé, contre les Anglois, & eut grande part à la victoire gagnée sur eux le 8 Novembre 1627. Il servit peu après en qualité de Maréchal-de-Camp au siège de la Rochelle, où il se distingua. Après la réduction de cette place, il fut envoyé en Montferrat commander les troupes du Roi ; reçut le bâton de Maréchal de France le 13 Septembre 1630, & fut nommé Lieutenant-Général de l'armée du Roi en Italie. Il fut encore pourvu du Gouvernement d'Auvergne, & employé à former une ligue en Italie, & à terminer le différend du Duc de Savoie avec la République de Venise. Il fut admis aux Ordres de Sa Majesté. Le Brevet fut expédié en 1633, après l'information faite par le Cardinal de Lyon, & les preuves reçues ; mais les Statuts de l'Ordre ne permettant pas d'envoyer le cordon bleu aux absens, il ne le reçut pas. Il étoit alors en Italie pour le service du Roi, où peu de tems après il fut disgracié par des motifs particuliers au premier Ministre, & fort éloignés de ternir la gloire du Maréchal, qui, exilé, dépouillé de son Gouvernement & de ses pensions, fut cependant choisi par le Duc de Savoie, de qui il avoit reçu mille bienfaits, pour être Lieutenant-Général de son armée, à laquelle la France joignit des troupes considérables. Le Roi approuva ce choix & le nouvel emploi du Maréchal, par une lettre de cachet qu'il lui écrivit. Il mourut en le remplissant, devant la forteresse de Fontanete, d'un coup de mousquet, le 14 Juin 1636.

Jacques de Saint-Bonnet, Seigneur de Restinclières, eut pour petit-fils :

Jacques-François de Bermond-du-Caylar-de-Saint-Bonnet, Marquis de Toiras, Comte d'Aubijoux & autres Terres, Brigadier des Armées du Roi, Capitaine-Lieutenant des Chevaux-Légers Dauphin, tué au combat de Leuze le 18 Septembre 1691, qui épousa, le

19 Mars 1691, *Françoife-Louife de Bérard*, dont la fille unique & héritière

Elisabeth - Marie - Louise - Nicole de Bermond-du-Caylar de Saint-Bonnet, née le 20 Décembre 1691, Comteffe d'Aubijoux, Dame de Sauveterre, de Reftinclières & autres Terres, mourut le 30 Septembre 1752. Elle époufa, le 30 Juillet 1715, *Alexandre de la Rochefoucauld*, Duc de la Roche-Guyon, puis de la Rochefoucauld. Voyez ROCHEFOUCAULD.

DEUXIÈME BRANCHE.

V. Pierre du Caylar, Ier du nom, Damoifeau, fecond fils de Bernard, IVe du nom, & de *Ferrande de Cefte*, fit hommage au Roi pour le fief qu'il avoit au Château de Spondillan le 30 Avril 1387, & paya une albergue de 18 fols pour celui qu'il avoit auffi au Château de Poufols. Il avoit fait un teftament du vivant de fon père, devant le même Notaire, le 4 Août 1384, par lequel il inftitua héritiers fes deux fils en fort bas âge. Il époufa, par contrat paffé devant *Bernard Etienne*, Notaire, le 5 Août 1380, N..., & laiffa :

1. Hugues, qui fuit ;
2. & Jean, auteur de la troifième branche, rapportée ci-après.

VI. Hugues du Caylar, Damoifeau, tefta le 16 Octobre 1456 par acte paffé devant *du Brugue*, Notaire ledit jour, & avoit époufé *Guillaumette d'Anglas*, dont il eut :

1. Bertrand, héritier de fon père, tige de la branche des Seigneurs *d'Anglas* & de *Lafcours*, dont la poftérité fut maintenue le 20 Décembre 1668 dans Guidon du Caylar, IIe du nom, & Pierre du Caylar, IVe du nom, père & fils. Cette branche finit peu de temps après par la mort, fans enfans, de trois fils que Pierre du Caylar, IVe du nom, perdit au fervice du Roi ;
2. Et Raymond, qui tranfigea avec fon frère aîné par acte paffé devant *du Brugue*, Notaire, le 3 Février 1464.

TROISIÈME BRANCHE.

VI. Jean du Caylar, Ier du nom, Damoifeau, fecond fils de Pierre, Ier du nom, forma une autre branche à Ganzac, Diocèfe d'Uzès, par le mariage qu'il contracta avec *Catherine de Cabannes*, fille de noble *Jean de Cabannes* & de noble *Arnaude du Pont*. On n'a pu recouvrer l'acte de ce mariage ; mais la donation faite par ces deux époux par acte paffé devant *Jean Allemandi*, Notaire, le 6 Mars 1441, en faveur de noble Guillaume de Caftillon, de la moitié de leurs biens préfens & à venir, prouve qu'alors ils étoient mariés depuis trop long-tems pour prétendre avoir des enfans. Cette donation & la naiffance d'Antoine du Caylar, leur fils unique, qui fuit, donna lieu à la tranfaction paffée entre les mêmes perfonnes, devant le même Notaire, le 19 Août 1448. Il tefta devant *Jean Allemandi*, Notaire, le 20 Juillet 1463, & fit un legs à *Catherine de Cabannes*, fa femme, qu'il lui affigna fur ce qu'il lui étoit encore dû par la fucceffion d'Hugues du Caylar, fon frère, pour les caufes mentionnées dans fon contrat de mariage, & inftitua héritier fon fils

VII. Antoine du Caylar, Damoifeau qui, fuivant une copie collationnée à fon original par de la Corrée, garde des Archives du Domaine de la ville de Nîmes, donna dénombrement aux Commiffaires députés par le Roi en 1503 des biens nobles qu'il poffédoit en la Sénéchauffée de Nîmes, & fut père de

VIII. Jean du Caylar, IIe du nom, Damoifeau, qui reconnut, conjointement avec noble *Jean de Virgile* le jeune, fon beaufrère, par actes paffés devant *Jean Valette*, Notaire à Nîmes, les 30 & 31 Août 1531, tenir du Roi à fief franc & noble, fous la charge de fervir Sa Majefté en fon ban & arrière-ban, une Terre appelée *le Môulin de la Reffe*, avec des cenfives fur quelques fiefs du Territoire et juridiction de Trefques, ainfi qu'ils fe voient encore fur les Regiftres de S. A. S. Monfeigneur le Prince de Conti, comme Seigneur & Baron de Bagnols, fubftitué aux droits du Roi en ladite ville. Il fit fon teftament par acte paffé devant *Vital Parat*, Notaire, le 12 Septembre 1572, dans lequel il fe déclare *fils d'Antoine du Caylar*, & fait un legs à noble *Catherine de Virgile*, fa femme, dont il eut :

1. Jean, qui fuit ;
2. & 3. Gommergue & Blanche, Demoifelles.

IX. Jean du Caylar, IIIe du nom, Chevalier, tefta devant *Jean Borreli*, Notaire, le 28 Janvier 1609. Il époufa, par contrat paffé devant *Guillaume Fotcher*, Notaire, le 28 Mars 1557, *Simonne de Baralhe*, veuve de *Barthélemy de Monts*, & fille de *Jean de Baralhe*. Il en eut :

1. Pierre, qui fuit;
2. Arnaud, chef d'une branche établie en Normandie, éteinte aux guerres d'Italie en 1734, par la mort des deux derniers mâles, Capitaines au Régiment de la Reine, Infanterie;
3. Et Louise, mariée à noble *Etienne de Virgile.*

X. Pierre du Caylar, IIe du nom, Chevalier, tefta devant *Antoine-Jean Agniel,* Notaire, le 23 Juillet 1635. Il époufa par contrat paffé devant *Boucheni,* Notaire, le 29 Décembre 1588, *Marie des Pierres,* fille de noble *Simon des Pierres,* & de *Peyronne Daumas.* Il eut :

1. Louis, qui fuit;
2. Anne, mariée à noble *Jacques de Virgile;*
3. Et Marguerite, mariée à noble *Jean de Vacheres.*

XI. Louis du Caylar, Ier du nom, Chevalier, fut maintenu dans fa nobleffe, avec Louis du Caylar, IIe du nom, fon fils aîné, le 20 Décembre 1668, fur les aétes collationnés par MM. de *Fonfroide & Joffre,* Commiffaires à ce députés; & tefta devant *du Serre,* Notaire, le 12 Oétobre 1670. Il époufa, par contrat paffé devant *Jean Bonnet,* Notaire, le 24 Décembre 1623, *Claude du Jal,* fille de Sire *Antoine du Jal,* & de *Cécile de Bouchas.* Ses enfans furent :

1. Louis, qui fuit;
2. Jean-Mathieu, auteur de la quatrième branche, rapportée ci-après;
3. Jean, Chanoine de l'Eglife d'Alais;
4. Pierre, mort fans alliance;
5. Et 6. Marie & Angélique, Demoifelles.

XII. Louis du Caylar, IIe du nom, Chevalier, déjà maintenu dans fa nobleffe, avec fon père, le 20 Décembre 1668, le fut de nouveau le 26 Août 1697, par Jugement de M. de *Lamoignon,* Intendant du Languedoc, lors de la feconde recherche. Il mourut vers 1705, & avoit époufé, 1° fans enfans, le 8 Août 1649, *Anne de Froment;* & 2° vers 1660, *Louife Chabert,* dont :

XIII. Louise du Caylar, héritière des biens de fes pères & mères, qui époufa, en 1680, noble *Antoine de Prunet,* Chevalier, Seigneur de Boiffet, dont :

1. *Jean-Jofeph de Prunet,* Chevalier, Seigneur de Boiffet, de Soutelle, &c., qui mourut en 1718 fans poftérité. Il époufa, en 1701, *Elifabeth-Engracie de Bérard,* fille de *Marcel-*

lin de Bérard, Baron d'Alais, Marquis de Montalet, & de *N... de la Fare;*
2. *Marguerite de Prunet,* morte en 1721, mariée, en 1709, à *Jacques de Boreli,* Chevalier, Seigneur de Roquefervière, dont un fils unique, *Jean-Jacques-Jofeph Boreli,* Marquis de Roquefervière, marié, en 1745, dont des enfans;
3. Et *Louife de Prunet,* morte fans poftérité en Février 1733, mariée, en 1714, à *Jean-Baptifte du Deffant,* Marquis de la Lande, Lieutenant-Général des Armées du Roi & des Provinces d'Orléanois, Dunois & Vendômois, Gouverneur de Neuf-Briffac.

QUATRIÈME BRANCHE.

XII. Jean-Mathieu du Caylar, Ier. du nom, Chevalier, fecond fils de Louis, Ier du nom, & de *Claude du Jal,* né le 2 Avril 1637, baptifé le 28 Oétobre fuivant, fut émancipé par aéte paffé devant *Blanchard,* Notaire, le 3 Oétobre 1663, & s'établit en Provence. Il mourut, fans tefter, le 16 Février 1724. Il époufa, par contrat paffé devant *la Pierre,* Notaire, le 14 Oétobre 1663, *Françoife de Ferre,* fille de noble *Pierre-Antoine de Ferre,* & de *Jeanne de la Pierre,* dont :

Cinq enfans, morts jeunes & fans alliance, avant leur père;
6. Pierre, né le 8 Mars 1677, mort en 1730, Religieux de l'ancien Ordre de St.-Benoît, & Prieur de Bellenave en Bourbonnois;
7. Jean, qui fuit;
8. Et N... morte fans poftérité, mariée à Alais, du vivant de fon père, à *N... de Ribes.*

XIII. Jean du Caylar, IVe du nom, Chevalier, né le 21 Juin 1679, tefta devant *Fabre* Notaire, le 13 Oétobre 1727, & mourût le 28 Oétobre 1729. Il époufa, par contrat paffé devant *Fabre,* Notaire, le 23 Juillet 1703, *Anne de Caftillon,* fille unique de noble *Jean-Jofeph de Caftillon,* iffu des anciens Seigneurs de *Cucurron,* & de *Honorade Vincent,* & laiffa :

1. Jean-Mathieu, qui fuit;
2. Joseph, de l'ancien Ordre de Saint-Benoît, Grand-Vicaire de Digne, né le 27 Septembre 1709;
3. Jean-Baptiste, né le 21 Juin 1712, mort à Sainte-Lucie en Amérique en 1750, où il avoit époufé *N.... Roblot,* dont une fille;
4. Pierre-Paul, né le 29 Juin 1716, Abbé de Saint-Urbain le 25 Septembre 1757, nommé Evêque de Digne le 29 Janvier 1758, facré à Paris le 16 Avril fuivant;

5. Joseph-Hyacinthe, né le 29 Décembre 1718, de la Congrégation de l'Oratoire ;

6. Marguerite, née le 13 Décembre 1710, morte fans alliance le 19 Février 1762 ;

7. Gabrielle, née le 29 Mai 1715, morte le 1er Décembre 1744, Religieufe de la Vifitation à Digne ;

8. Claire, née le 31 Août 1717, mariée, le 8 Juillet 1743, à Gafpard de Cymon ;

9. Catherine, née le 28 Mars 1723, morte en 1753, Religieufe Bernardine à Manofque

10. Et Marie-Thérèse, née le 20 Mars 1725, morte le 26 Septembre 1730.

XIV. Jean-Mathieu du Caylar, IIe du nom, Chevalier, né le 23 Mars 1707, a été reçu Cadet au Régiment Royal-Artillerie en Juin 1724, & Lieutenant au Régiment de Touraine en Décembre 1725. La mort prématurée de fon père, & la nombreufe famille qu'il laiffoit, l'obligèrent à quitter le fervice en Décembre 1729. Il a époufé, à Marfeille, le 29 Octobre 1733, Marie-Elifabeth du Pont, dont le contrat n'a été paffé devant Olivier, Notaire, qu'en 1737, fille de Jean-Charles du Pont, & de Jeanne le Roux. Il en a :

1. Jean-Polyeucte, qui fuit ;

2. Jean-Joseph-Tranquille, né le 23 Mai 1746 ;

3. Et Marie-Jeanne, née le 8 Août 1747.

XV. Jean-Polyeucte du Caylar, Chevalier, né le 13 Février 1737, a été reçu Confeiller au Parlement de Provence le 2 Mai 1760. (Généalogie dreffée d'après le P. Anfelme & fur titres envoyés).

Les armes : écartelé, aux 1 & 4 d'or, à trois bandes de gueules, au chef coufu du champ, chargé d'un lion naiffant de fable ; le chef foutenu d'une devife auffi d'or, chargée de trois tréfles de fable ; aux 2 & 3 d'azur, au porte-harnois d'argent, chargé d'une croix de gueules ; au chef d'argent, chargé d'un foleil de gueules, accofté de deux croiffans de même. Supports & Cimier : deux lions de fable, & un lion naiffant de même, armés & lampaffés de gueules. ℛ

CAYLUS. On écrit Cailus & Quelus, dit Tablettes Hiftoriques & Généalogiques. ...ières pour la Maifon des Ducs & Comtes de Caylus, & du défunt Evêque d'Auxerre. C'eft une ancienne & illuftre famille originaire du Languedoc.

Deodat, Seigneur de Cay... fut mandé pour la guerre d'Outre-mer en 1313 ; il étoit marié, avant 1325, à Alix-Sacie-Guillelmine de Clermont. Il fut père de

Deodat, IIe du nom, Seigneur de Caylus & d'Olargnes, qui mourut en 1362. Il époufa Hélène de Caftelnau-de-Caumont, qui tefta en 1398.

Raymond de Caylus, leur quatrième fils, mourut en 1428. Il étoit devenu Seigneur de Blanes & de Colombières, par fon mariage, le 25 Novembre 1389, avec Marguerite de Brufques, & laiffa pour fils aîné

Pierre de Caylus, Seigneur de Colombières, qui tefta le 26 Juillet 1456. Il avoit époufé, le 26 Janvier 1405, Antoinette Galand de Celan, de laquelle il eut :

Jean de Caylus, Seigneur de Colombières, qui tefta le 10 Décembre 1510. Il époufa Bertrande Delpech, dont :

Pierre de Caylus, IIe du nom, Seigneur de Carombes, & en partie de Colombières & de Saint-Martin, qui tefta en 1535. Il époufa, en 1501, Marguerite de la Roque, dont :

Etienne de Caylus, Seigneur de Colombières, qui mourut vers 1591. Il époufa Béatrix de Beron, qui lui porta en dot la Seigneurie de Rouairoux en Languedoc, mouvante du Comté de Caftres. Son fils aîné fut

Pierre de Caylus, IIIe du nom, Seigneur de Colombières & de Rouairoux, Gouverneur de la Ville de Saint-Pons-de-Thomières en 1585, Chevalier de l'Ordre du Roi, & Gentilhomme ordinaire de fa Chambre en 1593, qui tefta le 29 Mai 1599. Il époufa en fecondes noces Aldonce de Peirace-de-Boiffezon, dont vint :

François de Caylus, Seigneur de Colombières & de Rouairoux, Chevalier de l'Ordre du Roi, qui tefta le 20 Décembre 1665. Il époufa, le 3 Février 1633, Claire Boyer-de-Sorgues, & laiffa :

Jean de Caylus, Vicomte de Vaillan, Seigneur de Colombières & de Caftelnau, qui obtint que la Seigneurie de Rouairoux fut érigée en Baronnie, avec les droits d'entrée aux Etats-Généraux de Languedoc, par Lettres du mois de Janvier 1680, enregiftrées au Parlement de Touloufe & en la Chambre des comptes de Montpellier les 24 Mai & 28 Novembre de la même année. Il avoit époufé, le 23 Janvier 1670, Marie de Bonzi, fœur du Cardinal de Bonzi, dont :

Pierre-Joseph-Hyacinthe, dit le Marquis

de Caylus, Chevalier de la Toifon d'Or, Lieutenant-Général au Gouvernement de Rouffillon & de Cerdagne, mourut le 2 Avril 1736. Il époufa, le 7 Juillet 1708, *Elifabeth Brunet-de-Pujols,* fa coufine germaine, & a laiffé :

1. JOSEPH-FRANÇOIS, qui fuit ;
2. MARIE-JOSEPH-HYACINTHE, né le 8 Décembre 1722, Comte de Caylus, Chevalier de Saint-Louis, marié à *N... d'Alich*, fa coufine germaine, dont des enfans ;
3. MARIE-ANTOINETTE-GABRIELLE, née le 25 Mars 1712 ;
4. MARIE-HENRIETTE, née le 5 Avril 1714 ;
5. Et MARIE-ELISABETH DE CAYLUS, née le 24 Septembre 1720.

JOSEPH-FRANÇOIS, Baron de Caylus, Chevalier de Saint-Louis, né le 19 Décembre 1716, époufa, le 29 Août 1751, *Amable-Elifabeth-Jeanne de Beaumont-Pompignan*, dont trois filles.

CAYS, famille originaire de Nice, & établie à *Arles* depuis 400 ans, qui a pour auteur JACQUES DE CAYS, Amiral des mers fous CHARLES D'ANJOU, Ier du nom. Il fut envoyé en 1262 avec une armée navale pour foumettre les Génois, qu'il obligea de prêter ferment de fidélité à ce Prince.

BERTRAND DE CAYS, fon fils, chevalier de l'Ordre de Saint-Jean de Jérufalem, Commandeur de Sainte-Luce ou du Temple en 1340, amena trois de fes neveux en Provence, JACQUES, FRANÇOIS & un autre FRANÇOIS, avec lefquels il fit un don confidérable à l'Eglife de Saint-Trophime d'Arles, difent les Chartes de cette Eglife du XIVe fiècle, en action de grâces des victoires que l'Amiral DE CAYS avoit remportées : les deux derniers furent Chevaliers de l'Ordre de Saint-Jean de Jérufalem.

JACQUES DE CAYS, l'aîné, premier fyndic d'Arles en 1353 & 1359, époufa, en 1351, *Raymonde de Leflang-de-Parade*, dont il eut :

PONS DE CAYS, Syndic de la même Ville en 1387, Juge-Mage de Provence, & Chancelier fous les Comtes, marié, en 1417, à *Geneviève de Quiqueran*, dont :

1. NICOLAS, qui fuit ;
2. FOUQUET, Chevalier de l'Ordre du Porcépic, Ecuyer de la Reine YOLANDE DE SICILE & de LOUIS III, fon fils ;
3. Et RAYMONDE, mariée à *Jean de Sade*, Juge-Mage de Provence.

NICOLAS DE CAYS, quatre fois premier Conful de la Ville d'Arles, époufa *Monone des Porcellets*, fille d'*Elzéar*, & de *Catherine de Bompar*, dont :

ALEXIS DE CAYS, marié, le 12 Janvier 1440, à *Raymonde de Boche*, dont :

PAULET DE CAYS, qui époufa, le 2 Avril 1473, *Orientine de Grille*, & eut :

JEAN DE CAYS, qui époufa, en 1518, *Bernardine d'Ifnard*, dont :

LOUIS DE CAYS, marié, le 9 Janvier 1555, à *Marguerite de Caftillon*. Ils eurent :

HARDOUIN DE CAYS, qui époufa, par contrat du 18 Mai 1587, *Renée de Leflang-de-Parade*, dont :

GILLES DE CAYS, qui époufa, le 30 Avril 1617, *Julie des Porcellets-de-Fos*, dont :

JOSEPH, qui fuit ;
Et deux filles, mariées dans les Maifons de *Biord* & de *Girard*.

JOSEPH DE CAYS époufa, le 14 Avril 1650, *Françoife de Caftillon*, fille de *François*, Seigneur de Meaille, & de *Madeleine de Varadier-Saint-Andiol*, dont :

1. FRANÇOIS, qui fuit ;
2. & 3. JOSEPH & PIERRE, reçus Chevaliers de Malte en 1662.

FRANÇOIS DE CAYS époufa *N..... de Laugier*, fille de *Charles de Laugier*, Seigneur de Montblanc, Confeiller au Parlement de Provence, & de *N..... de Glandevès-Rouffet*, dont des garçons. Le cadet eft marié avec la Demoifelle de *Grille-Roubias*. (*Hift. héroïq. de la Nobleffe de Provence*, tom. I, pag. 245.)

Les armes : *d'or, au lion d'azur couronné à l'antique, lampaffé & vilené de gueules.*

CAZALIS, en Bretagne : *d'or, à trois faces d'azur.*

CAZE (DE), en Languedoc, en Provence & à Paris. Cette famille, d'après l'*Hift. héroïq. de la Nobleffe de Provence*, tom. I, pag. 246, & l'*Armorial gén. de France*, reg. V, part. I, a été maintenue dans fa Nobleffe par Ordonnance rendue en faveur de JEAN DE CAZE, Maître-d'Hôtel du Roi, par M. *du Gué*, Intendant de Lyon, le 18 Août 1668, & par un Arrêt des Commiffaires-Généraux députés par Sa Majefté en Provence pour la recherche des ufurpateurs de la Nobleffe rendu le 5 Décembre 1668, par lequel FRANÇOIS, GEORGES, autre FRANÇOIS & PIERRE CAZE, furent déclarés *Nobles & iffus de noble race & lignée.*

I. Noble JEAN CAZE, Ier du nom, Ecuyer,

vivoit en 1530, & mourut le 11 Août 1558. Il eut de *Jeanne de Michel:*

1. Milan, qui suit;
2. Jean, Capitaine, qui eut postérité;
3. François, auteur de la seconde branche, rapportée ci-après;
4. Martin, Receveur des Tailles dans le pays de Forez à Montbrizon, marié à *Gilberte Gresolon,* dont il eut postérité;
5. Et Gilberte, veuve dès 1585 d'*Etienne Rigon,* Procureur en la Cour des Comptes, Aides & Finances de Montpellier.

II. Milan Caze, Conseiller du Roi, Trésorier & Receveur-Général de ses emprunts en la Ville de Lyon, épousa 1° *Ancelie de Gele;* & 2° par contrat du 13 Octobre 1555, *Jeanne David,* fille de *Jacques,* Bourgeois de Lyon. Il étoit mort, ainsi que sa seconde femme, avant le 26 Avril 1585. Du premier lit il eut:

1. Hélène.

Et du second lit:

2. Jacques, qui suit;
3. David;
4. Anne, mariée, par contrat du 7 Février 1587, à *César Beraud,* Receveur pour le Roi à Lyon;
5. Et Marie, qui testa le 26 Avril 1585 en faveur d'Hélène, sa sœur.

III. Jacques Caze, Ier du nom, né le 6 Juin 1558, fut pourvu le 22 Juin 1597 d'un office de Conseiller du Roi & d'Auditeur en sa Chambre des Comptes de Montpellier. Il testa les 21 Avril 1614 & 30 Juillet 1617, mourut quelques jours avant le 6 Juillet 1620, & fut enterré dans le cimetière de ceux de la Religion Réformée, dont il faisoit profession. Il avoit épousé 1° *Madeleine de Rostang,* fille d'*Adam,* & de *Françoise d'Aurone;* & 2° *Madeleine de Massanes,* sœur de *Pierre,* Conseiller du Roi & Général en sa Cour des Aides de Montpellier. Il eut du premier lit:

1. Jean-François, qui suit;
2. David, destiné au service de la Marine, qui fit le voyage de Scio en 1612;
3. Jacques, légataire de son père en 1614.

Et du second lit:

4. Antoine, pourvu le 15 Octobre 1623 de la charge de Conseiller du Roi & d'Auditeur en sa Chambre des Comptes de Montpellier;
5. Pierre;
6. Jean, baptisé le 30 Décembre 1608, pourvu le 25 Décembre 1648 d'une charge de Conseiller & Maître-d'Hôtel ordinaire du Roi,

Tome IV.

& maintenu dans sa Noblesse par M. *du Gué* le 18 Août 1668. Il vivoit encore le 22 Septembre 1670, date d'une donation qu'il fit de la somme de 4000 livres aux Anciens de l'Eglise prétendue Réformée de Lyon. Il épousa, le 5 Mars 1640, *Marie Huguetan;*

7. François, rappelé dans le second testament de son père;
8. & 9. Isabeau & Marguerite, mortes sans alliance.

IV. Jean-François de Caze, Ier du nom, Ecuyer, Conseiller du Roi, Trésorier de France, Général des Finances, & Grand-Voyer en la Généralité de Provence, testa le 4 Avril 1640, & choisit sa sépulture dans l'Eglise des Augustins de Marseille, où il fut enterré le 24 Décembre suivant. Il épousa, par contrat du 12 Août 1612, *Elisabeth d'Arquier,* morte avant le 19 Août 1644, fille de noble *Etienne d'Arquier,* Seigneur de Charleval, & de *Madeleine de Beaulan.* Leurs enfans furent:

1. David, qui suit;
2. Pierre, né le 10 Janvier 1620, qui testa le 19 Mai 1690, & voulut être enterré dans l'Eglise des Grands-Augustins de Marseille. Il épousa *Marie Chauvin,* qu'il institua son héritière universelle;
3. François, qui fit un accord avec *Jeanne de Vincheguerre,* sa belle-sœur, le 15 Février 1657;
4. Jacques, qui fit son testament le 31 Mars 1646, avant que de s'embarquer sur les Galères du Roi;
5. Charlotte, mariée à *Jean d'Arquier,* Seigneur de Barbegan;
6. Isabeau, mariée à *Michel d'Arquier,* Seigneur de Saint-Esteve;
7. Françoise, Religieuse au Monastère de Saint-Bernard de Toulon;
8. & 9. Marguerite & Jeanne, Religieuses au Monastère de Sion à Marseille.

V. David de Caze, Ecuyer, Baron des Barres, Seigneur de Charleval, Conseiller du Roi, Trésorier de France, & Général de ses Finances en la Généralité de Provence le 12 Mars 1642, entra ensuite dans le Corps des Galères. Il en fut fait Capitaine peu de tems avant le 1er Mars 1644, testa le 19 Août suivant, & fut tué dans le Bois de Boulogne-lès-Paris le 17 Mai 1651, par François de Bionneau, Seigneur d'Ayrargues, d'où il fut transporté dans l'Eglise des Minimes de Chaillot, dit des *Bons Hommes,* où il fut enterré le 22 du même mois. Il épousa, à Marseille le 31 Juillet 1634,

Eee

Anne de Vincheguerre, fille d'*Alexandre*, Gentilhomme ordinaire de la Chambre de Sa Majefté, Gouverneur de la Tour de Saint-Jean-lès-Marfeille, & de *Claire d'Amalric*, dont:

1. JEAN-FRANÇOIS, mort fans laiffer de poftérité;
2. & 3. PHILANDRE & ALEXANDRE;
4. LOUIS, qui fuit;
5. JOSEPH;
6. CHARLOTTE;
7. Et MADELEINE, inhumée le 14 Février 1609, dans l'Eglife des Grands-Auguftins de Marfeille.

VI. LOUIS DE CAZE, Ecuyer, Seigneur de Charleval, époufa, par contrat du 19 Décembre 1677, *Anne de Roque*, morte âgée d'environ 69 ans, le 6 Mars 1728, fille de *Jofeph*, Procureur-Général au Siège de la Ville d'Aix, & de *Marguerite de Bonnaud*, dont :

VII. GASPARD-HYACINTHE DE CAZE, Ecuyer, Baron de la Bove, Seigneur du grand & petit Juvincout, &c., Confeiller du Roi, Tréforier-Général des Poftes et Relais de France, & Fermier-Général, né le 8 Septembre 1678, qui acquit, le 31 Décembre 1679, la Terre & Seigneurie de la Bove, & obtint, au mois de Mars 1740, des Lettres-Patentes en forme de Charte, par lefquelles Sa Majefté confirma à ladite Terre le titre de *Baronnie*, dont elle étoit depuis long-tems décorée. Il avoit époufé, par contrat du 15 Octobre 1710, *Marie-Henriette de Watelet*, fille de *Nicolas*, Confeiller du Roi, Receveur des deniers patrimoniaux de la Ville de Rhétel, depuis Confeiller-Secrétaire de Sa Majefté, Maifon, Couronne de France & de fes Finances, & de *Claude Tiercelet*, dont :

1. LOUIS-NICOLAS, né le 27 Juillet 1712, mort le 16 Janvier 1717;
2. GASPARD-HENRI, qui fuit;
3. ANNE-NICOLAS-ROBERT, dont la poftérité fera rapportée après celle de fon frère aîné ;
4. JEAN-LOUIS, né le 3 Septembre 1719, Chevalier de Saint-Louis & Lieutenant au Régiment des Gardes-Françoifes ;
5. HENRIETTE-MADELEINE, née le 29 Septembre 1713, mariée, le 22 Août 1731, à *Jean-Louis Rouillé d'Orfeuille*, Confeiller du Roi en fes Confeils, Maître des Requêtes ordinaire de fon Hôtel;
6. ANNE-MARIE-CATHERINE, née le 4 Novembre 1714, mariée, le 30 Octobre 1735, à *François de Louet-de-Murat-de-Nogaret*,

Marquis de Calviffon, alors Capitaine dans le Régiment Dauphin, Cavalerie ;
7. CHARLOTTE-NICOLE, née le 16 Janvier 1717, mariée, le 27 Août 1736, à *Claude-François-Palamède de Forbin*, Seigneur de la Barbent, appelé *le Marquis de la Barbent ;*
8. Et THÉRÈSE-HENRIETTE.

VIII. GASPARD-HENRI DE CAZE, Ecuyer, Baron de la Bove, Seigneur du grand & petit Juvincourt, &c., né le 28 Juillet 1711, Confeiller au Parlement de Paris par provifions du 17 Août 1731, depuis Intendant du Commerce, Maître des Requêtes ordinaires de l'Hôtel du Roi, Intendant de Juftice, Police & Finances de la Généralité de Pau, mourut le 4 Novembre 1750. Il époufa, par contrat du 13 Décembre 1737, *Marguerite-Claude de Boullongne*, née le 27 Janvier 1720, fille de *Jean*, Intendant des Ordres de Sa Majefté, alors Confeiller au Parlement de Metz, & depuis Confeiller d'Etat et Intendant des Finances, & de *Catherine-Charlotte de Beaufort*, dont :

GASPARD-LOUIS DE CAZE, Ecuyer, né le 9 Mai 1740, appelé *Baron de la Bove*, Avocat du Roi au Châtelet, puis premier Préfident au Parlement de Pau en furvivance, qui époufa, 1° en 1761, *N... le Doux ;* & 2° par contrat figné le 10 Mars 1768, *N... de la Borde*, fille de *Jean-Joseph*, ci-devant Banquier de la Cour, et de *N... Nettine.*

VIII. ANNE-NICOLAS-ROBERT DE CAZE, Ecuyer, né au mois de Janvier 1718, troifième fils de *Gafpard-Hyacinthe*, & de *Marie-Henriette de Watelet*, ci-devant Secrétaire du Cabinet du Roi, Confeiller de Sa Majefté, Tréforier-Général des Poftes & Relais de France & Fermier-Général, a époufé, 1° par contrat du 23 Septembre 1739, *Marie-Sufanne-Françoife Brunet d'Evry*, fille de *Gilles*, Baron de Châtel-de-Montagne, première Baronnie du Bourbonnois, &c., Confeiller du Roi en fes Confeils, Maître des Requêtes Honoraire de fon Hôtel, et de *Françoife-Sufanne Bignon;* & 2° par contrat du 24 Décembre 1747, *Sufanne-Félix Lescarmotier*, fille de *Jean-Baptiste*, Ecuyer, Confeiller-Secrétaire de Sa Majefté, Maifon, Couronne de France & de fes Finances, & de *Sufanne Coellot-de-Monthereux*. Il a du fecond lit :

1. ALEXANDRE-LOUIS DE CAZE, Ecuyer, né le 22 Février 1751 ;

2. Et ANNE-CLAUDE, Ecuyer, né le 9 Septembre 1754.

SECONDE BRANCHE.

II. FRANÇOIS CAZE, troisième fils de JEAN, Ier du nom, & de *Jeanne de Michel*, est qualifié *noble & Ecuyer* de la ville de Montpellier, dans son contrat de mariage du 29 Septembre 1549, avec *Catherine Candolle*, fille de *Barthélemy*, & de *Madeleine de Montheaux*, dont il eut :

1. JEAN-BAPTISTE, qui suit ;
2. ANDRÉ, qui fut Consul pour le Roi, sur la résignation de JEAN-BAPTISTE, son frère. Sa postérité s'est éteinte dans son petit-fils noble PIERRE DE CAZE, ainsi dénommé dans son contrat de mariage avec *Marguerite de Georget-d'Olieres*, fille de *Jean-François*, & de *Madeleine de Lombart ;*
3. Et CLAUDE.

III. JEAN-BAPTISTE CAZE, Ecuyer, qualifié Consul pour le Roi en l'isle de Scio dans son contrat de mariage avec *Virginie de Nouveau*, fille de *Jean*, & de *Marguerite de Bouquin*, eut pour enfans :

1. FRANÇOIS qui suit ;
2. 3. Et 4. MARC, ANTOINE & ANDRÉ.

IV. FRANÇOIS CAZE, IIe du nom de sa branche, qualifié *Ecuyer* de la Ville de Marseille dans son contrat de mariage du 8 Décembre 1619, avec *Bradamante de Vincheguerre*, fille de *Jacques*, Commandant les Galères de France, Lieutenant-Général des Armées Navales, tué au siège de la Rochelle sous Louis XIII, en 1622, & de *Sébastienne de Franqui*, a eu pour enfans :

1. FRANÇOIS, qui suit ;
2. GEORGES, déclaré avec son frère aîné ; — un autre FRANÇOIS & PIERRE CAZE, *noble & issu de noble race & de lignée*, par jugement rendu le 5 Décembre 1668, par les Commissaires-Généraux députés par le Roi en Provence, pour la recherche des usurpateurs de la Noblesse.

V. FRANÇOIS CAZE, IIIe du nom, Ecuyer, qualifié *noble* dans son contrat de mariage, servit le Roi pendant 20 années en qualité de Lieutenant de la Galère du Commandeur de *Vincheguerre*, son oncle, & Lieutenant de la Galère dans la campagne faite en 1647. Il vivoit encore le 12 Février 1660, & avoit épousé, le 28 Juillet 1652, *Françoise Martin*, dont il eut:

Deux fils, dont on ignore la destinée.

Les armes : *d'azur, au chevron d'or, accompagné en chef de deux losanges de même, & en pointe d'un lion aussi d'or.*

CAZENAVE : *d'azur à une maison d'or et un chef d'argent, chargé de deux canards de sable; l'écu timbré d'un casque de profil.* Voyez l'*Armorial de France*, reg. I, part. I, pag. 119.

* CAZILLAC en Quercy, Diocèse de Cahors, Terre et Seigneurie réputée la seconde *Baronnie* de Quercy, qui fut déclarée ancienne Baronnie, & Châtellenie relevante du Roi, par Arrêt du Parlement de Paris du 4 Mai 1465. Elle a été possédée pendant plus de 500 ans par une ancienne Maison, du nom de *Berail*, mais plus connue sous celui de *Cazillac*. FRANÇOIS, Baron de *Cazillac*, mort le 29 Juillet 1679, le dernier mâle de sa Maison, eut pour fille unique CHARLOTTE-MARIE, Baronne de *Cazillac*, Vicomtesse de Cessac, Marquise de Milhac, &c. mariée, en 1651, à *Charles le Genevois*, marquis de Bleigny, Tremilly, &c., dont naquit *Marie-Renée le Genevois*, Dame de Cessac, Bleigny, Tremilly, &c., qui succéda à son aïeul dans la Baronnie de *Cazillac*. Elle épousa, le 30 Août 1684, *François Voisin*, Seigneur de Bougueval, Mestre-de-Camp du Colonel-Général de la Cavalerie. N'ayant point d'enfans, ils vendirent cette Baronnie, par acte du 3 Mars 1689, au Duc de Bouillon, d'où elle passa au pouvoir du Roi, par l'acquisition de la Vicomté de Turenne, le 8 Mai 1738 ; & elle a été vendue par les Commissaires de Sa Majesté le 2 Mai 1748, à titre de propriété incommutable, à *Jean-Baptiste-Joseph Sahuguet-Damarzit*, Chevalier, Seigneur d'Espagnac, Brigadier des Armées du Roi, son Lieutenant-Général au Gouvernement d'Issoudun, &c. Voy. SAHUGUET-D'AMARZIT.

CECCONY, en Italie. JOSEPH-ATHANASE, Comte de CECCONY, épousa, en 174.., *Louise-Françoise Davy de la Fautrière*, sœur germaine de *Louis*, Conseiller au Parlement, dont deux filles.

CÉCILE, en Franche-Comté. Cette famille, originaire de la Terre de Frasne en Montagne, s'établit à Salins dans le XVIe siècle. Elle a formé plusieurs branches éteintes. D'une de ces branches étoit PIERRE CÉCILE, Conseiller au Parlement de Dôle en 1586.

Les armes : *bandé de gueules & d'argent de fix pièces, timbré d'une licorne naiffante de gueules.*

* CÉLY, en Bierre, Seigneurie et Châtellenie qui fut portée en mariage avec celle de *Bonneuil*, par *Françoife-Charlotte de Thou*, à *Chriftophe-Augufte de Harlay*, père de *Nicolas-Augufte*, en faveur duquel les Terres & Seigneuries de *Saint-Germain* & de *Choify*-fur-Efcolle furent unies à la Châtellenie de *Cély*, & érigées en *Comté* par Lettres du mois de Décembre 1670, enregiftrées au Parlement de Paris le 22 Mai, & en la Chambre des Comptes le 5 Juin 1671.

CENTURION. C'eft une des 28 familles de la vieille Nobleffe de Gênes, iffue de celle des *Urfins*, l'une des premières Maifons d'Italie. Elle eft alliée aux premières Maifons de la République de Gênes, où elle a toujours poffédé les premiers emplois & tenu le rang le plus diftingué. Nous allons donner la Généalogie de la branche de cette Maifon, établie à Gênes, d'après un *Mémoire* écrit en langue Efpagnole qui nous a été envoyé par M. le Marquis de Monafterio.

I. JEAN URSINO, Ier du nom, iffu des Comtes de *Coll*, dans la Poüille, de laquelle branche étoit le Pape NICOLAS III, époufa, *Séraphine Ultramarino*, d'une ancienne famille de Grèce établie à Gênes avant 1150. Elle vivoit en 1239 & en 1241, & eut pour fils :

II. JEAN URSINO, IIe du nom, qui vivoit avant 1250, & prit le nom d'*Ultramarino*, parce qu'il étoit né après la mort de fon père, & avoit hérité des biens d'*Abel-Guillaume Ultramarino*, fon aïeul maternel. Ses fucceffeurs ont confervé le feul nom d'*Ultramarino* jufqu'en 1375, que ceux de cette famille s'étant unis à plufieurs autres, & particulièrement aux Maifons de *Beftagni*, *Bechinoni*, *Scotti*, *Canzelli*, *Travari* & *Navaci*, pour réfifter aux *Guelfes* & *Gibelins*, ils formèrent un *Albergho*, qu'ils appelèrent à caufe de leur petit nombre *Centurion*. Toutes ces familles, pour fe reconnoître & fe diftinguer, unirent à leurs noms propres celui de *Centurion*, & celle-ci en conféquence s'appela depuis CENTURION-ULTRAMARINO. JEAN URSINO ou ULTRAMARINO, IIe du nom, eut pour enfans de JACOMÉE ULTRAMARINO, fa parente, laquelle vivoit encore en 1275 :

1. 2. 3. 4. & 5. GABRIEL, GUILLAUME, MELIANO, RAFO, & GUIRAUD ;
6. FRANÇOIS, qui fuit ;
7. 8. 9. 10. & 11. MATHIEU, PHILIPPE, EMMANUEL, BARTHÉLEMY, & PIERRE.

III. FRANÇOIS ULTRAMARINO, vivant en 1340, eut entr'autres enfans de *Violante* :

1. FRANCHESQUINO ou FRANÇOIS, qui époufa *Lino de Grimaldi* ;
2. HERMANA, mariée à *Antoine de Grimaldi* ;
3. DANIEL, qui fuit ;
4. GUILLAUME ;
5. CATHALINA, mariée à *Franchefquino* ou *François Lomelini* ;
6. Et DESPIRA ou DÉSIRÉE.

IV. DANIEL ULTRAMARINO, vivant ès années 1352 & 1358, eut pour enfans de *Luciano* :

1. ADAM, qui fuit ;
2. 3. 4. & 5. LOUIS, AMBROISE, NICOLAS & DANIEL.

V. ADAM CENTURION-ULTRAMARINO vivoit en 1408, & étoit marié à *Ginebra* ou *Geneviève Doria*, fille d'*Azzio Doria*, dont il eut :

1. BAPTISTE, qui fuit ;
2. 3. & 4. JÉRÔME, AUGUSTIN & BENOÎT ;
5. ALOISIA ou LOUISE, mariée à *Auguftin Doria* ;
6. MARIETTE, mariée à *Louis Cataneo* ;
7. Et CATHERINE.

VI. BAPTISTE CENTURION-ULTRAMARINO, Ier du nom, vivant en 1465, époufa *Mariette Cataneo*, fœur de *Louis*, tous deux enfans de *Jacques Cataneo*, & de *Nino*. Il en eut :

1. LUCIEN, qui fuit ;
2. & 3. BARTHÉLEMY & ADAM ;
4. & 5. FRANCHESQUETA ou FRANÇOISE, & VIZENCIA ou VINCENTE, Religieufe.

VII. LUCIEN CENTURION-ULTRAMARINO, Noble Patrice de Gênes, vivant en 1493, & mort le 13 Août 1506, avoit époufé *Claire di Negro*, fille de *Benoît di Negro*, fils de *Damien*, & de *Madeleine Spinola*, fille de *Jules*, dont vinrent :

1. BAPTISTE, qui fuit ;
2. BENOÎT, auteur de la feconde branche établie à Gênes, rapportée ci-après ;
3. ADAM, auteur de la troifième branche, qui eft celle des Marquis d'*Eftepa* & de *Laula*, en Efpagne, mentionnée plus loin ;
4. JACQUES, qui vivoit en 1528 ;
5. Et AUGUSTIN, auteur de la cinquième branche, qui eft celle des Marquis de *Maffon*, à Gênes, qui viendra en fon rang.

VIII. BAPTISTE CENTURION-ULTRAMARINO,

IIᵉ du nom, Noble Patrice de Gênes, quitta à l'âge de 28 ans le nom d'*Ultramarino,* pour retenir celui de *Centurion,* à l'exemple de la vieille Nobleſſe de Gênes en 1528. Il mourut le 13 Février 1557, & avoit épouſé *Blanquineta* ou *Blanche Spinola,* fille de *Chriſtoval* ou *Chriſtophe Spinola-de-Lucu- li,* & de *Claire Lomelini.* Il eut :

1. & 2. NICOLAS & LUCIEN ;
3. CHRISTOVAL, ou CHRISTOPHE, qui ſuit ;
4. MARIE, mariée à *Conſtantin Gentil ;*
5. CLAIRE, mariée à *Jean-Ambroiſe Negroni ;*
6. PAULINE, mariée à *Geoffroy Lercaro ;*
7. MARIETINE ou MARTINE, mariée à *Léonard Gentil ;*
8. Et MADELEINE, mariée à *Auguſtin Spinola,* duquel étant veuve, elle ſe fit Religieuſe Carmélite Deſcalzo, fondé par les Comtes de Gênes, où elle mourut en odeur de ſainteté.

IX. CHRISTOVAL ou CHRISTOPHE-ULTRAMA- RINO, né en 1525, vivoit encore en 1549. Il mourut laiſſant une fondation de 6 livres de rente annuelle & perpétuelle. Il épouſa *Ligi- neta di Negro,* fille de *Vincent di Negro,* & de *Cathalina Sauli,* toutes deux des premiè- res Maiſons de Gênes, & eut pour enfans :

1. MARC-ANTOINE-GASPARD, qui fut Religieux Théatin, ſous le nom de P. *Saint-Laurent ;*
2. BAPTISTE, né en 1557, qui fit pluſieurs fon- dations, tant en faveur de ſa famille, que de celle de la République de Gênes, & au- tres. Il épouſa *Artémiſe Imperiali,* dont il eut pour fils unique :
   > V. P. Frère NICOLAS DE JÉSUS-MARIA- CENTURION, Religieux Carme Déchauſ- ſé mort en odeur dè ſainteté.
3. PHILIPPE, qui ſuit ;
4. ADAM, auteur de la branche des Marquis de *Monaſterio,* rapportée ci-après ;
5. VINCENT, qui commanda une Eſcadre des Galères d'Eſpagne, & mourut en 1610, ſans poſtérité de *Marie de Grimaldi,* fille d'*A- lexandre ;*
6. JEAN-JACQUES, qui fut Sénateur de Gênes en 1622 & 1636, & mourut en 1643, laiſ- ſant de *Madeleine Sauli,* fille de *Laurent :*
   > JEAN-ESTEBAN ou ETIENNE CENTURION, Sénateur en 1661, & du Grand-Con- ſeil en 1663, qui fit pluſieurs fonda- tions, & mourut en 1688, ſans poſtérité de *Marie Spinola,* fille de *Lucas Spi- nola,* des Ducs de *San-Pedro ;*
7. OCTAVE, premier Marquis de Monaſterio, Duc au Royaume de Naples, Chevalier, Commandeur de la Zarza, & de l'Ordre

d'Alcantara, Capitaine de Cavalerie, Tré- ſorier-Général des places & frontières d'Eſ- pagne, & de la Junte, Conſeiller au Con- ſeil de Guerre, Colonel-Général de l'Infan- terie, Grand-Maître de la Garde-robe des Infans d'Eſpagne, &c., mort en 1653, après avoir fait différens legs pieux, & laiſſant de *Batina Doria,* fille d'*Auguſtin Doria,* Duc de Gênes, & de *Clianeta Spinola :*
   > CLAIRE CENTURION, morte ſans poſtéri- té, mariée à DOMINGO CENTURION, ſon couſin.
8. Et GÉRONIME, mariée à *Ambroiſe Doria,* Duc de Gênes.

X. PHILIPPE CENTURION-ULTRAMARINO, né en 1558, Sénateur en 1629, & mort en 1649, avoit épouſé *Claire Grillo,* fille d'*Agabito Grillo,* & de LIVIE CENTURION, fille de MARC CENTURION, premier Marquis d'Eſtepa, dont :

1. AGABITO, qui ſuit ;
2. JEAN-BAPTISTE, qui fut Chevalier, Com- mandeur de l'Ordre de Calatrava, mort laiſſant d'*Orientina Lomelini :*
   > PHILIPPE CENTURION, marié à *Jeanne Lo- melini,* dont :
   >> CLÉLIE CENTURION, qui étoit mariée, en 1691, à *Alexandre Grimaldi,* fils de *Pierre-François.*
3. VINCENT, qui fut Comte de Laula, & mou- rut en 1697;
4. Et DOMINGO, Chevalier de Malte, qui vivoit encore en 1650.

XI. AGABITO CENTURION-ULTRAMARINO, No- ble Patrice & Sénateur de Gênes, mort ſur la fin de 1668, avoit épouſé *Jéronime Impe- riali,* fille de *Jean-Vincent Imperiali,* dont il eut :

1. CHRISTOVAL ou CHRISTOPHE-BAPTISTE, qui ſuit ;
2. 3. & 4. DOMINGO, LUCIEN & ADAM.

XII. CHRISTOPHE-BAPTISTE CENTURION-UL- TRAMARINO, Noble Patrice de Gênes, premier Sénateur en 1697, fut un Seigneur magnifi- que, & recevoit tous les Seigneurs François qui paſſoient par Gênes, dans un palais ſu- perbe, où il les traitoit ſplendidement. Il mourut laiſſant d'*Anne-Marie Doria,* fille de *Vincent Doria :*

1. VINCENT-BAPTISTE, qui ſuit ;
2. AGABITO ;
3. PIERRE-FRANÇOIS, mort en 1746 ;
4. ANGEL-MARIE ;
5. JOSEPH-MARIE, Clerc ;

6. Et P. JEAN-MARIE, Religieux Théatin de Saint-Sixte de Gênes, né en 1681, qui a été un Ecrivain célèbre, & a donné, outre beaucoup de Généalogies, plufieurs bons livres, & des relations.

XIII. VINCENT-BAPTISTE CENTURION-ULTRAMARINO, Noble Patrice de Gênes, étoit marié, en 1702, à *Barbe Cataneo*, fille de *Thomas Cataneo*, & d'ANNE-MARIE CENTURION. De ce mariage naquirent :

1. PHILIPPE-CHRISTOPHE, qui fuit ;
2. Et JÉRONIME, qui a époufé à Naples *Jean-Lucas Imperiali*, Marquis de Laciano, d'ont elle a *Domingo* & *Vincent Imperiali*.

XIV. PHILIPPE-CHRISTOPHE CENTURION, Noble Patrice de Gênes, époufa, en 1746, *Marie Saluzzo*, fille d'*Auguftin Saluzzo*, Noble Patrice de Gênes, & de *Confefo Menor*. On ignore s'il en a poftérité.

BRANCHE
des Marquis DE MONASTERIO.

X. ADAM CENTURION, Ier du nom de fa branche, quatrième fils de CHRISTOVAL ou CHRISTOPHE, Noble Patrice de Gênes, & de *Ligineta di Negro*, fut Sénateur en 1629, & mourut en 1635. Il avoit époufé *Charetina Cataneo*, fille de *Domingo Cataneo*, des Princes de *San-Nicandro*, & en eut :

1. DOMINGO, qui fuit ;
2. JEAN-BAPTISTE, qui vivoit encore en 1650 ;
3. CHRISTOVAL ou CHRISTOPHE, rapporté après fon frère ;
4. CHARLES, né en 1617, & mort à Madrid en 1653, fans alliance ;
5. FRANÇOIS-MARIE, né à Gênes en 1625, & mort à Madrid en 1664, auffi fans alliance ;
6. LIBIE, qui époufa *Philippe Spinola*, Comte de Tafarolo, dont defcendent les Comtes de cette Maifon, de la plus ancienne Nobleffe ;
7. MARIE-FRANÇOISE, mariée au Comte *Ambroife di Negro* ;
8. Et CATHALINA, qui époufa le Marquis *Anfalio Imperiali*, dont la poftérité fubfifte à Gênes.

XI. DOMINGO ou DOMINIQUE CENTURION, Ier du nom, Noble Patrice de Gênes, fut troifième Marquis de Monafterio, & Duc au Royaume de Naples, après la mort de fa fille, ANNE-MARIE, & Chevalier-Commandeur de l'Ordre d'Alcantara, & mourut en 1662. Il époufa, en 1625, CLAIRE CENTURION, fa coufine germaine, fille d'OCTAVE, premier Marquis de Monafterio, dont :

ANNE-MARIE, feconde Marquife de Monafterio, née à Gênes en 1637, & morte à Madrid en 1655, après fon traité de Mariage avec le Prince *Doria*.

XI. CHRISTOVAL ou CHRISTOPHE CENTURION, troifième fils d'ADAM, & de *Charetina Cataneo*, fut quatrième Marquis de Monafterio, & Duc au Royaume de Naples, après la mort de DOMINIQUE, fon frère aîné, & mourut à Madrid en 1701. Il époufa, en 1636, BARBE CENTURION, fille de JEAN-AUGUSTIN CENTURION-ULTRAMARINO, & laiffa :

1. ADAM, qui commandoit fur les Galères de Naples, & mourut à Gênes en 1670 ;
2. JEAN-AUGUSTIN, né en 1649, qui fe fit, en 1666, Religieux de la Trinité Defcalzo, à Madrid, où il mourut le 12 Décembre 1671, en odeur de fainteté ;
3. DOMINGUO ou DOMINIQUE, qui fuit ;
4. CLAIRE-MARIE, mariée à *François-Marie Spinola ;*
5. JEANNE-FELICE, Religieufe ;
6. FELICE, mariée à *Charles-Marie Doria ;*
7. SYLVIE, mariée à *Ambroife Spinola*, Marquis de Mont-Moulin ;
8. Et ANNE-MARIE, mariée à *Thomas Cataneo*, dont vinrent : *Barbe Cataneo*, mariée, en 1702, à VINCENT-BAPTISTE CENTURION ; & *Charles Cataneo*, Sénateur en 1745.

XII. DOMINIQUE CENTURION, IIe du nom, Noble Patrice de Gênes, né à Gênes en 1645, cinquième Marquis de Monafterio, & Duc au Royaume de Naples, fut Capitaine de Cavalerie Corfe à Milan en 1684, & Maître-d'Hôtel de la Reine veuve d'Efpagne en 1702 (MARIE-ANNE DE NEUBOURG) ; Ambaffadeur auprès du Roi régnant en 1703, & mourut en 1705. Il avoit époufé *Marie-Louife Doria*, morte en 1699, fille de *Jean-Baptifte Doria*, & de *Marie Spinola*, & eut :

1. ADAM, qui fuit ;
2. BARBE, Comteffe de *Villareal*, morte fans poftérité ;
3. Et CLAIRE, née en 1683, mariée, en 1709, à *Scipion de Sangro*, Duc de Cafa-Calenda, Grand d'Efpagne, qui mourut en 1747, laiffant pour héritières *Marie-Louife de Sangro*, Ducheffe de Cafa-Calenda, mariée à *Lucio de Sangro*, fon coufin, Prince de Zenini, dont poftérité ; & *Anne-Marie de Sangro*, morte fans poftérité de *Jean-Baptifte d'Avalos*, Marquis de Pefcara & de Bafque, Duc de Monte-Sarcho, & Prince de Troye.

XIII. Adam Centurion, IIe du nom, fixième Marquis de Monafterio, & Duc au Royaume de Naples, Noble Patrice de Gênes, naquit en cette Ville en 1677; fut en 1701
nommé Capitaine de Cavalerie Corfe à Milan, au même Régiment de fon père; fe trouva à l'attaque de Crémone, à la bataille de
Luzzara, aux fièges de Guaftalla & de Verceil, fit les fonctions de Commiffaire-Général en Lombardie; commanda une Compagnie de Volontaires pendant la guerre d'Eftramadure, & les fièges de Sexez, Badafos,
Olivenza, & de Camp-Major; fe trouva à la
bataille de la Gudine, &c., & mourut en
1744. Il époufa, en 1712, *Marie-Efpérance
de Gazeta-de-Fonfeca*, Marquife de la Lapilla, iffue de l'ancienne & illuftre Maifon de
Fonfeca, fille de *Jean de Gazeta-Guttierrez-
Giron*, & de *Faufte de Fonfeca*, Marquife de
la Lapilla, dont:

1. Joseph, qui fuit;
2. Et Marie-Raphaèle, morte en 1744, fans
avoir été mariée.

XIV. Joseph Centurion, feptième Marquis
de Monafterio, Duc au Royaume de Naples,
& Noble Patrice de Gênes, a fuccédé à fon
père en 1744, & a époufé, en 1756, *Antonie
de Vera-de-Montezuma*, fille de Dom *Diégo
de Vera-Mendoza-de-Fafardo*, & d'*Andrée
de Montezuma-Guzman-de-Silba*, Marquife
d'Efpinardo. De ce mariage font iffus:

1. Adam, né le 13 Décembre 1758;
2. Nicolas, né le 7 Août 1761;
3. Jean-Augustin, né le 9 Janvier 1763, reçu
Chevalier de Malte de minorité, & mort le
26 Novembre 1766;
4. Vincent, né le 1er Février 1765, reçu Chevalier de Malte comme fon frère, & mort
au mois d'Octobre 1767;
5. Et Marie-Louise, née le 26 Août 1757.

De cette branche defcendent les Comtes de
Tafarolo, les Princes de *Rofano*, les Ducs
de *Cafa-Calenda*, & autres.

SECONDE BRANCHE,
établie à Gênes.

VIII. Benoît Centurion-Ultramarino, fecond fils de Lucien, Noble Patrice de Gênes,
& de *Claire di Negro*, vivoit en 1529, &
eut de fa femme, dont on ignore le nom:

1. & 2. Jean & André;
3. Et Louis, qui fuit.

IX. Louis Centurion-Ultramarino, Ier du
nom, Sénateur de Gênes en 1582, laiffa de fa
femme, dont on ignore le nom:

1. Jeannot, qui fuit;
2. Et Batine, qui époufa *Charles de Grimaldi*, fils de *Jean-François de Grimaldi*, Duc
de Terre-Neuve, & de *Lélie Spinola*, fœur
du Marquis *Ambroife Spinola*. De ce mariage font iffus les Ducs de *Terre-Neuve*.

X. Jeannot Centurion-Ultramarino, noble Patrice de Gênes, vivoit en 1601, & eut
de fa femme, dont le nom eft inconnu:

XI. Louis Centurion-Ultramarino, IIe du
nom, noble Patrice de Gênes, qui laiffa de fa
femme, dont on ignore auffi le nom:

XII. Thomas Centurion-Ultramarino,
noble Patrice de Gênes, qui eut de fa femme,
dont le nom eft inconnu:

XIII. Luis ou Louis Centurion-Ultrama-
rino, IIIe du nom, noble Patrice de Gênes,
Confeiller-Maître & Préfident en cette Ville.
On ignore fi depuis 1769 il a contracté alliance.

TROISIÈME BRANCHE,
Marquis d'Estepa, en Efpagne,
& de Laula.

VIII. Adam Centurion-Ultramarino, Ier
du nom de fa branche, noble Patrice de Gê-
nes, troifième fils de Lucien, & de *Claire di
Negro*, étoit un homme célèbre, fuivant les
Annales de Gênes, & vivoit en 1550. Il fut
nommé par *André Doria*, Gouverneur de
Gênes en 1528, rendit de grands fervices à la
République & à Charles V en 1535, avec fes
Galères, & fe fignala en la guerre d'Allema-
gne contre l'Empereur. Il fut créé en 1543
Marquis de Laula, Vibola & du Mont-de-
Bay, fervit à la journée d'Argel, où il perdit
fes Galères, & mourut en 1568. Il avoit épou-
fé *Orienana de Grimaldi*, fille d'*Anfelme de
Grimaldi*, dont:

1. Marc, qui fuit;
2. Et Gineta, mariée à *Jeannot Doria*, coufin d'*André Doria*, dont defcendent les
Princes de *Doria*. Elle eut de ce mariage
Jean Doria.

IX. Marc Centurion-Ultramarino, noble
Patrice de Gênes, premier Marquis d'Eftepa,
fut nommé, par *André Doria*, Lieutenant-
Général de fes Galères en 1547, & mourut à
Madrid en 1565. Il avoit époufé *Batina Negroni*, fille d'*Alexandre Negroni*, & de *Madeleine Spinola*, dont il eut:

1. Alexandre, qui fut Arzobifpo de Gênes

2. Jean-Baptiste, qui fuit;
3. Côme, auteur de la quatrième branche, rapportée ci-après;
4. Charles, qui fut Chevalier de l'Ordre de Santiago, & Général des Galères de Gênes. Il se trouva en toutes les guerres d'Espagne, & particulièrement à la prise de la Marsaille, dans laquelle il étoit Mestre-de-Camp d'un détachement d'Italiens, &c. Il mourut à Gênes, laissant pour fille :

Libie Centurion, mariée à Marc Centurion, son cousin germain;

5. Marie, mariée à *Laçare de Grimaldi*, Duc de Gênes;
6. Marie-Madeleine, mariée à *Barthélemy Lomelini;*
7. Porcia, mariée 1º à *Jean-Baptiste Spinola;* & 2º à *Erteban Lomelini;*
8. Orientina, mariée à *Raphaël de Grimaldi;*
9. Et Libie, mariée à *Agabito Grillo*, dont postérité subsistante à Gênes.

X. Jean-Baptiste Centurion-Ultramarino, Iᵉʳ du nom, second Marquis d'Estepa & de Laula, &c., fut Menin de l'Infant Dom Carlos, qu'il servit dans les guerres de Grenade & de Portugal, & à la défense de Cadix; & Capitaine-Général de ses Galères. Il mourut au mois de Juin 1625, & avoit épousé *Marie Fernandeç de Cordoue*, fille du Grand-Commandeur Dom *Diégo Fernandeç de Cordoue*, & de *Marie-Laure de Castille*, toutes deux des premières Maisons d'Espagne. Il en eut :

1. Adam, qui fuit;
2. François, qui fut Menin de l'Infant Dom Philippe III. Etant veuf, il se fit d'Eglise, & le Cardinal Spinola lui donna le Canonicat de Sevilla. Il épousa *Sanche de Mendoça-Senoxa*, issue des Maisons d'*Alborrnoç, Barrientos, Toralla, Beteta* & autres. Il mourut laissant :

Léonore, mariée à Adam Centurion, son oncle;

3. Jean, qui fut Menin du Prince & de l'Infante Dona Isabelle-Claire-Eugénie, Trésorier de la Sainte-Eglise de Cordoue, & Abbé de Laula, en Italie;
4. Philippe, Grand-Maître Collégial de Cuenca de Salamanca, Camérier Ecclésiastique de l'Infant Cardinal de *Fernando*, & Chanoine de Tolède;
5. Et Anne, mariée au Marquis de *Camarasa*.

XI. Adam Centurion-Ultramarino, IIᵉ du

nom, troisième Marquis d'Estepa & de Laula, Menin du Prince Dom Philippe, Capitaine de 500 hommes, pour la défense de Cadix, & de 300 hommes lors de la guerre de Portugal, Lieutenant d'Aragon, & Gouverneur de Cartasena & Ultimamente, mourut en 1658. Il épousa 1º *Marie-Anne de Guçman*, morte sans postérité, fille du Marquis d'Algavasa, & d'Ardaleu ; & 2º Léonore Centurion, sa nièce, fille de François, son frère cadet. Il laissa de sa seconde femme :

1. Cécile-François-Bonaventure, qui fuit;
2. Luis ou Louis, rapporté après son frère;
3. François, Capitaine de 200 hommes de la Compagnie du Marquis Dom Cécile, son frère aîné, au secours de Badajoz, & depuis Capitaine de la Cavalerie Corse;
4. Sanche, qui épousa 1º *Antoine Pimentel*, Comte de Benabente; & 2º Dom Jean de Cordoue-Centurion, Grand-Maître Collégial d'Arrobispo en Salamanca, Surintendant de l'armée d'Estramadure & du Conseil des Indes, dont elle eut :

Sébastien Centurion, qui suivit les rebelles jusqu'à Barcelone, & mourut sans postérité de *Cathalina*.

XII. Cécile-François-Bonaventure Centurion-Ultramarino, quatrième Marquis d'Estepa & de Laula, servit le Roi dans toutes les occasions qui se rencontrèrent, & épousa *Luisa Mesia* ou *Louise-Mesie de Porto Carrero de Tolède d'Aragon & de Cordoue*, fille du Marquis de la Guardia & Comte de Sainte-Eufemie, dont il eut :

1. Joseph, Marquis de Laula, qui mourut sans alliance;
2. Et Françoise, mariée 1º à *Sauveur de Castro* ou de *Castre*, frère du Comte de Lemur, mort sans postérité; & 2º à Dom *Jean de Palafox*, de la Maison des Marquis d'*Ariça*.

XII. Luis ou Louis Centurion-Ultramarino, second fils d'Adam, & de Léonore Centurion, sa seconde femme, fut cinquième Marquis d'Estepa & de Laula, après la mort de son frère aîné & de son neveu, & mourut, laissant d'*Isabelle d'Arias*, fille du Comte de Punonrrostro :

1. Emmanuel, qui fuit;
2. Marie-Louise, mariée 1º sans enfans à Dom *Ignace de Guçman*, Marquis d'Almanza; & 2º à Jean-Baptiste Centurion, Marquis d'Estepa, son cousin;
3. Et Isabelle, mariée à Dom *Diegue d'A-*

rias, & d'Avila, Comte de Punonrroſtro, ſon couſin germain, Grand d'Eſpagne, mort en Janvier 1751, âgé de 56 ans & deux mois.

XIII. EMMANUEL CENTURION-ULTRAMARINO, ſixième Marquis d'Eſtepa, de Laula, &c., Grand d'Eſpagne, &c., épouſa *Marie-Léonore de Velaſco*, fille du Comté de Baraſas, de la Maiſon de Parme, dont il a eu :

1. JEAN-BAPTISTE, qui ſuit;
2. N..., qui avoit épouſé le Comte de *Salduena*, fils aîné du Comte de *Montellano*, dont elle n'eut point d'enfans ;
3. Et MARIE-LOUISE, qui épouſa 1º le Marquis de *Bedmar*, Grand d'Eſpagne ; & 2º JEAN-BAPTISTE CENTURION.

XIV. JEAN-BAPTISTE CENTURION-ULTRAMARINO, IIe du nom, ſeptième Marquis d'Eſtepa, de Laula, Vibola, Mont-de-Bay, &c., Grand d'Eſpagne, troiſième comte de Fuenſalida, & autres Terres, a épouſé MARIE-LOUISE CENTURION, ſa tante, & hérita, après la mort de ſa mère, des Terre & Comté de Fuenſalida. On ignore s'il a poſtérité.

QUATRIÈME BRANCHE,
établie à Gênes, iſſue de celle des Marquis D'ESTEPA, &c.

X. CÔME CENTURION-ULTRAMARINO, troiſième fils de MARC, premier Marquis d'Eſtepa, & de *Batina Negroni*, Gentilhomme de la Chambre de PHILIPPE II, qu'il ſuivit à la guerre de Portugal, & Sénateur de Gênes en 1603, où il mourut, avoit épouſé *Porcie Lomelini*, dont :

XI. MARC CENTURION-ULTRAMARINO, noble Patrice de Gênes, né en 1595, Sénateur de cette Ville en 1643, & mort en 1677, qui avoit épouſé, en 1620, LIBIE CENTURION, ſa couſine germaine, fille de CHARLES. Ils eurent :

1. CÔME, qui fut Sénateur de Gênes en 1672, & père de

> MARCIE CENTURION, mariée à *Ambroiſe Imperiali*;

2. BAPTISTE, qui ſuit;
3. OCTAVE, marié à *Véronique Fieſco*, qui vivoit encore en 1684. Elle étoit fille de *Hubo Fieſco*;
4. Et ALEXANDRE, lequel paſſa à Rome, où il aſſiſta à l'aſſemblée qui s'y tenoit pendant les troubles. Ce fut ſa voix qui emporta & détermina l'élection du Pape SIXTE V. Il fut nommé Conſeiller extraordinaire de Gênes en 1571, l'un des Commiſſaires députés en 1593, pour régler des articles de

paix, & trois fois Ambaſſadeur auprès de la Cour de Rome, Gouverneur de Rome & de Ferrare, ſous le Pape CLÉMENT VIII, qui le nomma ſon Ambaſſadeur en Eſpagne en 1601, vers l'Infante Dona ANNE, devenue Reine de France, & depuis Gouverneur de Ravenne. Il mourut ſans alliance.

XII. BAPTISTE CENTURION-ULTRAMARINO, noble Patrice de Gênes, né en 1638, Sénateur en 1693, avoit épouſé, en 1674, *Marie-Thérèſe Spinola*, fille de *Maximilien Spinola*, Comte de Taſarolo, & de LIBIE CENTURION, fille d'ADAM, de la branche des Marquis de *Monaſterio*, de laquelle il eut :

1. CHARLES, qui ſuit;
2. Et N....., mariée à *Conſtantin Balbi*, dont elle eut *Jacques*, & *François-Marie Balbi*, marié à *N.... Spinola*, Comteſſe de Silvela, & Princeſſe de Molfeta.

XIII. CHARLES-ADAM CENTURION-ULTRAMARINO, noble Patrice de Gênes, né en 1677, Sénateur en 1744, & mort en 1756, laiſſa de *Julie Imperiali* :

1. JEAN-BAPTISTE, qui ſuit;
2. Et DOMINIQUE, qui eſt du Petit-Conſeil de Gênes.

XIV. JEAN-BAPTISTE CENTURION-ULTRAMARINO, noble Patrice de Gênes, & du Grand-Conſeil de cette Ville, eſt veuf de *Placide Pallavicini*, dont on ignore s'il a eu poſtérité. De cette branche deſcendent les Ducs de *Bejar, Gandia, Terranova & Auſſis* ; les Marquis d'*Aytona, Ariza, Malagon, Camaraſa & Leyva* ; les Comtes de *Renoſirroſtro*, & les Princes de *Catolica* & *Doria*.

CINQUIÈME BRANCHE,
Marquis DE MASSON.

VIII. AUGUSTIN CENTURION-ULTRAMARINO, cinquième fils de LUCIEN, noble Patrice de Gênes, & de *Claire di Negro*, vivoit en 1540, & eut de ſa femme, dont on ignore le nom :

1. NICOLAS;
2. Et JULES, qui ſuit.

IX. JULES CENTURION-ULTRAMARINO, Ier du nom, noble Patrice de Gênes, vivoit en 1579, & mourut laiſſant pour enfans, de ſa femme, dont le nom eſt inconnu :

1. CHARLES, qui n'a laiſſé que des bâtards ;
2. JEAN-AUGUSTIN, qui ſuit;
3. Et NICOLAS.

X. JEAN-AUGUSTIN CENTURION-ULTRAMARINO, Ier du nom, noble Patrice de Gênes, vivoit en 1600, & avoit épousé *Sylvie Spinola*, fille de *Jean-Bernard Spinola*, & de *Marie Gentil*, dont il laissa :

1. JULES, qui suit;
2. JEAN-BAPTISTE, mort à Milan, sans alliance en 1649;
3. Et BARBE, mariée, en 1636, à son cousin, CHRISTOPHE CENTURION-ULTRAMARINO, quatrième Marquis de Monasterio.

XI. JULES CENTURION-ULTRAMARINO, IIᵉ du nom, noble Patrice de Gênes, né en 1624, fut nommé, le 8 Février 1685, Sénateur de cette Ville, où il avoit possédé différentes places de Magistrature, & mourut peu de jours après. Il avoit épousé *Madeleine Spinola*, fille de *Lazare Spinola*, dont il eut :

1. JEAN-AUGUSTIN, qui suit;
2. LAZARE, Sénateur de Gênes en 1707;
3. Et SYLVIE, mariée à *Jean-Jacques Imperiali*, qui fut Duc de Gênes.

XII. JEAN-AUGUSTIN CENTURION-ULTRAMARINO, IIᵒ du nom, noble Patrice de Gênes, fut honoré de divers emplois par cette République, qui avoit en lui la plus grande confiance. En 1702, il fut un des Commissaires nommés pour recevoir PHILIPPE V à son passage à Gênes; & en 1711, nommé Sénateur. Peu après il passa avec une Commission à Milan, où il mourut en 1730. Il avoit hérité de la Terre de Masson, qui avoit appartenu à Lazare de Grimaldi-Céba, & laissa d'*Aurélie Palabezini*, fille de *Jean-François Palabezini* :

1. JULES, qui suit;
2. LAZARE, lequel servit dans différens emplois, & fut nommé Sénateur en 1747;
3. Et FRANÇOIS-MARIE, Chevalier de Malte & Sénateur.

XIII. JULES CENTURION-ULTRAMARINO, IIIᵉ du nom, noble Patrice de Gênes, Marquis de Masson, a continué de servir la République, avec son père, & a été nommé Sénateur en 1742. On ignore s'il a contracté alliance.

Les armes : *d'or, à la bande échiquetée d'argent & de gueules de trois traits, accompagnée en chef d'une rose de gueules, feuillée & boutonnée de même, & en pointe de trois fleurs-de-lys d'azur. Cimier : un ours issant d'une couronne ducale, & tenant de ses pattes de devant une rose de gueules.*

De cette ancienne & illustre Maison étoient:

1ᵒ JEAN CENTURION-ULTRAMARINO, fils de RAPHAEL, noble Patrice de Gênes, qui fut un des plus valeureux & des plus grands Capi-

taines de son tems. Il vivoit en 1389, & avoit mené les Génois au secours du Roi de France, dans la guerre qu'il avoit contre les Mores de Tunis; fut nommé Amiral d'une armée navale de 40 Galères, avec lesquelles il arriva devant Tunis, se distingua & s'acquit la plus grande estime de la République de Gênes, qui le gratifia, en récompense, d'une pension considérable; & du Roi de France, qui lui permit, en 1397, de porter dans ses armes les *trois fleurs-de-lys*, qui sont au bas de son écu, au lieu de *la rose*, que le Pape BONIFACE VIII lui avoit permis de porter. Il fut enfin Vicaire-Général du Conseil de la Reine MARGUERITE DE NAPLES, quand le Roi CHARLES III fut en Hongrie, après la mort duquel il fut élu Consul & Protecteur du Roi LADISLAS, son fils; & fut trois fois Général de l'armée de France à Gênes.

2ᵒ PAUL CENTURION, autre fils de RAPHAEL, qui fut un savant dans l'art de la Cosmographie, où il excelloit en 1426, & fit divers ouvrages célèbres. Il fut deux fois Ambassadeur de la République vers le Pape, avec lequel il traita différentes affaires de religion, passa ensuite en Angleterre, où il fut bien reçu du Roi qui lui procura du service; & mourut à Londres.

3ᵒ GUILLAUME CENTURION-ULTRAMARINO, qui vivoit en 1398, dans la plus grande réputation au fait de la guerre.

4ᵒ CATHALINA CENTURION, morte en 1462, laissant postérité de *Thomas Paléologue*, fils de MANUEL PALÉOLOGUE, Empereur de Constantinople, & frère des Empereurs JEAN & CONSTANTIN,

5ᵒ JEAN CENTURION, Ambassadeur en 1413 du Pape JEAN XXIII, qui étoit venu à Lodi avec l'Empereur SIGISMOND.

6ᵒ ELIANO ou ELIE CENTURION, nommé en 1413 l'un des 12 Réformateurs des Coutumes du Pays.

7ᵒ BORBONE CENTURION, nommé en 1447 un des Députés de la République de Gênes.

8ᵒ ALOISIO CENTURION, nommé en 1471 l'un des Ambassadeurs de la République, pour aller complimenter le Pape SIXTE IV sur son exaltation.

9ᵒ ANFRONE CENTURION, qui étoit en 1472 un des anciens Consuls de la République.

10ᵒ GALIOT CENTURION, créé *Duc* en 1468, & depuis Sénateur. Il avoit occupé les principaux emplois de la République.

11° JACQUES CENTURION, nommé en 1499 l'un des 24 Ambaſſadeurs que la République envoya à Milan, vers LOUIS XI, pour ſe ſoumettre & recevoir la confirmation de ſes privilèges. Ce fut une des Ambaſſades la plus ſolennelle.

12° Et SIMON CENTURION, vivant en 1527, lequel traita la grande union des factieux, qui procura la paix à la République. Il étoit un des plus habiles & des plus grands Patriciens de ſon tems, & rendit des ſervices importans à cette République, qui le nomma l'un des 12 Réformateurs, & des Prieurs de la liberté, en 1528.

CERDA, famille noble du Portugal, de laquelle eſt GONÇALE-EMMANUEL-GALVAS DE LA CERDA, Commandeur de St.-Barthélemy de Rabal, dans l'Ordre du Chriſt, Conſeiller au Conſeil d'Outre-mer & de Junte, de la Séréniſſime Maiſon de *Bragance*, l'un des membres du Conſeil de Sa Majeſté Très-Fidèle, & ſon Envoyé-Extraordinaire en France, &c., appelé le *Commandeur de la Cerda*. Il eſt né en 1693, a été nommé Commandeur de St.-Barthélemy de Rabal en 1709, Envoyé-Extraordinaire à la Cour de France en Octobre 1749, & a été marié, en 1710, à Dona *Marie-Françoiſe de Mendoſe*, morte en 1716, fille d'*Antoine Botado de Macedo* & *de Mendoſe*, ancien Colonel au ſervice de Portugal, &c. Il en a eu :

JOSEPH-GALVAS DE LA CERDA, né en 1715, nommé Miniſtre en France en 1749, & Commandeur de St.-Julien d'Aqualonga en 1750. Voy. Moréri.

* CERESTE, Seigneurie érigée en *Marquiſat* par Lettres du mois de Janvier 1674, enregiſtrées à Aix en faveur d'HENRI DE BRANCAS DE FORCALQUIER, fils d'HONORÉ, & de *Marie Adhémar-de-Monteil*, ſa première femme. Voy. BRANCAS.

CERF (LE), famille de Normandie, originaire de Pont-Audemer, mais établie à Rouen, & iſſue de

PIERRE LE CERF, Capitaine des côtes ſous CHARLES VII, qui, paſſant par l'Abbaye de Greslain, ſituée à quatre lieues de Pont-Audemer & à une lieue d'Honfleur, Port-de-mer où PIERRE LE CERF exerçoit ſon emploi, lui donna de ſon propre mouvement des Lettres de Nobleſſe, datées de cette Abbaye de 1449. Il eſt parlé de cette famille dans l'*Hiſt. de Rouen*,

tom. IV, p. 413, in-fol. Elle a été maintenue dans ſa Nobleſſe le 29 Janvier 1668.

GUILLAUME LE CERF étoit Echevin de Rouen en 1449 & 1479.

JEAN LE CERF, Préſident au Préſidial du Bailliage de Rouen, étoit de la Confrérie des Pénitens le 27 Septembre 1593, & il fut inhumé dans l'Egliſe de Saint-Godard de cette Ville.

LAURENT LE CERF de la Vieville fut revêtu en 1671 de la charge de Garde-des-Sceaux du Parlement de Normandie créée en 1499, & épouſa *Madeleine Hellouin de Menibus*, fille de *N.... de Menibus*, Préſident en la Cour des Aides de Normandie, & ſœur de *N... de Menibus*, Avocat-Général au Parlement de Rouen. Il eut pluſieurs enfans, dont l'aîné fut

JEAN-LAURENT LE CERF de la Vieville, diſtingué par ſon eſprit, qui fut pourvu de la charge de ſon père en 1696, & publia en 1704 un Livre, intitulé : *Comparaiſon de la Muſique Italienne & de la Muſique Françoiſe*, pour répondre au livre que l'Abbé Raguenel avoit publié en 1702, où il faiſoit le parallèle des Opéra Italiens & François. Cette diſpute fut vive, & en 1706 JEAN-LAURENT LE CERF de la Vieville publia deux nouveaux volumes ſur cette matière. Il en préparoit même un quatrième lorſqu'il mourut le 10 Novembre 1707, âgé de 33 ans. Ces particularités viennent d'un frère de défunt Dom Philippe, Religieux Bénédictin à l'Abbaye de Fécamp.

Les armes : *d'argent, au chevron de gueules, accompagné de trois cœurs de même, 2 en chef & 1 en pointe*.

CERF (DU), à Ypres, en Flandre, qui ſelon l'*Armorial général de France*, reg. I, part. I, porte : *d'or, à une tête de cerf de gueules, écartelé d'argent, à deux faſces de ſable*.

* CERISAY, CHRISTOPHE DE CERISAY, Seigneur de Vetty, acheta le 29 Juin 1491 de *François de Colombières* la Baronnie de *la Haye du Puy*, en Baſſe-Normandie. MARIE DE CERISAY, ſa fille, unique héritière, porta cette Baronnie en dot à *Gaſton de Brezé*, Vicomte de Fauquernon, Seigneur de Planes & de Montmartin, vivant en 1509. Voy. BREZÉ.

CERIZ. On trouve dans la Généalogie de la Maiſon du *Châtelet* une JEANNE DE CERIZ, veuve depuis 1374 de *Simon de Déuilly*, Chevalier, remariée à *Charles du Châtelet*, Seigneur de Fontenoy que l'on conjecture, par le tems auquel il vivoit, être fils d'*Erard*, mentionné dans un compte de 1385.

Les armes: *d'argent, à trois fusées de sable, mises en fasce*.

◊ CERNAY, en Dormois, dans la Province de Champagne, Diocèse de Reims, ancienne Baronnie, que *Françoise de Neufchâtel*, fille de *Jean de Neufchâtel*, Baron de Cernay, & de *Marie de Blois-Treslon*, & veuve de *Jacques d'Aspremont*, Baron de Saint-Loup, porta en dot, le 17 Juillet 1591, à *Jean le Danois*, Seigneur de Novion, Besgny, Saint-Georges, Roberfat & Raismes, Grand-Maréchal & premier Vicomte héréditaire du Pays & Comté de Hainaut, Gentilhomme de la Chambre du Roi, Sous-Lieutenant au Gouvernement de Rocroy, & Capitaine d'une Compagnie entretenue dans ladite Ville. Voy. DANOIS.

CERVELLE-DU-DESERT, Maison originaire de Bretagne, dont étoit AMBROISE DE LA CERVELLE, Seigneur de la Grande-Barre, du Desert, du Feron, de Lespas, & en partie de Kerreto & de la Lance. Il obtint que la *Grande-Barre*, Terre & Seigneurie considérable en Basse-Normandie, mouvante du Roi à cause de son Duché d'Alençon, composée de cinq Paroisses avec de grandes mouvances, fût érigée en *Marquisat* par Lettres du mois d'Août 1750, tant en considération de ses services, qu'à cause de son ancienne extraction.

Lesdites Lettres-Patentes portent, qu'il est issu des anciens Barons de *la Courbonnaye*, connus depuis plus de 500 ans dans les Provinces de Bretagne & de Normandie, en qualité de Seigneurs d'une partie de l'Avranchin. Ils ont tenu rang dans les Armées & à la Cour des Rois. SYLVESTRE DE LA CERVELLE étoit Evêque de Coutances & Grand-Aumônier de France. Ces Seigneurs ont été depuis connus sous le nom de *la Cervelle du Desert* & leurs alliances ont toujours répondu à leur Noblesse.

Les armes: *de sable, à trois losanges d'or en fasce*.

CESAR, Maison illustre de Portugal. Nunes de Leam, Généalogiste Portugais, en commence la Généalogie à JEAN CESAR, qui

vivoit du tems d'ALPHONSE VI, Roi de Castille.

VASCO-FERNANDEZ CÉSAR s'acquit une grande réputation sous les Rois EMMANUEL & JEAN III, & mourut en 1582.

LOUIS CESAR, son fils, fut Provéditeur de l'Arsenal de la Marine de Lisbonne.

PIERRE-CESAR DE MENESES étoit Gouverneur d'Angola, quand les Hollandois prirent la Capitale de ce Royaume en 1643. Il servit avec distinction en Flandre, & le Roi JACQUES IV le fit Conseiller de Guerre. Voy. Moréri.

CESARGE. M. l'abbé *de Meffray de Cesarge* a été nommé le 2 Septembre 1769 Maître de l'Oratoire du Roi. Voy. MEFFRAY.

CESARINI, famille noble de Rome, qui a donné plusieurs Cardinaux. JULIEN CESARINI fut élevé à cette dignité en 1426 par MARTIN V, & mourut en Novembre 1444, & ALEXANDRE CESARINI le fut aussi le 1er Juillet 1517. Il mourut le 13 Février 1542. Voy. Moréri.

CESNE ou SESNE-DE-MENILLES (LE), en Normandie. La Roque dans son *Hist. de la Maison d'Harcourt*, pag. 512, 1316, 1869 & 1994, fait mention d'un GUILLAUME LE CESNE, Chapelain & Secrétaire du Roi de France, qui eut main-levée de son temporel du Roi d'Angleterre HENRI V, en 1421; d'un JEAN LE CESNE, qui partagea le 26 Décembre 1373 un héritage venant de Jean de Boissey, avec Roger de Murdrac, Bernard de la Tour, Jean de Fontaines & Jean Tirel; & de LOUISE LE CESNE, femme de *Jacques le Conte*, Baron de Nonant, Seigneur de Cernières, fils de *Charles le Conte*, & de *Catherine d'Anfreville*. Il en étoit veuf en 1566, & se remaria à *Bonne d'Espinay-Saint-Luc*.

Les armes: *écartelé, d'argent & de gueules*.

* CESTAYROLS, en Languedoc, Diocèse d'Albi, Terre, Seigneurie & ancienne *Baronnie*, qui donne entrée aux assiettes du Diocèse d'Albi. Elle est passée dans la Maison d'*Izarn* par le mariage de *N..... de Clermont-du-Bosc*, Dame de *Cestayrols*, avec *Urbain d'Izarn*, Seigneur de Valladi, qui de cette alliance n'a laissé qu'un fils.

* CEYS ou SCEY, en Franche-Comté. Selon l'Abbé Guillaume, Auteur de *l'Histoire Généalogique des Sires de Salins*, au

Comté de Bourgogne, imprimée à Befançon en 1757, p. 179 & fuiv., cette Maifon eft du nombre de celles dont l'origine fe perd dans les tems les plus reculés. On en trouve des monumens dans le Xᵉ fiècle, les Eglifes & les Monaftères font remplis de Chartes qui contiennent les libéralités qui leur ont été faites par les Seigneurs de ce nom; le tréfor de la Chambre des Comptes du Comté de Bourgogne en renferme plufieurs, & l'on en conferve encore davantage dans des Archives particulières.

Le rang que la Maifon de *Ceys* ou *Scey* occupe aujourd'hui parmi les plus anciennes du pays, n'égale pas celui dont elle jouiffoit dans les XIIᵉ, XIIIᵉ & XIVᵉ fiècles. Elle étoit alors au plus haut degré de fa gloire, alliée aux Maifons de *Montfaucon*, de *Trave*, de *Neufchâtel*, de *Beauffremont*, de *Cufance* & de *Varre*. Elle comptoit parmi fes Vaffaux un grand nombre de Gentilshommes qui combattoient fous fa bannière, & paroiffant avec puiffance à la Cour de ces Princes, elle fembloit en quelque forte participer à leur état.

La trop grande multiplication des branches qu'elle produifit en diminua infenfiblement la fplendeur: les aînées s'éteignirent, leurs principales Terres furent portées par des héritiers dans des Maifons étrangères; & les branches cadettes, divifant continuellement entre leurs enfans les biens qu'elles avoient eu en partage, ne furent plus que l'ombre de ce qu'elles avoient été. Depuis un fiècle, des circonftances plus favorables les ramènent par degré à leur premier éclat.

Le Château de *Ceys* ou *Scey* en Varaix, fitué dans le Bailliage d'Ornans, a donné fon nom à ces Seigneurs, qui avoient leur fépulture dans l'Eglife de Saint-Etienne de Befançon. On y voyoit, avant la deftruction de cette Cathédrale, les armes anciennes de cette Maifon en plufieurs endroits qui étoient *vairées*: ces armes ont été changées depuis long-tems. Nous donnerons à la fin de cet article celles que cette Maifon porte aujourd'hui.

GERFROY, Archevêque de Befançon, accorda vers 937, à titre de *Précaire*, à ATTELLE, qualifiée *noble Matrone*, la Terre de *Frotey*, fituée dans le Comté des Portifiens, pour en jouir elle & fes deux fils. Elle s'attribua injuftement la propriété de cette Terre, qui n'avoit été cédée que pour un tems limité à

fes ancêtres. Les defcendans d'ATTELLE la confervèrent pendant plus d'un fiècle, & les Evêques, qui fuccédèrent à GERFROY, ne les inquiétèrent point dans leur poffeffion, foit qu'ils en euffent ignoré le titre, foit qu'ils euffent été retenus par la crainte; mais HUGUES III, touché de la perte des biens qu'on enlevoit continuellement à fon Eglife, répéta ce don momentané à OTHON DE CEYS, fucceffeur d'ATTELLE. Ce Seigneur fe rendit aux inftances de HUGUES, & lui remit non-feulement la Terre qu'il lui demandoit, mais encore l'Eglife d'*Eftrelle* & les deux tiers des dîmes du même lieu.

Pétronille, fon époufe, ROBERT & HUMBERT DE CEYS, fes fils, confentirent à cette ceffion. La Charte en fut faite publiquement le 6 des ides de Septembre, la 3ᵉ année du Pontificat de HUGUES, fous le règne de l'Empereur HENRI III, & fignée de Meynier, Doyen de Saint-Jean, Hugues Joreth, Doyen de Saint-Etienne; Guillaume, Archidiacre de cette Eglife; Guy de Cicon, RAYMOND & PAYEN DE CEYS; Richard & Lambert de Tiffe, frères: les anathêmes les plus terribles furent prononcés contre ceux qui en feroient les infracteurs.

Le tems qui s'eft écoulé depuis ATTELLE jufqu'à OTHON DE CEYS, fon fucceffeur, a dû comprendre plufieurs générations, puifqu'il renferme environ 150 ans. Vouloir en remplir le vuide, ce feroit fe livrer à des idées au-deffous de la conjecture, & par conféquent fort éloignées de la vérité; on peut préfumer, fans s'en écarter, qu'ATTELLE a été la bifaïeule de

I. PIERRE DE CEYS, Iᵉʳ du nom, qui eft appelé *Sire du Château de Ceys* dans une Charte de 1090 ou 1092, par laquelle Amédée, Sire de Montfaucon, rend fes fucceffeurs Vaffaux de l'Archevêque de Befançon, en reconnoiffance de ce que ce Prélat avoit engagé PIERRE DE CEYS à lui rendre la partie du Fief qu'il lui retenoit. Il eut de fa femme, dont on ignore le nom:

II. OTHON DE CEYS, Sire du Château de Ceys, qui reftitua vers 1092 à HUGUES, IIIᵉ du nom, Archevêque de Befançon, la Terre de *Frotey*, que GERFROY avoit laiffée à fa trifaïeule ATTELLE, à titre de *Précaire*. Il eut de *Pétronille*:

1. ROBERT, qui fuit;

2. Et Humbert, chef de la huitième branche, dont il fera parlé à fon rang.

III. Robert, Sire de Ceys, Chevalier, eft nommé dans la reftitution faite par fon père à l'Archevêque Hugues III. Il fut témoin l'an 1133 de la donation faite à l'Eglife de Saint-Paul de Befançon par Gaucher, IIIe du nom, Sire de Salins, & laiffa de fa femme, dont le nom eft inconnu :

1. Poncé, qui détenoit l'an 1132, avec fes frères, l'Abbaye de Bregilles à l'Archevêque Anftric. Il ne s'en défifta que fous la promeffe que ce Prélat lui fit de donner le premier Archidiaconat vacant à Etienne de Ceys, fon frère, & une fomme de 20 fols à chaque Synode jufqu'au tems qu'il feroit Archidiacre;
2. Raald, qui fuit;
3. Willaume, Chanoine de Befançon;
4. Et Etienne, auffi Chanoine de Befançon & Archidiacre.

IV. Raald, Ier du nom, Sire de Ceys, Chevalier, donna, du tems de Conftantin, Abbé de Balerne, aux Religieux qui demeuroient à Migette, le droit qu'il avoit dans un moulin conftruit fur la rivière de la Loue. Il eut pour enfans :

1. Pierre, qui fuit;
2. Raald, Chevalier, auteur de la feptième branche, rapportée plus loin;
3. Et Humbert, qui fe défifta vers 1160 en faveur de l'Abbaye de Lieu-Croiffant, de ce qu'on lui difputoit à Senargens. Il fut témoin, du tems de Humbert, Archevêque de Befançon, de la donation faite à ce Monaftère par Guillaume de Say, & affifta avec Pierre & Raald, fes frères, au traité fait entre les Religieux de Billon & Guy de Meilant.

V. Pierre, IIe du nom, Sire de Ceys, Chevalier, fut témoin de la donation du moulin de Souvans faite à l'Eglife de Saint-Etienne de Befançon par Poncette de Trave, veuve de Guillaume, Comte de Bourgogne, & par les Comtes Etienne & Gerard, fes fils; & de celle que Willaume de Scey fit à l'Abbaye de Lieu-Croiffant. Il fonda vers 1134 celle de Billon avec les Seigneurs de Charancey & de Châtillon; affranchit le lieu où ce Monaftère fut conftruit du cens dont il étoit affeffé envers lui, & lui donna des droits de pêche dans la rivière de la Loue. Il fut l'Arbitre des différends qui régnoient entre les Religieux de cette Abbaye & Guy de Meilant, au

fujet des prétentions de ce Chevalier fur les lieux de Migette & de Saint-Afne, & de celles qui étoient entre les mêmes Religieux & Hugues de Lay. Il eft nommé, avant le Vicomté de Vefoul, les Seigneurs de Joux, d'Etrabonne & de Cicon, dans le don des Terres de Quingey, Liesle & Lombard, fait par l'Empereur Frédéric à Odon de Champagne l'an 1166. Ses enfans furent :

1. Pierre, qui fuit;
2. Othon, Chevalier, qui, prêt à fuccomber fous le poids d'une maladie mortelle, légua à l'Abbaye de Billon le cens annuel de deux bichets de bled dans fes moulins de Cademene, un muid de vin en fes vignes de Vorges, & un fujet avec fon meix à Rurey. Pierre de Ceys approuva cette aumône l'an 1192, le lendemain des obfèques de fon frère;
3. Et Jean, Chanoine & Archidiacre de Befançon, qui confentit l'an 1192 au don fait à l'Abbaye de Billon par Othon, fon frère.

VI. Pierre, IIIe du nom, Sire de Ceys, donna l'an 1154 à l'Abbaye de Bellevaux ce qu'il avoit à Foucherans. Il étoit à la fuite de l'Empereur Frédéric l'an 1179, & fut témoin d'un diplôme de ce Prince en faveur des Citoyens de Befançon. Il confirma l'an 1192 l'aumône qu'Othon de Ceys, fon frère, qui venoit de mourir, avoit faite aux Religieux de Billon, & toutes les libéralités de fes prédéceffeurs envers ce Monaftère; la Charte en fut fcellée du fceau d'Othon de Ceys, qui n'avoit pas encore été brifé. Il approuva de nouveau l'an 1196 tous les dons de fes ancêtres à cette Eglife, particulièrement ceux de fon père, & les augmenta de ce qu'il poffédoit à Epeugney. Il avoit époufé, avant 1154, Bonne de Montfaucon, fille de Richard, Sire de Montfaucon, & d'Agnès, Comteffe de Montbéliard, & eut :

1. Pierre, qui fuit;
2. Richard, tige de la fixième branche, rapportée plus loin;
3. Humbert, que nous croyons chef de la neuvième branche, qui viendra en fon rang;
4. Et Othon, rappellé dans une Charte de l'Abbaye de Billon de 1253.

VII. Pierre, IVe du nom, Sire de Ceys & de Montrond, joignit le nom de Montbéliard au fien, à caufe de l'alliance que fon père avoit contractée avec la foeur du Comte de Montbéliard. Il fe qualifie neveu de Richard, Comte de Montbéliard, dans un accord qu'il fit avec Henri de Saint-Hippolyte, Chanoine de Befançon, au fujet du Val de la Corbère, fitué auprès de Montgefoye, du tems de l'Archevêque Amédée. Etant fur le point de partir pour le voyage d'Outre-mer, il rendit l'an 1239 aux Religieux de Billon deux fujets qu'il leur avoit enlevés au Village de Thurey, qui provenoient de l'aumône de HUMBERT, fon frère. Depuis cette époque, on ne trouve plus rien touchant PIERRE DE CEYS : le malheureux fuccès de la Croifade de laquelle il étoit, fait préfumer qu'il y périt. Il époufa *Clémence de Neufchâtel*, dont vinrent :

1. HENRI, qui fuit;
2. CÉCILE, mariée à *Henri de Ronchamps*, Chevalier ;
3. Et JOYETTE, mariée à *Marcel de Muler*, Chevalier, dit *le Louverent*, qui approuva l'an 1239 les donations faites à l'Abbaye de Billon, par PIERRE DE CEYS, fon beaupère.

VIII. HENRI, Sire DE CEYS, Damoifeau, fut témoin des libéralités de fon père envers le Monaftère de Billon, le Chapitre de Sainte-Madeleine de Befançon & l'Abbaye de Saint-Paul en 1229, 1230 & 1235. Il fut père de

IX. OTHON DE CEYS, qui eut pour fils, fuivant le Nécrologe de l'Eglife de Saint-Etienne de Befançon :

X. RAALD, IIe du nom, Sire DE CEYS, nommé avec JEAN, fils DE JACQUETTE DE CEYS, dans une vente faite à Laure de Commercy, époufe du Comte Jean, l'an 1263, par Gerard de Neufchâtel, Connétable du Comté de Bourgogne. Il étoit mort en 1300, fuivant une Charte datée de cette année, par laquelle *Jeanne*, Dame de *Fertans*, fa veuve, & JEAN DE CEYS, fon fils, furent condamnés à reftituer à l'Abbaye de Billon la fixième partie du patronage des Eglifes de Colans & d'Eternoz, qui avoit été léguée à ce Monaftère par Etienne, Seigneur d'Eternoz, Damoifeau, en 1299. Elle tefta l'an 1329 le Lundi d'après la Fête de St. Jean-Baptifte, choifit fa fépulture dans la Chapelle qu'elle avoit fait conftruire en l'Eglife de Fertans, & nomma pour Exécuteurs de fes volontés l'Official de Befançon, Jean de Jaucourt, Abbé de Saint-Seigne, & Alexandre de Nozeroy, Chevalier. Elle fit un codicille le mois fuivant, le Samedi d'avant la Fête de Sainte-Madeleine, par lequel elle ordonna à fon héritier de faire placer une *bannière* aux armes de fon père dans l'Eglife où il avoit été inhumé, de couvrir d'une tombe le lieu où repofoit le corps de *Richard de Fertans*, fon frère, Religieux de l'Ordre de Saint-François, & de reftituer à Eliette, fille de Richard d'Amancey, les héritages qu'elle lui retenoit. Ses enfans furent:

1. JEAN, qui fuit;
2. RENAUD, qui mourut au mois de Juin, fuivant le Nécrologe de l'Eglife de Saint-Etienne de Befançon, à laquelle il donna le droit qu'il avoit dans le patronage de l'Eglife de Défervillers, & dans les petites dîmes du même lieu;
3. NICOLETTE, qui tefta au mois de Novembre 1335, élut fa fépulture en l'Eglife de Saint-Juft-d'Arbois, auprès de fon fecond époux, inftitua héritier *Guillaume d'Eternoz*, fon fils, & chargea de l'exécution de fes volontés Renaud de Tramelay, Prieur d'Arbois, & THIBAUT DE CEYS, Chevalier, fon neveu. Elle avoit époufé 1º *N....* Seigneur d'*Eternoz*; 2º *Humbert*, dit *Borrelet*, Ecuyer; & 3º *Guillaume*, dit *Moine*, Sire de *Champrougeroux* ;
4. Et JEANNE, mariée à *Simonin de Vaudrey*, Chevalier, Seigneur dudit lieu, qui affigna les deniers dotaux de fon époufe fur fa Terre de *Vaudrey* au mois de Juillet 1321, fous le fceau de Jean de Châlon, Comte d'Auxerre & de Tonnerre, & Sire de Rochefort. Elle fut mère d'*Odet*, & de *Marguerite de Vaudrey*, nommées dans le teftament de *Jeanne de Fertans*, leur aïeule, de 1329.

XI. JEAN DE CEYS, Damoifeau, Sire dudit lieu, reftitua l'an 1300, avec *Jeanne*, fa mère, à l'Abbaye de Billon, la fixième partie des patronages des Eglifes de Colans & d'Eternoz : il tefta en 1305, choifit fa fépulture dans une Chapelle de l'Eglife de Saint-Etienne de Befançon, fondée par fon père; donna 100 livres à cette Eglife pour fon anniverfaire; inftitua héritiers fes enfans, léguant fon Château de *Ceys* en préciput à THIBAUT, fon fils unique; & pria *Simon de Montbéliard*, Sire de Montrond, & Gerard d'Arguel, fon oncle, d'être les exécuteurs de fes difpofitions. Il augmenta, par fon codicille daté de la même année, les revenus de la Chapelle fondée par fon père. Il eut d'*Agnès de Cufance* :

1. THIBAUT, qui fuit;
2. 3. & 4. JEANNETTE, CATHERINE & MARGUERITE, rappelées dans le teftament de leur père;
5. ALIX, Dame de Remiremont, mariée à

Henri de Verchamps, Chevalier, dont elle eut *Jeanne de Verchamps*, mentionnée dans le teftament d'*Ifabelle*, fa tante, Dame de Lod ;

6. ISABELLE, qui tefta en 1358, & fit plufieurs legs, mariée à *Jean de Thoraife*, Sire de Lod ;

7. AGATHE ;

8. Et SIMONETTE, née après la mort de fon père, Religieufe au Monaftère d'Ornans.

XII. THIBAUT DE CEYS, Chevalier, Sire dudit lieu & de Fertans, affifta en 1333 aux reprifes de Fief de Perrenat d'Arlay & de Guillemin de Nant, Ecuyers, envers Jean de Châlon, Seigneur d'Arlay. Il fut témoin du traité fait à Avignon le 17 Juin 1334 entre *Humbert*, Dauphin Viennois, & Jean, Sire de Faucogney, au fujet du douaire d'ISABELLE DE FRANCE, époufe de ce dernier Seigneur. Il fut Gardien du Comté de Bourgogne pour la Comteffe de Flandre en 1349 & 1351. Il aliéna beaucoup de fes biens, on en ignore le motif, mais cette aliénation fut le principe de la décadence de fa Maifon. Ce fut peut-être l'exceffive rançon, qu'Henri de Vienne exigea de ce Seigneur qu'il avoit fait prifonnier. Il mourut vers 1380, & fut inhumé dans l'Eglife de Saint-Etienne de Befançon, où il fonda fon anniverfaire de 200 florins. Il eut de *Nicole*, dont on ignore le furnom :

1. RADAT ou RAALD, qui fuit ;

2. JEAN, mort avant 1354 fans alliance ;

3. RICHARD, Damoifeau, qui vint vers 1326 au fecours de la cité de Befançon, qui avoit guerre contre le Duc de Bourgogne : il mérita, par fes belles actions, d'être admis au nombre de fes Citoyens & mourut fans alliance ;

4. PHILIPPE, auteur de la première branche, rapportée ci-après ;

5. CLÉMENCE, mariée, le 29 Janvier 1343, à *Jacques de Longevelle-fur-l'Ognon*, Chevalier, Sire d'Exers ;

6. Et SIMONNE, dont on ignore la deftinée.

THIBAUT eut encore

Une fille naturelle, qui fut mariée.

XIII. RADAT ou RAALD DE CEYS, IIIe du nom, Damoifeau, époufa *Marguerite d'Aʒuel*, Dame en partie de Neublans. Ils vécurent peu de tems enfemble, & ne laifsèrent que

1. JEANNE, qui fuit ;

2. Et ETIENNETTE, morte jeune.

XIV. JEANNE DE CEYS, Dame dudit lieu & de Neublans en partie, fut promife en mariage par THIBAUT, fon aïeul, en 1364, à *Richard de Varre*, fils de *Jean*, Seigneur de Varre, Chevalier, & de *Clémence de Bayon*, Dame de Bourguignon.

PREMIÈRE BRANCHE.

XIII. PHILIPPE DE CEYS, Chevalier, quatrième fils de THIBAUT, Sire de Ceys, hérita du nom de fon père & de fes ancêtres, fans hériter de leur fortune, & n'en recueillit que la Terre de *Fertans*. La Maifon de *Varre* jouiffoit d'une partie de l'ancien patrimoine des Seigneurs de *Ceys*, & les créances de Gérard de Cufance avoient abforbé l'autre partie. Ce Seigneur fut témoin en 1379 de la reprife de Fief de Pierre, Sire de Montmartin, envers Hugues de Châlon, Sire d'Arlay. Il avoit époufé *Alixant de Juley*, fille de *Guillaume*, Chevalier, Seigneur dudit lieu au Duché de Bourgogne, & de *Marguerite de Chaillay*, dont :

1. HUGUENIN, qui fuit ;

2. THIBAUT, auteur de la cinquième branche, rapportée plus loin ;

3. & 4. JEAN & PHILIPPE, morts fans alliance.

XIV. HUGUENIN DE CEYS, Damoifeau, Seigneur de Fertans en partie, & de Chantonay, eut avant tous partages l'an 1372 vingt livrées de terre de rente annuelle, que fon père avoit acquifes au Val de Mièges de Jean de Châlon, Sire de Cufeau, pour 370 petits florins d'or. Jean de Vergy, Maréchal de Bourgogne, lui manda en 1394 de fe rendre à Perrigny en état de combattre contre le Seigneur de Beaujeu, qui faifoit des incurfions dans le Comté de Bourgogne. Il fut l'un des Gentilshommes qui cautionnèrent l'an 1397 les promeffes de mariage de *Louis de Châlon* avec *Jeanne de Montbéliard*. Il fit hommage, en 1406, au Prince d'Orange, à caufe de fon Château de Montmahon, de fa forte Maifon de Fertans & des Fiefs qui en dépendoient ; tefta le Mercredi d'avant la Fête de Saint André en 1415 ; choifit fa fépulture en l'Eglife de Fertans auprès de celle de fon père ; & partagea fes biens entre fes quatre fils qu'il eut de *Jeanne de Sauvagney*, fille de *Henri*, Chevalier, Seigneur dudit lieu, & d'*Etiennette Mouchet*, qui font :

1. ETIENNE, qui fuit ;

2. JEAN ;

3. HENRI, rapporté après son frère aîné;

4. PHILIPPE, qui fit une donation entre-vifs de tous ses biens à CHARLES DE CEYS, son cousin, l'an 1426, au cas qu'il mourût sans enfans;

5. Et JEANNE, mariée 1° à *Hugues*, Seigneur de *Belmont*, Chevalier; & 2° à *Thibaut de Maisonvaux*, Ecuyer: elle eut deux filles de son premier mari, & du second un fils & une fille.

XV. ETIENNE DE SCEY (le nom de sa Maison s'écrivoit ainsi de son tems), Damoiseau, Seigneur de Chantonay, eut pour parrain Etienne Mouchet, son grand-oncle, qui lui fit un legs par son testament de 1400. Il fut reçu à la Confrérie de Saint-Georges en 1452, & avoit épousé *Alix de Molans*, veuve de *Jean de Bucey*, Ecuyer, dont il n'eut point d'enfans.

XV. HENRI DE SCEY, Seigneur de Fertans, Groson, &c., troisième fils de HUGUENIN, & de *Jeanne de Sauvagney*, fit hommage le 4 Octobre 1422, à Louis de Châlon, Prince d'Orange, du Château de Fertans & des Fiefs qui en relevoient. Il testa à Dôle le 9 Décembre 1466, & choisit sa sépulture dans l'Eglise Collégiale de cette Ville. Il avoit épousé, par contrat passé à la Ville d'Arbois le 22 Août 1427, *Cécile de Groson*, remariée, le 4 Septembre 1466, à *Philippe d'Oiselet*, Ecuyer, Seigneur de Clervans. Elle étoit fille de *Robert*, Ecuyer, Seigneur de Groson, & de *Marguerite de Soillet*. HENRI DE SCEY laissa:

1. JACQUES, qui suit;

2. GUILLAUME, Ecuyer, Seigneur de Larray, qui testa à Besançon le 12 Juin 1494, choisit sa sépulture en l'Eglise des Cordeliers de cette Ville, fit des legs à HENRI & JEAN, fils de JACQUES, son frère aîné, qui étoit mort; institua pour son héritier JEAN, son frère, & nomma pour Exécuteur Jacques Jouffroy, Seigneur de Marchaut, son neveu;

3. JEAN, auteur de la seconde branche, rapportée ci-après;

4. ETIENNETTE, mariée, le 18 Mars 1442, à *Pierre d'Ornans*, Ecuyer;

5. LOUISE, mariée, le 4 Septembre 1466, à *Guillaume d'Oiselet*, fils de *Philippe*, Ecuyer, Seigneur de Clervans;

6. AGNÈS, Religieuse à l'Abbaye de Migette;

7. JEANNE, qui, par son testament, élut sa sépulture dans l'Eglise de Fertans auprès de ses ancêtres;

8. Et HUGUETTE, Religieuse au Monastère des Dames de Battant de Besançon.

Tome IV.

XVI. JACQUES DE SCEY, Ecuyer, Seigneur de Fertans, reprit en Fief l'an 1471 de Charles de Neufchâtel, Archevêque de Besançon, les patronages des Eglises de Fertans, Eternoz & Déservillers; & l'an 1473, de Gérard Lonvy, Seigneur de Givry, ce qu'il tenoit de la mouvance du Château de Montrond. Il testa au Château de Fertans en 1483, & ordonna que son corps fut inhumé dans l'Eglise de ce lieu. Il avoit épousé, 1° par contrat passé à la Ville de Gray le 10 Août 1474, *Thibaude de Beaujeu*, fille de *Pierre*, Seigneur de Mont-Saint-Ligier, & de *Jeanne de Montot*, Dame de Mornay. Il n'eut point d'enfans de cette Dame, qui testa le 27 Octobre 1477, & fonda une Chapelle en l'Eglise de Fertans où elle voulut être inhumée; & 2° le 8 Août 1478, *Jeanne le Fèvre*, veuve d'*Huguenin de Pointes*, Ecuyer, & fille de noble homme *Mathieu le Fèvre*, Juge-Régal de la Cité de Besançon, & de *Catherine Louvet*. Il en eut:

1. HENRI, qui suit;

2. Et JEAN, Chevalier, Seigneur de Fertans en partie, Capitaine d'une Compagnie de 200 chevaux pour le service de l'Empereur, par Lettres-Patentes datées à Malines le 26 Février 1516. Il épousa 1° *Isabeau d'Achey*, veuve de *Philibert de Chauvirey*, Seigneur de Châteauvilain & de Colombier, & fille de *Jean d'Achey*, Chevalier, Seigneur de Thoraise, Bailli d'Auxois, & d'*Adrienne de Vaudrey*; & 2° par contrat du 9 Novembre 1523, *Bonne Vincent*, Dame d'Artau-Fontaine, veuve de *Guillaume de Lambrey*, Ecuyer, & fille de *Jean Vincent*, Secrétaire du Duc de Bourgogne, dont il n'eut point d'enfans. Du premier lit vint pour fille unique:

> FRANÇOISE DE SCEY, Dame d'Artau-Fontaine, par la donation qui lui avoit été faite de cette Terre par *Bonne Vincent*, sa belle-mère. Elle épousa *Marc de Beaujeu*, Ecuyer, Seigneur de Montot & d'Aroz, qu'elle institua son héritier par son testament de 1542.

XVII. HENRI DE SCEY, Chevalier, Seigneur de Fertans, &c., reprit en Fief l'an 1480, de Jean de Châlon, Prince d'Orange, son Château de Fertans. Il fut reçu à la Confrérie de Saint-Georges en 1519; testa dans la Ville de Salins le 4 Mars 1544, & choisit sa sépulture dans l'Eglise de Fertans, dans le caveau qu'il avoit fait construire & où il avoit fait déposer les offemens de fes prédéceffeurs. Il avoit époufé 1° *Catherine de la Palud*, dont il n'eut point d'enfans; & 2° par contrat paffé à Befançon au mois de Mai 1499, *Anne de Petitepierre*, fille de *Pancras*, Ecuyer, Seigneur de Cromari, & d'*Anne de Clervaux*. Il en eut:

1. JEAN, mort jeune & fans alliance;
2. MADELEINE, Dame de Fertans, mariée, au Château de ce nom, le 16 Septembre 1522, à *Etienne de Montrichard*, Ecuyer, Seigneur de Flamerans, fils de *Pierre*, & de *Catherine de Flamerans*;
3. Et CATHERINE, mariée à *Etienne Bouveret*, Ecuyer, Seigneur de Chilley.

SECONDE BRANCHE.

XVI. JEAN DE SCEY, Ecuyer, Seigneur du Larderet, de Chantonay, Grofon, &c., fecond fils de HENRI, & de *Cécile de Grofon*, époufa, par contrat paffé à Befançon le 25 Novembre 1484, *Catherine d'Epenoy*, qui tefta à Befançon le 18 Mars 1513, après s'être remariée à *Guillaume d'Evans*, Ecuyer. Elle étoit fille de *Guillaume*, Ecuyer, Seigneur de Maillot, & de *Guyette Beurréville*. Elle eut de fon premier mari:

1. ETIENNE, qui fuit;
2. JACQUES, mort fans alliance;
3. CLAUDE, dont la poftérité fera rapportée après celle de fon aîné;
4. Un autre CLAUDE, Religieux de l'Ordre de Saint-Benoît, au Prieuré de Vaux-fur-Poligny. Il étoit Religieux au Monaftère de Baume en 1522;
5. JEANNE, mariée à *Jean de Champagne*, Ecuyer, Seigneur d'Auxanges;
6. LOUISE, mariée, par contrat du 21 Juillet 1505, à *Guillaume de Beaujeu*, Ecuyer, Seigneur de Venères & Mont-Saint-Ligier, elle en étoit veuve en 1522;
7. PERNETTE, mariée à *Anatole de Gevigney*, Ecuyer, Seigneur de Courcelles;
8. Et PERRONNE, mariée à *Simon d'Aurillot*, Ecuyer, Seigneur d'Aiffey en Champagne.

JEAN DE SCEY eut encore un fils naturel nommé

Henri, à qui JEANNE DE SCEY légua 10 livres par fon teftament de 1510.

XVII. ETIENNE DE SCEY, Chevalier, Seigneur de Maillot, &c., fut commis en 1505, avec d'autres Gentilshommes, pour régir les biens qui provenoient de la fucceffion de Thi-

baut de Neufchâtel, Maréchal de Bourgogne. Il fut admis dans la Confrérie de St.-Georges en 1518, & époufa *Bonne Buffot*, fille de *Jacques*, Confeiller au Parlement de Dôle. Il ne fut pas long-tems fans fe repentir de cette alliance. L'inégalité de condition, jointe au caractère intraitable de fon époufe, l'engagèrent à quitter fa patrie, & à aller fervir en Hongrie avec un Régiment qu'il leva. Sa femme le fit difpofer de tous fes biens en fa faveur, avant fon départ; mais il ne fut pas plutôt éloigné d'elle, qu'il changea fes difpofitions, & inftitùa héritier CLAUDE DE SCEY, fon frère, dans un teftament qu'il fit dans la Ville de Genève. Sa femme ayant appris cette nouvelle, brûla dans fa colère tous les titres de la Maifon de *Ceys*, qui étoient dans les Châteaux de Buthier & de Pin, & dans la Maifon de Befançon. ETIENNE mourut en Hongrie, combattant pour le fervice de fon Prince & de la Religion. On conferve dans la Maifon de *Ceys* l'étendard du Régiment qu'il avoit levé contre les Turcs. Il eft de taffetas blanc & noir, avec une croix de Saint-André, & cette devife en lettres d'or: *Changer ne veux*, ETIENNE DE SCEY.

XVII. CLAUDE DE SCEY, Ecuyer, Seigneur de Maillot, Buthier, Epenoy, &c., troifième fils de JEAN, & de *Catherine d'Epenoy*, combattit en 1519 contre Guillaume de Vergy, Seigneur de Montferrand, au *tournoi* qui fe fit au Château de Nozeroy, dont Philibert de Châlon, Prince d'Orange, fut le Chef. Accablé fous le poids des infirmités, & parvenu à une extrême vieilleffe, il tefta au Château de Buthier le 14 Septembre 1573, & choifit fa fépulture en l'Eglife de Vefigneux, au cas qu'il mourût dans fa Terre de Maillot, ou dans l'Eglife de Buthier, s'il décédoit au Château de ce nom. Il époufa 1° *Anne de Quingey*, veuve de *Claude de Haraucourt*, & fille de *Jean*, Chevalier; 2° *Marguerite de Chauvirey*, fille de *Jean*, Ecuyer, Seigneur dudit lieu en partie & de Vaire; & 3° *Adrienne d'Andelot*, veuve de *Jean de Séroz*, Baron de Choye. Elle étoit fille de *Simon*, Ecuyer, Seigneur de Myon, & d'*Henriette de Cornon*. Il eut du premier lit:

1. JEANNE, mariée, en 1540, à *Jacques de Montureux*, Ecuyer, fils de *Guyot*, Chevalier, Seigneur de Mélifey.

Du fecond lit vinrent:

2. CLAUDE, mort jeune;

3. ANATOLE, qui fuit ;

4. ANNE, mariée à *Jacques de Nance*, Ecuyer ;

5. JEANNE, mariée, par traité paffé au Château de Maillot le 27 Juillet 1552, à *Jean de Cleron*, Ecuyer, Seigneur du Larderet ;

6. BONNE, mariée 1° à *Charles Pillot*, Ecuyer, Seigneur du Châtelard, qui tefta en 1559 ; & 2° à *Benigne de Chaffoy*, Ecuyer, Seigneur d'Anjou ;

7. FRANÇOISE, mariée, vers 1564, à *Claude du Vernoy*, dit d'*Epenoy*, Ecuyer ;

8. ISABELLE, Abbeffe de Migette.

Et du troifième lit :

9. PIERRE, auteur de la troifième branche, rapportée ci-après ;

10. ANTOINE, tué, le 7 Octobre 1571, à la bataille de Lépante ;

11. Et ANNE, mariée à *Melchior Guierche*, Ecuyer, Seigneur de Chenêvre & d'Andelot.

XVIII. ANATOLE DE SCEY, Chevalier, Seigneur de Maillot, Grofon, &c., Gouverneur de la Ville de Dôle, tranfigea en 1576 avec *Adrienne d'Andelot*, fa belle-mère, & PIERRE DE SCEY, fon frère, fur plufieurs prétentions réciproques qui furent remifes à l'arbitrage de Jean-Baptifte d'Andelot, Chevalier, Bailli de Dôle, & d'Antoine d'Orfans, Seigneur d'Efnans. Il époufa *Sufanne d'Achey*, remariée, par contrat paffé en la Ville d'Arbois, le 9 Février 1591, à *Charles de Poitiers*, Chevalier, Baron & Seigneur de Vadans, la Ferté, Molamboz, &c. Elle étoit fille de *Charles*, Baron de Thoraife, Chevalier d'honneur au Parlement de Dôle, Gouverneur de la même Ville, & de *Marguerite Perrenot de Grandvelle*. Elle eut de fon premier mari :

1. JÉRÔME, Ecuyer, qui n'eut point d'enfans de *Claudine de Guierche ;*

2. Et ANTOINE-BAPTISTE, qui fuit.

XIX. ANTOINE-BAPTISTE DE SCEY, Chevalier, Seigneur de Maillot, Grofon, Epenoy, &c., Gouverneur de Dôle, reprit de Fief, l'an 1619, envers Sa Majefté entre les mains de Clériadus de Vergy, Gouverneur du Comté de Bourgogne, la Seigneurie de Maillot & fes dépendances. Il époufa, en 1597, *Charlotte de Poligny* fille de *Gafpard*, Chevalier, Baron de Trave, Seigneur de Châtillon & d'Evans, Gouverneur de Gray, & de *Françoife de Montfort*, dont :

1. FRANÇOISE, mariée à *Charles d'Achey*, Baron de Thoraife, à qui elle porta la Terre de *Maillot ;*

2. LOUISE, mariée à *Pierre de Neufchâtel*, Baron de Gorgier ;

3. & 4. ANNE & JEANNE, Religieufes en l'Abbaye de Neuville ;

5. CHARLOTTE, mariée 1° au Baron de *Bilan ;* & 2° à *Marc de Montagu*, Baron de Boutavent ;

6. SUSANNE, Religieufe Carmélite à Dôle ;

7. Et une autre CHARLOTTE, Religieufe à la Vifitation de Befançon.

TROISIÈME BRANCHE.

XVIII. PIERRE DE SCEY, Chevalier, Seigneur de Buthier, Pin, Beaumotte, &c., troifième fils de CLAUDE, & d'*Adrienne d'Andelot*, fa troifième femme, eut pour Curateur *Jean-Baptifte d'Andelot*, Seigneur d'Olans. Il fut reçu à la Confrérie de Saint-Georges en 1594, tefta à Befançon le 23 Juillet 1595 ; & mourut en 1597, laiffant d'*Anne de Poligny*, fille de *Joachim*, Chevalier, Seigneur de Châtillon-fur-Lifon, & d'*Anne de Montrichard :*

1. FRANÇOIS, qui fuit ;

2. LOUIS, auteur de la quatrième branche, rapportée ci-après ;

3. ANATOLE, Religieux & Célerier en l'Abbaye de Saint-Claude ;

4. SUSANNE, morte jeune ;

5. ANTOINETTE, mariée au Seigneur de *Beaurepaire ;*

6. CHARLOTTE, Religieufe à l'Abbaye de Migette ;

7. Et une autre ANTOINETTE, Religieufe Annonciade.

XIX. FRANÇOIS DE SCEY, Ecuyer, Seigneur de Buthier, Beaumotte, Emagny, Pin, &c., époufa *Anne de Châtenay*, fille de *Gratian*, Seigneur de Briçon, & de *Charlotte de Senailly*, dont :

1. JEAN-BAPTISTE, qui fuit ;

2. ALEXANDRE, Religieux & Chambellan en l'Abbaye de St.-Claude ;

3. ANATOLE, Chevalier de Malte, Lieutenant-Colonel d'un Régiment de Cavalerie pour le fervice du Roi d'Efpagne ;

4. JEAN, rapporté après fon aîné ;

5. MADELEINE, mariée à *Louis de Chavirey*, Chevalier, Seigneur de Recologne, Colonel d'un Terce Bourguignon, fils de *Claude-Frédéric*, Echanfon héréditaire de l'Archevêché de Befançon, & d'*Anne de Cointet ;*

6. Et MARGUERITE, morte au berceau.

XX. JEAN-BAPTISTE, Comte DE CEYS ou SCEY, Chevalier, Seigneur de Buthier, Pin, &c., fervit utilement le Roi d'Efpagne &

l'Archiduc, fut Capitaine d'une Compagnie de 100 Cuiraſſiers en 1631; accompagna, en 1632, avec ſa troupe le Duc d'Orléans qui ſe retiroit de France pour quelques mécontentemens; acquit l'eſtime de ce Prince, qui le mit au nombre des Gentilshommes de ſa Chambre; fut pourvu en 1642 de l'emploi de Colonel au Régiment d'Aumont par Claude de Bauffremont, Gouverneur au Comté de Bourgogne; ſe trouva à la bataille de Rocroy en 1643, à celle de Liorens en 1645, & dans l'armée de Catalogne en 1648, où il fut nommé par le Roi Meſtre-de-Camp d'un Terce d'Infanterie Bourguignone; fut fait Gouverneur d'Alguaire la même année; & repaſſa en 1649 dans le Comté de Bourgogne pour s'oppoſer aux mouvemens des ennemis qui menaçoient cette Province. Il y termina ſa carrière, comblé d'honneur & de gloire.

XX. JEAN DE SCEY, quatrième fils de FRANçois, & d'*Anne de Châtenay*, mérita, par ſon habileté & ſon expérience à la guerre, d'être choiſi pour commander, en qualité de Lieutenant-Général, la Cavalerie de Bourgogne dans l'armée de Catalogne, par Lettres datées à Sarragoſſe le 12 Août 1645. Il ſecourut la même année le Château d'Aager, battit l'ennemi auprès de Frague, lui enleva trois drapeaux, & y fut bleſſé au bras droit d'un coup de piſtolet: il contribua, en 1646, au gain de la bataille de Lérida en forçant les retranchemens des François qui furent obligés de lever le ſiège de cette place. Des ſervices ſi ſignalés furent récompenſés par une penſion de 1000 écus que le Roi d'Eſpagne lui donna en 1647, & par le titre de *Marquis de la Menglane*, en Italie, dont il fut décoré. Il ſe diſtingua depuis au ſecours de Girone, & reçut à cette occaſion du Roi d'Eſpagne une Lettre de remercîmens. Son mariage fut conclu avec la fille du Comte de *Fointes*, dans le Duché de Mantouë, mais il n'eut pas lieu. Il mourut ſans alliance, inſtituant ſon héritier JEAN-CLAUDE DE SCEY, ſon couſin.

QUATRIÈME BRANCHE.

XIX. LOUIS DE SCEY, Baron de Chevroz, Seigneur d'Emagny, Epenoy, &c., ſecond fils de PIERRE, & d'*Anne de Poligny*, teſta à Beſançon le 22 Juin 1628. Il épouſa *Antoinette de Pillot*, fille de *Jean*, Ecuyer, Seigneur du Châtelard, & de *Claudine de Viſemal*, & laiſſa:

1. ANATOLE, Capitaine de Cavalerie, tué à l'attaque du Château d'Arbent;
2. BENIGNE, tué au ſiège du Château de Ray;
3. JEAN-CLAUDE, qui ſuit;
4. LOUIS, Capitaine de Cavalerie en Eſpagne, depuis Meſtre-de-Camp de Cavalerie & Brigadier des Armées du Roi, mort ſans enfans d'*Anne-Eléonore de Thomaſſin*, remariée à *Charles-Gabriel*, Marquis *du Châtelet*. Elle étoit fille de *Charles*, Baron de Montboillon, & de *Claudine-Eugénie de Pierrefontaine;*
5. CLAUDINE, mariée à *Jean-Claude Nardin*, Ecuyer, Seigneur de Montarlot;
6. 7. 8. 9. & 10. ETIENNETTE, CLAUDINE, dite *la jeune*, MARIE, MARGUERITE & CLAUDINE-ETIENNETTE, nommées dans le teſtament de leur père.

XX. JEAN-CLAUDE, Comte DE CEYS ou SCEY, Baron de Chevroz, Seigneur de Larray, &c., ſuccéda dans les Terres de Buthier, Pin & Beaumote, à JEAN-BAPTISTE & JEAN DE SCEY, ſes couſins, morts ſans poſtérité. Il épouſa *Albertine de Blicterſvick*, fille de *Gaſpard*, Baron de Monclé, & de *Marguerite de Mantoche*, dont il eut:

1. CLAUDE-LOUIS, qui ſuit;
2. JEAN-ANTOINE;
3. LOUISE-CAROLINE, mariée à *N...*, *de Moréal*, Seigneur de Moiſſey;
4. Et N..... DE SCEY, Abbeſſe de Battant.

XXI. CLAUDE-LOUIS, Comte DE SCEY, Seigneur de Buthier, Pin, Beaumotte, Emagny, &c., acheta la Terre de SCEY, qui avoit donné le nom à ſa Maiſon, & laiſſa de *Marguerite-Charlotte-Nicole de Saint-Mauris-Montbarey:*

1. ANTOINE-ALÉXANDRE, Meſtre-de-Camp du Régiment du Roi, Dragons;
2. JEAN-BAPTISTE, Chanoine de St.-Pierre de Mâcon, & Aumônier du Roi;
3. 4. & 5. DESLE, BENIGNE, Chanoineſſe de Château-Châlon; & MARIE-GABRIELLE.

CINQUIÈME BRANCHE.

XIV. THIBAUT DE CEYS, Damoiſeau, Seigneur de Fertans en partie, ſecond fils de PHILIPPE, & d'*Alixant de Juley*, partagea en 1402 avec HUGUENIN, ſon frère, les Fiefs qui relevoient de la forte Maiſon de Fertans, & il lui fit hommage en 1408 des biens qui lui étoient échus par ce partage. Il épouſa 1º *Etevenette de Dommartin*, fille de *Hugues*, Chevalier; & 2º *Huguette*, mentionnée ſans autre ſurnom dans le teſtament de HUGUENIN

DE Ceys, fon beau-frère. Il eut du premier mariage :

XV. Richard de Scey, Ecuyer, Seigneur de Fertans en partie, qui traita le 9 Octobre 1467, au nom de fa femme avec Antoine & Odet de Rigney, nés du premier mariage de cette Dame, pour le douaire & les autres prétentions de fon époufe fur les biens de fes fils. Il époufa *Jeanne de la Rochelle*, veuve d'*Odet de Rigney*, Ecuyer, & eut :

XVI. Jean de Scey, Chevalier, Seigneur de Fertans en partie, & de Châtillon-fur-Lifon, qui tefta dans la Ville de Salins le 23 Juin 1498, choifit fa fépulture en l'Eglife de Fertans, où eft celle de fes ancêtres; légua l'ufufruit de fes biens à fon époufe, & ce qu'il avoit à Pefmes, à *Odet de Rigney*, Ecuyer, fon frère utérin; inftitua fon héritier Jean de Ceys, fon coufin, & le chargea de l'exécution de fes volontés. Il époufa, en 1476, *Claude de Montagu*, Dame de Châtillon-fur-Lifon & du Saulcy en Auxois, morte en 1505. Elle tefta au Château de Châtillon le 17 Juillet, & céda à Jean de Ceys, héritier de fon mari, tout ce qui lui étoit dû en la Seigneurie de Fertans; inftitua pour fes héritiers Pierre de Poligny, Seigneur de Coges, fon coufin, Guillaume de Ravenne, Seigneur de Joux en Auxois; & Jeanne de Ravenne, fa fœur. Elle étoit fille de *Jean*, Chevalier, Seigneur de Châtillon-fur-Lifon & du Saulcy, & de *Marguerite de Joux*.

SIXIÈME BRANCHE.

VII. Richard de Ceys, Ier du nom, Sire de la Baume & de Ceys en partie, fecond fils de Pierre, IIIe du nom, & de *Bonne de Montfaucon*, ajouta, de même que fon frère, le nom de *Montbéliard* au fien. Il fut du nombre des Seigneurs à qui l'Empereur Henri recommanda l'an 1237, les intérêts de l'Eglife de St.-Etienne de Befançon : il déclara en 1241 que ce qu'il avoit à Gonffans relevoit de l'Abbaye de Luxeuil, à l'exception des fiefs que les Gentilshommes, fes vaffaux, tenoient de lui en ce lieu. Il eut pour fils unique :

VIII. Richard de Ceys, IIe du nom, dit de *Montbéliard*, Sire de la Baume & de Ceys en partie, qui donna l'an 1243, à l'Abbaye de Billon, du confentement de fon époufe, & de Pierre, fon fils, ce qu'il percevoit dans les revenus des Eglifes de Cleron & Défervillers, confiftant en dîmes, & oblations faites pour les morts. Il étoit mort en 1277, & avoit époufé *Alix*, qui paroît avoir été fille de *Gérard*, Ier du nom, Sire de *Durne*, dont :

1. Pierre, qui fuit;
2. Etienne, Damoifeau, qui fit hommage, en 1262, à Jean, Comte de Bourgogne, de la Maifon Forte d'Odon de Fertans. Il fut fait Chevalier peu de tems après 1282, & mourut fans poftérité. Sa mort eft rapportée au mois d'Octobre dans le Nécrologe de l'Eglife de Befançon;
3. Et Gérard, Ecuyer, qui aliéna au mois de Février 1303, en faveur de Mahaud, Comteffe de Bourgogne, la moitié indivife du Château & de la Terre de *Ceys* pour 4000 livres & 10 livrées de terre de rente annuelle, que cette Comteffe lui affigna en 1305, fur les falines de Salins.

IX. Pierre de Ceys, Chevalier, Sire dudit lieu en partie, & des Châteaux d'Autefeuille & de la Baume, fut témoin des dons faits par fon père à l'Abbaye de Billon, en 1243 & 1247. Il ne laiffa de *Marguerite* que deux filles :

X. Elvis & Isabelle de Ceys, qui vendirent l'an 1298, à Gauthier de Montfaucon, le Château d'Autefeuille, & celui de la Baume, fitué au-deffus du Prieuré de Moûtier-Haute-Pierre, avec leurs dépendances, leurs fiefs & arrière-fiefs; & tout ce qu'elles poffédoient depuis la Cité de Befançon jufqu'à Pontarlier, & depuis la Ville de *Montbéliard* jufqu'au Bourg de Salins, pour la fomme de 1428 livres, fe réfervant la part qu'elles avoient eue dans la fucceffion d'Etienne de Ceys, & celle qu'elles pourroient encore avoir dans les biens de Gérard de Ceys, leur oncle. *Marguerite*, leur mère, foufcrivit à cette aliénation.

SEPTIÈME BRANCHE.

V. Raald de Ceys, Chevalier, fils puîné de Raald Ier du nom, donna à l'Abbaye de Lieu-Croiffant, ce qu'il avoit à Etrapes & dans la montagne qui portoit ce nom. Il fit un nouveau don à ce Monaftère entre les mains d'Humbert, Archevêque de Befançon, de ce qu'il poffédoit au territoire de Senargens, du confentement de fa femme N..... de Montbis & de fon fils.

VI. Humbert de Ceys, Chevalier, qui fit don l'an 1209, au Chapitre de St.-Etienne de Befançon, des dîmes de Fonteneiles, Uzelles & Recologne. Il époufa *Gafconette*, dont :

1. Humbert, qui fuit;
2. Et Pierre, Chevalier, rappelé dans le don

fait par fa mère à l'Eglife de St.-Etienne de Befançon en 1209, qui époufa *Guillemette*, fille de *Richard de Fondremand*, Chevalier, dont il n'eut qu'une fille nommée ADELINE.

VII. HUMBERT DE CEYS, IIe du nom, Chevalier, vivoit en 1230, avec fon époufe, fuivant un titre de l'Abbaye de Bellevaux. Le Nécrologe de l'Abbaye de St.-Paul de Befançon porte qu'il fut inhumé en cette Eglife, à laquelle il avoit donné un *meix* à Cleron le 4 des Nones de Mai. Il eut d'*Elifabeth de Montmartin*:

VIII. AIMÉ DE CEYS, Damoifeau, qui eft mentionné avec HUMBERT, fon père, & GUILLAUME, fon fils, dans une Charte de l'Abbaye de Bellevaux de 1230. Ses enfans furent:

1. GUILLAUME, qui fuit;
2. HENRI, Chanoine & Grand-Archidiacre de l'Eglife de St.-Etienne de Befançon, dans laquelle il fonda une Chapelle en l'honneur de St.-Pierre & de St.-Paul, par fon teftament de 1284, dont *Henri d'Ufies*, fon neveu, Chanoine de Befançon, augmenta les revenus en 1317. Le Nécrologe de l'Abbaye de St.-Paul rapporte la mort de HENRI DE CEYS au 3 des Nones de Juin;
3. Et N... époufe de *N... d'Ufies*.

IX. GUILLAUME DE CEYS, Chevalier, tefta l'an 1266, & élut fa fépulture dans l'Eglife de Saint-Etienne de Befançon, à laquelle il donna ce qu'il avoit au village d'Eprey, voulant que PIERRE, fon fils, Chanoine de cette Eglife, en eût la jouiffance pendant fa vie. Il nomma pour exécuter fes volontés *Henri d'Ufies*, fon neveu, & PHILIPPE DE CEYS, fon coufin, Chanoines de Befançon. Il inftitua héritiers fes enfans fuivans qu'il eut de *Marguerite de Cromary*:

1. RENAUD, Chanoine & Grand-Archidiacre de l'Eglife de Befançon en 1304, mort en 1306;
2. PIERRE, dit *Munnier*, Chanoine de Befançon, Doyen du Chapitre de Calmoûtier, mentionné dans le teftament d'Etienne de Vefoul, Chanoine de Calmoûtier & de Remiremont, de 1318. Il tefta en 1331, voulut être inhumé dans l'Eglife de Calmoûtier, inftitua héritiers THOMAS, fon frère, & PHILIPETTE, fille de HENRI DE CEYS, Damoifeau, auffi fon frère; & chargea de l'accompliffement de fes difpofitions GUILLAUME DE CEYS, Chanoine de Befançon, & THOMAS DE CEYS, Curé de Lielle, fes neveux. Son fceau appofé à cet acte repréfente, d'un côté, les armes anciennes de la

Maifon de *Ceys*, & de l'autre, *une croix ancrée*;
3. HENRI, qui fuit;
4. Et THOMAS, qui vendit en 1302, à HUGUES DE BOURGOGNE, ce qu'il avoit en la Seigneurie de Sauvagney, pour 150 livres. Il reprit de fief envers HENRI, fon frère, en 1304, ce qu'il avoit eu en partage dans les Terres de *Maillot* & de *Montigny* près d'Arbois, & fut héritier de PIERRE, fon frère, en 1331.

X. HENRI DE CEYS, Damoifeau, Seigneur de Sauvagney en partie, aliéna en 1299 ce qu'il avoit dans cette Terre, en faveur de HUGUES DE BOURGOGNE, pour 140 livres. Il reçut l'hommage de THOMAS DE CEYS, fon frère, en 1304, fonda en 1306 l'anniverfaire de RENAUD, fon frère, dans l'Eglife de Saint-Etienne de Befançon, à laquelle il donna pour cet effet ce qu'il poffédoit à Cleron, & mourut avant 1331, laiffant de *Marguerite*:

1. PIERRE, dont on ignore la poftérité;
2. GUILLAUME, Chanoine de Befançon;
3. THOMAS, Curé de Lielle;
4. Et PHILIPETTE.

HUITIÈME BRANCHE.

III. HUMBERT DE CEYS, Chevalier, fecond fils d'OTHON, & de *Pétronille*, eut pour enfans:

1. THORINBERT, qui fuit;
2. & ROBERT, qui donna à l'Abbaye de Balerne un terrain, fitué auprès de la rivière de la Loue, fur lequel on avoit autrefois conftruit un moulin, dont on voyoit encore les ruines.

IV. THORINBERT DE CEYS, Chevalier, voyant avec peine les Religieux de Balerne élever des bâtimens, & édifier un moulin dans l'emplacement qui leur avoit été cédé par fon frère, forma le deffein d'en empêcher la conftruction ou de la retarder; mais bientôt il fut appaifé par une fomme d'argent que les Religieux lui payèrent, & il confirma ce qu'il avoit réfolu de difputer, en préfence de Garnier, Clerc, & de BERNARD DE CEYS, & du confentement de *Hugues d'Amancey*, fon coufin. Il eut pour fils

V. PIERRE & ETIENNE DE CEYS, qui approuvèrent les traités faits par leur père. La poftérité de PIERRE n'eft pas connue. Il paroît qu'ETIENNE fut la tige de la Maifon de *Fertans*, dont la branche aînée finit au commencement du XIVe fiècle dans la perfonne de

Jeanne de Fertans, qui porta le Château de ce nom à RAALD DE CEYS, ſon époux.

NEUVIÈME BRANCHE.

VII. HUMBERT DE CEYS, Chevalier, vivant vers 1250, & que nous croyons troiſième fils de PIERRE IIIᵉ du nom, & de *Bonne de Mont-faucon,* eut pour fils :

1. PERRIN, qui ſuit;
2. Et PHILIPPE, qui vendit en 1262 à JEAN, Comte de Bourgogne, pour 40 livres, la part qu'il avoit dans le puits de Montma-hou, qui comprenoit la 16ᵉ partie de l'eau ſalée de cette ſource.

VIII. PERRIN DE CEYS, Damoiſeau, aliéna en 1260 en faveur de JEAN, Comte de Bour-gogne, & de la Comteſſe LAURE, ſon épouſe, ce qu'il avoit en la Terre de Montmahou pour 80 livres : par le même acte, il fit hom-mage à ce Comte de ce qu'il avoit à Nam, Eternoz, la Sarrée, Coulans, & de ce que ſon frère PHILIPPE tenoit de ſon Fief à Meilant. Il céda en 1263 à la Comteſſe LAURE, pour 30 livres, tout le droit qu'il avoit dans le Fief de Montagney qui relevoit de lui, & qu'elle avoit acquis de GÉRARD, Connétable du Comté de Bourgogne : il eſt nommé, avec Othon de Bannans, Chevalier, dans un titre de 1264. Il eut de *N.... de Montmoret:*

1. ETIENNE, dont on ignore la poſtérité;
2. Et JEAN, qui ſuit.

IX. JEAN DE CEYS, Chevalier, reprit en Fief en 1268 de LAURE, Comteſſe de Bourgogne, un quartier & demi de *muire* qu'il percevoit dans les Salines, réſervant le droit des héri-tiers d'ETIENNE DE CEYS, ſon frère aîné. Il fit hommage en 1286 à Jean de Châlon, Sire d'Arlay, de ce qu'il poſſédoit à Déſervillers, tant en Terre qu'en Juſtice, ſauf la fidélité qu'il devoit à l'Archevêque de Beſançon, & à *Simon de Montbéliard,* Seigneur de Mont-rond. Il eut d'*Yolande :*

1. GERARD, qui ſuit;
2. GILET, Ecuyer, qui fut Exécuteur du teſta-ment d'Iſabelle, fille de Jean de Salins, Damoiſeau, dit *Rachait,* l'an 1308. Il le fut encore de ceux de Marguerite, femme de Jean de la Chaſſagne ; de Renaud, dit *Leupard,* Ecuyer, & de Henri de Saint-Quentin, en 1313, 1322 & 1324;
3. JEAN, auteur de la dixième branche, rap-portée ci-après;
4. GUY, Damoiſeau, qui vivoit encore en 1360, ſuivant un titre de cette année.

X. GERARD DE CEYS, Chevalier, épouſa *Blanche,* fille aînée de *Renaud Frerrier* de Salins, Chevalier, & d'*Alix,* qui l'inſtitua héritière en 1294. Il eut :

XI. JEAN DE CEYS, Ecuyer, appelé fils de GERARD dans un acte de 1332. On ignore ſa poſtérité.

DIXIÈME BRANCHE.

X. JEAN DE CEYS, Chevalier, troiſième fils de JEAN, & d'*Yolande,* épouſa *Agnès de la Tour-Saint-Quentin,* mentionnée dans le teſtament d'Etevenin le Ruillard de Salins, de 1339. Il en eut:

1. JEAN, qui ſuit;
2. ROBERT, Ecuyer, qui ſervoit en 1359 ſous la bannière de Jean de Vaugrenans, dans l'armée du Duc de Bourgogne ;
3. Et BÉATRIX, ſeconde femme de *Jean de Thoraiſe,* Damoiſeau, qui teſta en 1348.

XI. JEAN DE CEYS, IIᵉ du nom, Ecuyer, ſe reconnut redevable avec *Agnès de la Tour-Saint-Quentin,* ſa mère, à Etienne Merceret de Salins, d'une ſomme de 2656 livres, l'an 1339. Il ſervoit en 1359 avec ROBERT, ſon frère, dans la Compagnie du Sire de Vaugre-nans, & eut pour enfans :

1. THOMAS, Ecuyer, qui eut de *N... d'Orſans:*

   CLAUDE DE CEYS, Chanoine de Saint-Paul de Beſançon, lequel eut un legs de dix florins dans le teſtament de *Ca-therine d'Orſans,* ſa couſine, de 1435, veuve d'*Odat Martel-de-Sancey,* E-cuyer;

2. OTHENIN, qui reprit de Fief l'an 1402 en-vers Guy Guilloz de Chenecey, Chevalier;
3. Et PIERRE, qui ſuit.

XII. PIERRE DE CEYS, Ecuyer, eſt nommé comme fils de JEAN DE CEYS, dans le teſta-ment d'HUGUENIN DE CEYS, Seigneur de Fer-tans, de 1415. Il eut pour fils :

XIII. HENRI DE CEYS, Ecuyer, qui épouſa, le 11 Décembre 1455, par traité paſſé au Châ-teau de Cleron, *Catherine de Chaſſagne,* fille de *Pierre,* & de *Claudine de Maiſières.* De ce mariage naquirent :

HUMBERT, JEANNE, MARGUERITE & LOUISE, qui eurent chacun un legs de 15 ſols dans le teſ-tament de *Pierre de Chaſſagne,* leur oncle, du 19 Mai 1500. On ignore le ſort & la poſ-térité de ces enfans.

Autres Seigneurs de la Maison de CEYS ou SCEY.

HUGUES DE CEYS est nommé dans une donation faite à l'Abbaye de Flavigny par RENAUD, Comte de Bourgogne, datée du 15 des Calendes de Juin 1037.

HENRI DE CEYS est rappelé dans une Charte de l'Eglise de Besançon de 1060.

HUGUES II, Archevêque de Besançon, confirma en 1083 le don de l'Eglise de Saint-Germain de Grofon, fait à Bernard, Abbé de Baume, par HUMBERT DE CEYS, Chanoine de son Eglise, fils de WIDE, du Château DE CEYS.

RAYMOND & PAGAN DE CEYS vivoient quelques années après.

LIEBAUD DE CEYS, Chevalier, fut témoin du don fait à l'Abbaye de Clugny par HUMBERT, IIIᵉ du nom, Sire de Salins, vers 1120.

HUMBERT DE CEYS étoit Grand-Archidiacre de Besançon en 1129, & signa une Charte de l'Archevêque Anseric, en faveur des Chanoines de Saint-Etienne de Dijon.

HENRI DE CEYS étoit Chanoine de Besançon en 1132.

ROBERT DE CEYS est mentionné dans un titre de l'Abbaye de Saint-Paul de 1133.

PIERRE, dit MARGOZ DE CEYS, se désista dans le tems de la fondation de l'Abbaye de Billon, des prétentions qu'il avoit contre ce Monastère, du consentement de Mabile, épouse de son frère, & de GÉRARD, fils de Mabile.

GUILLAUME DE CEYS, Chevalier, né de la fille d'Etienne, Sire de Trave, fut présent l'an 1152 aux libéralités de Guy de Trave, son oncle, envers le Monastère de Bithaine. Il assista en 1169 au don fait à l'Abbaye de Charlieu par ETIENNE, Comte de Bourgogne, qui venoit de prendre la Croix ; & fut témoin l'an 1173 de celui qu'il fit à l'Abbaye de Tart, d'un bouillon de muire dans les Salines de Lons-le-Saunier, & de ses aumônes, & de celles de la Comtesse JUDITH, envers les Religieux de Clairefontaine.

GUY ou GUILLEN DE CEYS vivoit en 1147, & RENAUD DE CEYS en 1196.

CÉCILE DE CEYS, veuve de Ponce-Rigaud de Vuillaffans, donna l'an 1140, à l'Abbaye de Billon, deux bichets de bled du consentement de Philippe, Seigneur d'Abbans.

HENRI DE CEYS, dit Payen, transigea l'an 1253 avec les Religieux du Monastère de Billon, au sujet d'un cens annuel de deux bi-

chets de froment. Il leur en assigna un troisième en 1275 sur son moulin de la Cademene, du consentement de Vuillemette, son épouse, d'HUGUES, WIDE, MARGUERITE, PONCETTE & BÉATRIX, ses enfans.

ROBERT DE CEYS, fils de GUILLAUME, surnommé le Roux, promit aux mêmes Religieux en 1259 de garantir envers Jacques de Cleron, Chevalier, le don qui leur avoit été fait par son père.

GUYE DE CEYS, fille de ROBERT, donna en 1275 à Humbert, Prieur de Courtefontaine, le droit qu'elle avoit dans les successions de ses père & mère, & dans celle de MOREL DE CEYS, son frère. Jean, Comte de Bourgogne, acquit en 1261 de PIERRE, dit BILLART DE CEYS, Chevalier, deux meix habités au Village de Levier, pour 20 livres.

JEAN & JACQUES DE CEYS, frères, fils de feu JACQUES DE CEYS, Chevalier, vendirent en 1260 la moitié des dîmes d'Amondans à HENRI DE CEYS, Chanoine & Grand-Archidiacre de l'Eglise de Besançon, pour 26 livres.

HUGUES DE CEYS, Chanoine & Sous-Chantre de la même Eglise, est rappelé dans une Charte du Chapitre de Sainte-Madeleine de 1265 : il fut dans la suite Archidiacre de Salins. Le Nécrologe de l'Eglise de Saint-Etienne de Besançon porte qu'il mourut au mois d'Avril.

GUILLAUME DE CEYS, vivant vers 1245, eut pour fils

GUY DE CEYS, qui donna en 1267 à l'Abbaye de Billon les dîmes de Maisières, en présence d'Hugues, Abbé de Saint-Vincent, & de Jean, Abbé de Saint-Paul.

HENRI DE CEYS étoit Grand-Chantre de l'Eglise de Saint-Etienne en 1269.

Arquens de Salins, veuve de PIERRE, dit QUASSART DE CEYS, Damoiseau, testa en 1275, choisit sa sépulture dans l'Eglise des Frères Prêcheurs de Besançon, institua héritières MARGUERITE & ISABELLE, ses filles, & nomma pour Exécuteur de ses volontés Philippe de Salins, son frère, Chanoine de Sainte-Madeleine.

THIERRY, SIMON & ETIENNE DE CEYS, Chevaliers, furent excommuniés en 1276, à cause des violences auxquelles ils s'étoient portés envers Eude, Archevêque de Besançon.

GUILLAUME DE CEYS, & Anne de Joux, sa femme, firent des dons en 1276 au Chapitre de Saint-Etienne.

MARGUERITE DE CEYS, fille de GUY DE CEYS,

Chevalier, vivoit en 1277 avec *Jean de Cleron*, son mari.

Un autre GUILLAUME DE CEYS, Chevalier, étoit co-partageant avec Pierre de Lisine en 1277. Il est nommé dans l'acquisition faite l'an 1281 par Jean de Châlon, Sire d'Arlay, des fils de Jean de Vaux, Chevalier : il reçut en Fief en 1282, de l'Abbé de Saint-Paul, des *meix* & des héritages au Village de Branne; fit hommage en 1287 au Sire d'Arlay de ce qu'il possédoit à Charnoy, & cautionna en 1292 pour 100 marcs d'argent Humbert, Sire de Rougemont, envers Mile, Poincard & Jean de Durne, frères.

PHILIPPE DE CEYS étoit Chanoine & Ecolâtre de l'Eglise de Besançon en 1298. Il apposa son sceau en 1294 au testament de Guy de la Tour, Archidiacre de Besançon & Chanoine de Châlon. Il fut Exécuteur de ceux de Gérard de Pierrefontaine, Prêtre en 1304, & de Guillaume de Laicey, Chanoine de Sainte-Madeleine, en 1305.

JEANNE DE CEYS, épouse d'*Othon*, Sire de *Bauffremont*, vendit en 1301, au Comte de Bourgogne, 100 florins de rente sur le communal des salines de Salins, suivant l'inventaire des titres de la Chambre des Comptes de Dôle.

Le Fief de PERRETTE DE CEYS tomba dans le lot de Henri & de Gérard de Montfaucon, frères, dans le partage des Fiefs de la Maison de Montfaucon fait en 1318.

JEAN DE CEYS, Chevalier, fut présent à l'accord fait l'an 1319 entre Hugues de Châlon, Sire d'Arlay, & Pierre de Granson, Seigneur de Belmont.

Huguette, veuve d'ETIENNE DE CEYS, dit *Quatre-Livres*, Damoiseau, fut témoin du testament de Catherine de Montluel, Dame de Cuseau, en 1320.

GUILLAUME DE CEYS, Chanoine de Besançon, fut Exécuteur du testament d'Odon de Belmont, Chanoine de Calmoutier, en 1331, & de celui de Jean de la Baume, Archidiacre de Faverney, en 1349.

On voit dans l'ancien cloître de l'Abbaye de Saint-Paul l'épitaphe de JEAN DE CEYS, Prieur de Rosey, mort en 1333.

PIERRE DE CEYS étoit Chanoine de Besançon en 1334.

GUILLAUME DE CEYS, Chevalier, est nommé dans le testament de Besançon Legerot de Cleron, de 1336.

RICHARD DE CEYS, Ecuyer, combattoit en 1358 sous la bannière de Henri de Vienne, Sire de Mirebel.

Philippe de Cornon & Jacques Mouchet, Ecuyers, reprirent en Fief le 27 Juin 1411 du Seigneur d'Arlay, ce qu'ils avoient eu de la succession de feu JACQUETTE DE CEYS.

ANNE DE CEYS ou DE SCEY étoit Religieuse de Migette en 1496; MARIE en 1536, & NICOLE en 1636.

Les armes : *de sable, au lion d'or, couronné de même, armé & lampassé de gueules, avec neuf croisettes recroisettées au pied fiché d'or; timbrées, couronnées d'or, surhaussées d'un lévrier d'argent, & supportées par deux lions d'or.*

CHABANNES. Quatre mémoires imprimés qui ont paru en 1759, sur cette Maison, disent que *Chabannes, Chabannois & Chabanées* sont le même nom, qu'il n'y a de différence qu'une simple inflexion de voix de plus ou de moins, parce que la prononciation du mot a changé. Ainsi, suivant les anciennes généalogies de la Maison de Chabannes, il faut dire *Chabannes, Chabannois* ou *Chabanées.*

Cette Maison ne remonte dans le P. Anselme, qu'à ROBERT DE CHABANNES; mais d'anciens titres vérifiés par le Généalogiste des Ordres du Roi, en 1761, font connoître

I. ESCHIVAT DE CHABANNES, ou CHABANÉES, qui épousa, vers 1170, *Matebrune de Ventadour.* Depuis ce mariage, cette branche de la Maison de *Chabannes* demeura fixée aux environs de Ventadour & de Charlus-le-Pailloux, qui en dépendoit, dans le Bas-Limousin. Il eut :

II. EBLES DE CHABANNES, Ier du nom, Co-Seigneur de Charlus-le-Pailloux, ancien patrimoine de la famille de Ventadour, qui vivoit vers 1215, comme il est prouvé par une donation qu'il fit alors du consentement de son fils EBLES DE CHABANNES (*ejus filio annuente*), dit le Cartulaire de l'Abbaye de Bonaigue, près de Ventadour. Il étoit filleul du Vicomte de Ventadour, nommé *Ebles.*

III. EBLES, IIe du nom, laissa :

IV. EBLES DE CHABANNES, IIIe du nom, Co-Seigneur de Charlus-le-Pailloux, conjointement avec les Seigneurs de Ventadour, qui parut comme témoin aux pactes ou promesses de mariage de Robert VI, Comte d'Auvergne, & de Béatrix de Montgascon, fille de

François, & d'Isabeau de Ventadour, qui avoit pour père Ebles, Vicomte de Ventadour, & pour mère, Dauphine de la Tour-d'Auvergne. Cet acte dont il est parlé par Baluze, dans les preuves de son *Histoire d'Auvergne*, pag. 122, est de 1274. EBLES DE CHABANNES, IIIe du nom, épousa *N... de Gouzon,* fille du Seigneur de la Roche-Guillebaud, dans la Marche, dont il eut :

1. ANDRÉ, qui suit;
2. Et EBLES, qui fut père d'un autre EBLES, lequel fit la branche de *Chabannes-la-Force,* éteinte avant la fin du XIVe siècle.

V. ANDRÉ DE CHABANNES, Co-Seigneur de Charlus-le-Pailloux & autres lieux, eut pour enfans :

1. EBLES, qui suit;
2. Et CLAIRE, qui épousa *Bernard de Saint-Martial,* Baron de Rochefort, Seigneur de Saint-Martial & de Châteauvert.

VI. EBLES DE CHABANNES, IVe du nom, épousa *N... de Lestrange,* en Vivarais, originaire du Limousin, dont vint :

VII. HUGUES DE CHABANNES, Co-Seigneur de Charlus-le-Pailloux, qui épousa, au mois d'Août 1352, *Gaillarde de Madic,* fille de *Géraud Ier,* Seigneur de Madic. Il eut :

VIII. ROBERT DE CHABANNES, Chevalier, tué à la journée d'Azincourt, le 25 Octobre 1415. Il épousa, vers 1390, *Hélis* ou *Alix de Bort de Pierrefitte,* dont entr'autres enfans :

1. HUGUES, tué, en 1423, à la bataille de Crévant;
2. JACQUES, qui suit;
3. Et ANTOINE DE CHABANNES, auteur de la branche des Comtes de *Dammartin,* rapportée plus loin.

IX. JACQUES DE CHABANNES, Ier du nom, Grand-Maître de France, connu dans l'Histoire de France par ses exploits contre les Anglois, auquel le Roi CHARLES VII fit don de la Baronnie de *Curton* en Guyenne, dont l'aîné de la Maison de Chabannes porte le nom avec une substitution graduelle & perpétuelle, & concession de nos Rois, mourut le 20 Octobre 1453. Il épousa 1° *Anne de Launay*; & 2° par contrat du 4 Octobre 1432, *Anne de Lavieu,* dont il eut :

1. GEOFFROY, qui suit;
2. Et GILBERT, auteur de la branche des Seigneurs de *Curton,* rapportée ci-après.

X. GEOFFROY DE CHABANNES, Chevalier, Seigneur de Charlus, &c., Conseiller & Cham-

bellan du Duc de Bourgogne, fut fait Chevalier au siège de Bayonne en 1451, par GASTON, Comte de Foix. Le Duc de Bourbon le nomma Lieutenant-Général de son Gouvernement de Languedoc, & l'établit Capitaine & Gouverneur du Comté & de la Ville de l'Isle-Jourdain, le 22 Juin 1459. Il fut Capitaine d'une Compagnie de 25 Lanciers, & ensuite Gouverneur du Pont-Saint-Esprit. Il épousa, en 1462, *Charlotte de Prie,* dont entr'autres enfans :

1. JACQUES, qui suit;
2. ANTOINE, Protonotaire du Saint-Siège, Prieur de Saint-Martin d'Ambert en 1494, Evêque du Puy & Comte de Velay, en 1516, mort en Septembre 1535;
3. Et ANNE, qui épousa, par contrat du 8 Novembre 1481, *Charles de Bourbon,* Prince de *Carency,* Prince du Sang de France.

XI. JACQUES DE CHABANNES, IIe du nom, Chevalier de l'Ordre du Roi, si connu dans l'Histoire sous le nom de *Maréchal de la Palisse,* fut Gouverneur & Lieutenant-Général pour le Roi en Bourbonnois, Auvergne, Forez, Beaujolois, Dombes & Lyonnois. Il se rendit recommandable dans toutes les guerres d'Italie de son tems, suivit le Roi CHARLES VIII à la conquête du Royaume de Naples, en 1495; servit aussi le Roi LOUIS XII en 1500, au recouvrement du Duché de Milan, & à la prise de plusieurs places dans l'Abruzze & la Pouille; demeura prisonnier du Duc de Terranova à la défense de la Ville de Rouvre, en 1502; combattit en 1503 à la bataille de Cerignoles; se trouva en 1506 à la prise de Bologne, & en 1507 à celle de Gênes, où il fut blessé; & se comporta généreusement à la bataille d'Agnadel, donnée en 1509, & à la prise de Padoue faite par l'Empereur, sur les Vénitiens. Le Roi le fit Capitaine de 500 hommes d'armes & le pourvut de la charge de Grand-Maître, à la place du feu Seigneur de Chaumont; il lui donna encore le Gouvernement du Duché de Milan, après la célèbre journée de Ravennes, au gain de la bataille de laquelle il contribua beaucoup, & demeura prisonnier à celle des Eperons en 1513, après s'être comporté en grand Capitaine. Il se démit en 1515 de la charge de Grand-Maître, au lieu de laquelle il fut créé Maréchal de France, continua ses services en Italie, & se trouva à la prise de Villefranche, & à la bataille de Marignan la même année;

se rendit à Calais en 1521, pour traiter de la paix avec les Députés de l'Empereur, & n'ayant rien conclu, il retourna en Italie; commanda le corps d'armée au combat de la Bicoque, en 1522; passa sur les Frontières d'Espagne, où il secourut Fontarabie; obligea le Connétable de Bourbon de lever le siège qu'il avoit mis devant Marseille, en 1523, & finit glorieusement ses jours à la bataille de Pavie, le 24 Février 1525. C'est ainsi que mourut cet honorable Seigneur, dit Brantôme. Il épousa, 1º en 1493, *Jeanne de Montberon*; & 2º par contrat du 20 Février 1513, *Marie de Melun-Epinoy*, morte le 10 Octobre 1553. Elle étoit veuve de *Jean de Bruges*, Seigneur de la Gruthuse. Du second lit vint:

XII. CHARLES DE CHABANNES, qui fut tué, en 1552, au siège de Metz, sous HENRI II. Il avoit épousé, 1º par contrat du 30 Mai 1536, *Anne de Mendoze*, morte en 1541; & 2º le 17 Septembre 1545, *Catherine de la Rochefoucauld*, morte en 1577, remariée, 1º en 1559, à *René du Puy du Fou*; & 2º à *Jacques Rouault*, Seigneur de Landreau. CHARLES eut du premier lit:

ANTOINE DE CHABANNES, mort le dernier de sa branche.

BRANCHE
des Seigneurs DE CURTON.

X. GILBERT DE CHABANNES, Seigneur de Curton, second fils de JACQUES, Iᵉʳ du nom, & d'*Anne de Lavieu*, sa seconde femme, fut Baron de Rochefort & de Caussade, Seigneur de Curton, &c. Conseiller & Chambellan du Roi, Chevalier de son Ordre, Gouverneur & Sénéchal du Limousin. Il avoit été mis dès sa jeunesse auprès du Duc de Normandie, depuis Duc de Guyenne, lequel le fit son Conseiller & Chambellan, Bailli & Capitaine de Gisors en 1465. Ce Duc étant mort, Louis XI lui confirma au mois de Mars 1472 tous les dons qui lui avoient été faits; le fit Gouverneur du Limousin en 1473. Il l'avoit honoré du Collier de l'Ordre de St.-Michel en 1469, & cinq ans après le députa comme son Ambassadeur vers le Duc de Bourgogne, pour signer la trève qui fut conclue à Bouvines entre le Roi & ce Duc. Ce prince lui engagea la Châtellenie de Mirebel, par Lettres du mois de Juin 1478, où il le qualifie son Cousin, & lui donna deux ans après la juri-

diction de ses Terres de Mirebel & de Beauville. Il avoit eu le Gouvernement de son fils en 1488, & étoit mort en 1493. Il épousa, 1º le 16 Novembre 1469, *Françoise de la Tour-d'Auvergne*, dont les sœurs sont entrées dans les Maisons de *Médicis* & de *Stuart*, famille Royale d'Ecosse; & 2º par contrat du 30 Août 1484, *Catherine de Bourbon-Vendôme*, Princesse du Sang, dont il n'eut que des filles, qui furent Religieuses: c'est la seconde alliance de la Maison de *Chabannes* avec celle de France. Il eut de sa première femme:

XI. JEAN DE CHABANNES, Seigneur de Curton, &c., qui épousa, par contrat du 6 Février 1497, *Françoise de Blanchefort*, Dame de Boislami & de Nozerolles, dont entr'autres enfans:

XII. JOACHIM DE CHABANNES, Sénéchal de Toulouse & de l'Albigeois, Chevalier d'Honneur de la Reine CATHERINE DE MÉDICIS, de laquelle il étoit parent par *Françoise de la Tour-d'Auvergne*, son aïeule. Il fut Capitaine d'une Compagnie de 50 hommes d'armes des ordonnances & obtint du Roi HENRI II l'érection de la Terre de *Rochefort*, située en Auvergne, en *Comté*, par Lettres données à Paris au mois d'Octobre 1556, enregistrées au Parlement le 20 Mai 1557, à la Chambre des Comptes le 2 Juin de la même année, & en la Sénéchaussée d'Auvergne le 23 Août suivant. Voici la teneur de ces Lettres: *Ayant vu à l'œil & reconnu par effet les grands, vertueux & recommandables services que notre très-Amé & Féal Cousin,* JOACHIM DE CHABANNES, *Chevalier de notre Ordre, & d'Honneur de notre très-Chère & Amée Compagne la Reine, Baron de Curton & Rochefort, en Auvergne, créons & érigeons, & élevons par les présentes, en dignités, titres, noms & prééminences de Comté, pour dorénavant audit titre & nom de Comté de Rochefort, en jouir & user pleinement, paisiblement & perpétuellement par ledit Chabannes, ses hoirs, successeurs, & ayans cause, tant mâles que femelles: voulons & nous plaît, que lui & ses successeurs soient tenus, censés, réputés & appelés Comtes dudit Comté de Rochefort, &c.* JOACHIM DE CHABANNES mourut à Paris au mois d'Août 1559. Il avoit épousé, 1º par contrat du 17 janvier 1522, *Perronnelle de Lévis*; 2º par contrat du 28 Janvier 1526, *Louise de Pompadour*; 3º par contrat du 31 Décembre

1533, *Claude de la Rochefoucauld*; & 4º par contrat du 12 Février 1547, *Charlotte de Vienne*, née le 4 Janvier 1513, gouvernante des enfans de France, mariée, 1º par contrat du 17 Novembre 1526, à *Jacques*, Baron de *Montboiſſier*. Du premier lit vinrent :

1. Françoise, morte jeune;
2. Catherine, mariée, le 26 Novembre 1540, à *François Iᵉʳ*, Vicomte d'*Eſtaing*;
3. Jean, tué le 13 Août 1554, à la bataille de Renty. Il avoit épousé, le 5 Décembre 1547, *Françoiſe de Montboiſſier-Canillac*, morte le 1ᵉʳ Août 1607, rèmariée le 1ᵉʳ Juin 1558, à *Philippe de Rochechouart*, Baron de Couches, mort le 8 juin 1587.

Du ſecond lit ſont iſſues :

4. Isabelle, Abbeſſe du Pont-aux-Dames, en Brie;
5. Hélène, Abbeſſe de la Vaſſin;
6. Catherine, mariée, par contrat du 9 Mars 1545, à *François II de Bar*, Seigneur de Baugy.

Il eut du troiſième lit :

7. François, qui ſuit;
8. Jeanne, mariée, par contrat du 21 Décembre 1558, à *Jean de Chaslus*, Baron d'Orcival;
9. Catherine, mariée, par contrat du 28 Décembre 1558, à *Claude*, Baron de *Leſtrange*;
10. Autre Marguerite, Abbeſſe de Bonneſaigne, morte le 8 avril 1605.

Du quatrième lit ſont nés :

11. Autre François, auteur de la branche de *Saignes*, rapportée plus loin ;
12. Gabriel, tige de la branche des Comtes de *Pionſat*, qui viendra en ſon rang;
13. Gilberte, mariée, le 14 Février 1565, à *Jean de Montboiſſier*, Marquis de Canillac;
14. Et Jeanne, mariée à *Simon de Loges*, Seigneur de la Boulaye.

XIII. François de Chabannes, premier Marquis de Curton, par Lettres du mois de Décembre 1563, Comte de Rochefort, Vicomte de la Roche-Maſſelin , Lieutenant-Général pour le Roi en Auvergne, Capitaine d'une Compagnie de 50 hommes d'armes de ſes ordonnances & Conſeiller d'Etat, fut fait Chevalier des Ordres du Roi le 31 Décembre 1583. Il ſoutint le parti du Roi contre la ligue, en Auvergne, avec un zèle admirable, & défit en 1590, à la bataille d'Iſſoire, le Comte de Randan, Chef des troupes de la ligue, qui mourut de ſes bleſſures, & après la mort duquel il fut pourvu de la Lieutenance-Générale d'Auvergne. Il mourut avant le 18 Décembre 1604. Il épouſa, par contrat du 24 Avril 1561, *Renée du Prat*, dont :

1. Christophe , Marquis de Curton , qui fut bleſſé à la bataille d'Iſſoire, & mourut en 1636. Il épouſa, 1º le 29 Septembre 1591, *Marie de Cruſſol*; & 2º par contrat du 18 Août 1617, *Claude Julhien*;
2. Henri, Vicomte de la Roche-Marchelin, marié, par contrat du 24 Février 1642, à *Renée de Lenoncourt*, en Lorraine, morte ſans enfans ;
3. Jean-Charles, qui ſuit ;
4. Antoine, Seigneur de Nebouzat, baptiſé le 29 Août 1581, mort ſans enfans. Il épouſa *Marie de Montaignac*, veuve de *Charles de Gain*, Baron de Plaigne;
5. Et Gabrielle, Abbeſſe de l'Eſclache en 1646.

François de Chabannes eut encore une fille naturelle, nommée

Marguerite, mariée, le 28 Janvier 1588, à *Claude Nouel*, Avocat au Parlement & Maître des Requêtes de la Reine.

XIV. Jean-Charles de Chabannes, Marquis de Curton, &c., ſe trouva au combat d'Iſſoire en 1590, & eut de *Louiſe de Margival* :

1. François, Seigneur de Saint-Angeau, aſſaſſiné par le bâtard de Christophe de Chabannes, Marquis de Curton, ſon oncle, en Août 1659;
2. Christophe, qui ſuit;
3. Gabriel, Seigneur de Chaumont, tué au ſiège de Bapaume en 1636, ſans avoir été marié;
4. Isabelle, Abbeſſe de l'Eſclache & de la Vaſſin, morte le 3 Mai 1663 ;
5. Et Marie, Religieuſe à la Vaſſin.

XV. Christophe de Chabannes , Marquis de Curton, épouſa, par contrat du 15 Février 1653, *Gabrielle-Françoiſe de Rivoire*, du Palais, dont :

1. Henri, qui ſuit;
2. Gilbert, Capitaine de Carabiniers, mort ſans enfans après 1716;
3. Pierre, Abbé de Saint-Pierre de Vienne, vivant en 1730;
4. Jean, dit le *Chevalier de Chabannes*, Capitaine au Régiment du Roi, Infanterie, tué au combat de Steinkerque, le 3 Août 1692. Il fut marié & n'eut point d'enfans;

5. Jean-Marie, Eccléfiaftique, mort en 1699;
6. Françoise, Prieure, puis Abbeffe de la Vaffin, morte le 20 Janvier 1690;
7. Elisabeth, Abbeffe de la Vaffin, morte le 8 Février 1730;
8. Et Anne, Religieufe au même Monaftère.

XVI. Henri de Chabannes, Marquis de Curton, &c., fe fignala à la bataille de Senef en 1674, & en plufieurs autres occafions. Il mourut à Paris le 16 Mai 1714, & avoit été marié, 1° par contrat du 16 Août 1680, à *Gabrielle de Montlezun*, fille de *François*, Seigneur de Befmaux, Gouverneur de la Baftille; & 2° en 1709, à *Catherine-Gafparde de Scorailles de Rouffille*, morte fans enfans le 21 Janvier 1736, âgée de 48 ans & 6 mois, veuve de *Sébaftien de Rofmadec*, Marquis de Molac. Il eut du premier lit:

1. Jacques, Marquis de Curton, né en 1683, Aide-de-Camp de Monfeigneur le Duc de Bourgogne, Meftre-de-Camp du Régiment Royal-Cravate, mort à Prague en Bohême, Lieutenant-Général des Armées le 9 Octobre 1742, fans enfans. Il époufa, en 1706, *Marie-Charlotte Gluck*, morte le 15 Janvier 1724, âgée de 48 ans, veuve de *Jacques de Vaffan*, Seigneur de la Tournelle;
2. Antoine, Marquis de Curton après la mort de fon frère, en faveur duquel s'eft ouverte la fubftitution du Marquifat de Curton & du Palais, dans le Forez, ancien Colonel du Régiment de Côtentin, Infanterie, mort le 1er Octobre 1759, âgé de 74 ans. Il époufa *Charlotte-Joféphine-Henriette de Gironde*, morte le 19 Novembre 1756, dont:

> Marie-Anne-Marguerite, mariée, le 18 Mai 1776, à *Louis-Alexandre de Caffanhes de Beaufort*, Comte de Miramont;

3. Jean, qui fuit;
4. Françoise-Gabrielle, mariée, le 2 Juillet 1697, à *Jean-Paul de Rochechouart-Barbazan-Aftarac*, Marquis de Faudoas;
5. Charlotte, Abbeffe de la Vaffin;
6. Elisabeth, Prieure de Sainte-Colombe à Vienne;
7. Et Françoise, Religieufe Bénédictine à Montargis.

XVII. Jean, dit le *Comte de Chabannes*, Comte de Rochefort & de Paulagnac, en Auvergne, a été appelé, après la mort de fon frère, le *Marquis de Curton*, & au défaut d'hoirs mâles, à la fubftitution de Curton & de celle du Palais, dans le Forez, par le Marquis de Rivoire du Palais, fon coufin. Il a époufé, par contrat du 15 Novembre 1731, *Marie-Claire-Elifabeth de Roquefeuil*, fille de *Jean-Gabriel*, Marquis de Roquefeuil, & de *Marie-Anne de Croix*, en Flandre, dont:

1. Pierre, dit le *Marquis de Chabannes*, né le 14 Septembre 1732, Capitaine de Dragons, tué au combat de Sondershaufen, contre les Heffois, le 23 Juillet 1758, fans avoir été marié;
2. Charles, qui fuit;
3. Et Jeanne-Françoise, née en 1735, mariée 1° à *Jean*, Marquis de *Bochart-Champigny*; & 2° par contrat figné le 13 Mars 1763, à *Louis-Honoré*, Marquis de *Montillet*, Enfeigne de la première Compagnie des Moufquetaires.

XVIII. Charles, dit le *Comte de Chabannes*, Comte de Rochefort, dont la Terre eft titrée en Comté, par Lettres-Patentes du Roi Henri II, données au mois d'Octobre 1556, rapportées ci-devant, né en Août 1737, Colonel dans les Grenadiers de France, auparavant Garde de la Marine, depuis Enfeigne de Vaiffeaux, s'eft trouvé au fiège du Port-Mahon. Il eft devenu le feul mâle de fa branche par la mort de Pierre fon frère, & a époufé, le 20 Février 1759, *Marie-Elifabeth de Talleyrand*, nommée Dame pour accompagner Madame, par brevet du 4 Mars 1759. Elle étoit fille de *Daniel-Marie-Anne*, Brigadier des Armées du Roi, Colonel du Régiment de Normandie & Menin de feu Monfeigneur le Dauphin, & de *Marie-Elifabeth de Chamillart*, Dame du Palais de la Reine. Ils eurent:

1. Jacques-Charles-Gilbert, né le 3 Août 1760;
2. Et Jean-Frédéric de Chabannes, né le 17 Décembre 1762.

BRANCHE
des Seigneurs de Saignes.

XIII. François de Chabannes, Ier du nom, fils de Joachim, Seigneur de Curton, & de *Charlotte de Vienne*, fa quatrième femme, nommée, dans les Mémoires de la Reine Marguerite, *Madame de Curton*, Gouvernante des Enfans de France, & nommément de cette Reine, fut Comte de Saignes, Seigneur de Boislami, &c., par la donation que lui en fit fon père, le 26 Septembre 1554, à condition de porter le nom & les armes de

Blanchefort, avec fubftitution perpétuelle pour les mâles, d'aîné en aîné. Il eft qualifié de *Chevalier de l'Ordre du Roi*, Capitaine d'une Compagnie de 5o hommes d'armes de fes ordonnances, & Confeiller d'Etat dans le contrat de fon fils aîné, l'an 1602. Il époufa, le 18 Septembre 1570, *Valentine d'Armes*, fille de *François*, & d'*Anne Bernard*, dont :

1. François, qui fuit ;
2. Jacques, auteur de la branche des Seigneurs du *Verger*, rapportée ci-après ;
3. Joachim, tige de la branche des Seigneurs de *Trucy*, qui viendra en fon rang ;
4. Edme, Seigneur de Sainte-Colombe, mort Capucin, après 1610 ;
5. Et Gilberte, morte le 27 Août 1614, âgée de 19 ans, mariée, par contrat du 12 Mai 1612, à *Claude*, Seigneur de *la Rivière*.

XIV. François de Chabannes, IIe du nom, Comte de Saignes, Seigneur de Boislami, &c., eft qualifié de *Chevalier de l'Ordre du Roi*, & Capitaine d'une Compagnie de 5o hommes d'armes de fes Ordonnances, dans le contrat de mariage d'Anselme, fon fecond fils, en 1644. Il époufa, 1° par contrat du 7 Février 1595, *Serène de Crevant*, & 2° par contrat du 2 Octobre 1602, *Hélene de Daillon-du-Lude*, & laiffa du fecond lit :

1. François, IIIe du nom, marié, 1° en 1630, à *Anne Dauvet de Rieux*; & 2° à *Marie de Cluys*, dont :

   Joseph, né en 1668, Moufquetaire, mort en 1688 ;
   Et Madeleine, Religieufe à Bleffac.

2. Et Anselme, qui fuit.

BRANCHE
des Seigneurs DE NOZEROLLES.

XV. Anselme de Chabannes, Seigneur de Nozerolles, mort au mois d'Août 1683, avoit époufé, par contrat du 7 Février 1644, *Gabrielle de Leftrange*, dont :

1. François, qui fuit ;
2. Anne-Marie, Seigneur de Mariol, rapporté après la poftérité de fon frère ;
3. Pierre, Lieutenant dans le Régiment de Normandie en 1689 ;
4. Et N..., tous deux morts fans enfans.

XVI. François de Chabannes, IVe du nom, mort en 1668, époufa *Marguerite de la Marche*, & eut :

1. Pierre, qui fuit ;
2. Et François de Chabannes-de-Nozerolles.

XVII. Pierre de Chabannes, Seigneur de Nozerolles, a époufé, le 8 Septembre 1717, *Léonarde-Françoife Galland*, Dame de la Vareine, dont :

1. Sylvain-Léonard, Chanoine de Saint-Pierre de Vienne, Chapitre noble, Aumônier du Roi depuis 1753, & Abbé de la Crefte, Ordre de Cîteaux, Diocèfe de Langres, dernier rejeton de fa branche ;
2. Et Marie-Françoise, née le 3 Septembre 1727, mariée, en Janvier 1748, à *N... de la Marche*, Seigneur de Puyguilhem.

BRANCHE
des Seigneurs DE MARIOL.

XVI. Anne-Marie de Chabannes, Seigneur de Mariol, fils puîné d'Anselme, Seigneur de Nozerolles, & de *Gabrielle de Leftrange*, époufa, par contrat du 16 Février 1681, *Henriette Coeffier*, du même nom & de la même famille du Maréchal d'*Effiat*. De ce mariage vinrent :

1. Gilbert-Honoré, né le 3o Décembre 1682, reçu Page de la Grande-Ecurie du Roi en Avril 1700, Capitaine de Dragons en 1705, puis Exempt des Gardes-du-Corps, tué Maréchal-des-Camps & Armées du Roi, à la bataille de Dettingen fur le Mein le 27 Juin 1743, à la tête des Gardes-du-Corps dont il étoit Lieutenant, fans avoir laiffé d'enfans. Il avoit époufé, le 25 Juin 1737, *Angélique-Geneviève Titon de Villegenon*, morte le 8 Décembre 1739, âgée de 23 ans. Elle étoit fille unique de *Louis*, Seigneur de Villegenon, Infpecteur-Général du Magafin Royal des armes, & de *Geneviève le Fèvre d'Eaubonne*;
2. Joseph, baptifé le 19 Mars 1690, Enfeigne de Vaiffeaux du Roi, tué au fiège de Douai en 1709;
3. François, mort quelque tems après fon frère, étant Capitaine de Vaiffeaux;
4. Et Henriette, née le 18 Novembre 1681, élevée à Saint-Cyr, mariée à *Pierre Feydeau*, Chevalier de Saint-Louis, dont une fille, mariée, en Bourgogne, au Comte d'*Hugone*.

BRANCHE
des Seigneurs DU VERGER.

XIV. Jacques de Chabannes, fecond fils de François, Ier du nom, Comte de Saignes, & de *Valentine d'Armes*, époufa, le 13 Août

1610, *Gabrielle de Babute*, dont entr'autres enfans :

XV. François de Chabannes, Seigneur du Verger, qui époufa, le 12 Février 1645, *Antoinette Monnot*, dont :

1. Hubert, qui fuit ;
2. Henri-Gaston, Chevalier ;
3. René ;
4. Gabrielle ;
5. & 6. Antoinette & Marie, Religieufes (tous fans enfans.)

XVI. Hubert de Chabannes époufa, par contrat du 29 Août 1678, *Marie de Charry*, dont :

1. Paul, qui fuit ;
2. & 3. Marie & Jeanne, mortes fans alliance.

XVII. Paul de Chabannes, Seigneur du Verger, &c., né le 5 Août 1685, a époufé, le 1er Juillet 1715, *Marie-Madeleine Salonnyer*, fille unique de *Guillaume*, Seigneur de Rozimont, dont :

1. Louis-Jacques, Grand-Vicaire de Nevers, Prieur du Prieuré de Cheimes, Diocèfe de Chartres, par nomination du Roi ;
2. Claude-François, né le 29 Novembre 1719, Capitaine de Cavalerie dans le Régiment de Broglie, aujourd'hui Lameth, Chevalier de Saint-Louis ;
3. Louis-Antoine, né le 16 Janvier 1721, Capitaine dans le Régiment de Lyonnois, Infanterie ;
4. Guillaume-Hubert, Abbé d'Epiry ;
5. Gabriel-Jacques, né le 29 Août 1723, tué fur mer ;
6. Claude-Joachim, né le 27 Juillet 1730, Lieutenant en 1758, dans le Régiment de la Tour-du-Pin, Infanterie ;
7. Marie-Madeleine, morte jeune ;
8. Et Charlotte-Cesarée, née le 25 Octobre 1718, Religieufe au Prieuré de Sainte-Colombe, à Vienne.

BRANCHE
des Seigneurs DE TRUCY.

XIV. Joachim de Chabannes, troifième fils de François, Ier du nom, Comte de Saignes, & de *Valentine d'Armes*, Seigneur de Trucy, eft qualifié *Chevalier de l'Ordre du Roi*, dans le contrat de Jacques de Chabannes, fon frère, paffé le 13 Août 1610. Il époufa, par contrat du 13 Avril 1598, *Gilberte de Bourbon-Buffet*, fille de *Jean*, Seigneur de la Mothe-Feuilly, dont :

1. Joachim ;
2. François, marié & père d'un fils ;

3. Gabriel, marié, en 1632, à *Julienne de Saint-Aubin ;*
4. Un fils ;
5. Et Jeanne, mariée, en 1620, à *Jean de Saconnin*, Baron de Brezolles.

Cette branche eft éteinte.

BRANCHE
des Comtes DE PIONSAT.

XIII. Gabriel de Chabannes, dernier fils de Joachim, Seigneur de Curton, & de *Charlotte de Vienne*, fa quatrième femme, fut Gentilhomme-Servant du Duc d'Anjou. Il eft qualifié *Gentilhomme ordinaire de la Chambre du Roi*, & premier Echanfon de la Reine, dans le partage qu'il fit le 11 Octobre 1581, de la fucceffion de fes père & mère : il prenoit auffi la qualité de *Chevalier de l'Ordre du Roi*. Il eut de *Gabrielle d'Apchon :*

XIV. Jacques de Chabannes, Comte de Pionfat, pourvu de la charge de Lieutenant-Général pour le Roi en Bourbonnois, le 13 Août 1650, fut tué en 1652 au fiège de Montrond, combattant en qualité de Maréchal-de-Camp dans l'armée Royale, contre M. le Prince de Condé. Il époufa, par contrat du 9 Mars 1604, *Charlotte de Chazeron*, Dame de Pionfat, fille de *Gilbert*, Seigneur de Chazeron, Gouverneur du Bourbonnois & Chevalier des Ordres du Roi, dont entr'autres enfans :

XV. Gilbert de Chabannes, Ier du nom, Lieutenant de la Compagnie des Gendarmes du Roi, fous le Comte de Saint-Geran, puis Meftre-de-Camp d'un Régiment. Il fut fait Maréchal-des-Camps & Armées du Roi le 23 Août 1650, Lieutenant-Général du Pays de Bourbonnois, le 17 Août 1652. Il époufa, le 24 Mai 1637, *Marie de Champfeu*, remariée, le 3 Janvier 1655, à *Édouard*, Comte de Montmorin de Saint-Herem, d'où font fortis les Seigneurs de Montmorin de Saint-Herem. Il en eut :

1. Gilbert, qui fuit ;
2. Thomas, auteur de la branche des Seigneurs de Chamiane, rapportée ci-après ;
3. 4. & 5. Gilberte, Susanne & Marie, toutes trois Religieufes.

XVI. Gilbert, IIe du nom, dit le *Marquis de Chabannes*, &c., né le 16 Juillet 1646, fut d'abord Capitaine dans le Régiment de Navarre en 1669, Lieutenant-Colonel du même Régiment à la bataille d'Hochftett en 1704, Colonel au mois d'Avril 1706, puis Brigadier des Armées du Roi, Gouverneur de l'Isle & Citadelle d'Oleron en Janvier 1709. Il fut un des grands Capitaines de son tems. M. le Duc de Bourgogne l'honora de ses bontés. Il servit plus de 50 ans, & contribua au gain de la bataille de Spierbach, en Octobre 1703, par un mouvement qu'il fit faire à la brigade de Navarre, qu'il commandoit, d'où est venu : *à moi Navarre;* ce fut son expression. Il ne se distingua pas moins à la bataille d'Hochstett en 1704, car ne voulant jamais consentir à la capitulation de Belheim, où 26 bataillons & 4 Régimens de Dragons, qu'on avoit laissés dans le Village, furent pris & enveloppés, il fit brûler les drapeaux du Régiment de Navarre, & obtint qu'il sortiroit avec une certaine quantité d'armes & de fusils. Il mourut le 20 Avril 1720. Il épousa, par contrat du 30 Juillet 1681, *Anne-Françoise de Lutzelbourg,* dont :

1. GILBERT-GASPARD, qui suit ;
2. FRANÇOIS-ANTOINE, Marquis de la Palisse, né en 1686, Lieutenant-Général des Armées du Roi le 2 Mai 1744, Grand-Croix de l'Ordre Royal & Militaire de Saint-Louis, Gouverneur de Verdun & du Verdunois, ci-devant Major des Gardes-Françoises, ensuite Lieutenant-Colonel du même Régiment, Commandant pour le Roi en 1745, dans le pays d'Aunis, la Rochelle, Poitou, &c., mourut à Paris le 23 Décembre 1754, sans avoir laissé d'enfans. Il avoit épousé 1° *Marie-Claudine Cahouet de Beauvais,* morte le 29 Septembre 1744, mariée, 1° le 10 Juillet 1714, à *Olivier le Fèvre d'Ormesson,* Seigneur d'Unchair, né le 20 Septembre 1686, mort le 31 Mars 1718. FRANÇOIS-ANTOINE DE CHABANNES épousa, 2° en Novembre 1745, *Marie-Félicité du Plessis-Châtillon,* héritière de sa Maison par la mort de son frère, remariée, en Février 1760, à *Charles-Armand-Martial,* Comte de *Narbonne-Pelet;*
3. THOMAS, baptisé le 6 Décembre 1688, Capitaine dans le Régiment de Navarre, puis Mestre-de-Camp à la suite du même Régiment, Brigadier des Armées du Roi en 1719, Chevalier de l'Ordre de Saint-Lazare le 27 Août 1722, Maréchal-des-Camps & Armées du Roi en 1735, tué le 7 Juin 1735, d'un coup de pied de cheval en commandant pour le Roi à Kirchheim, au-delà du Rhin, sans avoir été marié ;
4. CHARLES, Comte de Chabannes, Capitaine de Cavalerie au Régiment du Colonel-Général, mort sans alliance au mois de Juil-

let 1749, à Saint-Mihiel en Lorraine, âgé de 55 ans ;
5. MARGUERITE, Religieuse, morte à la Madeleine de Tresnel, à Paris ;
6. Et ANNE-JOSÈPHE, née le 16 Octobre 1690, reçue à Saint-Cyr au mois de Janvier 1699, mariée, en 1707, à *François de la Queuille,* Seigneur de Pramenoux, fils de *Claude de la Queuille,* Vicomte de Châteaugay, dont une fille unique, mariée au Comte de *Langeac,* ci-devant Mestre-de-Camp du Régiment de Conti, Cavalerie, & Brigadier des Armées du Roi.

XVII. GILBERT-GASPARD DE CHABANNES, Comte de Pionsat, né le 7 Septembre 1685, reçu Page de la Petite-Ecurie du Roi le 1er Janvier 1703, successivement Capitaine dans le Régiment des Gardes-Françoises, Colonel du Régiment de la Reine, Dragons, Brigadier des Armées du Roi, Maréchal-Général-des-Logis en Italie, des Armées de France, d'Espagne & de Savoie, combinées dans la guerre de 1734 & 1735, est mort en 1746. Il épousa, en 1708, *Philiberte d'Apchon,* fille de *Claude-Éléonor,* Marquis d'Apchon, premier Baron & Sénéchal d'Auvergne, qui lui a porté en mariage la Baronnie d'Apchon, dont :

1. GILBERT-BLAISE, né le 3 Février 1712, Abbé de Saint-Méen en 1743, Ordre de Saint-Benoît, Diocèse de Saint-Malo, qu'il remit au Roi. Il fut nommé Abbé de Notre-Dame de Bonport, Ordre de Cîteaux, en 1745, & a été député la même année à l'Assemblée générale du Clergé ;
2. JEAN-BAPTISTE, qui suit ;
3. JOSEPH, Prieur de Nantes, Ordre de Saint-Benoît dans le Bugey, où il est mort jeune en 1738.

XVIII. JEAN-BAPTISTE DE CHABANNES, né le 3 Octobre 1714, Comte de Pionsat & de Belabre, Comte d'Apchon, premier Baron d'Auvergne, Marquis de la Palisse par substitution & donation du feu Comte de Chabannes, son oncle, Cornette des Mousquetaires noirs en Mars 1740, Brigadier des Armées le 20 Mars 1747, Enseigne en 1752, Sous-Lieutenant en 1754, & ensuite Maréchal-de-Cample 1er Mars 1758, s'est trouvé en Italie aux batailles de Parme & de Guastalla; en Allemagne à celle de Dettingen, en 1743, où il fut blessé d'un coup de fusil à la jambe; & en Flandre, à celle de Rocoux en 1746. Il sert depuis 30 ans, & a épousé, le 8 Mars 1743, *Marie-Olive Bernard de Coubert,* née le 14 Août 1727.

BRANCHE
des Seigneurs de CHAMIANE.

XVI. THOMAS, dit le *Comte de Chabannes*, second fils de GILBERT, Ier du nom, Comte de Pionfat, & de *Marie de Champfeu*, vivoit le 6 Décembre 1688. Il eut d'*Anne Boyer*:

1. JACQUES-LOUIS, Capitaine au Régiment de Bourbonnois, depuis Meftre-de-Camp d'Infanterie, Aide-Maréchal-des-Logis de l'Armée du Roi, fous les ordres du Prince de Conti, tué à la bataille de Cony le 5 Septembre 1744. Il étoit Seigneur de Chamiane, & n'a point été marié;

2. JOSEPH-GASPARD, né en 1702, Abbé de Valricher & Evêque d'Agen, après avoir été Agent général du Clergé, mort en 1767;

3. JACQUELINE, Abbeffe de Bonlieu en 1729, & depuis de la Beniffons-Dieu, Ordre de Cîteaux, Diocèfe de Lyon, morte;

4. Et GILBERTE, Abbeffe de Beaumont, près de Clermont, Ordre de Saint-Benoît, Diocèfe de Clermont, morte.

BRANCHE
des Comtes de DAMMARTIN.

IX. ANTOINE DE CHABANNES, Comte de Dammartin, Grand-Maître de France, troifième fils de ROBERT, Seigneur de Charlus, mourut le 25 Décembre 1448. Il avoit époufé, par contrat du 8 Septembre 1439, *Marguerite de Nanteuil*, dont:

JEAN DE CHABANNES, qui époufa 1° *Marguerite de Calabre*; & 2° *Sufanne de Bourbon*, remariée à *Charles*, Seigneur de Boulainvilliers, & de Beaumont-fur-Oife. Du premier lit vint:

1. ANNE, née en 1485, morte après 1527, qui époufa, en 1496, *Jacques de Coligny*, Seigneur de Châtillon-fur-Loing.

Du fecond lit font nées:

2. ANTOINETTE, morte en 1527, qui époufa *René d'Anjou*, Seigneur de Mézières;

3. Et AVOIE DE CHABANNES, mariée, 1° en 1504, à *Edmond de Prie*, Baron de Bufançais; 2° à *Jacques de la Trémoïlle*, Chevalier, Seigneur de Mauléon; & 3° à *Jacques de Briçay*, Chevalier, Seigneur de Villegongis.

Ces trois filles ont porté dans les Maifons où elles font entrées les grands Fiefs de cette branche, comme le Comté de Dammartin, & nommément la Terre de Saint-Fargeau dans la branche de *Bourbon-Montpenfier*.

La branche aînée des Seigneurs de *Curton*

Tome IV.

a toujours confervé jufqu'à préfent les anciennes Terres patrimoniales, comme *Curton*, *Saint-Angeau*, *Rochefort*, & *Madic*, en Auvergne.

Les Rois LOUIS XI, CHARLES VIII, LOUIS XII, FRANÇOIS Ier, HENRI II, CHARLES IX, FRANÇOIS II & HENRI III, ont honoré du titre de *Coufin* les Seigneurs de Chabannes.

Il y a de la Maifon de Chabannes des bâtards légitimés, dans le Quercy & l'Auvergne, qui ont fait de fort bonnes alliances & avec des Maifons diftinguées, mais qui ne font que des bâtards reconnus.

Voy. fur cette Maifon le tom. VII de l'*Hiftoire des Grands-Officiers de la Couronne*, pag. 129 & fuiv., & Moréri.

Les armes: *de gueules, à un lion d'hermines, armé, lampaffé & couronné d'or*.

*CHABANOIS, en Angoumois, Diocèfe de Limoges, Terre & Seigneurie poffédée dans le Xe fiècle par AIMARD, dont le fils JOURDAIN, fut à la première Croifade en 1099. N..., fille & héritière de JOURDAIN, époufa *Guillaume de Mathas*, dont le petit-fils GUILLAUME II, Comte de *Chabanois*, Seigneur de Confolent, vivoit vers 1200. ECHIVAT, IIe du nom, petit-fils de GUILLAUME II, mourut en 1283.

LAURE, fa fœur & fon héritière, époufa 1° *Raymond*, Vicomte de *Turenne*, & 2° *Simon de Rochechouart*, Seigneur de Tonnay-Charente, mort en 1316. *Jean de Rochechouart*, arrière-petit-fils de *Simon*, eut pour héritière fa fœur *Jeanne*, qui époufa *Miles de Thouars*, Seigneur de Pouzaugues. *Miles II*, petit-fils de ce dernier, vivoit en 1419.

Catherine de Thouars, fa fœur, lui fuccéda, & fut héritière de Chabanois, Confolent, Pouzaugues, &c. Elle vivoit en 1460, & époufa JEAN DE VENDÔME, Vidame de Chartres, qui vivoit en 1460, & dont le fils JEAN III étoit qualifié *Prince de Chabanois* en 1481.

FRANÇOIS DE VENDÔME, arrière-petit-fils de JEAN III, mourut fans poftérité le 7 Décembre 1562, ayant vendu Chabanois à *Joachim de Montefquiou*, dit de *Montluc*, qui mourut en 1567. *Blaife de Montluc*, Maréchal de France, frère de ce dernier, & fon fucceffeur, mourut en Juillet 1573. *Adrien de Montluc*, fon petit-fils, Comte de Carmaing, eft qualifié *Prince de Chabanois*, dont les droits lui furent donnés par fon aïeul, & mourut le 22 Janvier 1646.

Sa fille *Jeanne* fut fon héritière, & elle mourut le 2 Mai 1657, ayant époufé *Charles d'Efcoubleau*, Marquis de Sourdis, dont la petite-fille *Angélique d'Efcoubleau*, héritière de *Chabanois*, époufa, le 24 mars 1702, *Gilbert Colbert-de-Saint-Pouange*, qualifié feulement *Marquis de Chabanois*. Voy. COLBERT.

CHABANS, en Périgord. Suivant un Mémoire dreffé fur titres, & envoyé par M. le Comte de *Chabans-de-Joumard*, demeurant auprès de la Chapelle-Faucher en Périgord, Guillaume, quatrième Comte de Poitiers & Duc d'Aquitaine, époufa 1° la fille de *Guillaume*, dit *Longue-Epée*, Duc de Normandie, dont il eut un fils nommé *Guillaume*, qui fut, après lui, Duc d'Aquitaine & Comte de Poitiers; & 2° la fille du Comte de *Touloufe*, dont il eut entr'autres enfans:

Hugues de Poitiers, à caufe de fa mère, & *Prince de Chabans*, à caufe de l'apanage qu'il eut de fon père, pour aller à la conquête de la Terre-Sainte, qui vendit fa plus grande partie de fes biens. Il époufa, en 1098, la fille du Comte de *la Marche*, dont il eut:

Guillaume & Louis, qui fuit. Tous deux prirent le nom de l'apanage de leur père, favoir: *Chabans de Chabans*, & gardèrent les armes de leur ancienne Maifon, qui font: *de gueules, entouré de douze befans d'or, au lion d'argent rampant, armé, lampaffé & couronné d'or*.

I. Louis de Chabans, fecond fils de Hugues, Seigneur dudit lieu de Chabans, époufa, en 1140, *Erminte*, fille du Comte de *Périgord*, dont:

II. Charles de Chabans, Seigneur dudit lieu, qui époufa, en 1170, *Agnès de Pon*. Il eut:

III. Élie de Chabans, Seigneur dudit lieu, marié, en 1203, à *Charlotte de Gontaut*, fille du Baron de Biron. Il eut:

IV. Mathieu de Chabans, ce qui eft prouvé par fon teftament des Calendes de Janvier 1281, & par un contrat de tranfaction du 6 des Ides de Juin 1257. Il fut Chambellan du Roi St. Louis, & époufa *Almoïs Folcois*, fille de *Bernard*, Seigneur de Montagrier, dont:

V. Élie de Chabans, IIe du nom, qui eft prouvé par le teftament d'*Almoïs Folcois*, fa mère, veuve de Mathieu de Chabans, daté des Ides de Mai 1291. Il époufa, en 1288, une *Rochechouart*, dont:

VI. Mathieu de Chabans, IIe du nom, qui époufa, 1° par contrat du mercredi avant la Saint-Luc 1305, *Peyronne de la Tour-Blanche*; & 2° le mardi après la fête de la Sainte-Trinité 1322, *Marguerite de la Marche*. Il eut du premier lit:

VII. Adhémar ou Aimar de Chabans, qui époufa, 1° le mardi après la fête de la Trinité 1322, *Agnès du Luc*; & 2° *Agnès Vigier de Javerlhac*. Il eut du premier lit:

VIII. Élie de Chabans, IIIe du nom, qui, étant Grand-Pannetier, époufa, le 3 Décembre 1402, *Anne Vigier*. Il eut:

IX. Jean de Chabans, qui époufa, en fecondes noces, le 2 Juin 1439, *Catherine de Loffe*. Ils eurent:

X. Adhémar ou Aimar de Chabans, IIe du nom, qui époufa, le 23 Février 1496, *Almoize Daitz de Meymi*, dont:

XI. Charles de Chabans, IIe du nom, né en 1498, marié, le 9 Juin 1516, à *Marguerite de Farges*. De ce mariage naquit:

XII. Pierre de Chabans, Chevalier de l'Ordre du Roi & premier Gentilhomme de fa Chambre, qui employa prefque tout fon bien au fervice de Henri III, du tems des guerres civiles, & mourut avant le 29 Décembre 1574. Il époufa, le 16 Juillet 1554, *Louife Prévoft de Sanfac*, & eut:

XIII. Antoine de Chabans, qui fut auffi premier Gentilhomme de la Chambre du Roi, & eut le Gouvernement du Château & Marquifat de Fronfac, qu'il avoit affiégé & pris pour Henri IV. Il époufa, le 24 Août 1588, *Philippe de Joumard*, dont:

XIV. Gaspard, Marquis de Chabans, Capitaine de 50 hommes d'armes, fous les ordres de M. de Saint-Preus, fon beau-père. Il époufa, le 26 Janvier 1615, *Henriette de Juffac-d'Ambleville*, dont:

XV. Antoine, Marquis de Chabans, né en 1626, Maréchal-des-Camps & Armées du Roi, fervant fous les ordres du Duc de Guife, à fon expédition de Naples: marié 1° à *Marguerite Sabari*, Romaine de nation, & 2° en 1681, à *Sufanne de Loffe*, nièce du Maréchal de Noailles. Il eut de ce fecond mariage:

XVI. Annet-Jules, Marquis de Chabans, qui mourut le 24 Décembre 1752. Il époufa, en Mai 1703, *Souveraine de Perry*, de la Maifon de *Saint-Auvent*, dont:

1. Isaac, qui fuit;
2. Léon-François, premier Capitaine de Grenadiers, avec brevet de Lieutenant-Colonel au Régiment de Poitou;
3. Jean, Abbé, Comte de Lyon, mort le 16 Octobre 1759;
4. Armand, dit le Chevalier de Chabans, Capitaine au Régiment de Poitou, tué à la bataille de Parme, le 29 Juin 1734;
5. François;
6. & 7. Deux filles, Religieuses à l'Abbaye Royale de Ligneux en Périgord;
8. Et une autre fille, Religieuse au Prieuré Royal de Saint-Pardoux, aussi en Périgord.

XVII. Isaac, Comte de Chabans, Seigneur de la Chapelle-Faucher, de Menespies, de Saint-Georges, &c., a épousé, le 15 Juin 1730, Dorothée de Marsange-de-Vaury, Dame de Champelière & de Pérignac en Poitou. De ce mariage sont nés:

1. Jean-Alexandre, Marquis de Chabans, Capitaine de Cavalerie au Régiment Dauphin, marié, le 12 Avril 1765, à Marie de Losse, Dame de la Borie-Fricard, de Chabans, de Bayac, fille de Jean, Vicomte de Losse, dont:

Marie-Anne;
Et Marie-Anne-Julie;

2. Annet-Joumard de Chabans, né le 14 Septembre 1732, Comte de Lyon, & Vicaire-Général de l'Evêché d'Autun;
3. Pierre de Chabans, ancien Lieutenant au Régiment de Poitou, ensuite Page de la Grande-Ecurie du Roi, retenu Ecuyer de ladite Ecurie, mort le 12 Mars 1764;
4. Armand, mort le 4 Avril 1779;
5. Dorothée, mariée, par contrat du 19 Février 1757, à Henri, Marquis de la Faye, Seigneur de la Martinie, de Douxat & de Chardeuil, dont deux enfans;
6. Et Marie, née en 1741, Religieuse-Professe au Prieuré Royal de Saint-Pardoux en Périgord.

BRANCHE
des Comtes de Richemont.

Pierre de Chabans épousa, par contrat du 7 Avril 1729, Françoise de la Garde, dont:

1. François, Prêtre & Chanoine de la Cathédrale de Périgueux;
2. Nicolas, qui suit;
3. Marie-Blaise, mariée, par contrat du 26 Février 1748, à Pierre, Comte de la Marthonie, Seigneur de la Salle, mort sans enfans;
4. Marguerite, mariée à Jean-Baptiste Souc de Plancher, Seigneur, Baron de Berbiguières, Chevalier de Saint-Louis & ancien

Capitaine de Cavalerie au Régiment de Royal-Piémont. Ils n'ont pas d'enfans;
5. Et Renée, morte jeune.

Nicolas de Chabans, Seigneur, Comte de Richemont, de la Chapelle-Montmoreau & de Condat, épousa, 1º par contrat du 15 Février 1762, Thérèse-Andrée-Angélique le Berthon, fille d'André-François, premier Président au Parlement de Bordeaux; & 2º par contrat du 23 Juin 1765, Elisabeth-Catherine d'Aloigny, fille de Thomas, Marquis d'Aloigny, Seigneur de Villars, la Rolphie & du Puy-Saint-Astier. Il eut du second lit:

1. André-Jacques-Hyacinthe-François, né le 31 Mars 1767;
2. Et René-Jean-Paul-Antoine, né au mois de Juin 1768.

Les armes: d'azur, au lion d'or enclos dans une orle de onze besans de même. Supports: deux lions. Cimier: une couronne de Comte.

CHABENAT, Seigneur de Bonneuil & de la Malmaison, famille noble dont étoit

Etienne de Chabenat, Seigneur de Bonneuil-sur-Marne, Vicomte de Savigny, Baron de Nouan, Conseiller du Roi en ses Conseils, & Introducteur des Ambassadeurs, qui mourut le 24 Avril 1680, laissant de Madeleine Petit-de-Passy:

Michel de Chabenat, Seigneur de Bonneuil, Introducteur des Ambassadeurs, marié à Catherine-Charlotte le Febvre-de-la-Malmaison, dont:

Louis-Etienne de Chabenat, Seigneur de Bonneuil & de la Malmaison, Conseiller au Parlement depuis le 5 Août 1716, mort à Paris le 6 Décembre 1747, dans la 53e année de son âge, laissant de Marie-Madeleine Boucher, morte le 8 Mars 1742:

1. André-Charles-Louis, reçu Conseiller au Parlement le 21 Août 1744, marié, en 1761, à N.. Jassaud;
2. N...de Chabenat, Officier dans le Régiment des Gardes-Françoises;
3. Et N... de Chabenat, qui n'étoit pas encore pourvu en 1747.

Les armes: d'argent, à trois pensées au naturel, tigées & feuillées de sinople; au chef d'azur, chargé d'un soleil d'or.

CHABERT. La famille des Seigneurs de Pontauvart, en Normandie, Election de Coutances, du nom de Chabert, maintenue dans fon ancienne Nobleſſe, porte : *écartelé, aux 1 & 4 d'aʒur, au bâton d'argent paſſé dans trois couronnes ducales d'or ; aux 2 & 3 de gueules, à la bande d'argent, chargée de trois rocs d'échiquier de ſable.*

Nous ignorons ſi les Seigneurs du *Meſnil* qui ont été établis à Hodan en Braye, & ſi ceux de *Granvillet* établis en Limouſin ſubſiſtent. Mais nous trouvons encore dans l'*Hiſtoire hér. de la Nobleſſe de Provence*, tom. I, pag. 248 & 249, deux familles dans la Ville de Toulon du nom de *Chabert* d'ancienne Nobleſſe, maintenues en conſéquence, & qui ont donné nombre d'Officiers diſtingués dans la Marine ; l'une a poſſédé une partie de la Seigneurie de la Garde. A cette famille appartenoit

N... de Chabert, qui laiſſa :

   N... de Chabert, qui ſuit :

   Et N.... de Chabert, marié à *Charlotte de Pontevès de Giens*, fille de *François*, Seigneur de Giens, & de *Catherine d'Andrea*, dont :

      N... de Chabert, veuve de N... Vicomte de *Berghes*.

N... de Chabert eut pour fils :

   Joseph-Félix de Chabert, Sous-Commiſſaire de la Marine.

Cette Maiſon eſt alliée aux familles de *Thomas-la-Garde*, de *Gaillard* & de *Pontevès-Giens*.

Les armes : *de gueules, au ſautoir d'argent.*

Quant à l'autre famille alliée aux Maiſons de *Noble-du-Reveſt*, de *Cuos-Cogolin* & de *Burgues*, employée dans les catalogues des Gentilshommes du Ban & Arrière-Ban, & dont la qualité de *Chevalier* eſt reconnue admiſe par les Cours ſouveraines dans divers actes, ſoit d'hommage au Roi ou autres, comme dans la citation que nous en avions faite dans le tome IV, ou premier du Supplément de la première Edition de ce Dictionnaire, nous avions renvoyé les lecteurs à l'*Hiſt. héroïque de la Nobleſſe de Provence*, il eſt indiſpenſable de les avertir qu'outre le peu de connoiſſance, qu'ils verront par eux-mêmes, que l'auteur de ce Livre avoit de cette famille, puiſqu'il avoue qu'il n'en avoit vu aucun titre, il y a fait une erreur que nous avons répétée par rapport aux émaux des armoiries, & que nous devons corriger avec d'autant plus de raiſon, que notre première citation juſtifie le fondement de la précaution

que les deux repréſentans actuels de cette famille prirent dès l'année de la publication du livre. Ils s'adreſſèrent à l'Aſſemblée de la Nobleſſe de Provence, pour lui faire remarquer que le préjudice que pouvoit porter à leur véritable état, dans l'ordre de la Nobleſſe, un article auſſi brièvement & vaguement conçu, & même avec une faute eſſentielle dans la gravure des armes, dans un ouvrage qui étant dédié à cette même Aſſemblée, ſembloit emporter ſon approbation, ne pouvoit être bien ſupplée que par une déclaration bien émanée d'elle, portant un témoignage authentique des caractères diſtinctifs de l'ancienne Nobleſſe de leur famille.

La déclaration fut en effet expédiée le 22 Août 1768, par Meſſieurs les Syndics du Corps de la Nobleſſe, portant, que ſur la connoiſſance certaine qu'ils en avoient ſur les titres qui leur avoient été repréſentés en original, & ſur ce qu'ils en avoient vû dans les regiſtres publics, la famille de *Chabert*, établie à Toulon, & dont ſont iſſus les deux Requérans, eſt *noble d'ancienne extraction & lignée de nom & d'armes* ; & que ſes armoiries, ainſi qu'on les voit en divers monumens authentiques, exiſtans dans ladite ville, ſont *d'argent, à la herſe ſarraſine de gueules; l'écu timbré d'un caſque,* tel que le portent les Chevaliers, *ſoutenu par des hommes cuiraſſés & armés à l'antique, ayant leurs lances ornées de cornettes.* Cimier : *une main tenant une maſſue.* Devise : Postes portasque refregit.

Le repréſentant de la branche aînée eſt, comme on le voit dans le Nobiliaire cité, Joseph-Bernard, Marquis de Chabert, Capitaine de Frégates du Roi, Membre des Académies royales des Sciences de Paris & de Breſt, de celles de Londres, de Berlin & de Bologne, Chevalier de Saint Louis, Grand-Croix de ceux de N.-D. du Mont-Carmel & de Saint-Lazare de Jéruſalem, honoré à la Cour de Naples des grandes entrées de la Chambre.

Le repréſentant de la branche cadette eſt Annibal-Michel de Chabert-de-Burgues, Lieutenant des Vaiſſeaux du Roi, Chevalier du même Ordre de Saint-Louis, dont la fille aînée, Marguerite-Josephe de Chabert, eſt actuellement une des Demoiſelles que Sa Majeſté fait élever à Saint-Cyr.

Il y a de fortes préſomptions que toutes

les familles actuelles d'ancienne Nobleffe du nom de *Chabert*, quoique établies dans des Provinces éloignées, font autant de branches de l'ancienne Maifon de ce nom connue avec diftinction en Dauphiné dans les XIVᵉ & XVᵉ fiècles.

Quant à la différence de leurs armes, on fait que dans beaucoup de familles il y a autant d'écuffons que de branches. Les deux dernières familles que nous venons de citer, en font un exemple d'autant plus frappant, qu'indépendamment de leur réfidence dans la même Ville, chacune prouve de fon côté fon ancienne Nobleffe & fa parenté réciproque par plufieurs papiers domeftiques, où le degré de leur féparation eft feulement incertain, & cependant leurs armes font tout à la fois différentes de leur tronc & entr'elles.

CHABESTAN, Maifon très-ancienne du Dauphiné, qui a donné fon nom à une Terre au Diocèfe de Gap, érigée enfuite en *Comté*.

Guigues Chabestan vivoit au XIIIᵉ fiècle; & par acte du 4 des Calendes de Décembre 1233, il eft qualifié noble *Guigues de Chabeftan*, Seigneur dudit lieu, Chevalier, en latin *Miles*, qualité qui ne fe donnoit qu'à la haute Nobleffe, & même aux Dauphins, dit Chorier, dans fon *Hiftoire du Dauphiné*, p. 836 & 838.

Par ce même acte, qui eft une tranfaction en latin, fur parchemin, qui exifte en entier, malgré fa vétufté, noble Guy ou Guyt de Chabestan, *Miles*, & noble Jean de Chabestan, *Miles*, tous deux fils de noble Guigues de Chabestan, Seigneur dudit lieu (ils font tous trois ainfi qualifiés), étant en conteftation & procès pour un fupplément de légitime, tranfigent; & Guy s'oblige de payer dans quatre ans, & en quatre payemens égaux, à Jean, fon frère, qui fe plaignoit d'avoir été grandement grevé ou lézé par le dernier teftament de leur père, les frais dudit procès, & 4000 fols Viennois pour compléter tous les droits de Jean fur les biens paternels, ce qui fut ftipulé & accordé par l'entremife & par le Confeil de noble *Bertrand d'Agoult*, Chevalier (*Miles*), Seigneur de Mifon, leur parent, préfent, & de plufieurs autres de même y dénommés; ledit acte paffé par *Bertrand Rolandi*, Clerc d'Afpres & Notaire public, par autorité Apoftolique, Impériale & Delphinale, au Château de *Chabeftan*, fous les indictions précé-

dentes, c'eft-à-dire l'an de l'Incarnation du Seigneur 1233, & le 4 des Calendes de Décembre, fous le Pontificat de Grégoire IX, fous l'Empire de Frédéric & fous le règne de Guigues, Dauphin, Comte de Viennois & d'Albon.

I. Guigues de Chabestan, ci-deffus mentionné, & vivant au XIIIᵉ fiècle, eut de fa femme, dont on ignore le nom :

1. Guy, qui fuit ;
2. Et Jean, qui a fait la branche de *Chabeftan de Montofeur*, dont la poftérité a fubfifté long-tems avec honneur, & qui eft éteinte. Allard en parle dans fes généalogies.

II. Guy de Chabestan eut de *Montorline de Méouillon*, fille de *Hugues* Baron de Méouillon (les Barons de Méouillon étoient Souverains en Dauphiné, voy. Chorier, dans fon *Hiftoire*, pag. 778), Foulques, qui fuit, comme il confte par un Cadaftre de 1225, des Terres de Ribeiret & de Sorbiers, dès-lors & encore à préfent dans cette Maifon.

III. Foulques de Chabestan époufa, en 1260, *Marie de Rivière*, d'une ancienne Maifon de Dauphiné (voy. Allard & Chorier), fille de N.... de Rivière, Seigneur de Bruis & de Sainte-Marie, par fa femme N.... d'Alauzon. Il eut :

IV. Claude de Chabestan, qui époufa, en 1296, *Juftine de la Tour*, dont :

V. Bertrand de Chabestan, Iᵉʳ du nom, qui époufa, en 1340, *Biette d'Agoult*, fille d'*Amédée*, Seigneur de la Baume-des-Arnauds, & eut :

VI. Bertrand de Chabestan, IIᵉ du nom, qui époufa *Claudine de Révillafc*, fille de N.... de Révillafc, dont Antoine qui fuit. Les *Révillafc* font venus de Piémont en Dauphiné, & on tient qu'ils defcendent de l'illuftre Maifon des *Colonne*, Romains. Voy. Allard.

VII. Antoine de Chabestan, Iᵉʳ du nom, marié, en 1385, à *Alix de Montalin*, eut :

1. Antoine, qui fuit ;
2. Et Catherine, mariée, en 1420, à *François de Bonne*, Seigneur de Lefdiguières, bifaïeul du Connétable. Voy. LESDIGUIÈRES. *Hift. des Grands Officiers de la Couronne*, par le P. Anfelme.

VIII. Antoine de Chabestan, IIᵉ du nom, époufa, en 1416, *Jeanne de Caftillon*, dont :

1. Antoine, qui fuit ;

2. GUILLAUMETTE, mariée, en 1454, à *Pierre du Pilhon;.*

3. Et une autre fille, mariée à *N.... dé Révillafc.*

IX. ANTOINE DE CHABESTAN, III° du nom, époufa, en 1466, *Marguerite du Pilhon*, fille d'*Arnaud (de Apillione,* difent les actes latins, voy. la Généalogie par Chorier & par Allard), au Diocèfe de Die, & d'*Agnès Faure de Boulogne.* De ce mariage vint :

X. CLAUDE DE CHABESTAN, Seigneur du Pilhon, qui époufa, en 1482, *Radegonde de Rivière,* dont :

1. & 2. VINCENT, qui fuit, & HUMBERT.

XI. VINCENT DE CHABESTAN, Seigneur du Pilhon, époufa, en 1517, par contrat paffé devant *Gabriel Armand,* Notaire de Serres, *Louife d'Alauzon,* fille de *Gerenton d'Alauzon,* & fœur de *Geneviève,* qui fut mariée à *Claude Bérenger,* Seigneur du Pipet, comme il confte par le teftament de *Gerenton d'Alauzon,* en faveur de VINCENT DE CHABESTAN, fon gendre, en date du 13 Mai 1355, par *Barillon,* Notaire de Saint-André. Il eut:

XII. ANTOINE DE CHABESTAN, IV° du nom, qui époufa, en 1557, *Jeanne de Bouvard,* fille de *Guillaume,* d'une Maifon très-noble venue de Franche-Comté en Dauphiné. Voy. Chorier & Allard. De ce mariage vinrent :

1. LOUIS, qui fuit;

2. SÉBASTIENNE, mariée à *N.... de Beaumont de la Motte-Chalençon ;*

3. Et CLAIRE, mariée à *Chriftophe Blain-de-Maral,* Seigneur du Poët & de Crochan.

XIII. LOUIS DE CHABESTAN-D'ALAUZON. Le 5 Décembre 1553, il fut ordonné par HENRI II, Roi de France, aux Baillis de Gap & des Baronnies, de faire payer à *notre cher & féal amé* LOUIS DE CHABESTAN-D'ALAUZON, Capitaine de 200 hommes de pied, & Lieutenant de 50 hommes d'armes, les droits seigneuriaux & fervices que les Vaffaux de Ribeiret ont coutume de lui payer & à fes prédéceffeurs, nonobftant qu'il n'apparoîfe de titres perdus & anéantis par les guerres & autres infortunes. Cet ordre eft le feptième du règne du Roi. On le trouve dans les Archives du Château de Ribeiret, appartenant à préfent au Marquis de Champoléon par fa femme, héritière de la Maifon. On y trouve auffi une commiffion de CHARLES DE LORRAINE, Duc de Mayenne, de 1588, en faveur dudit LOUIS DE CHABESTAN-D'ALAUZON, pour lever 100

hommes de pied, & une de Meftre-de-Camp de Cavalerie de HENRI IV, de 1601; une autre en faveur de PIERRE, fon fils, du 3 Novembre 1621, pour lever 100 hommes de pied; & une en faveur de FRANÇOIS-IGNACE de 1656, pour une Compagnie de Chevaux-Légers au Régiment de Biffy. Il époufa, en 1583, par contrat paffé devant *le Baud,* Notaire, *Claudine de Morges,* fille de *Jean,* Seigneur dudit lieu, de Ventavon, de Lefpine & autres places, d'une branche de la Maifon de *Bérenger* (voy. la Généalogie dans Chorier, Allard, fes *Tables Généalogiques,* &c.), & de *Claire de Peliffier de Saint-Ferréol.* Il en eut:

1. LOUIS, mort jeune. Il fut Capitaine de 200 hommes de pied & de 50 hommes d'armes, & Meftre-de-Camp de Cavalerie ;

2. Et PIERRE, qui fuit.

XIV. PIERRE DE CHABESTAN-D'ALAUZON, Capitaine de 100 hommes, époufa, en 1623, *Leriane de Prifis,* & eut:

1. FRANÇOIS-IGNACE, qui fuit;

2. ALEXANDRE, qui a fait branche à Carpentras ;

3. N.... Prévôt de l'Eglife de cette Ville ;

4. N.... furnommé *le brave Sorbiers;*
Et plufieurs filles.

XV. FRANÇOIS-IGNACE DE CHABESTAN-D'ALAUZON, I° du nom, Seigneur de Ribeiret, de Sorbiers & autres places, époufa 1.° *Marie de Faure-de-Boulogne,* fille de noble *N....Faure-de-Boulogne,* Seigneur de Saint-Secre, & de *N.... d'Urre;* 2° *Alexandrine d'Achard de Ferrus,* fille de *Charles,* Seigneur de Sainte-Colombe, Chauvat & autres places, & d'*Ifabeau de Gay;* 3° une veuve, dont il n'eut point d'enfans; & 4° *Marie de Blocard-de-Rahégude.* Du premier lit vint:

1. JEAN, Capitaine au Régiment d'Auvergne, tué jeune au fiège de Fontarabie, fans alliance.

Du fecond lit eft iffu :

2. PIERRE-DOMINIQUE, qui fuit.

Et du quatrième lit naquirent :

3. FRANÇOIS-IGNACE, rapporté après la poftérité de fon aîné ;

4. & 5. Et deux autres garçons, appelés *Chevaliers de Chabeftan,* Capitaines de Grenadiers, l'un dans le Régiment de Montconfeil, & l'autre dans celui de Médoc, tous deux tués dans les dernières guerres fans avoir été mariés.

XVI. PIERRE-DOMINIQUE DE CHABESTAN-

D'ALAUZON, Chef des noms & armes, marié, en 1700, à *Anne de Fournier de Chauvert,* fille de *Lambert,* Capitaine au Régiment de l'Alteſſe, & de *Françoiſe Joſſerand de Pertuis.* (*Fournier de Chauvert* eſt une branche de la Maiſon de ce nom, M. le Marquis d'*Aultanne,* Lieutenant-Général des Armées du Roi, eſt l'aîné de cette Maiſon.) De ce mariage ſont iſſus :

1. JOSEPH-IGNACE, Seigneur de Sorbiers & de Montvert;
2. Et AUGUSTIN, Prêtre, Docteur en Théologie & Prévôt de l'Egliſe Royale de Guerrande en Bretagne, & devenu aîné par la mort de ſon frère, qui n'a point laiſſé d'enfans.

XVI. FRANÇOIS-IGNACE DE CHABESTAN-D'ALAUZON, IIᵉ du nom, Seigneur de Ribeiret, a épouſé, en 1724, *Marie de Serre de Roche-Colombe,* nièce de *N.... de Serre de Roche-Colombe,* mort Lieutenant de Roi, & Commandant de Metz, dont :

N.... mariée au Marquis de *Champoléon,* Capitaine au Régiment des Cuiraſſiers du Roi, dont une fille auſſi unique.

De la branche cadette de cette Maiſon, il ne reſte que

JOSEPH-FRANÇOIS DE CHABESTAN-D'ALAUZON, fort âgé en 1765, dont :

Un fils unique, mort ſans enfans, marié à *Marie-Jacqueline de Villefranche,* filleule du Chevalier de Saint-George, père du Cardinal d'Yorck, réſidant à Rome.

Tous les papiers concernant la Nobleſſe de *Chabeſtan* ſont au Château de ce nom. Deux cadets de cette Maiſon ſe ſont ſignalés au ſiège de Candie, dit Allard dans ſa Généalogie. CÉSAR & JEAN DE CHABESTAN s'y diſtinguèrent, & parurent être les plus braves, dit Chorier, L'un étoit Commandant de la Place, & l'autre fut ſurnommé CHABESTAN-LE-BALAFRÉ. On obſerve auſſi que tous ont pris la qualité de *Nobles* & de *Chevaliers,* & que LOUIS DE CHABESTAN-D'ALAUZON y a ajouté celle de *Haut & Puiſſant Seigneur,* ce qui a été ſuivi par les autres.

Les alliances de la Maiſon de CHABESTAN ſont avec *Méouillon,* fondue dans celle de *Grolée-Viriville,* pluſieurs fois avec *Agoult; Bonne-Leſdiguières, Rivière, Morges, branche de Bérenger, Caſtillon, Révillaſc, la Tour-du-Pin, Gruel, Urre, du Pilhon,* *Faure, Boulogne, Bouvard, Achard de Sainte-Colombe,* &c.

Les armes : *d'aʒur, au lion d'or armé & lampaſſé de gueules, accompagné en chef de ſix étoiles d'or.* Supports : *deux griffons.*

CHABEU ou CHABEUF, en Breſſe, ancienne Maiſon éteinte, qui a formé quatre branches. La première, celle des Seigneurs de *Saint-Trivier* en Dombes, dont elle prit le nom, & qui s'eſt éteinte dans une fille mariée aux Seigneurs de *Lugny* & de *Ruffey.* La ſeconde eſt celle des Seigneurs de l'*Abbergement* en Breſſe. La troiſième, celle des Seigneurs de *Chaʒelles* en Dombes. Et la quatrième, celle des Seigneurs de *la Colonge* & de *la Tour-de-Pronneins.* Voici ce qu'un manuſcrit nous apprend de la dernière.

JEAN DE CHABEU, Chevalier, Seigneur de la Tour-de-Pronneins, vivoit en 1400. Il épouſa *Jeanne de Feillens,* fille & héritière d'*Antoine,* Seigneur de Feillens, & d'*Etiennette de Bletterans,* dont :

1. JEAN, qui ſuit;
2. GUILLAUME, Seigneur de la Tour-de-Pronneins, auteur de la branche des Seigneurs de *la Colonge,* rapportée ci-après;
3. CATHERINE, mariée à *Guillaume de Melin,* Seigneur de Thoiria;
4. Et LIONNETTE, Religieuſe à Neuville.

JEAN DE CHABEU, IIᵉ du nom, Seigneur de Feillens, mort en 1466, avoit épouſé, au mois de Novembre 1443, *Marguerite de Botheon,* dont :

JEAN DE CHABEU, IIIᵉ du nom, Seigneur de Feillens & de Becerel, Ecuyer, Pannetier ordinaire de la Ducheſſe de Savoie en 1494, qui épouſa 1° *Antoinette de Laye,* fille de *Pierre,* Seigneur de Meximieux en Dombes, & de *Marguerite de Chavanne,* ſa ſeconde femme; & 2° *Louiſe de Ferlay,* veuve de *Jean,* Seigneur de *Verfey,* & fille de *Claude,* Seigneur de Sathonay, & de *Louiſe de Luyrieux.* Du premier lit naquirent :

1. HUMBERT, qui ſuit;
2. JEAN, auteur de la branche des Seigneurs de *Becerel,* rapportée ci-après;
3. ANTOINETTE, Prieure de Saint-Thomas en Forez;
4. MARGUERITE, mariée, en 1498, à *Balthaſar de Craus,* Seigneur dudit lieu en Savoie;
5. Et CLAIRE, mariée 1° à *François,* Seigneur de *Verfey;* 2° à *Philibert de Laye,* Sei-

gneur de Tréyverney; & 3° à *Claude de la Tonnière*, Seigneur de Peycien en Bugey.

Il eut du fecond lit :

6. ANNE, morte fans alliance ;
7. Et FRANÇOISE, mariée à *Louis de Pingon*, Seigneur dudit lieu, Ambaffadeur pour le Duc de Savoie en Suiffe, fils de *Louis*, Confeiller d'Etat du même Duc de Savoie.

HUMBERT DE CHABEU, Seigneur de Feillens & de Verfey, fit le voyage de Jérufalem en 1521, & fut fait Chevalier du Saint-Sépulcre. Il mourut en 1541, & laiffa de *Catherine de Monfpey*, fille de *Jacques*, Seigneur de Beoft, & de *Françoife de Boulainvilliers :*

1. FRANÇOIS, qui fuit ;
2. CLAUDE, Seigneur de Verfey, mort fans alliance ;
3. JACQUES, Chevalier de Malte ;
4. CLAUDINE, Prieure de Saint-Thomas en Forez ;
5. CLAIRE, mariée, en 1557, à PHILIBERT DE CHABEU, Seigneur de la Colonge ;
6. & 7. JACQUELINE & FRANÇOISE.

FRANÇOIS DE CHABEU, Seigneur de Feillens, de Verfey & de Saint-Dizier-le-Défert, mourut en 1591. Il époufa, en 1568, *Hélène d'Aguerre*, Dame de Longes, fille de *Guillenton d'Aguerre*, Seigneur de Marquiny-au-Bois, & de *Madeleine de la Fontaine*. Il laiffa :

1. ISABEAU, Dame de Feillens, mariée 1° à *Claude*, Baron de Chandée ; & 2° à *Antoine de Champier*, Seigneur de la Favergne, Bailli de Bugey ;
2. Et LUCRÈCE, Dame de Longes, mariée 1° à *François-Aymé de la Forêt*, Seigneur de Gramont, mort en 1603 ; & 2° en 1611, à *Philippe Dinet*, Seigneur de Saint-Romain, frère de *Gafpard*, Evêque de Mâcon.

BRANCHE
des Seigneurs de BECEREL.

JEAN DE CHABEU, Seigneur de Becerel, fecond fils de JEAN IIIᵉ du nom, & d'*Antoinette de Laye*, fa première femme, fit hommage, le 5 Août 1516, de la Seigneurie de Becerel au Roi FRANÇOIS Iᵉʳ, et mourut en 1550. Il époufa, le 22 Janvier 1531, *Françoife de Civria*, remariée à *Jean*, Seigneur du Planet, fille de *Claude*, Seigneur de Civria & de *Jeanne de Beaupont*, & laiffa :

1. CLAUDE, qui fuit ;
2. 3. & 4. JEANNE, LÉONARDE & EGYPTIENNE.

CLAUDE DE CHABEU, Seigneur de Becerel,

époufa, 1° le 5 Septembre 1580, *Louife de la Geliere*, Dame de Cornaton, veuve de *Claude Becerel*, Seigneur de Marlia, & fille de *Claude de la Geliere*, Seigneur de Cornaton, & de *Jacqueline de Rogemont* ; & 2° *Péronne de Puget*, fille de *Humbert*, Seigneur de Vernay, Capitaine de 50 Lances en Savoie, & de *Lucrèce de Vionnet*. Il eut du premier lit :

1. PHILIBERT, mort fans alliance.

Et du fecond lit :

2. MARC-ANTOINE, Seigneur de Becerel, mort fans avoir été marié, au fiège de Cafal, fait par le Marquis de Spinola ;
3. PHILIBERTE, mariée à *Claude-Gafpard Bachet*, Seigneur de Mefiria ;
4. LOUISE, Supérieure au Couvent des Urfulines de Châtillon-lez-Dombes ;
5. & 6. JEANNE & CATHERINE, mortes filles.

BRANCHE
des Seigneurs de LA COLONGE

GUILLAUME DE CHABEU, Seigneur de la Tour-de-Pronneins & de Merages, fecond fils de JEAN Iᵉʳ du nom, & de *Jeanne de Feillens*, vivoit en 1470. Il époufa *Claudine Maréchal*, fille d'*Antoine*, Seigneur de la Tour, &c., & de *Catherine de Corneiffia*, dont :

GEORGES DE CHABEU, Seigneur de la Colonge, de la Tour-de-Pronneins & de Cartelet en Dombes, Lieutenant-Général pour le Roi en Beaujolois & Dombes, fous le Maréchal de Saint-André, qui époufa *Guillemette de Fougères*, Dame de Teyfé, fille de *Philippe*, & de *Jeanne de Varey*, dont :

1. PHILIBERT, qui fuit ;
2. FRANÇOIS, Chevalier de Malte, dont les preuves furent faites en 1555 ;
3. GUILLAUME, mort jeune ;
4. ANTOINETTE, mariée à *Jacques de la Fontaine*, Seigneur de la Veyfe ;
5. Et ELIE, mariée à *Antoine de Louvat*, Seigneur de Champolon.

PHILIBERT DE CHABEU, Seigneur de la Colonge, de Merages & de la Tour-de-Pronneins, époufa, 1° en 1557, CLAIRE DE CHABEU, fa parente, fille de HUMBERT, & de *Catherine de Monfpey* ; & 2° *Catherine de Saint-Paul*, Dame de Montgaland. Il eut du premier lit :

1. JACQUES, Seigneur de la Colonge, mort fans avoir été marié ;
2. CLAUDINE, mariée 1° à *Jean*, Seigneur de